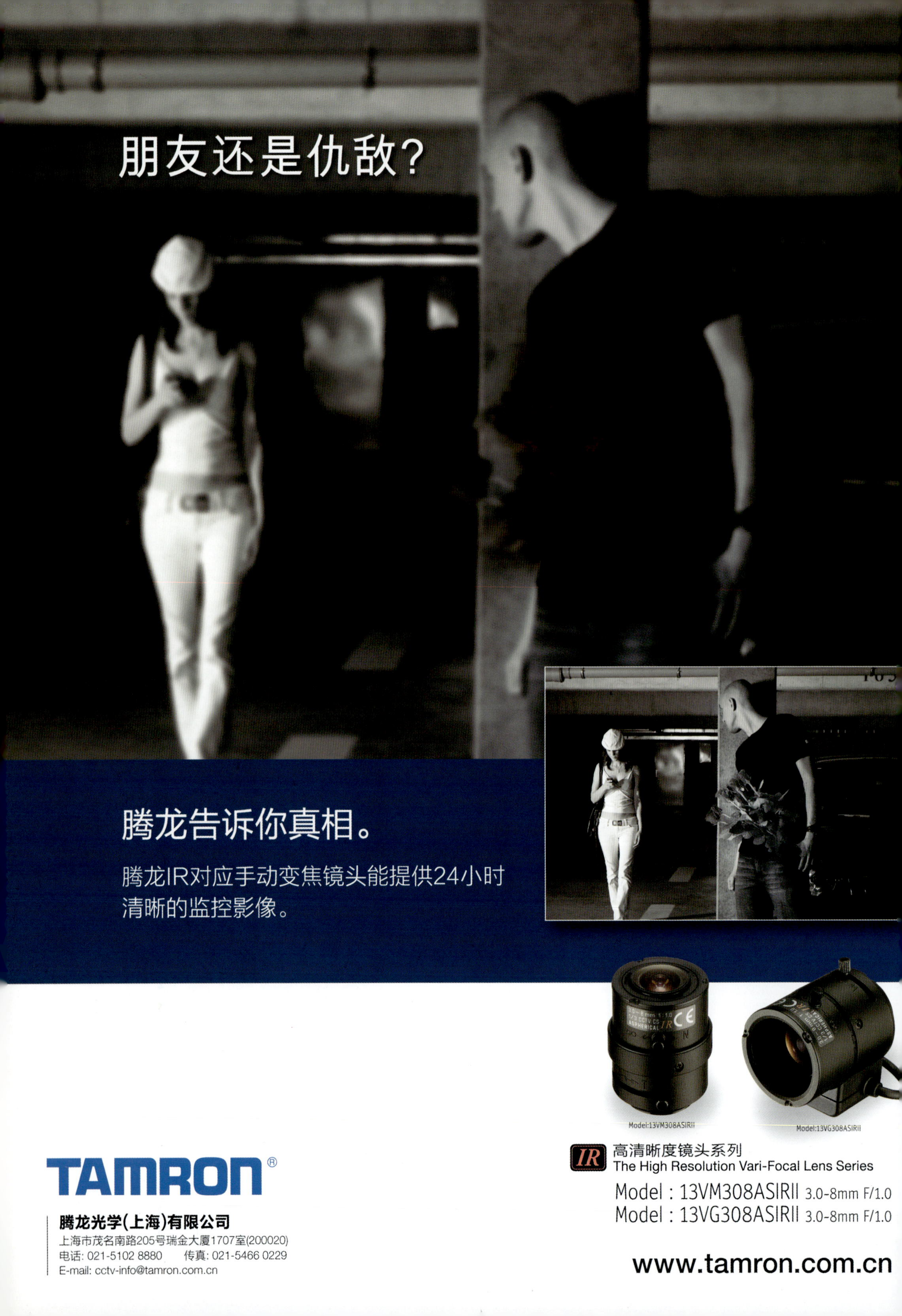

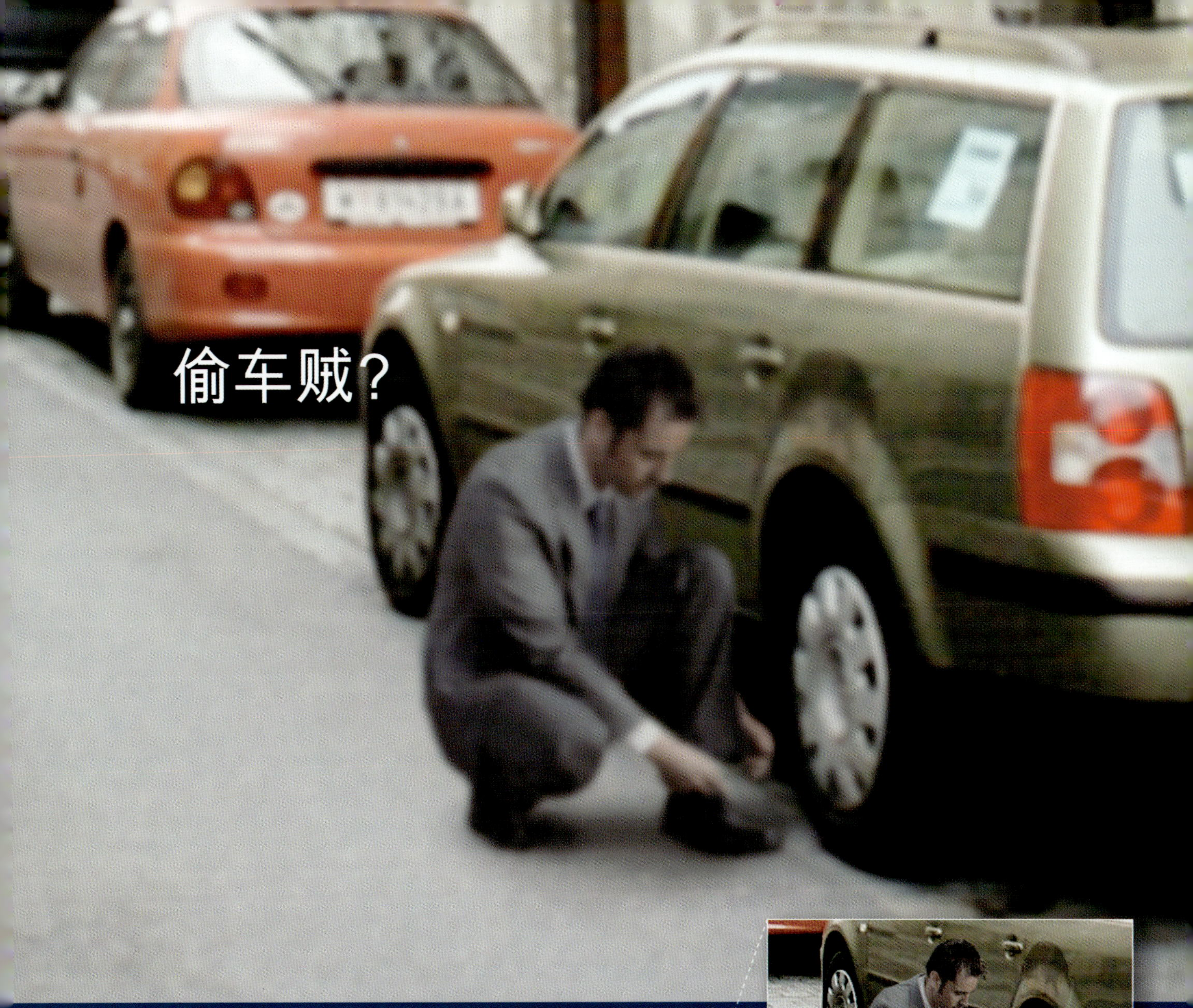

腾龙告诉你真相。
他只是在系鞋带!

腾龙的百万像素镜头提供IP摄像机局部图像放大能力。

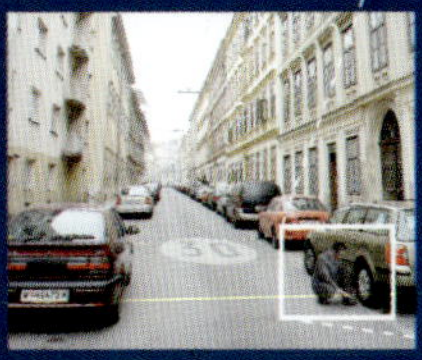

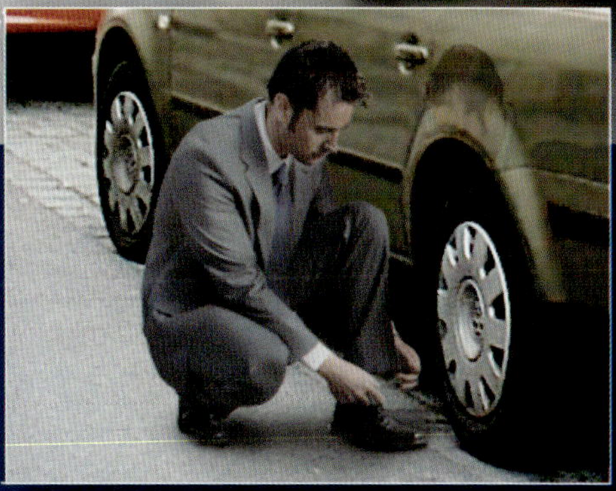

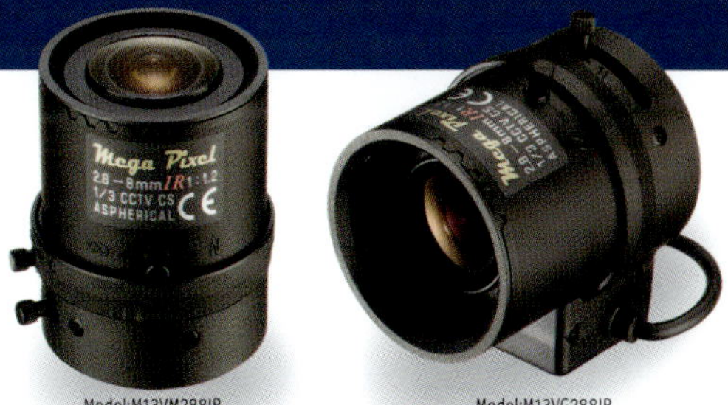

Model:M13VM288IR　　Model:M13VG288IR

IR Flat-Field 全画面 Mega Pixel 百万像素系列

Model : M13VM288IR 2.8-8mm F/1.2
Model : M13VG288IR 2.8-8mm F/1.2
Model : M13VP288IR 2.8-8mm F/1.2

www.tamron.com.cn

TAMRON®

腾龙光学(上海)有限公司
上海市茂名南路205号瑞金大厦1707室(200020)
电话: 021-5102 8880　　传真: 021-5466 0229
E-mail: cctv-info@tamron.com.cn

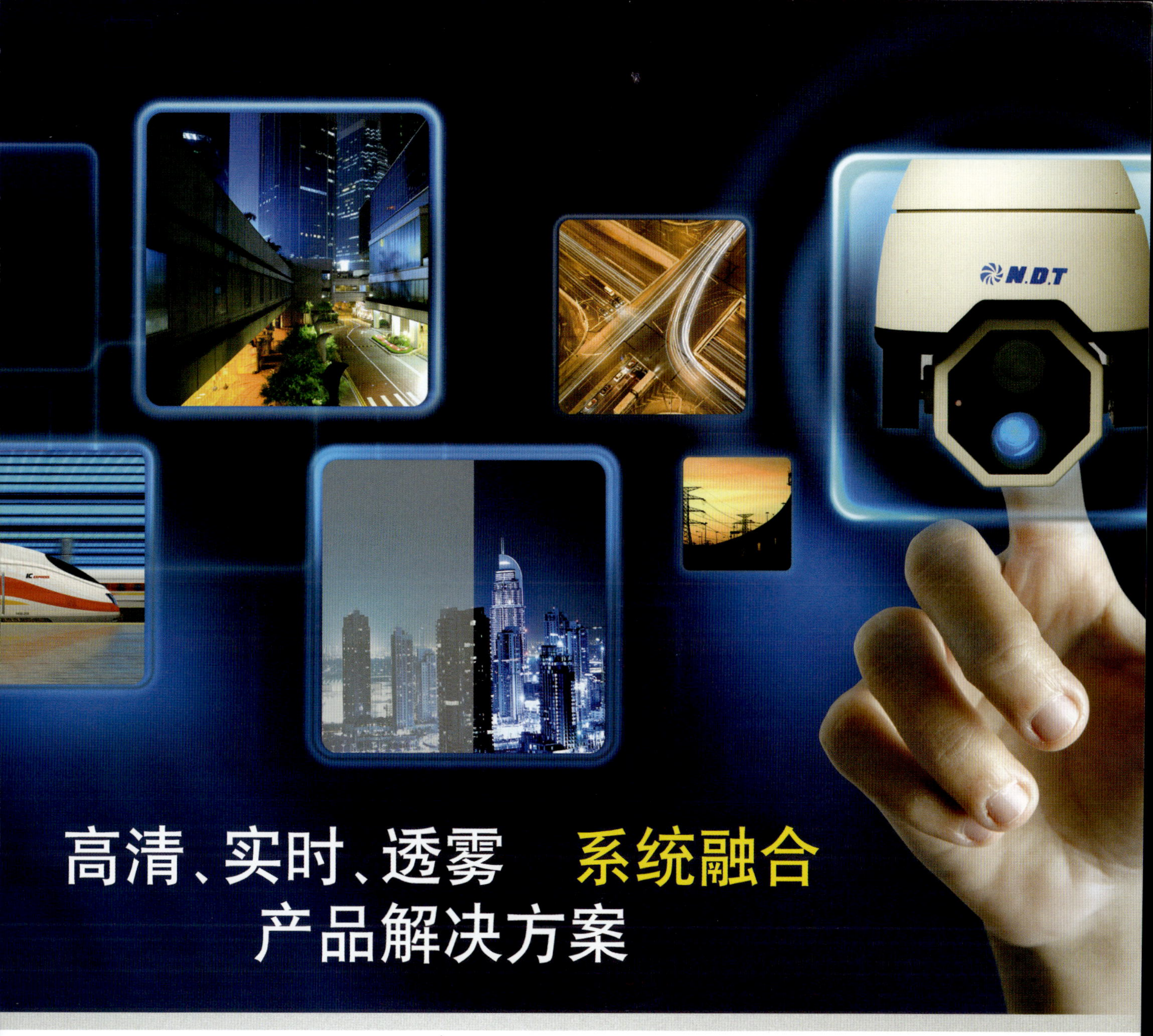

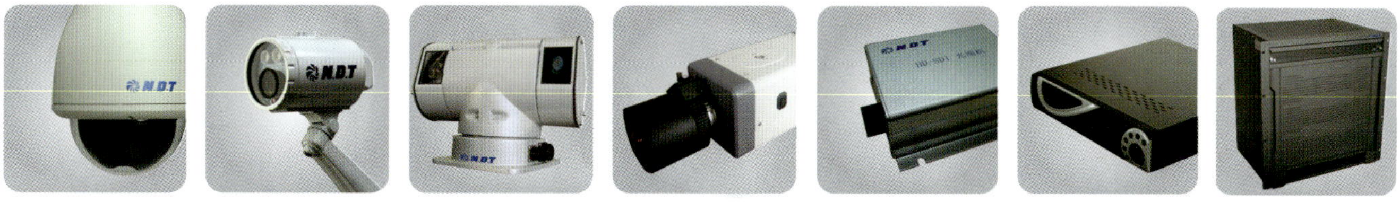

HD-SDI/IP 高清高速球　HD-SDI/IP高清红外枪机　HD-SDI/IP重载云台　HD-SDI/IP高清CCD枪机　HD-SDI/IP光端机　HD-SDI DVR/NVR　HD-SDI/IP矩阵

N.D.T
www.dynaimage.com

深圳市欣动态影像科技有限公司

深圳总公司地址：深圳市南山区西丽镇九祥岭东区工业区第五栋五楼
电话：0755-86501180/81/82 传真：0755-85269786
北京分公司地址：北京市朝阳区吉庆里蓝筹名座E座二区19层
电话：010-51297561 /62 传真：010-51297561-12

上高清选红苹果PE90 原有设备不淘汰

混合矩阵+高清多协议解码器+高清图像处理器

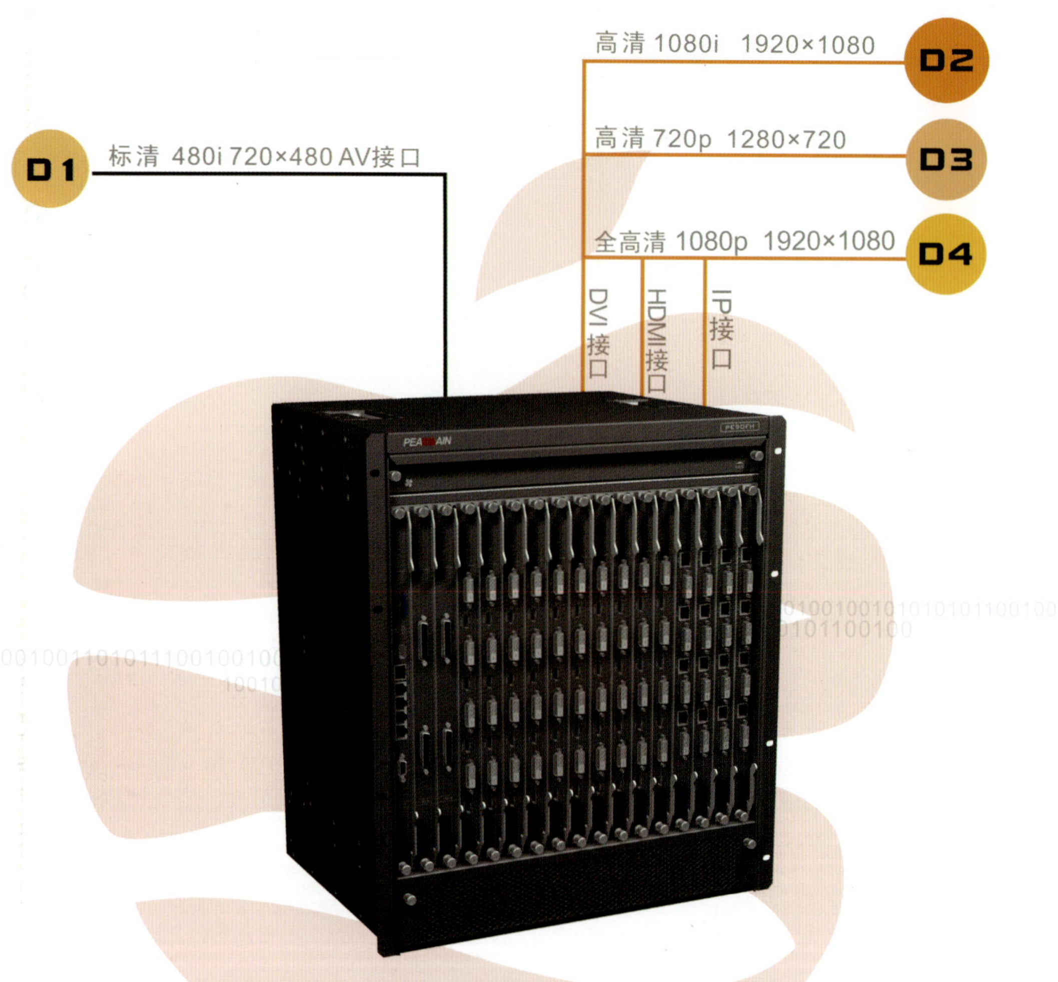

模拟、标清、高清系统完全接入；

兼容模拟AV矩阵的组网控制能力，最大限度保护现有的投资；

作为图像信息业务最末端，具备强大接入能力，支持混合信号输入；

支持AV、VGA、DVI、HDMI、SDI和网络视频接口；

标清、高清模块自由选择，标清升级为高清只需更换模块板卡无需更换系统。

追逐梦想新视界

PE90高清数字矩阵

PE高清SDI光端机

PE9200HD枪型网络摄像机

PE1602FD高清解码器

浙江红苹果电子有限公司

地址：杭州市古翠路76号怡泰大厦4楼　联系电话：0571-28978388/28978399　网址：www.pearmain.cn

TCL
中国建设银行
China Construction Bank

TCL大屏幕液晶拼接显示系统
多年品质沉淀，铸就行业典范

TCL新技术（惠州）有限公司
多年来致力于安防显示应用的研发与生产
从CRT、LCD到LED，从17"、19"到82"安防监视器
从40"窄边液晶拼接屏到46"、55"、60"超窄边液晶拼接屏，产品一应俱全
广泛应用于政府、金融、企业、教育、交通等重要领域
以强大研发实力、超高性价比、优质的产品质量、完善的售前售后服务
赢得行业客户高度认可和称赞
……

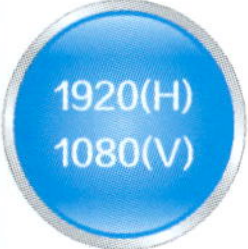

高分辨率

高对比度

高亮度

支持365天×24小时不间断工作

特殊拼接结构

智能温控风扇

178度广角视野

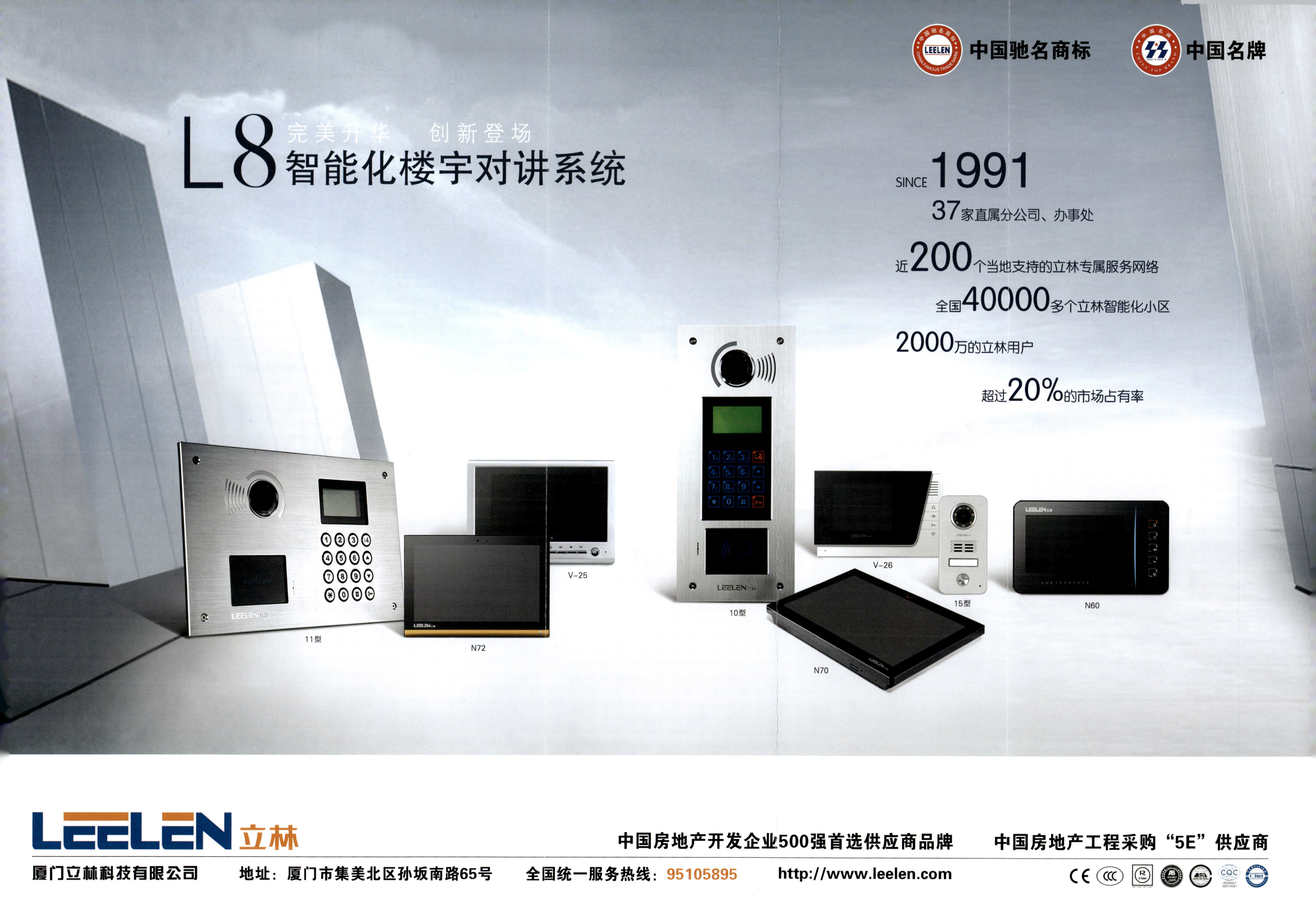
中国驰名商标
中国名牌
L8 完美升华 创新登场
智能化楼宇对讲系统
SINCE 1991
37家直属分公司、办事处
近200个当地支持的立林专属服务网络
全国40000多个立林智能化小区
2000万的立林用户
超过20%的市场占有率
11型
N72
V-25
10型
V-26
15型
N60
N70
LEELEN 立林
中国房地产开发企业500强首选供应商品牌
中国房地产工程采购“5E”供应商
厦门立林科技有限公司
地址：厦门市集美北区孙坂南路65号
全国统一服务热线：95105895
http://www.leelen.com

安防监控核心技术提供商

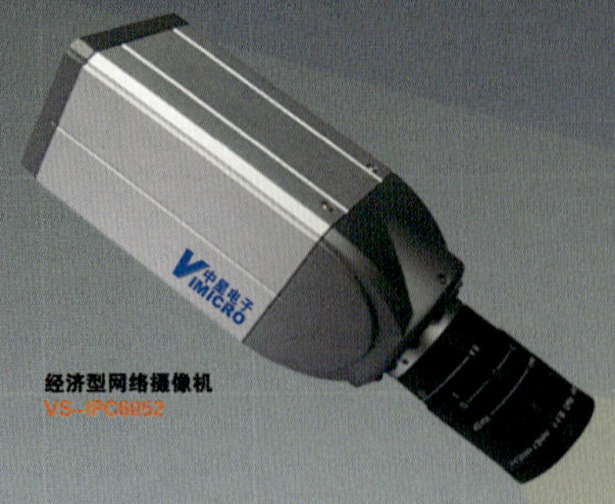

ViSS 运营级智能视频监控平台

ViSS 运营级智能视频监控系统平台是中星电子股份有限公司推出的面向固网和移动监控融合的新一代运营级远程视频监控系统。与市场上现有的绝大多数视频监控平台不同，ViSS 智能视频监控系统采用了先进的视频流\控制命令流\网管信令流三流分离的架构，并且配备了强大的网络和系统管理功能。它具有大容量、高可靠性、易运营、易维护、多级架构、扩展性强以及监控功能丰富等特点，适于政府、公安、运营商、金融、电力、厂矿等各类企业大规模网络视频监控系统的部署和建设。该产品采用模块化的设计架构，部署规模灵活，适用领域广泛，既适合于电信运营商做商业部署和行业部署，也可满足电力、智能交通、银行等各个行业的专业安防监控需求。特别是在大规模、集成化部署的应用下，更显出 ViSS 智能视频监控系统的大容量、易管理和维护的系统优越性。

经济型网络摄像机
VS-IPC6052

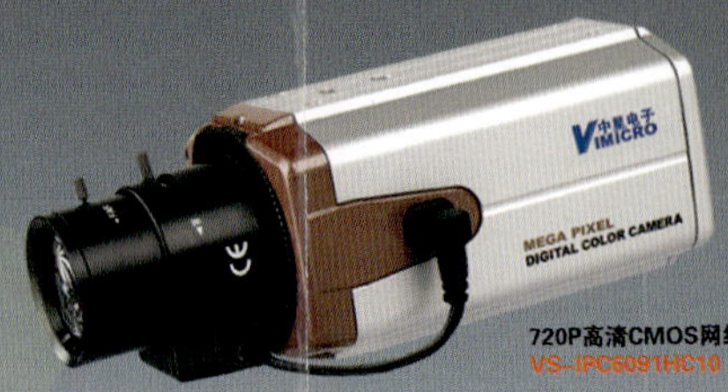

720P高清CMOS网络摄像机
VS-IPC6091HC10

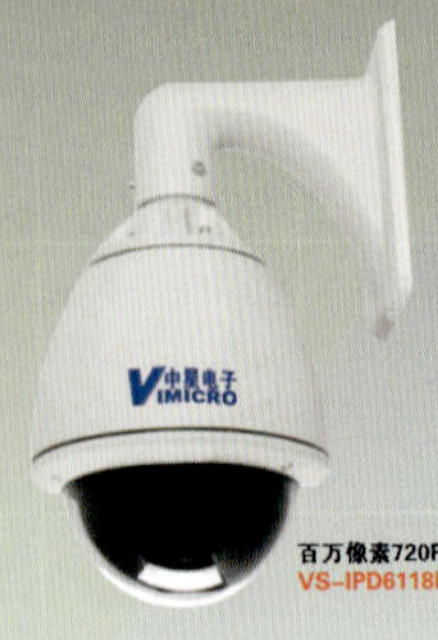

百万像素720P高清网络高速球
VS-IPD6118HD10-VSW / VS-IPD6118HD10-VSC

高清万能解码器/电视墙服务器
DCE1001 / DCE 3008

SVR超级混合式硬盘录像机
SVR3100 / SVR3300

NVR网络硬盘多功能一体机
NVR2100 / NVR2200

扩展型8/16路D1数字硬盘录像机
VS-DVR6508EDE-2U / VS-DVR6516SDS-2U

系统构架

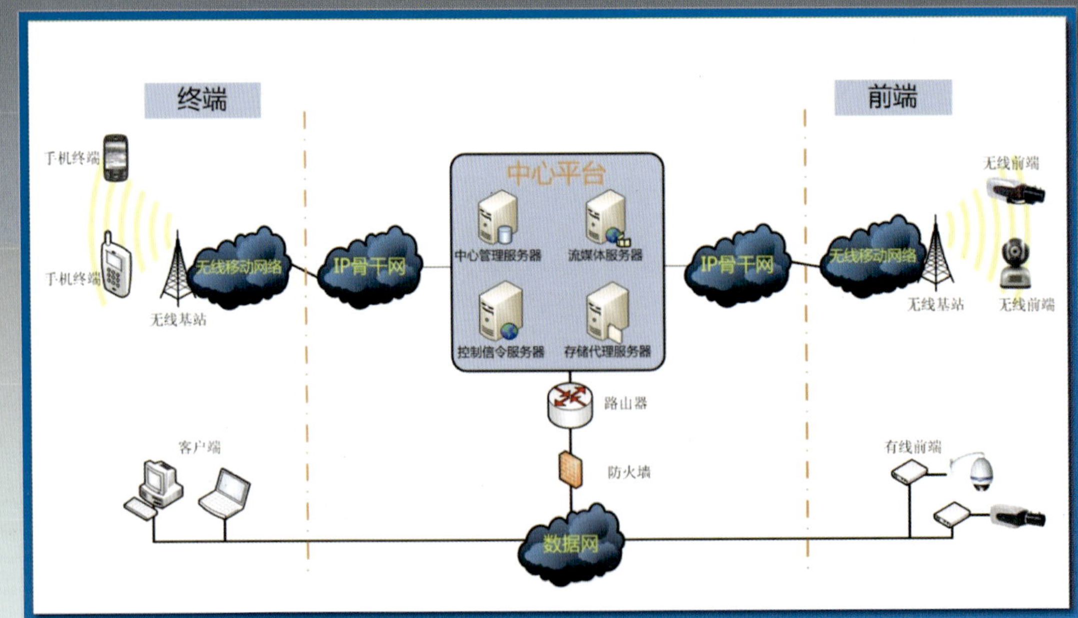

ViSS 智能视频监控系统逻辑架构图

产品特性

高可靠性

- 硬件高度可靠，系统配置采用冗余设计
- 强大的网管功能，实时监测系统运行状态，保证系统正常运行
- 软件延续性好，功能模块独立开发，松耦合架构，确保系统软件整体可靠

大容量和超强性能

- 可扩展性强
- 系统支持多级组网的架构
- 系统的设计满足超大容量需求，单模块业务性能强大

模块化设计，架构灵活

- 可根据系统规模量身配置功能模块
- 各个功能模块独立设计开发，模块之间松耦合
- 根据应用需要可分布式部署功能节点，功能节点可以实现灵活的负载均衡部署

互通和兼容能力强

- 支持多个厂家的前端设备接入
- 支持与 GIS 及智能分析系统融合
- 支持运营商各类业务系统的互通
- 支持与其他视频监控系统厂商平台的互通

主要功能

视频监控及告警联动

具备实时视频监控，抓拍，录像，存储管理，下载和在线回放的能力。丰富的告警触发能力和告警预案配置的能力，支持 PC 终端声光告警，Email、短信或者彩信手机告警。支持 GIS 地图、电视墙。

平台管理

支持对全网包括前端视频服务器、平台服务器、矩阵等所有网元的管理，提供了符合 ITU—T 规范的完备的配置管理、故障管理、性能管理、用户管理和计费管理等网管功能。

运营支撑

提供 SOAP 接口和详细的 CDR 话单与运营商的营帐系统对接。系统所具有的计费和运营维护能力可以帮助运营商向不同类型的客户同时提供托管式服务，有针对性地采取不同的计费策略和服务等级。

两级平台

ViSS 系统产品首创的功能，满足两级中心、多级运营的视频监控网络架构。实现了上级平台和多个级平台互联，上级和下级平台分别独自管理，跨平台业务访问的功能需求。

智能分析

支持前端智能和平台智能分析。包括周界防范类的入侵、越界、移走、遗留、逆行、徘徊、遮挡；人脸抓拍、人流统计和视频质量诊断。

二次开发

提供基于 Windows 平台的二次开发包，实现视频播放、云镜控制、录像回放的嵌入式应用。

中星电子股份有限公司
Vimicro Electronics Corporation

天津
地址：天津经济技术开发区洞庭路58号
融汇大厦11层
邮编：300457
电话：86-22-59861000
传真：86-22-59823100

北京
地址：北京市海淀区学院路35号
世宁大厦16层
邮编：100191
电话：86-10-68948888
传真：86-10-68944075

上海
地址：上海市浦东新区碧波路888号
畅星大厦2楼202
邮编：201203
电话：86-21-58955557
传真：86-21-38820979

深圳
地址：深圳市南山科技园南区
T2栋B区4F
邮编：518057
电话：86-755-26719818
传真：86-755-26719539

E-Mail：zx-marketing@zxelec.com

统一监控 物联视界

监控行业的开拓者与领航者——中兴力维，凭借自身优势和对智慧城市的深度理解，整合团队智慧，逐步形成具有六大特色的行业解决方案。充分运用自主创新的ViewEye云技术监控管理平台软件，以强大的媒体处理和数据分析能力，构筑安全可靠的智慧城市系统基石，为美好明天谱写一首首优美动听的青春赞歌！

监控统一：视频、卡口、巡更、门禁、动环等多项业务功能，全方位安全防护体系
业务统一：定制开发的工作流引擎紧密结合用户业务特征，重点业务全流程监管服务
网络统一：融合有线与无线监控技术，三维立体空间监控网络
安全统一：完善的桌面安全、数据安全、服务安全、网络安全和设备安全保障体系
管理统一：专业化的系统设备网管服务，分级分域管理模式，保证系统高可用性
标准统一：遵循标准的H.264、MPEG4、RTSP、3GPP、ONVIF、TR069、SNMP等国际规约

深圳中兴力维技术有限公司 | 地址:深圳市南山区高新区科技南一路W1-A栋四楼 电话:+86-755-26525680
Shenzhen ZTE NetView Technology Co., Ltd. | Add:4F, W1-A Bldg, Gaoxin S.1th Ave., Hi-Tech Park, Nanshan District, Shenzhen, PRC

腾飞盛豪　QSD-8101

盛世江南　QS-601

盛世伯爵　QS-600

盛世门　QSD-888

地址：浙江省永康市永拖路 59 号　邮编：321300
电话：0579-87155888　87155068　87155895　87155812
传真：0579-87155711
http: //www.chinaqunsheng.com　E-mail: chinsun_door@yahoo.cn

chinsun
群升门业
WWW.CHINSUN-DOOR.COM

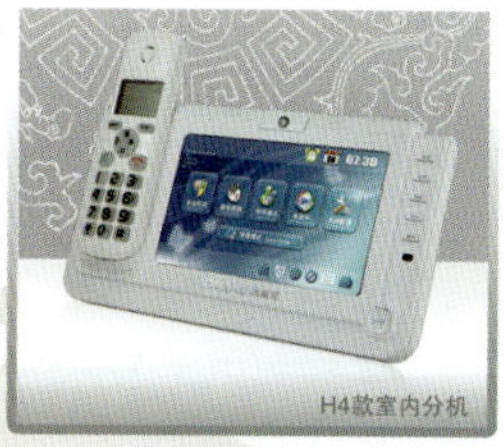

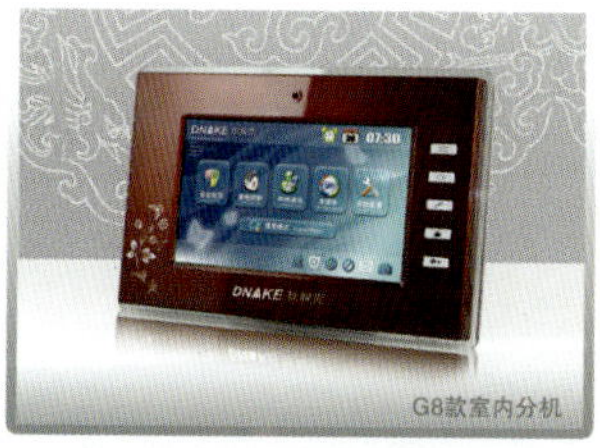

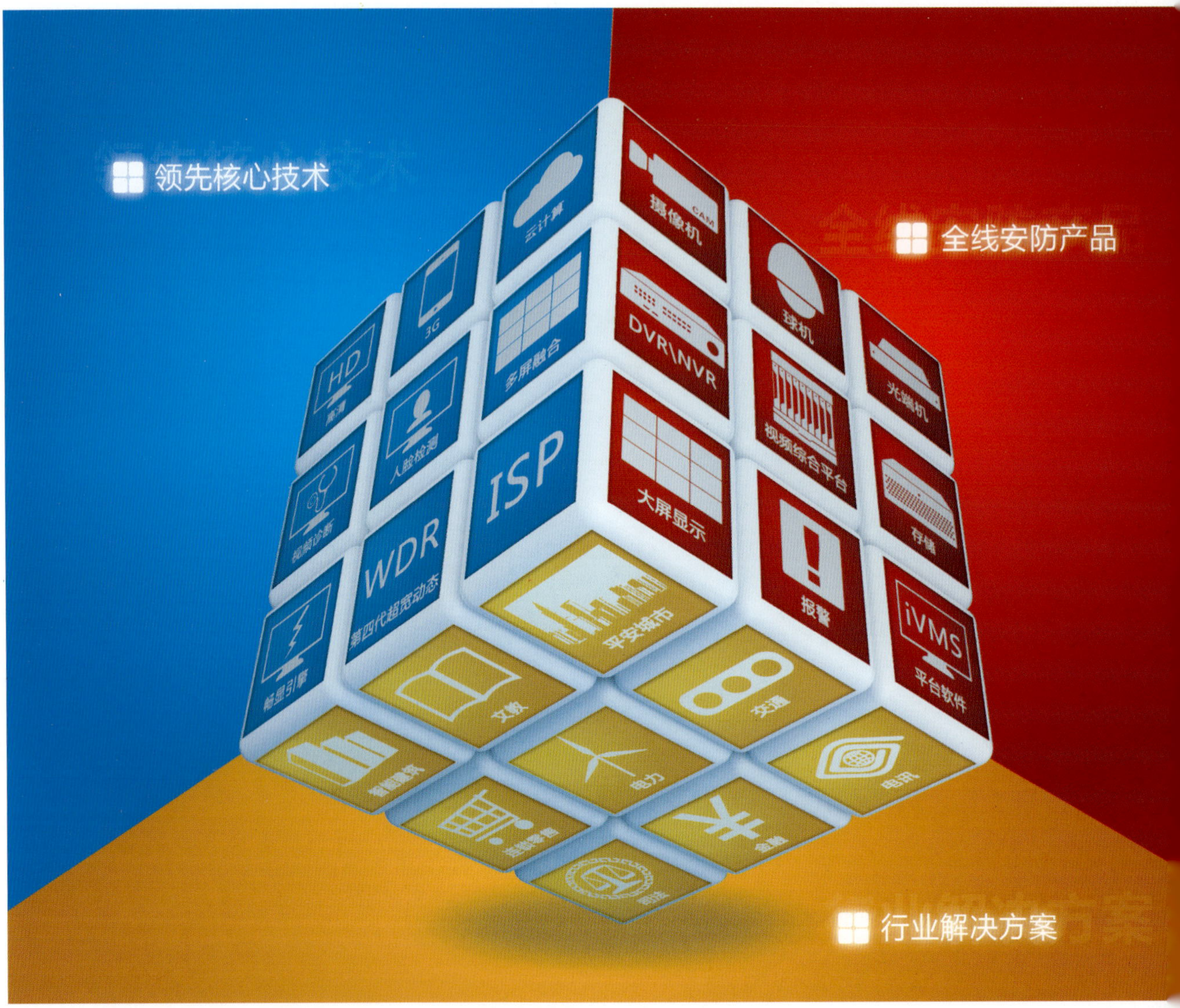

中国安全防范行业年鉴

2011 版

中国安全防范产品行业协会　编

中国人民公安大学出版社
·北　京·

图书在版编目（CIP）数据

中国安全防范行业年鉴：2011版／中国安全防范产品行业协会编．—北京：中国人民公安大学出版社，2012.8

ISBN 978-7-5653-0948-9

Ⅰ．①中…　Ⅱ．①中…　Ⅲ．①安全装置—工业企业—中国—2011—年鉴　Ⅳ．①F426.63-54②F426.4-54

中国版本图书馆CIP数据核字（2012）第179180号

中国安全防范行业年鉴（2011版）

中国安全防范产品行业协会　编

出版发行：中国人民公安大学出版社
地　　址：北京市西城区木樨地南里
邮政编码：100038
经　　销：新华书店
印　　刷：北京通天印刷有限责任公司

版　　次：2012年9月第1版
印　　次：2012年9月第1次印刷
印　　张：28.75
开　　本：889毫米×1194毫米　1/16
字　　数：1146千字

书　　号：ISBN 978-7-5653-0948-9
定　　价：120.00元

网　　址：www.cppsup.com.cn　www.porclub.com.cn
电子邮箱：zbs@cppsup.com　zbs@cppsu.edu.cn

营销中心电话：010-83903254
读者服务部电话（门市）：010-83903257
警官读者俱乐部电话（网购、邮购）：010-83903253
电子音像与数字出版分社电话：（010）83901931

广告经营许可证：京西工商广字第0305号
网络支持：中国安防行业网（www.21csp.com.cn）

《中国安全防范行业年鉴》编辑委员会

顾　　问：	李润森	王　俭	柳晓川		
主　　任：	王彦吉				
副主任：	谭晓准	靳秀凤	陈朝武		
委　　员：	（按姓氏笔划排序）				
	邓　刚	史奇中	宁惠君	刘人刚	刘铭威
	孙　非	牟晓生	张金山	李建平	李明甫
	李桃天	杨和声	陈　雷	郑孙满	施巨岭
	胡志昂	赵锡廷	栗　萍	秦嘉黎	曹国辉
	蒋乐中	薛宏伟			

《中国安全防范行业年鉴》编辑组

主　　编：	李建平				
副主编：	李明甫	赵　源	安福东	焦金山	
编　　辑：	章小麟	高　军	霍兴旺	刘玉韦	张　峰
	汪　瑾	李　琴	刘　萍		
美术制作：	李　丽	王朝飞			
技术支持：	王学磊				
资料采集：	许金龙	乔　阳	李　丹	金绍鸿	王文闻
	朱小雪	高　倩	郝美晶	杨会娟	

《中国安全防范行业年鉴》
合作协办单位

（排名不分先后）

腾龙光学（上海）有限公司
恒业国际控股集团有限公司
北京快鱼科技有限公司
深圳市视得安罗格朗电子股份有限公司
北京汉邦高科数字技术股份有限公司
北京金瑞致科技有限责任公司
深圳市英特安防实业有限公司
深圳市缔佳视频实业有限公司
东方网力科技股份有限公司
深圳市朗驰欣创科技有限公司
深圳波粒科技股份有限公司
深圳市翔飞科技有限公司
成都亚光电子股份有限公司
北京蛙视通信技术有限责任公司
金三立视频科技（深圳）有限公司
北京迪安视佳科贸有限责任公司
南宁奥特数码科技有限公司
中国船舶重工集团公司第七一八研究所
山东神戎电子股份有限公司
广州市宇洪电线电缆实业有限公司
深圳市秋田科技有限公司
江苏天诚线缆集团有限公司
苏州科达科技有限公司
英特韦特安防科技（中山）有限公司
福建省冠林科技有限公司
佳都新太科技股份有限公司
索贝数码科技股份有限公司
上海道肯奇科技有限公司
杭州天视智能系统有限公司
浙江红苹果电子有限公司
北京智鑫安盾数字技术有限公司
泰科消防保安（天津）有限公司
中星电子股份有限公司
敏通企业股份有限公司
北京先进视讯科技有限公司
北京同有飞骥科技股份有限公司
北京蓝色星际软件技术发展有限公司
浙江大立科技股份有限公司
天津市亚安科技股份有限公司
广州美电贝尔电业科技有限公司
深圳市保千里电子有限公司
广州市伟昊科技电子有限公司
厦门立林科技有限公司
深圳市黄河数字技术有限公司
上海格瑞特科技实业有限公司
厦门狄耐克电子科技有限公司
广东安居宝数码科技股份有限公司
天津天地伟业数码科技有限公司
TCL 新技术（惠州）有限公司
索尼（中国）有限公司
安保迪科技（深圳）有限公司
ABB（中国）有限公司
北京双旗世纪科技有限公司
上海联腾信息技术有限公司
北京中电兴发科技有限公司
北京富盛星电子有限公司
常州市明景电子有限公司
北京中盾安全技术开发公司
群升集团有限公司
深圳英飞拓科技股份有限公司
凤凰光学安防（上海）有限公司
深圳市联嘉祥科技股份有限公司
深圳中兴力维技术有限公司
康联电子有限公司
杭州中威电子股份有限公司
深圳市豪恩安全科技有限公司
英格索兰（上海）贸易有限公司

北京中盾安全技术开发公司

BEIJING ZHONGDUN SECURITY TECHNOLOGY DEVELOPMENT CO.

北京中盾安全技术开发公司（以下简称中盾）是公安部第一研究所投资设立的全民所有制企业，注册资本1.8亿元人民币，主要从事公安专用接、处警综合研判平台技术的研究与开发，社会公共安全防范体系系列标准的编制；安全防范专用设备的研制、生产，综合安全防范系统集成项目的设计、实施等工作。中盾是我国从事安全防范事业较早的企业之一，长期致力于服务公安业务、服务公安一线、服务社会公共安全，诚信经营，信誉良好，多次被评为北京安防行业AAA级诚信企业，公司的主导产品被评为“平安城市建设推荐优秀产品”。中盾是中国安全防范产品行业协会常务理事单位，北京安防协会副理事长单位，“中国安防平安城市建设3111优秀工程企业”。中盾公司自主研制的“城市监控报警联网综合研判平台ZD8300V1”和“人体内外藏物（毒）X射线检查设备CMEX-70200”获得2010中国国际社会公共安全产品博览会创新产品特等奖；“手持式第二代居民身份证读写机具”获平安城市建设优秀安防产品奖。

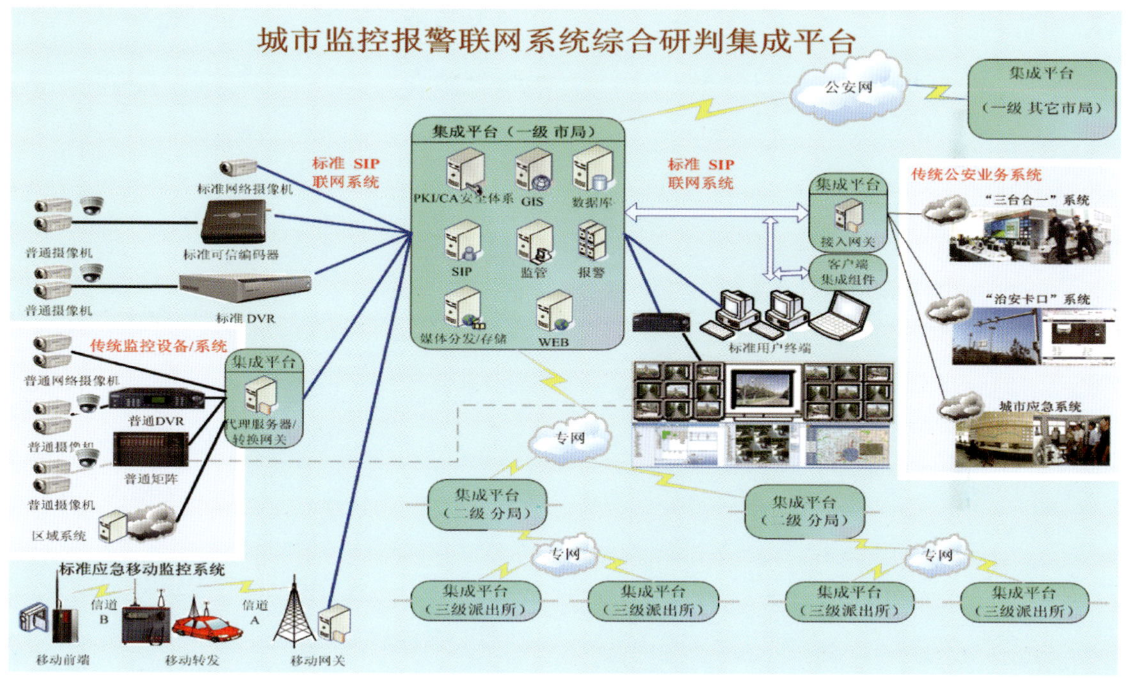

安全管理综合集成解决方案

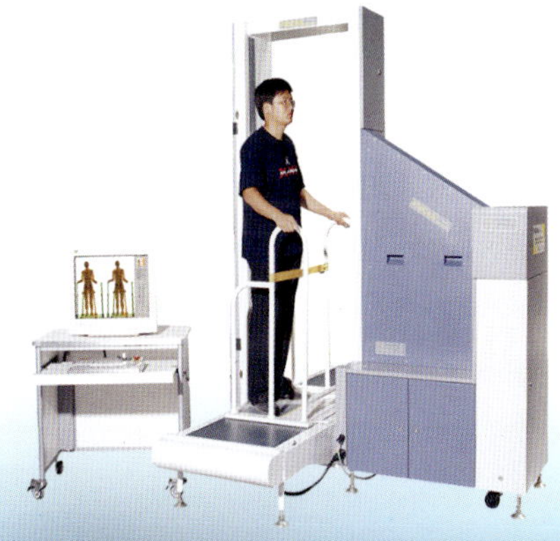

CMEX-70200型人体内外藏物（毒）
X射线检查设备

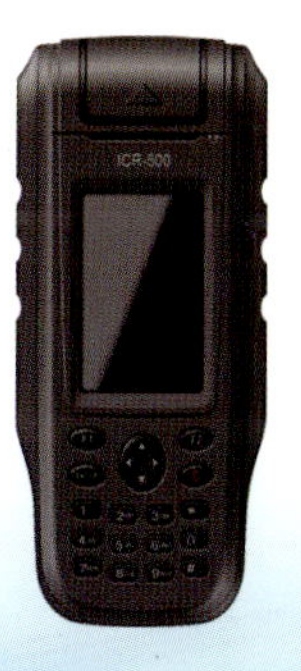

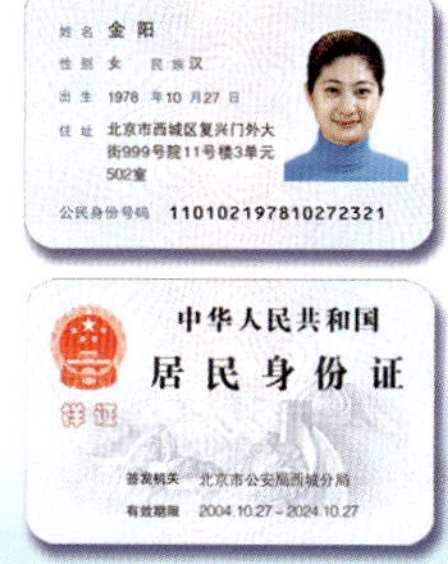

ICR-500身份证核验终端

地址：北京首都体育馆南路一号　电话：(010)68773553　传真：(010)68773864

序言

Preface

2011年是中国“十二五”规划的开局之年。面对复杂严峻的国内外环境，全国人民在党中央、国务院的正确领导下，同心同德，迎难而上，共渡时艰，国民经济保持平稳较快发展，各项社会事业取得新的进步，改革开放和社会主义现代化建设取得新的重大成就，实现了“十二五”规划的良好开局。

2011年同样是我国安防行业落实“十二五”规划的第一年。中央和地方相继推出了与安防行业相关的多项法律法规，出台了多项与安防行业相关的“十二五”规划。公安部业务主管部门、各地技防管理部门继续深入贯彻落实公安部《关于深入开展城市报警与监控系统应用工作的意见》，积极推进技防立法，大力推动“平安城市”建设，为全国安防行业“十二五”开局带来了新的发展机遇。

新机遇带来新发展，新发展迎来新挑战。不断完善的政策环境，前所未有的发展空间，日益增长的社会需求，为安防行业的大发展提供了天时地利人和的历史性机遇。2011年，在公安部科技信息化局的领导下，中国安全防范产品行业协会（以下简称协会）遵循“自律、维权、服务”的宗旨，积极组织并引导企业参与“城市报警与监控系统建设”、“农村技防建设”、“开门评警大走访”等专项工作，成功举办专业技术交流和采购洽谈等专项活动，为安防企业拓展出更大的市场舞台；各地安防协会抓住机遇，开拓进取，勇于创新，不断拓展安防行业的发展领域；山东、甘肃、新疆在充分准备的基础上，陆续成立了地方安防协会。2011年，全国120多万安防人意气风发，知难而进、乘势而上；安防企业不断成长壮大，创新能力大幅增强；

安防产品快速地向数字化、集成化、网络化、智能化方向发展，一批自主品牌已经成为推动国内安防行业发展和进步的重要力量，产品质量全面提高，市场容量日益扩展，应用领域持续延伸，国际贸易与日俱增，经济效益快速攀升，呈现出爆发式增长、跨越式发展的喜人景象。

历史是一面镜子，又是一部教科书。《中国安全防范行业年鉴》（以下简称《年鉴》）作为全国安防行业最具权威性的编年史和工具书，自2002年出版以来，已经走到了第十个年头。十年间，它随着安防行业的发展从无到有，不断成长，逐渐走向成熟。这是值得庆贺的十年。我们始终没有忘记《年鉴》所肩负的历史使命，没有忘记《年鉴》“为行业发展服务、为社会安全服务、为用户服务、为企业服务”的宗旨。我们力求在忠实记录安防行业历史的前提下，每年有所提高，有所创新。

《年鉴》是历史信息的汇集和记录，我们更希望它是一种启迪，一种激励。启迪我们从历史发展的足迹中寻找新的灵感和智慧，激励我们在继续前进的道路上走得更快和更远。

我们所做的一切，都是为了安防行业的明天更美好！

《中国安全防范行业年鉴》编辑委员会

二〇一二年八月二十日

CONTENTS

目录

Contents

综述篇

法规篇

管理篇

协会篇

标准化与检测、认证篇

应用篇

附 录

综述篇

ZONGSHU PIAN

第一章 2011年中国安防行业概况

引 言

2011年是中国“十二五”开局之年，也是不平凡的一年。面对复杂多变的国际政治经济环境和艰巨繁重的国内改革发展任务，我国人民在中国共产党领导下，同心同德，团结奋进，改革开放和社会主义现代化建设取得了新的重大成就。国内生产总值47.2万亿元，比2010年增长9.2%；公共财政收入10.37万亿元，增长24.8%，成功实现“十二五”时期良好开局。

2011年国务院及相关部委出台了一系列涉及安防领域的法规、“十二五”规划等，虽然出发点各不相同，但从国家产业政策层面都对安防行业的发展产生了积极的影响，使得安防应用的领域进一步扩大和加强，市场对安防产品需求进一步深化，有效地拓展了安防行业的市场，有力地推动了安防行业的持续、健康发展。

2011年我国安防行业在国家和各级政府的支持和推动下，行业规模、企业规模、市场规模都发生了显著变化，国际贸易与日俱增。政府继续大力推动“平安城市”、“智慧城市”建设，安防企业自身的创新拓展加之与IT企业、电信企业、家电企业的交融发展，极大地扩充了安防的内涵和应用领域。在这种形势下，安防行业的管理层面、企业发展层面以及中介服务层面都面临着许多改革与发展的新考验，广大安防业界同仁要在政府主管部门的领导下，不断创新，积极探索安防行业可持续发展的道路。

第一节 产业发展环境

一、政策环境

随着我国社会经济的不断发展，各项事业的不断推进，2011年各级政府及职能部门陆续出台了一系列与安防建设密切相关的法规和政策，不仅规范和加强了相关应用领域的安全防范建设，而且为安防行业的发展提供了很好的政策支持和保障，有力地推动了安防行业的持续健康发展。2011年中国安防行业在发展环境、应用领域等方面都取得了长足的进步。2011年中国安防行业发展环境进一步优化，应用领域进一步扩大。

（一）法律、法规、规章及规范性文件

2011年，全国人大、国务院及各部委发布实施的相关法规和规范性文件中与安防行业密切相关的就有十几项，这些法规和文件在不同的应用领域和层次对安全防范建设提出了更加明确的规定和要求，使得安全防范应用范围得到不断延伸和拓展，安防行业也迎来了很大的机遇。

1.《全国人大常委会关于加强反恐怖工作有关问题的决定》

2011年10月29日，第十一届全国人民代表大会常务委员会第二十三次会议通过的《全国人大常委会关于加强反恐怖工作有关问题的决定》中明确指出，恐怖活动是指以制造社会恐慌、危害公共安全或者胁迫国家机关、国际组织为目的，采取暴力、破坏、恐吓等手段，造成或者意图造成人员伤亡、重大财产损失、公共设施损坏、社会秩序混乱等严重社会危害的行为，以及煽动、资助或者以其他方式协助实施上述活动的行为。

国家反对一切形式的恐怖主义，坚决依法取缔恐怖活动组织，严密防范、严厉惩治恐怖活动。这充分体现了国家强力打击恐怖活动，保障国家安全和人民生命、财产安全，维护社会秩序的坚定信心。

2.《危险化学品安全管理条例》

2011年3月2日，国务院总理温家宝签署第591号国务院令，公布了新修订的《危险化学品安全管理条例》。《条例》共8章102条，自2011年12月1日起施行。《条例》强调，危险化学品安全管理，应当坚持安全第一、预防为主、综合治理的方针，强化和落实企业的主体责任。任何单位和个人不得生产、经营、使用国家禁止生产、经营、使用的危险化学品。《条例》明确，国家对危险化学品的生产、储存实行统筹规划、合理布局。国家对危险化学品经营（包括仓储经营）实行许可制度。

《条例》规定生产、储存危险化学品的单位，应当根据其生产、储存的危险化学品的种类和危险特性，在作业场

所设置相应的监测、监控、通风、防晒、调温、防火、灭火、防爆、泄压、防毒、中和、防潮、防雷、防静电、防腐、防泄漏以及防护围堤或者隔离操作等安全设施、设备，并按照国家标准、行业标准或者国家有关规定对安全设施、设备进行经常性维护、保养，保证安全设施、设备的正常使用。新《条例》的实施体现了国家严格监督管理危险化学品的决心。

3.《关于坚持科学发展安全发展促进安全生产形势持续稳定好转的意见》

2011 年 11 月 26 日，国务院发布《关于坚持科学发展安全发展促进安全生产形势持续稳定好转的意见》。在《意见》第 13 条中，国务院要求企业加强安全生产风险监控管理。充分运用科技和信息手段，建立健全安全生产隐患排查治理体系，强化监测监控、预报预警，及时发现和消除安全隐患。企业要定期进行安全风险评估分析，重大隐患要及时报安全监管监察和行业主管部门备案。各级政府要对重大隐患实行挂牌督办，确保监控、整改、防范等措施落实到位。各地区要建立重大危险源管理档案，实施动态全程监控。

在《意见》中，国务院反复强调运用科技和信息手段加强安全生产，加强各项安全系统和装备建设，提高生产安全防护水平。科学技术在安全生产监管中起着重要的导向和基础性作用，具有前瞻性和引导性。大力推广安全生产监管科学技术，加强安全生产风险监控管理，完善安全系统和装备建设，提高生产安全防护水平对实施“科技兴安”战略，构建社会主义和谐社会起着重要作用。

4.《关于加强寄递渠道治安管理工作的通知》

2011 年 7 月 19 日，公安部、国家安全部、国家邮政总局联合发布《关于加强寄递渠道治安管理工作的通知》，要求加强寄递渠道治安管理，维护寄递渠道生产秩序，保障国家安全、公共安全和社会稳定。并要求配备符合国家标准的安全检查设备，安排具备专门技术和技能的人员对邮件、快件进行安全检查，及时发现、主动堵截禁寄物品；明确企业负责人治安保卫责任，设置治安保卫机构，配备专职治安保卫人员，落实人防、物防、技防措施。邮政管理部门加强寄递渠道治安管理工作，不仅加强了邮件、快件寄递渠道的安全，维护了公共安全和社会稳定，也有力地拓展了安防市场应用领域，为安防行业的发展注入了新的活力。

5.《公安部、国家文物局关于进一步加强博物馆安全工作的通知》

2011 年 8 月 30 日，公安部、国家文物局针对 2011 年全国连续发生 3 起博物馆（包括故宫博物院）文物被盗和被抢案件，联合发布了《公安部、国家文物局关于进一步加强博物馆安全工作的通知》，明确要求进一步强化博物馆安全工作；进一步强化博物馆内部安全管理措施；进一步排查整治安全隐患；进一步提高博物馆安全技术防范水平；进一步完善馆藏文物安全长效工作机制。

6.《公安部关于进一步加强社会治安防控体系建设的指导意见》

2011 年 7 月 26 日，公安部印发了《公安部关于进一步加强社会治安防控体系建设的指导意见》，强调视频监控系统是社会治安防控体系建设中的重要组成部分，需要进一步加强建设。

另外，国家在 2011 年还颁布实施了与安防行业相关的《中华人民共和国招标投标法实施条例》和《认证机构管理办法》等法律、法规，这些法律、法规也直接或间接地规范和促进了安防行业的健康发展。

（二）国家产业政策及相关行业的“十二五”规划

2011 年国家发展和改革委员会为贯彻落实党的科学发展观，加强和改善宏观调控，进一步转变经济增长方式，推进产业结构调整和优化升级，保持国民经济平稳较快发展，及时发布了产业结构调整政策；国务院相关部委制定和发布了若干行业发展规划；这些政策和行业发展规划与安防或多或少有一定的联系，在一定程度上鼓励、引导并推进了安防行业的进一步发展和壮大。

1.《产业结构调整指导目录（2011 年本）》

2011 年 6 月 1 日，国家发展和改革委员会根据《国务院关于发布实施〈促进产业结构调整暂行规定〉的决定》（国发〔2005〕40 号），发布了《产业结构调整指导目录（2011 年本）》。该《目录》将相关产业分成了鼓励、限制和淘汰三大类。从该《目录》里我们看到公共安全与应急产品，城市公共安全监测预警平台技术，毒品等违禁品、核生化恐怖源探测技术与产品，易燃、易爆、强腐蚀性、放射性等危险物品快速检测技术与产品，音视频编解码设备，数字视频产品，IP 网络化产品，城市智能视觉监控，视频分析、视频辅助刑事侦察技术设备，自动识别和标志技术等多项安防行业的项目在鼓励类目录中榜上有名。这表明安防行业作为国家政策大力支持的行业，有着巨大的发展前景。

2.《物联网“十二五”发展规划》

2011 年 11 月 28 日，由工业和信息化部牵头制定的《物联网“十二五”发展规划》出台，《规划》从产业、财税等多方面，提升物联网产业发展水平。根据《规划》，工业和信息化部将支持重点领域应用示范工程，具体包括智能工业、智能农业、智能物流、智能交通、智能电网、智能环保、智能安防、智能医疗与智能家居九大领域。智能安防是未来安防发展的重要趋势之一，工业和信息化部把智能安防作为未来“十二五”发展的重要支持领域应用示范工程，无疑从国家政策层面给予了未来安防发展巨大的支持。

3.《国家文物博物馆事业发展“十二五”规划》

2011 年 6 月，国家文物局发布了《国家文物博物馆事业发展“十二五”规划》。《规划》指出，到 2015 年，我国博物馆总数将达 3500 家。在博物馆数量快速增长的同时，未来五年国家文物局将定期开展文物系统安全大检查，排查安全隐患，近一步加强人防、物防、技防体系建设，并督促落实整改措施。

我国文物博物馆属于安全防范应用最早的领域，随着我国文物博物馆保护理念的不断深入，博物馆总数的不断增加，再加上不断出现的文物安全问题。未来文物及博物馆安全防护必将受到高度重视，国家也将加大支持力度，这将为文博安防的发展注入新活力。

4.《交通运输“十二五”发展规划》

2011 年 4 月 13 日，交通运输部正式印发了《交通运输“十二五”发展规划》。《规划》就公路交通、沿海港口、内河水运、民航、邮政、综合运输提出了发展目标、任务和重点。同时《规划》中也提出了建设交通科技与信息化、绿色交通、安全与应急保障等内容，这些都是对经济社会和交通运输发展时代特征与要求的集中体现。交通基础设施建设的重点任务规模之大，必将成为安防行业重要应用领域。

5.《全国公安装备建设“十二五”规划》

2011 年 5 月 23 日，公安部印发了《全国公安装备建设“十二五”规划》，将视频监控设备列入公安装备范畴，在“十二五”期间加以大力推进。

6.《全国公安机关“十二五”科技强警工作规划》

2011 年 9 月 28 日，公安部通过了《全国公安机关“十二五”科技强警工作规划》，进一步突出了安全技术防范是科技强警工作的重要内容，要进行深入推广。

2011 年国家各部委相关行业陆续出台了“十二五”规划，从以上列举的与安防行业密切相关行业的“十二五”规划中，体现了在“十二五”我国转型发展期间，安防行业将随着国家产业结构调整、相关行业发展规划等政策的不断深入，必将迎来全新的发展机遇和挑战。

（三）地方性法规、规章和规范性文件

建设和谐稳定的社会是惠及民生的大事，2011 年全国各级政府及相关部门对社会公共安全高度重视，从各地实际工作出发，陆续出台了近 20 项与安防行业密切相关的法规和规范性文件，不仅有效地保证了人民群众的安居乐业，为维护社会的稳定发挥了重要作用，也促进了安防行业的健康发展。

1.《福建省社会治安综合治理条例》

2011 年 5 月 21 日，福建省第十一届人民代表大会常务委员会第二十三次会议通过了《福建省社会治安综合治理条例》。该《条例》是为了加强社会治安综合治理，维护社会治安秩序，促进社会和谐稳定，保障人民安居乐业，根据《全国人民代表大会常务委员会关于加强社会治安综合治理的决定》和有关法律、法规，结合福建省实际制定而成。

同时为进一步贯彻落实公安部《关于深入开展城市报警与监控系统应用工作的意见》和公安部关于加强社会治安防控体系建设的要求，加强福建省视频监控系统建设应用和管理指导工作，福建省公安厅制定了《福建省视频监控系统技术规范》和《关于贯彻执行〈福建省视频监控系统技术规范〉的实施意见》。

2.《甘肃省公共安全视频信息系统管理办法》

2011 年 2 月 25 日，甘肃省人民政府第七十五次常务会议讨论通过了《甘肃省公共安全视频信息系统管理办法》（省政府令第 78 号），并自 2011 年 5 月 1 日起施行。同时甘肃省公安厅结合《甘肃省社会治安防控体系建设 2009 至 2011 年工作规划》的执行情况和全省社会视频监控建设发展的状况，按照公安厅党委的要求，起草了《甘肃省社会治安技术防范建设规划（2011 年 – 2013 年）》，上报后经甘肃省政府批准并印发执行。

2011 年甘肃省政府提出了开展为民办实事的工作要求，开展社会治安视频监控系统建设是工作要求之一，2011 年的具体工作是在 500 个乡镇（街道）建设社会治安视频监控系统，制订了《2011 年乡镇（街道）社会治安视频监控系统建设实施方案》，并已由甘肃省综治办报甘肃省政府同意后下发实施。

3.《北京市写字楼内部治安保卫工作规定》

北京市公安局内部单位保卫局为规范写字楼内部治安保卫工作，保护公民人身、财产安全和公共财产安全，维护写字楼内部治安秩序，根据《中华人民共和国治安管理处罚法》等有关法律、法规的规定，结合北京市实际情况印发了《北京市写字楼内部治安保卫工作规定》的通知。

同时，北京市公安局内部单位保卫局从技防管理工作的实际出发，组织协会和企业编写的《安全技术防范系统运行检验规范》和《安全防范工程监理规范》已经通过北京市质监局的终审，并于 2011 年 8 月实施。

4.《河南省道路交通安全动态监控系统建设实施意见》

2011 年 8 月 11 日，河南省交通运输厅、公安厅、安全生产监督管理局联合发布了《河南省道路交通安全动态监控系统建设实施意见》。该《意见》是河南省为了进一步加强道路交通安全监管工作，坚决遏制和防范群死群伤恶性事故发生，保障人民生命财产安全，为创建“安全河南”奠定良好的基础而制定。

针对河南省警务机制改革创新，为推动各级视频监控资源的联网整合与主动应用机制建设，河南省公安厅制定了《河南省公共安全视频监控系统建设与应用工作规划》，并制定下发了河南省公安厅《关于加强全省视频监控报警系统应用工作的意见》（豫公通〔2011〕212 号），对全省技防体系进行了宏观规划，提出了进一步提高全省视频监控系统应用能力的具体要求。

2011 年全国各地陆续出台了近 20 项的地方性法规、规范性文件，以上只简单列举了部分省市发布的地方性法规、规范性文件，这些地方性法规和规范性文件有力地规范和加强了相关领域的安防建设，也极大地促进了整个安防行业的快速发展。

二、经济环境

2011年是“十二五”开局之年，一大批“十二五”规划重点建设项目集中开工再加上前几年大规模开工的项目投资增长的惯性以及政府继续加大保障性住房建设的力度，这都促使固定资产投资保持在合理规模内。但由于部分传统行业新增产能投资的限制、房地产商出现观望徘徊而放缓投资进度、地方政府融资能力受到规范性要求的约束等因素，在一定程度上影响了2011年的固定资产投资增速。

2011年安防行业发展面临着较好的经济发展环境，在经历国家4万亿元投资建设的高潮后，“十二五”期间，与安防行业发展密切相关的各行业依旧保持着较高和持续的投资力度。如智能电网、智能交通、智能家居、智能医疗、智慧城市等新兴领域正进入发展的快车道，金融、文博、政府机关、公共场所等领域也处于稳步发展阶段，进一步推动了安防行业的可持续发展。

2011年国家大力推动智能电网建设，根据规划，未来10年将是我国智能电网的主要建设期，加快建设华北、华东、华中“三华”特高压同步电网，初步形成智能电网运行控制和互动服务体系。其中关键技术和装备实现重大突破和广泛应用，而安防系统产品作为智能电网建设必不可少的重要设备，也随着智能电网的建设得以广泛应用。

2011年智慧城市建设已经成为热点，国内一批一二线城市已纷纷启动“智慧城市”战略，相关规划、项目和活动渐次推出。在智慧城市的建设中，安防是不可或缺的一部分，可以说智慧城市建设为安防提供了新的市场机会，也为安防企业创造了与更多技术进一步融合的条件。

2011年中央财政用于公共安全的预算继续增加，而其中一定的比例是用于购置安防产品和实施安防工程的。另外“平安城市”建设进入全面推进阶段，全国各地的二三线城市大都投入巨资进行平安城市的规划与建设。

三、技术环境

“十一五”期间，计算机技术、通信技术、电子技术等众多学科技术不断创新应用在安防领域，使安防行业实现了实体防护、电子防范、生物特征识别等技术的综合运用，形成了具有安防鲜明行业特点且较为完善的科研开发、成果转化和推广应用技术体系。

安防技术的数字化、网络化、智能化、集成化等发展趋势十分明显，其中新技术、新产品不断涌现，产品、系统升级换代步伐加快。新技术、新概念与安防领域的结合与应用给安防技术的发展提供了更广阔的空间。安防系统与物联网、云存储的融合初见端倪，基于IP的大型远程视频图像监控系统网络逐步发展。

随着安防需求的快速增长，安防企业科技创新热情不断高涨，安防行业的技术创新体系逐渐形成。许多企业不断加大科研投入，一些企业科研费用的投入占企业销售收入的比例达到了5%～10%的较高水平，在行业内基本形成了以国家重点院所为龙头、以企业为主体的技术创新群体；安防产学研一体化不断发展，一些安防领军企业先后建立了“院士专家工作站”、“博士后科研工作站”等高水平产学研组织和机构，众多的安防企业与高校、科研院所等单位合作设立产学研基地以加强研发实力，使得行业科技创新能力和企业技术研发水平大幅度提高。

国家“十一五”科技支撑计划项目“社会治安动态预警、综合防控技术体系研究与示范”在2011年2月通过验收，它是安防行业的第一个国家级科研项目。该项目的各项研究成果将对社会治安动态预警、综合防控技术体系建设起到积极推进作用，有效提升社会治安整体防控能力，同时也将有力促进全国公安警用信息化建设和警用视频信息综合集成应用。在“十二五”期间，相关部门还将进一步推进安防相关重点技术课题的研究。

公安部与工业和信息化部联合组织制定了具有我国自主知识产权的国家标准GB/T25724－2010《安全防范监控数字视音频编解码技术要求》（简称SVAC或SVAC标准）。随着SVAC标准的贯彻实施，将逐步规范视频监控系统的建设与应用，对建立图像信息共享平台，完善相关系统建设从技术上给予强有力的支持和保障，也将有利于加强视频监控产业链中企业的合作，推动领先技术和产业化成果共享。

2011年安防行业一批新的国家、行业标准相继推出，这些标准的贯彻实施对于行业科技创新、规范技术应用、调整产业结构将产生持续的推动作用。

四、市场环境

（一）2011年安防景气指数和安防企业家信心指数维持较强景气区间

根据《中国安防》杂志社的安防景气调查显示，进入2010年后中国安防产业景气指数和安防企业家信心指数一直处于较高水平，大部分安防企业运营平稳，对行业发展保持乐观态度。从2011年调查统计数据来看，安防企业家信心指数就一直处在“较强景气区间”的高位，充分反映了企业家对宏观环境和市场预期的看好，创造了自2008年调查以来企业家信心指数的新高，中国安防行业延续了上一年的良好发展态势，安防景气指数也创出历史新高。

（二）内销市场持续回暖，外贸出口出现波动

2011年安防企业生产（施工）规模继续扩大，企业生产总量景气指数保持在“较强景气区间”。内销市场持续回升。调查显示，中国安防产品（工程）销售景气指数虽然同比下降，但是一直处于“较强景气区间”，并且一直保持回升态势，说明国内安防市场依然表现出强劲的需求。

安防外贸出口形势出现较强波动，但随着我国对外贸

易形势开始出现好转，安防对外贸易出现回升，景气指数重回“微景气区间”。

（三）企业生产经营相对稳定，赢利水平不断提高

2011年安防企业生产经营相对稳定。虽然在企业生产（工程）成本方面相对有较大的增加，但行业整体赢利状况还处于一个稳步上升的水平。

（四）企业生产投入平稳增加

2011年由于国内外安防需求的增加以及对未来预期向好的影响，半数以上安防企业继续扩大了投入，处于“较景气区间”。

（五）科技创新投入保持高位

2011年我国安防企业在科技创新投入方面一直处于“较强景气区间”，这反映出了近年来我国安防产业快速发展，行业竞争不断加剧，企业纷纷加大研发力度，已经把技术创新作为提高核心竞争力的一种主要手段。

第二节 产业发展状况

一、行业规模

“十一五”时期，安防行业产值保持着近20%的平均增长速度。从整体情况看，2007～2010年安防产业发展速度快于国民经济总体增长率。2011年，随着国家“十二五”战略性新兴产业规划等一系列政策和举措的出台与实施，安防行业依旧保持增长的态势。

（一）2011年安防行业规模持续增长

在经过金融危机时期的短暂低迷后，中国安防行业仍然实现较快增长。据中国安全防范产品行业协会统计，2011年全国安防行业总产值达2700亿元，同比增加20%，其中视频监控系统产值年增长率达30%，其产值已占全部电子安防产品的一半以上，实现了经济效益和社会效益的有机统一。2011年中国安防行业延续了2010年良好的发展势头，国内安防市场的需求不断释放，企业海外拓展进一步深入。

（二）2011年安防行业发展因素分析

1. 国民经济的发展和社会安防意识提高是行业持续发展的动力

安防行业一方面要服务于各行各业的发展需要，另一方面也要依赖于各行各业的发展。随着我国经济社会的持续发展，越来越多的行业或应用领域都加大了安防设施及服务的投入，另外，人民群众生活水平的提高，对自身安全和财物保护的意识不断提升，利用现代安全防范技术增加在犯罪预防和损失预防的投入已成为大家的共识。用于安全防范方面的支出不断增加，安防需求具有极大的发展潜力，安防产品如实体防护产品中的保险柜（箱）、防盗门，电子安防产品中的视频监控设备、入侵报警设备、出入口控制设备、防爆安检设备以及报警运营服务都获得了较大的发展空间。

2. 以政府为主导的大型安防项目建设是拉动行业发展的主要因素

安防技术、产品及其服务在金融、文物、交通、商业、工业等领域得到了广泛和深入的应用，以政府为主导的公共安全建设、重点工程建设等仍然是拉动安防行业快速发展的主要因素。例如政府投入巨资推动“平安城市”的建设，其中报警与视频图像监控系统的建设是重要组成部分之一，这为安防行业的发展带来前所未有的机遇和挑战。在大型活动安保方面，如西安园博会、深圳大运会的安防需求也再次有力的推动了安防行业的发展。

3. 信息技术与安防技术的不断融合拓展行业新的市场空间

随着信息技术的不断进步和发展，在安防领域的应用日趋深入，如信息技术与视频监控、生物识别等安防技术融合应用越来越广泛；由于移动终端产品具有亿万级的用户基础，随着安防行业信息化建设的推进，个人移动视频监控、家庭视频监控等都将得到极大的拓展；与信息技术融合度较高的其他重点行业也对相关安防产品产生巨大的需求，必将为安防技术和产品的应用带来更大的发展空间。

4. 社会发展推动着安防技术与产品的应用

随着我国城镇化进程加快和流动人口的增加，对政府部门的社会管理创新提出了更高的要求，亟需建立与之相适应的城乡社会治安防控体系，这必然增加对安防技术和产品的应用需求。其中，由于新农村建设的加快，为维护农村和谐稳定，迫切需要适应农村特点的安防技术和产品来加强农村安全技术防范工作，这无疑对农村技防来说是一个巨大的发展机遇。

5. 积极发展国际贸易参与全球分工

我国安防行业的国际贸易在最近几年才形成了一定的规模。但从发展趋势来看，安防产品出口增长速度较快，为行业发展注入巨大的活力，对行业的拉动作用日益增强。

随着国内安防企业技术的不断发展，产品质量的不断提高，以及相对国外发达国家较低的成本优势，我国已经成为了全球安防制造业的重要基地，特别是珠三角、长三角、环渤海地区一大批安防高新技术企业已经发展成为安防产品的出口基地；部分安防企业陆续在国外上市和并购，使得我国安防企业在国际上的认知度和关注度不断提高；众多发达国家如美国、日本、韩国等的大型安防企业逐步

进入我国市场，并且已经有一些跨国企业在我国建立研发生产基地。这些都为我国安防行业融入全球安防市场创造了条件和机遇。

二、产业结构

（一）产业总体结构

根据相关资料统计显示，2011 年安防产业总体结构呈现以下趋势：

1. 安防工程与服务产值占较大比例

据资料分析，2011 年安防工程及运营服务（包括中介服务）产值占安防行业总产值的一半以上；其中中介服务、咨询服务所占比重较小。在安防工程及运营服务中，运营服务产值虽然也只占小部分，但最近几年，运营服务始终保持较快的增长态势，年增长率达到 20% 左右，相当部分运营服务企业发展经过前几年的积累，已经超越了盈亏平衡点，盈利快速增长。

2. 电子安防产值仍占较大比例

2011 年电子安防设备产值较 2010 年又有一定幅度的增长，仍然占安防设备产值大部分比例，并呈持续上升趋势；保险柜（箱）、防盗安全门、防盗锁具等实体安防设备的产值虽有增长，但增幅相对较低，与电子安防设备产值的差距进一步拉大。

据资料显示，2011 年视频监控设备的产值仍占电子安防设备产值一半以上，并呈持续增加的趋势；出入口控制设备的产值在电子安防设备产值中仅次于视频监控设备；入侵报警设备的产值在整个电子安防设备制造业产值中还次于出入口控制设备。

根据统计显示，2011 年虽然房地产市场的发展不景气，但政府持续加大保障性住房建设的力度，再加上往年房地产建设的延续，对防盗安全门的市场需求依然旺盛；而随着人民生活水平和安防意识的不断提高，对保险柜（箱）的需求量持续增加，2011 年中国保险箱（柜）的产值增幅持续保持在 15% 左右。

3. 安防设备出口产值占较小比例

随着国际安防市场以及新兴安防市场需求的不断加大，2011 年安防设备出口产值较 2010 年有所增长，达到 100 亿左右，虽占安防设备产值比例较小，但呈持续增长趋势。

目前，安防行业中具有自主知识产权的安防企业数量正在不断增加，在国际市场上已经有一定的影响力，但外贸出口的产品设备还相对低端，大部分安防企业仍主要以 OEM/ODM 为主，企业出口抗风险能力较弱。

（二）产业区域结构

根据相关资料统计显示，2011 年安防行业的产业区域分布和结构呈现以下趋势：

1. 已经形成四大安防产业集群

经过长期发展，我国安防产业在区域分布上已经形成了以制造企业聚集、外资企业聚集、服务企业聚集以及高新技术应用为主要特征的“珠三角”地区、“长三角”地区、“环渤海”地区和“闽东南”四大产业集群，其产值和规模占我国安防产业约 2/3 的份额。

2. 中西部地区安防产业发展较快

除了上述四大产业集群之外，近年来我国中西部地区安防产业也获得了较快发展，初步形成了武汉城市圈、关中城市群、成渝经济区等新兴的安防产业群体。中西部地区开始涌现出来一批具有一定规模和竞争实力的安防企业，但是从整体上看，中西部安防企业的产值规模不大，尚未形成安防产业集群。

三、企业状况

（一）企业经营状况

从统计数据来看，2011 年随着我国安防行业市场化程度的不断提高，市场竞争日益加剧等因素影响，安防产业的整体利润有所下降，特别是在一些竞争较为激烈的细分市场如摄像机市场等，生产企业的平均毛利率下降趋势更加明显。

从不同细分市场的企业毛利率来看，随着细分市场竞争程度加剧，安防制造企业利润逐步降低。特别是在中低端产品市场，由于聚集了绝大部分的制造企业，并且这部分企业缺少研发能力和自主品牌，产品的更新换代较慢。因此，企业整体的毛利率相对较低，并且下降的趋势较为明显。

安防工程企业的利润与其市场竞争的激烈程度、工程竞标的透明度等存在很大的关系，在市场较为成熟的地区，由于市场透明度较高，产品和技术应用广泛，竞争较为激烈，企业的毛利率相对较低；在市场不成熟的地区，由于参与竞争的企业相对较少，目前工程企业有较大的利润空间。

在安防运营服务市场，由于目前市场发展还处于初级阶段，运营服务企业的毛利率相对较低；有的运营服务企业正处于成长期，尚未赢利，有的运营服务企业逐渐进入成熟期，开始盈利并且利润率逐步增长；这些企业的毛利率大都与签约用户的数量成正比，企业用户数量越多，其毛利率就越高。

（二）企业发展特点

1. 本土企业快速发展，安防细分领域内自主品牌已经占据主流地位

安防行业经过近 30 年的发展，一大批本土安防企业伴随着安防行业发展不断壮大成长，特别是近年来随着安防市场的不断开放，企业资本运作的不断加快，国内安防市场需求的不断释放，在众多安防细分领域形成了一批具有影响力和处于领先地位的本土安防企业，成为推动中国安防行业发展和技术进步的重要力量。

本土安防企业的不断发展，使得国外安防品牌占据国内高端安防市场的局面大为改观，自主品牌的市场占有率

大大提升，在视频监控、实体防护、防爆安检等细分市场，自主品牌已经占据了主流地位。

2. 一些安防企业开始向安防解决方案提供商转型，显现新的竞争态势

目前安防应用已由过去的需求受限、功能单一逐渐走向应用需求多样化、产品和系统要求功能完善、系统融合和集成化。由于市场竞争不断加剧，使得安防行业产业链上的不同角色定位出现了变化，一些企业其中包括安防产品制造企业、系统集成商、IT 软件开发商、通信运营商等几种类型的企业纷纷推出自己的系统解决方案，开始了向安防解决方案提供商转型，以打造可持续的竞争能力，在未来市场竞争中立于不败之地。其中部分安防企业转型比较成功，效果开始逐步彰显。

3. 企业营销策略变化，销售渠道逐渐呈扁平化发展

2011 年国内安防行业在保持政府为主导的同时，市场化程度不断提高，安防销售市场逐步呈现扁平化发展趋势。大多安防企业开始构建自己的扁平化营销体系，以减少产品的流通环节，降低销售成本，提升自身竞争力；企业营销策略的变化，使得企业能够更深入地了解市场需求，服务客户。

4. 企业竞争手段日趋多元化，市场竞争的重点正在发生转移

2011 年随着民营企业快速发展，IT 企业、家电企业、国外安防企业等不断进入我国安防市场，导致同质化竞争日趋严重，使得行业持续竞争加剧，竞争手段不断多元化，这些竞争体现在人才资源、研发创新、产品质量、营销渠道、品牌推广、客户服务等各个方面。

安防市场竞争的重点正在发生转移，随着市场需求的不断变化和安防企业的不断发展，以及企业创新及服务意识的不断加强，市场的竞争重点从销售渠道和产品价格向商业模式和客户服务等方面转变。随着以政府为主导的城市级安防项目如“平安城市”、“智慧城市”等大型安防项目建设的不断加快，出现了以资本运营、电信资源等优势为核心竞争力的企业加入市场竞争，一般中小企业由于实力不足，使得其在大型安防项目的竞争中处于劣势。

四、产业特征

（一）以上市和并购为主的资本运作日益活跃

截止到 2011 年，中国已经有超过 50 多家安防企业登陆资本市场，其中有 40 多家企业在国内上市，另外还有 6 家以安防业务为主的企业在国外或香港联交所上市。此外，随着安防市场的快速发展和不断呈现的巨大发展潜力，一些 IT、通信巨头和家电上市企业纷纷涉足安防行业，相关企业间的并购行为非常活跃。

在国内上市的安防企业中，从区域分布来看，分布于全国 15 个省市，其中主要集中在广东和北京地区，占到上市安防企业总数的一半以上；在安防企业的上市途径方面，绝大多数企业都是通过 IPO 上市，并且安防上市企业业绩大都被股民看好。

企业上市和企业并购是企业获得持续、快速发展，获取更大市场空间和运作资金的两个有效、便捷的方式，也是企业做大做强的很好途径。

（二）产业融合不断加快

2011 年安防产业的融合进一步加快。一是向信息产业领域延伸，包括具有安防芯片制造、安防软件开发和安防系统集成的相关企业都在逐步加强与安防产业的融合；二是向更加广泛的应用领域扩展，如电力、交通、石化、能源、医疗等；三是与金融、保险等领域的联系更加紧密。

上述融合的主要原因：一是技术融合，随着新一代信息技术如物联网、移动互联、云计算等快速发展和相关技术的产业化，从而为产业融合提供了市场的空间，重大技术创新在不同产业之间的扩散导致了技术融合，技术融合使不同产业形成了共同的技术基础，并使不同产业间的边界趋于模糊，最终促使安防产业融合现象产生；二是市场融合，竞争的压力和规模的追求是产业融合的企业动因，企业在不断变化的竞争环境中不断谋求发展，当技术发展到能够提供多样化的手段满足需求时，企业便在市场竞争中产生合作。

（三）安防联盟不断兴起

2011 年 8 月，安全防范监控数字视音频编解码（SVAC）产业联盟在北京宣布成立。它是在《安全防范监控数字视音频编解码技术要求》即 SVAC 标准颁布实施的基础上，由独立法人机构及社团组织为主体组成的非营利性社会团体。SVAC 国家标准是由公安部第一研究所和北京中星微电子有限公司作为组长单位，40 余家相关科研院所、高校、安防产业各环节企业一同参与制定的第一个达到国际先进技术水平的创新型国家标准。SAVC 国家标准的制定解决了目前视频监控系统由于信源编码标准不统一导致的难以互联互通的问题，将在国家安全、数字城市（智慧城市）、智能交通、能源开发、商业金融、卫生医疗等多领域发挥作用。在 SVAC 标准成为国家标准并开始实施的背景下成立 SVAC 联盟，是在政府支持下的以标准为主导的联盟组织，将在未来安防产业的发展中发挥积极的作用。

近两年，还有一些安防联盟相继出现，目前从联盟类型上基本可以分为销售联盟、行业联盟和技术联盟三大类型，从各联盟的发展状况来看，虽然参与的企业或社团有一定数量并且积极性较高，但目前仍然处于探索阶段。

（四）软件的作用和价值开始凸显

随着安防市场应用需求的不断扩大，无论是使用场合、应用范围，还是系统规模和复杂程度等方面都已经发生了质变，安防系统规模越来越大，业务及管理需求越来越复杂，如视频监控系统呈现出更高的联网需求。在这样的市场特点下，软件在安防系统中的地位日趋重要，软件的价值开始凸显。特别是对视频监控系统平台软件标准化的要

求越来越高，各种需求的应用应整合在一个平台之上，从而极大地推动了视频监控系统平台软件业的发展。目前，国内的视频监控系统平台软件企业主要有：一是数字视频设备厂商；二是系统集成商；三是专业软件开发商；四是进入安防领域的电信运营商。这几类企业以各自优势展开竞争，并通过标准化实现互联互通互操作，以满足市场的需求。

第三节　政府推动的行业重点工作

2011 年公安部、各地政府及各地技防管理部门紧抓“十二五”规划开局之年的有利契机，以贯彻落实《关于深入开展城市报警与监控系统应用工作的意见》和推进技防立法工作为重心，狠抓各项业务工作的开展，取得了很好的成绩，为和谐平安社会的建设作出了贡献。

一、技防法制建设工作

技防立法是安防行业期盼已久的一件大事。为进一步强化组织领导，充实参与起草人员，加快立法工作进度，经公安部领导批准，公安部专门成立了由公安部张新枫副部长任组长，公安部科技信息化局谢毅平局长和谭晓准副局长担任副组长的技防立法工作领导小组负责技防立法具体工作。

为进一步摸清情况、理清思路、抓住重点，加快推进技防立法工作，国务院法制办政法司与公安部科技信息化局组成立立法调研组，先后赴北京、广东和陕西等地，实地考察当地技防建设应用情况，邀请当地人大、政府法制部门，省、地市、县级公安机关及派出所，安防从业企业等不同层面的人员参加座谈，对技防立法过程中遇到的相关问题进行深入探讨和研究。同时组建安全技术防范立法考察团，先后赴澳大利亚、新加坡考察两国技防法规制定及执行情况。

另外公安部科技信息化局安全技术防范工作指导处在北京召开法规征求意见修改研讨会，对法规送审稿的条款作了进一步修改并向国务院法制办报送了《关于报送〈社会治安技术防范条例（送审稿）〉（修改稿）有关材料的函》。

二、城市报警与监控系统应用工作

公安部科技信息化局全面总结、梳理和分析了各地公安机关贯彻落实《关于深入开展城市报警与监控系统应用工作的意见》、推进报警与监控系统建设和应用的工作情况，并以公安部名义向各地下发了《关于各地贯彻落实〈关于深入开展城市报警与监控系统应用工作的意见〉工作情况的通报》（公传发〔2011〕55 号）。

在全国公安机关视频监控系统联网建设与应用经验交流会上，公安部科技信息化局局长谢毅平局长要求：一是要充分认识视频建设联网和视频资源整合共享的重要性；二是视频建设联网和视频资源整合共享工作要做到与时俱进；三是要把握规律，紧密结合实际；四是要推动长效机制的建立，站在新的起点和高度上推动工作的落实；五是要加强专业队伍的建设。谭晓准副局长作了题为《认清形势 把握机遇 全力推进全国视频图像信息整合与共享工作》的报告，通报了近期全国公安机关视频监控系统的建设进度和使用情况，并对全国公安机关视频图像信息整合与共享工作提出具体要求。

公安部科技信息化局还组织公安部安防重点实验室等相关单位对广东、浙江等地的报警与监控系统应用情况进行了实地调研，深入地了解了地方的应用水平及效果。并先后在山西省太原市、浙江省杭州市组织部分省市公安技防管理部门和相关科研院所召开报警与监控系统跨区域联网建设和视频图像信息整合应用研讨会，就当前工作开展的情况、存在的问题和下一步的工作进行了充分座谈。着手起草了相关的政策和技术方面的指导性文件，并积极征求了相关单位和部门的意见。

在公安部的推动下，全国各地的城市报警与监控系统应用工作开创了新的局面。

广西壮族自治区公安厅为全面深入推进全区视频监控系统建设和联网工作，在下发了《全区公安机关社会管理视频监控系统建设指导性意见》（试行）（桂公通〔2010〕257 号），规划全区社会管理视频监控系统的全高清化架构，规范了视频监控系统的建设程序和技术要求基础上，并在此基础上制定了《广西公安机关社会管理视频监控系统联网技术指导性意见（试行）》（桂公通〔2011〕149 号），规范全区视频监控系统联网平台的技术标准，为全区开展视频监控系统平台的联网和图像整合工作打下了坚实的基础。为实现区、市、县三级视频监控系统平台能实现互联、互通、互控，2011 年 9 月 23 日，广西自治区公安厅科技信息化处召开了全区科信部门电视电话会议，全面部署了全区视频监控系统平台联网建设工作，并进行了全区总动员。

河南省各级公安机关认真落实《河南省人民政府办公厅关于进一步加强全省技防体系建设与应用工作的意见》和《河南省公安厅关于加强全省公安机关监控报警联网系统建设与应用工作的意见》，统筹规划，健全机制，多策并举，建设规模、质量、数量迅速提高。2011 年，全省累计投入建设资金 13.8 亿元，截至年底，全省公安机关建成省辖市多个多级视频监控中心，视频监控前端总数达到32万多个。

2011年黑龙江省党委、政府重视公安技防工作，政府资金投入不断加大，呈现齐抓共管的局面，在全省形成了“党委政府主导，综治部门牵头，公安机关主抓，相关部门积极参与”的良好建设格局。各地本着“边建边用”的原则，加大了对技防设施的应用力度，摸索出了一些实用的技战法。特别是有些市地为了更好的开展应用，组建了视频技术应用的专门队伍，工作中取得了良好的效果，技防建设的社会效益逐步显现。

广东省公安机关开展全省社会治安视频监控系统建设及运维安全检查验收工作。总结各地在视频监控系统建设和应用中存在的问题，将情况通报全省各地。截至2011年底，广东省各级公安机关共建成视频监控摄像机110万个。全省21个地级以上市均已完成市级监控中心建设，实现了三级监控资源的互联互控。为广东省打击预防犯罪，建设“平安广东”奠定了坚实的基础。

为配合做好春节、“两会”期间以及“深圳大运会”期间安全保卫工作，充分发挥视频监控系统在发现、打击和防范违法犯罪活动中的作用，针对广东省少数市（县）部分视频监控系统在实战应用中出现的问题，广东全省各级公安机关技防管理部门通过开展视频监控系统运维安全检查工作，有效地促进了公安机关视频监控系统的在线率和社会视频监控系统的完好率，确保视频监控系统发挥作用。

三、农村技防建设工作

随着“十二五”期间建设社会主义新农村战略的部署和实施，我国农村地区对安全需求日益增大。2011年公安部下发了《关于在农村地区开展安全技术防范工作的意见》，提出力争到2015年，在80%以上的东部地区，70%以上的中部地区，60%以上的西部地区的乡镇政府所在地和城镇化、工业化程度较高的农村地区，建立以视频监控和联网报警系统为主体的技防系统。国家政策的大力支持有利于安防产品及安防系统在农村技防建设中的推广应用，农村安防市场将迎来新的春天。

2011年3月，公安部在河南省召开“重点攻关项目验收暨全国技防建设工作座谈会”，河南省承担的公安部重点攻关项目《农村地区安全技术防范体系研究》正式通过验收。该项目通过对安全防范技术手段研究分析，采取了多种方法，研究建立适合农村地区的技防建设应用机制，促进了以技防为支撑的新型农村警务模式的建立，在农村地区技防体系建立和应用多个方面开展了创造性的工作。随着“视频进村”工程促进农村技防体系不断完善。目前，河南省已基本形成以视频监控为主、多种技防手段并用的城乡一体化技防体系。

山东省公安厅按照公安部《关于在农村地区开展安全技术防范工作的意见》要求，结合山东省实际，研究出台具体措施，并认真抓好贯彻落实。全省公安技防管理部门因地制宜，加强指导，探索多种农村技防建设模式，大力推广简易、实用的技防设施，创新了农村技防工作机制。山东的农村技防建设思路新、措施实、力度大，得到公安部科技信息化局的充分肯定。2011年5月，公安部科技信息化局在山东省召开了农村技防体系建设工作座谈会，专门推广了山东的经验做法。

安徽省公安厅为认真落实《全省农村技防建设试点工作方案》，在全省农村技防建设试点单位开展了农村技防应用项目研究。至2011年5月底，农村技防应用项目研究已顺利完成，共建立38个防盗抢联网报警中心，10万多农民受益。

四、校园安防建设工作

学校安全工作是全社会安全工作的一个十分重要的组成部分。

公安部把校园安全问题放在一个突出的位置来抓，采取了一些超常规的措施，主要在四个方面。一是强力打击犯罪。要求全国公安机关第一时间接警、第一时间处置，对于发现的犯罪线索主动排查，主动出击，严厉地打击。2011年主动查处了1.2万起案件，产生了强大的震慑作用。二是强化校园安保。全国公安机关向学校派出26万民警担任法制辅导员，指导校园落实人防、物防、技防措施，强化安全防范的教育培训。在校园周边调整警力部署，落实防控措施，集中整治校园周边的秩序，及时制止了一批在校园周边滋事闹事的事件，排查整治了一大批校园安全隐患。三是强化整体防控。坚持以面保点，推进社会治安防控体系建设。四是强化长效机制建设。

2011年9月26日至27日，全国校园安全工作经验交流现场会召开。公安部副部长黄明在会上强调，各地公安机关要认真贯彻落实中央领导同志重要批示精神，在党委、政府的统一领导下，充分发挥职能作用，同教育、综治等部门密切配合，进一步强化责任落实，细化各项措施，全面提升维护校园安全的整体水平。要切实提高校园周边等区域巡逻防控的针对性、实效性，进一步强化校园周边治安整治和交通秩序整治，有效维护良好治安秩序。要加强对校园内部安保工作的监督、检查和指导，要切实把会议精神贯彻落实到位，切实把维护校园安全的各项措施落实到位。

2011年7月18日，吉林省公安厅联合教育厅决定在全省中小学建立统一模式和标准要求的校园警务室。发布了《吉林省校园警务室建设规范》和《吉林省校园警务室内外装饰建设标准》。要求全省义务教育阶段学校快速启动警务室建设，全面提升学校安保水平。

2011年8月23日，吉林省公安厅联合教育厅下发《关于切实加强新学年校园安全工作的通知》，通知强调尽快完善学校、幼儿园的人防、物防、技防设施建设。要督促学校加大各项安全防范设施的资金投放，对学校、幼儿园保安力量没有配备到位的，要坚决配足到位；对视频监控系统、报警系统、消防系统等安保设施没有建成或未与公安机关联网的，要抓紧接通联网，确保年底前学校的报警系统与公安机关联网；对缺少防卫装备器材的，要坚决配齐配全，保证吉林省学校、幼儿园人防、物防、技防措施落到实处并发挥作用。

2011 年 9 月 19 日，湖北省公安厅联合湖北省综治办、省教育厅研究制定了《湖北省中小学幼儿园安全防范标准》。该《标准》详细规定了中小学幼儿园人防、技防、物防标准的要求。

广东省公安厅与教育厅联合发文《关于加强中小学校和幼儿园安全防范工作的通知》，部署在全省中小学校和幼儿园推进校园安全防范工程建设和应用的工作，并牵头制订了广东省地方标准《中小学校和幼儿园安全防范工程技术规范》，积极进行宣贯，大力推动全省中小学校及幼儿园安防建设，逐步提高中小学校及幼儿园安全技术防范工作整体水平。

五、技防科研组织工作

2011 年 2 月 22 日，科技部社会发展科技司、条件财务司组织相关专家在北京对公安部规划、组织的“十一五”国家科技支撑计划项目“社会治安动态预警、综合防控技术体系研究与示范”进行了项目验收和项目财务验收。项目验收专家组认真审阅了相关材料，听取项目组汇报并进行了质询，一致认为该项目圆满完成了立项批复的任务内容，同意通过验收。

2011 年公安部科技信息化局组织开展“十二五”国家科技项目研究工作。按照科技部的相关要求，公安部科技信息化局安全技术防范工作指导处组织相关单位通过了“十二五”国家科技支撑计划项目的可行性论证及课题评审，确定了“基于视频及公共动态信息的智能研判技术研究及应用示范”项目及其 6 个课题的设置与研究内容。公安部科技信息化局安全技术防范工作指导处还组织有关单位完成了《跨区域视频监控联网规范性指导及评估验证关键技术研究》部级重点攻关计划的申报工作。

各地公安技防管理部门根据各地实际工作需求，组织开展了相关科研工作。例如：为有效解决基层公安机关在应用视频监控技术面临的快速采集录像和海量录像处理两个难题，广东省公安厅技防管理部门与广东省公安网络安全和科技信息重点实验室牵头研发“公共安全视频图像信息系统离线式采集摘要比对器”在广东、江苏、湖南、安徽等省公安机关完成试用，并在广东省各地装备使用，效果良好，破获多起重特大案件。

六、“大走访”开门评警活动

为认真贯彻党的十七届五中全会、全国政法工作会议和全国公安厅局长会议精神，进一步加强和改进新形势下的群众工作，深入推进“三项重点工作”、“三项建设”和公安机关创先争优活动，公安部科技信息化局在全国科技（技防）管理部门部署开展了“大走访”开门评警活动。公安部科技信息化局安全技术防范工作指导处先后利用召开座谈会的形式或出差等机会走访了多家技防企业，倾听企业声音。

全国 32 个省级公安机关科技（技防）管理部门均以不同形式组织开展了“大走访”开门评警活动。在总结分析各地上报材料的基础上，公安部科技信息化局下发了《关于全国公安技防管理部门开展“大走访”开门评警活动的情况通报》（公科信传发〔2011〕359 号）。

北京市公安局内部单位保卫局指导分县局结合全市技防建设情况，组织开展了公安机关科技（技防）管理部门“大走访”工作。此项工作以宣传技防知识，了解行业情况、深入走访群众、主动接受评议、认真落实整改为核心，结合技防行业发展，针对技防行政审批、窗口服务、标准编制、行业监管与服务等方面的工作收集意见和建议，同时，以召开座谈会的形式与安防行业代表共同探讨在“十二五”期间北京技防工作的发展方向，为做好今后的公安技防管理工作和行业服务工作收集意见和建议。

福建省公安科技（技防）管理部门按照公安部科技信息化局要求及福建省公安厅开展“大走访”开门评警活动部署，拟订《福建省公安科技（技防）管理部门深入开展“大走访”开门评警活动实施方案》印发执行，指导各设区市公安局科技技防管理部门开展“大走访”开门评警活动。在分管处领导的带领下，采取集中座谈和深入企业、用户走访的方式，分别到福州、厦门、泉州等设区市走访安防企业征求对安全技术防范管理法规、政策、制度等方面的意见、建议，掌握企业的发展状况。

广东省公安厅技防办从服务安防企业、服务安防行业、服务平安城市建设角度出发，进一步加强技防管理力度，积极开展各项技防管理、服务工作。从年初至 5 月底，全省公安机关技防管理部门开展了“大走访”开门评警活动。通过走访，收集意见和建议 466 条，极大地提升了服务质量，取得了较好成效。

2011 年以来，四川省公安厅技防办按照公安部《关于在公安机关科技（技防）管理部门认真组织开展“大走访”开门评警活动的通知》的要求，结合《四川省公共安全技术防范管理条例》正式发布一年的具体实际，通过宣传、走访、座谈等方式，深入到从业企业、安防用户单位具体了解人民群众的意见、建议、需求，征求对技防管理法规、政策、制度等方面的意见、建议。

第四节　行业组织、机构的服务工作

一、协会工作

在公安部和地方公安机关的领导下，在广大会员单位的积极支持和共同努力下，中国安全防范产品行业协会和各地安防协会遵循“自律”、“维权”、“服务”的宗旨，求真务实，开拓创新，积极服务于公安技防工作，深入推进安防行业自律管理体系建设，大力加强安防行业的组织建设，扩大对外交流，为我国安防行业的发展作出了重要的贡献。2011 年山东、甘肃、新疆为适应当地安防行业的发展，也陆续成立了地方安防协会，截至 2011 年年底全国共有各级安防协会 30 多家。

（一）加强行业协会建设工作

各级安防协会在协会内部组织建设、完善日常工作的组织架构，加强规范化管理、主动接受管理监督、保障协会健康发展等方面做了大量的工作。如：2011 年 12 月 8 日，中国安全防范产品行业协会第五次会员代表大会在北京召开。会议回顾了第四届理事会的工作，认真总结经验，研究部署了今后的工作；通过新的协会章程，选举新一届理事会。王彦吉当选协会第五届理事会理事长，经选举后中国安全防范产品行业协会副理事长单位已达到了 62 家，形成了一个包括各领域领头企业参与的决策层，有效地发挥了企业在协会中的主导作用；协会常务理事单位达到 116 家，理事单位达到 122 家，会员单位 900 多家，在质和量上都有了比较大的提升；按照协会章程规定建立会议制度，每年定期召开一次理事长工作会议、一次常务理事会议和一次理事大会，重大决策事项都要通过会议讨论。

会议同期还召开中国安全防范产品行业协会专家委员会换届暨第二届专家委员会会议，通过了《第一届专家委员会工作报告》、《专家委员会章程》等文件以及增补副主任委员的事项。为了充分发挥行业专家作用，为行业管理决策发挥参谋作用，为企业做好服务，协会专家委员会下设战略、标准、技术、防爆安检、实体防护等专业专家组。王彦吉主任委员代表第二届领导班子对新一届专家委员会提出了希望和要求。

（二）充分发挥行业协会服务作用

1. 制定行业“十二五”发展规划，正确引领行业发展

规划是引领行业快速健康发展以及开展协会工作十分重要的纲领性文件。2010 年中国安全防范产品行业协会组织专家研究制定了《中国安防行业“十二五”发展规划》，2011 年在行业内组织开展了“十二五”规划的宣贯工作。《中国安防行业“十二五”发展规划》更加紧密地结合国家在“十二五”时期关于社会经济发展的有关指导思想，在产业、技术、市场、国际发展等方面提出了适合行业情况的发展方向、任务及措施建议，尤其在转变发展思路、行业自律管理以及文化建设方面，提出了一些新的改革思路和目标。

北京安全防范行业协会也组织专门人员，在认真调查研究的基础上，根据北京市“十二五”时期社会经济发展宏观规划，结合北京安防行业发展新趋势及各方面需求，从行业现状、指导思想、发展目标、措施建议等方面，向社会发布了《北京安防行业“十二五”发展规划》，努力为政府管理部门和行业企业提供信息服务。

2. 发挥桥梁和纽带作用，拓展协会职能

中国安全防范产品行业协会积极宣传公安部等政府部门有关行业管理、产业指导方面的政策，积极配合并组织引导企业参与“科技强警”、“平安城市建设”、“农村技防建设”、“开门评警大走访”等专项活动，并为政府项目需求推荐安防优秀产品及工程企业；配合行业立法工作，深入开展调查研究，召开各种类型座谈会，认真听取企业意见，积极向政府部门反映有关问题和行业、会员诉求；组织企业参与制定修订行业标准及准入条件，促进行业规范发展；利用展会，做好政府论坛的各项组织与服务工作。

中国安全防范产品行业协会为加强地方协会间的合作，召开各地协会工作会议，研讨协会工作发展方向，总结推广为政府和企业服务的经验和做法。

北京安全防范行业协会发起的首届七省市区安防协会合作交流工作研讨会于 2011 年 9 月 20 日在北京召开。北京、天津、上海等地方安防协会的主要领导就建立区域间技术交流、信息共享、协调配合等议题进行协商研讨。

（三）构建行业自律管理体系

开展行业自律管理，是完善市场监管体制的重要内容，也是行业协会的重要职责。经过不懈的努力，目前已经初步形成了安防行业自律管理体系的基本框架，并在规范市场秩序、更好地服务企业等方面发挥了积极的作用。

1. 开展安防工程企业资质评定试点，推动建立企业资质科学评价机制

中国安全防范产品行业协会资质管理中心对评价体系文件进行了换版修订，于 2011 年 9 月 5 日正式颁布实施。修订后的体系文件包括五个规范性文件（安防工程企业资质管理办法、安防工程企业资质评定标准、安防工程企业资质评审员管理办法等）、三个公开性文件（安防工程企业资质评定准则、安防工程企业委托资质评定须知、安防企

业诚信公约）、十二个管理程序（组织结构和职责、安防工程企业资质评定机构资格认定实施程序、安防工程企业资质评定实施程序等）。并陆续在北京、湖北等 7 个省、市、区先行开展安防工程企业资质评定试点工作，并在江苏、上海、四川、河北等四个地方尝试性地开展直接评定工作。

2011 年新增获证企业 469 家，1171 家企业通过资质年审。资质评价结果得到了政府采购部门、建设单位和招标代理机构的广泛认可和采信，在业内也引起了广大安防工程企业的普遍关注和支持。资质评定试点工作对于遏制安防工程市场无序竞争、维护消费者合法权益、支持国家重大项目建设等方面都起到了积极的作用，同时也为今后全面推广资质评定工作奠定了良好的基础。

北京市安全防范行业协会在 2011 年新审批核发《安防工程企业资质证书》87 家，其中一级资质企业 21 家，二级 27 家，三级 39 家；受理企业资质年审申报 320 家。全年无一起对服务质量及审核把关不严的投诉。同时，对条件不达标、不按时年审、多次通知未果的 56 家企业予以撤消资质处理，保证北京安防工程资质的严肃性。

湖北省安全技术防范行业协会本着公平、公正的原则，评价机构自接受委托以来，认真开展各项工作，2011 年全年共评定资质证 75 家。其中一级 6 家，二级 30 家，三级 39 家。年审企业资质 177 家，其中一级 50 家，二级 65 家，三级 62 家。

2. 创建安防职业认证条件，推动建立职业认证制度和职业培训体系

中国安全防范产品行业协会积极创建安防职业认证条件，努力推动建立职业认证制度和职业培训体系。安全防范设计评估师和安全防范系统安装维护员正式列入了国家的职业目录后，还制定了职业国家标准，完成了“安全防范设计评估师”和“安全防范系统安装维护员”职业培训教程编制和出版工作，编写完成了职业鉴定题库，并举办了两期授课教师的培训班，初步建立了一支专业的职业培训教师队伍。

在此基础上，中国安全防范产品行业协会经与人力资源和社会保障部主管部门沟通，于 2011 年 4 月底组织召开了安全防范系统安装维护员职业培训和技能鉴定工作电话会议。来自全国 9 省区地方行业协会领导参加了本次会议。靳秀凤秘书长主持并传达了人力资源和社会保障部关于开展安全防范系统安装维护员职业培训和技能鉴定工作的指导意见，通报了培训工作筹备情况及相关事项。

北京市安全防范行业协会安防职业技能培训学校全年累计开班三期，培训初、中、高级安防系统安装维护员近百人，为行业职业教育作出了积极的探索。湖南省安全技术防范协会也分 4 期培训了中级安防系统安装维护员 400 人。

安徽省安全技术防范行业协会先后分两批选派 11 名同志参加教师师资培训，取得教师资格。并于 2011 年 4 月筹备成立了合肥安防技术职业培训学校，取得合肥市人力资源和社会保障局颁发的民办学校办学许可证，目前培训工作筹备已就绪。

3. 开展安防行业评优创先活动，促进行业健康有序发展

为贯彻落实公安部《关于深入开展城市报警与监控系统应用工作的意见》，积极配合各地开展的“平安城市”建设工作，有效发挥协会在政府、企业、用户之间的桥梁与纽带作用，在公安部科技信息化局领导下，地方行业协会的支持和广大安防工程企业的积极参与下，中国安全防范产品行业协会于 2011 年 6 月至 10 月在全国范围内继续开展了推荐优秀安防工程企业的工作。本次推荐工作共收到申请企业资料 505 份，经过对企业资料的分析、整理、核实、计算和专家认真评议，共评选出 216 家企业。

2011 年北京市安全防范行业协会开展了“北京安防优秀企业家，优秀项目经理”评比活动。共评选出 2011 年度安防优秀企业家 10 名，优秀项目经理 9 名，最具发展潜力企业 10 家。2011 年北京市安全防范行业协会还组织开展安防优质工程评选。最终评出 2011 年度北京安防优质工程 9 项。

（四）提升服务能力

1. 发挥专家委员会作用，为政府和行业提供专业技术服务

中国安全防范产品行业协会专家委员会围绕协会全年的重点工作，凝聚广大专家的智慧能量，发挥专家组织的专业技术服务功能，开展了一系列工作。

一是推动行业科技创新、协调军地合作研发，结合公安安检防爆业务的需求，举办合作项目专题协调会，推动防“核、化、生”项目的研发工作，包括“便携式离子迁移谱化学毒剂探测设备”、“核、化、生物质防护、探测、洗消多功能球罐”的研制项目等；二是举办应急防范与安检防爆专业活动，2011 年 4 月在北京安博会期间举办了“应急安全防范与安检防爆专业活动”，有 14 家单位参与，采取讲座和现场演示的方式，为专业厂商和用户提供了交流平台；2011 年 8 月在内蒙古安博会期间，举办安检防爆技术推广展示活动，为专业用户展示了涉及维稳、处突相关专业器材；三是编辑出版《服务安防“十二五”建言献策论文集》，2011 年初开展“为安防行业可持续发展建言献策”征文活动的基础上，编撰了《论文集》，分为“行业发展”、“技术研究”、“领域应用”三部分，7 月底出版，还制作了部分光盘版，赠送给行业领导、专家和企业人士；四是继续完善专家委员会网页，改进网上服务工作，将对已有网页功能进行改进，对日常工作动态信息更新，设置内部公共邮箱，供专家查询内部工作信息使用；五是建章立制规范管理，修订了《专家委员会章程》和《专家管理办法》等制度性公开文件的工作，制定了《推荐专家服务流程》，使专家委的制度建设提升到一个新的水平和高度；

六是2011年12月7日在北京召开了“实体防护专家组成立会议暨安防实体防护创新与可持续发展研讨会”，实体防护专家、部分地方安防协会领导以及企业代表等近60余人参加了会议。

2. 办好博览会，搭建贸易交流平台、促进安防国际化发展

搭建展会服务平台不仅是有效建立用户与企业交流与沟通的平台，也是充分体现协会服务工作的一个重要方面，是协会每年重点工作之一。随着安防行业的快速发展，安防企业和用户对各地所举办展会的期望也越来越高，从展会影响力、参展企业规模、展会同期论坛、观众组织、展区布置、会场服务等方面均提出更高要求。

2011年全国范围内除第十三届中国国际公共安全博览会（深圳）外，地方展会就有20多个，各地协会强化服务意识，努力开拓进取，通过地方展会和配套活动，为安防行业企业提供了宣传和展示平台，有效地促进了当地安防行业的发展和市场的繁荣。

另外由中国安全防范产品行业协会和广东省公共安全技术防范协会联合主办，北京佳安世纪科技有限公司承办的2011年第四届中外安防产品（广东）采购洽谈会（SSC 2011）也是2011年安防行业对外贸易服务的一大亮点。第四届中外安防产品（广东）采购洽谈会的成功举办，为我们国内安防厂家与国际买家的交流和贸易往来提供了新的平台，进一步拓宽了出口渠道，增加了出口业务量。

（五）积极推进行业文化建设

中国安全防范产品行业协会2011年开展了活动主题为“弘扬行业文化，促进企业发展，服务平安城市，构建和谐社会发展”的第三届中国安防行业“和谐杯”歌唱比赛。经与各地安防协会和重点企业沟通，总结前两届的活动经验，第三届歌唱比赛分为各地6个分赛区举办的选拔赛和全国总决赛两个阶段进行。共有来自各地安防协会、会员单位的30支代表队精心准备的30支歌曲参加了总决赛。

在各地方安防协会和安防企业的积极支持和热情参与下，中国安全防范产品行业协会已连续成功举办了3届中国安防行业“和谐杯”歌唱比赛，使“和谐杯”歌唱比赛成为品牌性的行业文化活动。

二、标准化工作

2011年，全国安全防范报警系统标准化技术委员会在国家标准委和公安部科信局的领导下，在公安部第一研究所的支持下，通过广大委员、顾问、专家、通信委员和秘书处全体同志的共同努力完成了各项工作，标准化工作在多个方面工作中实现了创新突破；北京、上海等多个省市根据各地安防发展情况也陆续组织编制和发布了10余个地方标准；安防行业的标准化工作有力地保证和促进了整个行业的健康发展。

（一）编制《安防标准化“十二五”发展规划》和《我国安全技术防范标准体系表》

为保证我国安防标准化工作科学、有序地可持续开展，全国安全防范报警系统标准化技术委员会依托国家标准委工业标准二部下达的《我国安全技术防范标准体系研究》项目，组织编制完成了《我国安全技术防范标准化“十二五”发展规划》和《我国安全技术防范标准体系表》。

《我国安全技术防范标准化“十二五”发展规划》提出了“十二五”期间，我国安全技术防范标准化工作的指导思想、7项主要任务、50余项国家标准和行业标准的具体目标和4项保障措施，是指导未来五年我国安全技术防范标准化工作的纲领性文件。

《我国安全技术防范标准体系表》提出了我国安全技术防范标准体系结构框图，给出了包含近400项标准元素的标准明细表。该体系表将成为今后编制我国安全技术防范标准制定修订规划和计划的基本依据。

（二）标准制修订工作

2010－2011年，全国安全防范报警系统标准化技术委员会完成的经国家标准委和公安部批准发布的国家标准和行业标准14项；完成国家标准和行业标准报批稿14项；正在制修订过程中的国家标准和行业标准62项（其中，包括2011年刚批准立项的行业标准制修订项目23项）；已申报国家标准制修订计划项目11项。

（三）标准制修订重点项目

全国安全防范报警系统标准化技术委员会紧密结合“平安城市”建设和社会治安综合治理工作，开展了《安全防范视频监控联网系统信息传输交换控制技术要求》、《中小学、幼儿园安全技术防范系统要求》、《普通高校安全技术防范系统要求》、《医院安全技术防范系统要求》、《博物馆和文物保护单位安全防范系统要求》等多项重要标准的制修订工作。

（四）标准化项目研究

全国安全防范报警系统标准化技术委员会积极申报和承担安防标准化研究项目，集中委员会的主要技术力量，完成了国家标准委下达的《我国安全技术防范标准体系研究》项目；申报了2012年公益性行业科研专项经费项目《社会治安重要场所安全技术防范标准研究》；承担了国家文物局委托的行业标准GA27－2002《文物系统博物馆风险等级和安全防护级别的规定》修订预研项目。

（五）国际标准化工作

全国安全防范报警系统标准化技术委员会的国际标准化工作取得重大突破，成功举办了2011年IEC/TC79年会和WG12工作组会议；牵头制定1项国际标准，参与制定5项国际标准。实现了安防标准化工作由“面向国际”到“走向国际”的质的提升。

（六）加大标准的实施力度

1. 开展《城市监控报警联网系统系列标准》宣贯培训工作

全国安全防范报警系统标准化技术委员会积极配合各地公安机关开展《城市监控报警联网系统系列标准》的宣贯培训工作。在全国举办培训班30余期，培训学员7000余人，收到了良好效果。系列标准的宣贯培训对深入推进全国城市报警与监控系统建设，提高系统建设质量发挥了重要作用。

2. 开展强制性国家工程建设标准的宣贯培训工作

全国安全防范报警系统标准化技术委员会积极配合各地安全防范行业协会开展GB50348《安全防范工程技术规范》等强制性国家工程建设标准的宣贯培训工作，共培训学员1700余人。

3. 组织专家编制国家标准宣贯培训教材

全国安全防范报警系统标准化技术委员会组织专家编写了3项国家标准的宣贯培训教材，分别为：GB25287－2010《周界防范高压电网装置》、B/T16676－2010《银行安全防范报警监控联网系统技术要求》、GB/T 28181－2011《安全防范视频监控联网系统信息传输、交换、控制技术要求》宣贯培训教材。

4. 成立安全防范监控数字视音频编解码（SVAC）产业联盟

在全国安全防范报警系统标准化技术委员会积极倡导和推动下，在公安部、工信部、国家标准委等相关部委的大力支持下，成立了安全防范监控数字视音频编解码（SVAC）产业联盟。目前联盟成员已有40多家，正在积极研制生产基于SVAC标准的产品和设备，并初步具备了试点和示范应用的条件。

（七）地方安防协会积极配合开展地方标准化工作

1. 北京市安防协会配合政府开展标准建设工作

2011年配合地方政府出台了《安全防范工程监理规范》、《大中型商场、超市治安防范规范》以及《安全防范系统运行检验规范》安防地方标准3个；审查了《安全防范系统维护通用技术标准》、《变电站安全防范技术要求》、《报警服务通用技术要求》安防地方标准3项；协助申报安防监理方面的标准1项。

2. 上海市安防协会配合政府部门开展安防地方标准和技术规范的制定工作

组织专家先后完成了《住宅小区安全技术防范系统要求》、《上海市银行业金融机构离行式现金自助服务设备安防系统远程控制联网技术要求（试行）》、《本市视频安防监控系统用彩色显示终端技术规范（试行）》、《本市专业型数字录像设备补充技术要求（试行）》等一系列技术规范。

3. 浙江省安防协会组织专家参与视频监控联网标准化课题工作

协助制定了《社会治安动态视频监控系统技术规范》、《跨区域视频监控联网共享技术规范》等多项浙江省安防地方标准。同时，还积极参与公安部相关标准的制定并发挥了重要的作用。

其他各省市安防协会也积极配合了政府主管部门开展安防地方标准的建设工作，为各地安防建设工作作出了贡献。

三、认证工作

2011年，中国安全技术防范认证中心（以下简称认证中心）在政府主管部门和中心理事会的正确领导下，实现了认证工作规范运作、业务发展稳中有升的良性循环的局面。

（一）保持了产品认证业务的稳定开展

2011年，认证中心加强和完善了对认证业务流程的质量控制，顺利通过了国家认监委强制性产品认证年度专项监督检查工作和国家认可委认可复评工作。活体指纹（掌纹）采集设备产品认证业务范围获得国家认可委的能力认可。2011年认证中心保持强制性认证有效证书1215张（增长了3%），保持自愿性认证有效证书126张（增长了33%）。

2011年以来，认证中心对质量管理体系文件《质量管理手册》（C版）和程序文件以修改和换页方式进行了修定，对质量管理体系运行情况进行了内部审核，顺利通过了国家认监委强制性产品认证专项监督现场年度检查工作和国家认可委年度认可评审工作。认证中心继续加强后续的改进工作和内部监督工作以及对分包检测机构质量控制评价与通报工作。

（二）推进社会公共安全产品自愿性认证（GA认证）

经过几年的努力，认证中心大力推进社会公共安全产品自愿性认证，为公安工作服务，为公安一线提供认证技术服务，受到使用方和委托方的好评，取得了可喜的效果。

认证中心上报的《公安无线通信设备自愿性认证实施规则　公安350兆模拟无线通信设备》等相关文件得到了公安部主管部门的正式批复，向全国各地公安机关下发了《关于开展公安350兆无线通信设备认证工作的通知》，授权认证中心为认证的执行机构，并在各分包实验室的共同努力下做了大量有效的工作，至2011年底共受理了5家企业8个单元的产品认证申请，已经颁发4张认证证书。

（三）完成国家认监委强制性产品认证质量分析重点工作

认证中心按照国家认监委的要求对入侵探测器和防盗报警控制器、汽车防盗报警系统、防盗保险柜（箱）、汽车行驶记录仪、车身反光标志5类CCC认证产品开展了认证质量研究分析，形成了专项强制性产品认证质量分析报告。2011年认证中心配合国家认监委完成了对承担CCC检测任务的国家安全防范报警系统质量监督检验中心（北京，上海）2家安全技术防范产品指定实验室的专项监督检查。重点检查了实验室的关键检测设备、人员的实际检测能力和实验室 CCC 检测相关制度与质量控制体系建设情况，进一步明确和规范了 CCC 检测要求，加强了 CCC 认证的有效性，并根据检查中发现的问题向国家认监委提出了对安全技术防范产品 CCC 认证指定实验室的管理建议。

四、检测工作

2011 年，国家安全防范报警系统质量监督检验中心（北京、上海）（以下简称北京检测中心，上海检测中心）在公安部及相关业务局的领导下，按照科学发展观的要求，持续加强安防及相关产品和安防工程的检测工作，为安防行业的发展作出积极贡献。

（一）北京检测中心工作

2011 年，北京检测中心在公安部相关业务局及所领导的正确领导下，在相关部门的大力支持下，按照科学发展观的要求，以“三个服务”为工作指导思想，以绩效考核和强化服务为手段，在技术服务、科研开发、对外交流等方面继续保持了良好的发展势头，并取得了一定的成绩。

1. 常规业务

（1）2011 年共完成检测报告（项目）总量 10145 项，其中包括电子产品检测 2303 项，实体防护检测 1160 项，警用装备检测 388 项，软件项目 170 项，认证检测 516 项，安防工程检测 249 项，行业监督抽查 50 项，计量类检测 1234 项，以及其他类 119 项。

（2）承担并完成公安部、各省公安厅、地方政府招标的委托检测，行业监督抽查，中国安防协会安防工程公司资质评定和产品评定，中国质量认证中心和中国安全技术防范认证中心委托工厂检查工作。

2. 实验室能力建设

（1）新增计量（校准 \ 检定）业务分支，在公安行业内新建立起长度、热工、力学、电磁学、光学、声学、无线电、时间频率、工程检测等领域计量标准，为设备仪器及计量器具的单位统一、量值准确可靠提供有力支持和溯源保障。经中国合格评定国家认可委员会实验室认可的计量校准能力为 136 项。

（2）2011 年，新增加检验能力 13 项，通过国家实验室检查机构评审认可实验室能力共计 316 项。

（3）北京检测中心的 5 米法、3 米法电磁兼容实验室建设及配套设备采购项目顺利通过评审验收，正式投入使用。

（4）秦城靶场实验室改建工程启动，设计面积在现有基础上将扩大一倍以上，达到 1500 平方米的使用规模。原有的 1 个实弹射击靶道将扩充到 3 个靶道，其中 1 个还将具备恒温恒湿环境。

3. 科研工作

（1）积极申报“十二五”科技支撑项目《新一代警用 GIS 关键技术及其应用》、《公共安全物联网技术研究与应用示范》项目中 SVAC 系列设备研制与应用示范及评价体系建设子课题，申报国家发改委《城市社会公共安全物联网应用示范工程项目》，申报国家信息安全专项服务类项目、工信部物联网发展专项资金等。

（2）自主研发 A08014《全国警用地理信息基础平台技术体系研究》等 8 个项目。

（3）国家“十一五”科技支撑项目《全国警用地理信息基础平台应用技术研究与规模应用示范》课题五 A09028 等项目结项。

（4）参加全国安全防范报警系统标准化技术委员会、公安部特种警用装备标准化技术委员会、公安部社会公共安全应用基础标准化技术委员会标准起草、制定修订工作 50 余项。

4. 国际化合作

（1）2011 年 1 月 24 日，与 UL 签订《本地化服务协议》，达成针对在本地化开展合作的具体服务范围，提供服务的标准和保证及双方的责权义务。

（2）2011 年，紧密结合工作重点和业务实际，积极扩展国际合作领域，在扩大原有 UL 标准检测能力基础上，积极筹措推进 CE 认证。

5. 参与重、特大社会事件安保工作

（1）参与 2011 年深圳第 26 届世界大学生夏季运动会 63 个体育场馆及与大运会相关的场所安保科技系统建设项目技防工程的检测验收，得到了大运办和深圳市公安局的肯定。

（2）受国家宗教事务局委托，北京检测中心专家组一行赴缅甸执行紧固佛牙舍利金塔任务，确保佛牙舍利在缅甸供奉活动安全顺利。

（二）上海检测中心工作

2011 年，上海检测中心在以切实提高中心的检测效率、技术水平和服务水平为宗旨，全体员工齐心协力，顽强奋进，积极探索，勇于创新，有效地推动了中心各项工作的发展。

1. 拓展检验范围

上海检测中心寻求新的业务增长点和突破口，不断拓展检验范围，安防电子、安防工程、非传统安防和等级测评等领域取得全面进展，为中心的可持续发展打下了良好的基础。

（1）密切加强与公安部相关业务局联系，拓展相关产品检测业务。

（2）发挥地域优势，拓展安防电子检测业务。上海检测中心与上海技防办密切互动，参与并推进上海市安防地方标准的制定和宣传工作。随着上海安防地方标准的相继发布和实施，促进了中心安防电子检测业务的拓展。

（3）扩大合作范围，拓展平安城市建设工程检测业务。上海检测中心得到了各地公安科技部门的支持。自 6 月以来，相继承担并陆续完成了平安金阳 · 数字城管（一期）安防系统工程、贵州省白云监狱建设工程监控系统项目、无锡惠山区社会治安监控系统、苏州吴江平安盛泽道路卡口监控系统项目和浦东新区高清视频卡口等平安城市系统工程的检测验收。

（4）开拓新的检测项目，上海检测中心在本市微剂量X射线安检设备系统泄漏辐射剂量率的检验工作中，与上海申通地铁签订了为期5年的年检制协议，是中心在业务模式上的首次突破。2011年10月底完成了上海地铁1～11号线全部站点的545台安检设备的X射线泄漏首年检测。

2. 树立行业权威形象

为保障安防产品质量安全，落实企业质量安全主体责任，提高安防产品质量水平，维护消费者合法权益，2011年上海检测中心积极承担产品质量监督抽查任务。

（1）积极争取地抽任务。上海检测中心多次与上海市质监局和相关主管部门争取，承担了上海市质量技术监督局下达的2011年第三季度防盗安全门产品质量监督抽查任务。这是上海检测中心积极参与地方政府部门组织实施的产品质量监督抽查工作，提高社会公共安全产品质量的新突破。

（2）积极承担行抽任务。为更好地为公安业务工作服务，上海检测中心继年初完成了防警控制器等3项产品的行业监督抽查任务后，又承担了汽车防盗报警系统等3项产品的行业监督抽查任务。

2011年上海检测中心的产品质量监督抽查任务取得了圆满成效，为规范和促进安防产品市场的健康发展作出了贡献。

第二章 2011年中国安防行业发展大事

第一节 安防行业有影响力的大事件

一、校车安全纳入法制化轨道

2011年下半年，全国各地发生多起校车事故，造成恶劣的社会影响。校车安全事故引起了相关部门的高度重视。2011年11月29日，国务院总理温家宝在第五次全国妇女儿童工作会议上提出，要在一个月内制定出校车安全条例，特别要加强校园治安、消防安全和校车交通安全工作，把校车安全问题真正纳入法制轨道。

2011年12月《校车安全条例（草案征求意见稿）》出台，为保障校车安全提供了法律依据。据不完全统计，我国共有2800多个县，每个县的校车需求量在300~500辆之间，校车的总需求量在100万辆到150万辆左右，中国校车市场将迎来前所未有的井喷之势。

面对校车安全的重大责任，如何利用安防科技，实现校车动态监控，保障校车安全，是对安防行业的一个重大考验。

二、故宫被盗案给文博安防带来新挑战

2011年5月8日，故宫博物院发生震惊全国的盗窃案，陈列于斋宫临时展出的7件香港展品失窃。故宫博物院在内有启封门制度，外有视频监控探头，夜间还有保卫人员值班巡逻，展柜报警器等设备一应俱全的情况下，展品竟被盗走。一时之间，故宫博物院乃至全国博物馆和文物保护单位的文物安全状况引起全民热议。

据2009年调查数据显示：全国重点文物保护单位2351处，世界文化遗产38处，省级文物保护单位8831处，市县级文物保护单位约6万处；博物馆2400余座，然而国家重点博物馆防盗达标率只有30%~50%。从此数据来看，我国博物馆安全防范形势很严峻。故宫博物院被盗后，国家文物局迅速发布了《关于切实加强文物安全工作的紧急通知》，要求达不到《文物系统博物馆风险等级和安全防护级别的规定》的文博单位，在达标前一律不得对外开放。对于长期不配备安全防范设施的文物收藏单位，县级以上文物行政部门要依法实施行政处罚。并提出，“十二五”期间国家将适度增加文物保护经费，以确保文物安全。

文物安防经费的增加为安防行业发展提供了新的发展空间。安防企业应以对国家和社会高度的责任感，不断致力于产品质量的提高和技术方案的优化创新，尽快研发出更加适合我国博物馆和文物保护单位的安防产品和系统，使得我国的文物保护能够满足安全需求。

三、高铁安防引起全国关注

7月23日，甬温线发生动车追尾特大交通事故，造成40人死亡，200多人受伤。从2011年6月底京沪高铁正式通车以后，频发的运营故障问题已使人们对于高铁的安全运营产生质疑，并在一定程度上影响了高铁的建设和发展。

高铁在我们国家还是新生事物，高铁的建设和安全运营也都还处于起步阶段。国内列车安全监控设备的引进、自主研发、实际使用，时间还不长，有些还缺乏经验。随着高铁的进一步发展，安全运营问题将越来越引起领导和有关部门的高度重视，这也为列车安全监控设备的使用提供了广阔的市场空间。

四、我国成功应对日本福岛核电站泄漏事故

3月11日，日本东北部海域发生了9级大地震，地震引起的海啸造成福岛核电站堆芯熔毁，造成全世界对核泄漏产生高度恐慌。我国及时启动核辐射应急监测预案，全国辐射环境监测网络正式启动。网络中的36个全国自动监测站每天24小时不停歇地传递着监测值，所得数值直接上报给国家主管部门并公布于众。此次成功应对日本福岛核电站泄漏事故，是我国核安防的一次实战演练。

五、安防工作列入多部门“十二五”发展规划

2011年是“十二五”规划开局之年，国务院有关部委拟制的“十二五”规划方案中安防工作被列入其中。

交通运输部《交通运输“十二五”发展规划》在综合运输、公路交通、水路交通、民用航空、邮政服务以及城市客运管理等方面，都对视频监控指挥平台、卡口图像视频监控报警系统等安防系统的建设和应用提出了具体的要求。

国家文物局发布了《国家文物博物馆事业发展“十二五”规划》。提出到2015年，我国博物馆总数将达3500家。

未来五年国家文物局将定期开展文物系统安全大检查，排查安全隐患，近一步加强人防、物防、技防体系建设，并督促落实整改措施。

工信部牵头制定的《物联网“十二五”发展规划》出台，大力扶持重点领域应用示范工程建设，包括智能安防、智能建筑和智能家居等九大领域。安防产品和系统数字化、网络化、智能化是未来安防技术发展的重要趋势之一，物联网、云计算发展规划从国家层面给予安防建设较高的定位和政策支持。

六、视频监控系统联网建设与应用经验交流会在深圳召开

2011 年 10 月 29 日至 31 日，公安部科技信息化局在深圳市召开全国公安机关视频监控系统联网建设与应用经验交流会。

会上，公安部科技信息化局副局长谭晓准作了题为“认清形势 把握机遇 全力推进全国视频图像信息整合与共享工作”的报告，广东、浙江、湖北、江苏、辽宁、深圳等6 个单位就联网建设应用工作进行了经验介绍，公安部第一研究所、安全防范技术与风险评估公安部重点实验室等单位从技术层面就视频图像信息整合与共享进行了介绍和交流。公安部科技信息化局局长谢毅平对下一步推进视频图像信息整合与共享工作提出明确要求。

此次会议旨在进一步贯彻落实公安部《关于深入开展城市报警与监控系统应用工作的意见》要求，有效指导全国公安机关开展视频监控系统联网建设，加快推进各类视频图像资源的整合工作，推进图像信息资源的综合开发利用。

七、《社会治安技术防范条例（送审稿）》修改稿报送国务院法制办

安全防范工作已开展了 30 年，技防立法是安防行业期盼已久的一件大事。公安部成立由张新枫副部长任组长，公安部科技信息化局谢毅平局长和谭晓准副局长担任副组长的技防立法工作领导小组及具体工作组，以确保能够按照国务院法制办的要求和程序，完成法规的论证修改、配套实施办法及法律文书制定等工作。

按照国务院法制办的要求，公安部科技信息化局安全技术防范工作指导处在北京召开法规征求意见修改研讨会，对中央国家机关和省级人民政府相关部门等 60 余个单位反馈的 150 余条修改意见和建议，进行讨论修改后，向国务院法制办报送了《关于报送〈社会治安技术防范条例（送审稿）〉（修改稿）有关材料的函》。

八、公安部下发《关于在农村地区开展安全技术防范工作的意见》

2011 年公安部科技信息化局安全技术防范工作指导处先后在郑州市、济南市召集内蒙古、山西等地公安技防管理部门召开全国农村地区技防体系建设座谈会，交流农村技防建设经验，实地参观考察郑州、济南等地的农村技防建设情况。

在此基础上公安部起草并下发了《关于在农村地区开展安全技术防范工作的意见》。提出力争到 2015 年，在80% 以上的东部地区，70% 以上的中部地区，60% 以上的西部地区的乡镇政府所在地和城镇化、工业化程度较高的农村地区，建立以视频监控和联网报警系统为主体的技防系统。

九、全国公安科技技防管理部门开展“大走访”开门评警活动

为认真贯彻全国公安厅局长会议精神，进一步加强和改进新形势下的群众工作，深入推进“三项重点工作”、“三项建设”和公安机关创先争优活动，公安部科技信息化局在全国科技（技防）管理部门部署开展了“大走访”开门评警活动。

公安部科技信息化局安全技术防范工作指导处多次走访技防企业，召开座谈会，倾听企业声音。全国 32 个省级公安机关科技（技防）管理部门均以不同形式组织开展了“大走访”开门评警活动。在总结分析各地上报材料的基础上，公安部科技信息化局下发了《关于全国公安技防管理部门开展“大走访”开门评警活动的情况通报》（公科信传发〔2011〕359 号）。

十、中国安全防范产品行业协会第五次会员代表大会顺利召开

2011 年 12 月 8 日中国安全防范产品行业协会第五次会员代表大会在北京召开。会议回顾了第四届理事会的工作，认真总结经验，研究部署了今后的工作；通过了新的协会章程，选举产生了新一届理事会。会议还同期召开专家委员会换届大会，并通过专家委员会新章程。

会议强调，要充分认识新时期安防行业的战略作用，增强使命感和责任感；全面提高行业核心竞争力，服务社会经济发展；加强行业自律，促进行业健康发展；加强安

防行业文化建设，全面提高安防行业素质。

会议要求，新时期安防协会要以“平安建设”为契机，以提高安全技术防范应用水平和社会安全防范能力为目标，促进安防行业全面发展与共同进步；要积极加强行业发展重大问题的研究，尤其做好行业发展战略等方面的研究与促进工作；要加强与有关产业部门的联系，争取相关政策支持；要进一步完善和深化行业自律管理，规范市场秩序；要做好“扶优”工作，促进企业做大做强；要帮助企业科技创新，尤其是将能够带动行业竞争力提高的重大创新争取列入国家级项目。

大会选举产生了新一届理事会，王彦吉当选为协会第五届理事会理事长，并选出副理事长单位 62 家，常务理事单位 116 家，理事单位 122 家。

协会名誉理事长、公安部原副部长蒋先进，协会名誉理事长、公安部科学技术委员会主任李润森，协会名誉理事长柳晓川等领导，来自各省、自治区、直辖市安防协会的领导和有关安防企业的代表参加了大会。

会议同期还举行了中国安全防范产品行业协会专家委员会换届会议暨第二届专家委员会会议。

第一届专家委员会主任委员、现专家委员会名誉主任柳晓川作了第一届专家委员会发展报告。专家委员会副主任委员靳秀凤宣读了专家委员会人事及组织调整的决定。

李建平副主任委员作了《专家委员会章程》、《专家委员会专家管理办法》修订和《专家委员会专家技术服务管理流程》制定的说明。与会委员表决通过了《专家委员会章程》和组织人事调整议案。

王彦吉主任委员作了总结发言，他充分肯定了第一届专家委员会作出的突出贡献，并对新一届专家委员会的工作提出了要求。

十一、安防标准化“十二五”发展规划正式实施

2011 年 12 月 19 日至 21 日全国安全防范报警系统标准化技术委员会五届三次、四次会议在北京召开。会议总结了委员会五届二次会议以来的工作，审议了安防标准化“十二五”发展规划和新的标准体系表，并对 2012 年的标准化任务和具体标准的修订进行研究部署。

《安防标准化“十二五”发展规划》的基本原则是：面向和服务于公安业务，面向和服务于安防行业，面向和服务于企业和用户。主要内容包括：继续开展标准体系研究，为标准化工作制定蓝图；加强基础标准制定和研究，为安全技术防范工作奠定理论基础；加强重点技术标准的制修订工作，不断提高标准的技术和质量水平，不断增强标准的适用性和时效性；建立完善安全技术防范工程标准体系；尝试制定公共管理标准和服务标准；加大标准的实施力度，加强标准的宣贯培训工作。

积极开展国际标准化工作和主动参与相关安防国际标准的制定修订工作，不断增强我国在国际标准化工作中的地位和话语权。

施巨岭秘书长在会议期间作了《我国安全技术防范标准体系》介绍和《安防标准化“十二五”发展规划》编制说明。

十二、中国安全防范产品行业协会专家委员会实体防护组成立

2011 年 12 月 7 日，中国安全防范产品行业协会专家委员会实体防护专业组成立会议暨安防实体防护创新与可持续发展研讨会在北京召开，实体防护专家、部分地方安防协会领导以及企业代表等 60 余人参加了会议。

会议由专家委员会副主任李建平主持。专家委员会副主任靳秀凤宣读了实体防护专业组成立的相关文件，聘任周东培任实体防护组专业组组长，王维彬、顾杰、杨官贵、徐律任副组长，邱日祥等 15 名专家为成员。

专家委员会主任王彦吉指出，实体防护在安防工作中有着不可替代的作用。但是许多企业也面临着观念陈旧、技术老化等问题，这些都阻碍着行业的可持续发展。实体防护企业必须坚定创新的决心，实现实体防护技术和产品的创新、实体防护技术与电子防范技术的综合应用创新和实体防护企业的营销模式的创新。实体防护专业组，要在技术的创新、推广和应用、促进行业自律规范发展、维护企业合法权益、加强企业与政府和相关行业组织的沟通等多个方面，发挥专家的优势和作用。

与会专家表示，在实体防护专业组成立后，推动安防实体防护行业的技术创新与可持续发展，发挥实体防护行业专家的作用，通过开展专业技术服务，积极推动我国安防实体防护工作的健康发展。

第二节　公安技防管理部门大事记

2011 年 1 月 3 日

浙江省安全技术防范产品生产登记批准书正式通过省政府网上办事大厅实施网上申请、受理、审核，用户可实时查询审核过程和审核意见，实现了审核过程的公平、公正、公开。

2011 年 1 月 21 日

公安部科技信息化局安全技术防范工作指导处李明甫处长会同部法制局相关人员，参加国务院法制办政法司召集的《社会治安技术防范条例》草案研讨会。

2011 年 1 月 24 日

公安部科技信息化局印发《关于在公安机关科技（技防）管理部门认真组织开展“大走访”开门评警活动的通知》（公科信传发〔2011〕30 号）。

2011 年 1 月 25 日

黑龙江省安全技术防范建设领导小组召开全省进一步推进安全技术防范建设电视电话会议，表彰了在实施《黑龙江省安全技术防范建设三年规划》中成绩突出的先进集体和先进个人。

2011 年 1 月

江西省公安厅技术防范管理办公室发出《关于在全省公安机关科技信息化（技防）部门认真组织开展“大走访”开门评警活动的通知》，部署全省技防管理部门开展“大走访”活动。

2011 年 1 月

上海市公安局技防办印发《关于加强监管本市安防工程所用技防产品的通知》。

2011 年 1 月

江苏省公安厅下发《关于 2010 年度全省技防监控系统建设应用情况的通报》。

2011 年 1 月

江苏省公安厅下发《关于全省公安科技技防部门积极投入春季攻势暨涉车犯罪专项治理行动的通知》。

2011 年 1 月

江苏省公安厅下发《关于开展 2010 年度全省治安监控系统应用典型案例评选的通知》。

2011 年 2 ~3 月

公安部科技信息化局谭晓准副局长率领安全技术防范工作指导处有关人员，走访了北京市、天津市部分安防企业，征求企业对公安科技（技防）管理部门的意见与建议。

2011 年 2 月 14 日

广西壮族自治区公安厅技防办召开安防企业技术人员座谈会，征求对技防办工作的意见。

2011 年 2 月 17 日

北京市公安局内部单位保卫局领导对崇文区第二幼儿园技防工作进行了检查。

2011 年 2 月 21 ~25 日

广东省公安厅技防办贯彻省政府《关于开展全省社会治安视频监控系统建设及运维安全检查验收的方案》，在全省开展社会治安视频监控系统建设三年规划及视频监管一网控工作的验收工作。

2011 年 2 月 22 日

公安部科技信息化局派员参加了科技部召开的“十一五”国家科技支撑计划“社会治安动态预警、综合防控技术体系研究与示范”项目验收会。该项目顺利通过验收。

2011 年 2 月 23 日

北京市公安局内部单位保卫局向内部系统、安防协会印发《关于做好两会驻地等重要单位和场所安全技术防范检查工作的通知》。

2011 年 2 月 28 日至 3 月 1 日

公安部科技信息化局在郑州市召开“公安部重点攻关项目验收暨全国技防建设工作座谈会”。与会代表实地考察了新乡、洛阳市技防体系建设。其间，由公安部科技信息化局和广东、内蒙古等省区公安厅组成的专家组对河南省承担的公安部重点攻关项目“农村地区安全技术防范体系研究”项目进行了验收。

2011 年 2 月

上海市公安局技防办印发《关于本市公共安全防范工程设计施工单位 2010 年度通过核准情况的通报》。

2011 年 2 月

江苏省公安厅在南京召开全省深化“技防年”活动推进会。

2011 年 2 月

江苏省公安厅下发《关于开展第一批技防城建设单位验收评估工作的通知》。

2011 年 2 月

江苏省公安厅下发《关于推动春季攻势暨涉车犯罪专项治理加强车辆防范技术成果推广应用的通知》。

2011 年 2 月

浙江省公安技防管理部门按照省公安厅《全省公安技防管理部门开展“大走访”开门评警活动实施方案》的要求，启动了开门评警活动。

2011 年 3 月 1 日

甘肃公安厅组织起草的《甘肃省公共安全视频信息系统管理办法》，以甘肃省人民政府第 78 号令予以公布。

2011 年 3 月 8 日

公安部科技信息化局副局长谭晓准率领相关部门负责同志，按照公安部开展“大走访”开门评警活动的要求，赴天津考察安防企业，征求对公安技防管理工作的意见。

2011 年 3 月 14 日

天津市公安局技防领导小组办公室召开会议，研究部署全市安全技术防范管理工作。会议就推动技防网建设整合，开展在用技防系统监督检查和技术检验等工作进行了部署。

2011 年 3 月 15 ~17 日

公安部科技信息化局在北京市召开技防立法研讨会，北京、内蒙古、四川等省、自治区公安厅（局）科技处、公安大学、公安部一所等单位参加。

2011 年 3 月 23 日

内蒙古自治区公安厅科技处组织检查组对包头市、乌海市、巴彦淖尔市公安技防管理部门技防执法工作情况进行了检查。

2011 年 3 月 24 日

吉林省公安厅安全技术管理办公室对公安部授权的安防检测机构（吉林省消防与公共安全技术产品质量监督检测站）的业务开展情况、质量控制情况、自身建设情况、管理培训情况以及检验的工程数量和造价等情况进行了初验。

2011 年 3 月 30 日

云南省公安厅科技信息化处邀请云南省安全技术防范协会 20 家常务理事单位的代表进行“大走访”开门评警活动。

2011 年 3 月 30 日

公安部科技信息化局党委书记程胜军、副局长谭晓准在政治处、技防工作指导处领导的陪同下到中国安防协会检查指导工作。程胜军书记宣布了公安部政治部对中国安防协会理事长的任免通知，并对协会的工作与今后的发展提出了要求。中国安防协会原理事长柳晓川、新到任的理事长王彦吉、以及靳秀凤秘书长、李建平副秘书长汇报了协会前一阶段的工作和今后工作的打算。

2011 年 3 月

江苏省综治办和江苏省公安厅在南京联合举办“江苏省技防入户成果展暨 2011（第二届）居民家庭和沿街商铺实用技防产品展示会及 2011（第十届）南京社会公共安全防范产品及技术展览会”。

2011 年 4 月 1 日

贵州省城市报警与监控系统建设领导小组办公室下发了《贵州省城市报警与监控系统技术方案》，进一步统一和规范了全省城市报警与监控系统建设的相关技术要求。

2011 年 4 月 1 日

广东省公安厅技防办正式实施《中小学校和幼儿园安全防范工程技术规范》。

2011 年 4 月 1 日

北京市公安局内部单位保卫局印发《关于 2011 年第一季度本市取得〈安全技术防范产品生产登记批准书〉企业及产品情况的通报》。

2011 年 4 月 2 日

贵州省公安厅组织召开了全省推进报警与监控系统建设汇报会，会议听取了各市、州、地城市报警与监控系统建设领导小组关于本地系统建设进展情况、存在的问题和下一步工作措施的汇报。

2011 年 4 月 8 日

安徽省公安科技管理会议在合肥召开。公安部科信局谭晓准副局长到会并讲话，对安徽公安科技管理工作给予了充分肯定。

2011 年 4 月 11 日

公安部科信局党委书记程胜军、副局长谭晓准到中国安全技术防范认证中心检查指导工作。

2011 年 4 月 11 日

黑龙江省公安厅科技信息化处组织召开了科技（技防）部门“大走访”开门评警座谈会。来自省内 20 余家技防企业的负责人参加了会议。

2011 年 4 月 15 日

江西省技防办组织南昌、九江、抚州等部分设区市技防办的负责同志对《江西省公共安全技术防范管理规定》的处罚条款进行量化讨论，研究制定可执行量化条款。

2011 年 4 月 18 日

安徽省公安厅安全防范技术管理办公室印发了《关于深入推进“天网工程”建设和应用工作的通知》，对全省“天网工程”的建设任务作出了明确规定。

2011 年 4 月 27 日

吉林省公安厅科技处开展全省报警与监控系统设施大普查工作，下发《关于印发吉林省报警与监控系统设施普查工作实施方案的通知》，并举办了全省报警与监控系统设施普查工作培训班，对普查工作流程和填报内容进行了讲解。

2011 年 4 月 27 日

天津市公安局技防管理部门编制的《2011 - 2015 年天津市技术防范网络体系建设实施方案》，经天津市政府批准，市政府办公厅批转至各区县执行。

2011 年 4 月 30 日

江西省公安厅技防办组织的全省技防“大普查”工作结束，并公布了普查数据。

2011 年 4 月

北京市公安局内部单位保卫局保安和技术防范管理支队开展报警与监控系统的统计工作，为进一步推进社会管理创新收集数据。

2011 年 4 月

北京市公安局内部单位保卫局保安技防管理支队配合

北京公安局巡特警总队举办了全市分局、基层派出所监控骨干民警培训班。

2011 年 5 月 7 日

青海省公安厅技防管理部门参加厅机关科技活动周宣传活动，向广大群众宣传安防知识。

2011 年 5 月 19 日

全国部分省、自治区农村地区技防体系建设座谈会在济南召开。会议的主要内容是总结农村技防建设情况，讨论修改《关于在农村地区开展安全技术防范工作的意见》（讨论稿），并对下一步重点工作进行部署。来自内蒙古、山西、江苏等省、自治区及山东省部分市公安科技管理部门负责同志参加了会议。

2011 年 5 月 20 日

黑龙江省公安厅和哈尔滨市公安局联合在哈尔滨市举办“公安科普宣传日”活动。此次活动共展示了贴近百姓生活的 5 大类 40 余种技防产品，并通过展板和现场演示的形式，宣传技防相关知识以及公安机关开展安全技术防范建设和应用工作的成效，为广大群众提供相关的家居技防服务。

2011 年 5 月 22 日

陕西省安全技术防范管理工作座谈会在西安召开，会议总结了 2010 年全省技防工作，对 2011 年技防建设和应用工作进行了安排部署。

2011 年 5 月 23 日

重庆市公安局社会公共安全行业管理办公室“大走访”开门评警工作会在安防协会会议室召开，会议就进一步密切公安科技（技防）部门和企业之间的关系，促进和服务地方技防事业发展，营造良好的市场环境等问题进行了交流。

2011 年 5 月 23 ~ 27 日

公安部科技信息化局安全技术防范工作指导处组织公安大学《视频侦查规范化研究》课题组在广东省广州、深圳、中山、佛山等地调研考察视频监控系统的应用工作。

2011 年 5 月 26 日

北京市公安局内部单位保卫局保安和技术防范管理支队召开技防行业“开门评警”座谈会。结合行业发展，与会企业代表对保安技防管理支队在技防行政审批、标准化建设、行业监管与发展等方面的工作提出建议。

2011 年 5 月 31 日

从年初开始，江西省公安厅技防办开展全省技防部门“开门评警”大走访活动。通过召开企业座谈会，开展网上和电话问卷调查、深入走访企业等活动方式收集加强技防建设的建议。

2011 年 5 月

江苏省公安厅下发《关于对全省公交车、出租车、公交站台技防监控设施安装使用情况进行摸底调查的通知》。

2011 年 5 ~ 7 月

上海市公安局技防办对第 14 届国际泳联世界锦标赛住宿点、训练场及比赛场安全防范工作进行检查、指导，对新建、改建安防工程进行验收。

2011 年 6 月 3 日

贵州省公安厅下发了《贵州省公安厅技防入户工程试点工作方案》。明确了全省技防入户工程试点建设的总体任务，对各级公安机关入户工程试点工作提出了明确要求。

2011 年 6 月 7 日

公安部科技信息化局安全技术防范工作指导处李明甫处长参加国家行政许可清理整顿办公室召集召开的行政许可清理整顿工作座谈会。

2011 年 6 月 10 日

公安部科信局领导到中国安全防范产品行业协会宣布公安部党委关于李华蓉任协会副理事长，曹开星任副秘书长的决定，并要求协会领导班子继续按照“理事会领导下秘书长负责制”的原则开展工作，进一步明确理事长主持理事会工作，部机关派出的正、副秘书长按照分工，各司其职。

2011 年 6 月 15 ~ 16 日

公安部科技信息化局在太原市召开了报警与监控系统跨区域联网和视频信息应用工作研讨会。部分省（自治区、直辖市）公安厅（局）科技（技防）管理部门和公安部一所、部安防重点实验室等单位派员参加了会议。

2011 年 6 月 16 日

陕西省公安厅组织起草的《陕西省公共安全视频图像信息系统管理办法》正式颁布。

2011 年 6 月 28 日

贵州省综治办与公安厅联合下发《关于印发〈贵州省社区/街道技防系统试点建设技术指导意见〉的通知》，对技防入户系统建设模式、试点选点、管理平台建设等方面提出了详细的技术要求。

2011 年 6 月

江苏省公安厅下发《关于进一步深化视频监控系统实战应用工作的意见》。

2011 年 6 月

江苏省公安厅下发《关于对全省公安技防监控平台建设情况进行调查的通知》。

2011 年 7 月 14 日

公安部科技信息化局安全技术防范工作指导处李明甫处长参加国家民航总局召开的美国托运行李爆炸物检查政策研究及多视角爆炸物自动探测系统座谈会。

2011 年 7 月 20 日

广东省公安厅技防办下发《大运会安保全省技防系统运维安全检查工作方案》，部署从 7 月 20 日至 8 月 30 日，在全省范围内开展技防系统运维安全大检查。

2011年7月26日

广西壮族自治区公安厅技防办组织广西二级以上安防工程企业开展为“平安城市”建设推荐全国优秀工程企业工作。

2011年7月

上海市公安局技防办印发《本市视频安防监控系统用彩色显示终端技术规范（试行）》的通知。

2011年7月

江苏省公安厅在南京召开全省深入推进技防监控系统建设应用工作会议。

2011年7月

江苏省公安厅下发《关于开展全省深入推进技防监控系统建设应用工作会议精神贯彻落实情况督导工作的通知》。

2011年7～8月

北京市公安局内部单位保卫局保安技防管理支队配合公交总队分5期对公交系统保卫干部进行治安防范业务培训，取得了很好的培训效果，提升了保卫干部的防范意识和业务水平。

2011年8月10日

吉林省公安厅科技处召开全省城市报警与监控系统建设工作调度会。会议听取了各地系统建设负责人就本地区前段建设工作进展情况所作的汇报。

2011年8月7～13日

公安部科技信息化局安全技术防范工作指导处组织公安部安防重点实验室赴浙江省宁波市、台州市调研《公安视频监控系统建设和应用效能评估方法与评估技术研究》科研项目及城市报警与监控系统建设应用工作相关事宜。

2011年8月16日

公安部科技信息化局向各省、自治区、直辖市公安厅印发《关于江苏省公安机关深入开展安全技术防范建设着力打造“技防江苏”品牌的情况通报》。

2011年8月17日

福建省公安厅科技通信处在福州组织召开《福建省报警与监控系统建设技术规范》专家评审会。《福建省视频监控系统技术规范》及相关实施意见于10月份由福建省公安厅印发各地执行。

2011年8月18日

内蒙古自治区公安厅召开全区公安机关落实《内蒙古自治区视频监控报警联网系统建设方案》工作推进会。会议总结通报了全区公安机关开展视频监控报警联网系统建设情况，分析了当前面临的形势及存在的问题，交流了先进地区建设的典型经验，部署了下一步各地扎实有效地推进视频监控报警联网系统建设和应用工作。

2011年8月22日

公安部科技信息化局下发《关于对公安部授权安防工程检测机构年检情况的通报》。

2011年8月24日

黑龙江省公安厅召开技防立法座谈交流会。《黑龙江省公共安全技术防范条例（草案）》起草小组成员和有关专家参加了会议。

2011年8月31日

公安部科技信息化局向国家质检总局质量监督司发出《关于商请明确楼宇对讲（可视）系统类安全技术防范产品管理方式的函》。

2011年8月31日

甘肃省政府在省公安厅召开“全省乡镇街道公共视频监控系统暨公路智能监控设备建设工作电视电话会议”，张晓兰副省长对全省开展建设工作的情况进行了通报，并提出了落实建设工作的措施和要求。甘肃省委政法委、省政府督察室、省公安厅和相关厅局的领导在主会场参加了会议，各市、州、县政府领导和政法委领导及公安局负责人在各分会场参加了会议。

2011年8～12月

江苏省公安厅会同江苏省科技厅集中开展第一批技防城建设单位验收评估工作。

2011年9月6～7日

公安部科技信息化局在杭州召开《关于开展全国视频监控系统联网建设和视频图像整合工作的实施方案》工作研讨会。部分省、市公安科技、技防管理部门的负责人参加了会议。其间，与会代表实地察看了浙江省视频信息共享平台，并与课题组进行了交流。

2011年9月8～10日

河北省公安厅科技信息化处在邢台市举办“天网覆盖”工程视频监控平台联网技术培训班。

2011年9月23日

公安部科技信息化局谭晓准副局长陪同国务院法制办政法司领导到北京市调研安全技术防范应用管理工作情况。

2011年9月29日

公安部科技信息化局组织部属科研院所有关人员就全国公安机关视频监控系统联网建设工作情况进行了讨论。

2011年9月30日

公安部向各省、自治区、直辖市公安厅（局），新疆生产建设兵团公安局下发《关于印发〈关于在农村地区开展安全技术防范工作的意见〉的通知》。

2011年9月

江苏省公安厅下发《关于转发公安部科技信息化局〈关于江苏省公安机关深入开展安全技术防范建设着力打造“技防江苏”品牌的情况通报〉的通知》。

2011年9月

新疆维吾尔自治区公安厅技防办组织召开首届“中国－亚欧博览会”新建场馆安防系统方案评审会。

2011年10月8日

吉林省公安厅印发《关于进一步规范吉林省公安机关

城市报警与监控系统运行管理工作的通知》。

2011 年 10 月 13 日

山东省公安厅科技处在济南组织召开技防工作座谈会。会议总结了各地前段技防管理工作情况，分析了存在的问题和不足，并围绕安全技术防范系统、设施大检查、技防工作考核等工作进行了具体研究部署。

2011 年 10 月 14 日

陕西省公安厅技防办组织起草的《视频监控联网共享系统技术规范》和《视频监控联网共享系统平台规范》两个技术标准，经陕西省质量技术监督局审批发布。

2011 年 10 月 17 ~26 日

公安部科技信息化局副局长谭晓准率领安全技术防范立法考察团赴澳大利亚、新加坡考察两国安全技术防范法制建设情况。

2011 年 10 月 19 日

山西省公安厅下发《关于深入开展视频监控系统建设和加强视频侦查应用的意见》，把视频侦查应用工作纳入对市级公安机关的绩效考核。

2011 年 10 月 24 日

青海省公安厅安全技术防范管理办公室召开青海省道路卡口智能管理系统（一期）建设工程进度工作会议，对项目工程进度进行通报，并对下一步计划进行部署和安排。

2011 年 10 月 29 ~31 日

公安部科技信息化局在广东省深圳市召开全国公安机关视频监控系统联网建设与应用经验交流会。

此次会议贯彻落实公安部《关于深入开展城市报警与监控系统应用工作的意见》要求，指导全国公安机关开展视频监控系统联网建设，加快推进各类视频图像资源的整合工作，推进图像信息资源的综合开发利用。

2011 年 10 月 31 日至 11 月 4 日

公安部科技信息化局谭晓准副局长陪同国务院法制办政法司领导赴广东、陕西调研技防立法工作。

2011 年 10 月

北京市公安局内部单位保卫局保安和技术防范管理支队印发了《安全防范系统运行检验工作相关文件汇编》。

2011 年 10 月

上海市公安局技防办印发《本市专业型数字录像设备补充技术要求（试行)》的通知。

2011 年 10 月

宁夏回族自治区公安厅技防办组织有关专家和技术人员编写《宁夏回族自治区公安监控报警联网系统实施规范》并发布实施。

2011 年 11 月 8 日

公安部科技信息化局向各省、自治区、直辖市公安厅（局)、科技处、信息通信处，新疆生产建设兵团公安局信息通信处印发《关于印发谢毅平局长、谭晓准副局长在全国公安机关视频监控系统联网建设与应用经验交流会上讲话的通知》。

2011 年 11 月 9 日

吉林省公安厅科技处在长春市举办全省城市报警与监控系统系列标准和技能操作培训班。各级公安监控中心城市报警与监控系统管理人员、操作人员以及各地从事城市报警与监控系统设计、施工、运营、维护单位的技术人员参加了培训。

2011 年 11 月 16 日

吉林省公安厅科技处印发《关于对城市报警与监控系统建设情况进行调研的通知》。

2011 年 11 月 18 日

广东省公安厅技防管理部门组织研发的“公共安全图像信息系统离线式视频采集摘要比对器项目”顺利通过公安部成果鉴定。

2011 年 11 月 28 日至 12 月 5 日

陕西省公安厅技防办举办安防从业单位宣贯《陕西省安全技术条例》、《陕西省公共安全图像信息系统管理办法》及相关国家标准培训班。

2011 年 11 月

上海市公安局技防办印发《本市公共安全防范工程设计施工单位开展 2011 年度核准工作》的通知。

2011 年 11 月

江苏省公安厅下发关于征求安全技术防范系统建设技术规范 第 3 部分：学校（幼儿园）等三项标准意见的通知。

2011 年 11 月

江苏省公安厅下发《关于转发公安部〈关于在农村地区开展安全技术防范工作的意见〉的通知》。

2011 年 12 月 1 日

公安部科技信息化局安全技术防范工作指导处李明甫处长等陪同国务院法制办政法司领导到公安部安全防范技术与风险评估重点实验室进行考察。

2011 年 12 月 6 日

公安部科技信息化局谭晓准副局长等到中国安全技术防范认证中心宣布领导班子调整决定，并对认证中心下一步工作提出明确要求。

2011 年 12 月 7 日

天津市公安局科技处会同有关部门成联合检查组，对部分中小学校、幼儿园技防系统建设应用情况进行实地检查。

2011 年 12 月 15 日

内蒙古自治区公安厅技防办在呼和浩特市举办“国家职业资格——安全技术防范设计评估师（三级）试点班”。

2011 年 12 月 15 日

甘肃省公安厅安全技术防范管理办公室在兰州市举办了安防标准专题讲座，安防协会会员单位的 160 余人参加了专题讲座。

2011年12月20~31日

吉林省公安厅组织开展全省城市报警与监控系统检查维护工作。

2011年12月23日

贵州省公安厅技防管理部门组织召开“城市报警与监控系统建设推进会”，会议就进一步推进全省“天网工程”建设提出了明确要求。

2011年12月26日

广西壮族自治区公安厅科技信息化处组织承建的“公安厅视频监控系统联网平台”建设项目通过了公安厅“金盾办”的验收。

2011年12月26日

公安部科技信息化局向各省、自治区、直辖市公安厅及所属社团和认证、检测机构下发《关于印发〈全国公安机关科信及技防管理部门开展“三访三评”深化“大走访”活动方案〉的通知》。

2011年12月28日

公安部科技信息化局在湖北召开部分安防企业负责人座谈会，就公安部开展的“三访三评”深化“大走访”活动征求意见。与会代表就企业产品开发、项目建设、发展前景、存在困难等问题进行了交流和沟通，对行业管理等问题也提出了意见和建议。

2011年12月

江苏省公安厅在常州召开全省科技处长技防办主任座谈会暨技防城建设培训班。

2012年12月

山西省安全技术防范管理办公室起草的《山西省公共安全技术防范条例》已列为2012年省人大正式立法项目。

第三节 行业组织、机构大事记

2011年1月6日

国家安全防范报警系统质量监督检验中心（北京）加入中国智能高清视频监控产业联盟，成为常务理事单位。

2011年1月7日

陕西省安全防范产品行业协会第二届理事会第三次会议在西安召开。会议由协会秘书长彭功民主持。会议对协会2010年的工作作了总结，并对协会2011年的工作进行了部署。

2011年1月10日

全国安全防范报警系统标准化技术委员会秘书处组织行业标准《停车库（场）出入口控制设备技术要求》编制组修改标准草案，完成了征求意见稿。

2011年1月11日

广东省公共安全技术防范协会在广州召开第二届理事会2010年度工作会议，相关领导及协会会员企业代表近300人出席会议。

2011年1月12日

山东省公共安全技术防范协会成立大会在济南召开。会议审议了《山东省公共安全技术防范协会章程》，选举了协会副会长、秘书长和协会理事，召开了第一届协会理事会议。

2011年1月12日

全国安全防范报警系统标准化技术委员会陈朝武副主任委员参加国际电工委员会/报警与电子安防系统/视频监控系统工作组召开的国际电话会议并发言，介绍了WG12/PT3项目进展情况。

2011年1月13日

上海安全防范报警协会召开了五届会员代表大会。会议选举产生了第五届理事会。会议回顾了第四届理事会开展的主要工作，并就第五届理事会相关工作提出具体要求。

2011年1月13日

全国安全防范报警系统标准化技术委员会秘书处组织完成了行业标准《机械防盗锁》征求意见稿。

2011年1月19日

中国安全防范产品行业协会专家委员会在京召开了“应急防范与救援专家座谈会”，李建平副主任主持会议，来自相关企业、产品检测机构、公安和军队院校等方面的11位专家应邀参加了座谈会。

2011年1月19日

北京市安全防范行业协会召开第二届理事会第二次副理事长会议，赵志民副理事长总结了2010年工作，陈朝武副理事长宣读2011年工作要点，栗萍秘书长介绍了北京安防行业“十二五”发展规划编制情况，会议代表进行了相关讨论。

2011年1月25日

全国安全防范报警系统标准化技术委员会秘书处组织召开国家标准《安防监控视频实时智能分析设备技术要求》起草组工作会议。

2011年2月12日

全国安全防范报警系统标准化技术委员会秘书处组织完成了国家标准《安防监控视频实时智能分析设备技术要求》、《安全防范视频监控联网系统信息传输、交换、控制技术要求》、《城市公共安全应急联动系统基本功能要求》

征求意见稿。

2011 年 2 月 17 日

全国安全防范报警系统标准化技术委员会秘书处组织召开了“安全防范公共管理标准体系研讨会”。会议结合安全技术防范管理工作，对安全防范报警系统领域的公共管理标准进行了梳理和研究。

2011 年 2 月 25 日

全国安全防范报警系统标准化技术委员会秘书处组织完成行业标准《微剂量 X 射线透射式人体安全检查设备通用技术要求》（送审稿），并上报主管部门。

2011 年 2 月 28 日至 3 月 5 日

全国安全防范报警系统标准化技术委员会派员赴法国巴黎参加了国际电工委员会/报警与电子安防系统技术委员会/视频监控系统工作组技术会议。陈朝武副主任委员作为国际标准 IEC62676 - 3《报警系统 - 安防应用中的视频监控系统 - 国际标准第 3 部份模拟数字视频接口》项目的负责人，主持召开了该项目分组会议。会议期间，我国代表团与其他国家专家对 IEC62676 ~ 3 国际标准草案的技术内容进行了深入研究和讨论，形成了该国际标准的第 6 版草案。

2011 年 3 月

全国安全防范报警系统标准化技术委员会秘书处组织完成行业标准《停车库（场）出入口控制设备技术要求》送审稿。

2011 年 3 月

中国安全技术防范认证中心完成了新版《中国公共安全产品认证工厂检查员培训教材》编写工作。

2011 年 3 月

中国安全技术防范认证中心完成了《GA 标志管理办法》修订工作。

2011 年 3 月 4 日

安徽省安全技术防范行业协会在合肥召开了第三届三次常务理事会。会议审议了协会 2010 年工作总结报告，研究通过了 2011 年协会工作计划。

2011 年 3 月 4 日

广东省安防协会与广东银监局联合举办了“广东省银行业网络视频监控技术培训班”，对金融机构负责技防保卫工作的有关人员近 200 人进行培训与交流。

2011 年 3 月 9 ~ 11 日

2011 年中国（武汉）公共安全产品、反恐技术设备和警用装备展览会在武汉开幕，参展企业 300 余家，共有 540 个展位，展出面积达 15000 平方米，各类参展安防产品 7000 余件。展会同期还举办了湖北平安城市建设发展论坛。

2011 年 3 月 11 日

贵州省安防协会在贵阳市召开了第一届理事会第四次会议。会议通报了 2010 年协会工作及 2011 年协会工作计划。会上，协会领导向贵州省安防协会第一批专家库领导颁发了聘书。

2011 年 3 月 15 日

广东省公共安全技术防范协会在广州召开“2011 年企业面对面元春座谈会”，30 余家知名安防企业的代表齐聚一堂，对广东省安防协会如何强化会员服务和加强行业自律规范等工作提出了意见和建议。

2011 年 3 月 21 日

中国安全防范产品行业协会领导班子成员向科信局领导汇报“2012 年中国国际社会公共安全产品博览会”的筹备工作。

2011 年 3 月 22 ~ 23 日

全国安全防范报警系统标准化技术委员会秘书处在北京召开了行业标准项目《视频安防监控车载数字录像设备技术要求》起草工作会议。

2011 年 3 月 23 日

第十届国际公共安全防范产品（济南）展览会在济南召开。本届展会展出面积达 15000 平米。

2011 年 3 月 25 日

全国安全防范报警系统标准化技术委员会秘书处召集部分防爆安检企业就 2011 年防爆安检类标准项目立项工作进行了研讨，相关企业的专家参加了会议。

2011 年 3 月 25 日

海南省安防协会召开安防工程资质评审员和委托资质评定企业人员座谈会。

2011 年 3 月 29 ~ 31 日

贵州省安防协会主办了中国贵州国际社会公共安全产品博览会，同期举办了“平安贵州”论坛。

2011 年 3 月 30 日

甘肃省安全技术防范协会在兰州召开成立大会。

2011 年 3 ~ 4 月

中国安全技术防范认证中心根据国家认监委的要求，完成了强制性产品认证质量分析工作。

2011 年 4 月

全国安全防范报警系统标准化技术委员会秘书处完成了 2011 年度公共安全行业标准制定修订计划项目的申报工作，共申报行业标准 13 项。

2011 年 4 月 1 日

安徽省安全技术防范行业协会在合肥成功举办“科达杯”安徽省安全技术防范行业协会第一届歌唱比赛，共有 20 家会员单位参加了比赛。

2011 年 4 月 6 ~ 7 日

全国安全防范报警系统标准化技术委员会秘书处在北京召开了行业标准《视频安防监控摄像机通用技术要求》、《通用型应用高清电视摄像机测试方法》起草工作会议，经会议讨论，将两项标准名称分别修改为：《安全防范监控摄像机通用技术要求》和《安全防范监控高清摄像机测量方法》。

2011 年 4 月 7 日

全国安全防范报警系统标准化技术委员会秘书处在北京召开国家标准《安全防范视频监控联网系统信息传输、交换、控制技术要求》审查会。会议一致通过了该标准送审稿。

2011 年 4 月 8 ~10 日

第五届安徽国际社会公共安全产品暨警用装备展览会在合肥国际会展中心成功举办。此次展会会聚了国内 300 多家厂商参展，展出面积 13000 多平米，500 个展位。同时，举办了全省 17 市“平安城市”建设成果展。

2011 年 4 月 8 ~11 日

吉林第九届国际社会公共安全产品博览会在长春国际会展中心举行，本届博览会会聚了众多厂商参展，展出的产品包括安全技术防范、消防、警用装备等类产品和技术。

2011 年 4 月 9 日

中国安全防范产品行业协会与宁波大榭开发区保险箱（柜）行业协会在浙江省宁波市联合组织召开了“促进保险箱行业电子商务发展”座谈会，来自上海、浙江、河南等地的 26 个保险箱生产企业负责人出席了会议。

2011 年 4 月 11 日

福建省安全技术防范行业协会在福州市召开了首届理事会第三次会议。会议审议通过了 2010 年协会工作、财务情况报告及 2011 年工作计划；经表决，一致同意省潘东升担任省安防协会常务副理事长、秘书长。

2011 年 4 月 11 日

全国安全防范报警系统标准化技术委员会秘书处在北京召开 2011 年出入口控制行业标准计划项目论证会，研究确定了 2 项行业标准申报项目，分别为：《门禁控制设备技术要求》、《出入口控制人行通道闸技术要求》。

2011 年 4 月 12 日

全国安全防范报警系统标准化技术委员会秘书处在北京召开国家标准《周界防范高压电网装置》宣贯培训教材编写工作会议，部分标准起草专家和检测中心的技术人员参加了会议。会议就标准宣贯培训教材的内容和章节设置等议题展开了讨论，并进行了分工。

2011 年 4 月 15 日

陕西省安全防范产品行业协会召开秘书长工作会议。会议听取了 2011 年博览会的筹备工作情况汇报并研究了博览会开幕式相关事宜。

2011 年 4 月 15 日

全国安全防范报警系统标准化技术委员会秘书处在北京召开 2011 年视频监控行业标准计划项目论证会。会议对有关单位申报的 7 个视频监控标准项目进行了论证和研究。

2011 年 4 月 15 日

全国安全防范报警系统标准化技术委员会秘书处与司法部监狱管理局科技处就开展强制性国家标准《周界防范高压电网装置》宣贯培训工作进行了研究。

2011 年 4 月 19 ~20 日

全国安全防范报警系统标准化技术委员会秘书处召开国家标准《城市公共安全应急联动系统基本功能要求》起草工作会议。

2011 年 4 月 20 日

全国安全防范报警系统标准化技术委员会秘书处召开了入侵探测器类国际标准采标研讨会，与会专家对 IEC 新发布的 8 项入侵探测器类国际标准采标工作进行了深入研究，确定了下一步工作计划和工作安排。

2011 年 4 月 21 日

辽宁省社会公共安全产品行业协会在沈阳市召开了第三届理事会第二次会议，会议总结了 2010 年协会工作并提出了 2011 年协会工作要点。

2011 年 4 月 21 ~22 日

全国安全防范报警系统标准化技术委员会秘书处在北京召开了《泄漏电缆入侵探测装置通用技术要求》、《张力式围栏通用技术要求》、《激光对射入侵探测器技术要求》三项行业标准草案征求意见会。

2011 年 4 月 22 日

第十三届东北国际公共安全防范产品博览会在沈阳开幕。展览面积超过 15000 平米，汇集了来自国内外的 300 余家安防企业。展会同期还举办了“东北安防工程商论坛”。

2011 年 4 月 26 日

海南省安全技术防范行业协会第一届常务理事会议、理事会议召开。会议审议通过 2011 年度的工作计划报告以及 2010 年财务报告。

2011 年 4 月 26 ~28 日

第九届北京国际社会公共安全产品展览会在北京召开。国内外 400 多家安防科技前沿知名企业参展，展览面积达 15000 多平米。

展会期间还举办了中国安全防范产品行业协会专家委员会组织的“应急安全防范与防爆安检专业活动”。展示了多种安检排爆放方面的最新产品。

2011 年 4 月 27 日

全国安全防范报警系统标准化技术委员会秘书处在北京召开行业标准《停车库（场）出入口控制设备技术要求》审查会，会议原则通过该标准送审稿。

2011 年 4 月 28 日

全国安全防范报警系统标准化技术委员会秘书处在北京召开行业标准《出入口控制电动栏杆机通用技术要求》编制工作启动会议。

2011 年 4 月 29 日

中国安全防范产品行业协会召开安全防范系统安装维护员职业培训和技能鉴定工作电话会议，部分省区安防协会负责人参加了会议。靳秀凤秘书长传达了人力资源和社会保障部关于开展安全防范系统安装维护员职业培训和技能鉴定工作的指导意见，并通报了培训工作筹备情况及相关事项。

2011 年 5 月

湖北省安全技术防范行业协会被湖北省民政厅评为“4A”级行业协会。

2011 年 5 月 2 日

全国安全防范报警系统标准化技术委员会秘书处组织国际标准《报警系统～安防应用中的视频监控系统～第 3 部分：模拟数字视频接口》项目组中国专家，召开标准起草会议。会议对该标准的第六版草案进行了认真的修改和完善，形成了最新文件。

2011 年 5 月 6 日

公安部科技信息化局安全技术防范工作指导处在公安部第一研究所组织召开了《安全防范技术实用手册》编制工作专家研讨会。

2011 年 5 月 7 日

青海省安防协会牵头组织全省 130 余家会员单位及厂家广泛参与的“安全技术防范宣传活动”在西宁举办。

2011 年 5 月

河北省安全技术防范学会举办安全技术防范设计、施工、维修培训班。

2011 年 5 月 12 日

第五届中国（天津）国际社会公共安全技术与产品博览会在天津举行，本次展会展览面积达到 13000 多平米，参展企业总计 200 余家，近 500 个展位。

2011 年 5 月 13 日

中国安全防范产品行业协会第四届第六次理事长工作会议在武汉召开。王彦吉理事长主持会议，秘书长靳秀凤、副秘书长李建平以及副理事长单位代表参加了会议。

2011 年 5 月 17～26 日

应英国伯明翰安防展主办方、波兰国际警察协会格旦斯克分会的邀请，李建平副秘书长率中国安防行业考察团赴两地就安防行业技术研发、产品应用等进行了访问、交流。

2011 年 5 月 18 日

全国安全防范报警系统标准化技术委员会组织召开了国家标准《中小学、幼儿园安全技术防范系统要求》送审稿审查会。来自公安部、教育部、国家标准委和部分省市公安、教育系统的领导、专家以及标准起草单位的代表 30 余人参加了会议，会议一致通过标准送审稿。

2011 年 5 月 18 日

中国安全防范产品行业协会专家委员会推荐专家参加“生物智能探测感应智能安全防范技术应用交流会”。

2011 年 5 月 19 日

全国安全防范报警系统标准化技术委员会组织召开了国家标准《高等院校安全技术防范系统要求》征求意见会。来自全国部分高校和公安系统及企业的代表参加了会议。

2011 年 5 月 19 日

国家安全防范报警系统质量监督检验中心（北京）派出专家，参加了北京市公安局文化保安总队组织的故宫博物院安全技术防范工作会议。

2011 年 5 月 23～25 日

2011 年中国（西安）国际社会公共安全产品暨警察反恐技术装备博览会在西安举行。本届博览会由国际和国内近 600 多家企业参展，展出面积共 30000 余平方米。社会各界观众达 7 万余人。

2011 年 5 月 26～28 日

第十一届上海社会公共安全产品国际博览会在上海展览中心举办，展出面积达 20000 平方米，标准展位 800 多个，观众近 5 万人，同期举办了首届上海安防高峰论坛。

2011 年 6 月 3 日

全国安全防范报警系统标准化技术委员会秘书处召集国家标准《博物馆和文物保护单位安全防范系统技术要求》起草组主要成员对标准草案进行了修改。

2011 年 6 月 15～17 日

山西安防科技产业博览会暨视频监控系统建设应用成果展在太原市开幕。博览会会聚了国内外安防行业 180 余家企业，参展展位 320 余个，展出面积 1 万多平米，参观观众达 2 万余人。展会同期还举办了“2011 山西平安城市建设发展论坛”等活动。

2011 年 6 月 16 日

国家安全防范报警系统产品质量监督检验中心（上海）主编的国家标准《GB/T 26718－2011 城市轨道交通安全防范系统技术要求》正式发布。

2011 年 6 月 18～20 日

福建省安全防范产品行业协会承办的第四届“6·18”海峡社会公共安全项目产品博览会在福州举办。

展会展出面积 11000 平方米，吸引国际和国内 300 多家企业参展，同期举办相关安防技术论坛和交流对接活动。广东省公共安全技术防范协会组织广东省内优秀安防企业参加本次展会。

2011 年 6 月 19 日

广东省公共安全技术防范协会与福建省安全防范行业协会在福州共同举办“2011 年闽粤安防行业发展暨平安城市建设对接会”。

2011 年 6 月 22 日

天津市安全技术防范行业协会第一届理事会第五次会议在天津举行。会议总结了协会第一届会员大会以来的工作，审议了协会章程修改草案，研究了第二次会员大会暨理事会换届筹备工作，推举产生了第二届理事会理事以上单位（人员）提名名单。

2011 年 6 月 23 日

中国公共安全杂志社主办的“CPS 中国安防论坛－智慧天津高峰会”在天津举行。

2011年6月

中国安全防范产品行业协会启动了为“平安城市”建设推荐优秀安防工程企业活动。本次活动包括组织专家组评审申报资料、确定推荐企业、并举行授牌仪式等内容。

2011年6~7月

全国安全防范报警系统标准化技术委员会秘书处组织完成了国家标准《博物馆和文物保护单位安全防范系统技术要求》送审稿。

2011年7月1日

全国安全防范报警系统标准化技术委员会秘书处召开国家标准《周界防范高压电网装置》的宣贯培训教材定稿会。

2011年7月4日

内蒙古自治区安防协会在呼和浩特市召开了第二届会员代表大会。会议审议通过了《2010年度工作总结与2011年度工作规划》、《内蒙古自治区公共安全技术防范行业协会章程》修改草案，选举产生了协会第二届领导班子。同期还举办了“晶新杯”内蒙古安防协会第一届歌唱比赛暨CSST中国安防行业第三届“和谐杯”歌唱比赛内蒙古分赛区比赛。

2011年7月8日

中国安全防范产品行业协会在北京召开专家委员会工作会议。会议由李建平副主任主持，柳晓川主任、司同军、靳秀凤副主任，以及专家委员会顾问和委员参加了会议。王彦吉理事长出席会议并讲话。会议总结了年度工作，研究、讨论专业组调整及换届筹备工作，并对《关于专家委员会换届筹备工作的意见》进行了表决。

2011年7月8日

天津市公共安全技术防范行业协会召开第二届会员代表大会。会议审议通过了行协第一届理事会工作报告和财务报告，修订了《天津市公共安全技术防范行业协会章程》。会议选第二届理事会理事长、秘书长和副秘书长。

2011年7月15日

湖南省安防行业协会开展2011年安防行业诚信企业评选活动，评选并表彰了一批安防产品销售诚信企业、生产诚信企业、安防系统设计、施工诚信企业。

2011年7月19日

北京安防协会与民生银行举行融资合作签字仪式。民生银行为北京安防行业企业授信额度5亿元，并制订了相应的多个贷款方案，为北京安防企业的发展提供贷款支持。

2011年7月23日

由中国安全防范产品行业协会、广东省公共安全技术防范协会共同主办的2011第四届中外安防产品（广东）采购洽谈会在广州开幕。来自30个国家和地区的62家国际采购商以及71家中国供应商和50余家广东工程商参加了本次洽谈会。

2011年7月23~29日

湖北省安防协会举办的湖北省第九期全国建设工程造价员（电子）资格证培训班在武汉开班。

2011年7月27~31日

全国安全防范报警系统标准化技术委员会在西宁市召开《我国安全技术防范标准体系研究》课题验收会和行业标准《公共场所治安视频监控工作规范》送审稿审查会。

2011年7月

中国安全防范产品行业协会李建平副秘书长带领协会专家委调研组先后赴沪、浙、苏三省市，对部分防盗保险柜（箱）、防盗安全门、金库门、防盗锁具以及周界实体防护等产品的生产企业进行调研，听取企业对成立“实体防护组”工作的意见和建议。

2011年8月

由中国安全防范产品行业协会专家委员会主编、中国安防行业网承编的《为安防“十二五”规划建言献策论文集》正式出版，并向各地安防协会和专家委员会全体专家赠阅。

2011年8月

中国安全技术防范认证中心印发了《风月同舟 共创辉煌——中国安全技术防范认证中心十周年》纪念画册。

2011年8月1日

海南省安防行业协会资质评定中心召开了评审员工作会议。

2011年8月4日

海南省安全技术防范行业协会召开理事长会议。会议总结了协会近期工作情况，并就如何发挥安防协会的作用进行了探讨和交流。

2011年8月8日

黑龙江省安全防范产品行业协会第二届会员代表大会在哈尔滨召开。会议回顾和总结了协会几年来所做的工作，修订了《黑龙江省安全防范产品行业协会章程》，选举出了协会第二届理事会理事长、副理事长以及新一届协会秘书长、副秘书长及监事会成员。

2011年8月15日

安徽省安防协会开展了“平安城市”建设优秀安防工程企业评选活动。由协会组织专家对申请单位近年企业发展和工程完成情况进行评审，授予12家优秀企业“平安城市”建设优秀安防工程企业称号。

2011年8月17日

2011内蒙古第七届公共安全产品展博会暨警用装备展览会在呼和浩特市开幕。本届展会会聚了国内外235家安防企业，展出面积达10000平方米，展位310个。

展会期间还举办了中国安全防范产品行业协会专家委员会组织的“反恐应急、安检防爆专业活动”，展示了20余种反恐应急、安检防爆器材，得到了展会主办方及前来参观的盟市公安局代表们的关注，成为本次展会的一大亮点。

2011 年 8 月 18 日

中国安全技术防范认证中心举行成立十周年庆典活动。来自公安部科技信息化局和有关业务局、国家认监委、中国认证认可协会、中国安全防范产品行业协会、中国保安协会部分地方安防协会、中心分包实验室等单位的领导参加了庆典。

2011 年 8 月 25 日

由中国安全防范产品行业协会主办，云南省安防协会支持的“2011 年烟草安全防范及信息化技术论坛”在云南举办。中国安全防范产品行业协会和云南安协领导及来自全国烟草行业的代表等百余人参加了会议。

2011 年 8 月 29 ~31 日

国际电工委员会/报警与电子安防系统技术委员会/视频监控系统工作组全体会议在公安部第一研究所召开。来自欧洲、美洲、亚洲等 9 个国家的 15 名代表参加了会议。

2011 年 9 月 1 日

广东省公共安全技术防范协会启动“广东省巡回安防技术培训班”先后在广州、梅州、揭阳、汕头、惠州等市召开免费技术培训讲座。

2011 年 9 月 1 –2 日

国际电工委员会/报警与电子安防系统技术委员会（IEC/TC79）2011 年年会在公安部第一研究所召开。本次会议由中国国家标准化管理委员会（SAC）承办，SAC/TC100 和公安部第一研究所共同协办。来自欧洲、美洲、亚洲等 15 个国家的 40 名代表参加了会议，以 SAC/TC100 副主任委员陈朝武为团长的中国代表团共 7 人参加了会议，来自中国、韩国的 12 名技术人员列席。

2011 年 9 月 15 日

天地伟业数码科技有限公司荣获全国“双强百佳党组织”荣誉称号，并受中央组织部部长李源潮肯定。

2011 年 9 月 16 日

全国安全防范报警系统标准化技术委员会秘书处组织编写的国家标准《银行安全防范报警监控联网系统技术要求》培训教材完成初稿，并开始征求有关起草专家的意见。

2011 年 9 月 20 ~22 日

北京安防协会承办的首届七省市区安防协会合作交流工作研讨会在北京召开。北京、山东、内蒙古等安防协会的主要领导聚集北京，共同就建立区域间技术交流、信息共享、协调配合等议题进行协商研讨。

2011 年 9 月 26 日

新疆维吾尔自治区安防协会正式成立。

2011 年 9 月 28 日

中国安全防范产品行业协会和北京市安防协会联合举办了安防工程企业资质评定新版体系文件宣贯会。

2011 年 9 月 28 日

中国安全防范产品行业协会专家委员会与天津安防协会在天津召开了部分实体防护企业参加的座谈会，就成立专家委员会实体防护组事宜进行调研并征求意见。

2011 年 10 月 10 日

中国安全防范产品行业协会领导班子成员向公安部科信局科信局领导汇报第五届会员代表大会和专家委员会换届会议的筹备工作情况。汇报会由王彦吉理事长主持，靳秀凤秘书长报告了协会章程修订、理事单位的重新登记、大会的选址等项工作；李建平副秘书长就协会专家委员会换届及成立实体防护组筹备工作进行了汇报。科信局领导对换届筹备会议提出了具体要求。

2011 年 10 月 12 日

为适应新的安防发展形势，上海安防报警协会对“上海安防网”进行改版。

2011 年 10 月 17 ~18 日

全国安全防范报警系统标准化技术委员会秘书处在京召开国家标准《入侵报警设备通用技术条件》（草案）讨论会。

2011 年 10 月 21 日

广东省公共安全技术防范协会在广州举办“2011 年广东省安防行业首届歌唱比赛”。

2011 年 10 月 24 日

全国安全防范报警系统标准化技术委员会秘书处在北京组织召开行业标准《X 射线计算机断层成像液态物品安全检查设备通用技术要求》征求意见会，相关企业及用户单位代表参加了会议。

2011 年 10 月 25 日

全国安全防范报警系统标准化技术委员会秘书处组织召开行业标准《介电常数测量技术的液态物品安全检查设备技术要求》征求意见会，相关生产企业及用户单位代表参加了会议。

2011 年 10 月 26 日

全国安全防范报警系统标准化技术委员会秘书处在北京召开了行业标准《银行自助服务亭》送审稿审查会，会议一致通过该标准送审稿。

2011 年 11 月 1 日

青海省公共安全技术防范协会召开第二届全体会员大会暨改选大会筹备会议，安排部署大会各项工作。

2011 年 11 月 3 日

王彦吉理事长、靳秀凤秘书长在协会会见了来访的加拿大高新技术协会副总裁 Kevin Wennekes、加拿大卑诗省兰里市消防局局长 Stephen R. Gamble 和魁北克省 GATINEAU 市警察局局长 Mario Harel 一行。

2011 年 11 月 6 –11 日

应加拿大高新技术协会的邀请，靳秀凤秘书长率中国安防行业考察团赴加考察。

2011 年 11 月 15 ~18 日

北京安全防范行业协会组织开展了安防工程建设新标

准宣贯第六期培训班，200多名安防工程建设人员参加了培训。

2011年11月18日

中国安全防范技术认证中心召开CCC认证质量分析总结会。该中心各分包实验室派员参加了此次会议。

2011年11月21~22日

云南省安全技术防范协会在昆明举办了为期2天的“云南省安防工程企业经理人培训班”。

2011年11月28日至12月5日

陕西省安全防范产品行业协会举办陕西省安防从业单位宣贯《陕西省安全技术条例》、《陕西省公共安全图像信息系统管理办法》及相关国家标准培训班。

2011年11月30日

湖北省安全技术防范行业协会召开了2011年理事（扩大）会议。会议审议通过了《湖北省安防协会章程（修改草案）》等文件，并举行了《安防人的创业史》一书的发行仪式。

2011年11月

国家安全防范报警系统产品质量监督检验中心（上海）申报的“科技创新行动计划”技术标准项目《安全防范数字视频监控系统技术标准研究》获得上海市科学技术委员会立项。

2011年12月7日

中国安全防范产品行业协会专家委员会在北京召开了实体防护专业组成立会议暨安防实体防护创新与可持续发展研讨会。专家委员会李建平副主任主持会议，王彦吉主任、靳秀凤副主任等出席会议并讲话。实体防护专家、部分地方安防协会领导及企业代表等60余人参加会议。

2011年12月7日

第三届“和谐杯”歌唱比赛决赛在京举行。来自全国各分赛区入围总决赛的30个节目，按照美声、民族、通俗三个小组进行角逐。公安部科信局、中国安全防范产品行业协会及部分省市安防协会的领导到场观看了比赛，并与获奖单位及个人合影留念。

2011年12月7~8日

吉林省社会公共安全产品行业协会在长春召开安全技术防范标准宣传贯彻培训会议，吉林省安防行业从业单位的技术管理人员以及各市、州公安机关主管城市报警监控系统建设和技防管理部门300余人参加会议。

2011年12月8~9日

中国安全防范产品行业协会第五次会员代表大会在北京召开。公安部及相关组织机构领导、协会历届老领导、会员代表和安防工程企业代表近500人参加了会议。公安部科信局谢毅平局长到会作了重要讲话。大会审议并通过了第四届理事会工作报告和财务报告；审议并通过了章程、行业行为规则、会费收费标准和缴纳管理办法及组织管理规定等文件。选举产生了第五届理事会成员，选出副理事长单位62家，常务理事单位116家，理事单位122家。

2011年12月9日

中国安全防范产品行业协会专家委员会在京召开了换届会议暨第二届委员会会议，李建平副主任主持了会议，柳晓川名誉主任、傅森顾问、王彦吉主任、靳秀凤、陈朝武副主任以及专家委员会委员、专家等共计50余人出席了本次会议。会议审议通过了第一届专家委员会工作报告和专家委员会新《章程》等文件，以及增补副主任委员的事项。

2011年12月15日

贵州省安防协会荣获贵州省“4A”社团组织称号。

2011年12月20~21日

全国安全防范报警系统标准化技术委员会五届三次&四次会议在京召开。会议总结了五届二次会议以来的工作，对2012年的标准化任务和具体标准制修订计划项目等进行了研究和部署，会议还审议了《我国安全技术防范标准化“十二五”发展规划》和《我国安全技术防范标准体系表》。

2011年12月29日

甘肃省安全技术防范协会在兰州召开了“甘肃省安全技术防范协会会员大会”，向全体会员单位汇报了2011年度协会的工作情况；通报了2011年度协会的财务情况；提出了2012年度的工作计划。省公安厅、省民政厅及省工商局相关部门的领导出席了大会。

2011年12月30日

广东省公共安全技术防范协会第二届理事会2011年度工作会议在广州召开。大会对2011年度协会工作进行了总结，研究制订了协会2012年度工作计划。

2011年12月

2011年上海检测中心有13项行业标准获得立项。

2011年12月

上海检测中心被公安部第三研究所党委授予2011年度集体三等功的荣誉称号。

2011年12月

河北省安全技术防范学会编辑出版了《河北省安防系统工程培训专卷》第五卷。

第三章 有关领导关于安防工作的讲话

第一节 公安部业务主管部门领导讲话

公安部科技信息化局谢毅平局长在全国公安机关视频监控系统联网建设与应用经验交流会上的讲话

（摘编）

在全国公安机关认真学习贯彻党的十七届六中全会精神、全力维护社会和谐稳定、努力为迎接十八大召开创造良好社会治安环境的新形势下，我们在深圳召开这次全国公安机关视频监控系统联网建设与应用经验交流会，对于深入推动公安信息化建设具有重要意义，必将为加强社会治安防控体系建设提供更为坚实的科技支撑和保障。经过全体与会同志的共同努力，这次会议开得很顺利，取得了预期效果。今天上午，谭晓准副局长作了《认清形势，把握机遇，全力推进全国视频图像信息整合与共享工作》的报告，总结了一年多来全国视频监控系统建设和联网的工作情况，剖析了面临的困难与问题，阐述了当前开展视频图像信息整合与共享工作所面临的形势，提出了下一步工作的思路。会议期间，广东、浙江、湖北、江苏、辽宁等地作了交流发言。我感觉很受启发。与会代表还实地考察了深圳市应用视频监控技术的典型单位，学习了深圳市公安机关开展视频监控系统联网建设与应用实践经验，参观了第十三届中国国际社会公共安全博览会，全面了解了国内外安防行业的规模现状与技术水平，开拓了视野、启发了思路、提振了信心。明天还要围绕视频图像信息整合与共享进行技术层面的交流，可以说，这次会议准备充分、主题鲜明、内容丰富，希望同志们发扬连续作战的作风，继续完成好明天的议程。下面，我就视频图像信息整合与共享工作再强调几点意见：

一、充分认识开展视频图像信息整合与共享的重要性和紧迫性，切实增强工作的主动性和紧迫感

从近年来公安工作实践和各地交流的情况看，视频图像信息的应用已经成为公安机关治安防范、打击犯罪和指挥通信的重要手段，成为公安机关战斗力新的增长点；特别是随着各地建设规模的不断扩大，随着公安业务工作对其依靠程度的不断提升，从联网建设入手加强图像信息资源的综合开发利用，已经成为公安机关一项迫切的重要任务。

（一）加强视频图像信息的整合与共享是提高公安机关战斗力，加强治安防控体系建设的必然要求

随着我国经济社会的发展进步，各地公安机关从加强“三基”工程出发，围绕“三项建设”和“三项重点工作”，大力推进视频监控系统建设，不断凸显了视频图像信息在公安工作中的重要作用。这充分说明了视频图像信息对于打击犯罪的重要作用。与此同时，视频图像信息的应用以其及时、准确、动态、直观等特点，进一步提高了公安指挥通信能力，为公安机关有效预防和处置群体性事件特别是重大突发事件提供了重要的技术支持。在北京奥运会、上海世博会、广州亚运会和亚残运会、深圳大运会等多项重大安全保卫任务中得到了充分检验和证明。

对于视频监控技术在公安工作中的地位和作用，孟建柱部长和部党委予以高度重视。近期印发的《全国公安机关“十二五”科技强警工作规划》、《全国公安装备建设“十二五”规划》都对图像信息的整合共享和综合开发利用进行了部署。为此，我们要把视频图像信息的整合与共享提高到增强公安机关战斗力、增强构建社会治安防控体系能力的高度来认识，充分利用公安图像信息资源，切实提高公安机关预防和打击犯罪的能力、处置突发事件的能力、创新社会管理的能力。

（二）加强视频图像信息的整合与共享是适应形势发展，实现科学发展的迫切要求

近年来，随着视频图像信息的重要作用日益凸显，各地越来越重视其建设和应用，投资和建设规模大幅度增长。从全国来看，与巨大的投资和建设规模相比，视频图像信息的建设与应用也存在一些普遍性的问题。一方面，由于视频监控系统建设从单一警种的应用发端，一开始就缺乏整体规划和统筹协调，其总体规模的扩大很大程度上是多个部门、警种单一系统建设规模的简单叠加，没有形成整体规模的联网，无法实现信息化条件下视频图像信息的整合共享和综合利用；另一方面，从公安科技信息化及技防管理部门的职能发挥来看，治安视频监控系统建设的指导

和指挥建设也是分别开展的，没有从内部实现统筹考虑、统一规划。这些问题的存在，导致了公安视频图像信息也出现了公安数据库建设初期的“信息孤岛”现象，限制了视频图像信息资源的充分利用。

面对视频图像信息建设和应用加速发展中存在的问题，我们必须坚持以科学发展观为指导，把公安视频图像信息当作公安机关重要的战略资源，认真研究其规律和特点，紧密结合公安总体应用需求，加强整体设计，强化统筹协调，从联网建设与应用入手，尽快提高整合共享和综合开发的科学化水平。

二、加强组织领导，加强统筹协调，形成推动发展的合力

目前，视频监控系统的投资、建设、使用和管理的主体众多，既有各级政府的各个部门，也有各种各样的社会单位；即使在公安机关内部，也存在各部门、警种和各行政层级的不同主体，互联整合共享的难度相当大。其中既有不同主体之间的协调问题，也有系统联网的技术问题，还有不同主体的权责问题。为此，必须加强组织领导，加大统筹协调力度，切实形成推动整合与共享的合力。

（一）加强组织领导

各级公安科技信息化及技防管理部门要高度重视视频图像信息的整合与共享工作，当作公安信息化建设的重要组成内容，作为贯彻落实科学发展观、为社会管理创新提供科技支撑保障的重要措施，集中力量抓紧抓好。一是科技信息化及技防管理部门要成立主要领导牵头的领导小组，建议分管技防和信息通信工作的领导作为副组长，研究提出公安视频图像信息的整合与共享的发展规划、工作方案和落实措施。二是积极建议各级公安机关成立领导小组及办公室，全面负责视频监控系统的建设和应用工作，实现统一领导、统一管理；建议各级公安机关分管领导任组长，相关部门、警种为成员单位，办公室设在科技信息化管理部门。

（二）强化统筹协调

各级公安科技信息化及技防管理部门要切实加强对视频图像信息整合与共享的研究，从公安工作总体需求和各部门、警种的业务需求出发，提出既满足总体需求又满足个性化需求的联网整合方案。要充分发挥科技人才集中的优势，当好领导的“智库”和参谋，积极争取各级公安机关领导的重视和支持。要加强与各部门、警种的沟通联系，充分了解他们的业务需求和实际困难，为视频图像信息整合与共享提供可靠的技术支持，为各部门、警种的联网整合提供良好的技术服务。

（三）要积极争取全社会的理解和支持

各级公安科技信息化及技防管理部门要主动走出去，向全社会宣传视频图像信息整合与共享对于打击预防犯罪、维护社会稳定、创新社会管理等方面的积极作用，努力争取全社会的理解和支持。特别要积极建议本级公安机关领导多向当地党委、政府汇报，争取把公安视频图像信息整合与共享工作作为一项社会工程、民心工程，纳入当地经济社会发展规划，立为财政预算项目。要充分借助党委、政府的力量，充分借助公安机关的管理优势，积极协调和组织相关行业、系统和单位参与建设和应用工作。要积极创新社会化的建设、管理、维护模式，在确保安全的前提下，充分利用社会资金，鼓励、支持社会力量参与视频图像信息整合与共享服务工作。

三、把握规律，联系实际，推动科学发展

从全国来讲，一些省份已经开展了视频图像信息的整合与共享工作，比如广东省公安厅在2009年就将“视频监管一网控”纳入全省公安“五个一网”工程，将编织全省视频网络，向公安信息化的重要组成部分推进。部分社会视频信息也已经整合入网。浙江省也完成了省、市、县三级共享平台联网建设；湖北省建立了独立于公安信息网的视频监控专网，基本实现了省、市、县三级平台的互联互通；江苏省强化了图像信息的研判应用、智能化应用、视频巡逻应用、侦查应用和社区警务应用。其他省份也有一些很好的视频图像信息整合与共享的做法。但是，从全国的情况看，从各地推进的程度看，从应用的效果看，当前和今后一个时期，各地还应该深刻把握视频图像信息建设与应用的规律，紧密结合本地实际，努力推动视频图像信息整合与共享的科学发展。

（一）深入把握规律

首先，从公安业务需求来讲，满足整体需求就是满足不同个性化需求，所以必须综合考虑所有的个性化要求，综合业务需求和技术实现程度进行统一规划。此外，个性化要求不可能在短期内完全掌握和完全实现，在实施计划上就必须边建边用，分步实施，逐步完善。其次，作为公安信息化的重要组成部分，视频图像信息的整合与共享有其自身的技术要求，其中首要的一条就是必须统一标准，目前来讲就是必须遵循国家和行业针对公安视频监控技术领域制定的标准要求开展工作。

（二）紧密结合实际

目前，视频图像信息的建设与应用在全国范围内呈现不平衡的发展态势，在一个省份的不同地市、县、市之间也存在不平衡，所以各级科技信息化及技防管理部门指导和组织视频图像信息的整合与共享工作，要结合实际、分类指导，切忌一刀切。其中，有的东部沿海省份已经走过或者正在经历大规模建设阶段，应该从整合入手进一步深入推进整合与共享工作；有的西部省份还处于布点建设阶段，应该从加强总体设计入手，为今后的信息共享打好基础。此外，各个地方的社会治安形势不同、影响社会稳定的主要因素不同，决定了各地区公安机关对视频图像信息的需求不同，这些个性化的需求不可能用共性的需求方案予以

解决，应该因地制宜，制订本地化的需求解决方案。

四、立足当前，着眼长远，着力推动长效机制建设

这次经验交流会的召开，在各地已经开展工作的基础上，拉开了全国视频图像信息整合与共享工作的序幕。视频图像信息整合与共享，适应了信息化时代的要求，代表了视频图像信息应用的发展方向，将是一项长期而艰巨的任务。各地公安科技信息化及技防管理部门要立足当前公安工作需要和联网建设的基础，加快视频图像信息整合与共享的各项工作，同时要着眼长远，着力加强长效机制建设。

从实现视频图像信息的规范应用，发挥视频监控技术的最大效能出发，各地要根据实际情况，建立和完善三大类工作机制。一是业务工作机制。要不断创新和丰富视频警务工作内涵，依托视频图像信息共享平台，逐步建立信息流与业务流相融合的视频警务工作机制。二是日常管理机制。主要包括建立视频监控系统的基础信息采集机制，及时更新进入视频图像信息共享平台的基础信息，确保基础信息的准确；完善社会视频图像信息常态管理机制，把社会视频图像信息的管理作为一项基础性工作，依法加强日常检查，建立绩效考核机制，针对监看人员、分析研判人员和维护人员的工作情况以及应用视频图像信息的警力配置、警务规范、工作保障等，研究制定相应规定和办法，保证视频图像信息的整合与共享。三是维护保障机制。完善视频监控系统的建设经费和维护经费的保障机制，同时要完善系统运行的维护机制，保证摄像机等视频设备具有较高的在线率和完好率。

五、全面推动，突出重点，切实加强专业队伍建设

视频图像信息整合与共享是一项长期而艰巨的工作，是一项系统而复杂的工程，必须尽快建立一支技术精通、应用熟练的专业技术队伍。从科技信息化及技防管理部门的职能发挥来看，目前要突出重点，加强对视频监控图像信息人员的培训。各地科技信息化及技防管理部门要配套建立视频图像信息技术的教育培训体系，根据培训内容、对象、层次的不同，设计培训工作的课程和要求。要组织科研院所等单位编制相关的基础知识类、强化提高类、实战应用类教材，研究视频图像信息技术技能模拟训练及考核方法，探索实战化培训基地建设；要着重培养“懂法规政策、懂业务应用、懂专业技术，会管理、会指导、会操作”的复合型、专家型人才团队；要逐步提高全警对视频图像信息的认识程度，推动视频图像信息技术知识纳入全警培训内容，加强对视频监控系统建设、管理、维护、监看等人员的培训指导，引导相关部门、警种开展专业培训教育；推动相关社会职业资格培训工作，提高从业人员素质，培养职业化人才队伍，建立社会人才储备。

同志们，这次经验交流会我们不仅学习了先进地方的经验做法，而且从他们的经验中得到了启发，坚定了深入推动视频信息整合与共享的信心和决心。希望同志们会后要认真消化吸收他们的好经验、好做法、好思路、好措施，提高认识、统一思想，从研究规律、整体规划做起，切实加强组织领导，切实加强机制建设，切实加强队伍建设，全力推进视频图像信息整合与共享，为公安关机打击预防犯罪、创新社会管理提供更加强有力的科技支撑和保障。

认清形势 把握机遇 全力推进全国视频图像信息整合与共享工作

——公安部科技信息化局谭晓准副局长在全国公安机关视频监控系统联网建设与应用经验交流会上的讲话

（摘编）

经部领导批准，我们组织召开本次全国公安机关视频监控系统联网建设与应用经验交流会。这次会议的主要任务是对各地视频监控系统建设和联网工作的情况进行全面总结，就下一步深入推动视频监控系统联网建设及视频图像信息整合与共享工作进行部署。

昨天，大家实地考察了深圳市公安机关部分视频监控系统的使用单位，详细了解了深圳市的视频监控技术应用情况，亲身感受了视频监控技术给深圳市公安工作带来的变化，收获很多，也得到了不少启发。会议期间，深圳市公安局和其他兄弟省市还要作深入的交流，请大家认真学习、相互借鉴、共同提高。在这里，我就前一阶段全国视频监控系统建设和联网工作做一简要回顾，并就下一步的工作开展谈些想法和意见，与大家共勉。

一、不断积累经验，夯实工作基础，实现持续发展

自2004年以来，按照《全国公安机关2003 －2008年科技强警工作规划》要求，各地公安机关利用6年多的时间，开展了两批城市报警与监控系统建设试点工作。这是继金盾工程后全国科技强警及公安机关信息化建设方面的又一重大项目。特别是去年印发《关于深入开展城市报警与监控系统应用工作的意见》后，全国的视频监控系统建设和应用得到了各级党委政府的高度重视，有力的推动了视频监控系统的建设和应用，实现了全国工作的“五大发展”。

一是推动了视频监控系统建设的高质量发展。一方面系统的建设更加注重科学性。全国各省基本都制定了关于视频监控系统建设方面的总体规划、实施方案或技术要求，

对整体工作进行了统一部署，在视频监控系统的总体布局上注重点、线、面相结合，科学布点，重点覆盖，形成了网络化格局；在视频监控点位设置上结合了城市规模、经济状况、人口分布、治安状况、警务资源等因素，力求更科学、合理地对每个摄像机的位置、高度、方向、范围、机型进行论证；在设备选型上采取先期测试的方法，保证系统采用合格产品，并注重多种机型组合的布局方式，突出性价比和高中低端设备的合理搭配，弥补单一类型设备存在的不足；在建设程序上严格规范，加强了调查摸底、现场勘查、技术分析等前期工作，坚持对方案论证、施工监管、完工检测和竣工验收全过程的监督。另一方面逐步开展了视频监控系统的联网和整合工作。全国有一半以上的省、自治区、直辖市制定了视频监控系统联网或视频图像信息共享平台的规划、方案或技术规范。

二是推动了视频监控系统建设、管理和应用队伍的稳步发展。首先，随着各地视频监控系统的不断投入使用，各地逐步建立了建设、管理和应用的队伍，普遍配备了视频监控系统的实时监看人员。其次，随着系统的扩大和整合数量的增多，视频监控系统的管理和维护人员也向专职方向发展，如天津等地方，建立了专门负责视频监控系统管理或视频图像信息使用的部门或机构，各部门、警种中也出现了大量视频图像信息的使用人员。另外，人员培训工作不断深入，视频监控技术的基础知识和技能培训已基本成为各类人员从事视频监控领域工作岗前教育的必修课。

三是推动了视频监控系统应用工作的创新发展。在使用的方法上更加注重多样化、专业化，各地在坚持基层创新，不断总结、提炼典型技战法，并在全警进行推广应用的基础上，通过在视频图像信息共享平台上设置新的模块或子系统，实现了为多种警务工作服务的功能，在机制的建设上更加注重程序化、实用化。各地公安机关特别是基层部门，更加注重视频监控系统的使用和视频图像信息的产生与自身业务工作的结合，形成不少新的工作机制，另外针对公安机关或社会上的视频监控系统应用和维护的监管机制也在不断的完善与强化。

四是推动了视频监控系统联网技术的快速发展。一方面，部机关组织完成了“十一五”国家科技支撑计划《社会治安风险、动态预警、综合防控体系效能评估研究》项目，解决了视频监控系统在大规模建设中存在的技术瓶颈，对视频图像信息共享平台的组成架构、技术指标和核心功能等进行了深入的研究，对视频监控技术的智能化进行了有益的探索，并将取得的这些成果，成功的应用到地方的建设实践中。同时，部机关在组织相关单位完成城市监控报警联网系统建设14个系列行业技术标准（GA/T669）后，又组织专门力量针对视频监控系统联网工作中可能会涉及到的视音频编解码、信令传输等领域编制了新的技术要求，并制定了国家标准《安全防范监控数字视音频编解码技术要求》（已发布实施）和《安全防范视频监控联网系统信息传输、交换、控制技术要求》。此外，为了保证各厂家严格按照国家和行业标准进行设计、开发视频图像信息共享平台，我们还组织技术单位研制国家标准 SIP 信令调测软件，用以对视频图像信息共享平台进行标准的符合性评价。另一方面，大规模视频监控系统的建设也引发了视频监控设备向数字化、网络化、高清化、智能化、集成化方向发展，服务器、网络传输设备、高清摄像机、车辆识别技术等均已出现在我们的日常工作中，这样的变化也有助于实现安全技术防范工作从被动向主动的转化。

五是推动了安防行业的壮大发展。通过全国性的以视频监控系统建设为主的安全技术防范科技建设工作的拉动，安防行业规模逐步壮大。2010 年我国安防企业达到了 25000 家左右，从业人员约 120 万，行业总产值达到 2300 多亿元，比上年增长 20% 以上。2010 年，安防行业实现增加值 800 多亿元，比 2005 年增长 1.5 倍以上，超过同期工业增加值增幅 6 个百分点，视频监控产品产值的年增长率达到 30% 左右，其产值已经占到全部电子安防产品的一半以上，并逐步形成了“珠三角”、“长三角”、“环渤海”地区三大产业集群和福建制造中心、武汉城市圈、成渝经济区等新兴的安防产业群体。通过采取现代企业的管理体系和管理方法，安防企业的品牌意识、创新意识、服务意识和核心竞争力都大为增强，部分企业的产品获得了中国驰名商标或省级名牌；在科技创新方面，安防企业投入的经费已占到销售收入的 5% 以上，达到了全国行业的领先水平，基本形成了以企业创新为主体的科技创新体系，促进了安防行业科技创新能力和水平的大幅度提高，形成了一批中高端的本土品牌，并在一些领域逐渐形成以本土高端品牌为主导的市场格局。

综上所述，全国公安机关在新一轮视频监控系统建设实践中，不仅仅是在基础建设和实战应用等方面取得了长足的进步，更在视频监控系统联网工作方面开始了新的、有益的探索，已经初步形成了一些思路，积累了一定的经验，取得了一些成绩。从另一个角度看，我们所做的这些工作，也是为全面推动视频监控系统联网建设及视频图像信息整合与共享工作而做的前期准备，从建设重点、队伍发展、应用创新、技术支撑和行业支持等方面充分准备好相关的各种条件和资源，为联网工作的顺利进行打牢了基础。在此，我代表公安部科技信息化局对大家多年来的积极工作和辛勤付出以及取得的丰硕成绩表示衷心祝贺和感谢。

二、认清重要意义，深入剖析问题，全面把握形势

胡锦涛总书记在今年庆祝中国共产党建党 90 周年的讲话中提道，“发展是硬道理，稳定是硬任务；没有稳定，什么事情也办不成，已经取得的成果也会失去”，进一步强调了稳定对于改革开放和社会主义建设的重要意义。中共中央政治局常委、中央政法委书记、中央社会管理综合治理

委员会主任周永康同志在近期召开的中央社会管理综合治理委员会专题会议上也再次要求，要着力深化社会治安防控体系建设，坚持打防结合、预防为主，专群结合、依靠群众的方针，以社会化、网络化、信息化为重点，加快完善点线面结合、网上网下结合、人防物防技防结合、打防管控结合的立体化治安防控体系，不断提高对社会治安局势的控制力。国务委员、公安部部长孟建柱同志指出，作为维护国家安全和社会稳定的专门力量，面对新形势、新要求、新挑战，公安机关必须要进一步创新工作理念、思路和机制，全面提升维护社会和谐稳定的能力和水平，尤其是在群众工作、社会治安防控体系建设、社会管理创新等方面要进一步强化科技的支撑作用。这就使得我们要以高度的责任感和使命感来进一步挖掘作为公安工作科技支撑之一的视频监控技术的潜能，进一步深化视频监控系统的建设，进一步推进视频图像信息在公安业务中的深度应用。

（一）充分认识视频监控系统联网建设及视频图像信息整合与共享工作的重要意义

当前公安机关的信息化工作已进入关键时期，一般性的建设和应用工作均已全面开展，但在信息化和公安业务工作相结合的一些深层次的问题上，我们取得的进展和预期的想法相比还存在差距。在视频监控系统建设方面也是如此。这表明我们所建系统的技术水平与实际应用工作还存在差距，我们的系统使用水平还不高、手段还不丰富，造成大量的视频图像信息的闲置与浪费。要破解这些难题，我们就应当按照部领导的指示，采用新的思路、新的办法去应对。因此，在视频监控技术的使用上，通过开展视频监控系统联网建设及视频图像信息整合与共享工作来实现“深化建设”和“深度应用”工作比以往任何时候都显得更为重要、更加紧迫。

1. 推进视频监控系统联网建设及视频图像信息整合与共享工作，是公安机关开展社会管理创新工作的客观要求

去年，公安部也是在深圳召开了全国公安机关社会管理创新的工作座谈会。会上，孟建柱部长充分肯定了全国公安机关的视频监控系统建设和应用工作所取得的成绩，深入分析了视频监控技术的重要作用，将其列为公安机关战斗力的新的增长点，并定位于公安机关加强社会管理创新的一个重要途径，要大力推进视频监控设施建设，积极整合各类视频监控资源。部领导对视频监控技术的应用是十分关注的，对其特点、功能也很了解，并且还提出了今后发展的要求，可就目前各地视频监控系统建设和应用情况看，我们离部领导的期望还存在明显差距。刚刚印发的《公安部关于进一步加强社会治安防控体系建设的指导意见》中也明确指出了建设“技术视频防控网”的具体要求。为了能够落实好领导的指示要求和公安部的总体部署，为公安机关推进社会管理创新工作打造一个优质的信息科技手段，客观上就要求我们要推进视频监控系统联网建设及视频图像信息整合与共享工作，强化整体应用效能的发挥。

2. 推进视频监控系统联网建设及视频图像信息整合与共享工作，是公安机关开展信息化建设的迫切需要

目前，全国公安机关的信息化建设已经进入深化建设、深度应用为主线的新一轮发展阶段。而相比之下，对于公安机关信息化工作中一个重要组成部分的视频监控系统建设和应用工作来说，和其他公安机关信息化技术或领域的发展还不可同日而语，作为和其他文字信息同样能够为破案、维稳、处突等多种任务提供重要情报的视频图像信息现在还没有一个能够可实时跨区域传送的专用系统或网络，也没有一个标准化的数据库系统，制约了在公安业务上的进一步应用，影响了整体公安机关信息化水平的提高。因此，我们必须要抓住问题的关键，迫切需要推进视频监控系统联网建设及视频图像信息整合与共享工作，以视频图像信息共享平台建设为核心，并以此为带动，一揽子解决这些问题，决不能让视频监控技术应用的“短板”拖住公安机关信息化发展的步伐。

3. 推进视频监控系统联网建设及视频图像信息整合与共享工作，是公安机关业务需求发展的必然趋势

当前，在开展视频监控系统建设工作中，出现了多个部门、警种各自提出建设要求的情况，在应用中也出现了多部门、警种使用的态势。我们应当深刻理解公安信息化是一场全新的警务革命，各级公安机关都要积极适应信息化迅猛发展的新趋势，深入推进公安信息化建设，坚持“深化建设”与“深度应用”并重的重要意义。如果以此为视角来审视现有的视频监控技术的使用水平，那我们只是刚刚迈入了信息化的大门。因此，要实现警务工作的新变革，推动公安体制、机制的不断创新，就必然要开展视频监控系统联网建设及视频图像信息整合与共享工作，使视频监控系统要像各种查询系统一样成为全警使用的系统，使视频图像信息成为全警使用的信息，将视频监控技术打造成为各部门、警种使用的重要技术支撑，全面服务于公安工作的各项业务。

（二）充分认识视频监控系统联网建设及视频图像信息整合与共享工作存在的问题

“知己知彼，百战不殆。”视频监控系统联网工作是一项多方参与、应用导向、资金技术密集型的系统工程，我们在前期作了一定的准备，刚才又对形势的发展作了深入的分析，各地也多有尝试，取得了不少的经验。但是，摆在我们面前的问题同样也值得我们谨慎对待、仔细研究、认真应对，具体表现在以下 3 个方面：

1. 全国发展不平衡

由于全国各地经济发展和治安环境现状差异巨大，再加上部分地区工作力度不够，造成视频监控系统联网建设与应用程度存在不均衡，视频图像信息的整合与共享不到位。出现这一现象的原因，一是对视频监控系统联网建设及视频图像信息整合与共享工作的认识还不清晰，有些同

志，特别是一些领导同志没有站在全局的战略高度，从公安业务综合应用及长远发展的角度来看待这项工作，没有深入思考过这种专业的视频监控技术所具有的通用性，特别是很多人还没有认识到视频图像信息也属于一种信息资源，也不会想到视频图像信息的整合与共享工作在推进警务工作的改革和创新中的地位及作用，因而造成工作动力不足。二是政策法规支撑不足，还没有相关法律、法规的要求及政策层面上全国性的总体部署，宏观指导及整体规划力度也不够，在解决大量原有系统形成的技术和市场障碍时，缺乏统一指导，工作力度不够。三是社会视频监控系统的整合工作极为复杂，包括整合的范围、方法、各方职责、相关的管理运行机制、改造及传输经费来源等，还没有统一的规范和要求，还需要深入地思考与积极地探索。

2. 技术应用存在局限

随着以高清视频监控技术和物联网技术为代表的新技术的快速普及和视频监控系统整合数量的大量增加，出现了视频图像信息海量储存、检索困难，历史图像查找比对困难，多级视频图像信息共享平台无法实现互联互通，传输网络架构和带宽不足等问题。这一方面说明当前视频监控技术的水平还存在一定的局限；另一方面也表现为我们对一些新技术的应用程度还不足。一是技术发展程度的确还没有达到我们预期，一些关键的视频监控技术还没有实现根本性的突破，技术系统的研发及系统功能的拓展不够深入，科技资源投入较少，科技攻关进度缓慢，科技成果转化实战应用的效率较低。二是参与工作的人员能力和水平参差不齐，缺少必要的专业知识和技能，对系统或平台的架构还不够了解，对技术发展的脉络还不清晰，再加上各个厂家的设备技术各异、功能不一，无法清晰判断谁优谁劣。三是技术水平好坏的评价不统一。标准滞后的问题依然存在，如在智能化、视频图像信息数据库等方面，现在都已开始使用了，但还没有统一的标准；有些地方有了标准但没有认真执行，放任低于标准要求的设备投入使用，低于规范要求的系统投入运行，造成系统建成后质量达不到规定的要求；有些地方甚至不知道怎么执行标准，面对技术标准执行情况的检查束手无策，不知用什么手段、办法去评判系统或平台是否符合标准规范的要求。有些地方不注重对公安部授权的安防检验机构的管理和指导，不能充分发挥这一专业技术评定机构的作用。

3. 实战应用的水平不高

目前全国开展视频监控系统建设的投入是巨大的，而应用的水平不高，导致其产出的效益和投入相比还不相称。主要是由于视频监控技术相对于其他警用技术来说，仍属于新生事物，绝大多数的公安干警还处在一个“不知道、不会用、用不好”的局面，对其特点、功能、作用等并不了解，导致公安机关整体的应用水平不高，特别是深层次的应用有待挖掘。

总之，推动视频监控系统联网建设及视频图像信息整合与共享工作，事关公安机关“三项重点工作”和“三项建设”战略部署的持续发展，事关公安机关社会管理创新工作的深入推进，事关公安机关在新形势下维护国家安全和社会稳定的能力和水平的不断提升。全国公安机关的科技信息化及技防管理部门的负责同志要充分认识到开展视频监控系统联网建设及视频图像信整合与共享工作的重要性和紧迫性，抓住工作中出现的突出问题，综合协调各方力量，统筹利用各种资源，采取积极举措，全力破解难题，实现综合应用，为预防打击违法犯罪、维护社会稳定提供有力的科技支撑。

三、采取积极举措，抓住工作重点，推动整合共享

面对当前各项业务对视频监控系统联网建设及视频图像信息整合与共享工作迫切需求的形势，我们要在前期工作的基础上，坚定信心、敢于承担，抓住关键、解决问题，全力推进视频监控系统联网建设及视频图像信息整合与共享工作。

（一）做好顶层设计，确保视频监控系统联网建设及视频图像信息整合与共享工作的科学发展

一是统一标准，科学推进。各地在组织视频监控系统联网建设及视频图像信息整合与共享工作中，必须遵循国家和行业针对公安视频监控技术领域制定的标准要求，以《城市监控报警联网系统技术标准》（GA/T669）、《安全防范监控数字视音频编解码技术要求》（GB/T25724）和《安全防范视频监控联网系统信息传输、交换、控制技术要求》等标准为基础开展工作，确保能够实现视频图像信息跨区域、跨部门、跨警种的高效、准确传输及共享应用，并预留出与其他信息系统或平台对接的统一接口，确保系统建设的科学性、实用性和可扩展性。

二是统筹规划，分步实施。各地要依据相关政策法规及国家和行业标准，以实际需求为导向，围绕实战应用、技术建设与工作机制等环节，制订切实可行的总体建设规划、技术方案及具体实施方案。建设中要注重原有投资的有效性、新旧技术的兼容性和不同需求的差异性，合理制订出与实际工作相符合的平台方案、网络架构、存储策略、应用机制和安全保障等内容和要求，结合本地实际分步实施。

三是实战引领，应用带动。各地要坚持把紧贴实战、服务实战作为视频监控系统联网建设及视频图像信息整合与共享工作的出发点和着力点，围绕公安机关的核心任务和工作目标，推动视频监控技术的深度应用，努力提升视频监控技术服务公安机关现实斗争的能力，充分发挥实战应用效能。

（二）明确工作重点，确保视频监控系统联网建设及视频图像信息整合与共享工作的规范发展

经过多次的调研、座谈与研讨，我们认为下一步视频监控系统联网建设及视频图像信息整合与共享工作的方向，应是“建成一个共享平台、完善一张传输网络、建立四大

保障支柱"，基本构建起视频监控技术应用工作体系，通过视频图像信息整合与共享工作，全力支撑公安机关的各项中心工作，全面推动警务工作新发展。即建立起公安机关的多级视频图像信息共享平台，并实现互联互通及在授权范围内的互控，逐步完善公安机关的视频图像信息传输网络环境和架构，构筑起政策法规、标准规范、专用技术、人力资源四大保障支柱，基本满足各部门、警种以及各项公安业务工作对视频图像信息的使用要求，将视频监控技术打造成公安机关开展社会管理创新工作和预防打击违法犯罪活动的专业技术，为社会治安防控体系建设提供必要的技术支撑。下一步将抓好的重点工作有：

第一，建设视频图像信息共享平台。平台是视频图像信息整合共享工作的核心，平台的主要功能，一是实现身份识别和授权管理，完成对用户的各类操作行为和平台流程业务的监管，并对接入的设备和系统进行在线监测，掌握运行情况；二是实现相关视频图像信息的整合，并实现跨区域、跨部门、跨警种的视频图像信息调度；三是实现公安业务信息系统的有效关联和对接，支撑公安实战工作。视频图像信息共享平台的建设应注重分出层次。部、省、地市、县级平台的功能要有所区别。部级和省级视频图像信息共享平台的功能更多的侧重在视频图像信息的整合、调度和管理平台产生的各项业务方面，通过视频支撑扁平化指挥工作，并保障视频图像信息在网内的安全、可靠运行。而地市和县两级平台应当根据基层实战的需要，着重加强实战功能设计，实现视频监控系统全网共享、视频图像信息全网共用、一点布控全网响应、应用管理全网运行。

鉴于目前公安机关关于信息通信安全的政策要求，视频图像信息共享平台应在公安信息通信网内外分别建设。一是公安视频图像信息共享平台。这个平台是指由公安机关建设、管理、应用并在公安信息通信网或公安机关视频图像信息传输专网上运行的平台。二是社会视频图像信息共享平台。该平台是指由公安机关建设、管理、应用并在公安信息通信网和公安机关视频图像信息传输专网以外网络上运行的平台。社会视频图像信息共享平台以地市级公安机关建设为主，其他各级公安机关可根据需要进行建设。建设该平台的主要目的是在遵照公安机关信息安全策略的前提下，实现对社会重点要害单位视频图像信息的整合。

第二，合理规划公安机关视频图像信息网络资源。由于视频图像信息的数据量要远远大于原有公安机关的各类文字、图片信息，在跨区域、跨部门、跨警种传输时要占用大量的网络资源，因此我们需要进一步合理规划各级公安机关的视频图像信息传输网络。我们要进一步加强公安机关内部视频图像信息整合工作。

一是公安机关内部视频图像信息的整合。各地要依托公安视频图像信息共享平台，加强对在公安信息通信网或公安机关视频图像信息传输专网上传输的视频图像信息的整合力度。有效整合包括公安自建的视频监控系统等采集的视频图像信息。二是公安机关外部视频图像信息的整合。各地要依托社会视频图像信息共享平台整合以下两部分的视频图像信息：一是整合在公安信息通信网和公安机关视频图像信息传输专网以外网络上传输由公安机关建设的视频监控系统采集的视频图像信息；二是根据相关法规政策的要求和公安工作的重点，在责任划分清晰、明确和技术保障措施有效、到位的前提下，将与维护社会治安稳定关系紧密的重点要害单位自建视频监控系统中涉及公共区域的视频图像信息接入到公安机关。用于单位内部管理的视频图像信息原则上不接入公安机关。

（三）建立专业队伍，确保视频监控系统联网建设及视频图像信息整合与共享工作的持续开展

首先，我们要紧密围绕视频监控系统联网建设及视频图像信息整合与共享工作的各项核心任务，梳理出都需要哪些方面的人员。一是进行实时监看的人员，他们的主要职责是实时监看视频图像信息，按规定处置相应案、事件，并将重要的视频图像信息进行整理、分类、归档，存于视频图像信息数据库。各地要充分考虑摄像机安装数量和应用需求等因素，合理配备相应数量的监控人员，对重要的视频图像信息进行实时监看，一般可在基层实战单位设置。二是部门、警种的应用人员，他们的主要职责是结合本部门、警种的业务工作对视频图像信息进行深度应用。

其次，为落实好视频监控系统联网建设及视频图像信息整合与共享的各项工作，就要解决好人员从哪里来的问题。各地要根据本地视频图像信息整合与共享工作开展的实际情况，可以通过增加警务人员、非警务人员或调整警务人员、非警务人员的工作职能等方式，逐步配齐人员或实现相应的工作职能。特别是科技信息化及技防管理部门要成立专门机构，加强对这项工作的督导、指导和管理，推动职能工作向实战化方向发展，将本部门的工作任务融入到公安核心业务工作之中，充分为各部门、各警种提供服务。

（四）精心组织实施，确保视频监控系统联网建设及视频图像信息整合与共享工作的有序发展

经初步研究，我们认为全国公安机关的视频监控系统联网建设及视频图像信息整合与共享土作大致可分为三个阶段，即三步走。

第一步，制订规划方案，做好视频监控系统联网建设及视频图像信息整合与共享准备工作。各级公安机关要根据本地区社会治安现状，结合当地经济社会发展要求，制定视频图像信息共享平台建设及视频图像信息整合与共享工作的方案，方案应经上一级主管部门批准。

第二步，开展部、省级共享平台建设，完成部分市、县共享平台建设任务。即完成公安部本级视频图像信息共享平台建设工作。各省（自治区、直辖市）要完成省级、2/3以上地市级、1/3以上县级公安机关视频图像信息共享平台的建设工作，并实现对上述公安机关视频图像联网

整合。

第三步，全面实现全国公安机关视频图像联网调度和资源共享。在前两步的基础上，完成全部地市级和90%以上的县级视频图像信息共享平台建设和联网工作，同步开展多级平台间的联网调试工作，进一步完善全国公安机关的视频图像信息传输网络，全面实现全国公安机关视频图像联网调度。健全视频监控系统及视频图像信息的管理、维护和应用工作机制，推动各部门、警种建立视频图像信息专业工作队伍，逐步整合必要的社会视频图像信息。通过三个阶段的工作，基本建立起全国公安机关视频图像信息系统网络，形成各级视频监控系统及视频图像信息的管理、维护工作机制，为各级公安机关深度应用奠定基础。

（五）落实职责分工，确保视频监控系统联网建设及视频图像信息整合与共享工作的顺利开展

经研究，我们初步提出了以下四类主体的职责任务。

1. 公安部科技信息化局主要职责；
2. 省级公安机关科技信息化及技防管理部门工作职责；
3. 地市级公安机关科技信息化及技防管理部门工作职责；
4. 县级公安机关科技信息化及技防管理部门工作职责。

同志们，在全国范围内推进视频监控系统联网建设及视频图像信息整合与共享工作是一项艰巨复杂且具有挑战性的任务，公安部领导高度重视此项工作，希望大家要充分认识当前的形势，认真分析实际工作中的问题，切实把这项工作做好、做实。根据工作开展情况，科技信息化局将适时对全国公安机关视频监控系统联网建设及视频图像信息整合与共享工作进行通报，总结经验，表彰先进，奖优罚劣，希望同志们进一步统一思想认识，明确工作思路，牢牢把握技防工作所面临的机遇，勇敢面对挑战，奋勇拼搏、敢于创新，加快推动视频监控技术在公安事业中的全面发展，努力提升公安机关维护国家安全和社会稳定的能力和水平，为维护社会治安大局稳定，实现人民群众安居乐业的良好社会环境作出新的更大的贡献！

公安部科技信息化局谢毅平局长在中国安全防范产品行业协会第五次会员代表大会上的讲话

（2011年12月8日）

各位代表、各位来宾：

大家好！

岁末将至，充满希望的新的一年即将到来。中国安全防范产品行业协会第五次会员代表大会在北京隆重召开，全面回顾第四届理事会工作成绩，总结经验，研究开展今后的工作。在此，首先我代表安防协会的主管部门，对这次会员大会的胜利召开表示热烈的祝贺！

在公安部的指导下，在广大会员单位的积极支持和共同努力下，安防协会遵循“自律”、“维权”、“服务”的宗旨，求真务实，开拓创新，积极服务于公安技防工作，深入推进安防行业自律管理体系建设，大力加强安防行业的组织建设，积极扩大对外交流，为我国安防行业的发展作出了重要的贡献。在此，我向广大会员单位和协会全体同志表示衷心的感谢！

当前，在加强和创新社会管理的新时期，安防协会作为公安技防工作的重要参谋和助手，要以“平安建设”为契机，以提高安全技术防范应用水平和社会安全防范能力为目标，促进安防行业全面发展与共同进步。当前，安防行业面临着新的发展机遇，下面我就安防行业的发展讲几点意见。

一、充分认识新时期安防行业的战略作用，增强使命感和责任感

安全防范是一种社会需求，安防行业是一个特殊的行业。一方面，安防企业是独立的经营实体，以追求经济效益最大化为目标，其生产经营必须遵循市场经济的规律和法则；另一方面，安防企业生产经营的产品或提供的服务是与国家和人民生命财产的安全直接相关，其所产生的社会效益与公安工作的目标是一致的。因此，安防产品和服务是公安机关预防犯罪、打击犯罪的有力武器，安防行业为公安技防工作提供强有力的技术支持和保障，起到了维护社会治安稳定的重要辅助作用。

继续保持我国社会经济快速、健康发展，实现全面建设小康社会的宏伟目标，迫切需要一个和谐稳定的社会环境。胡锦涛总书记在庆祝中国共产党建党90周年的讲话中提到，“发展是硬道理，稳定是硬任务；没有稳定，什么事情也办不成，已经取得的成果也会失去”。2005年以来，按照构建社会主义和谐社会的要求，在党中央和国务院统一部署下，在全国范围内开展了平安建设。建立和完善社会治安防控网络，有效提升技术防范水平，是平安建设的重要任务；城市报警与监控系统建设工作，是构建我国社会治安防控体系的关键环节。

近年来，安防行业全面配合政府管理部门，积极参与城市报警与监控系统建设，取得了良好的社会效益。经公安实战证明，城市报警与监控系统对于打击预防犯罪、维护社会稳定、创新社会管理等方面发挥了积极作用，视频

图像信息的应用已经成为公安机关治安防范、打击犯罪和指挥通信的重要手段。国务委员、公安部部长孟建柱同志明确提出："视频监控技术不仅具有发现犯罪、预防犯罪、威慑犯罪等重要功能，而且具有锁定目标、提供线索、固定证据、辅助审讯等拓展功能，已经成为继刑侦、技侦、网侦技术之后公安机关战斗力的新的增长点。"

当前，各地区、各部门按照中央决策部署，认真贯彻科学发展观，加快转变发展方式，推动经济增长由政策刺激向自主增长有序转变，经济社会发展总体保持良好态势。安防行业同样面临着前所未有的发展机遇：我国"平安建设"正逐步深入，社会治安防控体系建设逐步完善；基础设施建设带动产生新的安防需求；"民用安防"市场正在形成等。在新形势下，安防行业应抓住机遇，加快自身发展，提升核心竞争力。同时，要增强使命感和责任感，注重社会效益，不断提升为政府、为社会提供安全服务的能力，为实现全面建设小康社会的目标作出应有的贡献。

二、全面提高行业核心竞争力，服务社会经济发展

经过30多年的发展，我国安防行业已形成了门类齐全、技术先进的产业体系，安防产品制造、工程设计施工及服务业均获得了长足的发展与进步，形成了市场应用广泛、产业链相对完整、具有一定规模的高成长型行业。2010年，我国安防企业达到了25000家左右，从业人员约120万人，行业总产值达到2300多亿元，比上年增长20%以上。2010年，安防行业实现增加值800多亿元，比2005年增长1.5倍以上，超过同期工业增加值增幅6个百分点，其中视频监控产品产值的年增长率达到30%左右。安防企业的品牌意识、创新意识和服务意识都大为增强，并在一些领域逐渐形成以本土高端品牌为主导的市场格局，我国安防行业的核心竞争力日益凸显。

然而，与发达国家相比，我国的安防行业起步较晚，虽在研发、市场营销、生产制造、内部管控等方面获得了长足进步，但总体上仍处于成长之中，在经营和管理等方面，离成熟企业还有较大的差距。安防行业仍面临诸如市场秩序有待规范；相关法律制度与诚信体系建设尚不到位；产业升级难度加大；企业综合素质和能力有待提高，缺乏核心技术及高端人才等困难和挑战。

逆水行舟，不进则退。在当前形势下，安防行业不能满足于已取得的成绩，应按照国家整体部署，全面增强核心竞争力，增强为政府、为社会、为群众服务的能力。要继续大力深化调整和优化产业结构，积极向服务型经济转变，根据社会需求，大力发展现代安防服务业，着力推进报警运营服务及行业第三方评估评价与咨询服务体系建设；要进一步转变增长方式，促进产业集约化发展；要注重科技创新，加强关键技术、基础技术、平台软件、物联网等新技术的开发应用；要加快专业化人才队伍建设，尽快启动安防行业职业资格认证制度；要积极拓展在能源、物流、林业、环保、轨道交通等新领域的应用，大力推进民用安防市场。

三、加强行业自律，促进行业健康发展

所谓行业自律，就是自己约束自己，包括两个方面内容：一是行业内对国家法律、法规、政策的遵守和贯彻；二是行业内的行规行约制约自己的行为。安防行业要充分认识行业自律的重要性，因为行业自律是市场经济体制的必然产物，既是行业健康发展的保证，更是自身生存的需要。安防行业只有认真地做好了行业自律的工作，在行业协会的领导和组织下，建立健全行规行约，并认真执行，才能得以在竞争激烈的市场中生存下去，也才能有一个健康有序的市场。

公安部正在加快推进安全技术防范管理立法工作，力争促成法规尽快出台，从而建立全国统一的技防管理和行政执法法规体系，更好发挥技术防范在服务公安实战、维护社会安全中的作用。行业自律更是建立在行业协会的基础之上的，如果一个行业没有一个行之有效的行业协会的话，行业自律也就无从谈起。在技防法规出台之前，安防协会应积极发挥行业龙头作用，建立行业统计和行业发展报告制度，推广安防工程企业资质评定，加快推动从业人员职业认证和职业培训工作，积极推动企业信用等级评价，创建行业诚信制度，建立健全第三方合格评价体系，全面提升中间服务水平，从而创造公正、公平、公开的竞争环境，完成安防行业服务于社会公共安全、服务于公安工作的中心任务。同时，各有关机构要深化安防标准制修订与宣贯工作，保持标准的先进性和适用性，发挥标准化对技术发展和创新的引导作用，体现标准化工作在安防行业建设中的指导、监督和服务的功能。

四、加强安防行业文化建设，全面提高安防行业素质

近年来，安防行业在文化建设方面进行了积极有益的探索，做了大量工作，在部分地区试行了行业诚信制度，开展了丰富多彩的行业文化活动，但仍不能满足安防行业发展对文化建设的需求。

文化作为一种生产力，是安防行业综合竞争力的重要构成部分。文化也是一种软实力，衡量安防企业成功与否，不仅体现在企业绩效等硬指标上，更体现在创新能力、职业素养、精神风貌、队伍形象等软实力方面。刚刚闭幕的党的十七届六中全会第一次以文化改革发展为主题，制定了建设社会主义文化强国的行动纲领，这是我国继续深化改革开放和促进经济社会发展的战略步骤。安防行业应认真学习十七届六中全会文件精神，借助文化大繁荣、大发展的东风，继续倡导"诚信、务实、创新、和谐"的行业文化精神，以优秀行业文化为纽带，增强行业的感召力、凝聚力和约束力，更新观念，积极探索，全面推动安防行业的文化建设。

首先，安防行业文化建设要以人为本。人才是安防企业发展的宝贵资源，必须高度重视人才队伍建设，通过营造尊重人、塑造人的文化氛围，增强员工的归属感，激发员工的积极性和创造性，形成向心力，成为一个具有战斗力的整体。其次，倡导建立安防企业社会责任报告制度。正确认识社会责任与经济效益、核心竞争力之间的相互促进关系，形成履行社会责任的企业价值观和企业文化，建立和完善相应的体制和运行机制，及时有效地防范和化解风险，是安防行业保持健康、快速发展的重要保障。再次，积极探索安防行业文化的新形式。安防行业是一个新兴行业，具有鲜明的职业特点。结合行业特点，在保持现有好的做法基础上，坚持不断摸索行业文化建设的新思路，勇于尝试新方法，既是安防行业自身要求，也是各级政府管理部门对安防行业未来发展的期待。

各位代表，我国已经进入全面建设社会主义和谐社会的关键时期。我相信，新一届安防协会一定能在公安部党委的正确领导下，团结一致，不断创新，开拓进取，为安防事业的进一步发展，为社会治安稳定和人民群众的安居乐业作出新的贡献！

谢谢大家！

第二节 中国安全防范产品行业协会领导讲话

回顾过去，展望未来

——柳晓川同志在中国安全防范产品行业协会第五次会员代表大会上的工作报告

(2011 年 12 月 8 日)

各位领导、各位代表，同志们、朋友们：

值此2011年岁末、2012年即将来临之际，来自全国各地的安防协会会员代表与各位领导、同仁和朋友们欢聚在北京，总结回顾我们第四届理事会近6年来所走过的历程，展望行业发展与协会工作的明天，共商未来发展大计。首先，我谨代表中国安全防范产品行业协会第四届理事会，感谢各位领导和嘉宾的莅临指导，欢迎各位协会成员回到自己的家中！祝愿这次大会开成一个生动活泼、务实高效、和谐胜利的大会，共同续写行业发展新的篇章！

这次大会的主要任务是：回顾四届理事会工作，认真总结过去的经验，研究部署今后的工作；通过新的协会章程，选举新的一届理事会。同期召开专家委员会换届大会，并通过专家委员会新章程。

各位代表：自2005年1月第四次会员代表大会在北京完成换届工作以来，中国安全防范产品行业协会在公安部的正确领导和民政部的监督指导下，在广大会员单位共同努力、积极支持下，围绕公安中心工作，适应国家社会经济发展形势及行业企业需求，在加强协会组织建设的基础上，着力在服务、自律、维权、开展国际交流等方面不断开拓、创新发展，取得了一定成绩，比较圆满地完成了各项既定的任务。现在，我代表协会第四届理事会向代表大会作工作报告，请各位代表审议。

一、行业协会建设得到加强

（一）注重协会组织建设，夯实工作基础

2005年以来，为适应安防行业的快速发展，四届理事会着力加强了协会的组织建设工作。一是创新性地设立了副理事长单位。经过几年的发展，目前协会副理事长单位已达到了51家，形成了一个包括各方面企业参与的决策层，有效地发挥了企业在协会中的主导作用。二是发展理事及会员。目前协会常务理事单位达到108家，理事单位达到129家，会员单位900多家，在质和量上都有了比较大的提升。三是按照协会章程规定建立会议制度。每年定期召开一次理事长工作会议、一次常务理事会议和一次理事大会，重大决策事项都要通过会议讨论，广泛听取大家意见，取得大家的认可和支持。四是成立专家委员会。为了充分发挥行业专家作用，为行业管理决策发挥参谋作用，为企业做好服务，2006年2月经民政部和公安部批准，协会成立了专家委员会，下设各专业专家组。

（二）完善日常工作的组织架构，加强规范化管理

一是组织体系上确定了日常工作的组织架构。按照公安部科信局的要求，形成了协会领导班子，明确了各业务部门的职能和负责人，形成了决策、执行和业务三级架构和以任务为导向的组织体系。二是加强运营管理及风险控制。逐步建立并修订了包括会议制度、人事管理制度、财务制度、公文管理等10多项规章制度，这些制度的贯彻执行，保障了协会决策和各部门工作的科学性、规范性，提高了工作效率。三是加强业务管理。对各项主体业务引入了项目管理、流程管理等机制，逐步建立和完善了程序规范体系，提升了服务质量和工作效率。四是抓好队伍建设，提高人员综合素质。一方面注重引进人才，改善人员结构；

另一方面加强了人员的业务培训，提高业务拓展和创新能力。经过几年的努力，协会工作人员也由十几人增加为30多人，培养了一批学历较高的业务骨干和管理中层。

（三）加强基础建设，主动接受管理监督

多年来，协会十分注重经营管理，建立运营机制，夯实工作基础，并主动接受主管部门的评价和监督。一是经过多年的潜心经营，协会走上了良性发展的轨道，购置了办公用房和一批固定资产，奠定了坚实的生存和发展基础。二是主动接受上级单位的监督管理。2009 年主动向民政部提出评估申请，最终以管理机制健全、开展活动规范、工作业绩突出且富有成效，被民政部评为4A 等级协会，这也是公安部直属行业协会首次获得4A 等级。

（四）认真贯彻落实公安部关于协会的各项工作，保障协会健康发展

几年来，协会认真贯彻落实公安部各项治理、规范、审计等专项工作，及时发现存在的问题，着力加以解决。如在2007 年公安部开展的清理整顿部属单位的工作中，认真学习，深刻领会部党委指示和科信局要求精神，立即组建清理整顿相关机构，按照清理整顿工作方案要求，对领导班子、队伍、资产经营、内部管理情况进行了严格自查，找出了一些存在或可能存在的风险，深入剖析根源，采取有力措施进行整改，同时以该项工作为契机，着眼长远、规范管理、完善了一系列管理制度，保障了协会工作的健康发展。

二、努力发挥好行业协会职能作用

（一）加强行业规划的制定工作，正确引领行业发展

规划是引领行业快速健康发展以及开展协会工作十分重要的纲领。2005 年协会组织制定了安防行业“十一五”发展规划，全面结合了产业发展新的趋势和各方面需求，涵盖了行业发展的各主要方面，在行业发展指导思想、主要目标、产业发展、技术创新、市场应用、行业管理等方面都进行了比较详细的阐述。规划所提出的“加快安防行业信用体系建设，建立有序发展的市场环境”以及“工程企业资质评定”、“安防职业培训和技能鉴定体系建设”、“推动品牌建设”、“扩大国际合作”等很好地指导了“十一五”期间行业协会的工作及行业的发展。2010 年协会又组织专家研究制定了安防行业“十二五”规划，新的规划更加紧密地结合国家在“十二五”时期关于社会经济发展的有关指导思想，在产业、技术、市场、国际发展等方面提出了适合行业情况的发展方向、任务及措施建议，尤其在转变发展思路、行业自律管理以及文化建设方面，提出了一些新的改革思路和目标。

（二）发挥桥梁和纽带作用，拓展协会职能

一是积极宣传公安部等政府部门有关行业管理、产业指导方面的政策，积极配合并组织引导企业参与“科技强警”、“平安城市建设”、“农村技防建设”、“开门评警大走访”等专项活动，并为政府项目需求推荐安防优秀产品及工程企业；二是配合行业立法工作，深入开展调查研究，召开各种类型座谈会，认真听取企业意见，积极向政府部门反映有关问题和行业、会员诉求；三是组织企业参与制修订行业标准及准入条件，促进行业规范发展；四是利用展会，做好政府论坛的各项组织与服务工作，并开辟专门展区展示推广政府项目建设的优秀成果；五是加强与各地方协会的合作，多次召开各地协会联谊会议，研讨协会工作发展方向，总结推广为政府和企业服务的经验和做法。

（三）加强行业自律管理，构建行业自律管理体系

开展行业自律管理，是完善市场监管体制的重要内容，也是行业协会的重要职责。几年来，协会按照国家对行业组织开展自律管理的总体要求，积极探索开展安防行业自律管理的方式，通过开展“自律管理年”等活动推动行业诚信建设、规范会员行为，通过开展资质评定、职业培训及技能鉴定等工作建立完善行业自律性管理约束机制，经过不懈的努力，目前已经初步形成了安防行业自律管理体系的基本框架，并在规范市场秩序、更好地服务企业等方面发挥了积极的作用。

1. 积极开展安防工程企业资质评定试点，推动建立企业资质科学评价机制

根据公安部科信局的要求，协会于2005 年起着手开展安防工程企业资质和信用制度建设研究工作。在研究成果的基础上，协会组织专家编写了《安防工程企业资质管理办法》等30 多个规范性文件，建立了安防工程企业资质评价体系。自2006 年起，协会陆续在北京、湖北等7 个省、市、区先行开展安防工程企业资质评定试点工作，并在江苏、上海、四川、河北等4 个地方尝试性地开展直接评定工作。在试点过程中，结合各地实际情况，因地制宜，并通过不断完善资质评价体系文件和组织运行系统，有力提升了该项工作在全国不同地区开展的适用性。截至2011 年10 月，共有1665 家企业获得中国安防协会颁发的《安防工程企业资质证书》，其中一级资质559 家，二级资质399 家，三级资质707 家。资质评价结果得到了政府采购部门、建设单位和招标代理机构的广泛认可和采信，在业内也引起了广大安防工程企业的普遍关注和支持。初步统计，目前有近2000 家企业表达了参加资质评定的强烈愿望。资质评定试点工作对于遏制安防工程市场无序竞争、维护消费者合法权益、支持国家重大项目建设等方面都起到了积极的作用，同时也为今后全面推广资质评定工作奠定良好的基础。

2. 积极创建安防职业认证条件，推动建立职业认证制度和职业培训体系

安防行业从业人员的规范管理和职业化建设，是行业管理过程中十分重要的环节，但目前仍处于管理的真空状态。为了积极促进相关政策出台，创建为行业服务的机制和平台，自2005 年起，协会开始了长达6 年的开拓性工作。第一，于2006 年、2007 年经原劳动和社会保障部批准，

“安全防范设计评估师”和“安全防范系统安装维护员”正式列入了国家的职业目录；第二，按照人社部规定，制定了安防职业国家标准；第三，完成了“安全防范设计评估师”和“安全防范系统安装维护员”职业培训教程编制和出版工作；第四，在人社部主管部门的指导下，编写完成了职业鉴定题库；第五，举办了两期授课教师的培训班，初步建立了一支专业的职业培训教师队伍。

2008年国务院机构改革后，新组建的人力资源和社会保障部调整了安防职业资格的评定模式。协会积极调整工作思路，在原有工作基础上，于2010年在北京和湖南开展了“安全防范系统安装维护员”职业培训及技能鉴定试点工作。同时，协会正加大协调力度，做好各项准备工作，在公安部和人社部的领导下，争取早日建立安全防范设计评估师职业资格制度。

3. 开展安防企业信用等级评价体系研究，推动诚信建设

协会在完成了《安防行业资质信用制度建立》公安部部级课题研究的基础上，与国家信工委合作，继续开展了安防行业《安防行业信用行为规范及信用评价体系研究》工作，建立了诚信评价指标体系、评价标准和方法软件，为北京等地方协会开展评级工作创造了条件，也为今后在全国范围内开展信用等级评价工作积累了经验，奠定了基础。

（四）增强服务意识，提升服务能力

几年来，协会切实履行服务企业的宗旨，将增强服务功能、提高服务能力作为着力点，不断拓展服务领域，在展会组织、专家咨询、办好行业媒体、开展国内外合作交流等方面做了大量工作，服务意识、服务水平也有了明显的提升。

1. 办好中国国际社会公共安全产品博览会，搭建贸易交流平台

中国国际社会公共安全产品博览会自1994年创办，每双年在北京举办，至今已成功举办了10届，成为具有较大影响力的国际性专业展会，为促进安防国内外贸易和安防产业发展发挥了重要作用。尤其是2006年以来，展会规模、活动内容、影响力以及取得的成效一届比一届明显提高，成为了集展览、论坛、技术交流、产品推介、商贸团购、大型晚会等为一体的行业盛会，为推动安防国内外贸易及产业发展发挥了积极的作用。2010年博览会规模总面积达到6.7万平方米，共3300多个展位，有来自25个国家和地区的800多家企业参加展览，参观的国内外观众达15万人次之多；同期举办的“中国安防国际高峰论坛”及专题论坛已成为了探讨国内外安防发展趋势、研究发布最新技术、预测市场未来的重要平台；自2006年起，在展会的参展企业中，组织开展了评选优秀创新产品活动，三届展会共推出170款创新产品，不仅帮助企业推广了新技术、新产品，也为引导行业技术进步发挥了积极的导向作用；观众及展商对展会满意度逐届提高，2010年对活动非常满意和满意的比重达到了85%以上。

2. 发挥专家委员会作用，为行业企业提供综合服务

中国安防协会专家委员会自2005年成立以来，围绕协会中心工作和行业需求，积极组织专家发挥研究、咨询、服务等作用，为行业发展作出了积极的贡献。一是组织专家完成了安防行业“十一五”、“十二五”规划的制定，组织开展行业统计工作，对企业进行抽样或重点调查，撰写《中国安防产业发展统计报告》，按季度发布行业景气报告，为行业企业提供咨询服务；二是配合完成国家“十一五”科技支撑计划“社会治安动态预警、综合防控技术体系研究”项目立项，并组织专家参与了部分课题研究工作；三是引导企业申报国家科技与基金项目，推动行业科技创新；四是为“平安城市”建设提供专家服务，为政府采购、项目评审推荐专家；五是完成了公安部重点攻关项目《防爆技术标准体系研究》课题，首创性地建立了我国防爆技术的标准体系，并制定了《防爆产品合格评定的通用技术规则》及两种安检设备的“检测实施细则”等。

3. 强化行业媒体建设，努力做好宣传及资讯服务工作

一是办好《中国安防》杂志。2006年，将《中国安全防范产品信息》更名为《中国安防》。5年来，协会加大了对《中国安防》的投入，扩大了编辑队伍，在办刊宗旨、理念、管理、编辑、出版、印刷等方面都进行了全面调整和改革，对杂志内容栏目进行了全新的设计，突出专业性、权威性与可读性特点，扩充了知识和信息量，涵盖了国内外安防政策、法规、新闻、科技、市场、企业、产品等行业发展的各主要方面。同时稳步提高杂志品质，扩大了发行渠道，在“引领行业发展、推动科技进步、宣传开拓市场、弘扬优秀行业文化”等方面发挥了积极的导向作用，并确立了行业主流媒体的地位。

二是办好中国安防行业网。近年来，中国安防行业网站适应网络快速发展的要求，加大网站的实用性功能，全面提升网站的整体服务能力，实用性、可读性、影响力大为提升；进行了四次较大规模的改版，大量增加时事访谈、市场观察、安防视频、产品解析等用户需求的栏目，不断推出了会员服务、专家咨询、资质评定、展会服务等平台，增添了全球优质采购商、供应商名录、《中国安防产品采购指南》等内容；创建专业英文网站，同时嵌入了功能强大的安防产品英文B2B商务平台，为国内外企业贸易建立了新的渠道。目前，中国安防行业网已从单一的网络媒体逐渐发展成为全行业的资讯发布、数据统计、咨询服务和网上企业产品集中展示中心，为促进协会与海外相关行业团体、组织的交流与合作，为中国安防企业对外贸易的发展提供了强有力的支持。

三是编辑出版《中国安全防范行业年鉴》、编印会员《简讯》。自2002年起，每年编辑出版一册《中国安全防范行业年鉴》。近年来，年鉴在资料征集、编辑修改、稿件审

查等方面不断地完善与提高，全面客观地记录了当年度安防行业发展状况，囊括了行业内每年度的现行法规政策、行业管理、企业集萃，行业大事件、市场信息、用户信息等内容，不仅成为"年度编年史"，还成为业内的"权威工具书"，得到了读者、用户的好评。此外，协会每月组织编辑一期工作《简讯》，使会员企业能够及时了解安防行业相关政策、法规及协会工作信息动态，受到了广大会员企业的欢迎。

4. 积极开展国际合作交流，促进安防国际化发展

随着国际贸易与合作的不断深入发展，发挥协会"纽带、桥梁"作用，积极推进开展安防行业国际交流与合作，搭建技术、市场交流及贸易平台已成为许多企业的迫切需求。为此，经过几年的努力，协会与欧美、亚太以及许多安防市场发展较快的国家相关组织建立了联系，尤其是与美国、俄罗斯、巴西建立了相对密切的合作关系。国际合作的内容也越来越具体，从一般的考察访问，到有针对性地进行市场调查、组织企业参加国外展会、邀请国外专家参加论坛、开展职业培训等。自 2008 年以来，协会还与美国安全工业协会等单位合作，连续举办了四届中外安防企业商贸洽谈会，不仅促进了中外安防业界的交流与合作，而且提升了协会为安防行业对外贸易服务的能力。

（五）发挥协会职能作用，维护企业合法权益

维护行业企业在生产、经营活动中的合法权益，是协会工作的重要职能之一。几年来，协会针对行业中存在的问题和企业需求，从调研、法律、标准、宣传等方面入手，摸索经验，帮助和引导企业利用专利、商标、质量检测认证等手段，开展维权方面的工作。如 2006 年中央电视台以《纯木板打造"脆弱的防盗门"》为题曝光了防盗安全门质量低劣问题，对安全门行业产生了巨大的负面影响，协会专门召集企业分析原因和研究对策，起草了《防盗安全门产业发展情况的报告》上报国家质检总局，详细阐述了我国防盗安全门产业背景与发展过程、客观分析了防盗安全门在质量、名称、标准、管理等方面存在的突出问题及成因，提出了许多在认证、标准以及质量检测、政府监管、自律管理及社会宣传等方面的建议，得到国家质检总局的采纳，化解了安全门生产领域的一场危机，维护了企业合法权益。2009 年，协会两次接到商务部反垄断局关于对企业收购案进行反垄断调查的函，积极组织专家在收集现有资料的基础上进行调研，编写了反馈意见书面材料，反应了相关安防会员单位的诉求，维护了企业合法权益。此外，协会还通过配合公安及相关执法部门查处了一些假冒安防产品和违法企业，维护了市场秩序。

三、推荐名优品牌，弘扬优秀行业文化

（一）做好扶优推荐工作，推动形成一批骨干企业

安防行业多为中小型民营企业，一直以来存在产业集中度低、知名品牌少等方面的问题，为了鼓励与扶持企业发展，使一批优秀企业迅速成为行业骨干，"十一五"以来，协会配合有关管理部门重点开展了一系列"扶优"、"推荐"工作。一是积极推进中国名牌战略。按照国家质量监督检验检疫总局和中国名牌战略推进委员会的要求，制定了《"十一五"期间安防行业中国名牌培育规划》，并配合"名推委"先后对保险柜（箱）、安全门、楼宇对讲（可视）系统产品组织了"中国名牌"产品评价工作。几年中，共有 20 家企业 21 个产品获得了"中国名牌"称号。二是组织"双优"推荐活动。为配合各地政府及公安部门开展的"3111"试点及"城市报警与监控系统"建设工作，为各地选择优秀安防产品及工程企业提供依据，自 2006 年起协会每逢双年组织了推荐优秀安防产品活动，共推荐优秀产品 300 余款，每逢单年组织了推荐优秀安防工程企业活动，共推荐优秀安防企业 500 余家（次）。通过这些扶优推荐活动，树立了一批安防企业、产品品牌，促进了一批企业脱颖而出，壮大了骨干企业群体，提高了行业产业集中度。

（二）积极推动行业文化建设，倡导履行社会责任

建立形成"诚信、务实、创新、和谐"的行业文化，并以此为纽带，增强行业的感召力、凝聚力和约束力，对促进行业企业高效、有序、积极、健康的发展将起到重要的推动作用。探索、形成、弘扬安防行业优秀文化也是协会重要工作之一。"十一五"以来，协会不断加强这方面工作的宣传与引导，并取得了明显的成效。2008 年汶川大地震以后，协会组织倡议企业向灾区捐款、捐物，为灾区重建做出了贡献；2009 年在纪念安防行业诞生 30 周年之际，组织《中国安防》杂志社、网站等有关人员编辑出版了《走向辉煌——献给中国安防行业蓬勃发展 30 周年》一书，全面反映了 30 年来我国安防事业发展的巨大成就；2010 年，协会与全国 115 家行业协会共同签署了《行业协会社会责任倡议书》，号召"加强行业自律，服务行业发展，建立长效机制，推进会员履则"；配合公安部科信局编辑出版《城市报警与监控建设和应用成果纪念册》，总结了各地建设的先进经验，表彰了一批先进建设单位、个人和优势企业；在历次大型活动期间举办行业企业自娱自乐的文艺会演，不断烘托、提升行业文化氛围，丰富行业文化的内涵；成功举办了两届"和谐杯"歌唱比赛和"创安杯"摄影比赛，目前正在组织第三届"和谐杯"歌唱比赛。

四、对今后工作的几点希望

"十一五"以来，我国安防行业获得了高速的发展，行业规模、企业规模、技术产品、市场应用等发生了显著变化，国际贸易与日俱增。未来几年，政府仍将大力继续推动"平安城市"、"智慧城市"建设，各行业安防应用将不断延伸、深化，加上与 IT 企业、电信企业、家电企业的交融发展及技术进步，将极大地扩充安防的内涵和应用领域。在这种形势下，行业和企业都面临着许多新的问题，有的

是行业管理层面的，有的是企业发展层面的，协会工作也面临着许多改革与发展新的考验。

为此，希望下届理事会能够积极配合政府管理部门，热情服务好行业企业，重点做好如下几个方面的工作：一是积极加强行业发展重大问题的研究，尤其做好行业发展战略、产业政策、行业立法等方面的研究与促进工作；二是加强与有关产业部门的联系，提升行业地位，争取相关政策支持；三是进一步完善和深化行业自律管理工作，规范市场秩序，弘扬优秀文化；四是做好“扶优”工作，帮助企业扩大市场，加大宣传力度，积极联合有关行业组织推动市场需求，促进企业做大做强；五是帮助企业科技创新，尤其是将能够带动行业竞争力提高的重大创新争取列入国家级项目。

各位代表，同志们、朋友们：

六年来，中国安全防范产品行业协会在主管部门正确领导下，在各位理事、会员单位的大力支持下，脚踏实地做了一些开拓性工作，也取得了一些实质性的进展，比较圆满地完成了各项既定任务。展望未来，我们充满了信心，伴随着国民经济及各行各业的快速发展，在政府部门的大力推动下，安防行业将获得更大的发展空间和机遇，按照行业发展“十二五”规划，未来五年行业规模将实现翻一番的宏伟目标。

我们相信，协会工作在新一届理事会的引领下，在行业的支持与共同努力下，也一定能够不辜负大家的希望，做出更大的成绩。让我们团结起来，更加努力工作，以优异成绩迎接更加辉煌灿烂的未来！

站在新的起点 开创协会工作新局面

——王彦吉同志在中国安全防范产品行业协会第五次会员代表大会上的讲话

（2011 年 12 月 8 日）

各位领导、各位代表，同志们、朋友们：

回顾过去的六年，协会第四届理事会在公安部科信局及有关主管部门的正确领导下，在行业、企业及各方面的大力支持下，在柳晓川理事长的带领下，认真贯彻党和国家的方针、政策，履行协会宗旨，积极开展工作，取得了可喜的业绩。一是增强了协会在行业中的影响力。编制了“十一五”、“十二五”行业发展规划，引领行业科学发展；举办了三届国际安防产品博览会和一系列的论坛与活动，搭建了国内外交流合作贸易的平台；开展行业自律管理，推进安防工程企业资质评定和职业认证制度及职业培训体系建立；成立专家委员会，发挥专家调研、咨询和服务等作用；更名创刊《中国安防》杂志，拓展中国安防行业网，发挥媒体的导向作用。二是奠定和改善了协会生存与发展的基础条件。我们现在拥有了协会产权的办公用房，其他工作条件及员工工资待遇等也得到了较好的保障。三是建立了一支专业化的队伍。通过引进与培养，现已初步形成了一支专业化、年轻化、素质较高的员工队伍。

这些都为今后工作开展打下了良好的基础。在此，我代表新一届理事会对柳晓川理事长及第四届理事会表示衷心的感谢和崇高敬意！

下面，我就行业发展和协会工作讲几点意见，与大家讨论。

一、行业的形势与任务

（一）行业发展面临的形势

“十一五”以来，伴随着我国国民经济的快速发展及各行业建设步伐的加快，在“平安城市”建设、“科技强警”工程以及“奥运会”、“世博会”等大型活动的带动下，我国安防行业的规模迅速扩大，综合实力大幅度增强，成为了我国安防行业历史上发展最快、社会和经济效益最好的时期。“十二五”期间，我国国民经济将继续保持快速发展的势头，综合经济实力进一步增强，城镇化进程加速，居民收入不断提高。与此同时，社会结构将呈现出复杂性和多样性，“构建和谐社会”、“平安建设”将成为各级政府的首要任务之一。为此，在政府的大力推动下，各行业领域中的安防应用将继续保持稳定发展的态势，未来五年仍将是我国安防行业发展的重大机遇期。同时，随着社会需求的不断丰富和“大安防”时代的来临，安防行业发展也将面临着许多新的问题与挑战。

1. 产业高速增长，规模迅速扩大

据初步统计，目前我国安防企业达到了 2.5 万家左右，从业人员超过 120 万人；“十一五”以来，产业一直保持高速的增长，年增长率达到 23%，超过了全国 GDP 增速的 1 倍以上。预计 2011 年行业总产值将达到 2700 多亿元，其中安防产品产值约占 45% 的比重，安防工程和服务市场约占 55%。预计“十二五”期间，安防产业年增长率将保持在 18% 以上，到 2015 年行业产值规模将翻一番，约达到 5000 亿元，实现增加值 1600 亿元。

2. 各专业领域全面发展，产业结构得到调整

近年来，随着市场需求的不断增加，实体防护、防爆安检、防盗报警、视频监控、出入口控制、社区防范等各个安防领域实现了全面发展，并保持了良好的发展势头。其中年增长率较低的实体防护专业领域也达到了 15% 左右；

视频监控发展较快，年增长率达到了 30% 左右，2010 年视频监控产品已占到了全部电子防范产品的 50% 以上。在未来，安防服务业将获得长足的发展，一批报警运营服务企业在行业商业用户、社区家庭、车辆防盗等领域创立了多样的服务模式，将逐步走上规模化发展的道路；同时，风险评估、效能评估、施工监理、信息咨询、认证、推介、培训等中介服务也将蓬勃兴起。

3. 市场应用向行业广度深度拓展，安防社会化进程加速

伴随着“平安建设”的推进，一些传统领域如金融、文博、交通、政府等安防应用逐步深入，“平安城市”建设由中心城市、大城市向地县二、三级城市甚至农村地区延伸，形成了较大的市场需求量；一批新的应用领域如教育、卫生、能源、通讯、体育、环保、林业、邮政、部队、司法、厂矿企业等增长较快，而且行业需求各具特点，将催生一大批解决方案企业的发展；随着居民收入的增长，社区、居民安防意识增强，安防市场持续升温，将不断推进安防社会化的进程。

4. 出口贸易获得较大发展，自主品牌不断增长

“十一五”期间，我国安防行业出口创汇能力和水平都有了较大提高，初步预计全国有 1000 多家安防企业从事出口产品生产业务，年出口贸易交货值达到约 200 亿元，产品远销近百个国家和地区。近来，尤其是一些具有实力的安防企业开始在国外直销自主品牌，取得了可喜的效果，成为了我国安防企业“走出去”的第一梯队。今后，单纯 OEM 及资源型低端产品的出口将逐步减少，附加值高、拥有自主知识产权的产品出口将逐步增加。随着中国安防产品质量的不断提升，国际市场前景依然看好，欧、美等传统出口市场将稳定增长，俄罗斯、巴西、印度、中东、东亚、非洲等国家和地区的新兴市场份额将不断提高，预计“十二五”末期，年出口交货值将有望达到 600 亿元。

5. 企业自主创新能力增强，初步建立创新型行业

“十一五”期间，安防科技创新能力有了较大提高。许多企业始终把科技创新放在发展的首要位置加大投入，行业平均科研投入占销售收入的比值达到了 5%，有的高达 10% 以上。近年来，计算机技术、通信技术、电子技术、生物识别技术等学科技术在安防领域不断应用与创新，使安防行业技术不断提升、产品不断完善，安防电子产品逐步从模拟产品快速向数字化、集成化、网络化、智能化过渡，具有高新科技特征的芯片、平台软件、中间件、集成技术等有了较快的发展和应用。“十二五”期间，企业将更加注重自主创新，加大研发投入，攻克一批入侵探测、特征识别、安防物联网、图像智能分析、芯片等关键技术。同时，一批高新信息与通讯技术将结合安防需求深入应用，如“云”技术、高清显示技术、大容量存贮技术、GIS、可视化技术、联动技术及其他关联技术等将获得快速发展。

6. 骨干企业迅速成长，产业集中度逐步提高

近年来，伴随着行业的快速发展，一批骨干企业迅速崛起。初步统计，目前产值超过 1 亿元的安防产品企业已达到 100 家左右，其产品市场占有率达到了 50% 以上，销售额过 1 亿元的工程企业也达到了 50 家以上。未来，骨干企业将进一步发展壮大，企业整体实力增强，知名品牌将占据市场的主导地位，产业集中度进一步提高。

7. 行业管理体制改革取得成效，市场秩序将进一步好转

《行政许可法》颁布实施以来，我国安防行业按照国家总体规划和市场经济体制的要求，对行业管理体制进行了较大的改革，逐步由“前置性许可”为主的行政性管理方式，转为健全法规、标准、检测、认证、评定、行业自律等为主体的管理架构，形成了符合市场经济条件下的政府管宏观、协会管中观、企业管微观的行业管理体系。“十二五”期间，安防立法工作将有可能实现突破，从而结束行业管理无法可依的局面，行业自律性管理机制也将会发挥越来越重要的作用，整个市场环境有望得到根本性好转。

（二）行业发展的主要任务

“十二五”时期是我国实现全面建设小康社会奋斗目标的关键时期。对安防行业来讲，需要认真领会国家产业发展转型的新政策、新要求，把握好发展的历史机遇，实现做大做强、又好又快发展，为保障社会公共安全发挥更大的作用。

1. 要按照战略性新兴产业的要求，逐步实现增长方式由外延向内涵方向的转变，实现科学发展和可持续发展。

2. 调整产业结构，尤其是大力发展以报警运营服务为代表的现代安防服务业，提高各类服务业所占比重。

3. 采取多种政策，积极鼓励支持企业加快自主创新，建立创新型行业。

4. 依托国内外安防市场重点需求，全面拓宽安防应用领域；扩大国内安防产品在国际市场的占有率，帮助优秀企业实现“走出去”战略，实现在外投资或建立自己的国际品牌营销渠道。

5. 进一步扶持一批优秀企业和知名品牌，壮大一批骨干企业群体，增强企业综合竞争力，提高产业集中度。

6. 鼓励支持中西部地区安防产业发展，引导产业布局趋于合理。

二、今后几年协会的主要工作

（一）坚持四个服务，促进产业快速健康发展

行业协会代表本行业企业的利益，必须切实履行好服务企业的宗旨，努力开拓服务领域，提高服务品质。

1. 为政府服务，当好政府的助手与参谋

一是认真贯彻落实科信局谢毅平局长、谭晓准副局长在全国公安机关视频监控系统联网建设与应用经验交流会上的讲话精神，组织企业配合做好全国视频图像信息整合

与共享工作；二是充分发挥政府与企业之间桥梁和纽带作用，传达政府声音，反映企业诉求；三是建立行业统计和行业发展报告制度，加强对产业发展问题的研究，配合政府加强对行业发展的管理和引导；四是组织企业积极参与政府“平安城市”建设，组织专家提供咨询服务，推荐优秀安防产品和工程企业；五是配合“科技强警”和公安信息化建设，在产品推荐、论证等方面提供咨询意见，利用展会和论坛等多种形式促进技术产品的推广。

2. 为行业服务，促进产业又好又快发展

一是开展调查研究，做好行业发展规划，促进产业快速健康发展。二是组织企业加强有关产品、工程行业标准的研究和宣贯工作，有效提高标准化工作服务市场的能力和水平。三是把国际安博会办成优质展会，办好各种论坛和贸易洽谈会，提高这些活动的品质和在国内外的影响力，让参与企业多受益。

3. 为企业服务，帮助企业提高核心竞争力

一是帮助企业加强科技攻关，积极组织有关科研及产业化推广项目的申报，争取研发资金；二是组织引导企业加强专利、商标的申请和保护，帮助企业及知名品牌做好维权工作；三是开展技术、管理、法规等培训工作，帮助会员企业提高素质、增强创新能力、改善经营管理；四是开展相关法律、政策、技术、管理、市场等咨询服务等。

4. 为社会服务，推动安防社会化发展

一是利用社会媒体加强对安防的宣传，使消费者了解安防知识，增强安防意识，正确鉴别和使用安防产品，逐步解决产品信息不对称问题；二是本着公平、公正的原则向社会推荐行业优秀产品和企业，为用户提供各类信息咨询服务；三是与有关行业组织联合，推动安防市场应用，解决应用中的实际问题，推动安防社会化发展。

（二）强化行业自律管理工作，维护公平竞争的市场环境

要通过建立健全自律性的管理制度和约束机制，制订行业职业道德准则，加强行业诚信建设，规范企业行为，协调会员关系，维护公平竞争的市场环境。

1. 着力推进企业诚信体系建设，体现企业社会责任

最近，国务院专门召开会议，部署制定社会信用体系建设规划。协会要贯彻国家有关精神，倡导、宣传和弘扬行业社会责任和诚信文化，不断提高企业诚信意识；要完善督导企业诚信建设的机制和手段，努力营造诚实、自律、守信、互信的社会信用环境，使诚实守信者得到保护、作假失信者受到惩戒；制定和完善维护市场秩序的规则，制定行业诚信公约，明确行为规范，促进行业形成公平竞争、规范有序、健康发展的市场环境。

2. 继续推广安防工程企业资质评定，规范工程服务市场

要在总结7个资质评定试点省市经验的基础上，实现“全国推广，逐步实施”的目标，继续完善协会直接评定模式，加强资质评定和年审的监管；加强对各试点地区资质评价机构的监管与指导，对符合条件的第三方中介机构及时进行资格认定；加强评审员及专家队伍建设，开展评审员的培训工作，提升评审员队伍的素质；加强宣传力度，扩大资质证书的影响力和适用性。

3. 推动建立安防职业资格制度，积极开展职业培训和技能鉴定工作

进一步加强与人社部的协商和沟通，争取政策支持，推动建立安全防范设计评估师职业资格制度。在公安部和人社部的领导下，全面构建安全防范系统安装维护员职业培训和技能鉴定工作体系，并有序扩大此项工作的试点范围。充分利用社会各方面力量，积极拓展培训服务范围，促进安防行业人才队伍建设。

（三）实施走出去“战略”，帮助企业开拓国际市场

要在维护国内产业利益和支持企业参与国际竞争等方面充分发挥作用：

1. 组织国内企业联合行动，开拓国外市场，建设各种公共服务平台，推动国内外经济技术交流与合作，联系相关国际组织指导、规范和监督会员企业的对外交往活动。

2. 主动参与协调对外贸易争议，组织提供法律咨询，并帮助做好应诉、申诉等相关工作，维护正常的进出口经营秩序。

3. 帮助企业熟悉国际贸易规则，积极参与国际产业链分工，探索国际化业务新模式。

（四）加强协会自身建设，发挥职能机构作用

1. 进一步加强协会自身建设

一是发展新会员。努力吸收会员入会，尤其是发展一批系统集成企业、运营服务企业，扩大对行业的覆盖面和代表性。二是提升为会员服务的能力。要着力在信息咨询、搭建平台、法律服务、人员培训等方面与企业形成良好互动。三是加强内部规范化建设。充分发挥职能机构作用，强化内部管理和制度建设，明确岗位职责，将流程管理和风险控制措施深化到各工作层面。四是加强人才培养和专业队伍建设。继续做好人才的引进和培养工作，尤其是注重引进和培养业务和组织能力较强的骨干力量。

2. 发挥专家委员会作用

一是不断健全专家委员会组织机构，根据行业和协会发展需要，按照新的章程制定管理细则；二是积极发挥专家作用，把专家委办成专家乐于参与、服务行业发展的平台；三是有效开展专家组活动，为行业发展建言献策。

3. 进一步办好《中国安防》杂志

要继续提升杂志品质，尤其是要针对行业发展中理论、实践的热点、焦点问题组织深入探讨，提高对行业的影响力和引导力，努力把《中国安防》办成我国安防行业内的核心期刊；适时推出《中国安防》英文版，探索数字化出版发行方向，开展行业研究，提供咨询服务等。

4. 进一步提升中国安防行业网服务功能

要发挥网络快速、便捷的优势，不断采用新的技术手段更新形式、扩充内容，争取实现四个目标：一是要成为全行业的资讯发布平台，快速地传递主管部门、协会及行业、企业各方面的信息；二是要成为全行业的数据统计中心，建立行业重要信息的数据库；三是成为全行业对外交流窗口，通过英文网站及时发布和宣传行业企业信息，加强国内外交流；四是打造安防行业电子商务商城，服务国内外贸易，展示企业技术和产品。

三、2012 年协会的工作要点

（一）完善协会组织工作

要依照本次会议修改的协会章程及管理办法，着力加强协会组织工作，争取使会员单位新增加 200 家以上，副理事长单位、常务理事单位、理事单位新增加 50 家以上。要在掌握会员需求的基础上，确定服务方向，制订服务计划，有效开展服务活动。要加强内部管理，规范各项业务流程，提高工作效率，完善决策机制，重大事项集体研究决定，注重听取企业意见，提高决策的科学性和执行力。

（二）办好 2012 年安博会

2012 年中国国际社会公共安全产品博览会定于明年 10 月 22 日～25 日在北京中国国际展览中心新馆举办，将占用新国展全部 8 个展馆，展览面积 10.68 万平方米，设 5300 余个展位。这次展会新增加了防恐应急、防伪技术、物联网技术与应用、警用通讯技术保障等专业展区。届时，要加强组织、创新服务，高度重视和加强观众特别是专业观众的组织和服务，营造洽谈氛围，提高贸易额，惠及参展企业。注重解决如交通、保障和安全等方面的实际问题，使展会自始自终安全、有序、顺利进行。

（三）加强行业统计及专题调研工作

2012 年要在人、财、物方面加大对行业统计工作的投入，按照国家要求在会员企业中建立规范的统计报表制度。通过行业统计，及时掌握行业发展情况，了解市场需求的规模、热点和动态，撰写与发布行业发展白皮书，一方面为政府主管部门制定政策和规划提供信息支持；另一方面为行业企业生产经营提供咨询服务。

（四）推进工程企业资质评定工作

继续开展 2011 版体系文件的宣贯活动，使企业和所有参与资质评定活动的相关人员尽快了解新的资质评定运作模式，掌握标准要求和要点；对符合条件的第三方中介机构及时进行资格认定；开展评审员培训教育活动，逐步提升评审员队伍素质。

（五）推动建立安防职业资格制度

一是做好建立安全防范设计评估师职业资格制度的准备工作；二是加紧与人社部沟通，推动公安部和人社部联合下发开展安全防范系统安装维护员职业培训和技能鉴定工作的指导性文件，并制定出台相应的管理规定和实施办法，在具备条件的地区扩大试点工作；三是利用社会资源和行业专家优势，积极拓展培训服务项目，促进安防行业人才队伍建设。

（六）抓好媒体改革与业务建设

《中国安防》杂志，要按照国家新闻出版总署的要求，做好转企改制试点的准备工作。并以此为契机，加强内部管理，激发媒体活力，进一步扩大行业影响力。

中国安全防范行业网要以行业需求为中心，从专业、行业的角度为安防企业、用户提供全方位、立体化的服务。探索安防行业的电子商务模式，以家居安防产品为依托，同产品生产商合作，利用电子平台技术及行业网优势，实现网上销售。

（七）发挥专家委员会及专家作用

一是配合全国视频图像信息整合与共享工作，围绕组织专家针对当前城市报警与视频监控系统建设和农村技防建设中急需解决的问题，做好调研、服务及技术支持工作。二是引导企业科技创新，扶持企业研发基于物联网的关键技术、集成技术和创新产品，并申报相应的国家科技与基金项目；三是加强自身管理，进一步发挥专家作用，努力建设一支高素质的专家队伍。

各位代表，同志们、朋友们：

目前，我国进入了全面建设小康社会最为关键的时期，国民经济将继续保持快速增长，工业化、信息化、城镇化、市场化、国际化将深入发展。在这样背景下，我国安防行业仍处于难得的历史发展机遇期，政府有力推动、市场需求旺盛、创新步伐加快、企业成长迅速将是这个时期的主要特征。在行业快速发展的形势下，对于行业协会今后的工作，主管部门提出了明确的要求，行业企业也给予了更多的期待。我们将不辜负重托与希望，要以这次会议为起点，更加勤奋工作，履行好协会职责，实现四个服务。让我们共同携起手来，为实现安防行业“十二五”规划，推进行业可持续发展，为维护社会稳定、促进社会和谐而努力奋斗！

第四章　安防行业“十二五”发展规划相关文件

第一节　中国安防行业“十二五”发展规划

（2011～2015年）

经过三十多年的发展，中国安防行业已形成了门类齐全、技术先进的产业体系，尤其是经过“十一五”期间的快速发展壮大，安防产品制造、工程设计施工及服务业均获得了长足的发展与进步，形成了市场应用广泛、产业链相对完整、具有一定规模的高成长型行业，在服务政府构建“和谐社会”、推动“平安城市”建设、实施“科技强警”战略等方面发挥了十分显著的作用。伴随着我国社会经济的快速发展，“十二五”期间我国安防行业又将进入一个十分重要的发展时期，机遇与挑战并存。为使安防产业继续保持快速、健康的发展态势，受行业主管部门的委托，特编制《中国安防行业“十二五”发展规划》，作为未来5年我国安防行业发展的指导性文件。

一、现状与形势

（一）发展现状

“十一五”期间，伴随着国民经济的持续快速发展，在政府部门大力推动及“平安城市”、“奥运会”、“世博会”等大型项目、活动的带动下，我国安防行业持续保持了快速增长的势头，产业、企业、科技、市场以及企业品牌、文化建设等方面得到了全面发展和提升，并有效克服了世界金融危机带来的影响，圆满地完成了“十一五”规划的各项主要任务，成为了我国安防行业历史上发展最快、社会和经济效益最好的时期。

1. 产业实力大为增强，结构布局趋于合理

行业规模迅速扩大。2010年，安防企业达到了25000家左右，从业人员约120万人；行业总产值达到2300多亿元，其中安防产品产值约为1000亿元，安防工程和服务市场约为1300亿元；全行业实现增加值800多亿元，比2005年增长1.8倍，年均增长23%以上。其中安防电子产品发展较快，年均增长25%左右，到2010年安防电子各类产品比重约为：视频监控系统55%，出入口控制系统15%，防盗报警系统12%，其他类别的产品系统18%。

形成了相对完整的产业链体系，产业结构调整初见成效。随着市场应用的不断扩展，产业内涵逐渐延伸放大，形成了集科研开发、生产制造、施工集成、报警运营、销售服务等为一体的完整产业链体系，实体防护、防盗报警、视频监控、防爆安检、出入口控制等系统领域全面发展；产业结构得到优化，专业报警运营服务有了实质性发展，所占比重上升，各类风险评估、效能评估、施工监理、维护维修、中介咨询、业务培训等安防服务业务开始起步，呈现出了勃勃生机。

三大地域性产业集群各具特色。经过长期发展，我国安防行业在地域分布上形成了以电子安防产品生产企业聚集为主要特征的“珠三角”地区、以高新技术和外资企业聚集为主要特征的“长三角”地区，以及以集成应用、软件、服务企业聚集为主要特征的“环渤海”地区三大产业集群，占据了我国安防产业约2/3以上的份额。

骨干企业迅速成长，产业集中度明显提高。一批骨干企业迅速崛起，综合实力大为增强。初步统计，目前产值超过1亿元的安防企业已达到100家左右，产业集中度有了较大幅度的提高。企业的兼并、整合、资本运作已成为企业快速成长的重要途径与模式，已有10多家安防企业在国内外上市，另有20多家国内外上市企业将安防列入其主营业务之一。企业管理更加科学、规范，越来越多的企业采取了现代企业的管理体系和管理方法，品牌意识、创新意识、服务意识及核心竞争力都大为增强，先后有21个产品20家企业获得了“中国名牌”称号。

2. 市场应用不断向深度、广度拓展，出口贸易增长较快

伴随着“平安建设”推进的步伐，一些传统领域如金融、文博、交通、政府等安防应用更加深入；一批新生的应用领域如教育、卫生、体育、能源、通信、厂矿企业等增长较快；社区、居民安防应用开始升温，社会化应用进程加速。市场应用逐步由中心城市、大城市向二、三级城市及农村地区延伸，由沿海地区向中西部地区、边境口岸延伸，并形成了一定的市场需求量。

出口贸易获得较大发展。“十一五”期间，我国安防行业出口创汇能力和水平都有了较大提高，仅在广东、福建、浙江就有近千家企业从事出口产品生产业务，年出口贸易额达到上百亿元，产品远销欧、美、亚及世界各地。自

2008年开始的金融危机，对我国安防企业出口贸易产生了较大影响，出口贸易额一度呈下降趋势。进入2010年，随着世界经济形势的回暖，绝大多数企业成功度过了危机，出口业务有了较快的恢复和发展。

3. 科技创新能力和水平大幅度提高

“十一五”期间，我国安防企业科技创新热情高、力度大，科技创新投入占销售收入的比值达到了5%以上，达到了国内各行业的领先水平，基本形成了以企业为主体的科技创新体系，促进了行业科技创新能力和水平的大幅度提高。“十一五”期间，计算机技术、通信技术、电子技术等众多学科技术在安防领域不断创新应用和发展，使安防行业实现了物理防范、电子防范、特征识别技术的结合运用，形成了具有安防独立行业特点的较为完整的开发、转化、应用技术体系。安防电子产品快速地向数字化、集成化、网络化、智能化方向发展，具有高新科技特征的安防芯片、平台软件、中间件、大规模集成技术等有了一定程度的发展和应用，机械类产品也向着机电一体化、自动化和信息化方向全面升级。

4. 行业管理取得一定成效，市场秩序开始好转

适应市场经济体制的要求，行业管理理念、管理体制与时俱进，不断探索出了行业管理的新路，逐步由“前置性许可”为主的行政性管理方式，转变为依靠健全法规、标准、检测、认证等体系化管理的方式；推进了国家强制性产品认证制度的实施，形成了符合国际惯例的产品合格评定体系；标准化工作努力推进，制定了一批安防产品、系统、项目、服务、管理标准，初步建立了行业标准化体系。行业自律性管理体系初步形成并发挥作用，工程企业资质评定试点工作取得积极进展，安全防范设计评估师、安全防范系统安装维护员作为新的职业正式列入了国家的职业大典。经过全行业的共同努力，市场环境有所净化，“假冒伪劣”产品得到一定程度的遏制，“地方保护”现象逐步减少，全国统一市场基本形成，行业风气开始朝着好的方向转变。

（二）机遇与挑战

“十二五”期间，我国安防行业仍然面临着重大的发展机遇。国民经济将继续保持快速发展的势头，各重点行业将继续扩大基础设施建设，从而不断带动产生新的安防需求；与此同时，伴随着城镇化步伐的加快及社会结构的变迁，社会矛盾日趋复杂，“平安建设”将成为各级政府长期艰巨的任务，公安主管部门也将把“社会治安防控体系建设”作为中心工作之一，政府需求必将推动安防行业的进一步快速发展；随着居民收入的增长，人们对安全的消费需求将不断增加，安防消费主体逐步从高收入阶层向中等收入人群转化，“民用安防”市场潜力将被有效激发出来，将极大地扩展行业发展的空间；随着国际反恐形势的不断复杂和严峻，国际安防市场需求将继续增长，为中国企业提供了更为广阔的舞台。

然而，我国安防行业总体上仍属于国民经济中新的成长性行业，在发展中还存在许多困难与问题，面临着诸多挑战。行业发展的外部条件和环境有待改善，在国家层面未能确立独立的行业地位，难以获得政府部门有关的产业政策支持；行业市场秩序有待规范，相关法律制度与诚信体系建设尚不到位；产业升级难度加大，发展安防服务业将成为产业结构调整的重心，这一过程将给企业带来多方面的影响与压力；企业综合素质和能力有待提高，不少企业生产经营方式粗放，管理方式落后，缺乏核心技术及高端人才，难以适应不断快速发展和变化的市场需要。

二、指导思想及发展目标

（一）指导思想

“十二五”时期是我国实现全面建设小康社会奋斗目标的关键时期，也是深化改革开放、加快经济增长方式转变的攻坚时期。我国安防行业应在主管部门的正确引导下，以邓小平理论和“三个代表”为指导，深入贯彻科学发展观，围绕党和国家社会经济建设以及公安工作的中心任务，服务社会管理和社会经济发展，服务“和谐社会”、“平安建设”及“科技强警”工作，更新观念、开启思路，充分利用国内外安防需求上升的良好机遇，做强做大安防产业，为满足社会安全需求发挥应有的作用。具体贯彻以下指导思想：

推动发展方式转变，构建低碳经济、集约发展、科学发展的新模式，促进产业又快又好发展；加快产业结构调整，逐步形成以安防服务业为导向的产业新结构；加快自主创新，建立创新型行业；积极参与国际分工，增强安防产业国际竞争力和抗风险能力；加强市场管理和行业自律管理，规范市场秩序；弘扬行业文化，优化行业风气。

（二）发展目标

1. 实现产业快速及可持续发展

到“十二五”末期实现产业规模翻一番的总体目标。年增长率达到20%左右，2015年总产值达到5000亿元，实现增加值1600亿元，年出口产品交货值达到600亿元以上；产业结构调整初见成效，安防运营及各类服务业所占比重达到20%以上。深挖传统市场，着力培育新兴市场，大力开发民用安防市场；实施品牌战略，继续培育形成一批知名品牌，提高市场占有率；鼓励支持企业在国内外上市融资，实现跨越式发展；加快发展中西部地区安防产业，鼓励有条件的企业在中西部地区设厂办企，引导产业合理布局。

2. 推动科技进步，提高自主创新能力

围绕建立创新型行业的目标，构建以企业为主体、市场为导向、产学研相结合的技术创新体系，促进科技成果向现实生产力转化；加强对重点企业创新的支持与引导，支持一些骨干企业向产业链上游转移，培育一批企业成为行业科技发展的领军和主导力量；加强安防基础理论研究，

引导安防理念及技术创新；加强物联网技术在安防行业中的应用研究，开发相关适用技术和产品；针对政府、行业、社区、家庭不同安防需求，推动技术应用创新，提供解决方案；加大研发投入，争取在入侵探测、特征识别、芯片技术、系统管理和控制、图像智能分析、安防评测技术等关键技术的开发及产业化方面取得突破，在云技术研究与应用、显示与存贮技术、防爆安检技术以及实体防护技术等方面力争达到国际先进水平；着力提高软件平台开发能力，逐步改变“硬强软弱”的状况。

3. 加强行业管理，逐步形成规范有序的市场环境

不断深化和推进行业改革，建立科学有效的行业管理体系和机制。加快推进安防立法工作，完善规章制度和规范标准，依法加强行业监管；充分发挥行业组织作用，强化行业自律管理，通过开展工程企业资质认证、安防从业人员职业培训和技能鉴定、开展企业信用评价等工作，进一步提高行业自律管理能力和水平；积极推进标准化战略与实施工作，有效提高标准化工作服务政府和服务行业的能力和水平；建立健全第三方合格评价体系，扩大强制性产品认证（3C认证）、自愿性认证（GA认证）范围，拓展第三方评价服务形式；推进企业诚信建设，逐步形成规范有序、健康发展的市场环境。

4. 塑造现代安防行业文化，促进行业企业发展

积极倡导“诚信、务实、创新、和谐”的行业文化精神。充分发挥各级政府部门在安防行业文化建设工作中的指导作用，提升行业组织在行业文化建设中的领导、推动能力，全面提高安防企业的文化建设水平。以优秀行业文化为纽带，增强行业的感召力、凝聚力和约束力，促进行业企业高效、有序、积极、健康的运转和持续发展。

三、任务与措施

（一）产业发展和产业结构调整

“十二五”期间，我国安防产业要按照战略性新兴产业的要求，在继续做大做强产业规模的同时，推动安防产业结构的调整和升级，促进增长方式由外延向内涵方向的转变。

1. 改善产业发展环境，扩大产业规模

逐步改善行业企业发展的外部条件和环境，通过行业信息调查和研究工作，为国家决策部门提供参考数据，促进行业发展与国家政策的有效衔接，积极争取国家产业政策、财税政策、金融政策、科技政策、外贸政策、环保政策支持，保障产业的持续协调发展；搭建更广阔的贸易、技术交流平台，推进安防的跨行业合作，扩大国际合作渠道；整合媒体资源，加强宣传力度，提高大众安防意识，培育和服务安防消费群体，开发潜在市场，扩大产业规模。

2. 调整和优化产业结构，推动产业升级

巩固和发展安防制造业基础，提升产品和技术结构，推进信息化与工业化的深度融合，逐步淘汰同质化落后的生产工艺，大力发展适合市场需要的中高端产品生产能力，着力增强软件开发和系统集成能力；技术创新要从引进模仿为主向自主创新转变，加快关键技术、共性技术和配套技术的研发，加强推广应用，扩大自主品牌高端产品市场份额。促进安防行业向服务型经济的转变，大力发展现代安防服务业，着力推进报警运营服务及行业第三方评估评价与咨询服务体系建设。

3. 进一步转变增长方式，促使产业集约化发展

进一步转变增长方式，促使经济增长由主要依靠资金和物质要素投入带动向全要素生产力增长转变。走科技含量高、经济效益好、资源消耗低、环境污染少、人力资源优势得到充分发挥的新型产业集约化发展道路，把增长方式转变到速度与结构、质量、效益相统一的增长方式上来，实现节约发展、低碳发展和可持续发展。

4. 合理引导产业布局，积极发挥产业集聚效应

继续培育“珠三角”、“长三角”和“环渤海”地区三大安防产业集群，充分发挥产业集群的规模经济优势、区位经济优势和资源共享优势，实现跨行政区划、跨业务领域的产业联合，缓解资源环境约束，推动产业升级；充分发挥产业集群特色及带动辐射作用，支持部分加工制造及研发业务向中西部地区转移，引导成渝经济区、武汉城市圈等后起安防产业群体向特色化方向发展。

5. 调整对外贸易战略，增强产业国际竞争力

鼓励支持有条件的企业坚持外向型发展战略，开发国际市场，抓住世界产业结构调整和转移的机会，积极参与国际产业链分工，在国际竞争中不断发展壮大；逐步减少单纯OEM及资源型低端产品的出口，增加附加值高、拥有自主知识产权的产品出口业务；鼓励集成与服务企业走出国门，积极探索国际化业务新模式；不断强化抗风险能力，主动防范与化解国际市场、汇率、税制变化带来的风险。

（二）推动建立创新型行业，提高企业核心能力

“十二五”期间，要着力加强对安防系统的社会功能、服务能力、技术要求的基础理论研究，形成理论支持体系；加强关键技术、集成技术、平台软件、物联网等新技术的开发应用；进一步提高科技进步贡献率，促进科技成果向现实生产力转化，初步达到创新型行业的要求。

1. 安防基础理论与发展对策研究

（1）安防基础理论研究。组织科研机构和专家，开展安防基础理论的研究，明确安防行业的社会功能、本质属性、专业要素和基本概念，形成安防基础理论体系，为安防理论及实践创新提供全面、必要的支持。

（2）安全防范风险等级和风险评估技术的研究。明确安全防范风险因素，科学划分安全防范风险等级，逐步建立安全防范风险等级基础标准；进一步深入研究安全防范风险评估方法、评估标准和评估服务模式，引进吸收国外先进的安防系统评测技术，不断提升和完善评测手段和评测方法。

（3）加强行业调查、统计、分析。结合行业实际情况，采用会员报表、抽样调查、重点调查等多种手段，调查反映企业经营管理、技术、市场、效益以及行业发展规模、速度、结构以及国际发展动态等方面的情况，为政府决策及行业企业发展提供信息咨询服务。

（4）安防行业管理创新机制及相关政策研究。深入开展安防行业政府、社团、企业之间相互衔接与支持的管理机制，为政府管理决策提供依据；开展相关产业政策的研究，取得国家产业政策部门的政策支持，逐步改善行业企业发展的外部条件和环境。

2. 安防科技发展的重点应用领域

（1）综合安防集成平台技术应用创新

建立以多源信息的动态监控和安全态势预测的综合预警系统，从传统安全向现代安防理念转化，为开辟安防业务和新市场领域提供全面的技术支撑，适应数字化城市建设对安防技术发展的新需要。

加强多信息系统、多技术的融合，研究和开发适应城市报警、监控以及综合安防集成应用的平台和关键技术，如 GIS、可视化技术、联动技术、物联网平台技术、模糊图像清晰化处理技术、移动视频技术、信息与通讯共享及其他关联技术等。

大力发展中间件产品，实现各类信息资源之间的关联、整合、协同、互动和按需服务，解决系统间的互操作、可靠性、安全性等问题，实现应用系统从硬件为核心向软件为核心的转变。

加强安防应用中信息安全、网络安全等技术的研究，研发在虚拟世界的安防解决方案和技术产品，有效实现虚拟世界的安全防范。

积极探索“云计算”在安防的应用，研究以网络化平台为基础的开放性安防服务平台技术，向其他相关应用提供信息及个性化服务，创新服务模式。

（2）行业应用领域技术创新

加强适应大型活动、重点目标防范等政府安全管理需要的技术应用创新；结合各行业领域安防应用的特点，研究各行业领域中与安防相关的业务流程，提出适用于电力、电信、医疗、冶金、金融、保险、学校等不同领域的安防个性化应用解决方案，并与各行业日常管理工作结合，实现综合应用。积极推动社区、居家安防的技术应用创新，在智能家居产品中研究不同居家安防产品的兼容性问题，满足客户个性化需求以及不同安防设备互联的需要，实现安防与其它产品系统的融合与集成，并确保安防产品应用效果。

关注 RFID、WIFI、3G 等技术的发展动态和趋势，加强物联网技术在安防行业中的应用研究，开发满足不同安全需求的物联网应用系统和产品。如用于防盗、抢局域性物联网，危险品运输、警务车监控等小型物联网，以及用于开展安全服务业务的以互联网为基础的广域物联网。

（3）安防服务模式创新

根据安防行业的特点，加强研究安防系统评估与咨询服务、工程服务、运营服务、维护服务、认证服务、培训服务等在各领域应用中的个性化需求和服务实现的模式、方法以及技术路线。

3. 关键技术研究

（1）探测技术

加强安防探测技术的研究，提高对于固定、移动目标感知和探测的精确性。开发新型探测传感技术，通过对安防探测基本原理和实际需求的研究，从基础元器件着手，创新新型的探测与物联传感技术，提高安防探测的广度和深度；提升传统安防探测传感器件的数字化和逻辑分析技术水平，减少错误探测和漏探测；加强视频复核技术的研究，将前端探测和报警系统与视频系统进行整合，提高前端探测设备的利用率及报警的准确性。

（2）识别技术

生物特征识别技术。加强安防指纹、人脸、虹膜、静脉识别技术的可靠性、适用性研究，加强生物特征识别技术产品在出入口控制、入侵探测、身份识别领域的应用推广，提高安全防范效能。

RFID 识别技术。加快安防领域 RFID 应用的数据加密、系统友好性及软件技术的研究和开发。

智能识别技术。以运动行为图像智能分析技术为重点，加强安防智能识别软件和硬件技术的开发。

（3）传输技术

加快安防传输技术及其专用设备的研发，提高安防信息传输的可靠性、兼容性和实用性。重点围绕安防技术在城市安全防控等领域的普及应用，以解决现有公用信息传输网络与用户端安防设备有效连接为目标，研发性能可靠的安防信息传输转换技术和设备。

（4）系统管理和控制技术

开展安防系统管理和控制技术的研究，提高接警和监控中心的控制、应急处置能力，主要包括专用接警和监控管理软件的开发，存储与显示技术及相关专用设备的研究，以及智能检索及分析技术、信息保护安全技术等。

（5）专用芯片技术

加快研制适应多核异构技术和低功耗技术为制高点的数字多媒体芯片，以及面向视频监控编解码的专用芯片，实现核心技术的国产化和产业化；加强系列安防专用芯片技术的研发，以适应安防探测产品小型化、安防识别产品集成化、安防信息传输和监控专业化发展的要求，提升安防行业的竞争力。

（6）安全检查与应急处置技术

加强对爆炸物、毒品及核、化、生等危险品的安检探测与应急处置技术研究，开发实用新型设备，重视现有设备的性能提高和功能扩展。重点研发基于各类射线的复合探测技术与设备，针对瓶装液体和大型客体检查的专用探测技术与设备，适用于通道式检查的快速探测技术与设备，以及应对公共场所常见危险源的各类应急防护、处置技术与设备。

（7）安防评测技术

加大安防评测技术的研究，为提高安防系统效能提供评测技术支撑。加强安防产品和系统性能实验室评测技术的研究，提高产品和系统研发生产的质量；开展安防产品使用过程中效能损耗及其防范功能自测技术研究；加快安全防范系统现场评测技术的研究，实现安防系统防范功能、安全防范级别的动态评测。

（三）促进市场发展与应用

"十二五"期间要依托国内安防市场重点需求，全面拓宽安防应用领域，提高安防在社会公共服务中的地位和作用；有重点地进军国际市场，扩大国内安防产品在国际市场的占有率。

1. 加强传统领域的创新应用

积极联合有关行业主管部门及企事业单位，保持金融、文博、公安、交通、机场、海关、公共场所等传统安防市场稳定增长，尤其要深入研究各领域安全需求的特点，不断满足传统行业对安防的个性化服务要求，促进安防在各行业的创新应用，扩大增值服务。

2. 拓展应用新领域

把握国家经济发展及各行业建设给安防行业带来的新机遇，积极拓展能源、物流、林业、环保、轨道交通等新兴应用领域；针对需求特点，整合各种资源，提供完整解决方案，提高综合服务能力；积极推进物联网技术与安防应用的结合，探索物联网概念下的市场应用新模式，完善"大安防"应用产业体系。

3. 扩大政府项目应用

抓住各级政府推动"平安建设"的机遇，通过整合社会资源，推进报警监控等系统工程及综合管理平台建设，扩大公安业务的市场应用；配合"数字城市"建设，充分发挥安防技术在城市应急指挥、紧急救援、交通疏导、安全保障等综合安全治理工作中的作用，推进城市级大型综合性安防项目在全国的发展与普及，有效扩大市场空间。

4. 大力推动民用安防市场

围绕"社区创安"的实施，深入分析社区、家庭、商业用户安防需求特点，抓住3G开通、三网合一的有利时机，研究和提供适用的产品和服务，结合各地城市改造、环境美化、新区建设等活动，推动报警运营服务扩点扩面、快速发展；推动农村技防建设，针对不同地域乡、镇、村、居民技防应用特点，开发推广经济实用的安防产品，推动安防应用向城镇结合部和农村地区延伸。

5. 扩大产品出口，实现国际业务的全面发展

加强安防产品国际市场的推广与拓展，扩大出口贸易，鼓励有条件的企业在境外建立营销网络和营销渠道；在保持欧洲、北美等传统出口市场份额的基础上，着力开发俄罗斯、巴西、印度、中东等国家和地区的新兴市场，努力提高国内安防产品在国际市场的占有率。鼓励企业积极承揽国际工程与服务业务，着力开辟在发展中国家的市场应用，将一些应用成熟的系统平台、技术服务推广出去，实现安防国际贸易的全面发展。

（四）全面提高安防企业素质与综合竞争力

"十二五"期间，我国安防企业将进入快速壮大期，安防企业要建立科学有效的管理机制，提升品牌形象，建设优良的企业文化，培养高素质的人才队伍，不仅要在规模上发展壮大，更要下大力气全面提升企业素质和综合竞争力，实现可持续发展。

1. 打造龙头企业，引导企业优势互补、协调发展

鼓励有条件的企业借助资本的力量重组并购，或实行优势互补的强强联合，尽快形成一批具有国际竞争力的企业集团，使之成为产业集约化发展的骨干力量；同时扶持一批科技型中小企业发挥优势，向"专、精、特、新"的细分市场发展，形成以大中企业为主体，小企业提供专业配套服务，合理分工、有机联合、协调发展的新格局。

2. 加强现代企业管理体系建设，提高创新能力

推动安防企业在管理理念上的创新，完善公司治理结构，加强现代管理制度与流程体系建设；开展管理体制与管理方式的创新，促进企业战略管理、财务管理、风险管理、人才管理、营销管理能力的提升，提高人才、技术、资本、市场资源配置的效率；开展安防营销模式的研究与创建，结合行业需求，推动深度营销、顾问式营销、连锁营销、体验式营销、服务营销、文化营销新模式。

3. 倡导优秀企业文化，加快企业品牌成长

促进安防企业在企业愿景、企业使命、核心价值观等系列文化方面的建设工作，增强企业文化的底蕴，激发员工创造力，增强凝聚力和向心力，提升企业软实力；结合企业文化的塑造，从企业战略高度强化品牌建设，通过提升品牌的含金量，提高品牌产品的价值和市场占有率。

4. 加强企业专业化、职业化人才队伍建设

鼓励企业采用职业化教育、专业化培训和交流引进等多种形式，建设专业化、职业化人才队伍，尤其是注重培养和引进会经营、懂技术、善于管理的高级复合人才；引导企业重视安防职业经理人队伍建设，形成一批德才兼备的中高级职业经理人队伍。

（五）提升行业管理能力，促使市场规范有序发展

"十二五"期间，在业已形成的政府管宏观、行业组织管中观、企业管微观行业管理架构的基础上，不断深化行业改革，建立科学有效的行业管理机制，不断完善行业管理手段，使行业管理得到进一步加强，管理水平上一个新台阶。充分发挥行业组织自律管理的职能作用，大力推进行业中介服务社会化，逐步健全中介服务体系，不断提高行业自律管理能力，提升中介服务的质量和水平。注重企业现代化管理能力建设，注重企业诚信与社会责任建设，

提高企业自我约束能力。

1. 健全法律法规体系，加强政府监管力度

加快推进安防立法工作，“十二五”时期要从根本上改变行业管理法规缺失的现状；逐步完善规章制度和规范标准，创建政府依法监管的保障条件，加大政府监管力度；加强政府宏观调控和安防建设活动的宣传指导，有力保障安防建设活动的有序开展和行业的健康发展；充分发挥安防行业在打击犯罪、维护社会治安稳定、构建和谐社会方面的重要作用。

2. 强化行业自律管理，充分发挥行业组织作用

进一步明确行业协会职能，充分发挥行业组织的功能和作用，按照国家要求加强和促进行业组织规范化建设，完善行业自律管理体系，进一步提高行业自律管理能力和水平。建立行业统计和行业发展报告制度，加强行业规划和指导；继续推广安防工程企业资质认证，规范工程服务市场行为；加快推动安防从业人员职业认证和职业培训，有效提升从业人员专业素质和技能；积极推动开展企业信用等级评价，创建行业诚信制度；公平公正开展行业推优，扶持优秀企业、推广优秀产品，促进行业进步。

3. 积极推进标准化战略与实施工作

通过标准化战略与实施工作，不断满足标准化工作服务于政府行业管理的需要；创建标准化工作机制，加强标准制修定与宣贯工作，有效提高标准化工作服务政府和服务市场的能力和水平；全面开展安防标准的修订工作，保持标准的先进性和适用性；积极推进国际标准化工作，重点参与制定若干项国际标准，争取主导制定 1 ~ 2 项国际标准，提高我国在国际安防标准制定中的话语权；积极创建标准化工作的新机制，与相关应用行业联合制定行业应用标准，发挥标准化对技术发展和创新的引导作用，体现标准化工作在安防行业建设中的指导、监督和服务的功能。

4. 建立健全第三方合格评价体系

在已有检测评价和认证服务的基础上，转变认证服务观念，提高认证服务的能力，扩大认证业务空间，充分发挥检测评价服务于政府、企业与用户的全方位功能，发挥在规范行业与市场秩序中的功能作用。在政府的大力支持下，抓好强制性产品认证服务，拓展自愿性认证市场；积极推进认证服务的国际互认，拓展国际化合作空间与合作模式；努力开拓发展行业评估、咨询、培训等第三方评价服务形式，引进成熟的服务模式，全面提升中介服务的水平。

5. 推进企业诚信建设，健全规范有序的市场体系

不断提高企业诚信意识，完善督导企业诚信建设的机制和手段，建立企业信用记录和信用报告制度，实现企业信用行为规范。指导有条件的企业逐步建立企业社会责任报告制度，编制社会责任报告，全面提高企业自我管理能力；制定和完善维护市场秩序的规则，制定行业诚信公约，明确行为规范，全面提高行业信誉水平；积极探索企业合作联盟机制与模式，重点推进产业合作联盟与标准联盟，促进行业形成公平竞争、规范有序、健康发展的市场环境。

第二节　我国安全技术防范标准化“十二五”发展规划

（2011 ~ 2015 年）

一、指导思想

以科学发展观为引领，紧密围绕《全国公安机关“十二五”科技强警工作规划》和《国家标准化“十二五”发展规划》，继续坚持“安防标准化三个面向与服务的方针”，着力提升我国安全技术防范标准化总体水平，着力提升我国在国际安防标准化活动中的地位和作用，积极发挥标准化在安全技术防范工作中的技术支撑作用，维护国家安全和社会稳定，保障广大人民群众生命和财产安全，促进我国安全技术防范产业规范、有序、科学和健康发展。

（一）面向和服务于公安业务

紧密围绕社会治安防控体系建设和科技强警示范城市建设，完善相应技术标准，制定公共管理和服务标准，不断提高标准的科学性和适应性，为科技强警和平安创建活动提供强有力的标准化技术支撑。

（二）面向和服务于安防行业

进一步完善我国安全技术防范标准体系，加快相关系统、工程和产品标准的制修订速度，不断提高标准的技术和质量水平，为实施中国安防行业“十二五”发展规划、促进我国安全技术防范产业健康快速发展提供技术支撑。

（三）面向和服务于企业和用户

努力倡导、推行和实施“标准化战略”，努力提高企业和用户的标准化意识和知识产权意识，为我国安防企业的发展、壮大提供标准化技术平台；支持标准制定中的自主技术创新和理论创新，加强关键技术标准的制定和应用推广，不断提高我国安防标准的国际影响力和安防企业的国际竞争力。

二、“十二五”期间的安防标准化主要任务

（一）继续开展标准体系研究，为标准化工作制定蓝图

1. 在初步完成《我国安全技术防范标准体系》的基础

地上，继续深入开展各子体系的研究，不断完善和细化《标准明细表》，不断补充新的标准元素，保持标准体系的科学性、适用性、时效性和可操作性。

2. 根据治安保卫重点单位的安全技术防范需要，制定治安保卫重点单位或重要场所的风险等级和/或安全防护标准，逐步形成面向各应用领域的安全技术防范标准系列，为社会治安防控体系建设提供技术支撑。

也可根据文物系统、金融系统、民用机场、铁路车站等特定应用领域安全技术防范工作的特殊需求，制定该应用领域的安全技术防范标准系列。

（二）加强基础标准制定和研究，为安全技术防范工作奠定理论基础

根据我国安全技术防范工作的现实需要，总结现有安全技术防范系统建设应用的实际经验，研究制定我国安全技术防范基础标准，如术语、风险评估、效能评估等，通过这些标准的研究和制定，逐步建立和完善我国安全技术防范理论体系，为有效开展安全技术防范工作提供理论依据，为我国安全技术防范学科建设和专业人才培养奠定理论基础。

（三）加强重点技术标准的制定修订工作，不断提高标准的技术和质量水平，不断增强标准的适用性和时效性

1. 通过采用或修改采用国际标准，制定和完善我国安全技术防范系统设备环境适应性、电磁兼容性等的通用技术标准，为各专业（子系统）技术和产品的标准制定修订工作提供基础依据；参照或借鉴国际标准，尽快将安全技术防范各专业（子系统）行业标准上升为国家标准，做好与对口的国际标准化工作的衔接。

2. 支持具有我国自主知识产权的关键技术标准的制定和推广应用，支持标准制定中的自主技术创新和理论创新，提高标准的技术和质量水平，提高我国标准的国际影响力。

3. 加快各专业（子系统）系统和产品标准的制定修订速度，不断增强标准的适用性和时效性。

①加快新标准项目的制定速度，重点是周界入侵报警、数字视频监控、出入口控制和防爆安全检查产品标准和人体生物特征识别应用标准，解决标准的缺失问题。

②尽快启动标龄5年以上的标准的修订工作，这些标准约占现行标准的一半左右。特别是入侵报警系统产品，通过采用或修改采用国际标准，促进我国入侵报警领域技术和产业向高端发展，提高我国产品的国际竞争力。

③发挥标准化对技术创新和发展的引导作用，针对新技术和新产品，尝试制定标准化指导性技术文件。

（四）建立完善安全技术防范工程标准体系

全面梳理和复审安全技术防范工程标准，补充制定工程监理、运行维护等新标准，适时修订GB50348《安全技术防范工程技术规范》等基础通用标准，研究编制《安全技术防范产品应用指南》标准化指导性技术文件，建立完善涵盖安防工程各质量环节的工程标准体系。

（五）尝试制定公共管理标准和服务标准

配合即将出台的《社会治安防范管理条例》，积极开展公共管理标准的研究，尝试制定安全技术防范执法标准、工作标准和管理标准；借鉴国外经验，研究制定适合我国国情的安全技术防范系统运营服务标准。逐步建立完善公共管理标准和服务标准体系，为安全技术防范行业管理和中介服务提供标准化技术支撑。

（六）积极开展国际标准化工作，不断增强我国在国际标准化工作中的话语权

1. 采取“重点参与，争取主导”的方针，积极选派我国专家参加国际标准工作组，不断积累国际标准化工作经验；积极将我国的先进技术标准推向国际，提高我国标准的国际影响力，争取国际标准制定的主导权。

2. 积极开展与相关区域标准化机构和发达国家标准化机构的交流与合作。探索和倡导建立亚太区安防标准化合作机制，通过发挥亚太地区国家在国际标准化工作的整体影响力，不断增强我国在国际标准制定中的话语权。

（七）加大标准的实施力度，加强标准的宣贯培训工作

大力促进具有我国自主知产权的关键技术标准的推广应用，积极倡导和推动成立基于标准的技术应用联盟和产业联盟；积极配合公安机关和相关行业管理部门开展重要标准的宣贯培训工作；积极为企业和用户提供标准化技术咨询与服务。不断加大标准的实施力度，真正发挥标准的应用效力。

三、“十二五”期间的安防标准化具体目标

“十二五”期间，我国安全技术防范标准化工作将完成50余项国家标准和行业标准；主导制定1~3项国际标准，参与制定5~10项国际标准；标龄5年以上的标准复审率达到100%；国际标准的采标率达到80%以上。

（一）编制并发布《我国安全技术防范标准体系》和2项标准系列

1. 在《我国安全技术防范标准体系》项目研究的基础上，进一步深入研究、编制并发布“全面成套、层次适当、划分清楚、国际接轨、适合国情”的《我国安全技术防范标准体系表》。

2. 通过对文物系统、金融系统以及其他社会治安重点领域的安全技术防范标准研究，编制《博物馆和文物保护单位安全技术防范标准系列》、《银行业金融机构安全技术防范标准系列》等标准系列。

（二）制定基础标准5项

包括术语、风险评估、安全防护、效能评估等标准。

（三）制修订技术标准40项

其中包括安全技术防范及其子系统通用技术标准5项、入侵/抢劫报警系统和设备标准10项、视频监控系统和设备标准5项、防爆安全检查系统和设备标准5项、实体防护设备标准5项、人体生物特征识别应用标准10项。

（四）制定修订安全技术防范工程标准 3 项

启动入侵报警、视频监控和出入口控制 3 项《安全技术防范产品应用指南》的编制工作。

（五）制定公共管理标准和服务标准 3～5 项

（六）主导制定国际标准 1－3 项，参与制定国际标准 5－10 项

四、保障措施

（一）政策支持和经费保障

“十二五”期间，我国安全技术防范标准化任务极其繁重，“十二五”发展规划的顺利实施，离不开国家标准委、公安部科信局和相关行业管理部门的政策支持。同时，除了 SAC/TC100 秘书处承担单位公安部第一研究所的经费支持外，通过开展标准化项目研究，积极争取国家标准委、公安部科信局和相关行业部门的标准化科研经费。

（二）加强队伍建设和人才培养

进一步扩大 SAC/TC100 委员和专家队伍，发挥 SAC/TC100 委员的带头作用，发挥特聘专家的指导作用，充分调动全体委员和特聘专家在标准化工作中的积极性和能动性。加强年轻委员和专家的培养，特别是国际标准化专家的培养。加强标准参编人员的技术和标准化业务培训，尝试制定若干项样本标准。

（三）创新标准化工作机制

针对安全技术防范不同专业技术领域，尝试以专业工作组的模式开展标准制定修订工作，提高标准制定修订效率。适时将成熟的专业工作组申报成立分技术委员会。

加强 SAC/TC100 秘书处的组织、协调和监督作用。加强标准制定修订过程的跟踪管理和质量监督，建立标准制定修订跟踪监督机制，及时掌握工作进展，对遇到的问题及时研究解决，保证标准制定修订工作的顺利开展。

（四）与相关组织和机构通力合作

加强与公安部相关部属标委会和建设部、工信部等相关标准化机构的沟通与协调，尽量避免标准的重复、交叉和矛盾；加强与安防行业协会、检测中心、认证中心等行业组织的通力合作，共同推进安防标准化工作。

建立与地方公安技防管理部门、标委会的联席会议制度。鼓励将技术水平较高的地方标准申报行业标准或国家标准，有效缩短标准制定修订周期，解决行业标准或国家标准的缺失问题。

第三节　北京安全防范行业“十二五”发展规划

（2011～2015 年）

前言

2010 年是北京市国民经济和社会发展“十一五”规划的最后一年，北京安防行业在“新北京、新奥运”和“世界城市”战略构想的指导和推动下实现了高速发展。为了构建“十二五”期间北京安防行业的发展战略，北京安全防范行业协会受政府主管部门委托和行业企业要求，研究编制北京安防行业“十二五”发展规划，总结与回顾北京安防行业“十一五”发展历程，提出“十二五”期间北京安防行业发展战略目标、重点任务和措施建议。

为了做好北京安防行业“十二五”发展规划的编制工作，北京安全防范行业协会组织专门人员，开展专题调研工作，借鉴其他行业规划编制的经验，深入分析“十二五”期间北京社会经济发展的新形势和新要求，努力探索“十二五”期间北京安防行业的发展态势和面临的挑战，期望通过发展规划的编制推动北京安防行业的可持续发展。

本规划编制主要依据《中共中央关于制定国民经济和社会发展第十二个五年规划的建议》、《北京市国民经济和社会发展“十二五”规划纲要》、《首都科技创安工作规划》、《建设中关村国家自主创新示范区行动计划》、安全防范主管部门的行业政策以及中国安全防范产品行业协会的《中国安全防范行业“十二五”发展规划》，规划期限为 2011 年至 2015 年。

一、北京安防行业发展状况

（一）行业现状

北京作为中国安防行业的诞生地，集政治、经济、文化中心的优势于一身，其安防行业一直处于高速发展的状态。北京安防行业经过 30 年的发展，从无到有已经初步形成了具有自身特色、较为完整产业链的行业，为首都的和谐与稳定做出了重要贡献。

北京安防行业在发展过程中，创造了中国的诸多“第一”和“之最”。1959 年 8 月，故宫博物院发生建国以来第一起文物盗窃案，国内第一款安防产品——声控报警器落户北京，首开了全国技防先河；1984 年，国内第一个安防工程——天安门工程建设完工；1998 年 6 月，中国第一个金融报警网——北京城八区金融单位紧急报警联网系统建成；2001 年，国内首个机动车反劫防盗联网报警系统在北京运行；2001 年，北京在中国最早提出科技创安；2010 年，北京安装视频监控摄像机总量已经成为中国摄像机安装数

量最多的城市，等等。

目前北京安防协会的统计显示，北京从事安防行业的会员企业约1200家，已成为全国最大的地方性安防协会组织。其中的企业主要以安防工程设计施工为主，工程企业占行业的91%，以安防产品生产、经销为主的企业占9%。行业内企业总资产超过1500亿元，行业从业人员16万人，其中高级职称人员超过万人；以行业协会组织构建的质量保证体系认证已经初步展开，已获得认证的企业占60%，初步形成较好的市场秩序与环境。在2008年北京奥运和平安城市的建设拉动下，北京安防行业迅猛发展。

“十一五”期间，北京安防行业已经逐渐形成了集科技研发、生产制造、软件开发、经营销售、工程施工、系统集成、报警运营、中介服务等于一体的完整产业链，并迅速崛起一批骨干企业，展现了首都潜在资源能量的搏击力。2010年中国安全防范产品行业协会向全国“平安城市”推荐的产品中，北京占15%；在全国安防产业中上市的企业，北京占21%。

“十一五”期间，北京以其国家级科研院所、高校和科技人才等资源优势，安防企业充分利用首都资讯便捷获取条件，大力发展自主研发技术和产品，其技术水平居于全国前列，产品种类日益丰富；行业应用从单一技术、单项工程向系统集成、网络运行操作方向发展；安防技术呈现数字化、网络化、智能化、民用化的应用特征越趋明显；优质工程企业在全国市场所占的比重比较高；运营服务和专业维护维修服务在全国行业中处于领先地位。

北京作为全国政治、文化中心，其区位性观念开放，各大厂商也偏爱将北京作为发布新技术、新产品的第一站，各类新信息多在此地汇聚。因此，在这个巨大的开放性市场中，国内外品牌代理经销商数量逐年攀升。

“十一五”期间，北京安防和安保服务职业教育、专业技术培训市场开始建立，从安防硕士研究生、本科、专科学历教育到职业技术培训体系也逐渐形成。为适应行业发展需要，培养了包括安防专业技术人员、公安干警、安全保卫干部、安防值机人员、安防工程造价员等一大批专业技术和管理人才达33870人。

“十一五”期间，北京的视频监控得到了广泛的应用。以2008年奥林匹克运动会和2009年国庆60年庆典活动的安保需求为契机，出台了全国第一个关于视频监控建设和应用的《北京市公共安全图像信息系统管理办法》这一政府规章，在规范北京市视频监控建设和应用中发挥了重要作用，是推动视频监控应用的重要法律依据。目前北京视频监控摄像机的数量已超过45万台，其中政府用于城市公共平台治安防范系统的摄像机数量大于3万台。全市各领域视频监控系统设备投资超过200亿元。视频监控在北京社会治安防范中得到了较为广泛的应用，在预防、打击违法犯罪活动，处置突发事件中发挥了重要作用。

“十一五”期间，行业管理成效显著。北京主管安防产业的各政府部门以“平安城市”建设、科技创安、科技强警推动安防行业的发展，规范安防产品生产登记许可，适时开展技防大检查，组织安防标准编制，指导协会开展安防从业人员专业培训，安全技术防范标准宣贯，建设行业自律管理体系，积极探索资质评审和诚信体系评价工作的开展，引领了北京安防行业的健康持续发展。

（二）存在的主要问题

经过“十一五”期间的建设与推动，北京安防行业虽然取得了较好的发展，但仍是一个新兴的朝阳行业，总体水平距社会需要还有较大差距，并存在许多问题与矛盾。

1. 产业结构不合理及发展不均衡

行业中的各产业发展不均衡，产业资源分散，未得到有效优化和整合。产业构成仍以工程设计安装为主体，安防“服务业”发展缓慢，具有产品研发和核心技术的成果尚未形成规模化制造能力的产业。

2. 知名品牌产品和企业发展缓慢

北京安防行业发展迅速，投资大量进入安防市场，加之准入门槛不高，以致安防工程企业数量剧增。具有规模化和竞争实力的企业较少，相当一部分小企业管理方式及流程不符合现代企业管理规范。大部分企业缺乏资金推动和支持、自主研发和创新能力缺失，造成市场竞争力较差。尽管北京安防行业具有核心竞争力的创新技术及工程服务优势，但成果转化率不高和制造能力较弱，造成在本市的建设应用项目很多，使用本市企业的产品较少的局面。

3. 行业地位不清晰，获得国家产业政策的支持较弱

由于安防行业在国家产业中的地位不清晰，致使行业统计、基础规划等工作十分薄弱，难以获得政府有关部门的产业政策支持，外部条件和环境有待改善。

4. 北京资源优势尚未得到充分发挥，企业经营成本较高

北京的科研资源、人才资源、国内外相关产业与总部经济合作资源、标准化建设资源、便捷的行业发展政策信息资源、国内外先进的行业动态与技术发展资讯资源等尚未形成紧密的合作与利用。受北京地域经济发展及企业经营环境约束，经营成本较高，与外省市同等企业市场竞争优势明显趋弱，影响了企业的快速发展和核心竞争能力的提高。

（三）发展中面临的新形势和机遇

1. 社会经济环境及基础条件，为安防行业发展助力

国家和北京市“十二五”经济发展格局的部署，以及产业新技术的日新月异，给北京安防行业发展带来了机遇并创造了良好的市场应用及技术基础环境。特别是充分利用以下重点资源和条件，强化企业内功建设，助力安防行业快速发展的步伐，将行业发展推向一个新的台阶。

（1）国家加快发展服务产业，推动特大城市以服务经济为主体的产业结构调整建设步伐。

（2）国家通过重大科技专项的引领支撑，重点引导和

支持创新要素向企业集聚，加快建立以企业为主体、市场为导向、产学研相结合的技术创新体系。

（3）国家和北京市财税金融相应改革政策出台。

（4）国家大力发展公共安全科学技术，对传统和非传统国家安全和公共安全的监测、预警、应对、管理能力和安全生产技术研究、推广与投入。

（5）以信息共享、互联互通为重点，国家大力推进电子政务网络建设以及物联网研发应用，加大基础信息网络和重要信息系统安全建设。

（6）安防基础教育与职业教育产业体系初步形成。安防的行业发展与应用不断加大，社会对专业化的人才需求迅猛增长。安防行业开始由过去以短期的岗位培训向中长期的职业技能和学历教育发展。国家教育部也开始研究并探索设立以中等学历教育为主、职业技能教育为辅的基础专业。国家劳动和社会保障主管部门也开始启动包括：安全防范设计评估师、安全防范设备安装维护员、紧急救护员、保安师和保安员等技术职称与职业资格认证工作。这将产生一大批从事安防基础教育的服务机构和培训组织。

（7）随着安防技术向数字化、网络化、智能化的方向不断发展，一大批具有实力的电子信息企业集团充分利用其技术、人才、网络传输和运营的优势全面进军安防行业，与安防行业紧密融合，增强了安防行业规模化发展的基础条件。

（8）安防技术应用向信息安全领域进军。我国《保密法》的颁布，进一步加快了对信息系统安全的需求。国家在“十二五”期间，加大了国防、军工等领域的“信息保密系统”建设，这给安防行业的发展开辟了又一个新的市场空间。

（9）《保安服务管理条例》的颁布，使安防行业加大从“技防”扩张至“人防”和“物防”领域成为可能，为未来市场对安全服务的一体化融合提供了源源不断的动力。条例的出台刺激了传统的保安服务业引入“技防”要素推动产业升级，未来市场对用户提出“物防、技防、人防”一体化的综合安全防范解决方案成为全新的服务需求，这将促进传统安防行业与各类保安服务的紧密融合。

2. 北京“世界城市”发展战略的实施，将对北京安防发展产生重大影响

（1）“世界城市”建设将引发安防技术和产品的需求快速增长，刺激安防行业加大生产投入，促进安防技术和产品的改良与完善，推动生产能力快速提高。随着视频监控应用范围的逐步扩大，安全生产监管、城市管理等领域也逐步成为视频监控应用的重点。近年来全市各级政府都加大了公共区域视频监控的建设，而且每年还在以两位数在增加。在今后一段时期内，政府在首都政治中心区等重点区域的建设和运营经费还会增加，针对现有“平安城市”监控安装总量推算，未来“十二五”期间仅用于更新的监控设备将大于10万台，投入总量将会超过20亿元。

（2）“世界城市”作为全球信息网络的重要结点，必然带动和加速物流、人流、信息流、资本流和技术流的集聚和扩散强度和速度，在人才资源、信息化水平等方面，将为安防行业网络化、智能化发展创造条件。

（3）北京将持续加大力度投入城市基础设施建设，特别加大投入城市交通等公共基础设施建设。城市交通拥堵问题和城市轨道交通安全问题都严重影响人民群众的生命财产安全和社会的稳定，因此对智能交通和安防行业的需要不断增加，安全城市的建设符合社会的需要。

（4）北京规划和部署的“安全社区”这一民生基础工程建设，涉及生产安全、交通安全、消防安全、卫生安全等诸多方面内容。“十二五”初期将以区县、街道、社区各界多元化筹资投入机制展开建设，要求在现有的100个本市安全社区，25个全国安全社区，11个国际安全社区基础上在以每年平均增长50%的速度建设。到“十二五”末社区安防系统建设将在现有的53%基础上，实现100%的覆盖。

（5）随着北京农村地区经济发展，区县政府以及村镇意识到视频监控在维护地区稳定中的重要作用，都加大了在视频监控方面的投入，预期每年投资建设将达到数千万。未来北京郊区将成为一个各类设施的改造重点和投资热点。

（6）北京在新兴产业发展计划任务中，将重点推动相关企业参与建设“首都城市应急管理物联网示范工程”，逐步建成以图像智能分析及视频监控系统为核心的全市应急管理物联网平台。根据北京《建设中关村国家自主创新示范区行动计划（2010～2012年）》，中关村成为加快首都经济发展方式转变的强大引擎。行动计划要求，围绕城市应急、轨道交通、污水和垃圾处理、医疗卫生等城市管理和循环经济发展中出现的问题，以需求和应用为导向，以产学研用结合为手段，整合政府和社会资源，组织开展具有标志性和影响力的关键技术应用和示范工作。

（7）北京向现代服务业转变的社会环境基本形成。“北京服务”的城市建设对现代服务业发展的大力推动和市场对安全服务需求的不断增加，安防行业将从以产品、工程为导向，转变为以客户为导向的现代服务业，而新的服务方式带来的利润发展空间也将反过来促进安防行业的现代化转变和产业升级。用户需求多样化、个性化以及技术的更新换代、行业管理方式的创新等都成为安防行业的直接推动力，包括家居安全市场需求潜力将被激发。

3. 社会对新技术应用的需求，推动了安防技术及产品的提升

（1）高清图像、网络存储成为社会对视频监控应用的新要求。解决在低照度和恶劣环境下，提高视频监控和识别能力成为社会更加关注的问题，高清图像将成为今后视频监控应用的发展方向。

（2）智能分析、图像处理、集成技术成为视频监控应用发展的方向。制约视频图像应用的两大难题是智能分析和图像处理，它已经成为世界范围内视频监控应用所关注

的问题。对模糊图像的处理也是今后视频监控应用的重要内容，利用模糊图像处理技术，可以有效地还原模糊图像信息，提高图像使用效能。

二、指导思想和发展目标

（一）指导思想

“十二五”时期是我国深入贯彻科学发展观，全面建设小康社会、积极构建和谐社会的关键时期，也是深化改革开放、加快转变经济增长方式的攻坚时期。北京安防行业应抓住国内外安防需求上升的良好机遇，更新观念、开启思路，并以北京市国民经济和社会发展“十二五”规划及相关政策要求为指导，顺应安防行业的未来发展趋势，推动安防行业的产业升级和扩张，努力将北京安防行业打造为现代服务业，实现在国内外行业发展的领先地位，坚持贯彻以下指导思想：

坚持以邓小平理论和“三个代表”重要思想为指导，深入贯彻科学发展观。围绕国家社会经济和北京“世界城市”建设，构建和谐社会环境，保障社会公共安全，积极推动“北京安防”品牌建设，创新和引领我国安防高端国际化的集成服务产业发展，形成北京特色的安防产业格局，增强国际竞争力，做强做大北京安防行业。

（二）发展目标

1. 促进安防行业的现代化转型与快速增长

结合北京“世界城市”发展战略，推动安防产业结构适度调整，大力发展安防服务产业。逐步增加各类安防服务附加值占总产值的比重，使北京安防应用软件和以视频监控为主导的研发与生产企业成为全国行业中的领先者。继续增强北京安防工程服务的竞争优势，实现安防运营及其它类服务业（咨询、培训教育）占行业中各类型企业的结构增长10%左右。积极促进与保安服务业的融合，支持和吸收电子信息行业中的优秀企业参与安防产业建设。借助北京“总部经济”优势和北京电子信息发展产业政策，到“十二五”末期，实现北京安防行业的产业规模翻一番以上的目标。促进形成一批兼营技防和保安服务的“龙头”企业；培育一批“北京安防”品牌产品和企业，支持培育5家左右企业在国内外资本市场上市。

2. 加快北京安防行业技术提升的步伐

抓住“科技北京”和“北京创造”的发展战略历史机遇，建立、健全安防科技创新体系，实现以物联网技术为代表的各类新技术在安防领域的突破和应用。大力加强以特征识别、安防物联网、智能视频监控等关键技术研究和投入，在云技术开发与应用等方面力争达到国内领先。并争取在“十二五”末软件平台技术达到国外先进水平，国内市场占有率占主导，构建安防产品和核心技术的创新体系。积极配合政府开展社会治安预警体系、治安风险与防控系统效能评估等理论研究和应用探索工作。

3. 进一步完善和规范北京安防行业市场经营秩序

积极参与北京安防行业的管理法规、规章、标准体系建设，探索以安防服务标准化为重点的新型标准体系，初步构建安防学历、职业教育与培训体系，以此提高北京安防企业在市场中的竞争能力。继续加强、完善安防行业自律信用评价建设工作，营造一个诚实有信、公平有序、健康发展的市场环境。

三、重点战略任务

（一）推动北京安防行业向现代服务业转变

1. 优化安防制造、工程、服务产业结构

北京安防行业将以安防工程企业为主体，以不断提升客户服务满意度为目标，逐步提升安防工程中服务附加值比例，改变“重工程轻服务”的局面。将安防工程以施工为导向，转变为安防工程以服务为导向的服务产业类型。首先在安防工程领域实现现代服务业转型，从而通过以“工程”带“产品”向安防解决方案提供商发展。加大具有自主知识产权的高端核心技术产品的研发与生产，实现北京安防行业中的产业结构优化调整。“十二五”期间，将积极引导多元化的新型安防服务模式，发展包括安防工程监理、安防工程技术与项目管理和安保管理咨询、报警运营与家居安防和救助服务、第三方评估评价服务企业，为社会提供一个基于社会安全风险管理为基础，物理、技术、人力防范为手段的综合防范建设体系。鼓励安防服务市场的投资，引领、补充、拓展现有安防服务内容，发展“北京服务”的地域经济。

2. 积极推动安防第三方评估评价、咨询等第三方服务市场的发展

针对政府治安监管和安防工程建设、重要活动、要害单位等对公共安全风险评估的意识及需求的不断增强，积极推进安防系统效能评估体系建设和风险评估服务，为项目管理及应急管理决策提供依据。继续加强治安风险评估的应用技术研究，构建风险评估和管理的运作体系。发挥中介作用，鼓励和扶植包括工程技术与安保管理咨询等相关中介机构进行公正、规范的评估运营服务。

（二）推进北京安防产业化应用与发展

1. 加快北京视频监控产业联盟建设

抓住“十二五”北京产业发展规划和物联网建设的机遇，以技术为核心，以创新为动力，以应用为导向，提高我市数字视频监控产业高端整体技术水平和综合竞争能力。在市政府有关部门的支持下，通过成立北京视频监控产业联盟，统筹与整合产业链资源，构建以研发和视频监控产业基地、运营服务总部基地的产业服务体系。将视频监控产业纳入到电子信息产业中，在高清图像、网络存储、智能分析、图像处理、集成应用等重点产品和行业应用方面加大研发投入和基础生产能力建设，形成高端聚集、示范引领和辐射带动作用，使北京的视频监控企业能够在“十

二五”期间飞速发展，在全国占据领先的地位。

2. 加快推进安防物联网技术与应用模式的研究

加快推进物联网技术在安防行业的应用，以视频监控技术为重点，探索以物联网为基础的市场应用新模式。充分整合和利用北京资源优势，紧盯国际前沿，有计划有重点地攻克一批关键技术，构建安防物联系统的标准化体系。加快集成创新和物联网等应用新技术的研发。加大在北京的示范工程建设中的应用，提高北京在全国同领域内的科技进步贡献率，培育一批成熟的、具有较强国际竞争力的安防物联网产业领军企业，辐射全国市场。

3. 推动“云计算”技术研发，提高安全信息研判管理能力

通过发展“云计算”技术的研发和应用、构建“云安全”平台，解决安全系统中如图像内容分析、信息关联等许多瓶颈问题。同时，为建立社会对安全防范运行管理平台和公安信息研判系统在海量信息处理方面的需求，提供技术与服务产品的支持。

（三）积极拓展北京安防行业在新的服务领域发展

1. 大力发展社区与家居等民用安防应用

推动安防产品民用化转型。深入分析个人、家庭、社区、商场及其他民用商业消费领域安防需求的特点，利用3G开通、三网合一的有利时机，研究和提供适用的产品和服务，扩大安防家居服务领域。将安防、社区安防和民政服务紧密结合，开展如家庭医疗监控、家居救助服务、家居生活及设施安全监控等自助式安防服务的新模式，推动现代的新型报警运营服务产业快速发展。产品要在功能、成本、操作使用、外观等方面符合民用安防市场需求，以适应和促进民用安防市场的良性发展。围绕“社区创安”工程实施，取得地方政府部门支持，扩大宣传引导民众，增强其对安防的消费与公共安全意识，力争使民用安防市场在“十二五”期间得到长足发展。

2. 深入挖掘传统市场，拓展新兴行业应用领域

深入研究各行业安防的需求特点，提供具有针对性的系统解决方案，促进安防在各行业的应用和发展。在保持金融、文博、公安、交通、公共场所等传统安防市场稳定增长的前提下，积极联合有关行业主管部门及企事业单位拓展在能源、卫生、教育、水利、环保、物流、林业、邮政、部队、司法等行业中的应用。

3. 积极参与北京重大项目规划和建设

（1）积极支持和参与北京重大项目规划、都市工业的调整和振兴实施方案、信息化基础设施提升计划和建设。包括北京市重大科技项目和产业化项目、中关村科技园区建设国家自主创新示范区、首都城市应急管理物联网示范工程，以及中关村科学城、未来科技城、北部研发服务和高新技术产业带、南部战略性新兴产业现代制造业带的产业布局建设。

（2）支持鼓励企业采取多种方式申报自主创新项目，获得科技型工业发展资金、中小企业创新基金、中小企业发展专项资金、电子信息发展资金以及产业化及成果转化项目等基金的支持。积极参与北京开展的企业技术中心认定和评价，推进技术转移中心、产业技术研究院等产学研用的联合创新能力建设。培育一批国际知名品牌和有全球影响力的创新型企业，显著提高自主创新能力，大力发展战略性新兴产业。

（四）继续促进技术标准体系建设

配合公共安全管理建设需要，鼓励科研机构和企业积极参加标准的制定工作，重点在规范工程建设、保证工程和产品、提高服务质量，规范中介服务等方面出台一批规范标准，特别是加大北京地方标准建设工作。在大力推动SVAC标准体系建设同时，联合全国各方优秀企业和单位，积极推进北京安防相关产业的标准编制，如高清摄像机的标准及相关传输、存储、显示、控制的配套系统和物联网安防的技术标准；修订有关安全系统工程和服务标准。

（五）强化“北京安防”的品牌建设

1. 促进资源优势向品牌的转化

在继续保持北京安防工程企业国内领先优势基础上，充分利用北京科研资源，在科技创新道路上，提升北京安防工程服务产业竞争力。重点培育一批实力雄厚、市场竞争力强的安防龙头工程企业，充分发挥龙头企业的带动效应。形成支撑“北京安防”品牌建设的行业中坚力量，促进优势向品牌的转化。

2. 完善安防企业信用体系建设

在北京安防诚信建设的基础上，研究完善的企业征信系统，主要包括征集信息基本内容和来源、征信评价方法与企业信用报告制度，构建征信数据库。倡导全行业遵照履行；把企业信用评价作为考察企业经营管理水平和服务质量的重要手段，促进企业规范经营行为，树立诚信形象，建立有序发展的市场环境，并真正得到全社会的认可。

（六）促进安防行业人才培育中心建设

利用北京教育资源优势，积极支持各大院校设立安防相关专业的学历教育与职业教育，鼓励社会民办教育投入参与多种形式的安防行业人才培养服务，创建以治安防范为中心的专业岗位培训、职业技能培训、专业管理与技术学历教育的服务机构。倡导相关行业各类、各层次人才相互间的交流，加强与相关的大专院校和科研机构联合，充实和完善北京安防行业技术与人才资源，培养一批行业内技术研发应用与管理的专家型人才，加强安防企业内部复合型人才的培养。推动研发型、营销型、管理型人才和实用技能型人才的交叉学习与交流，为产业人才的成长提供机会和方法，建立安防行业人才就业直通车平台，使北京成为安防行业的高端人才培育中心。积极推动安防与安保职业认证工作的建设、专业管理与技术的上岗培训工作。加大社会公共安全科普知识的宣传，提高社会公民的安全防范意识和能力。

（七）倡导行业内外及国际间的交流与合作

要继续加大和加强与国内外有关行业协会、组织机构及企业的交流，开展多方位合作。通过展览、会议、考察、培训等合作方式，逐步建立与完善以信息、技术、商务、咨询等为主要内容的行业服务与交流平台。倡导安防产业与电子信息产业、装备制造业、汽车产业、保险产业等相关产业的紧密交流与合作，积极支持安防行业与保安服务行业、工程建设项目监理行业的技术发展，形成跨行业的资源整合，形成产业间的优势互补、协同发展，共同建设社会公共安全的“大安防”产业服务体系。

四、措施和建议

（一）企业的积极参与

1. 面向市场、立足需求，开拓安防市场

北京安防企业瞄准和利用我国安防行业走向“大安防”的应用与发展趋势，积极引导市场的潜在需求。紧紧抓住政府扶持政策与社会环境机遇，根据自身的能力开拓安防市场，并在激烈的市场竞争中，应尽快找到自己的细分市场，立足于将现有安防市场做大。

2. 主动提升企业自身能力，练好内功

安防企业、特别是工程、制造企业要加强自身的研发体制和经营体制建设，加大研发和人才培养与储备的资本投入，加强技术创新，努力提升自身能力以提高企业的核心竞争力。积极参加行业组织之间的交流与信息资源共享，加强社会的服务分工与合作。

（二）北京安全防范行业协会积极推动

1. 积极引导相关产业间的合作

（1）利用各种平台引导用户安防消费理念，突出“花钱买安全”观念的培育和宣传；引导消费者加强对自身安全需要的了解，灌输新的安全消费理念，推动现代安防行业市场的发展。

（2）开展安防行业与保安行业、电子信息、物流、金融、智能建筑、科研机构等交流与合作；促成行业龙头企业之间的对话和合作；配合企业发展需要做好整合与利用社会各方资源的协调工作，帮助企业寻求政府产业扶持政策；积极创造条件，倡导和促进与推动科研成果向产业化转变；积极引导物联网技术在安防领域的应用和示范。

2. 组织行业内的标准化编制工作

有计划地引导和组织企业，参与标准立项编制工作，积极配合行业主管机关开展应用领域的标准化宣贯活动，帮助企业增强市场竞争能力。

3. 推动“北京安防”品牌建设的基础工作

（1）利用《北京安防》杂志和行业网站组织各种活动，积极推动“北京安防”品牌建设的基础工作。包括北京品牌在重点项目的应用与推广，提高北京优秀安防品牌在中高端市场的占有率。制定严肃、规范和科学的品牌评选工作，培育多家北京安防知名品牌（企业和产品）、优秀工程、服务最佳、最有投资潜力等企业。使之真正成为对全国具有影响力的和公信力的品牌，支持品牌企业的维权工作。

（2）在总结经验的基础上，研究制定一套诚信评价标准、方法，开展信用等级评价，建立企业诚信记录，逐步建立信用管理制度和诚信体系，向社会、用户大力推荐一批优秀诚信企业，进而完善安防行业资质和信用体系的建设。

（三）对政府相关管理部门的建议

1. 在产业政策与经济发展方面

建议政府有关部门根据北京安防行业及相关产业的特点，将北京安防产业纳入我市相关产业发展规划中，支持北京安防行业努力争取多种形式，获得政府和金融集团股权投资、贷款贴息等多种金融政策与其他产业政策的扶持，获得申报国家科技重大专项项目支持，申报国家工信部电子信息产业发展资金、装备产业发展资金、技术改造资金、重大科技成果产业化项目资金等支持。并在重大项目引入，产品及服务采购等方面给予具有吸引力的扶持。

2. 在安防行业管理方面

强化创新社会安全管理理念，对安防市场、安防产品出现的新情况、新问题，深入调研，在技防法规尚未出台的情况下，研究制定相关政策，向企业提供良好的服务环境。同时，利用北京安防行业与保安行业主管公安部门行政隶属关系的同一性，为北京安防行业与保安行业的交流合作创造有利条件，积极推进和构建一个集物防、技防、人防为一体的综合防控服务体系，走北京特色化的安全防范行业发展道路。

3. 在打造“北京品牌”建设方面

支持行业协会组织的核心企业参加国内外大型展会，打造和建设“北京安防”品牌。建立北京安防视频监控产业发展工作协调小组，推动北京安防优势产业的快速发展，使之成为全国视频监控与物联网安防技术应用的重要基地。

法规篇

FAGUI PIAN

第五章 新颁布的法律、法规、规章及规范性文件

第一节 中华人民共和国招标投标法实施条例

中华人民共和国国务院令 第613号

《中华人民共和国招标投标法实施条例》已经2011年11月30日国务院第183次常务会议通过，现予公布，自2012年2月1日起施行。

总理 温家宝

二〇一一年十二月二十日

第一章 总 则

第一条 为了规范招标投标活动，根据《中华人民共和国招标投标法》(以下简称招标投标法)，制定本条例。

第二条 招标投标法第三条所称工程建设项目，是指工程以及与工程建设有关的货物、服务。

前款所称工程，是指建设工程，包括建筑物和构筑物的新建、改建、扩建及其相关的装修、拆除、修缮等；所称与工程建设有关的货物，是指构成工程不可分割的组成部分，且为实现工程基本功能所必需的设备、材料等；所称与工程建设有关的服务，是指为完成工程所需的勘察、设计、监理等服务。

第三条 依法必须进行招标的工程建设项目的具体范围和规模标准，由国务院发展改革部门会同国务院有关部门制订，报国务院批准后公布施行。

第四条 国务院发展改革部门指导和协调全国招标投标工作，对国家重大建设项目的工程招标投标活动实施监督检查。国务院工业和信息化、住房城乡建设、交通运输、铁道、水利、商务等部门，按照规定的职责分工对有关招标投标活动实施监督。

县级以上地方人民政府发展改革部门指导和协调本行政区域的招标投标工作。县级以上地方人民政府有关部门按照规定的职责分工，对招标投标活动实施监督，依法查处招标投标活动中的违法行为。县级以上地方人民政府对其所属部门有关招标投标活动的监督职责分工另有规定的，从其规定。

财政部门依法对实行招标投标的政府采购工程建设项目的预算执行情况和政府采购政策执行情况实施监督。

监察机关依法对与招标投标活动有关的监察对象实施监察。

第五条 设区的市级以上地方人民政府可以根据实际需要，建立统一规范的招标投标交易场所，为招标投标活动提供服务。招标投标交易场所不得与行政监督部门存在隶属关系，不得以营利为目的。

国家鼓励利用信息网络进行电子招标投标。

第六条 禁止国家工作人员以任何方式非法干涉招标投标活动。

第二章 招 标

第七条 按照国家有关规定需要履行项目审批、核准手续的依法必须进行招标的项目，其招标范围、招标方式、招标组织形式应当报项目审批、核准部门审批、核准。项目审批、核准部门应当及时将审批、核准确定的招标范围、招标方式、招标组织形式通报有关行政监督部门。

第八条 国有资金占控股或者主导地位的依法必须进行招标的项目，应当公开招标；但有下列情形之一的，可以邀请招标：

(一) 技术复杂、有特殊要求或者受自然环境限制，只有少量潜在投标人可供选择；

(二) 采用公开招标方式的费用占项目合同金额的比例过大。

有前款第二项所列情形，属于本条例第七条规定的项目，由项目审批、核准部门在审批、核准项目时作出认定；其他项目由招标人申请有关行政监督部门作出认定。

第九条 除招标投标法第六十六条规定的可以不进行招标的特殊情况外，有下列情形之一的，可以不进行招标：

(一) 需要采用不可替代的专利或者专有技术；

(二) 采购人依法能够自行建设、生产或者提供；

(三) 已通过招标方式选定的特许经营项目投资人依法能够自行建设、生产或者提供；

（四）需要向原中标人采购工程、货物或者服务，否则将影响施工或者功能配套要求；

（五）国家规定的其他特殊情形。

招标人为适用前款规定弄虚作假的，属于招标投标法第四条规定的规避招标。

第十条 招标投标法第十二条第二款规定的招标人具有编制招标文件和组织评标能力，是指招标人具有与招标项目规模和复杂程度相适应的技术、经济等方面的专业人员。

第十一条 招标代理机构的资格依照法律和国务院的规定由有关部门认定。

国务院住房城乡建设、商务、发展改革、工业和信息化等部门，按照规定的职责分工对招标代理机构依法实施监督管理。

第十二条 招标代理机构应当拥有一定数量的取得招标职业资格的专业人员。取得招标职业资格的具体办法由国务院人力资源社会保障部门会同国务院发展改革部门制定。

第十三条 招标代理机构在其资格许可和招标人委托的范围内开展招标代理业务，任何单位和个人不得非法干涉。

招标代理机构代理招标业务，应当遵守招标投标法和本条例关于招标人的规定。招标代理机构不得在所代理的招标项目中投标或者代理投标，也不得为所代理的招标项目的投标人提供咨询。

招标代理机构不得涂改、出租、出借、转让资格证书。

第十四条 招标人应当与被委托的招标代理机构签订书面委托合同，合同约定的收费标准应当符合国家有关规定。

第十五条 公开招标的项目，应当依照招标投标法和本条例的规定发布招标公告、编制招标文件。

招标人采用资格预审办法对潜在投标人进行资格审查的，应当发布资格预审公告、编制资格预审文件。

依法必须进行招标的项目的资格预审公告和招标公告，应当在国务院发展改革部门依法指定的媒介发布。在不同媒介发布的同一招标项目的资格预审公告或者招标公告的内容应当一致。指定媒介发布依法必须进行招标的项目的境内资格预审公告、招标公告，不得收取费用。

编制依法必须进行招标的项目的资格预审文件和招标文件，应当使用国务院发展改革部门会同有关行政监督部门制定的标准文本。

第十六条 招标人应当按照资格预审公告、招标公告或者投标邀请书规定的时间、地点发售资格预审文件或者招标文件。资格预审文件或者招标文件的发售期不得少于5日。

招标人发售资格预审文件、招标文件收取的费用应当限于补偿印刷、邮寄的成本支出，不得以营利为目的。

第十七条 招标人应当合理确定提交资格预审申请文件的时间。依法必须进行招标的项目提交资格预审申请文件的时间，自资格预审文件停止发售之日起不得少于5日。

第十八条 资格预审应当按照资格预审文件载明的标准和方法进行。

国有资金占控股或者主导地位的依法必须进行招标的项目，招标人应当组建资格审查委员会审查资格预审申请文件。资格审查委员会及其成员应当遵守招标投标法和本条例有关评标委员会及其成员的规定。

第十九条 资格预审结束后，招标人应当及时向资格预审申请人发出资格预审结果通知书。未通过资格预审的申请人不具有投标资格。

通过资格预审的申请人少于3个的，应当重新招标。

第二十条 招标人采用资格后审办法对投标人进行资格审查的，应当在开标后由评标委员会按照招标文件规定的标准和方法对投标人的资格进行审查。

第二十一条 招标人可以对已发出的资格预审文件或者招标文件进行必要的澄清或者修改。澄清或者修改的内容可能影响资格预审申请文件或者投标文件编制的，招标人应当在提交资格预审申请文件截止时间至少3日前，或者投标截止时间至少15日前，以书面形式通知所有获取资格预审文件或者招标文件的潜在投标人；不足3日或者15日的，招标人应当顺延提交资格预审申请文件或者投标文件的截止时间。

第二十二条 潜在投标人或者其他利害关系人对资格预审文件有异议的，应当在提交资格预审申请文件截止时间2日前提出；对招标文件有异议的，应当在投标截止时间10日前提出。招标人应当自收到异议之日起3日内作出答复；作出答复前，应当暂停招标投标活动。

第二十三条 招标人编制的资格预审文件、招标文件的内容违反法律、行政法规的强制性规定，违反公开、公平、公正和诚实信用原则，影响资格预审结果或者潜在投标人投标的，依法必须进行招标的项目的招标人应当在修改资格预审文件或者招标文件后重新招标。

第二十四条 招标人对招标项目划分标段的，应当遵守招标投标法的有关规定，不得利用划分标段限制或者排斥潜在投标人。依法必须进行招标的项目的招标人不得利用划分标段规避招标。

第二十五条 招标人应当在招标文件中载明投标有效期。投标有效期从提交投标文件的截止之日起算。

第二十六条 招标人在招标文件中要求投标人提交投标保证金的，投标保证金不得超过招标项目估算价的2%。投标保证金有效期应当与投标有效期一致。

依法必须进行招标的项目的境内投标单位，以现金或者支票形式提交的投标保证金应当从其基本账户转出。

招标人不得挪用投标保证金。

第二十七条 招标人可以自行决定是否编制标底。一个招标项目只能有一个标底。标底必须保密。

接受委托编制标底的中介机构不得参加受托编制标底项目的投标，也不得为该项目的投标人编制投标文件或者提供咨询。

招标人设有最高投标限价的，应当在招标文件中明确最高投标限价或者最高投标限价的计算方法。招标人不得规定最低投标限价。

第二十八条 招标人不得组织单个或者部分潜在投标人踏勘项目现场。

第二十九条 招标人可以依法对工程以及与工程建设有关的货物、服务全部或者部分实行总承包招标。以暂估价形式包括在总承包范围内的工程、货物、服务属于依法必须进行招标的项目范围且达到国家规定规模标准的，应当依法进行招标。

前款所称暂估价，是指总承包招标时不能确定价格而由招标人在招标文件中暂时估定的工程、货物、服务的金额。

第三十条 对技术复杂或者无法精确拟定技术规格的项目，招标人可以分两阶段进行招标。

第一阶段，投标人按照招标公告或者投标邀请书的要求提交不带报价的技术建议，招标人根据投标人提交的技术建议确定技术标准和要求，编制招标文件。

第二阶段，招标人向在第一阶段提交技术建议的投标人提供招标文件，投标人按照招标文件的要求提交包括最终技术方案和投标报价的投标文件。

招标人要求投标人提交投标保证金的，应当在第二阶段提出。

第三十一条 招标人终止招标的，应当及时发布公告，或者以书面形式通知被邀请的或者已经获取资格预审文件、招标文件的潜在投标人。已经发售资格预审文件、招标文件或者已经收取投标保证金的，招标人应当及时退还所收取的资格预审文件、招标文件的费用，以及所收取的投标保证金及银行同期存款利息。

第三十二条 招标人不得以不合理的条件限制、排斥潜在投标人或者投标人。

招标人有下列行为之一的，属于以不合理条件限制、排斥潜在投标人或者投标人：

（一）就同一招标项目向潜在投标人或者投标人提供有差别的项目信息；

（二）设定的资格、技术、商务条件与招标项目的具体特点和实际需要不相适应或者与合同履行无关；

（三）依法必须进行招标的项目以特定行政区域或者特定行业的业绩、奖项作为加分条件或者中标条件；

（四）对潜在投标人或者投标人采取不同的资格审查或者评标标准；

（五）限定或者指定特定的专利、商标、品牌、原产地或者供应商；

（六）依法必须进行招标的项目非法限定潜在投标人或者投标人的所有制形式或者组织形式；

（七）以其他不合理条件限制、排斥潜在投标人或者投标人。

第三章 投 标

第三十三条 投标人参加依法必须进行招标的项目的投标，不受地区或者部门的限制，任何单位和个人不得非法干涉。

第三十四条 与招标人存在利害关系可能影响招标公正性的法人、其他组织或者个人，不得参加投标。

单位负责人为同一人或者存在控股、管理关系的不同单位，不得参加同一标段投标或者未划分标段的同一招标项目投标。

违反前两款规定的，相关投标均无效。

第三十五条 投标人撤回已提交的投标文件，应当在投标截止时间前书面通知招标人。招标人已收取投标保证金的，应当自收到投标人书面撤回通知之日起5日内退还。

投标截止后投标人撤销投标文件的，招标人可以不退还投标保证金。

第三十六条 未通过资格预审的申请人提交的投标文件，以及逾期送达或者不按照招标文件要求密封的投标文件，招标人应当拒收。

招标人应当如实记载投标文件的送达时间和密封情况，并存档备查。

第三十七条 招标人应当在资格预审公告、招标公告或者投标邀请书中载明是否接受联合体投标。

招标人接受联合体投标并进行资格预审的，联合体应当在提交资格预审申请文件前组成。资格预审后联合体增减、更换成员的，其投标无效。

联合体各方在同一招标项目中以自己名义单独投标或者参加其他联合体投标的，相关投标均无效。

第三十八条 投标人发生合并、分立、破产等重大变化的，应当及时书面告知招标人。投标人不再具备资格预审文件、招标文件规定的资格条件或者其投标影响招标公正性的，其投标无效。

第三十九条 禁止投标人相互串通投标。

有下列情形之一的，属于投标人相互串通投标：

（一）投标人之间协商投标报价等投标文件的实质性内容；

（二）投标人之间约定中标人；

（三）投标人之间约定部分投标人放弃投标或者中标；

（四）属于同一集团、协会、商会等组织成员的投标人按照该组织要求协同投标；

（五）投标人之间为谋取中标或者排斥特定投标人而采取的其他联合行动。

第四十条 有下列情形之一的，视为投标人相互串通投标：

（一）不同投标人的投标文件由同一单位或者个人编制；

（二）不同投标人委托同一单位或者个人办理投标事宜；

（三）不同投标人的投标文件载明的项目管理成员为同一人；

（四）不同投标人的投标文件异常一致或者投标报价呈规律性差异；

（五）不同投标人的投标文件相互混装；

（六）不同投标人的投标保证金从同一单位或者个人的账户转出。

第四十一条 禁止招标人与投标人串通投标。

有下列情形之一的，属于招标人与投标人串通投标：

（一）招标人在开标前开启投标文件并将有关信息泄露给其他投标人；

（二）招标人直接或者间接向投标人泄露标底、评标委员会成员等信息；

（三）招标人明示或者暗示投标人压低或者抬高投标报价；

（四）招标人授意投标人撤换、修改投标文件；

（五）招标人明示或者暗示投标人为特定投标人中标提供方便；

（六）招标人与投标人为谋求特定投标人中标而采取的其他串通行为。

第四十二条 使用通过受让或者租借等方式获取的资格、资质证书投标的，属于招标投标法第三十三条规定的以他人名义投标。

投标人有下列情形之一的，属于招标投标法第三十三条规定的以其他方式弄虚作假的行为：

（一）使用伪造、变造的许可证件；

（二）提供虚假的财务状况或者业绩；

（三）提供虚假的项目负责人或者主要技术人员简历、劳动关系证明；

（四）提供虚假的信用状况；

（五）其他弄虚作假的行为。

第四十三条 提交资格预审申请文件的申请人应当遵守招标投标法和本条例有关投标人的规定。

第四章 开标、评标和中标

第四十四条 招标人应当按照招标文件规定的时间、地点开标。

投标人少于3个的，不得开标；招标人应当重新招标。

投标人对开标有异议的，应当在开标现场提出，招标人应当当场作出答复，并制作记录。

第四十五条 国家实行统一的评标专家专业分类标准和管理办法。具体标准和办法由国务院发展改革部门会同国务院有关部门制定。

省级人民政府和国务院有关部门应当组建综合评标专家库。

第四十六条 除招标投标法第三十七条第三款规定的特殊招标项目外，依法必须进行招标的项目，其评标委员会的专家成员应当从评标专家库内相关专业的专家名单中以随机抽取方式确定。任何单位和个人不得以明示、暗示等任何方式指定或者变相指定参加评标委员会的专家成员。

依法必须进行招标的项目的招标人非因招标投标法和本条例规定的事由，不得更换依法确定的评标委员会成员。更换评标委员会的专家成员应当依照前款规定进行。

评标委员会成员与投标人有利害关系的，应当主动回避。

有关行政监督部门应当按照规定的职责分工，对评标委员会成员的确定方式、评标专家的抽取和评标活动进行监督。行政监督部门的工作人员不得担任本部门负责监督项目的评标委员会成员。

第四十七条 招标投标法第三十七条第三款所称特殊招标项目，是指技术复杂、专业性强或者国家有特殊要求，采取随机抽取方式确定的专家难以保证胜任评标工作的项目。

第四十八条 招标人应当向评标委员会提供评标所必需的信息，但不得明示或者暗示其倾向或者排斥特定投标人。

招标人应当根据项目规模和技术复杂程度等因素合理确定评标时间。超过三分之一的评标委员会成员认为评标时间不够的，招标人应当适当延长。

评标过程中，评标委员会成员有回避事由、擅离职守或者因健康等原因不能继续评标的，应当及时更换。被更换的评标委员会成员作出的评审结论无效，由更换后的评标委员会成员重新进行评审。

第四十九条 评标委员会成员应当依照招标投标法和本条例的规定，按照招标文件规定的评标标准和方法，客观、公正地对投标文件提出评审意见。招标文件没有规定的评标标准和方法不得作为评标的依据。

评标委员会成员不得私下接触投标人，不得收受投标人给予的财物或者其他好处，不得向招标人征询确定中标人的意向，不得接受任何单位或者个人明示或者暗示提出的倾向或者排斥特定投标人的要求，不得有其他不客观、不公正履行职务的行为。

第五十条 招标项目设有标底的，招标人应当在开标时公布。标底只能作为评标的参考，不得以投标报价是否接近标底作为中标条件，也不得以投标报价超过标底上下浮动范围作为否决投标的条件。

第五十一条 有下列情形之一的，评标委员会应当否决其投标：

（一）投标文件未经投标单位盖章和单位负责人签字；

（二）投标联合体没有提交共同投标协议；

（三）投标人不符合国家或者招标文件规定的资格条件；

（四）同一投标人提交两个以上不同的投标文件或者投标报价，但招标文件要求提交备选投标的除外；

（五）投标报价低于成本或者高于招标文件设定的最高投标限价；

（六）投标文件没有对招标文件的实质性要求和条件作出响应；

（七）投标人有串通投标、弄虚作假、行贿等违法行为。

第五十二条　投标文件中有含义不明确的内容、明显文字或者计算错误，评标委员会认为需要投标人作出必要澄清、说明的，应当书面通知该投标人。投标人的澄清、说明应当采用书面形式，并不得超出投标文件的范围或者改变投标文件的实质性内容。

评标委员会不得暗示或者诱导投标人作出澄清、说明，不得接受投标人主动提出的澄清、说明。

第五十三条　评标完成后，评标委员会应当向招标人提交书面评标报告和中标候选人名单。中标候选人应当不超过3个，并标明排序。

评标报告应当由评标委员会全体成员签字。对评标结果有不同意见的评标委员会成员应当以书面形式说明其不同意见和理由，评标报告应当注明该不同意见。评标委员会成员拒绝在评标报告上签字又不书面说明其不同意见和理由的，视为同意评标结果。

第五十四条　依法必须进行招标的项目，招标人应当自收到评标报告之日起3日内公示中标候选人，公示期不得少于3日。

投标人或者其他利害关系人对依法必须进行招标的项目的评标结果有异议的，应当在中标候选人公示期间提出。招标人应当自收到异议之日起3日内作出答复；作出答复前，应当暂停招标投标活动。

第五十五条　国有资金占控股或者主导地位的依法必须进行招标的项目，招标人应当确定排名第一的中标候选人为中标人。排名第一的中标候选人放弃中标、因不可抗力不能履行合同、不按照招标文件要求提交履约保证金，或者被查实存在影响中标结果的违法行为等情形，不符合中标条件的，招标人可以按照评标委员会提出的中标候选人名单排序依次确定其他中标候选人为中标人，也可以重新招标。

第五十六条　中标候选人的经营、财务状况发生较大变化或者存在违法行为，招标人认为可能影响其履约能力的，应当在发出中标通知书前由原评标委员会按照招标文件规定的标准和方法审查确认。

第五十七条　招标人和中标人应当依照招标投标法和本条例的规定签订书面合同，合同的标的、价款、质量、履行期限等主要条款应当与招标文件和中标人的投标文件的内容一致。招标人和中标人不得再行订立背离合同实质性内容的其他协议。

招标人最迟应当在书面合同签订后5日内向中标人和未中标的投标人退还投标保证金及银行同期存款利息。

第五十八条　招标文件要求中标人提交履约保证金的，中标人应当按照招标文件的要求提交。履约保证金不得超过中标合同金额的10%。

第五十九条　中标人应当按照合同约定履行义务，完成中标项目。中标人不得向他人转让中标项目，也不得将中标项目肢解后分别向他人转让。

中标人按照合同约定或者经招标人同意，可以将中标项目的部分非主体、非关键性工作分包给他人完成。接受分包的人应当具备相应的资格条件，并不得再次分包。

中标人应当就分包项目向招标人负责，接受分包的人就分包项目承担连带责任。

第五章　投诉与处理

第六十条　投标人或者其他利害关系人认为招标投标活动不符合法律、行政法规规定的，可以自知道或者应当知道之日起10日内向有关行政监督部门投诉。投诉应当有明确的请求和必要的证明材料。

就本条例第二十二条、第四十四条、第五十四条规定事项投诉的，应当先向招标人提出异议，异议答复期间不计算在前款规定的期限内。

第六十一条　投诉人就同一事项向两个以上有权受理的行政监督部门投诉的，由最先收到投诉的行政监督部门负责处理。

行政监督部门应当自收到投诉之日起3个工作日内决定是否受理投诉，并自受理投诉之日起30个工作日内作出书面处理决定；需要检验、检测、鉴定、专家评审的，所需时间不计算在内。

投诉人捏造事实、伪造材料或者以非法手段取得证明材料进行投诉的，行政监督部门应当予以驳回。

第六十二条　行政监督部门处理投诉，有权查阅、复制有关文件、资料，调查有关情况，相关单位和人员应当予以配合。必要时，行政监督部门可以责令暂停招标投标活动。

行政监督部门的工作人员对监督检查过程中知悉的国家秘密、商业秘密，应当依法予以保密。

第六章　法律责任

第六十三条　招标人有下列限制或者排斥潜在投标人行为之一的，由有关行政监督部门依照招标投标法第五十一条的规定处罚：

（一）依法应当公开招标的项目不按照规定在指定媒介发布资格预审公告或者招标公告；

（二）在不同媒介发布的同一招标项目的资格预审公告或者招标公告的内容不一致，影响潜在投标人申请资格预审或者投标。

依法必须进行招标的项目的招标人不按照规定发布资格预审公告或者招标公告，构成规避招标的，依照招标投标法第四十九条的规定处罚。

第六十四条 招标人有下列情形之一的，由有关行政监督部门责令改正，可以处 10 万元以下的罚款：

（一）依法应当公开招标而采用邀请招标；

（二）招标文件、资格预审文件的发售、澄清、修改的时限，或者确定的提交资格预审申请文件、投标文件的时限不符合招标投标法和本条例规定；

（三）接受未通过资格预审的单位或者个人参加投标；

（四）接受应当拒收的投标文件。

招标人有前款第一项、第三项、第四项所列行为之一的，对单位直接负责的主管人员和其他直接责任人员依法给予处分。

第六十五条 招标代理机构在所代理的招标项目中投标、代理投标或者向该项目投标人提供咨询的，接受委托编制标底的中介机构参加受托编制标底项目的投标或者为该项目的投标人编制投标文件、提供咨询的，依照招标投标法第五十条的规定追究法律责任。

第六十六条 招标人超过本条例规定的比例收取投标保证金、履约保证金或者不按照规定退还投标保证金及银行同期存款利息的，由有关行政监督部门责令改正，可以处 5 万元以下的罚款；给他人造成损失的，依法承担赔偿责任。

第六十七条 投标人相互串通投标或者与招标人串通投标的，投标人向招标人或者评标委员会成员行贿谋取中标的，中标无效；构成犯罪的，依法追究刑事责任；尚不构成犯罪的，依照招标投标法第五十三条的规定处罚。投标人未中标的，对单位的罚款金额按照招标项目合同金额依照招标投标法规定的比例计算。

投标人有下列行为之一的，属于招标投标法第五十三条规定的情节严重行为，由有关行政监督部门取消其 1 年至 2 年内参加依法必须进行招标的项目的投标资格：

（一）以行贿谋取中标；

（二）3 年内 2 次以上串通投标；

（三）串通投标行为损害招标人、其他投标人或者国家、集体、公民的合法利益，造成直接经济损失 30 万元以上；

（四）其他串通投标情节严重的行为。

投标人自本条第二款规定的处罚执行期限届满之日起 3 年内又有该款所列违法行为之一的，或者串通投标、以行贿谋取中标情节特别严重的，由工商行政管理机关吊销营业执照。

法律、行政法规对串通投标报价行为的处罚另有规定的，从其规定。

第六十八条 投标人以他人名义投标或者以其他方式弄虚作假骗取中标的，中标无效；构成犯罪的，依法追究刑事责任；尚不构成犯罪的，依照招标投标法第五十四条的规定处罚。依法必须进行招标的项目的投标人未中标的，对单位的罚款金额按照招标项目合同金额依照招标投标法规定的比例计算。

投标人有下列行为之一的，属于招标投标法第五十四条规定的情节严重行为，由有关行政监督部门取消其 1 年至 3 年内参加依法必须进行招标的项目的投标资格：

（一）伪造、变造资格、资质证书或者其他许可证件骗取中标；

（二）3 年内 2 次以上使用他人名义投标；

（三）弄虚作假骗取中标给招标人造成直接经济损失 30 万元以上；

（四）其他弄虚作假骗取中标情节严重的行为。

投标人自本条第二款规定的处罚执行期限届满之日起 3 年内又有该款所列违法行为之一的，或者弄虚作假骗取中标情节特别严重的，由工商行政管理机关吊销营业执照。

第六十九条 出让或者出租资格、资质证书供他人投标的，依照法律、行政法规的规定给予行政处罚；构成犯罪的，依法追究刑事责任。

第七十条 依法必须进行招标的项目的招标人不按照规定组建评标委员会，或者确定、更换评标委员会成员违反招标投标法和本条例规定的，由有关行政监督部门责令改正，可以处 10 万元以下的罚款，对单位直接负责的主管人员和其他直接责任人员依法给予处分；违法确定或者更换的评标委员会成员作出的评审结论无效，依法重新进行评审。

国家工作人员以任何方式非法干涉选取评标委员会成员的，依照本条例第八十一条的规定追究法律责任。

第七十一条 评标委员会成员有下列行为之一的，由有关行政监督部门责令改正；情节严重的，禁止其在一定期限内参加依法必须进行招标的项目的评标；情节特别严重的，取消其担任评标委员会成员的资格：

（一）应当回避而不回避；

（二）擅离职守；

（三）不按照招标文件规定的评标标准和方法评标；

（四）私下接触投标人；

（五）向招标人征询确定中标人的意向或者接受任何单位或者个人明示或者暗示提出的倾向或者排斥特定投标人的要求；

（六）对依法应当否决的投标不提出否决意见；

（七）暗示或者诱导投标人作出澄清、说明或者接受投标人主动提出的澄清、说明；

（八）其他不客观、不公正履行职务的行为。

第七十二条 评标委员会成员收受投标人的财物或者

其他好处的，没收收受的财物，处3000元以上5万元以下的罚款，取消担任评标委员会成员的资格，不得再参加依法必须进行招标的项目的评标；构成犯罪的，依法追究刑事责任。

第七十三条 依法必须进行招标的项目的招标人有下列情形之一的，由有关行政监督部门责令改正，可以处中标项目金额10‰以下的罚款；给他人造成损失的，依法承担赔偿责任；对单位直接负责的主管人员和其他直接责任人员依法给予处分：

（一）无正当理由不发出中标通知书；

（二）不按照规定确定中标人；

（三）中标通知书发出后无正当理由改变中标结果；

（四）无正当理由不与中标人订立合同；

（五）在订立合同时向中标人提出附加条件。

第七十四条 中标人无正当理由不与招标人订立合同，在签订合同时向招标人提出附加条件，或者不按照招标文件要求提交履约保证金的，取消其中标资格，投标保证金不予退还。对依法必须进行招标的项目的中标人，由有关行政监督部门责令改正，可以处中标项目金额10‰以下的罚款。

第七十五条 招标人和中标人不按照招标文件和中标人的投标文件订立合同，合同的主要条款与招标文件、中标人的投标文件的内容不一致，或者招标人、中标人订立背离合同实质性内容的协议的，由有关行政监督部门责令改正，可以处中标项目金额5‰以上10‰以下的罚款。

第七十六条 中标人将中标项目转让给他人的，将中标项目肢解后分别转让给他人的，违反招标投标法和本条例规定将中标项目的部分主体、关键性工作分包给他人的，或者分包人再次分包的，转让、分包无效，处转让、分包项目金额5‰以上10‰以下的罚款；有违法所得的，并处没收违法所得；可以责令停业整顿；情节严重的，由工商行政管理机关吊销营业执照。

第七十七条 投标人或者其他利害关系人捏造事实、伪造材料或者以非法手段取得证明材料进行投诉，给他人造成损失的，依法承担赔偿责任。

招标人不按照规定对异议作出答复，继续进行招标投标活动的，由有关行政监督部门责令改正，拒不改正或者不能改正并影响中标结果的，依照本条例第八十二条的规定处理。

第七十八条 取得招标职业资格的专业人员违反国家有关规定办理招标业务的，责令改正，给予警告；情节严重的，暂停一定期限内从事招标业务；情节特别严重的，取消招标职业资格。

第七十九条 国家建立招标投标信用制度。有关行政监督部门应当依法公告对招标人、招标代理机构、投标人、评标委员会成员等当事人违法行为的行政处理决定。

第八十条 项目审批、核准部门不依法审批、核准项目招标范围、招标方式、招标组织形式的，对单位直接负责的主管人员和其他直接责任人员依法给予处分。

有关行政监督部门不依法履行职责，对违反招标投标法和本条例规定的行为不依法查处，或者不按照规定处理投诉、不依法公告对招标投标当事人违法行为的行政处理决定的，对直接负责的主管人员和其他直接责任人员依法给予处分。

项目审批、核准部门和有关行政监督部门的工作人员徇私舞弊、滥用职权、玩忽职守，构成犯罪的，依法追究刑事责任。

第八十一条 国家工作人员利用职务便利，以直接或者间接、明示或者暗示等任何方式非法干涉招标投标活动，有下列情形之一的，依法给予记过或者记大过处分；情节严重的，依法给予降级或者撤职处分；情节特别严重的，依法给予开除处分；构成犯罪的，依法追究刑事责任：

（一）要求对依法必须进行招标的项目不招标，或者要求对依法应当公开招标的项目不公开招标；

（二）要求评标委员会成员或者招标人以其指定的投标人作为中标候选人或者中标人，或者以其他方式非法干涉评标活动，影响中标结果；

（三）以其他方式非法干涉招标投标活动。

第八十二条 依法必须进行招标的项目的招标投标活动违反招标投标法和本条例的规定，对中标结果造成实质性影响，且不能采取补救措施予以纠正的，招标、投标、中标无效，应当依法重新招标或者评标。

第七章 附 则

第八十三条 招标投标协会按照依法制定的章程开展活动，加强行业自律和服务。

第八十四条 政府采购的法律、行政法规对政府采购货物、服务的招标投标另有规定的，从其规定。

第八十五条 本条例自2012年2月1日起施行。

第二节 危险化学品安全管理条例

中华人民共和国国务院令 第 591 号

已经2011年2月16日国务院第144次常务会议修订通过，现将修订后的《危险化学品安全管理条例》公布，自2011年12月1日起施行。

总理 温家宝
二〇一一年三月二日

中华人民共和国国务院令第 344 号公布
2011 年 2 月 16 日国务院第 144 次常务会议修订通过

第一章 总 则

第一条 为了加强危险化学品的安全管理，预防和减少危险化学品事故，保障人民群众生命财产安全，保护环境，制定本条例。

第二条 危险化学品生产、储存、使用、经营和运输的安全管理，适用本条例。

废弃危险化学品的处置，依照有关环境保护的法律、行政法规和国家有关规定执行。

第三条 本条例所称危险化学品，是指具有毒害、腐蚀、爆炸、燃烧、助燃等性质，对人体、设施、环境具有危害的剧毒化学品和其他化学品。

危险化学品目录，由国务院安全生产监督管理部门会同国务院工业和信息化、公安、环境保护、卫生、质量监督检验检疫、交通运输、铁路、民用航空、农业主管部门，根据化学品危险特性的鉴别和分类标准确定、公布，并适时调整。

第四条 危险化学品安全管理，应当坚持安全第一、预防为主、综合治理的方针，强化和落实企业的主体责任。

生产、储存、使用、经营、运输危险化学品的单位（以下统称危险化学品单位）的主要负责人对本单位的危险化学品安全管理工作全面负责。

危险化学品单位应当具备法律、行政法规规定和国家标准、行业标准要求的安全条件，建立、健全安全管理规章制度和岗位安全责任制度，对从业人员进行安全教育、法制教育和岗位技术培训。从业人员应当接受教育和培训，考核合格后上岗作业；对有资格要求的岗位，应当配备依法取得相应资格的人员。

第五条 任何单位和个人不得生产、经营、使用国家禁止生产、经营、使用的危险化学品。

国家对危险化学品的使用有限制性规定的，任何单位和个人不得违反限制性规定使用危险化学品。

第六条 对危险化学品的生产、储存、使用、经营、运输实施安全监督管理的有关部门（以下统称负有危险化学品安全监督管理职责的部门），依照下列规定履行职责：

（一）安全生产监督管理部门负责危险化学品安全监督管理综合工作，组织确定、公布、调整危险化学品目录，对新建、改建、扩建生产、储存危险化学品（包括使用长输管道输送危险化学品，下同）的建设项目进行安全条件审查，核发危险化学品安全生产许可证、危险化学品安全使用许可证和危险化学品经营许可证，并负责危险化学品登记工作。

（二）公安机关负责危险化学品的公共安全管理，核发剧毒化学品购买许可证、剧毒化学品道路运输通行证，并负责危险化学品运输车辆的道路交通安全管理。

（三）质量监督检验检疫部门负责核发危险化学品及其包装物、容器（不包括储存危险化学品的固定式大型储罐，下同）生产企业的工业产品生产许可证，并依法对其产品质量实施监督，负责对进出口危险化学品及其包装实施检验。

（四）环境保护主管部门负责废弃危险化学品处置的监督管理，组织危险化学品的环境危害性鉴定和环境风险程度评估，确定实施重点环境管理的危险化学品，负责危险化学品环境管理登记和新化学物质环境管理登记；依照职责分工调查相关危险化学品环境污染事故和生态破坏事件，负责危险化学品事故现场的应急环境监测。

（五）交通运输主管部门负责危险化学品道路运输、水路运输的许可以及运输工具的安全管理，对危险化学品水路运输安全实施监督，负责危险化学品道路运输企业、水路运输企业驾驶人员、船员、装卸管理人员、押运人员、申报人员、集装箱装箱现场检查员的资格认定。铁路主管部门负责危险化学品铁路运输的安全管理，负责危险化学品铁路运输承运人、托运人的资质审批及其运输工具的安全管理。民用航空主管部门负责危险化学品航空运输以及航空运输企业及其运输工具的安全管理。

（六）卫生主管部门负责危险化学品毒性鉴定的管理，负责组织、协调危险化学品事故受伤人员的医疗卫生救援工作。

（七）工商行政管理部门依据有关部门的许可证件，核发危险化学品生产、储存、经营、运输企业营业执照，查处危险化学品经营企业违法采购危险化学品的行为。

（八）邮政管理部门负责依法查处寄递危险化学品的行为。

第七条　负有危险化学品安全监督管理职责的部门依法进行监督检查，可以采取下列措施：

（一）进入危险化学品作业场所实施现场检查，向有关单位和人员了解情况，查阅、复制有关文件、资料；

（二）发现危险化学品事故隐患，责令立即消除或者限期消除；

（三）对不符合法律、行政法规、规章规定或者国家标准、行业标准要求的设施、设备、装置、器材、运输工具，责令立即停止使用；

（四）经本部门主要负责人批准，查封违法生产、储存、使用、经营危险化学品的场所，扣押违法生产、储存、使用、经营、运输的危险化学品以及用于违法生产、使用、运输危险化学品的原材料、设备、运输工具；

（五）发现影响危险化学品安全的违法行为，当场予以纠正或者责令限期改正。

负有危险化学品安全监督管理职责的部门依法进行监督检查，监督检查人员不得少于2人，并应当出示执法证件；有关单位和个人对依法进行的监督检查应当予以配合，不得拒绝、阻碍。

第八条　县级以上人民政府应当建立危险化学品安全监督管理工作协调机制，支持、督促负有危险化学品安全监督管理职责的部门依法履行职责，协调、解决危险化学品安全监督管理工作中的重大问题。

负有危险化学品安全监督管理职责的部门应当相互配合、密切协作，依法加强对危险化学品的安全监督管理。

第九条　任何单位和个人对违反本条例规定的行为，有权向负有危险化学品安全监督管理职责的部门举报。负有危险化学品安全监督管理职责的部门接到举报，应当及时依法处理；对不属于本部门职责的，应当及时移送有关部门处理。

第十条　国家鼓励危险化学品生产企业和使用危险化学品从事生产的企业采用有利于提高安全保障水平的先进技术、工艺、设备以及自动控制系统，鼓励对危险化学品实行专门储存、统一配送、集中销售。

第二章　生产、储存安全

第十一条　国家对危险化学品的生产、储存实行统筹规划、合理布局。

国务院工业和信息化主管部门以及国务院其他有关部门依据各自职责，负责危险化学品生产、储存的行业规划和布局。

地方人民政府组织编制城乡规划，应当根据本地区的实际情况，按照确保安全的原则，规划适当区域专门用于危险化学品的生产、储存。

第十二条　新建、改建、扩建生产、储存危险化学品的建设项目（以下简称建设项目），应当由安全生产监督管理部门进行安全条件审查。

建设单位应当对建设项目进行安全条件论证，委托具备国家规定的资质条件的机构对建设项目进行安全评价，并将安全条件论证和安全评价的情况报告报建设项目所在地设区的市级以上人民政府安全生产监督管理部门；安全生产监督管理部门应当自收到报告之日起45日内作出审查决定，并书面通知建设单位。具体办法由国务院安全生产监督管理部门制定。

新建、改建、扩建储存、装卸危险化学品的港口建设项目，由港口行政管理部门按照国务院交通运输主管部门的规定进行安全条件审查。

第十三条　生产、储存危险化学品的单位，应当对其铺设的危险化学品管道设置明显标志，并对危险化学品管道定期检查、检测。

进行可能危及危险化学品管道安全的施工作业，施工单位应当在开工的7日前书面通知管道所属单位，并与管道所属单位共同制定应急预案，采取相应的安全防护措施。管道所属单位应当指派专门人员到现场进行管道安全保护指导。

第十四条　危险化学品生产企业进行生产前，应当依照《安全生产许可证条例》的规定，取得危险化学品安全生产许可证。

生产列入国家实行生产许可证制度的工业产品目录的危险化学品的企业，应当依照《中华人民共和国工业产品生产许可证管理条例》的规定，取得工业产品生产许可证。

负责颁发危险化学品安全生产许可证、工业产品生产许可证的部门，应当将其颁发许可证的情况及时向同级工业和信息化主管部门、环境保护主管部门和公安机关通报。

第十五条　危险化学品生产企业应当提供与其生产的危险化学品相符的化学品安全技术说明书，并在危险化学品包装（包括外包装件）上粘贴或者拴挂与包装内危险化学品相符的化学品安全标签。化学品安全技术说明书和化学品安全标签所载明的内容应当符合国家标准的要求。

危险化学品生产企业发现其生产的危险化学品有新的危险特性的，应当立即公告，并及时修订其化学品安全技术说明书和化学品安全标签。

第十六条　生产实施重点环境管理的危险化学品的企业，应当按照国务院环境保护主管部门的规定，将该危险化学品向环境中释放等相关信息向环境保护主管部门报告。

环境保护主管部门可以根据情况采取相应的环境风险控制措施。

第十七条 危险化学品的包装应当符合法律、行政法规、规章的规定以及国家标准、行业标准的要求。

危险化学品包装物、容器的材质以及危险化学品包装的型式、规格、方法和单件质量（重量），应当与所包装的危险化学品的性质和用途相适应。

第十八条 生产列入国家实行生产许可证制度的工业产品目录的危险化学品包装物、容器的企业，应当依照《中华人民共和国工业产品生产许可证管理条例》的规定，取得工业产品生产许可证；其生产的危险化学品包装物、容器经国务院质量监督检验检疫部门认定的检验机构检验合格，方可出厂销售。

运输危险化学品的船舶及其配载的容器，应当按照国家船舶检验规范进行生产，并经海事管理机构认定的船舶检验机构检验合格，方可投入使用。

对重复使用的危险化学品包装物、容器，使用单位在重复使用前应当进行检查；发现存在安全隐患的，应当维修或者更换。使用单位应当对检查情况作出记录，记录的保存期限不得少于 2 年。

第十九条 危险化学品生产装置或者储存数量构成重大危险源的危险化学品储存设施（运输工具加油站、加气站除外），与下列场所、设施、区域的距离应当符合国家有关规定：

（一）居住区以及商业中心、公园等人员密集场所；

（二）学校、医院、影剧院、体育场（馆）等公共设施；

（三）饮用水源、水厂以及水源保护区；

（四）车站、码头（依法经许可从事危险化学品装卸作业的除外）、机场以及通信干线、通信枢纽、铁路线路、道路交通干线、水路交通干线、地铁风亭以及地铁站出入口；

（五）基本农田保护区、基本草原、畜禽遗传资源保护区、畜禽规模化养殖场（养殖小区）、渔业水域以及种子、种畜禽、水产苗种生产基地；

（六）河流、湖泊、风景名胜区、自然保护区；

（七）军事禁区、军事管理区；

（八）法律、行政法规规定的其他场所、设施、区域。

已建的危险化学品生产装置或者储存数量构成重大危险源的危险化学品储存设施不符合前款规定的，由所在地设区的市级人民政府安全生产监督管理部门会同有关部门监督其所属单位在规定期限内进行整改；需要转产、停产、搬迁、关闭的，由本级人民政府决定并组织实施。

储存数量构成重大危险源的危险化学品储存设施的选址，应当避开地震活动断层和容易发生洪灾、地质灾害的区域。

本条例所称重大危险源，是指生产、储存、使用或者搬运危险化学品，且危险化学品的数量等于或者超过临界量的单元（包括场所和设施）。

第二十条 生产、储存危险化学品的单位，应当根据其生产、储存的危险化学品的种类和危险特性，在作业场所设置相应的监测、监控、通风、防晒、调温、防火、灭火、防爆、泄压、防毒、中和、防潮、防雷、防静电、防腐、防泄漏以及防护围堤或者隔离操作等安全设施、设备，并按照国家标准、行业标准或者国家有关规定对安全设施、设备进行经常性维护、保养，保证安全设施、设备的正常使用。

生产、储存危险化学品的单位，应当在其作业场所和安全设施、设备上设置明显的安全警示标志。

第二十一条 生产、储存危险化学品的单位，应当在其作业场所设置通信、报警装置，并保证处于适用状态。

第二十二条 生产、储存危险化学品的企业，应当委托具备国家规定的资质条件的机构，对本企业的安全生产条件每 3 年进行一次安全评价，提出安全评价报告。安全评价报告的内容应当包括对安全生产条件存在的问题进行整改的方案。

生产、储存危险化学品的企业，应当将安全评价报告以及整改方案的落实情况报所在地县级人民政府安全生产监督管理部门备案。在港区内储存危险化学品的企业，应当将安全评价报告以及整改方案的落实情况报港口行政管理部门备案。

第二十三条 生产、储存剧毒化学品或者国务院公安部门规定的可用于制造爆炸物品的危险化学品（以下简称易制爆危险化学品）的单位，应当如实记录其生产、储存的剧毒化学品、易制爆危险化学品的数量、流向，并采取必要的安全防范措施，防止剧毒化学品、易制爆危险化学品丢失或者被盗；发现剧毒化学品、易制爆危险化学品丢失或者被盗的，应当立即向当地公安机关报告。

生产、储存剧毒化学品、易制爆危险化学品的单位，应当设置治安保卫机构，配备专职治安保卫人员。

第二十四条 危险化学品应当储存在专用仓库、专用场地或者专用储存室（以下统称专用仓库）内，并由专人负责管理；剧毒化学品以及储存数量构成重大危险源的其他危险化学品，应当在专用仓库内单独存放，并实行双人收发、双人保管制度。

危险化学品的储存方式、方法以及储存数量应当符合国家标准或者国家有关规定。

第二十五条 储存危险化学品的单位应当建立危险化学品出入库核查、登记制度。

对剧毒化学品以及储存数量构成重大危险源的其他危险化学品，储存单位应当将其储存数量、储存地点以及管理人员的情况，报所在地县级人民政府安全生产监督管理部门（在港区内储存的，报港口行政管理部门）和公安机关备案。

第二十六条 危险化学品专用仓库应当符合国家标准、

行业标准的要求，并设置明显的标志。储存剧毒化学品、易制爆危险化学品的专用仓库，应当按照国家有关规定设置相应的技术防范设施。

储存危险化学品的单位应当对其危险化学品专用仓库的安全设施、设备定期进行检测、检验。

第二十七条　生产、储存危险化学品的单位转产、停产、停业或者解散的，应当采取有效措施，及时、妥善处置其危险化学品生产装置、储存设施以及库存的危险化学品，不得丢弃危险化学品；处置方案应当报所在地县级人民政府安全生产监督管理部门、工业和信息化主管部门、环境保护主管部门和公安机关备案。安全生产监督管理部门应当会同环境保护主管部门和公安机关对处置情况进行监督检查，发现未依照规定处置的，应当责令其立即处置。

第三章　使用安全

第二十八条　使用危险化学品的单位，其使用条件（包括工艺）应当符合法律、行政法规的规定和国家标准、行业标准的要求，并根据所使用的危险化学品的种类、危险特性以及使用量和使用方式，建立、健全使用危险化学品的安全管理规章制度和安全操作规程，保证危险化学品的安全使用。

第二十九条　使用危险化学品从事生产并且使用量达到规定数量的化工企业（属于危险化学品生产企业的除外，下同），应当依照本条例的规定取得危险化学品安全使用许可证。

前款规定的危险化学品使用量的数量标准，由国务院安全生产监督管理部门会同国务院公安部门、农业主管部门确定并公布。

第三十条　申请危险化学品安全使用许可证的化工企业，除应当符合本条例第二十八条的规定外，还应当具备下列条件：

（一）有与所使用的危险化学品相适应的专业技术人员；

（二）有安全管理机构和专职安全管理人员；

（三）有符合国家规定的危险化学品事故应急预案和必要的应急救援器材、设备；

（四）依法进行了安全评价。

第三十一条　申请危险化学品安全使用许可证的化工企业，应当向所在地设区的市级人民政府安全生产监督管理部门提出申请，并提交其符合本条例第三十条规定条件的证明材料。设区的市级人民政府安全生产监督管理部门应当依法进行审查，自收到证明材料之日起 45 日内作出批准或者不予批准的决定。予以批准的，颁发危险化学品安全使用许可证；不予批准的，书面通知申请人并说明理由。

安全生产监督管理部门应当将其颁发危险化学品安全使用许可证的情况及时向同级环境保护主管部门和公安机关通报。

第三十二条　本条例第十六条关于生产实施重点环境管理的危险化学品的企业的规定，适用于使用实施重点环境管理的危险化学品从事生产的企业；第二十条、第二十一条、第二十三条第一款、第二十七条关于生产、储存危险化学品的单位的规定，适用于使用危险化学品的单位；第二十二条关于生产、储存危险化学品的企业的规定，适用于使用危险化学品从事生产的企业。

第四章　经营安全

第三十三条　国家对危险化学品经营（包括仓储经营，下同）实行许可制度。未经许可，任何单位和个人不得经营危险化学品。

依法设立的危险化学品生产企业在其厂区范围内销售本企业生产的危险化学品，不需要取得危险化学品经营许可。

依照《中华人民共和国港口法》的规定取得港口经营许可证的港口经营人，在港区内从事危险化学品仓储经营，不需要取得危险化学品经营许可。

第三十四条　从事危险化学品经营的企业应当具备下列条件：

（一）有符合国家标准、行业标准的经营场所，储存危险化学品的，还应当有符合国家标准、行业标准的储存设施；

（二）从业人员经过专业技术培训并经考核合格；

（三）有健全的安全管理规章制度；

（四）有专职安全管理人员；

（五）有符合国家规定的危险化学品事故应急预案和必要的应急救援器材、设备；

（六）法律、法规规定的其他条件。

第三十五条　从事剧毒化学品、易制爆危险化学品经营的企业，应当向所在地设区的市级人民政府安全生产监督管理部门提出申请，从事其他危险化学品经营的企业，应当向所在地县级人民政府安全生产监督管理部门提出申请（有储存设施的，应当向所在地设区的市级人民政府安全生产监督管理部门提出申请）。申请人应当提交其符合本条例第三十四条规定条件的证明材料。设区的市级人民政府安全生产监督管理部门或者县级人民政府安全生产监督管理部门应当依法进行审查，并对申请人的经营场所、储存设施进行现场核查，自收到证明材料之日起 30 日内作出批准或者不予批准的决定。予以批准的，颁发危险化学品经营许可证；不予批准的，书面通知申请人并说明理由。

设区的市级人民政府安全生产监督管理部门和县级人民政府安全生产监督管理部门应当将其颁发危险化学品经营许可证的情况及时向同级环境保护主管部门和公安机关通报。

申请人持危险化学品经营许可证向工商行政管理部门办理登记手续后，方可从事危险化学品经营活动。法律、行政法规或者国务院规定经营危险化学品还需要经其他有关部门许可的，申请人向工商行政管理部门办理登记手续时还应当持相应的许可证件。

第三十六条 危险化学品经营企业储存危险化学品的，应当遵守本条例第二章关于储存危险化学品的规定。危险化学品商店内只能存放民用小包装的危险化学品。

第三十七条 危险化学品经营企业不得向未经许可从事危险化学品生产、经营活动的企业采购危险化学品，不得经营没有化学品安全技术说明书或者化学品安全标签的危险化学品。

第三十八条 依法取得危险化学品安全生产许可证、危险化学品安全使用许可证、危险化学品经营许可证的企业，凭相应的许可证件购买剧毒化学品、易制爆危险化学品。民用爆炸物品生产企业凭民用爆炸物品生产许可证购买易制爆危险化学品。

前款规定以外的单位购买剧毒化学品的，应当向所在地县级人民政府公安机关申请取得剧毒化学品购买许可证；购买易制爆危险化学品的，应当持本单位出具的合法用途说明。

个人不得购买剧毒化学品（属于剧毒化学品的农药除外）和易制爆危险化学品。

第三十九条 申请取得剧毒化学品购买许可证，申请人应当向所在地县级人民政府公安机关提交下列材料：

（一）营业执照或者法人证书（登记证书）的复印件；

（二）拟购买的剧毒化学品品种、数量的说明；

（三）购买剧毒化学品用途的说明；

（四）经办人的身份证明。

县级人民政府公安机关应当自收到前款规定的材料之日起3日内，作出批准或者不予批准的决定。予以批准的，颁发剧毒化学品购买许可证；不予批准的，书面通知申请人并说明理由。

剧毒化学品购买许可证管理办法由国务院公安部门制定。

第四十条 危险化学品生产企业、经营企业销售剧毒化学品、易制爆危险化学品，应当查验本条例第三十八条第一款、第二款规定的相关许可证件或者证明文件，不得向不具有相关许可证件或者证明文件的单位销售剧毒化学品、易制爆危险化学品。对持剧毒化学品购买许可证购买剧毒化学品的，应当按照许可证载明的品种、数量销售。

禁止向个人销售剧毒化学品（属于剧毒化学品的农药除外）和易制爆危险化学品。

第四十一条 危险化学品生产企业、经营企业销售剧毒化学品、易制爆危险化学品，应当如实记录购买单位的名称、地址、经办人的姓名、身份证号码以及所购买的剧毒化学品、易制爆危险化学品的品种、数量、用途。销售记录以及经办人的身份证明复印件、相关许可证件复印件或者证明文件的保存期限不得少于1年。

剧毒化学品、易制爆危险化学品的销售企业、购买单位应当在销售、购买后5日内，将所销售、购买的剧毒化学品、易制爆危险化学品的品种、数量以及流向信息报所在地县级人民政府公安机关备案，并输入计算机系统。

第四十二条 使用剧毒化学品、易制爆危险化学品的单位不得出借、转让其购买的剧毒化学品、易制爆危险化学品；因转产、停产、搬迁、关闭等确需转让的，应当向具有本条例第三十八条第一款、第二款规定的相关许可证件或者证明文件的单位转让，并在转让后将有关情况及时向所在地县级人民政府公安机关报告。

第五章 运输安全

第四十三条 从事危险化学品道路运输、水路运输的，应当分别依照有关道路运输、水路运输的法律、行政法规的规定，取得危险货物道路运输许可、危险货物水路运输许可，并向工商行政管理部门办理登记手续。

危险化学品道路运输企业、水路运输企业应当配备专职安全管理人员。

第四十四条 危险化学品道路运输企业、水路运输企业的驾驶人员、船员、装卸管理人员、押运人员、申报人员、集装箱装箱现场检查员应当经交通运输主管部门考核合格，取得从业资格。具体办法由国务院交通运输主管部门制定。

危险化学品的装卸作业应当遵守安全作业标准、规程和制度，并在装卸管理人员的现场指挥或者监控下进行。水路运输危险化学品的集装箱装箱作业应当在集装箱装箱现场检查员的指挥或者监控下进行，并符合积载、隔离的规范和要求；装箱作业完毕后，集装箱装箱现场检查员应当签署装箱证明书。

第四十五条 运输危险化学品，应当根据危险化学品的危险特性采取相应的安全防护措施，并配备必要的防护用品和应急救援器材。

用于运输危险化学品的槽罐以及其他容器应当封口严密，能够防止危险化学品在运输过程中因温度、湿度或者压力的变化发生渗漏、洒漏；槽罐以及其他容器的溢流和泄压装置应当设置准确、起闭灵活。

运输危险化学品的驾驶人员、船员、装卸管理人员、押运人员、申报人员、集装箱装箱现场检查员，应当了解所运输的危险化学品的危险特性及其包装物、容器的使用要求和出现危险情况时的应急处置方法。

第四十六条 通过道路运输危险化学品的，托运人应当委托依法取得危险货物道路运输许可的企业承运。

第四十七条 通过道路运输危险化学品的，应当按照运输车辆的核定载质量装载危险化学品，不得超载。

危险化学品运输车辆应当符合国家标准要求的安全技术条件，并按照国家有关规定定期进行安全技术检验。

危险化学品运输车辆应当悬挂或者喷涂符合国家标准

要求的警示标志。

第四十八条 通过道路运输危险化学品的，应当配备押运人员，并保证所运输的危险化学品处于押运人员的监控之下。

运输危险化学品途中因住宿或者发生影响正常运输的情况，需要较长时间停车的，驾驶人员、押运人员应当采取相应的安全防范措施；运输剧毒化学品或者易制爆危险化学品的，还应当向当地公安机关报告。

第四十九条 未经公安机关批准，运输危险化学品的车辆不得进入危险化学品运输车辆限制通行的区域。危险化学品运输车辆限制通行的区域由县级人民政府公安机关划定，并设置明显的标志。

第五十条 通过道路运输剧毒化学品的，托运人应当向运输始发地或者目的地县级人民政府公安机关申请剧毒化学品道路运输通行证。

申请剧毒化学品道路运输通行证，托运人应当向县级人民政府公安机关提交下列材料：

（一）拟运输的剧毒化学品品种、数量的说明；

（二）运输始发地、目的地、运输时间和运输路线的说明；

（三）承运人取得危险货物道路运输许可、运输车辆取得营运证以及驾驶人员、押运人员取得上岗资格的证明文件；

（四）本条例第三十八条第一款、第二款规定的购买剧毒化学品的相关许可证件，或者海关出具的进出口证明文件。

县级人民政府公安机关应当自收到前款规定的材料之日起7日内，作出批准或者不予批准的决定。予以批准的，颁发剧毒化学品道路运输通行证；不予批准的，书面通知申请人并说明理由。

剧毒化学品道路运输通行证管理办法由国务院公安部门制定。

第五十一条 剧毒化学品、易制爆危险化学品在道路运输途中丢失、被盗、被抢或者出现流散、泄漏等情况的，驾驶人员、押运人员应当立即采取相应的警示措施和安全措施，并向当地公安机关报告。公安机关接到报告后，应当根据实际情况立即向安全生产监督管理部门、环境保护主管部门、卫生主管部门通报。有关部门应当采取必要的应急处置措施。

第五十二条 通过水路运输危险化学品的，应当遵守法律、行政法规以及国务院交通运输主管部门关于危险货物水路运输安全的规定。

第五十三条 海事管理机构应当根据危险化学品的种类和危险特性，确定船舶运输危险化学品的相关安全运输条件。

拟交付船舶运输的化学品的相关安全运输条件不明确的，应当经国家海事管理机构认定的机构进行评估，明确相关安全运输条件并经海事管理机构确认后，方可交付船舶运输。

第五十四条 禁止通过内河封闭水域运输剧毒化学品以及国家规定禁止通过内河运输的其他危险化学品。

前款规定以外的内河水域，禁止运输国家规定禁止通过内河运输的剧毒化学品以及其他危险化学品。

禁止通过内河运输的剧毒化学品以及其他危险化学品的范围，由国务院交通运输主管部门会同国务院环境保护主管部门、工业和信息化主管部门、安全生产监督管理部门，根据危险化学品的危险特性、危险化学品对人体和水环境的危害程度以及消除危害后果的难易程度等因素规定并公布。

第五十五条 国务院交通运输主管部门应当根据危险化学品的危险特性，对通过内河运输本条例第五十四条规定以外的危险化学品（以下简称通过内河运输危险化学品）实行分类管理，对各类危险化学品的运输方式、包装规范和安全防护措施等分别作出规定并监督实施。

第五十六条 通过内河运输危险化学品，应当由依法取得危险货物水路运输许可的水路运输企业承运，其他单位和个人不得承运。托运人应当委托依法取得危险货物水路运输许可的水路运输企业承运，不得委托其他单位和个人承运。

第五十七条 通过内河运输危险化学品，应当使用依法取得危险货物适装证书的运输船舶。水路运输企业应当针对所运输的危险化学品的危险特性，制定运输船舶危险化学品事故应急救援预案，并为运输船舶配备充足、有效的应急救援器材和设备。

通过内河运输危险化学品的船舶，其所有人或者经营人应当取得船舶污染损害责任保险证书或者财务担保证明。船舶污染损害责任保险证书或者财务担保证明的副本应当随船携带。

第五十八条 通过内河运输危险化学品，危险化学品包装物的材质、型式、强度以及包装方法应当符合水路运输危险化学品包装规范的要求。国务院交通运输主管部门对单船运输的危险化学品数量有限制性规定的，承运人应当按照规定安排运输数量。

第五十九条 用于危险化学品运输作业的内河码头、泊位应当符合国家有关安全规范，与饮用水取水口保持国家规定的距离。有关管理单位应当制定码头、泊位危险化学品事故应急预案，并为码头、泊位配备充足、有效的应急救援器材和设备。

用于危险化学品运输作业的内河码头、泊位，经交通运输主管部门按照国家有关规定验收合格后方可投入使用。

第六十条 船舶载运危险化学品进出内河港口，应当将危险化学品的名称、危险特性、包装以及进出港时间等事项，事先报告海事管理机构。海事管理机构接到报告后，应当在国务院交通运输主管部门规定的时间内作出是否同意的决定，通知报告人，同时通报港口行政管理部门。定船舶、定航线、定货种的船舶可以定期报告。

在内河港口内进行危险化学品的装卸、过驳作业，应当将危险化学品的名称、危险特性、包装和作业的时间、地点等事项报告港口行政管理部门。港口行政管理部门接到报告后，应当在国务院交通运输主管部门规定的时间内作出是否同意的决定，通知报告人，同时通报海事管理机构。

载运危险化学品的船舶在内河航行，通过过船建筑物的，应当提前向交通运输主管部门申报，并接受交通运输主管部门的管理。

第六十一条 载运危险化学品的船舶在内河航行、装卸或者停泊，应当悬挂专用的警示标志，按照规定显示专用信号。

载运危险化学品的船舶在内河航行，按照国务院交通运输主管部门的规定需要引航的，应当申请引航。

第六十二条 载运危险化学品的船舶在内河航行，应当遵守法律、行政法规和国家其他有关饮用水水源保护的规定。内河航道发展规划应当与依法经批准的饮用水水源保护区划定方案相协调。

第六十三条 托运危险化学品的，托运人应当向承运人说明所托运的危险化学品的种类、数量、危险特性以及发生危险情况的应急处置措施，并按照国家有关规定对所托运的危险化学品妥善包装，在外包装上设置相应的标志。

运输危险化学品需要添加抑制剂或者稳定剂的，托运人应当添加，并将有关情况告知承运人。

第六十四条 托运人不得在托运的普通货物中夹带危险化学品，不得将危险化学品匿报或者谎报为普通货物托运。

任何单位和个人不得交寄危险化学品或者在邮件、快件内夹带危险化学品，不得将危险化学品匿报或者谎报为普通物品交寄。邮政企业、快递企业不得收寄危险化学品。

对涉嫌违反本条第一款、第二款规定的，交通运输主管部门、邮政管理部门可以依法开拆查验。

第六十五条 通过铁路、航空运输危险化学品的安全管理，依照有关铁路、航空运输的法律、行政法规、规章的规定执行。

第六章 危险化学品登记与事故应急救援

第六十六条 国家实行危险化学品登记制度，为危险化学品安全管理以及危险化学品事故预防和应急救援提供技术、信息支持。

第六十七条 危险化学品生产企业、进口企业，应当向国务院安全生产监督管理部门负责危险化学品登记的机构（以下简称危险化学品登记机构）办理危险化学品登记。

危险化学品登记包括下列内容：

（一）分类和标签信息；

（二）物理、化学性质；

（三）主要用途；

（四）危险特性；

（五）储存、使用、运输的安全要求；

（六）出现危险情况的应急处置措施。

对同一企业生产、进口的同一品种的危险化学品，不进行重复登记。危险化学品生产企业、进口企业发现其生产、进口的危险化学品有新的危险特性的，应当及时向危险化学品登记机构办理登记内容变更手续。

危险化学品登记的具体办法由国务院安全生产监督管理部门制定。

第六十八条 危险化学品登记机构应当定期向工业和信息化、环境保护、公安、卫生、交通运输、铁路、质量监督检验检疫等部门提供危险化学品登记的有关信息和资料。

第六十九条 县级以上地方人民政府安全生产监督管理部门应当会同工业和信息化、环境保护、公安、卫生、交通运输、铁路、质量监督检验检疫等部门，根据本地区实际情况，制定危险化学品事故应急预案，报本级人民政府批准。

第七十条 危险化学品单位应当制定本单位危险化学品事故应急预案，配备应急救援人员和必要的应急救援器材、设备，并定期组织应急救援演练。

危险化学品单位应当将其危险化学品事故应急预案报所在地设区的市级人民政府安全生产监督管理部门备案。

第七十一条 发生危险化学品事故，事故单位主要负责人应当立即按照本单位危险化学品应急预案组织救援，并向当地安全生产监督管理部门和环境保护、公安、卫生主管部门报告；道路运输、水路运输过程中发生危险化学品事故的，驾驶人员、船员或者押运人员还应当向事故发生地交通运输主管部门报告。

第七十二条 发生危险化学品事故，有关地方人民政府应当立即组织安全生产监督管理、环境保护、公安、卫生、交通运输等有关部门，按照本地区危险化学品事故应急预案组织实施救援，不得拖延、推诿。

有关地方人民政府及其有关部门应当按照下列规定，采取必要的应急处置措施，减少事故损失，防止事故蔓延、扩大：

（一）立即组织营救和救治受害人员，疏散、撤离或者采取其他措施保护危害区域内的其他人员；

（二）迅速控制危害源，测定危险化学品的性质、事故的危害区域及危害程度；

（三）针对事故对人体、动植物、土壤、水源、大气造成的现实危害和可能产生的危害，迅速采取封闭、隔离、洗消等措施；

（四）对危险化学品事故造成的环境污染和生态破坏状况进行监测、评估，并采取相应的环境污染治理和生态修复措施。

第七十三条 有关危险化学品单位应当为危险化学品事故应急救援提供技术指导和必要的协助。

第七十四条 危险化学品事故造成环境污染的，由设区的市级以上人民政府环境保护主管部门统一发布有关信息。

第七章 法律责任

第七十五条 生产、经营、使用国家禁止生产、经营、使用的危险化学品的，由安全生产监督管理部门责令停止生产、经营、使用活动，处20万元以上50万元以下的罚款，有违法所得的，没收违法所得；构成犯罪的，依法追究刑事责任。

有前款规定行为的，安全生产监督管理部门还应当责令其对所生产、经营、使用的危险化学品进行无害化处理。

违反国家关于危险化学品使用的限制性规定使用危险化学品的，依照本条第一款的规定处理。

第七十六条 未经安全条件审查，新建、改建、扩建生产、储存危险化学品的建设项目的，由安全生产监督管理部门责令停止建设，限期改正；逾期不改正的，处50万元以上100万元以下的罚款；构成犯罪的，依法追究刑事责任。

未经安全条件审查，新建、改建、扩建储存、装卸危险化学品的港口建设项目的，由港口行政管理部门依照前款规定予以处罚。

第七十七条 未依法取得危险化学品安全生产许可证从事危险化学品生产，或者未依法取得工业产品生产许可证从事危险化学品及其包装物、容器生产的，分别依照《安全生产许可证条例》、《中华人民共和国工业产品生产许可证管理条例》的规定处罚。

违反本条例规定，化工企业未取得危险化学品安全使用许可证，使用危险化学品从事生产的，由安全生产监督管理部门责令限期改正，处10万元以上20万元以下的罚款；逾期不改正的，责令停产整顿。

违反本条例规定，未取得危险化学品经营许可证从事危险化学品经营的，由安全生产监督管理部门责令停止经营活动，没收违法经营的危险化学品以及违法所得，并处10万元以上20万元以下的罚款；构成犯罪的，依法追究刑事责任。

第七十八条 有下列情形之一的，由安全生产监督管理部门责令改正，可以处5万元以下的罚款；拒不改正的，处5万元以上10万元以下的罚款；情节严重的，责令停产停业整顿：

（一）生产、储存危险化学品的单位未对其铺设的危险化学品管道设置明显的标志，或者未对危险化学品管道定期检查、检测的；

（二）进行可能危及危险化学品管道安全的施工作业，施工单位未按照规定书面通知管道所属单位，或者未与管道所属单位共同制定应急预案、采取相应的安全防护措施，或者管道所属单位未指派专门人员到现场进行管道安全保护指导的；

（三）危险化学品生产企业未提供化学品安全技术说明书，或者未在包装（包括外包装件）上粘贴、拴挂化学品安全标签的；

（四）危险化学品生产企业提供的化学品安全技术说明书与其生产的危险化学品不相符，或者在包装（包括外包装件）粘贴、拴挂的化学品安全标签与包装内危险化学品不相符，或者化学品安全技术说明书、化学品安全标签所载明的内容不符合国家标准要求的；

（五）危险化学品生产企业发现其生产的危险化学品有新的危险特性不立即公告，或者不及时修订其化学品安全技术说明书和化学品安全标签的；

（六）危险化学品经营企业经营没有化学品安全技术说明书和化学品安全标签的危险化学品的；

（七）危险化学品包装物、容器的材质以及包装的型式、规格、方法和单件质量（重量）与所包装的危险化学品的性质和用途不相适应的；

（八）生产、储存危险化学品的单位未在作业场所和安全设施、设备上设置明显的安全警示标志，或者未在作业场所设置通信、报警装置的；

（九）危险化学品专用仓库未设专人负责管理，或者对储存的剧毒化学品以及储存数量构成重大危险源的其他危险化学品未实行双人收发、双人保管制度的；

（十）储存危险化学品的单位未建立危险化学品出入库核查、登记制度的；

（十一）危险化学品专用仓库未设置明显标志的；

（十二）危险化学品生产企业、进口企业不办理危险化学品登记，或者发现其生产、进口的危险化学品有新的危险特性不办理危险化学品登记内容变更手续的。

从事危险化学品仓储经营的港口经营人有前款规定情形的，由港口行政管理部门依照前款规定予以处罚。储存剧毒化学品、易制爆危险化学品的专用仓库未按照国家有关规定设置相应的技术防范设施的，由公安机关依照前款规定予以处罚。

生产、储存剧毒化学品、易制爆危险化学品的单位未设置治安保卫机构、配备专职治安保卫人员的，依照《企业事业单位内部治安保卫条例》的规定处罚。

第七十九条 危险化学品包装物、容器生产企业销售未经检验或者经检验不合格的危险化学品包装物、容器的，由质量监督检验检疫部门责令改正，处10万元以上20万元以下的罚款，有违法所得的，没收违法所得；拒不改正的，责令停产停业整顿；构成犯罪的，依法追究刑事责任。

将未经检验合格的运输危险化学品的船舶及其配载的容器投入使用的，由海事管理机构依照前款规定予以处罚。

第八十条 生产、储存、使用危险化学品的单位有下列情形之一的，由安全生产监督管理部门责令改正，处5万元以上10万元以下的罚款；拒不改正的，责令停产停业整顿直至由原发证机关吊销其相关许可证件，并由工商行政管理部门责令其办理经营范围变更登记或者吊销其营业执照；有关责任人员构成犯罪的，依法追究刑事责任：

（一）对重复使用的危险化学品包装物、容器，在重复使用前不进行检查的；

（二）未根据其生产、储存的危险化学品的种类和危险特性，在作业场所设置相关安全设施、设备，或者未按照国家标准、行业标准或者国家有关规定对安全设施、设备进行经常性维护、保养的；

（三）未依照本条例规定对其安全生产条件定期进行安全评价的；

（四）未将危险化学品储存在专用仓库内，或者未将剧毒化学品以及储存数量构成重大危险源的其他危险化学品在专用仓库内单独存放的；

（五）危险化学品的储存方式、方法或者储存数量不符合国家标准或者国家有关规定的；

（六）危险化学品专用仓库不符合国家标准、行业标准的要求的；

（七）未对危险化学品专用仓库的安全设施、设备定期进行检测、检验的。

从事危险化学品仓储经营的港口经营人有前款规定情形的，由港口行政管理部门依照前款规定予以处罚。

第八十一条 有下列情形之一的，由公安机关责令改正，可以处1万元以下的罚款；拒不改正的，处1万元以上5万元以下的罚款：

（一）生产、储存、使用剧毒化学品、易制爆危险化学品的单位不如实记录生产、储存、使用的剧毒化学品、易制爆危险化学品的数量、流向的；

（二）生产、储存、使用剧毒化学品、易制爆危险化学品的单位发现剧毒化学品、易制爆危险化学品丢失或者被盗，不立即向公安机关报告的；

（三）储存剧毒化学品的单位未将剧毒化学品的储存数量、储存地点以及管理人员的情况报所在地县级人民政府公安机关备案的；

（四）危险化学品生产企业、经营企业不如实记录剧毒化学品、易制爆危险化学品购买单位的名称、地址、经办人的姓名、身份证号码以及所购买的剧毒化学品、易制爆危险化学品的品种、数量、用途，或者保存销售记录和相关材料的时间少于1年的；

（五）剧毒化学品、易制爆危险化学品的销售企业、购买单位未在规定的时限内将所销售、购买的剧毒化学品、易制爆危险化学品的品种、数量以及流向信息报所在地县级人民政府公安机关备案的；

（六）使用剧毒化学品、易制爆危险化学品的单位依照本条例规定转让其购买的剧毒化学品、易制爆危险化学品，未将有关情况向所在地县级人民政府公安机关报告的。

生产、储存危险化学品的企业或者使用危险化学品从事生产的企业未按照本条例规定将安全评价报告以及整改方案的落实情况报安全生产监督管理部门或者港口行政管理部门备案，或者储存危险化学品的单位未将其剧毒化学品以及储存数量构成重大危险源的其他危险化学品的储存数量、储存地点以及管理人员的情况报安全生产监督管理部门或者港口行政管理部门备案的，分别由安全生产监督管理部门或者港口行政管理部门依照前款规定予以处罚。

生产实施重点环境管理的危险化学品的企业或者使用实施重点环境管理的危险化学品从事生产的企业未按照规定将相关信息向环境保护主管部门报告的，由环境保护主管部门依照本条第一款的规定予以处罚。

第八十二条 生产、储存、使用危险化学品的单位转产、停产、停业或者解散，未采取有效措施及时、妥善处置其危险化学品生产装置、储存设施以及库存的危险化学品，或者丢弃危险化学品的，由安全生产监督管理部门责令改正，处5万元以上10万元以下的罚款；构成犯罪的，依法追究刑事责任。

生产、储存、使用危险化学品的单位转产、停产、停业或者解散，未依照本条例规定将其危险化学品生产装置、储存设施以及库存危险化学品的处置方案报有关部门备案的，分别由有关部门责令改正，可以处1万元以下的罚款；拒不改正的，处1万元以上5万元以下的罚款。

第八十三条 危险化学品经营企业向未经许可违法从事危险化学品生产、经营活动的企业采购危险化学品的，由工商行政管理部门责令改正，处10万元以上20万元以下的罚款；拒不改正的，责令停业整顿直至由原发证机关吊销其危险化学品经营许可证，并由工商行政管理部门责令其办理经营范围变更登记或者吊销其营业执照。

第八十四条 危险化学品生产企业、经营企业有下列情形之一的，由安全生产监督管理部门责令改正，没收违法所得，并处10万元以上20万元以下的罚款；拒不改正的，责令停产停业整顿直至吊销其危险化学品安全生产许可证、危险化学品经营许可证，并由工商行政管理部门责令其办理经营范围变更登记或者吊销其营业执照：

（一）向不具有本条例第三十八条第一款、第二款规定的相关许可证件或者证明文件的单位销售剧毒化学品、易制爆危险化学品的；

（二）不按照剧毒化学品购买许可证载明的品种、数量销售剧毒化学品的；

（三）向个人销售剧毒化学品（属于剧毒化学品的农药除外）、易制爆危险化学品的。

不具有本条例第三十八条第一款、第二款规定的相关许可证件或者证明文件的单位购买剧毒化学品、易制爆危险化学品，或者个人购买剧毒化学品（属于剧毒化学品的农药除外）、易制爆危险化学品的，由公安机关没收所购买的剧毒化学品、易制爆危险化学品，可以并处5000元以下的罚款。

使用剧毒化学品、易制爆危险化学品的单位出借或者向不具有本条例第三十八条第一款、第二款规定的相关许可证件的单位转让其购买的剧毒化学品、易制爆危险化学品，或者向个人转让其购买的剧毒化学品（属于剧毒化学品的农药除外）、易制爆危险化学品的，由公安机关责令改正，处10万元以上20万元以下的罚款；拒不改正的，责令停产停业整顿。

第八十五条　未依法取得危险货物道路运输许可、危险货物水路运输许可，从事危险化学品道路运输、水路运输的，分别依照有关道路运输、水路运输的法律、行政法规的规定处罚。

第八十六条　有下列情形之一的，由交通运输主管部门责令改正，处5万元以上10万元以下的罚款；拒不改正的，责令停产停业整顿；构成犯罪的，依法追究刑事责任：

（一）危险化学品道路运输企业、水路运输企业的驾驶人员、船员、装卸管理人员、押运人员、申报人员、集装箱装箱现场检查员未取得从业资格上岗作业的；

（二）运输危险化学品，未根据危险化学品的危险特性采取相应的安全防护措施，或者未配备必要的防护用品和应急救援器材的；

（三）使用未依法取得危险货物适装证书的船舶，通过内河运输危险化学品的；

（四）通过内河运输危险化学品的承运人违反国务院交通运输主管部门对单船运输的危险化学品数量的限制性规定运输危险化学品的；

（五）用于危险化学品运输作业的内河码头、泊位不符合国家有关安全规范，或者未与饮用水取水口保持国家规定的安全距离，或者未经交通运输主管部门验收合格投入使用的；

（六）托运人不向承运人说明所托运的危险化学品的种类、数量、危险特性以及发生危险情况的应急处置措施，或者未按照国家有关规定对所托运的危险化学品妥善包装并在外包装上设置相应标志的；

（七）运输危险化学品需要添加抑制剂或者稳定剂，托运人未添加或者未将有关情况告知承运人的。

第八十七条　有下列情形之一的，由交通运输主管部门责令改正，处10万元以上20万元以下的罚款，有违法所得的，没收违法所得；拒不改正的，责令停产停业整顿；构成犯罪的，依法追究刑事责任：

（一）委托未依法取得危险货物道路运输许可、危险货物水路运输许可的企业承运危险化学品的；

（二）通过内河封闭水域运输剧毒化学品以及国家规定禁止通过内河运输的其他危险化学品的；

（三）通过内河运输国家规定禁止通过内河运输的剧毒化学品以及其他危险化学品的；

（四）在托运的普通货物中夹带危险化学品，或者将危险化学品谎报或者匿报为普通货物托运的。

在邮件、快件内夹带危险化学品，或者将危险化学品谎报为普通物品交寄的，依法给予治安管理处罚；构成犯罪的，依法追究刑事责任。

邮政企业、快递企业收寄危险化学品的，依照《中华人民共和国邮政法》的规定处罚。

第八十八条　有下列情形之一的，由公安机关责令改正，处5万元以上10万元以下的罚款；构成违反治安管理行为的，依法给予治安管理处罚；构成犯罪的，依法追究刑事责任：

（一）超过运输车辆的核定载质量装载危险化学品的；

（二）使用安全技术条件不符合国家标准要求的车辆运输危险化学品的；

（三）运输危险化学品的车辆未经公安机关批准进入危险化学品运输车辆限制通行的区域的；

（四）未取得剧毒化学品道路运输通行证，通过道路运输剧毒化学品的。

第八十九条　有下列情形之一的，由公安机关责令改正，处1万元以上5万元以下的罚款；构成违反治安管理行为的，依法给予治安管理处罚：

（一）危险化学品运输车辆未悬挂或者喷涂警示标志，或者悬挂或者喷涂的警示标志不符合国家标准要求的；

（二）通过道路运输危险化学品，不配备押运人员的；

（三）运输剧毒化学品或者易制爆危险化学品途中需要较长时间停车，驾驶人员、押运人员不向当地公安机关报告的；

（四）剧毒化学品、易制爆危险化学品在道路运输途中丢失、被盗、被抢或者发生流散、泄露等情况，驾驶人员、押运人员不采取必要的警示措施和安全措施，或者不向当地公安机关报告的。

第九十条　对发生交通事故负有全部责任或者主要责任的危险化学品道路运输企业，由公安机关责令消除安全隐患，未消除安全隐患的危险化学品运输车辆，禁止上道路行驶。

第九十一条　有下列情形之一的，由交通运输主管部门责令改正，可以处1万元以下的罚款；拒不改正的，处1万元以上5万元以下的罚款：

（一）危险化学品道路运输企业、水路运输企业未配备专职安全管理人员的；

（二）用于危险化学品运输作业的内河码头、泊位的管理单位未制定码头、泊位危险化学品事故应急救援预案，或者未为码头、泊位配备充足、有效的应急救援器材和设备的。

第九十二条　有下列情形之一的，依照《中华人民共和国内河交通安全管理条例》的规定处罚：

（一）通过内河运输危险化学品的水路运输企业未制定运输船舶危险化学品事故应急救援预案，或者未为运输船舶配备充足、有效的应急救援器材和设备的；

（二）通过内河运输危险化学品的船舶的所有人或者经营人未取得船舶污染损害责任保险证书或者财务担保证明的；

（三）船舶载运危险化学品进出内河港口，未将有关事项事先报告海事管理机构并经其同意的；

（四）载运危险化学品的船舶在内河航行、装卸或者停泊，未悬挂专用的警示标志，或者未按照规定显示专用信号，或者未按照规定申请引航的。

未向港口行政管理部门报告并经其同意，在港口内进行危险化学品的装卸、过驳作业的，依照《中华人民共和国港口法》的规定处罚。

第九十三条 伪造、变造或者出租、出借、转让危险化学品安全生产许可证、工业产品生产许可证，或者使用伪造、变造的危险化学品安全生产许可证、工业产品生产许可证的，分别依照《安全生产许可证条例》、《中华人民共和国工业产品生产许可证管理条例》的规定处罚。

伪造、变造或者出租、出借、转让本条例规定的其他许可证，或者使用伪造、变造的本条例规定的其他许可证的，分别由相关许可证的颁发管理机关处 10 万元以上 20 万元以下的罚款，有违法所得的，没收违法所得；构成违反治安管理行为的，依法给予治安管理处罚；构成犯罪的，依法追究刑事责任。

第九十四条 危险化学品单位发生危险化学品事故，其主要负责人不立即组织救援或者不立即向有关部门报告的，依照《生产安全事故报告和调查处理条例》的规定处罚。

危险化学品单位发生危险化学品事故，造成他人人身伤害或者财产损失的，依法承担赔偿责任。

第九十五条 发生危险化学品事故，有关地方人民政府及其有关部门不立即组织实施救援，或者不采取必要的应急处置措施减少事故损失，防止事故蔓延、扩大的，对直接负责的主管人员和其他直接责任人员依法给予处分；构成犯罪的，依法追究刑事责任。

第九十六条 负有危险化学品安全监督管理职责的部门的工作人员，在危险化学品安全监督管理工作中滥用职权、玩忽职守、徇私舞弊，构成犯罪的，依法追究刑事责任；尚不构成犯罪的，依法给予处分。

第八章 附 则

第九十七条 监控化学品、属于危险化学品的药品和农药的安全管理，依照本条例的规定执行；法律、行政法规另有规定的，依照其规定。

民用爆炸物品、烟花爆竹、放射性物品、核能物质以及用于国防科研生产的危险化学品的安全管理，不适用本条例。

法律、行政法规对燃气的安全管理另有规定的，依照其规定。

危险化学品容器属于特种设备的，其安全管理依照有关特种设备安全的法律、行政法规的规定执行。

第九十八条 危险化学品的进出口管理，依照有关对外贸易的法律、行政法规、规章的规定执行；进口的危险化学品的储存、使用、经营、运输的安全管理，依照本条例的规定执行。

危险化学品环境管理登记和新化学物质环境管理登记，依照有关环境保护的法律、行政法规、规章的规定执行。危险化学品环境管理登记，按照国家有关规定收取费用。

第九十九条 公众发现、捡拾的无主危险化学品，由公安机关接收。公安机关接收或者有关部门依法没收的危险化学品，需要进行无害化处理的，交由环境保护主管部门组织其认定的专业单位进行处理，或者交由有关危险化学品生产企业进行处理。处理所需费用由国家财政负担。

第一百条 化学品的危险特性尚未确定的，由国务院安全生产监督管理部门、国务院环境保护主管部门、国务院卫生主管部门分别负责组织对该化学品的物理危险性、环境危害性、毒理特性进行鉴定。根据鉴定结果，需要调整危险化学品目录的，依照本条例第三条第二款的规定办理。

第一百零一条 本条例施行前已经使用危险化学品从事生产的化工企业，依照本条例规定需要取得危险化学品安全使用许可证的，应当在国务院安全生产监督管理部门规定的期限内，申请取得危险化学品安全使用许可证。

第一百零二条 本条例自 2011 年 12 月 1 日起施行。

第三节 认证机构管理办法

国家质量监督检验检疫总局令 第 141 号

《认证机构管理办法》已经 2011 年 1 月 13 日国家质量监督检验检疫总局局务会议审议通过，现予公布，自 2011 年 9 月 1 日起施行。

局长 支树平

二〇一一年七月二十日

第一章 总 则

第一条 为加强对认证机构的监督管理，规范认证活动，提高认证有效性，根据《中华人民共和国认证认可条例》（以下简称认证认可条例）等有关法律、行政法规的规定，制定本办法。

第二条 本办法所称认证机构是指依法经批准设立，独立从事产品、服务和管理体系符合标准、相关技术规范要求的合格评定活动，并具有法人资格的证明机构。

第三条 在中华人民共和国境内从事认证活动，以及对认证机构的监督管理，适用本办法。

第四条 国家质量监督检验检疫总局（以下简称国家质检总局）统一负责认证机构的监督管理工作。

国家认证认可监督管理委员会（以下简称国家认监委）负责认证机构的设立和相关审批及其从业活动的监督管理工作。

省、自治区、直辖市人民政府质量技术监督部门（以下简称省级质量技术监督部门）和直属出入境检验检疫机构（以下简称直属检验检疫机构）依照本办法的规定，按照职责分工负责所辖区域内认证活动的监督管理工作。

第五条 认证机构从事认证活动应当遵循公正公开、客观独立、诚实信用的原则，维护社会信用体系。

第六条 认证机构及其人员对其从业活动中所知悉的国家秘密、商业秘密和技术秘密负有保密义务。

第二章 设立与审批

第七条 设立认证机构，应当经国家认监委批准，并依法取得法人资格后，方可从事批准范围内的认证活动。

未经批准，任何单位和个人不得从事认证活动。

第八条 设立认证机构，应当具备下列条件：

（一）具有固定的办公场所和必备设施；

（二）具有符合认证认可要求的章程和管理制度；属于认证新领域的，还应当具有可行性研究报告；

（三）注册资本不得少于人民币300万元；出资人符合国家有关法律法规以及相关规定要求，并提供相关资信证明；

（四）具有10名以上相应领域执业资格和能力的专职认证人员；

（五）认证机构董事长、总经理（主任）和管理者代表（以下统称高级管理人员）应当符合国家有关法律、法规以及国家质检总局、国家认监委相关规定要求，具备履行职务所必需的管理能力；

（六）其他法律法规规定的条件。

从事产品认证活动的认证机构，还应当具备与从事相关产品认证活动相适应的检测、检查等技术能力。

第九条 外方投资者在中国境内设立认证机构除应当具备本办法第八条规定的条件外，还应当符合下列要求：

（一）外方投资者为在中国境外具有3年以上相应领域认证从业经历的机构，具有所在国家或者地区有关当局的合法登记，无不良记录；

（二）外方投资者取得其所在国家或者地区认可机构相应领域的认可或者有关当局的承认；

（三）设立中外合资、合作经营认证机构的中国合营、合作者应当为经国家认监委批准的具有3年以上认证从业经历的认证机构或者依法取得资质认定的检查机构、实验室，并无不良从业记录；外方投资者应当符合本条第一、二项；

外方投资者在中国境内设立认证机构还应当符合有关外商投资法律、行政法规和国家有关外商投资产业指导政策等规定。

第十条 设立认证机构的审批程序：

（一）设立认证机构的申请人（以下简称申请人），应当向国家认监委提出申请，并提交符合本办法第八条、第九条规定条件的有效证明文件和材料；

（二）国家认监委应当对申请人提交的申请材料进行初步审查，并自收到申请材料之日起5日内作出受理或者不予受理申请的书面决定，对申请材料不齐全或者不符合法定形式的，应当一次性告知申请人需要补正的全部内容；

（三）国家认监委应当自受理认证机构设立申请之日起90日内，作出是否批准的决定。决定批准的，向申请人出具认证机构设立通知书，决定不予批准的，应当书面通知申请人，并说明理由；

（四）国家认监委应当根据需要组织有关专家对申请人的认证、检测等技术能力进行评审，并书面告知申请人。专家评审的时间为30日，不计算在国家认监委作出批准的期限内；

（五）申请人凭国家认监委出具的认证机构设立通知书，依法办理有关登记手续，凭依法办理的登记手续领取《认证机构批准书》；

（六）国家认监委应当向社会公告，并在其网站上公布依法设立的认证机构名录。

国家认监委实施认证机构审批工作中应当遵循资源合理配置、便利高效、公开透明的原则。

第十一条 《认证机构批准书》有效期为4年。

认证机构需要延续《认证机构批准书》有效期的，应当在《认证机构批准书》有效期届满前90日向国家认监委提出申请。

国家认监委应当对提出延续申请的认证机构按照本办法规定的设立条件和审批程序进行复查，并在《认证机构批准书》有效期届满前作出是否准予延续的决定。

第十二条 认证机构设立子公司、分公司应当依照认证机构审批程序进行，经国家认监委批准，并依法取得公司登记机关登记后，方可从事批准范围内的认证活动。

第十三条 认证机构设立子公司应当符合下列条件：

（一）认证机构从业 2 年以上，并且 2 年内无违法违规行为；

（二）子公司符合本办法第八条规定的设立条件，同时符合其他法律、行政法规的规定；

（三）子公司由认证机构全资或者控股。

第十四条 认证机构设立分公司应当符合下列条件：

（一）认证机构从业 2 年以上，并且 2 年内无违法违规行为；

（二）分公司具有固定的办公场所和必备设施；

（三）分公司具有 5 名以上相应领域执业资格和能力的专职认证人员；

（四）分公司所在地具有获得本机构认证的组织；

（五）分公司具有符合认证认可的相关管理制度；

（六）其他法律法规规定的条件。

第十五条 认证机构可以设立从事批准范围内的业务宣传和推广活动的办事机构，并自设立之日起 30 日内，中资认证机构向办事机构所在地省级质量技术监督部门备案；外商投资认证机构向办事机构所在地直属检验检疫机构备案。备案内容包括：名称、地址、负责人、业务范围、隶属认证机构等。

省级质量技术监督部门和直属检验检疫机构应当公布依法备案的办事机构名录，并向国家认监委报送所辖区域内备案的认证机构所属办事机构的名录。

第十六条 境外认证机构可以在中国境内设立从事其业务范围内的宣传和推广活动的代表机构，并自设立之日起 30 日内向国家认监委备案。备案内容包括：名称、地址、负责人、登记证明文件、国外认可机构证明文件、隶属认证机构等。

国家认监委应当公布依法备案的代表机构名录。

第十七条 认证机构通过合约方式分包境外认证机构的认证业务，应当经国家认监委批准，并承担因分包而造成的认证风险和相关责任。

申请从事分包业务的认证机构应当首先取得相应认证领域的从业批准。

第十八条 有下列情形之一的，认证机构应当依法向国家认监委申请办理相关变更手续：

（一）认证机构缩小批准业务范围的；

（二）认证机构变更法人性质、股东、注册资本的；

（三）认证机构合并或者分立的；

（四）认证机构变更名称、住所、法定代表人、高级管理人员的；

（五）认证机构发生其他重大事项变更的。

认证机构申请扩大业务范围的，认证机构应当从业 1 年以上，并且 1 年内无违法违规行为。

扩大业务范围的申请由国家认监委参照本办法第十条的规定予以办理。

第三章 行为规范

第十九条 认证机构应当公正、独立和客观开展认证活动，建立风险防范机制，对其认证活动可能引发的风险和责任，采取合理、有效措施，并承担相应的社会责任。

认证机构及其子公司、分公司、办事机构不得与认证咨询机构和认证委托人在资产、管理或者人员上存在利益关系。

第二十条 认证机构应当建立保证认证活动规范有效的质量体系，按照认证基本规范和认证规则规定的程序实施认证，并作出认证结论。

国家认监委尚未制定认证规则的，认证机构可以自行制定认证规则，并报国家认监委备案。

第二十一条 认证机构应当通过网站或者以其他形式公布其认证范围、认证规则、收费标准以及其设立的子公司、分公司和办事机构的名称、业务范围、地址等信息内容，并保证信息内容真实、有效。

第二十二条 认证机构及其分公司、子公司同时开展活动时，除应当遵守法律法规规定的责任义务外，还应当遵守以下要求：

（一）认证机构在工商注册登记的地址，为核心办公场所，统一发布和报送认证信息。

（二）认证机构有多个办公场所开展认证活动时，应当确保所有办公场所采用相同质量管理体系和程序，控制所有人员和认证过程。

第二十三条 认证机构应当建立健全认证人员管理制度，定期对认证人员的能力进行培训和评价，保证认证人员的能力持续符合要求，并确保认证审核过程中具备合理数量的专职认证人员和技术专家。

认证机构不得聘任或者使用国家法律法规禁止从事认证活动的人员。

第二十四条 认证机构应当对认证委托人委托认证的领域、产品和内容是否符合相关法律法规以及其法人资格等资质情况进行核实，根据认证委托人的规模、性质和组织及产品的复杂程度，对认证全过程进行策划，制定具体实施、检测、检查和监督等方案，并委派具有相应能力的认证人员和技术专家实施认证。

第二十五条 认证机构应当按照认证基本规范、认证规则规定的程序对认证全过程实施有效控制，确保认证和产品测试过程完整、客观、真实，并具有可追溯性，不得增加、减少或者遗漏认证程序和活动，并配备具有相应能力和专业的认证人员对上述过程进行评价。

认证机构应当制定相应程序对认证结果进行评定和有效控制，并对认证证书发放、暂停或者撤销有明确规定及评价要求。

第二十六条 认证机构应当对认证全过程做出完整记录，保留相应认证资料。记录应当真实、准确，以证实认证活动得到有效实施。记录、资料应当使用中文，归档留存时间应当与认证证书有效期一致。

第二十七条　认证机构及其认证人员应当及时做出认证结论，并保证认证结论客观、真实。认证结论经认证人员签字，由认证机构提供给认证委托人。认证机构及其认证人员应当对认证结果负责并承担相应法律责任。

第二十八条　认证机构对认证结论符合要求的，应当及时向认证委托人出具认证证书、准许使用认证标志，认证证书应当经认证机构授权的人员签发。

认证证书应当载明获证组织的名称、地址、覆盖范围或者产品、认证依据的标准或者相关技术规范、有效期等内容，认证证书所含内容应当符合认证实施的实际情况。

认证机构的认证证书式样应当在确定后30日内报国家认监委备案。

认证机构应当向公众提供查询认证证书有效性的方式。

第二十九条　经合并或者分立的认证机构应当对其发生变更之前出具的认证证书作出处理，并按照规定程序转换相关认证证书。

认证机构被注销、撤销批准资格后，持有该机构有效认证证书的获证组织，可以向经国家认监委批准的认证机构转换认证证书；受理证书转换的认证机构应该按照规定程序进行转换，并将转换结果报告国家认监委。

第三十条　认证机构应当要求获证组织在认证范围内正确使用认证证书和认证标志，对误用和未按照规定使用认证证书和认证标志的，应当采取有效的纠正措施。

第三十一条　认证机构应当按照认证基本规范、认证规则的要求对其认证的产品、服务、管理体系实施有效的跟踪监督，确定合理的监督检查频次，以保证通过认证的产品、服务、管理体系持续符合认证要求；对不能持续符合认证要求的，认证机构应当暂停或者撤销其认证证书，及时向社会公布，并采取有效措施避免无效认证证书和认证标志继续使用。

第三十二条　认证机构设立的子公司、分公司应当以认证机构的名义从事其批准范围内的认证活动，并依照本办法的规定和认证基本规范、认证规则的要求开展工作。

认证机构子公司、分公司不得以其他形式设立与认证活动有关的机构或者委托他人从事认证活动。

第三十三条　认证机构设立的办事机构和境外认证机构在中国境内设立的代表机构及人员，不得从事签订认证合同、组织现场审核（检查）、出具审核（检查）报告、实施认证决定、收取认证费用等活动，不得直接或者变相从事认证培训和认证咨询活动。

第四章　监督检查

第三十四条　国家质检总局、国家认监委对认证机构遵守认证认可条例和本办法的情况进行监督。

国家认监委负责对认证机构的运行情况进行检查，对认证结果和认证活动进行抽查，并公布检查、抽查结果和相关认证机构及获证组织名单。

第三十五条　国家认监委对认证机构实行认证业务信息报送和年度工作报告审查制度。

认证机构应当按照相关规定向国家认监委报送认证业务信息，包括：获得认证的组织详细情况、暂停或撤销认证证书情况以及与认证结果相关的业务信息情况。

国家认监委应当及时汇总认证机构报送的相关信息和数据，并予以公布。

认证机构应当于每年2月底之前将上一年度工作报告报送国家认监委，报告内容包括：从业基本情况、人员、业务状况、质量分析以及符合国家资质要求的会计师事务所出具的财务会计审计报告等。

第三十六条　各级质量技术监督部门和各地出入境检验检疫机构（以下统称地方认证监督管理部门）应当按照各自职责，定期对所辖区域的认证活动实施监督，查处认证违法行为，并建立相应的监督协调工作机制。

第三十七条　国家质检总局、国家认监委应当对省级质量技术监督部门和直属检验检疫机构实施的认证机构办事机构备案以及认证执法工作进行监督和指导。

省级质量技术监督部门应当对所属市、县质量技术监督部门实施的认证执法工作进行监督和指导。直属检验检疫机构应当对其所属分支出入境检验检疫机构实施的认证执法工作进行监督指导。

省级质量技术监督部门和直属检验检疫机构应当于每年3月底之前将上一年度所辖区域认证监督管理工作情况报送国家认监委。

第三十八条　国家认监委和地方认证监督管理部门在行政管理中发现下列问题，经调查核实后，应当给予认证机构告诫并责令其改正：

（一）设立的办事机构未向所在地省级认证监管部门备案的；

（二）境外认证机构在中国境内设立的代表机构未向国家认监委备案的；

（三）自行制定的认证规则未向国家认监委备案的；

（四）认证机构的高级管理人员违反本办法有关规定的；

（五）认证证书、认证标志未备案或者向获证组织、产品出具的证书、标志与备案证书、标志不符的。

第三十九条　国家鼓励认证机构通过认可机构的认可，以证明其实施认证的能力符合要求；法律、行政法规规定应当取得认可的，认证机构应当按照法定要求通过认可。

认可机构应当对取得认可的认证机构进行有效跟踪监督，对认证结果的符合性进行抽查。对不能持续符合认可要求的认证机构，应当作出暂停或者撤销认可资格的处理。对认可监督中发现的违法违规行为，及时报告国家认监委。

第四十条　认证认可协会应当加强认证机构的行业自

律管理工作，对认证机构遵守法律法规、履行行业自律规范的情况进行评议，发现认证机构的违法违规行为，应当及时向国家认监委报告。

第四十一条 认证机构和获证组织应当对国家认监委和地方认证监督管理部门实施的监督检查工作予以配合和协助，对有关事项的询问和调查如实提供相关材料和信息。

第四十二条 对于获证组织出现产品质量安全事故、环境污染或者职业健康安全事故以及经行政机关监督抽查中发现不符合法定要求产品的，认证机构应当根据具体情形依法暂停或者撤销认证证书，及时向国家认监委、地方认证监督管理部门以及相关部门通报，并配合有关行政机关对获证组织进行跟踪监督检查。

第四十三条 认证机构有下列情形之一的，国家认监委应当依法办理《认证机构批准书》注销手续：

（一）《认证机构批准书》有效期届满，未申请延续的；

（二）《认证机构批准书》有效期届满，经复查不符合延续批准决定的；

（三）认证机构依法终止的；

（四）法律法规规定的应当注销的其他情形。

第四十四条 有下列情形之一的，国家认监委根据利害关系人的请求或者依据职权，可以撤销对认证机构作出的批准决定：

（一）国家认监委工作人员滥用职权、玩忽职守作出批准决定的；

（二）超越法定职权作出批准决定的；

（三）违反法定程序作出批准决定的；

（四）对不具备申请资格或者不符合法定条件的申请人准予批准的；

（五）认证机构已经不具备或者不能持续符合法定条件和能力的；

（六）依法可以撤销批准决定的其他情形。

第四十五条 任何单位和个人对认证活动中的违法违规行为，有权向国家质检总局、国家认监委或者地方认证监督管理部门投诉或者举报，国家认监委或者地方认证监督管理部门应当及时调查处理，并为举报人保密。

第五章 法律责任

第四十六条 申请人隐瞒有关情况或者提供虚假材料申请认证机构设立等审批事项的，国家认监委不予受理或者不予批准，并给予警告；申请人在1年内不得再次申请设立认证机构等审批事项。

第四十七条 申请人以欺骗、贿赂等不正当手段获得认证机构设立等审批事项批准证书的，国家认监委应当撤销其批准证书；申请人在3年内不得再次申请设立认证机构。

第四十八条 认证机构未经批准，擅自设立子公司或分公司从事认证活动的，地方认证监管部门应当责令其子公司或分公司停止认证活动，处10万以上50万以下罚款，有违法所得的，没收违法所得；国家认监委给予认证机构停业整顿6个月，对负有责任的认证人员，给予停止执业1年的处罚；情节严重的，国家认监委撤销认证机构批准证书，对负有责任的认证人员，撤销其执业资格，并予公布。

第四十九条 认证机构设立的办事机构从事签订认证合同、组织现场审核（检查）、出具审核（检查）报告、实施认证决定、收取认证费用等认证活动的，地方认证监管部门应当撤销其备案，处10万元以上50万元以下罚款，有违法所得的，没收违法所得；国家认监委给予认证机构停业整顿6个月，对负有责任的认证人员，给予停止执业1年的处罚，并予公布。

第五十条 境外认证机构在中国境内设立的代表机构从事签订认证合同、组织现场审核（检查）、出具审核（检查）报告、实施认证决定、收取认证费用等认证活动的，地方认证监管部门应当责令其停止违法行为，处10万元以上50万元以下罚款，有违法所得的，没收违法所得；情节严重的，国家认监委应当撤销其备案，并予公布。

第五十一条 认证机构设立的子公司、分公司以其他形式设立机构或者委托他人从事认证活动的，地方认证监管部门应当处10万元以上50万元以下罚款，有违法所得的，没收违法所得；国家认监委撤销子公司、分公司的批准资格，并对其认证机构停业整顿6个月，对负有责任的认证人员，给予停止执业1年的处罚；情节严重的，国家认监委撤销认证机构批准证书，对负有责任的认证人员，撤销其执业资格，并予公布。

第五十二条 认证机构未经国家认监委批准，分包境外认证机构认证业务的，国家认监委应当责令其改正，给予警告；情节严重的，给予其停业整顿6个月，并予公布；对负有责任的认证人员，给予停止执业1年的处罚；有违法所得的，没收违法所得。

第五十三条 认证机构有下列情形之一的，国家认监委或者地方认证监管部门应当责令其改正，给予警告，并予以公布：

（一）专职认证人员发生变更，其数量和执业资格不符合要求的；

（二）认证机构发生变更事项，未按照规定办理变更手续的；

（三）未按时提交年度审查报告、获证组织等信息或者提交的材料失实的；

（四）其他违反本办法规定的。

第五十四条 认证机构有下列情形之一的，国家认监委或者地方认证监管部门应当责令其限期改正，逾期未改正的，可以处3万元以下罚款：

（一）对已经暂停和撤销的认证证书，未向社会公布的；

（二）未向认证委托人提供认证审核文件的；

（三）审核时间严重不足，低于认证基本规范、认证规则规定的；

（四）从事认证咨询活动的；

（五）获证组织的产品不符合相关法律法规要求或者产品生产标准未按照法定要求备案，认证机构未按照规定暂停其认证证书或者未采取其他纠正措施的；

（六）在行政机关的监督检查中，拒绝提供反映其从业活动的情况或者隐瞒有关情况、提供虚假材料的；

（七）其他违反本办法规定的。

第五十五条　认证机构有下列情形之一的，地方认证监管部门应当责令其改正，处5万元以上10万元以下罚款，有违法所得的，没收违法所得；情节严重的，国家认监委应当责令其停业整顿6个月直至撤销其批准证书，并予公布：

（一）聘用未经国家注册（确认）的人员或者使用不符合认证要求和能力的人员从事认证审核、检查活动的；

（二）增加、减少、遗漏认证基本规范、认证规则规定程序要求，认证人员未到审核现场或者未对认证委托人的纠正措施进行有效验证即出具认证证书的；

（三）内部管理混乱、多办公场所作出认证决定，导致未按照认证基本规范、认证规则的程序和要求对其认证的产品、服务、管理体系实施有效的认证或者跟踪监督，造成不良社会影响的；

（四）认证的产品、服务、管理体系不能持续符合认证要求，认证机构未按照规定暂停或者撤销认证证书，并对外公布的；

（五）其他违反认证基本规范、认证规则规定的。

第五十六条　认证机构有下列情形之一的，地方认证监管部门应当责令其改正，处10万元以上20万元以下罚款，有违法所得的，没收违法所得；情节严重的，国家认监委应当撤销其批准证书，并予公布：

（一）超出批准范围开展认证活动的；

（二）涂改、伪造《认证机构批准书》，或者以其他形式非法转让批准资格的；

（三）停业整顿期间，继续从事认证活动的；

（四）停业整顿期满后，仍未按照整改要求从事认证活动的。

第五十七条　认证机构存在出具虚假认证结论或者出具的结论严重失实的，国家认监委应当撤销其批准证书，并予公布；对直接负责的主管人员给予警告，对负有直接责任认证人员，撤销其执业资格；构成犯罪的，依法追究刑事责任；造成损失的，依法承担赔偿责任。

第五十八条　对于认证机构的其他违法行为，依照《认证认可条例》等有关法律法规予以处罚。

第五十九条　国家认监委和地方认证监管部门及其工作人员应当依法对认证活动实施监督，有滥用职权、徇私舞弊、玩忽职守等违法行为的，依法给予行政处分；构成犯罪的，依法追究刑事责任。

第六章　附　则

第六十条　香港、澳门和台湾地区的认证机构在大陆设立认证机构或者代表机构，依照本办法第二章关于境外认证机构的规定办理相关审批手续，并遵守本办法的规定。

第六十一条　本办法由国家质检总局解释。

第六十二条　本办法自2011年9月1日起施行。

第四节　全国人大常委会关于加强反恐怖工作有关问题的决定

（2011年10月29日第十一届全国人民代表大会常务委员会第二十三次会议通过）

为了加强反恐怖工作，保障国家安全和人民生命、财产安全，维护社会秩序，特就反恐怖工作有关问题作如下决定：

一、国家反对一切形式的恐怖主义，坚决依法取缔恐怖活动组织，严密防范、严厉惩治恐怖活动。

二、恐怖活动是指以制造社会恐慌、危害公共安全或者胁迫国家机关、国际组织为目的，采取暴力、破坏、恐吓等手段，造成或者意图造成人员伤亡、重大财产损失、公共设施损坏、社会秩序混乱等严重社会危害的行为，以及煽动、资助或者以其他方式协助实施上述活动的行为。

恐怖活动组织是指为实施恐怖活动而组成的犯罪集团。

恐怖活动人员是指组织、策划、实施恐怖活动的人和恐怖活动组织的成员。

三、国家反恐怖工作领导机构统一领导和指挥全国反恐怖工作。

公安机关、国家安全机关和人民检察院、人民法院、司法行政机关以及其他有关国家机关，应当各司其职、密切配合，依法做好反恐怖工作。

中国人民解放军、中国人民武装警察部队和民兵组织依照法律、行政法规、军事法规以及国务院、中央军事委员会的命令，防范和打击恐怖活动。

四、恐怖活动组织及恐怖活动人员名单，由国家反恐怖工作领导机构根据本决定第二条的规定认定、调整。

恐怖活动组织及恐怖活动人员名单，由国务院公安部门公布。

五、国务院公安部门公布恐怖活动组织及恐怖活动人员名单时，应当同时决定对涉及有关恐怖活动组织及恐怖活动人员的资金或者其他资产予以冻结。

金融机构和特定非金融机构对于涉及国务院公安部门公布的恐怖活动组织及恐怖活动人员的资金或者其他资产，应当立即予以冻结，并按照规定及时向国务院公安部门、国家安全部门和国务院反洗钱行政主管部门报告。

六、中华人民共和国根据缔结或者参加的国际条约，或者按照平等互惠原则，开展反恐怖国际合作。

七、认定恐怖活动组织及恐怖活动人员名单的具体办法，由国务院制定；冻结涉及恐怖活动资产的具体办法，由国务院反洗钱行政主管部门会同国务院公安部门、国家安全部门制定。

八、本决定自公布之日起施行。

第五节　国务院关于坚持科学发展安全发展促进安全生产形势持续稳定好转的意见

国发〔2011〕40 号

各省、自治区、直辖市人民政府，国务院各部委、各直属机构：

安全生产事关人民群众生命财产安全，事关改革开放、经济发展和社会稳定大局，事关党和政府形象和声誉。为深入贯彻落实科学发展观，实现安全发展，促进全国安全生产形势持续稳定好转，提出以下意见：

一、充分认识坚持科学发展安全发展的重大意义

（一）坚持科学发展安全发展是对安全生产实践经验的科学总结。多年来，各地区、各部门、各单位深入贯彻落实科学发展观，按照党中央、国务院的决策部署，大力推进安全发展，全国安全生产工作取得了积极进展和明显成效。“十一五”期间，事故总量和重特大事故大幅度下降，全国各类事故死亡人数年均减少约 1 万人，反映安全生产状况的各项指标显著改善，安全生产形势持续稳定好转。实践表明，坚持科学发展安全发展，是对新时期安全生产客观规律的科学认识和准确把握，是保障人民群众生命财产安全的必然选择。

（二）坚持科学发展安全发展是解决安全生产问题的根本途径。我国正处于工业化、城镇化快速发展进程中，处于生产安全事故易发多发的高峰期，安全基础仍然比较薄弱，重特大事故尚未得到有效遏制，非法违法生产经营建设行为屡禁不止，安全责任不落实、防范和监督管理不到位等问题在一些地方和企业还比较突出。安全生产工作既要解决长期积累的深层次、结构性和区域性问题，又要应对不断出现的新情况、新问题，根本出路在于坚持科学发展安全发展。要把这一重要思想和理念落实到生产经营建设的每一个环节，使之成为衡量各行业领域、各生产经营单位安全生产工作的基本标准，自觉做到不安全不生产，实现安全与发展的有机统一。

（三）坚持科学发展安全发展是经济发展社会进步的必然要求。随着经济发展和社会进步，全社会对安全生产的期待不断提高，广大从业人员“体面劳动”意识不断增强，对加强安全监管监察、改善作业环境、保障职业安全健康权益等方面的要求越来越高。这就要求各地区、各部门、各单位必须始终把安全生产摆在经济社会发展重中之重的位置，自觉坚持科学发展安全发展，把安全真正作为发展的前提和基础，使经济社会发展切实建立在安全保障能力不断增强、劳动者生命安全和身体健康得到切实保障的基础之上，确保人民群众平安幸福地享有经济发展和社会进步的成果。

二、指导思想和基本原则

（四）指导思想。坚持以邓小平理论和“三个代表”重要思想为指导，深入贯彻落实科学发展观，牢固树立以人为本、安全发展的理念，始终把保障人民群众生命财产安全放在首位，大力实施安全发展战略，紧紧围绕科学发展主题和加快转变经济发展方式主线，自觉坚持“安全第一、预防为主、综合治理”方针，坚持速度、质量、效益与安全的有机统一，以强化和落实企业主体责任为重点，以事故预防为主攻方向，以规范生产为保障，以科技进步为支撑，认真落实安全生产各项措施，标本兼治、综合治理，有效防范和坚决遏制重特大事故，促进安全生产与经济社会同步协调发展。

（五）基本原则。——统筹兼顾，协调发展。正确处理安全生产与经济社会发展、与速度质量效益的关系，坚持把安全生产放在首要位置，促进区域、行业领域的科学、安全、可持续发展。——依法治安，综合治理。健全完善安全生产法律法规、制度标准体系，严格安全生产执法，严厉打击非法违法行为，综合运用法律、行政、经济等手段，推动安全生产工作规范、有序、高效开展。——突出预防，落实责任。加大安全投入，严格安全准入，深化隐患排查治理，筑牢安全生产基础，全面落实企业安全生产主体责任、政府及部门监管责任和属地管理责任。——依靠科技，创新管理。加快安全科技研发应用，加强专业技术人才队伍和高素质的职工队伍培养，创新安全管理体制机制和方式方法，不断提升安全保障能力和安全管理水平。

三、进一步加强安全生产法制建设

（六）健全完善安全生产法律制度体系。加快推进安全生产法等相关法律法规的修订制定工作。适应经济社会快速发展的新要求，制定高速铁路、高速公路、大型桥梁隧道、超高层建筑、城市轨道交通和地下管网等建设、运行、管理方面的安全法规规章。根据技术进步和产业升级需要，抓紧修订完善国家和行业安全技术标准，尽快健全覆盖各行业领域的安全生产标准体系。进一步建立完善安全生产激励约束、督促检查、行政问责、区域联动等制度，形成规范有力的制度保障体系。

（七）加大安全生产普法执法力度。加强安全生产法制教育，普及安全生产法律知识，提高全民安全法制意识，增强依法生产经营建设的自觉性。加强安全生产日常执法、重点执法和跟踪执法，强化相关部门及与司法机关的联合执法，确保执法实效。继续依法严厉打击各类非法违法生产经营建设行为，切实落实停产整顿、关闭取缔、严格问责的惩治措施。强化地方人民政府特别是县乡级人民政府责任，对打击非法生产不力的，要严肃追究责任。

（八）依法严肃查处各类事故。严格按照“科学严谨、依法依规、实事求是、注重实效”的原则，认真调查处理每一起事故，查明原因，依法严肃追究事故单位和有关责任人的责任，严厉查处事故背后的腐败行为，及时向社会公布调查进展和处理结果。认真落实事故查处分级挂牌督办、跟踪督办、警示通报、诫勉约谈和现场分析制度，深刻吸取事故教训，查找安全漏洞，完善相关管理措施，切实改进安全生产工作。

四、全面落实安全生产责任

（九）认真落实企业安全生产主体责任。企业必须严格遵守和执行安全生产法律法规、规章制度与技术标准，依法依规加强安全生产，加大安全投入，健全安全管理机构，加强班组安全建设，保持安全设备设施完好有效。企业主要负责人、实际控制人要切实承担安全生产第一责任人的责任，带头执行现场带班制度，加强现场安全管理。强化企业技术负责人技术决策和指挥权，注重发挥注册安全工程师对企业安全状况诊断、评估、整改方面的作用。企业主要负责人、安全管理人员、特种作业人员一律经严格考核、持证上岗。企业用工要严格依照劳动合同法与职工签订劳动合同，职工必须全部经培训合格后上岗。

（十）强化地方人民政府安全监管责任。地方各级人民政府要健全完善安全生产责任制，把安全生产作为衡量地方经济发展、社会管理、文明建设成效的重要指标，切实履行属地管理职责，对辖区内各类企业包括中央、省属企业实施严格的安全生产监督检查和管理。严格落实地方行政首长安全生产第一责任人的责任，建立健全政府领导班子成员安全生产“一岗双责”制度。省、市、县级政府主要负责人要定期研究部署安全生产工作，组织解决安全生产重点难点问题。

（十一）切实履行部门安全生产管理和监督职责。健全完善安全生产综合监管与行业监管相结合的工作机制，强化安全生产监管部门对安全生产的综合监管，全面落实行业主管部门的专业监管、行业管理和指导职责。相关部门、境内投资主体和派出企业要切实加强对境外中资企业安全生产工作的指导和管理。要不断探索创新与经济运行、社会管理相适应的安全监管模式，建立健全与企业信誉、项目核准、用地审批、证券融资、银行贷款等方面相挂钩的安全生产约束机制。

五、着力强化安全生产基础

（十二）严格安全生产准入条件。要认真执行安全生产许可制度和产业政策，严格技术和安全质量标准，严把行业安全准入关。强化建设项目安全核准，把安全生产条件作为高危行业建设项目审批的前置条件，未通过安全评估的不准立项；未经批准擅自开工建设的，要依法取缔。严格执行建设项目安全设施“三同时”（同时设计、同时施工、同时投产和使用）制度。制定和实施高危行业从业人员资格标准。加强对安全生产专业服务机构管理，实行严格的资格认证制度，确保其评价、检测结果的专业性和客观性。

（十三）加强安全生产风险监控管理。充分运用科技和信息手段，建立健全安全生产隐患排查治理体系，强化监测监控、预报预警，及时发现和消除安全隐患。企业要定期进行安全风险评估分析，重大隐患要及时报安全监管监察和行业主管部门备案。各级政府要对重大隐患实行挂牌督办，确保监控、整改、防范等措施落实到位。各地区要建立重大危险源管理档案，实施动态全程监控。

（十四）推进安全生产标准化建设。在工矿商贸和交通运输行业领域普遍开展岗位达标、专业达标和企业达标建设，对在规定期限内未实现达标的企业，要依据有关规定暂扣其生产许可证、安全生产许可证，责令停产整顿；对整改逾期仍未达标的，要依法予以关闭。加强安全标准化分级考核评价，将评价结果向银行、证券、保险、担保等主管部门通报，作为企业信用评级的重要参考依据。

（十五）加强职业病危害防治工作。要严格执行职业病防治法，认真实施国家职业病防治规划，深入落实职业危害防护设施“三同时”制度，切实抓好煤（矽）尘、热害、高毒物质等职业危害防范治理。对可能产生职业病危害的建设项目，必须进行严格的职业病危害预评价，未提交预评价报告或预评价报告未经审核同意的，一律不得批准建设；对职业病危害防控措施不到位的企业，要依法责令其整改，情节严重的要依法予以关闭。切实做好职业病诊断、鉴定和治疗，保障职工安全健康权益。

六、深化重点行业领域安全专项整治

（十六）深入推进煤矿瓦斯防治和整合技改。加快建设“通风可靠、抽采达标、监控有效、管理到位”的瓦斯综合治理工作体系，完善落实瓦斯抽采利用扶持政策，推进瓦斯防治技术创新。严格控制高瓦斯和煤与瓦斯突出矿井建设项目审批。建立完善煤矿瓦斯防治能力评估制度，对不具备防治能力的高瓦斯和煤与瓦斯突出矿井，要严格按规定停产整改、重组或依法关闭。继续运用中央预算内投资扶持煤矿安全技术改造，支持煤矿整顿关闭和兼并重组。加强对整合技改煤矿的安全管理，加快推进煤矿井下安全避险系统建设和小煤矿机械化改造。

（十七）加大交通运输安全综合治理力度。加强道路长途客运安全管理，修订完善长途客运车辆安全技术标准，逐步淘汰安全性能差的运营车型。强化交通运输企业安全主体责任，禁止客运车辆挂靠运营，禁止非法改装车辆从事旅客运输。严格长途客运、危险品车辆驾驶人资格准入，研究建立长途客车驾驶人强制休息制度，持续严厉整治超载、超限、超速、酒后驾驶、高速公路违规停车等违法行为。加强道路运输车辆动态监管，严格按规定强制安装具有行驶记录功能的卫星定位装置并实行联网联控。提高道路建设质量，完善安全防护设施，加强桥梁、隧道、码头安全隐患排查治理。加强高速铁路和城市轨道交通建设运营安全管理。继续强化民航、农村和山区交通、水上交通的安全监管，特别要抓紧完善校车安全法规和标准，依法强化校车安全监管。

（十八）严格危险化学品安全管理。全面开展危险化学品安全管理现状普查评估，建立危险化学品安全管理信息系统。科学规划化工园区，优化化工企业布局，严格控制城镇涉及危险化学品的建设项目。各地区要积极研究制定鼓励支持政策，加快城区高风险危险化学品生产、储存企业搬迁。地方各级人民政府要组织开展地下危险化学品输送管道设施安全整治，加强和规范城镇地面开挖作业管理。继续推进化工装置自动控制系统改造。切实加强烟花爆竹和民用爆炸物品的安全监管，深入开展“三超一改”（超范围、超定员、超药量和擅自改变工房用途）和礼花弹等高危产品专项治理。

（十九）深化非煤矿山安全整治。进一步完善矿产资源开发整合常态化管理机制，制定实施非煤矿山主要矿种最小开采规模和最低服务年限标准。研究制定充填开采标准和规定。积极推行尾矿库一次性筑坝、在线监测技术，搞好尾矿综合利用。全面加强矿井安全避险系统建设，组织实施非煤矿山采空区监测监控等科技示范工程。加强陆地和海洋石油天然气勘探开采的安全管理，重点防范井喷失控、硫化氢中毒、海上溢油等事故。

（二十）加强建筑施工安全生产管理。按照“谁发证、谁审批、谁负责”的原则，进一步落实建筑工程招投标、资质审批、施工许可、现场作业等各环节安全监管责任。强化建筑工程参建各方企业安全生产主体责任。严密排查治理起重机、吊罐、脚手架等设施设备安全隐患。建立建筑工程安全生产信息系统，健全施工企业和从业人员安全信用体系，完善失信惩戒制度。建立完善铁路、公路、水利、核电等重点工程项目安全风险评估制度。严厉打击超越资质范围承揽工程、违法分包转包工程等不法行为。

（二十一）加强消防、冶金等其他行业领域的安全监管。地方各级人民政府要把消防规划纳入当地城乡规划，切实加强公共消防设施建设。大力实施社会消防安全“防火墙”工程，落实建设项目消防安全设计审核、验收和备案抽查制度，严禁使用不符合消防安全要求的装修装饰材料和建筑外保温材料。严格落实人员密集场所、大型集会活动等安全责任制，严防拥挤踩踏事故。加强冶金、有色等其他工贸行业企业安全专项治理，严格执行压力容器、电梯、游乐设施等特种设备安全管理制度，加强电力、农机和渔船安全管理。

七、大力加强安全保障能力建设

（二十二）持续加大安全生产投入。探索建立中央、地方、企业和社会共同承担的安全生产长效投入机制，加大对贫困地区和高危行业领域倾斜。完善有利于安全生产的财政、税收、信贷政策，强化政府投资对安全生产投入的引导和带动作用。企业在年度财务预算中必须确定必要的安全投入，提足用好安全生产费用。完善落实工伤保险制度，积极稳妥推行安全生产责任保险制度，发挥保险机制的预防和促进作用。

（二十三）充分发挥科技支撑作用。整合安全科技优势资源，建立完善以企业为主体、以市场为导向、产学研用相结合的安全技术创新体系。加快推进安全生产关键技术及装备的研发，在事故预防预警、防治控制、抢险处置等方面尽快推出一批具有自主知识产权的科技成果。积极推广应用安全性能可靠、先进适用的新技术、新工艺、新设备和新材料。企业必须加快国家规定的各项安全系统和装备建设，提高生产安全防护水平。加强安全生产信息化建设，建立健全信息科技支撑服务体系。

（二十四）加强产业政策引导。加大高危行业企业重组力度，进一步整合浪费资源、安全保障低的落后产能，加快淘汰不符合安全标准、职业危害严重、危及安全生产的落后技术、工艺和装备。地方各级人民政府要制定相关政策，遏制安全水平低、保障能力差的项目的建设和延续。对存在落后技术设备、构成重大安全隐患的企业，要予以公布，责令其限期整改，逾期未整改的依法予以关闭。把安全产业纳入国家重点支持的战略产业，积极发展安全装备融资租赁业务，促进企业加快提升安全装备水平。

（二十五）加强安全人才和监管监察队伍建设。加强安全科学与工程学科建设，办好安全工程类高等教育和职业教育，重点培养中高级安全工程与管理人才。鼓励高等院校、职业学校进一步落实完善校企合作办学、对口单招、订单式培养等政策，加快培养高危行业专业人才和生产一线急需技能型人才。加快建设专业化的安全监管监察队伍，建立以岗位职责为基础的能力评价体系，加强在岗人员业务培训。进一步充实基层监管力量，改善监管监察装备和条件，创新安全监管监察机制，切实做到严格、公正、廉洁、文明执法。

八、建设更加高效的应急救援体系

（二十六）加强应急救援队伍和基地建设。抓紧7个国家级、14个区域性矿山应急救援基地建设，加快推进重点行业领域的专业应急救援队伍建设。县级以上地方人民政府要结合实际，整合应急资源，依托大型企业、公安消防等救援力量，加强本地区应急救援队伍建设。建立紧急医学救援体系，提升事故医疗救治能力。建立救援队伍社会化服务补偿机制，鼓励和引导社会力量参与应急救援。

（二十七）完善应急救援机制和基础条件。健全省、市、县及中央企业安全生产应急管理体系，加快建设应急平台，完善应急救援协调联动机制。建立健全自然灾害预报预警联合处置机制，加强安监、气象、地震、海洋等部门的协调配合，严防自然灾害引发事故灾难。建立完善企业安全生产动态监控及预警预报体系。加强应急救援装备建设，强化应急物资和紧急运输能力储备，提高应急处置效率。

（二十八）加强预案管理和应急演练。建立健全安全生产应急预案体系，加强动态修订完善。落实省、市、县三级安全生产预案报备制度，加强企业预案与政府相关应急预案的衔接。定期开展应急预案演练，切实提高事故救援实战能力。企业生产现场带班人员、班组长和调度人员在遇到险情时，要按照预案规定，立即组织停产撤人。

九、积极推进安全文化建设

（二十九）加强安全知识普及和技能培训。加强安全教育基地建设，充分利用电视、互联网、报纸、广播等多种形式和手段普及安全常识，增强全社会科学发展、安全发展的思想意识。在中小学广泛普及安全基础教育，加强防灾避险演练。全面开展安全生产、应急避险和职业健康知识进企业、进学校、进乡村、进社区、进家庭活动，努力提升全民安全素质。大力开展企业全员安全培训，重点强化高危行业和中小企业一线员工安全培训。完善农民工向产业工人转化过程中的安全教育培训机制。建立完善安全技术人员继续教育制度。大型企业要建立健全职业教育和培训机构。加强地方政府安全生产分管领导干部的安全培训，提高安全管理水平。

（三十）推动安全文化发展繁荣。充分利用社会资源和市场机制，培育发展安全文化产业，打造安全文化精品，促进安全文化市场繁荣。加强安全公益宣传，大力倡导“关注安全、关爱生命”的安全文化。建设安全文化主题公园、主题街道和安全社区，创建若干安全文化示范企业和安全发展示范城市。推进安全文化理论和建设手段创新，构建自我约束、持续改进的长效机制，不断提高安全文化建设水平，切实发挥其对安全生产工作的引领和推动作用。

十、切实加强组织领导和监督

（三十一）健全完善安全生产工作格局。各地区要进一步健全完善政府统一领导、部门依法监管、企业全面负责、群众参与监督、全社会广泛支持的安全生产工作格局，形成各方面齐抓共管的合力。要切实加强安全生产工作的组织领导，充分发挥各级政府安全生产委员会及其办公室的指导协调作用，落实各成员单位工作责任。县级以上人民政府要依法健全完善安全生产、职业健康监管体系，安全生产任务较重的乡镇要加强安全监管力量建设，确保事有人做、责有人负。

（三十二）加强安全生产绩效考核。把安全生产考核控制指标纳入经济社会发展考核评价指标体系，加大各级领导干部政绩业绩考核中安全生产的权重和考核力度。把安全生产工作纳入社会主义精神文明和党风廉政建设、社会管理综合治理体系之中。制定完善安全生产奖惩制度，对成效显著的单位和个人要以适当形式予以表扬和奖励，对违法违规、失职渎职的，依法严格追究责任。

（三十三）发挥社会公众的参与监督作用。推进安全生产政务公开，健全行政许可网上申请、受理、审批制度。落实安全生产新闻发布制度和救援工作报道机制，完善隐患、事故举报奖励制度，加强社会监督、舆论监督和群众监督。支持各级工会、共青团、妇联等群众组织动员广大职工开展群众性安全生产监督和隐患排查，落实职工岗位安全责任，推进群防群治。

国务院

二〇一一年十一月二十六日

第六节 公安部 国家文物局关于进一步加强博物馆安全工作的通知

公通字〔2011〕33 号

各省、自治区、直辖市公安厅、局，文物局（文化厅），新疆生产建设兵团公安局：

近年来，各地文物主管部门和公安机关密切配合，认真开展博物馆安全保卫工作，确保了全国博物馆安全形势总体稳定。但是，自今年以来，全国连续发生3起博物馆文物被盗、被抢案件。1月28日，3名犯罪分子闯入湖北省黄冈博物馆，打晕值班人员，抢走战国时期青铜器3件（案件已破）；2月10日，江苏省如皋市博物馆16件文物被盗，案件至今未破；5月8日，故宫博物院9件参展文物被盗（案件已破），引起了社会对博物馆安全的广泛关注。针对当前博物馆安全工作面临的严峻形势，为进一步加强博物馆安全管理工作，确保馆藏文物安全，现将有关要求通知如下：

一、高度重视，进一步强化博物馆安全工作

文物是中华民族的宝贵遗产，博物馆是集中收藏、展示文物的重要场所，目前我国经文物行政部门审核备案的博物馆共有3020座，馆藏文物2700多万件。做好博物馆安全工作，确保文物安全，对弘扬民族文化，传承中华文明具有重要意义。当前我国正处于经济转轨、社会转型的重要时期。部分犯罪分子受社会上一夜暴富思想的影响，在倒卖文物高额利润的刺激下，必然会将作案目标投向文物大量集中的各类博物馆。涉及博物馆的案件往往案情重大、社会关注度高，有的还可能引发炒作，产生不良社会影响。各地文物主管部门和公安机关要充分认识做好博物馆安全工作的重要性和面临形势的严峻性，认真分析研究当前文物安全工作中出现的新情况、新问题，针对工作中存在的薄弱环节，进一步加强组织领导，强化工作措施，落实工作责任，认真履行各项安全管理职能，扎扎实实抓好博物馆各项安全措施的落实，切实保障博物馆及馆藏文物安全。

二、明确安全责任，进一步强化博物馆内部安全管理措施

博物馆主要领导作为博物馆安全的第一责任人，要依法履行安全职责，切实把博物馆安全作为首要任务来抓，严格按照《企业事业单位内部治安保卫条例》的规定，把博物馆治安保卫工作纳入单位内部管理目标，建立健全各项安全管理制度，落实人防、物防、技防等安全措施。要依据相关法规和本馆实际，建立健全门卫、值班、巡逻、文物保管、安全检查、突发事件应急管理、安防设施设备维护监测、安全案件报告、安全隐患整改、安全教育培训等各项安全保卫制度和操作程序。要建立馆领导夜间馆内带班制度，带班期间不得脱岗。要建立检查考核机制，确保各项安全制度落实到具体工作岗位和具体工作环节。

三、严格安全监管，进一步排查整治安全隐患

各地文物主管部门和公安机关要切实履行安全监管职责，督促指导博物馆加强和完善安全保卫基础工作。各省级文物主管部门要严格按照《博物馆管理办法》（文化部令第35号）的规定，严把博物馆设立审核关口，凡不符合国家安全规定的，不得批准设立博物馆。各地文物主管部门和公安机关要切实加强博物馆安全保卫人员的教育培训，全面提高辖区内博物馆安全保卫队伍的安全防范技能；要指导各博物馆建立健全应急管理机制，分类制定各类突发案（事）件的应急预案，并每半年组织一次应急演练，提高各博物馆自身应对突发事件的能力；要对博物馆安全保卫工作实施定期和不定期安全检查，发现安全隐患和管理漏洞要及时提出整改意见，对重大安全隐患要实施挂牌跟踪督办，直至彻底整改。今年年底之前，各地公安机关和文物主管部门要联合开展对核定为三级以上风险单位的博物馆安全大检查，并认真填写上报《博物馆安全情况检查统计表》（见附件），对发现的安全隐患要实行定单位、定人员、定责任、定时限，明确整改要求，逐一跟踪督办，整改不到位的，要暂停开放。公安部将会同国家文物局对核定为一级风险单位的博物馆安全情况进行抽查。

四、推动风险等级达标，进一步提高博物馆安全技术防范水平

各级文物主管部门和公安机关要按照《文物系统博物馆风险等级和安全防护级别的规定》（GA27－2002）和国务院办公厅《关于保留部分非行政许可审批项目的通知》（国办发〔2004〕62号）的有关要求，认真组织开展博物馆风险等级的评定和达标工作。评定公布为一级风险单位的博物馆技防工程方案由省级公安机关审核后，报公安部审批并组织验收；评定公布为二、三级风险单位的博物馆技防工程方案，报省级公安机关审批并组织验收；利用全国重点文物保护单位建立的博物馆，技防工程方案在报国家文物局审核同意后送公安机关审批；利用省级以下文物保护单位建立的博物馆，技防工程方案在报省级文物行政部门审核同意后送公安机关审批。各地公安机关和文物主管部门要加强博物馆安全防范技术工程施工监管，确保工程质量和安全防范系统效能。对未经公安机关组织审核的技防工程方案不得施工；对未经公安机关审批验收的博物馆不得对外开放。要认真落实博物馆报警系统与公安机关联网工作，核定为三级以上风险单位的博物馆要逐步实现与当地公安机关的报警联动，实现一键报警。

五、实施综合治理，进一步完善馆藏文物安全长效工作机制

各地文物主管部门和公安机关要针对本地实际情况，认真研究建立博物馆安全防范长效机制，形成防范文物违法犯罪的合力；要建立联席会议制度，定期分析研判博物馆安全形势，有针对性地落实防范措施。各级文物主管部门要加大文物安全投入，不断提高博物馆人防、物防、技防水平，全面增强博物馆自身安全防范能力。各地公安机关要针对当地博物馆安全形势，强化侦查破案，严厉打击馆藏文物犯罪活动；要进一步加强巡逻防控工作，加大巡逻密度，提高博物馆周边治安防控工作水平；对文物犯罪活动突出的地方要适时组织开展专项整治，对接报的各类涉及博物馆的案（事）件要及时出警，依法妥善处置，对重大文物案件，上级公安机关要进行督办，限期破案。

各地有关工作情况及《博物馆安全情况检查统计表》，请于12月底前报公安部和国家文物局。

附件：《博物馆安全情况检查统计表》（略）

公　安　部
国家文物局
二〇一一年八月三十日

第七节　科技部关于组织申报2012年度国家星火计划火炬计划 重点新产品计划和软科学研究计划等计划项目的通知

国科发计〔2011〕528号

各省、自治区、直辖市及计划单列市、副省级城市科技厅（委、局），新疆生产建设兵团科技局，国务院各有关部委科技主管部门，各有关单位：

根据“十二五”国家科技计划工作总体部署，为切实组织好2012年度国家星火计划、火炬计划、重点新产品计划和软科学研究计划项目申报工作，现将有关要求通知如下：

一、请各单位在总结历年工作经验的基础上，按照各计划的具体申报要求（见附件），认真做好组织申报工作。

二、2012年度国家星火计划、火炬计划、重点新产品计划和软科学研究计划通过国家科技计划项目申报中心（以下简称“申报中心”，域名http：//program. most. gov. cn）实行网上统一申报。

（一）申请单位操作流程

1. 注册。申请单位需要在申报中心网站进行注册，具体注册及审核过程请认真阅读网站说明，并按照有关要求将相关审核资料寄送至科技部信息中心。科技部信息中心收到资料后，将在2个工作日内完成对单位注册信息的审核。

往年已经在申报中心登记注册的申报单位；仍用原单位管理员账号和密码登录，不需要重新注册。

2. 在线填写申请材料。根据申请材料填写说明，在网上认真填写，确认无误后在线提交至申报部门。

（二）申报部门操作流程

各地方科技厅（委、局）和国务院各有关部委科技司（局）登录申报中心网站，受理申请单位电子文档，对申请单位上报材料进行形式审查，并对有关文件、数据认真核对、审查。在报送书面申报材料的同时，将拟推荐的项目通过申报中心进行网上推荐。

（三）纸质材料须与电子数据内容一致。申报书可从系统中打印，申报材料按要求顺序装订

申报中心随时公布最新的申报注意事项及工作动态，请及时查询。技术支持联系方式如下：

电话：010－88659000（中继线），010－51292636

传真：010－68522908、68528068、68529028、68523396、68521776

邮箱：program@ most. cn

三、各项目推荐单位书面申报材料寄送和网上推荐截止时间为2011年12月5日，申报单位填报项目截止时间由各项目推荐单位根据实际工作进展情况自行决定。由于报送时间相对集中，请各单位做好组织工作，避免网络拥堵。

四、各单位计划综合管理部门要加强管理和协调；严格把关，杜绝项目多头申报。

特此通知。

附件：1. 2012年度国家星火计划项目申报要求

2. 2012 年度国家火炬计划项目申报要求

3. 2012 年度国家重点新产品计划项目申报要求

4. 2012 年度国家软科学研究计划项目申报要求

附件 1：

2012 年度国家星火计划项目申报要求

2012 年国家星火计划以服务农村经济建设和社会发展为主题，以加快农村经济发展方式转变为主线，着力推进农村科技创新创业，加快科技成果向农村转移，加强农村基层科技工作，推动农村民生改善，为“三化同步”和城乡统筹发展提供科技支撑。

一、优先技术领域

2012 年星火计划重点围绕高附加值农村区域优势特色主导产业发展，加强与国家 863 计划、国家科技支撑计划等主体科技计划的科研成果的衔接，聚焦先进适用技术集成应用和产业化示范。本年度优先支持的技术领域为：(1) 生物种业；(2) 农业与农村信息化；(3) 农产品储运与加工；(4) 现代林业；(5) 海洋农业；(6) 畜禽健康养殖与疫病防控；(7) 循环农业与生态环境建设；(8) 设施农业与节水农业；(9) 名优特农作物高效安全生产；(10) 农村民生。

二、重点支持方向

(一) 加强农村科技创业链建设。围绕区域优势特色产业发展，加快培育农村科技创业链，着力建设一批农村高附加值优势特色产业与创业链，有效提升星火龙头企业创新创业能力，培育区域创新产业与县域经济新的增长点。支持科技特派员创业，鼓励科技特派员进入产业链的各个环节，促进一、二、三产融合的创业和配套服务，形成“风险共担，利益共享”的创业机制，以创业带动农村劳动力的转移和广泛就业。支持科技特派员培训基地建设，搭建农村科技创业服务平台，完善农村科技创业政策，营造以市场为基础、以科技创新为动力、以产业链为纽带的农村创新创业环境。

(二) 推进农村信息化和新型科技服务体系建设。按照“平台上移、服务下延”的总体要求，促进“三网融合”，推动农村科技信息资源集成与应用示范，加强星火科技 12396 信息综合服务，推进农村信息化试点省工作，提高面向农村科技创业的科技信息服务能力。适应现代市场经济发展需要，支持“三位一体”农村科技服务体系发展，引导科技人员深入基层开展创新创业技术服务。支持科技进步示范县（市）实施区域特色优势产业或支柱产业技术开发和规模化应用项目，推动县域经济又好又快发展，带动农民增收致富。

(三) 加强新农村建设科技试点，提高科技促进改善农村民生的能力。按照城乡一体化发展要求，围绕提高农民生活质量、促进农民营养健康及饮水安全、农村新能源开发、农村污水与废弃物处理、农村社区建设、人居环境改善、农业生态环境等民生关键技术需求，开展新农村建设科技试点，强化新农村建设先进适用技术及产品集成示范。

(四) 加快国家农业科技园区建设，创新现代农业发展模式。加强现代农业技术集成创新，发挥国家农业科技园区在现代农业产业体系建设中的创业基地功能、培训基地功能和示范带动功能。通过国家农业科技园区建设，积极探索适合我国国情的现代农业发展模式，探求我国农业产业现代化发展规律，提高农业应对战略性、蓄积性、突发性事件的应变能力，深入探索并总结既适合我国国情又符合世贸组织规则的政府运作模式。

(五) 加强科技扶贫开发，探索科技扶贫长效机制。针对老少边穷及干旱半干旱、喀斯特等典型生态脆弱区经济社会发展、生态建设中的关键问题，以典型国家级贫困县为重点，开展科技集成示范、实用技术推广，促进区域优势特色产业发展，改善贫困地区民生和生态环境；加强科技培训和基层科技能力建设，增强贫困地区自我发展能力，探索科技扶贫的长效机制和模式，为全国扶贫工作提供有益经验。

(六) 推动农村中小企业技术创新，促进农村特色优势产业发展。以优良新品种、农产品增值和流通、环保型肥料和农药创制、废弃物资源化或能源化利用、农业装备与设施、农业生物等技术为重点，加快先进适用科技成果转化、应用和推广，推动产学研有机结合，为农村中小企业技术创新与转型升级提供支撑。扶持、培育一批区域优势、特色产业集群，促进星火产业带和技术密集区发展，实现农村经济由资源消耗、环境污染型转向技术内生推动、资源集约利用式发展。

三、项目组织方式

(一) 推荐单位

国家有关部门科技司，各省、自治区、直辖市、计划单列市和新疆生产建设兵团科技厅（委、局）为 2012 年国家星火计划备选项目推荐单位。

(二) 项目类型

2012 年国家星火计划备选项目分为重大项目和面上项目两类，项目实施期 2~3 年。评审通过的项目将纳入“十二五”国家科技计划农村领域项目库管理。国家星火计划将结合战略发展需要，对入库项目择优立项支持。

1. 关于重大项目

重大项目是指符合国家重点战略需求，对农村经济、社会、生态、民生等事业发展中具有重大普惠性和实际意义的应用型科技项目，必须具备覆盖面广、可持续发展后劲强、普惠“三农”意义大、科技创业效果好并有利于产学研联盟机制形成和巩固等特点。重大项目可下设 3~10 个课题，各省（自治区、直辖市、新疆生产建设兵团）推荐的重大项目申请经费每项不超过 600 万元，计划单列市推荐的项目申请经费每项不超过 300 万元。课题申请经费原则上每项 70 万~100 万元。

重大项目推荐数量要求如下：

(1) 各省（区、市、兵团）和计划单列市，可组织推荐 1 个重大项目，其课题应来源于科技特派员、农业科技园区、科技进步示范县（市）、科技扶贫等专项工作。其中，科特派工作的课题，每个省（市、区）3~4 个（每个科特派培训基地、国家级科技特派员创业链各申报 1 个，已获得支持的创业链不再申报）、计划单列市 1 个，优先安排 2010 年科技特派员创业大赛获奖项目；每个国家农业科技园区申报 1 个；科技兴县（市）工作按照已批复的科技示范县（市）数量的 1/4 左右推荐课题（已经获得支持的暂不追加支持）；各科技扶贫重点地区结合区域特色产业发展需要推荐3个课题。

（2）对已经评审入库的星火产业联盟重大项目，允许各省级科技管理部门根据本地实际情况进行适当调整。各地方2012年度星火产业联盟重大项目推荐数目请查询申报中心星火计划申报要求附件。所列推荐指标包括已入库项目。需调整的入库项目须在推荐函中进行明确说明，并重新填报项目申报书和可行性报告。不需调整的入库项目，无须再填报项目申报书及可行性报告。

2. 关于面上项目

面上项目是指符合行业和地方发展战略需求，受到国家政策鼓励引导，有利于地方农村经济、生态、社会、民生、环境改善的成熟适用型科技项目。面上项目由各推荐单位组织申报，数量原则不超过2011年引导项目的推荐数量。

3. 部门和扶贫项目

有关部门结合行业服务“三农”优势，按惯例推荐。

四、项目组织要求

（一）推荐条件

1. 符合国家产业政策、技术政策和行业发展有关规定；

2. 项目所涉及的技术成熟，具有较强的开发和应用前景，有利于农业和农村可持续发展；

3. 项目申报主体必须为具有独立法人资格的企事业单位和社团法人单位，不能为行政部门；

4. 跨区域的项目，以企业为主体、产学研联合申报的项目，具有核心知识产权的项目优先；

5. 项目牵头单位应具备组织协作单位共同完成项目任务的能力和资质。

（二）项目组织申报程序

重大项目须填报《国家星火计划项目申报书》、《国家星火计划项目可行性报告》，每一课题均须单独填报《国家星火计划项目课题可行性研究报告》。项目牵头单位除填报重大项目申报书与可行性报告外，还应根据本单位独立承担的课题任务填写相应的可行性报告。

面上项目只须填报《国家星火计划项目申报书》。各推荐单位审核论证后，通过申报中心将电子版报送科技部，纸质文件不需报送。各推荐单位还须向科技部报送推荐意见（加盖公章）和推荐项目汇总表（每页均须加盖公章）各一份。推荐意见应写明申报总体情况和组织审核论证的过程等。推荐项目汇总表须按推荐顺序排列并标注项目名称、申报（牵头）单位、项目类型、项目类别、支持方式、技术领域、课题名称与类型、申请经费等。

各类表格在申报中心或星火网（http：//www. cnsp. org. cn）下载。

（三）联系方式

1. 项目推荐材料寄送地址：北京市西城区三里河路54号，科技部农村中心星火与信息处（邮编：100045）。

2. 项目申报咨询电话。

科技部农村中心：陈永红、于双民，010－68510207，68514065。

科技部农村司：肖立春、秦卫东、王亚武，010－58881400，58881412，58881424，58881425。

3. 有关科特派、科技扶贫与农业园区、科技进步示范县（市）项目请咨询科技部农村中心科技扶贫与科普处、地方科技工作处。

电话：010－68527338，68588414，68511850，68529737。

附件2：

2012年度国家火炬计划项目申报要求

根据“十二五”国家科技计划总体部署，为落实《关于进一步加强火炬工作、促进高新技术产业化的指导意见》，2012年火炬计划分为面上项目和重大项目。现就申报工作提出如下要求。

一、申报方向

（一）面上项目

面上项目是指符合行业和地方发展需求，服务行业和地方发展、支撑行业和地方重点产业发展的高新技术产业化及其环境建设项目。面上项目分为产业化环境建设、产业化示范两个方向。

1. 产业化环境建设项目

高新区和基地。重点支持国家高新区、高新技术产业化基地、国家火炬计划特色产业基地、国家火炬计划软件产业基地和科技兴贸创新基地内围绕产业集群技术升级，开展的关键及共性技术研发平台建设和公共服务平台建设等。

科技中介机构。支持生产力促进中心服务产业集群、服务基层科技专项行动的实施；支持科技企业孵化器、国家大学科技园公共技术服务体系建设；支持中国创新驿站站点服务能力提升；支持高新技术产业化培训、科技金融、成果推广应用的平台建设。

2. 产业化示范项目

高新技术产业化示范。支持属于国家鼓励发展的重点振兴产业和战略性新兴产业领域，对“转方式、调结构”及地方产业优化升级有带动和示范效应的高新技术项目，有自主知识产权、推动产学研结合的科技成果产业化项目。

科技兴贸示范。支持具有自主知识产权和自主品牌，面向东盟、中亚、独联体、非洲等新兴市场以及其他国际市场，未来能形成较强国际竞争力、技术含量高、能够促进我国外贸增长方式转变和结构调整的科技兴贸出口示范项目。

（二）重大项目

重大项目是指符合国家重点战略需求，对行业和地方高新技术产业化发展有较强带动作用的项目。分为创新型产业集群和科技服务体系两个方向。

1. 创新型产业集群

支持国家高新区的创新型产业集群，支持集群企业创新发展，支持建立企业、研发机构、技术服务平台、科技中介机构有机结合的内在机制。支持领域包括节能环保产业、新一代信息技术产业、生物产业、高端装备制造产业、新能源产业、新材料产业和新能源汽车产业的企业及产业链配套企业。

2. 科技服务体系

支持区域科技服务体系发展，支持研发设计和技术转移、科技创业支撑、产业促进、人才培训、科技金融等服务平台建设；支持中国创新服务网络（中国创新驿站）的国家站点、区域站点、基层站点建设。

二、申报条件

（一）基本条件

申报单位应是在中华人民共和国境内注册、具有独立法人资格的企事业单位。

（二）其他条件

1. 产业化环境建设

申报高新区和基地方向项目的单位，应是国家高新区、国家高新技术产业化基地、国家火炬计划特色产业基地、国家火炬计划软件产业基地、科技兴贸创新基地内的服务机构。

申报科技中介机构方向项目的单位，应是国家级示范生产力促进中心、国家级科技企业孵化器、国家大学科技园、国家技术转移示范机构、企业国际化发展机构、科技金融服务机构。

2. 产业化示范

申报高新技术产业化示范方向项目的单位，应是地方科技部门重点支持的企业和国家火炬计划重点高新技术企业。

申报科技兴贸示范项目的单位，应是地方科技部门重点支持的企业和国家火炬计划重点高新技术企业；申报的项目产品已出口且出口规模不超过500万美元。

3. 创新型产业集群

申报单位应在经批准开展试点的创新型产业集群内。

4. 科技服务体系

申报单位应在经批准开展科技服务体系火炬创新工程试点地区内的科技中介机构。

原则上应是国家级示范生产力促进中心、国家级科技企业孵化器、国家大学科技园、国家技术转移示范机构、企业国际化发展机构以及相关金融机构等。

三、申报组织

（一）面上项目

（1）产业化环境建设项目通过地方科技厅（委、局）推荐申报。

（2）产业化示范项目由地方科技厅（委、局）组织专家评审后择优推荐上报。推荐项目数量原则上不超过本省（区、市）2011年度火炬计划产业化示范项目的立项数。

（3）产业化环境建设、产业化示范项目是由国务院有关部门管理的机构承担的，也可通过国务院有关部门科技主管司局申报。

（4）原则上同一单位当年度只能申报一项面上项目。同一项目不得以相同或不同名称重复申报或多头申报科技部当年度其它政策引导类计划。

（5）正在承担国家火炬计划重点项目但尚未完成验收的单位原则上不得申报面上项目。

（二）重大项目

1. 创新型产业集群项目

被认定为创新型产业集群建设试点的国家高新区管理机构或地市级科技部门负责提出项目建议，组织编写项目申报书和概算说明书，每个集群各推荐1个项目。

省级科技部门负责组织本辖区内的项目推荐，审核项目申报书和概算说明书，并出具推荐函。

2. 科技服务体系项目

被认定为科技服务体系火炬创新工程试点的国家高新区管理机构或地市级科技部门负责提出项目建议，组织编写项目申报书和概算说明书，每个单位各推荐1个项目。

省级科技部门负责组织本辖区内的项目推荐，审核项目申报书和概算说明书，并出具推荐函。

四、支持方式

（一）面上项目

产业化环境建设项目。择优给予国拨经费支持，省级科技部门和承担单位主管部门给予经费匹配。项目实施期限为2～3年。

产业化示范项目。以示范、引导为重点，科技部将与地方科技行政管理部门合作，提供市场推广、培训、国际化、信息化、宣传等服务。项目实施期限为2～3年。

（二）重大项目

创新型产业集群项目。国拨经费原则上不超过1000万元，子项目的国拨经费原则上不超过300万元。项目实施周期原则上为3年。

科技服务体系项目。国拨经费原则上不超过1000万元，子项目的国拨经费原则上不超过200万元。项目实施周期原则上为3年。

五、申报流程

国家火炬计划项目的申报采用电子数据和书面材料相结合的方式。

（一）面上项目

申请单位按要求进行网上注册并填写申报材料。地方或行业科技部门受理并审查后，报送以下材料：项目报送函、面上项目汇总表、国家火炬计划项目地方推荐意见（请附在项目申请材料内）、申报纸质材料（一式两份，加盖公章）、申报项目电子汇总数据。其中，报送函报高新司1份、火炬中心5份；其余材料报送火炬中心。

（二）重大项目

1. 国家高新区管理机构或地市级科技部门在申报中心进行注册备案后登陆申报系统，按相应格式填写项目申报书和概算说明书。报经省级科技部门审核后，将网上生成的推荐书打印2份（A4纸，均为正本），装订成册，并由国家高新区管理机构或地市级科技部门、省级科技部门分别加盖公章。

2. 省级科技部门将正式推荐函和项目申报书、概算说明书纸质材料一并报送科技部。其中，推荐函报送高新司1份、火炬中心5份；项目申报书、概算说明书一式2份，报送火炬中心。

六、联系方式及技术咨询

（一）申报受理

1. 科技部高新司

电话：010－58881566、58881560。

地址：北京市海淀区复兴路乙15号（邮编：100862）。

2. 科技部火炬中心

电话：010－68598035、68511564。

地址：北京市三里河路54号北京2143信箱，科技部火炬高技术产业开发中心综合计划处（邮编：100045）。

（二）软件及网上申报咨询

1. 科技部火炬中心电话：010－63923599

2. 科技部信息中心 010－88659000（中继线），51292636，

68522908（传真）

附件3：

2012年度国家重点新产品计划项目申报要求

根据国家科技计划总体安排部署，2012年度国家重点新产品计划（以下简称新产品计划）重点围绕培育和发展国家战略性新兴产业，继续加大对拥有自主知识产权、技术含量高的创新产品支持，引导和鼓励企业增加新产品研发投入，提高企业技术创新能力，推动科技成果转化和产业化。

2012年度新产品计划项目分为战略性创新产品和重点新产品两类。各推荐单位战略性创新产品推荐数不超过5个，重点新产品按控制数推荐。评审通过的项目将纳入国家重点新产品计划备选项目库，择优予以支持。

一、重点支持方向

（一）战略性创新产品

战略性创新产品是指在节能环保、新一代信息技术、生物、高端装备制造、新能源、新材料和新能源汽车等国家战略性新兴产业领域中有重大技术突破、在国民经济发展中具有战略价值、在保障和改善民生中具有显著作用、在行业进步和地方发展中具有重大影响，拥有自主知识产权，具有较强市场竞争优势的重大创新产品。

（二）重点新产品

重点新产品是指符合国家产业发展政策、在国内首次（或首批）开发成功，并开始有市场销售或具有良好的市场应用前景，经济效益和社会效益明显；具有自主知识产权和自主品牌，技术水平高、附加值大、市场竞争力强的新产品。

（1）优先支持钢铁、有色金属、煤炭、电力、石油化工、汽车、建材等行业开发的节能减排和低碳环保的新产品；

（2）优先支持符合西部欠发达地区产业发展特点和资源优势，有利于区域经济协调发展的新产品；

（3）优先支持利用信息技术和高新技术改造提升传统产业技术升级，有利于区域优势产业和特色产业集聚发展的新产品；

（4）优先支持地方政府重点支持的新产品。

二、支持领域

详见《国家重点新产品计划支持领域（2012）》。

三、不支持范围

（1）食品、保健品、饮料、烟、酒类产品；

（2）化妆品、日用化工、一般纺织品、服装、家具、家电等日用产品；

（3）用进口零部件（包括散件）组装的产品；

（4）单纯为军工配套的产品；

（5）传统手工艺品；

（6）单纯改变花色、外观与包装的产品；

（7）动、植物品种资源；

（8）高能耗、污染环境的产品。

四、申报要求

（一）申报单位

凡在中国境内注册、具有独立企业法人资格的单位均可申报。

（二）申报渠道

（1）在各省、自治区、直辖市、计划单列市、副省级城市等省、市地方注册的企业，按地方科技厅（委、局）（以下简称地方）要求的相关程序向地方申报。

（2）国务院有关部门的直属企业可向各部门科技司（局）（以下简称部门）申报或向企业注册所在地地方申报。

（三）申报材料

（1）项目申报表；

（2）项目产业化状况及前景分析；

（3）附件材料（复印件）：

①企业法人营业执照（加盖企业公章）；

②经审计的企业2010年度财务报表（每页加盖审计单位印章或盖骑缝章）；

③可说明知识产权归属和授权使用的证明文件；

④涉及废水、废气、废物排放的项目，需提交环保达标证明；

⑤特殊行业许可证；

⑥质量技术监督机构备案的产品企业标准，或采用国际标准或国外先进标准的认可证明；或采用国家标准、行业标准的标准名称及标准号；

⑦权威机构检测（验）报告；

⑧科技成果鉴定证书或最近2年内的查新报告等技术证明（说明）文件；

⑨用户意见报告（不少于两份）等其他证明材料。

（四）报送材料

1. 申报单位报送材料

用A4纸打印在线填写的项目申报表、《项目产业化状况及前景分析》，内容必须与网上申报材料完全一致。按项目申报清单（附件3）所列顺序装订，加盖公章后报送地方、部门。

2. 地方、部门报送推荐材料

对推荐项目电子数据和纸质申报材料确认无误后，网上提交国家科技计划项目申报中心，将纸质申报材料及战略性创新产品和重点新产品项目报送汇总表各一份寄至指定地点。其中纸质申报材料装订顺序：申报材料封页、项目总体评价意见表、项目申报材料清单、项目申报表、项目产业化状况及前景分析、附件材料。

（五）注意事项

（1）申报单位应认真准备申报材料，并对申报材料的真实性负责。若发现弄虚作假，将不予受理。

（2）不得重复申报。

①申报单位当年度只允许申报一个新产品计划项目，战略性创新产品和重点新产品两类只能选择其一；

②已列入新产品计划的同一产品及型号的项目不得再次申报。若申报项目名称相同，而型号不同，则必须提供该型号所采用的新的授权专利及其说明书摘要，附图和权利要求书等内容，以证明其比原列入计划项目的产品有重大的改进和创新，方可申报。

（3）产品名称及型号填写要简洁、清晰、规范。名称应用中文，尽量不出现英文词组或缩写，不得使用“系列产品”等词语，属系列产品必须注明型号。

五、联系方式

（1）纸质申报材料寄送地址：北京市西城区三里河路 54 号 468 房间，国家重点新产品计划管理办公室（科技部火炬高技术产业开发中心成果推广处）

邮编：100045

电话：010－68511559、68510951。

（2）软件及网络申报咨询

科技部信息中心：010－88659000（中继线），51292636，68522908（传真）。

附件 4：

2012 年度国家软科学研究计划项目申报要求

2012 年度国家软科学研究计划围绕"十二五"经济社会和科技发展的前瞻性、战略性问题，探索软科学理论和方法的前沿，着力为决策提供参考与支撑。

2012 年度国家软科学研究计划项目安排分为三大类：重大项目、面上项目和出版项目。

一、项目指南

（一）重大项目

2012 年度国家软科学研究计划重大项目分为公开招标项目、邀标项目和合作项目。

公开招标题目如下：

（1）新型科研活动模式及组织机制研究；

（2）全球创新资源转移趋势及对我国的影响研究；

（3）产业技术创新生态系统研究；

（4）战略性新兴产业发展的政策支持与市场环境研究；

（5）分布式能源发展趋势及对策研究；

（6）农村科技创业金融政策研究；

（7）社会流动与和谐社会建设研究。

公开招标项目的申报题目必须与上述题目相一致，具体研究内容由申报单位拟定。科技部将对申报题目组织专家进行网上初步评审。对通过网上初步评审的项目，科技部再组织会议答辩，选择项目承担单位。每个地方和部门申报公开招标项目不超过 2 项次。

邀标项目，主要是由有关决策部门提出的重要研究方向，按照保密项目申报组织程序，由科技部确定选题并邀请有关单位申报。受邀单位须在指定时间内将书面申报材料直接报送科技部。科技部组织专家进行答辩性会议评审。

合作项目，主要是由各地方和部门根据本地区、本部门发展的重大需求，与科技部协商确定选题，参照邀标项目的程序进行申报。科技部组织专家进行会议评审。每个地方和部门申报合作项目不超过 1 项。合作项目要求各地方、部门应在立项后保证给予相应的配套资金支持。

（二）面上项目

2012 年度国家软科学研究计划面上项目是鼓励软科学研究领域自由探索的研究项目，由各地方和部门择优推荐。面上项目的选题方向是：

（1）国民经济与社会发展的前瞻性问题；

（2）科技发展与改革的重大问题；

（3）科技进步促进经济和社会发展的重大问题；

（4）软科学理论与方法重大问题。

各省、自治区、直辖市推荐面上项目不超过 3 项，计划单列市、副省级城市不超过 2 项；国务院有关部门不超过 3 项，教育部不超过 10 项。面上项目采取专家网上评审制度，择优选择项目给予立项。

（三）出版项目

出版项目主要资助各地方、各部门和软科学研究计划项目优秀成果及其他软科学研究优秀成果的出版。各省、自治区、直辖市推荐的出版项目不超过 2 项，计划单列市、副省级城市 1 项；国务院有关部门不超过 2 项，教育部不超过 5 项。

二、项目申报工作组织与流程

（1）国家软科学研究计划项目由各省、自治区、直辖市及计划单列市、副省级城市科技厅（委、局），新疆生产建设兵团科技局，国务院各有关部门科技主管司局（以下简称归口管理单位）组织申报，科技部不直接受理项目申报单位提交的申报材料。

（2）2012 年度国家软科学研究计划通过申报中心实行网上申报。项目申报单位按照要求在线填写、打印申请书，并经承担单位领导审核签字盖章后，报归口管理单位。归口管理单位对所有申报书进行审核，按申报要求选择上报项目，并经领导签字盖章后，将书面申报材料，包括申报函（须列出项目清单）和申请书（1 式 5 份，均为加盖公章的原件）报送科技部。

三、其他事项

（1）项目申报单位应是法人单位。

（2）项目申报负责人限 1 名（合作项目除外），相同负责人同年度只能申报 1 项课题。课题组成员最多只能同时参加 2 项国家软科学研究计划项目。在研国家软科学研究计划项目负责人未能按期结题的不能申报。归口管理单位要认真审核把关。

（3）项目申报负责人要如实填写申报材料，根据研究工作的实际需要并按照有关科技计划经费管理办法填报资助金额。出版项目申报负责人要保证出版的成果没有知识产权纠纷。凡在申请中弄虚作假者，一经发现并核实后，将取消项目申报负责人 3 年申报国家软科学研究计划项目资格，如已获准立项即作撤消立项处理并通报。

（4）为保证国家软科学研究计划项目申报和评审工作的公正性和严肃性，在正式立项前，申报单位或项目申报负责人以及参加人员不得以任何名义走访、咨询评审组专家或邀请评审组专家进行申报辅导。

（5）归口管理单位要加强对项目申报工作的组织和指导，认真审核，严格把关，努力提高申报质量。要依据《国家软科学研究计划管理办法》的规定以及申报要求和申报指南，认真审核申请书的内容，特别是严格审核申报资格，并签署明确意见。

联系人：常玉峰、邵学清，

电话：010－58884505，010－58884689，

传真：010－58884588，

电子邮箱：rkxzzc@casted.org.cn，

邮寄地址：北京市海淀区玉渊潭南路8号312室（邮政编码：100038）。

软件及网络申报咨询：010－88659000（中继线），51292636，68522908（传真）。

第八节　公安部科技信息化局关于组织《2011年公安科技成果推广引导计划》成果申报的通知

各有关单位：

为贯彻落实公安部党委关于“三项建设”和“三项重点工作”的部署和要求，深入实施科技强警战略，进一步推动公安科技成果推广应用工作，我局决定组织实施2011年度公安科技成果推广引导计划（简称“引导计划”）。现向国内各社会单位广泛征集科技成果。有关事项通知如下：

一、指导思想

以科学发展观为指导，以服务公安中心工作为目标，以推动公安实战应用为重点，逐步调整公安科技成果推广模式，大力加强科技成果在公安工作中的推广应用，最大限度的发挥科学技术的强警增效作用，切实提高公安机关的战斗力和服务水平。

二、基本思路

（一）拓宽成果申报推荐渠道。成果申报坚持公开、公正、科学、高效的管理原则。通过自主申请、单位审核、逐级推荐等程序，遴选并推荐出科学实用的科技成果。

（二）分类组织实施。将成果按重点工程、集成示范、产品系统分类。重点工程主要指列入中央或地方国民经济发展计划，以财政投入为主、采用新技术较多、技术密集，涉及国家安全、社会稳定和人民群众日常生活，代表公安科技发展方向，对公安工作有重大、长远影响的工程项目；集成示范主要指针对制约公安业务工作开展的关键性技术难题，集成优秀成熟科技成果，以提升实战单元工作效率为目标，加大推广应用力度，解决实战难题，创建典型示范样板；产品系统主要指一些先进、科学、实用的仪器设备、产品装备等，对提高公安机关战斗力和社会服务能力有推动和促进作用。要根据每项成果的不同特点分别制定实施方案，采取双向选择方式，引导公安科技成果的推广应用工作。

（三）加强实用性评估。在组织专家评审的基础上，统一制定《2011年公安科技成果试用推荐目录》，组织在全国公安科技成果推广应用基地和有条件的部分省、市开展免费试用和实用性评估工作，遴选出适合公安机关推广应用的科技成果。经试用并得到一致认可的成果，列入2011年引导计划。经试用不被认可的成果，不列入引导计划并推广工作。

三、申报要求

组织申报的成果应是公安业务工作急需、技术成熟、可在公安机关广泛推广应用的非涉密类科技成果。包括应用于刑侦、治安、消防、交通管理、边防、禁毒、信息通信、出入境管理等领域的实用成果。

（一）社会单位提供的成果应是国内自主研发且适合公安机关推广应用的成果。每项成果只能填报一个成果提供单位，且需要详细填写单位情况信息。成果应用主体应为公安机关。成果应无强制性认证或行政审批要求，且通过了下列评价方式之一：经省部级以上鉴定、验收；取得国家发明专利权或软件著作登记权证书；具有国家标准、行业标准、企业标准；通过国家级、省部级检测机构检测等。

（二）各省公安科技管理部门有专人受理社会单位申报的科技成果。各成果提供单位将申报成果按地域报送到相应省级公安机关科技管理部门，各省级公安机关科技管理部门经评估遴选后统一报送到公安科技成果推广引导计划办公室。（有关联系人及联系方式见附件）

（三）成果申报请登录公安科技成果推广项目申报系统v1.3，系统及其使用说明请从各省科技管理部门下载，并安装调试。要认真阅读填报说明，并按要求详细填写成果申报书有关内容。各项内容填写完整无误后，导出数据（mdb文件）报送各省科技管理组织部门。

四、材料报送

各省级公安机关科技管理部门受理申报材料的截止时间为2011年3月21日。各省级公安机关科技管理部门于2011年3月31日前将受理的申报材料统一汇总并经评估遴选后报送至公安科技成果推广引导计划办公室。组织申报成果的单位需提供纸质成果申报书一式2份。

附件：成果申报受理联系人及联系方式（略）

公安部科技信息化局
二〇一一年二月二十八日

第六章 新颁布的地方性法规、规范性文件

第一节 福建省社会治安综合治理条例

2011 年 5 月 21 日福建省第十一届人民代表大会常务委员会第二十三次会议通过

第一章 总 则

第一条 为了加强社会治安综合治理，维护社会治安秩序，促进社会和谐稳定，保障人民安居乐业，根据《全国人民代表大会常务委员会关于加强社会治安综合治理的决定》和有关法律、法规，结合本省实际，制定本条例。

第二条 本省行政区域内的机关、团体、企业事业单位及其他组织和公民，应当遵守本条例。

第三条 社会治安综合治理坚持预防与打击相结合、预防为主，专门机关工作与群众路线相结合、依靠群众的方针，实行属地管理和谁主管谁负责的原则。

第四条 社会治安综合治理是全社会的共同责任，各级人民政府应当动员和组织各方面力量，通过教育、管理、防范、打击、改造、建设等工作，加强和创新社会管理，开展平安建设，预防和减少违法犯罪，化解社会矛盾，保障社会和谐稳定。

第五条 省、设区的市、县（市、区）、乡镇（街道）设立社会治安综合治理委员会，负责组织、指导、协调、监督当地的社会治安综合治理工作，履行下列职责：

（一）宣传、贯彻社会治安综合治理相关法律法规和政策；

（二）研究部署本地区社会治安综合治理工作；

（三）组织、指导相关部门和单位开展平安创建活动，落实社会治安综合治理措施；

（四）检查、考核本地区社会治安综合治理目标管理责任制的执行情况，决定或者建议奖惩；

（五）办理社会治安综合治理的其他事项。

社会治安综合治理委员会办公室是社会治安综合治理委员会的常设办事机构，负责办理日常事务。乡镇（街道）应有领导专门负责社会治安综合治理工作，并确定专职工作人员，负责办理具体事务。

第二章 工作任务

第六条 地方各级人民政府应当加强对社会治安综合治理工作的领导，促进社会治安综合治理各项措施的落实。县级以上地方人民政府应当把社会治安综合治理工作纳入国民经济和社会发展总体规划和年度计划。

地方各级社会治安综合治理委员会成员单位应当根据社会治安综合治理委员会的工作部署，制定工作计划并组织实施，加强相互配合，形成合力，在各自职责范围内，依法履行社会治安综合治理的各项任务。

机关、团体、企业事业单位以及其他组织应当根据需要指定机构和人员负责社会治安综合治理工作，加强内部的治安防范，建立健全治安管理制度，落实安全责任，消除治安隐患。

第七条 地方各级人民政府应当建立健全经济社会发展重大决策、重大建设项目的社会稳定风险评估机制，预防和减少矛盾纠纷。

第八条 地方各级人民政府应当建立公共应急体系，健全矛盾纠纷预警报告、督办制度，完善突发群体性事件应急处置机制，提高快速反应处置能力，维护社会稳定。

第九条 地方各级人民政府及其司法行政等有关部门应当加强对社会治安综合治理的法制宣传教育。新闻媒体应当加强社会治安综合治理的宣传报道。

机关、团体、企业事业单位及其他组织应当加强对本单位人员的法制宣传教育，增强其法治意识。村（居）民委员会开展对村（居）民的法制和社会治安综合治理宣传教育。

第十条 地方各级社会治安综合治理委员会应当加强对本地区社会治安形势的分析和评估，建立对社会治安问题和影响社会治安的突出矛盾纠纷进行排查的制度，组织、协调排查工作，对发现的治安问题和突出矛盾纠纷督促有关地区、单位及其责任人予以治理和调处。

第十一条 社会治安综合治理委员会应当协调人民法院、人民检察院以及政府有关部门，建立健全人民调解、行政调解、司法调解等多元调解形式互相衔接的工作机制，预防和化解社会矛盾纠纷，促进社会和谐稳定。

地方各级人民政府及其有关部门在处理资源开发、环境污染、公共安全事故、医患纠纷、征地拆迁等方面的民事纠纷，以及涉及人数较多、影响较大、可能影响社会稳

定的纠纷过程中应当加强行政调解。

鼓励设立区域性和行业性人民调解组织，鼓励社会组织和公民参与人民调解工作。

第十二条　人民法院、人民检察院，公安、国家安全、司法行政等有关部门，应当依法充分发挥在社会治安综合治理中的职能作用，及时查办、审理案件，惩治违法犯罪，化解社会矛盾，维护社会稳定。

第十三条　地方各级人民政府及其教育、公安等有关部门应当加强校园及周边和其他学生活动场所的管理，建立健全安全保卫机构，加强安全制度建设，配备人员和必要的防范设施，维护校园及周边和其他学生活动场所的治安秩序。

县级以上地方人民政府教育部门、共产主义青年团和各类学校应当加强对青少年的思想品德教育、法制教育和安全教育，落实预防青少年违法犯罪的工作措施，加强对青少年的帮助和服务。

第十四条　地方各级人民政府及其公安、人力资源和社会保障等有关部门应当加强对流动人口、出租房屋的服务管理工作，落实和完善治安防范措施，维护流动人口的合法权益和房屋出租管理秩序。

企业事业单位、村（居）民委员会协助有关部门做好流动人口和出租房屋的治安管理工作。

第十五条　县级以上地方人民政府司法行政、公安等有关部门应当做好在社会上服刑的管制、缓刑、假释、暂予监外执行和被剥夺政治权利人员的社区矫正工作，加强对其教育、改造和帮助，并指导村（居）民委员会以及社会工作者开展相关工作。

第十六条　乡镇人民政府、街道办事处，县级以上地方人民政府司法行政、公安、人力资源和社会保障等有关部门应当开展对刑满释放、解除劳教等人员的帮助教育、职业培训、就业指导等工作，预防和减少重新违法犯罪。

工会、共产主义青年团、妇女联合会等群众团体应当积极发挥自身作用，协助有关部门开展对刑满释放、解除劳教等人员的帮助教育工作。

鼓励和支持村（居）民委员会、社会组织、社会工作者、志愿者积极参与对刑满释放、解除劳教等人员的帮助教育工作。

第十七条　地方各级人民政府及其民政、公安、卫生等有关部门应当加强对城市流浪乞讨人员、精神病人、吸毒人员的救助救治工作。

鼓励和支持村（居）民委员会、社会组织、社会工作者、志愿者参与救助工作，协助有关部门开展对城市流浪乞讨人员、精神病人、吸毒人员的劝导和救助。

第十八条　县级以上地方人民政府民政部门应当加强村（居）民自治组织和社区建设，加强民间组织的监督和管理。

第十九条　地方各级人民政府及其住房和城乡建设、科技、公安等有关部门应当将社会治安防范设施建设纳入城乡建设规划，推广运用科技防范设施，建设社会治安科技防控网络，指导督促物业服务企业落实物业小区治安防范措施。

第二十条　地方各级人民政府及公安、通信管理等有关部门应当加强对互联网的监督管理，建立健全网络和信息安全防控体系，预防和惩治涉及互联网的违法犯罪行为。

网络接入单位、服务单位及上网服务场所应当依法履行网络安全管理责任。

第二十一条　地方各级人民政府及其文化、公安等有关部门应当依法加强对文化市场、娱乐场所的管理，依法查处制作、出版、销售、传播含有危害国家安全、暴力、淫秽、迷信等内容的读物、电子信息和音像制品等违法犯罪行为。

第二十二条　地方各级人民政府及其工商行政管理、质量技术监督、食品药品监督、税务等有关部门应当加强对市场的监督管理，整顿和规范市场经济秩序，依法查处和打击制售假冒伪劣产（商）品、不正当竞争、传销、偷税漏税等违法犯罪活动。

第二十三条　地方各级人民政府及其安全生产监管部门应当加强安全生产监督管理，督促生产经营单位严格遵守安全生产法律法规。生产经营单位应当落实安全生产主体责任，强化安全生产措施，消除事故隐患，有效预防和减少生产安全事故。

第二十四条　工会、共产主义青年团、妇女联合会等群众团体应当依法维护职工、青少年、妇女儿童的合法权益，协助有关部门排查调处纠纷，预防和减少家庭暴力及有关违法犯罪行为。

第二十五条　鼓励、支持企业事业单位、社会组织以各种形式参与社会治安综合治理。

社会治安综合治理平安协会在社会治安综合治理委员会指导下开展工作，协助做好群防群治工作。

第二十六条　国家机关工作人员在国家利益、社会公共利益和他人生命财产权益受到不法侵害时应当及时制止。

公民应当积极参与社会治安综合治理活动，加强自身和家庭的安全防范，保持和谐的家庭和邻里关系，自觉维护社会治安秩序。

鼓励公民与违法犯罪行为作斗争，积极参与抢险救灾。见义勇为人员的奖励和保护按照《福建省奖励和保护见义勇为人员条例》执行。

第三章　工作保障

第二十七条　地方各级人民政府应当将社会治安综合治理工作所需经费，列入财政预算，专款专用。企业事业单位、社会团体及其他组织应当安排必要经费开展社会治安综合治理工作。

第二十八条　乡镇人民政府、街道办事处应当建立健全社会治安综合治理工作机制，协调公安派出所、人民法庭、司法所等机构、村（居）民委员会和有关社会组织的相关工作，整体联动，形成合力，维护社会稳定。

第二十九条 机关、团体、企业事业单位以及其他组织的主要负责人或者法定代表人，对本地区、本单位的社会治安综合治理工作负全面责任。

第三十条 社会治安综合治理实行目标管理责任制。各级人民政府应当与下一级人民政府、所属各工作部门签订年度社会治安综合治理目标管理责任书，作为考核该地区、该部门社会治安综合治理工作的主要依据。

社会治安综合治理委员会应当对下一级人民政府和当地各部门、各单位社会治安综合治理目标管理责任书的落实情况进行定期考核、监督和检查。

第三十一条 社会治安综合治理实行一票否决权制。一票否决权由县级以上社会治安综合治理委员会行使。具体办法由省社会治安综合治理委员会制定。

第四章 奖励与惩处

第三十二条 在社会治安综合治理工作中成绩显著的单位和个人，由社会治安综合治理委员会或者有关机关给予表彰奖励。

第三十三条 单位评选综合性荣誉称号和有关治安责任人评先评优、晋职晋级的，应当事先书面征求当地社会治安综合治理委员会的意见。

第三十四条 机关、团体、企业事业单位及其他组织，未履行社会治安综合治理职责，发生下列情形之一的，由有关部门给予通报批评，并对有关责任人和其他直接责任人员依法给予处分；构成犯罪的，依法追究刑事责任：

（一）对不稳定因素或者社会矛盾处置不力，发生打砸抢烧、冲击国家机关、阻断铁路公路交通等重大群体性事件的；

（二）防范措施不落实，发生特大刑事案件，给人民生命财产造成严重损失的；

（三）存在重大治安隐患，经有关主管部门提出警告、整改建议，拒不整改的；

（四）发生刑事案件或者重大治安问题，隐瞒不报或者作虚假报告的。

第三十五条 公安机关、人民法院、人民检察院对治安问题不及时受理，对申请人身、财产保护拒不履行法定职责的，由有关主管部门对直接责任人给予行政处分；构成犯罪的，依法追究刑事责任。

第五章 附 则

第三十六条 本条例自2011年8月1日起施行。1995年1月13日福建省第八届人民代表大会常务委员会第十四次会议通过的《福建省社会治安综合治理条例》同时废止。

第二节 甘肃省实施《中华人民共和国突发事件应对法》办法

2011年9月29日省第十一届人大常委会第二十三次会议通过甘肃省人民代表大会常务委员会公告（第48号）

《甘肃省实施〈中华人民共和国突发事件应对法〉办法》已由甘肃省第十一届人民代表大会常务委员会第二十三次会议于2011年9月29日通过，现予公布，自2012年1月1日起施行。

甘肃省人民代表大会常务委员会
二〇一一年九月二十九日

第一章 总 则

第一条 为了实施《中华人民共和国突发事件应对法》，结合本省实际，制定本办法。

第二条 本省行政区域内突发事件的预防与应急准备、监测与预警、应急处置与救援、事后恢复与重建等应对活动，适用本办法。

第三条 本办法所称突发事件，是指突然发生，造成或者可能造成严重社会危害，需要采取应急处置措施予以应对的自然灾害、事故灾难、公共卫生事件和社会安全事件。

突发事件的等级和分级标准按照国家有关规定执行。

第四条 突发事件应对工作坚持以人为本、预防为主、预防与应急相结合的原则，实行统一领导、综合协调、分类管理、分级负责、属地管理为主的应急管理体制。

第五条 县级以上人民政府对本行政区域内突发事件的应对工作负责，设立突发事件应急委员会，统一领导、协调本行政区域应急管理和突发事件应对工作；依照有关法律、法规和实际需要，设立各类突发事件专项应急指挥机构，组织、协调、指挥相关类别突发事件应对工作。

应急委员会由本级人民政府及有关部门负责人、驻当地中国人民解放军和中国人民武装警察部队有关负责人组成。

应急委员会设立办事机构，负责本级人民政府应急委员会的日常工作，履行值守应急、信息汇总分析、综合协调、督查指导等职责。

第六条　县级以上人民政府有关部门根据本级人民政府在应急预案中确定的职责，指导、协助下级人民政府及其相应部门做好相关类别突发事件应对工作。

乡（镇）人民政府、街道办事处应当做好所辖区域突发事件的有关应对工作。居民委员会、村民委员会应当配合人民政府做好突发事件应对的有关工作。

第七条　县级以上人民政府应当将突发事件应急体系建设纳入国民经济和社会发展规划，编制专项规划，并组织实施。

第八条　突发事件应对工作经费由县级以上人民政府财政予以保障，专款专用，审计、财政部门应当对资金使用情况进行监督。

第九条　突发事件应对工作实行行政领导负责制和责任追究制，纳入政府绩效评估。

第十条　县级以上人民政府应当建立社会动员机制，发挥公民、法人和其他组织在应急工作中的作用，增强全民的公共安全和社会责任意识，提高全社会应对突发事件的能力。

第十一条　县级以上人民政府应当按照有关规定建立健全突发事件信息公开制度和重特大突发事件新闻报道快速反应及舆情收集、分析机制，加强对信息发布、新闻报道工作的组织协调和管理。

第二章　预防与应急准备

第十二条　县级以上人民政府应当制定本区域突发事件总体应急预案和专项应急预案。

机关、团体和企业、事业单位应当根据制定应急预案的要求，结合实际情况，制定本单位突发事件应急预案。

乡（镇）人民政府、街道办事处应当制定本区域突发事件应急预案。

大型社会活动的主办者应当按照规定，制定保障活动安全的应急预案。

第十三条　下列单位应当制定突发事件具体应急预案：

（一）采（选）矿、冶炼企业，建筑施工单位；

（二）易燃易爆物品、危险化学品、放射性物品等危险物品的生产、经营、储运、使用单位；

（三）供（排）水、发（供）电、供油、供气、交通、通信、广播电视、水利灌溉、江河水库大坝等公共设施的经营、管理单位；

（四）学校、幼儿园、图书馆、医院、金融证券交易场所、车站、机场、港口、码头、体育场（馆）、商（市）场，影剧院、休闲娱乐场所、宾馆、饭店、公园、旅游景区（点）等公共场所的经营、管理单位；

（五）公共交通工具的经营、管理单位；

（六）法律、法规规定的其他单位。

第十四条　应急预案应当结合本地区、本单位实际，具体规定突发事件应对工作的组织指挥体系与职责、突发事件的预防与预警机制、处置程序、应急保障措施以及事后恢复与重建等内容，并适时进行修订。应急预案应当按照有关规定及时向社会公布。

下级人民政府的应急预案应当报上一级人民政府备案；部门的应急预案应当报同级人民政府备案；街道办事处的应急预案应当报县级人民政府备案。本办法第十三条规定的应急预案应当报所在地县级人民政府相关主管部门备案，没有主管部门的，报所在地县（市、区）人民政府备案。

第十五条　县级以上人民政府应当建立突发事件应对工作专业人才库，聘请有关专家组成专家组，为突发事件应对工作提供分析评估、决策咨询和处置建议，必要时可以直接参加应急处置工作。

第十六条　城乡规划应当符合预防、处置突发事件的需要，统筹规划应对突发事件所必需的基础设施，合理确定应急避难场所。

既有建筑物、构筑物和其他设施、设备不符合应对突发事件需要的，当地人民政府、相关所有权人或者管理使用单位应当采取必要的防范措施。

县级以上人民政府确定的应急避难场所，应当设置明显标识和导引图，并向社会公布。应急避难场所的规划、建设可以利用现有公园、广场、人防工程等设施。

应急避难场所的所有权人或者管理使用单位应当定期对应急避难场所进行维护管理，保证其正常使用。

第十七条　县级以上人民政府应当建立健全应急救援物资、应急处置装备和生活必需品的储备保障制度，统筹各类应急物资日常准备和应急状态时的生产、调配、供应，并建立省内跨区域的应急物资调剂渠道。

有关部门应当按照各自职责，组织、协调应急物资储备工作，建设应急物资储备库，完善重要应急物资的监管、生产、储备、调拨和紧急配送体系；根据需要，可以在应急避难场所设立物资储备间，配备必要的食品、药品等应急物资，并定期更新。

第十八条　县级以上人民政府应当建立突发事件风险管理体系，健全风险识别、评估、控制等风险管理制度和风险管理信息化系统，对可能发生的突发事件进行综合性评估。

县级以上人民政府应当于每年三月底前对上年度突发事件应对工作进行评估，对本年度可能发生的突发事件进行分析，提出对策，并报上一级政府备案。

第十九条　县级以上人民政府及其有关部门、乡镇人民政府、街道办事处、居民委员会、村民委员会应建立矛盾纠纷排查调处制度，对可能引发社会安全事件的矛盾纠纷，应当采取措施及时予以化解。

第二十条　县级以上人民政府应当建立应急管理培训制度，针对不同对象确定培训内容、考核标准，定期开展培训。

第二十一条 县级以上人民政府应当加强应急救援队伍建设，建立应急救援组织机构。

应急救援队伍服从人民政府的统一指挥、调度。

第二十二条 县级以上应急委员会、专项应急指挥机构应当加强对应急救援队伍的培训，按照应急预案开展应急演练。

有关部门、乡（镇）人民政府、街道办事处、居民委员会、村民委员会和其他企业、事业单位应当结合实际，组织开展应急演练和应急知识普及活动。

第二十三条 学校、幼儿园应当将火灾、中毒、传染性疾病、交通事故、洪水、地震、溺水、触电、烧伤及紧急疏散等应急知识纳入教学内容，开展应急知识教育。

教育主管部门应当对学校、幼儿园开展应急知识教育进行指导和监督。

第二十四条 省人民政府制定应急管理技术系统建设规范，统一规划建设应急管理信息化工程，保证应急管理技术系统互联互通、资源共享。

省人民政府负责建立全省应急平台体系和统一的数据库；县级以上人民政府应当建立本行政区域应急平台和统一的数据库，并纳入全省应急平台体系。

全省应急平台体系承担突发事件的监测监控、预测预警、信息报告、综合研判、辅助决策、指挥调度、异地会商、事后评估等职能。

第二十五条 县级以上人民政府应当依托科研院所、高等院校和检测检验机构，加强公共安全领域的科学研究和技术开发，形成应急科技支撑体系。

第三章 监测与预警

第二十六条 县级以上人民政府及其有关部门应当加强水文、气象、环境、地震、地质灾害、卫生、消防等监测装备和设施建设，完善监测技术和手段，提高监测水平。

建立专业监测和社会监测相结合的突发事件监测体系，建立健全基础信息数据库，对可能发生的突发事件进行跨部门、跨区域的综合监测。

各级人民政府及其有关部门、专业机构应当健全值班制度，实行二十四小时值班。

第二十七条 建立由各级人民政府及其有关部门、专业机构和监测网点、居民委员会、村民委员会等构成的信息收集与报送网络，通过多种途径收集突发事件信息。

县级人民政府及其有关部门应当在居民委员会、村民委员会和有关单位建立信息报告员制度。

第二十八条 县级以上人民政府及其有关部门、专业机构应当对收集和接报的各类突发事件信息及时进行分析和判断，并按照有关规定及时向上一级机关报告，必要时可以越级报告。对可能危及部队及军事机关安全，或者需要动用部队参与处置的突发事件信息，在报上一级政府机关时，应当通报驻当地中国人民解放军和中国人民武装警察部队。

第二十九条 获悉发生或者可能发生突发事件信息的行政机关报送信息时，应当遵守下列规定：（一）突发事件信息的报送，应当做到及时、客观、真实和准确，不得迟报、谎报、瞒报、漏报，涉及国家秘密的，应当遵守国家有关保密规定；（二）对敏感事件或者发生在重点地区、特殊时间的突发事件信息，应当按应急预案的规定及时报告；（三）法定节假日及重要会议和重大活动等特殊时期，实行每日报告制度；（四）及时续报事件处置的进展情况，直至应急处置工作结束。

第三十条 县级以上人民政府及其有关部门应当建立与通信、广播、电视、报纸、网络等传媒之间的信息传输通道，完善气象、洪涝、地质灾害等突发事件预警系统，加强偏远高风险地区紧急预警信息发布设施建设。

第三十一条 可以预警的自然灾害、事故灾难或者公共卫生事件，即将发生或者发生的可能性增大时，县级以上人民政府应当根据权限和程序，及时发布相应级别的警报，宣布有关地区进入预警期，并启动应急预案，根据预警级别依法采取相应措施，做好应对工作准备。

第三十二条 县级以上人民政府及人民政府授权的有关部门发布警报后，应当根据事态的发展，按照有关规定适时调整预警级别并予以发布，同时调整已经采取的有关措施。

有事实证明不可能发生突发事件或者危险已经解除的，发布警报的人民政府及人民政府授权的有关部门应当及时宣布解除警报，终止预警期，并解除已经采取的有关措施。

第四章 应急处置与救援

第三十三条 突发事件发生后，负责组织处置突发事件的人民政府应当根据突发事件的性质、特点，立即依法采取相应措施，组织紧急救援，维护社会秩序，防止事态恶性发展。

第三十四条 负责组织处置突发事件的人民政府可以根据需要在突发事件发生地成立现场应急指挥机构，具体组织、指挥和协调突发事件应对处置工作。

第三十五条 负责组织处置突发事件的人民政府可以根据处置突发事件的需要，引导公民、法人及其他组织参与或者配合突发事件应对工作。

有关单位和个人应当服从人民政府的指挥和安排，有序参加应急处置与救援工作。

第三十六条 县级以上应急委员会、专项应急指挥机构应当组织协调运输经营单位，优先运送处置突发事件所需物资、设备、工具、应急救援人员和受到突发事件危害的人员；配有统一应急标志的交通工具在应急处置与救援期间优先通行。

第三十七条 负责处置突发事件的人民政府应当及时

向受到突发事件危害的人员提供食品、饮用水、住所等基本生活保障。在灾民临时安置场所设立基本生活保障和心理干预服务站点，配备必要的公众信息传播设施。

第三十八条 在紧急情况下，负责组织处置突发事件的人民政府可以灵活确定应急处置措施的步骤、顺序、方式、形式和时限。

应急处置措施可能影响公民、法人或者其他组织合法权益的，采取处置措施的人员应当履行表明身份、告知事由、说明理由等程序义务。

第五章 事后恢复与重建

第三十九条 突发事件的威胁和危害得到控制或者消除后，履行统一领导职责或者组织处置突发事件的人民政府应当停止执行应急处置措施，同时采取或者继续实施必要措施，防止发生自然灾害、事故灾难、公共卫生事件的次生、衍生事件或者重新引发社会安全事件。

第四十条 突发事件应急处置工作结束后，县级以上人民政府应当及时组织相关部门和专业技术力量，按照有关规定对突发事件造成的损失进行统计、核实和评估。

第四十一条 县级以上人民政府应当加强恢复与重建工作的统一领导和部署，按照短期恢复与长远发展并重的原则，制订恢复重建计划，落实恢复重建所需的资金、物资和技术保障。

县级以上人民政府应当加强对恢复与重建资金和物资的监督管理，保证其规范使用。

第四十二条 县级以上人民政府应当组织力量尽快恢复受影响地区的生产、生活和社会秩序，尽快组织修复被损坏的交通、通信、供水、供电、供气、供热、排水、广播、电视等公共设施，及时组织救援物资和生活必需品的调拨，保障居民基本生活。

第四十三条 负责组织处置突发事件的人民政府因应对突发事件，造成公民、法人和其他组织财产损失的，应当按照国家规定给予补偿。

第六章 法律责任

第四十四条 对违反本办法的行为，《中华人民共和国突发事件应对法》以及其他法律、法规已经规定法律责任的，从其规定。

第四十五条 在突发事件应对工作中，各级人民政府和县级以上人民政府有关部门违反本办法规定，有下列情形之一的，由上级行政机关或者监察部门责令改正；情节严重的，对直接负责的主管人员和其他直接责任人员依法给予处分：（1）未按照规定制订应急预案的；（2）未对不符合突发事件应对需要的建筑物、构筑物和其他设施、设备采取必要防范措施的；（3）未对危险源、危险区域进行调查登记、动态管理和定期检查、监控的；（4）未按照规定建立应急救援队伍或者组织开展应急演练的；（5）未按照规定实行二十四小时值班的；（6）未按照规定报告突发事件信息的；（7）未按恢复重建规划要求进行恢复重建项目建设的。

第七章 附 则

第四十六条 本办法自2012年1月1日起施行。

第三节 甘肃省公共安全视频信息系统管理办法

甘肃省人民政府令 第78号

《甘肃省公共安全视频信息系统管理办法》已经2011年2月25日省人民政府第75次常务会议讨论通过，现予公布。自2011年5月1日起施行。

省长 刘伟平
二〇一一年三月一日

第一条 为规范公共安全视频信息系统建设和管理，提高公共服务能力，保障公共安全，保护公民、法人和其他组织的合法权益，依据有关法律法规，结合本省实际，制定本办法。

第二条 本省行政区域内公共安全视频信息系统的建设、应用、维护及其管理，适用本办法。

第三条 本办法所称公共安全视频信息系统是指利用图像采集、传输、控制、显示等设备和其他相关设备对涉及公共安全的场所和区域进行视频信息记录的系统。

第四条 公共安全视频信息系统的建设、应用和维护应当遵循统一规划、统一标准、统筹建设、资源共享、合法利用的原则。

建设、应用和维护公共安全视频信息系统不得泄露国家秘密和商业秘密，不得侵犯个人隐私及其他合法权益。

第五条 县级以上人民政府应当组织公安、发展改革、财政、建设、交通运输、通信等部门编制本行政区域内公共安全视频信息系统建设规划，并组织实施。

第六条 县级以上人民政府公安机关负责本行政区域内公共安全视频信息系统的管理、监督和指导工作。

县级以上人民政府有关行政部门应当按照各自职责做好公共安全视频信息系统的相关工作。

供电、通信、广电等单位应当配合做好公共安全视频信息系统的相关工作。

第七条 下列涉及公共安全的区域、场所和部位应当安装公共安全视频信息系统：

（一）城市和乡镇所在地的主要街道、路口、过街通道、公共交通枢纽、广场、公园等公共场所；

（二）县级以上行政区域界线公路交界部位；

（三）《企业事业单位内部治安保卫条例》所规定的治安保卫重点单位的重要部位；

（四）居民住宅小区的出入口和主要通道；

（五）法律、法规、规章规定应当安装公共安全视频信息系统的其他区域、场所和部位。

第八条 公共安全视频信息系统摄像设备的设置应当有明显标识，做到摄像设备的位置固定、摄像范围固定。

第九条 下列区域、场所和部位禁止安装公共安全视频信息系统：

（一）旅馆客房、娱乐场所包房；

（二）单位宿舍；

（三）浴室、更衣室、卫生间、哺乳室；

（四）金融、保险、证券机构内可能泄露客户个人信息的操作部位；

（五）选举箱、投票点等附近可能观察到个人意愿表达情况的部位；

（六）其他涉及个人隐私和其他合法权益的区域、场所和部位。

第十条 建设和维护公共安全视频信息系统及配套使用的产品应当符合强制性标准。

本办法第七条第（一）（二）项所列部位的公共安全视频信息系统由同级地方政府制定实施方案，分步组织建设和维护。

本办法第七条第（三）项所列部位的公共安全视频信息系统由本单位负责建设和维护。

本办法第七条第（四）项所列部位的公共安全视频信息系统由管理单位负责建设和维护。

鼓励和支持社会力量投资参与公共安全视频信息系统建设。

第十一条 属于本办法第七条规定应当安装公共安全视频信息系统的新建、改建、扩建的建设项目，公共安全视频信息系统与项目主体工程应当同时设计、同时施工、同时投入使用。建设单位应当将公共安全视频信息系统摄像设备安装位置报所在地县级人民政府公安机关备案。

已建成的公共安全视频信息系统，其使用单位应当自本办法实施之日起60日内向所在地县级人民政府公安机关备案。

第十二条 县级以上人民政府应当设置公共安全视频信息系统监控中心，对公共安全视频信息系统进行资源整合，根据工作需要，逐步实现跨地区、跨部门视频信息的共享。

非政府财政投资建设的公共安全视频信息系统，应当预留接口，公安机关在确保信息安全的前提下，经省人民政府公安机关批准，可与其进行系统对接。

第十三条 政府组织建设的公共安全视频信息系统的图像信息数据由县级以上人民政府公安机关存储管理，非政府财政投资建设的公共安全视频信息系统的图像信息数据由使用单位存储管理。

第十四条 有关单位和个人需要调取由政府组织建设和维护的公共安全视频信息系统的图像信息数据，应当经县级以上人民政府公安机关批准。

有关单位和个人需要调取由非政府财政投资建设和维护的公共安全视频信息系统的图像信息数据，应当经该系统使用单位批准。

法律、法规另有规定的，从其规定。

第十五条 有关单位和个人根据前条规定使用公共安全视频信息系统的图像信息数据时，应当遵守下列规定：

（一）出示有效证件和批准文件；

（二）履行登记手续；

（三）遵守信息资料的保密制度。

第十六条 公共安全视频信息系统使用单位应当遵守下列规定：

（一）建立信息保密、值机监看、运行维护、安全检查等制度；

（二）对公共安全视频信息系统的值机和管理人员进行培训和监督管理，并将值机人员的个人信息送所在地县级人民政府公安机关备案；

（三）对图像信息数据的调取人员、时间、用途及复制等情况进行登记；

（四）严格按照批准的范围和内容，提供图像信息数据；

（五）发现涉及公共安全的可疑信息或者移动摄像设备位置的，应当及时向所在地县级人民政府公安机关报告；

（六）定期维护保养公共安全视频信息系统，保证其正常运行；

（七）公共安全视频信息系统应当全天运行，不得无故中断，如因故障中断运行的，应当立即修复；

（八）公共安全视频信息系统的图像信息数据的有效存储期一般不少于30日；涉及公共安全的重要图像信息数据要进行复制备份；复制的图像信息数据交由公安机关存储，有效存储期不少于2年。

第十七条 任何单位和个人不得有下列行为：

（一）擅自改变公共安全视频信息系统的用途或者摄像设备的位置、摄像范围；

（二）改变、隐匿、损毁存储期限内的公共安全视频信息系统的原始图像信息数据；

（三）擅自查阅、下载、复制公共安全视频信息系统的图像信息数据；

（四）拒绝、阻碍公安机关和其他有关单位依法使用公共安全视频信息系统及其图像信息数据；

（五）其他影响公共安全视频信息系统正常运行的行为。

第十八条 公安机关和其他有关单位应当加强公共安全视频信息系统安装范围、日常运行、合法使用、信息安全等情况的管理和监督，建立保障机制，确保正常运行。

第十九条 有下列行为之一的，由县级以上人民政府公安机关责令限期改正，逾期不改正的，对单位处1000元以下罚款，对单位负责人或直接责任人处200元以下罚款：

（一）安装公共安全视频信息系统的，未明显标示摄像设备位置或擅自改变摄像设备的位置和摄像范围；

（二）未按规定将公共安全视频信息系统摄像设备安装位置报所在地县级人民政府公安机关备案的。

第二十条 违反本办法规定的行为，法律、法规已有规定的，从其规定。

第二十一条 公安机关和其他行政机关及其工作人员有滥用职权、玩忽职守、徇私舞弊的，由上级行政机关或者监察机关依法给予处分；构成犯罪的，依法追究刑事责任。

第二十二条 本办法自2011年5月1日起施行。

第四节 陕西省公共安全图像信息系统管理办法

陕西省人民政府令（第151号）

《陕西省公共安全图像信息系统管理办法》已经省政府2011年第9次常务会议通过，现予发布，自2011年8月1日起施行。

省长 赵正永

二〇一一年六月十六日

陕西省公共安全图像信息系统管理办法

第一条 为了规范公共安全图像信息系统的规划、建设、管理和使用，保护公民、法人和其他组织的人身和财产安全，维护公共安全，根据《陕西省安全技术防范条例》，制定本办法。

第二条 本省行政区域内公共安全图像信息系统的规划、建设、管理和使用，适用本办法。

本办法所称公共安全图像信息系统，是指利用视频等技术手段，对涉及公共安全的场所和区域，进行图像信息采集、传输、存储、显示和管理应用设备、设施与软件的总称。

第三条 公共安全图像信息系统应当遵循统一规划、统一标准、统筹建设、资源共享、合法使用和保守国家秘密、商业秘密，保护公民个人隐私的原则。

第四条 各级人民政府应当加强对公共安全图像信息系统应用工作的领导，组织发展改革、教育、工业信息、财政、住房和城乡建设、交通运输、水利、工商行政管理和文物等部门做好公共安全图像信息系统的规划、建设、管理和使用工作。

第五条 县级以上公安机关具体负责本行政区域内公共安全图像信息系统建设、管理和使用的指导与日常监督工作，其职责是：

（一）会同有关部门拟制本行政区域内公共安全图像信息系统规划，报同级人民政府批准后实施；

（二）负责城市道路、广场等公共场所和区域公共安全图像信息系统的建设、管理和使用；

（三）协调有关单位对现有涉及公共安全的图像信息系统进行资源整合；

（四）负责对其他机关、团体、企业事业单位公共安全图像信息系统建设、管理和使用的指导与监督。

发展改革、教育、工业信息、财政、住房和城乡建设、交通运输、水利、工商行政管理和文物等部门，应当在同级人民政府的领导下，按照各自职责做好相关工作。供电、电信运营、广播电视等单位配合做好相关工作。

第六条 省公安机关应当根据国家规定，会同有关部门制定本省公共安全图像信息系统的技术标准，经批准后发布实施。

第七条 下列场所和区域应当安装公共安全图像信息系统：

（一）《陕西省安全技术防范条例》第十四条第（一）项至第（九）项规定的范围；

（二）高速公路、城市道路、城市快速干线、地铁、隧道、大型桥梁的重要路段或者部位，以及区域公安检查站；

（三）学校、幼儿园、医院、公园、大型广场等公众活动和聚集场所的重要部位；

（四）物流中心、大型物资储备场所和农贸市场的重要部位；

（五）江河堤防、水库、人工湖及其他水利工程的重要部位；

（六）其他社会治安复杂场所。

前款所称重要路段、重要部位，是指涉及公共安全的路段或者部位。

第八条 下列场所和区域禁止安装视频监控设备：

（一）旅馆客房；

（二）集体和个人宿舍；

（三）公共浴室、更衣室、卫生间、哺乳室等；

（四）金融、保险、证券场所中可能泄露客户个人信息的操作区域；

（五）选举箱、投票点等可以观察到个人意愿表达情况的区域；

（六）其他涉及个人隐私的场所和区域。

第九条 城市道路、广场等公共场所和区域公共安全图像信息系统的建设、管理和使用费用，列入本级人民政府财政预算。

其他场所和区域安装的公共安全图像信息系统，其建设、管理和使用费用由所属的机关、团体、企业事业单位负责。

第十条 机关、团体、企业事业单位按照本办法第七条规定建设或者自行建设图像信息系统，应当遵守统一规划和技术标准，接受公安机关的指导和监督。

第十一条 在公共场所安装公共安全图像信息系统的，应当设置明显的标识。

第十二条 公共安全图像信息系统，应当根据技术发展和使用需要，及时更新、升级。

第十三条 发展改革、工业信息、住房和城乡建设等负有建设项目审批和验收职能的部门，在对涉及公共安全图像信息系统的建设项目审批和验收时，应当告知建设单位可以先行征求公安机关对公共安全图像信息系统的意见。

第十四条 公安机关以及其他行政管理部门，不得以任何形式对公共安全图像信息系统的建设单位指定设计、施工和维修单位，不得指定产品的品牌和销售单位。

第十五条 机关、团体、企业事业单位，按照本办法第七条规定安装的公共安全图像信息系统，因客观条件变化，可以变更或者拆除有关设施、设备，变更或者拆除后30日内报告所在地县级公安机关。

第十六条 公共安全图像信息系统的使用单位，应当履行下列职责：

（一）建立信息保密、值班监看、运行维护、安全检查等制度；

（二）对公共安全图像信息系统的监看和管理人员进行思想品德、业务技能和保密知识培训；

（三）不得改变公共安全图像信息系统设施、设备的位置和功能，不得删改系统原始记录；

（四）发现涉及公共安全和其他违法犯罪行为的可疑信息，及时向公安机关报告；

（五）配合执法机关依法使用公共安全图像信息系统及其信息资料；

（六）对信息资料查阅、复制或者调取的单位、人员、时间、用途等进行登记；

（七）信息资料的存储期不少于30日；

法律、法规另有规定的，从其规定。

第十七条 公安、国家安全机关和其他行政管理部门因执法工作需要，可以查阅公共安全图像信息系统的资料；需要复制或者调取公共安全图像信息资料的，国家安全机关应当经本机关负责人批准，公安机关和其他行政管理部门应当经县级以上公安机关负责人批准。

因维护国家安全、公共安全和社会治安的需要，经县级国家安全机关或者公安机关负责人批准，国家安全和公安机关可以接入或者直接使用相关单位的公共安全图像信息系统。

查阅、复制或者调取公共安全图像信息资料时，公共安全图像信息系统的所有者和管理人员应当予以积极配合，不得收取任何费用。

第十八条 公安、国家安全机关和其他行政管理部门在依法查阅公共安全图像信息系统资料时，应当遵守下列规定：

（一）执法人员不少于2人；

（二）具备执法资格，出示执法证件；

（三）履行登记手续；

（四）遵守公共安全图像信息系统资料的使用、保密等制度。

复制或者调取公共安全图像信息系统资料时，除遵守前款规定外，还应当出示本办法第十七条规定的批准文件。

第十九条 公安机关应当对公共安全图像信息系统的安装范围、日常运行、维护和信息资料的安全管理情况进行指导和监督检查，发现问题及时督促整改。

第二十条 公共安全图像信息系统的建设、使用单位和个人，为侦破重大刑事案件、抓获重要犯罪嫌疑人提供重要证据或者线索，以及为维护社会治安作出突出贡献的，公安机关应当对有关单位和个人给予表彰、奖励。

第二十一条 违反本办法的行为，法律法规已有处理规定的，从其规定。

第二十二条 违反本办法第八条规定的，由县级以上公安机关责令拆除；拒不拆除的强制拆除，对单位并处五百元以上一千元以下罚款，对个人处二百元以下罚款；有违反治安管理行为的，依法予以处理；构成犯罪的，依法追究刑事责任。

第二十三条 违反本办法第十一条规定的，由县级以上公安机关责令限期改正；逾期不改正的，处五百元以上一千元以下罚款。

第二十四条 违反本办法第十五条规定的，由县级以上公安机关处五百元以上一千元以下罚款。

第二十五条　违反本办法第十六条规定的，由县级以上公安机关责令改正，并对单位处五百元以上一千元以下罚款，对单位主要负责人和直接责任人处二百元以下罚款；构成犯罪的，依法追究刑事责任。

第二十六条　当事人对公安机关在公共安全图像信息系统管理中作出的具体行政行为不服的，可以依法申请行政复议或者向人民法院提起行政诉讼。

第二十七条　公安、国家安全机关和其他行政管理部门及其工作人员，违反本办法规定滥用职权、玩忽职守、徇私舞弊的，依法予以处理；构成犯罪的，依法追究刑事责任。

第二十八条　本办法自2011年8月1日起施行。

附：陕西省安全技术防范条例

（2006年8月4日陕西省第十届人民代表大会
常务委员会第二十六次会议通过）

第十四条第（一）项至第（九）项：

（一）武器、弹药的生产、存放场所和国家重要物资储备场所；

（二）易制毒化学品和传染性菌种、毒种以及其他危险物品的研制、生产、销售、储存场所；

（三）金库，货币、有价证券、票据的制造或者集中存放场所，货币押运车辆，金融机构的营业场所和金融信息的运行、储存场所；

（四）国家或者省级统一考试的命题及试卷印刷、存放场所；

（五）党政机关、国有企业事业单位涉及国家秘密的场所或者部位；

（六）国家重点文物保护单位和国有博物馆、档案馆的重要部位；

（七）广播、电视、电信、邮政以及城市水、电、燃油（气）、热力供应单位的重要部位；

（八）机场、火车站、长途客运汽车站和民航、铁路、公路等交通枢纽的重要部位；

（九）星级宾馆和大型的商场、体育场馆、公共娱乐场所、住宅小区的出入口、主要通道及其他公共区域。

第五节　广东省人民政府关于进一步加强突发事件预警信息发布工作的意见

粤府〔2011〕130号

各地级以上市人民政府，各县（市、区）人民政府，省政府各部门、各直属机构：

突发事件预警信息发布是科学预防和有效应对突发事件的基础。及时、准确、客观、全面向公众发布预警信息，是提高政府公共服务水平的标志之一，对提升全省应急管理水平，建设幸福广东具有十分重要的意义。《广东省突发事件预警信息发布管理办法（试行）》（粤府办〔2008〕19号）公布实施以来，经过共同努力，全省突发事件预警信息发布水平明显提高，但距离《广东省突发事件应对条例》的有关要求仍有较大差距。为进一步贯彻落实《国务院办公厅关于加强气象灾害监测预警及信息发布工作的意见》（国办发〔2011〕33号）、《中共广东省委、广东省人民政府关于加强社会建设的决定》（粤发〔2011〕17号）精神，全面提升突发事件预警信息发布工作水平，提出如下意见：

一、总体要求和工作目标

（一）总体要求。深入贯彻落实科学发展观，健全“政府主导，部门联动，统一发布，分级负责，纵向到底”的突发事件预警信息发布机制；以保障公众生命财产安全为宗旨，以提高预警信息发布时效性和覆盖面为重点，以完善监测预报网络为基础，以拓宽预警信息发布手段为核心，加快推进建设“亚洲先进，中国一流”的预警信息发布系统，有效健全“监测到位，预报准确，预警及时，覆盖全省”的预警信息发布体系。

（二）工作目标。力争到2015年，全省突发事件预警信息发布覆盖率达到95%以上，准确率力争达到90%以上。其中，气象灾害、地质灾害、海洋灾害等预警信息提前15～30分钟以上发出；地震预警信息发布具备在地震发生后地震波到达珠江三角洲地区20秒之前发出的能力。到2020年，建成“功能齐全、科学高效、覆盖全省”的预警信息发布系统，确保消除预警信息发布“盲区”和“死角”。

二、主要任务

（一）健全制度，不断完善预警信息发布机制。各地、各有关单位要按照粤府办〔2008〕19号文的有关要求，加强领导，落实责任，指定专人负责突发事件预警信息发布的相关工作，减少审批环节，规范审批流程；要进一步完善联动机制，建立快速发布的“绿色通道”，多途径、多手段第一时间无偿向公众发布突发事件预警信息；要建立健全相关问责制度，确保责任到位、任务到人。特别要依托粤港澳、泛珠三角区域内地9省区、省内各地级以上市建立的应急管理区域联动机制，建立健全无障碍的“信息共享”机制。

（二）依靠科技，加快建设预警信息发布系统。按照“立足当前，适度超前”的原则，加快推进我省突发事件预警信息发布系统建设，形成国家、省、市、县（市、区）、街道（乡、镇）、社区（村）相互衔接、规范统一、运行高效的突发事件预警信息发布体系，特别要加快气象灾害监测预警系统建设。各级广电、新闻出版、通信主管部门及有关媒体、企业要大力支持预警信息发布工作。广播、电视、报纸、互联网等社会媒体要切实承担社会责任，及时、准确、无偿播发或刊载气象灾害预警信息等灾害性预警信息；紧急情况下，根据应急管理部门要求，及时采取中断正常播出、滚动字幕、加开视频窗口等方式迅速播报预警信息及有关防范知识。各基础电信运营商、广电企业要按照国家的要求，根据应急需求，对手机短信平台进行升级改造，提高预警信息发送效率，按照各级政府及其授权部门的要求，第一时间安排最优级别的通道，通过手机短信、小区短信、小区广播等多种手段，及时向灾害预警区域手机用户免费发布预警信息。

强化广东省应急气象频道的传播预警信息功能，实现全省落地覆盖，各类预警信息全天播出。积极利用微博、博客、网上社区等渠道，为公众提供针对当地情况的预警信息。依托省广播电视网络，利用人防系统固定警报器和多媒体防空防灾预警报知系统，在沿海滨海旅游区及海水浴场区等滨海活动场地，全省有条件的居民住宅小区公共场所及楼栋，商业楼宇的公共场所及电梯，人群聚集的城市广场，出入境口岸、火车站、汽车站、飞机场、地铁站等交通枢纽，城市主干道两侧，学校、医院、文体娱乐场所和风景区等，设置一批高清液晶电视显示屏或电子显示屏，及时发布预警信息。全力推动建设覆盖全省行政村和自然村的农村应急广播系统，充分利用卫星数字音频广播、北斗卫星短信息等新媒介技术，扩大突发事件预警信息发布的覆盖面。

（三）整合资源，全力加强基层预警信息接收传递。县（市、区）、乡（镇）级人民政府及有关单位，学校、医院、社区、工矿企业、建筑工地、监狱、劳教（戒毒）所等要指定专人负责突发事件预警信息特别是气象灾害预警信息接收传递工作，重点健全向基层社区传递机制，形成县－乡－村－户直通的气象灾害等灾害性预警信息传播渠道。居民委员会、村民委员会等基层组织要第一时间传递预警信息，迅速组织群众防灾避险。要充分发挥突发事件基层信息员、气象信息员、海洋信息员、灾害信息员、群测群防员传播预警信息的作用，为其配备必要的装备，给予必要的经费补助；要整合各部门现有的基层信息员队伍资源，组织建设“一岗多能”的基层信息员队伍。对老、幼、病、残等特殊人群和通信、广播、电视盲区以及偏远地区的人群，要采取“走街串巷、进村入户、人紧盯人”等传统方式作为必要补充手段传递预警信息，确保预警信息传递“不落一户、不漏一人”。

三、保障措施

（一）加强组织领导。各地、各有关单位要切实加强领导，全力做好突发事件预警信息发布工作；要及时组织检查、评估和考核，发现问题，及时整改；要充分借鉴国内外的成功经验，探索建设突发事件预警信息发布中心；各级应急管理机构要加强统筹协调，气象部门要切实做好突发事件预警信息发布平台建设和管理等工作。

（二）加大资金投入。各级发展改革、财政部门要按照国办发〔2011〕33 号文的要求，加大对突发事件预警信息发布工作的支持力度，在国民经济和社会发展规划、年度财政预算中安排项目和资金，确保预警信息发布系统建设、升级和运行维护。

（三）强化宣教培训。各地、各有关单位要加强宣教培训工作，引导公众主动、自觉获取突发事件预警信息，教育公众有效利用预警信息；要通过应急模拟体验馆、科普基地、主题公园等，广泛宣传普及预警信号和避险知识，提高公众应急意识和自救互救能力。特别要加强对各级相关领导干部、防灾减灾责任人、各类信息员的教育培训工作，提高工作的主动性、自觉性和有效性，确保突发事件预警信息发挥最大效用。

广东省人民政府
二〇一一年十月二十八日

第六节　北京市公安局 北京市住房和城乡建设委员会 北京市社会建设工作办公室 北京市工商行政管理局关于印发《北京市写字楼内部治安保卫工作规定》的通知

京公内保字〔2011〕579号

北京市写字楼内部治安保卫工作规定

第一章　总　则

第一条　为规范本市写字楼内部治安保卫工作，保护公民人身、财产安全和公共财产安全，维护写字楼内部治安秩序，根据《中华人民共和国治安管理处罚法》、《企业事业单位内部治安保卫条例》、《物业管理条例》、《保安服务管理条例》和《北京市房屋租赁管理若干规定》、《北京市公共安全图像信息系统管理办法》等有关法律、法规的规定，结合本市实际情况，制定本规定。

第二条　本规定所称写字楼是指用于出租的办公楼(用房)。本规定所规范的写字楼内部治安保卫工作适用范围，是指在本市行政区域内，两个以上产权单位、产权单位与承租单位在同一写字楼内或产权单位将写字楼出租给两个以上承租单位，从事办公、生产、经营等活动所涉及的产权单位、承租单位、物业服务企业开展内部治安保卫工作，适用本规定。

第三条　写字楼的产权单位应对写字楼内部整体治安保卫工作负责，应在与承租单位签订《租赁合同》和与物业服务企业签订《物业服务合同》中，要有治安保卫工作内容，明确各自职责。

第四条　产权单位、承租单位、物业服务企业应当加强对本单位人员的管理，不得使用无身份证明人员，并要求本单位人员自觉遵守各项安全保卫规章制度。

第五条　写字楼内部治安保卫工作应遵守法律、法规及规章的有关规定。

第六条　公安机关主管部门应当与产权单位和物业服务企业分别签订《治安保卫责任书》，明确各自职责，再由产权单位与承租单位签订《治安保卫责任书》，明确其职责，推动写字楼内部治安保卫工作。

第七条　产权单位、承租单位、物业服务企业应当认真履行各自职责开展工作，并按要求向有关部门上报相关情况信息。

第八条　同一个写字楼由两个以上产权单位所有的，应当协议明确各自的职责任务，共同开展写字楼内部治安保卫工作。

第二章　产权单位的职责

第九条　按照“谁出租、谁受益，谁负责”的原则，产权单位负责写字楼内部整体的治安保卫工作；产权单位的法定代表人或主要负责人为本写字楼的治安保卫工作第一责任人，对本写字楼治安保卫工作负责。

第十条　产权单位在确保所出租的写字楼符合安全防范要求的前提下，方可出租。应当按照相关规定，履行出租房屋登记手续。应在承租单位的《租赁合同》中明确以下内容：

（一）严格遵守本写字楼内部治安保卫工作规章制度；

（二）负责所租用区域的治安保卫工作和内部员工、车辆的管理；

（三）不得利用所租用区域从事各种违法犯罪活动；

（四）按要求规范安装、使用技防设施设备，保证租用区域内的技防、物防设施完好有效；

（五）提供本单位基本情况，包括：单位名称、注册地址、法定代表人、从业人员、单位性质、经营范围、保卫工作负责人以及单位内部贵重物品管理措施等情况；

（六）其他需要明确的治安保卫工作事项。

产权单位委托物业服务企业实施物业管理的，双方应当在《物业服务合同》中明确规定以下相关内容：

（一）物业服务企业及产权单位对写字楼内部治安保卫工作的具体职责分工；

（二）物业服务企业承担协助公安机关做好写字楼内部治安保卫相关工作的具体职责；

（三）制定并遵守写字楼内部各项治安保卫规章制度，保障写字楼的整体技防、物防设施的完好有效，负责对本企业人员、车辆、物品的管理以及进出写字楼的人员、车辆、物品的管理；

（四）其他需要明确的治安保卫工作事项。

第十一条　产权单位在写字楼出租时，应当登记承租单位的基本信息，包括营业执照、法定代表人或主要负责人及员工的基本信息、车辆等信息内容。

第十二条　产权单位有责任对承租单位所承租区域的

使用情况进行监督，不得向无工商登记、身份证等证明文件或不具备相应资质的单位或个人出租房屋，发现承租单位利用出租房屋有违法犯罪活动嫌疑的，应当及时向公安机关报告。

第十三条 产权单位应积极配合物业服务企业建立写字楼内部治安保卫工作档案、制定保卫工作方案和处置突发事件预案，建立内部治安保卫规章制度，督促承租单位和物业服务企业落实治安保卫工作措施。

第十四条 产权单位应当保证写字楼及其技防、物防设施的有效使用和技术资料完整；委托物业服务企业进行管理的，应当及时、完整地交付物业服务企业。

第十五条 产权单位不得将写字楼委托不具备资质的物业服务企业管理。

第三章 承租单位的职责

第十六条 按照“谁承租、谁使用，谁负责”的原则，承租单位应对所租用区域的治安保卫工作负责。

第十七条 承租单位的法定代表人或主要负责人是本单位治安保卫工作第一责任人，组织专（兼）职人员落实租用区域的治安保卫工作。

第十八条 承租单位应建立内部治安保卫工作规章制度，制定保卫工作方案和处置突发事件预案。

第十九条 承租单位应当主动将本单位基本情况（营业执照、法定代表人或主要负责人及员工的基本信息、车辆登记信息等）报写字楼产权单位或物业服务企业登记备查。

第二十条 承租单位应保证租用区域内的技防、物防设施完好有效，按要求规范安装、使用技防设施设备，不得影响、妨碍公共设施的正常使用。

第二十一条 承租单位应积极配合产权单位和物业服务企业开展内部治安保卫工作，履行治安保卫工作责任，对发现的治安隐患及时整改。

第四章 物业服务企业的职责

第二十二条 物业服务企业应经产权单位的授权或受聘，积极配合产权单位组织承租单位落实治安保卫工作职责，开展内部治安保卫工作。

第二十三条 物业服务企业对写字楼接收管理前，应对技防、物防等设施进行查验，合格后方可接收，并作好记录。

第二十四条 物业服务企业应根据写字楼内部实际情况，制定内部相关的治安保卫规章制度，组织产权单位和承租单位共同维护内部秩序。

第二十五条 物业服务企业应结合实际，制订写字楼整体《治安保卫工作方案》和《突发事件处置预案》，明确各部门职责并组织演练。

第二十六条 物业服务企业应保证写字楼疏散通道、安全出口的畅通，并保证写字楼的整体技防、物防设施的完好有效。

第二十七条 物业服务企业应建立写字楼内部产权单位、承租单位、物业服务企业治安保卫工作档案，包括单位营业执照、法定代表人或主要负责人及员工基本信息、车辆登记信息等基本情况，做到底数清、情况明，协助产权单位和公安主管部门做好内部相关的治安保卫工作。

第二十八条 物业服务企业雇用或自行招用保安员，须符合国务院颁布的《保安服务管理条例》的有关规定，并按要求向属地公安机关备案，保安人员须经过正规培训机构的培训并取得保安员证书后方能上岗。

第五章 相关职能部门职责

第二十九条 公安机关依法监督写字楼内部的产权单位、承租单位、物业服务企业贯彻执行国家和本市有关治安保卫工作的法律、法规和规定情况；监督、检查、指导写字楼内部治安保卫工作，发现隐患，及时下达整改通知书，责令限期整改。

指导物业服务企业制定、完善写字楼内部《治安保卫工作方案》、《突发事件处置预案》及内部治安保卫制度，落实治安防范工作；组织写字楼内部产权单位、承租单位、物业服务企业的治安保卫人员的培训工作。

及时收集产权单位、承租单位、物业服务企业上报的各类情况信息，分析研判，动态掌控写字楼内部情况。

依法对写字楼内部保安从业单位和保安员的监管工作。

会同相关部门对写字楼周边治安秩序的治理。

第三十条 社会建设工作部门要按照《北京市社会服务管理创新行动方案》，发挥社会管理职能部门作用，协调、支持和配合公安机关开展写字楼内部治安保卫工作，加强对写字楼内部社会管理。加强对写字楼社会工作站规范化建设，不断探索写字楼内部社会管理新模式，写字楼工作站人员要加强与物业服务企业的联系协作，共同开展社情民意信息反馈工作，协调相关部门妥善处理写字楼内矛盾纠纷，维护写字楼内部社会管理秩序。

第三十一条 房屋行政主管部门负责协助公安机关督促物业服务企业履行其秩序维护职责；对于公安机关针对物业服务企业违法违规行为作出的处理情况通报，应当及时记入该企业信息档案。

第三十二条 工商行政管理机关要积极与公安、房屋行政主管等部门沟通协调，加强对写字楼相关企业的监督管理，依法查处违反工商行政管理法律法规的行为，涉嫌构成犯罪的依法移交司法机关。

第三十三条 建立由公安、社会建设工作、住房和建设管理、工商及相关行政主管职能部门参加的定期联席会议制度，通报治安保卫工作情况，研究解决有关问题。

第六章 日常治安保卫工作落实

第三十四条 写字楼内部治安保卫工作应由产权单位

牵头负责，组织承租单位、物业服务企业，共同组建写字楼内部治安保卫小组，小组下设办公室，办公室设在物业服务企业，负责组织开展日常治安保卫工作，并将机构设置和人员的配备情况报主管公安机关备查。

承租单位应根据职责，积极配合办公室（物业服务企业）工作，明确本单位的内部治安保卫工作负责人和专（兼）职保卫人员，落实租用区域治安保卫工作，并将人员的配备情况报写字楼内部治安保卫办公室备查。

第三十五条 治安保卫小组办公室开展写字楼内部日常治安保卫工作要求是：

（一）有适应本写字楼实际情况的内部治安保卫制度、措施和必要的治安防范设施；

（二）对本写字楼范围内部治安保卫工作进行检查，重要部位得到重点保护，治安隐患及时发现；

（三）本写字楼范围内的治安隐患和问题及时得到处理，对写字楼内部违反治安管理等方面法律规定的行为，应当制止并及时向公安机关报告。

第三十六条 治安保卫小组办公室制定的写字楼内部治安保卫制度应当包括下列内容：

（一）门卫、值班、巡查制度；

（二）办公、生产、经营等场所的治安保卫管理制度；

（三）现金、票据、印鉴、有价证券等重要物品治安防范管理制度；

（四）治安防范宣传教育和保卫人员培训制度；

（五）写字楼内部突发事件处置预案和流程；

（六）治安保卫工作检查制度；

（七）其他有关的治安保卫制度。

制定的内部治安保卫制度不得与法律、法规、规章的规定相抵触。

第三十七条 治安保卫小组办公室开展写字楼内部日常治安保卫工作，履行下列工作职责：

（一）开展治安防范宣传教育，落实本写字楼内部治安保卫制度和治安防范措施；

（二）检查进入本写字楼人员的证件，登记出入的车辆和物品；

（三）在本写字楼范围内进行治安防范巡逻和检查，建立巡逻、检查和治安隐患整改记录；

（四）维护写字楼内部的治安秩序，制止发生在本写字楼的违法行为，对难以制止的违法行为以及发生的治安案件、涉嫌刑事犯罪案件应当立即报警，并采取措施保护现场，配合公安机关的侦查、处置工作；

（五）督促落实写字楼内部治安防范设施的建设和维护，保证有效使用；

（六）了解掌握写字楼内部人员的舆情动态和各类不稳定因素，及时向主管公安机关上报有关情况信息。

第三十八条 治安保卫小组应定期组织本写字楼内部各承租单位，召开治安保卫工作会议，通报有关工作情况，研究解决工作中的问题。

第三十九条 写字楼内部举行除日常工作之外的大型活动，举办单位需向治安保卫小组办公室报告，应由治安保卫小组办公室和举办单位向有关部门提出申请，并按《北京市大型社会活动安全管理条例》与国务院《大型群众性活动安全管理条例》相关要求，根据举行重大活动实际情况制定《治安保卫工作方案》、《处置突发事件预案》，明确责任，落实各项安全保卫措施，方可举行。

第四十条 写字楼内部消防工作按照北京市公安局消防局、北京市安全生产监督局、北京市建委联合签发的《北京市楼宇内生产经营单位安全生产规范》的要求开展工作。

第七章 突发事件演练和处置

第四十一条 产权单位应积极配合物业服务企业制定写字楼的总体突发事件处置预案，明确产权单位、承租单位、物业服务企业的职责任务。

承租单位员工人数达到50人以上的，应当结合本单位实际情况，制定突发事件处置预案，并与本写字楼整体预案衔接，报物业服务企业备查；本单位员工人数50人以下的，应按照本写字楼整体预案要求，落实相关工作措施，并参加演练。

第四十二条 物业服务企业应当配有突发事件处置人员，配置必要的处置器材、设备，每半年组织一次全面的演练，作好演练记录。

第四十三条 遇有突发事件，各单位应当立即启动处置预案，及时进行处置。需要启动总体预案的，物业服务企业应当立即启动，并负责指挥和调度相应的人员和物资进行处置，承租单位应当服从物业服务企业的指挥和调度。

第八章 附 则

第四十四条 写字楼内部从事社会团体、金融网点、大中型商市场、餐饮企业、娱乐、网吧及特殊行业等，符合相关监管规定的，仍按原规定进行监管。

第四十五条 本规定不适用产权单位独立用房和出租居住用房。

第四十六条 本规定下列用语的含义：

（一）产权单位，是指对写字楼建筑具有合法所有权的单位。

（二）承租单位，是指承租写字楼内开展办公、生产、经营等活动的单位。

（三）物业服务企业，也称物业公司，是指依法设立、具有独立法人资格和相应资质，从事物业管理服务活动的企业。

（四）物防、技防设施，包括防盗门、报警系统、门禁系统、视频监控系统、防爆桶、防爆毯、人流量计数系统等。

（五）相应资质，是指由工商、公安等相关部门发放的许可证照。

（六）本规定所称的“以上”包含本数。

第四十七条 本规定自 2011 年 9 月 1 日起施行。

第七节 湖北省文物保护单位及博物馆纪念馆安全技术防范工程建设管理办法

鄂文化文〔2011〕267 号

各市、州、县文化（物）局、公安局、监察局、财政局：

为促进全省文物保护单位及博物馆纪念馆安全技术防范工程建设，规范安全技术防范工程设计、施工、调试与维护工作行为，省文化厅、公安厅、监察厅、财政厅联合制定了《湖北省文物保护单位及博物馆纪念馆安全技术防范工程建设管理办法》，现印发给你们，请遵照执行。

特此通知。

湖北省文化厅
湖北省公安厅
湖北省监察厅
湖北省财政厅
二〇一一年八月三十一日

第一章 总 则

第一条 为促进全省文物保护单位及博物馆纪念馆安全技术防范工程建设，规范安全技术防范工程设计、施工、调试与维护工作行为，根据《中华人民共和国政府采购法》、《湖北省人民政府关于修改〈湖北省公共安全技术防范管理规定〉的决定》（湖北省人民政府令第 312 号）、国家文物局《关于加强安全技术防范工程设计、施工管理有关问题的通知》（文物博发〔2000〕044 号）、《安全防范工程技术规范》（中华人民共和国国家标准 GB50348－2004）等有关法规，特制订本办法。

第二条 湖北省内各级文物保护单位、博物馆纪念馆，以及属于文物的古文化遗址、古墓葬、古建筑、石窟寺和石刻、近现代重要史迹及代表性建筑等安全技术防范工程均适用本办法。

第三条 依据公安部 2002 年 3 月 25 日发布的《文物系统博物馆风险等级和安全防护级别的规定》（GA27－2002）：

一级风险单位为国家级或省级博物馆；有 50000 件藏品以上的单位；列入世界文化遗产的单位或全国重点文物保护单位。

二级风险单位为藏品在 10000 件以上，50000 件以下的博物馆；省（市）级文物保护单位。

三级风险单位为藏品在 10000 件以下的博物馆；有藏品的县级文物保护单位。

第四条 一级风险文物保护单位的安全技术防范工程设计方案经省级文物行政主管机关审查后报国务院文物行政主管部门审批；一级风险博物馆纪念馆的安全技术防范工程设计方案经省级公安行政主管机关审查后报国务院公安部门审批。二、三级风险文物保护单位的安全技术防范工程设计方案由省级文物行政主管机关审核；二、三级风险博物馆纪念馆的安全技术防范工程设计方案由省级公安行政主管机关审批。

第五条 文博单位系国家重要、要害部门，其安全技术防范工程属隐蔽性的保密工程，依据国家文物局《关于加强安全技术防范工程设计、施工管理有关问题的通知》（文物博发〔2000〕044 号）和公安部《关于外商独资企业从事安防工程建设有关事项的通知》（公科〔2002〕16 号）规定，外商独资企业不得介入文物系统三级风险及以上的文物保护单位、博物馆纪念馆单位安全技术防范工程的设计、施工、调试、维护工作。

第二章 资质资格条件

第六条 承担安全技术防范工程建设的单位应具备下列资质和资格：

（一）具有省级及以上公安行政主管机关技防部门颁发的安全技术防范工程设计施工维修登记备案书；

（二）具有省级及以上工业和信息化行政主管机关颁发的计算机信息系统集成三级及以上资质；

（三）具有省级及以上建设行政主管机关颁发的建筑智能化工程专业承包叁级及以上资质；

（四）具备独立法人资格，企业注册资金不得少于人民币 500 万元；

（五）具有高风险五大类（文物保护单位和博物馆、银行营业场所、重要物质储存库、民用机场、铁路车站）工程业绩；

（六）具有省级及以上建设行政主管机关颁发的安全生产许可证；

（七）具有质量管理体系认证证书。

承担二、三级风险单位安全技术防范工程的资质与资格条件由省级文物行政主管机关审核。

第三章　工程实施

第七条　安全技术防范工程建设由建设单位填报《湖北省文博单位安全技术防范工程立项申请表》，由县级以上文化（物）行政主管机关提出立项初审意见，报省级文物行政主管机关核准。

第八条　建设单位根据省级文物行政主管机关的核准意见，编制设计任务书，委托三家及以上设计单位编制方案设计文本。设计方案评审工作的组织按管理权限分级负责。

第九条　设计方案评审专家须在省级政府采购评审专家库中随机抽取三名及以上组成。建设单位主要负责人参加方案评审，同级监察部门全程监督。

第十条　本着公平、公正的原则，根据专家评审确定的设计方案，由建设单位按照本办法第四条规定履行申报审批程序。

第十一条　建设单位根据设计方案或经费预算控制数的批复意见，向同级财政政府采购部门申报设计、施工、调试、维护一体化的政府采购计划。

第十二条　各级政府采购中心或政府采购代理机构按照《政府采购计划下达函》的批复意见组织招标，评标专家须在省级政府采购评审专家库中随机抽取三名及以上组成。建设单位依据招标结果和优化设计方案签订合同。

第十三条　根据合同约定条款，建设单位向同级财政政府采购部门申请合同确认，支付工程资金。

第十四条　承接一级风险单位安全技术防范工程的单位向省级公安行政主管机关报送项目建审材料，承接二、三级风险单位安全技术防范工程的单位向属地人民政府公安行政主管机关报送项目建审材料，凭《湖北省安全技术防范工程施工、安装批准书》进场施工。文物保护单位、博物馆纪念馆单位是直接涉及国家利益、安全的高风险类部门，根据《湖北省人民政府关于修改〈湖北省公共安全技术防范管理规定〉的决定》（湖北省人民政府令第312号）第十七条规定，承接安全技术防范工程的单位在施工前必须与建设单位签订保密合同。

第四章　竣工及验收

第十五条　安全技术防范工程竣工后，试运行30天期满，根据《湖北省公共安全技术防范管理规定实施细则》第十二条规定，建设单位与施工单位向公安行政主管机关技防部门提出验收申请，由公安行政主管机关技防部门委托国务院公安部门在省内授权的检测机构对安全技术防范工程进行检测，检测合格后申报验收。

第十六条　建设单位依据检测报告，提交验收材料。公安机关受理申请材料后，组织验收。

第十七条　安全技术防范工程验收合格，由省级公安行政主管机关发放《湖北省安全技术防范工程合格证》，安全技术防范工程即可投入正式运行。

第五章　附　则

第十八条　本办法由湖北省文物局负责解释。

第十九条　本办法至发布之日起实施。

（2011年8月31日发布）

第八节　湖北省综治办　省教育厅　省公安厅
关于印发《湖北省中小学幼儿园安全防范标准》的通知

鄂教规〔2011〕5号

各市、州、直管市、神农架林区综治办、教育局、公安局，江汉油田教育实业集团：

为贯彻落实《中共湖北省委办公厅 湖北省人民政府办公厅关于进一步加强中小学幼儿园安全管理与防范工作的通知》（鄂办文〔2010〕47号）和中央综治办、教育部、公安部《关于进一步加强学校幼儿园安全防范工作建立健全长效工作机制的意见》（公通字〔2010〕38号）精神，规范我省中小学、幼儿园安全防范建设标准，切实维护中小学、幼儿园安全稳定，优化教书育人环境，省综治办、省教育厅、省公安厅研究制定了《湖北省中小学幼儿园安全防范标准》，现印发给你们，请认真贯彻执行。对于农村中小学和民办幼儿园要按照标准，制定规划，分步建设，逐步达标。

湖北省综合治理委员会　湖北省教育厅　湖北省公安厅

二〇一一年九月十九日

湖北省中小学幼儿园安全防范标准

第一章 总 则

第一条 为进一步加强中小学、幼儿园安全管理工作，保障师生生命财产安全，建设平安和谐校园，根据《中华人民共和国义务教育法》、《企事业单位内部治安保卫条例》、《湖北省义务教育条例》、《中小学幼儿园安全管理办法》、《中共湖北省委办公厅 湖北省人民政府办公厅关于进一步加强中小学幼儿园安全管理与防范工作的通知》等法律法规和文件要求，结合本省实际，制定本标准。

第二条 本标准适用于湖北省公办和民办普通中小学、中等职业学校、幼儿园（班）、特殊教育学校。

第二章 人防标准

第三条 各级教育行政部门、学校应当建立健全学校安全稳定与社会治安综合治理工作领导责任制、工作责任制和责任追究制。

第四条 各级教育行政部门和学校要成立校园安全保卫工作领导小组，明确校（园）长为校园内部安全保卫工作第一责任人。

第五条 建立和完善专兼职校园安全保卫工作队伍。学校要设置专门的安全保卫机构。安保人员配备必要的交通、通讯工具和执勤防护器材。应为专职或兼职安保人员购买意外伤害保险。

第六条 建立专业化校园保安队伍。专职保安应从当地保安服务公司或复员退伍军人中聘请，年龄25周岁以上、55周岁以下。由公安主管部门统一审查资质，持证上岗。专职保安上岗执勤应着保安制服，佩戴保安标志和携带符合公安机关规定的器械。

第七条 专职保安的配备标准。学校至少应配2名专职保安；规模超过1000人的学校，每增加500名学生增配1名专职保安；寄宿制学校要有专职保安负责寄宿生的安全保卫工作，每增加200名寄宿生增配1名专职保安。

第八条 在学校中青年教师和管理干部中聘任兼职保卫人员。建立家长、社区志愿者参与的护学护校队伍。

第九条 建立“一校一警”巡查、重点时段护校制度。在1000名以上学生的学校设立警务室，并建立健全警务室民警工作制度；不足1000名学生的学校设立治安报警点，属地公安机关每周对学校及周边地区进行一次以上治安巡查。

第三章 物防标准

第十条 学校建立符合安全要求的封闭式围墙（围栏）、校门，围墙（围栏）高度不低于1.8米，校门处设置值班室或警务室，配备必要的防御（护）性器械和报警、通讯设备，并建立使用保管制度。

第十一条 安保人员执勤器械配备标准：防暴帽（1顶/人）、防刺背心（0.5套/人）、防割手套（1副/人）、橡胶警棍（1支/人）、夜间值班用强光电筒（1支/人）、对讲机（1部/人）、辣椒喷雾器（0.5支/人）、钢叉（1套/组，每套钢叉包括叉腰、叉颈、叉脚用各一把）。

第十二条 学校视频监控报警室、财务室、电教室、实验室以及保密、危险物品存放点等重要部位出入口安装防盗安全门。防盗安全门应符合GB17565的要求。窗户应安装金属防护栏等防护设施。

第十三条 校门和校内学生行进主要道路、教学楼和宿舍楼通道等部位、地段安装路灯，亮化率达100%。

第十四条 教学楼、学生宿舍、食堂等学生集中学习和生活场所按规定配置消防设施、器材并确保其完好有效；安全出口、疏散通道、消防通道应保持畅通，在显著位置应设置消防疏散提示标志和应急照明装置。

第十五条 校内根据需要设置规范的交通标志标牌、交通信号灯、减速带等设施，施划行车线、停车线和人行横线。

第十六条 学校应当在校内高地、水池、楼梯等易发生危险的地方设置警示标志或者防护设施。

第四章 技防标准

第十七条 校园安全技术防范系统的设计、建设、验收、使用和维护应当符合有关国家标准、行业标准。按照《湖北省公共安全技术防范管理规定》，由公安机关对学校技术防范系统的设计、安装、使用、维护和运营的情况进行指导、监督检查。

第十八条 学校应设置监控报警室，对本单位的视频监控、报警、电子巡查及系统信息通过管理软件实现联动管理。视频监控、报警信息应与公安部门天网工程、110报警系统联网，暂不能联网的应预留接口，并符合相关信号采集与传输标准。

第十九条 校园出入口及门前两侧、学生宿舍楼（区）、办公楼、教学楼、学校食堂、停车场所及地下室主要出入口和主要通行区等重点部位应安装视频监控系统，并在适当位置安装主动报警求助设备。校园周界应安装视频监控系统或主动式红外入侵探测器。

第二十条 食堂（餐厅）、膳食制作场所和食品储藏室、化学危险品库房、财务室、实验室、计算机室、配电室、锅炉房、二次供水设备等重要场所应安装防入侵报警设备。

第二十一条 技防设施形成的监控影像资料、报警记录，应当至少留存30日备查，不得删改或者扩散。

第二十二条 辅助照明灯光应满足视频系统正常摄取

图像的照度要求。应配备后备电源，保证断电后视频安防监控系统持续工作时间不少于1小时，报警系统持续工作时间不少于8小时。

第五章　附　则

第二十三条　本标准自发布之日起施行。

第九节　湖南省公安厅关于印发《湖南省商场（超市）、金银珠宝饰品店治安防范管理规范》的通知

湘公通〔2011〕58号

各市、州、县、区综治办，公安局，商务局：

现将《湖南省商场（超市）、金银珠宝饰品店治安防范管理规范》印发给你们，请督促商场、超市及金银珠宝饰品店认真遵照执行。各地有关工作情况和执行中遇到的问题，请及时分别报告省综治办、省公安厅和省商务厅。

湖南省社会治安综合治理委员会办公室
湖南省公安厅
湖南省商务厅
二零一一年八月二十九日

湖南省商场（超市）、金银珠宝饰品店治安防范管理规范

第一章　总　则

第一条　为加强商场（超市）、金银珠宝饰品店内部治安保卫工作，维护商业场所的治安环境和经营秩序，保障公民人身、财产安全和公共财产安全，根据《企业事业单位内部治安保卫条例》及有关法律、法规，制定本规范。

第二条　本省行政区域内营业面积在1000平方米以上或设有金银珠宝等贵重物品专柜的商场（超市）及金银珠宝饰品专营店适用本规范。

第三条　商场（超市）、金银珠宝饰品店治安保卫工作应当贯彻“政府监管，单位负责，预防为主，保障安全”的方针和“谁主管，谁负责”的原则。

第四条　商场（超市）、金银珠宝饰品店法定代表人或主要负责人是治安保卫工作第一责任人，对本单位的内部治安保卫工作负全面责任。

第五条　商场（超市）、金银珠宝饰品店应当逐级落实治安保卫责任制和岗位治安保卫责任，确定各级和各重要部位治安保卫责任人。

第六条　确定为治安保卫重点单位的商场（超市）、金银珠宝饰品店应当设置与治安保卫任务相适应的治安保卫机构，配备专职治安保卫人员，并将治安保卫机构的设置和人员配备情况报主管公安机关备案。

第七条　商场（超市）、金银珠宝饰品店内部治安保卫工作应当接受公安机关的指导和监督。

第二章　治安保卫机构及保卫人员职责

第八条　治安保卫人员应当依法、文明履行职责，不得侵犯他人合法权益。治安保卫人员依法履行职责的行为受法律保护。

第九条　治安保卫机构及保卫人员应当履行下列职责：

（一）制定本单位内部各项治安保卫制度，指导、监督、检查单位各部门、各部位治安保卫制度的落实。对本单位员工开展治安防范教育和培训，宣传、组织开展群防群治；

（二）维护单位内部的治安秩序，制止发生在本单位的违法行为，对难以制止的违法行为以及发生的治安案件、涉嫌刑事犯罪案件应当立即报警，并采取措施保护现场，配合公安机关的侦查、处置工作；

（三）在单位范围进行治安防范巡逻和检查，建立巡逻、检查和治安隐患整改记录；

（四）督促落实单位内部治安防范设施的建设和维护；

（五）配合综治部门落实本单位各项综合治理工作措施。

第三章　商场（超市）治安防范

第十条　卖场治安防范：

（一）卖场内应当设置醒目的安全标志及警示牌，主要通道、楼梯间应当安装应急照明装置；

（二）保持通道通畅，不得在柜台外、楼梯走道、电梯和门厅内堆放商品；

（三）商场（超市）卖场内垃圾桶（箱）营业时间内应当每间隔两小时清理一次；

（四）落实夜间巡查制度，并做好检查记录；

（五）卖场内发现可疑不明遗留物应当及时报告公安机

关，并设置警戒区域，疏导顾客，保护现场。

第十一条 重要部位治安防范：

（一）商场（超市）重要部位包括：档案室、财务室、总出纳室、安全系统总控室、配电房、空调机房、电梯机房、计算机房、锅炉房、液化气设备通道、贵重物品库、存放现金、票证、贵重商品（物品）的保险柜、收银台、金银珠宝饰品及贵重商品柜台（货架）、收发货区、生鲜食品饮品区、餐饮操作间、寄存处、电话总机室、广播室等；

（二）重要部位的员工和部门领导是治安保卫的主责人员，应当与治安保卫机构签订责任书；

（三）重要部位工作人员上岗前应当接受治安防范培训，培训合格方可上岗；

（四）重要部位应当建立安全管理制度，经常进行安全检查，发现问题立即报告，迅速整改；

（五）治安保卫机构应当定期对重要部位进行安全检查，并作好检查记录。

第十二条 保险柜治安防范：

（一）商场（超市）设置保险柜应当经单位治安保卫机构批准，并与治安保卫机构签订治安责任书；

（二）用于存放现金的保险柜在营业期间应当有专人负责。坚持每日清点、查验、交接、签字制度。非营业时间应当将大宗现金、有价证券、票证等重要物品存入商场（超市）总出纳室；

（三）用于存放贵重小件物品的保险柜，在营业时间应当坚持商品出入柜登记、签字制度，做到每日清点、查验。非营业时间应当做到商品全部入柜、封存保管；

（四）保险柜应当放置在安全隐蔽的位置，并在与商场（超市）安防中心控制室联网的报警设施和视频监控系统控制范围。

第十三条 收银台治安防范：

（一）商场（超市）收银台应当设置在至少一面有依托的地方，台面高度不低于110cm；

（二）商场（超市）收银台内应当设置报警装置或联防警铃，按钮设置在既隐蔽又便于收银员启动报警的位置，并与商场（超市）安防中心控制室联网；

（三）收银员应当履行交接班清点签字手续，做到货款帐目日清日结。收银台不应存放与销货无关的财物和私人用品。

第十四条 各商场（超市）可参照国家标准《银行业务库安全防范的要求》（GA858－2010）中四类金库的标准建设和改造金库。

第十五条 取送现金、贵重物品治安防范：

（一）商场（超市）内取送大宗现金应当有两名以上保安队员持械押送；

（二）取送大宗现金应当使用符合国家安全技术防范标准的专用提款箱；

（三）离场取送大宗现金、金银珠宝饰品、贵重商品应当使用专用车辆，配备专用防抢箱，由三名以上保安员持械押送；

（四）押运途中发生车辆故障或其他事故，押运人员应当加强警戒，采取必要的保护措施；

（五）接送金银珠宝饰品和大宗现金，单位有院落的，押运车须驶入院内装卸；无院落的，押运车应当停靠在有效监控范围之内。在进行交接时，押运人员对现场和周围环境应当严密警戒；

（六）押运人员在执行押运任务中，不得参与点数和搬运工作。

第十六条 商业促销活动安全防范：

（一）商场（超市）举办邀请影视明星、歌星、体育明星、知名人士等参加的大型群众性商业促销活动（以下简称大型群众性活动），主办单位应当按《大型群众性活动安全管理条例》的规定，于举办活动二十日前向当地公安机关提出书面申请，同时提交活动方案、安全保卫工作方案等有关材料，经审查批准后，方可举办；

（二）承办单位应对所承办的大型群众性活动治安保卫工作负责；

（三）公安机关和商场（超市）治安保卫机构应当根据大型群众性活动的规模，制定突发事件处置预案；

（四）公安机关对举办大型群众性活动应当依法审批，加强管理。对有博彩、色情等非法内容或有安全隐患的，要坚决依法制止或取缔。

第十七条 保安队勤务管理：

（一）确定为治安保卫重点单位的商场（超市），必须设立保安队或聘请保安公司保安员，负责内部门卫、守护、巡逻、押运等治安防范工作；

（二）商场（超市）组建保安队应当按照《保安服务管理条例》接受公安机关的监督和指导；

（三）保安队工作职责：

1. 做好防火、防盗、防抢、防爆炸、防投毒、防治安灾害事故工作；

2. 劝阻和制止扰乱商场（超市）治安秩序的违法行为，维护商场（超市）的正常经营秩序；

3. 负责卖场内外巡逻防范、单位员工出入场安全检查；

4. 负责管理、操作报警系统；

5. 完成公安机关和单位治安保卫机构交办的其他安全保卫工作。

第十八条 技术防范设施：

（一）商场（超市）技术防范系统包括：视频监控系统、入侵报警系统、电子巡更系统及手动报警系统等；

（二）商场（超市）使用的安全技术防范产品须符合国家、行业标准。商场（超市）安全技术防范设施应当纳入公安机关管理范围；

（三）视频监控系统应使用高清数字监控摄像机，摄像资料应当保存30天以上；

（四）视频监控的覆盖范围：

1. 机动车停车场出入口；

2. 大厅、主要通道；

3. 收银台（区）、总出纳室、寄存包处（柜）、金银珠宝饰品柜等贵重物品柜（货架）、开架食品区；

4. 电梯间、扶梯口；

5. 货物散仓、收发货区；

6. 其他需要监控的重要部位。

（五）入侵报警系统的覆盖范围：

1. 商场（超市）打烊后的设防区域；

2. 存放现金、贵重商品的保险柜、总出纳室、财务室；

3. 档案室、机要室、计算机房等重要办公场所。

（六）手动报警装置安装区域：

1. 收银台（区）、金银珠宝饰品柜、总出纳室；

2. 安全系统控制室。

（七）电话来电显示记录、语音记录系统的区域：

1. 电话总机室；

2. 对外公开服务、咨询电话应当具备来电号码显示和语音记录的功能。

第四章　金银珠宝饰品店治安防范

第十九条　金银珠宝饰品店是指专营金银珠宝饰品零售的单位。

第二十条　人力防范：

（一）柜台应明确安全保卫工作责任人，配备专职保安人员，健全完善安全防范规章制度，对保安（保卫）人员、营业员开展安全防范培训。

（二）金店的出入口须聘请专职保安，负责店面的治安防范巡查工作；大商场设置的金银珠宝柜台要设置固定岗，遇有大额业务时，保安（保卫）人员应协同看护。营业期间，保安（保卫）人员应随身佩戴防卫器械和对讲机等通讯工具，确保通讯畅通，紧急调动处置到位。

（三）营业员应严格执行专人专柜负责制。营业前、交接班和打烊后应将金银珠宝饰品的款式、数量清点无误。向顾客展示金银珠宝饰品时，要严格执行“一人一物一客”制度。每次只能从柜台内取出一件交与顾客鉴赏，多名顾客要求亲手鉴赏金银珠宝饰品时，营业员应当依次予以展示；出示第二件物品时应将第一件物品放回柜台内。

（四）营业员从柜台、展柜内取、放金银珠宝饰品之后，应当随即将柜台、展柜锁好；

（五）营业期间柜台不能离人，坚持交接班和轮流就餐制度，柜台和展柜的钥匙应当随身携带；

（六）营业员应接受治安防范培训，熟知紧急报警装置的位置和使用方法，一旦遇到抢劫时，能及时报警；

（七）每天营业打烊后应对店堂进行清场，所有金银珠宝饰品应当入库（保险柜），撤场后对入侵报警系统进行布防，并安排专人值守。

第二十一条　物理防范：

（一）营业场所与外界相通的出入口应安装坚固的金属防护门，二层以下窗户应安装金属防护栏等防护装置；

（二）营业厅、出入口、楼梯间应安装应急照明装置；

（三）金银饰品展示柜必须安装使用符合国家标准《防砸复合玻璃通用技术要求》（GA844－2009）的防砸玻璃制作的柜台，并安装金属包角加固。

（四）安装防盗安全门和金银珠宝店保管室的门要安装符合国家安防标准《防盗安全门通用技术条件》（GB17565－1998）的防盗安全门，并安装可视门禁系统，总出纳室的现金交接区要用防弹玻璃隔离，出入口要安装牢固的金属防护门或卷帘门。

（五）收银台高度不低于110cm，并配备符合安全防范标准的防抢箱；

（六）打烊后金银珠宝饰品应当存放在符合安全防范标准的专用库房或符合国家标准《防盗保险柜》（GA10409－2001）要求的专用防盗保险柜内，防盗保险柜应固定在墙体或地面上。

第二十二条　技术防范：

（一）营业场所与外界相通的出入口、门窗、库房等处应安装入侵报警装置，并与公安机关110接处警服务中心联网；

（二）金银珠宝饰品展示柜台应安装2个以上紧急报警按钮。收银台应安装一个紧急报警按钮。紧急报警按钮安装位置应当隐蔽且便于操作，并与公安机关110接处警中心联网；

（三）营业场所与外界相通的出入口、楼梯间、营业柜台区域、收银台及大门口等重要部位应安装高清视频监控摄像机，并使用数字硬盘录像机，24小时实时录像。录像回放图像应当能清晰辨认人员的面部特征。录像资料应当保存30天以上。

（四）指定专人负责视频监控录像系统的日常维护工作，及时回放检查，发现故障应立即报修，以确保系统正常运行。

第五章　附　则

第二十三条　本规范自下发之日起执行。

第十节　吉林省教育厅　公安厅义务教育学校校园安全保卫设施建设的通知

吉教联字〔2011〕31 号

各市（州）、长白山管委会教育局、公安局，各县（市、区）教育局、公安局，中省直各中小学：

根据省第十一届人民代表大会第四次会议通过的政府工作报告及省政府办公厅《关于印发二〇一一年省政府重点工作目标责任制的通知》吉政办发〔2011〕7 号文件精神，今年在省政府重点工作目标责任制中——民生工作：提出搞好义务教育阶段学校校园安全保卫设施建设。经省教育厅、公安厅共同研究，决定在全省中小学建立统一模式和标准要求的校园警务室。此举是全面加强校园安全管理，提升治安防范水平，切实维护学校内部安全及周边环境秩序，推进平安校园建设、构建和谐校园的一项重要举措。现将《吉林省学校警务室建设规范》下发给你们，望认真组织实施。

一、加强组织领导。切实加强中小学建立警务室工作的领导，各级教育行政主管部门和公安机关要成立中小学警务室建设工作领导小组，落实专人负责此项工作，协调解决警务室建设过程中的具体问题，确保建设任务落到实处。

二、快速启动警务室建设。要结合本地实际认真制定警务室建设整体规划，用足用好 2010 年末下达的义务教育阶段学校校园安全保卫中央补助资金。请各地认真研究措施，明确任务，确定时限，落实责任，建立一级抓一级，逐级抓落实的工作机制。2011 年 11 月底前全省要完成中小学警务室建设任务，并配齐配全学校消防器材和安全保卫设备：包括必要的消防器材；橡胶警棍、防割手套、警用钢叉等，进一步完善全省中小学校安全教育工作体系。

三、全面提升学校安保水平。各地各学校要结合警务室建设，按照中央综治办、教育部、公安部《关于进一步加强学校幼儿园安全防范工作建立长效工作机制的意见》和省教育厅、公安厅《关于加强全省校园安全技术防范工作的通知》的要求，大力加强安全防范措施的落实，将安全设施纳入建设规划，在寄宿制学校和规模以上学校校门、楼层走廊、师生聚集等重点场所安装视频监控，按照省教育厅、省公安厅《关于加强全省校园安全技术防范工作的通知》（吉教联〔2010〕46 号）《校园安全防范技术指南》执行；各县（市、区）教育局都要建设校园监控技防中心。各学校都要安装一键式报警装置，要实现与辖区公安派出所和专业报警服务单位联网，全省统一标准、统一管理，逐步实现全省统一联网，同时校园警务室需要配备一部专用外线报警电话，在建设上做到同步设计，同步建设，同步投入使用，全面提升我省学校的安全防范水平。

四、严格检查验收。要根据各中小学警务室建设进展情况，适时组织力量深入学校进行督促检查，对各地工作情况实行动态跟踪，以确保警务室建设质量，确保工作目标顺利完成。从今年 8 月份起，各市、州教育局在安全工作月报表中将各县（市、区）落实此项工作的进展情况，逐月向省教育厅报告。省教育厅将适时通报相关情况。在中小学警务室建成后，省公安、教育等部门将组成工作组对完成警务室建设情况进行检查验收。

同时各县（市、区）都要建立校园安全示范学校（消防安全示范校、交通文明示范校、防震减灾示范校、防灾减灾示范校）。

附件：1.《吉林省校园警务室建设规范》

2.《吉林省校园警务室内外装饰建设标准》（略）

吉林省教育厅
吉林省公安厅
二〇一一年六月二日

附件：1

吉林省校园警务室建设规范

第一条　为进一步加强中小学校安全防范建设，充分发挥校园警务室作用，根据《中央社会治安综合治理办公室教育部 公安部关于进一步加强学校安全防范工作 建立健全长效机制的意见》特制定吉林省中小学校、幼儿园警务室建设规范。

第二条　本规范适用于全省中小学校警务室建设。幼儿园具有警务室建设条件和需要的参照此规范执行。

第三条　警务室的设立，原则上一校一室，规模以上中小学校必须设立警务室。学校警务室的规划、建设由县（市、区）教育局、公安局组织实施。

第四条　警务室建设总体要求。应在学校大门一侧设立专门的警务室，原则上不得与收发室混用。按照美观、协调、实用、节约的原则，在全省范围内做到“五统一”：即外观标识统一，装备配备统一，警务公开统一，规章制度统一，登记簿册统一。

第五条　外部装饰。外墙以蓝色为主，加白色线。警务室要在醒目位置悬挂统一的校园警务室标牌、灯箱，标牌、灯箱悬挂位置，可根据警务室所在建筑的特征和实际情况，以美观、协调、醒目为原则。

第六条　内部装饰。警务室内墙装饰颜色以白色为主，加蓝色墙裙或腰线，悬挂的警务公开板、规章制度等都要以蓝和白为主色调。

第七条　警校联系箱。警务室应悬挂警校联系箱，悬挂位置要体现方便师生群众的原则。民警每个工作日须检查警校联系箱，及时处理师生群众反映的问题、建议和求助等事项。

第八条　警务宣传栏。要在警务室外适当位置设立警务宣传栏。警务宣传栏要定期公布辖区的治安形势，宣传安全防范常识、法律法规等。

第九条　警务公开栏。警务室内应悬挂警务公开栏，公开栏内容包括管片民警、法制副校长姓名、照片、警号、联系电话及驻校民警工作职责、工作纪律、服务承诺、学校保卫工作相关规定等。其中，民警姓名、照片、警号、联系电话采用卡片插入式，便于更换。

第十条　装备配备。警务室必须配备外线电话、一健式报警装置、橡胶保安棍、强光手电筒、手持式金属探测仪和民警日常工作所需的办公桌椅、资料柜，并设置接待师生群众用的笔、纸、座椅等便民服务设施。有条件的可选择配置电脑、打印机、伸缩警棍、防割手套、防刺背心、反光背心、保安哨笛、自卫喷雾剂、常用警械等。

第十一条　便民服务资料。警务室应摆放相关法制宣传资料、安全防范手册、办事须知等便民服务资料。

第十二条　警务室工作台账。警务室应建立民警工作手册和工作台账，涉密工作台账不得放在警务室。警务室各种工作台账记录及时，填写规范，内容齐全。配有微机的警务室要及时将各种信息实时录入计算机，实行微机管理，减轻民警工作负担，提高警务工作的信息化水平。

第十三条　警务室名称。凡设立警务室的地方，应悬挂“××派出所××学校警务室”的标志标牌［标注公安局的，应标注县（市、区）公安局（分局）］。

第十四条　警务室建设。警务室的建设由省公安厅、省教育厅共同指导实施，外观内饰建设和警用保安器材的配备比照公安派出所标准化建设执行。

第十五条　本《规范》由省公安厅、教育厅负责解释。

第十一节　吉林省公安厅　教育厅关于切实加强新学年校园安全工作的通知

各市（州）公安局、教育局，长白山公安局、长白山管委会教育局：

为积极应对新学年校园安全防范工作可能出现的新情况、新问题，确保我省学校和幼儿园的持续安全和稳定，现就加强新学年校园安全工作通知如下：

一、开展学校、幼儿园安保工作大检查。各级公安机关、教育行政部门要主动协调、积极配合，在开学初对校园安保工作开展一次大检查。各级公安机关、教育行政部门，特别是县（市、区）公安局、教育局和辖区派出所，要积极组织开展自查，全面排查学校、幼儿园的安全管理、技防设施、消防设施和接送学生车辆等安全隐患。对排查出的安全隐患，要向学校下发书面整改通知书，明确整改要求和时限，落实督办责任人。8 月 2 日中央综治办、教育部、公安部就前一时期对全国部分中小学、幼儿园安保工作实地检查的情况进行了通报，通报中指出我省仍有部分学校未能实现封闭化管理，对此类问题要采取坚决措施予以整改和纠正。省公安厅、省教育厅拟于 9 月份开始对全省学校、幼儿园的安全防范工作进行检查，检查组将深入到教育局、学校、幼儿园和公安机关基层科、所、队，就学校、幼儿园的人防、物防、技防措施落实情况，学校、幼儿园周边保卫力量投放情况，学校、幼儿园的周边治安管理和学校、幼儿园内部安全隐患整治情况进行全面检查，并实地考察属地公安机关民警深入校园开展工作情况，对发现的安全隐患是否下发整改通知书，教育行政主管部门和学校对公安机关提出的整改意见是否落实等。

二、尽快完善学校、幼儿园的人防、物防、技防设施建设。各地要进一步加大工作力度，按照我省《关于进一步加强全省学校幼儿园安全管理工作的意见》、《关于认真做好义务教育接段学校校园安全保卫设施建设工作的通知》等有关要求，对本地区所有学校、幼儿园的安全设施建设情况开展一次逐校、逐园的摸底调查工作，填写校园安全设施建设情况统计表（见附件），分别上报公安厅经文保总队和教育厅学校安全处，同时将此次摸底调查情况报告当地政府。要督促学校加大各项安全防范设施的资金投放，对学校、幼儿园保安力量没有配备到位的，要坚决配足到位；对视频监控系统、报警系统、消防系统等安保设施没有建成或未与公安机关联网的，要抓紧接通联网，确保年底前学校的报警系统与公安机关联网；对缺少防卫装备器材的，要坚决配齐配全，保证我省学校、幼儿园人防、物防、技防措施落到实处并发挥作用。

三、积极配合做好校园警务室规范化建设工作。按照吉林省教育厅、公安厅《关于认真做好义务教育阶段学校校园安全保卫设施建设工作的通知》（吉教联字〔2011〕31号）要求，各级公安机关、教育行政部门要深入有条件建立警务室的学校，督促加快校园警务室规范化建设工作，明确任务，制定目标，确定专人，配合学校、幼儿园协调解决警务室建设过程中遇到的问题，力求我省学校警务室建设达到预期的工作目标。对收发室与警务室混用、小卖店与警务室混用、住宿室与警务室混用等不符合规定要求的，要坚决整改。年底前，省教育厅、公安厅将对校园警务室建设工作进行检查验收。

四、加强对校园周边治安的巡逻防控。新学期开学后，公安法制副校长要切实发挥作用，主动深入学校开展法制教育。属地公安机关和辖区派出所要加强对校园周边的巡逻防控工作，在治安复杂地区增设治安岗亭，充实巡逻力量，在学校上下学、晚自习等重点时段有足够的治安巡逻警力，确保实现“见警察、见警车、见警灯”的工作要求。

各地接此通知后，要指定一名领导负责此项工作的部署和落实，确定一名民警（教育系统一名工作人员）具体负责此项工作，10 月 10 日前将工作情况形成专题报告与校园安全设施建设情况统计表报省公安厅经文保总队和教育厅学校安全处。

请各地公安机关经文保部门速将此通知复印抄送当地教育局。

吉林省公安厅
吉林省教育厅
二○一一年八月二十三日

第十二节　福建省公安厅印发《关于贯彻执行〈福建省视频监控系统技术规范〉的实施意见》的通知

闽公综〔2011〕681 号

各市、县（区）公安局（分局），平潭综合实验区公安局，厅属有关单位：

为进一步贯彻落实公安部《关于深入开展城市报警与监控系统应用工作的意见》和公安部关于加强社会治安防控体系建设的要求，加强我省视频监控系统建设应用和管理指导工作，充分发挥安全技术防范的重要作用，增强安全防范技术支撑公安工作的能力，提高社会治安防控体系技术水平，提升公安机关预防、制止、惩治违法犯罪活动的效能，省厅制订了《福建省视频监控系统技术规范》（以下简称技术规范）和《关于贯彻执行〈福建省视频监控系统技术规范〉的实施意见》，现印发给你们，请认真贯彻执行。

福建省公安厅
二○一一年十月十八日

关于贯彻执行《福建省视频监控系统技术规范》的实施意见

为贯彻实施全国公安机关科技强警工作规划和省委、省政府创新社会管理、建设“平安福建”的战略部署，以维护社会公共安全为目的，综合运用安全防范、高清视频、数字智能、通信网络、系统集成等技术，充分整合社会监控资源，提高我省视频监控系统建设的科技含量和覆盖率，加强视频监控系统全省联网应用，规范我省视频监控系统建设的技术标准，省厅制定了《福建省视频监控系统技术规范》（以下简称技术规范），现就贯彻执行《技术规范》提出以下实施意见：

一、指导思想

坚持以科学发展观为指导，在各级党委、政府的领导下，认真履行公安机关技防管理的主管职责，积极开展视频监控系统建设，不断优化视频图像信息的采集质量及联网传输能力，拓展视频图像信息在各项公安业务工作中的应用广度和深度。坚持以人为本，规范建设标准，健全管理机制，充分发挥视频监控系统效能，提升公安工作科技水平，构建新型社会治安综合防控体系，推动公安机关社会管理创新，为预防打击违法犯罪、维护社会稳定提供有力的科技支撑，促进“平安福建”建设。

二、建设原则

1. 坚持创新驱动、持续发展的原则。以高起点规划、高标准建设为目标，力争通过坚持不懈的努力，建成规划布点合理、技术标准统一、视频资源共享的数字化、集成化、网络化、智能化、高清化的全天候视频监控系统，实现对主要公共区域、场所、街道、治安保卫重点单位及周边区域、治安复杂区域等部位和公共交通工具的全覆盖；建立多级视频信息资源联网系统，实现跨区域图像调用及共享；优化全省视频监控平台的管理，实现视频监控系统的全警应用；发挥视频监控系统在治安防范、打击犯罪、社会管理和服务民生中更大、更好的效能，实现政府投资效益最大化和可持续发展。

2. 坚持统一规范、共建共享的原则。以实际需求为导向，以《技术规范》为标准，以视频监控信息共享为核心，以建设全省公安视频信息综合应用体系为目标，以提升公安机关战斗力为根本，各级公安机关新建、扩建或升级改造视频监控项目，必须严格按照《技术规范》实施，建设能够满足社会发展需要的视频监控系统，特别要注重原有视频监控技术与以高清视频技术为代表的新技术之间的兼容性，正确处理已建和新建的关系，公安机关建设和其他部门建设的关系，政府投入建设和社会单位自筹资金建设的关系，切实把社会视频资源统筹好、整合好，并与警用地理信息系统、公安指挥调度等系统关联，以确保全省视频监控系统的建设质量和高度共享。

3. 坚持服务实战、安全应用的原则。优化全省视频监控联网共享的网络系统，实现基于运营商网络建设的“平安城市”监控系统到公安专网的有效安全接入，整合全省视频监控图像资源。争取尽快将各级公安机关建设、政府财政投入“平安城市”等建设和社会建设涉及公共安全的视频监控信息，按安全规范要求联网接入省、市、县视频信息综合应用平台。要建立与警务工作相衔接的保障机制，形成边建边用，以用促建的良性局面。

三、工作要求

1. 加强领导，落实措施。各地公安机关要积极向党委政府汇报，坚持统一领导、统一规划、统一标准，做到科学理性，稳步推进。按照省厅党委部署，由厅科技通信处统一指导实施全省视频监控系统建设，厅警务督察总队履行监督职能，有关业务部门，要按照《技术规范》要求，抓好与本警种密切相关的视频监控系统建设。各地要按照省厅的要求，由科技信通部门承担起指导实施和评审验收本地视频监控系统管理的责任，建立主要领导亲自抓、分管领导具体抓，任务明确、责任到人的工作机制；通过通报会商情况，研究具体措施，协调各方行动，搞好公安机关内部各警种、各部门的工作协调，确保视频监控系统建设，按照省厅党委部署切实落实。

2. 整合资源，统筹发展。按照“补点扩面、连线成网”的要求，积极整合社会面视频监控资源，完善在省、市、县际间的治安卡口视频监控系统建设，积极推动居民住宅小区等社区、单位建设的涉及公共安全的视频监控信息与公安机关联网。各地要按照《技术规范》要求，立足当前，着眼长远，制定好本地区社会治安视频监控系统建设的总体规划，防止低水平重复建设；通过勘察分析完善监控点位的布设，实现城市监控系统的全面覆盖，并逐步将农村地区的监控系统纳入规划建设。

3. 规范建设，确保质量。要认真履行公安机关技防管理的主管职能，按照相关法律法规和标准规范的要求，严格安全技术防范工程设计、建设、检测、验收、应用等环节的管理。按照分级管理的原则，对新建系统由当地公安机关组织方案论证，从源头上把好系统建设的技术关、标准关，保证建设的系统满足要求。根据视频监控技术向数字化、集成化、智能化、网络化、高清化方向发展的趋势，对新建系统应严格按照《技术规范》标准设计实施，对已建系统图像达到标清（720P）以上的，可予以兼容应用，图像不符合技术规范标准的，应积极争取逐步改造升级。要抓好新建系统的建设、检测和验收工作，系统建设要由具有安防工程资质的企业施工，系统的检测应由安全技术防范行政主管部门授权的法定检验机构实施，检测不达标、验收不合格的不得投入使用。

4. 完善机制，严格管理。一要建立健全经费保障机制。各级公安机关要积极争取党委、政府的重视和财政的大力支持，将视频监控系统的运行维护费用纳入当地财政预算，绝不能因经费问题造成系统停止运行或运行不正常。二要建立健全运行维护机制。应加强视频监控系统的管理和使用，实现对在线设备的动态管理。发生故障时，应及时督促抢修。三要建立健全岗位培训机制。要大力开展监控系统的使用培训，加强对系统应用人员的岗前培训和在岗培训，提高他们实际操作、实战运用、分析研判的能力，结合安防行业职业培训工作，建立持证上岗制度，推动视频监控系统管理和使用队伍的专业化。

5. 深化应用，落实责任。深化应用，实现人防与技防的有机结合。使用人员要熟悉系统操作，熟悉监控区域的环境特征，把人防技防有机统一起来，使视频监控系统发挥最大的实战效能。落实责任，实现建设与应用的有机结合。要充分调动社会各方面的力量，按照“谁受益、谁建设”的原则，明确各职能部门、各相关单位在视频监控系统建设和应用中的责任，确保应用效益最大化。公安科技通信部门要充分发挥职能作用，认真做好规划、协调、组织和管理工作，有效地推进视频监控系统的规范建设和深化应用。

第十三节　广西壮族自治区公安厅关于印发《2011 年全区公安机关社会管理视频监控系统建设任务推进工作方案》的通知

桂公通〔2011〕119 号

各市公安局：

为认真贯彻梁胜利同志重要讲话精神，落实全区公安局长会议关于确保年底前如期完成 5 万个视频监控摄像探头建设任务的部署要求，进一步加强全区社会治安防控体系建设，推动治安防控社会化和群防群治，不断提升社会治安动态防控能力，自治区公安厅制定了《2011 年全区公安机关社会管理视频监控系统建设任务推进工作方案》，现印发给你们。请结合本地实际，认真组织实施。有关工作进展情况和问题，请及时报自治区公安厅治安总队。

广西壮族自治区公安厅

二〇一一年五月十五日

2011 年全区公安机关社会管理视频监控系统建设任务推进工作方案

为进一步扩大全区视频监控范围，强化社会治安技术防控能力，自治区公安厅决定，在原有视频监控系统基础上，今年全区要新增建设 5 万个视频监控摄像探头任务。为保障此项工作的顺利开展，特制定本方案。

一、指导思想

以科学发展观为指导，深入贯彻落实中央、自治区关于开展“平安建设”的部署和公安部《关于深入开展城市报警与监控系统应用工作的意见》（公科信〔2010〕27 号）及全区公安局长会议精神，通过如期完成 5 万个视频监控摄像探头任务，全面加强全区视频监控系统建设，扩大全区视频监控网络的覆盖范围，充分发挥科技手段在打防控体系中的作用，进一步提升全区公安机关社会治安动态防控能力，确保全区社会政治大局稳定和社会治安平稳。

二、工作目标和建设任务

（一）工作目标

通过公安内部自建和社会力量建设，把视频监控摄像探头覆盖到全区的每个重点角落，织成一张天网，构建点线结合、人防物防技防结合、打防管控结合、网上网下结合的社会治安信息防控体系，努力实现对社会治安动态防控的全方位、全天候、无缝隙、立体化的信息覆盖。

（二）建设任务

2011 年年底前，全区要完成 5 万个视频监控摄像探头的建设任务。其中，公安机关利用国家财政经费投入建设的高清监控摄像探头任务数为 2 万个；企事业单位、社会团体及其他社会组织和公民个人利用非国家财政经费投入建设的监控摄像探头任务数为 3 万个（各市具体任务详见附件 1）。同时，要建设配套的视频传输网络和监控系统平台，将今年和历年建设的监控系统图像在自治区、市、县三级公安机关实现互通、互调、互控。

1. 建设公安视频专网。在视频专网上建设治安监控报警系统自治区、市、县三级管理平台，将公安建设的监控报警资源、部分重点社会监控报警资源接入该平台，通过平台之间的联网，实现跨区域治安监控图像的调用及共享。从满足公安业务实际应用和高清视频监控发展需要考虑，高清监控点的接入带宽要求达到 10 兆以上，派出所到县公安局监控中心网络带宽要求达到 100 兆以上，县公安局监控中心到市公安局监控中心网络带宽要求达 155 兆以上，市公安局到自治区公安厅监控中心网络带宽要求达到 155 兆以上。各地在开展新建系统和老系统改造过程中，应按要求建设，满足全区范围联网应用的需要。

2. 整合社会各类视频监控资源，纳入公安机关管理。通过对互联网的监控资源进行整合，接入社会监控汇聚平台，在互联网内部署集中编解码器，实现对视频信号先解码再编码安全接入公安视频专网的治安监控报警系统管理平台。通过平台对社会各类监控图像进行调用，为公安机关的治安管理和打击防范服务。

3. 在公安专网上建设图像信息综合管理平台，实现视频图像的深度应用。通过安全方式，将社会治安监控系统和重点单位、场所的监控资源汇入公安专网，在公安专网建设图像信息综合管理平台，在平台上实现跨区域跨警种的视频信息共享，使各类视频监控信息与警综平台、大情报系统、警用地理信息系统、移动警务等进行融合，为侦查破案、社会面的治安掌控、服务群众等提供服务。

三、职责分工

按照属地管理、分级负责和“谁主管、谁经营、谁负责；谁受益、谁负责”的原则，各部门、各单位要积极参与视频监控系统建设。

（一）各级公安机关职责

自治区公安厅：建设公安厅图像信息综合管理平台和治安视频监控系统管理平台建设，制定出台技术规范，指导各市开展系统建设和联网工作。

地市公安局：建设市本级图像信息综合管理平台、治安监控报警系统管理平台、社会监控资源会聚平台建设，并实现与公安厅平台互联互通；按照《全区公安机关社会管理视频监控系统建设指导性意见》（试行）（桂公通〔2010〕257 号）技术要求，建设公安视频专网链路，将本市所有监控图像上传至自治区公安厅；组织、指导、协调、监督各县（区、市）视频监控系统和联网建设。

县（区、市）公安局：建设本级图像信息综合管理平台、治安视频监控系统管理平台、社会监控资源会聚平台，并实现与市公安局、自治区公安厅平台的互联互通；按照《全区公安机关社会管理视频监控系统建设指导性意见》（试行）（桂公通〔2010〕257 号）技术要求，建设至辖区派出所和到市公安局的公安视频专网链路，将本县（市、区）所有建设的监控图像上传至市公安局和自治区公安厅；组织、指导、协调、监督所辖派出所开展视频监控系统和联网建设。

（二）各部门职责

治安部门：系统建设的牵头部门。主要工作：制定工作方案，合理布局公安自建的监控摄像探头，组织实施系统建设；指导、督促企事业单位、社会团体及其它社会组织按规定安装视频监控系统；组织对社会各类视频监控资源进行整合；抓好系统建设的典型示范工作，总结经验在全区推广，组织完成系统建设规划、论证、验收等工作。

科信部门：系统建设的技术指导部门。依据公安部的有关文件要求和国家相关标准，负责系统建设规划、制定建设技术规范；建设图像信息综合管理平台，对进入公安信息网的监控资源进行整合，实现对监控图像的调控和应用；依据《全区公安机关社会管理视频监控系统建设指导性意见（试行）》（桂公通〔2010〕257 号），对公安机关组织或参与建设的监控系统技术方案进行审核和批复，组织专家对系统工程的现场勘查、方案论证、竣工验收等工作。

计装部门：制定公安机关利用国家财政开展视频监控系统建设的经费规划，建立全区系统维护运行和维修经费保障机制，对由政府出资建成的系统所需维护运行和维修经费，纳入同级财政预算。

交管、督察、消防、边防等部门：要充分发挥部门职能，负责指导本部门及所管辖行业的系统建设、联网整合、使用和管理等工作，配合完成系统联网工作。

四、系统建设要求

（一）系统平台和传输网络要求

图像信息综合管理平台、治安监控报警系统管理平台的建设要遵照《全区公安机关社会管理视频监控系统建设指导性意见（试行）》（桂公通〔2010〕257 号）技术标准及要求开展；社会监控资源会聚平台的建设要参照《全区公安机关社会管理视频监控报警系统建设技术指导性意见（试行）》（见附件 2）和相关技术标准及要求开展。

（二）摄像探头建设的范围

1. 重要单位和部位，即党政机关、新闻单位、国家机关所在地和驻地；教育、科研、医疗单位和大型文化体育场所及博物馆、档案馆和重点文物保护单位的场馆、场地、设施、建筑物及其周边地区；城乡结合部、社区和大型商贸市场、食品生产厂；危险物品生产、销售、存放处和涉枪单位；停车场（库）；其他社会治安重点保卫单位、地区和城市管理重点部位。

2. 公共场所，即大型活动场所、金融营业场所、重要城市设施、宾馆、饭店、餐饮、文化娱乐场所、大型广场、商场、医院、学校、幼儿园、居民住宅区、集市等涉及公众聚集的场所、涉及公共安全的地点和区域。

3. 道路交通，即高等级公路、城市主干路、重点路段和主要路口、卡口等。

4. 城市重要基础设施和高危行业，即邮政、电力、煤炭、水利、通信网络运营部门、供水、供气、油库、加油站、广播电视等关系国计民生的重要设施，机场、火车站、汽车站及其他交通枢纽。

（三）时限要求

6 月底前，各市、县（市、区）完成新增摄像探头和系统平台建设方案的设计工作，并报自治区公安厅技防办审批。

8 月底前，各市、县（市、区）完成所有建设项目的招标采购工作。

9 月底前，各市、县（市、区）完成新建摄像探头任务数的 30%。各市公安局完成治安监控报警系统管理平台建设并与自治区公安厅平台联网对接。

10 月底前，各市、县（市、区）完成新建摄像探头任务数的 60%。各市公安局完成图像信息综合管理平台建设并与自治区公安厅平台联网对接，各县（市、区）公安局完成治安监控报警系统管理平台并与自治区公安厅、市公安局平台联网对接。

11 月底前，各市、县（市、区）完成新建摄像探头任务数的 90%，各市完成对社会监控资源的整合和会聚平台建设，各县（市、区）公安局完成图像信息综合管理平台建设并与自治区公安厅、市公安局平台联网对接。

12 月底前，各市、县（市、区）完成新建摄像探头任务数的 100%。各县（市、区）完成对社会监控资源的整合和会聚平台建设。所有市、县（市、区）通过公安视频专网和公安网，能将今年和历年建设的所有图像上传至自治区公安厅。

五、方法步骤

（一）制订方案。各地在原有视频监控系统的基础上，制定视频监控系统新增摄像探头和三大平台建设的需求分析报告、建设规划和建设方案。

（二）方案审批。各地要严格按照《全区公安机关社会管理视频监控系统建设指导性意见（试行）》（桂公通〔2010〕257 号）要求，对系统建设的构架和设备进行选型，通过现场勘查、方案论证后确定建设方案，并将建设方案经市公安局技防管理部门审核后报自治区公安厅技防办审批。

（三）实施建设。系统建设方案批准后，各市、县（市、区）必须按照建设规划的要求，依据建设方案，全面开展视频监控系统建设。建设过程中，要严密组织，精心施工，严把技术质量关，争创全优工程。

（四）检查验收。各地建设的视频监控系统完工后，市公安局组织相关部门的专家、技术人员组成检查验收组，对工程的性能、运行情况等进行初步验收。由法定授权的检测机构检测后报自治区公安厅终验。自治区公安厅将适时组织工作组，对视频监控摄像探头建设工作进行督促检查，定期对各地工作进展情况进行通报，并将此项任务完成情况列入今年信息化绩效考核内容。

六、工作要求

（一）努力推动社会管理视频监控系统建设上升为党委、政府工程。各地要积极向党委、政府汇报，将社会管理视频监控系统建设作为“十二五”期间加强社会治安防控体系建设的一项重要工作来抓紧抓实。要推行由“政府出资、企业承建、公安使用”的模式开展建设，全面落实经费保障工作，强力推进本地区社会管理视频监控系统建设，确保如期完成建设任务。各级公安机关要高度重视，按照自治区公安厅的统一部署，成立专门工作领导小组，由本级局长担任组长，在认真总结系统建设经验基础上，从实战出发，研究制定实施方案和技术方案，做到统筹兼顾、科学规划、精心组织、周密安排。

（二）认真做好宣传和动员工作，积极调动社会各界共同建设。各地要以《广西壮族自治区安全技术防范管理暂行规定》、《广西壮族自治区社会治安综合治理条例》、《中华人民共和国娱乐场所管理条例》、《企事业单位内部治安保卫工作条例》、《城市居民住宅安全防范设施建设规定》等相关法律、法规及党委政府关于社会治安综合治理的有关要求为依据，按照“谁受益，谁出资”的思路，深入动员企事业单位、社会团体及其他社会组织和公民个人参与视频监控系统建设，形成全社会支持、参与视频监控系统建设的良好氛围。

（三）严格标准、落实责任。各地要严格按照国家、行业标准、公安厅等有关规范建设。要建立和落实领导责任制、部门责任制和单位责任制。加强指导和督促检查，把视频监控系统建设的任务落实到单位，落实到责任人。对建设成果突出、应用成效显著单位要进行大力表彰和奖励。对因工作失职、渎职导致发生重大群体性事件、刑事案件和安全事故，或阻碍、干扰视频监控系统施工的单位，按照有关规定追究责任。

（四）规范管理，促进应用。各级公安机关要加强监控资源的管理和使用，不断完善日常检查、绩效考核、奖惩激励、效益评估、监控资源管理数据库等管理机制，建立可视化指挥、图像研判、警视联动等监控报警应用与管理机制。要调配和充实专业技术人员到该工作岗位，加强对系统的管理。同时，要不断推动视频监控的深入应用。

（五）切实做好建设情况的报送工作。各地要立即组织相关部门研究，及时向当地党委政府汇报，及时上报工作进展情况。各地将充实后的组织机构、工作方案及联络员名单（包括姓名、单位、职务、联系电话）于 2011 年 5 月 25 日前上报自治区公安厅治安警察总队；从 7 月 1 日起至 12 月 31 日止，各市要在每个月的 5 日前报送上一个月的工作进展情况；2012 年 1 月 5 日前各市要将本地开展此项工作的工作总结上报自治区公安厅治安警察总队。

附件：1.《2011 年全区社会管理视频监控摄像探头建设任务分配表》（略）

2.《全区公安机关社会管理视频监控报警系统建设技术指导性意见（试行）》（略）

第十四节　广西壮族自治区公安厅关于印发《广西公安机关社会管理视频监控系统联网技术指导性意见（试行）》的通知

桂公通〔2011〕149号

各市、县公安局：

近年来，我区各级公安机关认真贯彻落实公安部关于开展城市报警与监控系统建设的工作部署，大力推进社会治安视频监控与报警系统建设，初步形成了社会治安技术防范的基础网络，为构建社会治安防控体系发挥了重要作用。但是，部分单位在分期建设过程中搭建了相互独立的管理平台，导致系统操作复杂，应用效益低下，制约了系统在服务公安实战工作中的应用实效。同时，由于各地系统缺少统一的规划和技术规范，自成体系、资源分散，不能有效实现互联、互通和信息共享，无法形成完善的面向公安业务需求和社会公共安全综合应用的系统集成平台。鉴于此，自治区公安厅结合视频监控系统网络化的发展需求和服务公安实战的需要，制定了《广西公安机关社会管理视频监控系统联网技术指导性意见（试行）》（以下简称《意见》），现印发给你们，请结合本地实际，认真贯彻执行。

《意见》正式下发后，全区新建设的视频监控报警系统设备遵照《意见》中技术要求和接口标准。对于已建的旧系统，需要进行逐步升级改造，并请相关厂商在一个月内免费提供满足各自设备的SDK开发包来实现各系统平台之间的对接。

各地在建设中遇到的问题，请及时与自治区公安厅科技信息化处联系。

广西壮族自治区公安厅
二〇一一年六月一日

第十五节　黑龙江省水利厅关于切实加强水利行业反恐工作的通知

黑水发〔2011〕311号

各市（地）、县（市、区）水务局，省农垦总局水务局，厅属各单位：

为进一步加强我省水利行业反恐怖袭击工作，根据黑龙江省反恐怖工作协调小组办公室《关于积极应对国际反恐形势变化切实加强反恐怖工作的通知》（黑反恐办〔2011〕7号）精神，结合国际、国内和我省当前的社会形势，按照厅领导对水利行业反恐怖工作的部署和指示要求，现就切实加强我省水利行业反恐工作相关事宜通知如下：

一、认清形势，提高认识，高度重视水利行业反恐工作

随着国际、国内反恐工作的不断深入，对一些恐怖组织给予了坚决的打击，取得了一定的效果和震慑作用。但同时一些恐怖组织也纷纷扬言要采取报复行动，我国境内东突恐怖组织和一些反动邪教人员为配合国际恐怖活动，近期又有明显异动，暴力犯罪事件时有发生，我国反恐形势非常严峻，当前反恐斗争将更加激烈。因此，各地、各单位要充分认清加强反恐工作对我省水利行业安全生产带来的新挑战和面临的恐怖威胁，切实增强做好反恐工作的责任感和紧迫感，高度重视水利行业反恐工作，坚决克服麻痹大意和侥幸心理。要立即行动起来，加大反恐工作力度，增强反恐工作的主动性、预见性，提高对反恐工作的应对和处置能力，采取积极措施，坚决杜绝我省水利行业恐怖事件的发生，坚决保证人民生命财产不受损失和社会的和谐稳定。

二、明确重点，周密部署，全面落实水利行业反恐工作

各地、各单位要充分评估本地区、本单位反恐工作形势，了解和掌握可能存在的恐怖威胁，明确反恐工作重点，周密部署，全面加强水利行业反恐工作。一要明确反恐工作指导思想和工作重点。全省水利行业的反恐工作，要根据省委、省政府提出的确保人员安全、用水安全、粮食安全大局的要求，按照厅党组提出了“水利管理年”部署，以实现水利工程建设生产安全和水利工程运行安全为目标，要进一步加强反恐基础防范工作，切实加强水利枢纽、水库大坝、饮水工程、灌区渠首泵站等反恐重点目标和要害部位的安全防范，建立健全各项管理制度，开展经常性地日常监督和防范工作，全面加强水利基础设施安全管理，确保水利行业反恐各项工作落到实处，实现水利行业反恐安全。二要加大宣传教育力度。通过召开干部、职工大会，学习贯彻国家和省反恐工作的文件，深刻认识水利反恐工作的极端重要性，引导各级领导干部和工作人员在思想上重视做好反恐准备工作，做到思想统一、认识统一、行动统一，增强反恐工作的自觉性和主动性。三要加强日常巡查防护工作。要建立水利反恐巡查队伍，加强反恐专业培训针对水利工程险工弱段开展巡查，及时发现和处理出现的问题，对重点问题要进行集中处理，严厉打击各类破坏行为。四要制定应急方案和预案。要结合本地、本单位反恐工作的实际和重点目标、部位、环节，制定完善、切实可行的水利反恐工作应急方案和预案，完善各项应急措施和工作手段，选调精干人员开展经常性的演练和训练，提高反恐应急反应能力和处置能力。五要健全反恐工作保障机制。各地、各单位要专门安排落实反恐工作经费，积极组织相关物资储备，充分做好经费和物资供应保障工作，确保反恐各项工作顺利完成。

三、落实责任，严密组织，强化应对水利行业反恐工作

各地、各单位要按照国家对突发公共事件处置实行“条块结合、属地管理为主”的总体要求，建立健全水利反恐工作责任制，全面落实反恐工作领导责任和工作责任。要建立健全水利行业反恐工作机构，成立反恐工作领导小组和办公室，加强对水利反恐工作的领导，做到统一组织、统一指挥，实行全时段、全方位、全过程掌控水利反恐工作，确保万无一失。要全面落实行政一把手反恐和安全防范工作第一责任人的责任，明确专门领导的具体分管责任。要制定反恐工作制度，确保水利反恐工作责任得到有效落实。要在组织、制度、信息、人员、技术保障、应急预案等方面进一步明确分工职责，明确具体工作部门工作任务。要加大对各类信息的搜集整理和分析，主动与当地政府及其反恐机构保持沟通协调和联系，全面了解社会动态，做到情报线索共享、工作超前，掌握工作的主动权。要对辖区内的水利建设工程生产安全、水利工程运行安全进行反恐工作风险评估，有针对性地制定和采取应对措施。特别是在国家有重大政治和社会活动期间，要加密检查和监视管理，加强领导值班，强化值班制度，对易发生重大政治和社会影响的重点单位、部位要落实领导责任，配备专人死看死守，确保不出现任何问题。值班人员必须保证 24 小时在岗和通讯畅通，建立信息报告制度，发生重大事件时，必须立即按程序上报，对因瞒报、漏报、迟报信息贻误处置时机的，或给社会稳定和反恐工作造成较大影响的，要依法依纪问责，追究单位领导和相关负责人的责任。

二〇一一年七月八日

第十六节　浙江省安全生产监督管理局关于印发《浙江省烟花爆竹安全管理实施细则》（试行）的通知

浙安监管危化〔2011〕78 号

各市安全生产监督管理局：

为进一步加强我省烟花爆竹安全管理，根据《安全生产法》、《无照经营查处取缔办法》（国务院令第 370 号）、《烟花爆竹安全管理条例》（国务院令第 455 号）、《烟花爆竹经营许可实施办法》（国家安监总局令第 7 号）、《烟花爆竹生产企业安全生产许可证实施办法》（原国家安监局 11 号令）和《浙江省烟花爆竹安全管理办法》（省政府令第 266 号）等法律、法规，我局制定了《浙江省烟花爆竹安全管理实施细则》（试行），现印发给你们，请认真贯彻执行。原《浙江省烟花爆竹经营许可实施细则》（浙安监管危化（2007）132 号）和《浙江省烟花爆竹进出口经营许可管理暂行规定》（浙安监管危化〔2007〕210 号）同时废除。

浙江省安全生产监督管理局
二〇一一年五月三日

浙江省烟花爆竹安全管理实施细则（试行）

第一章　总　则

第一条　为加强我省烟花爆竹安全监管，预防事故发生，规范烟花爆竹经营行为，根据《安全生产法》、《无照经营查处取缔办法》（国务院令第370号）、《烟花爆竹安全管理条例》（国务院令第455号）、《烟花爆竹经营许可实施办法》（国家安监总局令第7号）、《烟花爆竹生产企业安全生产许可证实施办法》（原国家安监局令第11号）和《浙江省烟花爆竹安全管理办法》（省政府令第266号）等法律、法规、规章的规定，结合本省实际，制定本实施细则。

第二条　在本省行政区域内的烟花爆竹生产、经营活动，适用本实施细则。

第三条　烟花爆竹生产、经营实行许可制度。从事烟花爆竹生产的企业（以下简称生产企业）应按规定取得烟花爆竹安全生产许可证；从事烟花爆竹批发的企业（含进出口企业，以下统称批发企业）和从事烟花爆竹零售的经营单位、个体经营者（以下简称零售单位），应按规定分别取得烟花爆竹经营（批发）许可证和烟花爆竹经营（零售）许可证。未经许可，任何单位和个人不得以任何形式从事烟花爆竹生产、经营活动。

零售单位根据其许可经营时间分为长期性零售单位和季节性零售单位。

第四条　本省境内销售的烟花爆竹产品应纳入全省流向登记管理，并按规定粘贴登记标签和产品标签（以下简称“双签”），未粘贴“双签”的烟花爆竹产品不得销售。

礼花弹的生产与销售依照国家相关规定执行。

第五条　省安全生产监督管理局负责指导全省烟花爆竹安全生产监督管理工作；负责烟花爆竹安全生产许可证和烟花爆竹经营（批发）许可证的颁发管理工作；指导和依法查处全省烟花爆竹生产和经营等活动中的安全生产违法行为。

各市安全生产监督管理局负责指导本行政区域内烟花爆竹安全生产监督管理；指导和依法查处本行政区域烟花爆竹生产和经营等活动中的安全生产违法行为。

各县（市、区）安全生产监督管理局负责做好本行政区域内烟花爆竹安全监督管理工作；负责本行政区域烟花爆竹经营（零售）许可证的颁发管理工作；依法查处本行政区域烟花爆竹生产和经营等活动中的安全生产违法行为。

第六条　烟花爆竹生产企业应当符合相关产业政策要求，其许可依照《烟花爆竹生产企业安全生产许可证实施办法》执行。

烟花爆竹生产、批发企业新、改、扩建项目安全管理依照《浙江省烟花爆竹建设项目安全监督管理规定》（浙安监管危化〔2011〕41号）执行。

第二章　批发经营许可

第七条　省安全生产监督管理局按照总量控制、保障安全、合理布局的原则布设全省烟花爆竹批发企业，具体如下：

每个设区的市区控制在2～3家（副省级城市市区不超过5家）；每个县（市）控制在2家。区域面积较大、人口较多（常住人口15万以上）的开发区可视情设立1家。

第八条　严格控制烟花爆竹进出口企业数量，原则上每个设区的市控制在1家（副省级城市市区不超过2家）。

第九条　批发企业应当符合下列条件：

（一）具备企业法人资格，具有与批发经营相适应的固定资产、流动资金和风险赔偿资金，具有能够保障安全经营的管理人员和操作人员；

（二）建立健全安全生产责任制和各项安全管理制度、安全操作规程；

（三）有安全管理机构并配备专职安全管理人员；

（四）主要负责人、分管负责人、安全管理人员应当具备烟花爆竹经营方面的安全知识和管理能力，并经培训考核合格；仓库保管员、守护员等应当接受烟花爆竹专业知识培训，并经考核合格；其他从业人员应当经过本单位的安全知识教育和培训；

（五）具有与其经营规模和产品品种相适应的经营场所和仓储设施；仓库的内外部安全距离、库房布局、建筑结构、安全疏散条件、消防、防爆、防雷、防静电等安全设施以及电气设施等，符合《烟花爆竹工程设计安全规范》（GB50161）等国家标准的要求；储存区域和仓库应有明显的安全警示标志和标识牌；

（六）具有相应的烟花爆竹配送能力，配送车辆应当是封闭的厢式货车，并标明安全警示标志；

（七）依法进行安全评价，并由评价机构确认符合安全条件；

（八）有事故应急救援预案、应急救援组织和人员，并配备必要的应急救援器材、设备；

（九）为本单位职工缴纳社会保险；

（十）法律、法规规定的其他条件。

第十条　申请《烟花爆竹经营（批发）许可证》的企业，应经省安监局确认符合批发经营网点布设要求后，再提出许可申请。

批发企业申请《烟花爆竹经营（批发）许可证》时，应当提交下列申请文件、资料，并对其真实性负责：

（一）《烟花爆竹经营（批发）许可证申请书》（附件1）一式三份；

（二）企业法人证明（工商营业执照或工商预登记证明

材料和组织机构代码证复印件）；

（三）新、改、扩建项目“三同时”竣工验收材料；

（四）安全生产责任制文件、事故应急救援预案（复印件）和安全管理制度、操作规程清单；

（五）主要负责人、分管负责人、安全管理人员和仓库保管员、守护员、搬运员等培训考核合格证明；

（六）由具有相应资质的设计单位出具的库区外部安全距离示意图（或实测图）和库区仓储设施平面设计图（或者经安全评价机构确认的外部安全距离示意图、总平面布置图）；

（七）具备相应资质的安全评价机构出具的评价报告及符合安全条件的整改确认书；

（八）配送服务能力及配送车辆情况说明，或者委托运输单位的情况说明及委托运输合同；

（九）销售、储存场所的房产证明或租赁合同；

（十）本单位缴纳社会保险的证明材料；

（十一）发证机关要求提供的与许可条件相关的其他材料。

第十一条 申请受理后，由省安全生产监督管理局组织有关专家或委托市级安全生产监督管理部门对申请材料和经营储存场所的安全条件进行审查。负责审查的人员应当提出书面审查意见。根据审查组的意见，省安全生产监督管理局在受理申请之日起 30 日内作出核发或者不予核发许可证的决定，并书面告知申请人。对决定不予核发许可证的，书面说明理由。

《烟花爆竹经营（批发）许可证》的有效期限为 2 年。

第三章　零售经营许可

第十二条 各县（市、区）安全生产监督管理局应按照先规划后布点和总量控制、保障安全的原则合理布设烟花爆竹零售网点，防止零售网点布设过度集中。布设零售网点的规划和方式，由各地结合本地实际研究制定。零售单位的安全条件及周边距离应符合相关法规要求，严格控制城市建成区内烟花爆竹零售单位数量。

第十三条 零售单位（含季节性零售经营单位）应当符合下列条件：

（一）经工商登记注册的各类企业、个体工商户，具有与零售经营相适应的固定资产、流动资金和风险赔偿资金，具有能够保障安全经营的管理人员和操作人员；

（二）负责人和销售人员经过安全知识培训；

（三）实行专店或者专柜销售，专柜销售时，专柜应当相对独立，并与其他柜台保持一定的距离，保证安全通道畅通；

（四）零售场所的面积不小于 10 平方米，其周边距离和安全条件应符合国家和我省相关法规、标准的要求；

（五）零售场所配备必要的消防器材，并张贴明显的安全警示标志；

（六）建立安全管理制度和产品销售记录台账；

（七）法律、法规规定的其他条件。

第十四条 零售单位申请领取《烟花爆竹经营（零售）许可证》时，应当提交下列申请文件、资料，并对其真实性负责：

（一）烟花爆竹经营（零售）许可证申请书（附件 4）一式二份；

（二）工商营业执照或工商预先核准证明材料；

（三）人员名单及培训考核合格证明；

（四）零售场所的房产证明或租赁协议书；

（五）发证机关要求提供的与许可条件相关的其他材料。

第十五条 经营（零售）许可证申报审批程序：

（一）零售单位将申请材料装订成册后，直接向所在地县（市、区）安全生产监督管理局提出申请；

（二）县（市、区）安全生产监督管理局受理申请后，应及时组织有关人员对申请材料和零售场所的安全条件进行审查，负责审查的人员应当提出书面审查意见，县（市、区）安全生产监督管理局根据审查意见，在受理申请之日起 20 日内作出核发或不予核发《烟花爆竹经营（零售）许可证》的决定，并书面告知申请人。对决定不予核发许可证的，应当书面说明理由；

（三）县（市、区）安全生产监督管理局要及时将《烟花爆竹经营（零售）许可证》的颁证情况告知零售单位所在地乡（镇）人民政府或街道办事处。

第十六条 各县（市、区）安全生产监督管理局可根据本地区烟花爆竹销售情况，核发长期件和季节件《烟花爆竹经营（零售）许可证》。长期性《烟花爆竹经营（零售）许可证》有效期限不超过 2 年。季节性《烟花爆竹经营（零售）许可证》有效期限不超过 30 天，具体由各县（市、区）安全生产监督管理局作出规定。

第十七条 零售单位在经营场所存放的烟花爆竹种类和限制存放数量，由县（市、区）安全生产监督管理局核定，并在《烟花爆竹经营（零售）许可证》上载明。核定存放数量时，应遵照以下原则：

（一）烟花爆竹专用经营场所面积 10～20 平方米的，限制存放量不超过 50 箱；

（二）烟花爆竹专用经营场所面积 20～40 平方米的，限制存放量不超过 100 箱；

（三）烟花爆竹专用经营场所在 40 平方米以上的，限制存放量不超过 200 箱。

第四章　流向登记管理

第十八条 各级安全生产监督管理部门应加强烟花爆竹流向登记管理，切实规范烟花爆竹批发、零售企业的经营行为。

第十九条 批发企业应当向生产企业采购纳入流向登

记管理的烟花爆竹产品，向取得《烟花爆竹经营（零售）许可证》的烟花爆竹零售单位供应烟花爆竹。烟花爆竹零售单位应当向从事烟花爆竹批发的企业采购烟花爆竹。

第二十条　我省烟花爆竹产品实行配送制度。烟花爆竹零售单位销售的烟花爆竹，应当由烟花爆竹批发企业统一配送。烟花爆竹零售单位不再经营的，以及季节性零售单位未销售完的烟花爆竹产品由配送的批发企业负责及时收回。

第二十一条　凡在我省境内销售的烟花爆竹，应按规定粘贴“双签”。登记标签粘贴在成品包装箱的醒目位置；产品标签粘贴在每个烟花爆竹产品的最小包装单位，确保烟花爆竹产品可有效追溯。

第二十二条　在我省境内销售的烟花爆竹产品的包装应符合国家标准规定，并应在醒目位置如实标明产品名称、产品级别、产品规格、生产厂家、生产日期、保质期、单筒内径、总药量和单发（个）药量等信息。

相关烟花爆竹生产企业不得擅自隐瞒或标注虚假信息。

第二十三条　烟花爆竹批发企业在采购烟花爆竹时应使用本省统一的烟花爆竹购销合同文本，并在合同签订30日内由批发企业报送当地县级安全生产监督管理部门备案。凭此合同向公安部门申请《烟花爆竹道路运输许可证》。

第二十四条　烟花爆竹“双签”和合同文本样式由省安全生产监督管理局统一制订、发布。

第二十五条　批发企业应当在许可证核准的区域内从事经营活动，原则上不得跨县（市、区）经营。零售单位应向所在县（市、区）批发企业采购烟花爆竹。确有必要，经所在县（市、区）安全生产监督管理局同意，可就近向本省邻县的批发企业进货。严禁从其他非法渠道采购烟花爆竹。

第五章　监督管理

第二十六条　各级安全生产监督管理部门应当依法对烟花爆竹生产、经营活动进行监督检查，发现存在安全隐患的，应当责成有关单位采取有效措施，消除安全隐患；发现违法行为，应当及时予以查处。相关单位应当接受监督检查，并提供有关情况和资料，不得拒绝、阻挠。

第二十七条　各级安全生产监督管理部门在实施烟花爆竹安全许可时，应严格按照规定的程序和要求实施，对企业安全条件和从业人员资格严格把关。严格控制有犯罪记录或因违法生产、经营烟花爆竹被立案查处人员在烟花爆竹生产、经营企业中担任主要负责人。

第二十八条　烟花爆竹生产企业和批发企业不得在批准仓库以外的地点储存烟花爆竹；零售单位不得在核定经营场所以外的地点储存烟花爆竹。

烟花爆竹生产企业和批发企业不得在仓库内储存超过其限定药量和品种的烟花爆竹产品，未经批准，不得储存非法生产、经营的烟花爆竹产品和未纳入流向登记管理的烟花爆竹产品。

零售单位在经营场所存放的烟花爆竹品种和数量不得超过《烟花爆竹经营（零售）许可证》限定的许可范围和存放量。

第二十九条　批发企业不得经营礼花弹，不得向零售单位和个人销售应由专业燃放人员燃放的A级烟花爆竹产品；零售单位不得经营应由专业燃放人员燃放的礼花弹等A级产品。

第三十条　批发企业和零售单位不得买卖、出租、出借、冒用或者伪造烟花爆竹经营许可证。不得以承包、转包、租赁、招聘等形式变相转让、出让经营许可证。

第三十一条　烟花爆竹经营单位变更单位名称、主要负责人、注册地址和经营许可范围的，应当在变更后10日内向原发证机关申请办理变更手续。

对变更许可事项的，发证机关应当收回原许可证，换发新许可证。

第三十二条　烟花爆竹经营单位变更经营场所或者储存仓库地址、仓储设施新（改、扩）建、经营许可证有效期满的，应当重新申请办理许可手续。

烟花爆竹仓储设施新（改、扩）建的，应当按建设项目审批程序办理相关手续，并经竣工验收合格。

第三十三条　对违反本实施细则规定的程序、超越职权或者不具备本实施细则规定的安全条件颁发的烟花爆竹经营许可证，发证机关应当立即撤销已经颁发的许可证。

取得烟花爆竹经营许可证的单位依法终止烟花爆竹经营活动的，发证机关应当及时注销其经营许可证。

第六章　法律责任

第三十四条　各级安全生产监督管理部门工作人员在烟花爆竹行政许可和监督管理工作中，有滥用职权、玩忽职守、徇私舞弊行为的，依法给予行政处分；构成犯罪的，依法追究刑事责任。

第三十五条　未经许可生产、经营烟花爆竹的，批发企业、零售单位超出许可证核定经营范围经营烟花爆竹的，以及零售单位向其他零售单位销售烟花爆竹的，安全生产监督管理部门应当依照《浙江省烟花爆竹安全管理办法》第四十一条给予处罚。

未经依法批准，擅自储存烟花爆竹或在批准地点以外储存烟花爆竹的，安全生产监督管理部门应当依照《安全生产法》第八十四条给予处罚。

未经许可、批准，生产、经营、储存烟花爆竹危害人体健康、存在重大安全隐患的，安全生产监督管理部门可以依照《无照经营查处取缔办法》第十四条给予处罚。

第三十六条　知道或者应当知道属于无证经营烟花爆竹行为而为其提供生产经营场所、仓储等条件的，且其行为危害人体健康、存在重大安全隐患的，安全生产监督管理部门可以依照《无照经营查处取缔办法》第十五条给予处罚。

第三十七条 对有证据证明不符合安全标准和违法生产、经营、存放的烟花爆竹，安全生产监督管理部门可以采取查封、扣押措施。

查封、扣押的期限不得超过 30 日；情况复杂的，经单位负责人批准，可以延长 30 日。相关安全生产监督管理部门应当在查封、扣押的期限内及时作出处理决定；逾期不作出处理决定的，被查封的物品视为解除查封，被扣押的物品应当立即归还。

第三十八条 安全生产监督管理部门在烟花爆竹违法违规案件查处过程中，可以采取抽样取证的方法；在证据可能灭失或者以后难以取得的情况下，经本单位负责人批准，可以先行登记保存，并应当在 7 日内作出处理决定：

（一）违法事实成立依法应当没收的，作出行政处罚决定，予以没收；依法应当查封或者扣押的，予以查封或者扣押。

（二）违法事实不成立，或者依法不应当予以没收、查封、扣押的，解除登记保存。

第三十九条 烟花爆竹生产企业和批发企业未按照国家有关标准规定对销售的烟花爆竹包装箱粘贴登记标签、烟花爆竹产品粘贴产品标签的，安全生产监督管理部门应当依照《浙江省烟花爆竹安全管理办法》第四十八条给予处罚。

第四十条 烟花爆竹批发企业未使用全省统一的烟花爆竹购销合同文本，或者未在规定时间内将购销合同副本报备案的，安全生产监督管理部门应当依照《浙江省烟花爆竹安全管理办法》第四十九条给予处罚。

第四十一条 省安全生产监督管理局对存在重大违法违规行为的生产、经营单位实行定期通报制度。

第四十二条 其他违反本实施细则有关规定的，依照相关法律法规进行处理。

第七章 附 则

第四十三条 本实施细则自 2011 年 6 月 3 日起施行。原《浙江省烟花爆竹经营许可实施细则》（浙安监管危化〔2007〕132 号）和《浙江省烟花爆竹进出口经营许可管理暂行规定》（浙安监管危化〔2007〕210 号）同时废除。

第四十四条 本实施细则由省安全生产监督管理局负责解释。

第十七节 上海市公安局技术防范办公室关于加强监管本市安防工程所用技防产品的通知

沪公技防〔2011〕001 号

各公安分局、崇明县公安局技防办，各技防产品生产、销售单位，各技防工程从业单位：

为加强本市安防工程用硬盘录像机和电子围栏等技防产品的监督管理，近年来，上海市公安局技术防范办公室先后印发了《关于贯彻国家标准〈视频安防监控数字录像设备〉（GB20815－2006）的补充通知》［沪公技防〔2008〕006 号］、《关于印发〈本市安防工程用电子脉冲式探测器基本技术要求〉的通知》［沪公技防〔2008〕0013 号］、《关于印发〈张力式电子围栏入侵装置技术要求〉的通知》［沪公技防〔2009〕004 号］等规范性文件，对提高本市技防产品的质量起到了积极作用。

但工作中发现，本市部分安防工程中使用的个别技防产品只有主要部件（如硬盘录像机的主机、高压脉冲式电子围栏的脉冲主机等）与送检样品一致，相关配件则与送检样品不符。如：硬盘录像机以家用电脑硬盘替代专用硬盘；高压脉冲电子围栏用的支撑杆、受力杆、金属导线由技防工程从业单位自行制作或配置；高压脉冲电子围栏用的绝缘子用废旧塑料制作等。上述行为导致安防工程中实际使用的技防产品质量无法达到相关标准要求，工程质量难以保证，阻碍了安防系统在预防、打击犯罪及为侦查破案提供线索方面发挥积极作用，也严重影响了技防产品生产、销售企业和技防工程从业单位的信誉。

为进一步加强本市安防工程所用技防产品的质量监督管理，提高本市技防产品生产、销售企业和技防工程从业单位的信誉度，提升本市安防系统运行的稳定性，确保人民生命财产安全，现对本市安防工程用硬盘录像机和电子围栏作以下规定：

一、生产、销售企业须对生产、销售的技防产品质量和性能负责。为明确责任，便于监管，今后申请技防评审验收时，所递交的产品检测报告复印件上应注明相关工程名称、销售的主机数量、相关部件配置的型号和数量等，并加盖生产或销售企业公章。

二、生产、销售企业应根据安防工程的实际需要成套出售硬盘录像机和电子围栏，不得仅销售主要部件。如，硬盘录像机的硬盘和电子围栏的支撑杆、受力杆、金属导线、绝缘子等均要与硬盘录像机和电子围栏的主机一并出售，并与提供的检测报告一致。

三、技防工程从业单位在采购和安装技防产品时，应根据检测报告和安防工程的实际情况成套采购，不应只采购主要部件，自行配置或制作相关部件。

四、各级公安技防管理部门，应对安防工程中使用的硬盘录像机和电子围栏等技防产品加强监督管理，对在技防评审、验收和日常检查中发现生产、销售企业和技防工程从业单位有违反上述要求的应进行查处，并在行业内进行通报；情节严重，造成后果的，视情将取消其生产登记批准书或降低资质。

本通知自下发之日起施行。

特此通知。

上海市公安局技术防范办公室
二〇一一年一月二十一日

第十八节 上海市公安局技术防范办公室关于印发《本市视频安防监控系统用彩色显示终端技术规范（试行）》的通知

沪公技防〔2011〕009号

各公安分（县）局技防办，本市各视频安防监控系统用彩色显示终端产品生产、销售企业，各技防从业单位：

视频安防监控系统是安全技术防范系统的重要组成部分，在打击刑事犯罪、维护社会公共安全活动中有着其他安全防范措施难以替代的重要作用。但是，目前市场上的视频安防监控系统用彩色显示终端（以下简称显示终端）产品鱼龙混杂，有些单位甚至以次充好，严重影响了视频安防监控系统的整体效果。

为了规范本市显示终端产品市场，提高图像显示的品质，充分发挥视频安防监控系统应有的作用，经市局技防办组织国家安全防范报警系统产品质量监督检验测试中心，以及本市、外省市、境外近20家企业多次商讨、修改，结合本市视频安防监控系统实际应用要求，现制定了《本市视频安防监控系统用彩色显示终端技术规范（试行）》（以下简称《显示终端技术规范》，详见附件）。

自2011年9月1日起，凡在本市生产、销售的显示终端产品，均应持有法定检测机构按照《显示终端技术规范》检测合格的型式检验报告（有效期为2年）。

特此通知。

上海市公安局技术防范办公室
二〇一一年七月八日

第十九节 上海市公安局技术防范办公室关于印发《本市专业型数字录像设备补充技术要求（试行）》的通知

沪公技防〔2011〕010号

各公安分（县）局技防办，本市各专业型数字录像设备产品生产、销售企业，各技防从业单位：

专业型数字录像设备是视频安防监控系统中的重要组件，在打击刑事犯罪、维护社会公共安全活动中有着非常重要的作用。

为了规范本市专业型数字录像设备产品市场，提高图像记录和回放的品质，促进专业型数字录像设备技术发展，充分发挥视频安防监控系统应有的作用，经市局技防办组织有关专家结合本市视频安防监控系统实际要求，收集整理和总结技术发展、应用需求信息，并经国家安全防范报警系统产品质量监督检验测试中心，以及在本市生产、销售专业型数字录像设备的10余家主要研发企业多次研讨、修改，制定了《本市视专业型数字录像设备技术要求（试行）》（以下简称《专业录像设备技术要求》，详见附件）。

自2011年12月1日起，凡在本市生产、销售的专业型数字录像设备（Ⅱ类机），应持有法定检测机构按照国家标准《视频安防监控数字录像设备》（GB20815－2006，以下简称《国标》）和本要求检测合格的型式检验报告（有效期为2年），国内生产的还应持有《安全技术防范产品生产登记批准书》。另，按《国标》和《2010年上海世界博览会安全技术防范工程用专用硬盘录像机技术要求》通过型式检验的，可沿用至报告有效期结束之日。

特此通知。

上海市公安局技术防范办公室
二〇一一年十月十九日

第七章 已颁布且现行有效的法律、法规、规章及规范性文件

第一节 全国性的法律、法规、规章及规范性文件

序号	法规名称	颁布机构	实施日期
1	中华人民共和国标准化法	全国人民代表大会常务委员会	1989年4月1日
2	中华人民共和国招标投标法	全国人民代表大会常务委员会	2000年1月1日
3	中华人民共和国产品质量法	全国人民代表大会常务委员会	2000年9月1日
4	中华人民共和国行政许可法	全国人民代表大会常务委员会	2004年7月1日
5	中华人民共和国就业促进法	全国人民代表大会常务委员会	2008年1月1日
6	中华人民共和国认证认可条例	中华人民共和国国务院	2003年11月1日
7	国务院对确需保留的行政审批项目设定行政许可的决定	中华人民共和国国务院	2004年7月1日
8	企业事业单位内部治安保卫条例	中华人民共和国国务院	2004年12月1日
9	国家突发公共事件总体应急预案	中华人民共和国国务院	2006年1月8日
10	娱乐场所管理条例	中华人民共和国国务院	2006年3月1日
11	民用爆炸物品安全管理条例	中华人民共和国国务院	2006年9月1日
12	保安服务管理条例	中华人民共和国国务院	2010年1月1日
13	安全技术防范产品管理办法	中华人民共和国质量技术监督局、中华人民共和国公安部	2000年9月1日
14	强制性产品认证管理规定	中华人民共和国国家质量监督检验检疫总局	2002年5月1日
15	建设工程勘察质量管理办法	中华人民共和国建设部	2003年2月1日
16	金融机构营业场所和金库安全防范设施建设许可实施办法	中华人民共和国公安部	2006年2月1日
17	工程造价咨询企业管理办法	中华人民共和国建设部	2006年7月1日
18	中国人民解放军军用安全技术防范产品安全认证管理办法	中国人民解放军总政治部保卫部	2008年5月1日
19	娱乐场所治安管理办法	中华人民共和国公安部	2008年10月1日
20	邮电局（所）安全防范规定	中华人民共和国邮电部、中华人民共和国公安部	1997年9月24日
21	建筑智能化系统工程设计管理暂行规定	中华人民共和国建设部	1998年3月10日
22	关于外商独资企业从事安防工程建设有关事项的通知	中华人民共和国公安部	2000年6月14日
23	关于公安机关实施《安全技术防范产品管理办法》有关问题的通知	中华人民共和国公安部	2000年9月26日
24	关于加强对列入强制性产品认证目录内的安全技术防范产品质量监督管理的通知	中华人民共和国公安部	2002年5月1日
25	公安部关于严格执行《国务院关于取消第二批行政审批项目和改变一批行政审批项目管理方式的决定》的通知	中华人民共和国公安部	2003年3月20日

续表

序号	法规名称	颁布机构	实施日期
26	中华人民共和国公安部关于规范安全技术防范行业管理工作几个问题的通知	中华人民共和国公安部	2004年8月3日
27	关于印发《关于深入开展城市报警与监控系统应用工作的意见》的通知	中华人民共和国公安部	2010年4月6日
28	关于进一步加强学校幼儿园安全防范工作建立健全长效工作机制的意见	中央社会治安综合治理委员会办公室、中华人民共和国教育部、中华人民共和国公安部	2010年8月23日
29	关于印发《涉及国家秘密的计算机信息系统集成资质管理办法（试行）》的通知	国家保密局	2001年10月12日
30	国家保密局关于增设涉密信息系统集成“保密安防监控”单项资质的通知	国家保密局	2006年10月11日
31	国家质量监督检验检疫总局和国家认证认可监督管理委员会公告（2001年第33号）——《第一批实施强制性产品认证的产品目录》	中华人民共和国国家质量监督检验检疫总局、国家认证认可监督管理委员会	2001年12月3日
32	强制性产品认证标志管理办法	国家认证认可监督管理委员会	2002年5月1日
33	国家质量监督检验检疫总局和国家认证认可监督管理委员会公告（2004年第62号）——《第二批实施强制性产品认证的产品目录》	中华人民共和国国家质量监督检验检疫总局、国家认证认可监督管理委员会	2004年6月1日
34	安全技术防范产品强制性认证实施规则	国家认证认可监督管理委员会	2004年6月24日
35	国家认证认可监督管理委员会公告（2004年第23号）	国家认证认可监督管理委员会	2004年7月29日
36	国家认证认可监督管理委员会公告（2005年第23号）	国家认证认可监督管理委员会	2005年9月12日
37	认证技术规范管理办法	国家认证认可监督管理委员会	2006年3月1日
38	关于协助做好强制性产品认证行政执法工作有关问题的通知	国家认证认可监督管理委员会	2006年5月23日
39	国家认证认可监督管理委员会关于进一步加强监督管理规范使用认证标志有关问题的通知	国家认证认可监督管理委员会	2007年3月5日
40	关于印发《城市轨道交通工程安全质量管理暂行办法》的通知	中华人民共和国住房和城乡建设部	2010年1月8日
41	关于加强城市轨道交通安防设施建设工作的指导意见	中华人民共和国住房和城乡建设部	2010年6月28日
42	关于切实加强博物馆公共安全工作的紧急通知	国家文物局	2010年5月13日
43	关于印发《公安部授权的安防检验机构管理规定》的通知	中华人民共和国公安部科技局	2001年4月11日
44	关于贯彻实施《安全技术防范产品管理办法》有关问题的补充通知	中华人民共和国公安部科技局	2001年6月20日
45	关于查处无证生产、销售技防产品加强市场监督管理的通知	中华人民共和国公安部科技局	2002年3月28日
46	关于印发部分安防产品统一检验细则的通知	中华人民共和国公安部科技局	2006年8月1日

说明：由于历年法律、法规、规章及规范性文件变动比较小，本版《年鉴》对原有法律、法规、规章及规范性文件只刊登目录，详情请用以下方式查阅《年鉴》2011版电子版（即光盘）。

第二节　地方性的法规、规范性文件

序号	名　称	颁布机构	实施日期
1	北京市公共安全图像信息系统管理办法	北京市人民政府	2007 年 4 月 1 日
2	北京市公共安全图像信息系统备案管理规定（试行）	北京市人民政府	2007 年
3	上海市社会公共安全技术防范管理办法	上海市人民政府	2001 年 4 月 1 日
4	上海市公安局技术防范办公室关于印发《2010 年上海世界博览会安全技术防范工程专用硬盘录像机技术要求》的通知	上海市公安局安全技术防范办公室	2009 年 10 月 21 日
5	上海市公安局技术防范办公室关于印发《上海综合型数字录像设备补充技术要求（试行）》的通知	上海市公安局安全技术防范办公室	2009 年 7 月 17 日
6	关于贯彻实施《重点单位重要部位安全技术防范系统要求第 9 部分：零售商业》的补充通知	上海市公安局安全技术防范办公室	2009 年 6 月 30 日
7	上海市公安局技术防范办公室关于贯彻实施《重点单位重要部位安全技术防范系统要求第 9 部分：零售商业》的补充通知	上海市公安局安全技术防范办公室	2009 年 6 月 25 日
8	上海市公安局技术防范办公室关于贯彻执行国家标准《脉冲电子围栏及其安装和安全运行》的通知	上海市公安局安全技术防范办公室	2009 年 6 月 8 日
9	上海市公安局技术防范办公室关于印发《张力式电子围栏入侵探测装置技术要求》的通知	上海市公安局安全技术防范办公室	2009 年 3 月 30 日
10	关于印发《本市安防工程用高压电子脉冲式探测器基本技术要求》的通知	上海市公安局安全技术防范办公室	2008 年 12 月 1 日
11	关于印发《栅栏、玻璃类电控防盗门技术规范》的通知	上海市公安局安全技术防范办公室	2008 年 7 月 1 日
12	关于贯彻国家标准《视频安防监控数字录像设备》（GB20815－2006）的补充通知	上海市公安局安全技术防范办公室	2008 年 3 月 19 日
13	关于贯彻国家标准《视频安防监控数字录像设备》（GB20815－2006）的通知	上海市公安局安全技术防范办公室 上海市社会公共安全技术防范标准化技术委员会	2008 年 1 月 4 日
14	关于在居民住宅小区等技防工程项目中推广使用电子围栏周界报警系统的通知	上海市公安局安全技术防范办公室	2007 年 8 月 20 日
15	关于印发《上海市公共安全技术防范工程管理实施细则》的通知	上海市公安局安全技术防范办公室	2001 年 4 月 1 日
16	关于印发《本市技防设施使用年限的规定》的通知	上海市公安局安全技术防范办公室	2002 年
17	上海市公安局安全技术防范办公室关于印发《本市视频安防监控用模拟彩色摄像机技术规范试行》的通知	上海市公安局安全技术防范办公室	2010 年 1 月 6 日
18	上海市公安局安全技术防范办公室关于印发《本市区域报警视频联动服务系统基本技术要求试行》的通知	上海市公安局安全技术防范办公室	2010 年 4 月 8 日
19	上海市公安局安全技术防范办公室关于进一步规范中小学、幼儿园紧急报警系统相关技术要求的通知	上海市公安局安全技术防范办公室	2010 年 5 月 25 日

续表

序号	名　　称	颁布机构	实施日期
20	上海市公安局安全技术防范办公室关于进一步规范区域报警系统接处警服务工作的通知	上海市公安局安全技术防范办公室	2010年7月16日
21	上海市公安局安全技术防范办公室关于印发《本市视频安防监控用彩色数字摄像机技术规范试行》的通知	上海市公安局安全技术防范办公室	2010年9月5日
22	天津市安全技术防范管理条例	天津市人民代表大会常务委员会	2006年12月1日
23	天津市人民政府办公厅《转发市公安局关于加强我市技术防范网络体系建设意见的通知》	天津市人民政府办公厅	2006年9月4日
24	天津市市容和园林管理委员会、天津市公安局关于进一步加强我市视频监控图像信息系统建设资源共享工作的通知	天津市公安局安全技术防范管理办公室	2010年7月27日
25	重庆市社会公共安全视频图像信息系统管理办法	重庆市人民政府	2009年12月11日
26	重庆市人民政府办公厅关于明确全市视频系统建设有关事项的通知	重庆市人民政府	2009年12月11日
27	重庆市人民政府关于加强社会公共安全视频信息管理系统建设的意见	重庆市人民政府	2009年11月12日
28	重庆市社会治安综合治理委员会关于强力推进社会公共视频图像信息系统建设的意见	重庆市社会治安综合治理委员会	2009年9月2日
29	重庆市公安局办公室关于规范全市公安GPS卫星定位报警指挥调度系统建设与管理的通知	重庆市公安局办公室	2009年1月24日
30	重庆市公安局办公室关于进一步规范视频图像监控系统建设的通知	重庆市公安局技防办	2008年
31	河北省公共安全技术防范管理规定	河北省人民政府	2004年4月1日
32	河北省国土规划管理暂行规定修正案	河北省人民政府	2010年11月30日
33	山西省安全技术防范监督管理办法	山西省人民政府	1998年10月20日
34	内蒙古自治区公共安全技术防范管理条例	内蒙古人民代表大会常务委员会	2007年7月1日
35	内蒙古自治区人民政府办公厅关于印发自治区视频监控报警联网系统建设方案的通知	内蒙古自治区人民政府	2009年12月11日
36	内蒙古自治区视频监控报警联网系统建设方案	内蒙古自治区人民政府办公厅	2009年12月11日
37	内蒙古自治区公安机关公共安全技术防范监督检查规定（试行）	内蒙古自治区公安厅	2009年8月7日
38	内蒙古自治区公安厅关于印发《内蒙古自治区公安机关公共安全技术防范监督检查规定（试行）》的通知	内蒙古自治区公安厅	2009年8月5日
39	关于加强安全技术防范工程检测、验收工作的通知	内蒙古自治区公安厅	2007年8月3日
40	关于认真贯彻《内蒙古自治区公共安全技术防范管理条例实施细则》的通知	内蒙古自治区公安厅	2007年7月25日
41	关于印发《内蒙古自治区公共安全技术防范系统设计、施工和维修单位备案等级评定办法》的通知	内蒙古自治区公安厅	2007年7月20日
42	关于印发《内蒙古自治区公共安全技术防范管理条例实施细则》的通知	内蒙古自治区公安厅	2007年4月20日
43	关于进一步加强安全技术防范管理工作的通知	内蒙古自治区公安厅	2006年4月18日

续表

序号	名　称	颁布机构	实施日期
44	内蒙古自治区公安厅关于印发《关于规范管理公共安全技术防范报警运营服务业的意见》的通知	内蒙古自治区公安厅	2010 年 11 月 12 日
45	内蒙古自治区公安厅、教育厅关于印发《关于加强全区学校和幼儿园安全技术防范系统建设的意见》的通知	内蒙古自治区公安厅	2010 年 6 月 2 日
46	辽宁省公共安全技术防范管理规定	辽宁省人民政府	1999 年 10 月 1 日
47	辽宁省公共安全视频图像信息系统管理办法	辽宁省人民政府	2008 年 1 月 1 日
48	吉林省公共安全技术防范管理规定	吉林省人民政府	1997 年 12 月 31 日
49	黑龙江省公共安全技术防范管理规定	黑龙江省人民政府	1996 年 1 月 1 日
50	中共黑龙江省委办公厅、黑龙江省人民政府办公厅印发《关于进一步推进安全技术防范建设的意见》的通知	黑龙江省人民政府	2010 年 6 月 18 日
51	浙江省公共安全技术防范管理办法	浙江省人民政府	2005 年 12 月 27 日
52	关于加强全省社会治安动态视频监控系统建设的意见	浙江省委办公厅、省政府办公厅	2008 年
53	浙江省安全技术防范系统日常安全检查工作规范	浙江省公安厅	2007 年 12 月 12 日
54	浙江省公安厅关于扩大生产登记批准书发证范围的通知	浙江省公安厅	2006 年 9 月 15 日
55	浙江省安全技校防范系统日常安全检查工作规范	浙江省公安厅	2006 年
56	浙江省安全技术防范管理操作规程	浙江省公安厅	2003 年
57	关于扩大生产登记批准书发放范围的通知	浙江省公安厅技防办	2006 年
58	安徽省公共安全技术防范管理规定	安徽省人民政府	2002 年 2 月 1 日
59	福建省安全技术防范管理规定	福建省人民政府	2004 年 7 月 7 日
60	福建省安全技术防范产品管理办法	福建省公安厅	2001 年 4 月 10 日
61	山东省公共安全技术防范管理办法	山东省人民政府	2004 年 12 月 1 日
62	山东省安全技术防范产品管理规范	山东省公安厅	2005 年
63	江西省公共安全技术防范管理规定	江西省人民政府	1999 年 4 月 16 日
64	河南省安全技术防范管理规定	河南省人民政府	2003 年 5 月 1 日
65	湖北省公共安全技术防范管理规定	湖北省人民政府	2007 年 11 月 28 日
66	关于确认省人民政府规章设定的六项行政许可事项继续实施的决定	湖北省人民代表大会常务委员会	2006 年 12 月 25 日
67	湖北省公共安全技术防范管理规定实施细则	湖北省公安厅	2008 年 1 月 16 日
68	湖南省公共安全技术防范管理规定	湖南省人民政府	2002 年 12 月 1 日
69	广东省安全技术防范管理条例	广东省人民代表大会常务委员会	2002 年 8 月 1 日
70	广东省公共安全视频图像信息系统管理办法	广东省人民政府	2009 年 4 月 1 日
71	广西壮族自治区安全技术防范管理暂行规定	广西壮族自治区人民政府	2000 年 2 月 1 日
72	四川省公共安全技术防范管理条例	四川省第十一届人民代表大会常务委员会	2010 年 1 月 1 日
73	四川省公安厅关于印发《〈四川省公共安全技术防范管理条例〉实施细则》的通知	四川省公安厅	2010 年 3 月 23 日
74	四川省公安厅安全技术防范管理办公室关于印发《四川省公共安全技术防范系统从业单位登记备案管理办法试行》的通知	四川省公安厅	2010 年 3 月 26 日
75	四川省公安厅安全技术防范管理办公室关于印发《四川省公共安全技术防范专家管理办法试行》的通知	四川省公安厅	2010 年 3 月 26 日

续表

序号	名　　称	颁布机构	实施日期
76	贵州省安全技术防范管理条例	贵州省人民代表大会常务委员会	2004 年 3 月 1 日
77	贵州省公共安全视频信息系统管理办法	贵州省人民政府	2010 年 10 月 27 日
78	云南省公共安全技术防范管理办法	云南省社会治安综合治理办公室 云南省公安厅	2007 年 12 月 1 日
79	云南省城市报警和监控系统建设实施意见	云南省社会治安综合治理工作办公室	2007 年 11 月 6 日
80	云南省委办公厅、省人民政府办公厅转发《省社会治安综合治理委员会关于加强城市报警和监控系统建设的意见》的通知	云南省公安厅	2007 年 11 月 1 日
81	陕西省安全技术防范条例	陕西省人民代表大会常务委员会	2006 年 10 月 1 日
82	新疆维吾尔自治区社会公共安全技术防范管理暂行规定	新疆维吾尔自治区人民政府	2004 年 10 月 11 日

说明：由于历年地方法规、规范性文件变动比较小，本版《年鉴》对原有法规、规范性文件只刊登目录，详情请用以下方式查阅《年鉴》2011 版。

注：本章收录的法规和规范性文件内容按照行政区域划分排序

管理篇

GUANLI PIAN

第八章　公安部技防管理工作

第一节　公安部技防管理机构

公安部科技信息化局安全技术防范工作指导处是公安部技防管理机构，负责研究、制定并执行安全技术防范工作方面的法律、法规、政策；负责安全技术防范工作的执法监督及安全技术防范行业的监督管理；负责指导、监督下级公安机关的安全技术防范管理工作；组织、协调、指导社会相关部门开展安全技术防范工作；组织实施安全防范新技术研究、应用及标准的制修订；管理、指导所属安全技术防范行业组织和中介机构工作，推动、引导安全技术防范行业发展。

地　　址：中国北京市东城区东长安街14号
邮　　编：100741
负 责 人：李明甫
电　　话：010－66263135
联 系 人：杨世峰
电　　话：010－66266548

第二节　公安部技防管理工作

2011年，公安部科技信息化局安全技术防范工作指导处积极加强思想政治建设，以开展纪念建党90周年系列活动为契机，进行深入的理想信念教育，努力践行“忠诚、为民、公正、廉洁”的人民警察核心价值观，认真学习贯彻胡锦涛总书记“七一”重要讲话精神和党的十七届六中全会精神；按照《科技信息化局2011年工作要点》要求，紧抓“十二五”规划开局之年的有利契机，以贯彻落实《关于深入开展城市报警与监控系统应用工作的意见》和推进技防立法工作为重心，狠抓了各项业务工作的开展。

一、积极推进技防法制建设工作

（一）召开法规征求意见修改研讨会

按照国务院法制办的要求，公安部科技信息化局安全技术防范工作指导处在北京召开法规征求意见修改研讨会，对前阶段中央国家机关和省级人民政府相关部门等60余个单位对法规送审稿反馈的150余条修改意见和建议，逐一进行研究、讨论并提出采纳与否的意见及理由。在此基础上，对法规送审稿的条款做了进一步修改并向国务院法制办报送了《关于报送〈社会治安技术防范条例（送审稿）〉（修改稿）有关材料的函》。

（二）赴澳大利亚、新加坡进行立法考察

为进一步了解国外技防法规的现状，更好地借鉴他国开展技防立法的经验做法，由公安部科技信息化局谭晓准副局长任组长，国务院法制办、公安部法制局、公安部科技信息化局、济南市公安局等单位组成的安全技术防范立法考察团一行6人，赴澳大利亚、新加坡考察两国技防法规制定及执行情况。通过考察了解澳大利亚新南威尔士州、首都地区、维多利亚州以及新加坡的安全技术防范法规制定及执行情况，进一步开阔了立法考察团的视野，拓宽了立法思路，对进一步推进技防立法工作，有效解决立法过程中遇到的诸多重点难点问题提供了有益的参考和借鉴。

（三）深入开展技防立法调研

为合理解决立法中存在的重点难点问题，进一步摸清情况、理清思路、抓住重点，加快推进技防立法工作，国务院法制办政法司与公安部科技信息化局组成立法调研组，先后赴北京、广东和陕西等地，实地考察当地技防建设应用情况，邀请人大、政府法制部门，省、地市、县级公安机关及派出所，安防从业企业等不同层面的人员参加座谈，对技防立法过程中遇到的相关问题进行深入探讨。

（四）配合做好相关材料的整理分析

按照国务院法制办的要求，公安部科技信息化局安全技术防范工作指导处在对全国安防从业企业情况进行认真摸底调查和统计分析的基础上，向国务院法制办提供了目前外资企业进入安防行业的情况、全国城市报警与监控系统建设情况、指导意见、技术文件等相关的背景材料。

此外，为进一步强化组织领导，充实参与起草人员，加快立法工作进度，经部领导批准，专门成立由公安部张新枫副部长任组长，公安部科技信息化局谢毅平局长和谭

晓准副局长担任副组长的技防立法工作领导小组及具体工作组，以确保能够按照国务院法制办的要求和程序，完成法规的论证修改、配套实施办法及法律文书制定等工作。

二、认真贯彻落实《关于深入开展城市报警与监控系统应用工作的意见》

（一）总结通报各地贯彻落实情况

公安部科技信息化局安全技术防范工作指导处全面总结、梳理和分析了各地公安机关贯彻落实《关于深入开展城市报警与监控系统应用工作的意见》、推进报警与监控系统建设和应用的工作情况，并以公安部名义向各地下发了《关于各地贯彻落实〈关于深入开展城市报警与监控系统应用工作的意见〉工作情况的通报》（公传发［2011］55号）。

（二）开展专项调研工作

公安部科技信息化局安全技术防范工作指导处组织公安部安防重点实验室等相关单位对广东、浙江等地的报警与监控系统应用情况进行了深入调研，较深入地了解了地方的应用水平及效果。

（三）召开联网建设和信息应用工作研讨会

公安部科技信息化局安全技术防范工作指导处先后在山西省太原市、浙江省杭州市组织部分省市公安技防管理部门和相关科研院所召开报警与监控系统跨区域联网建设和视频图像信息整合应用研讨会，就当前工作开展的情况、存在的问题和下一步的工作进行了充分座谈。

（四）着手起草指导性文件

公安部科技信息化局安全技术防范工作指导处着手起草了相关的政策和技术方面的指导性文件，并积极征求了相关单位和部门的意见。

（五）组织召开全国公安机关视频监控系统联网建设与应用经验交流会

公安部科技信息化局在广东省深圳市召开了全国视频监控系统联网建设与应用经验交流会。公安部科技信息化局局长谢毅平、副局长谭晓准，广东省公安厅副厅长何广平出席会议；各省、自治区、直辖市公安厅局科信部门主管技防工作的处领导及技防科长，广东省各地级以上市公安局技防办主任等共165人参加了会议。

谢毅平局长就下步工作提出五点要求：一是要充分认识视频建设联网和视频资源整合共享的重要性；二是视频建设联网和视频资源整合共享工作要做到与时俱进；三是要把握规律，紧密结合实际；四是要推动长效机制的建立，站在新的起点和高度上推动工作的落实；五是要加强专业队伍的建设。谭晓准副局长作了题为《认清形势把握机遇全力推进全国视频图像信息整合与共享工作》的报告，通报了近期全国公安机关视频监控系统的建设进度和使用情况，并对全国公安机关视频图像信息整合与共享工作提出具体要求：一是充分认识视频监控系统联网工作的重要意义和存在的问题；二是要加强顶层设计，精心组织实施，严格进度要求，落实职责分工，确保视频图像信息整合与共享工作顺利开展。

公安部第一研究所和安全防范技术与风险评估公安部重点实验室负责同志分别介绍了视频监控图像联网技术的相关标准和视频监控系统应用情况。浙江、湖北、江苏和辽宁省公安厅科技信息化部门分别作了交流发言。与会代表还实地观摩了深圳市局福田、罗湖和南山分局视频监控系统应用工作开展较好的基层单位。

（六）积极为地方业务工作提供技术支持

公安部科技信息化局安全技术防范工作指导处先后组织有关专家对西藏的城市报警与监控系统建设方案进行了审核，对湖北省武汉市的视频监控系统进行了验收。

三、深入推进农村技防工作

（一）完成“农村地区安全技术防范体系研究”工作

按照公安部重大科研项目验收要求，由公安部科技信息化局和广东、江苏、浙江、内蒙古等省区公安厅组成的专家组对河南省承担的公安部重点攻关项目“农村地区安全技术防范体系研究”项目进行了验收。经过项目汇报、质疑答疑、合议评定后，验收组一致认为，该项目通过对安全防范技术手段研究分析，采取了多种方法，研究建立适合农村地区的技防建设应用机制，促进了以技防为支撑的新型农村警务模式的建立，在农村地区技防体系建立和应用多个方面开展了创造性的工作。

（二）组织召开农村技防工作座谈会

公安部科技信息化局安全技术防范工作指导处先后在河南省郑州市、山东省济南市召集内蒙古、山西、江苏、安徽、山东、河南、湖北等地公安技防管理部门召开全国部分省、自治区农村地区技防体系建设座谈会，交流农村技防建设经验，实地参观考察郑州、济南等地的农村技防建设情况。

（三）印发指导性文件

以公安部名义向各地印发了《关于在农村地区开展安全技术防范工作的意见》。

四、积极组织技防科研工作

（一）完成“十一五”国家科技支撑计划安防项目验收工作

科技部社会发展科技司、条财司、计划司在北京市对“十一五”国家科技支撑计划“社会治安动态预警、综合防控技术体系研究与示范”项目进行了验收。项目验收专家组认真审阅了相关材料，听取项目组汇报并进行了质询，一致认为该项目圆满完成了立项批复的任务内容，同意通过验收。

（二）组织开展“十二五”国家科技项目研究工作

按照科技部的相关要求，公安部科技信息化局安全技术防范工作指导处组织相关单位通过了“十二五”国家科技支撑计划项目的可行性论证及课题评审，确定了“基于视频及公共动态信息的智能研判技术研究及应用示范”项目及其6个课题的设置与研究内容。

（三）进一步指导公安部安防重点实验室工作

公安部科技信息化局安全技术防范工作指导处组织召开公安部安防重点实验室发展研讨会，为实验室工作的开展献计献策。此外，为使基层公安民警和保卫干部能够快速掌握安全技术防范手段和工作方法，组织公安部重点实验室编写了《安全防范技术实用手册》，目前已定稿。

（四）申请部级重点攻关计划

公安部科技信息化局安全技术防范工作指导处组织有关单位完成了《跨区域视频监控联网规范性指导及评估验证关键技术研究》的申报工作。

五、部署开展“大走访”开门评警活动

为认真贯彻党的十七届五中全会、全国政法工作会议和全国公安厅局长会议精神，进一步加强和改进新形势下的群众工作，深入推进“三项重点工作”、“三项建设”和公安机关创先争优活动，公安部科技信息化局在全国科技（技防）管理部门部署开展了“大走访”开门评警活动。公安部科技信息化局安全技术防范工作指导处先后三次利用召开座谈会的形式或出差等机会走访了多家技防企业，倾听企业声音。全国32个省级公安机关科技（技防）管理部门均以不同形式组织开展了“大走访”开门评警活动。在总结分析各地上报材料的基础上，公安部科技信息化局下发了《关于全国公安技防管理部门开展“大走访”开门评警活动的情况通报》（公科信传发〔2011〕359号）。

六、继续做好公安部授权的安防检验机构年检工作

根据《公安部授权的安防检测机构管理规定》和《关于开展公安部授权安防检测机构年检工作的通知》的有关规定要求，组织各地公安技防管理部门对公安部授权的安防工程检测机构进行了2010年度的年检工作。经各地公安技防管理部门初审并报公安部科技信息化局审核，39家检测机构进行并通过了年度检查。同时，2010年度安防工程检测机构检测项目的数量也有了较大增长，共检测6922个安防工程，涉及工程造价额达50亿元。

七、进一步指导相关部属单位的规范化建设

按照公安部党委的要求，公安部科技信息化局安全技术防范工作指导处组织中国安全防范产品行业协会、中国防伪技术协会和中国安全技术防范认证中心开展了规范化建设活动，并督促落实了各单位的审计、整改工作。同时，指导中国安全防范产品行业协会完成了领导班子换届工作和召开第五届会员代表大会；启动了中国防伪技术协会并入中国安全防范产品行业协会的工作；调整了中国安全技术防范认证中心的领导班子；指导协调全国安全防范报警系统标准化委员会召开了第三、四次委员大会。

（资料提供：公安部科技信息化局技防工作指导处）

第九章 部分省、自治区、直辖市公安机关技防管理工作

第一节 部分省、自治区、直辖市技防管理机构

机构名称	通讯地址	联系电话
北京市公安局内部单位保卫局保安和技术防范管理支队	北京市西城区大玉胡同 3 号 4 层	010 – 83577469
上海市公安局安全技术防范办公室	上海市福州路 185 号	021 – 22023323
天津市公安局安全技术防范管理办公室	天津市和平区鞍山道 41 号	022 – 27205681
重庆市公安局技术防范管理办公室	重庆市江北区石马河下花园 101 号	023 – 63751685
河北省公安厅安全技术防范管理办公室	石家庄市中山西路 469 号	0311 – 66622780
山西省公安厅安全技术防范管理办公室	太原市五一路 36 号	0351 – 3659679
内蒙古自治区公安厅公共安全技术防范管理办公室	呼和浩特市海拉尔大街 15 号	0471 – 6550386
辽宁省公安厅科技处	沈阳市岐山中路 2 号	024 – 86992486
吉林省公安厅安全技术管理办公室	长春市新发路 806 号	0431 – 82098345
黑龙江省公安厅安全技术防范管理办公室	哈尔滨市南岗区中山路 145 号	0451 – 82696576
江苏省公安厅技术防范管理办公室	南京市扬州路 1 号	025 – 83526932
浙江省公安厅科技通信管理局	杭州市民生路 66 号	0571 – 87286567
安徽省公安厅安全防范技术管理办公室	合肥市安庆路 282 号	0551 – 2801347
福建省公安厅科技通信处	福州市华林路 12 号	0591 – 87094507
江西省公安厅安全技术防范管理办公室	南昌市阳明路 133 号	0791 – 87288326
湖北省公安厅安全技术防范管理办公室	武汉市武昌区雄楚大街 181 号	027 – 67122218
湖南省公安厅技防管理工作办公室	长沙市八一路 110 号	0731 – 84590938
山东省公安厅科技处	济南市经二路 185 号	0531 – 85123128
河南省公安厅安全技术防范管理办公室	郑州市金水路 9 号	0371 – 65881070
广东省公安厅安全技术防范管理办公室	广州市越秀区北较场横路 5 号 1007 房	020 – 83110128
海南省公安厅科技技术管理科	海口市龙华区滨涯路	0898 – 68836208
广西壮族自治区安全技术防范管理办公室	南宁市新民路 34 号	0771 – 2892302
四川省公安厅安全技术防范管理办公室	成都市青羊区文翁路 159 号	028 – 86303377
贵州省公安厅科技信息通信处	贵阳市宝山北路 82 号	0851 – 5904834
云南省公安厅科技信息化处	昆明市广福路中段	0871 – 3052792
西藏自治区安全技术防范管理办公室	拉萨市林廓东路 26 号	0891 – 6311272
陕西省公安厅安全技术防范管理办公室	西安市未央区未央路 120 号	029 – 86165300
甘肃省公安厅科技处安全技术监督科（技防办）	兰州市庆阳路 98 号	0931 – 8536545
青海省公安厅安全技术防范管理办公室	西宁市八一中路 50 号	0971 – 8293164
宁夏回族自治区公安厅安全技术防范管理办公室	银川市北京中路 86 号	0951 – 6136290
新疆维吾尔自治区公安厅治安管理总队基层基础处（技防办）	乌鲁木齐市黄河路 58 号	0991 – 5586133

第二节　部分省、自治区、直辖市技防管理工作

北京市技防管理工作

按照2011年科技创安工作要求，在科技创安综合协调委员会办公室的领导下，北京市公安局内部单位保卫局保安和技术防范管理支队主要开展完成了以下工作：

一、强化基础工作数据收集，开展全市报警与监控系统数据统计

为了进一步落实公科信传发〔2010〕352号文《关于开展全国报警与监控系统设施调查工作的通知》的要求，贯彻全国公安机关社会管理创新工作座谈会的精神，切实加强对公安工作重大现实问题的理论和对策研究，在北京市公安局内部单位保卫局的认真组织下，在市局各单位大力配合下，经过长达6个月的工作，顺利完成了北京市报警与监控系统设施的调查、统计、汇总工作。

二、加强技防标准化建设，为逐步规范全市技防建设奠定规范基础

2011年北京市公安局内部单位保卫局保安和技术防范管理处从技防管理工作的实际出发，组织协会和企业开展标准化建设，共承担了大量标准的编制工作。北京市公安局内部单位保卫局充分发挥协会和安防企业的积极性和专家作用，组织标准的编制组，有条不紊地开展标准编制工作。由北京市公安局内部单位保卫局承担的《安全技术防范系统运行检验规范》和《安全防范工程监理规范》已经通过市质监局的终审，并于2011年8月实施。针对本市各单位处于运行中安全防范系统进行质量管理，2011年8月组织召开各分县局内保系统工作会议，要求各内保处、科大力推进《安全防范系统运行检验规范》贯彻落实工作。确保各内保单位技防系统运行质量良好、强化人机结合效能管理。

另有2项标准，即《封闭式停车场安全防范通用要求》和《安全技术防范系统维护保养服务规范》已经完成标准终审会。今年新批准的一类项目《安全技术防范报警服务通用要求》正在编制中，按计划将在年底完成终审稿。由内保局承担的《电动汽车电能供应与保障技术规范 充电站安全技术防范》也将召开终审会。

三、充分发挥技防管理职能，多种形式开展技防“大走访”

根据公科信传发〔2011〕30号《关于在公安机关科技（技防）管理部门认真组织开展“大走访”开门评警活动的通知》的要求，按照局领导指示，结合全市技防建设情况，北京市公安局内部单位保卫局指导分县局开展相关工作。此项工作以宣传技防知识，了解行业情况、深入走访群众、主动接受评议、认真落实整改为核心，结合技防行业发展，针对中队在技防行政审批、窗口服务、标准编制、行业监管与服务等方面的工作收集意见和建议，同时，以召开座谈会的形式与安防行业代表共同探讨在“十二五”期间北京技防工作的发展方向，为做好今后的公安技防管理工作和行业服务工作收集意见和建议。

四、举办“北京国际安防政府管理及技术应用论坛”，促进行业发展

为了促进首都地区科技创安工作的进步，安防行业的健康发展，北京市公安局内部单位保卫局保安和技术防范管理支队于2011年4月26日，在亮马河大厦举办了“北京国际安防政府管理及技术应用论坛”。公安部、首都社会治安综合治理委员会、市局等有关职能部门领导以及天津、上海、重庆、辽宁、山东、内蒙古等省区市安防行业协会的领导出席了论坛。来自有关市政府职能部门、各区县综治和公安机关、在京大型企事业单位、安防行业企业的领导、国外安防专家等300余人参加了论坛。

此次论坛深入探讨了如何推动世界城市建设与安防产业发展战略，研究平安城市建设与综合治理的结合，以及其对创建和谐社会、拉动安防行业发展的重要作用。

五、发挥技防管理专业职能，配合市局巡特警总队和基层单位开展安防专业培训

北京市公安局内部单位保卫局保安技防管理支队配合市局巡特警、公交总队和安防协会对全市基层派出所民警150余人、保卫干部1500余人、值机人员4000余人进行了技防行业管理专业培训。从安全技术防范基础知识、企业如何开展技防日常检查、技防系统应用等方面，全面讲授安全技术防范知识，提高基层民警以及管辖企业的安全技术防范知识水平。

2011年4月，北京市公安局巡特警总队为落实市局傅政华局长关于加强全市视频监控机制建设和值机人员素质培训的指示精神，在市局培训总队基地（原北京人民警察学院）进行了全市分县局、基层派出所监控骨干民警150

余人培训班。7 至 8 月，公交总队分 5 期对公交系统 550 余名保卫干部进行治安防范业务培训，取得了很好的培训效果，提升了保卫干部的防范意识和业务水平。

六、发挥安全防范专业优势，配合人口管理总队做好 300 个老旧小区科技创安达标工作

2011 年内，北京市科技创安综合协调委在广泛征求民意基础上，确定了北京市 300 个老旧小区为本年度科技创安达标任务之一。并指定市局人口总队为主责单位。

北京市公安局内部单位保卫局保安技防管理支队充分发挥安防行业管理优势，配合市局人口总队做好此项方案制定工作，积极参与、认真组织调研和研讨，针对方案讨论稿中的不足，从专业角度提出慎重意见，有力配合兄弟单位完成科技创安专项工作。

（资料提供：北京市公安局内部单位保卫局保安和技术防范管理支队）

上海市技防管理工作

2011 年，上海市技防管理工作认真贯彻公安部《关于深入开展城市报警与监控系统应用工作的意见》，开展技防社会管理创新工作，推进“开门评警”工作，规范管理机制，进一步强化技防对公安中心工作的服务和支撑。

一、确保“世游赛”安全

一是对第 14 届国际泳联世界锦标赛（以下简称“世游赛”）19 个住宿点，9 个训练场及比赛场组织专家队伍，开展了安全防范工作。借助技防专家的实践经验和技术优势，确保了“世游赛”宾馆驻地及比赛、训练场馆完好和高效。

二是提出安防要求。利用世博会成功经验，制定了“世游赛”安全防范工作要求，从而使“世游赛”宾馆驻地及比赛、训练场馆的技防资源配置合理，技防设施布点有效。同时，结合上海市地方安防标准的规定，对上述单位的技防设计方案、施工进行严格审核，并提出改进要求。

三是组织安防检查。在“世游赛”召开前和召开时，会同分局相关单位，组织开展对“世游赛”19 个住宿点，9 个训练场及比赛场的技术防范工作落实情况进行了检查，及时发现安全防范漏洞和薄弱环节，切实保障了“世游赛”的顺利举办。

二、规范技防行业技术要求

根据上海市技防工作中存在的问题，及时出台了一批工作规范和技术要求，对上海市安防工程所用技防产品，如视频安防监控系统用彩色显示终端、专业型数字录像设备等提出了新的要求，从而进一步提升了本市技防工程的质量，保证了技防工程各项指标达到防范要求。

三、严格技防工程和技防产品管理

开展了技防工程和产品的年度审验工作。对本市已领取核准证书的从业单位资质进行核准。

四、推进“开门评警”工作

为部分技防从业单位上门送证（技防证书），并征求意见。召开“开门评警”座谈会 3 次，参会单位 50 余家。深入倾听了技防企业的各类意见和建议，为更好的开展技防管理工作打下了基础。还运用技防协会平台向社会述职，接受社会的监督，取得了较好的效果。

五、推进化工园区安防封闭管理

配合总队组织了对上海化学工业园区安保工作调研，提出了《加强上海化工区安保工作方案》。使化工园区建立了化工区安防封闭管理工作班子，并持续不断地加强了化工园区的安保检查。确保了化工园区的安全。

六、细化贵重商品店（柜）安防工作

及时对上海市 18 个区（县）的 131 家贵重商品店（柜）安全防范工作开展抽查。同时对部分区（县）大卖场内设金店柜“店中店、门中门”制度执行情况开展专题调研。并拟定组织召开现场会，以解决在执行过程中碰到的难点问题。对发生抢劫案的单位进行实地调查，并组织对普陀、松江大卖场内金店柜进行走访调查，提出整改意见并要求限期改正，确保这些单位及时采取安全防范措施，防止抢劫案件的发生。

（资料提供：上海市公安局安全技术防范管理办公室）

天津市技防管理工作

2011 年，天津市公安局技防办在公安部科技信息化局和市局的正确领导下，坚持以科学发展观为指导，围绕“三项建设”和“三项重点工作”，扎实推进技防管理工作，对公安工作的支撑保障作用不断加强，得到了各级领导的肯定。

一、调整和完善各级技防领导机构

为加强对技防管理工作的组织领导，根据工作发展需要调整了天津市技防领导小组及其办公室成员组成与职责。调整后的“天津市公安局安全技术防范领导小组”由市局党委书记、局长武长顺任组长，市局党委常委、副局长张亮任副组长，相关职能部门负责同志为成员。按照市局要求，各分局、市局有关直属单位技防领导小组及办公室也作出了相应调整。

二、扩大“技防网”覆盖范围

在各级党委、政府的领导和支持下，按照“科学规划、统筹设计、整合资源、夯实基础、稳步推进”的原则，积极推进社会面视频监控系统建设，并在外环线、天津市与外埠交界等市级重点区域开展“技防网”各子系统建设。

三、制定技术防范网络体系建设规划实施方案

为加快天津市技术防范网络体系建设，结合当前天津市社会治安防控体系建设实际，编制了《2011－2015年天津市技术防范网络体系建设规划实施方案》（以下简称《方案》），并经市政府审批同意，于2011年4月27日以市政府办公厅名义批转各区、县人民政府，各委、局，指导全市“十二五”期间开展“技防网”建设。《方案》明确了各有关单位“技防网”建设与整合的责任分工与建设任务，同时制定了详细的工作步骤与保障机制，对今后五年天津市“技防网”建设、管理及应用工作具有很强规范和指导作用。

四、出台了加强技防管理工作的意见

为推进天津市安全技术防范工作，进一步健全工作机制，保障技防系统建设的组织实施，出台了《关于进一步加强安全技术防范管理工作的意见》，从四个方面就技防管理工作提出指导意见：一是建立健全工作机制，提出要建立科学决策机制、在用技防系统管理机制和完善考核激励机制；二是推进技术防范系统建设，包括扩大系统覆盖范围、加快监控系统整合联网、推进电子卡口系统建设；三是加强技防系统管理，要求依法行使行政许可审批权限、规范在用技防系统管理、指导重点项目技防系统建设和深化技防系统应用；四是强化各项保障措施，强调健全管理机构、强化技术防范宣传培训，以及加大建设维护资金投入。

五、梳理分析天津市“技防网”建设应用情况

为深入推进天津市“技防网”建设，对全市各区县“技防网”建设、应用现状及存在的主要问题进行了梳理，并以市局名义向市政府报送了《关于我市“技防网”建设应用情况的报告》（津公科〔2011〕526号），分管政法工作的市领导做了重要批示。

六、组织“技防网”点位规划工作

为进一步明确“技防网”规划任务，指导“十二五”期间全市“技防网”各子系统建设，按照天津市局领导要求，组织各分局结合市政府批准的“十二五”期间本地区“技防网”建设任务与实际建设情况，以满足公安实战需求和视频监控全域覆盖为目标，以地标性建筑、重点部位、重要路段、易发案区域、居民社区为重点，按照情报信息主导警务原则，组织相关职能部门，就本地区“技防网”监控点位建设的具体位置和时间进行规划，并在天津市公安局科技处基于电子地理信息系统研发完成的“天津市技防资源信息平台”（以下简称“平台”）上进行位置标注。

七、开展各类技防系统升级改造工作

为进一步提升全市各类技防系统应用效能，充分发挥“技防网”在一线实战工作中的技术支撑作用，于2011年11月下发了《关于开展“技防网”电子卡口、视频监控系统升级改造工作的通知》（津公科明发〔2011〕483号），要求各分局将电子卡口系统全部更换高清抓拍识别设备，同时制订工作计划，对已建设标清视频监控点位逐步进行高清升级改造，新建“技防网”视频监控点全部采用高清视频监控设备，为进一步提升社会治安防控水平和公安机关案件侦破能力的提供保障。同时，针对近期银行营业网点门前和金店抢劫、抢夺案件的情况，于2011年11月以天津市公安局名义向市政府报送了《关于加强全市银行营业网点及金店技防设施建设的请示》（津公科〔2011〕614号），拟对全市银行营业网点和金店进一步整合完善安全技术防范设施建设，保障建设经费，并配合经保处与市综治办、银监局联合下发文件，进一步明确工作要求。目前，市政府已审批同意，相关工作正在推进中。

八、开展技防系统监督检查和技术检验工作

为解决视频监控系统在发现犯罪、锁定目标、提供线索、固定证据的技术功能不能发挥应有作用的问题，向天津市政府上报了《关于在全市开展社会面视频监控与报警系统质量技术检验工作的请示》。经主管市领导批准同意，天津市公安市局按照条块结合、重点突出、分级负责、问责有人的原则，制定了《天津市公安局关于全面开展安全技术防范系统监督检查和技术检验的工作方案》，组织相关警种按照自身管辖职能，针对全市在用技防系统及视频监控点位，组织经保、出入境、文保、户政、治安、科技、交管、公交等多个警种和各分局编制了符合本警种、本辖区的工作实施方案和监督检查培训等工作。市局成立了由市局技防领导小组有关成员单位组成的推动工作组，以中小学和幼儿园、金融网点等重点单位、要害部位为重点，就在用技防系统监督检查和技术检验工作进行指导、推动，

保障了在用技防系统监督检查与技术检验工作的顺利开展，进一步提升了天津市各类在用技防系统应用效能。

九、建立健全技防管理工作机制

为建立技防管理长效工作机制，于 2011 年 12 月 28 日在全局范围内下发了《关于将在用技防系统监督检查和技术检验纳入公安机关日常基础工作的通知》（津公科明发〔2011〕547 号，以下简称《通知》），将在用技防系统监督检查和技术检验纳入全市各级公安机关日常基础工作。《通知》要求各单位每月对管辖范围内在用技防系统进行 1 次监督检查，组织技防系统使用单位每 2 年进行 1 次技术检验，对不能达到防护要求的技防系统要及时督促整改，确保天津市各类技防系统能够有效发挥作用。

十、研发并应用技防资源信息平台

为最大限度利用“技防网”资源服务公安实战，开发了“天津市技防资源信息平台”。该平台依托公安信息网，融合了“社会企事业单位技防信息系统”、“电子地理信息”、“技防网监控系统”等公安信息化应用系统，实现了信息资源共享，整合汇集了各类技防信息资源，实现了对全市技防资源的精细化管理以及在公安实战中的全面应用，对于建立全方位、全天候、立体化的社会治安防控模式具有重要意义。

经过一年的努力，天津市技防管理工作取得长足发展，“技防网”覆盖范围进一步扩大，服务一线实战的能力进一步增强，技防管理工作机制进一步健全完善，天津市整体社会治安防控能力和水平进一步提高。下一步，将以科学发展观为指导，以服务实战为目标，深入贯彻全国公安厅局长和全市公安分局长处长会议精神，强调发挥科技引领作用，不断创新科技管理工作，大力推进技防建设与管理的协同发展，着力深化科学技术在公安工作中的广泛应用，不断推动天津公安技防管理工作实现新跨越。

（资料提供：天津市公安局安全技术防范管理办公室）

重庆市技防管理工作

2011 年，重庆市公安局安全技术防范管理办公室坚持以“为企业服务、为公安服务、为用户服务”的原则，严格履行职责，突出工作重点，在技防产品管理方面完成了日常的型式检验抽样工作、安全技术防范产品生产登记批准书的办理和年检工作，具体工作内容如下：

一、安全技术防范产品日常管理工作

根据重庆市行政审批项目清理的要求，技防办重新编制了《办理安全技术防范产品生产登记批准书规定》、《办理安全技术防范产品生产登记批准书年检规定》和《办理安全技术防范产品型式检验抽样送检规定》，严格按照公安部《关于规范安全技术防范行业管理工作几个问题的通知》的规定范围办理生产登记批准书。

为贯彻落实《重庆市人民政府办公厅关于做好查处取缔无照经营纳入社会治安综合治理目标考评工作的通知》（渝办发〔2010〕366 号）要求，按照《重庆市公安局关于查处取缔无照经营工作的实施意见》（渝公发〔2011〕171 号）精神，技防办组织并参与查处取缔无照经营安全技术防范产品专项行动，完成了以下几个方面的工作。

一是检查了全市生产和经营范围包含应该办理生产登记批准书的 5 大类安全技术防范产品的企业，对不能提供生产登记批准书的经营单位要求其限期整改。

二是与高新区分局刑警支队、歇台子派出所和太平洋安防产品管理处一起集中清查了太平洋安防市场，对销售 5 大类安防产品的店铺进行了检查，要求其提供生产登记批准书复印件及相关资料。

三是到金融机构调查目前使用的安防产品。技防办组织人员分别到银行等金融机构调查了解使用安全技术防范产品的情况，重点了解其使用的防弹玻璃、硬盘录像机、防尾随联动门等安防产品是否办理了生产登记批准书。通过调查，所有金融机构近期使用的安防产品均能提供生产登记批准书及相关手续。

二、组织有关企业学习

技防办组织生产防弹玻璃的相关单位负责人到技防办学习《质量法》、《安防产品送检办法》等相关法规和文件，要求他们在生产经营中，保证各种证照齐全，严把质量关，确保产品质量。学习结束后，技防办组织人员到以上各企业对生产经营情况进行了检查。

三、对防弹玻璃市场进行调研

为了深入掌握重庆目前防弹玻璃市场和生产防弹玻璃厂家的现状，技防办进行了调研。通过调研，发现防弹玻璃的生产和使用还存在一些问题，并提出了改进措施。

通过 2011 年技防办全体工作人员的辛勤耕耘，重庆市技防产品管理工作取得了长足的进步，特别是查处无照经营专项行动和防弹玻璃的市场调研两项工作成绩突出，得到了上级领导的肯定。

（资料提供：重庆市公安局技术防范管理办公室）

河北省技防管理工作

2011 年，河北公安技防工作在河北省公安厅党委的正确领导下，大力推进“天网覆盖”工程建设，以推进基层视频监控覆盖范围、大力开展各级视频共享平台建设为重点，将全省视频监控网建设质量全面提升到一个新阶段。按照公安部、河北省政府的“十二五”工作要求，认真编制全省技防五年规划，为下一阶段技防工作打下坚实基础。本着认真负责、积极服务的精神，为省内外技防企业做好支持服务。积极推动新形势下的农村技防工作，多方共举，以示范县、重点县经验带动全省工作，取得显著效果。

一、全面推进全省“天网覆盖”工程建设

2011 年度，河北省“天网覆盖”工程建设进入攻坚阶段，同时将之列为各级公安机关推动的重点建设项目，从建设方案、领导机构、资金落实等方面采取了各种有力措施。

（一）领导高度重视，社会多方支持

全省各级公安机关高度重视此项工作，纷纷采取各种措施，从领导配备、工程立项、资金保障、人员保证等多方面大力支持。

（二）大力强化督导，综合调配资源

各市公安局要求各部门认真研究、协调、解决“天网覆盖”工程建设工作中存在的困难和问题，确保按时完成任务。

（三）开展宣传培训，拓展实战应用

加强对“天网覆盖”工程应用技战法的培训，进一步深化了视频监控网在各种警务活动中的应用。

（四）认真规划目标，明确攻坚重点

一是统一建设标准，通过考核、通报、方案评审、工程检测、验收等手段，确保各级公安机关在建设中采用公安部发布的统一标准，为下步联网、整合打下坚实基础；二是强化技能培训，将监控系统应用纳入全市公安机关信息化应用技能培训，形成常态化练兵机制，强化对现有人员的教育培训力度，着力提升“看得清”、“调得出”、“用得好”的能力；三是强化实战应用，按照“边建设、边应用”的思路，建成一项推广一项，让广大民警真正用起来，服务公安实战；四是开展检验、验收工作，适时对市、县、基层所队建设的视频监控系统开展检验、验收，确保工程建设质量；五是培树亮点，在工程取得阶段性进展的基础上，培树典型，总结、推广建设经验，以点带面，推进“天网覆盖”工程全面进展；六是建章立制，督促各地从经费保障、教育培训、考核奖惩、典型选树等方面入手，不断完善岗位准入、应用培训、信息采集和应用考核、典型选树、任务考评等工作机制。

二、完成《河北省社会治安科技防范五年规划》编制工作

为进一步提高河北省社会治安防控体系技术水平，维护社会治安大局稳定，在巩固 2006 年至 2010 年河北省社会治安科技防范五年规划成果的基础上，制定了 2011 年至 2015 年社会治安科技防范五年规划，把强化科技防范和拓展社会应用范围、推动社会管理创新、促进执法规范化建设有机结合，使科技防范工作在服务社会管理和经济社会发展，保障人民群众安居乐业，促进社会和谐稳定方面发挥更大的作用。

《河北省社会治安科技防范五年规划》提出：通过 5 年努力，到 2015 年末，构建起与经济社会发展和社会管理需要相适应的社会治安科技防范体系，切实提高维护国家安全、打击预防震慑犯罪、加强社会管理的能力和水平：一是建立省、市、县、乡四级视频监控网络，全省城市地区完成报警与监控系统建设，实现对重点区域的全覆盖；积极开展农村科技防范工作，继续扩大平安互助网建设覆盖面，探索构建城乡一体化科技防范体系。二是省、市、县（市、区）完成监控报警共享平台建设，实现跨地区、跨部门信息共享。三是进一步开展科技防范技战法研究和推广，建立健全工作机制，实现科技防范技术在社会管理和业务工作中的广泛应用。

三、有序推进农村技防工作

近年来，河北省经济快速发展，人民群众安全感不断提高，各级党委政府制定专门文件，对技防建设资金、规划、运行、检查验收等方面提出明确要求，创造了建设、管理、维护、应用的新模式、新经验。

2011 年，河北省各级党委政府进一步推进农村“平安互助网”建设，投入大量精力和资金，不断向城市社区、重点企业延伸，为维护农村治安秩序、推进平安河北建设、促进经济发展发挥了重要作用。河北省各地共确定了 21 个技防示范县（市、区）和 34 个技防重点县（市、区），深入推进技防建设，使这些技防示范县（市、区）技防建设走在了全省前列。

（资料提供：河北省公安厅安全技术防范管理办公室）

山西省技防管理工作

2011 年，山西省公安厅安全技术防范管理办公室在山西省公安厅党委和公安部科技信息化局的领导下，在山西省公安厅科技处的关怀和支持下，加大社会管理创新力度，努力构建和谐稳定的社会环境，为山西省的转型跨越发展提供强有力的安全保障，积极做了以下几点工作：

一、强化安全技术防范日常监督管理工作

协助科技信息化局对公安部授权的山西省信息网络工程质量监督检测站开展年检工作。对从事安全技术防范产品生产企业进行监督管理，发放《安全技术防范生产登记批准书》并实行年检登记。

二、成功举办“2011 山西安防科技产业博览会暨视频监控系统建设应用成果展”

为促进山西省安全技术防范行业规范发展，由山西省公安厅批准，山西省公安厅科技处、山西省公安厅安全技术防范管理办公室主办的 2011 山西安防科技产业博览会暨视频监控系统建设应用成果展成功举办，展会同期还举办了“2011 山西平安城市建设发展论坛”等活动，受到了各级领导和参观者的好评。

三、大力加强视频监控系统建设和应用工作

视频监控技术在近年来侦查破案中发挥的作用日显突出，已经成为打击犯罪和维护社会治安稳定不可或缺的一个重要支柱。山西省公安科技部门把深入开展视频监控系统建设和加强视频侦查应用作为推动公安信息化建设和完善社会治安防控系统的重要内容，不断提高视频侦查技术服务实战的能力。山西省公安厅于 10 月 19 日下发了《关于深入开展视频监控系统建设和加强视频侦查应用的意见》（晋公通字〔2011〕65 号），对下一步全省视频监控系统建设提出了明确要求，力争到 2013 年末，基本构建起与经济社会发展和公安工作需要相适应的视频监控系统应用体系，完善覆盖全省的城乡一体、三级联网、信息共享的基础监控体系。

四、积极参加技防管理部门“大走访”开门评警活动

（一）加强领导，精心部署

公安部在全国启动“大走访”开门评警活动后，山西省公安厅也及时研究制订下发了《关于在全省公安机关深入开展“大走访”开门评警活动的工作方案》，并迅速召开会议进行了动员部署。山西省公安厅技防办根据工作的实际情况，把公安部部署的“大走访”开门评警与省厅党委部署开展的“阳光行动”紧密结合，深入开展走访评议，认真组织实施。科技技防部门主要负责同志带头深入基层、深入企业，带着对群众的深厚感情去走访评议、去执法服务。真正做到坚持访评、评改、长短结合的办法，进一步帮助企业群众解决实际问题和技术难题，进一步提升公安机关执法公信力，进一步完善走访群众长效机制，努力争创“阳光警察”、着力打造“阳光警务”。

（二）改进作风，大力宣传

根据省委领导提出的“转型、跨越发展，再造一个新山西”的宏伟目标，山西技防管理部门在这个转型工作过程中，也面临着一个转型的问题。就是由过去的管理型向服务型转变，更好的为社会服务、为基层服务、缩短警察与人民群众的距离，密切关系，使之更加融洽，树立亲民爱民的阳光形象。为全面提升公安机关核心战斗力，以深化科技强警和理念创新为动力，以公安机关创先争优活动为载体，以建设创新型公安机关为重点，技防办结合“大走访”开门评警活动，集中体现公安信息化建设应用成果，突出反映公安机关社会管理创新举措，不失时机推出充分利用科技信息化手段的便民利民措施，全面展示现代科技在公安各项业务工作和队伍建设中的作用，以展版的形式进行为期一周的科技宣传。深入群众，大力宣传技防知识，增强人民群众的安全技术防范意识。把安全技术防范的相关知识、标准规范整理归纳在网站，供大家参考学习。

（三）积极走访，接受评议

在开展“十进家”、“万名民警进万家”活动的基础上，科技处紧紧围绕走访、评议、反馈、整改等多个环节，根据实情情况，认真研究梳理走访对象，了解群众需求。对从事安防产品的生产企业和安全技术防范系统设计、安装单位进行有重点的走访，征求他们对公安科技、技防管理部门的意见、建议；征求对安全技术防范行业管理法规、政策、制度等方面的意见、建议；了解掌握企业的运行状况和在市场经营中遇到的主要问题及困难。积极努力的广泛征求对建设平安山西的意见和建议。实地到使用城市报警监控系统的学校、智能化小区进行走访，征求对已建报警监控系统在管理、维护、服务等方面的意见、建议。针对山西是全国地上文物占有量较多省份的特点，重点对山西省的文物系统进行了走访，了解施工单位在设计和建设中存在的一些问题，给予了建设性的意见，切实解决了他们在工作实际中的难题，进一步密切了警民关系。科技处对部分从业企业召开了座谈会，主动接受评议。主动听取社会各界和广大群众的意见建议，真诚接受他们的评议和监督。对群众提出的改进工作作风、提高公安科技管理水平的合理化意见和建议，虚心接受，认真改进；对不完全正确的意见，也认真听取，做到理解和支持。对共性问题

集中整理，为更好地解决，制定整改方案，并及时将整改的问题、意见和整改的措施、结果反馈给群众。

五、努力推进农村地区的安全技术防范管理工作

开展农村地区安全技术防范工作是新形势下农村地区公安工作与群众路线、技术防范与群防群治工作的有效结合方式，深入实施农村警务战略，推动农村地区警务工作的信息化、执法规范化和社会治安防控体系建设显得尤为重要。公安部对此制定了《关于在农村地区开展安全技术防范工作的意见》。山西省技防办转发了公安部通知，要求各地根据当地实际，制定本地农村安全技术防范工作总体规划和实施方案。并要认真总结开展农村技防工作的好经验、好做法、发现和培养典型，并重视发挥典型的示范引导作用，及时总结推广好的经验做法，高质量地完成建设任务，不断开拓安全技术防范工作的新路子，推动农村技防工作健康发展。

六、积极开展安全技术防范管理立法工作

1998 年颁布的《山西省安全技术防范监督管理办法》（第130 号政府令）许多内容条款已不适应形势的需求，特别是《中华人民共和国行政许可法》颁布实施以后，安全技术防范规章已明显滞后于行业的发展，无法满足安全技术防范管理工作的需要，已于2010 年废止，造成了安全技术防范管理工作法律依据的缺位。为了有效解决当前安全技术防范工作中存在的突出问题，加强对安全技术防范工作的监督和管理，山西省安全技术防范管理办公室结合山西实际和安全技术防范工作发展状况，拟定了《山西省公共安全技术防范条例（草案）》和起草说明，已列为2012 年省人大正式立法项目，《条例（草案）》现正处于征求意见阶段，有望2012 年审议通过实施。

经过一年的努力，山西省技防管理工作取得了一定的成绩，但作为安全技术防范工作的省级行政主管部门，与兄弟省市的管理工作还有很大差距，山西省技防办将以2012 年即将出台的《山西省公共安全技术防范条例》为法律准绳，站在新的历史起点，做好全省的安全技术防范管理工作。

（资料提供：山西省公安厅安全技术防范管理办公室）

内蒙古自治区技防管理工作

2011 年，内蒙古自治区技防管理工作按照全国、全区部署的2011 年公安科技管理工作要点，紧紧围绕公安部《关于深入开展城市报警与监控系统应用工作的意见》，以技防助推“三项重点工作”和“三项建设”为中心，全面推进全区视频监控报警联网系统建设，开展全区重点单位安全技术防范系统大普查，深入推进发展全区各地的报警运营服务业，积极探索技防工作服务新农村、新牧区建设的思路。开展技防社会管理创新工作，利用技防手段加强中小学校、幼儿园安全，推进警务公开，规范管理机制，进一步强化技防对公安中心工作的服务和支撑，推动内蒙古自治区技防工作又上新台阶。

一、全面推进全区视频监控报警联网系统建设，积极为构建视频监控技术支撑的打防控体系作贡献

一是积极向自治区政府汇报全区视频监控报警联网系统建设情况，以政府名义加快推进全区各地建设。及时向自治区政府上报了《关于公安机关完成〈内蒙古自治区视频监控报警联网系统建设方案〉2010 年度任务情况的报告》，并组成工作组给有关领导作了专题汇报。自治区政府办公厅专门下发通知督查各盟市、区直有关部门2010 年度各地、各单位任务完成情况。二是积极争取视频监控系统联网与共享平台建设经费。经厅领导批准，已向自治区财政厅上报了申请资金报告，继续协调自治区发改委、财政厅等部门，落实建设经费。三是编写了视频监控系统联网与共享平台建设的需求分析，同时，积极争取将视频监控报警系统列入《内蒙古自治区县级公安机关基本业务装备配备实施标准》，推进基层的系统建设。四是组织召开全区公安机关落实《内蒙古自治区视频监控报警联网系统建设方案》工作推进会。总结通报了全区各级公安机关贯彻落实《建设方案》开展视频监控报警联网系统建设情况，明确了当前和今后一个时期自治区区视频监控报警联网系统建设和应用工作的任务，分析了当前面临的形势及存在的问题，交流了先进地区建设的经验。对“十二五”全区视频监控报警联网系统建设和应用工作进行了部署。五是全区视频监控报警系统建设正逐步联网，以视频监控技术为支撑的社会治安打防控体系正在建立。全区有73.5% 的重要单位、部位、公共场所、交通道路及城市重要基础设施和高危行业等区域安装了监控设施，基本实现了盟市所在地以平安城市建设为基础和环京地区主要道路、治安卡口的监控覆盖。

二、明确执法主体资格，开展全区重点单位安全技术防范系统大普查，发挥技防在预防和打击犯罪中的作用

按照内蒙古公安厅党委的总体安排，为全国、全区“两会”顺利召开以及区内重大活动创造安全稳定的社会环境作贡献，积极开展技防执法工作。一是根据公安厅法制局的要求，明确了科技处行政执法主体资格，对技防执法行政处罚、行政许可、行政强制和其他具体行政行为进行梳理和汇总。二是按照公安部科信局的要求，通过举办全区报警与监控系统设施普查工作培训班，使全区普查工作人员熟悉普查工作的方法、程序、要求，按时完成了全区普查工作任务。三是依据《内蒙古自治区公共安全技术防范管理条例》和《内蒙古自治区公安机关公共安全技术防范监督检查规定（试行）》，组织开展了重点单位（部位）安全技术防范设施、系统大普查。重点检查了城市广场、重要交通道路，易发生刑事、治安案件以及群体性事件的场所、部位。有力地推动了全区重点单位（部位）技防设施、系统建设，不仅增加了安防系统的覆盖面，而且保证了一类监控设施的正常发挥作用。四是开展了安全技术防范产品专项检查工作。对列入国家质量技术监督局、公安部联合颁布的《安全技术防范产品管理办法》产品目录中的十大类产品进行了检查，进一步规范了自治区技防产品市场。五是对盟市技防执法工作进行了督导。重点抽查了全国中学生运动会各个场馆技防系统和设施，为中运会的安保工作提供技术支撑。

三、充分利用科技防范手段创新社会管理

（一）继续推进“科技防范进校园”活动，利用技防手段加强中小学校、幼儿园安全

一是联合自治区教育厅出台了《关于规范全区中小学、幼儿园安全技术防范系统联网建设的实施意见》，进一步规范全区中小学、幼儿园技防系统建设，并实现与公安机关联网，使内蒙古自治区的中小学、幼儿园正在完成以安防系统为技术支撑的校园安全保卫体系建设。二是与自治区教育厅共同举行全区“科技防范进校园”联网建设新闻发布会。

（二）启动开展“科技防范进社区入家庭”建设活动，扩大技防系统的社会覆盖面

一是向全区印发了《关于开展“科技防范进社区入家庭”建设活动的通知》，全面启动建设活动。明确了各地建设目标，提出了“六个一”的工作任务，并部署各地制定本地实施方案。二是召集建设、物业等部门召开“科技防范进社区入家庭”建设座谈会，了解各部门的实际需求，为推进建设活动奠定基础。三是向社会发布了“科技防范进社区入家庭”活动公告及宣传品，号召更多的社会力量参与其中。

（三）积极探索技防工作服务新农村、新牧区建设的思路

一是向全区转发了《关于在农村地区开展安全技术防范工作的意见》，并提出了具体要求；二是向自治区科技厅申请立项，在全区开展农牧区技防建设工作；三是在政府办公厅组织的落实《内蒙古自治区视频监控报警联网系统建设方案》的检查中，将农牧区技防建设工作纳入其中进行调研；四是组织人员开展编制农牧区技防建设地方标准的前期准备工作，

四、开展“大走访”开门评警活动，推进警务公开工作，构建和谐警民关系

（一）认真组织开展了形式多样的“大走访”开门评警活动

一是制订并向全区下发了《全区公安机关科技管理部门开展“大走访”开门评警活动工作方案》，成立了科技处“大走访”开门评警活动领导小组，明确了工作目标、完成时限、实施要求，并作了充分的动员部署。二是通过登门评警、请来评警（召开恳谈会）、定期评警等多种形式深入开展“大走访”开门评警活动。采取多种方式对从事安全技术防范产品生产，安全技术防范系统设计、施工、维修及报警服务的相关单位进行走访，对使用安全技术防范设施、系统用户等单位进行走访，帮助其解决存在的困难和问题。三是派出工作组对包头市、乌海市、巴彦淖尔市及下属区县的公安技防管理部门开展“大走访”开门评警活动工作情况进行了抽查，主要采取听取公安技防管理部门的工作汇报、查看工作记录、实地检查等方式对以上地区的“大走访”开门评警活动进行了督导和调研。四是陪同公安厅领导深入乌海市开展了大走访开门评警活动，对困难群众、困难民警进行了慰问，对社会单位进行了实地走访征求意见，与走访对象进行了座谈。通过走访进一步了解、掌握了群众对公安工作的看法和希望，拉近了公安机关与群众之间的距离，密切了公安机关及群众间的关系，赢得了群众对公安机关更深入的理解与支持，达到了访民意、排民忧的效果。五是组织人员深入自治区6家安防报警运营服务公司进行调研，了解掌握行业发展的困难和瓶颈。积极推动安防报警运营服务公司的监控报警中心与公安机关的联网，引导更多的社会单元接入报警运营服务公司，使这支社会辅警力量更好的发挥作用。六是对公安厅组织的开门评警恳谈会上代表们提出的问题，结合实际，提出了自治区安全技术防范系统建设四项整改意见。

（二）推进警务公开，规范管理机制

一是将警务公开工作纳入全年工作目标。成立了由主要处领导担任组长、各科长为成员的科技处警务公开工作小组，制订了工作方案。根据“谁主管、谁审核、谁负责”的原则，建立、完善了政（警）务公开信息的整理、审核、录入制度，形成了公开透明的公安科技及技防管理体制。二是签定了《环首都七省区市区域警务科技工作合作机制框架协议》和七省区安防协作框架协议，探索公安科技（技防）跨省区合作机制，加强区域合作，使邻省优势资源互为补充。三是按照《内蒙古自治区公共安全技术防范管理条例》要求，完成了全区技防从业单位的检查管理工作，深入呼和浩特、包头、乌兰察布、鄂尔多斯、乌海等地对技防工程组织专家进行了论证、验收，强化制度化管理。

五、指导公共安全产品展博会、科技安防论坛的举办工作，促进安防行业发展

一是指导了内蒙古自治区第七届公共安全产品展博会暨警用装备展览会的举办工作，进一步推动自治区安防行业的健康、快速发展；二是指导区内外安防同仁举办了“2011 内蒙古科技安防论坛”，来自区内外安防企业的专家对平安城市建设模式、整合社会资源、基层一线信息采集等课题进行了探讨、交流。

2011 年，内蒙古自治区的技防管理工作虽取得了可喜成绩，但仍存在一些不足和问题，与年初制定的要点相比，还有许多工作需要进一步加强落实。2012 年，将继续按照年初部署的工作要点及重点任务分解和完成工作时限要求，以更加奋发有为的精神和求真务实的干劲着力抓好各项工作的落实，努力实现自治区公安技防管理工作的率先跨越。

（资料提供：内蒙古自治区公安厅公共安全技术防范管理办公室）

辽宁省技防管理工作

辽宁省公安厅技术防范办公室设在辽宁省公安厅科技处，具体负责辽宁省安全技术防范管理工作。2011 年，全省各级公安机关技防管理人员以科学发展观为指导，全面完成了各项技防管理工作任务。

一、开展全省高清视频监控系统建设

辽宁省公安机关以信息化建设为载体，采取非比寻常的举措，在全省范围内深入开展了视频监控系统联网建设，将 2 万余个已建公共点位监控摄像机全部联入省厅指挥中心；2011 年 2 月，又根据辽宁实际，进一步统一建设了覆盖全省维稳重点部位的高清视频监控系统，有效拓展了视频监控在各项公安工作中应用的广度和深度，为打击、预防违法犯罪，维护社会稳定，提供了强有力的科技支撑。主要做到了以下几点：

（一）在点位选择上，做到科学合理，有的放矢

在高清视频监控系统建设中，坚持把服务实战、服务基层贯穿始终。为了能让高清视频监控系统发挥作用，真正做到以点带面，在建设初期的监控点位选择上，不仅征求了辽宁省各市局、基层民警的意见，还广泛征求省厅有关警种的建议，力争做到与警种业务工作有效衔接，最大限度地提高视频摄像机的监控区域和使用效率，提高维护稳定、打击犯罪的时效性和针对性。

（二）在平台功能上，做到统筹兼顾，便于操作

随着系统建设的不断深入，监控摄像机数量不断增多，各警种实战需求各不相同。为了使各警种能够更直观、更迅速找到自己需要的视频资源，针对实际情况，在监控平台上分设了项相应的板块，使相关业务警种在调取图像时，能够做到一目了然，极大地提高了工作效率。

（三）在推广普及上，做到边建边用，以用促建

从辽宁省建设的第一个高清点位完成开始，就立即投入了使用，在大型活动安保工作中发挥了重要作用，得到了省委、省政府领导的高度评价，并按照省委、省政府的要求，接入了高清视频监控图像。据初步统计，截至目前，全省通过高清视频监控系统，破获一批案件，抓获一大批违法犯罪嫌疑人。

二、开展全省报警大普查工作

随着社会和经济的发展，辽宁省的报警服务业尚有极大地发展空间，积极扶持报警服务业对辽宁省治安态势与社会发展有良好的促进作用。在 2011 年下半年，为掌握全省报警服务业的发展情况公安技防管理部门在全省开展了报警服务业大普查。统计结果显示，全省共有 35 家从事报警服务业的企业，共设 41518 个报警点。

三、制定视频监控系统应用管理制度

为保证视频监控系统的科学规范运行，充分发挥其应有的效能，使工作正规化、管理规范化，辽宁省技防处在广泛征求、采纳各市公安局意见的基础上，制定了《辽宁省公安视频监控中心运行管理规定》、《辽宁省公安视频监控中心人员管理规定》、《辽宁省公安视频监控系统维护保养规定》。并以正式文件形式下发各市，形成了全省统一管理的良好局面。

四、深入开展技防企业“大走访”活动

各级公安科技处紧紧围绕“为企业解忧、促企业发展”这一主题，深入开展走进技防企业“大走访”活动，认真了解企业运营发展中遇到的困难，主动为企业排忧解难，进一步密切警企关系，为技防企业生产经营保驾护航。同时，广泛组织召开技防企业代表座谈会，认真听取服务对象对公安工作的意见、建议，进一步改进工作方式，提升服务质量。沈阳市局在日常繁重的工作中抽调专人深入技防企业，全面了解和掌握第一手资料，并利用技防行业协会对企业年审换证时机，分批开展小规模座谈，广泛听取企业意见和建议，共走访企业 14 家，召开座谈会议 3 次，为全市技防企业送去了温暖和关心，促进了技防行业健康发展。

五、开展农村技防工作

（一）提高思想认识

在深入推进科技防控向农村乡镇延伸工作中，要进一步提高对农村技防建设的重要性和紧迫性认识，充分认识农村技防建设是社会主义新农村建设的一项重要内容，是维护农村社会稳定的迫切需要。按照“谁主管、谁负责”的原则，形成“党政搭台、综治牵头、部门联动、公安主导、群众参与”的农村技防建设格局。

（二）完善统筹规划

在认真总结、深入调研的基础上，进一步科学界定、具体量化“技防乡镇”、“技防街道”、“技防社区（村）”的标准，根据各地农村经济发展、地理区位、治安特点和风险等级，制定符合辽宁省实际的农村技防建设整体规划和实施意见，纳入城乡发展的总体框架。从整合共享、集约管理的角度出发，特别是充分考虑系统升级扩展的需要，新建系统要严格执行相关标准，统一技术要求、统一建设程序、统一质量规格，对已建系统不符合标准的，该改造的改造，尽快升级，保证新老设备对接互联。

（三）创新宣传示范

在推进农村技防建设中要积极总结学习一些好的做法和经验，创新工作模式和方法，坚持典型引路，确定一批“技防示范乡镇”、“技防示范街道”、“技防示范社区（村）”。不断加大宣传力度，利用公安互联网以及新闻媒体在全局范围和全社会推广典型经验，努力营造人人关心支持农村技防工作的良好氛围。通过现场演示、产品介绍、案例剖析等生动直观的教育形式，让广大群众认识技防、了解技防，切身感受技防建设带来的变化和实惠，引导全民确立“花钱买平安”的意识，促进技防应用手段的普及与提高。

（四）结合当地情况

农村技防建设，应结合当地经济社会和治安状况的实际，根据不同基础、不同的地域、不同的条件，不同的需要，科学规划、分布实施。通过分步实施的办法，在农村集镇和村民聚居区建立和开通视频图像监控系统，完善监控网络，以此带动临近村社及周边地区的技防设施建设，同时针对农村边远户的特点先期安装简便实用的报警器、报警灯等报警装置，达到基本的防盗、防窃、防火的目的。公安科技管理部门在做好规划指导的同时，可在科研项目中安排适当经费，用于农村急需的技防产品和安防系统研发，鼓励和引导科研单位、社会企业参与农村技防建设和技术创新，积极探索适合农村特点的人防、物防和技防相结合的治安防范新机制。

在辽宁省各级政府积极举措下，2011 年全省在农村地区共计投入了 5000 余万元，共建设了 9000 余个摄像头。为农村地区治安综合治理提供了强大的科技保障。

六、广泛开展安全防范知识宣传活动

辽宁省各级技防管理部门为强化职能，充分利用电台媒体、网络和展板等形式，开展安全技术防范知识的宣传活动，让技防知识走进机关单位、社区民宅、大街小巷，提高广大人民群众的安全防范意识，为维护社会治安稳定起到了巨大的促进作用。铁岭市局围绕本次全省公安科普宣传活动周“深度应用，勇于创新，让信息化建设成果在实战中增效”这个主题，民警深入社区，遵循“贴近群众，贴近实际，贴近生活”的原则广泛开展活动，派出民警 860 人次对群众宣传安全防范相关知识，使人民群众真正感受到公安科技带来的实惠。

（资料提供：辽宁省公安厅科技处）

吉林省技防管理工作

2011 年，吉林省技防管理工作在主管领导的正确领导下，以服务基层、服务民生、服务全省经济社会发展为主线，突破了预定的任务指标，取得了较好的效果。

一、以城市报警与监控系统建设和应用为龙头，深入推进全省安全技术防范工作

2011 年，提前完成省政府确定的民生工程视频监控建设任务目标，为全省防范安全建设打下了良好基础。

（一）视频监控摄像机民生工程取得重点突破

1. 下达任务指标

2011 年，吉林省政府在《吉林省人民政府办公厅关于印发 2011 年省政府重点工作目标责任制的通知》（吉政办发〔2011〕7 号）中明确提出全省新增视频监控摄像机 3 万个，将视频监控摄像机建设继续纳入政府民生实事范畴，抓深化、抓推进。为了切实把民生实事办实办好，年初，对全省 9 个市（州）和长白山管委会今年视频监控摄像机建设能力进行了摸底调查，在摸清底数的基础上，研究确定了各地 2011 年建设视频监控摄像机的任务指标，并将建设任务数分解到各地区，以公安厅文件的形式下达各地要求落实。经过全省各级公安机关的共同努力，全年建设完成视频监控摄像机 63831 个，提前完成并突破了省政府确定的全省新增视频监控摄像机建设目标。

2. 定期调度并通报各地建设情况

为了及时掌握各地建设进展情况，有针对性地加强指导，定期向全省下发通报，量化各地建设进展情况，抄送当地党政主要领导。全年下发 4 期通报，对各地建设起到了

极大的推动作用。

3. 召开全省调度会对系统建设工作进行部署

根据全省推进城市报警与监控系统建设情况的需要，组织召开了全省城市报警与监控系统建设工作调度会，来自全省各市（州）公安局，长白山公安局负责城市报警与监控系统建设工作的部门负责人和具体工作人员参加了会议。会议认真听取了各地建设情况汇报，研究分析建设中出现的问题，对下一步系统建设、管理和应用工作进行部署。

4. 狠抓建设质量

抽调专门力量，于1月份参加厅五项建设工作考评组，对各地报警与监控系统建设进行检查督导；5月份，随公安厅五项办检查全省上半年工作完成情况的同时，重点督导了3万点视频监控摄像机建设，对建设不规范、不标准的视频监控摄像机问题进行督导，要求限期整改。为进一步推进建设，针对各地推进3万个视频监控摄像机任务指标进度不平衡的实际情况，确保进展缓慢的地区按时完成建设任务，保证工程质量和发挥应用效益，协调省政府成立联合检查组，于11月下旬对全省各市（州）公安局、长白山公安局，就今年以来的以3万个视频监控摄像机民生工程为重点的系统建设和应用工作进行了专项督查。

（二）强化城市报警与监控系统的建设和应用，提高系统的应用效能

1. 组织安全运行大检查活动

为充分发挥系统在预防、打击违法犯罪活动中的作用，切实维护全省社会稳定，在全省组织开展了为期一周的城市报警与监控系统安全运行大检查工作。此次检查采取自查与抽查相结合的方式，对全省城市报警与监控系统进行全面检查和维护。重点检查了监控中心硬件设备、平台操作系统、监控信号传输，以及主要交通要道、党政机关等重点部位的监控摄像机。有力地促进了全省城市报警与监控系统安全运行和管理应用，进一步强化了中国共产党成立90周年安全保卫工作。

2. 研究制定《吉林省公安机关城市报警与监控系统运行管理规定》

根据省公安厅在《全省城市报警与监控系统建设工作方案》中提出的“建立健全系统管理运行的相关工作制度，在城市报警与监控系统的应用中逐步探索科学的工作机制”的要求，起草编制《吉林省公安机关城市报警与监控系统运行管理规定》作为重点工作任务来抓。在组织力量对全省城市报警与监控系统建设、管理、维护和应用情况进行定期调度的基础上，结合全省系统建设应用工作现状和需求，完成了初稿的编写工作。经过广泛征求公安厅城市报警与监控系统建设工作领导小组成员单位、9个市（州）公安局和长白山公安局的意见，对初稿进行多次修改完善形成送审稿。

3. 坚持例会制度，研究解决建设应用中出现的问题

在系统建设中，一边指导各地加大建设力度，推进建设进度，一边协调通信运营商研究解决建设中出现的问题和困难，推动了系统建设、应用工作。

4. 定期通报系统应用效益情况

积极督导各地公安机关充分发掘系统功能，在预防、控制和打击违法犯罪活动中发挥作用，及时跟踪调度各地系统发挥应用效益情况，全年下发4期通报将有关情况向全省进行了通报，以激发全省各地公安机关和民警的应用热情。

5. 按照省公安厅制定的统一建设标准，积极指导各地加大对监控中心的改造力度

目前长春市配合新建高清摄像机，对10个分局和70个派出所监控平台进行了改造。梅河口市和扶余市重新建设了监控大厅。辽源市对2个县和7个分局的监控中心进行了改造。

二、配合省教育厅搞好义务教育阶段校园安全保卫设施建设

为了配合吉林省教育厅切实加强校园安全防范工作，以吉林省公安厅和教育厅联合发文的形式，向全省印发了《关于加强全省校园安全技术防范工作的通知》（吉教联字〔2010〕46号，以下简称《通知》），对加强全省校园安全技术防范工作提出明确要求。对《通知》的配套文件，即校园安全技术防范设施建设实施细则进行了审核把关，提出了具体的修改意见。全省中小学都按照通知要求建设了校园报警监控设施，已初具规模，校园重点场所和要害部位报警监控设施大部分已经建设完毕并发挥作用。

三、依法加强安全技术防范行业行政管理和质量监督工作

2011年，吉林省公安厅安全技术管理办公室完成了省政务大厅转来的安全技术产品生产登记批准书的审批工作任务，完成了吉林省消防与公共安全技术产品质量监督检测站年检工作，协办了2011吉林第九届国际社会公共安全产品博览会，为全省技防行业的广大企业提供政策、技术、信息交流的平台。

经过一年的努力，吉林省技防管理工作得到了公安部和省委、省政府有关部门的肯定，城市报警与监控系统建设和应用工作在全国公安机关视频监控系统联网建设与应用经验交流会上做了书面交流，并在相关媒体上给予了宣传报道。

（资料提供：吉林省公安厅安全技术管理办公室）

黑龙江省技防管理工作

2011 年黑龙江省安全技术防范管理工作重点围绕省委办公厅、省政府办公厅《关于进一步推进安全技术防范建设的意见》文件内容进行了工作，各项技防建设任务得到全面推进。全省的技防建设任务和三级监控报警平台建设、治安卡口系统建设、重点部位技防建设、“开门评警”活动、技防立法等工作都较好地完成了任务。

一、召开专门工作推进会议

为全面贯彻落实《关于进一步推进安全技术防范建设的意见》，更好的推进全省技防建设工作，黑龙江省技防建设领导小组分别于 1 月和 10 月，召开了全省技防建设推进工作会议，全省各市地、系统政法综治部门、公安机关的主要领导参加了会议。会议的及时召开和部署，有力地促进了全省技防建设的开展。

二、开展全省三级监控报警平台建设

指导市地、系统按照省委、省政府的要求，进一步完善市、县公安局和派出所三级监控报警中心（室）建设。经过一年的努力，黑龙江省 13 个市地和农垦、森工系统搭建一级监控平台 15 个；新建二级监控平台 97 个，新建三级监控平台 252 个，圆满完成省厅的部署的任务。

三、指导全省治安卡口系统建设

指导地市在城市重要出口安装治安卡口系统，实现城市多门落锁，进行区域控制，全省新建治安卡口 550 处。

四、加强重点部位技防建设

指导市地在各级党政机关，供水、供电、供气、供热等民生设施，危险物品生产经营使用单位，城市标志性建筑，重点场所、要害部位新建监控点 10 万个。其中，哈尔滨市超过 20 万个，大庆市 10 万个，齐齐哈尔市 10 万个，垦区 11886 个，七台河市 7155 个，牡丹江市 6253 个，绥化市 5598 个，佳木斯市 5319 个。

五、组织开展大走访开门评警活动

下发了全省公安科技战线关于开展大走访开门评警活动的通知，制订了工作方案，并于 4 月 11 日组织召开了技防企业座谈会，来自 28 家技防产品生产销售、技防系统设计施工企业的负责人参加了座谈会。公安厅分管技防的领导参加了会议。

六、督导检查全省技防建设工作

按照《关于对全省安全技术防范建设工作进行督导检查的通知》（黑公传发〔2011〕129 号）文件要求，由省综治办牵头，省公安厅科技、治安、反恐部门组成的三个督导组深入到 13 个市地、垦区和森工及其所属 30 个县区、农场、林业局进行了实地督导调研检查工作，完成了技防设施建设情况和应用情况的调研和督导检查任务。并向全省通报了工作情况。

七、推动技防立法工作

在《黑龙江省公共安全技术防范管理规定》的基础上，结合黑龙江省实际，通过调研，起草了《黑龙江省公共安全技术防范条例（草案）》。经过反复论证和修改，省内外多次调研和听取意见，数易其稿。形成了横向各厅局委办，纵向各地、市、县、区均无异议的《条例（草案）》修订稿，该《条例》已经列入省政府 2011 年立法预备项目，力争 2012 年转为正式项目并出台。

经过一年的努力，黑龙江省技防管理工作得到全面推进，政府资金投入不断加大、齐抓共管的格局进一步形成，在全省形成了“党委政府主导，综治部门牵头，公安机关主抓，相关部门积极参与”的良好建设格局。各地本着“边建边用”的原则，加大了对技防设施的应用力度，摸索出了一些实用的技战法，特别是有些市地组建了视频技术应用的专门队伍，工作中取得了良好的效果，技防建设的社会效益正在逐步显现。

（资料提供：黑龙江省公安厅安全技术防范管理办公室）

江苏省技防管理工作

2011 年，江苏各地公安机关紧紧围绕深化平安建设，以打造“技防江苏”品牌、建设技防省份为目标，以“技防城”和“技防入户”工程建设为载体，坚持一手抓网络建设，一手抓机制建设，一手抓实战应用，一手抓质效提升，着力推动技防工作在建设上由数量扩张向质量提升转变，在应用上由专业应用向全警应用、深度应用转变，全省技防工作逐渐步入良性运行状态，社会治安防控体系更加严密完善，为做强公安机关打防控主业、提升驾驭社会治安能力、深化“平安江苏”建设提供了有力的科技支撑。一年来，全省技防工作的主要情况是：

一、紧密围绕打造“技防江苏”品牌建设要求，突出工作重点，加大技防建设力度

江苏省公安厅坚持把“技防城”和“技防入户工程”建设作为打造“技防江苏”品牌的重要抓手，积极争取党委政府支持，加大投入，加快建设，两项工作均进展顺利。

在“技防城”建设方面，总结推广了以江阴、昆山等地为代表的“提档升级、全网覆盖、深度应用”模式；以武进、海门等地为代表，将农村社会治安监控系统建设与技防入户工程建设结合起来，统筹城乡治安防控的模式；以泗洪、沭阳、睢宁等地为代表，通过采取市场化运作推动多元投资建设，运行管理全部实行外包的模式。同时组织第二批技防城建设单位分片到部分第一批通过现场验收评估的单位学习交流，帮助各地进一步理清思路，打造本地特色，确保技防城建设取得实效。目前，全省21个第一批技防城建设单位已有19家顺利通过省公安厅、科技厅组织的现场验收评估工作，有31家单位申请开展了第二批技防城建设。

在“技防入户工程”建设方面，始终把技防宣传放在突出位置，营造技防入户工程建设氛围，积极引导广大人民群众进一步强化“花钱买平安”理念，主动接受和使用技防手段。2011年初，江苏省公安厅会同省综治办在南京举行江苏省技防入户成果展。结合贯彻落实公安部《关于在农村地区开展安全技术防范工作的意见》，针对江苏省农村地区治安实际，要求各地将农村技防建设纳入平安江苏和新农村建设规划，提出了坚持因地制宜、因情施策，坚持以宣传为先导，以市场化运作为方向，坚持常态运行、长效管理，坚持纳入农村警务工作、推动社会管理创新“四个坚持”的具体工作措施。

二、紧密围绕公安机关打防管控要求，狠抓技防应用，提高服务实战能力

江苏省公安厅坚持把实战应用放在突出位置，认真谋划，主动推进。省厅科技处专门制定下发《关于进一步深化视频监控系统实战应用工作的意见》、《全省视频监控系统实战应用平台建设指导意见》，为推动技防监控与业务有效对接，专门在南京江宁召开了全省深入推进技防监控系统建设应用工作会议，会后不少地方组织了科技技防部门牵头，业务部门参与的工作专项学习班，认真研究制定本地技防建设应用规划，进一步强化“技防跟着警情走”理念，进一步提升实战应用效能。同时，各地公安科技技防部门充分发挥条线优势，积极参与实战，以实战检验建设成果和队伍能力。为进一步总结各地利用治安监控系统服务公安实战的成功经验，更好地推动全省治安监控系统建设应用工作，省厅组织开展了2010年度全省治安监控系统应用典型案例评选，遴选了20个典型案例，印发各地借鉴学习。

三、紧密围绕现代警务工作发展要求，探索长效机制，提高支撑运行能力

（一）全面推进大平台安防子系统应用工作

全省各级公安科技技防部门把大平台安防子系统作为一项基础工作，加强督导推进，按期完成了社会面技防报警监控系统信息采集录入工作，进一步健全完善了信息维护管理工作机制，确保信息日常维护责任落到实处，保证信息的真实、鲜活。

（二）积极探索以技防监控实战平台为支撑的人技结合运行模式

各地公安机关特别是第一批技防城建设单位，按照省厅要求加快技防监控实战平台建设，并以此为载体，推动技防监控与公安业务工作的融合对接，推动报警、监控、指挥、处置一体化运作，不断强化人机结合、人机互动等工作机制建设，转变警务运行模式，进一步提高了公安机关精细化研判、可视化指挥和精确化打击能力。

（三）探索形成了以“技防入户工程”为支撑的社会创新管理新模式

不少地方还积极探索鼓励企业成立报警运行服务机构，参与社会治安防范工作，取得了初步成效。一些地方在技防城建设过程中，在整合安监、环保、城管等部门监控资源的同时，主动为他们提供服务，进一步拓展了技防城建设应用范围。

2012年，江苏省技防工作虽然取得了明显成效，江苏省公安厅技术防范管理办公室将按照深化平安江苏建设和创新社会管理的要求，以将视频监控系统打造成“四大技术支柱”之一为目标，继续抓好“技防城”和“技防入户”工程建设，做大做强“技防江苏”品牌，推动全省技防工作可持续发展，为建设更高水平平安江苏作出新的更大贡献。

（资料提供：江苏省公安厅技术防范管理办公室）

浙江省技防管理工作

2011年，浙江省技防管理工作深入贯彻落实科学发展观，紧紧围绕公安中心工作和省政府工作责任制目标，积极开展视频信息共享平台联网升级改造、资源整合和“大走访”开门评警等一系列技术防范管理工作，为加强社会治安防控体系建设提供了坚实的科技支撑和保障。

一、《跨区域视频监控联网共享技术规范》课题研究取得成果

2011年10月浙江省公安厅技防办领导参加全国公安机关视频监控系统联网建设与应用经验交流会，并分别在会上作了主题为《攻坚克难 多措并举 强力推进视频监控系统建设应用工作迈上新台阶》、《浙江省视频监控系统联网技术研究与实践总结》的经验交流发言。省公安厅技防办围绕视频监控系统联网工作开展了一系列科技攻关和课题研究及时转化科研成果，推动全省视频信息共享平台联网建设走在了全国前列。

二、标准化建设又有新突破

浙江省课题研究团队参与了《安全防范视频监控信息传输、交换、控制技术要求》国家标准制定。课题组还对省地方标准《跨区域视频监控系统联网共享技术规范》DB33/T629 - 2007 进行了修订和扩充工作，新版本的《跨区域视频监控联网共享技术规范》（DB33/T 629 - 2001）、《安全技术防范（系统）工程检验规范》（DB33/T 334 - 2011)、《视频设备运行监测系统技术规范》(DB33/T 831 - 2011)、《安全技术防范工程运行维护规范》(DB33/T 830 - 2011）等四个标准通过了浙江省质量技术监督局批准，于 2011 年 7 月正式生效。这些标准的制（修）订，将为部、省、市、县四级建设视频信息共享平台并实现联网共享起到很好的规范和技术支撑作用。

三、视频信息共享平台升级改造顺利完成

向浙江全省各市局下发了《关于加快视频信息共享平台建设工作的通知》，明确要求各地认真学习深刻领会《技术规范》的新要求，督促相关平台厂家按时完成验证测试、完成软件升级工作，严格统一地址编码、抓紧做好监控点的坐标信息采集和报送工作。经过努力，11 个市局圆满完成了平台升级改造任务，为下一步管理和应用打下了坚实基础。

四、视频信息深化应用得到进一步发展

在进一步完善省、市、县三级视频信息共享平台联网建设的基础上，深入基层广泛开展调研，全面了解各警种的业务需求，协助相关警种研究开发基于各级视频信息共享平台的视频应用子系统，为公安实战提供高效、便捷、智能化的应用工具。探索建立以视频监控为核心，实现视频资源多警种、多部门共享，引入较成熟视频智能分析技术，融合数字和模拟两种技术模式，对接整合三台合一接处警系统、地理信息系统、电子警察系统、卡口系统、网吧管理系统等资源，形成“可监”、“可控”、“可调”、“可查”的视频监控共享实战应用平台，实现视频实战功能

五、“大走访”开门评警活动走向深入

按照浙江省公安厅《全省公安技防管理部门开展“大走访”开门评警活动实施方案》的要求开展活动。活动以解决问题、改进工作作风，提高工作能力为重点，在主动听取意见、自觉接受评议的基础上，对活动期间采集到的相关信息、数据进行专门的汇总研究和整理分析，对有关问题及时进行了解决和改进，并确定专门责任人对一些需要落实的事项进行跟踪、处理通过走访评议，做到件件有着落、事事有结果，使评议成为改进和推动公安技防工作和队伍建设的强大源动力。同时、通过本次大走访活动，进一步密切了从业企业与技防部门之间的联系，更加畅通地提供了沟通、交流的途径，架起了互动的桥梁，有力地推进了各项技防管理工作，也扩大了安全技术防范工作的社会影响和建设效益。

六、《批准书》审核发放工作规范有序

按职责分工，规范工作流程，严格按照国家有关规定，对企业申报、市局初审后上报的产品材料进行仔细审核，严把质量关。积极配合厅网上办事大厅的筹建工作，将企业申报、各市初审、省厅审核等各个环节全部上网，方便企业办事，接受群众监督。

七、促进安防行业健康发展

严格执行《浙江省安全技术防范行业资信等级评定管理办法》，加强全省安全技术防范行业资信等级证书管理工作，每年两次指导协会组织开展资信等级评定管理工作，充分体现评定工作的“公平、公正、公开”原则。先后组织安防协会成员单位代表赴上海、北京进行考察、交流。

2011 年浙江省公安技防管理围绕社会治安防控体系建设，结合社会管理创新工作，深化了社会治安动态视频监控系统建设，积极推广安全技术防范设施走进居民家庭、走向农村地区，积极培育安防报警运营服务业发展，进一步提高了社会治安防控体系科技含量，提升治安防控效能。

（资料提供：浙江省公安厅科技通信管理局）

安徽省技防管理工作

2011 年，安徽省公安厅技防办深入学习贯彻党的十七大和十七届六中全会精神，努力践行科学发展观，在省公安厅的领导下，在公安部科技信息化局的业务指导下，技防办努力抓好社会治安视频监控系统建设和全省农村技防建设试点工作，推动安徽省安全技术防范工作科学发展。

一、社会治安视频监控系统建设

为贯彻落实《关于进一步加强社会治安防控体系建设的意见》，安徽省公安厅技防办结合全省开展社会治安视频监控与报警系统建设的总体情况，制订了《安徽省视频监

控系统建设工作方案》，并作为《关于进一步加强社会治安防控体系建设的意见》附件之一下发全省执行。同时，为积极推进社会治安视频监控“天网工程”建设，进一步完善社会治安防控体系，提升系统应用水平，提高视频监控系统在治安防范、打击犯罪、社会管理、服务群众等工作中的作用，于4月18日印发了《关于深入推进“天网工程”建设和应用工作的通知》，对今明两年安徽省“天网工程”的建设任务作出了明确规定。为检查、督促和指导各市开展“天网工程”建设，技防办先后到蚌埠、六安、宿州、亳州、安庆、黄山和宣城进行了工作调研和指导。同时，技防办严格落实《关于全省公安视频监控系统技术方案实行报批建设的通知》要求，对部分地区的视频监控系统建设方案进行了论证，在网上发布了《关于开展全省公安机关自建视频监控系统设施统计工作的通知》。

二、农村技防建设试点工作

为认真落实《全省农村技防建设试点工作方案 》，在安徽省农村技防建设试点单位开展了农村技防应用项目研究。为适应需求，安徽省公安厅技防办在17个农村技防试点单位的基础上，将农村技防应用项目研究对象单位增加到19个，新增加舒城县和合肥市蜀山区为建设试点单位，共计38个乡镇。至5月底，农村技防应用项目研究已顺利完成，共建立38个防盗抢联网报警中心，联网用户7600户，安装红外电子狗7600台，气死贼防盗器7600套，“八户联防报警器”60800套，整个项目建设惠及2万农户，10万多农民受益。

三、报警与监控系统设施普查工作

根据公安部科技信息化局通知（公科信传发〔2010〕352号）的要求，技防办及时部署落实此项工作，在安徽全省范围内开展了报警与监控系统设施普查，同时根据安徽省技防工作的实际情况，将这次普查工作与本地区安全技术防范监督检查相结合，取得了良好的效果。

四、安全技术防范产品生产销售的审批

2011年，完成受理安全技术防范产品生产登记申请、批准和年检、抽检工作。行政审批工作与省政务中心窗口积极配合，热情高效的为企业服务，全部在承诺的4个工作日（法定7天）之内完成，且大部分做到了随报随批，当天办证，得到了企业的一致好评。2011年9月，安全技术防范产品行政审批办理工作接受了省公安厅的检查，得到有关部门肯定。

五、安全技术防范工程管理

公安厅技防办组织专家组分别对霍邱县、寿县的平安城市建设和安徽省文博园、国家物资储备仓库395库的安全技术防范工程进行了验收、指导，还对安徽古生物化石博物馆、安庆赵朴初故居安防工程建设方案进行了论证，并在技术完善、深入应用和推广方面提出了建议。

（资料提供：安徽省公安厅安全防范技术管理办公室）

福建省技防管理工作

2011年，福建省公安技防管理工作以科学发展观为指导，开展技防社会管理创新工作，开展“大走访”活动，推进开门评警工作，规范管理机制，进一步强化技防对公安工作的服务和支撑，强力推进社会治安视频监控系统建设，制定《福建省视频监控系统技术规范》文件，积极组织海峡安博会相关工作，圆满完成了上级交办的各项任务。

一、积极开展“大走访”开门评警活动

按照公安部科技信息化局要求及福建省公安厅开展“大走访”开门评警活动部署，拟订《福建省公安科技（技防）管理部门深入开展“大走访”开门评警活动实施方案》印发执行，指导各设区市公安局技防管理部门开展“大走访”开门评警活动。

在分管处领导的带领下，采取集中座谈和深入企业、用户走访的方式，分别到福州、厦门、泉州等区市走访10多家安防企业征求对安全技术防范管理法规、政策、制度等方面的意见、建议，掌握企业的发展状况。为广泛征集安防从业企业意见和建议，制定了“全省公安民警大走访”活动安防企业调查问卷，通过“海西安防网”网站就安防从业企业概况、省行协工作、安防执法等三个方面的内容向福建省安防行业协会200多家会员企业开展问卷调查，共征集意见、建议10多条。

通过该活动，增进了福建省公安厅科技通信处与安防企业的联系沟通，促进了科技通信处民警提高工作效率，加强便民利民意识。同时按要求将“大走访”开门评警活动总结上报公安部科技信息化局。

二、完成福建省报警与监控系统设施普查工作

按照公安部科信局的要求，分阶段完成福建省报警与监控系统设施公安自建及社会建设普查工作，汇总普查数据，完成普查工作总结报告。

三、推进地方安防标准化工作

为统一福建省视频监控系统建设标准，组织制定《福建省视频监控系统技术规范》及相关实施意见印发各地执行；同期组织拟订《数字高清智能监控系统技术规范》标

准稿，并申报省质量技术监督局列入 2011 年度地方标准制修订计划，于 11 月 2 日获得批准。

四、指导第四届“6·18”海峡社会公共安全项目产品博览会的相关工作

2011 年第四届“6·18”海峡社会公共安全项目产品博览会于 6 月 18～20 日在福州海峡国际会展中心成功举办。本届展会是福建省规模最大、规格最高、展出品种最全、效益最好的一次安防行业盛会。

五、规范开展技防审批审核工作

按时组织完成全省生产登记批准书年检及换证工作；及时受理完成安防企业申报技防产品生产企业生产登记批准书审核、颁发证书工作；受理并组织福州民俗博物馆安防工程等 11 项文博安防工程方案论证及验收审核工作。

六、指导省安防协会开展各项业务工作

指导省安防协会举办 4 期安防工程企业技术人员、2 期安防工程企业造价员认证培训班，共培训人员 914 人。协调省安防协会开展新申请安防工程企业资质评定，组织对 144 家安防工程企业开展资质年审工作。通过以上工作，提高了福建省安防从业企业人员素质，加强行业自律。

（资料提供：福建省公安厅科技通信处）

江西省技防管理工作

2011 年，江西省公安厅技防管理部门围绕“社会管理创新”，立足“平安江西”创建活动，努力推进全省技防建设与应用，加强技防行业管理，全面推进安全技术防范工作科学发展。

一、推进技防建设和应用

（一）推动“天网工程”建设和应用

江西省把“天网工程”建设列入了 2010 年省工作要点，江西省政府把加快推进“天网工程”建设写进了 2010 年省政府工作报告。省公安厅多次召开会议研究部署“天网工程”建设和应用管理工作，并把“天网工程”建设作为深入推进社会管理创新重中之重的工作来抓，形成了高位推动的良好态势。各地公安机关按照江西省综治委、省厅的部署和要求，普遍成立了由主要领导任组长的“天网工程”建设领导小组，制定了具体实施意见或工作方案，并多次召开会议对“天网工程”建设进行动员部署，确保了“天网工程”建设有力、有序、有效进行。江西省公安厅会同省综治办制定下发了《江西省社会治安视频监控“天网工程”建设技术标准》及《江西省视频监控“天网工程”应用管理工作规范》，在建设的技术标准及管理运用方式上进行统一规范。截至 2011 年年底，全省投入资金 5.83 亿元，建成前端监控点 24901 个，已接入平台 22269 个，建成治安卡口 502 个，新建和改造各类监控中心 634 个，已接入平台 565 个。各地依托天网成功破获了一批现行案件，对违法犯罪活动起到了强大的震慑作用，并发现和先期处置了一批群体性事件苗头、矛盾纠纷，帮扶群众挽回经济损失 3000 多万元。

（二）推进视频图像信息整合与共享工作

2011 年 10 月 29 日，公安部科信局在深圳召开全国公安机关视频监控系统联网建设与应用经验交流会，技防办立即将会议精神及下一步贯彻意见向公安厅领导报告。公安厅领导提出四点工作要求，一是要高度重视、高位推动；二是要充分论证，科学规划；三是要确保质量，扎实推进；四是要加强保障，争取经费。

（三）启动农村技防建设

根据公安部关于在农村地区开展安全技术防范工作的意见，技防办立即启动了农村技防工作。一是以江西省公安厅名义和科信总队的名义两次下发文件，向全省各设区市公安局和科信部门部署开展农村技防建设和应用工作，力争将此项工作纳入当地平安建设和新农村建设。二是抓好统筹实施。要求将农村技防工作与“三访三评”深化“大走访”工作、视频图像信息整合与共享工作结合起来实施。三是加强督导考核。要求各地采取强有力的措施对各县区工作开展情况进行督查。通知要求每个设区市全面开展调研，加强宣传引导，设立一至两个县作为试点开展建设，并确定了试点基本要求。通过以上措施，力争全省在 2015 年年底完成公安部部署的全部任务。

二、认真开展公安部科技信息化局部署的中心工作

（一）开展“开门评警”大走访工作

从 2011 年年初开始到 5 月底，江西省公安机关科技（技防）部门组织深入开展“大走访”开门评警活动。省公安厅科技信息化总队成立“大走访”开门评警活动领导小组，制定《科技信息化总队深入开展“大走访”开门评警活动实施方案》，并对全省科技信息化部门活动进行部署。据统计，全省各设区市技防办共计走访各金融网点、安防企业 100 余家，收集网上答卷和电话问卷 200 余份，收集有关标准宣贯、市场管理、技防系统建设和维护、加强行业引导、技术培训等方面建议 126 条，为下一步更好地开展江西省安防行业管理提供了新的工作思路，走访活动取得了扎实的成效。

（二）开展全国报警与监控系统设施普查工作

根据公安部关于开展全国报警与监控系统设施普查工作的要求，江西省公安厅技防办组织全省各设区市技防管理部门开展了普查工作。各地成立专门的普查工作领导小组，积极协调相关警种、部门，紧密结合工作实际，层层抓落实，明确工作时限，把握工作进度，分阶段、高质量完成了全部普查工作任务。

三、加强安防行业管理

（一）加大法规、标准宣贯力度

江西省公安厅技防管理部门在全国率先制定了《江西省公共安全技术防范管理规定》，随着形势的发展，该规定历经三次修订，是目前江西省技防管理部门对安防行业进行管理监督最重要的法律依据。为强化安防企业依法从业的意识，省厅技防办要求每期安防企业培训班重点宣讲《江西省公共安全技术防范管理规定》和相关的安防国家标准，学员经过相关内容考试才能获取培训合格证。2011 年，共举办三期培训班，培训 500 余名学员。

（二）开展企业网上备案

2011 年，省公安厅技防办依托省公安厅互联网门户网站，实行全省工程企业信息网上备案制度。备案制度压缩了管理层级，提高了办事效率，实行了无纸化绿色办公，大大减轻了企业负担和办事程序，同时严格按承诺的时限完成备案流程，备案结果在网上进行公示，得到各方一致好评。

（三）开展重点工程质量监督工作

对全省文博系统的重点安防工程的方案审核、工程检测、验收进行严格的质量监督。上半年江西省公安厅技防办协助江西省文化厅完成多个重点安防工程方案论证，完成三个一级博物馆验收。指导江西省电子检测监督院开展重点安防工程检测工作，2011 年共完成 33 项检测。各设区市技防办积极开展重点安防工程验收，在新余市政府的支持下，新余市公安局与市综治办联合请示市政府，将安全技术防范工程的审核与验收纳入新建房地产项目联审联验，并于 2010 年 11 月开始在全省率先启动了该项工作。

四、引导安防行业健康发展

为推动江西省安防行业健康发展，省公安厅技防管理部门加强对省安防协会的监督指导，充分发挥安防协会为会员服务、为行业服务的职能，并开拓思路，推出一些新的工作措施：

（一）组织培训交流活动

全省安全技术防范设计、施工、维修单位每年共计 500 余人参加培训。协助支持会员单位举办安防新产品、新技术交流推广会，使企业及时掌握行业新发展、新动态。

（二）开展全省优秀安防工程企业评选活动

首次开展全省优秀安防工程企业评选活动，经组织专家认真评选，共评选出 21 家优秀工程企业，并从中推荐部分企业参加中安协组织的评选。

（三）筹备 2012 年江西省第二届社会公共安全产品博览会

经过一年来的努力，江西省安防行业管理进一步规范化，行业发展态势良好。随着天网工程的建设和应用，技防建设取得了前所未有的发展和进步，充分发挥了其在治安防控体系中打、防、控、管的职能作用。

（资料提供：江西省公安厅技术防范管理办公室）

湖北省技防管理工作

2011 年，湖北省公安厅技防工作以科学发展观为指导，以“公安信息化建设”工作为龙头，强力推进社会治安视频监控系统建设，现将全年的工作总结如下：

一、较好完成全省社会治安视频监控系统建设工作

根据湖北省政府视频办指示和湖北省公安厅工作要求，在各级党委政府、各级公安机关视频办支持、协作下，全省视频监控系统建设取得了显著成绩。至 2011 年 9 月底，湖北省共建成视频监控系统中心管理平台 103 个，其中省级平台 1 个、市州级平台 18 个、县市级平台 84 个；独立于公安信息网之外，建成了联通省、市、县的视频监控专网，基本实现了省、市、县三级平台的互联互通，治安管控能力明显提升，群众安全感明显提升，视频监控覆盖面内发案率与去年同期相比明显下降，为维护湖北的和谐稳定作出了应有的贡献。

二、认真开展社会治安视频监控卡口系统建设工作

为规范湖北省社会治安视频监控卡口系统建设，实现全省范围内互联互通，信息共享的目标，技防管理部门先后到部分地市调研，根据相关法律和标准规范，结合湖北省实际编制了《湖北省社会治安视频监控卡口系统建设规范》、《湖北省社会治安视频监控卡口系统前端设备接入规范》和《湖北省社会治安视频监控系统视频编码设备接入规范》，还组织有关科研部门定制开发了平台软件，为保证全省卡口一张网，能够做到互联互通，信息共享，在省交警总队、黄冈市公安局及下属各县市开展试点工作，组织安装了卡口平台软件，并在运行中不断改进，以期达到最好效果。

三、积极协调全省联网工作

湖北省武汉市和恩施州两地先于全省标准规范出台前开始了视频监控系统建设，两地部署的平台管理软件均异于省厅统一部署版本，给全省视频监控系统的互联互通工作造成了很大的困难，形成了武汉、恩施、全省其他市州“三网并行”的局面。通过沟通协调和专家论证，决定采用异构平台技术对接方案，以省级平台为主，市州平台为辅，通过软件开发实现上述两地平台与省级平台的互联互通、资源共享。目前，武汉市采用此方案，基本实现了与省级平台的互联互通。下一步将一方面将督办恩施州平台，开发商参考武汉平台与省级平台的对接方案，落实与省级平台的对接工作；另一方面进一步优化和完善武汉市与省级平台的对接后的运行维护工作，最终真正实现全省社会治安视频监控系统“一张网”。

四、起草《湖北省公共安全视频图像信息系统管理办法》（送审稿）

湖北省部分市州已实现社会治安视频监控系统与城管、行政执法、应急、防汛等政府职能部门的资源共享。如何在有效兼顾其它政府职能部门及社会各方面的合理业务需求的前提下，确保视频传输专网安全、规范视频图像资源的使用管理，是急需研究解决的问题。为此，湖北省技防办依据有关法律法规，结合实际起草《湖北省公共安全视频图像信息系统管理办法》（送审稿）。该办法规定了湖北省行政区域内公共安全视频图像信息系统的规划与建设、管理与应用及法律责任。同时正积极联系省厅和省政府法制部门，争取以省政府令的形式将该办法印发全省施行，以法规形式管理省公共安全视频图像信息，提高视频监控系统的公共服务能力，有效保障公共安全，保护公民、法人和其他组织的合法权益。

五、组织开展安全技术防范科研活动

随着各部门、各警种应用的不断深入，视频监控系统能否真正满足公安实战需求直接决定着系统建设的成败。在卡口系统与视频监控系统整合方面，目前湖北省已建的各个卡口系统相互独立，没有共享。未来将利用现有视频专网及中心管理平台资源，在视频监控系统管理平台中增加卡口系统管理功能，实现卡口系统与视频监控系统的无缝融合，将各地已建的和新建的治安卡口、公路卡口、电子警察等系统整合到社会治安视频监控系统管理平台上统一管理，实现全省范围内“一点布控、全网响应”，更好地为公安实战服务。在相关信息平台与视频监控系统对接方面，目前湖北省已完成了省公安厅、武汉、襄阳、宜昌等地视频专网与公安信息网的安全接入，武汉、襄阳等地完成了视频监控系统与 PGIS 系统的双向对接工作。未来将在全省开展安全接入、平台对接等工作，不断丰富完善系统功能，扩大应用群体，推动全面应用。充分利用视频监控系统中心管理平台的调用、显示、存储、报送等功能，积极、主动地为各部门、警种提供视频信息资源，着力推动相关部门、警种的应用，为公安工作服务。

六、积极推进农村技防工作

通过近两年的建设，湖北省已基本建成了一张覆盖城市的社会治安视频监控网络，在预防和打击犯罪、服务公安实战、维护社会稳定和服务群众工作中发挥了重要作用。为深入开展“平安湖北建设”，将科技创安的触角延伸到农村地区去，切实做好广大农村地区的治安防范工作，积极开展农村技防建设。省厅技防办结合湖北省农村地区的特点和治安需求，在部分县市开展农村技防建设试点，大力推进防盗报警、视频监控等安全技术防范设施建设，初步形成党委政府统一领导，综治部门组织协调，以农村派出所和警务室为依托，多部门、多警种联动，群众积极参与，市场化运作的农村技防工作新格局。

七、强化队伍素质

2011 年湖北省公安厅技防办在湖北省电子信息产品质量监督检验院举办了 6 期全省社会治安视频监控系统管理员、操作员应用培训班，约 500 名监控骨干民警和协警参加了培训。通过加强对系统管理和使用人员的培训，使其熟悉系统操作，及时处理系统运行故障，减少运维成本，充分发挥视频监控系统在公安实战中的作用，提高系统管理员、操作员的业务素质和专业应用技能。培训结束后，考试合格的发放培训合格证书，同时督导各地实行视频监控系统管理和操作值守人员持证书上岗。在此基础上，以湖北省社会治安视频监控系统建设信息平台为载体，刊发各地系统建设应用中好经验好做法及典型案例、战法研究，供各地区学习参考。

八、规范做好安全防范产品生产、销售审批和安防工程企业备案登记工作

根据湖北省政府 312 号令，规范执法行为，切实提高行政执法质量，严格按照行政许可法要求，规范行政许可行为，做到所有行政许可（审批）项目符合法定条件，资料齐备，程序合法，并在规定时限内办结，较好地规范了湖北省安防行业的生产、销售和施工行为，促进了湖北省安防行业的健康发展。

经过一年的努力，湖北省技防工作取得了显著的成绩，公安部调研组来湖北调研时给予了高度评价：湖北省“视频监控系统‘三统一’方向正确，特色鲜明，全国领先”。

（资料提供：湖北省公安厅安全技术防范管理办公室）

湖南省技防管理工作

2011 年，湖南省城市治安电子防控系统建设连续第四年被湖南省委、省政府列入为民办实事项目。一年来，在全省各级党委、政府的高度重视下，在省实事考核办和省综治办的直接指导和部署下，全省各地建设办共同努力，系统建设超额完成了今年的目标任务。具体情况如下：

一、加大全省城市视频监控力度

2011 年的视频监控系统建设目标任务比往年有较大增加，湖南省技防办加强了督导力度，多次到全省各市州督导“系统建设”，并于 8 月和 10 月先后两次下发了《关于全省城市治安电子防控系统建设情况的通报》（湘综治办〔2011〕11 号）和《关于全省城市治安电子防控系统建设进展情况的通报》（湘综治办〔2011〕14 号），对全省“系统建设”进行督导调度。至 10 月底，全省城区共新安装摄像机 6805 个，比省实事考核办下达的目标任务 5000 个，超额完成了 36.1%，全省共投入建设资金 3.37 亿元。

二、全省市州城区派出所建立监控室

派出所作为“系统建设”的主要应用单位，其监控室的建设是“系统建设”的重点，因此今年湖南省技防管理部门狠抓派出所监控室的建设。至 10 月底，湖南省各市州城区 242 个派出所，全部都建立了监控室。

三、全省城市治安电子防控系统管理运行维护经费列入了本级财政预算

为了保证系统有效发挥作用，自去年开始，重点放在了已建系统的管理运行维护，下发了《城市治安电子防控系统应用管理运行维护工作规范》（湘综治办〔2010〕13 号），并对管理运行维护情况定期进行督导，现全省 14 个市州、123 个县市区系统的管理维护、值机人员的经费均列入本级财政预算，为系统正常运行提供了保障。

据统计，2011 年湖南省公安直接或间接利用城市治安电子防控系统破获刑事、治安案件 5585 起，为维护湖南省社会治安稳定，打击预防犯罪发挥了重要作用。

（资料提供：湖南省公安厅技防管理工作办公室）

山东省技防管理工作

2011 年山东省技防管理工作扎实有效，城市报警与监控系统建设稳步推进，应用效能明显提升；农村技防建设深入开展。

一、不断提高技防工作服务能力和水平

为进一步推动安全技术防范工作的科学发展，提高安全技术防范服务实战和服务民生的能力，山东省公安厅科技处按照公安部科技信息化局的部署要求，认真制订工作方案，积极组织开展全省公安科技管理、技防部门开展“大走访”开门评警活动。其间，各级公安科技管理、技防部门采取召开座谈会、发放调查问卷、实地调研等多种形式，深入基层、深入企业，共走访安防企业、安防用户 600 余家，真正为企业和广大群众办实事、做好事、解难事，收到了良好的效果。为确保技防工程质量，规范市场秩序，科技处加大了对技防设计、施工企业的管理力度，强化对技防行业、中介机构和从业人员的监督管理。同时，积极为企业提供便利，实行阳光政务，受到企业的好评。各地立足本地实际，改进工作方式，积极为安防企业提供优质、高效的服务，为安防企业提供信息发布、标准查询、办事指南等服务，进一步简化了工作程序，提高了工作效率，受到企业的欢迎。

二、深入推进城市报警监控系统建设与应用

山东省公安厅科技处把视频监控技术作为公安机关战斗力新的增长点来抓，通过召开会议、下发文件、举办培训班、检查督导等措施，狠抓方案论证、施工监管、检测验收、运行服务等关键环节，加强资源整合，推动普及应用，充分发挥视频监控系统的综合效能。如青岛创新工作机制，紧贴实战应用，大力加强三线视频卡口建设，在系统“实用、管用、好用”上下工夫，积极构建“打防控一体化”的报警监控工作模式，大大提升了系统服务实战的效能。为确保报警监控系统建设健康顺利开展，山东省公安厅科技处按照公安部科技信息化局《关于开展全国城市报警与监控系统设施普查工作的通知》要求，认真制定工作方案，落实责任，强化督导，扎实开展报警与监控系统设施普查各项工作。这次报警监控系统普查是山东省近年来规模最大、范围最广、涵盖项目最细、调查结果最实的一次技防专项活动，为下步报警监控系统建设又好又快发展奠定了坚实的基础。

三、深入推进农村技防建设

按照公安部关于在农村地区开展安全技术防范工作的意见，结合山东省实际，研究出台具体措施，并认真抓好贯彻落实。山东省公安科技管理、技防部门因地制宜，加强指导，探索多种农村技防建设模式，大力推广简易、实用的技防设施，创新了农村技防工作机制。济宁市公安局积极推进“技防村居，平安农户”工程建设，根据全市农村不同经济状况，分步骤推广实施技防系统，逐步形成以农村派出所和警务室为依托、多警种、多部门联动、市场化运作、群众广泛参与的农村技防工作新格局。济南平阴县公安局创新思路，因地制宜，积极利用党员远程教育网建设农村技防村村通系统，在实际应用中取得良好效果，受到广大群众的欢迎。山东的农村技防建设思路新、措施实、力度大，得到公安部科技信息化局的充分肯定。5 月，公安部科技信息化局在山东省召开了农村技防体系建设工作座谈会，专门推广了山东的经验做法。

经过一年的努力，山东省技防管理工作取得了一定成绩，按照山东省公安厅“干在实处、干出实效、走在前列”的要求，做到思想上再解放、工作上再创新、亮点上再突出、成效上再提升，推动全省公安技防管理工作在新起点上实现了新跨越。

（资料提供：山东省公安厅科技处）

河南省技防管理工作

2011 年，河南省技防管理工作按照公安部的有关部署要求，在河南省公安厅领导的关怀和支持下，以服务科技强警大局为导向，以努力打造视频监控等四大技术支撑为目标，努力提升科技支撑公安中心工作的能力和水平。河南省技防办努力推动技防立法项目、严格安防企业资质审批、规划推进城乡技防体系建设，大力推进联网整合机制创新，积极探索技战法支撑实战，并不断壮大队伍形成战斗力。

一、以视频监控为主体的城乡技防体系建设成果显著

2011 年，全省各级公安机关对以视频监控为主体的城乡技防体系建设高度重视，迅速掀起了建设和应用的高潮，城乡技防体系建设进入了一个前所未有的发展新阶段，成绩斐然。

（一）做好城乡技防体系建设的宏观规划和推进工作

河南省公安厅针对河南省警务机制改革创新，为推动各级视频监控资源的联网整合与主动应用机制建设，起草了《河南省公共安全视频监控系统建设与应用工作规划》，制定下发了《关于加强全省视频监控报警系统应用工作的意见》（豫公通〔2011〕212 号），对全省技防体系进行了宏观规划，提出了进一步提高全省视频监控系统应用能力的具体要求；完成了《河南省监控报警联网系统技术规范》制定工作，起草了《河南省高校技防建设规范》草案；对全省公安机关视频监控系统建设和应用开展了集中督察，强力推进工作落实。

（二）视频监控网络建设规模实现新突破

全省各级公安机关充分发挥主导作用，积极争取各级党委、政府的重视和支持，认真落实《河南省人民政府办公厅关于进一步加强全省技防体系建设与应用工作的意见》和《河南省公安厅关于加强全省公安机关监控报警联网系统建设与应用工作的意见》，统筹规划，健全机制，多策并举，建设规模、质量、数量迅速提高，将视频监控技防建设作为本年度民生工程，成立了领导小组，召开协调会、现场会，强力督导推进工作落实。2011 年，全省累计投入建设资金 13.8 亿元，全省公安机关建成省辖市一级监控中心 17 个，二级监控中心 223 个，三级监控中心 1082 个，年内新增监控前端 32611 个。

（三）“视频进村”工程促进农村技防建设

全省各地大力开展“视频进村”工程，已基本形成以视频监控为主、多种技防手段并用的城乡一体化技防体系，全省农村技防设施行政村覆盖率达到 100%，自然村覆盖率达到 93.5%。2011 年 3 月初，公安部在河南省召开了“重点攻关项目验收暨全国技防建设工作座谈会”，河南省承担的公安部重点攻关项目《农村地区安全技术防范体系研究》正式通过验收，标志着河南省的城乡技防工作不仅在建设应用上取得了实效，也在机制体制运行、产品研发推广和建设应用模式创新上积累了经验，河南省的做法得到公安部充分肯定并在全国推广。

二、技防体系服务支撑公安实战的作用更加凸显

一年来，河南省各级公安机关把视频监控技防体系建设作为重点工作来抓，通过整合各方资源，在创新管理机制上下工夫，在突出实战效能上做文章，逐步把视频监控网络打造成公安机关指挥调度、打防管控和维护社会稳定的强大技术支撑。

（一）大力推进联网整合机制创新

各级公安科技管理部门积极服从服务于全省警务机制改革创新，采取各种措施大力推进原城市公安分局监控资源与派出所监控资源的整合，推动视频监控系统的联网整合，积极构建城市监控系统二级架构，各地市已基本形成“纵向贯通、横向集成、互联互通”的一体化技防体系。视频监控已成为河南省的一大亮点，全国不少省、市公安机

关到河南省考察学习。

（二）积极探索技战法支撑实战

积极规范、推广成熟的技战法和管理应用机制，全省各级视频监控中心（平台）广泛应用视频技战法，有力支撑了实战，视频监控技战法的研究、应用在全省公安机关蔚然成风。洛阳市公安局老城派出所技防监控应用技战法项目获公安部基层技术革新奖。2011 年，全省视频监控系统为多起有影响的案件成功侦破直接提供了技术支撑。

（三）不断壮大队伍形成战斗力

经过一年的发展，河南省视频监控警情研判队伍和监控人员队伍不断壮大，素质不断增强。有不少县级公安机关成立了视频监控警情研判专业队伍，在侦查破案中发挥了巨大作用，破获了一批有影响的大案要案。

三、积极推进技防管理法制化规范化进程

2011 年河南省技防办按照省人大立法调研计划，积极协调相关部门完成了《河南省安全技术防范管理条例》立法调研任务，向省人大提交了立法调研报告，确立了“技防管理条例”的基本框架和主要内容，使河南省技防立法工作迈进实质阶段。深化全省城乡技防大普查工作，完成了河南省技防普查数据录入，建立起全省技防体系基础台帐，掌握了全省城乡技防体系概况。完成了本年度河南省安防企业年审工作，加强技防工程管理，强化技防工程检测验收，督促各省辖市开展工程质量抽检，确保河南省技防建设规范、健康发展。

四、促进安防行业规范发展

这一年，河南省安防企业发展迅猛，在质量过关的基础上，企业数量继续增加、规模不断扩大。通过严格企业资质审批、复检审批，以市场为导向，积极引导企业良性竞争发展。

（一）严格安防企业准入制度

严格按照有关法规条例的要求，对于申请安防资质的企业进行严格的审查，确保河南省安防企业质量。严格安防企业复检审批。

（二）引导安防企业又好又快发展

为积极促进河南省安防企业发展，除通过严格安防企业资质审批、复检审批来保证安防企业质量外，2011 年，组织召开了河南省安防企业发展研讨会，会议主要探讨了河南省安防企业的现状、存在的问题和发展瓶颈，以期使得河南省安防企业找到快速健康发展之路。

经过一年的努力，河南省技防管理工作成果颇丰。河南省以视频监控为主体的技防体系日趋成型，着力打造视频监控技术为公安第四大技术支撑效果明显，河南省安防企业得到发展。

（资料提供：河南省公安厅安全技术防范管理办公室）

广东省技防管理工作

2011 年，广东省各级公安机关技防管理部门不断提高技防管理工作力度，加强对技防工程、技防产品监督管理，深入推动全省社会治安视频监控系统建设和应用（简称“大视频”工作），大力开展技防执法活动，进一步夯实了广东省技防建设和应用工作，促进全省技防行业发展，有力的服务了省公安机关社会管理创新成果“大视频”工作，为创新实现广东特色的技防、视频工作新局面，为“平安广东”、“幸福广东”打下良好基础。

一、服务实战，深入推进“大视频”工作

（一）开展社会治安视频监控系统建设和应用情况阶段性验收工作

为全面掌握《广东省社会治安视频监控系统建设三年规划（2008 年 - 2010 年）》（粤治视频〔2008〕13 号）、《构建新型社会治安防控体系加快实现视频监管一网控工作方案》（粤公通字〔2009〕65 号）的贯彻落实情况，进一步摸查广东省视频监控系统建设和应用现状，推动“大视频”工作深入持续开展，广东省公安机关开展全省社会治安视频监控系统建设及运维安全检查验收工作。通过检查验收，总结各地在视频监控系统建设和应用中存在的问题，将情况通报全省各地，并据此提出了下一步的工作计划。

（二）开展视频监控系统运维安全检查工作

为配合做好春节、“两会”期间以及“深圳大运会”期间安全保卫工作，充分发挥视频监控系统在发现、打击和防范违法犯罪活动中的作用，针对广东省少数市（县）部分视频监控系统在实战应用中出现设备损坏、记录丢失、图像不清等问题，全省各级公安机关技防管理部门通过开展视频监控系统运维安全检查工作，有效地促进了公安机关视频监控系统的在线率和社会面视频监控系统的完好率，确保视频监控系统发挥作用。如在“大运”期间全省开展的技防大检查活动中，全省共检查重点场所 1.6 万多家、技防系统近 4 万套（含视频监控系统），发出技防整改通知书 1081 份，提出整改意见 2558 条；一般场所（网吧、医院、学校、住宅小区、农村、其他）1 万余家、技防系统（含视频监控系统）2 万多套，发出技防整改通知书 596 份，提出整改意见 1560 条。

（三）开展报警与监控系统设施大普查工作

根据公安部《关于开展全国报警与监控系统设施普查工作的通知》（公科信传发〔2010〕352 号）的有关要求，省公安厅技防办继续组织全省开展为期半年的报警与监控

系统设施大普查工作（以下简称普查工作）。广东省各级公安机关积极响应，严格落实责任，认真研究和制定了适合本地实际情况的工作措施，分阶段分层级推进工作，高质量地完成了普查工作。通过普查工作，进一步摸清了广东省社会治安视频监控系统特别是社会自建视频监控系统的建设情况，为视频监控系统的应用工作以及下一步推进广东省视频监控系统的建设工作夯实基础。

（四）加强学校安全技术防范工作

为大力推进广东省校园安全防范工程建设工作，同时解决广东省校园安全防范工程建设质量参差不齐、视频资源互联互通存在一定难度等问题，省公安厅与省教育厅联合发文《关于加强中小学校和幼儿园安全防范工作的通知》，部署在全省中小学校和幼儿园推进校园安全防范工程建设和应用的工作，并牵头制定了广东省地方标准《中小学校和幼儿园安全防范工程技术规范》，积极进行宣贯，大力推动全省中小学校及幼儿园安防建设，逐步提高中小学校及幼儿园安全技术防范工作整体水平。

（五）全力以赴助力大运会安保工作

广东省公安机关搭建环粤环深检查站视频监控系统省级图像接入平台，实现 9 市环粤（内圈）检查站，东莞、惠州等 2 市环深（外圈）检查站，深圳市环深（内圈）检查站的视频监控图像在省厅统一接入，在整个大运安保期间，特别是开、闭幕式当天，为各级公安指挥部对检查站的指挥决策、可视调度、查岗查勤、权益保障以及各级领导坐镇指挥提供了可靠稳定的图像资源支持。

（六）研发 VCS 视频图像采集摘要比对器

为有效解决基层公安机关在应用视频监控技术面临的快速采集录像和海量录像处理两个难题，广东省公安厅技防管理部门与广东省公安网络安全和科技信息重点实验室（由广东省公安厅和中山大学共同组建）牵头研发“公共安全视频图像信息系统离线式采集摘要比对器”（简称 VCS 视频图像采集摘要比对器）。课题组全体成员勇于创新，攻坚克难，目前已完成样机研制和定型工作，开始批量生产。VCS 视频图像采集摘要比对器经与国际最新技术进行比对测试，并经公安部科信局组织的成果鉴定，主要技术性能指标分别处于国内领先和国际先进地位。VCS 在广州、深圳、珠海、佛山、中山市公安局和广东省公安厅经侦局、刑侦局、禁毒局等 8 个单位以及江苏、湖南、安徽等省公安机关完成试用，并在全省各地装备使用，效果良好，破获多起重特大案件。

二、进一步加强技防管理和服务工作

（一）提升技防服务质量

广东省公安厅技防办从服务安防企业、服务安防行业、服务平安城市建设角度出发，进一步加强技防管理力度，积极开展各项技防管理、服务工作。从 2011 年年初至 5 月底，全省公安机关技防管理部门开展了“大走访”开门评警活动。全省参与“大走访”活动的技防民警近 300 人，共走访党政机关和企事业单位共 598 个、群众家庭 147 户，走访人数 1181 人次，收集意见和建议 466 条，通过整改提升了服务质量，取得了较好成效。

（二）开展地方标准制定工作

为了解决目前广东省视频安防监控系统使用的主要产品彩色摄像机通用技术要求尚无地方标准等问题，广东省公安机关技防管理部门制定了《视频安防监控系统 - 彩色摄像机通用技术要求（征求意见稿）》，先后在广州召开两次专家座谈会，广泛征求安防监控彩色摄像机主要生产企业的意见和建议。

（三）开展技防执法活动

2011 年广东省公安机关技防管理部门围绕中心工作，按照“以建设为基础、以实战为核心、以执法为保障”的原则，全面深入开展技防执法工作。一是打牢技防执法的思想基础。以会代训进行技防行政执法培训，树立技术标准、法律法规、技防执法三位一体的立体化技防管理思路。二是打通技防执法的技术环节。确定广东省 33 种技防执法案由，并通过全省警务综合信息系统部署各地依法开展技防执法。三是打开技防执法的主动局面。突出对应建不建、应报不报，以及违法使用技防系统信息等行为加强执法，并有针对性的对技防运维安全大检查中发现的重点问题开展执法工作。

三、加强指导促进安防行业规范发展工作

（一）搭建培训平台，促进技术与产品应用

一是举办“广东省银行业网络视频监控技术培训班”。2011 年 3 月 4 日，广东省安防协会与广东银监局联合举办了“广东省银行业网络视频监控技术培训班”，对金融机构负责技防保卫工作的有关人员近 200 人进行培训与交流，本次培训极大地推进安防新技术和新产品在银行业的普及和使用，进一步规范和提升各银行的安保与技防技术应用。二是举办“广东省安防技术培训巡回讲座”。2011 年 9 月份，广东省安防协会正式启动了“广东省安防技术培训巡回讲座”，组织安防界专家分别在广州、梅州、揭阳、汕头、惠州等地召开“粤东地区技防行业片区会议及巡回技术培训讲座”。活动得到了很多会员单位与安防企业大力支持，是省安防协会带领企业“走出去”，促进行业合作，创造更多商机的又一项创新举措。

（二）创新交流合作平台，带领会员拓展市场

一是省安防协会组织走访了湖北省、安徽省、海南省协会，与技防管理部门、行业协会的领导围绕跨区域合作进行了探讨；二是组织省内优秀安防企业参加第四届海峡安博会并特设“广东安防优秀品牌展”专区，对泛珠三角安防行业的技术发展与创新，各地区资源的优化整合发展都具有极大的促进作用。

（资料提供：广东省公安厅安全技术防范管理办公室）

广西壮族自治区技防管理工作

一、履行安防行业管理职责

一是指导广西安防工程企业资质评定中心开展资质评定试点工作，保证广西自治区安防工程企业资质评定工作沿着规范、合法的方向健康发展。截至目前，自治区获得安防工程企业一级资质的企业有25家，二级资质的有27家，三级资质的有123家。二是协助公安部主管部门对广西壮族自治区产品质量监督检验院开展年检工作，并指导其开展好各项安防工程检测工作。三是做好《安全技术防范产品生产登记批准书》审批工作。四是召开了广西安防工程企业代表座谈会，围绕如何规范广西安防行业的管理、安防企业资质的评定以安防行业的有关法律法规进行宣传贯彻。五是根据公安部《关于在农村地区开展安全技术防范工作的意见的通知》，推动自治区农村地区安全技术防范工作的深入开展。

二、全面深入推进全区视频监控系统建设和联网工作

（一）高起点规划、高标准建设

2011年，高清监控设备对于全国技防行业来说是起步之年。广西自治区技防办根据全区监控系统建设的现状和公安科技信息化发展的需求，按照“高起点规划、高标准建设”的工作目标，制定了《全区公安机关社会管理视频监控系统建设指导性意见》（试行）（桂公通〔2010〕257号），规划全区社会管理视频监控系统的全高清化架构，要求全区公安机关建设的视频监控系统前端设备的分辨率达720P以上。同时，规范了视频监控系统的建设程序和技术要求。这项工作在全国公安机关走在了前列。

（二）制定技术要求，规范联网标准

为了指导全区各地开展视频监控系统平台的联网工作，形成全区视频监控系统平台互联、互通、互控的大联网格局。自治区技防办多次邀请国内知名品牌监控厂商的有关专家进行研讨，制定了《广西公安机关社会管理视频监控系统联网技术指导性意见（试行）》桂公通〔2011〕149号，规范全区视频监控系统的联网平台的技术标准，为全区开展视频监控系统平台的联网和图像的整合工作打下坚实的基础。

（三）全面动员部署，加快联网步伐

为实现区、市、县三级视频监控系统平台能实现互联、互通、互控，广西公安计算机通信技术研究所与有关公司合作，共同研发了社会管理视频监控系统联网平台。2011年9月23日，自治区公安厅科技信息化处召开全区科信部门电视电话会议，全面部署全区视频监控系统平台联网建设工作，进行全区总动员。随后，组织技术人员到各市进行平台安装测试和对技术人员的培训工作，各市公安局在公安厅的指导下也迅速采取措施积极主动地开展平台联网和图像资源整合工作。截至12月31日，全区所有市、县公安机关均实现了将治安视频监控图像上传至公安厅图像综合管理平台，接入图像55804路。

（资料提供：广西壮族自治区安全技术防范管理办公室）

海南省技防管理工作

2011年，海南省技防管理工作在海南省公安厅的领导下，取得了一定的成绩。

一、开展“海南省立体化治安防控体系”建设项目的调研

开展“海南省立体化治安防控体系”建设项目调研，要求各单位如实填写“海南省立体化治安防控体系建设项目调查表”，以便全面掌握全省已建、在建、待建监控系统、卡口系统、口岸人员和车辆管控系统的详细情况，并为规划设计海南省重点项目“海南省立体化治安防控体系建设项目”提供依据。

二、深入开展“大走访”开门评警活动

推进海南省公安科技（技防）管理部门深入开展“大走访”开门评警活动，增强服务群众的意识，深入了解安全技术防范行业发展情况，掌握从业企业生产经营动态。

三、参加海南省第七届科技推动月活动

参加海南省第七届科技活动月活动，开展科技练兵、科技知识竞赛，由省厅科通处负责组织开展“公安科普讲坛”进基层活动及全省公安机关标准化实施情况的调研工作。宣传安全技术防范知识，开展以“安全技术防范·创建平安城市”为主题的展览演示活动。

四、推进社会治安视频监控系统建设

依据《海南省公安厅视频综合管理平台建设方案》及相关规范、标准组织专家对澄迈县等“平安城市”高清监

控项目建设技术方案进行评审。根据专家提出的意见进行修改和完善，使其建设目标明确，内容基本完整，技术方案总体可行。

（资料提供：海南省公安厅科技技术管理科）

四川省技防管理工作

2011 年，四川省安全技术防范管理办公室全面贯彻部领导指示精神，努力探索技防工作新思路，在做好技防基础工作的同时，严把技防工程质量关，进一步规范技防市场管理，充分发挥安全技术防范在社会治安综合治理中的积极作用，有效地促进了四川省社会治安的稳定和社会经济的发展。

一、深入开展城市报警与监控系统建设和应用

2011 年，全省紧紧抓住“推进建设、深化应用”这一主线，深入开展城市报警与监控系统建设和应用，积极指导各地城市报警与监控系统建设，鼓励有条件的市（州）增加监控点位，建设综合平台，提高应用水平。多次深入到德阳、资阳、宜宾、绵阳等地参加“天网工程”的设备选型、验收等工作。截至 2011 年底，全省 21 个市（州）和各个区（县）以及大部分基层派出所已经建成了图像监控中心，由公安机关建设和管理使用的监控点位覆盖了全省大部分县级以上城市的重点单位（部位）、人口密集地段、案件高发地段、商贸繁华地段等重点区域，基本形成了以街面治安监控系统建设为主、社会监控点为辅的城市监控综合管理系统。

二、全面建设省政法图像共享平台

由于全省没有建立统一的监控报警共享应用体系，各类视频监控资源较为分散，省级部门无法对全省视频监控资源进行统一调度和管理，与其他警务信息系统之间的协同关联无法实现，图像资源难以深度应用。去年以来，按照公安部《关于深入开展城市报警与监控系统应用工作的意见》（公科信〔2010〕30 号）的要求，2011 年 4 月份，省级政法图像共享平台建设开始全面建设，截至 12 月份，已整合全省 31000 多个视频监控点。初步解决了频监控资源较为分散，省级部门无法对全省视频监控资源进行的统一调度和管理的问题。

三、“大走访”开门评警

上半年，按照《关于在公安机关科技（技防）管理部门认真组织开展“大走访”开门评警活动的通知》的要求，结合《四川省公共安全技术防范管理条例》正式发布一年的具体实际，通过对部分企业的交流以及日常的深入走访，四川省技防办开办日常的安防知识培训班，邀请安防专家为企业授课，加强了对企业的技术支持，帮助他们进行方案的审查以及工程的验收，并指导他们合理地使用安防设施。

四、启动缉查布控平台建设的项目招标工作

按照《四川省公安信息化建设任务书》（2011 ~ 2013 年）的要求，科技处组织“四川省公安机动车缉查布控智能平台”的部署实施工作。四川省技防办于 9 月底编制完成了《四川省公安机动车缉查布控智能平台技术方案》，于 12 月初启动了“四川省公安机动车缉查布控智能平台”项目招标工作。

五、日常管理工作

一是在行政审批工作中，按照“严格执法、热情服务”的要求，既对企业严格要求，又积极为他们提供技术服务。技防办已全面开展安防工程设计方案的审核以及工程验收工作。

二是完成全省的安防设施普查工作，通过此次调查，对四川省的报警与监控系统的建设和运行现状有了较为全面的掌握。

三是按照省政法委的统一要求，参与制定四川省整体联动防控体系建设的“十二五”规划，规划中具体涉及了城市报警与监控系统建设规划，省、市、县边境道路及城区道路监控网络，省、市、县三级视频监控网络综合管理应用平台，全省社会治安风险评估预警、考核系统及整体联动防控体系建设、管理、考核标准体系。

（资料提供：四川省公安厅安全技术防范管理办公室）

贵州省技防管理工作

2011 年，贵州省技防管理工作在贵州省公安厅党委的领导和公安部科技信息化局的指导下，立足社会管理创新和“平安创建”工程活动，紧紧围绕服务公安中心工作、服务基层、服务大局，全面推进贵州省安全技术防范管理工作。

一、加强技防管理执法规范化建设

2011年，贵州省公安厅技防办从服务社会的角度出发，结合技防行政管理的实际，加强技防管理工作规范化建设。

（一）规范技防执法程序

按照《贵州省委省人民政府关于进一步加快全省民营经济发展的意见》（黔党政发〔2011〕10号）要求，制定了7条服务民营经济的具体工作措施，进一步规范和简化技防管理有关的事项审批、备案等程序，切实提高办事效率，缩短办事时限。将安全技术防范设计、施工、维修企业备案和安全技术防范销售企业备案时限由原来的7个工作日缩短为5个工作日，将技防产品生产登记和技术防范工程方案审核及工程验收时限由原来的20个工作日缩短为15工作日。

（二）建设贵州省技防管理服务系统

通过此系统将办事指南、许可流程、备案流程、相关法律、法规、标准进行公开，实现了技防管理相关证书的网上申请和网上审批，并可通过“贵州公安服务网站群”受理和回复网民的咨询和提问，目前系统正在试运行阶段。

二、开展“技防入户工程”试点建设工作

“技防入户工程”试点工作是2011年贵州省委、省政府“十大民生工程”中“社会管理创新和平安创建工程”的重要内容，其任务是：在年内，全省九个市（州、地）市府所在地中心城区建立2个以上技防试点社区和2个以上技防试点街道。根据贵州省委、省政府《关于印发“贵州省2011年度十大民生工程实施方案”的通知》（黔党办发〔2011〕30号），贵州省委政法委《关于下达贵州省2011年度十大民生工程第十项“社会管理创新和平安创建工程”工作目标任务的通知》（黔政法〔2011〕26号）精神要求，贵州省公安厅技防办高度重视，加强组织领导，在全省范围内进行了周密部署，有计划、有步骤地开展贵州省“技防入户工程”试点建设工作。各地在省厅的统一指导下，坚持统一标准的原则，积极开展本地试点建设工作。各类入户技防设施已投入各地社会治安防范中，正发挥着积极的作用。

三、推进城市报警与监控系统建设工作

根据公安部《关于深入开展城市报警与监控系统应用工作的意见》（公科信〔2010〕30号）、《中共贵州省委办公厅贵州省人民政府办公厅印发〈全省社会治安综合治理委员会关于进一步加强社会治安综合治理基层基础建设的意见〉的通知》（黔党办发〔2009〕12号），以及全省城市报警与监控系统建设工作会议上的精神，技防办从2010年开始在贵州省城市报警与监控系统建设领导小组办公室的统一领导下，积极开展新一轮城市报警与监控系统（天网工程）建设工作。

2011年，先后下发了《贵州省公共安全视频信息系统总体规划方案》、《贵州省城市报警与监控系统建设总体技术规划》和《贵州省城市报警与监控系统技术方案》。

四、全面开展安全技术防范调研工作

按照公安部《关于开展全国报警与监控系统设施普查工作的通知》（公科信传发〔2010〕352号）要求，制定《贵州省报警与监控系统设施普查工作方案》，并在全省开展报警与监控系统设施普查工作。明确重点，完善方案，深入开展城市报警与监控系统的建设情况和应用成效全面普查，做到情况明、底数清，为夯实安全技术防范管理工作的基础，为开展报警与监控系统建设与应用工作提供坚实可靠的动态数据。

五、开展“三评三访”和“大走访”活动

根据《贵州省公安机关“大走访”开门评警活动方案》、《贵州省公安机关开展“三访三评建和谐、挂帮基层保稳定、和谐稳定促发展”深化“大走访”活动方案》要求。结合技防管理工作职责任务，制定《贵州省公安技防大走访开门评警活动方案》，认真梳理技防从业企业、技防应用单位和城市、农村住户（商户）关注的问题，精心设计调查问卷。深入基层单位、部分技防从业企业、检测机构、技防系统使用单位、城镇社区和城市、农村住户（商户）开展“三评三访”和“大走访”活动，广泛了解和听取基层民警、技防从业企业、技防系统使用单位、城镇社区和城市、农村住户（商户）对技防管理的意见、建议；了解从业企业在市场经营等方面存在的实际困难，听取对公安机关技防管理工作的反映；了解安全技术防范在社会治安防范中应用情况，听取人民群众对安全技术防范方面的新需求，对各类评议意见、反映的问题进行综合分析，研究制定解决方案，明确整改时限。通过“三评三访”和“大走访”开门评警活动，进一步查找技防管理工作存在的问题和不足，认真加以整改，促进工作作风大转变，工作效率大提高，服务管理水平上台阶。

六、加强对安防工程检测机构的管理

一是认真落实公安部有关安防检测机构管理相关规定，督促检测机构建立健全各项管理制度，不断完善技术检测装备，开展检测技术培训，提高检测技术水平，以适应不断发展的安防检测技术要求；二是积极协调物价管理部门，对目前贵州省安防工程检测收费标准进行疏理，在国家有关规定前提下，最大限度降低检测成本，努力为企业减负做工作。

经过一年的努力，贵州省技防管理工作取得了一定的成绩，在社会管理创新和平安创建中发挥了重要作用。

（资料提供：贵州省公安厅科技信息通信处）

云南省技防管理工作

云南省公安厅科技信息化处是技防管理工作的职能部门，2011 年将城市报警与监控系统建设作为做好技防工作的重点和抓手，全力进行推动。

一、加强城市报警与监控系统建设工作

2011 年，全省 16 个州、市的 129 个县（市、区）已全部建成了不同规模的城市报警监控系统，共架设前端监控摄像机约 20000 台，基本覆盖了县城镇的主要公共区域，其中 10 个州、市的公安局已经基本整合了辖区各县的系统。根据厅领导的要求，下步的工作部署，主要是不断扩展系统的规模，进一步强化公安机关各部门对系统的应用，提高系统正常使用率和图像清晰度。

二、指导云南省安防协会工作

云南省安防协会在公安厅的指导下，为规范省安防行业的健康发展作出了积极的贡献。一是在行业内部实行资信等级制度，通过这一制度来规范协会会员的经营行为。为确保资信等级制度的公正合理，协会还出台了《云南省安全技术防范行业资信等级评定管理办法》。二是协会为提高从业企业的技术水平，积极组织技术培训、技术交流、新产品推荐，举办安防产品博览会。

（资料提供：云南省公安厅科技信息化处）

陕西省技防管理工作

2011 年，陕西省公安技防部门深入贯彻落实《陕西省安全技术防范条例》、《陕西省公共安全图像信息系统管理办法》、《视频监控联网共享系统技术规范》、《视频监控联网共享管理平台规范》的规定要求，认真履行对安全技术防范行业的监管职能，以推进城市报警与监控系统建设为重点，大力加强执法规范化建设，有力地促进和带动了全省安全技术防范工作依法规范和健康有序发展，出色地完成了各项工作任务。

一、召开全省安全技术防范管理工作座谈会

2011 年 5 月组织召开了全省安全技术防范管理工作座谈会暨 2011 年中国西安平安陕西建设发展高峰论坛。座谈会回顾总结了 2010 年全省技防系统建设工作，分析了面临的形势任务，对 2011 年全省技防系统建设工作进行了安排部署。

二、完成《陕西省公共安全图像信息系统管理办法》的制定工作

随着陕西省公共安全图像信息系统建设、应用的不断深化，在实践中也逐渐暴露出一些亟须解决的问题。为此，陕西省公安厅技防科联合陕西省法制办，多次召集行业相关专家对西安、宝鸡、咸阳、安康、汉中等地进行调研，赴省外浙江、重庆、四川等地进行学习。在此基础上制定出台了《陕西省公共安全图像信息系统管理办法》。通过制定政府规章对公共安全视频图像信息系统建设的范围、要求、建设、使用单位的权利、义务以及对公民隐私的保护等问题予以规范，以实现资源的有效整合、提高行政效能、减少管理成本、保障公民、法人和其他组织的合法权益。该办法目前已经由省法制办牵头征求相关厅局意见、建议，进行了修改完善，并经省长办公会研究通过，并向社会公布施行。科技处技防科还将加强公共安全图像信息系统规划、建设、管理和使用工作作为加强社会治安防控体系建设，不断提升公安机关维护国家安全和社会稳定的能力水平，推进社会管理创新工作的一个重要抓手和突破口。

三、大力加强执法规范化建设

2011 年技防管理部门大力加强执法规范化建设，优化程序，在原有规定的基础上制定了许多优化改进措施：一是严格办事程序，所有办事依据、条件、程序、制度、时限等一律上墙公示，自觉接受群众监督；二是制作了反腐倡廉警示牌，警钟长鸣，主动向群众公布厅纪委和厅警务督察总队举报电话，时刻把自己置于纪检部门和群众的监督之下，杜绝违法违纪问题的发生；三是规定了登记备案办理时限；四是加强领导，严格了办证审批程序。全年技防科共赴百余家安防企业进行了实地考察，为安防企业办理工程登记备案证、销售登记备案证、生产登记批准书、以及出具各类证明函，对 10 多个市、县的城市监控与报警建设进行了方案评审和验收。

积极推动安防地方标准制定工作，向陕西省质量技术监督局上报的《陕西省社会治安视频监控系统技术规范》和《陕西省社会治安视频监控联网共享系统技术规范》两项标准已审批发布，并召开了关于这两个标准的新闻发布会。

四、考察学习技防管理工作先进经验

为了贯彻落实《陕西省公共安全视频图像信息系统管

理办法》、《视频监控联网共享系统技术规范》和《视频监控联网共享系统管理平台规范》的宣贯，提高公安技防管理干部队伍的专业水平，按照厅、处领导的工作安排，在2011年10月28日至11月7日，对全省技防管理干部进行了培训，同时对外省技防管理工作情况进行了调研。先后赴广东省深圳市、云南省昆明市、景洪市的基层公安机关、农村参观学习他们开展安全技术防范工作的经验，工作措施和工作成效。

五、大力开展业务技能和法规培训

2011年举办了全省安防从业单位的《陕西省安全技术条例》、《安全技术防范工程国家标准》、《陕西省公共安全图像信息系统管理办法》宣贯培训班，共有从事安全技术防范工程设计、施工、监理、检测以及技防产品销售的负责人和技术人员600多人参加了培训，这次培训对于确保陕西省安全技术防范工程的建设质量，提高陕西省安防从业人员的专业技能和法律知识水平将起到积极的推动作用。这次培训以培训内容拟定试题，同时派人监考。阅卷工作由专人负责进行，考试合格者发放国家标准《安全防范工程技术规范》（GB50348－2004）培训合格证书，今后，该证件将作为从业单位人员必备证件，也将成为从业单位备案时的重要材料之一。

六、认真组织技防工作考核

从2011年开始，陕西省公安厅将科技工作纳入到全省市级公安机关目标责任考核指标之中，是进一步加强公安科技工作的重大举措。省厅科技处组织技防科人员按照《陕西省公安厅关于印发2011年度全省市级公安机关目标责任考核指标的通知》（陕公通字〔2011〕41号）规定的有关科技工作的内容和标准，对各市级公安机关2011年度科技工作进行严格的考核考评，逐一打分，通过对各市的技防工作的全面检查考核，促进技防工作的落实，进一步提高了全省技防工作水平。

（资料提供：陕西省公安厅安全技术防范管理办公室）

甘肃省技防管理工作

2011年，甘肃省公安厅安全技术防范管理办公室根据甘肃省公安厅的工作部署，按照公安部科技信息化局对安全技术防范管理工作的要求，积极开展了安全技术防范管理工作。

一、推动甘肃省公共安全视频信息系统管理办法的立法工作

2010年甘肃省公安厅技防办在开展调研的基础上，报请上级批准，启动了《甘肃省公共安全视频信息系统管理办法》的立法工作。该《办法》经印发各级公安机关和相关部门征求意见后，正式上报省政府法制办，同时按照立法程序向社会公布，征求各方面的意见。2011年1月，配合省政府法制办完成了对法规的审核报批、征求意见和专家评审工作。在多方的共同努力下，该《办法》于2011年2月25日提请省政府第75次常务会议通过，以省政府78号令颁布并于2011年5月1日起施行。

二、承担《甘肃省社会治安技术防范建设规划（2011年－2013年）》的制定工作

甘肃省公安厅技防办根据《甘肃省社会治安防控体系建设2009至2011年工作规划》的执行情况和全省社会视频监控建设发展的状况，协助省综治办对各地的建设情况和需求进行了调研，并要求各地结合本地实际制定下一步社会治安视频监控建设规划。在汇总各地情况的基础上，起草了《甘肃省社会治安技术防范建设规划（2011年－2013年》（讨论稿），在广泛征求意见的基础上，及时向省政府和省政法委进行了汇报，由省综治委正式将《甘肃省社会治安技术防范建设规划（2011年－2013年》上报，经省政府批准并印发执行。

三、组织制订《2011年乡镇（街道）社会治安视频监控系统建设实施方案》

开展社会治安视频监控系统建设是2011年甘肃省政府提出的开展为民办实事工作的要求之一。根据甘肃省政府对工作的安排部署，社会治安视频监控系统建设工作由省综治办牵头省公安厅配合实施。甘肃省技防办结合近年全省开展社会治安视频监控系统建设的情况和《甘肃省社会治安技术防范建设规划（2011～2013年）》的要求，会同省综治办根据各地的实际情况，确定了500个乡镇（街道）的建设任务，组织制订了《2011年乡镇（街道）社会治安视频监控系统建设实施方案》并经省综治办报省政府同意后下发实施。方案的出台不仅明确了目标任务和实施步骤，而且提出了建设要求和保障措施。

四、推动省市县三级边界道路卡口视频监控系统建设工作

2010年，甘肃省公安厅部署在全省范围内开展省市县三级边界道路卡口视频监控系统建设工作，并做了前期的各项准备及试点工作。2011年该项工作也被省政府列入为民办实事的工作内容。为保证建设工作的顺利开展，按时完成工作任务，制订了《省市县三级边界道路安装智能监控设备工程实施方案》，由省公安厅上报省政府同意后下发实施。截至2011年年底，由省政府投资的2000套省市县三级边界道路卡口视频监控设备已基本安装完毕，系统进入联网调试阶段。

五、指导甘肃省安全技术防范协会的筹备和成立工作

2011年技防办指导发起单位制定了《甘肃省安全技术防范协会章程》，按照国家对社团组织登记注册的要求，完成了协会的登记注册的申报材料准备工作，正式向省民政厅民间组织管理局提交了“甘肃省安全技术防范协会”登记注册的申请并获批准，于2011年3月30日召开了甘肃省安全技术防范协会成立大会。

经过一年的努力工作，甘肃省的安全技术防范管理工作得到了很大的提升，为加强安全技术防范工作提供了有利条件和机遇，提高了政府和社会对安全技术防范工作的认识，保障了安全技术防范工作的全面开展。

［资料提供：甘肃省公安厅科技处安全技术监督科（技防办）］

宁夏回族自治区技防管理工作

2011年宁夏回族自治区公安厅安全技术防范管理办公室在自治区公安厅的正确领导下，认真贯彻落实科学发展观，牢固树立为民服务的意识，完成了以下主要工作任务：

一是宣传、落实公安部有关安全技术防范方面的法规、政策和文件精神；二是组织相关专家编写全区公安监控报警联网系统实施规范，并发布实施；三是指导、协助全区各市公安局做好城市报警与监控系统设计方案和建设工作并建设公安厅综合监控报警联网系统共享平台；四是做好对安防工程企业的服务工作；五是协助各单位组织对重点安防工程的验收；六是督促落实被自治区政府列入10项民生计划为民办实事之一的城市监控报警联网系统建设；七是按照公安部科技信息化局部署开展全区报警监控系统建设情况普查工作。

（资料提供：宁夏回族自治区公安厅安全技术防范管理办公室）

青海省技防管理工作

2011年，青海省公安厅安全技术防范管理办公室紧紧围绕公安中心工作，充分发挥职能作用，认真开展各项工作，较好地完成了各项工作任务。

一是按照《关于收集提供中国安全防范行业年鉴有关资料的通知》要求，对要求提供材料进行收集、整理，并上报公安部科技信息化局。

二是完成对青海省道路卡口车辆抓拍系统（一期）工程，后台存储、服务器的安装工作。

三是根据公安部科技信息化局关于统计安防从业企业情况调查通知的要求，对青海省安防从业情况进行统计并上报。

四是根据《关于在公安机关科技（技防）管理部门认真组织开展“大走访”开门评警活动的通知》（公科信传发［2011］30号）文件要求，结合青海省公安技防管理工作实际，制定了《青海省公安机关技防管理部门“大走访”开门评警活动实施方案》并组织实施。

五是组织省安防范协会，对省内安防施工企业开展安防工程设计、施工资质证年检工作。

六是为保证青海省道路卡口智能管理系统（一期）建设工程进度，积极协调省交通厅和省高管局，做好施工前的手续办理和相关协调工作。召集施工方和高管局相关人员，召开协调会议，确定落实项目建设细节。

七是继续抓好省安防产品生产、销售市场的监督检查工作。依托青海省公共安全技术防范协会并会同省质量技术监督局、省产品质量监督检验所等相关部门，进一步加强了省内安全技术防范工程及技防产品的质量监督管理工作。

八是根据公安部相关部署，做好全省公安视频大联网前期调研工作。

（资料提供：青海省公安厅安全技术防范管理办公室）

新疆维吾尔自治区技防管理工作

中央新疆工作座谈会召开以后，国家加大对新疆支持和投资的力度，19省市对口支援新疆，陆续出台一系列优惠政策，使新疆迎来大建设、大开发、大发展的新时期、新阶段。同时，西部大开发第二个十年发展战略出台，大批重点项目落户新疆。在这种大好历史发展条件下，自治区提出了：全城视频监控、城区联动应急、科技强警、平安城市等一系列社会安全防范工作目标，通过推动全疆厅地县三级视频监控联网平台建设，大力加强社会面资源利用率，通过厅地两级视频信息综合应用平台建设，强化监控资源应用工作，同时选择条件成熟的部分地州为应用试点，着手制定视频监控系统体制机制，全面开创视频监控系统应用新局面。

一、合理规划、标准先行

在广泛征求意见的基础上，制定下发了《新疆公安机关视频监控系统建设联网指导意见》、《新疆公安机关视频监控联网接口协议标准》等相关文件，为进一步加强规范及标准的可操作性，积极联系国内视频监控系统建设厂家，通过平台实地测试的方式，了解视频监控平台的技术架构，熟悉监控平台的功能模块，制定了《新疆公安视频信息综合应用平台规划方案》及《新疆公安视频专网建设规划方案》。

二、统一开展应用平台建设

2011 年年底，《新疆公安视频信息综合应用平台》（内网平台）建设项目招标工作正式完成，公安厅及 15 地州内网平台软件将由公安厅统一建设，15 地州公安机关需按照公安厅提供的硬件配置清单尽快开展本地内网平台硬件设备采购及搭建工作，以便全疆内网平台的顺利部署，未完成外网平台建设的 4 个地州需同时做好平台硬件的采购及环境搭建工作，公安厅将一并配发软件。

三、以应用促建设，以建设保应用

2011 年，自治区公安视频监控系统建工作在自治区各级党委、政府的支持下，在全疆公安机关的共同努力下，面向实战，总结平台应用经验，立足长效，采取以建设保应用的良性发展模式，取得了较大的发展。视频监控系统在打击和预防犯罪、维护社会稳定等工作中的效能作用初步显现。全疆已有 11 个地州公安机关完成地州级视频监控联网平台建设，54 个县级公安机关完成县级监控联网平台建设工作。

［资料提供：新疆维吾尔自治区公安厅治安管理总队基层基础处（技防办）］

协 会 篇

XIEHUI PIAN

第十章　中国安全防范产品行业协会

第一节　中国安全防范产品行业协会机构介绍

一、中国安全防范产品行业协会简介

中国安全防范产品行业协会（以下简称“中国安防协会”）于1992年12月8日在北京成立。由从事安全防范产品等相关行业的企事业单位、社会团体及个人自愿组成的全国性、行业性、非营利性的社会组织（英文名称CHINA SECURITY & PROTECTION INDUSTRY ASSOCIATION，缩写为CSPIA）。

中国安防协会吸纳在中国境内从事防爆安全检查设备、安全报警器材、社区安全防范系统、车辆防盗防劫联网报警系统、出入口控制系统、视频监控防范系统、防盗锁门柜及防弹运钞车、人体安全防护装备等安全防范产品的研发、经营，或承接安全技术防范系统工程设计施工、报警运营服务，以及从事安防教育培训、咨询服务、检测与评价、中介技术服务等活动的相关单位、团体或个人参加。

中国安防协会开展调查研究，制定行业发展规划；推进行业标准化工作和安防行业市场建设；推动安防企业品牌战略；开展安防企业资质认证和行业职业认证；培训安防企业和专业技术人员；开展国内外技术、贸易交流合作；加强行业信息化建设，做好行业资讯服务；组织订立行规行约，建立诚信体系，创造公平竞争的良好氛围，组织发展本行业的公益事业；承担政府主管部门委托的其他任务。

中国安防协会下设日常办事机构秘书处、展览部、资质管理中心、职业资格培训中心、编辑部、网站等业务部门。

专家委员会是中国安防协会的分支机构，是安全防范行业的专业技术服务组织。

中国安全技术防范认证中心，是实施社会公共安全产品认证工作的运作实体。

中国安防协会公开出版发行《中国安防》杂志（月刊），并向会员单位和相关部门赠阅；每年还正式出版发行《中国安全防范行业年鉴》，为各界人士提供翔实的行业信息；中国安防协会相关信息同时公布在“中国安防行业网”（www.21csp.com.cn）上。

中国安防协会将努力加强自身建设，抓住机遇，开拓创新，为中国安防行业的长期健康发展，为建设小康、和谐、平安社会作出应有的贡献。

地　　址：北京市海淀区西三环北路87号国际财经中心C座1401
邮　　编：100089
负 责 人：王彦吉
电　　话：010－68730781
联 系 人：张雅慧
电　　话：010－68730786
网　　址：www.21csp.com.cn
电子邮箱：cspia@sohu.com

二、中国安全防范产品行业协会专家委员会简介

中国安全防范产品行业协会专家委员会（以下简称“专家委员会”），是经中华人民共和国民政部登记的中国安全防范产品行业协会（以下简称“中国安防协会”）的分支机构，是安全防范行业的专业技术服务组织，其英文译名为The Expert Committee on China Security and Protection Industry Association，缩写为CSPIA－E.C. 其宗旨是：围绕中国安防协会中心工作，为公安业务工作、为安防行业发展、为行业企业和用户提供专业技术服务。

专家委员会工作任务是，协助中国安防协会提出行业发展战略规划，制定行业发展方针、政策和相关措施；受主管部门和中国安防协会的委托，组织专家开展课题研究，以及相关管理、技术文件的起草工作；经主管部门授权或技术机构邀请，组织专家参与、配合相关的标准化、检测、认证等专业技术服务工作；配合中国安防协会开展国内外专业技术合作与交流，拓展交流渠道，跟踪前沿技术动态，引进先进智力，提高行业创新能力；根据行业企业、用户及有关机构、社团的申请或委托，推荐专家参与研发、评价、推广、普及、咨询等方面的专业技术服务。

专家委员会成员由专家和从专家中产生的委员组成，实行任期制，专家和委员每届任期5年，可以连聘连任。

专家应从事安全防范及相关专业领域工作5年以上，具有高级职称或相应业务能力，能承担专家委员会所委托的工作并参加相关会议，年龄一般不超过65岁，所在单位支持认可，经申请人提出并被批准后颁发《聘书》。专家参与专家委员会推荐的专家服务工作，应遵守《推荐专家服务

管理流程》的规定。

专家委员会组织机构由委员会和专业组组成。专家委员会下设秘书处，负责处理日常工作。

专家委员会需要审议的重大事项及相关文件，应提交全体委员进行审查表决，必须经全体委员的2/3以上同意后，方可作出决定和发布。

专家委员会的活动经费，按照专款专用的原则筹集和开支，用于开展《中国安全防范产品行业协会专家委员会章程》规定范围内的业务活动。

地　　址：北京市海淀区西三环北路87号国际财经中心C座1401
邮　　编：100089
电　　话：010－68730250
传　　真：010－68730788
网　　址：www.21csp.com.cn
电子邮箱：cspia2009@163.com

第二节　中国安全防范产品行业协会工作

一、会议动态

（一）保险箱行业电子商务发展座谈会在宁波市召开

为落实《中国安防行业“十二五”发展规划》，进一步促进保险箱行业发展，中国安全防范产品行业协会（以下简称“中国安防协会”）于2011年4月9日邀请保险箱行业部分生产企业召开了“促进保险箱行业电子商务发展”座谈会。此次会议由宁波大榭开发区保险箱（柜）行业协会承办。

中国安防协会秘书长靳秀凤出席并主持了会议，大榭开发区保险箱（柜）行业协会会长戴旭东、常务副会长黄伟明、秘书长胡祖脉及来自上海、浙江、河南、山西等地的26个保险箱生产企业负责人出席了会议。中国安防行业网副总经理焦金山及相关技术人员参加了会议。

会议主要就保险箱行业电子商务发展现状、存在问题及发展策略等进行了座谈与讨论。

（二）安全防范系统安装维护员职业培训和技能鉴定工作电话会议在北京召开

2011年4月29日，中国安防协会秘书长靳秀凤主持召开安全防范系统安装维护员职业培训和技能鉴定工作电话会议，部分省区安防协会负责人参加了会议。靳秀凤秘书长传达了人力资源和社会保障部关于开展安全防范系统安装维护员职业培训和技能鉴定工作的指导意见，并通报了培训工作筹备情况及相关事项。她提出，各地方协会应结合本地工作实际，加强与当地人社厅（局）职业技能鉴定中心的沟通，协商共同组织开展安全防范系统安装维护员职业培训和技能鉴定工作。

会后，各地方协会认真落实会议部署。截至目前，已有10余个省区协会将与当地人社厅（局）职业技能鉴定中心沟通后的信息进行了反馈。中国安防协会将反馈信息汇总后，分别报送了公安部主管部门及人力资源和社会保障部，力争尽快促成两部委联合下发通知，全面启动该项工作。

（三）中国安全防范产品行业协会第四届第六次理事长工作会议在武汉召开

2011年5月13日，中国安防协会第四届第六次理事长工作会议在武汉召开。中国安防协会理事长王彦吉主持会议，前任理事长柳晓川，副理事长司同军、廖晓村、陈朝武，副理事长兼秘书长靳秀凤，副秘书长李建平以及副理事长单位代表共计50余人参加了会议。湖北省公安厅副厅长喻春祥到会致辞，并预祝大会圆满成功。湖北省公安厅科技信息处副处长庞晓洪、湖北省安防协会会长李克才、常务副会长兼秘书长陈元开等应邀列席会议。

会上，靳秀凤秘书长就2011年中国安防协会开展的主要工作向与会代表作了汇报；李建平副秘书长就中国安防协会《关于做好行业“十二五”发展规划宣贯工作的意见》进行了宣讲；与会代表围绕落实中国安防协会2011年主要工作和宣贯行业“十二五”发展规划进行了座谈讨论。

（四）2011年烟草安全防范及信息化技术论坛在云南召开

2011年8月25日，由中国安防协会主办，云南省安全防范技术协会支持的“2011年烟草安全防范及信息化技术论坛”在云南省楚雄市隆重开幕。

中国安防协会秘书长靳秀凤、云南省安防协会秘书长经苏南、副秘书长岳峰以及来自全国烟草行业的代表等百余人参加了会议。

靳秀凤秘书长在致辞中表示，烟草行业不仅是国民经济的一个重要组成部分，也是安防产品重要应用领域之一。从近年来行业技术发展和国家烟草总局的工作要求来看，目前，安全防范体系和安全管理工作的信息化建设是工作方向和重点之一。以视频监控为主的安全设施建设正逐步和信息化技术相融合，并逐渐形成以技术创新为主的多种业务应用模式，带动烟草行业安全防范及信息化的发展，推动整体行业生产效率的提高。

此次论坛以“融合与创新”为主题，旨在为推进烟草行业安防信息化建设，全面总结烟草行业视频监控系统的建设及应用经验，探讨行业安全生产管理发展趋势，推广先进安防技术，保障烟草行业生产经营活动的稳定、快速、健康发展。会上，来自相关企业的专家分别就烟草行业的安防系统建设现状和未来发展趋势作了专题演讲。

（五）中国安全防范产品行业协会第五次会员代表大会在北京召开

2011年12月8~9日，中国安防协会第五次会员代表大会在北京召开，靳秀凤秘书长主持会议。协会名誉理事长、原公安部副部长蒋先进，协会名誉理事长、公安部科学技术委员会主任李润森，公安部科技信息化局局长谢毅平、副局长谭晓准，公安部宣传局副局长刘世斌，科技信息化局办公室主任陈敬华、安全技术防范工作指导处处长李明甫，中国安防协会名誉理事长柳晓川，理事长王彦吉，副理事长李华蓉，副秘书长曹开星、李建平及中国安全防范认证中心、公安部第一研究所、公安部第三研究所、中国消防协会、保安协会、刑事技术协会、道路交通安全协会的领导和中国安防协会历届老领导作为特邀嘉宾出席了大会。会员代表和安防工程企业代表近500人参加了会议。

本次会议全面总结回顾了中国安防协会第四届理事会工作；审议通过了中国安防协会章程、行业行为规则、会费收费标准和缴纳管理办法及组织管理规定等文件；选举产生了中国安防协会第五届理事会；提出了今后几年的工作任务和明年工作要点。其间，中国安防协会专家委员会作为分支机构召开了换届会议；中国安防协会为做出杰出贡献的历届老领导颁发了荣誉会员证书；为优秀工程企业举行了授牌仪式；还举办了“CSST”和谐杯中国安防行业第三届歌唱比赛全国决赛和答谢晚宴。

中国安防协会第四届理事会理事长柳晓川作了题为“回顾过去　展望未来 迎接中国安防行业更加辉煌的明天”的报告。

靳秀凤秘书长作了财务报告；李建平副秘书长作了审议《协会章程》、《组织管理办法》及《会费缴纳标准和收费方式》的说明；曹开星副秘书长作了关于换届选举工作有关事项的说明。会议审议并通过了第四届理事会工作报告和财务报告；审议并通过了章程、行业行为规则、会费收费标准和缴纳管理办法及组织管理规定等文件。按章程规定程序选举产生了第五届理事会，王彦吉当选为理事长，李华蓉为副理事长，靳秀凤当选为秘书长。还选出副理事长单位62家，常务理事单位116家，理事单位122家。

公安部科技信息化局谢毅平局长代表中国安防协会的主管部门和分管科技工作的张新枫副部长进行了讲话。

中国安防协会第五届理事会理事长王彦吉作了题为“站在新的起点，开创协会工作新局面”的讲话。

与会代表围绕中国安防协会第四届理事会工作报告及王彦吉理事长的讲话等进行了分组讨论。讨论后，靳秀凤秘书长作了大会总结。她指出，中国安防协会第五次会员代表大会的成功召开，不仅得益于公安部科技信息化局领导的关心与指导，还得益于出席大会全体代表的大力支持和中国安防协会会务组同志的辛勤工作；本次大会不仅内容丰富，而且是一次承前启后、继往开来的盛会，是安防行业一次和谐、活泼、见成效的盛会，将为促进安防行业“十二五”发展，迎接安防行业美好的明天提供方向和动力。她表示，与会代表在分组讨论中提出了许多很好的建议和意见，中国安防领导班子将认真研究并充分发挥协调作用，尽最大努力去实现各会员单位的愿望。

二、专项工作

（一）安防行业“十二五”规划宣贯工作

2010年底，《中国安防行业“十二五”（2010~2015）发展规划》（以下简称《规划》）编制完成，在此基础上2011年初中国安防协会研究制定了《关于做好行业“十二五”发展规划宣贯工作的意见》，明确提出了规划宣贯的意义、原则、要点及各项具体要求，并据此认真开展了相关的宣贯工作。

一是在《中国安防》杂志、《中国安全防范行业年鉴》、中国安防协会工作《简讯》、中国安防行业网站上进行了全文刊登，印发了《中国安防行业“十二五”（2010~2015）发展规划》单行本。同时，刊发了《中国安防行业“十二五”规划的编制说明》（以下简称《编制说明》），对规划的编制过程、主要内容以及规划中涉及的重点措施进行了详细的解读，尤其是重点解释了未来5年行业发展的指导思想，解释了实现产业快速及可持续发展、推动科技进步提高自主创新能力、加强行业管理逐步形成规范有序的市场环境、塑造优秀安防行业文化促进行业和企业发展四大发展目标，解释了关于产业发展和产业结构调整、推动建立创新型行业提高企业核心能力、深化市场发展与应用、全面提高安防企业素质与可持续发展、提升行业管理能力促使市场规范有序发展等五大措施；二是组织业内外数十家媒体将《规划》及《编制说明》进行了刊发、转载，扩大了在行业内外的影响；三是分专题组织了行业主管部门、企业、专家结合行业应用情况对规划进行详细分析、解读，并陆续在媒体刊载，有针对性地加强了宣传；四是利用行业的各种会议，采取多种形式，深入进行讲解，切实将规划深入宣传到行业各个层面，并得到贯彻实施。

（二）安防工程企业资质评定工作

1. 指导、监督各试点地区的资质评定及年审工作，确保资质评定工作的稳步推进

与各试点地区行业协会及资质评价机构保持密切联系，了解资质评定工作进展情况和总体状态，掌握各地需求，及时发现问题，研究解决办法，确保资质评定工作顺利开展。

2. 召开资质评定小组工作会议，调整资质评定运作模式，确立“管办分离”的原则，顺利转型

为落实国家发展改革委、财政部、民政部《关于公布取消和停止社会团体部分收费及有关问题的通知》（以下简称《通知》）精神，中国安防协会召开了资质评定领导小组

工作会议，传达《通知》精神，统一思想认识。经过充分热烈的讨论，取得了一致的意见：坚决执行《通知》规定，从 2011 年 1 月 1 日起取消中国安防协会所有涉及安防工程企业资质评定的收费，并就资质评定运作模式进行相应调整，提出了资质评定按照“管办分离”的原则，由以协会为资质评定实施主体转化为由中国安防协会、省（自治区、直辖市）安防行业协会负责组织和监督管理并经其选择认定的第三方中介机构作为实施主体，具体承担企业资质评价及相关事务。小组会议的召开，为资质评定的下一步工作指明了方向，也使得资质评定运作顺利转型。

3. 根据调整后的运作模式，修订资质评价体系文件

根据领导小组工作会议精神和调整后的运作模式，资质管理中心对评价体系文件进行了换版修订，于 2011 年 9 月 5 日正式颁布实施。修订后的体系文件包括五个规范性文件（安防工程企业资质管理办法、安防工程企业资质评定标准、安防工程企业资质评审员管理办法等）、三个公开性文件（安防工程企业资质评定准则、安防工程企业委托资质评定须知、安防企业诚信公约）、十二个管理程序（组织结构和职责、安防工程企业资质评定机构资格认定实施程序、安防工程企业资质评定实施程序等）。

4. 审查第三方中介机构的资格条件，对满足条件的实施资格认定

依据修订后体系文件中关于资质评价服务中心及省级资质评价机构应具备的资格条件，资质管理中心对各资质评定试点地区推荐的第三方中介机构申报资料进行了认真审核，按照符合一个认定一个的原则，陆续进行资格认定。2011 年 9 月 14 ~ 15 日，对满足审核条件的北京蓝盾世安信息咨询有限公司（安防工程企业资质评价服务中心、北京市安防工程企业资质评价机构），按机构认定程序对其实施了现场考核，经评审组严格审核，该公司通过了资格认定。

5. 新版体系文件宣贯工作

为保证安防工程企业资质评定工作的持续、有效开展，为加强评审员的继续教育，尽快掌握新版体系文件的相关标准和要求，中国安防协会资质管理中心和北京市安防协会于 2011 年 9 月 28 日联合组织了新版体系文件的学习、研讨会议。中国安防协会资质管理中心与专家、评审员进行了很好的沟通、交流，对体系文件的修改要点进行了诠释。

2011 年是中国安防协会资质评定工作开展的第六个年头。在公安部科技信息化局的正确领导下，通过中国安防协会、各试点地区行业协会及资质评价机构的共同努力，资质评定工作得以有条不紊的进行，并取得了可喜的成绩。

2011 年新增获证企业 469 家，1171 家企业通过资质年审。网上表达资质评定委托意向的企业近 2000 家，覆盖全国 30 个省、自治区、直辖市，企业参与资质评定的热情和积极性日益高涨。

资质评定结果得到广泛认可。实践证明，在安防企业诚信制度建设专项课题研究成果基础上建立起来的安防工程企业资质评价体系与作业平台，具有较强的适用性和可操作性。资质评价结果得到了政府采购部门、建设单位和招标代理机构的广泛认可和采信，在业内也引起了广大安防工程企业的普遍关注和支持。资质评定试点工作对于遏制安防工程市场无序竞争、维护消费者合法权益、支持国家重大项目建设等方面都起到了积极作用，同时也为今后全面推广资质评定工作奠定了良好的基础。

为执行国家有关部委的要求，保证资质评定工作的持续、有效开展，资质管理中心适时调整了资质评定运作模式，提出了资质评定“管办分离”的原则，不但适应了当前的形势，也使得资质评定工作顺利转型，为保护企业合法权益、稳定安防工程市场起到了积极的意义。

进一步加强资质评定工作的宣传力度，并按照积极稳妥的原则，适当拓展非试点地区的资质评定工作，以满足更多安防工程企业的需求，为实现全国统一的资质评价体系而努力。

密切关注技防立法工作的进展，及时获得信息和调整思路，做好资质评定的基础工作，创造有利于与技防法规接轨的安防工程企业资质管理工作的良好条件。

（三）职业培训和技能鉴定工作

中国安防协会积极创建安防职业认证条件，努力推动建立职业认证制度和职业培训体系。2005 年以来，中国安防协会开始了长达 6 年的开拓性工作，为安防行业从业人员的规范管理和职业化建设付出了巨大努力，并取得积极成果。安全防范设计评估师和安全防范系统安装维护员正式列入了国家职业目录，制定了安防职业国家标准，完成了“安全防范设计评估师”和“安全防范系统安装维护员”职业培训教程编制和出版工作，编写完成了职业鉴定题库，并举办了两期授课教师的培训班，初步建立了一支专业的职业培训教师队伍。在此基础上，中国安防协会经与人力资源与社会保障部主管部门沟通，于 2011 年 4 月底组织召开了安全防范系统安装维护员职业培训和技能鉴定工作电话会议。靳秀凤秘书长主持会议，来自全国 9 省区地方行业协会领导参加了本次会议。靳秀凤秘书长传达了人力资源与社会保障部关于开展安全防范系统安装维护员职业培训和技能鉴定工作的指导意见，并通报了培训工作筹备情况及相关事项。她指出，各地方协会应结合本地工作实际，加强与当地人社厅（局）职业技能鉴定中心的沟通，协商共同组织开展安全防范系统安装维护员职业培训和技能鉴定工作。参会代表介绍了本地区工作进展情况，并围绕当前工作重点进行了探讨和交流。会后，各地认真落实会议部署并将各自工作情况及时进行了汇总，由协会统一报送上级主管部门。

为了贯彻落实中国安防行业“十二五”发展规划精神，全面深入了解我国安防企业开展培训工作的情况，研究存在的问题，更好地为广大企业和用户提供服务，中国安防协会于 2011 年 3 月底组织开展了培训问卷调查工作。问卷

调查的范围和对象涵盖了协会会员单位和所有在中国境内从事安防产品生产、安防工程设计与施工、经销代理、报警运营服务等自愿填报的企业，调查内容包括了企业基本情况、培训基本情况、培训内容、培训效果和培训机构等5个方面。根据汇总上来的数据，协会将有针对性地组织开展行业培训工作，提高行业从业人员素质，加强科技人才和管理人才队伍建设，提升专业技术水平，规范企业管理，进一步促进安防行业核心竞争力的快速提升，促进我国安防行业继续保持持续、快速、健康发展。

中国安防协会认真组织专业技术人员考试，经统计，截至12月15日，全国9个地区共有7230人参加了考试，其中6753人合格，考试通过率为93%，有力配合了安防工程企业资质评定工作。中国安防协会努力拓展培训服务范围，根据调查结果并结合企业需求，与有关单位合作，配合开展了国际内部控制师的培训工作。

（四）第四届中外安防产品（广东）采购洽谈会

由中国安防协会和广东省公共安全技术防范协会联合主办，北京佳安世纪科技有限公司承办的2011年第四届中外安防产品（广东）采购洽谈会（SSC 2011）于2011年7月23~24日在广州白云国际会议中心成功举办。会议邀请了来自美国、巴西、英国、沙特阿拉伯、阿联酋、澳大利亚、埃及、印度、越南等35个国家和地区的62家具有明确采购意向的国际知名安防采购商代表参会并商洽具体采购事宜；同时，主办方还特意邀请了50家国内采购商（广东地区安防工程商和终端用户各25家）和71家供应商参会，与国内参会的供应商进行面对面交流洽谈，最大限度地满足了参会供应商在外销和内销业务上的拓展需求。会议现场，各企业积极参加洽谈，取得了丰硕的成果。据统计，会议现场成交订单约3800万元，产生的意向采购金额达到8000万元。

本届洽谈会举办形式进一步延续并深化了第二届洽谈会办会模式，重点体现在“国内供应商和国际采购商双重主导”的模式上，“供应商搭台销售”与“采购商搭台采购”置于同等重要的位置，这种双重主导的方式充分发挥了国际采购商洽谈采购和国内供应商展示推销的作用，会议主要包括“优秀供应商产品展示（设立展台）”、“供应商专题产品推荐会”、“采购商采购需求说明会”、“国际安防大买家特别见面会”（重点）、“晚宴”，“国际买家团工厂行”等系列活动，创造了更多的中国安防供应商与国际买家面对面交流的机会。

中国安防协会理事长王彦吉，秘书长靳秀凤，亚洲安防协会越南分会会长陈重永，广东省公共安全技术防范协会会长李育兴，常务副会长李伟昌，秘书长邱小栓等作为嘉宾出席了会议。会议开幕式上，王彦吉理事长致开幕词并表示，对于此次洽谈会，各协会领导和企业都给予了很大的期望，希望本次会议可以进一步提升中国安防产品在国际市场上的影响力，让更多的海外买家了解中国安防企业和产品，有效促进“中国制造”安防产品的出口业务。同时，亚洲安防协会越南分会会长陈重永作了专题演讲，主要介绍了越南安防市场的发展情况，特别强调了近年来越南对安防产品的需求量迅速攀升，自2009年开始，每年政府用于购买各类社会公共安全产品的投入都超过5亿美金，并呈现逐年上升趋势。此次，陈重永会长亲自带领10家越南安防产品代理公司共15名成员组成“越南买家团”参加本次洽谈会，希望可以找到他们感兴趣的产品和供应商。主办方为了提高越南买家团和供应商的洽谈效率，特意在会前对买家团各成员的需求作了详细了解，并配对了高质量的供应商与他们洽谈，取得了非常好的效果，最终促成了多个公司的业务合作。

为了进一步满足我国南方地区安防企业的参会需求和充分利用该地区安防工厂相对密集的优势，此次洽谈会首次尝试在广州举办，不但在会议效果和洽谈收益创了历史之最，而且为单双年南北交替办会积累了丰富的经验。本届会议在方案制订时完全抛开了往届直接由主办方独立决策，而是更多地征求了大部分往届参会供应商和买家的意见。由于历届参会的大部分供应商来自广东地区，从参会的成本和效果考虑，他们更希望将外商带到他们家门口，参会成本得到了有效控制，而且更便于外商现场参观工厂，加大了现场交易的可能性。同时，由于在广东地区分布着大量的安防厂家，尤其在深圳和广州区域，极大地便利了“国际买家工厂行”活动的开展。借助于地域的优越性和供应商邀请外商参观工厂的意愿，这次会议将“国际买家工厂行”作为了一项重要的活动展开，为期2天，参观了10余家工厂，极大地促进了洽谈效果。

第四届中外安防产品（广东）采购洽谈会的成功举办，为我国安防厂家与国际买家的交流和贸易往来提供了新的平台，进一步拓宽了出口渠道，增加了出口业务量。第五届洽谈会将重新回到北京，作为2012年北京安博会的一项重要创新活动，会议模式和会议各环节将得到进一步改进和完善，确保洽谈再上一个新台阶。

（五）为“平安城市”建设推荐优秀安防工程企业

为配合公安部“全面推进城市报警与监控系统建设”以及各地如火如荼的“平安城市”建设工作，有效发挥协会在政府、企业、用户之间的桥梁与纽带作用，经公安部科技信息化局批准，中国安防协会在为“平安城市”建设推荐优秀安防产品工作的基础上，于2011年在全国范围内第三次组织开展了推荐优秀安防工程企业的工作，以进一步推荐一批优秀工程企业参与到“平安城市”建设中去，为地方政府、有关部门和用户进行科学决策提供依据。

推荐评价的对象主要为从事视频监控、防盗报警等安防设施的设计、安装、系统集成及维修服务的工程企业。评价本着公开、公平、客观及企业自愿申请与各省（市）协会（公安技防部门）推荐相结合的原则。

参照推荐产品企业的评价方法，建立了以市场评价、质量评价、发展评价为主的指标体系，选用了能够反映企业实力、经营、质量、技术等方面情况的 15 项指标并确定了每项评价指标的基础值和基础值得分。

评价活动按照制定的“为‘平安城市’建设推荐优秀工程企业工作方案”成立了专门工作组，由王彦吉理事长担任组长、靳秀凤秘书长担任副组长；成立了分别来自政府部门、产品企业、行业协会、认证检测机构等各方面 17 人组成的评价专家组。中国安防协会通过中国安防行业网及以各种通信方式尽可能通知到企业，在各省（市）协会（公安技防部门）的大力推荐、支持下，共收到申请企业资料 505 份，经过认真整理、核实、计算、分析及专家评议，最终全国有 216 家工程企业荣膺优秀工程商称号（见附件）。

附　优秀工程企业名单

北　京（50 家）

北京中盾安全技术开发公司
北京航天长峰科技工业集团有限公司
中科软科技股份有限公司
北京富盛星电子有限公司
北京易华录信息技术股份有限公司
中铁电气化局一公司
北京世纪先锋科技有限公司
中国通信建设集团有限公司
中国电子系统工程总公司
北京声迅电子股份有限公司
北京北大青鸟安全系统工程技术有限公司
北京欣卓越技术开发有限责任公司
北京达明平安科技有限公司
中信国安信息科技有限公司
联通系统集成有限公司
北京中科创新园高新技术有限公司
中国软件与技术服务股份有限公司
北京海湾威尔电子工程有限公司
北京世纪瑞尔技术股份有限公司
大唐联诚信息系统技术有限公司
北京国铁华晨通信信息技术有限公司
北京银河伟业数字技术有限公司
北京恒业世纪科技股份有限公司
北京泰豪智能工程有限公司
北京天川科技发展有限公司
北京阳光金力科技发展有限公司
北京蓝色星际软件技术发展有限公司
铭基电子技术（北京）有限公司
北京中科软件有限公司
北京长城电子工程技术有限公司
北京明望杰富仕智能系统工程有限公司
北京智鑫安盾数字技术有限公司
北京冠林盈科智能系统集成有限公司
北京长信泰康通信技术有限公司
北京同辉无限科技有限责任公司
中国电信集团系统集成有限责任公司
北京捷通机房设备工程有限公司
北京华科鸿泰智能系统工程有限责任公司
龙浩通信公司
北京中山消防保安技术有限公司
北京兆维光通信技术有限公司
北京瑞拓电子技术发展有限公司
北京中航弱电系统工程有限公司
北京龙博电子工程有限公司
北京联视神盾安防技术有限公司
北京捷诺视讯数码科技有限公司
北京航天天盾安防工程有限公司
北京华星恒业电气设备有限公司
北京国安电气总公司
北京同聚达科技有限公司

天　津（6 家）

天津市中环系统工程有限责任公司
天津凯发电气股份有限公司
天津市电视技术研究所
天津鹏安数迅科技有限公司
天津市长城科百电子科技开发有限公司
天津天地伟业科技有限公司

河　北（3 家）

河北昂克电子工程技术有限公司
河北荣视电子技术有限责任公司
河北达安安全技术有限公司

山　西（2 家）

太原新四通技术产业有限公司
山西华瑞电子工程有限公司

内蒙古（3 家）

内蒙古华祺科技有限公司
内蒙古国讯富通科技有限公司
中冶东方工程技术有限公司

辽　宁（6 家）

东软集团股份有限公司
沈阳浪潮系统集成工程有限公司
辽宁天久信息科技产业有限公司
辽宁金洋科技发展集团有限公司
沈阳先科系统集成工程有限公司
辽宁光电电子工程有限公司

吉　林（3 家）

合成兴业智能工程有限公司
长春兴达电子信息技术有限公司
延边巨龙信息技术有限公司

黑龙江（7 家）

大庆锦华联电子信息科技开发有限公司
黑龙江凌宇智能科技开发有限公司
黑龙江万朋电子有限公司
哈尔滨富波电子技术开发有限公司
黑龙江省力元智能化工程有限公司

哈尔滨与时科技发展有限公司
哈尔滨凌海高新技术应用有限公司

上　海（5家）

上海竞天科技股份有限公司
上海格瑞特机电系统工程有限公司
上海恒锐智能工程有限公司
上海擎天电子科技有限公司
上海国际技贸联合有限公司

江　苏（12家）

南京南自信息技术有限公司
江苏大为科技股份有限公司
江苏怡和科技股份有限公司
江苏东大金智建筑智能化系统工程有限公司
苏州荣诚建筑安装有限公司
江苏省邮电规划设计院有限责任公司
网进科技（昆山）有限公司
江苏省邮电建设工程有限公司
南京东大智能化系统有限公司
南京熊猫信息产业有限公司
江苏远江系统工程有限公司
南京苏河电子科技有限责任公司

浙　江（13家）

浙江浙大中控信息技术有限公司
中程科技有限公司
银江股份有限公司
浙江大华系统工程有限公司
浙江广信智能建筑研究院有限公司
浙江金盾楼宇科技工程有限公司
汉鼎信息科技股份有限公司
宁波洛兹科翔智能技术有限公司
杭州青鸟电子有限公司
浙江万邦智能工程有限公司
浙大网新系统工程有限公司
浙江浙大华是科技有限公司
浙江金程科技有限公司

福　建（17家）

厦门万安智能股份有限公司
罗普特（厦门）科技集团有限公司
福建省鸿达电子技术开发有限公司
厦门柏事特信息科技有限公司
厦门兆翔智能科技有限公司
福建国通信息科技有限公司
厦门凯迪空间电子有限公司
福建平安报警网络有限公司
冠林电子有限公司
福建邮科通信技术有限公司
福建省华大数码科技有限公司
福建天马电子有限公司
厦门鑫远志系统集成有限公司
厦门求实智能网络设备有限公司
厦门纵横集团通信发展有限公司
南威软件股份有限公司
福建吉丽安防设备实业有限公司

江　西（4家）

泰豪科技股份有限公司
贝谷科技股份有限公司
江西硕博科技有限公司
江西北邮信息通信技术有限公司

山　东（7家）

中国电子科技集团公司第二十二研究所天博信息系统工程公司
山东鲁光信息工程有限公司
山东康威通信技术股份有限公司
浪潮集团有限公司
山东科威达信息科技有限公司
青岛大荣实业有限公司
青岛海信网络科技股份有限公司

河　南（4家）

百年金海安防科技有限公司
河南丹枫科技有限公司
郑州讯美科技有限公司
河南九洲计算机有限公司

湖　北（10家）

中铁电气化局集团第二工程有限公司
武汉市博海无线电有限公司
武汉达明科技有限公司
武汉安通科技产业发展有限公司
武汉－安高新技术有限公司
湖北泰信科技信息发展有限责任公司
武汉建工股份有限公司
武汉市武控系统工程有限公司
湖北三江航天楚航电子科技有限公司
湖北东润科技有限公司

湖　南（1家）

湖南华南光电科技股份有限公司

广　东（20家）

深圳中兴力维技术有限公司
金鹏电子信息机器有限公司
广州杰赛科技股份有限公司
深圳市通宝莱科技有限公司
安科智慧城市技术（中国）有限公司
新太科技股份有限公司
深圳市赛为智能股份有限公司
广东迅通科技股份有限公司
广东王牌网络科技有限公司
广州市浩云安防科技股份有限公司
佛山市新东方电子技术工程有限公司
深圳市博康系统工程有限公司
广东宏景科技有限公司
广东亿迅科技有限公司
广东履安实业有限公司
深圳市迪威视讯股份有限公司
深圳市亿贝网络技术有限公司

深圳市星火电子工程公司
广东暨通信息发展有限公司
深圳市利之宝电子有限公司

广　西（8家）

广西桂华网络安防工程有限公司
广西达科建筑智能工程有限公司
广西广播电视信息网络股份有限公司
广西博联信息通信技术有限责任公司
南宁超创信息工程有限公司
广西冠林科技有限公司
广西智宇技防有限公司
广西思创电子有限公司

海　南（6家）

清方高新科技有限公司
航天海鹰安全技术工程有限公司
海南恒信电讯工程有限公司
海南海旭电子系统工程有限公司
海南安福电子工程有限公司
海南华安金电子工程有限公司

重　庆（2家）

重庆天网高新技术有限公司
重庆富伦麦柯信息技术有限公司

四　川（3家）

成都曙光光纤网络有限责任公司
成都亚光电子股份有限公司
成都科旭电子有限责任公司

贵　州（2家）

贵阳信通达智能工程有限公司
贵阳方舟高新技术有限公司

云　南（3家）

昆明华安工程技术有限责任公司
云南东蒲科技有限公司
昆明启创科技有限公司

陕　西（4家）

四联智能技术股份有限公司
西安核仪器厂（国营二六二厂）
西安翔迅科技有限责任公司
航天恒星空间技术应用有限公司

甘　肃（2家）

兰州万桥智能科技有限责任公司
兰州亚太电子工程有限公司

宁　夏（1家）

宁夏奥德电子科技有限公司

青　海（1家）

西宁成联电子科技发展有限公司

新　疆（3家）

新疆同方信息系统工程有限公司
新疆怡林实业有限公司
新疆泰克软件开发有限公司

（六）CSST“和谐杯”中国安防行业第三届歌唱比赛

为贯彻中国共产党十七届六中全会提出的深化文化体制改革、推动社会主义文化大发展大繁荣的方针，同时也为贯彻中国安防行业“十二五”规划中关于加强安防行业文化建设，不断丰富安防行业文化方式的决议，进一步丰富广大安防从业人员的文化生活，营造安防行业积极向上，健康文明的文化氛围，展示安防人团结创新、锐意进取的精神风貌，激发安防从业者热爱艺术的热情与动力。2011年，中国安防协会开展了活动主题为弘扬行业文化，促进企业发展，服务平安城市，构建和谐社会发展的“和谐杯”第三届中国安防行业歌唱比赛。经与各地安防协会和重点企业沟通并总结前两届的活动经验，本届比赛分地方选拔赛和全国决赛两个阶段，在地方协会的大力支持下，圆满完成了湖北、安徽、内蒙古、北京、广东、浙江6个分赛区的选拔赛，共推荐了30名优秀选手晋级全国总决赛，为全国决赛的成功举办奠定基础。

同年12月7日，CSST“和谐杯”中国安防行业第三届歌唱比赛全国总决赛在北京召开，来自各地方安防协会及会员单位推荐的30支代表队参加了总决赛，在专业评委与大众评委公平、公正的评判标准下，经过激烈的角逐，共评选出一等奖3名，二等奖6名，三等奖9名及若干名优秀奖（详细见以下列表）。内蒙古自治区公共安全技术防范行业协会获得CSST“和谐杯”中国安防行业第三届歌唱比赛优秀组织奖。

第三届“和谐杯”歌唱比赛在总结前两届的经验基础上，增加了地方选拔赛的环节，效果凸显，第一，充分调动了地方协会的积极性，活跃了地方协会的文化建设。第二，解决了优秀选手采集难题，大力提升比赛专业水平。前两届比赛，由于外地企业选手疏于组织，挑选优秀选手非常困难，所以比赛专业水平和组织管理比较滞后，本届比赛通过地方赛区的选拔，不仅筛选出了优秀选手，更让晋级选手所在的企业有了积极性和荣誉感。第三，地方赛区互相学习，促使歌唱比赛的整体水平和组织规模高水平高标准大步前进，为全国赛区的成功举办奠定基础。第四，调动无赛区地方协会的积极性。第五，将文化行业建设渗透到全国安防行业的大小企业里，凝聚安防人的创业精神。

另外，全国总决赛的成功取决于五个方面：第一，晋级选手。经过分赛区的选拔，晋级选手的歌唱水平比较均衡，很好的体现了全国决赛的水平。第二，专业评委。本届全国决赛的五位评委老师，挑选自每个分赛区评审组，他们都具备较高的专业水平，和地方协会领导一起带领选手来参赛，对自己赛区的选手进行了赛前专业培训，不仅提升了全国决赛的专业水平，更体现了全国决赛评审的公平公正性。第三，专业主持。本届比赛邀请了北京电视台专业主持人韩清，专业的主持和配合，让比赛现场更加和谐融洽。第四，舞美效果。本届比赛，启用LED大屏幕和专业舞美灯光音响，生动展现了活动主题，为每一位参赛者提供了宣传自己和企业的平台，也为在场嘉宾和观众提供了一场完美的声觉和视觉的文化盛宴。

本届比赛，CSST对全国决赛的冠名赞助，为歌唱比赛的发展开拓了有效的运作机制。同时，中国安防协会将努力把CSST“和谐杯”歌唱比赛做成安防行业内品牌性文化活动，不断丰富安防行业文化生活，营造安防行业积极向上、健康文明的文化氛围，从而展示安防人团结创新、锐意进取的精神风貌，激发安防从业者热爱艺术的热情与动力。

附：CSST“和谐杯”中国安防行业第三届歌唱比赛全国总决赛获奖情况：

一等奖

美声组：《军中飞来一只百灵》邱玉珍　北京开远保安总公司

民族组：《母亲》江国华　安徽创世科技有限公司

通俗组：《酒干倘卖无》杨莎　湖北泰信科技信息发展有限责任公司

二等奖：

美声组：《安防之歌》原创　张远平　内蒙古鼎升安防科技有限公司

民族组：《映山红》　涂晓旺　广东省广播电视网络股份有限公司

《英雄》　谢碧红　CSST教育板块——惠州西湖职校

通俗组：《自由飞翔》　刘青　安徽继远电网有限责任公司

《马兰花》　张金波　乌兰察布市乾艮电脑有限公司

《今天》付冬冬　济南市社会公共安全防范协会

三等奖：

美声组：《跟你走》黄崔杰　北京中科创新园高新技术有限公司

民族组：《秋 雨》钢　花　鄂尔多斯安防协会

《乡音、乡情》吴东刚　北京保安总公司

《春天的故事》郑玉兰　安庆市高能工业自动化控制工程公司

通俗组：《达明之歌》原创　张婷　武汉达明科技有限公司

《我的心里只有你没有他》韩莹　内蒙古安防协会

《You Raise Me Up》郑铮　中国机动车辆安全鉴定检测中心

《等你爱我》　徐蓓　CSST－安防运营服务（中国）有限公司

《温柔》　刘涌　中国机动车辆安全鉴定检测中心

优秀奖：

《我像雪花天上来》　吴亨　武汉博易安系统工程有限公司

《北京颂歌》　曹雨菘　杭州海康威视数字技术股份有限公司

《永远的长调》　萨日娜　呼伦贝尔市博涛电子产品销售有限公司

《乐儿哟呵唱起来》　徐美琴　湖北万澳电子科技有限公司

《母亲》　汪洋　深圳市进林科技有限公司

《乌苏里船歌》　章涛　浙江大华技术股份有限公司

《西沙，可爱的家乡》　蔡培盛　CSST－物联网版块

《说爱你》　李文曦　CSST教育板块—惠州西湖职校

《望乡》　周建锋　CSST－安防智能（中国）有限公司

《风往北吹》　耿旭　天津市亚安科技股份有限公司

《男人不该让女人流泪》　许修睿　安徽安兴高科技有限责任公司

《一剪梅》　邵长青　黑龙江省社会公共安全产品行业协会

三、中国安全防范产品行业协会专家委员会工作

（一）会议动态

1．“应急防范与救援专家组”筹备座谈会在北京召开

中国安全防范产品行业协会专家委员会（以下简称“中国安防协会专家委员会”）于2011年1月19日在北京召开了“应急防范与救援专家组”筹备座谈会。会议由中国安防协会副秘书长、专家委员会常务副主任李建平主持，来自相关企业、产品检测机构、公安和军队院校等方面的11位专家应邀参加了座谈。

会上，李建平副秘书长代表中国安防协会专家委员会提出了筹备该专家组的框架性方案。其后，与会专家就该专家组成立的目的意义、业务范围与定位、组建方式等问题开展了热烈地讨论，并提出了很多建设性的意见。

据了解，中国安防协会专家委员会为了配合公安机关等政府部门开展应急防范与救援方面的业务建设，已决定筹备成立中国安防协会专家委员会“应急防范与救援专家组”（暂定名）。

2．中国安全防范产品行业协会专家委员会在北京召开工作会议

2011年7月8日，中国安防协会专家委员会工作会议在北京召开。会议由柳晓川主任主持，司同军、靳秀凤、李建平副主任，傅森、刘辛顾问和专家委员会的委员参加了会议。王彦吉理事长出席会议并讲话，安防认证中心赵锡廷主任等列席会议。

本次会议的主要内容是总结、汇报年度工作，研究、讨论专业组调整及换届筹备工作，并对相关事项进行了表决，因故未到会的委员会前对会议审议的事项进行了函审表决。

会上，李建平副主任作了题为《2010年主要工作回顾2011年重点工作汇报》的报告，详细汇报了2010年专家委员会在加强自身建设、引导企业科技创新、为平安城市建设推荐专家服务、组织专家参与行业“十二五”发展规划和《中国安防行业年鉴》编制等工作所取得的成绩；介绍了2011年已开展和将要开展的各项工作，并就提交会议表决的《关于专家委员会换届筹备工作的意见》作了说明。

接着，靳秀凤副主任就专业组调整的问题作了说明。她针对提交会议表决的《关于调整专家组的意见》进行了有关情况的背景介绍，并依据调整专家组的工作思路，重

点就设立“实体防护组”和撤销“培训组”的问题进行了说明。

在随后的会议讨论中，到会委员充分肯定了专家委员会在2010年工作中所取得的显著成绩，同时对2011年将要开展的重点工作表示了认同；还针对专家委员会服务功能的定位与转型、业务发展方向与行业间的对接、专家资质的确认与专业组的设置等方面的事宜，提出了具有建设性的意见和建议。

王彦吉理事长在讲话中强调，中国安防协会专家委员会作为协会的分支机构，要在积极发挥专家作用、开展专家服务的同时，搞好自身建设和自律，通过完善规章制度，规范各项业务工作。

最后，柳晓川主任主持了会议表决并作了会议总结。根据会议表决和会前函审的结果，会议通过了《关于调整专家组的意见》和《关于专家委员会换届筹备工作的意见》。他在会议总结发言中指出，这次会议是一次承上启下的会议，大家畅所欲言，发表了很好的见解，专家委员会秘书处要结合大家的意见贯彻会议决定的事项，在具体实施过程中要审时度势，选择条件成熟的首先突破，逐步调整到位，圆满完成专家委员会的换届工作。

3. 中国安全防范产品行业协会专家委员会召开实体防护专业组成立会议

2011年12月7日上午，中国安防协会专家委员会在北京召开了实体防护专业组成立会议暨安防实体防护创新与可持续发展研讨会。李建平副主任主持会议，王彦吉主任、靳秀凤副主任等出席会议并讲话。实体防护专家、部分地方安防协会领导及企业代表等近60余人参加会议。

会上，中国安防协会专家委员会领导宣布了由20名专家组成的实体防护专业组成员名单，并向受聘专家颁发了《聘书》。

王彦吉主任在讲话中指出，实体防护作为我国安防行业的重要专业领域，在安全技术防范工作中发挥着不可替代的作用；随着科技的发展和社会对安全防护需求的提高，实体防护的专业领域也在不断延伸和拓展，实体防护企业必须坚定创新的决心，实现产品的智能化创新、综合应用创新、营销模式创新。他要求，新成立的实体防护专业组，要在技术创新和应用、促进行业自律规范发展、维护企业合法权益、加强企业与政府及相关行业中介的沟通等方面，充分发挥作用。

与会代表纷纷发言，分别阐述了防盗保险箱（柜）、防盗锁、防盗安全门以及周界实体防护等产品和技术在发展中遇到的问题及对未来专家委员会工作的期待。受中国安防协会专家委员会领导的委托，刘希清委员综合会议讨论的意见作了发言。他就实体防护领域创新和可持续发展的问题提出了见解和意见，并鼓励企业要以应用创新为导向，科技创新为动力，在“综合大安防”的建设中发挥应有的作用。与会专家表示，在实体防护专业组成立后，将通过开展专业技术服务，积极引导我国安防实体防护领域的健康发展。

4. 中国安全产品行业协会专家委员会召开换届工作会议暨第二届委员会会议

2011年12月9日下午，中国安防协会专家委员会在北京召开了换届会议暨第二届委员会会议。专家委员会李建平副主任主持会议，柳晓川名誉主任、傅森顾问、王彦吉主任、靳秀凤、陈朝武副主任，以及专家委员会委员、专家等共计50余人出席了本次会议。

会上，中国安防协会专家委员会第一届主任、现名誉主任柳晓川根据《中国安全防范产品行业协会第一届专家委员会工作报告》作了工作总结回顾的发言，靳秀凤副主任宣读了有关专家委员会人事调整的文件，李建平副主任就《专家委员会章程》等规章制度文件的修订事项作了说明。

会议审议通过了第一届专家委员会工作报告和专家委员会新《章程》等文件，以及增补副主任委员的事项。

与会的委员和专家就第二届委员会如何贯彻新的《章程》，在安防行业的战略研究、科研开发、工程建设、运营服务以及相关标准化工作中发挥更加积极的作用等问题，进行了认真的讨论，提出了很多建设性的意见。

第二届主任王彦吉在会议总结发言中指出，以柳晓川主任为核心的第一届专家委员会，在成立之后的六年中作出了大量工作，并取得了显著成绩，为第二届专家委员会的工作打下了良好的基础。同时，他要求第二届专家委员会的全体成员要充分发挥行业专家组织的智力优势和专业优势，通过开展各项专业技术服务，引领安防行业的不断创新和可持续发展。

（二）中国安全防范产品行业协会专家委员会成立以来的工作回顾

中国安防协会专家委员会自2005年12月成立以来，紧密围绕行业发展需求和协会中心工作，贯彻政府相关法规政策，发挥智力和人才优势，开展专业技术服务，为安防行业的可持续发展作出了贡献。

1. 不断完善专家委员会自身建设

成立专家委员会是行业协会机构改革的重要标志，协会依托这一重要的人才资源和行业发展智力平台，提供专业技术支撑和保障，“为政府决策服务、为行业发展服务、为社会治安稳定服务”。

（1）完善组织，发展专家队伍

中国安防协会专家委员会成立以来，逐步完善了组织机构，专家队伍不断发展壮大，技术领域覆盖多个专业，人员层次以高级职称和高层次人才为主，服务水平和质量都不断提高；形成了由委员会和专业组两层的组织架构；已有专家140余人（其中含委员25人、顾问3人），走过了一段从无到有、从小到大、逐步加强和完善的发展历程。

初创组建阶段（2005年至2006年）。专家委员会首批聘任专家57人，组成了以会员单位、技术机构、社团组织、管理部门等方面人员组成的专家队伍；从聘任的专家中产生了第一批委员，组成了由中国安防协会领导兼任主任和副主任的领导班子；组建了秘书处和3个专业组，即战略组、技术组、培训组，其后又成立标准化组；聘请有着丰富经验的老领导，老专家担任顾问；明确了各专业组挂靠单位和组长、副组长。

完善发展阶段（2007年至2011年）。2007年，由中国安防协会副秘书长兼任主持专家委员会日程工作的副主任，并配置了专职秘书，进一步加强了组织领导；2008年，根据承担公安部重点攻关项目的需要组建了防爆安检组；2009年，对中国安防协会专家委员会成员作了阶段性调整，增补了专家和委员，调整了副主任和专业组的正副组长；2011年7月，为了引导安防实体防护领域的科技创新组建了实体防护组，同时决定撤销培训组（其职能由协会培训部替代）。

换届准备阶段（2011年10月以后）。中国安防协会专家委员会根据协会领导班子调整情况和换届工作需要，本着平稳过渡的原则，决定由现任理事长担任专家委员会主任，并对现有副主任、委员、顾问及各专业组负责人进行了调整，为本次换届工作的有序进行打下了基础。

（2）建章立制，规范管理

①建章立制。中国安防协会专家委员会成立之初就高度重视制度建设，2005年4月召开第一次委员会议审议了《章程》、《专家管理办法》等制度文件的草案。同年7月，经中国安防协会常务理事会批准发布了《中国安全防范产品行业协会专家委员会章程》和《中国安全防范产品行业协会专家委员会专家管理办法》，使专家委员会的工作有章可循。

2011年，中国安防协会专家委员会根据换届工作的需要，启动了对《章程》和《专家管理办法》等制度性公开文件的修订工作，以及内部操作性文件《推荐专家服务流程》的起草工作。经过广泛征求专家和委员的意见，数易其稿后形成了上述文件的报批稿，提交全体委员审议表决后发布执行，这使专家委员会的制度建设提升到一个新的水平和高度。

②规范管理。随着业务的开展和专家队伍的逐步壮大，中国安防协会专家委员会面临如何在成员高度分散的情况下，加强队伍管理、发挥专家作用的问题。为此，采取了把专家聘任与《聘书》管理相结合、在聘专家网上公布与专家网上办公相结合的方式，作为队伍管理和推进业务的举措，在实践中探索和完善，已取得成效。

一是进行专家队伍阶段性调整和《聘书》制发。2009年年底至2010年年初，中国安防协会专家委员会对新聘专家颁发《聘书》，同时对在聘专家进行了信息更新、续聘和换发《聘书》的工作，并规范了《聘书》的证面信息。这次调整，共涉及107名专家及其《聘书》，理顺了聘任关系，增强了专家队伍的凝聚力。

二是专家信息网上公布，利用中国安防协会网站推荐专家服务。专家委员会于2010年更新了栏目设置，重新发布了组织机构、公开性文件、成员名单等信息，还开辟了咨询栏目；同时还利用手机短信和电子邮箱搭建了与专家之间的信息互动平台，协调日常业务活动。这些措施扭转了“联络难、协调难”的被动局面，初步实现了行业专家网上“亮相”，为逐步实现专家网上技术服务创造条件。

2. 组织专家开展科研工作

中国安防协会专家委员会为引导行业科技创新，高度重视科技开发工作。根据主管部门和协会的委托，先后多次组织专家开展国家级课题的预研工作、部级课题的参研工作、直接组织部级重点攻关项目的研究工作，以及扶持会员单位新产品和新技术的研发工作。在这些科研工作中，发挥了行业专家的专业和智力优势，取得了可喜的科研成果，为行业的创新和可持续发展作出了积极的贡献。

（1）参与国家“十一五”安防课题的立项和研究工作

2006年，中国安防协会专家委员会受公安部科技信息化的委托，配合公安部第一研究所开展了“十一五”国家科技支撑项目“社会治安动态预警、综合防控技术体系研究与示范”项目可行性研究和立项工作。在此期间，专家委员会的专家参与了调研和立项报告的起草工作，较好地完成了任务，为立项工作作出了贡献。该项目是我国安防行业首次完成国家科技发展计划及攻关项目。

专家委员会还派专家配合完成了《安防“十一五”科技支撑项目中的技术创新》、《数字智能视频技术发展与应用创新》、《风险评估技术及应用的发展趋势》等课题。其科研成果为同步开展的城市监控报警联网示范工程的建设、验收、评审提供了技术参考依据。

（2）配合“3111工程”关键技术研究

2005年下半年，公安部科技信息化局为推动城市监控报警联网示范工程（3111工程）的开展，委托公安部第一研究所牵头，由中国安防协会专家委员会组织安防行业内专家和企业技术骨干参与，专门研究“3111工程”建设中急需解决的技术问题，主要包括视频压缩技术、通信协议、软件架构、安全机制、存储设计等多个方面，还编制了《3111工程模式研究报告》。

在此期间，专家委员会组织专家配合全国安防标委会起草了《城市监控报警联网系统通用技术要求》GA/T669－2006，参与了相关实施指南和宣贯教材的编制工作；还组织专家参与该标准贯彻实施中技术难点的研讨及相关培训工作。

（3）完成公安部重点攻关项目

从2008年年初起至2009年6月，中国安防协会承担了公安部重点科技攻关项目——《防爆技术标准体系研究》，该项目由中国安防协会专家委员会组成项目组负责实施。

项目组带领参研专家对分布在全国各地的50余家相关

单位进行了调研，还对欧、美、日等地区和国家的防爆安检产品及相关标准化与合格评定资料进行分析；克服了工作基础薄弱、参与单位多、协调难度大、信息资料少、内容涉及面广、科学归纳困难等诸多方面难点；采取准确定位、集思广益的方法，解决主要技术难点，实现了项目合同书规定的科研目标。

该项目研究首次对我国防爆安检专业技术进行了一次全面调查，首创性地建立了我国防爆技术的标准体系。其中，《防爆技术标准体系研究综合调研报告》首次较全面、系统地从管理、技术、产品、标准化等方面分析了国内外的现状与发展趋势；《防爆技术标准体系》在国内属于首创，与美国等西方发达国家的相应技术标准体系比较，在科学性、完善性方面具有中国特色；《防爆产品合格评定的通用技术规则》及两种产品的检测细则，能对防爆产品的第三方合格评定起到规范和指导作用；《防爆产品信息数据库》所能提供的特定信息服务属国内首例。

该项目研究成果已在安防行业相关单位应用，对于提升防爆安检业务的地位和作用、规范相关市场行为、引导行业可持续发展具有重要意义。

（4）围绕协会业务开展课题研究

中国安防协会专家委员会为配合协会开展全行业性的工作，组织专家开展抽样调查和统计分析，对行业的科技创新、产业规模、发展速度、经营效益、出口贸易等问题进行了基础性调研，开展了一系列关于产业发展战略、成果推广、市场预测、信用评价等方面的研究工作，取得了一批科研成果。受到了行业界广泛欢迎与好评，起到了引导行业发展的作用。

先后完成了《安防产业发展状况及趋势报告》、《安防产业发展统计报告》、《安防产品市场发展研究报告》、《安防工程市场发展研究报告》、《安防报警运营服务市场发展研究报告》、《重点行业安防应用研究报告》。

进行了《安防行业信用行为规范及信用评价体系研究》工作，初步编制了一套诚信评价指标体系、评价标准和方法软件。

配合“平安城市”建设推荐优秀安防产品工作，研究了推荐范围、产品分类以及评价的指标体系、评价方法。

（5）搭建军地合作研发创新平台

2010年，中国安防协会专家委员会为推动业内“核、化、生”探测与防护产品的研发，组织专家与解放军防化指挥工程学院联合召开了“军地合作防化项目立项研讨会”，军地双方共20余名专家就多个项目达成了合作意向；其后，双方共同推进了其中较成熟的项目，包括“离子迁移谱化学毒剂探测设备”、“超低浓度炸药气体配置系统”和“检测用炸药模拟物”、“多功能防护球罐”等项目的研制。在军方专家的指导下，有的项目已经得到了国家科技部专项资金的支持，正在研发过程中；有的已经形成科研样机在现场试用，对国内自主研发同类产品起到了引导作用。

3. 组织专家编制行业规划和《年鉴》

（1）配合行业“十一五”、“十二五”规划的制定工作

中国安防协会专家委员会组织专家分别参与了安防行业“十一五”和“十二五”规划的制定工作，发挥了专家组织的专业支撑作用。

①组织专家参与安防行业“十一五”规划的策划、调研、起草工作。参编专家在行业发展的指导思想、主要目标、产业发展、技术创新、市场应用、行业管理等方面提出了许多意见和建议，在“加快安防行业信用体系建设，建立有序发展的市场环境”以及“工程企业资质评定”、“安防职业培训和技能鉴定体系建设”等内容的起草中得到了采纳。在此期间，专家委员会配合全国安防标委会，制定了《安防标准化“十一五”规划》，为安防行业标准化战略的推进作出了贡献。

②组织专家配合《中国安防行业“十二五”发展规划》编制工作。参编专家在方案制定、前期调研、问卷分析、提纲撰写、初稿起草、修改完善等各个阶段做了大量工作，还从战略、产业、技术等层面提出了策划意见。

（2）组织专家配合《年鉴》的编制工作

近年来，中国安防协会专家委员会组织专家直接参与了《中国安全防范行业年鉴》2008版、2009版、2010版的资料征集、编辑修改、稿件审查工作。参编专家对《年鉴》中涉及专业技术文章逐篇进行编辑和审查，使《年鉴》更加突出了行业科技创新内容，彰显了安防行业各专业领域科技发展的业绩，同时也梳理出行业科技发展中的一些热点、难点问题供读者深入探讨，增强了《年鉴》的可读性，提升了引领作用。

4. 组织专家参与职业培训和技能鉴定工作

2006年安全防范设计评估师列入了国家职业目录后，中国安防协会开展了一系列构建安防行业职业培训体系的工作，中国安防协会专家委员会组织专家开展了国家职业标准、国家职业资格培训教程编制、试题库的建立以及举办高级研修班等工作，为推进安防行业职业培训与技能鉴定作出了重要贡献。

（1）完成了《国家职业标准——安全防范设计评估师》、《国家职业标准——安全防范系统安装维护员》二个国家职业标准。

（2）完成了近400万字的安全防范设计评估师和安全防范系统安装维护员两套国家职业资格培训教程的编写和出版工作。

（3）按照国家精品题库的要求，开发完成了两个职业的职业技能鉴定试题库，并参与了在北京市和湖南省的相关试点工作。

（4）组织专家配合协会举办了两期安全防范系统设计与评估高级研修班，承担了讲课和组织考试等项工作，在行业专业培训体系建设工作中发挥了专业技术人员的支撑

作用。

5. 引导企业申报政府科技创新与基金项目

2009 年至 2010 年，中国安防协会专家委员会开展了引导企业申报政府科技创新与基金项目的工作，促进了安防企业了解国家扶持企业科技创新的相关政策，申请与自身情况相对应的政府科研和产业化项目。有助于提升安防企业的创造力和竞争能力。

（1）发出通知，引导申报。中国安防协会专家委员会向业内 300 多家科技型企事业单位发出书面通知，还利用中国安防协会召开常务理事和理事大会的机会组织专题宣讲，号召安防科技型企业积极申报与自身条件相对应的科技项目，以期获得项目、政策、资金等方面的支持。这一举措，得到业内许多科技型企业的关注与响应。

（2）办班辅导，跟踪促进。在号召和宣传的基础上，中国安防协会专家委员会于 2009 年在北京召开了“申报企业自主创新项目研讨咨询会”，33 家安防科技型企业代表，共 55 人出席了会议。国家科技部的专家在会上做了辅导报告和咨询解答，会后对 10 余家企业进行了走访和辅导。2010 年，中国安防协会专家委员会与福建省安防协会、泉州市安防协会共同举办了“福建省安防企业科技创新辅导班”。福建、广东等地 32 家安防企业的 40 余名代表参加了辅导班。其间，中国安防协会领导和国家科技部专家结合典型立项案例宣讲了国家关于支持中、小企业自主科技创新的政策，并对申报规则、流程、技巧、材料准备等方面作了详细说明。一些会员单位反映，这是协会为会员单位办的又一件实事，是引领行业技术创新，促进安防产业结构调整，推动可持续发展的“落实之举”。

6. 开展推荐专家服务工作

近年来，随着城市报警监控试点工程项目的开展，以及平安城市建设步伐的推进，许多安防工程建设单位或监督指导方，向中国安防协会专家委员会提出了推荐专家参与项目咨询、论证、评审以及政府采购招投标等方面的需求。为此，中国安防协会专家委员会依托专家资源优势，推荐专业对口且经验丰富的专家供邀请单位选择使用，得到了邀请单位的认可和好评。

（1）2006 年，推荐相关专家为大同市公安局开办安防技术讲座、为西宁市公安局进行技术指导，还参与了北京地铁安防项目的论证工作。

（2）2007 年，组织专家配合 3111 试点工程项目的调研和技术指导等工作，具体参加了江苏、安徽、天津、贵州等省市的地市级试点项目的论证和方案评审工作。

（3）2008 年至 2009 年，组织专家参与协会开展的为平安城市建设推荐优秀安防工程企业和优秀安防企业产品的活动。

（4）2010 年至 2011 年，先后应北京地铁公司、洛阳市公安局、唐山市技防领导小组、广州市政府采购中心、浙江省宁波市鄞州区政府采购管理办公室等政府主管部门和总参保卫部的邀请，陆续推荐专家参与报警监控、防爆安检项目的论证、评审等技术服务，共计 80 余人次。

通过上述推荐专家服务工作，专家委员会取得了一定的工作经验，并逐步形成了规范化的推荐专家服务运作机制。

7. 组织专家开展学术与技术交流

中国安防协会专家委员会通过组织开展业内学术活动与技术交流，营造了行业学术氛围，推动了安防科技的跨地区、跨行业的交流，对于引领行业科技创新，推广新技术、新产品，起到了示范和带动作用。

（1）出版行业学术论文集。

2007 年至 2011 年，中国安防协会专家委员会先后组织专家编辑了三部由行业专业技术人员撰稿的学术论文集并在业内发行。其中，《中国首届安防工程企业发展大会论文集》收录关于安防工程方面的相关论文 13 篇；《防爆安检技术论文集》收录、编撰了涉及防爆安检技术原理、产品研发、技术应用、市场服务等方面论文 38 篇；《为安防“十二五”建言献策论文集》分为“行业发展”、“技术研究”、“领域应用”三部分，收录专业论文 40 篇。

（2）组织跨行业交流。

2010 年以来，中国安防协会专家委员会多次组织安防企业和专家参与涉及“安全生产”和“城市轨道交通”领域的专业论坛和研讨会，促进了行业间的对接，搭建了安防厂商与用户之间的互动平台。

①组织“中国安防行业网”及业内专家参加城市轨道交通行业的两次论坛活动，并推出题为《关于城市轨道交通安全技术防范风险等级标准问题探讨》的专题演讲和应急防护产品的演示，受到一些城市地铁公司专业技术人员的关注。

②组织行业内从事视频监控、防爆安检、应急救援、报警与运营服务的企事业单位参加国家安监总局举办的“安全发展”论坛，向安全生产领域的用户介绍和展示了安防技术和产品在生产安全中的作用。

（3）举办专业讲座和演示。

2008 年至 2011 年，中国安防协会专家委员会依托防爆安检组的专家资源，多次与相关单位合作举办防爆安检专业技术讲座或产品展示活动。

①组织专家为辽宁省公安系统从事奥运安保工作的 300 余名反恐和科技管理民警举办了“反恐防爆安检”技术讲座。辽宁省公安厅主管领导对本次活动给予了较高的评价，称本次活动是“雪中送炭、雨中送伞”，希望双方在今后继续加强合作。

②以中国安防协会举办安博会为契机，尝试“以用代展”，在展会出入口设置了“防爆安检应用展示区”，将会员企业提供的多种防爆安检设备配置在该区域内，承担展会的防爆安检及危险品处置任务，约 10 万名展商和观众以“受检人员”身份亲身体验了通道式安检技术和器材。

③组织了专家先后为陕西、北京、内蒙古的安防展举办了反恐防爆产品演示和技术交流演讲活动，展示了新型安检探测和爆炸防护器材，为专业厂商和用户提供了交流机会。

④为中国安防协会举办的安防贸易洽谈活动提供技术服务，协调安排专业洽谈，指派专家到现场为洽谈双方提供技术咨询服务。

8. 完成中国安防协会交办的重点工作

（1）开展援建灾区的技术指导工作

2008 年，中国安防协会开展了对口援建四川灾区临时安置点安防设施的工作，中国安防协会专家委员会配合开展了相关技术协调与指导工作，在组织专家对四川地震灾区考察的基础上，编写和发布了技术指导性文件《四川省地震灾区临时安置点安全防范设施建设技术指南》，对灾区安防建设过程中的设计、施工、验收等技术环节起到了规范作用；还根据四川安防协会的要求，依据该《指南》对7个援建点的具体工程方案进行了两轮审查、修改，为确认相关援建工程方案提供了参考。

（2）配合政府反垄断调查

2009 年，中国安防协会先后两次接到商务部反垄断局发出的《协助进行反垄断调查的函》，中国安防协会专家委员会根据协会安排，配合商务部反垄断局的调查工作，组织专家进行调研，并征求相关企业的反馈意见，编写了反馈意见书面材料，均以公文形式提交该局，及时汇总、反应了相关安防会员单位的诉求。

回顾中国安防协会专家委员会队伍建设和业务发展的历程，在肯定上述成绩的同时，也清醒地认识到工作中存在着一些不足之处。一是在发展过程中，对整合资源和业务定位有一个探索过程，曾一度出现专业技术服务这条主线不够明晰的状况；二是相对于已经开展的各项专业技术服务业务，理顺关系、规范工作流程不够及时，制定规章制度实施细则和操作性文件相对滞后；三是中国安防协会专家委员会秘书处的人员素质、专业能力和网络平台建设有待进一步提高和完善。对这些问题，我们将在今后的工作中逐步加以解决。

（三）经验体会

中国安防协会专家委员会成立 6 年来的发展历程说明，第一届委员会和全体专家以辛勤的劳动和智慧肩负起了安防行业全国性社团专家型分支机构的责任和使命。为了承前启后、继往开来，第一届委员会应该在工作回顾的基础上，认真总结经验，提供给新一届委员会参考借鉴。

1. 整合专家资源，定位专业技术服务是专家委员会工作的基本思路

6 年来，中国安防协会专家委员会始终以配合协会业务为第一要务，以整合专家资源为着力点，以专业技术服务为工作主线，按《章程》规定的范围组织专家开展各项业务活动。实践证明，中国安防协会专家委员会遵循这一基本工作思路，所取得的工作成绩和所发挥的作用，得到了会员单位的承认以及行业用户的关注。

2. 发挥专业和智力优势，服务安防科技创新是专家委员会的工作重心

6 年来的工作实践证明，这支队伍依托自身的专业优势和智力优势，面对不断发展变化的市场和不断扩大的服务需求，牢牢把握引导行业科技创新发展这个工作重心，紧紧围绕“创新”开展了大量且富有成效的专业技术服务工作，创造出的业绩得到了行业内广泛地认可与好评。

3. 完善组织建设，规范队伍管理是专家委员会发展壮大的根本保证

中国安防协会专家委员会的成员分散在全国各地，要有效地组织专家开展全行业性的技术服务和业务活动，必须依托相应的组织机构、专家队伍、管理机制作为支撑和保证。因此，中国安防协会专家委员会高度重视组织建设和制度建设，并根据不同阶段的实际情况不断改进和完善，建立了专家队伍和委员会、专业组两层组织架构及其负责日常事务的秘书处，制定了以《章程》为核心的各项规章制度，形成了以聘任制度和网络平台相结合的日常管理机制，从而使专家队伍逐步发展壮大、内部管理逐步规范、凝聚力和业务拓展能力逐步增强，成为可持续发展的组织基础和保证。

四、媒体资讯服务

（一）《中国安防》杂志

《中国安防》杂志是由公安部主管、中国安防协会主、承办的行业性综合杂志。办刊宗旨为：宣传党和国家有关方针、政策及有关部门管理法规；针对产业发展中的理论、实践及热点、焦点问题进行深入探讨并提出对策；通过广泛开展学术研究、交流与宣传，搭建交流平台，推动科技进步，拓展国际合作，扩大社会影响，促进行业健康快速发展。为满足不同读者的需要，共设计了 14 个栏目，分别为《卷首语》、《特别报道》、《封面人物》、《产业发展》、《高层访谈》、《行业管理信息》、《技术与应用》、《市场聚焦》、《企业视窗》、《企业论坛》、《专家视点》、《安防经理人》、《国际博览》、《法律广角》。

2011 年，《中国安防》杂志编辑部在中国安防协会领导及广大安防企业的支持下，在编辑部全体人员的共同努力下，圆满完成了全年 11 期（其中 2011 年 1 月、2 月合刊）杂志的编辑、出版、发行工作。在 2010 年基础上，通过深入策划专题，深挖宣传题材，杂志的品质和在行业中的影响力又有了进一步提升，杂志的印刷、发行及广告征订等方面的工作也有了稳步的发展和提高，较好地发挥了“引领行业发展、推动科技进步、宣传开拓市场、弘扬优秀文化”等方面的作用。

2011 年杂志综合版对政府部门及行业关注度较高的问题作了大量的报道，满足了不同读者的需要。一是利用专

题形式，发挥领导、专家、企业等各方面的作用，对行业“十二五”规划进行详细解读、宣贯；二是围绕公安部主管机关重点工作，围绕平安城市建设、农村技防、“开门评警”等活动进行广泛的宣传报道；三是围绕行业关心的热点焦点问题，如企业资本运作、SVAC标准、日本地震对行业的影响、房地产调控对行业的影响、商业模式创新、行业文化建设、电子商务、企业维权、协会换届大会等进行宣传报道；四是组织专题对行业发展新技术、行业领域市场应用等进行深入探讨。

2011年《中国安防》市场版在栏目调整的基础上重点深化内容和专题研究。一是坚持发展并完成好市场观察特色栏目，每季度开展的景气调查越来越受到企业的欢迎；二是重点抓好新开辟的《安防服务商》、《安防工程商》栏目，找好选题探讨服务商、工程商关注的问题，报道优秀企业；三是深入研讨行业市场应用，重点选择了交通、高速公路、物联网、煤炭生产、二三线城市等细分市场进行研究。

（二）中国安防行业网

2011年在中国安防协会领导的指导和帮助下，在中国安防协会相关部门的协助和配合下，中国安防行业网（www. 21csp. com. cn以下简称“行业网”）以服务行业、服务用户为核心，以网站建设与发展为基础，在较好地完成网站基本工作的同时，配合完成中国安防协会的其他各项行业服务工作，并取得较好成绩。

1. 行业网网站平台的建设

在网站平台建设方面，行业网2011年主要集中于内容更新、网站改版、技术改进以及网站推广四个方面：

（1）信息更新。

2011年网站总共更新基本资讯17659条，根据业内时事制作专题13期，制作电子网刊23期，企业采访57家，发表原创稿件100多篇，有效地充实了网站的内容。

（2）网站改版。

为尽快提高网站的点击率和搜索引擎对网站内容的收录率，2011年行业网在逐步完善网站内容与功能的基础上，在下半年正式启动了第五次改版工作，力图通过对搜索引擎的建设以及栏目版块的重新建设，在实用性、功能性及便利性上得到一个较大的提升，从而不断地满足网站用户的需求。

（3）技术改进。

为紧跟互联网技术的发展，更好地升级网站的技术支持力度，2011年行业网在整合网站功能、增强安全性、提高访问速度等方面做了大量的技术改进工作。如：通过更换机房和服务器，提升南方用户对网站的登录浏览速度；通过数据库和页面结构调整，利用二级域名、泛解析等手段，实现网站的搜索引擎更好地优化；将平安城市和优秀创新产品等功能与网站功能统一，实现网站用户统一管理；完善SQL数据库的备份和恢复机制、加强程序上线测试和漏洞检测工作；网站实现静态化或伪静态化、减少数据库负担等等方式，使得网站功能越来越完善。

（4）宣传推广。

2011年网站配备专职推广人员通过展会宣传、广告互换、活动合作、搜索引擎优化、知识问答推广、网络论坛宣传、电子资料推广、百度付费推广等措施进行宣传推广工作，保证了网站在行业内的曝光率及影响力。

2. 相关出版物的编辑出版

（1）《年鉴》2010版的编辑出版工作。

《年鉴》2010版编辑工作自2009年12月初征集资料开始，历经近6个月时间，经历了信息征集、编辑约稿、资料整理、排版校对、出版印刷、光盘制作共六个重要环节，于2011年6月初正式出版。

《年鉴》2010版在认真听取和吸纳执行编委会的意见和建议，调整了《年鉴》框架体系内容，优化了《年鉴》编辑程序，特别是发挥了中国安防协会专家委员会的优势资源，组织了稿件函审以及论文征集等活动，使《年鉴》在稿件内容和质量上得到了进一步的提升。

（2）《为安防“十二五”建言献策论文集》。

为回顾和总结“十一五”期间我国安防行业的发展经验，贯彻中国安防协会编制的《中国安防行业“十二五”发展规划》，更好地服务于“十二五”期间行业的可持续发展，行业网配合中国安防协会专家委员会开展了“为安防行业可持续发展建言献策”主题征文活动，并从征集到的稿件中甄选出部分论文，编撰成《为安防“十二五”建言献策论文集》。

3. 对外服务工作

为加强与国外安防行业的交流与合作，更好地服务我国的安防行业，行业网国际部人员主要做了以下对外服务工作：

（1）“全球安防贸易网”建设

截至2011年年底，全球安防贸易网总注册企业数量为11862家，其中包括认证注册的供应商874家，采购商245家，供应产品41438个，求购信息512条，供应信息2500条，已基本具备了一个小型贸易网所拥有的数据量和功能。

（2）第四届中外安防产品（广东）采购洽谈会工作

中外安防产品采购洽谈会是行业网国际部每年承办的最重要的工作，2011年第四届中外安防产品（广东）采购洽谈会首次与广东省公共安全技术防范协会共同主办，本届洽谈会借助广东省地理优势以及广东安防协会的地方资源，吸引了来自美国、巴西、英国、沙特阿拉伯、阿联酋、埃及、澳大利亚等30个国家和地区的62家国际采购商以及71家中国供应商和50余家广东工程商参加。与往届相比，本届洽谈会充分体现了活动组织更严谨、会议规模更宏大、会期活动更丰富、采购渠道更宽广、洽谈效果更明显等特点。不仅扩大了洽谈会在南方地区的影响力，同时还为下届洽谈会的举办起到了很好的推广作用。

（3）《中国安防产品采购指南》2011 版出版工作

继 2010 版采购指南成功出版以来，该刊受到了海外采购商的一致好评。因此，《中国安防产品采购指南》2011 版作为 2011 年第四届中外安防产品（广东）采购洽谈会的一项重要内容，不但在刊物内容上作了进一步改进，而且加入了 2010 年中国安防行业发展报告和 2011 年创新产品的内容，进一步方便了外商阅读。

4. 保险柜电子商务平台的建立

为适应目前电子商务发展，充分利用电子商务平台技术及行业网优势，满足企业对利用电子商务平台开展产品营销的急切需求，行业网于 2010 年年底开始筹划进行电子商务平台系统的建立工作，经过为期一年的市场调研、系统建设、商务洽谈、线上测试等前期准备工作，目前已初步建立了以销售保险箱（柜）为核心业务的电子商务平台，该平台已得到了 6 家大品牌保险柜企业的认可并同意将其产品进行在线销售，该电子商务平台已于 12 月 22 日正式上线运营。

5. 为平安城市建设推荐优秀安防工程商工作

2011 年 6 月，中国安防协会启动了为“平安城市”建设推荐优秀安防工程商的组织工作，行业网负责了参评企业的邀请、网上评审平台建立、前期资料审查、专家评审平台开发以及企业信息核对与资料收集工作，通过行业网全体人员的积极配合，有效地保证了推荐工作的开展。

2011 年对于行业网来说，是忙碌的一年，也是收获的一年。今后，行业网全体成员将在中国安防协会新一届领导班子的指导和帮助下，继续秉承“为行业发展服务、为社会安全服务、为用户服务、为企业服务”宗旨，进一步提高服务意识，持续改进各项工作，努力做到与时俱进、突破创新，推进行业网各项工作的开展。

（三）中国安防协会《简讯》

中国安防协会《简讯》由中国安防协会秘书处编写，每月一期，月末出版。《简讯》内容立足于协会工作，反映各项工作动态，分为：“协会工作、活动动态、重要公告”等版块。协会工作，涵盖协会当月召开的重要会议、组团出访情况、便于读者了解协会基本工作情况；活动动态，及时跟踪反映协会各专项工作进展情况；重要公告，用于发布重要信息等。

每期《简讯》分别报公安部、民政部相关管理机构；送各省、自治区、直辖市公安厅（局）技防办，各地安防协会、相关行业协会以及中国安全技术防范认证中心、全国安全防范报警系统标准化技术委员、中国国家安全防范报警系统产品质量监督检验中心（北京、上海）、中国安防协会理事长、副理事长、副理事长单位及代表人、秘书处领导、常务理事单位、理事单位、会员单位、个人会员、专家委员会成员等。

《简讯》内容力求简练及时，使各级领导和各相关单位以及所有会员单位及时了解协会工作，了解行业动向。

2011 年，《简讯》共编辑发行 10 期，每期发行量 1050 册，共报道中国安防协会相关新闻事件 100 篇，为会员及时了解中国安防协会工作动态提供了的信息服务。

五、会员发展及服务

2011 年，中国安防协会通过多种方式宣传和开展灵活多样的活动吸引了大量安防企业加入协会，壮大了会员队伍。2011 年共有 130 家安防企业申请加入中国安防协会，成为了会员单位，有 30 家企业提交了申请理事、常务理事及副理事长单位资料。经过第五次会员代表大会表决通过，协会副理事长单位 62 家、常务理事单位 116 家、理事单位 122 家，会员总数 830 家。

中国安防协会始终把为会员服务和维护会员合法权益作为协会工作中的一条主线，坚持以服务工作为基础，真正体现想会员之所想，急会员之所急，谋会员之所求，帮会员之所需。2011 年 5 月 12 日，中国安防协会在武汉市召开中国安防协会理事长工作会议。大会总结 2010 年的主要工作及 2011 年的工作设想，介绍了中国安防行业“十二五”发展规划编制工作的进展情况；2011 年 6 月至 10 月中国安防协会在全国范围内继续开展了推荐优秀安防工程企业的工作。

为了加强协会与会员的信息交流工作，中国安防协会定期为会员单位提供《中国安防》杂志及《简讯》，能够使会员单位及时了解安防行业相关政策、法规及信息动态，为会员单位提供了有效的服务。同时，协会利用行业网平台，及时发布信息，做好日常工作、会员登记和发展新会员工作，进一步加强行业自律管理。通过行业网提高了协会日常工作的办事效率，使会员及时了解行业新动态和新政策。

在 2012 年的工作中，我们要继续发挥桥梁纽带作用，扩大宣传，加强会员发展的力度，壮大协会会员队伍。拓宽工作思路、创新服务方式、拓展服务范围、为会员单位提供优质服务。

第三节 中国安全防范产品行业协会公开性文件

中国安全防范产品行业协会章程

（2011 年 12 月 8 日中国安全防范产品行业协会第五次会员代表大会审议通过）

第一章 总 则

第一条 协会名称：中国安全防范产品行业协会（以下简称协会）。其英文译名为 CHINA SECURITY & PROTECTION INDUSTRY ASSOCIATION，缩写为 CSPIA。

第二条 协会是由从事安全防范产品等相关行业的企事业单位、社会团体及个人自愿组成的全国行、行业性、非营利性的社会组织。

第三条 协会的宗旨是：遵守宪法、法律法规、国家政策以及政府主管部门的有关规定，遵守社会道德风尚，遵循"自律"、"维权"、"服务"的宗旨，充分发挥政府与企业间的桥梁、纽带作用，认真履行各项职能，保护会员利益。团结和组织全体会员及全行业同仁，为发展我国安防事业，建设规范的安防市场，推进对内、对外开放，促进安防行业在全国范围有序竞争，充分发挥安防技术在打击违法犯罪活动和维护社会治安稳定中的作用。

第四条 协会的业务主管单位是公安部，社团登记管理部门是民政部。协会接受公安部和民政部的业务指导和监督管理。

第五条 协会的住所：北京市。

第二章 业务范围

第六条 协会的业务范围

（一）开展调查研究，掌握行业情况，向政府提出行业规划和制订有关经济政策、法规的建议，根据授权开展行业统计，收集、分析、发布行业信息。

（二）根据政府主管部门的授权，参与质量管理和监督工作，参与制定、修订国家标准和行业标准，推进行业协会标准和提升企业标准，并组织贯彻实施。

（三）受政府主管部门委托，承担科研开发、技术评价和成果推广应用。引导企业科技创新，支持企业申报政府科技项目，引进吸收国外先进技术。

（四）受政府主管部门委托，开展安防企业资质认证和行业职业认证，建立安防行业诚信体系，拓展信用担保服务。

（五）推行企业品牌战略，推进企业文化建设，制定企业发展规划，帮助企业改善经营管理，提高企业竞争力。

（六）开展职业培训，提高从业人员专业技能，搭建行业人才服务平台，促进行业整体素质提高。

（七）举办讲座、讲学，组织出国考察，受政府委托承办或根据市场和行业发展需要举办展览和展销，开展国际技术交流和国际贸易活动。

（八）发挥行业媒体导向服务功能，编辑出版协会的会刊，运行行业网站，促进本行业相关宣传媒体的交流与合作，开展法规与政策、产业与市场、企业管理等咨询服务，指导行业健康发展。

（九）制订行规行约，规范行业行为，并监督遵守。提倡行业诚信，推进企业诚信建设，协调企业间的纠纷，创建公平竞争的良好氛围。

（十）组织发展本行业的公益事业，鼓励企业承诺社会责任，指导企业编制社会责任报告。

（十一）协调行业对外贸易争议，积极组织会员企业做好反倾销、反补贴和保障措施的应诉、申诉等相关工作，维护正常的进出口经营秩序。

（十二）承担政府主管部门委托的其他任务。

第三章 会 员

第七条 协会会员分单位会员、团体会员、荣誉会员和个人会员。

第八条 申请加入协会的会员应具备以下条件：

（一）拥护协会章程；

（二）自愿提出申请；

（三）在行业内具有一定的影响力；

（四）诚实守信，无不良记录；

（五）遵守中国安全防范产品行业行为规则；

（六）从事防入侵、防盗窃、防抢劫、防破坏、防爆炸等安防产品的研发、生产与销售、安防工程设计与施工、报警运营服务的企事业单位，以及从事安防教育培训、咨询服务、检测与评价等活动的有关单位，可以申请成为单位会员；

（七）地方安防协会（学会）、同行协会（学会），可以申请成为团体会员；

（八）行业从业人员、专家与学者，可以申请成为个人会员；

（九）历届协会领导人和对本行业有突出贡献的优秀企业家、知名专家学者，经理事会聘请，可以成为荣誉会员。

第九条 会员入会程序：

（一）提交入会申请书，填写入会申请表，递交入会企业遵守行规行约的承诺书；

（二）单位会员交验工商营业执照（复印件），团体会员交验社会团体登记证（复印件）；

（三）秘书处审核；

（四）理事长或理事长授权的秘书长批准；

（五）缴纳会费；

（六）秘书处发给会员证书。

第十条 会员享有下列权利：

（一）选举权、被选举权和对协会决议事项的表决权（不含荣誉会员）；

（二）对协会各项工作的建议权、批评权和监督权；

（三）享受协会组织交流、转让的科研成果、经济信息和技术资料的权利；

（四）享受协会提供的各项咨询服务的权利；

（五）取得协会提供的资料及刊物的权利；

（六）参加协会举办的各项活动并享受优惠的权利；

（七）入会自愿，退会自由；

（八）其他应予享受的权利。

第十二条 会员应履行下列义务：

（一）遵守协会章程，执行协会决议；

（二）积极参加协会组织的各项活动，完成协会委托的工作；

（三）积极向协会反映情况、提供有关资料和提出发展本行业的建议；

（四）遵守共同商定的行规行约；

（五）按规定缴纳会费。

第十二条 会员退会应书面通知协会，并交回会员证书。无故2年以上不履行会员义务的视为自动退会。

第十三条 会员如有严重违反本章程的行为，经理事会或常务理事会表决通过，予以除名。

第四章 组织机构和负责人产生、罢免

第十四条 协会的最高权力机构是会员代表大会。会员代表大会的职权是：

（一）制定和修改协会章程；

（二）选举和罢免理事；

（三）审查理事会的工作报告和财务报告；

（四）制定和修改会费标准；

（五）决定终止事宜；

（六）讨论并决定协会的其他重大事项。

第十五条 会员代表大会须有2/3以上的会员代表出席方能召开，其决议须经到会会员代表半数以上表决通过方能生效。

第十六条 会员代表大会每5年召开一次。因特殊情况需提前或延期换届的，须由理事会表决通过，报业务主管单位审查并经社团登记管理部门批准同意。延期换届最长不超过1年。

第十七条 理事会是会员代表大会的执行机构，在会员代表大会闭会期间领导协会开展日常工作，对会员代表大会负责。

第十八条 理事会的职责：

（一）执行会员代表大会的决议；

（二）选举和罢免理事长、副理事长、秘书长和常务理事；

（三）筹备召开会员代表大会；

（四）向会员代表大会报告工作和财务状况；

（五）决定会员的除名；

（六）决定办事机构、分支机构、代表机构和实体机构设立、注销和更名；

（七）决定副秘书长、各机构主要负责人的聘任；

（八）领导协会各机构开展工作，制定内部管理制度；

（九）决定名誉职务的设立及人选；

（十）决定其他重大事项。

第十九条 理事会须有2/3以上的理事出席方能召开，其决议须经到会理事2/3以上表决通过方能生效。

第二十条 理事会每年至少召开一次会议；情况特殊的，也可采用通讯形式召开。

第二十一条 协会设立常务理事会。常务理事会由理事会选举产生，在理事会闭会期间行使第十八条第一、三、五、六、七、八、九项的职权，对理事会负责。常务理事的人数不超过理事会的1/3。

第二十二条 常务理事会须有2/3以上常务理事出席方能召开，其决议须经到会常务理事2/3以上表决通过方能生效。

第二十三条 常务理事会至少半年召开一次会议；情况特殊的，可采用通讯形式召开。

第二十四条 协会的理事长、副理事长、秘书长必须具备下列条件：

（一）遵守宪法、遵守国家法律、法令，有较高的领导才能和政治素养；

（二）在协会业务领域内有较大影响；

（三）最高任职年龄不超过70周岁，秘书长为专职；

（四）身体健康，能坚持正常工作；

（五）未受过剥夺政治权利的刑事处罚的。

第二十五条 协会理事长、副理事长和秘书长如超过最高任职年龄的，须经理事会表决通过，报业务主管单位审查并社团管理部门批准同意后，方可任职。

第二十六条 协会理事长、副理事长、秘书长每届任期5年，连任不超过两届。因特殊原因需延长任期的，须经会员代表大会2/3以上会员代表表决通过，报业务主管单位

审查并经社团管理部门批准同意后，方可任职。

第二十七条 协会理事长为协会法定代表人，法定代表人代表本协会签署有关重要文件。协会法定代表人不兼任其他团体的法定代表人。

第二十八条 协会理事长行使下列职权：

（一）召集和主持理事会或常务理事会；

（二）检查会员代表大会、理事会和常务理事会决议的落实情况。

第二十九条 协会秘书长行使下列职权：

（一）主持办事机构开展日常工作，组织实施年度工作计划；

（二）协调各分支机构、代表机构、实体机构开展工作；

（三）提名副秘书长以及各机构主要负责人，交理事会或常务理事会决定；

（四）决定办事机构、代表机构、实体机构专职工作人员的聘用；

（五）处理其他日常事务。

第五章 资产管理、使用原则

第三十条 协会经费来源

（一）会费；

（二）捐赠；

（三）政府资助；

（四）在核准的业务范围内开展活动或服务的收入；

（五）其他合法收入。

第三十一条 协会按照国家有关规定收取会员会费。

第三十二条 协会经费必须用于本章程规定的业务范围和事业的发展，不得在会员中分配。

第三十三条 协会建立严格的财务管理制度；保证会计资料合法、真实、准确、完整。

第三十四条 协会配备具有专业资格的会计人员。会计不得兼任出纳。会计人员必须进行会计核算，实行会计监督。会计人员调动工作或离职时，必须与接管人员办清交接手续。

第三十五条 协会的资产管理必须执行国家规定的财务管理制度，接受会员代表大会和财政部门的监督。资产来源属于国家拨款或者社会捐赠、资助的，必须接受审计机关的监督，并将有关情况以适当方式向社会公布。

第三十六条 协会换届或更换法定代表人之前，必须接受社团登记管理部门和业务主管单位认可的审计机构组织的财务审计。

第三十七条 协会的资产，任何单位、个人不得侵占、私分和挪用。

第三十八条 协会专职工作人员的工资和保险、福利待遇，按照国家的有关规定执行。

第六章 章程的修改程序

第三十九条 对协会章程的修改，须经理事会或常务理事会表决通过后报会员代表大会审议。

第四十条 协会修改的章程，须在会员代表大会通过后 15 日内，报业务主管单位审查同意，经同意，并报社团登记管理部门核准后生效。

第七章 终止程序及终止后的财产处理

第四十一条 协会完成宗旨或自行解散或由于分立、合并等原因需要注销的，由理事会或常务理事会提出终止动议。

第四十二条 协会终止动议须经会员代表大会表决通过，并报业务主管单位审查同意。

第四十三条 协会终止前，须在业务主管单位及有关机关指导下成立清算组织，清理债权债务，处理善后事宜。清算期间，不开展清算以外的活动。

第四十四条 协会经社团登记管理部门办理注销登记手续后即为终止。

第四十五条 协会终止后的剩余财产，在业务主管单位和社团登记管理部门的监督下，按照国家有关规定，用于发展与协会宗旨相关的事业。

第八章 附 则

第四十六条 本章程经 2011 年 12 月 8 日第五次会员代表大会表决通过。

第四十七条 本章程的解释权属协会的理事会。

第四十八条 本章程自社团登记管理部门核准之日起生效。

中国安全防范产品行业行为规则

（2011 年 12 月 8 日中国安全防范产品行业协会第五次会员代表大会审议通过）

第一章 总 则

第一条 为促进安全防范行业健康发展，根据《中国安全防范产品行业协会章程》，制定《中国安全防范产品行业行为规则》（以下简称本规则）。

第二条 本规则适用于在中华人民共和国境内从事安

全防范行业的一切单位和个人。

第三条 本规则的基本原则是：守法、诚信。

第四条 本规则以宪法、法律、法令为依据，以“三个代表”重要思想为指针，是行业自律的基本环节和制度体现，是向社会和消费者作出的郑重承诺。它代表全行业的共同利益，全行业应自觉遵守。

第二章 公平竞争

第五条 重合同、守信誉，公平竞争，诚实守信。遵守市场规则，反对不正当竞争，维护社会经济秩序。

第六条 在市场交易中，遵循自愿、平等、公平、诚实信用的原则，严格遵守价格政策，不以抬价、压价，拒售、倾销等不正当竞争手段损害同行和用户利益。在商品购销和项目投标活动中杜绝行贿和欺诈行为。

第七条 必须全面真实地介绍所售商品的产地、性能、规格、使用方法及注意事项，努力创建自主知识产权的品牌，不进行假冒伪劣产品的生产、销售，不剽窃同行的技术和专利。

第三章 保证质量 提供服务

第八条 遵守《中华人民共和国产品质量法》和国家质量技术监督检验检疫总局、公安部有关加强安全防范产品质量监督管理的规定，建立并完善质量管理体系。

第九条 提供优质产品和优质服务。建立并完善质量投诉处理程序和理赔机制。

第四章 守法经营 依法纳税

第十条 遵守经济贸易法律法规，自觉遵守市场经济秩序。

第十一条 遵守税法和海关管理法规。不偷逃税款，不开虚假发票，不购销走私物品。

第十二条 遵守国家保密法，建立健全保密制度，对从事工程设计和施工人员进行保密教育，并向甲方作出保密承诺。

第十三条 遵守有关劳动安全、卫生和环境保护法规，做到文明生产，保护环境。

第十四条 遵守《中华人民共和国劳动法》，保护劳动者的合法权益。

第五章 监督执行

第十五条 中国安全防范产品行业协会全体会员及常设机构，必须遵守本规则。中国安全防范产品行业协会理事会负责监督执行。本规则接受用户和社会公众舆论监督。

第十六条 中国安全防范产品行业协会理事会对执行本规则有突出表现的单位和个人给予表彰，定期评选自律模范若干名，发给证书和奖牌。任何单位和个人发现有违背本规则的情况都有权向协会秘书处举报。对违背规则的行为进行规劝、公示，最终予以除名。触犯法律的协助执法部门进行处理。

第六章 附 则

第十七条 本规则于2011年12月8日，经中国安全防范产品行业协会第五次会员代表大会讨论通过并实施。

第十八条 本规则的解释权属于中国安全防范产品行业协会理事会。

中国安全防范产品行业协会会费缴纳标准与收费办法

（2011年12月8日中国安全防范产品行业协会第五次会员代表大会审议通过）

根据《中国安全防范产品行业协会章程》规定，本协会会员有按时缴纳会费的义务。为加强会费管理，合理收支，健全财务管理制度，根据民政部有关规定，结合会员组成情况，特制定本方法。

第一条 会费标准

（一）副理事长单位，每年交纳会费20000元；

（二）常务理事单位，每年交纳会费6000元；

（三）理事单位，每年交纳会费3000元；

（四）会员单位、团体会员，每年交纳会费1000元；

（五）个人会员，每年交纳会费200元。

第二条 交纳会费期限和办法

（一）会员每年3月31日前交纳当年年费；

（二）新加入协会的会员，自批准入会时交纳当年会费和入会手续费500元；7月1日以后批准入会的，按会费标准的50%交纳当年会费和入会手续费；个人会员免交入会手续费。

（三）银行汇款

开户银行：交通银行北京西三环支行

账　　号：1100 6130 7018 0100 20150

收款单位：中国安全防范产品行业协会

地　　址：北京市海淀区西三环北路87号国际财经中心C座1401

邮　　编：100089

电　　话：010－68730588

传　　真：010－68730788

第三条 会费管理

（一）按照章程规定，协会会费用于开展各项活动和秘书处的必要费用开支；

（二）在协会开展的各项工作中，会员将享受优惠或免费服务；

（三）协会严格按标准和时间收取会费，按国家相关规定加强财务管理，合理支出。

第四条　其他

（一）根据中国安全防范产品行业协会章程第十三条规定，凡两年未缴纳会费的会员单位，按自动退会办理；

（二）本办法经中国安全防范产品行业协会第五次会员代表大会审议通过之日起执行。

中国安全防范产品行业协会专家委员会章程

第一章　总　则

第一条　中国安全防范产品行业协会专家委员会（以下简称“专家委员会”），是经中华人民共和国民政部登记的中国安全防范产品行业协会（以下简称“协会”）的分支机构，是安全防范行业的专业技术服务组织。中国安全防范产品行业协会专家委员会的英文译名为The Expert Committee on China Security and Protection Industry Association，缩写为CSPIA－E. C.。

第二条　专家委员会的宗旨是：围绕协会中心工作，为公安业务工作、为安防行业发展、为行业企业和用户提供专业技术服务。

第三条　专家委员会的指导思想是：贯彻政府相关法规政策，遵循市场经济规律，尊重科学、尊重人才，坚持理论、技术、制度、管理创新，发挥人才和专业优势，引领安全技术防范行业可持续发展。

第四条　专家委员会地址：北京市海淀区西三环北路87号国际财经中心C座1401。

第二章　工作任务

第五条　协助协会提出行业发展战略规划，制订行业发展方针、政策和相关措施。

第六条　受主管部门和协会的委托，组织专家开展课题研究，以及相关管理、技术文件的起草工作。

第七条　经主管部门授权或技术机构邀请，组织专家参与、配合相关的标准化、检测、认证等专业技术服务工作。

第八条　配合协会开展国内外专业技术合作与交流，拓展交流渠道，跟踪前沿技术动态，引进先进智力，提高行业创新能力。

第九条　根据行业企业、用户及有关机构、社团的申请或委托，推荐专家参与研发、评价、推广、普及、咨询等方面的专业技术服务。同时，应制定管理流程文件，规范推荐专家服务工作。

第三章　组织机构

第十条　专家委员会成员由专家和从专家中产生的委员组成。

第十一条　专家委员会聘请名誉主任委员和顾问。

第十二条　专家委员会的组织机构由委员会和专业组组成。

专家委员会设主任委员1人，副主任委员3－5人。

专家委员会下设秘书处，负责处理日常工作。秘书处由秘书长、副秘书长和秘书组成。

专家委员会根据行业发展的需要，依据分类指导、对口服务的原则，按相关专业技术领域设置若干个专业组。专业组正副组长在专家中产生。

必要时，可选派专家组成专项工作组，承办专项事务。

第十三条　专家委员会成员条件

专家委员会专家条件由《专家管理办法》做出规定。

专家委员会委员应具备以下条件：

（一）具有本行业较高理论水平、技术能力和丰富实践经验；

（二）熟悉本行业业务，热心公益事业；

（三）有创新精神和良好的职业道德；

（四）具有高级专业技术职称或相应业务水平。

第十四条　专家委员会成员实行任期制，专家每届任期五年，委员每届任期五年，可以连聘连任。

专家委员会的成员应来自相关管理部门、协会会员单位、相关院校、科研单位、技术机构、中介组织等。

第十五条　专家委员会的成员按照规定程序聘任：

主任委员由协会理事长担任。

副主任委员由主任委员提名，全体委员投票表决，获2/3以上票数的予以聘任。

委员由正、副主任委员提名，全体委员投票表决，获2/3以上票数的予以聘任。

秘书长、副秘书长由主任委员提名并聘任。

专业组正副组长由秘书处提名，主任委员批准并聘任。

专家由本人申请，秘书处审核，主任委员批准后聘任。

接受聘任的委员、专家，均由专家委员会颁发聘书，并自动成为协会的个人会员。

第十六条　专家委员会成员的解聘

对不适宜继续聘任的委员，经主任委员批准，予以解聘，也可自己提出辞职。

专家的解聘须提交主任委员批准。

第四章　会议制度和重要事项决定

第十七条　专家委员会应每年召开会议，总结、部署工作，讨论重要事项并做出决定。必要时，可邀请专业组正副组长或专家列席会议。

主任委员可临时召开委员会议或主任委员办公会议。

第十八条　专家委员会需要审议的重大事项及相关文件，应提交全体委员进行审查表决（包括会议审查和函审，也可结合进行），必须经全体委员的2/3以上同意后，方可做出决定和发布。

第十九条　专家委员会需要征求意见的重要事项及相关文件，应采取会议、函审或网络等方式在相关范围内征求意见后，方可做出决定和发布。

第五章　经　费

第二十条　专家委员会的活动经费，按照专款专用的原则筹集和开支；按协会财务规定管理。

第二十一条　专家委员会的活动经费来自以下方面：

（一）协会专项拨款；

（二）社会、企业的资助；

（三）其他合法收入。

第二十二条　专家委员会的经费用于开展本《章程》规定范围内的业务活动。

专家委员会秘书处的日常办公经费由协会统一安排。

第二十三条　专家委员会经费的预、决算由秘书处提出，主任委员批准后实施。

第六章　附　则

第二十四条　本章程由中国安全防范产品行业协会专家委员会负责解释。

中国安全防范产品行业协会专家委员会专家管理办法

第一条　专家委员会为完善自身组织建设，规范专家职务行为，发挥专家为行业提供专业技术服务的作用，制定本管理办法。

第二条　专家的资质与条件

（一）从事安全防范及相关专业领域5年以上，具有高级职称或相应业务能力，有较高学术或技术水平，熟悉本专业领域国内外科技发展动态，具有较强的科研、技术和综合能力；

（二）遵守专家委员会章程和有关规定，有良好的学术道德，敬业求真，开拓创新；

（三）密切关注安全防范行业的发展，积极提供专业技术服务；

（四）承担专家委员会所委托的工作和参加相关会议；

（五）身体健康，年龄一般不超过65岁，经主任委员批准，可以适当放宽；

（六）所在单位支持认可。

第三条　专家享有的权利

（一）向专家委员会提出工作意见和建议；

（二）对专家委员会的决定保留个人意见；

（三）获得专家委员会提供的相关业务资料；

（四）应邀参加专家委员会组织的各类专业技术活动和会议；

（五）依法获取相关报酬；

（六）自愿退出专家委员会；

（七）其他合法权利。

第四条　专家应承担的义务

（一）遵守相关法律法规和专家委员会《章程》等规定；

（二）承担专家委员会安排的工作，参加相关会议和活动；

（三）向专家委员会提供与所承担业务相关且可公开的信息；

（四）遵守政府、企业等相关方（服务对象）的保密制度；

（五）不得从事有损专家委员会声誉的活动。

第五条　专家的职责范围

专家应根据专家委员会《章程》规定的工作任务承担相应的职责，在授权的范围内参与相应的业务工作。

（一）参与起草行业发展战略规划、行业政策及相关管理、技术文件；

（二）参与相关专业课题（项目）的研究；

（三）参与行业内标准化、检测、认证及相关专业技术服务；

（四）参与国内外专业技术交流与合作，提供相应技术支持；

（五）参与相关研发、评价、推广、普及、咨询等专业技术服务工作；

（六）参与相关业务宣传活动；

（七）参与专家委员会组织的其它业务活动。

第六条　专家的聘任与解聘

聘任：

（一）申请人向专家委员会提出申请，按规定递交相应材料，填写《专家委员会专家登记表》；

（二）专家委员会秘书处负责对申请人的条件进行审

核，并报主任委员审批；

（三）申请人的申请被批准后，即被聘为专家委员会专家；

（四）专家委员会向专家颁发《聘书》，作为证明专家身份的证件；

（五）专家委员会将在聘专家名单和相关信息在协会网站公布。

解聘：

在聘专家因故不适宜继续担任专家的，由秘书处提出，也可由本人提出，主任委员批准后解聘。

第七条　专家日常管理

（一）专家应妥善保管《聘书》，遗失须及时报告；

（二）专家的基本信息及联系方式变更时，应在一个月内提交专家委员会秘书处备案；

（三）专家以委员会成员的身份参与省部级以上项目，应事先征得专家委员会领导同意并备案；

（四）专家参与专家委员会推荐的专家服务工作，应遵守《推荐专家服务管理流程》的规定；

（五）专家不实行坐班制，因故不能参加相关活动时要请假。

第八条　本办法由专家委员会负责解释。

中国安全防范产品行业协会专家委员会推荐专家服务管理流程（试行）

一、目的

依据专家委员会《章程》和《专家管理办法》，为完善对推荐专家服务工作的管理，以达到规范服务过程、提高服务质量的目的，特制定本管理流程。

二、范围

专家委员会所提供的专家服务范围主要包括：政府相关部门、社团、技术机构、协会会员、安防用户等单位所申请的咨询、论证、研发、评价、推广、培训等内容。

三、责任

专家委员会推荐的专家服务仅包括所推荐专家的身份、资质及参与事项，且在获得申请方（被服务方）的采纳后，承担与之相关的责任。

被推荐参与服务的专家所提出的相关意见和结论由专家本人负责。

四、受理

专家委员会所提供的专家服务应是在受理后予以推荐。专家委员会秘书处负责受理申请专家服务，受理时至少应获得以下文件：

（一）申请专家服务的申请报告（包括申请单位的基本信息和法律地位，申请服务的事由和内容，申请服务的专业技术要求）；

（二）营业执照或相应的法定证照；

（三）与申请服务相关的项目资料。

五、审核

专家委员会秘书处在接到申请专家服务的文件后，须对申请方提供的申请文件及相关资料进行审核，根据审核结果提出受理意见并报批。

六、审批

专家委员会领导根据秘书处提出的受理意见，做出批准受理或不批准受理的决定。

七、推荐

专家委员会秘书处对经过审批的申请服务事项，按照其实际需求遴选专家，经专家委员会领导批准后，行文向申请方推荐。专家委员会不收取推荐费。

八、监督

专家委员会秘书处应对所推荐的专家服务进行监督，如发现责任范围内的问题应予以及时处置。

九、反馈

专家委员会秘书处在专家服务工作结束后，应及时收集相关反馈信息，进行服务质量满意度调查，并形成文件与相关过程材料汇总存档。

十、解释

本流程由专家委员会负责解释。

第四节　中国安全防范产品行业协会名录

（截至 2011 年 12 月 31 日）

领导名录

理 事 长　王彦吉

副理事长　李华蓉

秘 书 长　勒秀凤

副秘书长　曹开星　李建平

副理事长单位（62 家）

序号	公司名称	地区	联系人	电话
1	TCL 新技术（惠州）有限公司	广东省	曹亮	0755－33312107
2	安防投资（中国）有限公司	广东省	孙强	0755－83510888
3	安防运营服务（中国）有限公司	北京市	樊丽云	010－82861199
4	北京富高经贸有限责任公司	北京市	邓伟国	010－65812640－12
5	北京冠林盈科智能系统集成有限公司	北京市	李耀祖	010－82861238－6900
6	北京国通创安报警网络技术有限公司	北京市	赫坚	010－82897963
7	北京汉邦高科数字技术股份有限公司	北京市	范新院	010－57985798
8	北京慧聪国际资讯有限公司	北京市	王健姝	010－62298043
9	北京蓝盾世安信息咨询有限公司	北京市	娄洋	010－62016842/43
10	北京蓝色星际软件技术发展有限公司	北京市	储培	010－82255855
11	北京明望杰富仕智能系统工程有限公司	北京市	郇君	010－68700808－866
12	北京声迅电子股份有限公司	北京市	王忠新	010－62988833
13	北京蛙视通信技术有限责任公司	北京市	唐树友	010－88850606－635
14	常州市明景电子有限公司	江苏省	陈菊华	0519－83909702
15	成都亚光电子股份有限公司	四川省	杨和声	028－84749818
16	东方网力科技股份有限公司	北京市	胡启东	010－82325566
17	福建省冠林科技有限公司	福建省	廖茂娟	0591－38131840
18	公安部第三研究所	上海市	李建业	021－64336810－1806
19	公安部第一研究所	北京市	梁甦	010－68733102
20	广东安居宝数码科技股份有限公司	广州市	刘丽辉	020－82086935
21	广东铁将军防盗设备有限公司	广东省	宋宣	0760－22613886
22	广州美电贝尔电业科技有限公司	广东省	谢黎	020－61088288
23	广州市浩云安防科技股份有限公司	广东省	张晓丰	020－34832516
24	广州市伟昊科技电子有限公司	广东省	肖科	020－83888688
25	杭州海康威视数字技术股份有限公司	浙江省	刘宝林	0571－88075998
26	杭州中威电子股份有限公司	浙江省	何珊珊	0571－88390905

续表

序号	公司名称	地区	联系人	电话
27	恒业国际控股集团有限公司	广东省	鞠培泉	0755－82507802
28	湖北泰信科技信息发展有限责任公司	湖北省	胡莉	027－87320786－8020
29	江苏天诚线缆集团有限公司	江苏省	佘建弟	0514－87538201
30	金鹏电子信息机器有限公司	广东省	刘亚妮	020－85571601－8146
31	金三立视频科技（深圳）有限公司	广东省	于广海	0755－82907959
32	南京南自信息技术有限公司	江苏省	赵东娜	025－86908843
33	宁波艾谱实业有限公司	浙江省	於贤波	0574－86769018
34	宁波永发集团有限公司	浙江省	曹忠伟	0574－86727052
35	宁夏奥德电子科技有限公司	宁夏回族自治区	许万秀	0951－6738660
36	瓯宝安防科技股份有限公司	浙江省	鲍飞	0578－2199991
37	群升集团有限公司	浙江省	吕文喜	0579－87155811
38	山东鲁光信息工程有限公司	山东省	刘岩	0531－86519868
39	上海爱谱华顿电子工业有限公司	上海市	胥建立	021－58144888
40	上海道肯奇科技有限公司	上海市	陈佳依	021－34605995
41	上海格瑞特科技实业有限公司	上海市	王凌	021－63030016
42	上海广拓信息技术有限公司	上海市	李沁芯	021－31353128
43	上海杰宝大王企业发展有限公司	上海市	陆庆红	021－59952880
44	深圳海湾安防技术有限公司	广东省	卢秀玉	0755－33636962
45	深圳洪迪实业有限公司	广东省	曾九丽	0755－26710044
46	深圳市艾立克电子有限公司	广东省	潘加仕	0755－23966467
47	深圳市创维群欣安防科技有限公司	广东省	高士帏	0755－29673094
48	深圳市慧锐通电器制造有限公司	广东省	罗强	0755－29576110
49	深圳市景阳科技股份有限公司	广东省	乔须要	0755－86026442
50	深圳市视得安罗格朗电子股份有限公司	广东省	陈莉	0755－86096756
51	深圳市通宝莱科技有限公司	广东省	王森华	0755－82979571－8802
52	四川兴事发门窗有限责任公司	四川省	王清年	0816－6282859
53	天津市亚安科技股份有限公司	天津市	田琛	022－58699999
54	天津天地伟业数码科技有限公司	天津市	张征	022－58596074
55	王力集团有限公司	浙江省	王有金	0579－87228998
56	厦门立林科技有限公司	福建省	夏春婕	0592－6299652
57	星际控股集团有限公司	浙江省	刘会正	0577－88098282
58	浙江大华技术股份有限公司	浙江省	姜宁燕	0571－28179283
59	浙江大立科技股份有限公司	浙江省	薛圣月	0571－88081894
60	浙江红苹果电子有限公司	浙江省	闾霞	0571－28021835
61	浙江一舟电子科技股份有限公司	浙江省	刘相迎	0574－88160227
62	中国电子科技集团公司第十五研究所	北京市	王慧	010－51615591

常务理事单位（116 家）

序号	公司名称	地址	联系人	电话
1	安防智能（中国）有限公司	广东省	吴小文	0755－33265268
2	安徽创世科技有限公司	安徽省	邵磊	0551－5230895
3	北京艾克塞斯科技发展有限责任公司	北京市	孙丽萍	010－84120748
4	北京安防系统紧急维修维护服务中心	北京市	戴宁	010－84869411－116
5	北京宝盾门业技术有限公司	北京市	阎兆一	010－57613090
6	北京达明平安科技有限公司	北京市	曹方	010－82861199－1506
7	北京东方新一科技开发有限公司	北京市	聂彩云	010－84979672－606
8	北京富盛星电子有限公司	北京市	曹秀红	010－52260245
9	北京海湾威尔电子工程有限公司	北京市	冯小舟	010－84179809
10	北京黄金视讯科技有限公司	北京市	谭秀萍	010－62985511
11	北京金瑞致科技发展有限公司	北京市	刘芳	010－82731133－212
12	北京金吾锦卫科贸有限责任公司	北京市	梁荣	010－68223801
13	北京凯凯通达科贸发展有限公司	北京市	姚志	010－67220555
14	北京联视神盾安防技术有限公司	北京市	刘兴	010－68425130
15	北京龙博电子工程有限公司	北京市	葛素娟	010－8313098
16	北京马斯康电子有限公司	北京市	于海洋	010－68578653 68578655－8
17	北京市门吉利磁电工程研究所	北京市	乔丽娟	010－64853366－158
18	北京先进视讯科技有限公司	北京市	韩韦	010－58930606－1030
19	北京欣卓越技术开发有限责任公司	北京市	高辉	010－51285119
20	北京中电兴发科技有限公司	北京市	欧阳明	010－58286208
21	北京中盾安民分析技术有限公司	北京市	张剑飞	010－69721010－6465
22	北京中盾安全技术开发公司	北京市	孙宝龄	010－88513553－808 68454086
23	北京中盛益华科技有限公司	北京市	朱华东	010－58733355
24	北京中视里程科技有限公司	北京市	王亚茹	010－82773103－8012
25	博世安防系统	上海市	马青云	021－22185313
26	步阳集团有限公司	浙江省	程明松	0579－87271316
27	长春鸿达光电子与生物统计识别技术有限公司	吉林省	宋先生	0431－85165828
28	常州宏本数码科技有限公司	江苏省	徐锋	0519－88135533
29	常州裕华电子设备制造有限公司	江苏省	谈卉	0519－83900389
30	成都理想科技开发有限公司	四川省	彭朝刚	028－87868880－808
31	成都三泰电子实业股份有限公司	四川省	楼伽	028－87506857
32	创新科存储技术有限公司	北京市	梁巨平	010－62309966
33	大唐联诚信息系统技术有限公司	北京市	贺云宝	010－62307742
34	福建国通信息科技有限公司	福建省	姚德钧	0591－83325858
35	广东明家科技股份有限公司	广东省	罗春香	0769－88973888－839
36	广东守门神电子科技有限公司	广东省	孟豪	0769－22308768
37	广东协安机电工程有限公司	广东省	石玉清	020－84898544
38	广东志成冠军集团有限公司	广东省	白总	0769－87722374
39	广州明佑电子有限公司	广东省	冯筱羽	020－82264826

续表

序号	公司名称	地址	联系人	电话
40	广州睿捷网络科技有限公司	广东省	陈超	020－38780008－829
41	哈尔滨飞云实业有限公司	黑龙江省	赵永鹏	0451－82628481
42	汉王科技股份有限公司	北京市	郝岩	010－82786649
43	杭州青鸟电子有限公司	浙江省	陈莉	0571－87878783－112
44	杭州晟汗电子技术有限公司	浙江省	沈吉	0571－56305666
45	杭州天视智能系统有限公司	浙江省	盛云芳	0571－85359990－7007
46	杭州中正生物认证技术有限公司	浙江省	许莹莹	0571－81951610
47	航天海鹰安全技术工程有限公司	北京市	曹琛	010－83682298－3806
48	河北安防报警网络有限公司	河北省	张艳丽	0310－3105110
49	河南恒天特种电缆有限公司	河南省	张军峰	0371－69972555
50	河南华安保全智能发展有限公司	河南省	古晶晶	0371－65707788
51	湖北永和安门业有限公司	湖北省	周国忠	0712－8386288
52	湖北鱼鹤制衣有限公司	湖北省	喻少华	010－88408292
53	靖江市旭飞安防工程有限公司	江苏省	陆淑君	0523－84803033
54	康保安防系统（中国）有限公司	北京市	白玉	010－57385555
55	昆山赛格电子市场经营管理有限公司	江苏省	王海霞	0512－57608996
56	联视电子工程（深圳）有限公司	广东省	曾昭峰	0755－27416516
57	内蒙古鼎升安防科技有限公司	内蒙古自治区	姜晓东	0475－2202110
58	内蒙古华祺科技有限公司	内蒙古自治区	刘永强	0471－6553901
59	南京新索奇科技有限公司	江苏省	冯慕华	025－85582461
60	宁波双九箱柜有限公司	浙江省	黄伟明	0574－86062731
61	盼盼安居门业有限责任公司	辽宁省	王维彬	0417－5179009
62	泉州佳乐电器有限公司	福建省	倪源福	0595－22110999－8546
63	泉州市科立信安防电子有限公司	福建省	施凤妹	0595－22418860
64	山东众海公共安全器材有限公司	山东省	武永丽	0531－88695000
65	山西省三关保险产品工业公司	山西省	李艳芳	0351－3933369
66	陕西大华保全电子有限公司	陕西省	翁妮	029－88221606－603
67	上海安达泰报警网络服务有限公司北京分公司	北京市	牛竹梅	010－85200888
68	上海迪堡安防设备有限公司	上海市	姚燕娥	021－54805637
69	上海防灾安全策略研究中心	上海市	王建东	021－54094633
70	上海国际技贸联合有限公司	上海市	潘小姐	021－64378818
71	上海培信通信信息工程有限公司	上海市	康雷	021－68018888
72	上海三盾智能系统有限公司	上海市	赵杏娟	021－62462181
73	上海申得安科技有限公司	上海市	唐蕾萍	021－54426617
74	上海天跃科技股份有限公司	上海市	李丽	021－65981999
75	上海卓希智能科技有限公司	上海市	徐雅丽	021－51696400
76	深圳丰泰达电子有限公司	广东省	饶经理	0755－25560091
77	深圳市驰通达电子有限公司	广东省	莫蓉	0755－27804116
78	深圳市迪威泰实业有限公司	广东省	徐文元	0755－25588188－807

续表

序号	公司名称	地址	联系人	电话
79	深圳市联嘉祥科技股份有限公司	广东省	郭兰	0755－29174262
80	深圳市秋叶原实业有限公司	广东省	刘义	0755－27516699
81	深圳市三山科技股份有限公司	广东省	崔琨如	0755－21602001
82	深圳市同为数码科技有限公司	广东省	肖亚龙	0755－33306018
83	深圳市万佳安实业有限公司	广东省	陈茂芝	0755－28170101
84	深圳市亚邦科技有限公司	广东省	高维诚	010－65157240
85	深圳市中西华特科技发展有限公司	广东省	胡玉莹	0755－82267619
86	深圳英飞拓科技股份有限公司	广东省	艾平川	0755－86095859
87	苏州科达科技有限公司	江苏省	刘苏一	0512－68418188－6036
88	苏州市东亚电脑监控工程有限公司	江苏省	翟蒙燕	0512－67700992
89	台山平安五金制品有限公司	广东省	黄国振	0750－5437733
90	太极计算机股份有限公司	北京市	杨春秀	010－51616093
91	泰科消防保安天津有限公司北京办事处	北京市	刘璟	010－85200861
92	天津市天下数码视频有限公司	天津市	赵泉云	022－27995010
93	天讯瑞达通信技术有限公司	广州市	傅盛	020－37585470
94	同方股份有限公司	北京市	郭明	010－82399339
95	万嘉集团有限公司	浙江省	项良涛	0579－87712797
96	诶比控股集团有限公司	浙江省	张春玲	0571－88262378
97	厦门狄耐克电子科技有限公司	福建省	卓光玲	0592－5761113
98	厦门万安智能股份有限公司	福建省	黄芳芳	0592－5939963
99	阳泉市亿万达安全防范技术咨询有限公司	山西省	史建国	0353－3303711
100	英格索兰（中国）投资有限公司	北京市	赵晓光	010－65998840－
101	张家港固耐特围栏系统有限公司	江苏省	陈阿凤	0512－56915999
102	浙江富新集团有限公司	浙江省	叶林	0579－87292266
103	浙江宏泰电子设备有限公司	浙江省	杨建英	0577－62510028 62510108
104	浙江佳家利保险箱制造有限公司	浙江省	许一鹏	0576－87506217
105	浙江金大门业有限公司	浙江省	崔英杰	0579－87229969
106	浙江立元通信技术有限公司	浙江省	孙巧利	0571－87209031
107	浙江维尔生物识别技术股份有限公司	浙江省	朱华锋	0571－88992755
108	浙江星月门业有限公司	浙江省	王登	0579－87516997
109	中安保实业有限公司	北京市	李海军	010－85120051
110	中国机动车辆安全鉴定检测中心	北京市	宋丽嫚	010－67805663
111	中国京安信用担保有限公司	北京市	王涛	010－64969314
112	中国扬子集团滁州扬子门业有限公司	安徽省	吴小云	0550－5686032
113	中山市奥敏电子有限公司	广东省	张玲玲	0760－88929888 88800668
114	中星微电子有限公司	北京市	贾莎莎	010－68948888－5049
115	珠海安联锐视科技股份有限公司	广东省	李丽	0756－8598208－827
116	珠海石头电子有限公司	广东省	魏东刚	0756－8665168

理事单位（122 家）

序号	公司名称	地区	联系人	电话
1	安维安防技术（中国）有限公司	深圳市	唐刚	0755－89392688
2	北京安利烽科技有限公司	北京市	文学如	010－51197746－8028
3	北京安智恒达科技有限责任公司	北京市	李明春	010－88556802
4	北京北大青鸟安全系统工程技术有限公司	北京市	李响	010－82615888－6172
5	北京北科慧识科技股份有限公司	北京市	李文婧	010－58937368
6	北京鼎电创安科技有限公司	北京市	陈志君	010－52971778
7	北京富尼泰达数字安防技术有限公司	北京市	刘家普	010－62918040
8	北京冠华尔创科技有限公司	北京市	周虹	010－51606093
9	北京集宝保安系统工程有限公司	北京市	吴克刚	010－84179800
10	北京金一安华科技发展有限公司	北京市	边立强	010－80331479
11	北京君安泰防护科技有限公司	北京市	高轶夫	010－88511633
12	北京科亚达新材料有限公司	北京市	吴祥	010－68382856
13	北京快鱼科技有限公司	北京市	刘庄	010－82884977
14	北京兰德华电子技术有限公司	北京市	曹彩凤	010－84724360
15	北京蓝卡软件技术有限公司	北京市	高培	010－58859090－833
16	北京迈科电子系统工程有限公司	北京市	赵红文	010－64981062
17	北京民安达安防技术有限责任公司	北京市	戴桂香	010－88472386
18	北京赛尔汇力安全科技有限公司	北京市	赵玥	010－88571122－800
19	北京神州同正科技有限公司	北京市	王红	010－82601119
20	北京市德天电子技术工程有限公司	北京市	张祯	010－51662998
21	北京市帝曙科技发展有限公司	北京市	王红丽	010－82563272－816
22	北京舜天龙兴信息技术有限公司	北京市	张彦君	01051758698－820
23	北京韦驮安全工程有限责任公司	北京市	田淑珍	010－83139339
24	北京晓东顺安防工程有限公司	北京市	林光辉	010－81485423
25	北京银星天源科技有限公司	北京市	高顺利	010－88151572
26	北京悦君炜科技发展有限公司	北京市	王少军	13811920322
27	北京智鑫安盾数字技术有限公司	北京市	李国军	010－62968560
28	北京中警安技术开发中心	北京市	王奕菲	010－52032464
29	北京中科飞鸿科技有限公司	北京市	李恩宇	010－62487007－239
30	北京中天锋安全防护技术有限公司	北京市	鲁品琦	010－68471144 8513704/05/06
31	沧州市振华电子有限公司	河北省	王兰和	0317－5305936
32	常州新泽监控设备有限公司	江苏省	周运来	0519－83339972
33	成都市安防科技有限公司	四川省	薛华	028－82909222
34	创斯达（南通）机电有限公司	江苏省	顾春浩	0513－86557280
35	东方中安信息技术有限公司	上海市	吴亚萍	021－51087883
36	弗曼科斯（上海）电子有限公司	上海市	戴雯	021－64659292－260
37	福建省泉州市海滨玻璃钢制品厂	福建省	王煺煺	0595－22013598
38	广东安能保险柜制造有限公司	广东省	廖颖筠	0757－22308251
39	广东保尔安智能技术有限公司	广东省	魏远峰	020－61079998

续表

序号	公司名称	地区	联系人	电话
40	广东华昌伟业工贸有限公司	广东省	陈素梅	020－82320380
41	广东金腾电子有限公司	广东省	宋文	020－85586431
42	广东履安实业有限公司	广东省	许燕霞	020－38742000
43	广西桂华网络安防工程有限责任公司	广西壮族自治区	刘毅	0771－5551557
44	杭州钜警佰源信息技术有限公司	浙江省	秦西念	0571－88932502
45	杭州美伦信号技术有限公司	浙江省	翁晶	0571－890570009
46	河北虎牌集团柜业有限公司	河北省	马浩	0318－5738779
47	河北荣视电子技术有限责任公司	河北省	刘延东	0314－2139524
48	湖北东润科技有限公司	湖北省	范天蓝	027－59333720
49	湖南国栋电子实业有限公司	湖南省	蔡震	0731－82562469
50	华美工程有限公司	北京市	张云海	010－64812517
51	惠州市中鑫电子工程技术有限公司	广东省	黄秀平	0752－2533130
52	济南晨光安防用品市场	山东省	吴建军	0531－88321780
53	加创安防系统（中国）有限公司	上海市	朱湄瑛	021－66306600－1029
54	江苏金陵科技集团公司	江苏省	王莉宁	025－83332903
55	江苏顺达警用器材制造有限公司	江苏省	施君	0523－82055555
56	江西金虎保险设备集团有限公司	江西省	熊根林	0795－7351073
57	兰州威宏电气智能科技有限公司	甘肃省	邢剑	0931－2161785
58	敏通企业股份有限公司	北京市	林家明	010－62961117
59	南京振讯电子科技有限公司	江苏省	丁玲	025－84274872
60	宁波大榭开发区书一保险箱有限公司	浙江省	吴志贤	0574－86764588
61	宁波虎王保险箱有限公司	浙江省	胡松林	0574－86765088
62	宁波三维技术有限公司	浙江省	董静娜	0574－87905310
63	欧必翼门控科技（北京）有限公司	北京市	胡子琼	010－67892223
64	青岛文达通科技发展有限公司	山东省	郝焕萍	0532－86911997
65	泉州时刻防盗电子有限责任公司	福建省	洪先生	0595－22560968
66	山东神戎电子股份有限公司	山东省	周经理	0531－88390329
67	山东中安科技有限公司	山东省	韩桂红	0531－88875900－612
68	山西长城监控防盗技术开发有限公司	山西省	杜海萍	0351－7675191
69	山西联创电子信息技术有限公司	山西省	李美荣	13111220886
70	陕西基隆山电子科技有限公司	陕西省	张小琪	029－88638066
71	上海安防电子（股份）有限公司	上海市	章丽娜	021－65440440－84
72	上海八运水科技发展有限公司	上海市	吕忠岩	021－56776022－18
73	上海长臣智能系统有限公司	上海市	吴安琪	021－62134966－810
74	上海淳洲电子科技有限公司	上海市	陈仕龙	021－64836195
75	上海舵程安防技术有限公司	上海市	张栋	021－62205030
76	上海冠林电器（海安）有限公司	江苏省	许猛	0513－88368688
77	上海美赞美数码科技有限公司	上海市	杨蒋卫	021－61494599－218
78	上海平安报警系统有限公司	上海市	史铭祥	021－63602988

续表

序号	公司名称	地区	联系人	电话
79	上海擎天电子科技有限公司	上海市	朱蓉芳	021－51172895
80	上海三利数字技术有限公司	上海市	滕云海	021－55239010
81	上海市保安服务总公司	上海市	宗良华	021－24025321
82	上海市浦东新区保安服务总公司	上海市	卫福根	021－60458020
83	上海因特尔安全技术工程公司	上海市	朱增谷	021－60821300
84	上海英迈吉东影图像设备有限公司	上海市	刘卫云	021－33909300－237
85	上海中原电子技术工程有限公司	上海市	刘崎峰	021－63559858－700
86	上海卓奥智能电子科技有限公司	上海市	朱继同	021－54852678－8006
87	绍兴美德丰安防安保市场投资有限公司	浙江省	郑晔	18757540338
88	深圳达实信息技术有限公司	广东省	黄志勇	0755－86368199－2010
89	深圳丽泽智能科技有限公司	广东省	陈旭斌	0755－83706188－3836
90	深圳市丛文科技有限公司	广东省	吴琰	0755－83849618－309
91	深圳市动车电气自动化有限公司	广东省	杨朝军	0755－89390397
92	深圳市泛海三江电子有限公司	广东省	张烁	0755－86604871
93	深圳市富士智能系统有限公司	广东省	冯志均	0755－86020987
94	深圳市精华隆安防设备有限公司	广东省	蔡亚男	0755－29085195
95	深圳市深视音电子技术有限公司	广东省	张丹	0755－84715045
96	深圳市松本先天下科技发展有限公司	广东省	曹江江	0755－83995320－211
97	深圳市信威电子有限公司	广东省	方淑苗	0755－89983226
98	深圳市亚光银联科技有限公司	广东省	张亚华	0755－82405834－815
99	深圳市英特安防实业有限公司	广东省	鲁华	0755－82715036
100	深圳同尊数字技术有限公司	广东省	严劲松	0755－33309057
101	深圳中兴力维技术有限公司	广东省	李颖媛	0755－26525680－1005
102	四川九洲电器集团有限责任公司	四川省	许烨	0816－2469374
103	苏州 UL 美华认证有限公司	广东省	林凤仪	020－32131067
104	苏州盛世华安智能科技有限公司	江苏省	郭晓桦	0512－58161719
105	太原市警鹰保险柜制造有限公司	山西省	阎全虎	0351－6101360
106	同方威视技术股份有限公司	北京市	陈炜	010－83186333
107	温州奥乐安全器材有限公司	浙江省	孙先生	0577－88636556 88626500
108	无锡亮源激光技术有限公司	江苏省	李一华	010－62685936
109	武汉兴图新科电子股份有限公司	湖北省	欧阳泉	027－87179095－821
110	西安北方信息产业有限公司	陕西省	徐丰	029－88156400
111	西科姆（中国）有限公司	北京市	邹燕明	010－85865994
112	厦门柏事特信息科技有限公司	福建省	王少华	0592－2234487
113	厦门凯迪空间电子有限公司	福建省	林鸿	0592－2522379
114	新多集团有限公司	浙江省	胡和平	0579－87253673 87253999
115	扬州赛格线缆有限公司	江苏省	孙凯	0514－87520309
116	宜兴市普天视电子有限公司	江苏省	龚军明	0510－87568530
117	浙江海神科技有限公司	浙江省	俞培华	0573－87760868

续表

序号	公司名称	地区	联系人	电话
118	浙江华安安全设备有限公司	浙江省	王俊	0577－86528888－101
119	浙江银江电子股份有限公司	浙江省	孔桦桦	0571－89930221
120	中科软科技股份有限公司	北京市	曾平	010－82523236
121	重庆盾之王实业有限公司	重庆市	李乾耀	023－41480190
122	重庆美心麦森门业有限公司	重庆市	苏文香	023－62763889

会员单位（562 家）

序号	公司名称	地区	联系人	电话
1	艾迪诺（北京）科技有限公司	北京市	戴允鸾	010－67181739
2	艾维通信集团有限公司	湖北省	张蕾	027－87568666
3	安创安科贸（北京）有限公司	北京市	李美斌	010－63870853
4	安徽三联交通应用技术股份有限公司	安徽省	苏影	0551－5331919
5	安维思电子科技（广州）有限公司	广东省	谢丽丹	020－32219366
6	百年金海安防科技有限公司	河南省	王宽	13783586242
7	百源永泰国际科贸（北京）有限公司	北京市	郄经理	010－51791860
8	宝鸡市金盾安全器材物资有限公司	陕西省	张平	0917－3313259
9	宝鸡中盛银行安全专业有限公司	陕西省	崔巧莉	0917－3366699
10	保德安保安制品有限公司台州分公司	浙江省	罗文玲	0576－82875808
11	北京埃比瑞斯科技有限责任公司	北京市	张键	010－68450688－818
12	北京安博薪科技有限公司	北京市	李立华	010－82525508－225
13	北京安坊国际投资管理有限公司	北京市	王建全	010－51712717
14	北京安警技术工程有限公司	北京市	唐振兴	010－88484100－8801
15	北京安龙联合科贸有限公司	北京市	刘琳	010－67192266
16	北京安泰富源科贸有限责任公司	北京市	卢铮	010－68996219
17	北京安拓伟业科技发展有限公司	北京市	王一帆	010－82781951－8009
18	北京奥力盾机电设备有限公司	北京市	樊立宏	010－67691823
19	北京邦诺存储科技有限公司	北京市	廖原	010－51269921－8011
20	北京北方仪创科技有限责任公司	北京市	王丽华	010－82601155
21	北京比特伟业科技有限公司	北京市	程里全	010－58696032
22	北京毕舟会议服务中心	北京市	程野宁	010－68371943
23	北京博迪安盾科技开发有限公司	北京市	樊自华	010－65256004
24	北京博康天成科技有限公司	北京市	鲁勇	010－51658803
25	北京博思纵横科技有限公司	北京市	徐琼	010－64441188
26	北京博雅英杰科技股份有限公司	北京市	张文静	010－82824357
27	北京昌茂建筑材料有限公司	北京市	高广茂	010－63748876
28	北京创威都保保安技术服务有限公司	北京市	李金辉	010－80691818
29	北京大唐高鸿数据网络技术有限公司	北京市	翟璐瑶	010－62302865
30	北京大正视讯机电设备有限公司	北京市	项改	13681396302
31	北京鼎安科技发展有限公司	北京市	王曼婷	010－62016688－626

续表

序号	公司名称	地区	联系人	电话
32	北京鼎越工程技术有限责任公司	北京市	郭智群	010－62859509
33	北京东方上宇科技发展有限公司	北京市	范维	010－60272153
34	北京东方中盾警用装备有限公司	北京市	张万清	010－57188008
35	北京方升辉科贸有限责任公司	北京市	刘义亮	010－63385189
36	北京方园安创科技发展有限公司	北京市	周磊	010－62968215
37	北京飞博来特科技有限公司	北京市	张丽艳	010－88591759
38	北京福光瑞丰科技有限公司	北京市	周洁	010－62245719
39	北京富工利德科技发展有限公司	北京市	元成娟	010－62117619
40	北京富恒建设工程有限公司	北京市	刘俊峰	010－87194262
41	北京富尼泰克安防科技有限公司	北京市	孙伯健	010－82306652－8017
42	北京高博电气设备制造有限公司	北京市	刘世进	010－51661782
43	北京高创博鑫科技有限公司	北京市	陈连胜	15811355905
44	北京高普乐光电科技有限公司	北京市	杨魁	010－88470008
45	北京高顺高华	北京市	张一禅	010－57267899
46	北京光达嘉业科技有限公司	北京市	高丽华	010－87769887
47	北京国华视通科技有限公司	北京市	高红	010－62021845
48	北京国科技贸公司	北京市	孔雪川	010－62056261
49	北京海恩世纪科技有限责任公司	北京市	宋小姐	010－51736569
50	北京海鑫科金高科技股份有限公司	北京市	黄旭然	010－63269992
51	北京航天易联科技发展有限公司	北京市	魏占峰	010－88534440
52	北京浩普诚华科技有限公司	北京市	王振霜	010－82684600－8018
53	北京浩元安和科技有限公司	北京市	杨玉彬	010－59469152
54	北京和为永泰科技有限公司	北京市	徐海林	010－51712716
55	北京弘昊智成科贸有限公司	北京市	麻海红	010－65077563
56	北京宏安信诚电子技术有限公司	北京市	吴洪军	010－68684166
57	北京互信互通信息技术股份有限公司	北京市	魏征	010－82055388－227
58	北京华飞时代科技有限公司	北京市	孙露	010－82894971/3
59	北京华淼京安新科技有限公司	北京市	于晓满	010－88449888
60	北京华青紫博科技有限公司	北京市	支女士	010－51288066
61	北京华锐鸿程科技有限公司	北京市	褚欢	13311381677
62	北京华势天承科技有限公司	北京市	阳长江	13501118009
63	北京华纬讯电信技术有限公司	北京市	张丽敏	010－82893690－808
64	北京环宇蓝博科技有限公司	北京市	王凤月	010－51292217
65	北京会诚联盛电子科技有限公司	北京市	王文会	010－87562184
66	北京惠华伟业机房工程有限公司	北京市	胡凤明	010－88251988
67	北京惠智光达科技有限公司	北京市	韩立涛	010－62048127
68	北京慧朗伟业科技发展有限公司	北京市	吴倩	010－58565988
69	北京嘉德宝业科技发展有限公司	北京市	王蕾	010－58075300
70	北京嘉盛达科技发展有限公司	北京市	陈峰	010－58700608
71	北京捷诺视讯数码科技有限公司	北京市	徐春玲	010－58851134－226

续表

序号	公司名称	地区	联系人	电话
72	北京捷信安通科技有限公司	北京市	杨俊丽	010－58203338－812
73	北京金城恒泰安防科技有限公司	北京市	赵保顺	010－63972091
74	北京京安特保警用装备有限公司	北京市	张昌碧	13691375875
75	北京京金吾高科技有限公司	北京市	王俊岭	010－88473773
76	北京久华信信息技术有限公司	北京市	陈亚琴	01082893403－3067
77	北京科林杰伟世电子系统工程有限公司	北京市	焦立平	010－64340330－801
78	北京蓝科视讯科技有限公司	北京市	李咏	010－59796861
79	北京朗铭海川科技有限公司	北京市	张海云	010－51668106
80	北京迈特安技术发展有限公司	北京市	袁媛	010－62195200－38
81	北京美斌管理咨询有限公司	北京市	李美斌	010－65347986
82	北京美氏米杨科技发展有限公司	北京市	辛小恩	010－51667204
83	北京明创开元信息技术有限公司	北京市	胡宾	010－65389942
84	北京耐威创新科技有限公司	北京市	李珊	010－62975566－103
85	北京欧迈特数字技术有限责任公司	北京市	刘煌	010－62304482
86	北京品恩科技股份有限公司	北京市	赵百顺	13811050027
87	北京清大维森科技有限责任公司	北京市	杨利华	010－82888722
88	北京瑞拓电子技术发展有限公司	北京市	任政	010－68608808
89	北京尚朴信嘉科技发展有限公司	北京市	曹方	010－82563278
90	北京实开瑞德科技发展有限公司	北京市	王伟	010－52786141
91	北京世安立天科技发展有限公司	北京市	赵君	010－69790958－809
92	北京世纪诚致科技有限公司	北京市	李静	010－62712717
93	北京世纪科娃科技发展有限公司	北京市	赵林刚	010－88591385
94	北京市恒安居门窗有限公司	北京市	李尚军	010－61280201
95	北京市良马州科贸有限公司	北京市	李茂义	010－59497091
96	北京市中电京桥科技发展有限公司	北京市	刘久青	010－84475649
97	北京数码人科技有限公司	北京市	吴佳朋	010－82316702
98	北京双旗世纪科技有限公司	北京市	罗雪梅	010－82828855－8128
99	北京四方亚明安防工程有限公司	北京市	林亚	010－88134831
100	北京索斯克科技开发有限公司	北京市	李燕	010－63256377－806
101	北京索腾科技有限公司	北京市	马丽萍	010－68717176
102	北京腾达高智能科技发展有限公司	北京市	孙维	010－51664528－808
103	北京腾广音视开发有限责任公司	北京市	任紫萍	010－84721788
104	北京天川科技发展有限公司	北京市	李丽敏	010－88473038
105	北京天海航天电子科技有限公司	北京市	李伟	010－88820070
106	北京天壬护卫信息技术股份有限公司	北京市	卢中江	010－82359996
107	北京通美达科技发展有限公司	北京市	卢井林	010－63325891
108	北京同创海诚科技发展有限公司	北京市	梁海军	010－57178777
109	北京同聚达科技有限公司	北京市	闻东生	010－83520840
110	北京同业兴创控制技术有限公司	北京市	和珊	010－62963915
111	北京图景佳科技有限公司	北京市	吴琼	010－62637788

续表

序号	公司名称	地区	联系人	电话
112	北京万集科技股份有限公司	北京市	可韫琦	010－51655012－667
113	北京万星富视科技有限公司	北京市	章兵	010－62122717
114	北京威视数据系统有限公司	北京市	田润	010－88570022－360
115	北京威斯盾进出口有限公司	北京市	陈连胜	15811355905
116	北京维特创业科技发展有限公司	北京市	于岩	010－67126635
117	北京维珍创意科技有限公司	北京市	唐艳芳	010－65101220－805
118	北京文安科技发展有限公司	北京市	王贺成	010－82526806－859
119	北京欣秦林科技发展有限公司	北京市	李金梅	010－69553972
120	北京兴盛电视天线厂	北京市	贾宗云	010－83115003
121	北京兴欣振华安防科技有限公司	北京市	张欣	13671198880
122	北京阳光耀华光通讯技术有限公司	北京市	温富	010－51650989
123	北京亿泰九州科技有限公司	北京市	周建平	010－81515773
124	北京银盾设备租赁有限公司	北京市	王小龙	010－69758183
125	北京银河伟业数字技术有限公司	北京市	梁琪	010－5798777－5886
126	北京银晶玻璃有限公司	北京市	宋林	010－84338188
127	北京鹰瑞达科贸有限公司	北京市	田胜	010－63363911
128	北京永保金业安全防范技术有限公司	北京市	马丽	010－67606299
129	北京永佳消防技术有限公司	北京市	傅维	010－51664742
130	北京优立安警用装备科技发展有限公司	北京市	何俊	13683090110
131	北京增安科技有限公司	北京市	张雨	010－63607520
132	北京智安邦科技有限公司	北京市	陈红	010－68790919－8925
133	北京智敏科技发展有限公司	北京市	安琪	010－64814578
134	北京中北恒基科技发展有限责任公司	北京市	王立超	010－68214680
135	北京中广衡泰文化传媒有限公司	北京市	骆玉辉	010－85800311
136	北京中广润通电子技术有限公司	北京市	张莉	010－62252605
137	北京中科安胜信息技术有限公司	北京市	张玉璞	010－82600672
138	北京中科合泰科技有限公司	北京市	周辉	010－52217825
139	北京中控科技发展有限公司	北京市	刘鹏	010－51292999
140	北京中联通达科技发展有限公司	北京市	韩东婷	010－67537828
141	北京紫光百会科技有限公司	北京市	程昭娣	62717325－8501
142	北京紫光华宇软件股份有限公司	北京市	遇晗	010－82622288
143	笔特尔（厦门）电子科技有限公司	福建省	刘兆叶	0592－5987830
144	博威通（北京）科技有限责任公司	北京市	赵海娟	010－62666176
145	沧州市新动力安防科技有限公司	河北省	李强	0317－2058649
146	长春市佶达智能工程有限公司	吉林省	李雪莉	0431－82561665
147	长飞光纤光缆（上海）有限公司	上海市	李随腊	021－677753052
148	常州华龙通信科技有限公司	江苏省	韩静	0519－86605259
149	常州市吉安电子有限公司	江苏省	陈国伟	0519－83212493
150	常州市盛和电子有限公司	江苏省	林小姐	0519－85353815
151	成都国邦电子技术有限公司	四川省	周如意	028－85373101

续表

序号	公司名称	地区	联系人	电话
152	成都麦通网络科技有限公司	云南省	屠静宏	0871－3641368
153	成都美盾警用器材有限公司	四川省	赖小小	028－86120867
154	成都威图晟科技有限公司	四川省	陈仲育	028－88832325
155	成都西物信安智能系统有限公司	四川省	黄茜	028－68011720
156	成都中警威贸易有限公司	四川省	邓建	028－86098865
157	承德万得电子有限公司	河北省	范月春	18903141003
158	大同市华立科技有限责任公司	山西省	郭建军	0352－2099573
159	大同市新新音像报警器材公司	山西省	韩亚丽	0352－2054888
160	德加拉（成都）数码科技发展有限公司	四川省	喻翔	028－85925306/5307
161	德清科迪特安保设备有限公司	浙江省	费亦强	0572－8885258
162	第二炮兵工程设计研究院	北京市	田庆龙	010－66339620
163	东方视信（北京）数字技术有限公司	北京市	肖炳程	010－88864401
164	东莞市安盾	广东省	黄飞荣	028－86919077
165	东莞市高强信实业有限公司	广东省	苏先生	0769－88942238－813
166	东莞市凯博世邦电子科技有限公司	广东省	黎桂玲	0769－82881228
167	东莞维格钢至尊办公设备有限公司	广东省	梁雪珍	135 8099 8023
168	佛山市艾科电子工程有限公司	广东省	马姿	0757－88386276
169	佛山市华宝电子厂	广东省	尤建国	0757－83353452
170	佛山市南海区骏达经济实业有限公司	广东省	叶聘霞	0757－86795883
171	佛山市顺德区金护卫金属探测器制造有限公司	广东省	辛丽萍	0757－28301603
172	佛山市新东方电子技术工程有限公司	广东省	陈肇禧	0757－83352018
173	佛山市星光楼宇设备有限公司	广东省	李书	0757－89921899－808
174	福建冠威智能科技有限公司	福建省	严育林	0591－85271556
175	福建华超信息科技有限公司	福建省	胡苏灿	0591－83781683
176	福建泉州环宇通电子有限公司	福建省	魏先生	0595－22550090
177	福州飞华光电技术有限公司	福建省	林峰	0591－87899146
178	福州凯和公司	福建省	林巧春	0591－83332624
179	福州南源电子科技开发有限公司	福建省	林春敏	0591－87600169
180	福州松佳电子技术有限公司	福建省	卢建萍	0591－83806601
181	抚顺市亨易金属制品有限责任公司	辽宁省	庞喜芳	0413－4257008
182	公安部科学技术信息研究所	北京市	张金山	010－88513552
183	固力保安全系统（中国）有限公司	上海市	JudyTang	021－54662978
184	固力保安制品有限公司	广东省	骆惠梅	0760－22102326
185	广东安金盾安防科技有限公司	广东省	黄少锐	0755－83003449
186	广东第吉尔电子科技有限公司	广东省	宋威	020－38864381
187	广东金刚玻璃科技股份有限公司	广东省	李楠	010－68021348
188	广东金关安保系统工程有限公司	广东省	高伟	020－87380268
189	广东科濠安全设备有限公司	广东省	徐斌	0757－25882596
190	广东领域集团有限公司	广东省	陈群峰	0754－88265500－8200
191	广东美的自控科技有限公司	广东省	温汉彬	020－32068395－830

续表

序号	公司名称	地区	联系人	电话
192	广东柔乐电器有限公司	广东省	李创生	0756－8818315
193	广东王牌网络科技有限公司	广东省	李俊	020－87108536
194	广西天岳科技发展有限公司	广西壮族自治区	韦婷婷	0771－5766266
195	广西智宇技防有限公司	广西壮族自治区	黄燕瑜	0771－5638434
196	广州创想科技股份有限公司	广东省	邱晓霞	020－85565658－311
197	广州迪科韦讯安防技术有限公司	广东省	陈威	020－38691629
198	广州顶新时代电子系统科技有限公司	广东省	张伟兵	020－87696519
199	广州瀚祺电子科技有限公司	广东省	瀚祺	020－28849688
200	广州朗欣通电子科技有限公司	广东省	吴艳	020－36197792
201	广州晟景实业有限公司	山东省	钱建中	0531－86377035
202	广州市爱递思电子科技有限公司	广东省	杜松青	020－34509227
203	广州市澳视光电子技术有限公司	广东省	罗承慧	020－22323507
204	广州市迪士普音响科技有限公司	广东省	王丹	020－81300665
205	广州市韩升电子科技有限公司	广东省	陈广荣	020－34812645
206	广州市汇安泰电子科技有限公司	广东省	刘璟林	020－37612088
207	广州市明希电子工程有限公司	广东省	姜明华	020－87358030
208	广州市瑞立德信息系统有限公司	广东省	孙波	020－38259599－620
209	广州市穗安科技发展有限公司	广东省	陈智勇	020－81739136
210	广州市天意电子有限公司	广东省	胥常委	020－85537070
211	广州市鑫澳康科技有限公司	广东省	钟天霞	020－28872350
212	广州天网安防科技有限公司	广东省	郑先生	020－61131636－863
213	广州维珍金融科技有限公司	广东省	高平	020－87584380
214	广州兴华玻璃工业有限公司	广东省	张琛	020－86442678
215	桂林市泛亚电子有限公司	广西壮族自治区	王祥驳	0773－5815970
216	海南光信科技有限公司	海南省	吴倩怡	0898－66746319
217	海南恒信电讯工程有限公司	海南省	戚莉莉	0898－66766188
218	海南经保科技实业有限公司	海南省	韩建	0898－66755438－318
219	汉军智能系统（上海）有限公司	上海市	刘恒	021－54955010－307
220	杭州安尼自动化装备有限公司	浙江省	章国玉	0571－88614816
221	杭州安远科技有限公司	浙江省	邓先生	0571－28999139
222	杭州恒生数字设备科技有限公司	浙江省	王野	0571－28811633
223	杭州华三通信技术有限公司	吉林省	文有德	0431－85830685
224	杭州巨峰科技有限公司	浙江省	徐卉	0571－28887117
225	杭州启扬智能科技有限公司	浙江省	赵凯	0571－87858822
226	杭州数尔电子有限公司	浙江省	傅清丽	0571－88097075
227	杭州拓安机电技术有限公司	浙江省	郑先生	0571－82864287
228	杭州杨明斯金属制品有限公司	浙江省	金鸿飞	0571－88006376
229	杭州易龙防雷科技有限公司	浙江省	吴月娥	0571－8766－9696
230	杭州智诺英特科技有限公司	浙江省	林於华	0571－28183999
231	豪讯智能科技（上海）有限公司	上海市	周世龙	15806275888

续表

序号	公司名称	地区	联系人	电话
232	河南瑞捷科技发展有限公司	河南省	王育勋	0371－65502110
233	河南省美一电子科技有限公司	河南省	师丽	0371－66986970
234	河南视安科技有限公司	河南省	黄保红	15539245050
235	河南威达威警用设备有限公司	河南省	刘亚娜	0393－8681303
236	河南银峰金融设备有限公司	河南省	常先哲	0371－68986783
237	黑龙江百安智能科技有限责任公司	黑龙江省	安淑慧	0453－8936890
238	宏霸数码科技（北京）有限公司	北京市	王伯川	010－58752333
239	湖北三江航天楚航电子科技有限公司	湖北省	余冬丽	0712－2951258
240	湖北省钟祥市警安器械厂	湖北省	李胜梅	027－84803056
241	湖南华南光电科技股份有限公司	湖南省	黄英	0736－7725801
242	湖南省银安工具设备厂有限公司	湖南省	段刚	0730－5690178
243	湖南银宝科技发展有限公司	湖南省	蒋本春	15197133333
244	华安天网（北京）信息技术有限公司	北京市	赵玉军	010－85869288－331
245	华迪计算机集团有限公司	北京市	刘然	010－57552873
246	黄山市友发保险箱有限公司	安徽省	徐军	0559－6752688
247	惠州市德胜电线有限公司	广东省	张涛	0752－2613575
248	惠州市天敏科技发展有限公司	广东省	高明	0752－2091909
249	慧友电子（北京）有限公司	北京市	高灵	010－62973336
250	吉林市江机特种装备有限公司	吉林省	王兴全	0432－63044623
251	济南金华鹏科技有限公司	山东省	路玉坤	0531－88876060
252	济南中维世纪科技有限公司	山东省	宋燕华	0531－88192860
253	江都市鑫来装饰有限公司	江苏省	李萍	0514－6916639
254	江苏安保技术工程有限公司	江苏省	高平	025－86229847
255	江苏奥云智能科技有限公司	江苏省	严祝信	0515－8155388
256	江苏创新系统集成有限公司	江苏省	唐文栋	0514－80829670
257	江苏恒博电子科技发展有限公司	江苏省	王蕾	0516－80378777
258	江苏恒信和安电子科技有限公司	江苏省	刘军	0519－86603026
259	江苏金安警用器材制造有限公司	江苏省	夏建国	0523－84824177
260	江苏柯林警用装备制造有限公司	江苏省	叶波	0523－82882999－888－777
261	江苏联通电缆有限公司	江苏省	王芳	0514－82955877
262	江苏润宇道路工程有限公司	江苏省	陆元凤	0514－84210889
263	江苏省常熟市锦威安防器材商行	江苏省	陈芳芳	0512－52300386
264	江苏省兴宇智能科技有限公司	江苏省	段惠民	0514－83264578
265	江苏无畏警用装备制造有限公司	江苏省	吴和平	0523－82956666
266	江苏新创光电通信有限公司	江苏省	曹玉江	025－86883495
267	江苏银大科技有限公司	江苏省	刘广建	0514－8186072
268	江苏中讯数码电子有限公司	江苏省	郭田华	0510－87418728
269	江西百胜门控设备有限公司	江西省	刘文强	0791－8196079
270	杰伟世（中国）投资有限公司	北京市	韩晓洲	010－57129131
271	靖江市恒卫防护器材制造有限公司	江苏省	赵琳	0523－84659222

续表

序号	公司名称	地区	联系人	电话
272	靖江市靖城富达保安器材厂	江苏省	季荣庆	0523－85156959
273	靖江市永太保安器材厂	江苏省	陆林森	0523－84885655
274	靖江市悦达安防设备有限公司	江苏省	孙建新	0523－84929006
275	凯环国际贸易（上海）有限公司	上海市	王薇	021－50903810
276	铠马仕智能科技（上海）有限公司	上海市	缪琪雯	021－62399587
277	克立司帝控制系统（上海）有限公司	上海市	李薇	021－57743398－8033
278	昆山市健和电子工程有限公司	江苏省	梁俊瑶	0512－57301712
279	廊坊澳翔电子技术有限公司	河北省	韩磊	13833445115
280	廊坊市环星电子有限公司	河北省	王雪松	0316－2383511
281	六安市天沃安防科技有限公司	安徽省	张西旺	0564－3239655
282	龙浩通信公司	北京市	何芳	010－58830090－1606
283	鹿泉安泰富源安全设备制造有限公司	河北省	黎檬	010－88508409
284	南京百慕系统工程有限公司	江苏省	张长路	025－58717066
285	南京东大智能化系统有限公司	江苏省	王雅琪	025－84813363－816
286	南京冠之林电子有限公司	江苏省	鲁明	025－86554006
287	南京江安智能控制系统工程有限公司	江苏省	王贤	025－52105003
288	南京科羿康光电设备有限公司	江苏省	陈碧玉	025－52626600－803
289	南京莱斯信息技术股份有限公司	江苏省	叶新	025－84288355
290	南京南自华瑞自动化有限公司	江苏省	赵淑林	025－83918377
291	南京荣飞科技有限公司	江苏省	胡海青	025－86930598
292	南京塘门人科技有限公司	江苏省	姜爱良	025－83474477
293	南京讯恒数码科技有限公司	江苏省	石磊	025－84605542
294	南京业祥科技发展有限公司	江苏省	穆标	025－57676058－605
295	南京英安特科技实业有限公司	江苏省	祁欣	025－68202080
296	南威软件股份有限公司	福建省	吴丽卿	0595－36729999
297	能士智能港科技发展有限公司	浙江省	胡海忠	0574－27781210
298	宁波博太科智能科技有限公司	上海市	陈经理	021－51087123
299	宁波大榭开发区保险箱（柜）行业协会	浙江省	黄伟明	0574－86748028
300	宁波大榭开发区恒发保险箱有限公司	浙江省	戴芳君	0574－86763018
301	宁波大榭开发区恒翔保险箱有限公司	浙江省	张海	0574－86760011
302	宁波大榭开发区金盾保险箱制造有限公司	浙江省	陈维依	0574－86768405
303	宁波大榭开发区威盾斯保险箱有限公司	浙江省	曹剑平	0574－86768693
304	宁波大榭开发区威伦司保险箱有限公司	浙江省	曹旭辉	0574－86762589
305	宁波大榭开发区翔和保险箱有限公司	浙江省	曹定根	0574－86764758
306	宁波大榭开发区振兴保险箱工贸有限公司	浙江省	周态宏	0574－86768639
307	宁波市北仑明大箱柜有限公司	浙江省	张勇君	0574－86068066
308	宁夏亚视电子科技有限公司	宁夏回族自治区	谢敏玲	0951－6043006
309	盘锦锦鹤门业有限公司	辽宁省	王永军	0427－5816888
310	平顶山市金昌电子有限公司	河南省	吴杰	0375－2965578
311	平阳县锐意保安器材有限公司	浙江省	李咏	

续表

序号	公司名称	地区	联系人	电话
312	千目聚云数码科技（上海）有限公司	上海市	昝小平	021－31351588－8032
313	钱林恒兴（北京）科技有限公司	北京市	张玲玲	010－63793110
314	青岛大正通讯科技有限公司	山东省	刘罡	0532－85026605
315	泉州安达电子有限公司	福建省	张奕平	0595－22350828
316	泉州市宏泰科技电子有限公司	福建省	王程辉	0595－2237060
317	泉州市荀涪军教器材有限公司	福建省	傅星晓	0595－22389659
318	泉州中誉光电有限公司	福建省	何立光	0595－22498997
319	瑞安市华盾安全器材有限公司	浙江省	倪国满	0577－65497111
320	瑞中天明（北京）门业有限公司	北京市	赵晓琳	010－52043655
321	山东鼎讯信息技术有限公司	山东省	郭小姐	0531－83531288
322	山东汉和能源科技有限公司	山东省	张学灵	0546－8776606
323	山东省庆元电子有限公司	山东省	刘喜艳	0534－3221545
324	山东维森清大智能安防科技有限公司	山东省	王勇民	0546－8088777
325	山东优视通信技术有限公司	山东省	蔡锐	010－62050466
326	山东中盾警用装备有限公司	山东省	栗忠良	0539－8218110
327	山西金城保险柜制造有限公司	山西省	赵保顺	010－63972091
328	山西天网安防科技发展有限公司	山西省	洪鹏远	0359－2586208
329	汕头经济特区金信电子设备有限公司	广东省	廖小姐	0754－88895087
330	汕头市大视野电子有限公司	广东省	杨钿	0754－8366178
331	上海安盾电子有限公司	上海市	顾莉	021－64697729－809
332	上海安迅士网络通信设备贸易有限公司	北京市	Caroline	010－84464990
333	上海安寨电子门控设备有限公司	上海市	项益民	021－56536455
334	上海宝康电子控制工程有限公司	上海市	刘建浩	021－51831088
335	上海晨舟智能科技发展有限公司	上海市	华炳晨	021－56558343
336	上海诚丰数码科技有限公司	广东省	周雅文	0755－83516999
337	上海富瀚微电子有限公司	上海市	周琦丽	021－61121558
338	上海广盾信息系统有限公司	上海市	周邦华	021－31269997
339	上海海视电子有限公司	上海市	倪崇德	021－66838038－328
340	上海汉合信息技术有限公司	上海市	董林燕	021－51068186
341	上海恒天特种电缆有限公司	河南省	张军峰	0371－69972000
342	上海泓申科技发展有限公司	上海市	石佑秀	021－61170308
343	上海华平信息技术股份有限公司	上海市	张颖	021－55666588－617
344	上海慧居智能电子有限公司	北京市	谢瑞云	13718220067
345	上海精科电子有限公司	上海市	丁小姐	021－64959090
346	上海竞天科技股份有限公司	上海市	邱晓莉	021－58731616
347	上海玖开电线电缆有限公司	上海市	安家雷	021－57418168
348	上海聚亚电子有限公司	上海市	周小姐	021－54153410
349	上海朗达电缆（集团）有限公司	上海市	吴玉洁	021－39252222
350	上海立迈电子科技有限公司	上海市	潘柏军	021－54303681－15
351	上海敏速软件技术有限公司	上海市	程峻	021－52389822

续表

序号	公司名称	地区	联系人	电话
352	上海廿一世纪电子设备有限公司	上海市	王慧君	021－62567727/602
353	上海欧脉电子科技发展有限公司	上海市	毕新宇	021－61230895
354	上海欧意机电五金有限公司	上海市	王玲	021－34685988/8017
355	上海日来计算机科技有限公司	上海市	黄筱青	021－58200772－13
356	上海睿网电子有限公司	上海市	羊磊	021－64392206/2106
357	上海申达自动防范系统工程有限公司	上海市	许雯	021－62575427－8002
358	上海申哲信息系统有限公司	上海市	孙严林	021－32031245
359	上海思捷科技有限公司	上海市	卢芸	021－64959071
360	上海威乾视频技术有限公司	上海市	刘燕	021－54179399－316
361	上海尉恩安防设备有限公司	上海市	陆建忠	021－68310919
362	上海稳普智能科技有限公司	上海市	武建钢	021－51098028
363	上海物鼎传感技术有限公司	上海市	姜华	18602108652
364	上海仙视电子有限公司	上海市	周莹	021－51695993
365	上海新世纪科技有限公司	上海市	庞英	021－53829911－111
366	上海阳箭安全防护设备有限公司	上海市	华炳晨	021－56558343
367	上海要博实业有限公司	上海市	周健	021－63635759
368	上海亦源智能科技有限公司	上海市	王文	021－58969199－
369	上海永安保全报警系统有限公司	上海市	陈颖劼	021－58921213－115
370	上海羽卫防护用品有限公司	上海市	王先生	021－51688966
371	上海振兴铝业有限公司	上海市	邹国林	021－57773168－6209
372	韶关市安普电子科技有限公司	广东省	吴丹云	0751－6113888
373	深圳傲得华视科技股份有限公司	广东省	李艳	0755－86639581
374	深圳波粒科技股份有限公司	广东省	毛忠彪	0755－83676190
375	深圳鼎晟达科技有限公司	广东省	贺志清	0755－27539981
376	深圳东日信博科技有限公司	广东省	郑培晓	13609620553
377	深圳高崎电子科技发展有限公司	广东省	何奇	0755－86093583
378	深圳国人物联网络有限公司	广东省	王文辉	0755－26516888
379	深圳悍马经贸有限公司	广东省	莫小雄	0755－82396818
380	深圳市艾礼安安防设备有限公司	广东省	朱名兵	0755－29407278
381	深圳市爱泓电子有限公司	广东省	谭亚欢	0755－26703895－806
382	深圳市安森盛世科技有限公司	广东省	刘玉	0755－89959665
383	深圳市安威科电子有限公司	广东省	杨森	0755－83727226
384	深圳市澳威莱科技有限公司	广东省	董宇	0755－28874019
385	深圳市宝瑞明科技有限公司	广东省	刘兆烽	0755－88210202
386	深圳市宝欣盛电子有限公司	广东省	黄宝生	0755－83666683
387	深圳市贝斯得电子有限公司	广东省	谢端	13723402849
388	深圳市本德科技有限公司	广东省	元炎梁	0755－83766675
389	深圳市本色科技有限公司	广东省	梁巨胜	0755－86114517
390	深圳市博康科技发展有限公司	广东省	刘维	0755－82975566
391	深圳市坣岗中亚电子博览中心股份有限公司	广东省	陈凯	0755－23065551

续表

序号	公司名称	地区	联系人	电话
392	深圳市沧龙数码科技有限公司	广东省	卢欢	0769－87568856
393	深圳市长奇达科技有限公司	广东省	颜奇智	0755－28017773
394	深圳市超视科技有限公司	广东省	冯先生	0755－86217008
395	深圳市车安科技发展有限公司	广东省	姜汉文	0755－86238850
396	深圳市创东蒲商贸有限公司	广东省	许小姐	0755－83664028
397	深圳市德立达科技有限公司	广东省	钟梅	13823634783
398	深圳市缔佳视频实业有限公司	广东省	彭莉	0755－82113523
399	深圳市法特力实业有限公司	广东省	赵晓丽	0755－86051441
400	深圳市飞铃智能系统集成有限公司	广东省	王协长	0755－83755874
401	深圳市飞思广告有限公司	广东省	钟丽芬	0755－82994989－601
402	深圳市海曼科技有限公司	广东省	何小存	0755－84193930－8016
403	深圳市禾鸿兴智能科技有限公司	广东省	徐久波	0755－27387181
404	深圳市黑猫卫士电子有限公司	广东省	付本元	0755－27758401
405	深圳市红门科技股份有限公司	广东省	肖治富	0755－89580235
406	深圳市宏天威科技有限公司	广东省	刘哲姗	0755－89600372
407	深圳市华百安智能技术有限公司	广东省	李前山	0755－61192804
408	深圳市华德安科技有限公司	广东省	段杰	0755－21618822
409	深圳市华际电子系统有限公司	广东省	余刚	010－88091805
410	深圳市华美特科技有限公司	广东省	邓敏	0755－86117363－815
411	深圳市黄河数字技术有限公司	广东省	汪海涛	0755－33631166
412	深圳市汇生通科技发展有限公司	广东省	方小明	0755－29619788－822
413	深圳市捷顺科技实业股份有限公司	广东省	葛爱民	010－63283300
414	深圳市金诺特电子科技有限公司	广东省	聂娟英	0755－36921877
415	深圳市精工科技有限公司	广东省	郭梅	0755－26785729
416	深圳市俊明视电子科技有限公司	广东省	彭天能	010－82058306
417	深圳市卡默莱电子科技有限公司	广东省	覃源	0755－25931116
418	深圳市柯尔特实业有限公司	广东省	徐伟	0755－26545651
419	深圳市科安信实业有限公司	广东省	熊长军	0755－26952638
420	深圳市科达监控系统发展有限公司	广东省	陈延昕	0755－28183988
421	深圳市克耐克科技有限公司	北京市	尹兰忠	010－64453168/69
422	深圳市来邦电子有限公司	广东省	余美生	0755－82873366
423	深圳市朗驰欣创科技有限公司	广东省	谢小姐	0755－86137215
424	深圳市乐可利电子有限公司	广东省	寇翠萍	0755－86588717
425	深圳市乐视视频技术有限公司	广东省	彭克兰	0755－26831872
426	深圳市利达斯自控技术有限公司	广东省	金小姐	0755－82867804
427	深圳市麦驰安防技术有限公司	广东省	蒋艳萍	0755－86028687
428	深圳市美安科技有限公司	广东省	何杰	0755－84844181－866
429	深圳市明日实业有限公司	广东省	罗德英	0755－82867872
430	深圳市目击者数码科技有限公司	广东省	李红果	0755－29508989
431	深圳市纽贝尔电子有限公司	北京市	郝凤芹	010－88516299

续表

序号	公司名称	地区	联系人	电话
432	深圳市诺龙实业有限公司	广东省	周丽	0755－25887995
433	深圳市荣天视科技发展有限公司	广东省	刘文斌	18675596916
434	深圳市三田电子有限公司	广东省	王莉萍	0755－28873411/12
435	深圳市尚吉电子有限公司	广东省	文敏	0755－83476201
436	深圳市视高科技发展有限公司	广东省	曾俊芳	0755－26957635
437	深圳市数据通计算机网络系统有限公司	广东省	何映霞	0755－83289999
438	深圳市思浪实业有限公司	广东省	熊光云	0755－82709800
439	深圳市天盾雷电技术有限公司	广东省	吴阳	0755－86130689
440	深圳市通脉科技有限公司	广东省	黄安	0755－28960930
441	深圳市同洲电子股份有限公司	广东省	王丽	0755－26990000－6780
442	深圳市威安达电子有限公司	广东省	朱雪辉	0755－23048052
443	深圳市威康普科技有限公司	广东省	范敏	0755－86028808－8094
444	深圳市翔飞科技有限公司	广东省	杨党党	0755－27340809
445	深圳市小龙电器有限公司	广东省	唐小姐	0755－29671606
446	深圳市欣动态影像科技有限公司	广东省	高维诚	0755－86269780
447	深圳市欣横纵数码科技有限公司	广东省	任小姐	0755－26998597
448	深圳市兴安视界电子有限公司	广东省	杨荣贵	13322926555
449	深圳市巡鹰安防科技有限公司	广东省	谢红寿	0755－26734766
450	深圳市亚迪克数码科技有限公司	广东省	heleson	0755－83790688
451	深圳市亿维锐创科技有限公司	广东省	徐欢	0755－26977574
452	深圳市永辉乐科技有限公司	广东省	马彬熙	0755－28158785
453	深圳市昱鑫共创科技发展有限公司	广东省	郑义富	0755－83688721
454	深圳市云泰达科技有限公司	广东省	张先生	0755－27967463
455	深圳市智敏科技有限公司	广东省	胡小姐	0755－83126428
456	深圳市中启莱科技有限公司	广东省	项挺	13926543201
457	深圳市卓优数据科技有限公司	广东省	王靖	010－58696644
458	深圳市卓展实业有限公司	广东省	王巍巍	0755－82409588
459	深圳易天元	广东省	秦勇	0755－26959526
460	深圳中控生物识别技术有限有限公司	广东省	傅志谦	0755－89602670
461	深圳中索电子有限公司	广东省	段言生	0755－29573312
462	沈阳地泰检测设备有限公司	辽宁省	赵秉军	024－83681183
463	石家庄光远科技有限公司	河北省	许岩	0311－89180002
464	石家庄市建银电子工程有限公司	河北省	吴跃山	0311－83833630
465	四川长虹电子系统有限公司	四川省	张建平	0816－2410714
466	四川德成佳际实业有限公司	四川省	吴芳	028－87796388
467	四川君悦安防科技有限公司	四川省	何军	0830－8607777
468	四川省德阳天网智能安全防护系统有限公司	四川省	周先生	0838－2507938
469	四川省永亨实业有限责任公司	四川省	赵刚	028－85737100
470	四川英卓科技有限责任公司	四川省	周海燕	028－85246800
471	四川中跃科技有限责任公司	四川省	兰鸿	028－85373577

续表

序号	公司名称	地区	联系人	电话
472	苏州华亿安防科技有限公司	江苏省	冷沁	0512－62725250
473	苏州市金陵消防监控工程有限公司	江苏省	徐英	0512－65186959
474	太原山康电子有限公司	山西省	张玉	0351－5653990
475	太原新四通技术产业有限公司	山西省	郭双东	0351－7221535
476	唐山天天安科技有限公司	山西省	李丰	0315－7167525
477	腾龙光学（上海）有限公司	上海市	褚文子	021－54660225
478	天地阳光通信科技（北京）有限公司	北京市	白玉	010－82772966
479	天津吉安达电子科技有限公司	天津市	魏军	022－28942840
480	天津市东荣电子有限公司	天津市	陈树宏	022－26308237－8004
481	天津市哈雷电子工程技术开发有限公司	天津市	王师傅	022－23249503
482	天津市华硕系统工程有限公司	天津市	付维平	022－58627505
483	天津市嘉安电子技术有限公司	天津市	曾宪辉	022－27938338
484	天津市嘉杰电子有限公司	天津市	吴东坡	022－27681466－2034
485	天津市津南建达电子器材厂	天津市	谯光志	022－28617195
486	天津市龙甲门业有限公司	天津市	蒋立莉	022－82123717
487	天津市正通电子有限公司	天津市	朱彦	022－83712630－8006
488	同方锐安科技有限公司	北京市	李爽	010－82399111
489	温州市黄河实业有限公司	浙江省	叶雪燕	0577－88591998
490	温州市蓝盾安全器材厂	浙江省	吴国浩	0577－88917038
491	温州市鹿城保安器材厂	浙江省	王锡龙	0577－88621328
492	无锡泛联物联网科技股份有限公司	北京市	赵壮	010－51551235
493	无锡科晟光子科技有限公司	江苏省	田先生	0510－85620315
494	无锡市恒博电子有限公司	江苏省	金红斌	0510－5517452
495	无锡市申新工程技术有限公司	江苏省	李光伟	0510－82755869－816
496	无锡市希思德电子科技有限公司	江苏省	谈宏园	0510－82792099
497	无锡市协安科技有限公司	江苏省	单京	0510－85165306
498	无锡市新区蓝深科技有限公司	江苏省	谈正义	0510－82690028
499	无锡雅观科技有限公司	江苏省	许小姐	0510－83392458
500	武汉光谷奥源科技有限公司	湖北省	张世超	027－87204290
501	武汉恒亿电子科技发展有限公司	湖北省	邓女士	027－87452733－8116
502	武汉微创光电股份有限公司	湖北省	高慧蓉	027－87461827
503	武汉元一智创科技有限公司	湖北省	宗伟	027－67849559
504	西安超码复合材料公司	陕西省	赵文浩	029－83603043
505	厦门 ABB 振威电器设备有限公司	福建省	祝智霞	0592－2959001
506	厦门宝利铭科技发展有限公司	福建省	王瑞	0592－5310273
507	厦门大手控制技术有限公司	福建省	曾志生	0592－5558087
508	厦门光联科技有限公司	福建省	陈碧美	0592－5060088
509	厦门韩驰科技有限公司	福建省	周明星	0592－6019173
510	厦门矿通科技有限公司	福建省	罗小姐	0592－8265446
511	厦门市韩通数码科技有限公司	福建省	柯祥彬	0592－8066766

续表

序号	公司名称	地区	联系人	电话
512	厦门市罗普特科技有限公司	福建省	江文涛	0592－7887890
513	厦门市卫联电子系统工程有限公司	福建省	林素萍	0592－5528211
514	厦门新岛电子系统有限公司	福建省	宋景光	0592－6039350
515	厦门誉诚科威安全技术开发有限责任公司	福建省	王海清	0592－3181070
516	项城市科安达电子有限公司	河南省	时一平	0371－86055778
517	新太科技股份有限公司	广东省	李子岩	020－85521717
518	信社科技（北京）有限公司	北京市	施霄雁	010－82622188
519	徐州神州通达建筑智能化有限责任公司	江苏省	于爱侠	0516－83756869
520	雅信泓泰（北京）科技有限公司	北京市	卢少静	010－84945239－608
521	烟台东晓安全防范器材有限公司	山东省	马甄潞	0535－6659478
522	烟台天讯信息技术有限责任公司	山东省	王吉会	0535－6093575
523	炎华诚信电子科技发展（北京）有限公司	北京市	刘炎相	010－52435110
524	研祥智能科技股份有限公司	上海市	何伟	021－64514368
525	扬州豪纬道路工程有限公司	江苏省	王如健	0514－84217997
526	颐信科技有限公司	北京市	付聪	010－65389389
527	英特韦特安防科技（中山）有限公司	广东省	赖朝珍	0760－85318019
528	影来腾贸易（上海）有限公司	上海市	陈杰	021－53022229
529	余姚市久安保安设备厂	浙江省	孙宇杰	0574－62465068
530	浙江晨鹰科技有限公司	浙江省	李灵丽	0571－86046676
531	浙江春红工贸有限公司	浙江省	王俊葵	0578－3185803
532	浙江春天门业有限公司	浙江省	胡振妙	0579－87718661
533	浙江德威电子有限公司	浙江省	董金伟	0571－88812333
534	浙江捷尚视觉科技有限公司	浙江省	马艳霞	0571－28137008
535	浙江精密仪器研究所	浙江省	周武邦	0571－85077726
536	浙江快讯电子有限公司	浙江省	杨帆	0576－88525111
537	浙江龙阳门业有限公司	浙江省	任征远	0579－89086059
538	浙江神将门业有限公司	浙江省	黄志全	0579－87968181
539	浙江西谷数字技术有限公司	浙江省	董丽丽	0573－82651635
540	中国船舶重工集团公司第七一八研究所	河北省	王红波	0310－5100718/19
541	中国电子科技集团公司第三十八研究所	安徽省	黄昭华	0551－5163866
542	中国航天科工防御技术研究院	北京市	张鸿	010－68385814
543	中国移动通信集团辽宁有限公司	辽宁省	张春	024－83781210
544	中海智（北京）科技有限公司	北京市	杨笑燰	010－84417399
545	中康伟业南京科技发展有限公司	江苏省	贺丽君	025－86560162
546	中山利堡科技有限公司	广东省	杨雪莲	0760－86211651
547	中山市小榄镇阳光制锁厂	广东省	杨官贵	0760－22112259
548	中山市佐敦音响防盗设备有限公司	广东省	陈慧芳	0760－22829582
549	中以联科电子安装工程（北京）有限公司	上海市	袁盈盈	021－61281299－730
550	众诚泰科（北京）电子设备有限公司	北京市	王喆风	13911308189
551	重庆后来科技发展有限公司	重庆市	吴东	023－86720609

续表

序号	公司名称	地区	联系人	电话
552	重庆杰视电子科技有限公司	重庆市	杨婷婷	023－68629808
553	重庆金鹏警用器械有限公司	重庆市	唐玉莲	023－65486098
554	重庆科丰系统工程有限公司	重庆市	彭永碧	023－66640616
555	重庆森迪安防产业发展有限公司	重庆市	姚婧	023－68794903
556	重庆市富奇科技有限公司	重庆市	赵川	023－65106972
557	株洲南车时代电气股份有限公司	湖南省	吴正平	0731－28498375
558	珠海金联安警用技术研究发展中心有限公司	广东省	刘伟	0756－3391998
559	珠海市安科电子有限公司	广东省	魏永强	0756－3336816
560	珠海市方安电器有限公司	广东省	窦丽霞	0756－6181322/33
561	珠海市竞争电子科技有限公司	广东省	肖冬梅	0756－3369555
562	珠海市盛远信息技术有限公司	广东省	祝俊元	0756－3377056

第五节　中国安全防范产品行业协会专家委员会名录

（截至 2011 年 12 月 31 日）

一、中国安全防范产品行业协会专家委员会委员名录

名誉主任：李润森　王 俭　柳晓川

顾　　问：傅 森　刘 辛　司同军

主任委员：王彦吉

副主任委员：靳秀凤　李建平　陈朝武　刘 舒

委　　员（按姓氏笔画排列）：

丁 辉　马晓东　王彦吉　刘希清　刘剑锋　刘 舒　何培重　张 莹　张金山　李 彤　李进发　李建平　李明甫　杜 强　陈学亮　陈惠民　陈朝武　罗 云　郑 健　施巨岭　胡志昂　胡晓敏　彭 华　靳秀凤　鲍逸明　戴 林

二、中国安全防范产品行业协会专家委员会成员名录

（按姓氏笔画排列）

丁 辉　万新宇　于长波　马 昕　马晓东　方 力　王 梅　王仁奎　王兴全　王同臻　王汝林　王俊岭　王彦吉　王衍德　王渊峰　王维彬　王斌坚　代建国　卢 云　卢井林　卢鑫法　史彦林　叶 晨　叶双全　田 竟　田庆龙　田宝中　刘 刚　刘 刚　刘立平　刘存信　刘希清　刘剑锋　刘晓新　刘朝晖　刘 舒　孙 非　安福东　巩宪国　朱 峰　朱俊云　朱益军　牟晓生　祁 金　何培重　余凌云　吴云龙　吴灵昌　吴洪进　吴轶轩　宋 林　张 波　张 莹　张 敏　张明罡　张金山　张恩伟　李 彤　李加洪　李龙杰　李仲男　李秀林　李学全　李建平　李明甫　李洪宾　杜 强　杨 英　杨和声　杨学军　杨官贵　沈 蒙　沈伟斌　辛丽萍　邱日祥　陆建忠　陈 龙　陈 坤　陈宏乔　陈家友　陈惠民　陈朝武　陈学亮　周 嵩　周 群　周东培　周左鹰　周金良　庞惠民　林江峰　罗 云　郑 文　郑 健　郑 晖　郑小平　金 山　施巨岭　洪卫军　胡传平　胡志昂　胡晓敏　胡瑞敏　赵永鹏　赵秉军　徐 律　徐志伟　徐晓波　许君淮　聂 蓉　袁振声　顾 杰　高长德　高常青　崔小坤　崔玉华　曹 榆　曹国辉　曹忠伟　黄伟明　黄校垣　傅利泉　强 毅　彭 华　彭宁嵩　彭喜东　景小峰　程建功　童新轮　蒋秀德　谢福元　韩锦坤　鲁品琦　腾志强　雷家荣　靳秀凤　鲍逸明　熊春林　谭 政　滕 旭　戴 林　魏全生　魏福连

三、中国安全防范产品行业协会专家委员会各专业组组长名录

战 略 组　组　长：靳秀凤
　　　　　副组长：刘存信、曹国辉、朱 峰

技 术 组　组　长：陈朝武
　　　　　副组长：史彦林、叶 晨、沈伟斌

标准化组　组　长：李建平
　　　　　副组长：施巨岭、孙 非、胡志昂、鲍逸明

防爆安检组　组　长：郑 健
　　　　　副组长：彭 华、王俊岭、王同臻、陈学亮

实体防护组　组　长：周东培
　　　　　副组长：王维彬、顾 杰、杨官贵、徐 律

第十一章　地方安防协会

第一节　地方安防协会介绍

北京安全防范行业协会

北京安全防范行业协会（以下简称“北京安防协会”）是经北京市民政局社团办核准登记的非营利性社会团体组织，自2005年8月成立以来，坚持为会员服务，为行业服务，为政府服务，为社会服务的宗旨，发展迅猛，现有会员企业1407家。北京安防协会下设7个职能部门即办公室、行业发展部、技术交流部、培训部、专家委员会、北京安防职业技能培训学校、《北京安防》编辑部。

北京安防协会秘书处现有领导3人，其中退休民警1人，退出现职民警2人。北京安防协会从社会聘用工作人员20人，其中本科学历16人，大专学历4人。北京安防协会成立以来充分发挥政府和企业之间的桥梁和纽带作用，团结进取，扎实工作，积极开展行业自律建设，搭建安防服务平台，不断完善和规范内部工作机制，引领安防行业健康发展，为首都科技创安、平安北京建设作出了积极的贡献。

地　　址：北京市朝阳区小营路15号院1号楼4层（中乐大厦）
邮　　编：100101
负 责 人：栗　萍
电　　话：010－62020816－253
联 系 人：曹　森
电　　话：010－62022180－206
网　　址：www. bspia. com
电子邮箱：502446070@ qq. com

上海安全防范报警协会

上海安全防范报警协会（以下简称“上海安防协会”）成立于1992年，经上海市民政局登记注册，其上级业务主管机关是上海市公安局。目前上海安防协会共有团体会员450余家。上海安防协会是由上海市行政区域内从事安全技术防范产品管理、科研、开发、生产、经营、推广应用、技术培训、信息服务，安全技术防范工程设计、施工、维修等技术服务和安全技术防范行业宣传教育、出版、印刷等企事业单位，以及相关的高、中等教育机构等单位自愿组成的非营利性的社会团体，是社团法人。

上海安防协会的宗旨是：遵守宪法，贯彻执行国家的法律、法规和政策，协助政府从事安全技术防范行业管理、维护会员的合法权益，发挥协会行业服务、行业自律、行业代表、行业协调功能，团结和组织会员单位为上海地区安全技术防范行业的健康发展，促进社会稳定，保障人民生命财产安全作出贡献。

上海安防协会的业务范围是：行业培训、咨询交流、合作、考察、会展招商，产品推介；行业政策决策论证、听证；参与行业标准制定；行业统计、调查、协调、资质审核；方案论证、工程评估等。

地　　址：上海市建国中路30号910室
邮　　编：200025
负 责 人：孙廷华
电　　话：021－22025719
联 系 人：施赛琴
电　　话：021－22025719
网　　址：www. sh－anfang. org
电子邮箱：sh－anfang@ vip. sina. com

天津市公共安全技术防范行业协会

天津市公共安全技术防范行业协会（以下简称“天津安防协会”）于2004年12月31日正式成立。天津安防协会是由从事公共安全技术防范产品管理、科研、开发、生产、经营、推广应用、技术培训、信息服务，安全技术防范工程设计、施工、维修等技术服务和安防行业宣传教育、出版、印刷的企事业单位自愿组成的行业性、非营利性的社会团体。天津安防协会接受业务主管单位天津市公安局和社团登记管理机关天津市社会团体管理局的业务指导和监督管理。

天津安防协会的宗旨是：遵守宪法、法律、法规和国家政策，遵守社会道德风尚。在天津市公安局的指导下，依靠行业集体的力量积极推进天津市公共安全技术防范行业的发展，为会员的共同利益服务，维护会员及全行业的合法权益；发挥政府部门实施行业管理的助手作用，为政府部门和社会服务；开展与国内外相关企业、组织的经济技术往来活动，加强经济技术交流与合作，促进行业管理水平和经济效益的不断提高，为维护社会稳定和社会公共安全事业的发展作出贡献。

天津安防协会是天津安防行业实现自我约束、自我管理的社会组织，是密切政府与企业之间的桥梁和纽带，它的成立对深化行政审批制度改革、规范天津市安防行业市场经营秩序，维护业内企业和广大消费者的合法权益，促进天津市安防行业的发展具有重要意义。

地　　址：天津市和平区鞍山道41号
邮　　编：300020
负 责 人：李庆生
电　　话：022－27316621
联 系 人：王洋
电　　话：022－27316621
网　　址：www. tjaf. com. cn
电子邮箱：tjafxh@ 126. com

重庆市公共安全技术防范协会

重庆市公共安全技术防范协会（以下简称“重庆安防协会”）于2009年3月经重庆市民政局民间组织管理局批准正式成立。上级主管单位是重庆市公安局，具体工作指导部门是重庆市公安局社会公共安全行业管理办公室。

重庆安防协会的宗旨是：团结和组织协会会员，遵守宪法、法律、法规和国家政策，遵守社会公共道德，遵守行业规范和相关技术标准；通过政策研究、行业自律、知识产权保护等工作，维护会员及行业的合法权益；在政府主管部门的指导下，依靠该领域集体力量，通过开展安防知识普及，成果推广与应用，国内外交流与合作，提高全市安全防范工作的整体水平。

重庆安防协会主要业务范围是：在政府主管部门的指导下，推行安防工程及产品的专家评审和鉴定制度，参与制定本行业相关产品、工程的质量规范和服务标准；办理安防工程设计、安装、维修资质等级证书，办理外地企业登记备案；出版相关刊物，运行安防网站，统计、调查、分析和汇总行业资料，组织安防培训，为会员单位提供技术、信息咨询服务。

地　　址：重庆市渝北区龙溪街道紫园路116号鼎泰公寓1栋4－5－2
邮　　编：401147
负 责 人：李光伟
电　　话：13908350068
联 系 人：郭蔚
电　　话：13983361701
网　　址：www. cqaf. com. cn
电子邮箱：cqafxh@ 163. com

河北省安全技术防范学会

河北省安全技术防范学会（以下简称“河北安防学会”）英文译名：HEBEI SECURITY TECHNOLOGY&PROTECTION ASSOCIATION，缩写为 HBSTPA。

河北安防学会的性质是从事安全检查、防盗报警、出入口控制、建筑与道路交通安全防范、电视监控及其系统工程等产品的研制开发、生产、经营、维修、技术咨询及承接设计、安装、维修安全技术防范系统工程的企事业单位自愿参加的全省性行业组织，是社团法人。

河北安防学会的宗旨是遵守宪法、法律、法规和国家政策，遵守社会道德风尚。在政府有关部门的指导下，依靠行业的集体力量加速河北省安全防范产品的发展，为会员单位的共同利益服务，维护全行业与会员单位的合法权益。发挥政府部门实施行业管理的助手作用；开展与省内外相关组织的经济技术往来，以促进全行业经济技术管理水平和经济效益的不断提高；推进河北省安全防范产品的发展；为社会安定和全社会的公共安全事业作出贡献。

河北安防学会接受河北省公安厅、河北省民政厅的业务指导和监督管理。

地　　址：河北省石家庄市中山西路469号
邮　　编：050051
负 责 人：钱从军
电　　话：0311－6662402
联 系 人：闫兵杰
电　　话：0311－83052206
网　　址：www. hbafw. net
电子邮箱：webmaster@ hbafw. net

内蒙古自治区公共安全技术防范行业协会

内蒙古自治区公共安全技术防范行业协会（以下简称“内蒙古安防协会”）是在“自愿发起，自筹经费，自聘人员，自主会务”的原则基础上，经内蒙古自治区民政厅登记，由内蒙古自治区公安厅业务指导的社团组织。凡在内蒙古自治区内从事防入侵、防抢劫、防盗窃、防破坏、防爆炸、防伪等活动的产品开发、生产、销售；技术防范系统工程、施工、维修、使用等；以及相关的管理、教育培训、信息服务等企事业单位，遵守并履行本协会章程，均可以申请加入。

内蒙古安防协会的宗旨是：团结和组织会员单位，遵守宪法、法律、法规和国家政策，遵守社会道德风尚，在内蒙古自治区公安厅的指导下，依靠本行业和集体的力量，积极推进全区公共安全技术防范行业的发展，为会员单位的共同利益服务，维护全行业与会员单位的合法权益。积极开展与全区内外有关行业和单位经济技术往来，不断提高全行业的质量技术、管理水平、社会效益和经济效益。为维护社会稳定安定和全社会的公共安全事业作出贡献。

内蒙古安防协会将始终本着团结、服务、求实的精神，竭诚为会员单位及全行业服务，为维护社会公共安全和社会稳定贡献力量。

地　　址：内蒙古自治区呼和浩特市赛罕区乌兰察布西路三十五中东巷
邮　　编：010010
负 责 人：孙秀峰
电　　话：0471－6550338
联 系 人：郝晓敏
电　　话：0471－6551371
网　　址：www. nmgafxh. com
电子邮箱：nmgafxh@ 163. com

辽宁省社会公共安全产品行业协会

辽宁省社会公共安全产品行业协会（Liaoning profession association for Social Public Security Products）（以下简称“辽宁安防协会”）于1999年5月29日在沈阳成立，是经辽宁省民政厅批准并注册的社团组织。辽宁安防协会在业务上接受辽宁省公安厅技防办指导，属于非营利的社团组织。是由从事安全防范、消防、道路交通管理、治安管理、刑事勘查鉴定、警用器具、防伪技术等产品的研制、开发、生产及工程的经营施工、维修的企事业单位自愿参加的全省性社团组织。

辽宁安防协会的宗旨是：遵守宪法、法律、法规和国家政策，遵守社会道德风尚，在政府有关部门的指导下，依靠本行业的集体力量，积极开展与省内各机关组织的经济技术往来，促进全行业技术、管理水平和经济效益的不断提高，加速辽宁省社会公共产品事业的发展。

目前，辽宁安防协会有会长1人，副会长10人，常务理事13人，理事24人。秘书长1人，工作人员3人。

辽宁安防协会将继续努力自身建设，团结广大会员，紧紧抓住发展机遇，开拓创新，为辽宁安防行业的发展，为维护社会公共安全和社会稳定贡献力量。

地　　址：辽宁省沈阳市皇姑区北陵大街九号（翔云楼宾馆203室）
邮　　编：110032
负 责 人：陈　雷
电　　话：024－86992480
联 系 人：张东升
电　　话：024－86849171
网　　址：www. lnafxh. cn
电子邮箱：lnafxh@ 163. com

吉林省社会公共安全产品行业协会

吉林省社会公共安全产品行业协会（以下简称“吉林安防协会”）是经吉林省民政厅批准并注册的社团组织。吉林安防协会在业务上接受吉林省公安厅技防办指导，属于非赢利的社团组织。

吉林安防协会由吉林省从事消防、道路交通管理、刑事技术、警用装具、防伪技术、安全防范及其系统工程等领域中有关产品研制、开发、生产、维修、经营、技术咨询以及承接系统工程设计、施工的企业单位，自愿参加的全省性行业组织。

吉林安防协会的宗旨是：在政府有关部门的指导下为本行业企业、科研单位、大专院校服务，促进企业发展，维护企业的权益。在政府和企业之间发挥桥梁和纽带作用，反映企业的愿望和要求，传达贯彻政府的方针、政策和法令，协助政府做好行业管理工作，推进科技进步，提高综合经济效益，积极开展与国内外同行业相关的各项交往活动，推动全行业的发展。

地　　址：吉林省长春市人民大街 7457 号金士百大厦四层
邮　　编：130022
负 责 人：刘　敏
电　　话：0431－85829538
联 系 人：孙　蕾
电　　话：0431－85829538
网　　址：www. jlafw. com
电子邮箱：Jlafw8383@ 126. com

黑龙江省社会公共安全产品行业协会

黑龙江省社会公共安全产品行业协会（以下简称“黑龙江安防协会”）。其英文译名为 Heilongjiang Provincial Social Public Security Product Trade Association，缩写为 HPSPSPTA。黑龙江安防协会由黑龙江省安全防范产品行业从业单位、团体及个人自愿组成，是唯一代表黑龙江省安全防范产品行业的、非营利性的、自律性的社会团体，

黑龙江安防协会的业务主管部门是黑龙江省公安厅，社团登记管理部门是黑龙江省民政厅。黑龙江安防协会自愿接受省公安厅和省民政厅的业务指导和监督管理

凡是在黑龙江省内从事防爆安全检查设备、安全报警器材、车辆防盗联网系统、社区安全防范系统、出入口控制系统、防盗门、锁、柜、人体防护装备、运钞车等生产经营、设计施工的企、事业单位，均可申请加入黑龙江安防协会。

黑龙江安防协会严格遵守国家法规、法令，认真履行承上启下、协调、监督的职责，努力为政府服务，为会员服务，为全行业服务，为广大用户服务，在政府与会员及广大用户之间搭建起畅通的桥梁，维系起紧密的纽带，不断推动安全防范产品行业的健康发展。

地　　址：黑龙江省哈尔滨市南岗区第四方园里 21 号龙安宾馆 211 室
邮　　编：150001
负 责 人：张庆栋
电　　话：0451—82696187
联 系 人：赵希明
电　　话：0451—82696637
网　　址：www. hljps. com
电子邮箱：hljps88@ yahoo. com. cn

浙江省安全技术防范行业协会

浙江省安全技术防范行业协会（以下简称“浙江安防协会”）成立于 2003 年 2 月 28 日。浙江安防协会是经浙江省民政厅注册登记，省公安厅业务指导，从事安全技术防范产品生产、承接安全技术防范系统工程设计施工，以及相关的企事业单位自愿参加的地方性行业组织。

浙江安防协会的宗旨是：遵守宪法、法律、法规和国家政策，在政府有关部门的指导下，依靠行业的集体力量，促进安全技术防范事业的发展，为会员单位的共同利益服务；维护行业与会员单位的合法权益，加强行业自律，发挥政府部门的助手作用；开展与国内外相关组织的经济技术交流，以促进全行业技术、管理水平和经济效益的不断提高；推进安全防范工作的发展，为社会安定和社会公共安全事业作出应有的贡献。

浙江安防协会集中了浙江省全行业的骨干企业和主要的技术力量，代表了浙江省安防行业的现状，拥有较强的技术力量和经济实力。浙江安防协会理事长领导下的秘书

处为日常办事机构，同时建有浙江安防协会网站，为行业和社会各界提供服务。

浙江安防协会将始终本着团结、服务、求实、精业的精神，竭诚为会员单位及全行业服务，为维护社会公共安全和社会稳定贡献力量。

地　　址：浙江省杭州市上城区清泰街571号金泰商务大厦906

邮　　编：310000

负 责 人：王长依

电　　话：0571－85810701

联 系 人：王长依

电　　话：0571－85810701

网　　址：www. zjaf. net

电子邮箱：zjafxh@ 126. com

安徽省安全技术防范行业协会

2002年5月17日，安徽省安全技术防范行业协会（以下简称“安徽安防协会”）召开第一次会员代表大会。会议通过了选举章程，选举产生了第一届理事会。同年6月26日，安徽安防协会经安徽省民政厅批准正式登记成立。

2010年1月，安徽安防协会召开第三次全体会员代表大会。会议选举产生第三届理事会、常务理事会。王静为协会理事长，范厚本为协会副理事长，江燕为协会秘书长，张军、张敬锋为协会副秘书长。

截至2011年，安徽安防协会共有会员500多家。安徽安防协会在服务、科研、培训、交流、协调等方面开展了卓有成效的工作，尤其在服务会员、行业发展、平安建设和强化行业自律等方面取得了显著成绩。一是开展了行业技术人员专业培训工作，提高了从业人员的整体技能和水平；二是开展了行业资质等级评定工作，强化了行业自律，规范了行业从业行为；三是举办公共安全产品展览会和专题研讨会，推动了行业间的交流合作；四是组织平安建设关键技术研究，有力地推动了全省报警监控系统的建设、推广、应用；五是研究行业发展规划，为行业发展提供了方向性指导。

地　　址：安徽省合肥市安庆路282号

邮　　编：340001

负 责 人：范厚本

电　　话：0551－2801093

联 系 人：张敬锋

电　　话：0551－2801347

网　　址：www. aspia. cn

电子邮箱：webmaster@ aspia. cn

福建省安全技术防范行业协会

福建省安全技术防范行业协会（以下简称“福建安防协会”）属行业类社团组织，2007年12月在福州成立，2008年2月经福建省民政厅登记注册，业务上接受福建省公安厅指导。福建安防协会现有会员267名，福建安防协会理事长、法人代表由福建省公安厅党委委员、副厅长施志强兼任。

福建安防协会的宗旨是：团结和组织本协会会员，遵守宪法、法律、法规和国家政策，遵守社会公共道德，遵守行业规范和相关技术标准；通过政策研究、行业自律、知识产权保护等工作，维护会员及行业的合法权益；在政府主管部门的指导下，依靠行业集体力量，通过开展安防知识普及，成果推广与应用，国内外交流与合作，提高福建省安全防范工作的整体水平；积极发挥行业协会与政府管理部门之间的桥梁与纽带作用；发挥协会的社会公正性、中介协调性、联系广泛性和专业权威性作用，为福建的“科技创安”，建设“平安福建”，构建和谐社会作出更大的贡献。

地　　址：福建省福州市华林路12号省公安厅指挥情报中心2层

邮　　编：350003

负 责 人：潘东升

电　　话：0591－87093502

联 系 人：林新章

电　　话：0591－87093588

网　　址：www. hxaf. org

电子邮箱：hxaf. org@ 163. com

江西省安全技术防范行业协会

江西省安全技术防范行业协会（以下简称“江西安防协会”）原名江西省社会公共安全产品行业协会，成立于1994年12月12日。主要由江西省境内从事安全技术防范工程设计、施工、维护的工程公司组成，拥有会员单位280余家。现任理事长杨宏庆，副理事长兼秘书长张文钧。

江西安防协会定期举办安防人员业务培训班，积极开展企业资信等级评定工作，组织行业交流，促进江西省安防行业健康发展。

江西安防协会内设综合办公室，负责协会日常文秘档案管理、行政财务以及会员管理等工作。内设安防专家委员会，从事江西省安全防范领域的专业技术咨询和专业技术评定等服务工作。内设安防工程质量监督管理委员会，负责江西省安防项目（尤其是重点项目）的设计审核和技术论证。内设安防资质及信用评估委员会，负责行业内工程商企业资质评定管理。内设“江西安防网”（www. jxafw. org），成为江西省安防行业信息、技术交流的门户网站。

江西安防协会将继续加强自身建设，服务企业，服务政府，服务社会，致力于江西省安防行业的长期健康发展，为江西省经济繁荣，社会和谐作出应有的贡献。

地　　址：江西省南昌市东湖区二经路37号三楼
邮　　编：330006
负 责 人：杨宏庆
电　　话：0791－86809351
联 系 人：梅小艳
电　　话：0791－6809351
网　　址：www. jxafw. org
电子邮箱：jxafxh@ 163. com

山东省公共安全技术防范协会

山东省公共安全技术防范协会（以下简称“山东安防协会”）成立于2011年1月。山东安防协会是由从事公共安全技术防范产品研制、开发、生产、销售，公共安全技术防范工程设计、安装、维修、监理，报警运营服务，公共安全技术防范领域的科学研究、政策研究、技术服务、信息服务、咨询服务，公共安全技术防范系统的使用和管理等单位及有关专业人士自愿组成的非营利全省性社会团体法人。

山东安防协会的业务主管单位是山东省公安厅，社团登记管理机关是山东省民政厅，同时接受山东省公安厅和山东省民政厅的指导和监督管理。

山东安防协会的宗旨是：遵守宪法、法律、法规和国家政策，遵守社会公德和行业道德，在公安机关的指导下，依靠行业的集体力量，加强安防行业自律管理，维护安防行业合法权益，协调会员之间的关系；充分发挥行业协会与政府管理部门之间的桥梁作用，积极开展国内外交流合作，不断提高山东省全行业的技术水平、管理水平、社会效益和经济效益，促进山东省公共安全技术防范事业的发展。

截至2011年，山东安防协会共有会员单位300余家（含济南、青岛协会成员），其中常务理事27家，理事36家，团体会员3家。主要负责人：会长朱有林，副会长王振龙、吕传杰，秘书长谢鲁。

地　　址：山东省济南市经二路185号
邮　　编：250001
负 责 人：朱有林
电　　话：0531－85123170
联 系 人：谢　鲁
电　　话：0531－85123130
网　　址：www. sdaf. org. cn
电子邮箱：Luxie198@ sina. com

湖北省安全技术防范行业协会

湖北省安全技术防范行业协会（以下简称“湖北安防协会”）是经湖北省公安厅批准，湖北省民政厅登记注册，于2003年12月6日在武汉成立。现有个人和团体会员439名。

湖北安防协会具有独立法人资格，是湖北省内从事防盗报警、出入口控制、电视监控、防盗门（锁、柜）、防弹运钞车、防弹玻璃、防伪技术、安全检查设备、警用防范器材等产品的研制、开发、生产、经营和承接安全技术防范工程设计的企事业单位自愿组成的全省性、行业性、非营利性社会团体。

湖北安防协会的宗旨：严格遵守宪法、法律、法规和国家政策，遵守社会道德风尚，团结和组织全体会员单位，为发展安防事业，促进社会稳定，保障人民生命财产安全作出贡献。依照政府要求推动企业进步，反映企业情况，为政府决策提供参考，发挥政府与企业之间的桥梁和纽带作用。

湖北安防协会业务主管单位是湖北省公安厅；社团登记管理机关是湖北省民政厅。湖北安防协会接受湖北省公安厅和湖北省民政厅的业务指导和监督管理。

湖北安防协会主办的“楚天安防网（www. ctafw. cn/com）、安防商铺网（www. afspw. com）网站”是协会重要宣传媒体，也是为会员企业服务的最有效载体。湖北安防协会竭诚为会员企业及广大安防企业服务，已收到显著效果，受到社会各界好评。

地　　址：湖北省武汉市武昌区傅家坡1路33号
邮　　编：430070
秘 书 长：陈元开
电　　话：027－67122219
联 系 人：郭志刚
电　　话：027－67122581
网　　址：www. ctafw. cn/com

湖南省安全技术防范协会

湖南省安全技术防范协会（以下简称“湖南安防协会”）于1996年9月26日经湖南省民政厅批准成立，湖南安防协会接受业务主管单位湖南省公安厅和社团登记管理机关湖南省民政厅领导的业务指导和监督管理。

湖南安防协会是由从事防爆安全检查、防盗报警、出入口控制、电子防范监控及防伪等产品的研制开发、生产、经营、维修、技术咨询以及承接设计安装安全防范系统工程的企事业单位自愿参加的全省性行业组织。

湖南安防协会宗旨是：遵守宪法、法律、法规和国家政策，遵守社会道德风尚；在政府有关部门的指导下，依靠行业集体的力量积极推进湖南省公共安全技术防范行业的发展，为会员的共同利益服务，维护会员及全行业的合法权益；在政府部门实施行业管理工作中发挥助手作用，为政府部门和社会服务；开展与省内外相关企业、组织的经济技术交流与合作，促进行业经济技术、管理水平和经济效益不断提高，为维护社会稳定和社会公共安全事业的发展作出应有的贡献。

湖南安防协会住所设在湖南省长沙市。

地　　址：湖南省长沙市八一路110号
邮　　编：410001
秘 书 长：符建中
电　　话：0731－84597711
联 系 人：刘　靓
电　　话：0731－84597470
网　　址：www. secu. hn. cn
电子邮箱：hnsafxh@ 163. com

广东省公共安全技术防范协会

广东省公共安全技术防范协会（以下简称“广东安防协会”）于2006年9月26日正式成立，广东安防协会是在“自愿发起，自选会长，自筹经费，自聘人员，自主会务”的原则基础上，实行无行政级别、无行政事业编制，并在行政业务主管部门的指导下的非营利性行业组织、省一级社团法人组织。

凡是在广东省内从事防入侵、防抢劫、防盗窃、防破坏、防爆炸、防伪等活动的产品开发、生产、销售；技防系统工程设计、防伪工程设计、施工、维修、使用等；以及相关的管理、教育培训、咨询服务、信息服务等企事业单位，只要遵守广东安防协会章程，均可申请加入。

作为社会中介组织，广东安防协会严格遵守国家法规、法令，担负着承上启下、协调和监督的重任，为政府服务，为会员服务，为全行业服务，为广大用户服务，在政府与会员及广大用户之间搭建起畅通的桥梁，维系起紧密的纽带，推动安全防范产品行业健康发展。

广东安防协会将不断地扩大国际、国内、广东省内同行间的交往与合作，愿与业界朋友共同为安防产品行业的发展和社会公共安全事业贡献力量。

地　　址：广东省广州市越秀区原道路7号3楼
邮　　编：510095
负 责 人：李育兴（会长）邱小栓（秘书长）
电　　话：020－87322101、87322488
联 系 人：关勇河
电　　话：020－87322101－205
网　　址：www. gdafxh. org
电子邮箱：gdafxh@ gdafxh. org

海南省安全技术防范行业协会

海南省安全技术防范行业协会（以下简称“海南安防协会”）成立于 2010 年 4 月 26 日，其英文译名：HAINAN PROFESSION ASSOCIATION FOR SECURITY TECHNOLOGY PROTECTION，缩写 HNAF。是由海南省公共安全技术防范从业单位团体自愿组成的非营利性、自律性社会组织。业务主管部门是海南省公安厅，社团和登记管理机关是海南省民政厅。

海南安防协会会员单位包括：从事防入侵、防抢劫、防盗窃、防破坏、防爆炸、防伪等活动的产品开发、生产、销售；技防系统工程设计、防伪工程设计、施工、维修、使用等单位以及相关的政策法规、管理、教育培训、咨询服务、信息服务等单位。

海南安防协会的宗旨是：遵守宪法、法律、法规和国家政策，深入贯彻科学发展观；加强安防从业单位自律管理，规范会员行为；维护安防从业单位合法权益，维护公平竞争，促进安防行业发展；发挥政府与会员之间的桥梁纽带作用，沟通会员与政府相关部门之间的关系，协调会员之间的关系，为会员服务，为政府服务，为社会服务，促进同行业经济发展，提高海南省安防行业企业在国内外市场的竞争力；加强协会自身建设，努力把协会打造成海南省一流的行业组织，为建设海南国际旅游岛“科技创安”和社会治安稳定作出贡献。

地　　址：海南省海口市南沙路 19 号
邮　　编：570206
负 责 人：吴灵昌
电　　话：0898－68836201
联 系 人：李洪宾
电　　话：0898－68836208
网　　址：www. hnanfang. net
电子邮箱：516637209@ qq. com

四川省社会公共安全行业协会

四川省社会公共安全行业协会（以下简称“四川安防协会”）成立于 2002 年，是经四川省民政厅注册登记，四川省公安厅业务指导，安全技术防范行业从业单位自愿参加的地方性行业组织。

四川安防协会的宗旨是：遵守宪法、法律、法规和国家政策，为政府职能部门管理社会公共安全行业提供积极服务，推动会员之间的协调自律，规范从业行为，维护市场秩序，促进社会公共安全行业进步，依法维护会员的合法权益，反映企业情况，为增进政府职能部门与企业之间的联系起好桥梁纽带作用。

四川安防协会的主要任务：开展对安全技术防范工作情况的调查研究，掌握行业基本情况，制定行业中长期发展规划。为政府有关部门制定政策、法规、管理办法提出建议；推广新产品、新技术、新材料；积极加强横向经济联合和技术合作，制定并监督执行行规行约；组织人才交流，加强专业技术人员培训；举办展示展销会、讲座、讲学；发布安防行业信息，加强安防行业宣传，编辑出版协会会刊；建立法律咨询机制，积极为协会会员单位提供法律咨询服务，努力保障会员单位合法权益。

四川安防协会本着为政府服务、为行业服务、为广大人民群众服务的宗旨，竭诚为会员单位及全行业服务，为维护社会公共安全和社会稳定贡献力量。

地　　址：四川省成都市文翁路 159 号 306、307 室
邮　　编：610041
负 责 人：徐学元
电　　话：028－86303169
联 系 人：王　洪
电　　话：028－86303169
网　　址：www. scafxh. org
电子邮箱：scafxh@ 163. com

贵州省安全技术防范行业协会

贵州省安全技术防范行业协会（以下简称“贵州安防协会”）是经贵州省公安厅党委研究，并分别报贵州省委组织部和民政厅批准，于 2007 年 3 月 15 日成立，在贵州省公安厅的业务指导和贵州省民政厅的监督管理下开展业务。

贵州安防协会是由安防工程企业、销售厂商及其他热爱安防事业的企、事业单位、团体和个人自愿组成的非营利性社会组织。

贵州安防协会宗旨是：服务、保护、协调、进步。贵州安防协会依照政府要求推动企业进步，反映企业情况，为政府决策提供参考，发挥政府与企业之间的桥梁和纽带作

用。贵州安防协会具有独立法人资格。

贵州安防协会自成立以来，积极发挥行业协会与政府管理部门之间的桥梁与纽带作用；发挥协会的社会公正性、中介协调性、联系广泛性和专业权威性作用，为贵州省的平安建设和社会治安稳定作出贡献。

地　　址：贵州省贵阳市宝山北路76号公安厅招待所附6楼
邮　　编：550001
负 责 人：杨广生
电　　话：0851－5904595
联 系 人：王茂海
电　　话：0851－5611997
网　　址：www. gzsaf. com
电子邮箱：353064453@ qq. com

云南省安全技术防范协会

云南省安全技术防范协会（以下简称“云南安防协会”）成立于2005年7月28日，是在云南省民政厅注册的民间组织机构，业务上接受云南省公安厅领导，属于自愿性专业性非营利性的社会团体。

云南安防协会会员单位主要包括在云南省行政区域内从事防爆安全检查、防盗报警、出入口控制、电视监控系统、防盗安全门、金库门、防盗锁、防盗保险柜（箱）、防弹复合玻璃和警用安全防范器材等产品的研制开发、生产、维修技术培训，信息服务以及承接安全技术防范系统工程设计、施工、维修等单位。

云南安防协会的宗旨是：遵守宪法、贯彻执行国家法律、法规和政策、协助政府从事安全技术防范的管理，维护会员的合法权益，发挥协会服务、自律、协调的功能。协会主要业务范围是组织会员单位进行安全防范学术交流、技术调研、行业咨询和培训、行业协调服务。协会内设机构有秘书处、培训部、网站部、会刊部，设有名誉会长、会长、秘书长各1人，副会长3人，副秘书长3人。

云南安防协会现有常务理事单位17个，理事单位20个，没有个人会员，至2011年12月31日，共有会员单位1200家。

地　　址：云南省昆明市五一路131号
邮　　编：650021
负 责 人：李文宏
电　　话：0871－3051383
联 系 人：付　翔
电　　话：0871－3052792
网　　址：www. ynaf. net. cn

陕西省安全防范产品行业协会

陕西省安全防范产品行业协会（以下简称“陕西安防协会”）于2003年11月3日在西安成立。是经陕西省民政厅登记注册的省一级社团法人。陕西安防协会在业务上受陕西省公安厅指导，是跨部门、跨地区的全省性行业组织。

陕西安防协会严格遵守国家法律、法规，强化行业自律，秉承服务于政府、企业、用户之间搭建起桥梁和纽带，以推动陕西省安全技术防范行业的健康发展。凡是在陕西省境内从事安全技术防范产品的研制、开发、经营、维修、技术培训、信息服务、安全防范报警系统工程设计、施工、监理、监测、运营、保险的单位和广大用户单位、个人均可申请加入陕西安防协会，现有副理事长单位14家，理事单位32家，会员单位近600家。

陕西安防协会为会员、社会和政府适时开展了形式多样、内容丰富的活动，组织社会公共安全产品展览和技术交流、开设业务培训班、开展咨询和信息服务、引进先进技术，不断扩大行业间的交流与合作，与业界广大朋友共同为陕西社会公共安全事业的发展贡献力量。

陕西安防协会在省公安厅的业务指导和民政厅的监督管理下勇于创新，积极进取，充分发挥协会在政府与企业之间的桥梁和纽带作用，为中国的安防事业健康快速发展而努力奋斗。

地　　址：陕西省西安市未央路120号省公安厅1502室
邮　　编：710018
负 责 人：陈　里
电　　话：029－86166006
联 系 人：朱少娟
电　　话：029－86165308
网　　址：www. sxafxh. cn
电子邮箱：sxafxh@ 126. com

甘肃省安全技术防范协会

甘肃省安全技术防范协会（以下简称“甘肃安防协会”）于2011年3月30日成立。是由甘肃省公安厅、甘肃省民政厅批准的从事安全技术防范产品的开发、生产、销售单位；安全技术防范系统工程的咨询、设计、施工、维修单位；防盗报警系统的运营单位以及相关的管理、教育等服务单位自愿组成的，非营利性、自律性的社会组织。

甘肃安防协会接受甘肃省公安厅的监督和业务指导，协助公安机关开展对全省安全技术防范行业的监督管理。

甘肃安防协会宗旨是：遵守宪法、法律、法规和国家政策，遵守社会道德风尚，在政府有关部门的指导下，依靠行业的集体力量，加强行业的自律管理，协调会员之间的关系，规范会员的行为，维护行业和会员的合法权益，维护用户的利益，为会员单位的共同利益服务。发挥政府部门的助手作用，积极沟通会员单位与政府相关部门之间的关系，开展与国内外相关组织的经济技术交流，为推进甘肃省安全技术防范行业的发展和社会安定作出应有的贡献。

地　　址：甘肃省兰州市城关区庆阳路98号省公安厅西楼515/516室
邮　　编：730030
负 责 人：孙金铃
电　　话：18794874610
联 系 人：米亚玲
电　　话：0931－8535491
网　　址：www. gssafxh. com
电子邮箱：gssafxh654321@ sina. com

青海省公共安全技术防范协会

青海省公共安全技术防范协会（以下简称“青海安防协会”）于2009年6月16日成立，青海安防协会为青海省公共安全技术防范单位和专业人士组成的地方性行业类社会组织。

青海安防协会宗旨是：遵守宪法、法律、法规和国家政策，遵守社会道德风尚，依靠青海省从事安全防范单位和专业人士的力量，积极开展青海省安全防范技术的使用和产品的开发，强化青海省安全防护工作，促进青海省安全技术防范事业的发展。

青海安防协会业务工作包括开展安防行业情况调查，向政府提供制定本行业政策的建议；组织安防行业的人才、技术、职业培训，提高经营管理水平，促进行业发展；组织青海省内外与安防行业有关的先进产品和技术的展览会、展销会，推动横向联合和技术合作，负责行业标准宣传贯彻；组织本行业技术、经济信息的收集与分析，提供咨询服务；受政府委托制定并监督执行行规行约，协调企业间在开发、生产、经营及技术合作、技术引进中的争议，维护公平竞争，保护会员单位的合法权益；组织发展行业和社会公益事业，开展有益于本行业发展的其他活动；承担政府部门委托的其他任务。

地　　址：青海省西宁市城西区五四大街北孚大酒店后院
邮　　编：810000
负 责 人：鞠洪海
电　　话：13709786169
联 系 人：刘丽霞
电　　话：0971－8465076
网　　址：www. qhafxh. com

新疆维吾尔自治区安全技术防范行业协会

新疆维吾尔自治区安全技术防范行业协会（以下简称“新疆安防协会”）于2011年9月26日在乌鲁木齐市成立，是经新疆维吾尔自治区民政厅登记注册的社团法人，业务主管单位新疆公安厅。

新疆安防协会是从事安全技术防范产品开发、生产、销售，技术培训、信息服务，承接安全技术防范系统工程设计、施工，报警服务及运行维护以及相关企事业单位自愿参加的地方性行业组织，是非营利性社会组织。截至2011年年底新疆安防协会共有会员单位109家。其中副理事长单位20个，常务理事单位10个，理事单位18个。

新疆安防协会宗旨是：遵守宪法、法律、法规和国家政策，遵守社会道德风尚；在政府有关部门的指导下，依靠行业的集体力量，加速自治区安全技术防范事业的发展，为会员单位的共同利益服务，维护全行业与会员单位的合法权益，加强行业自律，维护用户的利益；发挥政府部门的助手作用，发展与国内外相关组织的经济技术交流，以促进全行业技术管理水平和经济效益的不断提高；推进自治区安全防范工作的发展。

新疆维吾尔自治区安全技术防范行业协会严格遵守国家法律、法规，强化行业自律，秉承服务于政府、服务于会员、服务于行业、服务于广大用户的宗旨，为社会安定和社会公共安全事业作出应有的贡献。

地　　址：新疆维吾尔自治区乌鲁木齐市黄河路93号七一酱园高层A座2009室
邮　　编：830000
负 责 人：程浩斐
电　　话：0991－5586113
联 系 人：邵永寿
电　　话：0991－5821076
电子邮箱：Xjafxh_ 2@163. com

第二节　地方安防协会工作

北京市安全防范行业协会工作

2011年，北京安全防范行业协会（以下简称“北京安防协会”）在北京市公安局、市民政局的领导下，紧紧围绕“人文、科技、绿色”北京建设，充分发挥北京安防协会的桥梁纽带作用，为促进首都经济建设、保障社会安定，发挥了应有的作用。

北京安防协会2011年会员企业达1200余家，相比上年900家增加了近25%，会员企业资产总值超过270亿元，北京安防协会被北京市社会组织评估委员会评估为4A级市级社会组织。

一、开拓创新，积极搭建行业发展服务平台

2011年，北京安防协会充分发挥桥梁纽带作用，利用一切有利资源，采取多种形式，为行业和企业发展搭建各种平台，竭力提供服务。

（一）成功举办2011第九届北京国际社会公共安全产品展览会

2011年4月26～28日，在中国国际展览中心成功举办了“第九届北京国际社会公共安全产品展览会”和一个主论坛、三个技术分论坛。展会和主论坛以“建设世界城市、安防科技引领”为主题，三个分论坛的主题分别是：金融安防新技术、新产品及应用趋势；智慧城市建设与物联网技术应用；城市轨道交通安防系统应用探讨。此次展会是2006年以来协会首次为主办方，在保安技防管理支队、协办企业和广大会员企业的支持帮助下，吸引了国内外400多家安防科技前沿知名企业参展，展览面积达15000多平方米。北京市政法委综治办系统，市公安局各有关单位，市经信委，市交通委，银监局以及重点行业保卫单位，行业用户和北京内外安防采购商、安防企业踊跃参加论坛及展会。通过这一平台，使各相关方面全面了解政府信息，用户关注热点，并系统展示了安防新产品、新技术和安防解决方案，有力推动了北京安防发展。

（二）搭建金融融资平台

2011年7月19日，北京安防协会、民生银行举行融资合作签字仪式。北京安防协会经过多方协调沟通，促使民生银行为北京安防行业企业授信额度5亿，并定制了相适应的多个贷款方案，在当前企业融资十分困难的情况下，北京安防协会通过几年来坚持不懈地努力，解决了长期困扰安防企业融资难这一问题，为北京安防企业迎接新的挑战、新的机遇、新的发展提供了资金支持。截至2011年底，已有7家企业融资近7000万元。

（三）积极参与标准制定工作

为规范安防系统建设和拓展行业发展，北京安防协会配合政府积极开展标准建设工作。近5年来，北京安防协会提出建议和参与标准制定11个，其中2011年配合政府出台安防标准3个，包括8月1日实施的《安全防范工程监理规范》、《大中型商场、超市治安防范规范》以及《安全防范系统运行检验规范》；终审安防标准2个，即：《安全防范系统维护通用技术标准》，《变电站安全防范技术要求》；初审安防标准1个，即：《报警服务通用技术要求》。在此工作基础上，北京安防协会将安防监理标准向全国安防标委会申报立项为行业标准，已初步获立项批准。

（四）成功召开七省市区安防协会合作交流工作研讨会

2011年9月20～22日，由北京安防协会发起的首届七省市区安防协会合作交流工作研讨会在京召开。北京、天津、上海、重庆、山东、辽宁、内蒙古安防协会的主要领导聚集北京，共同就建立区域间技术交流、信息共享、协调配合等议题进行协商研讨。经过前期多次交流和研讨会期间协商，会议最终达成资质互认，区域间入会自愿，信息共享等6条决定。7省区市安防协会合作交流机制的建立，是对打破地方保护主义、企业公平竞争、减少企业负担、加强区域合作的有益尝试，在具体实施操作中还有待各协会继续努力。

二、评优扶优，全力打造北京安防行业品牌

为推动北京安防品牌建设，北京安防协会采取评选、评价、评优等活动形式，大力宣传，树立了一批北京安防行业领军人物，促进一批企业脱颖而出，创立和巩固了北京安防品牌。

（一）继续开展安防行业评优活动

为鼓励在安防行业拼搏多年的优秀企业家，宣传奋斗在一线的优秀项目经理，2011 年北京安防协会继续开展了“北京安防优秀企业家、优秀项目经理”评比活动。同时，应企业的要求新增设了“北京最具发展潜力企业”的评比活动，以便让更多的发展势头良好的中小企业也参加评优活动。为做好评选活动，北京安防协会修订了评选标准并在媒体公示，不收取企业任何费用，并邀请政府主管部门领导，行业内第三方知名专家和北京安防协会领导共同组成评审小组，保证评选的公正、公开。通过细致严密的工作，共评选出 2011 年度安防优秀企业家 10 名，优秀项目经理 9 名，最具发展潜力企业 10 家。

（二）继续开展安防优质工程评比活动

北京的安防建设已有 30 年历史，在 1200 多家会员企业中具有工程资质 749 家，北京聚集了一大批优秀的安防集成商和优质工程案例，为提高其知名度和影响力，2011 年北京安防协会继续组织开展安防优质工程评选。随着此项活动的逐年开展和大力宣传，已逐渐成为北京市甲方招标参评的依据之一。本次评选本着企业自愿、免费报名的原则，参评条件为北京地区 2009 年 1 月至 2010 年 12 月竣工验收合格的 200 万元以上的工程项目。按照高风险、普通风险、城市联网报警工程三大类进行评选，共有 56 家企业 60 项工程参评。经专家审核资料、现场评审、用户满意度调查，对 50 项内容进行综合评分，最终评出 2011 年度北京安防优质工程 9 项。

（三）继续开展资质评定和优秀诚信企业评价工作

2011 年，北京安防协会组织资质评定委托企业和评审专家，系统学习了中国安防协会文件及补充规定，进一步严密了相关条件和流程并通过网站及相关会议向社会和会员企业予以告示和宣传，向申报资质企业逐项予以讲解，增加信息和评审环节的透明度。2011 年北京安防协会新审批核发安防工程企业资质证书 87 家，其中一级资质企业 21 家，二级 27 家，三级 39 家，受理企业资质年审申报 320 家。全年无一起对服务质量及审核把关不严的投诉。同时，对条件不达标、不按时年审、多次通知未果的 56 家企业按中国安防协会要求予以撤销资质处理，保证北京安防工程资质的严肃性。在此基础上，会同国家信工委继续开展了优秀诚信企业评价工作，共评价出 2011 年度北京优秀诚信企业 190 家，通过第三方专业机构诚信评价，不断推动企业加强自律，坚守诚信，保持行业的长远发展。

（四）发布北京安防“十二五”发展规划

2011 年，北京安防协会组织专门人员，在认真调查研究的基础上，根据北京市“十二五”时期关于社会经济发展宏观规划，结合北京安防行业发展新趋势及各方面需求，从行业现状、指导思想、发展目标、措施建议等方面，向社会发布了北京安防行业“十二五”发展规划，为政府管理和行业企业提供了信息服务。

三、服务为本，不断提高协会工作水平

2011 年，北京安防协会秘书处坚持工作创新，规范工作流程，加强民主议事，努力提高秘书处服务水平，推进协会各项工作再上新台阶。

（一）安防资讯服务不断加强

《北京安防》杂志充分利用政府、协会、企业的综合资源，积极传播政府对安防工作的方针政策，社会和用户对安防的需求。每月一期全力宣传北京市政府及各委办局经济资讯、行业用户信息，安防新产品、新技术和北京安防人的新风采；宣传公安机关科技强警、创新社会管理和单位保卫工作的经验做法。同时，北京安防协会还投资对网站后台服务做了进一步改进，增加了企业入会网上申请、网上审核、会员年审网上填报等网络方式，颇受会员企业好评。

（二）做好安防非职业培训常态化工作

2011 年，北京安防协会认真做好安防监控室值机员、安防工程技术人员、保卫人员等专业培训的常态化管理，持续为平安城市建设输送合格的安防施工应用和值机人员，培训懂得技防知识的保卫人员。北京安防协会全年共组织各类安防培训班 45 期，约千余人次。规范的培训程序、一流的授课教师，北京安防专业培训已成为政府认可、社会知名度较高、用户满意的安防行业培训品牌。

（三）积极推动安防职业培训工作

为加强北京安防职业化建设，培养安防高层级人才，北京安防协会安防职业技能培训学校采取合作办学，送教服务，增加实操等方式，推动安防职业教育这一新事物的发展。全年开班三期，培训安防系统安装维护员初、中、高级人员近百人，为行业职业教育作出了积极的探索。

（四）充分发挥专家委员会作用

2011 年，北京安防协会新增加了一批年富力强，涉及相关专业的知名学者和专家。专家委员会在做好协会自身安防咨询、优秀评价、资质评定工作的同时，积极参加政府相关部门的安防工程验收、产品检验论证、行业标准制定、技术交流、专题讲座等各项工作，组织专家参加上述活动 302 人次，为平安北京建设和行业发展发挥了重要作用。

（资料提供：北京安全防范行业协会）

上海市安全防范报警协会工作

2011年是我国“十二五”时期的起始年，也是上海市安全防范报警协会（以下简称“上海安防协会”）第五届理事会的开局年。在上海市公安局治安总队的具体指导和全体理事、会员的大力支持下，上海安防协会坚持以科学发展观为指导，认真贯彻“服务企业、规范行业、发展产业”的要求，遵照上海安防协会五届一次理事会通过的各项决议开展工作，认真履行了“服务、自律、协调、代表”的职能，协助政府加强社会治安技术防范行业管理，维护会员的合法权益，为上海地区安全防范行业的健康发展，促进社会稳定，保障人民生命财产安全作出了应有的贡献。

一、加强协会自律管理

一是成功召开五届会员代表大会。上海安防协会于2011年1月13日召开了第五次会员代表大会，选举产生了第五届理事会。大会回顾了第四届理事会开展的主要工作，并就第五届理事会相关工作提出具体要求。二是确定了日常工作架构，明确了各业务部门的职责和工作任务，每月检查工作进度和质量，有效调动了工作人员积极性。三是重视内部管理的建章立制工作，逐步建立并修定了各项办公管理制度。

二、增强服务意识

（一）充分发挥专业委员会和专业队伍的作用，开展各项服务工作

上海安防协会配合上海市公安局技防办开展上海技防地标制订工作，组织专家先后完成了《住宅小区安全技术防范系统要求》（2010版）、《上海市银行业金融机构离行式现金自助服务设备安防系统远程控制联网技术要求（试行）》、《本市视频安防监控系统用彩色显示终端技术规范（试行）》、《本市专业型数字录像设备补充技术要求（试行）》等一系列技术规范。

（二）进一步做好会员单位专业技术职称评审工作

上海安防协会全年共为54名初级专业技术人员（助理工程师）制发了初级专业技术职务资格证书，14人通过中评委评审并获得中级专业技术职称，2人通过高评委评审并获得高级专业技术职称。据统计，截至2011年12月底，上海安防协会已为会员单位的1001名专业技术人员（其中技术员177名、助理工程师824名）制发了初级专业技术职务资格证书，172位专业技术人员领到了中级专业技术职务资格证书，13位专业技术人员领到了高级专业技术职务资格证书，此举受到会员单位的充分肯定和赞誉。

（三）成功举办第十一届上海社会公共安全产品国际博览会

第十一届上海社会公共安全产品国际博览会（以下简称“上海安博会”）有展位800多个，300余家企业参展，展出面积近20000平方米，参观人数达5万人次，展位数、展出面积和参观人数均创历年之最。展会期间，举办了首届上海安防高峰论坛，同时，上海市委、市政府、市公安局等领导莅临安博会参观指导，并对上海安博会的健康发展提出了新的希望。

（四）继续办好《上海技防》杂志

2011年，杂志新增“走进公安”、“新品上市”等栏目，在原有专题基础上，重点突出新产品介绍、治安领域优秀事迹报道等。经过努力，杂志的权威性、专业性、可读性有了较大的提升，已经成为引领行业发展的业内主流媒体，受到领导和同类媒体的赞赏和肯定，在会员单位中广受好评。

（五）上海安防网全新改版

上海安防协会于2011年10月上旬推出新版“上海安防网”，大量增加高端访谈、市场观察、行业数据、产品解析等用户需求的栏目，从单一的信息发布媒体逐渐发展成为全行业资讯发布、数据统计、咨询服务和集中展示平台，实用性、可读性大为提升。截至12月底，网站访问人数突破15万人次，文章阅读数达20万余篇。

三、做好国内外技术交流活动

上海安防协会一方面坚持经常下企业搞调研、跟踪新技术、新产品的研发。2011年，上海安防协会领导陪同上海市委、市政府和市局领导视察了一批安防企业，考察了高清摄像机、智能视频行为分析监控产品及智能社区平台管理，并分别提出了具体的工作要求。另一方面适时组织新技术、新产品的推荐会、发布会，协助媒体安防市场报、A&S杂志分别举办了上海地区高峰论坛及GDSF论坛。上海安防协会积极加强对外技术交流，首次组织上海市部分知名安防企业参加美国西部安防展。部分领导先后带队赴以色列等国进行相关业务考察，并对推动城市治安防控、技术防范等工作提出了一系列指导性意见及建议，拓展了国际交流与合作。

随着上海经济发展模式的转变，“平安城市”和“智慧城市”建设为安防行业创造了极大的发展空间，上海安防协会在上海市公安局治安总队、市社会团体管理局的领导下，在市公安局技术防范办公室的直接指导下，抓住机遇，与时俱进，为技防行业发展的美好明天，为上海“平安城市”建设，为“城市，让生活更美好”的上海世博理念的实现，作出新的更大的贡献。

（资料提供：上海市安全防范报警协会）

天津市公共安全技术防范行业协会工作

2011 年，在天津市公安局领导的关心支持下，在天津市社团管理局、天津市公安局科技处的悉心指导和广大会员的积极参与下，天津市公共安全技术防范行业协会（以下简称“天津安防协会”）根据自身工作职能，始终把“双向服务”，即为会员、为企业、为行业和为政府服务作为工作的宗旨，按照工作计划围绕行业的重点工作，认真有序地开展了各项活动，基本完成了目标任务，发挥了企业与政府之间的桥梁和纽带作用，取得了一定成绩。

一、继续开展安防工程企业资质评定工作

2011 年新评定 9 家企业资质，对 30 家企业资质进行了年审。截至年底天津市共有 61 家企业获得资质，其中：一级 22 家，二级 16 家，三级 23 家；批准了 26 家企业加入天津安防协会成为会员单位，并为 180 余家会员单位换发新的会员证。

二、成功举办中国（天津）国际社会公共安全防范技术与产品博览会

2011 年 5 月 12 日上午，由天津安防协会、天津市消防协会和贸促会天津分会会展中心承办的“2011 中国（天津）国际社会公共安全防范技术与产品博览会”在国际展览中心隆重开幕。天津市委、市政府、市公安局、市综治办、市质监局、中国消防协会、中国安防协会、中国贸促会天津分会和天津市及兄弟省市安防行业协会、安防企业的有关领导参加开幕式。开幕式由天津安防协会理事长李庆生主持，市公安局副局长张亮致辞。

本届博览会以“和谐平安、创新发展”为主题，来自国内外的 200 余家企业参展，展位达 500 余个，集中展示了监控报警、智能交通、消防设备、楼宇智能、公共广播、物联网应用等近 20 类国内外最新安全防范技术与产品。博览会自 2011 年 5 月 12 日开始至 14 日结束，为期 3 天。开幕式当日，天津市公安局和市综治办组织民警和管理人员到场参观，交管局、消防局、经保处、文保处、户政处、两化管理处、治安管理总队、科技管理处对口组织保卫干部、治保人员、保安员等相关行业人员及社会群众到场参观，参观人数达到 10000 余人。

三、召开天津安防协会第二届会员代表大会

2011 年 7 月 8 日上午，天津安防协会召开第二届会员代表大会。天津市公安局、市民政局社团管理局相关领导出席会议并讲话，天津安防协会理事长李庆生作工作报告，市公安局政治部有关负责同志、天津安防协会会员代表 200 余人出席和参加了会议。协会副理事长戴林主持了会议。会议审议通过了天津安防协会第一届理事会工作报告和财务报告，修订了《天津市公共安全技术防范行业协会章程》。会议选举李庆生同志为天津安防协会第二届理事会理事长、王洋同志为协会秘书长、陈德俊同志为副秘书长。

此次会议指出，天津安防协会自 2004 年成立以来，在天津市公安局、中国安防协会的关心指导和广大会员的积极参与下，坚持“服务、保护、协调、进步”的宗旨，在服务企业发展、开展行业自律、促进技术交流等方面做了大量工作。一是组织开展安防企业资质评定工作，23 家企业获一级安防资质证，17 家企业获二级安防资质、34 家企业获三级安防资质。二是做好扶优推荐工作，天津市 8 家企业获得优秀工程商称号，4 家企业的 14 种产品被评为优秀安防产品。三是组织开展技术培训，先后举办了“GB17565－2007《防盗安全门通用技术条件》和《城市监控报警联网系统系列标准》宣传贯彻、专业技术人员考试、全国建设工程造价员（电子）资格认证、防盗安全门安装人员培训活动，受到了企业欢迎；四是扩大行业产品与技术交流，先后承办了三届中国（天津）国际社会公共安全技术与产品博览会，展会规模、影响力不断提升。五是创建“天津安防网”，该网站已超过 300 万访问量，2 万多注册用户，产品库和商机库每天更新信息都在 2000 条以上，为安防行业提供便捷的信息服务。

会议研究提出了下一步发展思路和工作要求。依照《中国安防行业“十二五”发展规划》，天津安防协会下一步将重点做好以下工作：一是树立大局意识，积极参与“平安天津”建设。主动参加天津市“技防网”建设，不断提升产品和工程质量、不断研发新产品新技术，主动为“平安天津”建设做贡献。二是健全和完善内部机制，把天津安防协会建成高效、求实、富有活力的社会团体。调动广大会员的积极性，各项工作坚持做到公开、公正、透明，努力形成团结、务实、进取、争先的工作氛围。三是规范行业自律，开展安防行业诚信等级评价工作。天津安防协会开展天津市安全防范行业诚信等级评价研究工作，建立信用管理制度，建立企业诚信记录和发布机制，向社会、用户大力推荐优秀诚信企业。四是深化企业资质评定工作，扩大资质证书的影响力和适用性，向有关部门推荐通过资质评定的企业。五是发挥桥梁纽带作用，坚持服务公共安全。在做好行业自我管理的同时，主动配合政府主管部门做好行业管理工作。六是帮助企业树立品牌意识，扶持骨干企业迅速成长。按照中国安防协会有关标准、程序和要求，组织好优秀工程企业组织申报、初审及推荐工作。七是进一步做好网站推广工作，改版天津安防网。健全完善各项服务平台，为安防企业提供更全面的政策法规和管理

信息。八是为行业发展、企业发展提供多方位服务。开展行业统计调查、企业专业技术人员职称评定、职业技能教育和岗位培训及标准宣贯工作，鼓励企业开展科技项目研究、组织企业到国外参展。

四、举办安防操作规范专业辅导讲座

针对天津市安全防范系统建设中，因视频监控前端设备安装不符合标准规范，器材选用不当、安装位置不合理，致使监控目标（区域）图像不清、不全、甚至有盲区，造成无法满足使用要求的问题，天津安防协会在技防管理部门的指导下，对天津市从事安全防范系统工程设计、施工企业开展操作规范专业辅导讲座共举办五期讲座、四次考试有700余人参加讲座与考试，通过考试与讲座对完善天津市治安防控体系提供可靠保证。

五、支持会员单位举办“安防系统新技术新产品推介与用户对接洽谈会”

天津安防协会支持会员单位举办了“安防系统新技术新产品推介与用户对接洽谈会”，这次推介会不仅为企业提供了相互交流、增进友谊的机会，更为他们搭建了一个了解新技术、加强合作、共谋发展的平台。

六、创办《天津安防简讯》

（资料提供：天津市公共安全技术防范行业协会）

重庆市安全防范行业协会工作

2011年，在重庆市公安局及中国安防协会的领导下，在广大会员单位的积极支持下，重庆市安全防范行业协会（以下简称“重庆安防协会”）继续秉承“服务政府、服务行业、服务会员”的理念，在实施行业管理，倡导行业自律，推动平安重庆建设等工作中作出了不懈努力，取得了一些成绩。

一、开展行业素质教育，提升行业水平和凝聚力

“十二五”期间，重庆市安防行业面临着重大的发展机遇，同时发展中还存在许多困难与问题，面临着诸多挑战。为适应安防市场大发展的形势，行业的内部条件和自身素质都需要跨步提升。如何进行行业教育和引导，2011年，重庆安防协会作了积极探索。

一是2011年6月16日重庆安防协会举办了“庆祝中国共产党成立90周年报告会”，在安防行业开展革命传统、爱国主义和理想信念教育，160多家会员企业代表参加了此次报告会。

二是2011年6月28日，重庆安防协会举办了“平安重庆—应急联动防控体系数字化建设工程社会行业视频图像接入技术培训会”。参加培训的重庆安防协会会员单位技术负责人共计200余人，培训会特邀“平安重庆”建设总承包商中电集团、海康威视数字技术有限公司工程师进行讲课。这次培训会是为配合“平安重庆—应急联动防控体系数字化建设工程”的推进，配合平安重庆—应急联动防控体系数字化建设领导小组办公室（以下简称“平联办”）制定的《平安重庆—应急联动防控体系数字化建设工程区县、行业技术指导意见》和《平安重庆—应急联动防控体系数字化建设工程社会行业单位视频图像接入技术规范》，为规范平安重庆建设中社会行业视频图像接入而举办的。重庆安防协会这次对培训会非常重视，从课题制定、讲师确定、会议安排进行精心安排，培训会也得到相关单位的大力支持。

二、履行职责，做政府和行业的纽带和桥梁

（一）做好牵线搭桥工作

重庆市公安局社会公共安全行业管理办公室（以下简称“行管办”）特委托重庆安防协会承担安防行业开门评警会议的组织工作。

2011年5月23日下午，重庆市行管办“大走访”开门评警工作会在重庆安防协会会议室成功召开，重庆市安防行业20余家企业代表、行管办负责人、重庆安防协会负责人参加了座谈会。会上，行管办负责人介绍了公安机关开展“大走访”开门评警活动的相关情况和召开此次座谈会的目的，参加会议的重庆市安防企业20余名代表齐聚一堂，很多企业领导也特意赶来参会，与会同志畅所欲言，就进一步密切公安科技（技防）部门和企业之间的关系，促进和服务地方技防事业发展，营造良好的市场环境等问题进行了交流，为公安（技防）管理工作出谋划策。参会企业代表积极填写行管办发放的安防行业“大走访”开门评警调查问卷，行管办和重庆安防协会还共同发起了《为平安重庆创建优质安防工程倡议书》，得到到会企业的一致响应。

2011年11月15日，重庆安防协会组织召开了“重庆市安防产品及工程商座谈会”，重庆行管办、重庆安防协会及30多家安防企业领导、代表共同探讨重庆市安防行业发展趋势，研究平安重庆建设技术标准、规范，座谈会上安防企业表达了参与平安重庆建设的坚定信心。

（二）做好政策法规宣传工作

按照重庆市委、市政府关于平安重庆建设“统一规划，统一标准”的要求，积极宣传平安重庆建设相关技术规范。2011年5月平联办下发了《平安重庆－应急联动防控体系数字化建设工程区县行业技术指导意见》和《平安重庆－

应急联动防控体系数字化建设工程社会行业单位视频图像接入技术规范》，为帮助企业和会员单位了解这些技术规范，在工程建设中遵守规范，重庆安防协会积极采用技术培训会、答疑、传达文件等方式进行宣传。

（三）为政府主管部门提供行业信息

全年多次按照重庆行管办的要求，提供安防企业各种信息，及时汇报行业发展趋势和企业诉求。

三、牢记服务宗旨，做好会员服务工作

“服务会员、服务行业、服务政府”是重庆安防协会工作的中心和立足之本。重庆安防协会为做好这项中心工作，多次召开理事长专题工作会议进行研究，根据重庆安防行业的特性，制订了工作计划和服务措施。

（一）及时更新安防网信息

坚持在重庆安防网上为会员和行业提供信息支持，及时做好会员名录、资质等级公示等资料的更新，为会员和行业招投标提供资质信息的查询。

（二）为会员企业提供政策咨询

为会员企业提供政策咨询、牵线搭桥等帮助，尽心尽力扶持企业发展。比如很多企业要到外地拓展业务，需要到当地备案，重庆安防协会积极联系重庆市公安局行管办开具到外地施工所需法定证明，为企业在外地的投标及工程实施提供了便利，做会员单位与政府沟通的纽带和桥梁。

（三）为会员企业出资订阅安防杂志

重庆安防协会继续出资为全体会员单位订阅《安防市场报》，帮助会员及时了解国内外安防动态，提高企业技术水品，把握行业主动权。

四、办好展会，搭建交流和展示平台

2011 年 3 月 25 ~ 27 日，由重庆安防协会主办的 2011 重庆安防展在重庆展览中心成功举行，本次展会是重庆安防协会主办的第三届安防展会，共有来自全国各地 180 多家企业参加，展览面积达 12000 平米。参展产品涉及安防、警用、消防等三大类上千个品种。展会期间，在重庆君临酒店举办了“公安信息化建设暨数字城市平安重庆信息系统高峰论坛”，邀请知名厂商发表精彩演讲，重庆市政法系统、安防行业 200 多名技术人员参加了论坛。展会期间，重庆安防协会组织了众多会员单位技术人员参加了开幕式和论坛。

五、加强资质等级评定管理，促进行业发展

《重庆市安防工程从业资质评定管理办法》实施以来，重庆安防协会一直致力于推动资质等级评定工作的深入宣传，重庆市安防工程从业资质证书运用两年来，顺应安防行业专业化的趋势，弥补了安防行业资信划分的空白，为推动安防技术在社会上的应用起到良好的作用。随着平安重庆建设工程的大力展开，重庆安防协会积极向上级主管部门汇报沟通，重庆市安防工程从业资质证书在平安重庆建设中得到广大甲方和招标方的认可，必将大大促进重庆市安防工程资质评定工作。一年来，重庆安防协会分别开展了资质等级新申证、晋级、年审等工作，全年共组织了 12 场资质评定和年审会，2011 年新发资质证书 114 家，其中一级 14 家，二级 27 家，三级 73 家。资质升级 5 家。

六、扩大横向联系，开展行业交流

一年来，重庆安防协会加强了与全国各地行业协会的联系和沟通，积极推进与各地协会间交流合作。2011 年 3 月及 11 月，协会领导到贵州及深圳安防展参观学习；2011 年 9 月，协会领导参加了由北京安防协会发起的首届“七省市区安防协会合作交流工作研讨会”，会议议定了安防企业工程资质互认、安防信息共享、开展安防技术交流活动等内容，为重庆市安防行业同全国安防行业的交流融合起到了积极的促进作用。

七、加强协会组织建设，不断发展壮大协会队伍

按照章程规定，重庆安防协会及时召开了常务理事会和理事会议及理事长扩大会议，及时向重庆安防协会的骨干会员沟通情况、了解诉求，使重庆安防协会工作得到理事会、常务理事会的大力支持，为重庆安防协会的生存和发展提供了良好的基础和保证。积极发展新会员是重庆安防协会的要务之一，一年来，通过主动的宣传、推广，有关部门的推荐，不断有行业内企业入会。2011 年新发展会员单位 112 家，目前重庆安防协会已拥有会员单位 242 家，较 2010 年增长 71.63%。会员单位的快速增加，为重庆安防协会注入了新鲜血液，增添了发展的活力和动力。

（资料提供：重庆市安全防范行业协会）

河北省安全技术防范学会工作

河北省安全技术防范学会按照《河北省安全技术防范学会章程》及省民政厅、省公安厅报批文件规定进行社团年检。

2011 年 5 月和 11 月分两个批次举办安全技术防范设计、施工、维修培训班，以提高安防企业有关人员技术技能。本次培训采用河北省安全技术防范学会自编教材《河北省安防系统工程培训专卷四》。本次培训的成功举办受到了广大会员单位的高度赞誉。

组织编写出版《河北省安防系统工程培训专卷》第五卷，作为 2012 年安防企业培训的专业教材。

根据学会服务于会员单位的宗旨，河北省安全技术防范学会将为各会员单位发放一批包括报警主机、摄像机等安防新产品，并筹备2012年度安防资质证换发工作。

（资料提供：河北省安全技术防范学会）

内蒙古自治区公共安全技术防范行业协会工作

2011年是中国安防行业“十二五”发展规划实施的开篇之年，也是内蒙古自治区公安技防事业蓬勃发展的一年，在这一大好形势下，内蒙古自治区公共安全技术防范行业协会（以下简称“内蒙古安防协会”）在自治区公安厅、民政厅的监督指导下，在广大会员单位的大力支持下，紧紧围绕为政府排忧、为会员服务的宗旨，充分发挥协会在政府与企业间的桥梁作用，为推动内蒙古安防行业发展作出了应有的贡献。

一、加强完善协会职能

（一）积极发展会员，壮大行业队伍

随着“平安城市”建设的进一步推进，内蒙古安防队伍也不断发展壮大，截至2011年年底，内蒙古安防协会拥有会员单位351家，较2009年增加了69家，增加了45%之多。会员单位的快速增加，为内蒙古安防协会增添了新的活力，进一步加强了内蒙古安防协会的组织建设。

（二）召开第二届会员代表大会，完成换届选举工作

2011年7月4日，内蒙古安防协会第二届会员代表大会在呼和浩特隆重召开。本次大会产生了内蒙古安防协会的第二届领导班子及常务理事、理事单位。原内蒙古安防协会理事长孙秀峰、秘书长郝晓敏顺利通过理事会表决连任，常务理事单位新增到14家、理事单位新增到22家。

中国安防协会秘书长靳秀凤应邀出席本次会议并围绕“中国安防行业‘十二五’发展规划”发表讲话。内蒙古安防协会理事长孙秀峰在会上作连任讲话。秘书长郝晓敏代表协会秘书处在会上作工作报告，全面总结了内蒙古安防协会的第一届工作。

大会审议《内蒙古自治区公共安全技术防范行业协会章程》修改草案。并对获得内蒙古安防行业诚信企业、优质工程企业授牌。

（三）指导内蒙古安防中心开展全区安防人员培训、安防工程检测工作

内蒙古安防中心是内蒙古自治区唯一取得公安部和自治区质量技术监督局授权、认证的安防工程检测单位，同时还取得自治区人力资源和社会保障厅批准的安防从业人员职业技能鉴定资格，在成立的短短几年中，在内蒙古安防协会的认真指导下，严格按照相关规定开展工作，取得了不小的成绩。从2008年成立至今，共为内蒙古自治区累计培训和输送3000余名合格的安防从业人员，累计检测工程额近亿元，加强了对安防工程质量的把关，有力提升了内蒙古自治区安防从业人员素质和工程质量。

二、积极推动行业文化建设

（一）成功举办内蒙古安防行业第一届歌唱比赛

2011年7月4日，内蒙古安防协会“晶新杯”第一届歌唱比赛暨CSST中国安防行业第三届“和谐杯”歌唱比赛内蒙古分赛区比赛在呼和浩特隆重举办。本届歌唱比赛得到了中国安防协会、内蒙古自治区公安厅的大力支持，在内蒙古安防协会积极筹备下，全区会员企业踊跃参与，取得了圆满的成功。

本届歌唱比赛的成功举办，极大的丰富了内蒙古安防人的文化生活，大力弘扬了安防企业文化精神，增强了行业的感召力、凝聚力，推动了安防企业文化建设，为内蒙古自治区乃至全国的安防行业奉献了一场文化盛宴。

（二）组织参加中国安防协会第三届“和谐杯”歌唱比赛总决赛

2011年12月7日，内蒙古赛区选拔出的5名优秀选手参加了中国安防协会第三届“和谐杯”歌唱比赛总决赛，选手个个表现优异，在民族、美声、通俗等三个组别中都获得了良好的成绩。同时，凭借在内蒙古赛区歌唱比赛组织方面的优异表现和活动影响力，内蒙古安防协会荣获了CSST“和谐杯”中国安防行业第三届歌唱比赛全国最佳赛区组织奖，受到了中国安防协会的肯定和嘉奖。

三、不断提高服务会员能力

（一）搭建展会平台让会员了解最新技术动态

2011年8月17至19日，由内蒙古公安厅、内蒙古安防协会主办的“2011内蒙古第七届公共安全产品展博会暨警用装备展览会”在内蒙古国际会展中心隆重召开。本届展会得到自治区政法委、公安部科技信息化局、自治区公安厅、自治区科技厅，自治区财政厅等部门的大力支持，在自治区公安厅领导和公安厅科技处领导的高度重视和指导下，取得了良好的社会效应。

本届展博会的参展企业、展示面积及展品领域都创下了历史新高，共设展位310余个，场馆占地面积约1万平方米，有235家国内外企业1000多种产品参展，展出的范围包括：平安（数字化）城市建设、平安城市建设管理平台技术与产品、城市综合应急处置平台城市视频监控系统、警用装备及专用车辆、公安科技与刑侦器材技术产品、城市智能交通与停车设备、消防技术产品、计算机信息网络安全产品、解决方案与安防服务、物联网技术产品与解决方案、煤矿安全技术防范专业设备、警用通信设备、应急

救援装备、社会公共安全产品与技术设备、社区与家庭安全产品等。

本届展博会是内蒙古自治区规模最大、品种较齐全的一次安防产品行业盛会，也是高新电子、信息化技术的盛会，集中展示了国内外最新的安防产品及技术成果。展会不仅为国内外安防产品制造商搭建了良好的宣传、展示、销售的平台，也为内蒙古安防产品销售商和工程商提供了选购、交流的平台。

（二）深入开展信用等级评定，加强行业诚信建设

为进一步提高区内安防企业的产品质量和服务水平，促使企业诚信经营，建立良好信誉品牌，2011 年 1 月起，内蒙古安防协会继续开展内蒙古安防行业诚信企业、优质工程评定管理工作。同时，加大了对评选活动和行业诚信企业、优质工程的宣传力度，提高了企业知名度和影响力。

（三）积极参与中国安全防范产品行业协会评优活动

根据中国安防协会《关于为“平安城市”建设推荐优秀安防工程企业的通知》，内蒙古安防协会经过条件筛选，内蒙古自治区初步有 5 家企业符合参选条件，并经中国安防协会组织专家评审，内蒙古自治区最终有 3 家企业榜上有名。

四、加强全国安防行业交流合作

2011 年 9 月 20 日，内蒙古安防协会理事长孙秀峰参加了七省市区安防协会工作交流会，就如何共同推动行业发展，整合资源，促进交往等方面进行了交流，同时确定了内蒙古安防协会为 2012 年交流会的承办单位。

（资料提供：内蒙古自治区公共安全技术防范行业协会）

辽宁省社会公共安全产品行业协会工作

2011 年是安防行业“十二五”发展规划的开局之年，也是辽宁省平安城市建设蓬勃发展的一年。面对这一大好发展机遇，辽宁省社会公共安全产品行业协会（以下简称“辽宁安防协会”）在辽宁省公安厅、民政厅的指导下，在广大会员单位的积极支持和共同努力下，紧紧抓住“平安城市建设”等一系列战略决策给安防行业带来的巨大商机，充分发挥朝阳行业蓬勃向上的拼搏精神，为辽宁的社会稳定，公共安全事业的发展作出了积极的贡献。

一、坚持服务辽宁经济振兴战略，积极推进平安城市建设

（一）经济效益

近两年来安防行业不但为辽宁经济振兴提供了平安的环境，同时对辽宁经济也有一定贡献，年总产值已达百亿元。

（二）社会效益

安防行业的飞速发展，大大挤压了社会犯罪空间，公安人员到达发案现场的第一件事就是寻找、查看监控摄像头，监控系统已成为办案的技术支柱之一。

（三）行业业绩

从行业业绩所涉及领域可以明显看出，安全技术防范已经进入各行各业及百姓家庭，成为社会生活的重要组成部分。

二、不断提升行业自律能力，大力维护安防工程资质有效性

（一）认真开展工程商资质等级评定工作，确保工程商队伍结构合理化

从 2004 年开始的辽宁安防设计施工企业资质评定、资质证颁发工作，已顺利开展了 8 个年度。经过大量卓有成效的工作，由辽宁安防协会颁发的《辽宁省安全技术防范设施设计、施工资质证》已得到省内外政府采购部门、工商管理部门、招投标管理部门及社会各界的广泛认同。已成为企业进入安防市场的有效通行证。从而也给辽宁安防协会的发展壮大起到了强有力的推动作用。在过去的一年里，会员队伍发展迅速，会员数量从 2010 年的 973 家猛增到 1094 家。目前，在 1094 家会员单位中已有 1081 家获得资质证。其中一级资质单位 104 家，二级资质单位 147 家，三级资质单位 830 家。

随着获证企业的逐年增多，为保证从业企业资质质量，辽宁安防协会在人员、业绩、管理、服务等多方面加强了对一、二级资质等级企业的审核及评定工作。同时，为鼓励企、事业单位积极从事安防行业，对三级资质单位采取审验从简、办理从速的办事程序，提高了办事效率，受到会员单位的欢迎。同时增强了辽宁安防协会的影响力和凝聚力。仅 2011 年一年中，就有 121 家企业申请入会并获得资质证，年增长率达 11%。资质等级的评定、资质证的颁发对规范辽宁安防市场秩序，提高持证企业的市场竞争能力、提升安防工程设计施工质量起到了很好的推动作用。

（二）充分利用现代传媒工具，及时将入会企业及获证企业名单在信息网上公布

为了让社会各界及时得到与企业资质有关的信息，每年在换证工作结束后，辽宁安防协会都及时把获得各级资质的企业名单在“辽宁安防协会信息网”上给予公布。对换证企业变更名称、更换法人、注册资金增资等情况都适时给予更改，以确保信息的准确性。

三、大力宣传安防技术知识，拓展安防技术应用领域

（一）成功举办第13届东北国际公共安全防范产品博览会

创办于1998年的东北国际公共安全防范产品博览会（以下简称“东北安博会”），到2011年已成功举办了13届。经过十几年的磨炼，已成为东北地区有较大影响力的安防产品专业展会。第13届东北安博会更是紧跟市场需求，把握有利契机，海纳国内外优秀安防企业及东北地区工程商、系统集成商、工程甲方等社会各界，使本届展会展览规模、展位数量、参展企业、参展品牌数量及参观人数都创造了历史新高。展览面积达1.5万平方米，参展企业超过300家，1000余款新产品在展会上发布，展会内容涵盖了当前先进的视频监控系统、防爆安全检查器材、安全报警器材、楼宇防范及小区智能管理系统等其他与公共安全相关的产品。

与东北安博会同步举办的“工程商论坛”等活动，更是给东北安博会增添了活力和生机，博得广大业内人士的欢迎。论坛邀请的各级领导和国内知名的安防专家以及优秀安防企业的代表汇集一堂，紧密结合当前安防行业的发展趋势、发展机遇、新技术、新产品的应用等进行深层次的研讨，为工程商、生产商、经销商提供了一个广阔的交流平台。

（二）积极参与行业新产品宣传活动，大力支持行业新产品推广应用

针对辽宁乃至东北地区安防产品生产企业少，工程施工企业多的特点，辽宁安防协会特别欢迎和支持国内外安防产品生产、营销企业到辽宁来宣传、推广安防新技术、新产品，帮助他们策划、组织开好安防技术、安防产品推介会、研讨会。为更多更好的安防产品进入辽宁，提升辽宁安防工程质量做了很多有益的工作。

四、坚持履行协会桥梁纽带职能，努力维护协会会员正当权益

（一）积极协调为企业年检服务

对年检中出现的因政府职能部门未按要求验收工程，造成部分企业无法提供工程质量检测报告的实际情况，积极协调有关管理部门，说明情况，使受检企业顺利通过年检。

（二）配合政府部门“平安城市”建设工作

为积极配合各级政府及公安机关推动的“平安城市”建设工作，充分发挥协会在政府、企业、用户之间的桥梁纽带作用，为政府部门和用户提供决策依据，也为了把更多的辽宁优秀安防工程企业推向全国，近年来，经辽宁安防协会推荐先后有多家辽宁安防企业获得“中国安防优秀工程企业”等光荣称号。2011年有多家企业获此殊荣。

五、加强与兄弟协会合作，开拓为会员单位服务新途径

多年来，与各地兄弟协会交流、沟通、合作，互相学习，共同提高是协会工作的重要组成部分。2011年9月，辽宁安防协会领导出席了七省市区共同举办的安防协会合作工作研讨会。与会单位就安防企业工程资质互认、安防企业入会自愿等相关事宜进行了交流和研讨。

六、认真学习“十二五”规划，开创安防行业新局面

辽宁安防协会在2011年年初就召开理事会，认真学习《中国安防行业“十二五”发展规划》。与会同志从指导思想到奋斗目标；从肩负的任务到要采取的措施，进行了广泛热烈的讨论。一致认为《规划》符合安防行业发展实际，是一个指导思想明晰，发展目标明确，措施得当，指导性强、可行性强的纲领性文件。与会单位共同表示：一定要紧密结合辽宁安防行业发展实际，牢牢抓住发展机遇，起好步，开好头，为辽宁平安建设作出更大贡献。

经过一年的积极努力，辽宁安防协会的各项工作都取得了较好的成绩。我们要认真总结经验和教训，认真学习党和国家的方针政策，搞好协会的自身建设，探索更多更好为政府、行业、企业和社会服务的新途径，强化行业自律管理，努力把辽宁安防行业做大、做强，为辽宁的经济发展、社会稳定作出更大的贡献。

（资料提供：辽宁省社会公共安全产品行业协会）

吉林省社会公共安全产品行业协会工作

一、开展行业自律管理体系建设工作

（一）不断发展会员单位，壮大行业队伍

随着“平安城市”建设的深入，吉林省的安防队伍不断壮大，截至2011年年底全省会员单位已达到533家。吉林省社会公共安全产品行业协会（以下简称“吉林安防协会”）为会员单位办理资信等级证书，其中许多获证单位在外省承揽了安防工程，为吉林省创造了经济效益。吉林安防协会开展资信等级评定工作，一方面为安防工程企业开拓市场提供了资信服务；另一方面也得到了政府有关部门和用户的认可与接受，越来越得到行业各方面的积极响应和好评，相信随着工作的不断深入，会有更多的企业从中受益。

（二）开展安防行业标准宣贯培训

吉林安防协会于 2011 年 12 月 7～8 日在长春召开了“安全技术防范标准宣传贯彻培训会议”，同时举办了安防标准宣贯培训班，并聘请了多位行业专家授课。参加会议及学习的有吉林省安防行业从业单位的技术管理人员以及省内各市、州公安机关主管城市报警监控系统建设和技防管理部门的同志，共计 300 余人。

二、不断提高服务会员单位的能力

（一）举办“2011 年吉林省第九届国际社会公共安全产品博览会”

由吉林安防协会主办的“2011 吉林第九届国际社会公共安全产品博览会”于 2011 年 4 月 8～11 日在长春国际会展中心举行，本届博览会展出的产品包括安全技术防范、消防、警用装备等类产品和技术。各市、州公安局技防工作管理人员，金融、企事业单位保卫人员，行业单位从业人员及众多群众参观了展会。本届博览会的举办，对推动吉林省“平安城市”建设起到了积极作用。

（二）为企业搭建网络平台

吉林安防网自开通以来，及时准确的发布安防信息，为吉林安协会员单位提供最新的安防动向，为企业搭建了网络平台，发挥了舆论导向作用，受到了行业各方面的好评。

（三）组织编辑上报 2010 版《中国安全防范行业年鉴》材料

按照《年鉴》组委会的要求，吉林安防协会组织编辑了吉林省安防行业 2010 版《中国安全防范行业年鉴》的上报材料，内容包括吉林省城市报警监控建设、吉林省安防行业发展情况、吉林省从事安防工程施工以及安防产品生产企业的名录等方面的材料。

（四）协助支持会员单位举办安防新产品、新技术推广会

吉林安防协会在 2011 年 4 月、5 月、8 月、9 月先后支持吉林省会员单位举办了安防新产品、新技术交流推广会，协助举办单位发布信息，组织会员单位参加学习、研讨。

（五）出谋划策，协调好会员单位与各方面的关系

在这一年的工作中，吉林安防协会无偿的为需要帮助的单位出谋划策，在合理合法范围内给会员单位提供帮助，做会员单位与政府及各行业的纽带和桥梁，给会员单位创建交流的平台，增加会员单位之间的互助机会，促进行业更好的发展。

（资料提供：吉林省社会公共安全产品行业协会）

黑龙江省社会公共安全产品行业协会工作

过去的一年，黑龙江省社会公共安全产品行业协会（以下简称“黑龙江安防协会”）在公安厅的正确领导和民政厅的监督指导下、在中国安防协会的关怀和帮助下、在广大会员单位共同努力、积极支持下，围绕公安中心工作，适应国家社会经济发展形式及行业企业要求，在加强协会组织建设的基础上，着力在服务、自律、维权等方面不断开拓、创新发展，取得了一定的成绩，比较圆满地完成了各项既定任务。

一、强化管理，行业协会建设得到加强

近年来，为适应安防行业的快速发展，黑龙江安防协会秘书处着力加强协会的组织建设工作。主要围绕着改革意识与服务宗旨，抓会员发展，促进黑龙江安防协会组织不断成长；充实协会理事会，保持协会领导层的活力；注重黑龙江安防协会秘书处建设和人员培训，提高办事能力，使黑龙江安防协会真正成为会员之家。

（一）强化会员管理

2011 年，为了更好地服务于安防企业，黑龙江安防协会开展了会员重新登记工作，在广大会员单位的积极配合下，有 376 家会员单位进行了重新登记，换发了新的资质证书及会员证书。重新登记工作，使黑龙江安防协会组织实现了更新，会员管理也更加科学、规范、严格，会员的权利与义务得到全面体现。截至 2011 年年底，黑龙江安防协会已拥有 436 家会员单位。

（二）更新文件管理

根据国家质量监督检验的相关政策，原有办理资质所需的文件内容已经不适应现在新形势下的需要，自 2010 年初至 2011 年年底，黑龙江安防协会已经陆续为 300 多家企业进行了材料重新更新审核，预计 2012 年年初将全部完成任务，为下一步更好地了解、规范行业企业作铺垫。

（三）规范档案管理

为了更好地对档案进行管理，黑龙江安防协会制定了严格的档案管理制度，对 400 多家企业进行了档案整理、编目、统计和检索，并将其分类排放，同时将档案信息录入电脑。

（四）吸纳骨干企业加入行业协会

2011 年，六家安防企业，进入黑龙江安防协会理事会，为黑龙江安防协会领导层增添了活力。

（五）加强协会秘书处建设

随着行业发展，黑龙江安防协会工作日益增多，为会员、为企业服务的工作也随之繁重起来，作为黑龙江安防协会的日常办事机构——秘书处，要重视自身的人员培训，提高办事能力，才能真正支撑起会员之家。黑龙江安防协会的领导及工作人员以不同形式参加了业务培训，秘书处工作人员的素质普遍得到了提高。

黑龙江安防协会不断调整、逐步建立并修订协会内部管理规章制度，强化内部管理。细化每个人的工作职责，明确分工，各负其责，提高工作效率。

二、发挥桥梁和纽带作用，拓展协会职能

首先，积极宣传公安部等政府部门有关行业管理、产业指导方面的政策，积极配合并组织引导企业参与“科技强警”、“平安城市建设”、“开门评警大走访”等专项活动。在向中国安防协会推荐了19家安防工程企业参加全国的“平安城市”建设推荐优秀安防工程企业活动中，7家企业被评获选。其次，配合行业立法工作，深入开展调查研究，认真听取企业意见，积极向政府部门反映有关问题和行业、会员诉求。最后，组织企业参与制修订行业标准和准入条件，促进行业规范发展。

三、重视宣传工作，努力扩大行业协会的社会影响

（一）努力办好黑龙江安防协会网

自网站开通以来，从刚开始的产业政策宣传、行业信息报道、技术信息交流等一般网站功能，逐步增加扩展，现逐步完善为会员服务窗口，使协会网站更好地发挥应有价值，真正为会员办实事。

（二）召开黑龙江安防协会第二次会员代表大会

黑龙江安防协会在2011年8月8日召开第二次会员代表大会，特邀中国安防协会秘书长靳秀凤同志结合多年来从事中国安防协会工作经验，针对安防行业协会的办会方向、发展目标、自身任务以及工作措施等，作了理论阐述。会议的召开，提高了与会者在市场经济条件下，对行业协会的认知，有利于黑龙江安防协会进一步加强与各会员单位的纵向联系，扩大黑龙江安防协会的影响力，为下一步充分发挥好协会的“桥梁”与“纽带”作用打下基础。

四、加快行业自身建设，规范行业管理

自黑龙江安防协会成立以来，《黑龙江省社会公共安全产品行业协会章程》对规范和指导黑龙江省安防行业工作发挥了重要的作用。但由于形势的变化和安防行业的发展，有必要对原有章程进行修改和补充。按照民政部颁发的《社会团体章程示范文本》要求和《黑龙江省促进行业协会发展规定》的精神，结合黑龙江省安防行业的实际情况，黑龙江安防协会对协会章程作了较大的修改，关于章程修改的具体内容，将由《关于修改〈黑龙江省社会公共安全产品行业协会章程〉的说明》来详细解释。

（资料提供：黑龙江省社会公共安全产品行业协会）

浙江省安全防范行业协会工作

2011年，浙江省安全防范行业协会（以下简称“浙江安防协会”）以“十七届五中全会”会议精神为指导，在浙江省公安厅、民政厅的指导下，本着团结、服务、求实、精业的精神，紧紧把握国内外经济形势发展变化的新特点，紧紧把握公安机关全面推动“城市报警与监控”工程项目建设的新部署，紧密围绕2011年协会工作要点，以更加务实创新的思路开展协会工作，努力引领浙江省安防行业健康持续发展。

一、开拓创新，推动安防行业技术发展

在浙江省公安厅技防办的指导下，浙江安防协会组织协会成员单位积极参与视频监控联网课题研究工作。为解决浙江省社会治安动态视频监控系统建设中出现的技术难题，浙江安防协会配合浙江省公安厅科技通信管理局专门成立了课题组，组织专家参与浙江省科技厅重点科技攻关项目“长三角社会治安监控系统联网共享研究和应用”等课题的研究工作。同时，还组织专家参与制定了多项浙江省地方标准的起草工作以及公共安全行业相关标准的制定工作并发挥了重要的作用。

2011年9月底，在深圳市召开的全国公安机关视频监控系统联网建设与应用经验交流会议期间，浙江安防协会组织课题组成员单位领导分别在大会上作了技术交流，课题组的代表作了《浙江省视频监控系统联网技术研究与实践总结》技术交流，充分展示了浙江省近年来在视频监控系统联网技术研究与应用方面的丰硕成果，展现了浙江企业的技术实力和风采，得到了与会领导和专家的一致好评。

二、搭建交流平台，共谋行业发展

（一）组织企业参观公安部第三研究所

为促进浙江省安防企业在开展产品检测工作方面的合作交流，2011年3月2日，浙江安防协会组织了省内20余家安防生产型企业专家赴公安部第三研究所进行参观、交流。通过本次活动加深了浙江省企业对产品检测业务流程的了解，为企业送检产品提供了便利。

（二）赴北京安防协会调研交流

浙江安防协会组织考察组赴北京市安防协会调研，双方就行业的现状和发展方向进行了探讨。通过这次调研，进一步增进了协会间的友谊，扩大了浙江安防的影响力。

（三）同上海报警协会沟通交流

2011年9月16号，上海报警协会领导来到浙江安防协会调研，双方就如何加强区域合作共谋发展等方面进行了沟通和交流。

（四）组织工程企业参与中国安防协会相关活动

为积极配合浙江省开展的“平安城市”建设工作，有效发挥协会在政府、企业、用户之间的桥梁与纽带作用，

浙江安防协会组织工程企业积极参与了中国安防协会开展的“为‘平安城市’建设推荐优秀安防工程企业”活动。经企业自荐，中国安防协会评议，最终浙江省共有13家工程企业入围“平安城市”建设推荐优秀安防工程企业名单。评选活动的开展，不仅有效推动了全行业健康发展，也为浙江省安防企业更好地参与省内外的城市报警与监控系统建设，打下了良好基础。

（五）组织企业参加中国安防协会“和谐杯”歌唱比赛

为大力配合中国安防协会开展第三届“和谐杯”歌唱比赛，推动浙江省安防行业文化建设与交流，浙江安防协会于2011年4月29日通过协会网站发布通知，组织企业选派优秀作品参加中国安防协会开展第三届“和谐杯”歌唱比赛。浙江地区预选赛于2011年10月28日圆满结束。此次预选赛，浙江省安防企业积极响应，共有15家企业17名选手报名参赛。经过选拔，最后推选2名选手参加中国安防行业第三届“和谐杯”歌唱比赛。为进一步推动安防行业文化建设快速、健康发展作出了贡献。

三、开展安防行业培训工作，提高从业人员专业素质

（一）积极开展安防从业人员培训工作

为提高安防从业人员的专业素质，适应安防行业快速发展的需要，配合开展企业资信等级申证工作，满足企业开展业务的实际需求，根据《浙江省安全技术防范行业资信等级评定管理办法》，本年度浙江安防协会秘书处认真制订培训计划，拟定培训内容，安排授课老师，积极推动省内从业人员的培训工作，全年共开展五期安防从业人员培训班，全省共计有600余人参加了培训。

（二）协助农信系统开展安全技术防范培训工作

为逐步规范浙江省农村信用联社监控中心管理和建设，充分发挥监控中心应有的作用和效能，切实提高工作效率，受浙江省农村信用社联合社委托，浙江安防协会于2011年6～8月组织专家开展了4期农信系统安防培训班，浙江省联社各级保卫工作管理人员、监控中心管理人员以及相关的科技人员共336人参加了培训。通过集中、系统地学习，使参训人员熟练掌握监控中心联网技术、操作规范、管理和操作要求，提高了监控中心管理人员的能力和素质，从而更好地发挥监控中心管理效能。

四、加强资信等级评定管理，促进行业自律

（一）加强安全技术防范行业资信等级证书管理工作

为进一步加强全省安全技术防范行业资信等级证书管理工作，严格执行《浙江省安全技术防范行业资信等级评定管理办法》，体现资信等级评定管理工作的“公平、公正、公开”原则，浙江安防协会组织开展了资信等级评定管理工作。

浙江安防协会于2011年第二、四季度分别开展了资信等级新申证、晋级评定工作，全年共有45家企业提出晋级申请，186家企业提出新申证申请。评定工作采用信息化手段，依托“公共安全技术防范综合信息系统”，开展网上申请、网上受理、网上审核，并实时发布评定情况，让相关企业及时了解评定工作进展情况。经各市评审小组初评，浙江省评审委员会终评，全省共有13家安防工程设计施工企业晋升为一级，18家安防工程设计施工企业晋升为二级，147家企业取得三级资信等级证书。

（二）开展资信等级证书换发工作

为掌握浙江省安防工程建设状况，掌握行业发展动向，并为资信等级证书年度审核换证工作提供依据，浙江安防协会于12月开展了安防工程数据统计工作。据统计，2011年度全省共建安防工程项目7092项，工程额达48.8亿元。

2011年12月，根据《浙江省安全技术防范行业资信等级评定管理办法》相关规定，浙江安防协会在数据统计的基础上，开展了资信等级证书换发新证工作，经统计截至12月31日符合换证条件的企业共有893家，不符合换证条件需整改企业81家，取消证书企业15家（含自动放弃的）。截止12月31日全省共有资信等级企业893家，其中一级资信等级企业74家，二级资信等级企116家，三级资信等级企业703家。

五、认真开展协会各项日常工作，提高协会秘书处工作水平

（一）深入开展会员企业联络员体系的建立工作

自2007年浙江安防协会制定《会员企业联络员制度》以来，至2010年548家会员企业提供了联络员名单。2011年浙江安防协会秘书处人员细化了工作程序，深入开展会员企业联络员体系的建立工作，安排专人核对企业联络员信息，经过努力，已有95%会员企业已建立了联络员名单。

（二）核对更新完善会员数据库

浙江安防协会成立以来，会员企业信息屡经增减变改，会员数据库信息内容不够准确完整，给开展相关工作带来了诸多不便。针对这一问题，自2011年8月起，浙江安防协会秘书处对全省会员单位的数据信息，逐一进行了核对更新，完善了会员数据库，为今后浙江安防协会开展相应工作奠定了基础。

（三）改版升级浙江安防协会网站

鉴于浙江安防协会网站存在问题，给广大会员办理相关业务带来不便，浙江安防协会于2010年11月份对网站和公共安全技术防范综合信息管理系统做了重新改版升级，经几个月的试运行，各项性能基本完好，能满足使用要求。浙江安防协会于2011年6月3日组织部分企业的网络技术人员以及协会秘书处工作人员对网站和公共安全技术防范综合信息管理系统进行了验收。

（四）继续推进标准宣贯工作

继续推进《安全技术防范系统建设技术规范》DB33/768标准宣贯工作，此举对全面推动和规范浙江省安全技术防范系统建设、应用和管理工作有着十分重要的意义。

（五）积极贯彻安防行业“十二五”发展规划

采取协会网站、企业邮箱、上门拜访企业等方式积极贯彻安防行业“十二五”发展规划，使浙江省安防企业了解规划内容，领会精神实质，抓住机遇，把握产业导向，捕捉商机。

经过一年的努力，浙江安防协会认真履行职责，广泛开展安防知识宣传和技术交流活动，积极推动安防从业人员的素质教育工作，不断巩固和扩大浙江安防在全国安防市场中的影响力，为浙江安防事业的进一步发展作出了积极的贡献。

（资料提供：浙江省安全防范行业协会）

安徽省安全技术防范行业协会工作

2011年，安徽省安全技术防范行业协会（以下简称“安徽安防协会”）深入学习贯彻党的十七大和十七届六中全会精神，努力践行科学发展观，在安徽省公安厅的领导下，在安徽省民政厅的业务指导下，安徽安防协会努力服务全体会员，强化行业自律、促进合作交流，充分发挥政府与企业之间的桥梁和纽带作用，推动了安徽省安防行业的快速规范发展。

一、加强协会建设，推进安防行业健康发展

（一）召开安徽安防协会三届三次常务理事会，加强行业组织建设

2011年3月4日，安徽安防协会在合肥召开了安徽安防协会第三届三次常务理事会。会议审议了安徽安防协会2010年工作总结报告，研究了2011年协会工作计划，会议增补了2个常务理事单位。

安徽安防协会遵循服务全体会员的原则，使得凝聚力、影响力不断扩大。2011年安徽安防协会新发展会员315家。至此，安徽安防协会现有副理事长单位15家，常务理事单位27家，理事单位55家，团体会员单位823家，安徽安防协会规模进一步扩大，组织建设得到加强。

（二）规范资质管理，行业发展步入良性发展轨道

2011年，安徽安防协会秘书处按照2010年1月8日协会第三届理事会第一次会议审议通过的《安徽省安全技术防范行业协会资质评定办法》，规范管理资质评审工作。依据《安徽省公共安全技术防范管理规定》和协会章程等要求，组织刚进入安防行业的从业人员参与技术培训，打下从业基础。

一年来，结合季度资质评审，安徽安防协会开办了四期技术培训班。培训人员1228人。2011年对300多家企业资质申请组织了评审。目前全省共有获得资质企业466家，其中一级105家，二级110家，三级251家。

（三）开展文化建设，歌唱比赛喜结硕果

2011年，安徽安防协会大力加强行业文化建设。安徽安防协会作为中国安防协会第三届“和谐杯”歌唱比赛协办单位之一，2011年4月1日在合肥成功举办“科达杯”安徽安防协会第一届歌唱比赛，活动由苏州科达科技有限公司冠名支持。共有20家会员单位选送的28个节目参加了比赛。

2011年12月7日，安徽安防协会组织安徽省“科达杯”比赛选拔晋级的4名选手，赴京参加CSST“和谐杯”中国安防行业歌唱比赛全国总决赛活动，4名选手参与通俗、民族2个小组25名歌手的激烈角逐，最终获得民族组一等奖1名，通俗组二等奖1名，民族组三等奖1名，通俗组优秀奖1名。

二、成功举办第五届安徽国际社会公共安全产品暨警用装备展会

为加强安防行业交流，推进行业发展，全面提升安徽省公共安全技术应用水平，安徽安防协会主办的第五届安徽国际社会公共安全产品暨警用装备展览会于2011年4月8日至10日在合肥国际会展中心成功举办。公安部科技信息化局、中国安防协会、安徽省综治办、公安厅、科技厅、安徽省安防协会等单位领导参加了开幕式。

此次展会主题是“打造平安江淮 构建和谐安徽”，突出“新理念、新技术、新方案、新产品”。展出面积13000多平米，共设有500个展位，国内300多家厂商参展，内容涉及到公共安全产业的各个方面。同时，举办了安徽省17市“平安城市”建设成果展。展会进行3天，共有3万多人入场参观。展会规模及专业性得到了参展商的认可。多家新闻媒体对展会进行了现场报道。本次展会在展会规模、展品档次和参展商数量上均创历届之最，受到了主管单位、参展商和参观者的一致好评，已经成为国内最有影响力的省级公共安全技术产品展会之一。

三、筹备开展职业培训和技能鉴定工作

安徽安防协会先后分两批选派11名同志参加了二级安全防范设计评估师老师资格培训并取得了教师资格。2011年4月合肥极光科技股份有限公司创办合肥安防技术职业培训学校，并取得合肥市人力资源和社会保障局颁发的《民办学校办学许可证》。安徽安防协会与极光公司到北京向中国安防协会进行了专题介绍并调研了北京安防协会的安全防范系统安装维护员职业培训和技能鉴定试点工作。

安徽省职业技能鉴定中心已同意安徽安防协会开展安全防范系统安装维护员职业培训和技能鉴定工作。目前培

训工作筹备已就绪，安徽省电子产品监督检验所的技能鉴定中心正在紧张筹备中。

四、开展社会治安视频监控关键技术研发与推广应用

安徽安防协会充分借力科研院校和安防企业的技术优势和研发力量，先后与安徽省恒瑞智能技术有限责任公司共同开展《平安城市一体化智能控制主机研发》，与安徽兆安电子科技有限公司共同研发《基于视频监控技术的社会治安防控体系综合平台关键技术与设备的研究、集成和应用》，与安徽三联公司共同研究制定了《社会治安视频监控图像采集点编码规则》，与安徽省科技厅签订安徽省软科学计划项目任务书，投入6万元进行《城市公共安全系统保障机制研究》。

五、开展“三访三评”及深化“大走访”活动

“三访三评”深化“大走访”活动开展以来，安徽安防协会紧贴企业实际，深化访评活动，结合自身实际，强化“零距离”意识，主动贴近企业，有计划、有步骤地上门走访企业，通过与企业面对面沟通，不断密切协会与企业关系。

活动开展以来，已走访企业30家，征求意见和建议52条，为企业解决实际问题14个。走访恳谈中，积极征求企业对协会的意见建议，了解企业的需求，掌握企业的真实情况，为企业的发展创造了良好的生产经营环境。

六、开展优秀工程企业评选工作

为配合安徽省“平安城市”建设工作的有效开展，充分发挥协会在政府、企业、用户间的纽带作用，安徽安防协会开展了“平安城市”建设优秀安防工程企业评选活动。由协会组织专家对30家申请单位近年来企业发展和工程完成情况进行评审，评选出12家优秀企业为安徽省2011年度“平安城市”建设优秀安防工程企业，并推荐至中国安防协会参加全国“平安城市”建设优秀安防工程企业评选活动，最终8家单位在北京召开的中国安防协会第五次会员代表大会上被授予2011“平安城市”建设推荐优秀安防工程企业。

七、召开全省安防行业发展座谈会

2011年12月6日下午，安徽安防协会召开了全省安防行业发展座谈会，分析安徽省安防行业现状，查找差距，讨论发展方向，为安徽省安防行业又好又快发展献言献策。安徽省公安厅信通处、信息中心、技防办和公安技防管理人员、省内知名安防企业领导、专家共22人参加了会议。

与会同志一致认为，要做到安徽省安防行业又好又快可持续性发展，就必须做好安防专业人才的培养和储备。

要进一步推进安徽省安防职业技术学校建设，争取早日建立安徽省安防专业人才培训基地；要提升安防专业人才的培训层次，丰富人才储备；要坚持“走出去，请进来”的道路，建设高层次人才队伍；要加快安徽省安防职业技能鉴定中心建设，早日走上安防职业技能鉴定规范化道路。

要充分发挥协会的作用。要加强协会自身队伍建设，要建立完备的安防专家库，充分发挥专家在安徽省安防行业发展中的智囊作用；要搭建更为广阔的交流平台，积极向外宣传安徽省安防企业；要制定对安徽省安防企业的扶持政策，为安徽省安防企业发展创造更为良好的环境；要推进安防企业文化建设，丰富企业文化生活。

八、开展行业间交流

为更好促进安徽省安防行业发展，推动行业间交流与合作，借鉴兄弟单位的先进经验。安徽安防协会先后组织人员赴北京、西安、武汉、广东和深圳等地学习考察，并积极争取机会派员赴美国、加拿大进行考察交流。

九、改版协会网站

为进一步满足扩大服务范围、丰富网站服务内容、完善网站服务功能的要求，2011年，安徽安防协会加强网站建设，对安徽省安全技术防范行业网进行了全面改版，重点在会员管理、信息发布、数据查询、企业宣传、产品推荐等功能上进行改进和完善。

（资料提供：安徽省安全技术防范行业协会）

福建省安全防范行业协会工作

2011年，福建省安全技术防范行业协会（以下简称“福建安防协会”）在各主管部门的坚强领导下，坚持科学发展观，坚持为科技创安、行业企业服务的宗旨，积极拓展业务工作，充分发挥桥梁纽带作用，为福建省安防行业健康持续发展取得了可喜的进步，作出了新贡献。

一、服务大局，配合开展安防地方标准制定工作

按照福建省公安厅安全技术防范管理办公室要求，为了进一步加强海西经济区安全技术防范工作，提高福建省“平安城市”报警监控系统建设质量和效能，发挥标准化工作为科技强警和安防行业发展的基础性作用，从2011年福建安防协会协助组织《数字高清视频监控系统技术规范》地方标准的立项申报并获批准，目前该标准已通过专家评审，即将发布施行。

在该地方标准的制定过程中，福建安防协会收集并掌握了大量国内外安防工程标准和安防产品技术资料，广泛

征求产品生产企业、系统集成商、运营商及检测机构等各有关单位及专家的意见和建议，配合举办两场专家评审会议。通过参与地方标准的制定工作，进一步密切了行业企业与有关政府管理部门的联系沟通，增强了广大群众及社会各界对安全技术防范工作及行业发展的重视。

二、继续承办6·18海峡安博会，加强行业合作交流

2011年6月18~20日，在福州海峡国际会展中心举办的第四届6·18海峡社会公共安全项目产品博览会。本届安博会在福建省公安厅领导的高度重视和直接领导下，成为历年来福建省规模最大、规格最高、展出品种最全、效益最好的一届安防行业盛会，也是高新电子技术、网络数字技术推广应用的盛会。

展会参展企业近300家，其中国内外知名品牌企业32家，上市公司18家，展出总面积达到11000平方米，展出的安防产品有防爆安检器材、视频监控、防盗报警、出入口控制系统、警用装备等近1000种产品。同期举办“2011海峡安博会—平安校园安防科技论坛”及“2011年闽粤安防行业发展暨平安城市建设对接会”。

通过举办此次展会加强了与中国安防协会及兄弟省市协会的联系，推进区域安防行业的合作交流，为推动海西经济区安防行业发展，促进“平安福建”建设，取得了较好的政治、经济和社会效益。

三、扎实稳妥开展资质评定工作，加强行业自律建设

根据中国安防协会安防工程企业资质评定试点工作要求，积极开展安防工程企业资质评定工作。2011年协会新受理企业资质评定委托51家，其中二级资质企业5家，三级资质企业46家，通过年审企业168家。通过企业资质委托评审工作，提高企业执业综合素质，加强行业自律，规范行业企业发展。

四、加强协会自身建设，积极履行协会职能

（一）加强协会秘书处工作

2011年4月11日，福建安防协会召开了第一届理事会第三次会议，会议审议通过了2010年协会工作、财务情况报告及有关工作计划；经全体理事会正式代表表决，选举了协会常务副理事长、秘书长，并增补协会副秘书长。经过调整，增强了福建安防协会秘书处领导，保证协会各项工作持续稳定发展。

（二）加强网站建设

2011年，福建安防协会组织人员对协会网站进行了全面的改版，增加网站服务范围、丰富网站服务内容、完善网站服务功能。新网站内容丰富、清晰，福建安防协会动态一目了然，提高了网站的可读性，提高了网站的知名度，让广大会员单位更好地利用网站开展各项工作。

（三）开展优秀工程商推荐工作

积极开展优秀工程商、产品推荐工作，经过了认真的初审推荐，福建省17家企业入选中国安防协会开展的向“平安城市”建设推荐优秀工程商名录。福建省本次入选企业创历年最多，名列全国第三名，为培养福建省核心安防企业，起到了以重点带全面，发挥骨干企业的示范作用。

（四）加强行业培训

2011年，福建安防协会先后举办安防工程企业专业技术人员培训班4期，协调举办全国建设工程造价员（电子）资格认证培训班2期，共培训学员900多人，收到了良好的效果。

一年来，经过全体会员共同参与，积极支持，福建安防协会顺利完成了年度工作计划，业务有了进一步拓展，提高了福建省安防行业企业整体水平，开拓了福建安防行业发展的新局面。

（资料提供：福建省安全防范行业协会）

江西省安全技术防范行业协会工作

2011年，江西省安全技术防范行业协会（以下简称“江西安防协会”）在江西省公安厅和江西省民政厅的监督指导下，在广大会员单位的积极支持配合下，秉承“服务会员、服务企业、服务政府、服务社会”的宗旨，在实施工程项目管理，提升工程质量，强化行业自律，扶持企业发展，推动技术交流与合作，完善协会自身建设等工作中作出了不懈的努力，充分发挥政府与企业之间的桥梁和纽带作用。

一、以工程质量评选为抓手，强化行业管理

江西安防协会针对江西省安防行业中涉及工程施工和安装的企业占绝大多数的实际情况，在实施行业管理工作中，有目的有意识地提高企业注重安防工程的质量意识和忧患意识，在“江西安防网”上新设立了《曝光台》栏目，动员社会力量监督安防工程（产品）质量问题和不法行为，维护公平竞争态势，确保行业的健康发展。

二、推荐优秀安防工程企业，推进“平安城市”建设

2011年6月，江西安防协会首次在全省安防工程企业中组织开展了评选2011年“平安城市”建设优秀安防工程企业的活动，先后制订了《2011年“平安城市”建设优秀安防工程企业评价工作方案》和《2011年“平安城市”建设优秀工程企业评价工作评分标准》，经由对参评企业资格初审、核实到组织专家评估打分，最终评选出了江西省21

家优秀安防工程企业。2011 年 9 月中旬，在新余市组织召开了既隆重又热烈的表彰大会，对 21 家“优秀安防工程企业”给与了表彰并颁发了奖牌和证书，同时还向中国安防协会推荐 15 家企业参与向“平安城市”建设推荐优秀安防工程企业评选活动，其中 4 家江西企业被评选为全国优秀安防工程企业。

三、配合做好企业资质评审备案工作

江西安防协会抽专人积极配合江西省公安厅安全技术防范管理办公室办理江西省安全技术防范工程设计、施工备案证的工作，截至 2011 年底，共为江西省安防企业发放安全技术防范工程设计、施工备案证 279 份，其中评定为一级资质等级企业 55 家，二级资质等级企业 59 家，三级资质等级企业 57 家。通过开展资质备案等级评定工作，江西省安防企业的产品质量和服务水平较过去有了一个较大的提升，安防队伍建设也更加规范有序，受到了企业的广泛认可和好评，为江西省安防行业的可持续发展提供更为强劲的动力。

四、扶持企业发展，为企业提供技术培训、咨询服务

随着江西省安防事业的发展，行业队伍近几年发展较快，江西安防协会根据从业人员对提升自身技术和业务水平的强烈愿望，倾注全力积极组织业务培训工作。2011 年江西安防协会自编教材，组织开办了三期业务培训班，共培训了相关技术人员共计 500 多人次，通过业务培训，提高了参训人员的业务素质，促进了江西省安防行业的整体技术水平和从业人员的质量意识的提高。

五、开展行业交流活动，加强行业之间的学习

2011 年 9 月，江西安防协会组织了一次以“江西安防行业发展与思考”为主题的理论研讨会，与全省众多安防企业高管人员共谋行业发展大计；深入企业走访调研，了解企业困难，尽其可能为他们排忧解难；参加了由企业组织的新产品推介会、科技创新研讨会等，用实际行动为企业服务，推动并扶持企业发展；继续加强了与全国各地行业协会的联系与交流，组织省内安防企业到国际国内知名展览会参展参观学习，为全省的安防行业积极融入全国安防行业大家庭中作出努力。

六、改版协会门户网站，提升网站服务功能

江西安防网是江西安防协会为会员提供资讯服务的平台和对外宣传的窗口，随着信息量的不断扩充，旧版网站已不能满足实际工作的需要.

网站的改版工作于 2011 年 5 月份启动，增加了快速入会通道、国内外技术中心、优秀企业、诚信企业、曝光台等版块和服务功能，让更多国内外的安防同仁通过网络窗口了解江西安防行业，走进江西安防协会。

（资料提供：江西省安全技术防范行业协会）

山东省公共安全技术防范协会工作

山东省公共安全技术防范协会（以下简称“山东安防协会”）于 2011 年 1 月 12 日成立以来，在山东省民政厅、公安厅的领导下，在山东安防协会领导直接指导下，团结和带领广大会员围绕“平安山东”建设，充分发挥安防手段在维护社会稳定和打击违法犯罪中的积极作用，进一步促进安全防范技术更好地为公安实战服务。同时，积极探索山东安防协会建设的新思路、新方法，发现和研究新情况、新问题，组织开展各项活动，对加强山东省安防行业管理、促进行业健康、快速、可持续发展，起到了积极的作用。

一、及时办理山东安防协会各项登记手续

2011 月 1 月，山东安防协会成立大会以来，根据山东省民政厅要求，认真准备了协会成立登记申请书、成立大会会议纪要、协会章程、负责人情况等材料，填写了社会团体法人登记表、章程核准表、会费标准备案表等，向山东省社团管理机关申请成立登记。经核准，山东省民政厅于 2 月 23 日颁发了社会团体法人登记证书。成立登记后，又根据有关程序抓紧办理各项手续。经积极努力，于 3 月中旬办完全部手续，山东安防协会工作开始启动。

二、制作、颁发会员证书

山东安防协会成立之初，一切从零开始，人员、经费、办公场所等都十分紧张。在山东省公安厅及各地公安技防管理部门的大力支持下，及时解决了有关工作人员、办公场所等问题。为保证山东安防协会工作正常进行，于 3 月 21 日下发了《关于缴纳省安防协会会费及领取会员证书等有关事宜的通知》，通过各地技防管理部门，及时收取了会费，颁发了会员证书。截至年底，共有 157 个单位和个人加入了山东安防协会，其中常务理事 27 个，理事 27 个，会员 93 个。

三、制定各项规章制度

为规范山东安防协会工作，制定了《山东省公共安全技术防范协会章程》、《山东省公共安全技术防范协会经费管理办法》、《协会财务管理制度》、《协会网站管理规定》、《协会法人证书保管、使用管理规定》、《协会印章保管、使用管理规定》等，为今后进一步开展工作打下了良好的基础。

四、深入开展调研

2011年4月份以来，协会领导先后走访了山东省电子产品监督检验所等单位，组织部分常务理事召开了座谈会，了解安防企业和安防检测机构的情况，就如何深入开展山东安防协会的工作广泛听取意见，并就加强安防企业建设，促进行业健康发展提出了要求。

五、研究制定协会活动计划

在调查研究的基础上，山东安防协会秘书处起草了协会活动计划，并征求了部分常务理事的意见。年内计划组织开展外出考察、举办技术培训、开展全省优秀安防工程评选活动、建立协会网站等。年前除培训活动外，其他各项活动已陆续开展。

六、建立了协会网站

为把山东安防协会网站建好，前期作了大量调研，和山东省公安厅相关单位进行了沟通，并制定了《协会网站管理规定》。经考察，与山东省电子产品监督检验所签订了“网站开发建设协议”。经积极筹建，网站于2011年10月份建成运行。目前网站设立了“安防资讯”、“政策法规”、“标准规范”、“通知通告”、“产品介绍”、“工程中心”、“培训考试”、“展会信息”、“会员之家”等栏目，已经成为山东安防协会对外的门户，协会与会员密切联系的桥梁和纽带。

七、启动全省优秀安防工程评选活动

根据协会工作计划，于10月24日下发了《关于开展山东省优秀安防工程评选活动的通知》，制订了工作方案，本着以人为本、技术先进、贯彻标准、规范管理、经济适用、安全可靠的原则，拟推荐一批真正能代表行业水平的优秀安防工程，为各地政府部门开展“平安城市”建设，进行科学决策，提供参考依据。截至年底，全省共申报项目24项。山东安防协会秘书处已经进行了初审，下步将提交专家评审组评审，评审结果报评选领导小组进行终审，研究确定获奖项目并进行公示。最后，报山东省公安厅主管部门备案，向社会公布。

八、参加中国安全防范产品行业协会各项活动

2011年，山东安防协会申请加入了中国安防协会，成为中国安防协会的副理事长单位，并及时提供了山东安防协会有关资料。10月份派员随中国安防协会代表团赴美国、加拿大进行考察学习等，为做好山东安防协会今后的工作开阔了眼界，拓宽了思路。12月7日，派员参加了中国安防协会实体防护专业会议；8日参加了中国安防协会第五次代表大会。

九、加强与兄弟省市安防协会的交流与合作

为开拓山东安防协会的工作思路，加强了与北京、上海等省市安防协会的交流与合作。2011年9月20日，派员参加了由北京发起的首届七省市区安防协会合作交流研讨会。会上，各省市区介绍了近年来的主要工作情况及经验做法；对安防工程资质互认可行性问题进行了讨论；对区域间能开展哪些技术交流互动活动进行了研讨。11月21日，协会有关人员到上海市安全防范报警协会进行学习交流。山东安防协会还协助举办了“2011第十届国际公共安全防范产品（济南）展览会”。

十、加强协会自身建设

山东安防协会成立以来，引导会员单位自觉遵守国家法律法规和有关政策，遵守协会章程，不断完善行规行约，规范行业行为，保证产品质量，信守企业信誉，树立安全技术防范行业的良好形象。同时加强和促进协会的团结，充分发扬民主，积极倡导互相理解、互相尊重、互相配合、合作共事的风气，营造和谐融洽的良好氛围。

在新的一年里，山东安防协会将本着“大家的协会大家办，大家的协会为大家”的精神，联合广大会员和社会力量，开拓进取，积极作为，加强合作，共同奋斗，不断提高山东省安防行业的整体水平，为构建和谐社会、建设平安山东作出应有的贡献。

（资料提供：山东省公共安全技术防范协会）

湖北省安全技术防范行业协会工作

湖北省安全技术防范行业协会（以下简称“湖北安防协会”）秉承“服务、保护、协调、进步”的宗旨，始终坚持为会员企业服务，并围绕服务，脚踏实地的为会员企业办实事、做好事，积极开展有益于会员企业的工作，较好地发挥了企业与政府之间的桥梁和纽带作用。

湖北安防协会不断加强行业自身组织建设，加强内部管理、提高员工政治、业务素质，认真贯彻各项治理、规范、审计工作；并且坚持以“服务会员为宗旨”，发挥行业协会职能作用，成功举办了2011中国（武汉）公共安全产品暨反恐技术设备、警用装备展览会，利用“楚天安防网”和“安防商铺网”两个网站为会员企业提供优质信息咨询、扩大宣传。湖北安防协会还积极推动行业文化建设，升华服务内涵，成功举办了第三届“和谐杯”歌唱比赛武汉赛区活动，并组织专人编写出版《安防人的创业史》一书，

弘扬行业文化，宣传湖北省优秀企业家。

一、召开2011年理事（扩大）会议和2012武汉安防展新闻通气会

（一）召开2011年湖北省安全技术防范行业协会理事（扩大）会议

2011年11月30日下午，湖北安防协会在武汉国际会展中心召开2011年理事（扩大）会议。会议举行了《安防人的创业史》一书公开发行仪式，为宣传湖北省优秀安防企业家和优秀安防企业，弘扬安防行业文化作出了贡献。会议增补了协会常务副会长、副会长和常务理事单位，会议还审议通过了《湖北省安防协会章程（修改草案）》等文件。

（二）召开2012中国（武汉）公共安全产品暨反恐技术设备、警用装备展览会新闻通气会

2011年11月30日下午，湖北安防协会与北京四星展览服务有限公司在武汉国际会展中心联合举办了2012中国（武汉）公共安全产品暨反恐技术设备、警用装备展览会新闻通气会，邀请《人民公安报》等10多家新闻媒体的记者参加会议。会上，湖北安防协会相关领导和展会承办方负责人介绍展会招商情况对记者的现场提问作出回答。

二、成功举办2011中国（武汉）公共安全产品、反恐技术设备和警用装备展览会

（一）展会得到湖北省委省政府有关部门的高度重视与支持

2011年3月9～11日，2011中国（武汉）公共安全产品、反恐技术设备和警用装备展览会隆重举行。本届展会得到湖北省主管部门、中国安防协会以及有关省市公安机关和行业协会领导的大力支持，在湖北省公安厅领导的高度重视和科信处具体指导下，取得了较好的社会、经济效益。

（二）展会在规模、品种、技术含量等方面再创新高

本届展会汇集了来自全国10多个省市300余家参展企业，共有540个展位。各类参展安防产品7000余件，展出总面积15000平方米。有效观众18912名。展会上展出产品有防爆安检器材、视频监控系统、防盗报警系统、出入口控制系统、警用装备等。

“高新技术含量大”是本届展会的一大亮点。展品主要以“城市监控与报警技术产品”、“系统集成及解决方案”、“城市报警监控网络试点工程”、“平安城市、平安社区建设”、“城市道路监控工程及解决方案”为重点，集中展示了国内外新技术成果和先进理念，推出了一批国内外新技术产品并推荐了优秀示范工程及解决方案。

三、推动行业文化建设工作，提升企业形象

（一）成功筹办中国安防行业第三届“和谐杯”歌唱比赛武汉赛区比赛

为配合中国安防协会圆满完成第三届“和谐杯”歌唱比赛活动，湖北安防协会积极筹办武汉赛区歌唱比赛活动，并创作原创歌曲《安防企业的家》。选拔出的四名优秀选手于2011年12月7号在北京总决赛中获得优异成绩，最终获得一名一等奖，一名三等奖，两名优秀奖。

（二）出版发行《安防人的创业史》

湖北安防协会安排专人编撰出版了《安防人的创业史》一书。本书采写了12家优秀安防企业家，描写了他们艰苦创业的感人事迹。

四、推动行业自律管理体系建设，正确引导行业发展

（一）委托湖北省安防工程企业资质第三方评价机构

根据中国安防协会的安防工程企业资质评价2011版体系文件的规定，湖北安防协会于2011年元月起将资质评价、年审及相关培训工作委托给资质评价机构－湖北广博天源信息科技有限公司。本着公平、公正的原则，评价机构自接受委托以来，继续稳妥地开展湖北省安防工程企业资质评价、资质年审工作及相关的培训工作。

（二）顺利开展资质评定年审工作

本着公平、公正的原则，评价机构自接受委托以来，认真开展各项工作，2011年全年湖北安防协会共评定资质证75家。其中一级6家，二级30家，三级39家。年审企业资质177家，其中一级50家，二级65家，三级62家。

（三）顺利开展专业技术人员培训和工程造价员培训工作

2011年湖北安防协会组织安防工程企业专业技术人员培训12期，88家企业705人参加培训获得证书。

2011年7月23～29日协助国家信息产业部完成湖北省第九期全国建设工程造价员（电子）类资格证培训。共有68家企业103人参加培训考试，90人考试合格。

五、增强服务意识，提升在行业的影响力

（一）精心组织，积极推荐湖北省优秀企业参加各类评比

湖北安防协会大力培育和扶持安防工程企业和安防产品企业名优品牌建设，帮助企业提高知名度。共推荐湖北省19家安防工程企业参加中国安防协会“平安城市”建设优秀工程商评选活动。其中9家荣获“平安城市”优秀安防工程企业。

（二）通过“楚天安防网”和“安防商铺网”宣传企业

“楚天安防网”、“安防商铺网”作为湖北省安防协会的网络媒体，利用其网络优势，一直把为会员企业服务作为宗旨，为会员企业提供各项优质信息咨询服务。

（三）加强与行业内媒体的合作，资源共享

湖北安防协会通过与安防市场报、中国安防杂志，中国安防网等行业媒体合作，建议资源共享，积极为全国安防行业专业报刊、网站撰稿，深入宣传湖北省安防企业，据不完全统计，全年共发稿80多篇，被有关媒体采用30余篇。

（四）增强服务意识，发挥行业协会职能

湖北安防协会以多种形式服务企业，发挥协会的桥梁、

纽带作用。支持苏州科达公司在武汉举办的“苏州科达2011NVR及高清监控新品推介会”；深入企业调查走访，先后走访了多家会员企业，为企业提出一些建设性发展意见，并与企业共同探讨行业发展规划、协会内部建设等，开拓行业发展新思路、新方向。

六、进一步加强协会建设，规范内部管理

（一）加强协会财务、文档、内务等管理

湖北安防协会严格遵守行业组织财务管理规定，并安排专门的会计、出纳。每年由省民政厅指定的专门审计机构，对协会进行财务审计。审计报告表明，协会账目清楚，收入合法，支出合规，没有经济上的违法违纪行为。

建立了完整的文档制度，如：档案管理制度、印章管理制度、资产管理制度、秘书处工作制度、财务管理制度等等；为了体现协会对职工的人性化管理，也制定了人事管理制度、奖励制度。

（二）注重培养和提高职工素质

对协会员工严格要求，严格管理。坚持在职工中开展五讲活动，即：讲学习、讲政治、讲纪律、讲团结、讲奉献。定期组织职工学习政治、业务知识，提高职工素质。湖北安防协会还从生活上关心职工，开办了职工小食堂，为职工购买了国家规定的全部社会保险和住房公积金，调动了职工工作积极性。

（三）湖北安防协会被评为“AAAA”级协会称号

湖北安防协会自成立以来，在组织建设、制度建设、规范管理等方面不断加强。在2011年5月湖北省民政厅民间组织管理局组织对湖北省行业协会商会的评估工作中，经过协会自评、评估专家实地评估、评估委员会评定（复核委员会复核）和公告公示四个阶段，最终湖北安防协会被评为“AAAA”级协会称号。

经过一年的努力，湖北安防协会取得了可喜的成绩，得到各方面的一致肯定。湖北安防协会将本着为会员企业服务的宗旨，继续为会员办实事、做好事；积极履行协会职能，配合相关部门制定湖北省安防产业发展战略方针，推动湖北省安防事业发展；同时加强行业自律管理，夯实协会工作基础，用心办会、依法办会，充分发挥协会“纽带、桥梁”的作用。

（资料提供：湖北省安全技术防范行业协会）

湖南省安全技术防范行业协会工作

2011年，湖南省安全技术防范行业协会（以下简称“湖南安防协会”）在湖南省公安厅、民政厅的监督指导下，在广大会员单位积极支持，共同努力下，按照“坚持走科学发展道路，促进安防行业全面、协调、可持续发展”的思路，进一步加强湖南安防协会自身建设，规范行业管理，努力服务企业，服务政府，服务社会，较好地完成了既定的任务和目标。

一是提升协会服务管理水平，加强行业间学习交流。湖南安防协会通过邮件、短信、电话通知等多种形式加强与协会会员之间的联系和沟通。湖南安防协会还多次组织协会会员单位开展行业间的学习交流。二是召开了第十一届湖南省公共安全产品与技术博览会，博览会的规模和影响均超过往年。三是组织开展了2011年安防行业诚信企业评选活动，在湖南省安防行业内大力弘扬诚信经营的风尚。四是继续开展安防从业人员职业培训工作，促进湖南省安防行业的规范化和专业化。五是开展湘粤安防行业交流与考察为了促进泛珠三角地区安防行业的资源共享和共同发展，学习和借鉴广东安防行业先进的管理经验，湖南安防协会组织部分会员单位组成的交流考察团，赴粤开展湘粤安防行业交流与考察，为泛珠三角安防行业协作联盟打下了良好的基础。

（资料提供：湖南省安全技术防范行业协会）

广东省公共安全技术防范协会工作

2011年度，广东省公共安全技术防范协会（以下简称“广东安防协会”）紧紧围绕“创新合作平台，加快行业发展”这一主题开展了多项会员服务和协会管理工作。在广东省民间组织管理局监督管理下，在广东省公安厅科技信息化处及各地市公安技防联络员的指导下，在广大会员和安防行业朋友的支持下，在广东安防协会领导班子和秘书处全体员工共同努力下，圆满完成各项工作计划，并取得了跨越式发展，为推动广东安防行业发展作出应有贡献。

一、搭建安防技术培训与交流平台，促进安防技术与产品的应用

（一）与广东银监局联合举办了“广东省银行业网络视频监控技术培训班”

2011年3月4日，广东安防协会与广东银监局联合举办了“广东省银行业网络视频监控技术培训班”，对金融机构负责技防保卫工作的有关人员近200人进行培训与交流，本次培训极大地推进安防新技术和新产品在银行业的普及

和使用，进一步规范和提升各银行的安保与防控技术应用，会后广东安防协会还协助广东银监局开展了关于技术及产品应用方面的咨询。

（二）举办"广东省安防技术培训巡回讲座"

2011 年 9 月 1 日，广东安防协会正式启动了"广东省安防技术培训巡回讲座"，广州作为这次巡回讲座的第一站，吸引了 50 位广州地区的工程商代表，课程为期两天，全程免费，邀请了广东省公安厅技防办的代表和多位专业人士对技防执法、行业标准、产品技术等方面展开详细讲解。

2011 年 9 月 26 ~ 29 日，参照广州培训班成功举办的经验，广东安防协会连续四天先后在梅州、揭阳、汕头、惠州等粤东四个城市召开"粤东地区技防行业片区会议及巡回技术培训讲座"。活动得到广东省公安厅科信处、粤东地区各地级市技防办的大力支持，中国银行、工商银行、建设银行、农业银行、邮政银行、广发银行、农村信用社等金融机构的地级市支行及安防工程商均派代表参与当地的会议和讲座。

广东省安防技术培训巡回讲座得到了很多会员单位与安防企业大力支持，是广东安防协会带领企业"走出去"，促进行业合作，创造更多商机的又一项创新举措。为进一步提高全省安防工程建设的整体水平，推动全省安防行业的可持续发展，宣贯安防行业法律法规以及技术标准，推广安防新技术、新产品的应用，广东安防协会将把技术培训与交流作为协会服务的品牌活动之一来打造和推广。

二、创新交流合作平台，带领会员走向国际

（一）走访泛珠三角安防行业协作联盟成员协会

2011 年，广东安防协会启动了泛珠三角安防行业协作联盟合作交流工作，3 ~ 4 月期间，广东安防协会分别参加并组织部分会员一起走访了湖北省、安徽省、海南省三家联盟成员协会，期间与当地科信处、协会的领导围绕联盟工作部署进行深入探讨，为下阶段开展联盟成员协会之间的跨区域合作夯下坚实基础。

（二）组织省内优秀安防企业参加第四届海峡安博会

2011 年 6 月 18 日，广东安防协会组织省内优秀安防企业参加在福州举办的第四届海峡安博会，并特设"广东安防优秀品牌展"专区。公安部科技信息化局、福建省公安厅领导亲临现场考察。

（三）举办 2011 年闽粤安防行业发展暨平安城市建设对接会

2011 年 6 月 19 日，由泛珠三角安防行业协作联盟主办，广东安防协会协办的"2011 年闽粤安防行业发展暨平安城市建设对接会"在福州召开。会上，广东省的优秀安防企业围绕平安城市建设的需求提出了安防系统整体解决方案，共同探索泛珠三角平安城市的整体安防平台研发与应用。

2011 年 6 月 23 日，为整合粤湘两地的资源，促进安防产业升级，广东安防协会与湖南省安防协会围绕"谋发展，求共赢"的主题，召开粤湘安防行业协作交流会，湖南省公安厅科技部门和两省安防协会领导出席会议。

（四）第四届中外安防产品（广东）采购洽谈会

2011 年 7 月 23 ~ 26 日，广东安防协会和中国安防协会共同主办第四届中外安防产品（广东）采购洽谈会。本届洽谈会有来自 30 个国家和地区的 62 家国际采购商以及 71 家中国供应商和 50 余家广东工程商参加。初步统计，本届洽谈会大概有 8000 万元的采购意向金额，现场约有 3800 万元的订单成交。洽谈会不仅成为国内安防企业进入国际市场的桥梁和纽带，促进了中外安防业界的交流与合作，而且进一步提升了广东安防协会为安防行业对外贸易服务的能力，初步实现了带领会员单位走出广东，迈向国际的目标。

三、突出重点，推进广东安防标准化工作

（一）协助宣贯《中小学校和幼儿园安全防范工程技术规范》

由广东安防协会参与起草的广东省地方标准《中小学校和幼儿园安全防范工程技术规范》已于 2011 年 4 月 1 号正式实施。广东省公安厅与教育厅已联合发文，向全省各地市公安局和教育局提出贯彻落实该标准的意见，促进中小学校及幼儿园安防体系的构建工作。为提高广东省中小学校及幼儿园安防工程建设质量，进一步促进标准的贯彻工作，广东安防协会协助广东省教育厅开展对该标准的宣贯与推进等工作。

（二）协助制定《安全防范视频监控彩色摄像机通用技术要求》

为了解决目前广东省视频安防监控系统使用的主要产品彩色摄像机通用技术要求尚无地方标准的问题，广东省公安厅科技信息化部门制定了《视频安防监控系统—彩色摄像机通用技术要求（征求意见稿）》，并于 5 月 20 日在广州召开座谈会，广泛征求相关企业的意见和建议。广东安防协会组织企业积极参与本次会议，并协助办理标准制定的相关工作，尽协会最大努力为加快广东省安防行业标准化建设作出贡献。

（三）协助制定《医院安全防范工程技术规范》

广东安防协会积极协助推进《医院安全防范工程技术规范》标准的制定工作，2010 年组织召开了第一次编制会议。会议对《规范》进行详细探讨，收集了大量符合广东实际情况和具有地方特色技术指标。会后还组织走访了行业主管部门及多位专家，收集相关意见和建议，对该标准制定工作起到了推动作用。

四、举办歌咏比赛 推动行业文化建设

2011 年 10 月 21 日，由广东安防协会主办，中国安防

协会支持的“2011 年广东省安防行业首届歌唱比赛”在广州举办，比赛成功产生了 1 个一等奖、2 个二等奖、3 个三等奖，并作为广东企业代表推荐进入到中国安防协会主办的全国歌唱比赛决赛阶段。

五、凝聚行业公益力量，开展慈善系列活动

2011 年 12 月 27 日，广东安防协会联合王牌国际慈善教育基金会及行业内知名的企业，启动了广东安防协会系列公益活动——“大爱安防，情牵教育”，活动第一站走进广东省河源市，向龙川县田心中学送上 300 多张爱心棉被，给每位学生添温暖，让学生们脱离“三人共盖一张小棉被”的困境。同时，广东安防协会积极筹备活动第二站的工作。

六、提升信息平台影响力，建立企业品牌宣传平台

安防世界网是由广东省公安厅安全技术防范管理办公室指导，广东安防协会主办的安防专业网站，2011 年上半年，继续完善网站功能，提升网站在行业内的影响力。

七、规范内部管理机制，增强协会服务能力

在上级主管部门指导下，广东安防协会坚持不断完善内部各项管理制度，组织员工学习相关业务，协会团队整体素质和工作能力明显提高，顺利通过了上级监管部门的审计。

为更好规范行业发展，提高行业凝聚力，提升行业经济效益，广东安防协会 2011 年继续吸纳优秀的安防企业壮大会员队伍，同时也对存在严重问题的会员企业进行筛选淘汰，以保证会员质量、维护会员的合法权益。

经过一年的努力，广东安防协会在行业与社会的影响力日益提升，社会责任感和事业心显著增强，服务工作开展的道路越走越宽，但是与全体会员的要求、与时代的发展仍然存在一定的差距。相信在上级主管部门大力支持与指导下、全体会员的共同努力下，协会工作将取得更大的成绩。

（资料提供：广东省公共安全技术防范协会）

海南省安全技术防范行业协会工作

2011 年，海南省安全技术防范行业协会（以下简称“海南安防协会”）紧紧围绕“为企业服务，促行业发展”这一主题开展了多项会员服务和协会管理工作。在海南省民政厅监督管理下，在海南省公安厅的指导下，在广大会员和安防企业的支持下，海南安防协会圆满完成各项工作，并取得了较大的发展，为推动海南安防行业发展作出了应有贡献。

一、加强协会领导班子的力量

海南安防协会继续坚持把加强协会内部建设放在重要的位置，努力改革创新，倡导科学管理，强化组织领导、规范工作流程、努力提高工作服务水平，推进协会各项工作再上新台阶。

2011 年 4 月 26 日，海南安防协会理事会表决通过，增选 2 家企业为协会副理事长单位，增补了 8 家常务理事单位、9 家理事单位。加强协会领导的力量，促进安防行业发展。

二、完善协会财务制度

在上级主管部门指导下，海南安防协会坚持不断完善内部各项管理制度，组织员工学习相关业务，协会团队整体素质和工作能力明显提高。在顺利通过全国协会“小金库”专项检查后，海南安防协会积极主动支持和配合海南省公安厅审计处审计工作，同时严以律己，虚心求学，结合实际情况，建立符合实际的财务制度，促进了规范化发展，得到上级主管部门的认可。

三、参与海南省立体化治安防控体系项目规划工作

2011 年 9 月中旬，海南安防协会受海南省公安厅科通处的委托，组织 10 名专家在海南安防协会研讨海南省重点项目“海南立体化治安防控体系项目建设”的申报工作。专家们对建设项目的规模、内容、预算、效益以及项目进展等方面进行了广泛研讨，最后，形成《海南立体化治安防控体系建设项目申报材料》，上报海南省公安厅。

四、为“平安城市”推荐优秀安防工程企业

海南安防协会秘书处积极参与中国安防协会开展的为“平安城市”建设推荐优秀安防工程企业活动，共推荐 21 家企业参与参评，经过最终评审海南省有 6 家企业榜上有名。

五、行业资质评定工作进入常态

2011 年，海南安防协会进一步完善安防工程资质评定工作，严格执行各项评审制度，先后三次召开评审员工作会议，不断加强评审队伍培训和管理，确保海南省资质评审工作的质量和信誉。

目前，海南省资质评定中心审批核发《安防工程企业资质证书》83 家，其中，一级资质企业 14 家，二级资质企业 23 家，三级资质企业 45 家。

六、完善协会会员单位资料统计调查分析工作

按照工作计划，海南安防协会完成了行业数据库的基

本建设，通过企业入会、资质评审、座谈调研等形式，保证各项统计资料的填报，目前，已完成187家企业的资料统计工作，为政府管理和其他行业以及工程建设方提供参考信息。

七、重视行业调查交流

2011年，海南安防协会更加重视行业之间的学习交流活动，强化调查研究，相互学习借鉴、加强交流合作，以着力全国安防发展的宏观思维引领行业走向未来。

八、深入开展调查研究工作

为了解行业发展现状，提高为会员服务的工作水平，海南安防协会秘书处领导先后走访调研了一批安防企业，一方面听取了企业在业务发展、企业文化等方面的介绍，传达政府对安防建设和政策方面的信息，并就海南安防协会近期开展的工作与企业进行了沟通与交流。另一方面，针对企业关心的重点问题和工作建议，海南安防协会及时向政府主管部门反映和提出建议，并落实到协会的工作重点中，使协会的工作努力贴近行业发展和企业需求。

九、开展同行业之间的学习交流

为强化同行业之间的学习交流，海南安防协会组织安防企业分批分次先后到吉林、西安、广东、深圳、安徽、贵州等行业协会，知名安防企业考察当前安防动态和形式，考察当地安防建设和安防产品的应用情况，认真学习借鉴同行业先进技术和管理经验，宣传海南安防行业建设成果，把握安防行业当前和今后的发展动态和趋势。

十、组织开展文化体育活动

为贯彻党的十七届六中全会精神，丰富安防行业文化内涵，弘扬安防企业文化精神。海南安防协会组织了羽毛球训练，派员参加了中国安防协会组织的歌唱比赛，逐步增强了行业的号召力、凝聚力，推动行业精神文化建设。

十一、组织开好相关会议

海南安防协会秘书处认真履行职责，定期召开年度工作会议，为行业会员和政府部门交流搭建平台。一是组织召开了海南安防协会第一届第一次理事会议，二是召开了海南安防协会理事长工作会议，三是顺利召开了三次评审员与评审企业工作会议，四是定期开好协会内部员工工作总结会议。借助上述会议宣传海南安防行业发展成效，增强行业协会凝聚力。

十二、制定《海南省安防诚信企业诚信评价管理办法》

根据2011年协会工作计划，开展行业诚信建设，海南安防协会先后组织多名专家制定完成了《海南省安防诚信企业诚信评价管理办法》，促进行业规范有序的发展。

十三、组建协会专家工作委员会

根据2011年工作计划，海南安防协会着手筹建海南安防协会专家工作委员会工作，并将该计划提交理事长办公会议研究同意，经过协会申请、主管部门公安厅批准、民政厅审批等程序，于2011年9月30日民政厅批复同意设立海南安防协会专家工作委员会，该委员会为海南安防协会分支机构，受协会领导。

经过一年的努力，海南安防协会从成立初的152家会员单位，发展到326家，并聘请安防行业高级讲师先后组织过5期专业技能培训班，通过多种活动方式增强行业凝聚力，增加企业归属感，大大提升了海南安防协会的影响力，规范了海南安防行业的发展。

（资料提供：海南省安全技术防范行业协会）

四川省社会公共安全行业协会工作

2011年，四川省社会公共安全行业协会（以下简称“四川安防协会”）在业务主管单位四川省公安厅和登记管理机关四川省民政厅的业务指导和监督管理下，为会员企业服务、为安防事业的发展作出了努力。

一、举办安防从业人员业务培训班

为贯彻落实四川省人大批准发布的《四川省公共安全技术防范管理条例》，发挥协会联络政府和企业的桥梁纽带作用，受四川省公安厅安全技术防范管理办公室的委托，组织行业专家和企业，努力办好安防从业人员业务培训班。2011年度共成功举办安防从业人员业务培训班20期，共培训安防从业人员3386人，其中培训合格人员达到3298人，为四川安防工作的规范管理和提高从业人员的业务技能发挥协会协调配合作用。

二、举办安防展览会

2011年4月12日至15日，四川省安防协会和成都市公安局主办了第十一届成都国际社会公共安全产品与技术专业安防展览会。展会上还设立专栏，以文字和图片的形式展示了成都市公安机关开展技防“大走访”活动的情况。

三、加强协会自身建设

2011年四川安防协会在业务能力上，加强对协会工作人员的教育。从思想意识入手，端正服务态度、提升服务能力并具体着眼于行为上的规范，制定了《工作人员行为规范》，有力地保证了四川安防协会秘书处的窗口形象和服务能力。积极参加有关部门举办的各种培训活动，提高自身的工作能力和责任心，提高协会在多方面、多层次为企业服务的能力，提升协会的形象。

四、提高对企业服务能力

协会主动开展行业内民意调查，市场调研，为会员单位着想，加强与会员之间的沟通和联系；创建新网站，及时发布行业内的新动态，切实提升四川安防协会服务社会和企业的职能；加强与其他兄弟省市安防协会的联系，学习其经验和做法；重点扶持四川省优秀安防工程企业，促进企业树立品牌形象，继续配合国家一些重大活动项目（如平安城市建设），继续推荐优秀工程企业，以帮助企业树立品牌形象，促进优秀企业尽快成长。

四川安防协会专家委员会在服从协会安排、服务协会工作、为社会公共安全行业的发展服务，为从业单位（会员单位）提供行业领域的学术研究、技术咨询和顾问服务工作等方面发挥着十分重要的作用。

2011 年共有 9 家企业加入四川省社会公共安全行业协会会员单位会员，其中常务理事 3 家，理事 2 家，会员 4 家。

四川安防协会在这一年的努力工作当中认真履行协会章程赋予的职责，团结各会员，在加强行业自律、推进行业诚信建设、扩大社会宣传、开展业内外交流等各方面做了大量工作，取得了显著成绩。为加强四川公共安全技术防范水平，提高竞争力，为共同打造和谐四川、平安四川而努力，为维护社会公共安全和社会稳定贡献力量。

（资料提供：四川省社会公共安全行业协会）

贵州省安全技术防范行业协会工作

2011 年，贵州省安全技术防范行业协会（以下简称“贵州安防协会”）在贵州省公安厅、民政厅的监督指导下，严格执行贵州省发展改革委、财政厅、物价局关于地方社团组织的相关文件要求，并在中国安防协会安防工程企业资质评定中心的指导下，围绕贵州安防协会章程规定的活动范围和贵州省安防行业正在开展的中心工作，积极有效地组织开展了各项工作，较好的协助政府实现了贵州省安防行业的自律，并有力配合了全省范围内正在开展的“天网工程”、“技防入户”和校园技防工作，为贵州省经济社会发展、治安稳定作出了贡献。

一、成功举办安防展会和论坛

贵州安防协会于 2011 年 3 月 29 日至 31 日举办了安防博览会和平安建设论坛，引进了新产品、新技术、新理念，搭建了安防企业与政府“天网工程”建设方的交流平台。各地、市公安机关项目负责同志通过参观展会和论坛，使他们的思路更加清晰，眼界更加开阔，对后续“天网”工程的设计、选型和项目管理有很大的帮助。许多参展企业也认为达到了预期的展示目的，激发了他们参与贵州“天网工程”建设的热情。

二、开展贵州省安防工程企业资质评定的“管办分离”工作

根据政府监管部门的要求，贵州安防协会按照中国安防协会资质评定中心“管办分离”的统一要求，并参照北京等地方协会的做法，将原由贵州安防协会承担的全省资质评定工作交由第三方承办。2011 年 9 月已完成了向第三方的移交工作，使该项工作进入由第三方评审的试运行阶段。贵州安防协会为实现“管办分离”的平稳过渡，满足广大企业的参评需求，对申报企业采取了先期受理、等待正式评审、出具相关证明等过渡性处理措施。

三、为行业提供技术、信息服务

利用《贵州安防》特刊，宣传“天网工程”政府规划和相关政策，在全国安防行业中产生了较大影响；协调相关专家参与贵州省“天网工程”的规划、方案设计和评审；利用贵州安防协会网站开展信息服务，宣传行业政策和技术案例及行业新动向。

四、荣获贵州省“AAAA”社团组织称号

贵州安防协会参加了贵州省民政厅社团组织本年度的达标考评工作，通过自评、申报，再经民政厅组织专家队伍现场检查打分，评审组评议等程序，最终贵州安防协会荣获“AAAA”社团组织，对在考评中发现的问题，贵州安防协会已经组织整改。通过本次考核评估，贵州安防协会将发扬成绩，纠正不足，促进各项工作的规范化，为“平安贵州”建设和贵州省安防事业发展作出更大的贡献。

五、组织开展全省优秀安防工程企业推荐工作

组织贵州省安防工程企业积极参加中国安防协会组织的向“平安城市”建设推荐优秀安防工程企业评选活动，其中贵州省共有 2 家企业入选。

六、发展协会会员

截至 2011 年 11 月底，新增会员单位 14 家、理事单位 8 家、常务理事单位 6 家，使贵州安防协会队伍发展为 275

家，约占全省安防企业总数的40%。

总的来看，2011 年是贵州安防协会迎接众多变革的一年，协会上下一心，团结合作，在进一步明确协会的职责任务，搞好双向服务的前提下，加强自身建设，推进协会工作；科学规划，不断创新；加强情况报送和意见反馈，不断完善自身社团组织职能，发挥行业组织作用，普及宣传政策法规的同时了解行业实际情况，将企业与协会和主管部门紧密联系，为贵州省“平安贵州”建设加好油、助好力，进一步推动贵州安防行业又快又好地发展。

（资料提供：贵州省安全技术防范行业协会）

云南省安全技术防范协会工作

云南省安防行业以行业自律为原则，整个行业在云南省公安机关的引导和云南省安全技术防范协会（以下简称“云南安防协会”）的组织下，健康、有序发展。目前，云南安防协会共有会员单位1240 家。云南安防协会在公安厅的指导下，为规范云南省安防行业的健康发展作出了积极的贡献。

一、实行资信等级制度

在行业内部实行资信等级制度，通过这一制度来规范协会会员的经营行为。为确保资信等级制度的公正合理，云南安防协会还出台了《云南省安全技术防范行业资信等级评定管理办法》。

二、举办安防产品博览会

云南安防协会为提高从业企业的技术水平，积极组织技术培训、技术交流、新产品推荐，举办安防产品博览会。

三、定期召开云南安防协会理事会议

云南安防协会定期召开理事会议，共同探讨促进行业发展的大计，不断增强协会的凝聚力，确立协会行业自律核心的地位。

（资料提供：云南省安全技术防范协会）

陕西省安全防范产品行业协会工作

2011 年，陕西省安全防范产品行业协会（以下简称“陕西安防协会”）以推动陕西省安防行业的健康有序发展为中心，以“大学习、大培训、大教育”活动为切入点，紧紧围绕社会管理创新，积极组织2011 年中国（西安）国际社会公共安全产品暨警察反恐技术装备博览会。坚持全心全意为政府决策服务，为会员企业服务的宗旨，充分发挥协会在政府与企业之间的桥梁与纽带作用，主要做了以下工作：

一、转变思想理念，提高协会管理服务能力

为增强陕西安防协会的管理服务能力，促进协会业务工作科学有序开展，陕西安防协会以加强学习转变思想理念为突破点，努力通过学习加强协会自身建设，以现代管理理念、方法，提高管理服务的效率和质量。

一是陕西安防协会领导应邀参加了贵州、安徽、北京安博会。在学习先进经验取长补短的同时着力宣传2011 年西安安博会，介绍陕西安防市场现状和发展潜力，邀请各参展企业来陕西发展；二是2011 年4 月陕西安防协会领导应邀参加甘肃省安防协会成立大会；三是按照中国安防协会的统一部署，完成了2011 年《中国安全防范行业年鉴》的供稿工作，并就陕西省安防行业现状和存在的突出问题对“安防行业‘十二五’规划”提出了许多建议和意见；四是2011 年8 月9 日，由陕西安防协会支持、A&S《安全与自动化》主办的“第六届中国全球数字监控应用发展论坛”在西安成功举办。陕西安防协会组织安防企业技术人员等40 余人到会观摩学习。五是积极组织开展政治学习及业务技能培训工作。

二、创新工作方法、提高工作质量

在加强自身建设的同时，加大调研的力度，学习先进经验，创新工作方法，推动协会整体工作上台阶。

一是加强协会财务、文档、内务及陕西安防网的管理。在立足实际，借鉴外省兄弟单位相应管理模式的基础上，及时修订了《陕西省安全防范产品行业协会财务管理制度》、《陕西省安全防范产品行业协会聘用工作人员管理制度》等管理制度。二是组织召开陕西省安防协会第二届理事会第三次会议。会议汇报了陕西安防协会2010 年的工作总结，通过了2011 年陕西安防协会工作要点，部署了楼宇智能安防专业委员会全面工作、2011 年博览会的筹备工作、专家委员会筹建及协会人员变动等相关工作。三是多次组织召开了2011 年博览会筹备会议。对博览会的主题、目的、工作思路等方面展开讨论，形成了指导性的意见，为博览会的筹备工作奠定了坚实的基础。四是积极落实“大走访”开门评警活动，促进安防行业和谐健康发展。陕西安防协会联合陕西省公安厅科技处秘书科开展了“大走访”开门评警活动，走访安防企业近20 家，发放问卷调查表20 余

份，并将问卷调查表在安防网上发布，广泛征集企业的意见建议，为和谐警企关系，推动协会工作，促进行业发展产生了积极的促进作用。五是按照省委、省政府关于治理“小金库”工作的总体部署和陕西省公安厅社会团体“小金库”专项治理实施办法的具体安排，结合实际制订了《陕西省安全防范产品行业协会治理“小金库”工作方案》，卓有成效的开展了“小金库”专项治理工作，按时完成了自查工作情况总结汇报及相关数据的上报；

三、精心组织，成功举办2011年中国（西安）国际社会公共安全产品暨警察反恐装备技术博览会

2011年中国（西安）国际社会公共安全产品暨警察反恐技术装备博览会于5月23日至25日隆重举行。博览会为陕西省公安治安防控体系建设工作提供有力的技术支持平台，对迅速提高陕西省警察反恐技术装备水平，全面提升预防打击犯罪的能力，维护社会和谐稳定有着十分重要的意义。

出席博览会开幕式的有陕西省政府有关部门、公安部科技信息化局、中国安防协会以及部分省安防协会等单位的领导。

本届博览会吸引了来自国际和国内600余家企业参展，展出产品涉及安全防范产品和警察反恐装备相关的2000多种新产品，展出面积达30000平米，展位数达1200余个，室外场地2000多平米。

同期还举办了2011年中国西安安防发展战略研讨高峰论坛。论坛共分3场：政府管理论坛、企业技术交流论坛和智能交通论坛。部分知名企业作了关于平安城市建设方案推介、农村技防建设思路点评和智能交通技术应用研讨，行业领导、安防专家、安防工程商等在此平台上互动交流，这些活动都有力地促进陕西省安防行业大发展，“平安陕西”大跃进。

（资料提供：陕西省安全防范产品行业协会）

甘肃省安全技术防范协会工作

甘肃省安全技术防范协会（以下简称“甘肃安防协会”）自2011年3月30日成立以来，主要开展了以下几项工作：

一、加强对协会的宣传，积极发展会员

一是邀请甘肃省市相关新闻媒体参加成立大会并予以报道，向社会发布了甘肃安防协会成立的消息；二是通过建立开通协会网站，发布协会的章程和相关管理规定；三是编印“甘肃安防简讯”发送给相关部门和安防从业单位。通过几种形式的宣传介绍，甘肃安防协会所起的职能和作用受到了全省安防从业单位的普遍关注，会员发展工作进展顺利。

截至召开2011年会员大会时，甘肃安防协会从成立时的40家会员单位已发展至264家会员单位，甘肃省内大部分安防从业单位已自愿加入了甘肃安防协会，从而提升了甘肃省安防行业自律性管理的能力，为政府行政主管部门开展管理与服务，以及方便安防从业单位同政府行政主管部门之间的交流搭建了一个很好的平台。同时甘肃安防协会也积极申请加入了中国安防协会。

二、加强协会建设，积极为会员单位服务

按照甘肃安防协会章程的规定，本年度甘肃安防协会召开了两次常务理事会和一次理事会，分别对制定的工作制度和财务制度及相关规定进行了讨论，经会议通过后执行。服务会员是协会的根本宗旨，根据甘肃省安防行业的发展现状和会员单位提出的需求，甘肃安防协会积极开展了各项服务工作，为会员单位审发会员证、安防工程资质证，印发了会员通信录，建立了协会QQ群，并举办了安防标准专题讲座，同时还到一些会员单位进行走访调研，听取对甘肃省安防行业自律性管理的意见建议，了解会员单位提出的行业发展中遇到的问题和困难，并及时向行政主管部门反映，解决了会员单位的一些具体问题，受到了会员单位的好评。

三、开展交流活动，拓宽工作思路

甘肃安防协会2011年6月组织人员赴青海省安防协会进行学习和交流，10月底参加了第十三届中国国际社会公共安全博览会及安防相关专业论坛，了解国际、国内安防行业的发展形势，12月协会领导参加了中国安防协会第五次会员代表大会。通过各种学习交流活动，开阔了视界，增长了见识，吸取了很多经验和信息，为协会的进一步发展和更好地服务会员奠定了良好的基础。

四、举办安防标准专题讲座，确保安防工程的质量

为了提高甘肃省安防工程设计、施工单位的安防标准化意识和贯彻执行标准的理念，确保安防工程的质量，受甘肃省公安厅安全技术防范管理办公室的委托，甘肃安防协会于2011年12月15日在兰州举办了安防标准专题讲座，140家会员单位的160多名技术负责人参加了讲座。甘肃省公安厅安全技术防范管理办公室和协会的相关领导参加了专题讲座。

专题讲座由甘肃安防协会聘请的专家和甘肃省公安厅安全技术防范管理人员对GB50348《安全防范工程技术规范》及安防工程设计、施工中涉及的相关标准进行了宣讲。

同时介绍了目前安全技术防范产品管理实施的方式，以帮助各安防工程设计、施工单位在工程的设备器材选用上符合标准的要求。

五、严格履行工作职责，召开会员大会

2011 年 12 月 29 日，甘肃安防协会在兰州召开甘肃安防协会会员大会，各会员单位的负责人参加了会议。会议邀请了甘肃省公安厅科技处、甘肃省民政厅民间组织管理局、甘肃省工商局企业登记管理处、甘肃省产品质量监督检验中心等部门的相关领导参加。甘肃省爆破行业协会、甘肃省禁毒协会、甘肃省保安协会的领导也受邀参加了会议。会议的主要内容是：汇报 2011 年度协会的工作情况；通报 2011 年度协会的财务情况；提出 2012 年度的工作计划。

甘肃安防协会成立以来，在经费管理上按照相关财务制度的要求，建立了规范的管理程序，能够在严格执行的同时接受相关部门和会员单位的监督。在会费的收取上严格按照《甘肃省安全技术防范协会章程》和《甘肃省安全技术防范协会经费管理办法》执行，在经费的支出上本着勤俭节约的原则，结合实际合理支出，并按照程序进行审批。年度内还分别向常务理事和理事会议进行了两次财务情况通报。通过严格地执行财务制度和管理程序，本年度甘肃安防协会的经费收支符合有关规定和要求，保障了协会各项工作的顺利开展。

2011 年，在甘肃省公安厅、民政厅的监督指导和全体会员单位及社会各界的支持下，甘肃安防协会依据章程开展了相关的工作，取得了一定的成绩，使协会的发展得到了长足的进步，为逐步规范甘肃省安防行业自律性管理发挥了积极的作用。

（资料提供：甘肃省安全技术防范协会）

青海省公共安全技术防范协会工作

2011 年，青海省公共安全技术防范协会（以下简称“青海安防协会”）在青海省公安厅、民政厅的正确领导下，在全体会员单位的共同努力下，紧密围绕青海安防协会年初确定的各项工作计划，取得了明显成效。

一、调研普查安防行业市场，落实工程建设备案制方案

青海安防协会从 2011 年 3 月起对全省范围内新建安防工程项目进行产品备案及工程信息备案登记，并通过产品与工程备案登记的形式，取得了一定的成效，一是建立市场化安防产品有效流通信息平台及监管平台，防止假冒伪劣产品的流入及使用；二是建立工程信息档案，便于产品网上查询、设计查询、工程跟踪服务查询、用户信息查询等一系列工程信息身份档案；三是确保工程从头至尾各个环节（设计、产品选型、施工安装、检测与验收、售后服务等）的有效监管（质量管理及服务）；四是建立永久性工程信息档案，便于用户的权益得到维护和保障，便于监督管理部门对产品应用、工程施工等单位实施规范化管理，保障工程投运后得到维护及正常使用。

二、加强管理，做好会员单位年检工作

根据青海省公安厅、民政厅《关于做好青海省公共安全技术防范协会安防资质及会员证书年检的通知》要求和部署，为了进一步加强青海省安防企业和资质的有效管理，努力提高整体行业管理水平。

青海省公安厅技防办与青海安防协会共同成立年检工作小组，青海省公安厅技防办派员对年检工作进行监督检查，青海安防协会主要负责对各企业单位资质证年检及会员单位会费收缴等具体工作事宜。

2011 年 5 月 20 日年检工作彻底完成，此次参加年检的企业共 130 家，其中年审合格的企业是 113 家，三级晋升为二级的企业是 4 家，另外其中 17 家企业已被取消安防资质证，年检具体明细在青海安防协会网站均已发布。

三、严格把关，实行防盗门、保险柜产品备案制度

为了进一步加强青海省防盗门、保险柜产品的质量监督，对生产、销售渠道进行质量把关，根据《青海省公共安全技术防范协会章程》，青海安防协会第一届八次理事会商议，拟将此类产品纳入青海安防协会统一管理。

防盗门、保险柜属于安防实体防护类产品，是安全防范的领域内的一个重要组成部分，也是面向普通老百姓的重要防护手段之一。随着此类安防产品的大范围的普及应用，产生了诸多质量问题：一是以次充好、用质量较差的钢质门代替防盗门欺骗消费者的行为；二是存在不正当行业竞争，用质量较差的防盗门低价销售，造成市场混乱等。为了有效的应对存在的问题，切实将产品质量安全纳入日常管理范围，拟设立青海省防盗门、保险柜产品登记备案制度。

四、为协会会员搭建平台，积极开展各种宣传活动

2011 年 5 月 7 日，在青海省公安厅安排下，由青海安防协会牵头组织全省 130 余家会员单位及厂家广泛参与的“安全技术防范宣传活动”在西宁市中心广场举办。活动以“人防、物防、技防”三个方面为基础，着重强调以技术防范为核心，以“防火、防盗、防抢”三个领域为着眼点，大力宣传安防常识，提高安防意识，层层落实各种技术防范手段，提高西宁城市总体管理水平和品位，打造“安全宜居、生态环保、持续发展”的现代化高原城市的第一品牌。

五、成立专家组，不断完善协会机构

青海安防协会在2011年度共新增会员47家，现已达到会员180余家，另外于2011年6月，青海安防协会新成立专家组，其中专家组成员为17名。

青海安防协会正处于起步阶段，在主管部门的领导下和会员单位的共同努力下，今后我们将更加努力地做好各项工作，为青海省安防行业的健康发展贡献力量。

（资料提供：青海省公共安全技术防范协会）

新疆维吾尔自治区安全技术防范行业协会工作

2011年新疆维吾尔自治区安全技术防范行业协会（以下简称“新疆安防协会”）在业务主管单位新疆公安厅和登记管理机关新疆民政厅的业务指导和监督管理下，为会员企业服务、为安防事业的发展作出了努力。

一、召开新疆安防协会筹备会

2011年7月15日，新疆安防协会筹备组在乌鲁木齐市召开了60家安防企业参加的协会筹备会，征求了参会企业对成立新疆安防协会的意见，并对协会章程等文件进行了讨论，会上还学习了《国务院办公厅关于加快推进行业协会商会改革和发展的若干意见》文件（国办发〔2007〕36号）和《新疆维吾尔自治区行业协会管理办法》164号政府令，与会代表一致认为尽快成立新疆安防协会。

二、召开新疆安防协会成立大会

2011年9月26日，新疆安防协会在乌鲁木齐正式成立。召开了第一次会员代表大会和一届一次理事会，选举了47家理事单位，选举了理事长、副理事长、秘书长等。

中国安防协会、中国安防认证中心及部分省市公安厅科技管理部门、安防协会等单位领导出席了成立大会。公安部科信局为新疆维吾尔自治区安全技术防范行业协会成立大会发来贺信。

三、召开第一次理事长工作会议

2011年12月26日下午，新疆安防协会召开了第一次理事长工作会议。在乌鲁木齐的15家副理事长单位代表参加了会议。会上协会领导就新疆安防协会成立以来的工作情况、新疆当前的社会治安形势及安装的监控系统存在的问题向大家进行了通报。参会单位就协会今后的工作发展方向等事宜进行了充分讨论并达成共识。

四、参与全区安防工程方案评审、验收工作

参与验收乌鲁木齐县社会治安监控综合系统一期工程、首届“中国—亚欧博览会”新建场馆安防系统方案评审会及计设任务书的编制等工作、人民银行乌鲁木齐中心支行银行金库安防工程方案评审、参与全国重点文物保护单位安全技术防范系统初步设计方案评审台台尔石窟、玛扎巴哈石窟等9个安防系统方案评审等工作。

五、制定安防工程企业资质等级评定管理办法（试行）

制定了《新疆维吾尔自治区安全技术防范行业协会—安防工程企业资质等级评定管理办法（试行）》，明确了资质等级评定的具体程序和要求。

六、严格按照章程做好各项工作

根据新疆安防协会实际情况，制定了内部规章制度，其中有《人事管理规定》、《财务管理制度》、《固定资产管理办法》、《合同管理制度》等，为新疆安防协会各项工作的展开打下了坚实的基础。

新疆安防协会成立以来，通过交流、宣传、推广，积极做好会员的发展工作，不断壮大新疆安防协会队伍，发挥了政府与企业间的桥梁和纽带作用。

（资料提供：新疆维吾尔自治区安全技术防范行业协会）

标准化与检测、认证篇

BIAOZHUNHUA YU JIANCE、RENZHENG PIAN

第十二章　标准化

第一节　标准化组织

一、全国安全防范报警系统标准化技术委员会

（一）机构简介

全国安全防范报警系统标准化技术委员会（简称“全国安防标委会”，代号为SAC/TC100），是经国家标准化管理委员会批准成立的全国性专业标准化技术工作组织，成立于1987年，负责我国安全防范报警系统技术领域的标准化工作。

SAC/TC100的主要工作任务是：向国家标准化管理委员会和公安部科技信息化局提出安全防范报警系统技术领域标准化工作的方针、政策和技术措施的建议；按照国家标准化工作的方针、政策，制定安全防范报警系统技术领域的标准体系和标准制定修订规划、计划草案；按照国家和行业下达的标准制定修订年度计划组织制定和审查国家标准草案和行业标准草案；对经批准、发布的国家标准、行业标准，组织宣贯、培训和定期复审；为企业标准化工作提供咨询和服务；对口国际电工委员会/报警与电子安防系统技术委员会（IEC/TC79）的工作，参加IEC/TC79国际标准草案的制定、审查和投票表决。

2008年6月，经国家标准化管理委员会和公安部科技信息化局批准，SAC/TC100第五届委员会正式成立。目前，SAC/TC100共有委员86名、顾问3名。SAC/TC100第五届委员会还聘任了20名特聘专家及近百名通讯委员。截至2011年底，SAC/TC100已完成的现行国家标准和行业标准共122项。这些标准涉及入侵和反劫报警、视频监控、出入口控制、实体防护、防爆安检、安防工程等多个专业技术领域。

SAC/TC100积极参加国际标准化工作，向IEC/TC79提交多项合理化工作建议，牵头制定一项视频监控国际标准，派出技术专家参与多项IEC/TC79国际标准起草工作。

SAC/TC100的常设工作机构为秘书处，下设六个职能部门：办公室、计划信息部、技术发展部、成果应用推广部、国际合作部、培训部。秘书处办公地点设在公安部第一研究所。

根据工作需要，经国家标准化管理委员会批准，SAC/TC100于2000年成立了实体防护设备分技术委员会（SAC/TC100/SC1），秘书处设在公安部第三研究所；2007年成立了人体生物特征识别应用分技术委员会（SAC/TC100/SC2），秘书处设在公安部第一研究所。

SAC/TC100第五届委员会领导成员：

主任委员：谭晓准（公安部科技信息化局副局长）

副主任委员：李明甫（公安部科技信息化局处长）

副主任委员：马维亚（公安部治安管理局副局长）

副主任委员：陈朝武（公安部第一研究所副所长、研究员）

副主任委员：周左鹰（公安部第三研究所副所长）

副主任委员：靳秀凤（中国安全防范产品行业协会秘书长、高工）

委员兼秘书长：施巨岭（公安部第一研究所副研究员）

委员兼副秘书长：张　跃（公安部第一研究所副研究员）

地址：北京市海淀区首都体育馆南路一号 公安部第一研究所11号楼4层

通信地址：北京2808信箱51分箱

邮　　编：100048

电　　话：010－88513420、88513913、88512998

传　　真：010－88513960

网　　址：www. tc100. org. cn

（二）SAC/TC100第五届委员会委员、顾问名单（2011年）

序号	姓名	委员会职务	工作单位	职务/职称
1	谭晓准	主任委员	公安部科技信息化局	副局长
2	李明甫	副主任委员	公安部科技信息化局	处长
3	马维亚	副主任委员	公安部治安管理局	副局长

续表

序号	姓名	委员会职务	工作单位	职务/职称
4	陈朝武	副主任委员	公安部第一研究所	副所长 研究员
5	周左鹰	副主任委员	公安部第三研究所	副所长
6	靳秀凤	副主任委员	中国安全防范产品行业协会	秘书长 高级工程师
7	施巨岭	委员兼秘书长	公安部第一研究所	副研究员
8	张　跃	委员兼副秘书长	公安部第一研究所	副研究员
9	李宝林	委　员	公安部公共信息网络安全监察局	副处级 副研究员
10	顾　岩	委　员	公安部治安管理局	副处长
11	何　钢	委　员	北京市公安局内部单位保卫局	副局长
12	韩锦坤	委　员	北京市安防行业协会	高级工程师
13	刘晓新	委　员	上海市公安局技术防范办公室	高级工程师
14	金　尔	委　员	江苏省公安厅科技处	科长
15	蒋乐中	委　员	浙江省公安科技通信管理局	副所长 工程师
16	黄伟群	委　员	广东省公安厅安全技术防范管理办公室	调研员 高级工程师
17	张凡夫	委　员	广西壮族自治区公安厅科技处	副处长 高级工程师
18	刘铭威	委　员	国家文物局政策法规司	副司长
19	邬　锐	委　员	铁道部公安局	处长
20	刘人刚	委　员	中国民用航空局公安局	处长
21	刘朝晖	委　员	中国人民解放军总政保卫部刑侦局	副局长 高级工程师
22	蒋文跃	委　员	中国银行业监督管理委员会银行业安全保卫局	处长 法学硕士
23	王　静	委　员	中国人民银行反洗钱局	副处长 助理研究员
24	姜吉庆	委　员	中国人寿（保险）集团公司监察部	高级经理级工程师
25	胡志昂	委　员	国家安全防范报警系统产品质量监督检验中心（北京）	常务副主任 研究员
26	鲍逸明	委　员	国家安全防范报警系统产品质量监督检验中心（上海）	常务副主任
27	白幸园	委　员	山东省电子产品监督检验所	副总工程师 高级工程师
28	章俊华	委　员	贵州省机械电子产品质量监督检验院	总工程师 高级工程师
29	刘剑锋	委　员	中国安全技术防范认证中心	副主任 研究员
30	许耀伟	委　员	中国人民解放军军用安全技术防范产品安全认证中心	实验室主任 高级工程师
31	洪卫军	委　员	中国人民公安大学安全防范系	系主任 教授
32	陈　军	委　员	武汉大学国家多媒体软件工程技术研究中心	副主任 教授
33	李瑞云	委　员	公安部第一研究所安检技术事业部	研究员
34	房子河	委　员	公安部第一研究所安信事业部	主任 研究员
35	高　林	委　员	中国电子技术标准化研究所	主任 高级工程师
36	孙　兰	委　员	中国建筑标准设计研究院	副总工程师 教授级高级工程师
37	程建功	委　员	中国科学院上海微系统与信息技术研究所	研究员
38	周　翔	委　员	北京航天长风股份有限公司	总经理
39	朱　峰	委　员	北京艾克塞斯科技发展有限责任公司	总经理 高级工程师
40	杨国胜	委　员	北京中盾安全技术开发公司	副总经理 副研究员
41	聂　蓉	委　员	北京声迅电子股份有限公司	副总经理 高级工程师
42	张　莹	委　员	北京蓝盾世安信息咨询有限公司	董事长 高级工程师

续表

序号	姓名	委员会职务	工作单位	职务/职称
43	秦嘉黎	委　员	北京国通创安信息技术有限公司	董事长 博士
44	陆福明	委　员	北京先进视讯科技有限公司	总经理 高级工程师
45	金兆玮	委　员	北京中星微电子有限公司	总裁
46	彭　华	委　员	同方威视技术股份有限公司	研发本部总经理
47	田　波	委　员	北京中泰恒通科技有限公司	副总经理 工程师
48	刘　云	委　员	北京世纪超讯科技发展有限公司	国际事业部总经理高级工程师
49	娄　健	委　员	北京富盛星电子有限公司	副总裁
50	杜　强	委　员	北京富高经贸有限责任公司	董事长
51	姚志宏	委　员	北京蛙视通信技术有限责任公司	技术总监 高级工程师
52	王永升	委　员	北京联视神盾安防技术有限公司	总工程师 副研究员
53	孙贞文	委　员	天津天地伟业数码科技有限公司	副总裁 高级工程师
54	叶　晨	委　员	天津市亚安科技股份有限公司	首席执行官 高级工程师
55	顾国矛	委　员	吉林一夫智能科技有限公司	董事长
56	沈伟斌	委　员	上海三盾智能系统有限公司	总经理 工程师
57	王　峻	委　员	上海格瑞特科技实业有限公司	总工程师
58	梁笃国	委　员	中国电信股份有限公司上海研究院	高级工程师
59	董　明	委　员	上海英迈吉东影图像设备有限公司	高级工程师
60	彭　华	委　员	上海天跃科技股份有限公司	总工程师 高级实验师
61	刘春伟	委　员	欧普图斯（苏州）光学纳米科技有限公司	总经理
62	傅利泉	委　员	浙江大华技术股份有限公司	董事长 工程师
63	王伟平	委　员	浙江红苹果电子有限公司	总经理
64	庞志刚	委　员	浙江大立科技股份有限公司	副总经理 工程师
65	蒋海青	委　员	杭州海康威视数字技术有限公司	副总裁 高级工程师
66	杨柱勇	委　员	厦门万安智能股份有限公司	副总经理 高级工程师
67	汤光耀	委　员	厦门立林科技有限公司	总工程师
68	陆德宝	委　员	武汉安通科技产业发展有限公司	董事长 高级工程师
69	李民英	委　员	广东志诚冠军集团有限公司	总工程师 高级工程师
70	张瑞斌	委　员	广东安居宝数码科技股份有限公司	总工程师
71	黄　俊	委　员	广东明家科技股份有限公司	总工程师
72	李子岩	委　员	新太科技股份有限公司	总经理 高级工程师
73	邱亮南	委　员	广州天网安防科技有限公司	总经理 工程师
74	龙中胜	委　员	广州市浩云安防科技股份有限公司	总工程师 高级工程师
75	杨学军	委　员	金鹏电子信息机器有限公司	董事
76	吴洪进	委　员	深圳洪迪实业有限公司	董事长
77	周　斌	委　员	深圳市艾立克电子有限公司	总经理 工程师
78	张雪林	委　员	深圳中兴力维技术有限公司	副总经理 高级工程师
79	许红薇	委　员	深圳市视得安罗格朗电子股份有限公司	罗格朗集团中国区发展总监
80	何　军	委　员	深圳市捷顺科技实业股份有限公司	业务总监
81	皮幼林	委　员	深圳市美安科技有限公司	总经理

续表

序号	姓名	委员会职务	工作单位	职务/职称
82	仲 岩	委 员	深圳市豪恩安全科技有限公司	总经理 安防研究院院长
83	林琦嵘	委 员	深圳青嵘科技有限公司	董事长
84	王东生	委 员	广西地凯科技有限公司	董事长
85	倪建中	委 员	成都亚光电子股份有限公司	厂长助理 高级工程师
86	李天銮	委 员	西安北方信息产业有限公司	总工程师 副研究员
87	刘希清	顾问委员	公安部第一研究所	研究员
88	王金玉	顾问委员	中国标准化研究院	所长 研究员
89	向维良	顾问委员	中国电子技术标准化研究所	高级工程师

（三）SAC/TC100 第五届委员会特聘专家名单（2011 年）

序号	姓 名	工 作 单 位	委员会职务
1	刘 辛	（原）公安部科技局	（原）副局长 高级工程师
2	张小萍	公安部科技信息化局	高级工程师
3	李仲男	公安部第一研究所	研究员
4	崔玉华	公安部第一研究所	研究员
5	鲍世隆	公安部第三研究所	高级工程师
6	李振华	公安部技术监督情报室	高级工程师
7	陈 龙	中国科学院自动化研究所	研究员
8	田 竞	中国人民解放军 63961 部队	高级工程师
9	李雪佩	中国建筑标准设计研究院	高级工程师
10	毛剑瑛	中国建筑业协会智能建筑专业委员会	教授级高级工程师
11	王汝琳	中国矿业大学（北京校区）	博导 教授
12	胡瑞敏	武汉大学计算机学院	副院长 教授
13	杨 磊	中国传媒大学信息工程学院	教授
14	赵问道	浙江大学	教授 博士
15	李秀林	国家安全防范报警系统产品质量监督检验中心（北京）	副主任 副研究员
16	徐晓波	北京市公安局内保局情报信息中心	主任 高级工程师
17	朱 冰	北京市公安局特警总队防爆安检支队	副大队长
18	刘 健	辽宁省公安厅科技处	（原）处长
19	李加洪	北京蓝盾世安信息咨询有限公司	总工程师
20	史彦林	北京联视神盾安防技术公司	总经理 研究员
21	赵 悦	中国民用航空局航空安全技术中心	高级工程师

（四）SAC/TC100 第五届委员会国际标准化专家名单（2011 年）

序号	姓 名	工作单位	职务/职称
1	陈朝武	公安部第一研究所副所长	副所长 研究员
2	金 巍	公安部第一研究所	副研究员
3	郭 立	中国安全技术防范认证中心	副主任 副研究员
4	朱 峰	北京艾克塞斯科技发展有限责任公司	总经理 高级工程师

续表

序号	姓名	工作单位	职务/职称
5	刘　云	北京世纪超讯科技发展有限公司	国际事业总经理 高级工程师
6	杨晓东	数字多媒体芯片技术国家重点实验室	主任 博士
7	陈幸平	深圳市迪奥科技有限公司	总工程师 高级工程师
8	陶　海	北京文安科技发展有限公司	董事长 博士
9	卢玉华	国家安全防范报警系统产品质量监督检验中心（北京）技术标准部	主任 副研究员

（五）SAC/TC100　2011 年通讯委员名单

序号	通讯委员	通讯委员单位
001	罗　安	成都三泰电子实业股份有限公司
002	訾云峰	北京智安邦科技有限公司
003	李富超	辽宁警官高等专科学校
004	林志淳	汕头市汇驰汽车贸易有限公司
005	洪鹏远	山西天网安防科技发展有限公司
006	胡　团	广州中朗润业数码科技有限公司
007	李向阳	海湾安全技术有限公司
008	陶　海	北京文安科技发展有限公司
009	孙笑地	沈阳产品质量监督检验院
010	叶志锋	上海联腾信息技术有限公司
011	於雅良	杭州安尼自动化装备有限公司
012	万凤驰	深圳市驰通达电子有限公司
013	张志刚	天津三星泰科光电子有限公司
014	王剑法	厦门市韩通数码科技有限公司
015	洪小斌	苏州市盛信光纤传感科技有限公司
016	万希忠	融汇通网络服务有限公司
017	吴国营	北京东誉达科技有限公司
018	Ed Hsu	霍尼韦尔安防（中国）有限公司
019	赵　坤	上海天跃科技有限公司
020	张　平	宝鸡金盾保安技术防范服务有限公司
021	吴乐南	江苏东奇信息科技有限公司
022	陈丽丽	杭州天视智能系统有限公司
023	文　军	索尼（中国）有限公司
024	薛建勋	华迪计算机集团有限公司
025	胡林锋	福建星网锐捷通讯股份有限公司
026	张　波	深圳英飞拓科技股份有限公司
027	黎　剑	英格索兰（上海）贸易有限公司
028	杨伟强	金三立视频科技（深圳）有限公司
029	张鹏国	杭州华三通信技术有限公司
030	李启家	深圳市博思高科技有限公司

续表

序号	通讯委员	通讯委员单位
031	孙金铃	甘肃省安全技术防范协会
032	李　松	上海安盾电子有限公司
033	刘　海	武汉光谷奥源科技有限公司
034	李　冀	成都索贝数码科技股份有限公司
035	高艳红	陕西大华保全电子有限公司
036	刘　忠	上海度势电子有限公司
037	荀卫阳	泰州市真丞电子有限公司
038	何逸珉	上海硕尼电子科技有限公司
039	徐　静	北京邦诺存储科技有限公司
040	缪国栋	厦门狄耐克电子科技有限公司
041	聂际敏	苏州科达科技有限公司

（六）全国安全防范报警系统标准化技术委员实体防护设备分技术委员会

1. SAC/TC100/SC1 第二届委员会领导成员名单

主任委员：李明甫（公安部科技信息化局 处长）

副主任委员：周左鹰（公安部第三研究所 副所长）

秘 书 长：鲍逸明（国家安全防范报警系统产品质量监督检验中心（上海）常务副主任）

地　　址：上海市岳阳路 76 号

邮　　编：200031

电　　话：021 - 64745197，64336810 - 1201

传　　真：021 - 64334877，64745197

2. SAC/TC100/SC1 第二届委员会委员、顾问名单

序号	姓名	分技委职务	职称/职务	工作单位
1	李明甫	主任委员	处长	公安部科技信息化局
2	周左鹰	副主任委员	副所长	公安部第三研究所
3	鲍逸明	委员兼秘书长	常务副主任	国家安全防范报警系统产品质量监督检验中心（上海）
4	陆曙蓉	委员兼副秘书长	助理研究员/管理部主任	国家安全防范报警系统产品质量监督检验中心（上海）
5	卢鑫法	委员	高级工程师/检测部主任	国家安全防范报警系统产品质量监督检验中心（上海）
6	邹继生	委员	工程师	国家安全防范报警系统产品质量监督检验中心（北京）
7	马铭宇	委员	助理工程师	国家安全防范报警系统产品质量监督检验中心（北京）
8	孔金荣	委员	工程师	北京市公安局内保局保安与技防管理处
9	刘晓新	委员	工程师	上海市公安局技防办
10	黄伟群	委员	高级工程师	广东省公安厅技防办
11	王维彬	委员	助理工程师/总经理助理	辽宁盼盼集团公司
12	舒昌治	委员	高级工程师/总工程师	深圳市蛇口龙电保安设备厂
13	徐志伟	委员	经济师/董事长	上海迪堡安防设备有限公司
14	胡小良	委员	经济师/总经理	宁波永发集团有限公司
15	罗雍进	委员	工程师	浙江保德安锁业有限公司
16	初扬军	委员	工程师	山东三环制锁集团
17	顾菊兴	委员	工程师	上海杰宝大王企业发展有限公司
18	王海丰	委员	副厂长/总工程师	中国工商银行山东省分行专用工具实验厂

续表

序号	姓名	分技委职务	职称/职务	工作单位
19	史奇中	委员	高级工程师	中国人民银行保卫局
20	王军	委员	工程师	重庆美心麦森门业有限公司
21	王斌坚	委员	工程师/总工程师	王力集团有限公司
22	马志刚	顾问	研究员	原国家安全防范报警系统产品质量监督检验中心（上海）
23	时毓馨	顾问	研究员	原国家安全防范报警系统产品质量监督检验中心（上海）

（七）全国安全防范报警系统标准化技术委员会人体生物特征识别应用分技术委员会

1. 机构简介

全国安全防范报警系统标准化技术委员会人体生物特征识别应用分技术委员会（代号：SAC/TC100/SC2），是经国家标准化管理委员会批准成立的全国性专业化技术工作组织，成立于2007年9月11日。

SAC/TC100/SC2以维护社会公共安全为目的，研究、制修订安全防范系统中以人体生物特征识别应用为主要内容的应用基础标准、产品标准、系统标准以及测试检验标准等；引进、吸收、应用、推广国内外生物特征识别技术领域的最新科技成果，建立公共安全领域生物特征识别应用的标准体系。

SAC/TC100/SC2的主要工作任务是结合证卡、视频安防监控、出入口控制、入侵报警等需求，陆续开展基于指纹、虹膜、人脸、声纹识别等人体生物特征识别产品标准、系统标准、测试检验标准和管理标准等，以形成全面、科学、先进、实用、且与工程密切相关的、公共安全领域人体生物特征识别应用的标准体系。

SAC/TC100/SC2的常设工作机构TC100/SC2秘书处办公地点在公安部第一研究所。

2. SAC/TC100/SC2第一届委员会领导成员名单

主 任 委 员　厉　剑（北京中盾安全技术开发公司董事长/研究员）

副主任委员　李明甫（公安部科技信息化局处长）

副主任委员　陈朝武（公安部第一研究所副所长/研究员）

副主任委员　李子青（中国科学院自动化所室主任/研究员）

副主任委员　郑　方（清华大学信息技术研究院副院长/研究员）

秘　书　长　张怡清（公安部第一研究所　研究员）

副 秘 书 长　田　青（公安部第一研究所副研究员）

副 秘 书 长　李勇平（中国科学院上海物理研究所室主任/研究员）

3. TC100/SC2第二届委员会委员、顾问名单

序号	姓名	委员会职务	职务/职称	工作单位
1	厉　剑	主任委员	董事长/研究员	北京中盾安全技术开发公司
2	李明甫	副主任委员	处长	公安部科技信息化局
3	陈朝武	副主任委员	副所长/研究员	公安部第一研究所
4	李子青	副主任委员	室主任/研究员	中国科学院自动化所
5	郑　方	副主任委员	副院长/研究员	清华大学信息技术研究院
6	张怡清	秘书长	室主任/研究员	公安部第一研究所
7	田　青	副秘书长	副研究员	公安部第一研究所
8	李勇平	副秘书长	室主任/研究员	中国科学院上海物理所
9	刘　琳	委员	副室主任/研究员	北京中盾安全技术开发公司
10	马　昕	委员	总裁	北京行者多媒体公司
11	王　欣	委员	董事长/高级工程师	长春鸿达高技术集团有限公司
12	胡　光	委员	董事长/高级工程师	长春当代信息产业集团有限公司
13	张　青	委员	董事长/高级工程师	上海银晨智能识别科技有限公司

续表

序号	姓名	委员会职务	职务/职称	工作单位
14	景晓峰	委员		泰科中国安防有限公司
15	邵　宇	委员	总经理	深圳亚略特科技有限公司
16	陈　黎	委员	部门经理/副教授	湖北东润科技有限公司
17	王生进	委员	所长/教授	清华大学电子工程系图像所
18	吴玺宏	委员	副院长/教授	北京大学信息科学技术学院
19	山世光	委员	中心副主任/副研究员	中国科学院计算所
20	杨建军	委员	副主任/高级工程师	中国电子技术标准化研究所
21	艾康云	委员	处长/副研究员	公安部第二研究所
22	王瑛玮	委员	处长	公安部五局
23	李东生	委员		
24	刘琳（女）	委员	部门主任/副研究员	国家安全防范报警系统产品质量监督检验中心（北京）
25	戎　玲	委员	副研究员	国家安全防范报警系统产品质量监督检验中心（上海）
26	王曙光	委员	首席执行官	北京东方金指科技有限公司
27	姚若光	委员	总经理	广州像素数据技术开发有限公司
28	刘中秋	委员	技术总监	杭州中正生物认证技术有限公司
29	陆　捷	委员	技术总监	浙江维尔生物识别技术股份有限公司
30	章柏幸	委员	总经理	北京普赛科技有限公司
31	李治农	委员	技术总监	北京中控科技发展有限公司
32	史彦林	委员	总经理	北京联视神盾安防技术有限公司
33	顾问委员	刘希清	研究员	公安部第一研究所
34	顾问委员	苏光大	教授	清华大学电子工程系
35	顾问委员	于　锐	处长/研究员	公安部第一研究所
36	顾问委员	刘迎建	董事长/研究员	汉王科技股份有限公司
37	顾问委员	刘志镜	副院长/教授	西安电子科技大学计算机学院

4. SAC/TC100/SC2 秘书处

地址：北京市 首都体育馆南路一号 公安部第一研究所

邮编：100048

地址：北京 2808 信箱 76 分箱

电话：010－88513872 88513842

传真：010－88513872

电子邮箱：tc100－sc2@163.com

二、公安部特种警用装备标准化技术委员会

公安部特种警用装备标准化技术委员会（简称公安部警标委），是经公安部批准成立的公安部特种警用装备专业标准化技术工作组织，负责警用武器、特种警用车辆、警用械具、警员防护装备和警服专业技术领域的标准化归口工作和本专业国家标准、行业标准的制定修订工作。

按公安部标准化归口管理要求，公安部警标委受公安部科技局领导，在具体业务工作上接受公安部装备财务局、公安部治安局、公安部监所管理局等的指导。

公安部警标委的常设工作机构警标委秘书处设在公安部第一研究所。

公安部警标委的主要工作任务是：遵循国家有关标准化工作的方针政策，开展特种警用装备技术领域的标准化工作，制定本专业标准体系和标准制定修订计划，按照本专业标准制定修订年度计划组织制定国家及行业标准；组织对所制定的标准进行宣贯实施和定期复审、修订，为公安部特种警用装备主管部门进行规范化管理提供有力的技术依据。

公安部警标委第三届委员会现有委员 119 名，特聘专家 19 名，通讯委员 110 名，组成结构涵盖了国内公安装备管理部门、公安装备使用部门、特种警用装备生产销售单位、检测单位、研发单位的领导、权威专家和骨干技术力量。成立十三年来，在各方面及秘书处挂靠单位公安部第一研究所的大力支持下，已制定修订完成行业标准 230 项，在制定标准 60 余项，完成部级科研项目 3 项，在研项目 1 项。完成的这些技术标准和项目，在公安部特种警用装备规范化管理工作中正发挥着积极的基础支撑作用。

电　　话：(010) 88513422、88513423
通讯地址：北京市2808信箱65分箱
邮　　编：100048
网　　址：www. gajbw. gov. cn

第二节　标准体系表

一、安全技术防范行业标准体系表

（一）指导思想

1. 编制标准体系表是我国安全技术防范标准化工作的一项重要基础性工作。

2. 我国安全技术防范标准体系表是我国安全技术防范现有、应有和预计制定标准的蓝图，是编制安全技术防范标准制、修订规划和计划的基本依据，是促进我国安全技术防范标准组成达到科学合理化的重要基础，是开展安全技术防范领域科学技术研究的重要参考资料。

3. 我国安全技术防范标准体系表将随着科学技术的发展而不断更新和充实。

（二）编制原则

1. 目标明确

编制我国安全技术防范标准体系表的目的是为我国安全技术防范标准化工作提供基本依据，保障我国安全技术防范标准化工作科学、高效的开展，从而促进我国安全技术防范产业健康、有序和快速发展。

2. 全面成套

本体系表编制遵从了全面成套的原则，内容涵盖了我国安全技术防范行业的通用标准、行业所涉及的各专业（子系统）通用标准、构成各专业（子系统）的产品标准等。

3. 层次适当

本体系表的层次结构是根据GB/T13016—2009中5.1.3条“层次结构”的相关要求划分的，第一层为安全技术防范行业通用标准；第二层为各专业（各子系统）通用标准等；第三层为产品标准等。

4. 划分清楚

本体系表中的标准元素和标准集合按照基础、技术、工程、管理、服务等标准化活动性质的同一性进行划分，基本做到了体系表内的子体系或类别划分清楚。

5. 国际接轨

在本标准体系表的编制过程中，参考了相关的国际、区域和国外标准体系。重点研究了与我国安全技术防范标准化工作对口的国际电工委员会（IEC）和欧洲电工委员会（CLC）的相关标准，并基本将其标准纳入了体系表中。

6. 适合国情

在参考相关的国际、区域和国外标准体系的同时，本体系表的编制更注重适合我国国情，并没有照搬国际、区域和国外的标准体系结构和标准名称，而是根据我国安全技术防范标准化工作的实际需要，将这些标准元素合理纳入不同层次和子体系中，同时对标准名称也进行了适当调整。

（三）相关术语和定义

1. 安全技术防范　security

利用各种电子信息设备组成系统和/或网络，用于防入侵、防盗窃、防抢劫、防破坏、防爆安全检查等，以实现维护社会公共安全的目的。

2. 标准体系　standard system

一定范围内的标准按其内在联系形成的科学的有机整体。

[GB/T13016－2009，3.3]

3. 标准体系表　diagram of standard system

一定范围的标准体系内的标准按其内在联系排列起来的图表。

[GB/T13016－2009，3.4]

4. 基础标准　basic standard

具有广泛的适用范围或包含一个特定领域的通用条款的标准。

[GB/T20000.1－2002，2.5.1]

5. 产品标准　product standard

规定产品应满足的要求以确保其适用性的标准。

[GB/T20000.1－2002，2.5.4]

6. 服务标准　service standard

规定服务应满足的要求以确保其适用性的标准。

[GB/T20000.1－2002，2.5.6]

7. 技术标准　technical standard

规定技术应满足的要求以确保其适用性的标准。

8. 工程标准　engineering standard

规定工程应满足的要求以确保其适用性的标准。

9. 公共管理标准　public administration standard

规定公共管理应满足的要求以确保其适用性的标准。

10. 行业通用标准　industry general standard

规定行业领域内应满足的通用要求以确保其适用性的标准。

11. 专业通用标准　specialty general standard

规定行业中某一专业领域内应满足的通用要求以确保其适用性的标准。

（四）体系结构

1. 体系结构框图

我国安全技术防范标准体系结构框图（见下图）。

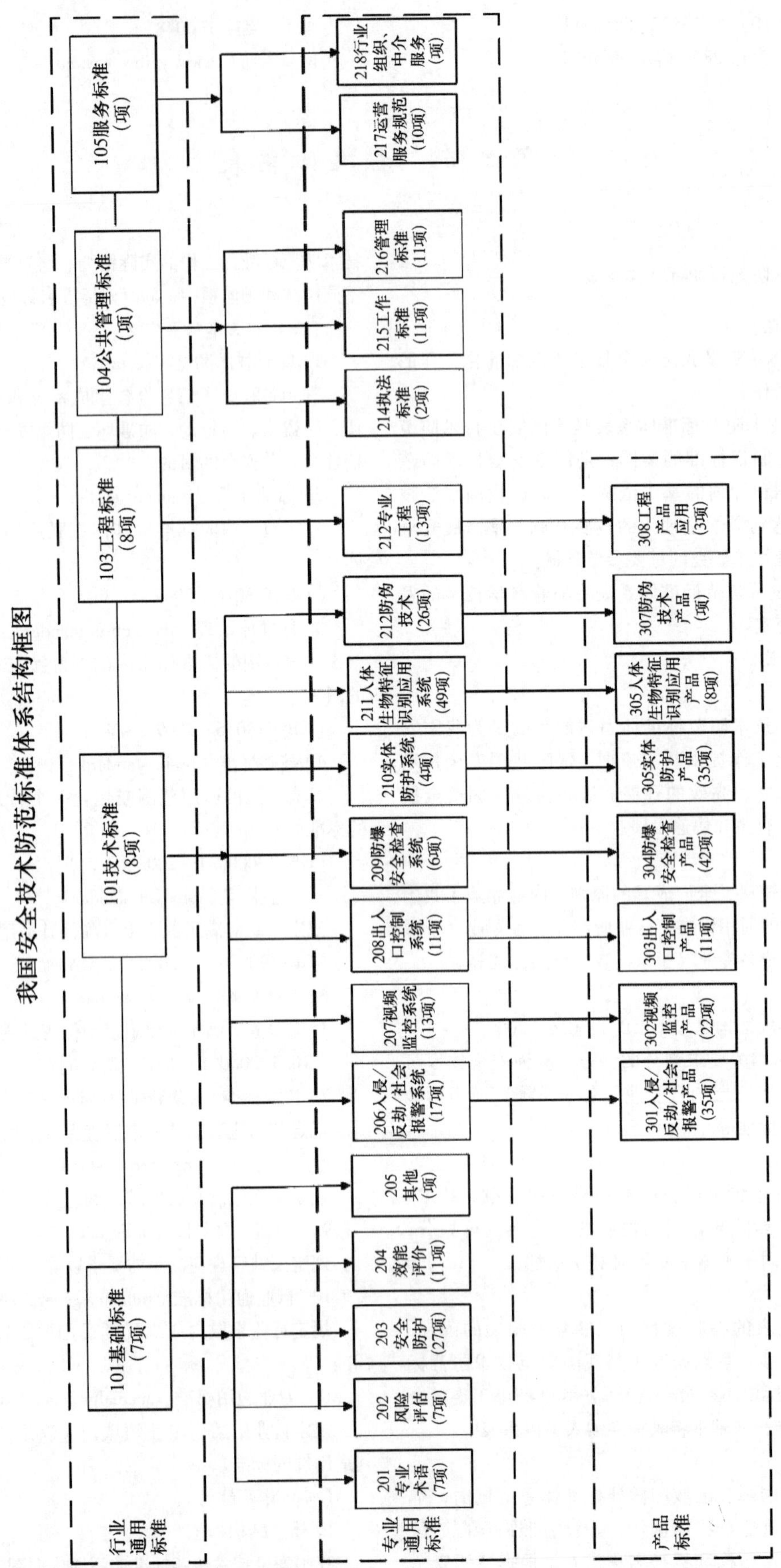
我国安全技术防范标准体系结构框图
行业通用标准
101基础标准（7项）
101技术标准（8项）
103工程标准（8项）
104公共管理标准（项）
105服务标准（项）
专业通用标准
201专业术语（7项）
202风险评估（7项）
203安全防护（27项）
204效能评价（11项）
205其他（项）
206入侵/反劫/社会报警系统（17项）
207视频监控系统（13项）
208出入口控制系统（11项）
209防爆安全检查系统（6项）
210实体防护系统（4项）
211人体生物特征识别应用系统（49项）
212防伪技术（26项）
212专业工程（13项）
214执法标准（2项）
215工作标准（11项）
216管理标准（11项）
217运营服务规范（10项）
218行业组织、中介服务（项）
产品标准
301入侵/反劫/社会报警产品（35项）
302视频监控产品（22项）
303出入口控制产品（11项）
304防爆安全检查产品（42项）
305实体防护产品（35项）
305人体生物特征识别应用产品（8项）
307防伪技术产品（项）
308工程产品应用（3项）

2. 体系结构说明

（1）横向层次

本标准体系横向主要分为三层结构，第一层为安全技术防范通用标准，包括基础标准、技术标准、工程标准、公共管理标准和服务标准等。第二层为专业通用标准，包括安全技术防范各专业（各子系统）的术语、技术和工程标准等；将作为安全技术防范工作基础的风险评估、安全防护和效能评估等列入该层；同时将公共管理标准和服务标准的细分类别列入该层。第三层为产品标准和产品应用标准。在第二层和第三层的有些部分，根据实际需要，按分类或门类增加了扩展层。

（2）纵向层次

本标准体系纵向划分了基础标准、技术标准、工程标准、公共管理标准和服务标准五个子体系。鉴于支撑安全技术防范工作的重要性，将术语、风险评估、安全防护和效能评估标准纳入基础标准子体系中；将安全防范系统和入侵/反劫/社会报警系统、视频监控系统、出入口控制系统、防爆安全检查系统、实体防护系统、人体生物特征识别应用系统、防伪技术等子系统以及各类产品标准纳入技术标准子体系中；将安全防范工程设计、施工、检测、验收和产品应用等纳入工程标准子体系；将执法标准、工作标准和管理标准纳入公共管理标准子体系；将安防系统运营服务、行业组织和中介服务纳入服务标准子体系。

（五）标准明细表

1. 本标准体系表给出了《我国安全技术防范标准明细表》，由31个表格组成，目前共列入了378个标准元素。随着科学技术的进步和新产品的生产以及新的安全需求带来的新的应用，标准体系表和标准明细表都有一个不断完善的过程。

2. 《我国安全技术防范标准明细表》各表格的编号原则是：标准体系第一层的表格编号为101～105；第二层的表格编号为201～218；第三层的表格编号为301～308。

3. 《我国安全技术防范标准明细表》的具体内容，见附录A。

我国安全技术防范标准明细表（暂 378 项）

101　基础标准（7 项）

编号	级别和属性	标准名称	现行标准	国际国外相关标准
101－1	GA/T	安全防范报警系统术语		
101－2	GA	安全防范报警视觉听觉信号规范		
101－3	GA/Z	防护目标安全风险评估导则		
101－4	GA/T	安全防范系统效能评估导则		
101－5	GA/T	安全技术防范产品分类与代码	GA/T 405－2002 安全技术防范产品分类与代码	
101－6	GA/T	安全技术防范管理信息代码	GA/T 550－2005 安全技术防范管理信息代码（归口信标委）	
101－7	GA/T	安全技术防范管理信息基本数据结构	GA/T 551－2005 安全技术防范管理信息基本数据结构（归口信标委）	

102　技术标准（8 项）

编号	级别和属性	标准名称	现行标准	国际国外相关标准
102－1	GB/T	安全防范系统管理平台技术要求与测试方法		
102－2	GB	安全防范系统信息安全技术要求（采集信息的原始完整性、物理防护、访问控制）		
102－3	GB	安全防范报警设备　安全要求和试验方法	GB 16796－2009　安全防范报警设备　安全要求和试验方法	
102－4	GB	安全防范报警设备环境适应性要求和测试方法	GB/T 15211－1994　报警系统环境试验	IEC 62599－1 ED. 1
102－5	GB	安全防范报警设备电磁兼容抗扰性要求		IEC 62599－2 ED. 1
213－6	GB/T	安全防范系统供电技术要求	GB/T 15408－1994　报警系统电源装置、测试方法和性能规范	
213－7	GB/T	安全防范系统雷电浪涌防护技术要求	GA/T 670－2006　安全防范系统雷电浪涌防护技术要求	
102－8	GB	安全防范系统设备效能检验方法（使用、防范效果测试、同类功能参照原则——安防目的与评价方法、信息的原始完整性）		

103 工程标准（8 项）

编号	级别和属性	标准名称	现行标准	国际国外相关标准
103－1	GA/T	安全防范工程程序与要求	GA/T 75－1994 安全防范工程程序与要求	
103－2	GB	安全防范工程技术规范	GB 50348－2004 安全防范工程技术规范	
103－3	GA/T	安全防范系统通用图形符号	GA/T 74－2000 安全防范系统通用图形符号	
103－4	GA/T	安全防范工程费用预算编制办法	GA/T 70－2004 安全防范工程费用预算编制办法	
103－5	GA	安全防范工程监理规范		
103－6	GA	安全防范系统检验规范（初次检验和运行中的测试取样方法、测试方法、运行检验、性能下降评价）		
103－7	GA	安全防范系统验收规则	GA 308－2001 安全防范系统验收规则	
103－8	GA	安全防范系统维护规范（设备的寿命问题、设备性能下降评估）	制定中	

104 公共管理标准

编号	级别和属性	标准名称	现行标准	国际国外相关标准

105 服务标准

编号	级别和属性	标准名称	现行标准	国际国外相关标准

201 专业术语标准（7 项）

编号	级别和属性	标准名称	现行标准	国际国外相关标准
201－1	GA/T	入侵/反劫/社会报警系统术语		
201－2	GA/T	安防视频监控系统术语		
201－3	GA/T	出入口控制系统术语		

续表

编号	级别和属性	标准名称	现行标准	国际国外相关标准
201 - 4	GA/T	防爆安全检查系统术语		
201 - 5	GA/T	实体防护系统术语		
201 - 6	GA/T	安防生物特征识别应用术语	GA/T 893 - 2010 安防生物特征识别应用术语	
201 - 7	GA/T	安全防伪技术术语		

202 风险评估标准（7 项）

编号	级别和属性	标准名称	现行标准	国际国外相关标准
202 - 1	GA 26	军工产品储存库风险等级和安全防护级别的规定	GA 26 - 1992　军工产品储存库风险等级和安全防护级别的规定	
202 - 2	GA 27	文物保护单位和博物馆风险等级划分原则	GA 27 - 2002　文物系统博物馆风险等级和安全防护级别的规定	
202 - 3	GA 28	货币印制企业风险等级和安全防护级别的规定	GA 28 - 1992　货币印制企业风险等级和安全防护级别的规定	
202 - 4	GA 38	银行营业场所风险等级和安全防护级别的规定	GA 38 - 2004　银行营业场所风险等级和安全防护级别的规定	
202 - 5	GA 586	广播电影电视系统重点单位重要部位的风险等级和安全防护级别	GA 586 - 2005　广播电影电视系统重点单位重要部位的风险等级和安全防护级别	
202 - 6	GA 873	冶金钢铁企业治安保卫重要部位风险等级和安全防护要求	GA 873 - 2010 冶金钢铁企业治安保卫重要部位风险等级和安全防护要求	
202 - 7	GA	放射性物品库风险等级和安全防范要求	制定中	

203 安全防护标准（27 项）

编号	级别和属性	标准名称	现行标准	国际国外相关标准
203 - 1	GB/T 16571	文物保护单位和博物馆安全防范系统技术要求	GB/T 16571 - 1996　文物系统博物馆安全防范工程设计规范（修订中）	
203 - 2	GB/T 16676	银行安全防范报警联网系统技术要求	GB/T 16676 - 1996　银行营业场所安全防范工程设计规范（银行安全防范报警联网系统技术要求）	

续表

编号	级别和属性	标准名称	现行标准	国际国外相关标准
203 -3	GB/T 21741	住宅小区安全防范系统通用技术要求	GB/T 21741 -2008 住宅小区安全防范系统通用技术要求	
203 -4	GB/T	中小学、幼儿园安全技术防范系统要求	制定中	
203 -5	GB/T	高等院校安全技术防范系统要求	制定中	
203 -6	GB/T	医疗卫生机构安全技术防范系统要求	制定中	
203 -7	GA 745	银行自助设备 自助银行安全防范的规定	GA 745 -2008 银行自助设备 自助银行安全防范的规定	
203 -8	GA 858	银行业务库安全防范的要求	GA 858 -2010 银行业务库安全防范的要求	
203 -9	GA 837	民用爆炸物品储存库治安防范要求	GA 837 -2009 民用爆炸物品储存库治安防范要求	
203 -10	GA 838	小型民用爆炸物品储存库安全规范	GA 838 -2009 小型民用爆炸物品储存库安全规范	
203 -11	GA	民用爆炸物品警示标识、登记标识通则	GA921 -2011 民用爆炸物品警示标识、登记标识通则	
203 -12	GA	剧毒化学品库房安全防范规定	（制定中）	
203 -13	GA	枪支弹药保管（储存）设施安全规范	（制定中）	
203 -14	GA	射击场所设置安全规范	（制定中）	
203 -15	GA	娱乐场所治安管理信息系统视频监控技术规范	（制定中）	
203 -16	GA	证券经营机构安全技术防范系统要求	（制定中）	
203 -17	GA	展陈枪支失效处理与安全防范要求	（制定中）	
203 -18	GA/T	城市监控报警联网系统 技术标准 第 1 部分：通用技术要求	GA/T 669. 1 -2008 城市监控报警联网系统 技术标准 第1部分：通用技术要求	
203 -19	GA/T	城市监控报警联网系统 技术标准 第 2 部分：安全技术要求	GA/T 669. 2 -2008 城市监控报警联网系统 技术标准 第2部分：安全技术要求（拟升级为102. 2）	
203 -20	GA/T	城市监控报警联网系统 技术标准 第 3 部分：前端信息采集技术要求	GA/T 669. 3 -2008 城市监控报警联网系统 技术标准 第3部分：前端信息采集技术要求（拟转换到202 -1 -2）	
203 -21	GA/T	城市监控报警联网系统 技术标准 第 4 部分：视音频编、解码技术要求	GA/T 669. 4 -2008 城市监控报警联网系统 技术标准 第4部分：视音频编、解码技术要求（拟转换到202 -1 -3）	
203 -22	GA/T	城市监控报警联网系统 技术标准 第 5 部分：信息传输、交换、控制技术要求	GA/T 669. 5 -2008 城市监控报警联网系统 技术标准 第5部分：信息传输、交换、控制技术要求（拟转换到202 -2 -2）	
203 -23	GA/T	城市监控报警联网系统 技术标准 第6部分：视音频显示、存储、播放技术要求	GA/T 669. 6 -2008 城市监控报警联网系统 技术标准 第6部分：视音频显示、存储、播放技术要求（拟转换到202 -1 -4，202 -1 -5）	

续表

编号	级别和属性	标准名称	现行标准	国际国外相关标准
203-24	GA/T	城市监控报警联网系统 技术标准 第7部分：管理平台技术要求	GA/T 669.7-2008 城市监控报警联网系统 技术标准 第7部分：管理平台技术要求	
203-25	GA/T	城市监控报警联网系统 技术标准 第8部分：传输网络技术要求	GA/T 669.8-2009 城市监控报警联网系统 技术标准 第8部分：传输网络技术要求（拟转换到202-2-3）	
203-26	GA/T	城市监控报警联网系统 技术标准 第9部分：卡口信息识别、比对、监测系统技术要求	GA/T 669.9-2008 城市监控报警联网系统 技术标准 第9部分：卡口信息识别、比对、监测系统技术要求	
203-27	GA/T	城市监控报警联网系统 技术标准 第10部分：无线视音频监控系统技术要求	GA/T 669.10-2009 城市监控报警联网系统 技术标准 第10部分：无线视音频监控系统技术要求（拟转换到202-1-6）	

204 效能评价标准（11 项）

编号	级别和属性	标准名称	现行标准	国际国外相关标准
204-1	GA	安防视频监控图像信息原始完整性技术要求与测试方法		
204-2	GA/T	爆破作业单位民用爆炸物品储存库安全评价导则	GA/T 848-2009 爆破作业单位民用爆炸物品储存库安全评价导则	
204-3	GA	文物保护单位和博物馆安全防范系统验收规范		
204-4	GA	银行安全防范系统验收规范		
204-5	GA/T	住宅小区安全防范系统安全等级评价导则		
204-6	GA/T	中小学、幼儿园安全防范系统安全等级评价导则		
204-7	GA/T	高等院校安全防范系统安全等级评价导则		
204-8	GA/T	医疗卫生机构安全防范系统安全等级评价导则		
204-9	GA	城市监控报警联网系统 合格评定 第1部分：系统功能性能检验规范	GA 793.1-2008 城市监控报警联网系统 合格评定 第1部分：系统功能性能检验规范	
204-10	GA	城市监控报警联网系统 合格评定 第2部分：管理平台软件测试规范	GA 793.2-2008 城市监控报警联网系统 合格评定 第2部分：管理平台软件测试规范	
204-11	GA	城市监控报警联网系统 合格评定 第3部分：系统验收规范	GA 793.3-2008 城市监控报警联网系统 合格评定 第3部分：系统验收规范	

205 其他基础标准

编号	级别和属性	标准名称	现行标准	国际国外相关标准

206 入侵/反劫/社会报警系统（17 项）

编号	级别和属性	标准名称	现行标准	国际国外相关标准	优先级
206－1	GB/T	入侵报警系统技术要求	GA/T 368－2001 入侵报警系统技术要求		
206－2	GA/T	民用车辆反劫防盗联网报警系统通用技术要求	GA/T 553－2005 车辆反劫防盗联网报警系统通用技术要求		
206－3	GA	特种车辆反劫防盗联网报警系统通用技术要求（运钞车等）			
206－4	产品检测通用技术要求				
206－4－1	GB	报警设备检测通用技术要求（测试样品（信息源）、探测响应时间、误报率、漏报率、信号的传输延迟、评价方法等）			
206－5	报警传输系统的要求				
206－5－1	GB/T	报警传输系统的要求 第 1 部分：系统的一般要求	GA/T 600.1－2006 报警传输系统的要求 第 1 部分：系统的一般要求		
206－5－2	GB/T	报警传输系统的要求 第 2 部分：设备的一般要求	GA/T 600.2－2006 报警传输系统的要求 第 2 部分：设备的一般要求		
206－5－3	GB/T	报警传输系统的要求 第 3 部分：利用专用报警传输通路的报警传输系统	GA/T 600.3－2006 报警传输系统的要求 第 3 部分：利用专用报警传输通路的报警传输系统		
206－5－4	GB/T	报警传输系统的要求 第 4 部分：利用公共电话交换网络的数字通信机系统的要求	GA/T 600.4－2006 报警传输系统的要求 第 4 部分：利用公共电话交换网络的数字通信机系统的要求		
206－5－5	GB/T	报警传输系统的要求 第 5 部分：利用公共电话交换网络的话音通信机系统的要求	GA/T 600.5－2006 报警传输系统的要求 第 5 部分：利用公共电话交换网络的话音通信机系统的要求		
206－5－6	GB/T	报警传输系统的要求 第 6 部分：基于 IP 网络的报警传输系统			

续表

编号	级别和属性	标准名称	现行标准	国际国外相关标准	优先级
206－6	报警传输系统串行数据接口的信息格式和协议				
206－6－1	GB/T	报警传输系统串行数据接口的信息格式和协议 第 1 部分：总则	GB/T 21564.1－2008 报警传输系统串行数据接口的信息格式和协议 第 1 部分：总则		
206－6－2	GB/T	报警传输系统串行数据接口的信息格式和协议 第 2 部分：公用应用层协议	GB/T 21564.2－2008 报警传输系统串行数据接口的信息格式和协议 第 2 部分：公用应用层协议		
206－6－3	GB/T	报警传输系统串行数据接口的信息格式和协议 第 3 部分：公用数据链路层协议	GB/T 21564.3－2008 报警传输系统串行数据接口的信息格式和协议 第 3 部分：公用数据链路层协议		
206－6－4	GB/T	报警传输系统串行数据接口的信息格式和协议 第 4 部分：公用传输层协议	GB/T 21564.4－2008 报警传输系统串行数据接口的信息格式和协议 第 4 部分：公用传输层协议		
206－6－5	GB/T	报警传输系统串行数据接口的信息格式和协议 第 5 部分：数据接口	GB/T 21564.5－2008 报警传输系统串行数据接口的信息格式和协议 第 5 部分：数据接口		
206－7	GB	无线（射频）报警设备互联要求	入侵报警系统 无线（射频）设备互联技术要求	IEC60642－5－3 Ed1.0：2010	
206－8	GB/T	报警系统联网技术要求			

207 视频监控系统（13 项）

编号	级别和属性	标准名称	现行标准	国际国外相关标准	优先级
207－1	系统技术要求				
207－1－1	GB/T	视频监控系统技术要求（包含前端信息采集技术要求）	GA/T 367－2001 视频安防监控系统技术要求		
207－1－2	GB/T	视频监控系统设备控制协议	GA/T 647－2006 视频安防监控系统前端设备控制协议 V1.0		
207－1－3	GB/T	视频监控系统数字视音频编、解码技术要求	GA/T 669.4－2008 城市监控报警联网系统 技术标准 第 4 部分：视音频编、解码技术要求		
207－1－4	GB/T	视频监控系统的视音频显示、播放技术要求	GA/T 669.6－2008 城市监控报警联网系统 技术标准 第 6 部分：视音频显示、存储、播放技术要求		
207－1－5	GB/T	视频监控系统的视音频存储技术要求	GA/T 669.6－2008 城市监控报警联网系统 技术标准 第 6 部分：视音频显示、存储、播放技术要求		
207－1－6	GB/T	无线视音频监控系统技术要求	GA/T 669.10－2009 城市监控报警联网系统 技术标准 第 10 部分：无线视音频监控系统技术要求		

续表

编号	级别和属性	标准名称	现行标准	国际国外相关标准	优先级
207－2	系统联网技术要求				
207－2－1	GB/T	视频监控联网系统技术要求 第1部分：通用技术要求	GA/T 669.1－2008 城市监控报警联网系统 技术标准 第1部分：通用技术要求		
207－2－2	GB/T	视频监控联网系统技术要求 第2部分：信息传输、交换、控制技术要求	GA/T 669.5－2008 城市监控报警联网系统 技术标准 第5部分：信息传输、交换、控制技术要求		
207－2－3	GB/T	视频监控联网系统技术要求 第3部分：传输网络技术要求	GA/T 669.8－2009 城市监控报警联网系统 技术标准 第8部分：传输网络技术要求		
207－3	设备通用技术要求				
207－3－1	GB/T	视频监控设备通用技术要求（模拟和数字）			
207－4	产品检测通用技术要求				
207－4－1	GB/T	视频监控设备检测通用技术要求（模拟和数字、测试样品（信息源）、系统级指标——空间分辨率、时间分辨率、控制的及时性、信号的传输延迟、评价方法等）			
207－5	智能分析与识别				
207－5－1	GB/T	视频智能事件分析技术要求（行为分析、人数统计、状态判断、物品移动或滞留、视频质量分析等）			
207－5－2	GB/T	视频智能目标识别技术要求（生物特征识别、物品外形特征识别等）			

208 出入口控制系统（11项）

编号	级别和属性	标准名称	现行标准	国际国外相关标准	优先级
208－1	系统要求				
208－1－1	GB/Txxxxx.1	出入口控制系统 第1部分：通用技术要求（涵盖自定义符和模式识别）	GA/T 394－2002 出入口控制系统技术要求		
208－1－2	GB/Txxxxx.2	出入口控制系统 第2部分：门禁控制系统技术要求			
208－1－3	GB/Txxxxx.3	出入口控制系统 第3部分：访客对讲系统技术要求	GA/T 678－2007 联网型可视对讲系统技术要求		
208－1－4	GB/Txxxxx.4	出入口控制系统 第4部分：停车场（库）安全管理系统技术要求	GA/T 761－2008 停车场（库）安全管理系统技术要求		

续表

编号	级别和属性	标准名称	现行标准	国际国外相关标准	优先级
208－1－5	GB/Txxxxx. 5	出入口控制系统 第5部分：大型场馆电子检票系统技术要求	制定中		
208－1－6	GB/Txxxxx. 6	出入口控制系统 第6部分：物品标签安全防盗系统技术要求			
208－1－7	GB/Txxxxx. 7	出入口控制系统 第7部分：电子巡查系统技术要求	GA/T 644－2006 电子巡查系统技术要求		
208－2	GB/T	安全防范用一卡通系统安全性要求			
208－3	GB/T	出入口控制系统联网集成技术要求			
208－4	人员定位报警管理系统技术要求				
208－4－1	GA	拘押场所人员定位管理系统			
208－5	产品检测通用技术要求				
208－5－1	GB/T	出入口控制的设备检测通用技术要求（容量、误识率、拒认率、通行率、识读反应速度、控制的及时性、信号的传输延迟、评价方法等）			

209 防爆安全检查系统（6 项）

编号	级别和属性	标准名称	现行标准	国际国外相关标准	优先级
209－1	试验用标准样品要求				
209－1－1	GBxxxxx. 1	防爆安全检查产品试验用标准样品要求 第1部分：通用要求（真实样品和模拟物样品）（涵盖采样、制备）			
209－1－2	GBxxxxx. 2	防爆安全检查产品试验用标准样品要求 第2部分：固体类样品要求			
209－1－3	GBxxxxx. 3	防爆安全检查产品试验用标准样品要求 第3部分：液体类样品要求			
209－1－4	GBxxxxx. 4	防爆安全检查产品试验用标准样品要求 第4部分：乳胶类样品要求			
209－2	产品检测通用技术要求				
209－2－1	GB	防爆安全检查的设备检测通用技术要求（误识率、拒认率、通行率、识读反应速度、控制的及时性、信号的传输延迟、评价方法等）			
209－3	GB	防爆安全检查系统联网技术要求			

210 实体防护系统（4 项）

编号	级别和属性	标准名称	现行标准	国际国外相关标准	优先级
210 －1	GB	实体防护系统安全等级划分（包括安全分类、分级、标识与型号命名方法）			
210 －2	GA	产品检测规程（人员要求、检测设备、检测方法、样品条件等）（产品检测通用技术要求）			
210 －3	GB/T	实体防护设备检测通用技术要求（测试样品、系统级指标——防破坏时间、净工作时间、分级、破坏方法手段、风险等级、设备的分级要求、安全级别、评价方法等等）			
210 －4	GB	实体防护设备防弹性能（和）测试方法			

211 人体生物特征识别应用系统（49 项）

编号	级别和属性	标准名称	现行标准	国际国外相关标准	优先级
211 －1	指纹识别				
211 －1 －1	GA/T	安防指纹识别应用系统 第 1 部分：通用技术要求			
211 －1 －2	GA/T	安防指纹识别应用系统 第 2 部分：数据交换格式			
211 －1 －3	GA/T	安防指纹识别应用系统 第 3 部分：指纹图像数据	GA/T 894. 2 －2010 安防指纹识别应用系统 第 2 部分：指纹图像记录格式		
211 －1 －4	GA/T	安防指纹识别应用系统 第 4 部分：指纹图像质量	GA/T 894. 3 －2010 安防指纹识别应用系统 第 3 部分：指纹图像质量		
211 －1 －5	GA/T	安防指纹识别应用系统 第 5 部分：指纹模板数据			
211 －1 －6	GA/T	安防指纹识别应用系统 第 6 部分：程序接口规范			
211 －1 －7	GA/T	安防指纹识别应用系统 第 7 部分：算法评测方法	GA/T 894. 6 －2010 安防指纹识别应用系统 第 6 部分：指纹识别算法评测方法		
211 －1 －8	GA/T	安防指纹识别应用系统 第 8 部分：指纹活体鉴别（2010 －11 －25）			
211 －2	人脸识别				
211 －2 －1	GA/T	安防人脸识别应用系统 第 1 部分：通用技术要求	合并安防脸识别应用系统等级划分准则、出入口控制（配合场景）人脸识别应用系统技术要求和视频监控（非配合场景）人脸识别系统技术要求三个标准，制定中		

续表

编号	级别和属性	标准名称	现行标准	国际国外相关标准	优先级
211－2－2	GA/T	安防人脸识别应用系统 第 2 部分：人脸图像采集			
211－2－3	GA/T	安防人脸识别应用系统 第 3 部分：数据交换格式			
211－2－4	GA/T	安防人脸识别应用系统 第 4 部分：人脸图像数据	安防人脸识别应用系统 第 2 部分：人脸图像数据（报批中）		
211－2－5	GA/T	安防人脸识别应用系统 第 5 部分：人脸图像质量	制定中		
211－2－6	GA/T	安防人脸识别应用系统 第 6 部分：人脸模板数据			
211－2－7	GA/T	安防人脸识别应用系统 第 7 部分：算法评测方法	制定中		
211－2－8	GA/T	安防人脸识别应用系统 第 8 部分：人脸活体鉴别			
211－3	指静脉识别				
211－3－1	GA/T	安防指静脉识别应用系统 第 1 部分：通用技术要求			
211－3－2	GA/T	安防指静脉识别应用系统 第 2 部分：指静脉图像	制定中	安防指静脉识别应用系统图像技术要求	
211－3－3	GA/T	安防指静脉识别应用系统 第 3 部分：指静脉模板数据			
211－3－4	GA/T	安防指静脉识别应用系统 第 4 部分：程序接口规范			
211－3－5	GA/T	安防指静脉识别应用系统 第 5 部分：算法评测方法	制定中	安防指静脉识别应用系统算法评测方法	
211－3－6	GA/T	安防指静脉识别应用系统 第 6 部分：指静脉活体鉴别			
211－4	声纹识别				
211－4－1	GA/T	安防声纹识别应用系统 第 1 部分：通用技术要求			
211－4－2	GA/T	安防声纹识别应用系统 第 2 部分：声纹数据			
211－4－3	GA/T	安防声纹识别应用系统 第 3 部分：声纹质量			
211－4－4	GA/T	安防声纹识别应用系统 第 4 部分：数据交换格式			
211－4－5	GA/T	安防声纹识别应用系统 第 5 部分：程序接口规范			
211－4－6	GA/T	安防声纹识别应用系统 第 6 部分：算法评测方法			
211－4－7	GA/T	安防声纹识别应用系统 第 7 部分：声纹活体鉴别			
211－5	虹膜识别				

续表

编号	级别和属性	标准名称	现行标准	国际国外相关标准	优先级
211－5－1	GA/T	安防虹膜识别应用系统 第1部分：通用技术要求			
211－5－2	GA/T	安防虹膜识别应用系统 第2部分：虹膜数据			
211－5－3	GA/T	安防虹膜识别应用系统 第3部分：虹膜质量			
211－5－4	GA/T	安防虹膜识别应用系统 第4部分：数据交换格式			
211－5－5	GA/T	安防虹膜识别应用系统 第5部分：程序接口规范			
211－5－6	GA/T	安防虹膜识别应用系统 第6部分：算法评测方法			
211－5－7	GA/T	安防虹膜识别应用系统 第7部分：虹膜活体鉴别			
211－6	掌纹（形）识别				
211－6－1	GA/T	安防掌纹（形）识别应用系统 第1部分：通用技术要求			
211－6－2	GA/T	安防掌纹（形）识别应用系统 第2部分：掌纹（形）数据			
211－6－3	GA/T	安防掌纹（形）识别应用系统 第3部分：掌纹（形）质量			
211－6－4	GA/T	安防掌纹（形）识别应用系统 第4部分：数据交换格式			
211－6－5	GA/T	安防掌纹（形）识别应用系统 第5部分：程序接口规范			
211－6－6	GA/T	安防掌纹（形）识别应用系统 第6部分：算法评测方法			
211－7	签字识别				
211－7－1	GA/T	安防签字识别应用系统 第1部分：通用技术要求			
211－7－2	GA/T	安防签字识别应用系统 第2部分：签字数据			
211－7－3	GA/T	安防签字识别应用系统 第3部分：签字质量			
211－7－4	GA/T	安防签字识别应用系统 第4部分：数据交换格式			
211－7－5	GA/T	安防签字识别应用系统 第5部分：程序接口规范			
211－7－6	GA/T	安防签字识别应用系统 第6部分：算法评测方法			
211－8	其他生物特征识别				

212 防伪技术

编号	级别和属性	标准名称	现行标准	国际国外相关标准	优先级

213 专业工程标准（13 项）

编号	级别和属性	标准名称	现行标准	国际国外相关标准	优先级
213－1	入侵报警系统工程				
213－1－1	GB	入侵报警系统工程设计规范	GB 50394－2007　入侵报警系统工程设计规范		
213－1－2	GB	入侵报警系统工程施工规范			
213－2	安防视频监控系统工程				
213－2－1	GB	安防视频监控系统工程设计规范	GB 50395－2007　视频安防监控系统工程设计规范		
213－2－2	GB	安防视频监控系统工程施工规范			
213－3	出入口控制系统工程				
213－3－1	GB	出入口控制系统工程设计规范	GB 50396－2007 出入口控制系统工程设计规范		
213－3－2	GB	出入口控制系统工程施工规范			
213－3－3	GB	访客对讲系统工程设计规范（包括控制门的选型、防护效果）			
213－3－4	GB	访客对讲系统工程施工规范			
213－3－5	GB	停车场（库）安全管理系统工程设计规范			
213－3－6	GB	停车场（库）安全管理系统工程施工规范			
213－3－7	GB	电子巡查系统工程设计规范			
213－3－8	GB	电子巡查系统工程施工规范			
213－4	GB	防爆安全检查系统工程技术规范｛设计（交通运输场所、大型活动场所）、安装、检验/检查、验收｝			

214 执法标准（2 项）

编号	级别和属性	标准名称	现行标准	国际国外相关标准	优先级
214－1	GA	安全技术防范设施监督检查工作规范			
214－2	GA	安全技术防范产品生产登记工作规范			

215 工作标准（11 项）

编号	级别和属性	标准名称	现行标准	国际国外相关标准	优先级
215－1	GA	城市报警与监控系统安全使用工作规范			
215－2	GA/T	城市报警与监控系统建设安全风险与防护工作指南			
215－3	GA	城市报警与监控系统运行规范			

续表

编号	级别和属性	标准名称	现行标准	国际国外相关标准	优先级
215－4	GA	城市报警与监控系统维护规范			
215－5	GA/T	城市报警与监控系统实战应用指南			
215－6	GA	基层公安机关城市报警与监控系统应用管理工作规范			
215－7	GA	基层公安机关城市报警与监控系统监控中心警情处置规范			
215－8	GA	安全防范报警企业资质信用评定工作规范			
215－9	GA	安全防范报警系统/产品检测工作规范			
215－10	GA	安全防范报警系统/产品认证工作规范			
215－11	GA/T	安全防范报警系统标准化工作导则			

216 管理标准（11 项）

编号	级别和属性	标准名称	现行标准	国际国外相关标准	优先级
216－1	GA	安全防范报警工程从业企业资质标准			
216－2	GA	安全防范报警运营服务从业企业资质标准			
216－3	GA	安全防范报警咨询评估从业企业资质标准			
216－4	GA/T	安全防范报警企业信用评价导则			
216－5	GA	安全防范从业人员资格要求			
216－6	GA/Z	防爆安全检查系统技术培训指南			
216－7	GA	市公安局城市报警与监控系统建设、管理和应用工作绩效考核办法			
216－8	GA	基层公安机关城市报警与监控系统管理工作考核办法			
216－9	GA/T	城市报警与监控系统建设模式分类指南			
216－10	GA	城市报警与监控系统建设中前端摄像机设置规则			
216－11	GA	安防视频监控图像信息采集、接入、使用管理要求	GA/T 792.1－2008 城市监控报警联网系统 管理标准 第1部分：图像信息采集、接入、使用管理要求		

217 运营服务规范（10 项）

编号	级别和属性	标准名称	现行标准	国际国外相关标准	优先级
217－1	报警运营服务				
217－1－1	GA/T	运维服务体系架构	包括：运维服务的框架、服务（模式）的分类、服务的指标、服务监测与评估以及服务改进等		
217－1－2	GA/T	运维设备分类和编码要求	包括：运维系统设备分类、编码规则和编码管理要求		
217－1－3	GA/T	系统运行维护要求（考虑与 102－2－8 衔接）	包括：系统运行维护、故障处置、报警响应及报警处置预案编制等管理要求（参照 GA/T 792.2）		
217－1－4	GA/T	巡防服务要求	包括：巡防机制与执勤工作流程、警情处置流程、巡防队技能训练与会操要求等		
217－1－5	GA/T	报警服务中心运维服务规范	包括：人员能力要求、工作流程和处置预案、服务语言规范等		
217－1－6	GA/T	文件管理要求	包括：电子文档、纸质文档分类，存档、调用、保密要求及控制管理要求		
217－1－7	GA/T	服务质量要求	包括：服务岗位分类、岗位工作标准、工作质量要求		
217－1－8	GA/T	运营服务收费标准	包括：联网设备巡检、故障检测、故障维修收费，接处警服务、巡逻服务收费标准		
217－2	防爆安全检查系统运维服务				
217－2－1	GA	防爆安全检查系统运行保障服务规范			
211－2－2	GA	防爆安全检查系统操作规程			

218 行业组织、中介服务

编号	级别和属性	标准名称	现行标准	国际国外相关标准	优先级

301 入侵/反劫/社会报警产品（35 项）

编号	级别和属性	标准名称	现行标准	国际国外相关标准	优先级
301－1	入侵探测器				
301－1－1	GB 10408.1	入侵探测器 第1部分：通用要求	GB 10408.1－2000 入侵探测器 第1部分：通用要求		
301－1－2	GB 10408.2	入侵探测器 第2部分：超声波多普勒探测器	GB 10408.2－2000 入侵探测器 第2部分：室内用超声波多普勒探测器		
301－1－3	GB 10408.3	入侵探测器 第3部分：微波多普勒探测器	GB 10408.3－2000 入侵探测器 第3部分：室内用微波多普勒探测器		
301－1－4	GB 10408.4	入侵探测器 第4部分：对射式主动红外入侵探测器	GB 10408.4－2000 入侵探测器 第4部分：对射式主动红外入侵探测器		
301－1－5	GB 10408.5	入侵探测器 第5部分：被动红外探测器	GB 10408.5－2000 入侵探测器 第5部分：室内用被动红外探测器		
301－1－6	GB 10408.6	入侵探测器 第6部分：微波和被动红外复合入侵探测器	GB 10408.6－2009 微波和被动红外复合入侵探测器（入侵探测器 第6部分：微波和被动红外复合入侵探测器）		
301－1－7	GB 10408.7	入侵探测器 第7部分：超声驻波入侵探测器	GB 10408.7－1996 超声波和被动红外复合探测器（已废止）		
301－1－8	GB 10408.8	入侵探测器 第8部分：振动入侵探测器	振动入侵探测器（入侵探测器 第8部分：振动入侵探测器）		
301－1－9	GB 10408.9	入侵探测器 第9部分：被动式玻璃破碎探测器	入侵探测器 第9部分：室内用被动式玻璃破碎探测器		
301－1－10	GB 10408.10	入侵探测器 第10部分：反射式主动红外入侵探测器			
301－1－11	GB 15407	遮挡式微波入侵探测器（技术要求和试验方法）	GB 15407－1994 遮挡式微波入侵探测器（技术要求和试验方法）		
301－1－12	GB 15209	磁开关入侵探测器	GB 15209－2006 磁开关入侵探测器		
301－1－13	GB	激光入侵探测器	激光入侵探测器技术要求（制定中）		
301－1－14	GB	受力式开关报警装置	受力式开关报警装置通用技术条件（制定中）		
301－1－15	GB	紧急报警装置（手动、脚动、遥控等）			
301－1－16	GB	异常声音探测报警装置（对声音探测分析之后报警）			
301－1－17	GB	特殊环境用入侵探测器（防爆、防腐、防尘等环境）			
301－1－18	GB	新型智能传感器（包括化学传感器（气味、气体探测等）、生物传感器（细菌、病毒探测等）			

续表

编号	级别和属性	标准名称	现行标准	国际国外相关标准	优先级
301 - 2	报警控制管理设备				
301 - 2 - 1	GB	报警系统告警装置			
301 - 2 - 2	GB	报警控制指示设备	GB 12663 - 2001　防盗报警控制器通用技术条件		
301 - 2 - 3	GB	智能家居报警控制器	居民安防智能管理设备技术要求（制定中）		
301 - 2 - 4	GB	报警中心管理平台技术要求			
301 - 3	GB	报警声音复核装置（音频探测器、切换、功放、记录、喇叭）			
301 - 4	GB	安全喷雾装置		(EN50131 - 8：2009)	
301 - 5	周界探测报警装置				
301 - 5 - 1	GB	光缆振动探测报警装置			
301 - 5 - 2	GB	振动电缆探测报警装置			
301 - 5 - 3	GB	泄漏电缆探测报警装置	泄露电缆入侵探测装置通用技术条件（制定中）		
301 - 5 - 4	GB	地音探测报警装置			
301 - 5 - 5	GB	张力式围栏			
301 - 5 - 6	GB	脉冲式电子围栏（由 SAC/TCxx 归口）			
301 - 5 - 7	GB	周界防护高压电网装置			
301 - 6	车辆反劫防盗报警装置				
301 - 6 - 1	GB 20816	车辆防盗报警系统 乘用车	GB 20816 - 2006　车辆防盗报警系统 乘用车		
301 - 6 - 2	GA 366	车辆防盗报警器材安装规范	GA 366 - 2001　车辆防盗报警器材安装规范		
301 - 6 - 3	GA/T 440	车辆反劫防盗联网报警系统中车载防盗报警设备与车载无线通信终接设备之间的接口	GA/T 440 - 2003　车辆反劫防盗联网报警系统中车载防盗报警设备与车载无线通信终接设备之间的接口		

302 视频监控产品（22 项）

编号	级别和属性	标准名称	现行标准	国际国外相关标准	优先级
302 - 1	前端设备				
302 - 1 - 1	GB/T	视频监控摄像机通用技术要求（含模拟数字、IP 摄像机、一体化辅助光源、抓拍用）	视频安防监控摄像机通用技术要求（制定中）		
302 - 1 - 2	GB/T	视频监控系统 变速球型摄像机	GA/T 645 - 2006 视频监控系统 变速球型摄像机		

续表

编号	级别和属性	标准名称	现行标准	国际国外相关标准	优先级
302－1－3	GB/T	视频监控高清摄像机测量方法	通用型应用高清电视摄像机测量方法（制定中）		
302－1－4	GB/T	视频监控热红外摄像机			
302－1－5	GA/T	云台（承载质量、控制精度、变动速度）			
302－1－6	GA/T	防护罩（防尘、遮阳、防爆、防暴、防水）			
302－1－7	GA/T	视频监控镜头（空间分辨率、光谱范围、光强动态范围）			
302－1－8	GA/T	摄像机辅助光源（红外、红外激光、闪光灯、可见光照明灯）			
302－2	GB/T	视频音频编解码器（视频服务器）			
302－3	传输设备				
302－3－1	GA/T	视频监控视音频光端机技术要求（含用于视音频传输用的光纤收发器）	视频安防监控视音频光端机技术要求（制定中）		
302－3－2	GA/T	EPON			
302－3－3	GA/T	光汇聚设备			
302－4	矩阵切换控制设备				
302－4－1	GA/T	视频监控系统 模拟视音频矩阵切换设备通用技术要求	GA/T 646－2006　视频监控系统　视频矩阵切换设备通用技术要求		
302－4－2	GA/T	视频监控系统 数字矩阵交换设备通用技术要求			
302－5	视频存储设备				
302－5－1	GB	视频监控数字录像设备	GB 20815－2006　视频监控数字录像设备		
302－5－2	GB	视频监控网络存储设备			
302－5－3	GA/T	视频监控车载数字录像设备	视频安防监控车载数字录像设备技术要求（制定中）		
302－6	GA/T	视频显示设备（专业监视器、CRT/LCD/DLP/LED、显示比例、显示像素、刷新率、亮度、对比度、色彩还原性、灰度级、响应时间、组合关系、寿命）			
302－7	系统配套设备				
302－7－1	GA/T	视频分配器			
302－7－2	GA/T	字符叠加器（标识字符发生器、时间日期字符发生器、楼层字符叠加器）			
302－8	GB/T	视频监控智能分析设备	安全防范视频实时智能分析设备技术要求（制定中）		
302－9	GA/T	音频设备（音频采集、双向对讲、广播）			

303 出入口控制产品（11 项）

编号	级别和属性	标准名称	现行标准	国际国外相关标准	优先级
303－1	识读设备				
303－1－1	GA/T	自定义符识读装置			
303－1－2	GA/T	模式识别装置			
303－1－3	GA/T	电子巡查信息采集装置			
303－2	控制设备				
303－2－1	GA/T	门禁控制器			
303－2－2	GA/T	停车库（场）出入口控制设备	停车库（场）出入口控制设备技术要求（制定中）		
303－3	执行设备				
303－3－1	GA/T	出入口控制电动栏杆机（涵盖探测装置）	出入口控制电动栏杆机通用技术要求（制定中）		
303－3－2	GA/T	出入口控制路障（涵盖探测装置）			
303－3－3	GA	电控锁（SC1）	电控锁技术要求（制定中）		
303－4	GA/T	访客对讲设备	GA/T 269－2001 黑白可视对讲系统； GA/T 72 涵盖黑白、彩色		
303－5	GA/T	出入口控制快速通道装置			
303－6	出入口控制一体化设备（采集、识别、判断、控制/处理）				
303－6－1	GA	电子防盗锁（指纹、声纹、虹膜等采集识别符合相应的技术标准）	GA 374－2001 电子防盗锁		

304 防爆与安全检查产品（42 项）

编号	级别和属性	标准名称	现行标准	国际国外相关标准	优先级
304－1	X 射线安全检查设备				
304－1－1	透射 X 射线技术的安全检查设备				
304－1－1－1	GB 15208.1	微剂量 X 射线安全检查设备　第 1 部分：通用技术要求	GB 15208.1－2005　微剂量 X 射线安全检查设备　第 1 部分：通用技术要求		
304－1－1－2	GB 15208.2	微剂量 X 射线安全检查设备　第 2 部分：测试体	GB 15208.2－2006　微剂量 X 射线安全检查设备　第 2 部分：测试体		
304－1－1－3	GB	货物运输微剂量 X 射线安全检查设备	GA 857－2009　货物运输微剂量 X 射线安全检查设备通用技术要求		

续表

编号	级别和属性	标准名称	现行标准	国际国外相关标准	优先级
304－1－1－4	GB	便携式 X 射线安全检查设备	GB 12664－2003　便携式 X 射线安全检查设备通用规范		
304－1－1－5	GB	微剂量 X 射线人体安全检查设备	微剂量 X 射线人体安全检查设备通用技术要求（行标制定中）		
304－1－2	背散射 X 射线技术的安全检查设备				
304－1－2－1	GB	基于背散射 X 射线技术的安全检查设备　第 1 部分：物品检查			
304－1－2－2	GB	基于背散射 X 射线技术的安全检查设备　第 2 部分：车辆检查			
304－1－2－3	GB	基于背散射 X 射线技术的安全检查设备　第 3 部分：人体检查			
304－1－3	计算机图像重建（CT）技术的安全检查设备				
304－1－3－1	GB	基于计算机图像重建（CT）技术的安全检查设备　第 1 部分：行包检查			
304－1－3－2	GB	基于计算机图像重建（CT）技术的安全检查设备　第 2 部分：液体检查			
304－1－4	GB	衍射 X 射线安全检查设备			
304－1－5	GB	X 射线安全检查设备安全等级标准（保密标准）			
304－2	GB	基于中子分析技术的探测设备			
304－3	GB	基于离子迁移谱技术的痕量毒品/炸药探测仪	GA/T 841－2009　基于离子迁移谱技术的痕量毒品/炸药探测仪通用技术要求		
304－4	GB	采用拉普光谱分析的液体安全检查设备	采用拉普光谱分析的液体安全检查通用技术条件（行标制定中）		
304－5	GB	基于核四极共振技术的安全检查设备			
304－6	GB	基于荧光透视技术的安全检查设备			
304－7	GB	基于太赫兹光谱技术的安全检查设备			
304－8	GB	基于介电常数测量技术的安全检查设备			
304－9	GB	基于热氧化还原技术的炸药安全检查设备			
304－10	GB	基于声表面波技术的炸药安全检查设备			

续表

编号	级别和属性	标准名称	现行标准	国际国外相关标准	优先级
304－11	GB	基于荧光淬灭技术的炸药安全检查设备			
304－12	GB	基于质谱技术的炸药安全检查设备			
304－13	GB	基于 γ 射线透射成像技术的安全检查设备			
304－14	GB	基于毫米波（亚毫米波）技术的安全检查设备			
304－15	基于化学技术的炸药安全检查设备				
304－15－1	GB	基于化学比色法技术的炸药安全检查设备			
304－15－2	GB	基于化学发光技术的炸药安全检查设备			
304－15－3	GB	便携式炸药检测箱	GA 60－1993	便携式炸药检测箱技术条件	
304－16	便携式放射性物质探测与识别设备				
304－16－1	GB	便携式放射性物质探测与识别设备通用技术要求 第 1 部分：探测设备	便携式放射性物质探测与识别设备通用技术要求 第 1 部分：探测设备（行标制定中）		
304－16－2	GB	便携式放射性物质探测与识别设备通用技术要求 第 2 部分：识别设备	便携式放射性物质探测与识别设备通用技术要求 第 2 部分：识别设备（行标制定中）		
304－17	金属探测设备				
304－17－1	GB	手持式金属探测器	GB 12899－2003 手持式金属探测器		
304－17－2	GB	通过式金属探测门	GB 15210－2003 通过式金属探测门		
304－17－3	GB	基于金属探测的探雷器			
304－17－4	GB	信件炸弹探测设备			
304－18	基于视频技术的安全检查设备				
304－18－1	GA/T	手持式视频检查仪	手持式视频检查仪通用技术要求（制定中）		
304－18－2	GA/T	车底安全视频检查设备			
304－19	光学检查设备				
304－19－1	GA/T	车底安全检查镜			
304－19－2	GA/T	安全检查软管窥镜			
304－20	GA/T	机械钟控定时引爆装置探测器	GA/T 71－1994 机械钟控定时引爆装置探测器		
304－21	GA/T	液体危险品快速安全检查仪通用技术条件	（行标制定中）		
304－22	GA/T	人体藏毒检查设备通用规范	（行标制定中）		
304－23	GA/T	鞋内安全检查仪			

305 实体防护产品（35 项）

编号	级别和属性	标准名称	现行标准	国际国外相关标准	优先级
305－1	门（窗、栅栏）				
305－1－1	防盗安全门				
305－1－1－1	GB 17565.1	防盗安全门 第 1 部分：通用技术要求	GB 17565－2007 防盗安全门通用技术条件		
305－1－1－2	GB 17565.2	防盗安全门 第 2 部分：钢质门			
305－1－1－3	GB 17565.3	防盗安全门 第 3 部分：钢木复合门			
305－1－1－4	GB 17565.4	防盗安全门 第 4 部分：防盗防火门			
305－1－2	GB	防盗安全门安装规范			
305－1－3	GA/T 72	楼寓对讲电控防盗门	GA/T 72 楼寓对讲及电控防盗门通用技术要求（修订中）		
305－1－4	GB	金库门	金库门通用技术要求（制定中）		
305－1－5	GA 576	防尾随联动互锁安全门	GA 576－2005　防尾随联动互锁安全门通用技术条件		
305－1－6	GA	防弹门			
305－1－7	GA	防护窗			
305－1－8	GA	防护栅栏			
305－1－9	GA	监室门	（现归口警标委）		
305－1－10	GA	其他防护门（伸缩门、感应门、车库门、卷帘门、旋转门等）			
305－2	柜（箱）				
305－2－1	GB	防盗保险柜（箱）	合并 GB 10409－2001 防盗保险柜、GA 166－2006 防盗保险箱；参照国外标准细化分类。		
305－2－2	GA 746	提款箱	GA 746－2008　提款箱		
305－2－3	GA 501	银行用保管箱	GA 501－2004　银行用保管箱通用技术条件		
305－2－4	GA	枪械专用保险柜	制定中		
305－2－5	GA	保管箱（最低标准、要求明示：该保管箱不是防盗保险箱，使用时请注意风险。考虑宾馆应用）			
305－2－6	GA	ATM 用保险柜			
305－2－7	GA	投入式保险柜			
305－2－8	GA	组合式金库			
305－3	锁具				
305－3－1	GA/T 73	机械防盗锁	GA/T 73－1994　机械防盗锁		

续表

编号	级别和属性	标准名称	现行标准	国际国外相关标准	优先级
305－3－2	GA 374	电子防盗锁	GA 374－2001　电子防盗锁		
305－3－3	GA	电控防盗锁（涵盖磁力锁、电插锁、电锁扣、远程控制等）	电控锁技术要求（制定中）		
305－3－4	GA	机电一体化防盗锁			
305－3－5	GA	生物特征识别锁具（是否单独制定锁体、锁头标准）	包括：GA 701－2007 指纹防盗锁通用技术条件；		
305－4	防护材料				
305－4－1	GA 165	防弹复合玻璃	GA 165－1997　防弹复合玻璃		
305－4－2	GA 667	防爆炸复合玻璃	GA 667－2006　防爆炸复合玻璃		
305－4－3	GA 844	防砸复合玻璃	GA 844－2009　防砸复合玻璃通用技术要求		
305－4－4	GA518	银行营业场所透明防护屏障安装规范	GA518－2004　银行营业场所透明防护屏障安装规范		
305－4－5		其他高性能防护材料			
305－5	其他防护产品（机电一体化防护装置）				
305－5－1	GA 164	专用运钞车防护技术要求	GA 164－2005　专用运钞车防护技术要求		
305－5－2	GA	银行自助服务亭（包括防护罩）	金融自助服务亭技术要求（制定中）		
305－5－3	GA	金融营业场所用组合柜台（包括柜台传递槽）			
305－5－4	GA	银行营业场所安全柜员系统			

306 人体生物特征识别应用产品（8 项）

编号	级别和属性	标准名称	现行标准	国际国外相关标准	优先级
306－1	GA/T	安防指纹识别应用系统 第 9 部分：采集设备	制定中		
306－2	人脸识别				
306－2－1	GA/T	安防人脸识别应用系统 第 9 部分：受控人脸图像采集模块/设备技术要求	制定中		
306－2－2	GA/T	安防人脸识别应用系统 第 10 部分：视频监控嵌入式人脸图像采集设备技术要求	制定中		
306－2－3	GA/T	安防人脸识别应用系统 第 11 部分：设备接口技术要求	制定中		
306－3	GA/T	安防指静脉识别应用系统 第 7 部分：指静脉采集/验证设备	制定中		
306－4	GA/T	安防声纹识别应用系统 第 8 部分：声纹采集/验证设备			
306－5	GA/T	安防虹膜识别应用系统 第 7 部分：虹膜采集/验证设备			
306－6	GA/T	多生物特征识别采集/验证设备			

307 防伪技术产品（项）

编号	级别和属性	标准名称	现行标准	国际国外相关标准	优先级

308 工程产品应用（3 项）

编号	级别和属性	标准名称	现行标准	国际国外相关标准	优先级
307－1	GB/Z	安全防范系统产品应用指南　第 1 部分　入侵报警产品（各类产品的选型与安装要求，包括优缺点、适用场所等）			
307－2	GB/Z	安全防范系统产品应用指南　第 2 部分　视频监控产品			
307－3	GB/Z	安全防范系统产品应用指南　第 3 部分　出入口控制产品			

二、城市监控报警联网系统标准体系（共18项标准：技术标准11项、管理标准4项、合格评定标准3项）

（一）城市报警联网系统标准体系框架

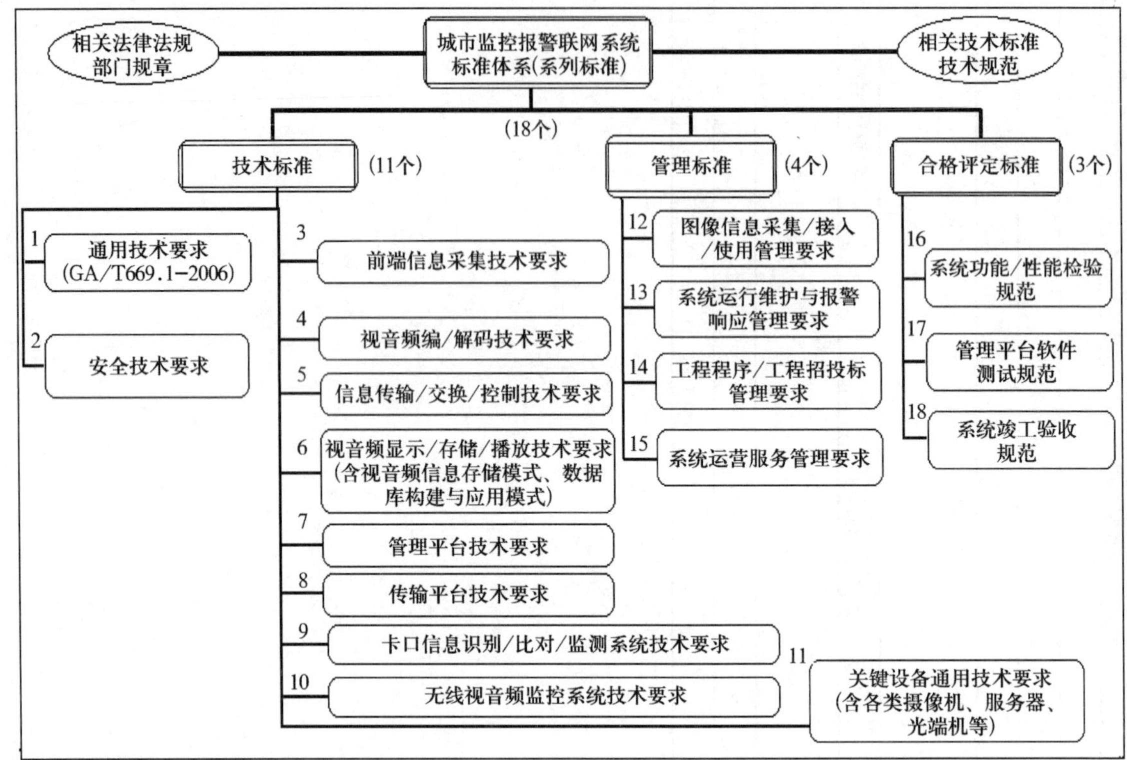

（二）城市监控报警联网系统系列标准主要内容

序号	标准编号	主要内容
1	技术标准 通用技术要求（GA/T 669.1－2008）	系统构成与网络构架、系统功能要求、设备性能要求、基础设施与网络带宽要求、信息采集与前端处理技术要求、信息传输/交换/控制技术要求、视音频信息显示/存储/播放技术求、信息存储策略与数据库构建技术要求、系统集成与监控中心技术要求、无线移动视音频监控技术要求、系统安全性/可维护性/可管理性技术要求等
2	技术标准 安全技术要求（GA/T 669.2－2008）	安全策略、系统安全、网络安全、信息安全、认证与授权（认证流程、设备管理、用户端认证）等技术要求
3	技术标准 前端信息采集技术要求（GA/T 669.3－2008）	公安业务和社会公共安全管理需要监控的场所、部位（如三区、三口）的信息采集要求、图像信息分级分类要求；社会资源视音频信息接入联网系统的接口要求；无线移动视音频信息接入联网系统的接口要求等
4	技术标准 视音频编、解码技术要求（GA/T 669.4－2008）	对摄像机及其附属设备、出入口控制设备、卡口设备、模拟矩阵、DVR、网络服务器、监控中心管理软件等提出基于H.264/MPEG－4视频编解码标准的具体技术要求
5	技术标准 信息传输、交换、控制技术要求（GA/T 669.5－2008）	对视音频信息传输/交换/控制流程、信息交互过程、联网设备的操作命令集、与已有非标设备的信息交换方式、报警信息传输等提出具体的技术要求
6	技术标准 视音频显示、存储、播放技术要求（GA/T 669.6－2008）	对视音频信息显示/存储/播放的图像质量、显示方式、文件存储格式、播放方式等提出具体的技术要求；对数据存储策略、数据库信息分类、编码、数据库构建与应用模式、数据维护与管理等提出具体的技术要求
7	技术标准 管理平台技术要求（GA/T 669.7－2008）	监控报警联网系统的内部集成技术要求、与三台合一系统及城市其他信息系统集成的技术要求

续表

序号	标准编号	主要内容
8	技术标准 传输平台技术要求（GA/T 669.8－2008）	根据GA/T669.1－2008，对已有的网络传输基础设施提出带宽、功能、性能、服务保障等方面的要求
9	技术标准 卡口系统信息识别、比对、监测技术要求（GA/T 669.9－2008）	对机动车目标识别（车型、号牌）、信息比对、车速监测、跟踪控制等提出技术要求
10	技术标准 无线视音频监控系统技术要求（GA/T 669.10－2008）	对无线移动视音频监控系统组网模式、无线视音频（输出）接入方式（通用接口规范）、无线/有线转换方式、图像质量、传输距离等提出技术要求
11	技术标准 关键设备通用技术要求（GA/T 669.11－2008）	对监控报警联网系统用各类摄像机、服务器、光端机提出基于GA/T669.1－2008之上的技术要求
12	城市监控报警联网系统运营服务管理要求	对监控报警联网系统服务方式、运营模式、服务质量、从业企业资质、从业人员资质、监督管理等提出基本要求
13	管理标准 图像信息采集、接入、使用管理要求（GA/T 792.1－2008）	对接入到联网系统内的公安图像资源/社会图像资源进行定义、分类、分级，并提出图像信息采集/接入/使用的要求
14	管理标准 系统运行维护与报警响应管理要求（GA/T 792.2－2008）	对系统运行维护、事故处置、报警响应的流程管理等提出基本要求
15	管理标准 工程程序与招投标管理要求（GA/T 792.3－2008）	根据《工程招投标法》和“3111”试点工程建设的特殊要求提出工程招标、投标的原则、程序、评标方法及管理要求；参照GA/T 75－1994提出工程程序的基本要求
16	合格评定 系统功能性能检验规范（GA 793.1－2008）	根据GA/T 669.1－2008，提出进行联网系统功能性能测试、检验的项目、要求和方法
17	合格评定 管理平台软件测试规范（GA 793.2－2008）	根据国家软件测评的相关要求和GA/T 669.1－2008的相关要求，提出监控报警联网系统管理软件在通用性、规范性、安全性、实用性、扩展性、易操作性、可维护性、可管理性等方面的测试要求
18	合格评定 系统验收规范（GA 793.3－2008）	根据GA/T 669.1－2008，引用根据GA/T 669.1－2008，引用GB 50348、GA 308等相关内容，针对“3111”试点工程提出相应的竣工验收基本要求。根据GA/T 669.1－2008，引用GB 50348、GA 308等相关内容，针对“3111”试点工程提出相应的竣工验收基本要求。根据GA/T 669.1－2008，引用GB 50348、GA 308等相关内容，针对“3111”试点工程提出相应的竣工验收基本要求。根据GA/T 669.1－2008，引用GB 50348、GA 308等相关内容，针对“3111”试点工程提出相应的竣工验收基本要求。根据GA/T 669.1－2008，引用GB 50348、GA 308等相关内容，针对“3111”试点工程提出相应的竣工验收基本要求。GB 50348、GA 308等相关内容，针对“3111”试点工程提出相应的竣工验收基本要求

三、公安部特种警用装备标准化技术委员会标准体系表

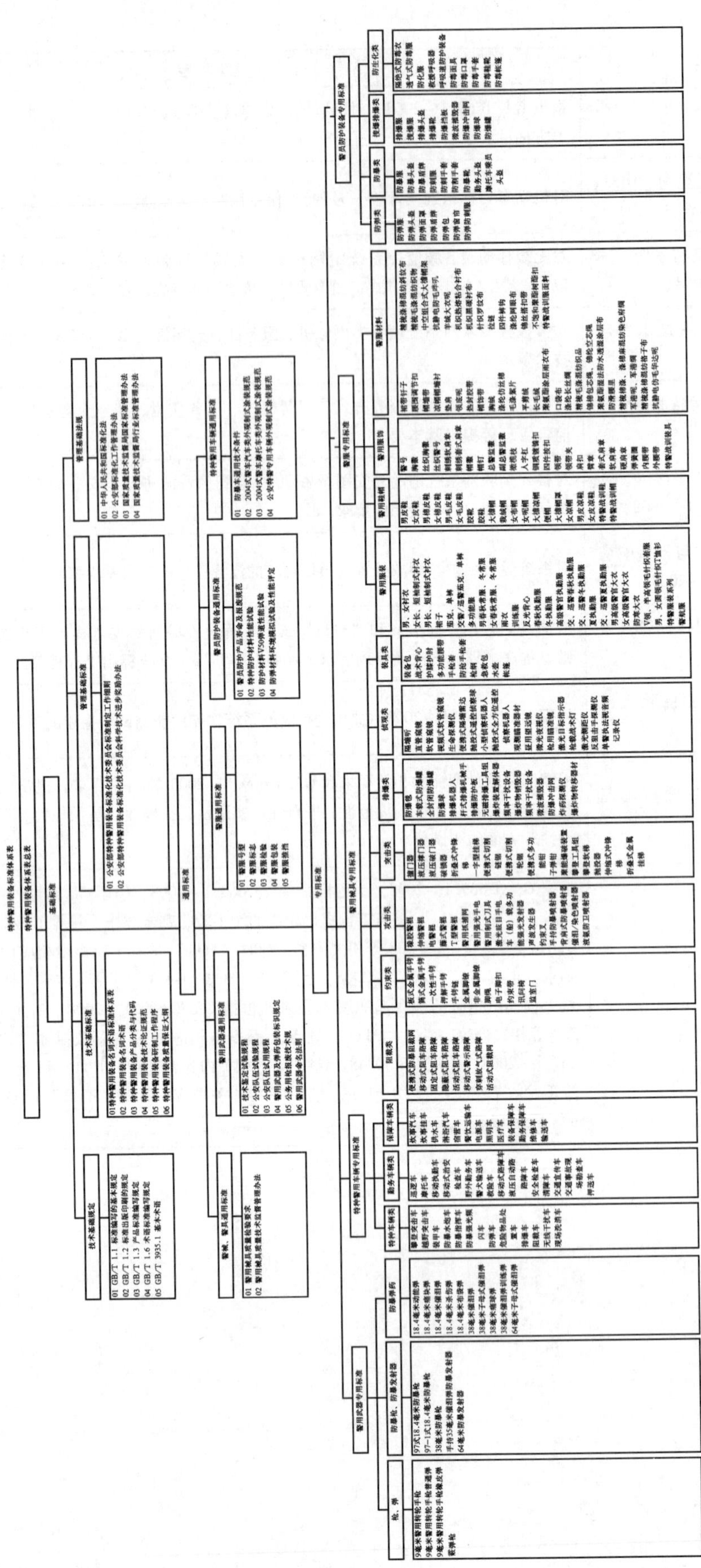

第三节　标准目录

一、安防行业的国家标准目录（截至2011年12月31日）

基础通用标准		
序　号	标 准 编 号	名　　称
1	GB/T 15408－2011	安全防范系统供电技术要求（2011－12－01实施并代替GB/T 15408－1994）
入侵/抢劫报警系统		
序　号	标 准 编 号	名　　称
1	GB 15407－1994	遮挡式微波入侵探测器技术要求和试验方法
	GB 15407－2010	遮挡式微波入侵探测器技术要求（2011－09－01实施并代替GB 15407－1994）
2	GB/T 15211－1994	报警系统环境试验
3	GB/T 16677－1996	报警图像信号有线传输装置
4	GB 10408.1－2000	入侵探测器 第1部分：通用要求
5	GB 10408.2－2000	入侵探测器 第2部分：室内用超声波多普勒探测器
6	GB 10408.3－2000	入侵探测器 第3部分：室内用微波多普勒探测器
7	GB 10408.4－2000	入侵探测器 第4部分：主动红外入侵探测器
8	GB 10408.5－2000	入侵探测器 第5部分：室内用被动红外探测器
9	GB 10408.9－2001	入侵探测器 第9部分：室内用被动式玻璃破碎探测器
10	GB 12663－2001	防盗报警控制器通用技术条件
11	GB 15209－2006	磁开关入侵探测器
12	GB 20816－2006	车辆防盗报警系统 乘用车
13	GB/T 10408.8－2008	振动入侵探测器
14	GB 10408.6－2009	微波和被动红外复合入侵探测器
15	GB/T 21564.1－2008	报警传输系统串行数据接口的信息格式和协议 第1部分：总则
16	GB/T 21564.2－2008	报警传输系统串行数据接口的信息格式和协议 第2部分：公用应用层协议
17	GB/T 21564.3－2008	报警传输系统串行数据接口的信息格式和协议 第3部分：公用数据链路层协议
18	GB/T 21564.4－2008	报警传输系统串行数据接口的信息格式和协议 第4部分：公用传输层协议
19	GB/T 21564.5－2008	报警传输系统串行数据接口的信息格式和协议 第5部分：数据接口
20	GB 16796－2009	安全防范报警设备 安全要求和试验方法
21	GB 25287－2010	周界防范高压电网装置
视频安防监控系统		
序　号	标 准 编 号	名　　称
1	GB 15207－1994	视频入侵报警器
2	GB 20815－2006	视频安防监控数字录像设备
3	GB/T 16676－2010	银行安全防范报警监控联网系统技术要求（2011－05－01实施，代替GB/T 16676－1996）
4	GB/T 25724－2010	安全防范监控数字视音频编解码技术要求
5	GB/T 28181－2011	安全防范视频监控联网系统信息传输、交换、控制技术要求

续表

防爆与安全检查系统		
序号	标准编号	名称
1	GB 12664 - 2003	便携式 X 射线安全检查设备通用规范
2	GB 12899 - 2003	手持式金属探测器通用技术规范
3	GB 15210 - 2003	通过式金属探测门通用技术规范
4	GB 15208.1 - 2005	微剂量 X 射线安全检查设备　第 1 部分：通用技术要求
5	GB 15208.2 - 2006	微剂量 X 射线安全检查设备　第 2 部分：测试体
6	GB 12662 - 2008	爆炸物解体器
安防工程与系统应用		
序号	标准编号	名称
1	GB/T 16571 - 1996	文物系统博物馆安全防范工程设计规范
2	GB/T 16676 - 2010	银行安全防范报警监控联网系统技术要求
3	GB 50348 - 2004	安全防范工程技术规范
4	GB 50394 - 2007	入侵报警系统工程设计规范
5	GB 50395 - 2007	视频安防监控系统工程设计规范
6	GB 50396 - 2007	出入口控制系统工程设计规范
7	GB/T 21741 - 2008	住宅小区安全防范系统通用技术要求
实体防护系统		
序号	标准编号	名称
1	GB 10409 - 2001	防盗保险柜
2	GB 17565 - 2007	防盗安全门通用技术条件

二、安防行业的行业标准目录（截至 2011 年 12 月 31 日）

基础通用标准		
序号	标准编号	名称
1	GA/T 405 - 2002	安全技术防范产品分类与代码
2	GA/T 550 - 2005	安全技术防范管理信息代码
3	GA/T 551 - 2005	安全技术防范管理信息基本数据结构
入侵/抢劫报警系统		
序号	标准编号	名称
1	GA 2 - 1999	车辆防盗报警系统 小客车
2	GA 366 - 2001	车辆防盗报警器材安装规范
3	GA/T 368 - 2001	入侵报警系统技术要求
4	GA/T 440 - 2003	车辆反劫防盗联网报警系统中车载防盗报警设备与车载无线通信终接设备之间的接口
5	GA/T 553 - 2005	车辆反劫防盗联网报警系统通用技术要求
6	GA/T 600.1 - 2006	报警传输系统的要求 第 1 部分：系统的一般要求
7	GA/T 600.2 - 2006	报警传输系统的要求 第 2 部分：设备的一般要求
8	GA/T 600.3 - 2006	报警传输系统的要求 第 3 部分：利用专用报警传输通路的报警传输系统
9	GA/T 600.4 - 2006	报警传输系统的要求 第 4 部分：利用公共电话交换网络的数字通信机系统的要求
10	GA/T 600.5 - 2006	报警传输系统的要求 第 5 部分：利用公共电话交换网络的话音通信机系统的要求

续表

视频安防监控系统		
序　号	标 准 编 号	名　　称
1	GA/T 45－1993	警用摄像机与镜头连接
2	GA/T 367－2001	视频安防监控系统技术要求
3	GA/T 645－2006	视频安防监控系统 变速球型摄像机
4	GA/T 646－2006	视频安防监控系统 矩阵切换设备通用技术要求
5	GA/T 647－2006	视频安防监控系统 前端设备控制协议 V1.0
6	GA/T 669.1－2008	城市监控报警联网系统技术标准 第1部分：通用技术要求（代替 GA/T 669－2006）
7	GA/T 669.2－2008	城市监控报警联网系统 技术标准 第2部分：安全技术要求
8	GA/T 669.3－2008	城市监控报警联网系统 技术标准 第3部分：前端信息采集技术要求
9	GA/T 669.4－2008	城市监控报警联网系统 技术标准 第4部分：视音频编、解码技术要求
10	GA/T 669.5－2008	城市监控报警联网系统 技术标准 第5部分：信息传输、交换、控制技术要求
11	GA/T 669.6－2008	城市监控报警联网系统 技术标准 第6部分：视音频显示、存储、播放技术要求
12	GA/T 669.7－2008	城市监控报警联网系统 技术标准 第7部分：管理平台技术要求
13	GA/T 669.9－2008	城市监控报警联网系统 技术标准 第9部分：卡口信息识别、比对、监测系统技术要求
14	GA/T 792.1－2008	城市监控报警联网系统 管理标准 第1部分：图像信息采集、接入、使用管理要求
15	GA 793.1－2008	城市监控报警联网系统 合格评定 第1部分：系统功能性能检验规范
16	GA 793.2－2008	城市监控报警联网系统 合格评定 第2部分：管理平台软件测试规范
17	GA 793.3－2008	城市监控报警联网系统 合格评定 第3部分：系统验收规范
18	GA/T 669.8－2009	城市监控报警联网系统 技术标准 第8部分：传输网络技术要求
19	GA/T 669.10－2009	城市监控报警联网系统 技术标准 第10部分：无线视音频监控系统技术要求
出入口控制系统		
序　号	标 准 编 号	名　　称
1	GA 374－2001	电子防盗锁
2	GA/T 269－2001	黑白可视对讲系统
3	GA/T 394－2002	出入口控制系统技术要求
4	GA/T 72－2005	楼宇对讲系统及电控防盗门通用技术条件
5	GA/T 644－2006	电子巡查系统技术要求
6	GA 701－2007	指纹防盗锁通用技术条件
7	GA/T 678－2007	联网型可视对讲系统技术要求
8	GA/T 761－2008	停车场（库）安全管理系统技术要求
防爆与安全检查系统		
序　号	标 准 编 号	名　　称
1	GA 60－1993	便携式炸药检测箱技术条件
2	GA/T 71－1994	机械钟控定时引爆装置探测器
3	GA/T 142－1996	排爆机器人通用技术条件
4	GA/T 841－2009	基于离子迁移谱技术的痕量毒品/炸药探测仪通用技术要求
5	GA 857－2009	货物运输微剂量 X 射线安全检查设备通用技术要求
6	GA 921－2011	民用爆炸物品警示标识、登记标识通则
7	GA 926－2011	微剂量透射式 X 射线人体安全检查设备通用技术要求

续表

安防工程与系统应用		
序　号	标 准 编 号	名　　称
1	GA 26 - 1992	军工产品储存库风险等级和安全防护级别的规定
2	GA 28 - 1992	货币印制企业风险等级和安全防护级别的规定
3	GA/T 75 - 1994	安全防范工程程序与要求
4	GA/T 74 - 2000	安全防范系统通用图形符号
5	GA 308 - 2001	安全防范系统验收规则
6	GA 27 - 2002	文物系统博物馆风险等级和安全防护级别的规定
7	GA 38 - 2004	银行营业场所风险等级和安全防护级别的规定
8	GA/T 70 - 2004	安全防范工程费用预算编制办法
9	GA 586 - 2005	广播电影电视系统重点单位重要部位的风险等级和安全防护级别
10	GA/T670 - 2006	安全防范系统雷电浪涌防护技术要求
11	GA 745 - 2008	银行自助设备 自助银行安全防范的规定
12	GA 837 - 2009	民用爆炸物品储存库治安防范要求
13	GA 838 - 2009	小型民用爆炸物品储存库安全规范
14	GA/T 848 - 2009	爆破作业单位民用爆炸物品储存库安全评价导则
15	GA 858 - 2010	银行业务库安全防范的要求
16	GA 873 - 2010	冶金钢铁企业治安保卫重要部位风险等级和安全防护要求
实体防护系统		
序　号	标 准 编 号	名　　称
1	GA/T 3 - 1991	便携式防盗安全箱
2	GA/T 73 - 1994	机械防盗锁
3	GA/T 143 - 1996	金库门通用技术条件
4	GA 164 - 2005（公安部三局）	专用运钞车防护技术要求
5	GA 165 - 1997	防弹复合玻璃
6	GA 166 - 2006	防盗保险箱
7	GA 501 - 2004	银行用保管箱通用技术条件
8	GA 518 - 2004	银行营业场所透明防护屏障安装规范
9	GA 576 - 2005	防尾随联动互锁安全门通用技术条件
10	GA 667 - 2006	防爆炸复合玻璃
11	GA 746 - 2008	提款箱
12	GA 844 - 2009	防砸复合玻璃通用技术要求
安防生物特征识别系统		
序　号	标 准 编 号	名　　称
1	GA/T 893 - 2010	安防生物特征识别应用术语
2	GA/T 894. 2 - 2010	安防指纹识别应用系统 第 2 部分：指纹图像记录格式
3	GA/T 894. 3 - 2010	安防指纹识别应用系统 第 3 部分：指纹图像质量
4	GA/T 894. 6 - 2010	安防指纹识别应用系统 第 6 部分：指纹识别算法评测方法
5	GA/T 922. 2 - 2011	安防人脸识别应用系统 第 2 部分：人脸图像数据

第四节　标准化组织工作

一、全国安全防范报警系统标准化技术委员会（SAC/TC100）工作

全国安全防范报警系统标准化技术委员会（SAC/TC100）（以下简称“标委会”）自从召开五届二次会议以来，面对繁重而艰巨的工作任务，在国家标准委和公安部科信局的领导下，在公安部第一研究所的支持下，通过广大委员、顾问、专家、通讯委员和秘书处全体同志的共同努力，标委会较好地完成了各项工作，并在多个方面工作中实现了创新突破。

（一）编制《安防标准化“十二五”发展规划》和《我国安全技术防范标准体系表》

为保证我国安防标准化工作科学、有序地可持续开展，标委会依托国家标准委工业标准二部下达的《我国安全技术防范标准体系研究》项目，组织主要委员、专家、顾问，编制完成了《我国安全技术防范标准化“十二五”发展规划》和《我国安全技术防范标准体系表》。

《我国安全技术防范标准化“十二五”发展规划》提出了“十二五”期间，我国安全技术防范标准化工作的指导思想、七项主要任务、50余项国家标准和行业标准的具体目标和四项保障措施，是指导未来五年我国安全技术防范标准化工作的纲领性文件。

《我国安全技术防范标准体系表》提出了我国安全技术防范标准体系结构框图，给出了包含近400项标准元素的标准明细表。该体系表将成为今后编制我国安全技术防范标准制定修订规划和计划的基本依据。

（二）标准制修订工作

标准制定修订工作是标委会的核心工作。两年来，标委会完成国家标准和行业标准14项；完成国家标准和行业标准报批稿14项；正在制定修订过程中的国家标准和行业标准62项（其中，包括2011年刚批准立项的行业标准制定修订项目23项）；已申报国家标准制定修订计划项目11项。

1. 基础通用标准

（1）经批准发布的国家标准1项，具体如下：

GB/T 15408－2011《安全防范系统供电技术要求》。

（2）正在制定修订过程中的国家标准和行业标准4项，具体如下：

①GB/T《城市公共安全应急联动系统基本功能要求》；

②GB/T《安全防范报警系统 电磁兼容抗扰性要求》；

③GB/T《安全防范报警设备 环境适应性要求和测试方法》；

④GA/T《城市应急联动系统功能性能检验规范》。

2. 入侵报警系统

（1）经批准发布的国家标准2项，具体如下：

①GB 15407－2010《遮挡式微波入侵探测器技术要求》；

②GB 25287－2010《周界防范高压电网装置》。

（2）完成国家标准和行业标准报批稿2项，具体如下：

①GA/T《泄漏电缆入侵探测装置通用技术条件》；

②GA/T《张力式电子围栏通用技术要求》。

（3）正在制定修订过程中的国家标准和行业标准4项，具体如下：

①GB/T《入侵和反劫报警系统 技术要求》；

②GA/T《激光入侵探测器技术要求》；

③GA/T《光纤振动入侵探测器技术要求》；

④GA/T《触点式紧急报警装置通用技术条件》。

（4）已申报国家标准制定修订计划项目8项，均为拟采用IEC/TC79国际标准项目。具体如下：

①GB《入侵报警设备通用技术条件》（制定）；

②GB《入侵报警系统 无线（射频）设备互联技术要求》（制定）；

③GB《入侵探测器 第3部分：室内用微波多普勒探测器》（修订）；

④GB《入侵探测器 第5部分：室内用被动红外探测器》（修订）；

⑤GB《防盗报警控制器通用技术条件》（修订）；

⑥GB《磁开关入侵探测器》（修订）；

⑦GB《微波和被动红外复合入侵探测器》（修订）；

⑧GB/T《入侵报警系统告警装置》（制定）。

3. 安防视频监控系统

（1）经批准发布的国家标准1项，具体如下：

①GB/T 25724－2010《安全防范监控数字视音频编解码技术要求》。

（2）完成国家标准和行业标准报批稿3项，具体如下：

①GB/T《安全防范视频监控联网系统信息传输、交换、控制技术要求》；

②GA/T《视频安防监控视音频光端机技术要求》；

③GA/T《社会治安视频监控中心工作规范》。

（3）正在制定修订过程中的国家标准和行业标准8项，具体如下：

①GB/T《安防监控视频实时智能分析设备技术要求》；

②GA/T《视频安防监控摄像机通用技术要求》；

③GA/T《视频安防监控车载数字录像设备技术要求》；

④GA/T《通用型应用高清电视摄像机测量方法》；

⑤GA/T《视频监控摄像机镜头》；

⑥GA/T《网络视频编解码器》；

⑦GA/T《数字高清视频系统技术要求》；

⑧GA/T《模数混合硬盘录像设备》。

（4）已申报国家标准制定修订计划项目 1 项。具体如下：

视频安防监控数字录像设备（修订）。

4. 出入口控制系统

（1）经批准发布的国家标准和行业标准 0 项。

（2）完成行业标准报批稿 1 项，具体如下：

GA/T《停车库（场）出入口控制设备技术要求》。

（3）正在制定修订过程中的国家标准和行业标准 5 项，具体如下：

①GB《居家安防智能管理设备技术要求》；

②GA/T《出入口控制电动栏杆机通用技术要求》；

③GA/T《大型活动场馆电子检票系统技术要求》；

④GA/T《门禁控制设备技术要求》；

⑤GA/T《出入口控制人行通道闸技术要求》。

5. 防爆安全检查系统

（1）经批准发布的行业标准 2 项，具体标准如下：

①GA 926 – 2011《微剂量 X 射线人体安全检查设备通用技术要求》；

②GA 921 – 2011《民用爆炸物品警示标识、登记标识通则》；

（2）正在制定修订过程中的国家标准和行业标准 8 项，具体如下：

①GA/T《采用拉曼光谱分析的液体安全检查通用技术条件》；

②GA/T《便携式放射性物质探测与识别设备通用技术要求 第 1 部分：探测设备》；

③GA/T《便携式放射性物质探测与识别设备通用技术要求 第 2 部分：识别设备》；

④GA/T《手持式视频检查仪通用技术要求》；

⑤GA/T《介电常数测量技术的液态物品安全检查设备技术要求》；

⑥GA/T《X 射线计算机断层成像（X 射线 CT）液体安全检查设备通用技术要求》；

⑦GA/T《车底违禁物品安全检查系统通用技术要求》；

⑧GA/T《基于荧光聚合物传感技术的痕量炸药探测仪通用技术要求》。

（3）已申报国家标准制定修订计划项目 2 项。具体如下：

①GB《背散射 X 射线成像检查设备通用技术要求》（制定）；

②GB/T《X 射线计算机断层成像（X 射线 CT）行包安全检查系统》（制定）。

6. 安防工程与应用

（1）经批准发布的国家标准和行业标准 3 项，具体标准如下：

①GB/T16676 – 2010《银行安全防范报警监控联网系统技术要求》；

②GA 858 – 2010《银行业务库安全防范的要求》；

③GA 873 – 2010《冶金钢铁企业治安保卫重要部位风险等级和安全防护要求》。

（2）完成国家标准和行业标准报批稿 3 项，具体如下：

①GB/T 16571《博物馆和文物保护单位安全防范系统要求》；

②GB/T《中小学、幼儿园安全技术防范系统要求》；

③GA/T《金融自助服务亭技术要求》。

（3）正在制定修订过程中的国家标准和行业标准 18 项，具体如下：

①GB/T《高等院校安全技术防范系统要求》；

②GB/T《医院安全技术防范系统要求》；

③GA《安全防范系统维护规范》；

④GA/T《安全防范工程设计文件编制深度要求》；

⑤GA《证券系统安全防范设施技术要求》；

⑥GA《组装、移动系列民爆库房》；

⑦GA《剧毒化学品库房安全防范规定》；

⑧GA《放射性物品库风险等级和安全防范要求》；

⑨GA《枪支弹药保管（储存）设施安全规范》；

⑩GA《射击场所设置安全规范》；

⑪GA《娱乐场所治安管理信息系统视频监控技术规范》；

⑫GA《拘押场所人员定位管理系统》；

⑬GA《展陈枪支失效处理与安全防范要求》；

⑭GA《电力设施治安风险等级和安全防护要求》；

⑮GA《电信设施治安风险等级和安全防护要求》；

⑯GA《企业事业单位机关团体财务室安全防范规范》；

⑰GA《石油天然气管道风险等级与安全防护标准》；

⑱GA《剧毒、易制爆危险品专用仓库治安防范标准》。

7. 实体防护设备

（1）经批准发布的国家标准和行业标准 0 项。

（2）完成国家标准和行业标准报批稿 0 项。

（3）正在制定修订过程中的国家标准和行业标准 6 项，具体如下：

①GB《金库门通用技术要求》；

②GA/T《楼寓对讲电控防盗门通用技术要求》；

③GA《机械防盗锁》；

④GA《枪械保险柜》；

⑤GA《电控防盗锁技术要求》；

⑥GA《实体防护产品防弹性能技术要求及测试方法》。

8. 人体生物特征识别应用

（1）经批准发布的行业标准 5 项，具体如下：

①GA/T 893－2010《安防生物特征识别应用术语》；

②GA/T 894.2－2010《安防指纹识别应用系统 第2部分：指纹图像记录格式》；

③GA/T 894.3－2010《安防指纹识别应用系统 第3部分：指纹图像质量》；

④GA/T 894.6－2010《安防指纹识别应用系统 第6部分：指纹识别算法评测方法》；

⑤GA/T 922.2－2011《安防人脸识别应用系统 第2部分：人脸图像数据》。

（2）完成行业标准报批稿5项，具体如下：

①GA/T《安全防范系统人脸识别应用技术规范 第6部分：人脸识别应用系统算法评测方法》；

②GA/T《安防指静脉识别应用系统图像技术要求》；

③GA/T《安防指静脉识别应用系统算法评测方法》；

④GA/T《安防指静脉识别应用系统采集识别设备通用技术要求》；

⑤GA/T《安防指纹识别应用系统 第7部分：指纹图像采集设备》；

（3）正在制定修订过程中的国家标准和行业标准9项，具体如下：

①GB/T《安全防范系统 视频监控人脸识别系统技术要求》；

②GA/T《安防人脸识别采集设备 第1部分：近红外人脸图像采集模块/设备技术要求》；

③GA/T《安防人脸识别采集设备 第2部分：视频监控嵌入式人脸图像采集设备技术要求》；

④GA/T《安防人脸识别应用系统等级划分准则》；

⑤GA/T《出入口控制人脸识别应用技术要求》；

⑥GA/T《安全防范系统 人脸识别应用技术规范 第5部分：人脸识别应用系统设备接口技术要求》；

⑦GA/T《安防声纹识别应用系统通用技术要求》；

⑧GA/T《安防生物特征活体检测技术要求》；

⑨GA/T《安防虹膜识别应用系统通用技术要求》。

由以上可以看出，除SC2标准制定修订任务完成得比较好外，TC100其他各专业领域的标准制定修订任务还需要继续努力完成。

（三）标准制定修订重点项目

标委会紧密结合“平安城市”建设和社会治安综合治理工作，开展了多项重要标准的制定修订工作。

1. 国家标准《安全防范视频监控联网系统信息传输交换控制技术要求》

为保障全国城市监控报警联网系统建设的深入开展，为部、省、市县级平台的互联互通提供技术支撑，在完成了14项《城市监控报警联网系统系列标准》的基础上，标委会组织公安部第一研究所、浙江公安科技研究所和业内主流企业（包括委员单位）制定了国家标准《安全防范视频监控联网系统信息传输交换控制技术要求》，现已完成报批稿，上报国家标准委。

2. 国家标准GB/T 25724－2010《安全防范监控数字视音频编解码技术要求》

为解决广播电视视音频编解码标准在安防监控领域应用的诸多不适应性问题，标委会组织开展了具有我国自主知识产权的《安全防范监控数字视音频编解码技术要求》国家标准（以下简称SVAC标准）的制定工作。在公安部、工信部的大力支持下，部分委员单位组成标准工作组，根据我国社会公共安全对视频监控的现时需求和未来发展，经过技术攻关，于2010年完成了该标准。

该标准创新性地提出了多项针对安防监控应用的视音频编解码特殊要求和实现手段，具有我国自主知识产权，合理规避了国外的相关专利，填补了我国社会公共安全领域信源类核心技术标准的空白。

3. 国家标准《中小学、幼儿园安全技术防范系统要求》和《高等院校安全技术防范系统要求》

为贯彻落实中央领导同志关于学校安全的重要批示精神，在公安部、教育部的支持和指导下，标委会组织部分委员单位起草了《中小学、幼儿园安全技术防范系统要求》和《高等院校安全技术防范系统要求》两项国家标准。目前，《中小学、幼儿园安全技术防范系统要求》已完成报批稿，上报国家标准委；《高等院校安全技术防范系统要求》已经完成征求意见稿。

4. 国家标准《博物馆和文物保护单位安全防范系统要求》

为适应当前文物系统安全防范工作的实际需要，标委会和国家文物局高度重视相关标准制定修订工作，国家文物局专门向标委会划拨了标准制定修订补助经费。标委会组织部分委员单位与国家文物局相关部门紧密配合，积极开展标准修订工作。已完成国家标准《博物馆和文物保护单位安全防范系统要求》报批稿，上报国家标准委。

（四）标准化项目研究

标委会积极申报和承担安防标准化研究项目，集中标委会的主要技术力量，完成了国家标准委下达的《我国安全技术防范标准体系研究》项目；申报了2012年公益性行业科研专项经费项目《社会治安重要场所安全技术防范标准研究》；承担了国家文物局委托的行业标准GA27－2002《文物系统博物馆风险等级和安全防护级别的规定》修订预研项目。

1. 我国安全技术防范标准体系研究

2009年5月21日，标委会与国家标准委工业标准二部签订了《我国安全技术防范标准体系研究》课题任务书。标委会组织标委会的主要委员、顾问、专家共30余人，在认真调研和反复论证的基础上，全面完成研究任务，形成了四项研究报告，分别为《我国安全技术防范标准化现状分析报告》、《国外安全技术防范标准化现状调研报告》、《我国安全技术防范标准体系表》和《我国安全技术防范标准化“十二五”发展规划》。2011 年 7 月，该课题顺利通过了国家标准委验收。

2. 社会治安重要场所安全技术防范标准研究

为加强安全技术防范基础标准和社会治安重要场所安全技术防范标准的研究与制定，标委会组织部分委员单位通过国家标准委申报了 2012 年公益性行业科研专项经费项目——《社会治安重要场所安全技术防范标准研究》，并申请项目资金。该项目将研究并制定符合我国公共安全需求的社会治安重要场所安全技术防范标准体系；完成 1 项基础通用国家标准报批稿；完成 2 项基础通用标准草案并在国家标准委立项；完成 6 项社会治安重要场所安全技术防范国家标准报批稿并经国家质检总局和国家标准委批准发布。

3. 行业标准 GA27－2002《文物系统博物馆风险等级和安全防护级别的规定》修订预研

为加强文物系统安全防范管理工作，特别是提高文物保护单位安全防范工作的针对性和规范性，国家文物局委托标委会开展了 GA27－2002《文物系统博物馆风险等级和安全防护级别的规定》修订预研工作，并划拨项目经费。

该项目通过广泛调研和征求意见，分类提出文物保护单位（包括古遗址、古墓葬、古建筑、石窟寺石刻、近现代重要史迹和代表性建筑等）和文物收藏单位的风险等级划分原则及相应的安全防护要求，完成 GA27－2002 行业标准修订草案。

（五）国际标准化工作

标委会的国际标准化工作取得重大突破，成功举办了 IEC/TC79 年会和 WG12 工作组会议；牵头制定 1 项国际标准，参与制定 5 项国际标准。实现了安防标准化工作由“面向国际”到“走向国际”的质的提升。

1. 成功举办 IEC/TC79 年会和 IEC/TC79/WG12 工作组会议

2011 年 8 月 29～31 日，标委会和公安部第一研究所先期承办了 IEC/TC79/WG12 工作组会议，来自 10 个国家的 17 名技术专家对正在制定的 3 项视频监控国际标准草案进行了研究和讨论。

2011 年 9 月 1～2 日，国际电工委员会/报警与电子安防系统技术委员会（IEC/TC79）年会在北京成功召开。会议由中国国家标准化管理委员会承办，由标委会和公安部第一研究所共同协办。来自 15 个国家的 38 名代表参加了会议。

此次会议是标委会首次协办的 IEC/TC79 年会，标委会组织了 7 名专家代表我国参加会议。中国代表团在会议期间的出众表现和协办单位提供的优良的会议组织保障，赢得了各国代表的广泛赞誉，受到 IEC/TC79 主席及秘书的高度赞扬。

2. 实质性参与国际标准化工作

标委会积极选派我国专家参加国际标准化工作，为 IEC/TC79 献计献策。

（1）牵头承担 1 项国际标准

标委会牵头承担了 IEC62676－3“报警系统—安防应用中的视频监控系统—第 3 部分：模拟数字视频接口”国际标准制定工作。该项目完成了标准草案初稿，并于 2011 年 8 月 25 日起作为草案（CD）文件在 IEC/TC79 内流通，供各国家委员会投票。

（2）参加制定 5 项国际标准

标委会选派专家参加了 2 项视频监控系统国际标准和 3 项出入口控制系统和设备国际标准的制定工作，具体如下：

IEC 62676－1 报警系统　安防应用中的视频监控系统　第 1 部分：系统技术要求；

IEC 62676－2 报警系统　安防应用中的视频监控系统　第 2 部分：IP 视频传输协议；

IEC 60839－11－1 报警系统－第 11－1 部分：电子出入口控制系统　系统和设备　通用技术要求；

IEC 60839－11－2 报警系统－第 11－2 部分：电子出入口控制系统　应用指南；

IEC 62692 报警系统　数字门锁系统（含部件要求）。

（3）参加 IEC/TC79 官方工作

鉴于我国在安防报警领域标准化工作的成功经验以及对 IEC/TC79 国际标准化工作的突出贡献，标委会陈朝武副主任委员于 2011 年 10 月连续当选为主席顾问，代表亚洲向 IEC/TC79 提出合理化工作建议。

3. 认真组织国际标准化相关工作

（1）投票工作

标委会组织完成了 37 项 IEC/TC79 流通文件的投票工作，投票率为 100%。我国共提出 74 项评论意见，其中 72 项被采纳。

（2）资料翻译

标委会组织翻译国际标准草案 15 项，共计 26.5 万字；翻译国际标准化相关文件 20 余项，共计 3.5 万字。这些国际标准和资料的翻译，为今后我国标准采用国际标准奠定了必要的基础。

（3）召集会议

标委会共组织国内技术专家召开国际标准制定会议及相关讨论会 60 余次，从提出提案、立项、制定草案、提出评论意见各方面开展国际标准化工作。

（六）采取多种方式，加大标准的实施力度

1. 积极配合各地公安机关，开展《城市监控报警联网系统系列标准》宣贯培训工作

根据公安部科技信息化局的相关要求，标委会积极配合各地公安机关开展《城市监控报警联网系统系列标准》的宣贯培训工作。各省、自治区、直辖市已举办培训班 30 余期，培训学员 7000 余人。系列标准的宣贯培训对深入推进全国城市报警与监控系统建设，提高系统建设质量发挥了重要作用。

2. 积极配合各地安防协会，开展强制性国家工程建设标准的宣贯培训工作

标委会积极配合各地安防协会开展 GB50348《安全防范工程技术规范》等强制性国家工程建设标准的宣贯培训工作，共培训学员 1700 余人。

3. 组织专家编制国家标准宣贯培训教材

为有效开展相关标准的宣贯培训工作，标委会组织专家编写了 3 项国家标准的宣贯培训教材，分别为：

（1）GB 25287－2010《周界防范高压电网装置》宣贯培训教材；

（2）GB/T 16676－2010《银行安全防范报警监控联网系统技术要求》宣贯培训教材；

（3）国家标准《安全防范视频监控联网系统信息传输、交换、控制技术要求》宣贯培训教材。

4. 倡导和推动成立 SVAC 产业联盟

为积极推动具有我国自主知识产权的国家标准 GB/T 25724《安全防范监控数字视音频编解码技术要求》，即 SVAC 标准的产业化推广应用，在标委会的积极倡导和大力推动下，在国家相关部委的支持下，成立了安全防范监控数字视音频编解码（SVAC）产业联盟。截止 2011 年年底，联盟成员已有 40 多家，正在积极研制生产基于 SVAC 标准的产品和设备，并初步具备了试点和示范应用的条件。

（七）标委会和秘书处建设

1. 加强标委会的基础建设，积极发展、吸纳业界骨干加入队伍

为解决标委会各专业领域委员比例不协调的问题，保障安防标准化工作更科学、有效地可持续开展，结合安防标准化工作的实际需要，标委会积极吸纳、发展业界骨干加入队伍。2011 年，标委会从管理部门、行业组织和骨干企业中推选了 25 名管理专家和技术专家作为委员会的新增委员，已得到国家标准委批准。

为满足国际标准化工作的实际需要，标委会不断挖掘国际标准化人才，2011 年向在国际标准化工作中发挥重要作用的 4 名专家颁发国际标准化专家聘书。

2. 开展委员和委员单位参与标准化工作情况调查

为全面了解和掌握委员及委员单位参与标委会工作的具体情况，标委会编制了《SAC/TC100 委员/委员单位参与标准制修订工作情况表》，下发给全体委员填报。从统计情况看，大部分委员和委员单位都不同程度地参与了标委会的相关工作，包括标准起草、标准审查、标准培训、国际标准化等工作，部分单位还牵头承担了多项标准起草任务，为标委会作出了重要贡献；部分委员亲自主持或主笔起草标准。真正发挥了委员和委员单位在标准化工作中的主力军作用。

3. 进一步建立健全管理制度

为建立健全标委会相关管理制度，标委会已经制定了多项管理文件。为进一步加强标准起草工作的规范管理，标委会结合具体工作的实际，制定了《SAC/TC100 标准起草管理办法》，对标准起草的原则、起草组的组建、起草单位的权利和义务等进行了规定。

4. 认真做好标委会秘书处工作汇报

标委会秘书处认真实行工作月报制度。在每个月的月末，将一个月以来的主要工作整理成月报文件报主任委员和各位副主任委员审阅。此外，对标委会的重大事项还以书面文字进行了专门汇报。

工作月报还通过标委会网站和《TC100 通讯》发布。工作月报制度的实施，使标委会领导及时了解秘书处的工作动态和工作进展，以便对秘书处工作进行指导。广大委员、通讯委员和专家通过了解月报内容，也便于对秘书处的工作进行跟踪和监督。

5. 加强标委会秘书处人员的学习和培训

为进一步提升国际标准化工作能力与水平，标委会派员参加了国家标准委与欧盟联合举办的“中欧合作培训项目高级研修班”，全面掌握了 ISO/IEC 的政策和运作、国际标准的起草、技术委员会/工作组会议的工作程序以及会议主持技巧等相关知识和技能。

为学习标准化相关知识和了解标准化培训工作，标委会派员参加了中国标准化研究院举办的“标准起草人和审查人员培训班”，掌握了“国家标准制定修订程序及报批要求、标准草案及编制说明等附件编写要求、采用国际标准的作用与要求”等相关内容，并为标委会组织开展标准化知识培训工作积累了经验。

6. 编辑出版《TC100 通讯》，做好标委会网站的信息发布工作

标委会出版了 6 期《TC100 通讯》，宣传报道了国家的标准化工作方针、政策和标委会工作动态。

在出版《TC100 通讯》的同时，认真做好标委会网站信息发布工作，发挥网站信息发布及时性、广泛性的特点，扩大了安防标准化工作的影响力，对标委会工作也达到了很好的宣传效果。

（资料提供：全国安全防范报警系统标准化技术委员会）

二、公安部特种警用装备标准化技术委员会工作

2011 年，公安部特种警用装备标准化技术委员会（以下简称“警标委”）在公安部相关业务局和公安部第一研究所等各方领导的支持和关怀下，坚持“科学发展观”，坚持“三个面向与服务”的方针；加强队伍建设，加强基础工作；经过全体委员、通讯委员、顾问、专家的共同努力，完成了标准制定修订和上级下达的各项工作任务。

（一）警标委的基础建设

秘书处作为警标委日常办事机构，工作质量的好坏对警标委健康、持续发展和建设起着极为重要的作用，2011 年，秘书处进一步加强和规范了日常工作管理制度，明确了人员任务分工及考核目标，进一步调动了人员的积极性、

主动性。一年来，各项工作都取得了很大进步，保证了警标委整体工作的良好推进。

（二）坚持“三个面向与服务”的方针，努力开拓特种警用装备标准化工作的新局面

1. 坚持特种警用装备标准化“面向和服务于公安业务”的方针

2011 年，警标委把公安装备工作急需的涉及全国特种警用装备领域管理基础的《特种警用装备名词术语》、特种警用车辆系列标准、公安特警战训系列标准的制定作为标准化工作的重中之重。

2. 坚持特种警用装备标准化“面向和服务于特种警用装备行业”的方针，积极为行业发展搭建标准化技术平台

2011 年，警标委积极配合公安部相关业务局及警用装备研发中心、公安部特种警用装备质量监督检验中心等行业内相关组织、机构开展工作。

3. 坚持特种警用装备标准化“面向和服务于企业和用户”的方针，推动企业实施标准化战略

为充分发挥企业在技术创新和标准化工作中的主体地位，警标委积极为从业企业搭建标准化技术平台，积极扩大专家队伍，为提高企业和用户的标准化意识和标准化素质，利用网站和各种会议，向企业和用户乃至社会各界大力宣传标准化基础知识，指导、帮助企业制定企业标准，倡导、帮助企业实施标准化战略。吸纳企业参与标准制定修订工作。这些举措受到业界企业的普遍欢迎，企业参与标准化工作的热情空前高涨。在标准制定修订工作中，警标委已初步形成“警民结合、产学研政结合、产品上下游结合”的标准化工作机制。

（三）标准制修订工作

2011 年，警标委共制定修订完成技术标准 9 项；已完成起草达到送审阶段的技术标准 9 项；完成征求意见稿的技术标准 34 项。

1.《特种警用装备名词术语》标准的制定

《特种警用装备名词术语》涉及全国特种警用装备和被装领域管理基础，是公安装备工作急需，警标委组织专家召开多次起草会议广泛听取多方意见和建议，并于 2011 年 11 月在北京召开了标准审查会，顺利通过审查，目前已上报审批。

2. 警用械具类技术标准的制定工作

已完成起草达到送审阶段的技术标准 1 项；完成征求意见稿的技术标准 6 项。

根据公安主管部门的要求，经批准立项后，警标委立即组织相关专家、检测机构、生产企业组成《警用频率干扰仪》、《防暴路桩》等标准起草小组，在一年时间内多次召开起草会议和组织专题试验验证，并在部分省市进行了产品试用，广泛征求意见。目前，《警用频率干扰仪》已完成送审稿，其余 6 项技术标准已完成征求意见稿。

3. 警员防护装备类产品技术标准的制定修订工作

共制定修订完成技术标准 1 项；已完成起草达到送审阶段的技术标准 4 项。

警用防护产品是公安民警在执勤、执法中使用的重要装备。《警用防弹头盔》、《警用防暴头盔》、《警用摩托车头盔》、《警用勤务头盔》及防弹产品涉及的试验方法标准《防弹材料及产品 V50 试验方法 》五项技术标准起草难度较大，为了确保标准编制质量，警标委先后组织了多次技术标准的起草会议，对标准草案进行了充分地讨论，确定了起草框架，根据专家及各方所提意见，落实了标准起草的计划和步骤。同时起草组也时时关注着国外相关标准的制定情况，随时吸收，使标准质量达到国际先进水平。2011 年 6 月，在北京召开了《防弹材料及产品 V50 试验方法》审查会并顺利通过审查，目前已发布实施。其他四项技术标准已进入送审阶段。

积极跟踪美国《排爆服》技术标准的制定修订动态，组织专家翻译了其最新征求意见稿，并提供给相关委员单位学习研讨，促进行业水平的提高，为下一步制定标准作相关技术储备。

4. 特种警用车辆技术标准的制定工作

共制定修订完成技术标准 7 项；完成征求意见稿技术标准 2 项。

5. 警用武器类产品技术标准的制定工作

为配合特种警用装备中警用武器特别是非致命性武器的迅速发展，针对在研制、试验及生产等方面有别于军用的特殊性，2011 年警标委紧密配合装备需要优先开展了技术标准的预研、立项、起草等工作。

（四）技术标准宣贯培训工作

2011 年警标委重点加强了标准的宣贯工作。根据标准本身适用范围的大小，采取了不同的宣贯形式，对应用面广、生产企业多的产品标准，采取专门召开宣贯会议形式进行标准的宣贯，全年共举办 3 次大型标准宣贯会，均取得了很好效果，为主管部门进行规范化管理提供了有力的技术支撑。

（五）紧密围绕标准的制定和实施，配合主管业务局作好技术服务工作

1. 根据公安装备规范化建设要求，为了检验标准实施后的可执行性、可操作性及制定的科学性，警标委派出专家参与 2011 年警用装备和被装质量统检工作，对全国各省市的公安装备干部进行了警用装备技术标准培训工作，以期不断提高扩大公安特种警用装备行业内工作人员的标准意识，促进行业规范、健康、有序地发展。

2. 参加行业内主管部门组织的警用装备的立项、验收等评审会议。

3. 参与主管部门组织的警用装备产品的交货验收工作。

（资料提供：公安部特种警用装备标准化技术委员会）

第十三章　产品认证

第一节　产品认证机构介绍

一、中国安全技术防范认证中心

中国安全技术防范认证中心（以下简称 CSP）是依据国家产品质量法和认证认可条例等相关法律、法规，由国家认证认可监督管理委员会（CNCA）和公安部批准成立，实施合格评定的认证运作实体。

CSP 依据 CNCA 批准的认证业务范围，开展安全技术防范产品、道路交通安全产品、刑事技术产品等社会公共安全产品的认证工作。

CSP 依据 CNAS - CC21（ISO/IEC 导则 65）建立了完整的质量体系，制定了质量手册并严格执行，持续改进。承担的强制性产品认证及部分自愿性产品认证业务均已通过国家认可委（CNAS）认可。

自 2001 年成立以来，CSP 已在安防、道路交通安全和刑事技术等领域探索形成了一套科学规范的公共安全产品合格评价体系，认证产品包括多种入侵探测器、防盗报警控制器、防盗保险柜（箱）、汽车防盗报警系统、防盗安全门、汽车行驶记录仪、车身反光标识、道路交通信号灯、机动车测速仪、呼出气体酒精含量检测仪、警用多波段光源产品、“502”指印熏显柜、警用活体指纹/掌纹采集设备、DNA 检测试剂、公安 350 兆模拟通信设备等 20 余种。

CSP 的宗旨是：遵守国家法律、法规，遵循国际惯例，坚持客观、独立、公正的原则，维护相关方合法权益；不以营利为目的，独立核算，自负盈亏；竭诚为国内外客户提供认证服务。

地　　址：北京市海淀区首体南路 1 号
邮　　编：100048
负 责 人：曹开星
电　　话：010（51651890）
联 系 人：董惠敏
电　　话：010（51651890）
网　　址：www. csp. gov. cn
电子邮箱：cspc@ vip. 163. com

二、中国人民解放军军用安全技术防范产品安全认证中心

中国人民解放军军用安全技术防范产品安全认证中心是经总参谋部、总政治部批准成立，依据国家、军队的有关法规和技术标准，对拟投入军队使用的安全技术防范产品进行特定安全性检测、评估、认证的专业机构。根据《关于军用安全技术防范产品实行安全认证制度的通知》，自 2009 年 1 月 1 日起，所有用于重要军事目标安全技术防范的设备和系统必须通过中国人民解放军军用安全技术防范产品安全认证中心的安全性认证，并取得军用安全技术防范产品安全认证证书。

中国人民解放军军用安全技术防范产品安全认证中心下设军用安全技术防范产品安全认证专家委员会、办公室、业务接待室、技术标准室、特定安全性检测实验室、软件安全检测实验室、网络安全检测实验室、资料档案室等部门；拥有安全检测、电磁辐射检测、网络安全检测等专业技术人员 40 余人，其中博士、硕士研究生学历达 60%；建立了严格的质量管理制度和科学的检测标准规范，具有完备的测试环境、先进的检测技术和检测装备，在 1 ~ 2 年内将建成具有国内领先水平、符合国际标准的 10 米法大型电磁信息安全检测暗室，同时配置多种新型专业检测设备，将为开展安全技术防范产品安全认证提供更为理想的检测条件。中心遵循保证安全、科学客观、严密细致、公开公正的原则，面向国内外安全技术防范产品生产和服务商提供安全性检测认证技术服务。

中国人民解放军军用安全技术防范产品安全认证中心认证的安全技术防范产品范围：

入侵探测与报警设备；
视频信号探测与监控设备；
出入口探测与控制设备；
报警传输设备；
车辆报警设备；
防抢劫应急报警设备；
实体防护设备；
防爆安全检查设备；
安全技术防范软件产品；
安全防范系统集成等。

中心成立以来，严格执行《中国人民解放军军用安全技术防范产品安全认证管理办法》，稳妥开展安全技术防范产品的检测认证工作。截至 2010 年年底，共检测 50 多个单位申请的各类安全技术防范产品 140 余个，发放认证证书

132 份，为军队选用符合要求的安全技术防范产品提供了技术支持，为加强和规范军队安全技术防范工作，保证军队安全保密提供了重要保障。

地　　址：北京市蒲黄榆路 1 号北京市 95 号信箱 50 分箱
邮　　编：100075
电　　话：010 - 67600529
传　　真：010 - 67600379

三、中国民用航空局航空安全技术中心

中国民用航空局航空安全技术中心（中国民航科学技术研究院），是国家科技部批准的民航业内唯一一家公益类非营利科研机构，民航局直属事业单位。研究院主要职责是对民用航空安全和发展进行科学技术研究，负责民航行业技术的研发与推广，为民航局的决策和监督管理工作提供技术支持，向航空公司、民用机场、空中交通管理等企事业单位以及航空产品制造厂（商）提供技术咨询和服务。研究院秉承“立足科技创新，面向民航发展”的宗旨，弘扬求真务实的精神，树立科学发展观，继承和发扬民航“保证安全，优质服务，正常飞行”的优良传统，以科研和技术支持为己任，以“尊重人才、矢志创新、开放合作、优质服务”为价值观，与时俱进，开拓进取，努力建设具有国际影响力的民航科研机构，为实现民航强国目标作出更大的贡献。

地　　址：北京市朝阳区西坝河北里甲 24 号 中国民航科学技术研究院
邮　　编：100028
联系邮箱：president@ mail. castc. org. cn
业务联系电话：
办 公 室：010 - 64473633
科 技 处：010 - 64473670
传　　真：010 - 64473600
网　　址：www. castc. org. cn
电子邮箱：wuping@ mail. castc. org. cn

第二节　产品认证目录

一、安全技术防范强制性认证目录

序号	产 品 名 称	认证实施规则	标　　志
1	主动红外入侵探测器	CNCA - 10C - 047：2009《安全技术防范产品强制性认证实施规则　入侵探测器产品》	
2	室内用被动红外入侵探测器		
3	室内用微波多普勒探测器		
4	微波和被动红外复合入侵探测器		
5	振动入侵探测器		
6	室内用被动式玻璃破碎探测器		
7	磁开关入侵探测器		
8	防盗报警控制器	CNCA - 10C - 052：2009《安全技术防范产品强制性认证实施规则　防盗报警控制器产品》	
9	汽车防盗报警系统	CNCA - 10C - 053：2009《安全技术防范产品强制性认证实施规则　汽车防盗报警系统产品》	
10	防盗保险柜	CNCA - 10C - 054：2009《安全技术防范产品强制性认证实施规则　防盗保险柜（箱）产品》	
11	防盗保险箱		
12	汽车行驶记录仪	CNCA - 02C - 066：2005《汽车行驶记录仪产品》	
13	车身反光标识	CNCA - 02C - 067：2005《车身反光标识产品》	

二、公共安全产品自愿性认证目录

序号	产 品 名 称	认证实施规则	标　　志
1	防盗安全门	CSP－V01－001：2009《安全技术防范产品自愿性认证实施规则　防盗安全门产品》	
2	机动车测速仪	CSP－V02－001：2004《道路交通安全产品自愿性认证实施规则　机动车测速仪产品》	
3	呼出气体酒精含量探测器	CSP－V02－002：2004《道路交通安全产品自愿性认证实施规则　呼出气体酒精含量探测器产品》	
4	道路交通信号灯	CSP－V02－004：2004《道路交通安全产品自愿性认证实施规则　道路交通信号灯产品》	
5	警用多波段光源产品	CSP－V03－001：2004《刑事技术产品自愿性认证实施规则　警用多波段光源产品》	
6	“502”指印熏显柜	CSP－V03－002：2004《刑事技术产品自愿性认证实施规则　“502”指印熏显柜产品》	GA
7	活体指纹/掌纹采集设备	CSP－V03－003：2010《刑事技术产品自愿性认证实施规则　活体指纹/掌纹采集设备产品》	
8	DNA 检测试剂	CSP－V03－005：2009《法庭科学产品自愿性认证实施规则　DNA 检测试剂产品》	
9	防盗锁	CSP－V01－003：2009《安全技术防范产品自愿性认证实施规则　防盗锁产品》	
10	公安 350 兆模拟无线通信设备	CSP－V04－001：2009《公安无线通信设备自愿性认证实施规则　公安 350 兆模拟无线通信设备》	
11	指纹自动识别系统	CSP－V03－004：2010《刑事技术产品自愿性认证实施规则　指纹自动识别系统》	

第三节　认证实施规则及公开性文件

中国安全技术防范认证中心组织机构图

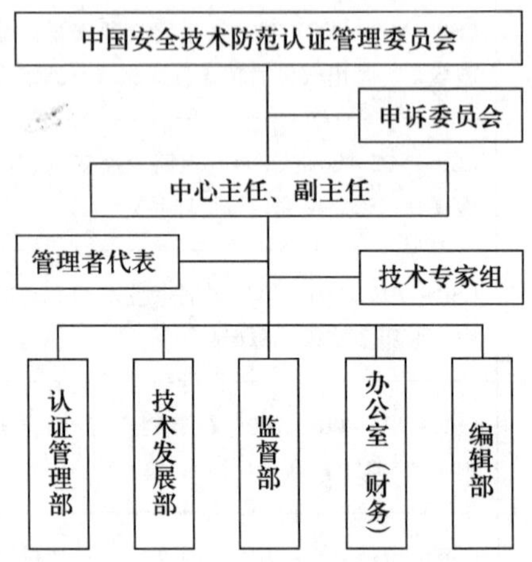

中国安全技术防范认证中心社会公共安全产品认证申请说明

一、申请步骤

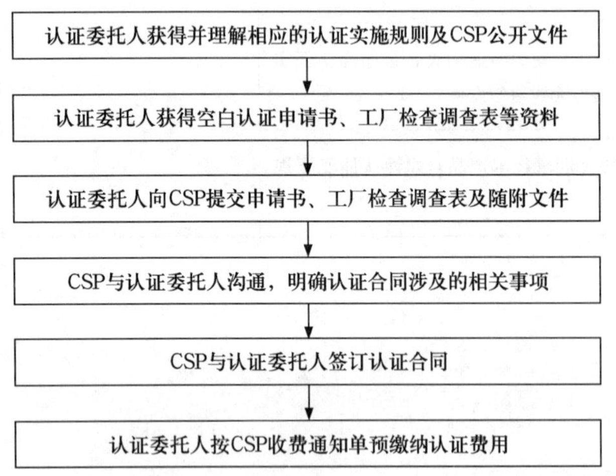

二、申请资料

（一）认证产品类别

目前我中心受理的产品认证按不同产品认证实施规则划分，主要类别有：

（1）3C 产品：a）入侵探测器，b）防盗报警控制器，c）汽车防盗报警系统，d）防盗保险柜（箱），e）汽车行驶记录仪，f）车身反光标识；

（2）GA 认证：a）防盗安全门，b）防盗锁，c）机动车测速仪，d）呼出气体酒精含量探测器，e）道路交通信号灯，f）警用多波段光源产品，g）“502”指印熏显柜，h）警用活体指纹采集仪，i）DNA 检测试剂，j）公安 350 兆模拟无线通信设备。

注：认证产品类别和/或实施规则的调整以我中心网站 www. csp. gov. cn 发布最新文件为准。

（二）申请须提交的资料项

（1）认证委托人、制造商、生产厂的营业执照和组织机构代码证书（国内企业），及证明上述三者关系的文件。

（2）制造商可自愿提供用于证书上的认证产品商标文件（含商标图形电子版）。

（3）产品认证申请书

上述申请资料均用中文提交。

（4）申请认证的产品（含全部型号）使用说明书、主要技术参数文件。

（5）认证产品生产工艺流程及其控制说明和/或图纸及其技术要求文件。

（6）工厂检查调查表。

（7）满足相应产品认证实施规则要求的生产厂质量控制文件（可用质量手册形式）。

（8）生产厂组织结构图和涉及认证主要管理、生产和检测人员一览表。

（9）CSP 要求的其他资料。

（10）产品认证申请书（含产品彩色照片）、工厂检查调查表和商标图形的电子版（应有存储介质）。

（11）对不同情况的认证申请，如初次申请，获证后扩大、缩小申请及变更、注销、暂停等申请，所提交的申请文件，按 CSP 相应文件规定和/或要求办理。

三、认证收费

CSP 通过 www. csp. gov. cn 网站和其他形式的公开文件等方式发布认证收费明细表。认证委托人按 CSP 的收费通知单缴纳费用。

四、联系方式

中国安全技术防范认证中心
认证申请
联系电话：010－51651890 转 812、815、821
传　　真：010－88825997
认证产品的检测进度查询
电　　话：010－51651890 转 828
认证产品的工厂检查进度查询
电　　话：010－51651890 转 821、826
认证证书发放情况查询
电　　话：010－51651890 转 810
认证申诉、投诉和争议
联系电话：010－51651890 转 870、010－63345605
认证费用收取及结算
联系电话：010－51651890 转 831、836
传　　真：010－88824100
通信地址：北京市海淀区西三环北路 89 号中国外文大厦 A 座 302 室
邮　　编：100089
网　　址：www. csp. gov. cn
电子邮箱：cspa@ vip. 163. com

中国安全技术防范认证中心公开性文件清单

（2011. 7. 20）

一、通用公开性文件

序号	文件编号	文件名称
1	CSP/GK4. 1－1	中国安全技术防范认证中心简介
2	CSP GK4. 1－2	中国安全技术防范认证中心联系方式
3	CSP/GK4. 2－1	中国安全技术防范认证中心组织机构图
4	CSP/GK4. 1－3	中国安全技术防范认证中心公正性声明
5	CSP/GK4. 5－1	中国安全技术防范认证工作流程图
6	CSP/GK4. 6－1	CSP 批准、保持、扩大、缩小认证的条件
7	CSP/GK4. 6－2	CSP 暂停、恢复、撤消、注销认证的条件和程序
8	CSP/GK12－1	产品认证变更说明
9	CSP/GK14－1	产品认证委托人获证组织的权利和义务
10	CSP/GK8－1	中国安全技术防范认证中心（CSP）社会公共安全产品认证申请说明
11	CSP/GK14－3	产品认证证书管理规定
12	CSP/GK8－3－1	产品认证费用缴纳说明
13	CSP/GK8－2	关于 ODM 产品认证有关事项的说明
14	CSP/GK8－1－1	产品认证申请书
15	CSP/GK8－1－2	工厂检查调查表
16	CSP/GK14－3	认可标识使用管理办法 C0
17	CSP/GK7－1	申诉、投诉和争议的处理

二、强制性产品认证公开文件

序号	文件编号	文件名称
1	CSP/GK4.3－1－1	CSP 强制性产品认证目录
2	CSP/GK4.4－1－1	强制性认证指定认证检测实验室名录
3	CSP/GK8－2－3	CSP 强制性认证收费明细表
4	CSP/GK8－1－3	强制性产品认证合同通用条款
5	CSP/GK8－1－4	强制性产品认证合同书
6	CSP－GK9－1－1	强制性认证产品抽样要求
7	WWW.CSP.GOV.CN	强制性产品认证证书信息库

三、自愿性产品认证公开文件

序号	文件编号	文件名称
1	CSP/GK4.3－1－2	公共安全产品自愿性认证目录
2	CSP/GK4.4－1－2	自愿性产品认证委托检测机构名录
3	CSP/GK8－3－3	公共安全产品自愿性认证收费明细表
4	CSP/GK8－1－5	自愿性产品认证合同通用条款
5	CSP/GK8－1－6	自愿性产品认证合同书
6	CSP/GK9－1－2	自愿性认证产品抽样要求
7	CSP/GK14－2	GA 标志管理办法
8	综表 14－1－1	标志使用申请书
9	综表 14－1－2	GA 认证标志使用登记表
10	WWW.CSP.GOV.CN	自愿性产品认证证书信息库

第四节　认证结果

社会公共安全产品强制性认证结果信息

认证证书编号	认证产品名称	持证企业名称
2009031901000853	微波入侵探测器	成都亚光电子股份有限公司
2009031901000663	主动红外入侵探测器	深圳市盛波尔科技有限公司
2010031901000130	四光束主动红外入侵探测器	博世（上海）安保系统有限公司
2009031901000156	双光束主动红外入侵探测器	深圳市至安防盗器材有限公司
2009031901000157	四光束主动红外入侵探测器	深圳市至安防盗器材有限公司
2009031901000088	主动红外入侵探测器（多束主动红外对射探测器）	浙江天工智能电子有限公司
2011031901000080	主动红外入侵探测器	深圳市信威电子有限公司
2009031901000186	主动红外入侵探测器	上海神马洪通电子科技有限公司

续表

认证证书编号	认证产品名称	持证企业名称
2009031901000101	主动红外入侵探测器	奥泰斯电子（东莞）有限公司
2009031901000104	主动红外入侵探测器	奥泰斯电子（东莞）有限公司
2009031901000145	三光束主动红外入侵探测器	博世（上海）安保系统有限公司
2009031901000695	主动红外入侵探测器（红外线幕栏系列）	广州天网安防科技有限公司
2009031901000682	双光束主动红外入侵探测器（太阳能防盗器）	宁波恒博通讯设备有限公司
2009031901000694	主动红外入侵探测器（ABT 系列）	上海集强实业有限公司
2009031901000693	主动红外入侵探测器（ABE、ABH 系列）	上海集强实业有限公司
2009031901000201	双光束主动红外入侵探测器	深圳市信威电子有限公司
2009031901000202	四光束主动红外入侵探测器	深圳市信威电子有限公司
2009031901000200	双光束主动红外探测器	博世（上海）安保系统有限公司
2009031901000190	主动红外入侵探测器	Takenaka Engineering Co., Ltd.
2009031901000192	主动红外入侵探测器	Takenaka Engineering Co., Ltd.
2009031901000246	三光束主动红外入侵探测器	深圳市信威电子有限公司
2009031901000398	数字变频双光束主动红外入侵探测器（ABT 系列）	深圳市豪恩安全科技有限公司
2009031901000399	数字变频四光束主动红外入侵探测器（ABH 系列）	深圳市豪恩安全科技有限公司
2009031901000775	主动红外入侵探测器（多光束红外对射防盗栅栏）	泉州市宏泰科技电子有限公司
2009031901000729	主动红外入侵探测器（主动红外护栏）	浙江海神科技有限公司
2009031901000385	主动红外入侵探测器	深圳市盛波尔科技有限公司
2009031901000400	数字变频三光束主动红外入侵探测器（ABE 系列）	深圳市豪恩安全科技有限公司
2009031901000844	主动红外入侵探测器（红外隐形防盗网）	广州市正宏泰科贸有限公司
2009031901000886	主动红外入侵探测器（主动红外护栏 DF3 系列）	成都天邑电气实业有限公司
2010031901000237	主动红外入侵探测器	宁波凯思特安防科技有限公司
2009031901000887	主动红外入侵探测器（主动红外护栏）	成都理想科技开发有限公司
2009031901000888	主动红外入侵探测器（主动红外护栏）	成都理想科技开发有限公司
2010031901000011	主动红外入侵探测器（远距离多光束主动红外栅栏）	深圳市新安宝安防器材设备有限公司
2010031901000012	主动红外入侵探测器（多光束主动红外栅栏）	深圳市新安宝安防器材设备有限公司
2009031901000474	主动红外入侵探测器（主动红外护栏）	三门峡市恒特安防科技开发有限责任公司
2009031901000597	数字调频双光束主动红外入侵探测器（ABT 系列）	深圳市美安科技有限公司
2009031901000598	数字调频三光束主动红外入侵探测器（ABE 系列）	深圳市美安科技有限公司
2009031901000599	全数字式可选频四光束主动红外入侵探测器（ABH 系列）	深圳市美安科技有限公司
2009031901000877	主动红外入侵探测器（主动红外栅栏）（ABX 系列）	深圳市美安科技有限公司
2010031901000039	主动红外入侵探测器（多光束红外线幕栏系列）	广州天网安防科技有限公司
2010031901000169	主动红外入侵探测器（嵌入式主动红外护栏）	浙江天工智能电子有限公司
2010031901000142	主动红外入侵探测器（双光束主动红外对射）	深圳市乐可利电子有限公司
2010031901000143	主动红外入侵探测器（双光束主动红外对射）	深圳市乐可利电子有限公司
2010031901000276	数字变频双光束主动红外入侵探测器（SIA 系列）	天津三星泰科光电子有限公司
2011031901000081	主动红外入侵探测器	深圳市信威电子有限公司
2011031901000089	主动红外入侵探测器（数字变频四光束主动红外入侵探测器）	天津三星泰科光电子有限公司
2011031901000125	主动红外入侵探测器（大口径双光束主动红外入侵探测器）	上海安盾电子有限公司

续表

认证证书编号	认证产品名称	持证企业名称
2011031901000135	主动红外入侵探测器（XA 系列）	艾礼富电子（深圳）有限公司
2011031901000132	主动红外入侵探测器（MY 系列）	艾礼富电子（深圳）有限公司
2011031901000136	主动红外入侵探测器（XA 系列）	艾礼富电子（深圳）有限公司
2011031901000134	主动红外入侵探测器（大型 HA 系列）	艾礼富电子（深圳）有限公司
2011031901000193	主动红外入侵探测器（红外线隐形防盗幕栏）	深圳市信威电子有限公司
2011031901000194	主动红外入侵探测器（红外线隐形防盗幕栏）	深圳市信威电子有限公司
2009031901000707	壁挂式室内用被动红外探测器	深圳市盛波尔实业发展有限公司
2009031901000674	室内用被动红外入侵探测器（Pyronix PIR 1A Detectors）	Pyronix Limited
2009031901000675	室内用被动红入侵外探测器（Pyronix PIR 2 Detectors）	Pyronix Limited
2009031901000676	室内用被动红外入侵探测器（Pyronix PIR 1B Detectors）	Pyronix Limited
2009031901000702	EV100 系列被动红外探测器	联技范安思贸易（上海）有限公司
2009031901000703	被动式红外线入侵探测器（AP669）	联技范安思贸易（上海）有限公司
2009031901000677	室内用被动红外入侵探测器（Pyronix PIR 1C Detectors）	Pyronix Limited
2009031901000533	室内用被动红外入侵探测器（有线高智能被动红外探测器）	广东华昌伟业工贸有限公司
2009031901000065	室内用被动红外入侵探测器	奥泰斯电子（东莞）有限公司
2009031901000069	室内用被动红外入侵探测器	霍尼韦尔安防（中国）有限公司
2009031901000091	室内用被动红外探测器	宁波凯思特安防科技有限公司
2009031901000096	被动红外入侵探测器	奥泰斯电子（东莞）有限公司
2009031901000097	被动红外入侵探测器	奥泰斯电子（东莞）有限公司
2009031901000095	被动红外入侵探测器	奥泰斯电子（东莞）有限公司
2009031901000099	室内用被动红外入侵探测器	奥泰斯电子（东莞）有限公司
2009031901000100	室内用被动红外入侵探测器	奥泰斯电子（东莞）有限公司
2009031901000103	室内用被动红外入侵探测器	奥泰斯电子（东莞）有限公司
2009031901000105	室内用被动红外入侵探测器	奥泰斯电子（东莞）有限公司
2009031901000107	室内用被动红外入侵探测器	奥泰斯电子（东莞）有限公司
2009031901000230	被动红外入侵探测器（Reflex）	TEXECOM LIMITED
2009031901000132	被动红外探测器	深圳市驰通达电子有限公司
2009031901000159	室内用被动红外探测器	深圳市至安防盗器材有限公司
2009031901000135	被动红外探测器	深圳市黑猫卫士电子有限公司
2009031901000140	室内用被动红外入侵探测器	深圳市美安科技有限公司
2009031901000141	室内用被动红外入侵探测器	深圳市美安科技有限公司
2009031901000166	室内用被动红外入侵探测器	深圳市安博士电子科技有限公司
2010031901000205	室内用被动红外入侵探测器（SWAN－400 系列）	CROW ELECTRONIC ENGINEERING LTD.
2009031901000565	室内用被动红外入侵探测器	深圳市信威电子有限公司
2009031901000820	室内用被动红外入侵探测器	泉州市新起点电子科技有限公司
2010031901000047	室内用被动红外探测器（红外线报警探测器）	洛阳市康联电子有限公司
2009031901000854	被动红外入侵探测器	沧州市振华电子有限公司
2009031901000860	墙装式被动红外入侵探测器	RISCO LTD.
2009031901000381	室内用被动红外入侵探测器（无线）	泉州市科立信安防电子有限公司

续表

认证证书编号	认证产品名称	持证企业名称
2009031901000785	被动红外入侵探测器	泉州时刻防盗电子有限责任公司
2009031901000180	无线被动红外入侵探测器	温州方达电子有限公司
2009031901000193	室内用被动红外入侵探测器（无线智能红外探测器）	广东华昌伟业工贸有限公司
2009031901000251	吸顶式室内用被动红外探测器	深圳市盛波尔实业发展有限公司
2009031901000249	壁挂式室内用被动红外探测器	深圳市盛波尔实业发展有限公司
2009031901000191	室内用被动红外探测器	Takenaka Engineering Co.，Ltd.
2009031901000252	室内用被动红外入侵探测器	深圳市盛波尔实业发展有限公司
2009031901000253	室内用被动红外入侵探测器	深圳市盛波尔实业发展有限公司
2011031901000192	室内用被动红外入侵探测器	北京时代今日数码科技有限公司
2010031901000233	室内用被动红外入侵探测器	深圳市卫立信安防设备有限公司
2010031901000254	室内用被动红外入侵探测器	深圳市精华隆安防设备有限公司
2009031901000965	双元被动红外入侵探测器	广州市荔湾区奥林电子厂
2009031901000788	室内用被动红外入侵探测器	泉州时刻防盗电子有限责任公司
2009031901000238	室内用无线被动红外探测器	泉州市鲤城区鲤中电讯器材厂
2009031901000267	无线被动红外入侵探测器	福建省万华电子科技有限公司
2009031901000866	室内用被动红外入侵探测器	RISCO LTD.
2009031901000265	无线被动红外探测器	广州澳星电子有限公司
2009031901000276	室内用被动红外入侵探测器	泉州市科立信安防电子有限公司
2009031901000280	无线被动红外探测器	泉州市科立信安防电子有限公司
2009031901000281	无线被动红外探测器	泉州市科立信安防电子有限公司
2009031901000283	室内用被动红外入侵探测器	泉州市科立信安防电子有限公司
2009031901000284	室内用被动红外入侵探测器（无线）	泉州市科立信安防电子有限公司
2009031901000299	室内用被动红外探测器	深圳市威尔鹰电子有限公司
2009031901000300	室内用被动红外探测器	深圳安防集团股份有限公司
2010031901000138	室内用被动红外探测器	Digital Security Controls，a division of Tyco Safety Products Canada Ltd.
2009031901000780	被动红外入侵探测器（AD9202 系列）	泉州安达电子有限公司
2009031901000781	被动红外入侵探测器	泉州安达电子有限公司
2010031901000140	室内用被动红外探测器	Digital Security Controls，a division of Tyco Safety Products Canada Ltd.
2009031901000869	室内用被动红外入侵探测器（Zodiac quad）	RISCO LTD.
2009031901000871	室内用被动红外入侵探测器	RISCO LTD.
2009031901000822	室内用被动红外探测器	泉州市隆泰电子科技有限公司
2009031901000823	室内用被动红外探测器（BDL950－3C）	泉州市隆泰电子科技有限公司
2009031901000859	被动红外入侵探测器	广州澳星电子有限公司
2009031901000966	双元被动红外入侵探测器	广州市荔湾区奥林电子厂
2009031901000442	室内用被动红外入侵探测器	深圳青嵘科技有限公司
2009031901000415	被动红外入侵探测器	迪卫智能系统有限公司
2009031901000601	四元被动红外入侵探测器	深圳市美安科技有限公司

续表

认证证书编号	认证产品名称	持证企业名称
2009031901000441	室内用被动红外入侵探测器	深圳青嵘科技有限公司
2009031901000872	室内用被动红外入侵探测器	RISCO LTD.
2009031901000774	无线被动红外入侵探测器（HT－8080 系列）	泉州市宏泰科技电子有限公司
2010031901000261	室内用被动红外入侵探测器（双元被动红外探测器）	深圳市豪恩安全科技有限公司
2009031901000259	室内用被动红外探测器（BRAVO 5 系列）	Digital Security Controls, a division of Tyco Safety Products Canada Ltd.
2009031901000260	室内用被动红外探测器（ENCORE 系列）	Digital Security Controls, a division of Tyco Safety Products Canada Ltd.
2009031901000262	室内用被动红外入侵探测器	Digital Security Controls, a division of Tyco Safety Products Canada Ltd.
2009031901000873	墙装式被动红外入侵探测器	RISCO LTD.
2009031901000874	墙装式被动红外入侵探测器	RISCO LTD.
2009031901000351	室内用被动红外入侵探测器（幕帘式被动红外探测器）	深圳市豪恩安全科技有限公司
2009031901000776	被动红外入侵探测器（无线 HT－8080 系列）	泉州市宏泰科技电子有限公司
2009031901000773	无线被动红外入侵探测器	泉州市泉亚科技电子有限公司
2009031901000725	室内用被动红外探测器	浙江海神科技有限公司
2009031901000726	室内用被动红外探测器	浙江海神科技有限公司
2009031901000353	双元被动红外探测器	深圳市豪恩安全科技有限公司
2009031901000354	吸顶式双元被动红外探测器	深圳市豪恩安全科技有限公司
2009031901000355	幕帘式被动红外探测器	深圳市豪恩安全科技有限公司
2009031901000356	方向识别幕帘式被动红外探测器	深圳市豪恩安全科技有限公司
2009031901000359	防遮挡式被动红外探测器	深圳市豪恩安全科技有限公司
2009031901000360	双元被动红外探测器	深圳市豪恩安全科技有限公司
2009031901000362	吸顶式双元被动红外探测器	深圳市豪恩安全科技有限公司
2009031901000382	室内用被动红外入侵探测器（无线）	泉州市科立信安防电子有限公司
2009031901000386	无线被动红外探测器	洛阳市海宇电子有限公司
2009031901000387	室内用被动红外探测器	福州创高电子有限公司
2009031901000401	室内用被动红外入侵探测器（幕帘式被动红外探测器）	深圳市豪恩安全科技有限公司
2009031901000394	室内用被动红外入侵探测器（双元被动红外探测器）	上海纳杰电气成套有限公司
2009031901000391	被动红外入侵探测器	深圳市松本先天下科技发展有限公司
2009031901000429	室内用被动红外探测器（高智能吸顶双元红外探测器）	广东华昌伟业工贸有限公司
2009031901000428	室内用被动红外入侵探测器（无线）	深圳市豪恩安全科技有限公司
2009031901000744	室内用被动红外入侵探测器（无线被动红外探测器）	广东安居宝数码科技股份有限公司
2009031901000890	室内用被动红外探测器	上海长源报警器厂
2009031901000416	吸顶式被动红外入侵探测器	迪卫智能系统有限公司
2009031901000417	帘幕式被动红外入侵探测器	迪卫智能系统有限公司
2009031901000418	智能数字式被动红外入侵探测器	迪卫智能系统有限公司
2009031901000419	无线室内用被动红外探测器	迪卫智能系统有限公司
2009031901000451	室内用被动红外探测器（无线高智能被动红外探测器）	广东华昌伟业工贸有限公司

续表

认证证书编号	认证产品名称	持证企业名称
2010031901000255	室内用被动红外入侵探测器	深圳市精华隆安防设备有限公司
2010031901000257	室内用被动红外入侵探测器	深圳市精华隆安防设备有限公司
2010031901000258	室内用被动红外入侵探测器	深圳市精华隆安防设备有限公司
2010031901000259	室内用被动红外入侵探测器	深圳市精华隆安防设备有限公司
2010031901000260	室内用被动红外入侵探测器	深圳市精华隆安防设备有限公司
2009031901000457	室内用被动红外入侵探测器	上海优周电子科技有限公司
2009031901000745	室内用被动红外入侵探测器（无线被动红外幕帘）	广东安居宝数码科技股份有限公司
2009031901000893	壁挂式室内用被动红外探测器	深圳市盛波尔实业发展有限公司
2010031901000171	室内用被动红外入侵探测器	上海优周电子科技有限公司
2009031901000470	室内用被动红外入侵探测器（无线）	迪卫智能系统有限公司
2009031901000472	室内用被动红外入侵探测器（无线幕帘式被动红外探测器）	迪卫智能系统有限公司
2009031901000509	室内用被动红外入侵探测器（无线）	迪卫智能系统有限公司
2010031901000322	室内用被动红外入侵探测器（蓝色系列 G2 被动红外入侵探测器）	博世（珠海）安保系统有限公司
2009031901000571	室内用被动红外探测器	霍尼韦尔安防（中国）有限公司
2009031901000577	IS 系列室内用被动红外探测器	霍尼韦尔安防（中国）有限公司
2009031901000576	吸顶式被动红外探测器	霍尼韦尔安防（中国）有限公司
2009031901000547	壁挂式被动红外入侵探测器	博世（珠海）安保系统有限公司
2009031901000548	吸顶式被动红外入侵探测器（室内用被动红外探测器）	博世（珠海）安保系统有限公司
2009031901000558	室内用被动红外入侵探测器	博世（珠海）安保系统有限公司
2009031901000560	室内用被动红外入侵探测器（无线）	博世（珠海）安保系统有限公司
2009031901000561	室内用被动红外入侵探测器（壁挂式被动红外入侵探测器）	博世（珠海）安保系统有限公司
2009031901000652	室内用被动红外入侵探测器	深圳市慑力安防科技有限公司
2009031901000655	被动红外入侵探测器	深圳市慑力安防科技有限公司
2009031901000613	室内用被动红外入侵探测器（无线双元被动红外探测器）	深圳市豪恩安全科技有限公司
2009031901000634	室内用被动红外入侵探测器（无线）	RISCO LTD.
2009031901000635	室内用被动红外入侵探测器（无线）	RISCO LTD.
2009031901000603	被动红外入侵测器	深圳市美安科技有限公司
2009031901000604	吸顶式被动红外入侵探测器	深圳市美安科技有限公司
2009031901000605	被动红外入侵探测器	深圳市美安科技有限公司
2009031901000607	室内用被动红外入侵探测器	深圳市美安科技有限公司
2009031901000608	室内用被动红外入侵探测器	深圳市美安科技有限公司
2009031901000609	室内用被动红外入侵探测器	深圳市美安科技有限公司
2009031901000611	室内用被动红外入侵探测器	深圳市美安科技有限公司
2009031901000666	室内用被动红外入侵探测器（无线红外探测器）	上海大亚科技有限公司
2009031901000710	室内用被动红外探测器	深圳市汇沣电子有限公司
2009031901000791	吸顶被动红外入侵探测器	RISCO LTD.
2009031901000833	被动红外入侵探测器	珠海市方安电器有限公司
2010031901000003	室内用被动红外入侵探测器（防宠物型双元被动红外探测器）	深圳市豪恩安全科技有限公司

续表

认证证书编号	认证产品名称	持证企业名称
2010031901000034	室内用被动红外探测器	深圳市汇沣电子有限公司
2010031901000095	室内用被动红外入侵探测器	上海联腾信息技术有限公司
2010031901000048	室内用被动红外入侵探测器（无线红外报警探测器）	洛阳市康联电子有限公司
2010031901000155	壁挂式双被动红外入侵探测器	CROW ELECTRONIC ENGINEERING LTD.
2010031901000162	室内用被动红外入侵探测器（幕帘探测器）	宁波凯思特安防科技有限公司
2010031901000183	吸顶式被动红外入侵探测器	CROW ELECTRONIC ENGINEERING LTD.
2010031901000184	无线被动红外探测器（60－703－55 型）	联技范安思贸易（上海）有限公司
2010031901000189	室内被动红外探测器	联技范安思贸易（上海）有限公司
2010031901000190	无线室内被动红外防宠物移动探测器	联技范安思贸易（上海）有限公司
2010031901000274	室内用被动红外入侵探测器（防宠物型双元被动红外入侵探测器）	天津三星泰科光电子有限公司
2010031901000272	室内用被动红外入侵探测器（吸顶式双元被动红外入侵探测器）	天津三星泰科光电子有限公司
2010031901000288	室内用被动红外入侵探测器	西科姆（中国）有限公司
2010031901000305	被动红外入侵探测器	奥泰斯电子（东莞）有限公司
2010031901000316	室内用被动红外入侵探测器（无线探头）	成都理想科技开发有限公司
2010031901000317	室内用被动红外入侵探测器（有线探头）	成都理想科技开发有限公司
2010031901000327	室内用被动红外入侵探测器	华侨大学科学仪器厂
2010031901000333	室内用被动红外入侵探测器（无线双元被动红外探测器）	天津三星泰科光电子有限公司
2010031901000335	室内用被动红外入侵探测器	成都理想科技开发有限公司
2010031901000341	室内用被动红外入侵探测器	深圳市金盈鼎科技有限公司
2011031901000001	室内用被动红外入侵探测器（无线）	东莞市乐普电子技术有限公司
2011031901000039	室内用被动红外入侵探测器（无线）	南京普天天纪楼宇智能有限公司
2011031901000034	室内用被动红外入侵探测器（无线）	泉州时刻防盗电子有限责任公司
2011031901000045	室内用被动红外入侵探测器（无线）	深圳市丛文科技有限公司
2011031901000053	室内用被动红外入侵探测器（无线型）	浙江海神科技有限公司
2011031901000056	室内用被动红外入侵探测器	深圳市海曼科技有限公司
2011031901000058	室内用被动红外入侵探测器（幕帘型被动红外探测器）	深圳市海曼科技有限公司
2011031901000059	室内用被动红外入侵探测器	深圳市海曼科技有限公司
2011031901000073	室内用被动红外入侵探测器（无线）	泉州华通电子科技开发有限公司
2011031901000091	室内用被动红外入侵探测器（无线）	深圳市泰丰网络设备有限公司
2011031901000104	室内用被动红外入侵探测器（无线）	陕西惠通电器有限公司
2011031901000120	室内用被动红外入侵探测器（幕帘式被动红外探测器）	深圳市豪恩安全科技有限公司
2011031901000126	室内用被动红外入侵探测器（无线）	福建思特电子有限公司
2011031901000133	室内用被动红外入侵探测器	艾礼富电子（深圳）有限公司
2011031901000139	室内用被动红外入侵探测器	艾礼富电子（深圳）有限公司
2011031901000143	无线室内用被动红外探测器（MASTERLINK 系列）	Electronics Line 3000 Ltd.
2011031901000144	室内用被动红外幕帘探测器（ARROW 系列）	Electronics Line 3000 Ltd.
2011031901000145	室内用被动红外探测器（无线）	Electronics Line 3000 Ltd.

续表

认证证书编号	认证产品名称	持证企业名称
2011031901000146	室内用被动红外入侵探测器（EL－55）	Electronics Line 3000 Ltd.
2011031901000147	无线被动红外幕帘入侵探测器（EL－2650）	Electronics Line 3000 Ltd.
2011031901000164	室内用被动红外入侵探测器（无线反射式防宠物遮盖多元被动红外探测器）	迪卫智能系统有限公司
2011031901000167	室内用被动红外入侵探测器（防宠物/普通被动红外探测器）	深圳市豪恩安全科技有限公司
2011031901000209	室内用被动红外入侵探测器	深圳市讯晨安防设备有限公司
2011031901000208	室内用被动红外入侵探测器	深圳市讯晨安防设备有限公司
2009031901000673	微波和被动红外复合入侵探测器（Pyronix DT 1 Detectors）	Pyronix Limited
2009031901000704	微波与被动红外复合入侵探测器（DD100 系列）	联技范安思贸易（上海）有限公司
2009031901000705	微波与被动红外复合入侵探测器（双技术动作探测器 RCR－C）	联技范安思贸易（上海）有限公司
2009031901000566	微波和被动红外复合入侵探测器	深圳市信威电子有限公司
2009031901000158	微波和被动红外复合入侵探测器	深圳市至安防盗器材有限公司
2009031901000175	微波和被动红外复合入侵探测器	深圳青嵘科技有限公司
2009031901000098	微波和被动红外复合入侵探测器	奥泰斯电子（东莞）有限公司
2009031901000102	微波和被动红外复合入侵探测器	奥泰斯电子（东莞）有限公司
2009031901000106	微波和被动红外复合入侵探测器	奥泰斯电子（东莞）有限公司
2009031901000160	被动红外和微波三技术入侵探测器	深圳市至安防盗器材有限公司
2009031901000143	微波和被动红外复合入侵探测器（有线与无线兼容型被动红外与微波复合探测器）	深圳市美安科技有限公司
2009031901000139	吸顶式被动红外与微波复合入侵探测器	深圳市美安科技有限公司
2010031901000204	微波和被动红外复合入侵探测器（被动红外微波双鉴移动探测器）	深圳青嵘科技有限公司
2009031901000231	微波和被动红外复合入侵探测器（Mirage DT）	TEXECOM LIMITED
2009031901000232	微波和被动红外复合入侵探测器（Prestige DT）	TEXECOM LIMITED
2009031901000257	微波和被动红外复合入侵探测器	深圳市至安防盗器材有限公司
2009031901000250	微波和被动红外复合入侵探测器	深圳市盛波尔实业发展有限公司
2010031901000234	微波和被动红外复合入侵探测器（红外微波双鉴探测器）	霍尼韦尔安防（中国）有限公司上海分公司
2009031901000294	微波和被动红外复合入侵探测器	广东华昌伟业工贸有限公司
2009031901000295	无线微波和被动红外复合入侵探测器	广东华昌伟业工贸有限公司
2010031901000139	微波和被动红外复合入侵探测器	Digital Security Controls, a division of Tyco Safety Products Canada Ltd.
2009031901000868	微波和被动红外复合入侵探测器	RISCO LTD.
2009031901000870	微波和被动红外复合入侵探测器（iWISE DT PET）	RISCO LTD.
2009031901000600	微波与被动红外复合入侵探测器（DT－7 系列）	深圳市美安科技有限公司
2009031901000851	微波和被动红外复合入侵探测器（防盗传感器）	常州市科惠电力设备有限公司
2009031901000350	微波和被动红外复合入侵探测器（智能三鉴）	深圳市豪恩安全科技有限公司
2009031901000778	微波和被动红外复合入侵探测器（微波红外智能三鉴入侵探测器）	泉州市宏泰科技电子有限公司

续表

认证证书编号	认证产品名称	持证企业名称
2009031901000361	微波和被动红外复合入侵探测器（智能三鉴）	深圳市豪恩安全科技有限公司
2009031901000380	微波和被动红外复合入侵探测器	泉州市科立信安防电子有限公司
2009031901000422	吸顶式智能微波红外双鉴探测器	迪卫智能系统有限公司
2009031901000424	壁挂式数字型微波和被动红外双鉴探测器	迪卫智能系统有限公司
2010031901000256	微波和被动红外复合入侵探测器	深圳市精华隆安防设备有限公司
2009031901000747	微波和被动红外复合入侵探测器（无线被动红外微波双鉴探测器）	广东安居宝数码科技股份有限公司
2009031901000567	微波和被动红外复合探测器（DT4 系列）	霍尼韦尔安防（中国）有限公司
2009031901000569	DT9 系列微波和被动红外复合报警探测器	霍尼韦尔安防（中国）有限公司
2009031901000570	DT6360STC 微波和被动红外复合报警探测器	霍尼韦尔安防（中国）有限公司
2009031901000549	壁挂式三技术入侵探测器	博世（珠海）安保系统有限公司
2009031901000550	吸顶式三技术入侵探测器（微波与被动红外复合入侵探测器）	博世（珠海）安保系统有限公司
2009031901000551	壁挂式三技术入侵探测器（微波与被动红外复合入侵探测器）	博世（珠海）安保系统有限公司
2009031901000559	微波和被动红外复合入侵探测器（三技术入侵探测器）	博世（珠海）安保系统有限公司
2009031901000562	微波和被动红外复合入侵探测器（无线三技术入侵探测器）	博世（珠海）安保系统有限公司
2009031901000563	微波和被动红外复合入侵探测器（壁挂式三技术入侵探测器）	博世（珠海）安保系统有限公司
2009031901000653	微波和被动红外复合入侵探测器	深圳市慑力安防科技有限公司
2010031901000323	微波和被动红外复合入侵探测器（蓝色系列 G2 三技术防宠物入侵探测器）	博世（珠海）安保系统有限公司
2009031901000636	微波和被动红外复合入侵探测器	RISCO LTD.
2009031901000602	微波与四元被动红外复合入侵探测器	深圳市美安科技有限公司
2009031901000606	微波和被动红外复合入侵探测器	深圳市美安科技有限公司
2009031901000610	微波和被动红外复合入侵探测器	深圳市美安科技有限公司
2009031901000612	微波和被动红外复合入侵探测器	深圳市美安科技有限公司
2009031901000711	微波和被动红外复合入侵探测器	深圳市汇沣电子有限公司
2009031901000787	微波和被动红外复合入侵探测器	泉州时刻防盗电子有限责任公司
2010031901000156	壁挂式微波和被动红外复合入侵探测器	CROW ELECTRONIC ENGINEERING LTD.
2010031901000157	吸顶式微波和被动红外复合入侵探测器	CROW ELECTRONIC ENGINEERING LTD.
2010031901000158	微波和被动红外复合入侵探测器（SWAN－2000AM 系列）	CROW ELECTRONIC ENGINEERING LTD.
2010031901000160	微波和被动红外复合入侵探测器（EDS－2000 系列）	CROW ELECTRONIC ENGINEERING LTD.
2010031901000163	微波和被动红外复合入侵探测器	宁波凯思特安防科技有限公司
2010031901000275	微波和被动红外复合入侵探测器（智能三鉴）	天津三星泰科光电子有限公司
2010031901000271	微波和被动红外复合入侵探测器（智能三鉴）	贵州万华科技有限公司
2011031901000033	微波和被动红外复合入侵探测器（智能双鉴探测器）	洛阳市康联电子有限公司
2011031901000057	微波和被动红外复合入侵探测器（智能双鉴入侵探测器）	深圳市海曼科技有限公司
2011031901000102	微波和被动红外复合入侵探测器	深圳市精华隆安防设备有限公司
2011031901000119	微波和被动红外复合入侵探测器（智能三鉴）	深圳市豪恩安全科技有限公司
2011031901000121	微波和被动红外复合入侵探测器（智能三鉴）	天津三星泰科光电子有限公司
2011031901000131	微波和被动红外复合入侵探测器	艾礼富电子（深圳）有限公司

续表

认证证书编号	认证产品名称	持证企业名称
2011031901000148	微波和被动红外复合入侵探测器（EL－1486 系列）	Electronics Line 3000 Ltd.
2011031901000149	微波和被动红外复合入侵探测器	Electronics Line 3000 Ltd.
2011031901000166	微波和被动红外复合入侵探测器（智能三鉴）	深圳市豪恩安全科技有限公司
2011031901000189	微波和被动红外复合入侵探测器（IWISE DTGL/DTG3）	RISCO LTD.
2011031901000190	微波和被动红外复合入侵探测器（吸顶式被动红外与微波复合探测器 LUNAR DT CEILING MOUNT）	RISCO LTD.
2011031901000191	微波和被动红外复合入侵探测器（吸顶式微波与红外复合探测器 Industrial Lunar DT AM G3）	RISCO LTD.
2011031901000215	微波和被动红外复合入侵探测器（iWISE BUS DT AM G2/G3）	RISCO LTD.
2011031901000231	微波和被动红外复合入侵探测器	TEXECOM LIMITED
2010031901000172	振动入侵探测器	深圳市精华隆安防设备有限公司
2010031901000192	振动入侵探测器（震动探测发射器）	霍尼韦尔安防（中国）有限公司
2009031901000218	振动入侵探测器	北京康明技通技术开发有限公司
2009031901000174	振动入侵探测器（振荡传感器）	深圳青嵘科技有限公司
2009031901000217	振动入侵探测器	北京康明技通技术开发有限公司
2010031901000002	振动入侵探测器	霍尼韦尔安防（中国）有限公司
2009031901000864	振动入侵探测器（ShockGard）	RISCO LTD.
2009031901000233	振动入侵探测器	TEXECOM LIMITED
2010031901000239	振动入侵探测器（融合感知探测子系统）	无锡泛联物联网科技股份有限公司
2009031901000374	振动入侵探测器	深圳市盛波尔实业发展有限公司
2009031901000875	振动入侵探测器	Digital Security Controls, a division of Tyco Safety Products Canada Ltd.
2009031901000404	振动入侵探测器	联技范安思贸易（上海）有限公司
2009031901000405	振动入侵探测器	联技范安思贸易（上海）有限公司
2009031901000406	振动入侵探测器	联技范安思贸易（上海）有限公司
2009031901000631	振动入侵探测器	上海安人电子有限公司
2010031901000029	振动入侵探测器（保险柜用）	西科姆（中国）有限公司
2010031901000161	振动入侵探测器	CROW ELECTRONIC ENGINEERING LTD.
2010031901000301	振动入侵探测器	南京远拓科技有限公司
2010031901000304	振动入侵探测器（防区型光纤入侵探测系统）	杭州安远科技有限公司
2011031901000011	振动入侵探测器	深圳市豪恩安全科技有限公司
2011031901000013	振动入侵探测器	天津三星泰科光电子有限公司
2011031901000018	振动入侵探测器（振动融合感知节点）	无锡国科微纳传感网科技有限公司
2011031901000101	振动入侵探测器（SHOCKTEC）	RISCO LTD.
2011031901000113	振动入侵探测器	深圳市信威电子有限公司
2011031901000150	振动入侵探测器（Shockgard +）	Electronics Line 3000 Ltd.
2011031901000202	振动入侵探测器	SIEMENS Switzerland Ltd.
2011031901000203	振动入侵探测器	博世（珠海）安保系统有限公司
2009031901000478	磁开关兼振动入侵探测器	天津旭日电子有限公司

续表

认证证书编号	认证产品名称	持证企业名称
2009031901000637	振动入侵探测器 + 磁开关入侵探测器	RISCO LTD.
2010031901000030	入侵探测器（磁开关、振动）	西科姆（中国）有限公司
2009031901000862	室内用被动式玻璃破碎探测器（VITRON）	RISCO LTD.
2009031901000858	玻璃破碎探测器	广州澳星电子有限公司
2009031901000366	室内用被动式玻璃破碎探测器	霍尼韦尔安防（中国）有限公司
2009031901000425	无线玻璃破碎探测器	迪卫智能系统有限公司
2009031901000894	室内用被动式玻璃破碎探测器	深圳市盛波尔实业发展有限公司
2009031901000574	被动式玻璃破碎探测器（FG 系列）	霍尼韦尔安防（中国）有限公司
2009031901000575	被动式玻璃破碎探测器（FG16 系列）	霍尼韦尔安防（中国）有限公司
2009031901000553	室内用被动式玻璃破碎探测器	博世（珠海）安保系统有限公司
2009031901000564	室内用被动式玻璃破碎探测器	博世（珠海）安保系统有限公司
2009031901000961	室内用被动玻璃破碎探测器	西科姆（中国）有限公司
2010031901000188	玻璃破碎入侵探测器	联技范安思贸易（上海）有限公司
2011031901000151	室内用被动式玻璃破碎探测器（Shard + ）	Electronics Line 3000 Ltd.
2011031901000165	室内用被动式玻璃破碎探测器	深圳市豪恩安全科技有限公司
2009031901000223	磁开关入侵探测器（室内用无线门磁发射器）	深圳市盛波尔实业发展有限公司
2009031901000348	磁开关入侵探测器	上海纳杰电气成套有限公司
2009031901000133	磁开关入侵探测器	深圳市驰通达电子有限公司
2009031901000136	磁开关入侵探测器	深圳市黑猫卫士电子有限公司
2009031901000142	磁开关入侵探测器	深圳市美安科技有限公司
2009031901000167	磁开关入侵探测器	深圳市安博士电子科技有限公司
2010031901000193	磁开关入侵探测器（无线门磁）	霍尼韦尔安防（中国）有限公司
2009031901000447	磁开关入侵探测器	深圳市精华隆安防设备有限公司
2009031901000264	无线磁开关入侵探测器（JA－60N）	广州澳星电子有限公司
2009031901000282	磁开关入侵探测器	泉州市科立信安防电子有限公司
2009031901000308	磁开关入侵探测器	深圳市信威电子有限公司
2009031901000296	磁开关入侵探测器（无线智能门窗探测器）	广东华昌伟业工贸有限公司
2010031901000120	磁开关入侵探测器	西科姆（中国）有限公司
2009031901000261	磁开关入侵探测器	Digital Security Controls, a division of Tyco Safety Products Canada Ltd.
2009031901000303	磁开关入侵探测器（无线门磁）	上海大亚科技有限公司
2009031901000777	磁开关入侵探测器	泉州市宏泰科技电子有限公司
2009031901000352	磁开关入侵探测器	深圳市豪恩安全科技有限公司
2009031901000357	磁开关入侵探测器	深圳市豪恩安全科技有限公司
2009031901000388	磁开关入侵探测器	福州创高电子有限公司
2009031901000372	磁开关入侵探测器	深圳市精华隆安防设备有限公司
2009031901000426	无线磁开关入侵探测器	迪卫智能系统有限公司
2009031901000746	磁开关入侵探测器（无线门磁）	广东安居宝数码科技股份有限公司
2009031901000479	磁开关入侵探测器（无线）	天津旭日电子有限公司

续表

认证证书编号	认证产品名称	持证企业名称
2009031901000494	磁开关入侵探测器	深圳市丛文科技有限公司
2009031901000572	磁开关入侵探测器（MPS 系列）	霍尼韦尔安防（中国）有限公司
2009031901000573	卷帘门磁开关入侵探测器	霍尼韦尔安防（中国）有限公司
2009031901000552	无线门磁	博世（珠海）安保系统有限公司
2009031901000648	磁开关入侵探测器	深圳市威尔鹰电子有限公司
2009031901000649	磁开关入侵探测器	深圳安防集团股份有限公司
2009031901000962	磁开关入侵探测器（卷帘门磁性传感器）	西科姆（中国）有限公司
2009031901000963	磁开关探测器（大型门）	西科姆（中国）有限公司
2010031901000031	磁开关入侵探测器（卷帘门）	西科姆（中国）有限公司
2010031901000166	磁开关入侵探测器（无线）	江苏中讯数码电子有限公司
2010031901000187	磁开关入侵探测器	联技范安思贸易（上海）有限公司
2010031901000273	磁开关入侵探测器	天津三星泰科光电子有限公司
2010031901000279	磁开关入侵探测器（无线）	东莞市乐普电子技术有限公司
2010031901000326	磁开关入侵探测器（卷帘门磁）	成都理想科技开发有限公司
2010031901000315	磁开关入侵探测器（无线门磁）	成都理想科技开发有限公司
2010031901000340	磁开关入侵探测器	西科姆（中国）有限公司
2011031901000012	磁开关入侵探测器（无线）	深圳市豪恩安全科技有限公司
2011031901000014	磁开关入侵探测器（无线）	天津三星泰科光电子有限公司
2011031901000019	磁开关入侵探测器（无线）	深圳市沃科森电子科技有限公司
2011031901000049	磁开关入侵探测器（无线）	南京普天天纪楼宇智能有限公司
2011031901000092	磁开关入侵探测器（无线）	深圳市泰丰网络设备有限公司
2011031901000127	磁开关入侵探测器（无线门磁探测器）	福建思特电子有限公司
2011031901000214	无线磁开关入侵探测器（Wireless Magnetic Contact）	RISCO LTD.
2009031902000667	防盗报警控制器（智能电话拨号报警器）	上海大亚科技有限公司
2009031902000671	防盗报警控制器	东莞市中堂东正电子厂
2009031902000668	防盗报警控制器（数码式微电脑可视对讲系统）	珠海市太川电器制造有限公司
2009031902000075	防盗报警控制器	宁波凯思特安防科技有限公司
2010031902000175	防盗报警控制器（RUNNER 系列）	CROW ELECTRONIC ENGINEERING LTD.
2009031902000131	自动拨号防盗报警控制器	深圳市驰通达电子有限公司
2009031902000222	AL 系列报警控制器	珠海安居宝电子科技有限公司
2009031902000070	防盗报警控制器	霍尼韦尔安防（中国）有限公司
2009031902000089	防盗报警控制器（智能天工家庭安防与智能化控制器）	浙江天工智能电子有限公司
2009031902000047	防盗报警控制器（数码式微电脑可视对讲系统）	珠海市珠安电子科技有限公司
2009031902000049	防盗报警控制器（ISTAR 防盗报警控制器）	泰科消防保安（天津）有限公司
2009031902000068	防盗报警控制器（数字安防主机）	广州市聚晖电子科技有限公司
2009031902000073	防盗报警控制器（数码式微电脑可视对讲 C－5 系统）	厦门 ABB 振威电器设备有限公司
2009031902000092	防盗报警控制器	宁波凯思特安防科技有限公司
2009031902000093	防盗报警控制器（住宅智能终端 QSA－6100 型）	福建求实电子有限公司
2009031902000094	防盗报警控制器（住宅智能终端 QSA－8000 型）	福建求实电子有限公司

续表

认证证书编号	认证产品名称	持证企业名称
2009031902000221	防盗报警控制器（ES 系列报警主机）	珠海安居宝电子科技有限公司
2009031902000349	防盗报警控制器	上海纳杰电气成套有限公司
2009031902000134	防盗报警控制器（智能安全防盗报警系统）	深圳市黑猫卫士电子有限公司
2009031902000150	防盗报警控制器	江苏中讯数码电子有限公司
2009031902000161	防盗报警控制器	深圳市至安防盗器材有限公司
2009031902000151	防盗报警控制器	霍尼韦尔安防（中国）有限公司
2009031902000144	防盗报警控制器	深圳市美安科技有限公司
2009031902000821	防盗报警控制器（安防楼宇防盗报警对讲系统）	福州松佳电子技术有限公司
2009031902000168	防盗报警控制器	深圳市安博士电子科技有限公司
2011031902000006	防盗报警控制器（CMS 系列）	博世（珠海）安保系统有限公司
2009031902000708	无线防盗报警控制器	迪卫智能系统有限公司
2010031902000296	防盗报警控制器（有线报警主机）	天津三星泰科光电子有限公司
2010031902000295	防盗报警控制器（有线报警主机）	深圳市豪恩安全科技有限公司
2009031902000448	防盗报警控制器	Digital Security Controls, a division of Tyco Safety Products Canada Ltd.
2009031902000164	防盗报警控制器（胜德可视家庭智能化系统）	新钶电子（上海）有限公司
2009031902000176	防盗报警控制器（CAS 城市联网报警器）	深圳市永华电子系统股份有限公司
2009031902000189	防盗报警控制器（无线智能防盗报警器）	广东华昌伟业工贸有限公司
2009031902000203	防盗报警控制器（多功能智能安全网关）	浙江东冠信息技术有限公司
2009031902000178	防盗报警控制器（总线式）	上海安盾电子有限公司
2009031902000205	防盗报警控制器（综合安防管理系统）	新钶电子（上海）有限公司
2009031902000183	防盗报警控制器（EMBOX 智能家居系统）	上海圣特丽建筑智能科技有限公司
2009031902000179	防盗报警控制器（防盗控制/通讯主机）	上海润德科技发展有限公司
2009031902000458	防盗报警控制器（智能楼寓对讲系统）	珠海市竞争电子科技有限公司
2009031902000234	防盗报警控制器	TEXECOM LIMITED
2009031902000236	防盗报警控制器 1（Pyronix Alarm Panels Pyronix Matrix 1）	Pyronix Limited
2009031902000237	防盗报警控制器 2（Pyronix Alarm Panels Pyronix Matrix 2）	Pyronix Limited
2009031902000255	防盗报警控制器（一体式无线报警系统）	深圳市盛波尔实业发展有限公司
2010031902000229	入侵探测报警控制系统（GBMS 型）	S1 CORPORATION
2010031902000227	防盗报警控制器	南京英安特科技实业有限公司
2010031902000228	防盗报警控制器（大型总线网络报警控制主机）	南京英安特科技实业有限公司
2010031902000232	防盗报警控制器	深圳市卫立信安防设备有限公司
2010031902000252	防盗报警控制器	深圳市美安科技有限公司
2010031902000021	防盗报警控制器（智能家居系统控制主机）	霍尼韦尔安防（中国）有限公司上海分公司
2009031902000786	防盗报警控制器	泉州时刻防盗电子有限责任公司
2009031902000790	防盗报警控制器	泉州时刻防盗电子有限责任公司
2009031902000789	防盗报警控制器	泉州时刻防盗电子有限责任公司
2010031902000185	防盗报警控制器	联技范安思贸易（上海）有限公司
2010031902000235	防盗报警控制器	霍尼韦尔安防（中国）有限公司上海分公司

续表

认证证书编号	认证产品名称	持证企业名称
2010031902000092	防盗报警控制器（3 总线报警主机）	上海联腾信息技术有限公司
2009031902000272	防盗报警控制器（智能语音防盗报警系统）	福建省万华电子科技有限公司
2009031902000256	防盗报警控制器（JB－8601 系列）	厦门立林科技有限公司
2009031902000263	防盗报警控制器（JA－63KRX/JA－63KRG）	广州澳星电子有限公司
2009031902000277	防盗报警控制器（智能化电话报警控制器）	泉州市科立信安防电子有限公司
2009031902000278	防盗报警控制器（电话联网智能报警系统）	泉州市科立信安防电子有限公司
2009031902000279	防盗报警控制器（智能化电话报警控制器）	泉州市科立信安防电子有限公司
2009031902000285	防盗报警控制器（电话联网智能报警系统）	泉州市科立信安防电子有限公司
2009031902000286	防盗报警控制器（遥控型无线报警系统）	泉州市科立信安防电子有限公司
2009031902000287	防盗报警控制器（智能化电话报警控制器）	泉州市科立信安防电子有限公司
2009031902000290	防盗报警控制器	泉州市科立信安防电子有限公司
2009031902000298	防盗报警控制器	深圳市威尔鹰电子有限公司
2009031902000301	防盗报警控制器	深圳安防集团股份有限公司
2009031902000536	防盗报警控制器	成都理想科技开发有限公司
2009031902000883	防盗报警控制器	深圳市美安科技有限公司
2009031902000884	防盗报警控制器	深圳市美安科技有限公司
2009031902000856	防盗报警控制器（CN－T9010）	西科姆（中国）有限公司
2009031902000857	防盗报警控制器（CN－T9021）	西科姆（中国）有限公司
2010031902000137	防盗报警控制器（OMNI 系列）	霍尼韦尔安防（中国）有限公司
2011031902000054	防盗报警控制器	深圳市豪恩安全科技有限公司
2011031902000055	防盗报警控制器	天津三星泰科光电子有限公司
2009031902000782	防盗报警控制器（AD208 系列）	泉州安达电子有限公司
2009031902000783	防盗报警控制器（AD278 系列）	泉州安达电子有限公司
2009031902000824	防盗报警控制器	泉州市隆泰电子科技有限公司
2009031902000825	防盗报警控制器	泉州市隆泰电子科技有限公司
2009031902000967	防盗报警控制器	广州市荔湾区奥林电子厂
2009031902000848	防盗报警控制器（联网型）	上海泰金电子科技有限公司
2010031902000119	防盗报警控制器（通用网络主机）	北京迈特安技术发展有限公司
2009031902000621	防盗报警控制器（MT 系列防盗报警系统）	博世（珠海）安保系统有限公司
2009031902000855	防盗报警控制器	沧州市振华电子有限公司
2009031902000852	防盗报警控制器（变电站安全综合监控系统监控主机）	常州市科惠电力设备有限公司
2009031902000850	防盗报警控制器	深圳市安达智能科技有限公司
2010031902000264	防盗报警控制器（人工智能家庭控制系统防盗报警器）	上海春朝电子有限公司
2009031902000307	防盗报警控制器（微电脑数控式可视对讲报警楼寓管理系统）	弗曼科斯（上海）电子有限公司
2009031902000368	防盗报警控制器（小型电话线报警主机）	深圳市丛文科技有限公司
2009031902000367	防盗报警控制器（小型无线报警主机）	深圳市丛文科技有限公司
2009031902000779	防盗报警控制器（HT－110B 系列）	泉州市宏泰科技电子有限公司
2009031902000730	防盗报警控制器（总线联网智能报警系统）	浙江海神科技有限公司
2009031902000731	防盗报警控制器	浙江海神科技有限公司

续表

认证证书编号	认证产品名称	持证企业名称
2009031902000363	防盗报警控制器	深圳市豪恩安全科技有限公司
2009031902000364	防盗报警控制器	深圳市豪恩安全科技有限公司
2009031902000365	防盗报警控制器（无线报警主机）	深圳市豪恩安全科技有限公司
2009031902000383	防盗报警控制器	泉州市科立信安防电子有限公司
2009031902000389	防盗报警控制器	福州创高电子有限公司
2009031902000373	防盗报警控制器（智能电话型）	上海艾美克电子有限公司
2009031902000370	防盗报警控制器（Burglar Alarm Security System）	Digital Security Controls, a division of Tyco Safety Products Canada Ltd.
2009031902000371	防盗报警控制器（Intrusion Alarm Control Unit）	Digital Security Controls, a division of Tyco Safety Products Canada Ltd.
2009031902000375	防盗报警控制器（综合管理控制系统）	深圳市盛波尔实业发展有限公司
2009031902000376	防盗报警控制器（无线报警系统）	深圳市盛波尔实业发展有限公司
2009031902000402	防盗报警控制器（楼宇对讲防盗报警控制器）	厦门狄耐克电子科技有限公司
2009031902000407	防盗报警控制器（微电脑数控式可视对讲报警楼寓管理系统）	弗曼科斯（上海）电子有限公司
2009031902000409	防盗报警控制器（小区家庭智能安防系统）	上海赛飞特电子有限公司
2009031902000392	有线/无线报警主机	深圳市松本先天下科技发展有限公司
2009031902000393	防盗报警控制器（有线/无线报警主机）	深圳市松本先天下科技发展有限公司
2009031902000390	防盗报警控制器（Burglar Alarm Security System）	Digital Security Controls, a division of Tyco Safety Products Canada Ltd.
2009031902000430	防盗报警控制器（485 总线报警主机）	广东华昌伟业工贸有限公司
2009031902000732	防盗报警控制器	浙江海神科技有限公司
2009031902000891	自动拨号无线防盗报警控制器	上海长源报警器厂
2009031902000892	防盗报警控制器（JQ-8B 系列）	上海长源报警器厂
2009031902000414	防盗报警系统主机	广州市正宏泰科贸有限公司
2009031902000408	防盗报警控制器（有线/无线报警主机）	深圳市松本先天下科技发展有限公司
2009031902000444	防盗报警控制器	上海韦家智能系统有限公司
2009031902000446	防盗报警控制器	上海思耀智能系统设备有限公司
2009031902000450	防盗报警控制器（有线智能报警控制器）	广东华昌伟业工贸有限公司
2009031902000449	防盗报警控制器（HC-2000）	广东华昌伟业工贸有限公司
2009031902000452	防盗报警控制器（智能化电话报警控制器）	泉州市科立信安防电子有限公司
2010031902000141	防盗报警控制器	Digital Security Controls, a division of Tyco Safety Products Canada Ltd.
2009031902000459	防盗报警控制器（iNET2000 智能网络报警产品）	深圳市丛文科技有限公司
2009031902000460	防盗报警控制器（家庭收发器）	上海青源科技有限公司
2009031902000456	防盗报警控制器	上海优周电子科技有限公司
2010031902000265	防盗报警控制器	深圳市豪恩安全科技有限公司
2010031902000266	防盗报警控制器（无线报警主机）	广州市浩云安防科技工程有限公司
2009031902000895	防盗报警控制器	深圳市盛波尔实业发展有限公司
2009031902000748	防盗报警控制器（04D 免提联网可视系列分机）	广东安居宝数码科技股份有限公司

续表

认证证书编号	认证产品名称	持证企业名称
2009031902000749	无线防盗报警控制器	广东安居宝数码科技股份有限公司
2009031902000896	防盗报警控制器	深圳市盛波尔实业发展有限公司
2010031902000005	防盗报警控制器（CC 系列）	博世（珠海）安保系统有限公司
2009031902000968	防盗报警控制器	广州市荔湾区奥林电子厂
2009031902000476	防盗报警控制器（R212 系统）	深圳市慧锐通电器制造有限公司
2011031902000186	防盗报警控制器（安保型室内机）	无锡市赛尔楼宇智能系统有限公司
2010031902000268	防盗报警控制器（有线小型电话线报警主机）	深圳市丛文科技有限公司
2011031902000187	防盗报警控制器（PROSYS）	RISCO LTD.
2009031902000505	无线防盗报警控制器	迪卫智能系统有限公司
2009031902000506	防盗报警控制器（有线防盗报警控制器）	迪卫智能系统有限公司
2009031902000507	无线防盗报警控制器	迪卫智能系统有限公司
2009031902000508	防盗报警控制器（AMBER 系列无线紧急报警控制器）	迪卫智能系统有限公司
2009031902000473	防盗报警控制器（HP 系列有线/总线、无线集成报警主机）	迪卫智能系统有限公司
2010031902000173	防盗报警控制器	深圳市精华隆安防设备有限公司
2009031902000578	防盗报警控制器（23 系列）	霍尼韦尔安防（中国）有限公司
2009031902000579	防盗报警控制器（VISTA 小户型系列）	霍尼韦尔安防（中国）有限公司
2009031902000580	防盗报警控制器（VISTA 多防区系列）	霍尼韦尔安防（中国）有限公司
2009031902000581	防盗报警控制器（HRVS 系列）	霍尼韦尔安防（中国）有限公司
2009031902000582	防盗报警控制器	霍尼韦尔安防（中国）有限公司
2009031902000554	防盗报警控制器（CC 系列）	博世（珠海）安保系统有限公司
2009031902000555	防盗报警控制器（DS7200 系列）	博世（珠海）安保系统有限公司
2009031902000556	防盗报警控制器（DS7400 系列）	博世（珠海）安保系统有限公司
2009031902000557	防盗报警控制器（MT 系列防盗报警系统）	博世（珠海）安保系统有限公司
2009031902000656	防盗报警控制器	深圳市慑力安防科技有限公司
2009031902000617	防盗报警控制器	广州市希锐电子有限公司
2009031902000651	防盗报警控制器（兴天下数字对讲防盗报警控制器）	深圳市兴天下科技有限公司
2009031902000650	多功能防盗报警控制器	安徽汇博科技发展有限责任公司
2009031902000622	防盗报警控制器（迷你型无线防盗报警控制器）	迪卫智能系统有限公司
2009031902000632	防盗报警控制器	TEXECOM LIMITED
2009031902000638	防盗报警控制器（无线）	RISCO LTD.
2009031902000661	防盗报警控制器（室内报警主机）	深圳市豪恩安全科技有限公司
2009031902000709	防盗报警控制器	深圳市汇洋电子有限公司
2009031902000793	防盗报警控制器	RISCO LTD.
2009031902000878	防盗报警控制器（FC 系列）	深圳市美安科技有限公司
2009031902000879	防盗报警控制器（无线 ST 系列）	深圳市美安科技有限公司
2009031902000880	防盗报警控制器	深圳市美安科技有限公司
2009031902000881	防盗报警控制器	深圳市美安科技有限公司
2009031902000882	防盗报警控制器	深圳市美安科技有限公司
2009031902000885	防盗报警控制器	深圳市美安科技有限公司

续表

认证证书编号	认证产品名称	持证企业名称
2010031902000281	防盗报警控制器（安保型室内机）	无锡市赛尔楼宇智能系统有限公司
2010031902000033	防盗报警控制器（Eurosec CPX）	RISCO LTD.
2009031902000834	防盗报警控制器	珠海市方安电器有限公司
2009031902000983	防盗报警控制器（防盗报警系统 IT81XX 系列）	上海业智电子科技有限公司
2010031902000093	防盗报警控制器（企事业报警主机）	上海联腾信息技术有限公司
2010031902000094	防盗报警控制器（LT 报警主机）	上海联腾信息技术有限公司
2011031902000008	防盗报警控制器（联网型）	上海泰金电子科技有限公司
2010031902000049	防盗报警控制器（无线红外防盗报警器）	洛阳市康联电子有限公司
2010031902000050	防盗报警控制器（16 防区电话拨号报警器）	洛阳市康联电子有限公司
2010031902000144	防盗报警控制器（电话联网报警控制器）	洛阳市康联电子有限公司
2010031902000186	防盗报警控制器	联技范安思贸易（上海）有限公司
2010031902000191	无线防盗报警控制器	联技范安思贸易（上海）有限公司
2010031902000277	防盗报警控制器	天津三星泰科光电子有限公司
2010031902000270	防盗报警控制器	贵州万华科技有限公司
2010031902000280	防盗报警控制器	东莞市乐普电子技术有限公司
2010031902000289	防盗报警控制器（智能电话联网报警系统）	泉州市科立信安防电子有限公司
2010031902000290	防盗报警控制器（电话报警控制器）	泉州市科立信安防电子有限公司
2010031902000298	防盗报警控制器（楼宇对讲室内机）	福建省冠林科技有限公司
2010031902000294	防盗报警控制器	深圳市全球锁安防系统工程有限公司
2010031902000293	防盗报警控制器	深圳市全球锁安防系统工程有限公司
2010031902000328	防盗报警控制器	华侨大学科学仪器厂
2010031902000334	防盗报警控制器（无线报警主机）	天津三星泰科光电子有限公司
2010031902000338	防盗报警控制器（ES6106 系列）	珠海安居宝电子科技有限公司
2010031902000339	防盗报警控制器（ES6100 系列）	珠海安居宝电子科技有限公司
2010031902000336	防盗报警控制器	成都理想科技开发有限公司
2010031902000337	防盗报警控制器	成都理想科技开发有限公司
2011031902000010	防盗报警控制器	上海跃天智能控制系统有限公司
2011031902000015	防盗报警控制器	成都亚光电子股份有限公司
2011031902000038	防盗报警控制器（电话拨号防盗报警控制器）	南京普天天纪楼宇智能有限公司
2011031902000040	防盗报警控制器	深圳市美安科技有限公司
2011031902000041	防盗报警控制器	深圳市盛波尔实业发展有限公司
2011031902000032	防盗报警控制器（红外无线报警器）	洛阳市康联电子有限公司
2011031902000036	防盗报警控制器（电话联网报警控制器）	洛阳市康联电子有限公司
2011031902000030	防盗报警控制器	上海天创贸易发展有限公司
2011031902000031	防盗报警控制器（防盗抢报警装置）	广州市是通百通信息科技有限公司
2011031902000035	防盗报警控制器	泉州时刻防盗电子有限责任公司
2011031902000052	防盗报警控制器（海神多户联防报警器）	浙江海神科技有限公司
2011031902000064	防盗报警控制器	宁波凯思特安防科技有限公司
2011031902000068	防盗报警控制器（优晶室内机）	悉雅特楼宇自控（杭州）有限公司

续表

认证证书编号	认证产品名称	持证企业名称
2011031902000074	防盗报警控制器（总线型报警主机）	深圳市宁科通数码技术有限公司
2011031902000086	防盗报警控制器	上海广拓信息技术有限公司
2011031902000092	防盗报警控制器（总线式报警主机）	上海安人电子有限公司
2011031902000103	防盗报警控制器	上海灏广电子科技有限公司
2011031902000152	防盗报警控制器	Electronics Line 3000 Ltd.
2011031902000153	有线防盗报警控制器 1（Summit 顶峰有线防盗报警控制器）	Electronics Line 3000 Ltd.
2011031902000154	无线防盗报警控制器（Infinite 无线防盗报警控制器）	Electronics Line 3000 Ltd.
2011031902000158	防盗报警控制器（总线主机）	深圳市信威电子有限公司
2011031902000159	防盗报警控制器	深圳市信威电子有限公司
2011031902000160	防盗报警控制器	深圳市信威电子有限公司
2011031902000168	防盗报警控制器（TD－SCDMA 固定无线终端）	上海大亚科技有限公司
2011031902000172	防盗报警控制器（ABB 明悦系列楼宇对讲系统）	厦门 ABB 振威电器设备有限公司
2011031902000173	防盗报警控制器（ABB 明悦系列楼宇对讲系统）	厦门 ABB 振威电器设备有限公司
2011031902000176	防盗报警控制器（电话报警控制器）	泉州市科立信安防电子有限公司
2011031902000180	防盗报警控制器（TD－SCDMA 固定无线终端）	四川长虹信息技术有限责任公司
2011031902000201	防盗报警控制器	深圳市豪恩安全科技有限公司
2011031902000207	防盗报警控制器（无线一体化报警主机）	深圳市盛波尔实业发展有限公司
2011031902000204	防盗报警控制器（无线报警主机）	深圳市豪恩安全科技有限公司
2011031902000222	防盗报警控制器（楼寓对讲室内机）	世雅电子科技（东莞）有限公司
2011031902000188	防盗报警控制器（LightSYS ）	RISCO LTD.
2011031902000232	防盗报警控制器（防盗报警户户彩色可视分机（8 防区））	厦门立林科技有限公司
2009031903000665	汽车防盗报警系统（S－80 系列汽车防盗器）	北京加安电子科技有限公司
2009031903000669	汽车防盗报警系统	深圳市伊爱高新技术开发有限公司
2010031903000105	汽车防盗报警系统	天津摩比斯汽车零部件有限公司
2010031903000106	汽车防盗报警系统	天津摩比斯汽车零部件有限公司
2009031903000840	汽车防盗报警系统	长沙市特瑞兴电子科技有限公司
2009031903000241	汽车防盗报警系统（具有远程联网报警功能）	广东丽普盾高新科技有限公司
2009031903000228	启动双向汽车防盗报警系统	广东铁将军防盗设备有限公司
2010031903000226	汽车防盗报警系统	东莞世技电子有限公司
2009031903000662	汽车防盗报警系统（双向）	深圳市车之盾电子有限公司
2009031903000841	汽车防盗报警系统（“恒祥”多功能车载智能电脑）	湖南恒祥高科数码技术有限公司
2009031903000839	汽车防盗报警系统（空手到）	北京桴之科高普科技发展有限公司
2009031903000714	车辆防盗报警系统（TJJ－868 系列）	广州铁老大防盗设备有限公司
2009031903000715	汽车液晶双向防盗报警器（TJJ－968 系列）	广州铁老大防盗设备有限公司
2009031903000716	汽车防盗报警系统（汽车液晶双向防盗报警器）	广州铁老大防盗设备有限公司
2009031903000717	汽车防盗报警系统	广州铁老大防盗设备有限公司
2009031903000718	汽车防盗报警系统	广州铁老大防盗设备有限公司
2009031903000719	汽车防盗报警系统	广州铁老大防盗设备有限公司
2009031903000219	汽车防盗报警系统	中山市创宇防盗设备有限公司

续表

认证证书编号	认证产品名称	持证企业名称
2009031903000216	汽车防盗报警系统（具有远程联网报警功能）	深圳市翰盛通讯设备有限公司
2009031903000080	汽车防盗报警系统（NFC）	OMRON AUTOMOTIVE ELECTRONICS KOREA CO.，LTD.
2009031903000078	汽车防盗报警系统（JMC）	OMRON AUTOMOTIVE ELECTRONICS KOREA CO.，LTD.
2009031903000225	汽车防盗报警系统（具有远程联网报警功能）	重庆市索美智能交通通讯服务有限公司
2009031903000072	汽车防盗报警系统	Continental Automotive Systems Corporation
2009031903000059	汽车防盗报警系统（IPM）	Continental Automotive Systems Corporation
2009031903000090	汽车防盗报警系统	中山市雷震子安防科技有限公司
2010031903000199	汽车防盗报警系统	青岛星通汽车通信导航科技有限公司
2010031903000200	汽车防盗报警系统	广东长宝信息科技有限公司
2010031903000201	汽车防盗报警系统	深圳市泰比特科技有限公司
2009031903000679	汽车防盗报警系统	云南钜野烽火台科技有限公司
2009031903000680	汽车防盗报警系统	安徽天正信息科技有限公司
2009031903000058	汽车防盗报警系统（IPM）	Continental Automotive Systems Corporation
2009031903000077	汽车防盗报警系统（NFC）	OMRON AUTOMOTIVE ELECTRONICS KOREA CO.，LTD.
2009031903000079	汽车防盗报警系统（HDC）	OMRON AUTOMOTIVE ELECTRONICS KOREA CO.，LTD.
2009031903000081	汽车防盗报警系统（JMC）	OMRON AUTOMOTIVE ELECTRONICS KOREA CO.，LTD.
2009031903000182	汽车防盗报警系统（双向）	广东亚太天能信息识别技术有限公司
2009031903000085	汽车防盗报警系统	深圳市赛博灵科技有限公司
2009031903000111	110CAS 护车神（汽车防盗报警器）	深圳市永华电子系统股份有限公司
2009031903000108	汽车防盗报警系统（具有远程联网报警功能）	杭州星软科技有限公司
2009031903000154	汽车防盗报警系统（汽车指纹防盗抢系统）	山东宝力通信科技有限公司
2009031903000127	汽车防盗报警系统	珠海天琴信息科技有限公司
2009031903000122	汽车防盗报警系统	广州吉码电子科技有限公司
2009031903000123	汽车防盗报警系统	四川冠泰科技发展有限公司
2009031903000124	汽车防盗报警系统	廊坊市轩慧电视安装服务有限公司
2009031903000149	汽车防盗报警系统	广东小飞将防盗设备有限公司
2009031903000147	汽车防盗报警系统	广州市雄兵汽车电器有限公司
2009031903000152	汽车防盗报警系统（具有远程联网报警功能）	长春亚美电子技术有限公司
2009031903000153	汽车防盗报警系统	长春亚美电子技术有限公司
2009031903000826	汽车防盗报警系统（VQ/HM）	Dae Sung Electrics Co.，Ltd.
2009031903000678	汽车防盗报警系统	北京华油信通科技有限公司
2010031903000224	汽车防盗报警系统（YFC）	OMRON AUTOMOTIVE ELECTRONICS KOREA CO.，LTD.
2011031903000007	汽车防盗报警系统（VFC）	Shinchang Electrics Co.，Ltd.

续表

认证证书编号	认证产品名称	持证企业名称
2009031903000842	汽车防盗报警系统	广州市正昊汽车用品有限公司
2009031903000838	汽车防盗报警系统	武汉奥泽电子有限公司
2009031903000843	汽车防盗报警系统（CAN 总线接入式汽车防盗报警器）	长春启明车载电子有限公司
2009031903000827	汽车防盗报警系统（FD）	HYUNDAI MOBIS Co., Ltd.
2009031903000828	汽车防盗报警系统（UN）	HYUNDAI MOBIS Co., Ltd.
2009031903000177	汽车防盗报警系统（单向）	东莞市立恒电子有限公司
2009031903000181	汽车防盗报警系统（单向）	广东亚太天能信息识别技术有限公司
2009031903000188	汽车防盗报警系统	武汉长江通信产业集团股份有限公司
2009031903000413	汽车防盗报警系统（汽车智能防盗器）	广州丽星汽车用品有限公司
2010031903000212	汽车防盗报警系统	同致电子科技（厦门）有限公司
2009031903000258	汽车防盗报警系统	中山市澳威电子有限公司
2009031903000293	汽车防盗报警系统（具有远程联网报警功能）	广州赛将电子科技有限公司
2009031903000227	汽车防盗报警系统	广东铁将军防盗设备有限公司
2009031903000297	汽车防盗报警系统（CM）	HYUNDAI MOBIS Co., Ltd.
2009031903000846	汽车防盗报警系统（双向）	中山市佐敦音响防盗设备有限公司
2009031903000339	双向汽车防盗报警系统	广东铁将军防盗设备有限公司
2009031903000340	单向汽车防盗报警系统	广东铁将军防盗设备有限公司
2009031903000341	单向汽车防盗报警系统	广东铁将军防盗设备有限公司
2009031903000819	汽车防盗报警器	江西省昌华进出口有限公司
2009031903000818	汽车防盗报警系统	宁波雷顿科技有限公司
2009031903000829	汽车防盗报警系统（BK）	HYUNDAI MOBIS Co., Ltd.
2009031903000830	汽车防盗报警系统（XM）	HYUNDAI MOBIS Co., Ltd.
2009031903000831	汽车防盗报警系统（UN）	HYUNDAI MOBIS Co., Ltd.
2009031903000343	双向汽车防盗报警系统（786 汽车防盗报警器）	广东铁将军防盗设备有限公司
2009031903000344	汽车防盗报警系统（单向）	广东铁将军防盗设备有限公司
2011031903000076	汽车防盗报警系统	东莞世技电子有限公司
2009031903000345	汽车防盗报警系统（双向）	广东铁将军防盗设备有限公司
2009031903000347	单向汽车防盗报警系统	广东铁将军防盗设备有限公司
2010031903000236	汽车防盗报警系统	深圳市旭龙信科技有限公司
2010031903000124	汽车防盗报警系统（KM）	Shinchang Electrics Co., Ltd.
2009031903000302	汽车防盗报警系统（TG/EN）	HYUNDAI MOBIS Co., Ltd.
2009031903000273	汽车防盗报警系统	辉创电子科技（苏州）有限公司
2009031903000274	汽车防盗报警系统	辉创电子科技（苏州）有限公司
2009031903000836	汽车防盗报警系统	北京顺潮电子有限公司
2009031903000292	汽车防盗报警系统	广州北斗大三通导航科技有限公司
2009031903000239	汽车防盗报警系统	广东丽普盾高新科技有限公司
2009031903000832	汽车防盗报警系统（VG）	HYUNDAI MOBIS Co., Ltd.
2009031903000847	汽车防盗报警系统	中山市佐敦音响防盗设备有限公司
2010031903000126	汽车防盗报警系统（W-200/220）	Shinchang Electrics Co., Ltd.

续表

认证证书编号	认证产品名称	持证企业名称
2010031903000121	汽车防盗报警系统（遥控门锁及电子钥匙识别控制器总成）	北京安驰信达科技有限公司
2011031903000026	汽车防盗报警系统	济南方达信息科技有限公司
2009031903000468	汽车防盗报警系统（单向）	深圳市车之盾电子有限公司
2009031903000784	汽车防盗报警系统	杭州明策电子有限公司
2010031903000213	汽车防盗报警系统	同致电子科技（厦门）有限公司
2010031903000214	汽车防盗报警系统	同致电子科技（厦门）有限公司
2009031903000403	汽车防盗报警系统（具有远程联网报警功能）	上海捷波通信科技有限公司
2009031903000876	汽车防盗报警系统（具有远程联网报警功能）	深圳市有为信息技术发展有限公司
2009031903000436	汽车防盗报警系统	陕西导航科技有限公司
2009031903000433	汽车防盗报警系统	深圳市天目科技有限公司
2010031903000244	汽车防盗报警系统	青岛海迪芬电子科技有限公司
2010031903000247	汽车防盗报警系统	辉创电子科技（苏州）有限公司
2011031903000195	汽车防盗报警系统	辉创电子股份有限公司
2009031903000467	汽车防盗报警系统（双向）	深圳市车之盾电子有限公司
2009031903000475	汽车防盗报警系统	深圳市博实结科技有限公司
2009031903000487	汽车防盗报警系统（具有远程联网报警功能）	沈阳华翰电子有限公司
2009031903000482	汽车防盗报警系统（具有远程联网报警功能）	长沙旭浩电子科技有限公司
2009031903000486	汽车防盗报警系统（具有远程联网报警功能）	湖南众联科技有限公司
2010031903000262	汽车防盗报警系统	浙江圣亚电子科技有限公司
2010031903000263	汽车防盗报警系统（智能型电流控制器）	阳江市名扬电子科技有限公司
2009031903000483	汽车防盗报警系统（具有远程联网报警功能）	长沙宏地科技开发有限公司
2009031903000477	汽车防盗报警系统	泉州市三川通讯技术有限公司
2009031903000516	汽车防盗报警系统	科博莱（北京）汽车技术有限公司
2009031903000517	汽车防盗报警系统（44XX 系列车辆防盗报警系统）	科博莱（北京）汽车技术有限公司
2009031903000520	汽车防盗报警系统（单向）	广东铁将军防盗设备有限公司
2009031903000519	汽车防盗报警系统（单向）	广东铁将军防盗设备有限公司
2009031903000518	汽车防盗报警系统（单向）	广东铁将军防盗设备有限公司
2009031903000500	汽车防盗报警系统	中山市贝奥斯金属制品有限公司
2009031903000501	汽车防盗报警系统（液晶显示）	中山市贝奥斯金属制品有限公司
2009031903000502	汽车防盗报警系统	中山市贝奥斯金属制品有限公司
2009031903000503	汽车防盗报警系统	中山市贝奥斯金属制品有限公司
2009031903000504	汽车防盗报警系统	中山市贝奥斯金属制品有限公司
2009031903000940	汽车防盗报警系统	天津摩比斯汽车零部件有限公司
2009031903000633	汽车防盗报警系统（LMC）	OMRON AUTOMOTIVE ELECTRONICS KOREA CO.，LTD.
2009031903000627	汽车防盗报警器（江铃汽车防盗报警器）	同致电子科技（厦门）有限公司
2009031903000628	汽车防盗报警器（TIE 汽车防盗报警器）	同致电子科技（厦门）有限公司
2009031903000629	汽车防盗报警器（中兴汽车防盗报警器）	同致电子科技（厦门）有限公司
2009031903000630	汽车防盗报警系统（郑州日产防盗报警器）	同致电子科技（昆山）有限公司

续表

认证证书编号	认证产品名称	持证企业名称
2009031903000620	汽车防盗报警系统	深圳市慧视通科技股份有限公司
2009031903000618	汽车防盗报警系统（守护天使 SM828 系列）	深圳市星海威电子有限公司
2009031903000615	汽车防盗报警器	深圳市警豹电子科技有限公司
2009031903000616	汽车防盗报警器	深圳市警豹电子科技有限公司
2009031903000672	汽车防盗报警系统（单向）	广东铁将军防盗设备有限公司
2009031903000660	汽车防盗报警系统	广州市雄兵汽车电器有限公司
2009031903000691	汽车防盗报警系统	中山市佐敦音响防盗设备有限公司
2009031903000980	汽车防盗报警系统（单向）	广州市白云区津晖电子厂
2009031903000982	语音型汽车防盗报警系统（单向）	广州市白云区津晖电子厂
2010031903000042	汽车防盗报警系统（TQ）	OMRON AUTOMOTIVE ELECTRONICS KOREA CO., LTD.
2010031903000107	汽车防盗报警系统	天津摩比斯汽车零部件有限公司
2010031903000108	汽车防盗报警系统	天津摩比斯汽车零部件有限公司
2010031903000104	汽车防盗报警系统	深圳市伊爱高新技术开发有限公司
2010031903000116	汽车防盗报警系统	深圳市智合通科技有限公司
2010031903000117	汽车防盗报警系统	汕头市元霸电子有限公司
2010031903000198	汽车防盗报警系统	广东亚太天能信息识别技术有限公司
2010031903000251	汽车防盗报警系统	中山市贝奥斯金属制品有限公司
2010031903000311	汽车防盗报警系统（单向）	东莞市博派电子科技有限公司
2010031903000312	汽车防盗报警系统（KMC）	Shinchang Electrics Co., Ltd.
2010031903000313	汽车防盗报警系统（TFC）	Shinchang Electrics Co., Ltd.
2010031903000314	汽车防盗报警系统（SLC）	Shinchang Electrics Co., Ltd.
2010031903000303	汽车防盗报警系统（守护天使 SM828 系列）	深圳市星海威电子有限公司
2010031903000319	汽车防盗报警系统（单向）	广东铁将军防盗设备有限公司
2010031903000321	汽车防盗报警系统	广州市三实电子科技有限公司
2010031903000324	汽车防盗报警系统	辉创电子科技（苏州）有限公司
2010031903000332	单向汽车防盗报警系统	广东铁将军防盗设备有限公司
2011031903000003	汽车防盗报警系统（C200）	MOTOTECH CO., LTD.
2011031903000002	汽车防盗报警系统（HDC）	OMRON AUTOMOTIVE ELECTRONICS KOREA CO., LTD.
2011031903000016	汽车防盗报警系统	深圳市丹美电子科技有限公司
2011031903000017	汽车防盗报警系统	柳州市华航电器有限公司
2011031903000020	汽车防盗报警系统（双向）	广东铁将军防盗设备有限公司
2011031903000024	单向汽车防盗报警系统	广东铁将军防盗设备有限公司
2011031903000025	汽车防盗报警系统	广州市三实电子科技有限公司
2011031903000044	汽车防盗报警系统（VG）	HYUNDAI MOBIS Co., Ltd.
2011031903000050	汽车防盗报警系统（鹰眼图像安防系统）	西安卡安信电子科技发展有限公司
2011031903000060	汽车防盗报警系统	嘉仕顿数码技术（深圳）有限公司
2011031903000063	汽车防盗报警系统	广州市雄峰汽车电子有限公司

续表

认证证书编号	认证产品名称	持证企业名称
2011031903000071	汽车防盗报警系统（具有远程联网报警功能）	安徽烽火台卫星导航研究所
2011031903000066	单向汽车防盗报警系统	广东铁将军防盗设备有限公司
2011031903000067	汽车防盗报警系统（单向）	广东铁将军防盗设备有限公司
2011031903000072	汽车防盗报警系统（WH868 系列汽车防盗报警系统）	福建省万华电子科技有限公司
2011031903000083	汽车防盗报警系统（智能无匙防盗器）	福州名品电子科技有限公司
2011031903000084	汽车防盗报警系统	福州名品电子科技有限公司
2011031903000085	汽车防盗报警系统（单向）	广东铁将军防盗设备有限公司
2011031903000106	汽车防盗报警系统（FS）	Shinchang Electrics Co. , Ltd.
2011031903000105	汽车防盗报警系统	浙江吴霞科技有限公司
2011031903000108	汽车防盗报警系统（单向）	广州市众行汽车电器有限公司
2011031903000114	汽车防盗报警系统（双向）	广东铁将军防盗设备有限公司
2011031903000111	汽车防盗报警系统（HG）	Shinchang Electrics Co. , Ltd.
2011031903000112	汽车防盗报警系统（具有远程联网报警功能）	深圳市赛格导航科技股份有限公司
2011031903000123	汽车防盗报警系统（单向）	广州市白云区津晖电子厂
2011031903000124	汽车防盗报警系统（单向）	广州市白云区津晖电子厂
2011031903000122	汽车防盗报警系统（单向）	广州市白云区津晖电子厂
2011031903000138	汽车防盗报警系统	中山市高朗电子有限公司
2011031903000140	汽车防盗报警系统（“擎刚”四轮锁定防盗报警系统）	重庆市金刚清泓科技有限公司
2011031903000179	汽车防盗报警系统	中煤地（西安）视讯科技有限公司
2011031903000205	汽车防盗报警系统	深圳市宜车科技有限公司
2011031903000206	汽车防盗报警系统（SLCNU）	Shinchang Electrics Co. , Ltd.
2011031903000217	汽车防盗报警系统	辉创电子股份有限公司
2011031903000216	汽车防盗报警系统	辉创电子股份有限公司
2010031904000087	电子密码锁防盗保险柜	中山市富甲制品有限公司
2009031904000658	电子防盗保险柜（单门）	宁波大榭开发区泰力保险箱制造有限公司
2009031904000813	电子防盗保险柜（单门）	浙江省永康市永顺箱柜有限公司
2009031904000801	机械防盗保险柜（单门）	嘉善江南档案用具有限公司
2009031904000815	电子防盗保险柜（单门 FDG－A1/D 系列）	宁波永邦保险箱制造有限公司
2009031904000497	电子防盗保险柜	江西金虎保险设备集团有限公司
2009031904000083	电子防盗保险柜（单门）	宁波驰球安防设备有限公司
2009031904000700	电子防盗保险柜（单门）	宁波大榭开发区盾发保险箱有限公司
2009031904000964	机械防盗保险柜	洛阳市义顺办公机具有限公司
2010031904000176	电子防盗保险柜	洛阳莱特柜业（集团）有限公司
2010031904000131	机械防盗保险柜	洛阳市安久保密设备有限公司
2011031904000141	机械防盗保险柜（FDG－A1/J 系列）	仁化县韶关保险设备厂
2011031904000142	电子防盗保险柜（FDG－A1/D 系列）	仁化县韶关保险设备厂
2009031904000736	电子防盗保险柜（单门 FDG－A1/D 系列）	宁波大榭开发区乐堡保险箱制造有限公司
2009031904000684	电子防盗保险柜	上海飞豹保险箱有限公司
2009031904000975	防盗保险柜（机锁填充防盗保险柜）	河北天立实业有限公司

续表

认证证书编号	认证产品名称	持证企业名称
2009031904000976	防盗保险柜（电锁填充防盗保险柜）	河北天立实业有限公司
2009031904000969	电子防盗保险柜（单门）	江门市新会区麦氏钢具有限公司
2009031904000970	电子防盗保险柜（双门）	江门市新会区麦氏钢具有限公司
2010031904000035	机械防盗保险柜	山西金城保险柜制造有限公司
2010031904000036	电子防盗保险柜	山西金城保险柜制造有限公司
2010031904000194	防盗保险柜（ATM 机用防盗保险柜）	无锡市永创电控器材有限公司
2009031904000066	机械防盗保险柜	江门市蓬江区柏富成机电发展有限公司
2009031904000941	机械防盗保险柜	南京鸣创金属构件有限公司
2009031904000942	电子防盗保险柜	南京鸣创金属构件有限公司
2009031904000172	电子防盗保险柜（单门 FDG－A1/D 系列）	宁波市鄞州艾发保险箱制造有限公司
2010031904000167	机械防盗保险柜	洛阳市兴华钢制办公家具有限公司
2009031904000321	机械防盗保险柜（单门）	宁波艾谱实业有限公司
2009031904000322	电子防盗保险柜（双门）	宁波艾谱实业有限公司
2009031904000323	机械防盗保险柜（双门）	宁波艾谱实业有限公司
2010031904000196	电子防盗保险柜（单门）	宁波大榭开发区新天地保险箱厂
2009031904000541	机械防盗保险柜（单门）	宁波大榭开发区威盾斯保险箱有限公司
2010031904000089	防盗保险柜（双门电子密码锁防盗保险柜）	中山市富甲制品有限公司
2010031904000217	电子防盗保险柜	宁波大榭开发区恒翔保险箱有限公司
2010031904000223	电子密码防盗保险柜	上海宝庄金属制品制造有限公司
2010031904000001	机械防盗保险柜（EC6500 PV1 保险柜系列）	余姚市金泰阁安全设备有限公司
2010031904000004	防盗保险柜（银行自动存取款机保险柜）	深圳市怡化电脑有限公司
2009031904000978	机械防盗保险柜	台山平安五金制品有限公司
2009031904000979	机械防盗保险柜	台山平安五金制品有限公司
2009031904000688	机械防盗保险柜（FDG－A1/J 系列）	天津市津安器材厂
2009031904000909	机械防盗保险柜	杭州萧山保险箱厂
2009031904000916	机械防盗保险柜	西安市秦俑保险柜厂
2009031904000917	机械防盗保险柜	西安义好金属制品有限责任公司
2009031904000915	机械防盗保险柜	西安华春箱柜有限公司
2009031904000905	电子防盗保险柜（单门）	宁波亚大安全设备制造有限公司
2009031904000206	机械投币式防盗保险柜	宁波永发集团有限公司
2009031904000591	机械防盗保险柜（单门）	宁波大榭开发区金欧保险箱制造有限公司
2009031904000592	电子防盗保险柜（单门）	宁波大榭开发区金欧保险箱制造有限公司
2009031904000207	电子式防盗保险柜（单门冰箱式）	宁波永发集团有限公司
2009031904000208	电子式防盗保险柜（双门冰箱式）	宁波永发集团有限公司
2009031904000689	电子防盗保险柜	天津市津安器材厂
2009031904000594	电子防盗保险柜（双门）	宁波大榭开发区金欧保险箱制造有限公司
2009031904000595	机械防盗保险柜（双门）	宁波大榭开发区金欧保险箱制造有限公司
2009031904000439	机械防盗保险柜	江西宏达保安器材有限公司
2009031904000443	机械防盗保险柜（单门）	宁波大榭开发区久旺保险箱有限公司

续表

认证证书编号	认证产品名称	持证企业名称
2009031904000437	机械防盗保险柜	江西卓尔金属设备集团有限公司
2009031904000184	机械防盗保险柜（金库型）	上海迪堡安防设备有限公司
2009031904000194	机械密码防盗保险柜（单门）	宁波市康华保险箱制造有限公司
2009031904000195	机械密码防盗保险柜（双门）	宁波市康华保险箱制造有限公司
2009031904000196	电子密码防盗保险柜（单门）	宁波市康华保险箱制造有限公司
2009031904000197	电子密码防盗保险柜（双门）	宁波市康华保险箱制造有限公司
2009031904000335	电子防盗保险柜（双门）	宁波大榭开发区威盾斯保险箱有限公司
2010031904000210	机械（填充式）防盗保险柜	河南铭谱办公机具有限公司
2009031904000209	机械式防盗保险柜（单门）	宁波永发集团有限公司
2009031904000210	机械式防盗保险柜（双门）	宁波永发集团有限公司
2009031904000211	电子式防盗保险柜（单门）	宁波永发集团有限公司
2010031904000231	机械防盗保险柜（FDG－A/J）	大丰市达标安全设备有限公司
2010031904000222	电子密码防盗保险柜（双门）	上海宝庄金属制品制造有限公司
2009031904000212	电子式防盗保险柜（双门）	宁波永发集团有限公司
2009031904000240	机械式 ATM 机防盗保险柜	宁波永发集团有限公司
2009031904000215	电子式防盗保险柜（单门）	四川省永亨实业有限责任公司
2009031904000320	电子防盗保险柜（单门）	宁波艾谱实业有限公司
2009031904000334	电子防盗保险柜（单门）	宁波大榭开发区威盾斯保险箱有限公司
2009031904000802	机械防盗保险柜（双门）	嘉善江南档案用具有限公司
2009031904000803	电子防盗保险柜（单门）	嘉善江南档案用具有限公司
2009031904000804	电子防盗保险柜（双门）	嘉善江南档案用具有限公司
2010031904000067	机械防盗保险柜（单门）	偃师市军威保险设备厂
2010031904000043	电子防盗保险柜（单门）	偃师市军威保险设备厂
2009031904000244	机械防盗保险柜（填充式）	洛阳红光办公机具有限公司
2009031904000242	机械防盗保险柜（单门）	洛阳红光办公机具有限公司
2009031904000243	电子防盗保险柜（单门）	洛阳红光办公机具有限公司
2010031904000238	电子防盗保险柜	宁波经济技术开发区朝友机械有限公司
2010031904000090	机械防盗保险柜	广州骆驼保险柜有限公司
2010031904000091	电子防盗保险柜（单门）	广州骆驼保险柜有限公司
2010031904000037	机械双门防盗保险柜	山西金城保险柜制造有限公司
2010031904000085	防盗保险柜（电脑密码保险柜）	化州市威顿电子实业有限公司
2010031904000086	防盗保险柜（电脑密码保险柜）	上海唐年酒店设备用品有限公司
2010031904000038	电子双门防盗保险柜	山西金城保险柜制造有限公司
2010031904000115	机械防盗保险柜	北京富高经贸有限责任公司
2010031904000069	机械防盗保险柜	武邑县安达橱柜厂
2010031904000070	机械防盗保险柜	武邑乔氏柜业有限公司
2009031904000931	机械防盗保险柜	汕头市钢王安全设备有限公司
2009031904000932	电子防盗保险柜	汕头市钢王安全设备有限公司
2010031904000075	电子防盗保险柜（FDG－A1/D 系列保险柜）	武邑县多吉柜业有限公司

续表

认证证书编号	认证产品名称	持证企业名称
2009031904000933	机械防盗保险箱	汕头市钢王安全设备有限公司
2009031904000934	电子防盗保险箱	汕头市钢王安全设备有限公司
2010031904000077	机械防盗保险柜	河北省武邑县长城柜业有限公司
2010031904000078	电子防盗保险柜	河北省武邑县长城柜业有限公司
2009031904000935	电子防盗保险柜	创斯达（南通）机电有限公司
2009031904000936	防盗保险柜（ATM 保险柜）	创斯达（南通）机电有限公司
2009031904000938	防盗保险柜（ATM 保险柜）	创斯达（南通）机电有限公司
2010031904000133	机械防盗保险柜	洛阳市三箭柜业有限公司
2009031904000810	电子防盗保险柜	宁波大榭开发区小峙康达电器五金厂
2009031904000807	电子防盗保险柜（单门）	宁波大榭开发区恒发保险箱有限公司
2010031904000013	防盗保险柜（ATM 机保险柜）	杭州中新伟业科技有限公司
2009031904000918	机械防盗保险柜	西安市晨光机电设备厂
2009031904000805	电子防盗保险柜（FDG－A1/D 系列）	宁波大榭开发区宝典保险箱有限公司
2009031904000759	单门机械锁防盗保险柜	上海迪堡安防设备有限公司
2009031904000760	双门防盗保险柜（机械锁）	上海迪堡安防设备有限公司
2009031904000761	单门防盗保险柜（机械锁）	上海迪堡安防设备有限公司
2009031904000762	左右双门防盗保险柜（机械锁）	上海迪堡安防设备有限公司
2009031904000763	单门防盗保险柜（电子锁）	上海迪堡安防设备有限公司
2009031904000764	双门防盗保险柜（电子锁）	上海迪堡安防设备有限公司
2009031904000765	单门防盗保险柜 B 级（机械锁）	上海迪堡安防设备有限公司
2009031904000806	电子防盗保险柜（双门 FDG－A1/D 系列）	宁波大榭开发区宝典保险箱有限公司
2009031904000990	电子防盗保险柜（FDG－A1/D 系列）	武邑神州金属设备制造有限公司
2010031904000097	机械防盗保险柜（单门）	偃师市旭光保险器材厂
2010031904000098	机械防盗保险柜（双门）	偃师市旭光保险器材厂
2010031904000122	机械锁防盗保险柜（FDG－A1/J）	哈尔滨飞云实业有限公司
2009031904000510	电子防盗保险柜（单门）	宁波大榭开发区威伦司保险箱有限公司
2009031904000511	电子防盗保险柜（双门）	宁波大榭开发区威伦司保险箱有限公司
2009031904000766	B3 级单门机械防盗保险柜（金库型）	上海迪堡安防设备有限公司
2009031904000767	机械防盗保险柜（单门）	上海迪堡安防设备有限公司
2010031904000220	电子防盗保险柜（双门）	河北虎牌集团奥笛柜业有限公司
2010031904000019	电子防盗保险柜（单门）	宁波大榭开发区中亿保险箱有限公司
2010031904000020	电子防盗保险柜（双门）	宁波大榭开发区中亿保险箱有限公司
2010031904000123	电子防盗保险柜	哈尔滨飞云实业有限公司
2010031904000014	机械防盗保险柜（单门）	上海一登办公家具有限公司
2010031904000015	机械防盗保险柜（双门）	上海一登办公家具有限公司
2010031904000016	电子防盗保险柜（单门）	上海一登办公家具有限公司
2010031904000017	电子防盗保险柜（双门）	上海一登办公家具有限公司
2009031904000906	电子防盗保险柜（双门）	宁波亚大安全设备制造有限公司
2010031904000009	电子防盗保险柜（单门）	安徽固特金属制品有限责任公司

续表

认证证书编号	认证产品名称	持证企业名称
2009031904000768	电子防盗保险柜（单门）	上海迪堡安防设备有限公司
2009031904000769	机械防盗保险柜（单门）	上海迪堡安防设备有限公司
2009031904000770	机械防盗保险柜（双门）	上海迪堡安防设备有限公司
2009031904000771	电子防盗保险柜（双门）	上海迪堡安防设备有限公司
2009031904000772	电子防盗保险柜（单门）	上海迪堡安防设备有限公司
2009031904000641	电子防盗保险柜（双门）	宁波艾斐堡箱柜制造有限公司
2009031904000545	电子防盗保险柜	北京兆桐易发科贸有限责任公司
2009031904000538	机械防盗保险柜	杭州兴发保险箱厂
2009031904000739	电子防盗保险柜（单门）	宁波大榭开发区金盾保险箱制造有限公司
2009031904000740	电子防盗保险柜（双门）	宁波大榭开发区金盾保险箱制造有限公司
2009031904000720	电子防盗保险柜（单门）	广东安能保险柜制造有限公司
2009031904000722	电子防盗保险柜（单门）	广东安能保险柜制造有限公司
2009031904000723	电子防盗保险柜（双门）	广东安能保险柜制造有限公司
2010031904000010	机械防盗保险柜（双门）	安徽固特金属制品有限责任公司
2009031904000912	机械防盗保险柜（单门）	安徽省保险箱厂
2009031904000724	电子防盗保险柜（投币式）	广东安能保险柜制造有限公司
2009031904000743	机械防盗保险柜	海城市兴顺金柜制造有限公司
2009031904000738	电子防盗保险柜（双门）	宁波驰球安防设备有限公司
2009031904000751	电子防盗保险柜（单门）	宁波虎王保险箱有限公司
2009031904000752	电子防盗保险柜（双门）	宁波虎王保险箱有限公司
2009031904000753	机械防盗保险柜（单门）	宁波虎王保险箱有限公司
2009031904000754	机械防盗保险柜（双门）	宁波虎王保险箱有限公司
2009031904000440	机械防盗保险柜	江西远大保险设备实业集团有限公司
2009031904000438	机械防盗保险柜	江西万佳保险设备有限公司
2009031904000465	机械防盗保险柜（双门）	宁波大榭开发区久旺保险箱有限公司
2009031904000462	机械防盗保险柜（单门）	上海杰宝大王企业发展有限公司
2009031904000463	机械防盗保险柜（双门）	上海杰宝大王企业发展有限公司
2010031904000267	机械防盗保险柜	武邑县龙牌柜业有限公司
2009031904000911	机械防盗保险柜	洛阳佳秀办公家具有限公司
2009031904000908	机械防盗保险柜（单门）	东台市万保安全设备有限公司
2009031904000900	电子防盗保险柜（单门）	宁波市北仑东海箱柜厂
2010031904000007	电子防盗保险柜（单门）	宁波市北仑金银来箱橱实业有限公司
2009031904000902	电子防盗保险柜（FDG－A1/系列）	宁波大榭开发区立盾保险箱有限公司
2009031904000903	电子防盗保险柜（双门 FDG－A1/系列）	宁波大榭开发区立盾保险箱有限公司
2009031904000913	机械防盗保险柜（单门）	上海康乾保险箱有限公司
2009031904000914	电子防盗保险柜（单门）	上海康乾保险箱有限公司
2009031904000948	电子防盗保险柜	南京文宝金属制造厂
2009031904000919	电子防盗保险柜（单门 FDG－A1/D 系列）	宁波市北仑区通发箱柜制造有限公司
2009031904000927	机械防盗保险柜（单门）	嘉善兴亚保险箱有限公司

续表

认证证书编号	认证产品名称	持证企业名称
2009031904000928	机械防盗保险柜（双门）	嘉善兴亚保险箱有限公司
2009031904000492	机械防盗保险柜（单门）	洛阳市鑫鼎办公家具有限公司
2009031904000493	电子防盗保险柜（单门）	洛阳市鑫鼎办公家具有限公司
2009031904000512	机械防盗保险柜（单门）	宁波大榭开发区威伦司保险箱有限公司
2009031904000513	机械防盗保险柜（双门）	宁波大榭开发区威伦司保险箱有限公司
2009031904000531	电子密码防盗保险柜（单门）	上海曹翔保险箱有限公司
2009031904000532	电子密码防盗保险柜（双门）	上海曹翔保险箱有限公司
2009031904000534	电子防盗保险柜	河北超越电子保险柜制造有限公司
2009031904000523	电子防盗保险柜（单门）	宁波大榭开发区格林尼森保险箱有限公司
2009031904000524	防盗保险柜（单门密码保险柜）	宁波市北仑明大箱柜有限公司
2009031904000525	防盗保险柜（双门密码保险柜）	宁波市北仑明大箱柜有限公司
2009031904000929	电子防盗保险柜（单门）	嘉善兴亚保险箱有限公司
2009031904000930	电子防盗保险柜（双门）	嘉善兴亚保险箱有限公司
2009031904000496	机械防盗保险柜	江西金虎保险设备集团有限公司
2009031904000923	机械防盗保险柜（单门）	浙江嘉善经纬办公设备有限公司
2011031904000212	电子防盗保险柜（单门）	宁波大榭开发区甬盾保险箱厂
2011031904000210	电子防盗保险柜（单门）	宁波大榭开发区明盾保险箱工贸有限公司
2009031904000924	机械防盗保险柜（双门）	浙江嘉善经纬办公设备有限公司
2009031904000925	电子防盗保险柜（单门）	浙江嘉善经纬办公设备有限公司
2009031904000926	电子防盗保险柜（双门）	浙江嘉善经纬办公设备有限公司
2009031904000949	机械防盗保险柜（单门）	南京金航保险柜制造有限公司
2009031904000950	电子防盗保险柜（单门）	南京金航保险柜制造有限公司
2009031904000943	机械防盗保险柜	南京华发金库制品有限公司
2009031904000944	电子防盗保险柜（单门）	南京宏佳办公设备厂
2009031904000945	机械防盗保险柜	南京汉中金属构件有限公司
2009031904000946	电子防盗保险柜	南京汉中金属构件有限公司
2009031904000643	电子防盗保险柜（单门）	宁波大榭开发区安尔心箱柜厂
2009031904000645	电子防盗保险柜（单门）	宁波大榭开发区久旺保险箱有限公司
2009031904000646	电子防盗保险柜（双门）	宁波大榭开发区久旺保险箱有限公司
2009031904000640	电子防盗保险柜（单门）	宁波艾斐堡箱柜制造有限公司
2009031904000625	电子防盗保险柜（单门）	上海杰宝大王企业发展有限公司
2009031904000626	电子防盗保险柜（双门）	上海杰宝大王企业发展有限公司
2009031904000623	电子防盗保险柜	昆山申坤保险箱有限公司
2009031904000624	移门式防盗保险柜（电子锁）	昆山申坤保险箱有限公司
2009031904000585	电子防盗保险柜（单门）	宁波大榭开发区振兴保险箱工贸有限公司
2009031904000586	电子防盗保险柜（双门）	宁波大榭开发区振兴保险箱工贸有限公司
2009031904000587	机械防盗保险柜（单门）	宁波大榭开发区振兴保险箱工贸有限公司
2009031904000588	机械防盗保险柜（双门）	宁波大榭开发区振兴保险箱工贸有限公司
2009031904000687	防盗保险柜（双门枪弹保险柜）	中山市安基交通电子科技有限公司

续表

认证证书编号	认证产品名称	持证企业名称
2010031904000024	机械防盗保险柜（FDG－A1/J 系列 单门）	太原市警鹰保险柜制造有限公司
2010031904000285	电子防盗保险柜（单门）	得力集团有限公司
2010031904000286	电子防盗保险柜（双门）	得力集团有限公司
2009031904000971	电子防盗保险柜	江门市新会区麦氏钢具有限公司
2009031904000972	机械防盗保险柜	江门市新会区麦氏钢具有限公司
2009031904000973	机械防盗保险柜	德州虎剑柜业有限公司
2009031904000974	机械防盗保险柜	武邑登坤柜业有限公司
2009031904000817	电子防盗保险柜（单门 FDG－A1/D 系列）	上海震海家具有限公司
2009031904000951	机械防盗保险柜	南京远东金属箱柜厂
2009031904000952	电子防盗保险柜	南京远东金属箱柜厂
2010031904000040	电子防盗保险柜（单门）	宁波市北仑大管家箱柜有限公司
2009031904000985	机械密码防盗保险柜（单门）	重庆市南岸区东松电器厂
2009031904000986	电子密码防盗保险柜（单门）	重庆市南岸区东松电器厂
2009031904000988	电子密码防盗保险柜（双门）	重庆市南岸区东松电器厂
2010031904000044	机械防盗保险柜（单门）	洛阳科宁办公家具有限公司
2010031904000045	电子防盗保险柜（单门）	洛阳科宁办公家具有限公司
2010031904000100	机械防盗保险柜（单门）	偃师市晟祥箱柜有限公司
2010031904000101	机械防盗保险柜（单门）	洛阳市盛北金柜有限公司
2010031904000102	机械防盗保险柜（单门）	偃师市东森柜业有限公司
2010031904000103	机械防盗保险柜（单门）	偃师市神华保险器材厂
2009031904000989	电子防盗保险柜（单门）	佛山市南海沙头威尔信保险柜厂
2010031904000109	机械防盗保险柜（单门）	洛阳市宝塔箱柜有限公司
2010031904000110	电子防盗保险柜（单门）	洛阳市宝塔箱柜有限公司
2010031904000111	机械防盗保险柜（单门）	新宝塔（河南）保险箱制造有限公司
2010031904000113	机械防盗保险柜（填充式）	新宝塔（河南）保险箱制造有限公司
2010031904000114	机械防盗保险柜	北京富高经贸有限责任公司
2010031904000076	机械防盗保险柜	武邑县前进铁柜厂
2010031904000072	防盗保险柜（FDG－A1/J）	山西三关安防设备有限公司
2010031904000074	电子防盗保险柜	北京金光大道铁柜大王保险箱制造有限责任公司
2010031904000082	电子防盗保险柜（单门指纹锁）	浙江豪普森生物识别应用有限公司
2010031904000083	电子防盗保险柜（双门指纹锁）	浙江豪普森生物识别应用有限公司
2010031904000177	机械防盗保险柜（填充式）	洛阳莱特柜业（集团）有限公司
2010031904000178	电子防盗保险柜	河北虎牌集团柜业有限公司
2010031904000179	机械防盗保险柜（FDG－A1/J－H）	河北虎牌集团柜业有限公司
2010031904000180	机械防盗保险柜（FDG－A1/J）	河北虎牌集团柜业有限公司
2010031904000197	电子防盗保险柜（双门）	宁波大榭开发区新天地保险箱厂
2010031904000215	电子防盗保险柜（指纹）	宁波驰球安防设备有限公司
2011031904000200	电子防盗保险柜	日照市东港区鸿发柜业加工厂
2010031904000282	电子防盗保险柜（单门）	武汉花都科技发展有限公司

续表

认证证书编号	认证产品名称	持证企业名称
2010031904000283	电子防盗保险柜（双门）	武汉花都科技发展有限公司
2010031904000291	电子防盗保险柜（单门）	宁波大榭开发区金楷工贸有限公司
2010031904000297	防盗保险柜（ATM 机用防盗保险柜）	无锡市永创电控器材有限公司
2010031904000299	电子防盗保险柜（单门）	宁波大榭开发区宙斯盾箱柜厂
2010031904000329	电子防盗保险柜（单门）	宁波艾博保险箱有限公司
2010031904000300	电子防盗保险柜	河北君霸柜业有限公司
2010031904000302	电子防盗保险柜（金钢系列）	江门市新会区万安金属制品厂有限公司
2010031904000308	电子防盗保险柜（单门）	宁波大榭开发区翔和保险箱有限公司
2010031904000310	电子防盗保险柜（单门）	宁波大榭开发区优盾保险箱有限公司
2010031904000320	电子防盗保险箱（车载电子防盗保险箱 FDX－A/D 系列）	惠州市车亦家生活用品有限公司
2011031904000021	防盗保险柜（ATM 保险柜）	创斯达（南通）机电有限公司
2011031904000022	防盗保险柜（ATM 保险柜）	创斯达（南通）机电有限公司
2011031904000027	电子防盗保险柜（双门）	宁波大榭开发区恒发保险箱有限公司
2011031904000023	电子防盗保险柜	创斯达（南通）机电有限公司
2011031904000046	电子防盗保险柜	宁波市卓越电子安全设备有限公司
2011031904000051	电子防盗保险柜（双门）	浙江省永康市永顺箱柜有限公司
2011031904000048	机械防盗保险柜	忻州市忻府区宏安保险柜厂
2011031904000065	电子防盗保险柜（双门）	宁波大榭开发区恒翔保险箱有限公司
2011031904000082	电子防盗保险柜（FDG－A1/D 系列保险柜）	天津市大发多吉办公钢柜技术开发有限公司
2011031904000087	机械防盗保险柜（EC6500 PU1 保险柜系列）	余姚市金泰阁安全设备有限公司
2011031904000088	电子防盗保险柜（EC6500 PU1 保险柜系列）	余姚市金泰阁安全设备有限公司
2011031904000084	电子防盗保险柜	湖南恩尔保险箱制造有限公司
2011031904000094	电子防盗保险柜（单门）	上海强力安防科技有限公司
2011031904000107	电子防盗保险柜（双门）	宁波大榭开发区格林尼森保险箱有限公司
2011031904000116	电子防盗保险柜（指纹式）	宁波永发集团有限公司
2011031904000117	电子防盗保险柜（指纹式）（双门）	宁波永发集团有限公司
2011031904000128	电子防盗保险柜	浙江佳家利保险箱制造有限公司
2011031904000129	电子防盗保险柜	浙江佳家利保险箱制造有限公司
2011031904000155	电子防盗保险柜（单门）	宁波龙峰保险箱制造有限公司
2011031904000156	电子防盗保险柜（双门）	宁波龙峰保险箱制造有限公司
2011031904000178	电子防盗保险柜（单门）	广州市科密电子有限公司
2011031904000181	电子防盗保险柜	东海县恒锦办公设备有限公司
2011031904000218	电子防盗保险柜（电子密码锁保险柜）	广州市浩云安防科技工程有限公司
2011031904000219	电子防盗保险柜	北京数字指通软件技术有限公司
2011031904000220	电子防盗保险柜（双门）	宁波大榭开发区翔和保险箱有限公司
2011031904000221	电子防盗保险柜（双门）	宁波大榭开发区优盾保险箱有限公司
2011031904000223	电子防盗保险柜（单门）	宁波大榭开发区甬旺保险箱有限公司
2011031904000224	电子防盗保险柜（双门）	宁波大榭开发区甬旺保险箱有限公司
2011031904000226	防盗保险柜	光荣机电（深圳）有限公司

续表

认证证书编号	认证产品名称	持证企业名称
2011031904000233	电子防盗保险柜（单门）	宁波大榭开发区虎盾保险箱厂
2010031904000088	电子密码锁防盗保险箱	中山市富甲制品有限公司
2009031904000814	电子防盗保险箱	宁波永邦保险箱制造有限公司
2009031904000498	电子密码防盗保险箱	江西金虎保险设备集团有限公司
2009031904000701	电子防盗保险箱	宁波大榭开发区盾发保险箱有限公司
2009031904000698	电子防盗保险箱	昆山申坤保险箱有限公司
2010031904000132	电子防盗保险箱	洛阳市安久保密设备有限公司
2009031904000699	电子防盗保险箱	昆山申坤保险箱有限公司
2009031904000737	电子防盗保险箱	宁波大榭开发区乐堡保险箱制造有限公司
2009031904000657	电子防盗保险箱（壁式）	宁波大榭开发区泰力保险箱制造有限公司
2009031904000084	电子防盗保险箱	宁波驰球安防设备有限公司
2010031904000195	电子防盗保险箱	宁波大榭开发区新天地保险箱厂
2009031904000113	电子防盗保险箱	上海裕豪机电有限公司
2009031904000173	电子防盗保险箱	宁波市鄞州艾发保险箱制造有限公司
2010031904000218	电子防盗保险箱	宁波大榭开发区恒翔保险箱有限公司
2009031904000214	电子式防盗保险箱	宁波永发集团有限公司
2009031904000593	电子防盗保险箱	宁波大榭开发区金欧保险箱制造有限公司
2009031904000185	电子防盗保险箱	宁波市北仑区通发箱柜制造有限公司
2009031904000198	机械密码防盗保险箱	宁波市康华保险箱制造有限公司
2009031904000199	电子密码防盗保险箱	宁波市康华保险箱制造有限公司
2009031904000336	电子防盗保险箱	宁波大榭开发区威盾斯保险箱有限公司
2010031904000211	电子防盗保险箱	河南铭谱办公机具有限公司
2010031904000230	电子式防盗保险箱（单门冰箱式）	宁波永发集团有限公司
2009031904000213	机械式防盗保险箱	宁波永发集团有限公司
2009031904000318	电子防盗保险箱	宁波艾谱实业有限公司
2009031904000319	机械防盗保险箱	宁波艾谱实业有限公司
2009031904000337	指纹防盗保险箱	宁波艾谱实业有限公司
2010031904000084	电子防盗保险箱（指纹锁）	浙江豪普森生物识别应用有限公司
2010031904000134	电子防盗保险箱	洛阳市三箭柜业有限公司
2009031904000809	电子防盗保险箱	宁波大榭开发区小峙康达电器五金厂
2009031904000808	电子防盗保险箱	宁波大榭开发区恒发保险箱有限公司
2009031904000757	电子锁防盗保险箱	上海迪堡安防设备有限公司
2009031904000758	机械锁防盗保险箱	上海迪堡安防设备有限公司
2009031904000544	机械防盗保险箱	北京兆桐易发科贸有限责任公司
2010031904000096	机械防盗保险箱	偃师市旭光保险器材厂
2010031904000099	机械防盗保险箱	洛阳市金莱雅柜业有限公司
2009031904000461	电子式防盗保险箱	四川省永亨实业有限责任公司
2010031904000025	电子防盗保险箱	太原市警鹰保险柜制造有限公司
2010031904000018	电子防盗保险箱	宁波大榭开发区中亿保险箱有限公司

续表

认证证书编号	认证产品名称	持证企业名称
2009031904000907	电子防盗保险箱	宁波亚大安全设备制造有限公司
2009031904000642	电子防盗保险箱	宁波艾斐堡箱柜制造有限公司
2009031904000742	电子防盗保险箱	宁波大榭开发区金盾保险箱制造有限公司
2009031904000721	电子防盗保险箱	广东安能保险柜制造有限公司
2009031904000755	电子防盗保险箱（FDX－A/D 系列）	宁波虎王保险箱有限公司
2009031904000756	机械防盗保险箱（FDX－A/J 系列）	宁波虎王保险箱有限公司
2009031904000466	机械防盗保险箱	宁波大榭开发区久旺保险箱有限公司
2010031904000027	电子防盗保险箱	宁波大榭开发区安尔心箱柜厂
2009031904000464	机械防盗保险箱	上海杰宝大王企业发展有限公司
2009031904000811	电子防盗保险箱	浙江省永康市永顺箱柜有限公司
2009031904000897	防盗保险箱（车载电子防盗保险箱 FDX－A/D 系列）	上海锚盾保险箱制造有限公司
2009031904000904	电子防盗保险箱	宁波大榭开发区立盾保险箱有限公司
2009031904000514	电子防盗保险箱	宁波大榭开发区威伦司保险箱有限公司
2009031904000515	机械防盗保险箱	宁波大榭开发区威伦司保险箱有限公司
2009031904000530	电子密码防盗保险箱	上海曹翔保险箱有限公司
2009031904000522	电子防盗保险箱	宁波大榭开发区格林尼森保险箱有限公司
2009031904000526	防盗保险箱（密码保险箱）	宁波市北仑明大箱柜有限公司
2011031904000213	电子防盗保险箱	宁波大榭开发区甬盾保险箱厂
2009031904000955	电子防盗保险箱（马达驱动型）	宁波大榭开发区书一保险箱有限公司
2009031904000956	电子防盗保险箱（电磁阀驱动型）	宁波大榭开发区书一保险箱有限公司
2009031904000647	电子防盗保险箱	宁波大榭开发区久旺保险箱有限公司
2010031904000168	电子防盗保险箱	洛阳市兴华钢制办公家具有限公司
2009031904000583	电子防盗保险箱	宁波大榭开发区振兴保险箱工贸有限公司
2009031904000584	机械防盗保险箱	宁波大榭开发区振兴保险箱工贸有限公司
2009031904000596	机械防盗保险箱	宁波大榭开发区金欧保险箱制造有限公司
2009031904000683	电子防盗保险箱	上海飞豹保险箱有限公司
2009031904000686	电子防盗保险箱	湖南恩尔保险箱制造有限公司
2009031904000750	电子防盗保险箱	上海杰宝大王企业发展有限公司
2009031904000957	机械防盗保险箱	宁波大榭开发区书一保险箱有限公司
2009031904000958	机械防盗保险箱	南京美加美科技有限公司
2009031904000959	电子防盗保险箱（马达驱动型）	南京美加美科技有限公司
2009031904000960	电子防盗保险箱（电磁阀驱动型）	南京美加美科技有限公司
2010031904000287	电子防盗保险箱	得力集团有限公司
2009031904000816	电子防盗保险箱	上海震海家具有限公司
2009031904000922	电子防盗保险箱	宁波大榭开发区金楷工贸有限公司
2010031904000041	电子防盗保险箱	宁波市北仑大管家箱柜有限公司
2009031904000987	电子密码防盗保险箱	重庆市南岸区东松电器厂
2010031904000112	电子防盗保险箱	新宝塔（河南）保险箱制造有限公司
2010031904000079	电子防盗保险箱	河北省武邑县长城柜业有限公司

续表

认证证书编号	认证产品名称	持证企业名称
2010031904000073	防盗保险箱	山西三关安防设备有限公司
2010031904000125	机械防盗保险箱	洛阳市宝塔箱柜有限公司
2010031904000181	电子防盗保险箱	河北虎牌集团柜业有限公司
2010031904000216	电子防盗保险箱（指纹）	宁波驰球安防设备有限公司
2010031904000284	电子防盗保险箱	武汉花都科技发展有限公司
2010031904000292	电子防盗保险箱	宁波大榭开发区宙斯盾箱柜厂
2010031904000307	电子防盗保险箱	宁波大榭开发区翔和保险箱有限公司
2010031904000309	电子防盗保险箱	宁波大榭开发区优盾保险箱有限公司
2010031904000330	电子防盗保险箱	宁波艾博保险箱有限公司
2011031904000004	电子防盗保险箱（珍藏式）	江苏凤鸟科技开发有限公司
2011031904000037	电子防盗保险箱	宁波大榭开发区宝典保险箱有限公司
2011031904000047	电子防盗保险箱	宁波市卓越电子安全设备有限公司
2011031904000093	电子防盗保险箱	上海强力安防科技有限公司
2011031904000115	电子防盗保险箱（指纹式）	宁波永发集团有限公司
2011031904000130	电子防盗保险箱	浙江佳家利保险箱制造有限公司
2011031904000157	电子防盗保险箱	宁波龙峰保险箱制造有限公司
2011031904000177	电子防盗保险箱	广州市科密电子有限公司
2011031904000211	电子防盗保险箱	宁波大榭开发区明盾保险箱工贸有限公司
2011031904000225	电子防盗保险箱	宁波大榭开发区甬旺保险箱有限公司
2011031117000184	汽车行驶记录仪	深圳市伊爱高新技术开发有限公司
2011031117000185	汽车行驶记录仪	上海欣泰通信技术有限公司
2007031117000004	汽车行驶记录仪	航天科技控股集团股份有限公司
2007031117000053	汽车行驶记录仪	河南新飞电子技术有限公司
2007031117000061	汽车行驶记录仪	深圳市速维科技有限公司
2007031117000107	汽车行驶记录仪	北京神讯信息科技有限公司
2007031117000121	汽车行驶记录仪	北京一祺航科技有限公司
2007031117000122	汽车行驶记录仪	北京富迪信科技发展有限公司
2007031117000123	汽车行驶记录仪	北京富迪信科技发展有限公司
2007031117000124	汽车行驶记录仪	山东济宁广安科技有限公司
2007031117000140	汽车行驶记录仪	山东济宁广安科技有限公司
2007031117000152	汽车行驶记录仪	大陆汽车电子（芜湖）有限公司
2007031117000153	汽车行驶记录仪	大陆汽车电子（芜湖）有限公司
2007031117000230	汽车行驶记录仪	广州市银光电子工业有限公司
2007031117000231	汽车行驶记录仪	广州市银光电子工业有限公司
2007031117000233	汽车行驶记录仪	湖南车卫士科技有限公司
2007031117000238	汽车行驶记录仪	湖南车卫士科技有限公司
2007031117000257	汽车行驶记录仪	扬州基尔韦伯电气有限公司
2007031117000271	汽车行驶记录仪	北京八大处奥博科技发展有限公司
2008031117000027	汽车行驶记录仪	深圳市速维科技有限公司

续表

认证证书编号	认证产品名称	持证企业名称
2008031117000033	汽车行驶记录仪	深圳市国脉科技有限公司
2008031117000112	汽车行驶记录仪	东风襄樊仪表系统有限公司
2008031117000126	汽车行驶记录仪	内蒙古一机集团宏远电器有限公司
2008031117000139	汽车行驶记录仪	上海大潮电子技术有限公司
2011031117000079	汽车行驶记录仪	福州永安永康交通电子有限公司
2009031117000114	汽车行驶记录仪	上海本安仪表系统有限公司
2010031117000241	汽车行驶记录仪	深圳市成为智能交通系统有限公司
2010031117000242	汽车行驶记录仪	山东车卫士科技有限公司
2010031117000249	汽车行驶记录仪	江苏罗思韦尔电气有限公司
2010031117000253	汽车行驶记录仪	航天科技控股集团股份有限公司
2010031117000325	汽车行驶记录仪	重庆安运科技有限公司
2010031117000221	汽车行驶记录仪	深圳市国脉科技有限公司
2010031117000006	汽车行驶记录仪	山东车卫士科技有限公司
2010031117000225	汽车行驶记录仪	上海腾巍智能交通信息设备有限公司
2010031117000243	汽车行驶记录仪	山东天海电装有限公司
2010031117000248	汽车行驶记录仪	江苏罗思韦尔电气有限公司
2011031117000198	汽车行驶记录仪	深圳市易流科技有限公司
2010031117000023	汽车行驶记录仪	江苏千里马科技有限公司
2010031117000026	汽车行驶记录仪	苏州千里马电子科技有限公司
2009031117000614	汽车行驶记录仪	济南中宏机电设备有限公司
2011031117000077	汽车行驶记录仪	北京伟航新技术开发有限公司
2011031117000199	汽车行驶记录仪	广东长宝信息科技有限公司
2010031117000331	汽车行驶记录仪	杭州鸿泉数字设备有限公司
2011031117000005	汽车行驶记录仪	江苏金榆科技集团有限公司
2011031117000028	汽车行驶记录仪	大陆汽车电子（芜湖）有限公司
2011031117000029	汽车行驶记录仪	大陆汽车电子（芜湖）有限公司
2011031117000042	汽车行驶记录仪	广州市银光电子工业有限公司
2011031117000043	汽车行驶记录仪	杭州中导科技开发有限公司
2011031117000061	汽车行驶记录仪	重庆安运科技有限公司
2011031117000062	汽车行驶记录仪	重庆安运科技有限公司
2011031117000069	汽车行驶记录仪	深圳市绚华科技有限公司
2011031117000075	汽车行驶记录仪	深圳市比亚迪汽车有限公司
2011031117000078	汽车行驶记录仪	广州亿程交通信息有限公司
2011031117000090	汽车行驶记录仪	深圳市勤创达科技有限公司
2011031117000098	汽车行驶记录仪	北京神讯信息科技有限公司
2011031117000097	汽车行驶记录仪	四川科泰智能电子有限公司
2011031117000096	汽车行驶记录仪	四川科泰智能电子有限公司
2011031117000099	汽车行驶记录仪	宁波市鄞州雪利曼电子仪表有限公司
2011031117000109	汽车行驶记录仪	山东九通物联网科技有限公司

续表

认证证书编号	认证产品名称	持证企业名称
2011031117000110	汽车行驶记录仪	启明信息技术股份有限公司
2011031117000118	汽车行驶记录仪	深圳市华宝电子科技有限公司
2011031117000137	汽车行驶记录仪	广州吉码电子科技有限公司
2011031117000161	汽车行驶记录仪	深圳市博实结科技有限公司
2011031117000162	汽车行驶记录仪	青岛鲁诺电子科技有限公司
2011031117000163	汽车行驶记录仪	西安丰力通电子有限公司
2011031117000169	汽车行驶记录仪	上海航盛实业有限公司
2011031117000170	汽车行驶记录仪	广州亿程交通信息有限公司
2011031117000171	汽车行驶记录仪	广州亿程交通信息有限公司
2011031117000174	汽车行驶记录仪	南京自在电子实业有限公司
2011031117000175	汽车行驶记录仪	南京自在电子实业有限公司
2011031117000183	汽车行驶记录仪	航天科技控股集团股份有限公司
2011031117000182	汽车行驶记录仪	山东济宁广安科技有限公司
2011031117000196	汽车行驶记录仪	江苏罗思韦尔电气有限公司
2011031117000197	汽车行驶记录仪	江苏罗思韦尔电气有限公司
2011031117000228	汽车行驶记录仪	广西协丰物流有限公司
2011031117000227	汽车行驶记录仪（双模汽车行驶记录仪）	深圳市星航道信息技术有限公司
2011031117000229	汽车行驶记录仪	杭州鸿泉数字设备有限公司
2011031117000230	汽车行驶记录仪	杭州鸿泉数字设备有限公司
2011031117000235	汽车行驶记录仪	哈尔滨威帝电子股份有限公司
2011031117000236	汽车行驶记录仪	哈尔滨威帝电子股份有限公司
2011031117000234	汽车行驶记录仪	深圳市慧视通科技股份有限公司
2006031118000388	车身反光标识（二级）	锐飞反光材料（厦门）有限公司
2006031118000389	车身反光标识（一级）	锐飞反光材料（厦门）有限公司
2006031118000431	车身反光标识（二级）	常州华威反光材料有限公司
2006031118000437	车身反光标识（二级）	常州华日升反光材料有限公司
2007031118000017	车身反光标识（二级）	恩希爱（杭州）化工有限公司
2007031118000033	车身反光标识（二级）	广州市鼎安交通科技有限公司
2007031118000075	车身反光标识（一级）	3M（中国）有限公司
2007031118000076	车身反光标识（二级）	3M（中国）有限公司
2007031118000077	车身反光标识（一级）	艾利（中国）有限公司
2007031118000078	车身反光标识（二级）	艾利（中国）有限公司
2007031118000093	车身反光标识（二级）	浙江道明光学股份有限公司
2007031118000150	车身反光标识（一级）	恩希爱（杭州）化工有限公司
2007031118000168	车身反光标识（二级）	安徽朗路交通科技有限公司
2007031118000169	车身反光标识（二级）	南京赛康交通实业有限公司
2007031118000194	车身反光标识（二级）	浙江方远夜视丽反光材料有限公司
2008031118000040	车身反光标识（二级）	福建省晋江市夜光达反光材料有限公司
2009031118000063	车身反光标识（二级）	台州市万创夜光明工贸有限公司

续表

认证证书编号	认证产品名称	持证企业名称
2009031118000002	车身反光标识（二级）	安徽博安交通科技有限公司
2008031118000167	车身反光标识（二级）	合肥艾瑞交通安全材料有限公司
2009031118000120	车身反光标识（一级）	浙江道明光学股份有限公司
2009031118000067	车身反光标识（二级）	晋江市夜视明反光材料有限公司
2009031118000087	车身反光标识（二级）	浙江采源反光材料有限公司
2010031118000209	车身反光标识（二级）	潍坊胜达反光材料有限公司
2010031118000250	车身反光标识（二级）	杭州美达反光材料有限公司
2010031118000240	车身反光标识（二级）	四川中科倍特尔技术有限公司
2010031118000022	车身反光标识（一级）	常州华日升反光材料有限公司
2010031118000028	车身反光标识（二级）	浙江海川安全防护用品有限公司
2011031118000070	车身反光标识（二级）	合肥中铁百瑞得交通工程科技有限公司
2011031118000095	车身反光标识（二级）	凯丰集团有限公司

社会公共安全产品自愿性认证结果信息

认证证书编号	认证产品名称	持证企业名称
V201003103000015	电子防盗锁	宁波大榭开发区旺升电子有限公司
V200903103000008	智能电子锁（电磁铁型）	宁波双九箱柜有限公司
V200903103000011	智能电子锁（马达型）	宁波双九箱柜有限公司
V200903103000018	电子密码防盗锁（按键式）	宁波北仑博迅电子有限公司
V200903103000019	电子密码防盗锁（触摸屏）	宁波北仑博迅电子有限公司
V201003103000051	液晶电子密码锁	宁波大榭开发区百思特电子有限公司
V201103103000001	液晶电子密码锁	宁波大榭开发区格美电子科技有限公司
V201103103000025	液晶电子密码锁	宁波大榭开发区智科电子有限公司
V201103103000042	电子密码锁	宁波大榭开发区成立电子有限公司
V201003103000013	机械防盗锁	江门市环市兴盛锁具五金厂
V200903103000007	机械密码锁	宁波双九箱柜有限公司
V200903103000009	弹子锁	宁波双九箱柜有限公司
V200903103000010	叶片锁	宁波双九箱柜有限公司
V200903103000013	机械防盗锁（六角锁）	温州威泰锁业有限公司
V200903103000014	机械防盗锁（新式机械密码锁）	温州威泰锁业有限公司
V200903103000015	机械防盗锁（威威牌保险柜锁芯）	温州威泰锁业有限公司
V200903103000016	机械防盗锁（半圆偏芯锁）	温州威泰锁业有限公司
V200903103000017	机械防盗锁（十字保险柜锁芯）	温州威泰锁业有限公司
V201003103000010	机械防盗锁	王力集团有限公司
V201003103000011	机械防盗锁（特能锁）	王力集团有限公司
V201003103000050	机械防盗锁（新曲线槽保险箱锁）	温州威泰锁业有限公司
V201003103000053	机械密码锁	慈溪市逍林镇神鹰锁厂

续表

认证证书编号	认证产品名称	持证企业名称
V201103103000038	机械防盗锁（插芯锁）	宁波市镇海神舟锁业有限公司
V201103103000039	机械防盗锁（叶片锁头）	宁波市镇海神舟锁业有限公司
V201003101000019	新多牌防盗安全门（丁级）	新多集团有限公司
V201003101000036	防盗安全门	宜兴市富丽华消防器材有限公司
V201003101000001	防盗安全门（甲级）	哈尔滨飞云实业有限公司
V201003101000002	防盗安全门（丙级）	哈尔滨飞云实业有限公司
V201003101000003	防盗安全门（丁级）	哈尔滨飞云实业有限公司
V201003101000004	防盗安全门（甲级）	北京日上工贸有限公司
V201003101000005	防盗安全门（丙级）	北京日上工贸有限公司
V201003101000006	防盗安全门（丁级）	北京日上工贸有限公司
V201003101000007	防盗安全门（甲级）	王力集团有限公司
V201003101000008	防盗安全门（丙级）	王力集团有限公司
V201003101000046	防盗安全门	浙江金大门业有限公司
V201003101000009	防盗安全门（丁级）	王力集团有限公司
V201003101000020	新多牌防盗安全门（乙级）	新多集团有限公司
V201003101000021	防盗安全门（甲级）	浙江新力门业有限公司
V201003101000022	防盗安全门（乙级）	浙江新力门业有限公司
V201003101000023	防盗安全门（丙级）	浙江新力门业有限公司
V201003101000024	防盗安全门（丁级）	浙江新力门业有限公司
V201003101000026	防盗安全门（双扇乙级）	重庆美心・麦森门业有限公司
V201003101000047	防盗安全门（乙级）	星月集团有限公司
V201003101000025	防盗安全门（单扇乙级）	重庆美心・麦森门业有限公司
V201003101000027	防盗安全门（单扇甲级）	重庆美心・麦森门业有限公司
V201003101000028	防盗安全门（双扇甲级）	重庆美心・麦森门业有限公司
V201003101000029	防盗安全门（单扇丙级）	重庆美心・麦森门业有限公司
V201003101000030	防盗安全门（双扇丙级）	重庆美心・麦森门业有限公司
V201003101000031	防盗安全门（单扇丁级）	重庆美心・麦森门业有限公司
V201003101000048	防盗安全门（丁级）	星月集团有限公司
V201003101000032	防盗安全门（双扇丁级）	重庆美心・麦森门业有限公司
V201003101000049	防盗安全门（丙级）	星月集团有限公司
V201003101000035	防盗安全门（子母门）	宜兴市富丽华消防器材有限公司
V201003101000037	防盗安全门（单扇乙级钢质）	盼盼安居门业有限责任公司
V201003101000038	防盗安全门（单扇甲级钢质）	盼盼安居门业有限责任公司
V201003101000039	防盗安全门（双扇甲级钢质）	盼盼安居门业有限责任公司
V201003101000040	防盗安全门（单扇丙级钢质）	盼盼安居门业有限责任公司
V201003101000041	防盗安全门（双扇丙级钢质）	盼盼安居门业有限责任公司
V201003101000042	防盗安全门（单扇丙级钢质门中门）	盼盼安居门业有限责任公司
V201003101000043	防盗安全门（单扇丁级钢质）	盼盼安居门业有限责任公司
V201003101000044	防盗安全门（双扇丁级钢质）	盼盼安居门业有限责任公司
V201003101000045	防盗安全门（双扇乙级钢质）	盼盼安居门业有限责任公司

续表

认证证书编号	认证产品名称	持证企业名称
V201003101000052	平开式防盗安全门	哈尔滨飞云实业有限公司
V201003101000056	防盗安全门（乙级单开）	群升集团有限公司
V201003101000057	防盗安全门（乙级双开）	群升集团有限公司
V201003101000058	防盗安全门（乙级双开子母）	群升集团有限公司
V201003101000059	防盗安全门（乙级）	王力集团有限公司
V201103101000005	丁级单扇防盗安全门	富新集团有限公司
V201103101000006	丁级双扇防盗安全门	富新集团有限公司
V201103101000002	丁级单扇防盗安全门	浙江神将门业有限公司
V201103101000003	甲级单扇防盗安全门	浙江神将门业有限公司
V201103101000004	丁级双扇防盗安全门	浙江神将门业有限公司
V201103101000033	防盗安全门	步阳集团有限公司
V201103101000010	防盗安全门（丁级子母门）	宜兴市富丽华消防器材有限公司
V201103101000011	防盗安全门（丙级子母门）	宜兴市富丽华消防器材有限公司
V201103101000012	防盗安全门（丁级）	宜兴市富丽华消防器材有限公司
V201103101000013	防盗安全门（丙级）	宜兴市富丽华消防器材有限公司
V201103101000014	防盗安全门（乙级）	长春铸诚集团有限责任公司
V201103101000035	防盗安全门（乙级）	春天集团有限公司
V201103101000036	防盗安全门（丁级）	春天集团有限公司
V201103101000037	防盗安全门（乙级）	北京日上工贸有限公司
V200503204000008	道路交通信号灯	上海三晟经济发展有限公司
V200503204000014	道路交通信号灯	宁波华路德交通设备科技有限公司
V200603204000002	道路交通信号灯（机动车信号灯）	上海澳星照明电器制造有限公司
V200603204000004	道路交通信号灯（方向指示信号灯）	无锡安邦电气有限公司
V200603204000005	道路交通信号灯（机动车信号灯）	无锡安邦电气有限公司
V200603204000006	道路交通信号灯（人行横道信号灯）	无锡安邦电气有限公司
V200703204000007	道路交通信号灯（机动车信号灯）	上海澳星照明电器制造有限公司
V201003204000012	道路交通信号灯（人行横道信号灯）	上海澳星照明电器制造有限公司
V201003401000060	警用350兆模拟集群对讲机	深圳科立讯电子有限公司
V201103401000009	警用350兆模拟集群对讲机	海能达通信股份有限公司
V201103401000008	警用350兆模拟集群对讲机	海能达通信股份有限公司
V201103401000020	警用350兆模拟集群通信系统	北京市万格数码通讯科技有限公司
V201103401000043	警用350兆模拟集群对讲机	厦门市鑫光源光电科技有限公司
V201103303000007	活体单指指纹采集设备	北京汉林信通信息技术有限公司
V201103303000023	活体单指指纹采集设备	北京海鑫科金高科技股份有限公司
V201103303000026	活体单指指纹采集设备	北京欣网科科技有限公司
V201103303000029	活体单指指纹采集设备	中盾信安科技（江苏）有限公司
V201103303000031	活体指纹采集设备	格林比特（天津）生物信息技术有限公司
V201103303000024	活体单指指纹采集设备	北京北大高科指纹技术有限公司
V201103303000032	活体单指指纹采集设备	格林比特（天津）生物信息技术有限公司
V201103303000027	活体单指指纹采集设备	长春鸿达光电子与生物统计识别技术有限公司

续表

认证证书编号	认证产品名称	持证企业名称
V201103303000030	活体单指指纹采集设备	北京东方金指科技有限公司
V201103303000034	活体单指指纹采集设备	浙江师大计海新技术有限公司
V201103303000040	活体单指指纹采集设备	北京北大高科指纹技术有限公司
V201103303000022	活体指纹/掌纹采集设备	北京海鑫科金高科技股份有限公司
V201103303000015	活体指纹/掌纹采集设备	北京汉林信通信息技术有限公司
V201103303000019	活体指纹/掌纹采集设备	格林比特（天津）生物信息技术有限公司
V201103303000017	活体指纹/掌纹采集设备	北京北大高科指纹技术有限公司
V201103303000018	活体指纹/掌纹采集设备	北京北大高科指纹技术有限公司
V201103303000021	活体指纹/掌纹采集设备	北京东方金指科技有限公司
V201103303000028	活体指纹/掌纹采集设备	长春鸿达光电子与生物统计识别技术有限公司
V201103303000041	活体指纹/掌纹采集设备	浙江师大计海新技术有限公司
V200903305000001	法庭科学人类荧光标记 STR 复合扩增检测试剂	爱普拜斯应用生物系统贸易（上海）有限公司
V200903305000002	法庭科学人类荧光标记 STR 复合扩增检测试剂	爱普拜斯应用生物系统贸易（上海）有限公司
V200903305000006	法庭科学人类荧光标记 STR 复合扩增检测试剂	无锡中德美联生物技术有限公司
V201003305000016	法庭科学人类荧光标记 STR 复合扩增检测试剂	普洛麦格（北京）生物有限公司
V201003305000017	法庭科学人类荧光标记 STR 复合扩增检测试剂	普洛麦格（北京）生物有限公司
V200903305000004	法庭科学人类荧光标记 STR 复合扩增检测试剂	基点认知技术（北京）有限公司
V200903305000005	法庭科学人类荧光标记 STR 复合扩增检测试剂	基点认知技术（北京）有限公司
V200903305000003	法庭科学人类荧光标记 STR 复合扩增检测试剂	公安部物证鉴定中心
V201103305000016	法庭科学人类荧光标记 STR 复合扩增检测试剂	无锡中德美联生物技术有限公司
V201003305000033	法庭科学人类荧光标记 STR 复合扩增检测试剂	基点认知技术（北京）有限公司
V201003305000034	法庭科学人类荧光标记 STR 复合扩增检测试剂	基点认知技术（北京）有限公司
V201003305000055	法庭科学人类荧光标记 STR 复合扩增检测试剂	爱普拜斯应用生物系统贸易（上海）有限公司

中国人民解放军军用安全技术防范产品认证目录

证书号	产品名称	型号规格	有效期至	申请单位
0006	红外高速球型摄像机	JGA – IRHD	2014 年 10 月	深圳市捷高电子科技有限公司
0007	高速球型摄像机	JGA – QG998D	2014 年 10 月	深圳市捷高电子科技有限公司
0008	恒速球型摄像机	JGA – QH9000	2014 年 10 月	深圳市捷高电子科技有限公司
0009	红外云台	JGA – IRPT	2014 年 10 月	深圳市捷高电子科技有限公司
0010	网络视频服务器	JGA – NVS – ED1	2014 年 10 月	深圳市捷高电子科技有限公司
0011	射频识别读写器、标签	JGA – RFID6700 JGA – RFID6900	2014 年 10 月	深圳市捷高电子科技有限公司
0015	机械传动式路障	LZ – jx – 1300	2014 年 10 月	北京奥力盾机电设备有限公司
0121	光纤信号反馈系统	FDDI3100 FDDI3200	2013 年 11 月	宁波诺可电子科技发展有限公司
0122	（FUJITSU）摄像机	TCZ – 536PG – D	2013 年 11 月	广州市雪亚贸易有限公司
0123	智能枪弹柜管理系统	TSS – CTD401QG	2013 年 11 月	广州市浩云安防科技工程有限公司
0124	智能物联网多重验证通行控制管理系统	V10.0	2013 年 11 月	北京中控科技发展有限公司

续表

证书号	产品名称	型号规格	有效期至	申请单位
0125	人员车辆信息管理平台	V1.0	2013 年 12 月	东方中安信息技术有限公司
0126	防区型光纤入侵探测系统	ZFI－1000	2013 年 12 月	杭州安远科技有限公司
0127	LC5201A 网络摄像机	LC5201A	2013 年 12 月	深圳市朗驰欣创科技有限公司
0128	LC8300 网络视频服务器	LC8300	2013 年 12 月	深圳市朗驰欣创科技有限公司
0129	数模混合多功能一体机	（VS－SPUS－SVR3100	2014 年 1 月	中星电子股份有限公司
0130	网络硬盘多功能一体机	（VS－SPUS－NVR2200	2014 年 1 月	中星电子股份有限公司
0131	多媒体接入单元	ZXNVM S8001－DA	2014 年 1 月	深圳中兴力维技术有限公司
0132	高速球型摄像机	ZNNC PD－H	2014 年 1 月	深圳中兴力维技术有限公司
0133	激光形夜视仪	SHR－DLV	2014 年 3 月	山东神戎电子股份有限公司
0134	高清夜视仪	SHR－HLV	2014 年 3 月	山东神戎电子股份有限公司
0135	热成像仪	SHR－VLVIR	2014 年 3 月	山东神戎电子股份有限公司
0136	高清视频编解码器	VD/E 10XY 20XY	2014 年 3 月	深圳同尊数字技术有限公司
0137	高清网络球形摄像机	IPC30XY	2014 年 3 月	深圳同尊数字技术有限公司
0138	网络存储设备	IPSAN2000	2014 年 3 月	深圳同尊数字技术有限公司
0139	高清网络摄像机	IPC20XY	2014 年 3 月	深圳同尊数字技术有限公司
0140	光纤传感入侵探测系统	DSFV2000 / DSFV6000	2014 年 3 月	苏州市盛信光纤传感科技有限公司
0141	ICR 日夜型摄像机	DH－CA－F461	2014 年 3 月	浙江大华技术股份有限公司
0142	网络数字硬盘录像机	DH－DVR－1604	2014 年 3 月	浙江大华技术股份有限公司
0143	高清网络摄像机	FNC－C3－b（w）FNC－C3－ir-bo（w）　FNC－C3－irdo（w）	2014 年 3 月	北京中电兴发科技有限公司
0144	百万像素网络智能高速球型摄像机	DH－SD6680－HNJ	2014 年 4 月	浙江大华技术股份有限公司
0145	高速智能球型摄像机	DH－SD6623－H（N）J	2014 年 4 月	浙江大华技术股份有限公司
0146	智能网络存储	DH－ESS	2014 年 4 月	浙江大华技术股份有限公司
0147	视频服务器	MCDV	2014 年 4 月	北京美视科信电子工程有限公司
0148	视频监控管理平台	VSMC	2014 年 5 月	深圳同尊数字技术有限公司
0149	Uxsens 物联网周界防入侵系统	（V6.0）	2014 年 5 月	无锡国科微纳传感网科技有限公司
0150	人员管理系统	KJ320	2014 年 6 月	北京英威腾电气有限公司
0151	UIT 统一存储	SV3600i－M	2014 年 7 月	北京市万力佳创网络技术有限公司
0152	GPS 车辆监管系统	HD－GPS－DD－I	2014 年 8 月	深圳市航大通讯技术有限公司
0153	智能门禁系统	PK－C39X＋R3X7	2014 年 9 月	深圳披克电子有限公司
0154	高清摄像机（枪机）	OB800－X	2014 年 9 月	杭州中威电子股份有限公司
0155	高清摄像机（球机）	OB800－X	2014 年 9 月	杭州中威电子股份有限公司
0156	汽车自动防撞器	QFZ	2014 年 9 月	北京泰远汽车自动防撞器制造有限公司
0157	汽车倒车防撞器	QFZD	2014 年 9 月	北京泰远汽车自动防撞器制造有限公司
0158	数码金属探测门	AD－2	2014 年 9 月	东莞市安盾实业投资有限公司
0159	高清摄像机	AF－SDI－C200	2014 年 9 月	北京军悦飞翔科技有限公司
0160	SDI 光端机	AF－SDI－1V1	2014 年 9 月	北京军悦飞翔科技有限公司

续表

证书号	产品名称	型号规格	有效期至	申请单位
0161	音视频非压缩光端机	AF－nV－nD－E	2014 年 9 月	北京军悦飞翔科技有限公司
0162	IP 网络寻呼话筒	IFA－8502	2014 年 10 月	长沙世邦通信技术有限公司
0163	IP 网络广播终端	IFA－8505	2014 年 10 月	长沙世邦通信技术有限公司
0164	IP 网络广播对讲终端	IFA－8513	2014 年 10 月	长沙世邦通信技术有限公司
0165	IP 网络广播对讲终端	IFA－8514	2014 年 10 月	长沙世邦通信技术有限公司
0166	IP 网络广播系统	IFA－8500	2014 年 10 月	长沙世邦通信技术有限公司
0167	数字多业务复用光端机	XCV8Vx4Ay2t4L2 K6Kx2Dy6E1KC1ST/R	2014 年 10 月	江苏新创光电通信有限公司

第五节　中国安全技术防范认证中心工作

2011 年，中国安全技术防范认证中心（以下简称“认证中心”）在公安部科技信息化局和认证中心理事会的正确领导下，认真贯彻落实公安部有关工作要求，结合认证业务工作，抓班子、带队伍、促规范，夯基础、保质量、促发展。在全体员工共同努力下，扎实推进各项工作，实现了班子团结协作、员工职业素质提高，认证工作规范、业务发展稳中有升的良性循环的局面。

一、产品认证质量不断提高 产品认证业务稳中有升

2011 年认证中心在全体员工的努力之下，产品认证质量不断提高，产品认证业务稳中有升。截至年底，认证中心共组织派遣认证工厂检查组（含境外）477 个，受理扩展型号及变更申请504 份，向各分包检测机构下达产品检测委托书 1317 份；保持强制性认证有效证书 1215 张，增长了3%；保持自愿性认证证书 126 张，比 2010 年全年证书总数增长了 33%。

2011 年认证中心加强和完善了对认证业务流程的质量控制。顺利通过国家认监委强制性产品认证专项监督现场年度检查工作和国家认可委年度认可评审工作。

首先，认证中心对国家安全防范报警系统产品质量监督检验中心（北京、上海）等分包检测机构发出通知，提出进一步规范产品认证检测工作的意见；召开质量管理体系评审会，对中心质量管理体系运行情况进行了分析与评价：集中分析认证受理、产品检测、工厂检查、证后监督、证书管理等环节存在的问题，提出了解决措施；修订自愿性（GA）认证标志管理办法，进一步规范了标志的申请、批准、制作、发放和监督等程序；向各分包检测机构发出《关于进一步加强产品认证检测工作的通知》，对产品认证检测的时限控制、认证产品关键元器件、部件和原材料的控制提出了更细致的规定，对产品认证检测记录规定了统一的格式。

其次，认证中心在 2011 年 7 月通过了国家认监委年度的强制性产品认证专项监督现场检查。认证中心认证业务的各环节运作规范，符合国家对强制性产品认证的管理要求。

再次，认证中心在 2011 年 9 月接受了中国合格评定国家认可委员会（CNAS）派出的评审组实施的认可复评，评审组按照认可准则的要求全面审查了认证中心的质量体系及认证运作情况。经审核，认证中心产品认证各环节管理规范，保持和运行管理体系有效，具备产品认证机构所需能力和资格。同时认证中心结合 CNAS 复评工作，完成了活体指/掌纹采集设备产品认证能力认可扩项工作。

二、努力为公安工作服务，大力推进社会公共安全产品自愿性认证（GA 认证）

认证中心大力推进社会公共安全产品自愿性认证，为公安工作服务，为公安一线提供认证技术服务，受到使用方和委托方的好评，取得了可喜的效果。

一是公安 350 兆模拟无线通信设备产品认证工作有了新的进展。认证中心在分包实验室公安部安全与警用电子产品质检中心等单位的共同努力下做了大量有效的工作。至 2011 年年底共受理了 5 家企业 8 个单元的产品认证申请，已经颁发 4 张认证证书。

二是用合格评定的模式为公安业务服务，为公安一线提供合格评定技术服务的探索取得了新的进展，使认证中心在采用合格评定技术为公安业务工作提供服务方面获得了新的经验。

三是公安指纹自动识别系统认证工作正式展开。这是

认证中心的认证工作从产品认证到系统认证的一次突破，也是认证工作为公安业务服务的实际行动。

四是启动应急通信保障系统——移动无线视音频传输系统认证准备工作。认证中心与检测机构配合完成了《公安无线通信设备认证实施规则——公安专用移动无线视音频传输系统》和认证实施细则的制定工作。同时，准备尽快完成检测平台的建设工作，完善检验能力，并为今后应急通信保障领域的业务拓展做好技术储备，为有效推进应急通信保障系统的规范管理提供了可靠的技术保证。

三、完成国家认监委强制性产品认证质量分析重点工作

为认真分析总结我国设立强制性产品认证的成果，提高强制性认证工作有效性，国家认监委将强制性产品认证质量分析列为2011年重点，要求各强制性认证机构认真落实。为做好这项工作，认证中心高度重视。按照已开展的入侵探测器和防盗报警控制器、汽车防盗报警系统、防盗保险箱（柜）、汽车行驶记录仪、车身反光标识等认证产品类别，区分了5个分项进行研究分析，形成专门的强制性产品认证质量分析报告。自3月份开始，认证中心专门成立了工作组，开展工作，汇集整理数据，形成了200余个质量分析图表；多次召开分析会，深入研究和总结10年强制性认证工作情况和成效；走访重点认证企业，研判风险点，听取意见和建议，完成了分析报告，得到了国家认监委的肯定和好评

四、顺利完成“社会责任国际标准风险控制及企业社会责任评价技术研究”课题

按照公安部科技信息化局要求，2010年认证中心承担了国家标准委社会责任标准研究课题。课题组建章立制，分组研究，规范运作，按照课题实施方案的内容和进度全面开展课题研究的各项工作。在深入研究基础上，认证中心编制了《社会责任国际标准对我国社会安全、立法和司法政策的风险分析与控制研究》研究报告，该课题研究在学术方面取得了较好的成果。2011年8月，完成了课题研究任务并通过了验收。

五、加强公共安全认证宣传工作，增强认证为公安服务大局意识

2011年8月18日，认证中心举行了成立十周年庆祝活动，为庆祝此次活动，编辑出版了认证中心成立十周年大型纪念画册《风雨同舟 共创辉煌》。画册收集了大量的历史资料和图片，既宣传了我国国家强制性产品认证制度，阐释了我国政府兑现入世承诺，遵守WTO/TBT协议所采取的各项措施；也介绍了认证中心十年的发展历程和所取得的成绩，为认证中心今后的发展提供了动力和方向。

编辑出版《中国安全防范认证》杂志。在加强公共安全认证宣传工作，树立中心形象，扩大中心影响方面发挥了积极作用。

编辑发行认证中心简讯，及时反映认证中心的各项业务活动。

六、认真贯彻公安部有关工作要求，加强领导班子建设

2011年，认证中心继续把领导班子建设作为重点，认真贯彻公安部各项工作要求，重点是坚持民主集中制原则，加强领导干部相互制约监督机制，将制约监督作为认证中心工作的常态机制。

七、继续加强队伍规范化建设，不断提高人员素质

一是按照公安部的有关要求，结合认证中心实际情况，制定和不断完善管理制度，用制度规范管理员工的工作和行为。重点是认证工作流程规范化，加强对认证业务环节上风险点的控制，有针对性地提出廉洁自律的规范要求。

二是编写新的工厂检查员培训教材，对认证中心受聘的工厂检查员进行规范化、专业化的培训，引用国家认监委通报的违法违规案例进行警示教育，注重提高职业道德素质；同时按照公安部“大走访”的要求广泛走访、听取认证企业和广大用户的意见，对工厂检查活动跟踪监督，及时改进工作作风，提高工作效率。

三是既严格要求也注重关心员工，关心他们的思想、工作、健康成长及切身利益，提高了队伍的凝聚力和战斗力，防止违法违纪现象发生，保持了员工队伍的稳定和纯洁。

（资料提供：中国安全技术防范认证中心）

第十四章 产品和工程检测

第一节 公安部授权的安防产品和工程检测机构介绍

一、国家安全防范报警系统产品质量监督检验中心(北京)

1986 年经公安部政治部批准成立公安部安全与警用电子产品质量检测中心；2005 年由国家质量监督检验检疫总局授权为国家安全防范报警系统产品质量监督检验中心（北京）（以下简称“北京检测中心”）；1999 年根据警用装备检验工作的需要，公安部政治部又批准成立了公安部警械警服产品质量监督检测中心，2003 年更名为公安部特种警用装备质量监督检验中心，2000 年公安部安全与警用电子产品质量检测中心通过国家实验室评审，2003 年公安部特种警用装备质量监督检验中心通过国家实验室评审，2005 年北京检测中心通过国家实验室评审，2009 年公安部第一研究所神盾计量校准中心通过国家校准实验室认可并于 2010 年并入北京检测中心。自此北京检测中心成为通过中国国家认证认可监督管理委员会授权、计量认证合格、中国合格评定国家认可委员会认可的多学科、多专业具有第三方公证地位的技术服务机构，是集计量（校准\检定）、监督检验、检查于一身的综合性国家级实验室。

北京检测中心行政上隶属于公安部第一研究所，业务工作直接受国家质量监督检验检疫总局和公安部科技信息化局、公安部装备财务局等相关业务局的指导和领导；是中国质量认证中心和中国安全技术防范认证中心签约实验室，承担安全防范产品强制性认证（CCC）和自愿性认证的检验工作，其中强制性认证检测范围包括了四大类 11 种产品，是国内可以进行全部 11 种安防产品强制性认证检测的检验机构。

作为多学科、多专业的综合性国家级三合一实验室，25 年来，本着服务公安业务、服务公安一线、服务社会公共安全的理念，北京检测中心始终严格按照导则 ISO/IEC17025 的要求，遵守“科学、公正、准确”的质量方针，注重实验室能力建设，坚持科学发展，不断开拓创新，积极走国际化发展路线，实验室能力得到了全面提升。现有包括行政管理、技术人员共计 134 人，其中博士后 2 人、博士 7 人、硕士 40 人、本科 59 人、大专及其他学历 26 人，专业技术人员占职工总数的 82%，具有高级技术职称的占技术人员的 23%。多位资深技术人员分别担任全国安全防范报警系统标准化技术委员会、全国信息安全标准化技术委员会、全国振动冲击转速计量技术委员会、公安部特种警用装备标准化技术委员会、公安部社会公共安全应用基础标准化技术委员会、公安部计算机与信息处理标准化技术委员会的委员，中国安全防范产品行业协会专家委员会专家职务，中国安全技术防范认证中心特聘 3C 工厂审查员。检测实验场地面积 9500 多平方米，各种仪器设备 900 多台套，固定资产 8000 多万元。建有电性能、安全性能、防护性能、电磁兼容（EMC）5 米法电波暗室、防弹性能、锁具测试、环境试验、警用装备、警用服装服饰、信息安全、软件测评、消音室、声学、光学、长度力学、视频图像（暗室）、通讯屏蔽、步行、防伪、技侦、UL294、UL639、UL1037 WTDP 目击测试、计量等 20 余个专业实验室，并在北京近郊设有靶场，开展各类防弹、防暴（爆）、防化产品的测试和检验方法的研究。目前，北京检测中心经中国合格评定国家认可委员会实验室认可的计量校准能力为 136 项，检验能力达 327 项，检查能力 3 项。具备按照相应的国家标准、行业标准、地方标准、企业标准及 IEC、UL、CE 等国际标准开展相关测试服务工作的能力。检验类别涵盖国家、行业质量监督抽查检验、仲裁检验、质量鉴定、司法鉴定、生产许可证检验、委托检验、型式检验、计量校准检定、信息安全检查、科技成果鉴定检验。业务范围包括社会公共安全防范、信息安全、警用装备、警用服饰等领域内系统及产品的质量检验、检查，各类安全防范工程的检测，计量器具的校准检定。多年来，北京检测中心不断追求卓越，技术创新，形成了涉及 500 多种类产品，7000 多个项目的实验室能力和技术优势。

现涵盖的计量（校准\检定）、检测（查）、系统产品及工程种类主要包括：安防电子类（视频监控系统、入侵报警系统、出入口控制系统、电子巡查系统、停车场管理系统、防暴安全检查系统、防爆安全检查系统、汽车防盗报警系统等），安防工程检测，通信类，道路交通类，证卡及识读设备类，防伪类，实体防护类（门、箱、柜、锁具、书架、防暴、防爆、防弹等），警用装备类（防弹、防暴、防爆、警械、车辆、装具等），警用服饰类、软件测试（公安机关“金盾工程”项目及其他信息化产品和项目、警用地理信息系统、公安情报信息系统、公安交通指挥系统、旅馆业、印刷业治安管理信息系统安全领域、公安机关“三台合一”接处警系统、公安监所管理信息系统、机动车管理信息系统、机动车驾驶人场地驾驶技能考试系统、指纹、人像等生物特征识别系统、安全防范视频监控联网系统平台、软件产品登记测试等)、信息安全(金盾网安全建设总体规划、全国公安信息系统年度安全检查技术支持、全国公安信息通信网边界安全接入平台测评、全国公安信息系统安全审计监测技术支持、全国公安移动警务安全接入系统测评及检查、无线/移动智能终端安全接入检测、信息安全产品及系统工程入围检测、信息系统等级保护安全方案设计及工程监理、物联网整体保护安全技术及工程检测、IPV6下一代互联网环境下系统安全方案设计及工程监理、云环境下整体防御技术方案设计与工程检测),计量(力学、长度、无线电、电磁学、热工类、时间频率、测速设备)。

北京检测中心始终本着服务公安业务、服务公安一线、服务社会公共安全的理念,面向全国公共安全行业,承接公安部、各地省公安厅、市局的委托检测、招标检测、行业产品工程质量监督等各项工作,并为一线公安执法部门提供强有力的鉴定支持与技术保障。在开展工作的同时,以科技创新引领检验、积极开展检测业务研发,致力于大量相关标准的制修订和检测方法、检验装置的研究、开发工作,主持和参与了多项国家“十一五”、“十二五”科技支撑项目、“863”目标导向类项目等国家级、省部级科研课题的研究,取得多项部科学技术奖励,并建立起科技创新管理体系,逐步探索出了科技兴检之路。在此基础上,北京检测中心广泛开展与国外多家认证机构(美国UL、德国TüV、英国BS和LR)的合作,积极引入先进的管理服务模式,学习和掌握高精尖检验技术,开展有效的本地化国际认证检测服务,为国内公共安全防范及警用装备行业与国际化产业链的稳步接轨搭建更为广阔的平台,实践“贴近企业,服务行业”的理念。

常务副主任:胡志昂
地　　址:北京市海淀区首都体育馆南路一号
邮　　编:100048
业务受理:
警服服饰、软件测评、信息安全:010－68773759、010－68773760
电子产品、工程:010－68773761、010－68773762
实体、警械、计量校准:010－68773763、010－68773764
综合业务:010－68773780、010－68773781
国际合作:010－68773590
投诉电话:010－68773373
传　　真:010－68773380
中心网站:www. tcspbj. com
电子邮箱:Testcenter@ fri. com. cn

二、国家安全防范报警系统产品质量监督检验中心(上海)

公安部安全防范报警系统产品质量监督检验测试中心是公安部根据国家经委和前国家标准局“七五”规划设立的部级检测中心,于1988年4月20日成立。2005年3月经国家认证认可监督管理委员会授权,在“公安部安全防范报警系统产品质量监督检验测试中心”的基础上组建了“国家安全防范报警系统产品质量监督检验中心(上海)(以下简称“上海检测中心”),是经公安部政治部批准、经过国家认证认可监督管理委员会计量认证合格的、通过国家实验室认可委员会认可的、具有第三方公证地位的检验机构,是一个面向社会的公益性非营利技术服务部门。

上海检测中心业务上受国家质量监督检验检疫总局和公安部相关业务局的领导和指导,行政上隶属于公安部第三研究所。现有工作人员130余名,90%为专业技术人员,其中60%的技术人员具有中、高级职称,有博士、硕士近70余名。上海检测中心在上海和北京有实验及办公场地6000平方米,固定资产7100万元,检测用主要仪器设备1100台(套)。建有电磁兼容(EMC)、视频图像处理、音频信号处理、电性能、安全性、实体防护、锁具检测、环境试验、信息安全、信息系统安全评估等实验室。

上海检测中心成立以来,在公安部科技局和相关业务局、各省公安厅领导和帮助下,在国家认证认可监督管理委员会、国家质量监督检验检疫总局指导、关心下,业务得到了飞速的发展,特别是近几年实验室规模、检验业务都有了很大的扩展,新建了非传统防爆安检、消音室、锁具试验室、实体防护试验室、视频图像试验室、跌落试验室、阻燃试验室、信息系统安全评估等实验室。主要从事安全防范产品及系统、信息安全产品及系统的检验工作,检验能力涵盖了红外、微波、超声、视频、声光、机械、机电、光电、压敏、防弹材料、防暴材料、防刺材料、有线和无线通信、高压电网、信息安全、计算机等级保护系统评估等各类安全产品及系统。

目前经国家实验室认可委员会认可的检验能力有170项。检验项目主要有:入侵探测器,防盗报警控制器(系统),汽车防盗报警器(系统),楼宇对讲系统,出入口控制系统,车辆定位监控系统(GPS),停车场管理系统,炸药检测箱、毒品、炸药探测仪、X射线安全检查设备、金属探测设备;无线图像传输设备和系统,监所周界高压电网装置,硬盘录像机、摄像机、监视器等视频设备,汽车行驶记录仪、车用电子警报器、机动车测速仪等道路交通安全设备,防盗安全门、防盗保险箱、防盗保险柜、机械防盗锁、电子防盗锁、金库门、专用运钞车、防弹玻璃等实体防护类产品,警用防护类产品,各类民用锁具,安全技术防范工程系统,防火墙产品,入侵检测系统(IDS),安全扫描产品(SCANNER),物理隔离及逻辑隔离,网闸类产品，身份鉴别类，完整性鉴别类，不可否认性鉴别类及密钥管理类产品，反垃圾邮件产品，信息过滤产品，入侵防御产品，远程主机监测产品，网络安全审计产品，安全管理平台产品，旅馆业治安管理系统，看守所信息管理系统，网吧管理系统，证券网上委托系统安全方案评估，信息系统安全等级保护评估等。

主要业务范围有：

承担国家指定的各类安全防范与信息安全产品及系统的质量监督抽查检验；

承担国内生产、销售的安全防范产品进行认证检验工作和重点产品的生产许可证发证检验；

承担国内生产销售和境外生产国内销售的“计算机信息系统安全专用产品”进行销售许可证的发证检验；

承担安全防范产品的型式检验和境内外产品的委托检验；

承担安全防范报警系统的工程质量检验和信息安全系统的测评；

承担安全防范产品和信息安全产品质量验证、鉴定检验、仲裁检验；

承担信息安全产品及系统的验收测试、选型测试、入网委托测试、委托检测、委托测评；

承担信息安全产品的第三方公正检测、符合性测试、软件功能测试、软件性能测试等；

承担中国安全技术防范认证中心、中国质量认证中心和中国信息安全认证中心委托的安全防范产品和信息安全产品强制性认证的产品检验；

主持或参与安全防范产品和信息安全产品的国家标准、行业标准和地方标准的制定、修订工作和有关标准的试验验证；

开展产品质量监督检验方面的国际、国内合作、评审和技术交流等活动；

研究开发安全防范产品和信息安全产品的检验技术和方法，并对各地承担同类产品质量监督检验机构进行技术指导及技术交流；

承担国家进行商品检验局认可实验室对安全防范产品的商检。

上海检测中心是中国质量认证中心、中国安全技术防范认证中心和中国信息安全认证中心的签约实验室，目前中心已有 24 位 3C 认证工厂检查员，承担其委托的安全防范产品强制性认证和自愿性认证的检验工作和工厂检查任务。

全国安全防范报警系统标准化技术委员会实体防护设备分技术委员会秘书处、公安部信息安全标准化工作委员会第一工作组均设在上海检测中心，主持或参与完成了 80 多项安全防范和信息安全产品的国家标准、行业标准的制、修订工作，今后也将继续致力于推动安全防范和信息安全产品及系统的标准化进程。

近年来，上海检测中心密切关注新技术发展，始终站在行业技术发展的前沿，致力于标准的制定、修订和检测方法的研究，培养和吸收了大批高素质的检验人员。今后，面对激烈的市场竞争，我们将始终坚持“行为公正、数据准确、方法科学、服务规范”的质量方针，确保了检测的工作质量，为公共安全和信息安全行业提供优质的技术支撑，协助行业主管部门把好质量关，努力为企业提供优质、快速的服务，为“科技强警”、“平安城市”建设做好技术后盾，为我国的安全防范和信息安全行业的质量技术监督作出更大贡献。

常务副主任：鲍逸明
地　　址：上海市岳阳路 76 号
邮　　编：200031
联系电话：021－64334877、021－64745197
传　　真：021－64335838
网　　站：www. mctc. gov. cn，www. china－infosec. org. cn
电子邮箱：lushurong@ mctc. gov. cn

三、公安部授权的安防工程检测机构

序号	名　称	授权日期	有效期	地址	邮编
001	公安部安全与警用电子产品质量检测中心（一所）	2000. 12. 1	10－14	北京首体南路 1 号	100044
002	公安部安全防范报警系统产品质量监督检验测试中心（三所）	2000. 12. 1	10－14	上海市岳阳路 76 号	200031
003	北京市电子产品质量检测中心（原名：北京市信息产品质量监督检验站，2009 年 12 月更名）	2000. 12. 1	10－14	北京市崇文区广渠门内大街 9 号	100062
004	吉林省消防与公共安全产品质量监督检测站	2000. 12. 1	10－14	吉林省长春市西郊路 74 号	130062
005	黑龙江省社会公共安全产品（工程）质量监督检验站	2000. 12. 1	10－14	黑龙江省哈尔滨市南岗区中宣街 5 号	150001
006	信息产业部微波光电产品质量检测中心（江苏）	2000. 12. 1	10－14	江苏省南京市中山东路 524 号	210016
007	浙江省安全技术质量检验中心	2000. 12. 1	10－14	杭州市天目山路 222 号	310013
008	福建省中心检验所	2000. 12. 1	10－14	福建省福州市杨桥西路山头角 121 号	350002

续表

序号	名　称	授权日期	有效期	地址	邮编
009	山东省电子产品监督检验所	2000.12.1	10－14	山东省济南市山大路185号	250014
010	湖北省电子信息产品质量监督检验院	2000.12.1	10－14	湖北省武汉市武昌区前进路四清村51号	430061
011	广东产品质量监督检验研究院（原名广东省产品质量监督检验中心）	2000.12.1	10－14	广州市海珠区新港东路海诚东街6号	510330
012	广西产品质量监督检验院	2000.12.1	10－14	南宁市新竹路12号	530022
013	陕西省安全技术防范工程检测中心	2000.12.1	10－14	陕西省西安市咸宁西路30号	710048
014	甘肃省产品质量监督检验中心	2000.12.1	10－14	甘肃省兰州市城关区金南昌路208号	730030
015	河北省产品质量监督检验院	2001.4.9	10－14	河北省石家庄市工农路368号	050051
016	辽宁省公共安全技术防范设施质量检测站	2001.4.9	10－14	沈阳市皇姑区蒲河街七号	110031
017	安徽省电子产品监督检验所	2001.4.9	10－14	安徽省合肥市大西门赵岗12号	230061
018	河南省电子产品质量监督检验所	2001.4.9	10－14	河南省郑州市花园路2号	450003
019	湖南省产商品质量监督检验所	2001.4.9	10－14	湖南省长沙市雨花亭新建西路41号	410007
020	贵州省电子产品监督检验所	2002.6.13	10－14	贵阳市花溪大道北段128号灵达新村B栋5楼	550002
021	新疆维吾尔自治区产品质量监督检验研究院	2002.6.13	10－14	乌鲁木齐市新华南路32号	830002
022	山西省信息网络工程质量监督检测站	2002.10.15	10－14	山西太原市长治路222号	030012
023	青海省产品质量监督检验所	2002.10.15	10－14	西宁市冷湖路6号	810008
024	宁夏电子产品监督检验所	2002.10.15	10－14	宁夏银川银湖巷15号	750001
025	云南省电子产品检验所	2003.11.24	10－14	云南省昆明市人民西路145号	650031
026	重庆井汇安全防范工程质量监督检测站	2004.1.15	10－14	重庆江北区五里店36号华新都市花园1号楼	400023
027	天津市质量监督检验站第39站	2005.1.1	10－14	天津市和平区保定路21号	300400
028	江西省电子信息产品监督检测院	2005.4.6	10－14	江西省南昌市福州路235号	330077
029	广东省广州市盛通建设工程质量检测有限公司	2007.9.30	10－14	广东省广州市天河区中山大道89号B644房	510075
030	陕西省信息系统工程评测中心有限公司	2007.9.30	10－14	陕西省西安市西五路62号	710004
031	浙江中浩工程检测有限公司	2007.10.12	10－14	浙江省杭州市甘王路20号	310016
032	浙江省宁波市产品质量监督检验所	2007.10.12	10－14	浙江省宁波市江东区王隘路28号	315041
033	重庆市计量质量检测研究院	2008.2.22	10－14	重庆市渝北区高新园云杉北路50号	401121
034	大连万衡检测有限公司（准备于今年撤销）	2008.5.15	10－14	辽宁省大连市沙河口区南松路8－5－7号	116021
035	内蒙古自治区安防中心	2008.7.1	10－14	内蒙古呼和浩特赛罕区乌兰察布西路三十五中东巷	010010
036	山东省科学院公共安全技术防范系统检测中心	2009.3.5	10－14	济南市科院路19号	250014
037	河南省安协安防技术咨询有限公司	2009.3.5	10－14	郑州市纬二路16号府苑公寓一单元	450002
038	湖南省电子产品检测分析所	2009.3.5	10－14	长沙市解放东路51号	410001
039	四川省电子产品监督检测所	2009.8.18	10－14	成都市龙泉驿区龙泉镇文明东街45号	610100
040	四川法斯特消防安全性能评估有限公司	2009.12.31	10－14	都江堰市学府路中段公安部四川消防研究	611830

第二节　国家级安防检测中心公开性文件

由于历年国家安全防范报警系统产品质量监督检验中心公开性文件变动很小，本版《年鉴》只在电子版中刊登相关信息，详情请查阅《年鉴》2011 版电子版（即光盘）及网络版。

第三节　国家级安防检测中心产品检测结果信息

一、国家安全防范报警系统产品质量监督检验中心（北京）检测结果信息

根据国家安全防范报警系统产品质量监督检验中心（北京）检测结果信息，共计电子产品检测结果信息 1365 条，实体产品检测结果信息 404 条，因《年鉴》印刷版篇幅有限，详情请查阅《中国安全防范行业年鉴》2011 版光盘及网络版。

二、国家安全防范报警系统产品质量监督检验中心（上海）检测结果信息

根据国家安全防范报警系统产品质量监督检验中心（上海）检测结果信息，通过型式检验和委托检验的安防产品信息453 条，因《年鉴》印刷版篇幅有限，详情请查阅《中国安全防范行业年鉴》2011 版光盘及网络版。

第四节　国家级安防检测机构工作

一、国家安全防范报警系统产品质量监督检验中心（北京）工作

2011 年国家安全防范报警系统产品质量监督检验中心（北京）（以下简称“北京检测中心”）在公安部相关业务局及所领导的正确领导下，在相关部门的大力支持下，按照科学发展观的要求，以“三个服务”为工作指导思想，以绩效考核和强化服务为手段，在技术服务、科研开发、对外交流等方面继续保持了良好的发展势头，并取得了一定的成绩。

（一）检测业务平稳发展

1. 常规检测业务工作

2011 年共完成检测报告（项目）总量 10145 项，其中安防电子产品 2303 项，交通类产品 1250 项，实体防护产品 1160 项，警用装备 388 项，警服类产品 2764 项，软件项目 170 项，信息安全类项目 103 项，认证产品 516 项，安防工程 249 项，行业监督抽查 50 项，外事礼品类检测 10 项，计量类检测 1234 项，以及其他类 119 项。

随着行业的发展，检测过程中不断涌现和遇到新产品、新材料、新工艺，一方面要求检测机构不断创新，完善检测手段，提高检测能力；另一方面，要求检测机构不断搜集整理信息，在完成业务工作的基础上不断积累经验，规范形成行业标准或国家标准，以规范产品的检测和管理，逐步净化产品市场，为行业的健康发展贡献力量。

2. 承担公安部、各地省厅、地方政府招标检测、委托检测、培训工作

（1）完成了公安部 PGIS 项目辽宁、浙江、安徽、宁夏四个省级应用示范及北京、上海、天津、广州等 115 个应用试点、示范城市的 PGIS 项目验收测试工作。

（2）完成公安部装备财务局被装处组织的公安特警战训服系列及警鞋系列产品的生产企业资格招标样品检验工作。此检验任务共涉及 24 个标准、37 个品种，产品数量 4000 余件。

（3）完成了甘肃省厅、内蒙省厅等 26 个公安信息通信网边界接入平台的测评任务。承担公安部 2011 年全国公安信息系统安全检查抽查工作。

（4）完成了公安特警装备招标样品的检测任务和 110 种防弹防刺服产品的检测工作。承担了全国警服目录企业产品质量统检首次培训工作和装备产品的质量统检及培训工作。

（5）完成了公安部装备财务局被装处组织的 2011 - 2012 年度全国警服质量统检工作，共三批，检验品种涵盖了警服类 16 个品种，警帽类 5 个品种，服饰类 1 个品种；完成了对北京市公安局的安全检查工作和北京市内 500 个点

位的交通技术监控设备的检测工作。

(6) 承担甘肃、宁夏公安厅安全检查工作并进行了相关方面的培训。

(7) 受北京地铁8号线、9号线招标采购主管部门委托，对中标公司的防爆安检设备进行检验。

(8) 其他类检测项目。对软件产品、信息安全、移动警务终端、无线智能终端等产品进行安全性检测。

(9) 配合公安部装备财务局被装处对全国40余家省厅市局的被装管理干部进行了警服检验、面料基础知识等方面的培训。培训效果良好，得到了各个省厅市局被装管理干部的一致好评。

(10) 派出公安部特种警用装备专家赴云南省公安厅，对昆明市公安局后勤保障处及地方区县的被装管理干部进行警服质量检验方面的培训。

3. 承担行业监督抽查工作，完成了对防弹玻璃等5类产品的行业监督抽查工作，承担了“超细纤维絮片150g/m^2”与“超细纤维絮片200g/m^2”两个品种的监督抽查工作。

4. 派出专家参与中国安防协会委托的安防工程企业资质审查任务30项。

5. 承担中国质量认证中心、中国安全技术防范认证中心委托工厂检查工作，完成3C认证工厂检查任务94项，共计182人次。

从招标检测的结果中可以发现，一些行业内的企业对产品标准、招标技术文件存在理解偏差，造成送检的产品质量不合格，充分说明企业的技术力量还需要进一步提升，行业的管理有待进一步加强，对标准的宣贯有待进一步到位；从行业监督抽查进一步发现企业的总体水平有待提高，相关标准的宣贯有待进一步完善。

从近十年的国家强制性认证检测及工厂检查的结果来看，认证作为一种国际通行的质量管理模式非常有效，一方面，企业生产的产品质量越来越有保障，企业对标准的理解能力和对产品质量的控制能力越来越强；另一方面，认证工作为净化市场、保护消费者权益起到了良好效果；认证保护了合法企业，对那些经营不规范的企业起到有效的控制作用。

(二) 实验室建设

2011年，新增加试验能力13项，通过国家实验室检查机构评审认可实验室能力共计316项。

新建成了安防电子实验室、步行实验室、防伪产品实验室，视频暗室共安装了近50台多功能可调压试验台，并配备美国泰克、日本安立、美国安捷伦、美国JDSU等多套国际顶级测试设备，已先后接待了国务院、工业信息化部及以色列、加拿大等国内外相关单位的参观和学习。

投资1200万建成的电波暗室占地面积近1000平方米，测试频率范围从30MHz ~ 6GHz，国内安全防范行业规模最大、技术领先的3m法和5m法电波暗室，完全满足所有安全防范产品有关电磁兼容全项试验的测试要求，扩大了中心在电磁兼容方面的业务范畴及服务能力。

参加了由国家认可委（CNAS）组织的全国实验室检测能力验证比对项目（“纺织品日晒色牢度”检测能力验证项目），检测结果完全符合CNAS的要求。

中心秦城靶场进行了全面改造，由原来的一个靶道改造成了三个室内靶道，恒温恒湿室内靶道的建成大大增强了中心开展警用防弹防护装备检测和实验的能力。

1. 检测仪器设备的完善和维护

本年度共计量仪器290台/套，新购仪器设备250台/套，对中心900多台/套仪器设备进行统计登记工作，进一步规范了仪器设备的管理。

2. 计量校准检测工作

新成立检测中心神盾计量中心，新增机动车雷达测速、地感线圈测速仪计量、公路测速计量校准资质，建立了公安行业计量标准。

(三) 科研开发取得较大进展

1. 申报项目5个

积极申报“十二五”科技支撑项目《新一代警用GIS关键技术及其应用》、《公共安全物联网技术研究与应用示范》项目中SVAC系列设备研制与应用示范及评价体系建设子课题，申报国家发展改革委《城市社会公共安全物联网应用示范工程项目》，申报国家信息安全专项服务类项目、工信部物联网发展专项资金等。

2. 在研项目10个

自主研发10个项目：A08014《全国警用地理信息基础平台技术体系研究》、A10002《9mm制式弹头V50试验系统的研究》、A10014《防爆安检技术评价体系与实验平台的研究》、A10026《生物特征识别安全标准体系研究》、A11105《警用地理信息数据检测工具集》、A11024《主动近红外摄像机夜视距离测试研究》、A12018《SVAC技术及高清视频产品评测系统的研究”》、《A12017　防弹头盔之防弹性能测试系统之研制》、A11Z01国家发展改革委信息安全专项资金支持标准研制项目。合作研发2个项目：A10030A《MPT1327模拟集群信令测试系统》、A11034《宽带多媒体集群总体技术标准化研究及测试评估》、《机动车雷达测速检定装置》项目。

3. 已结项目5个

国家“十一五”科技支撑项目《全国警用地理信息基础平台应用技术研究与规模应用示范》课题五A09028、课题六A09101的项目，国家863信息安全目标导向类课题《信息系统等级保护安全体系结构及关键技术研究》、《检验草案制订及检验工具示范应用》项目，《第二代居民身份证阅读器兼容性自动检测装置》项目。

4. 获奖情况

《等级化信息系统安全建设实验环境与检验平台》项目获公安部科学技术二等奖，《防弹性能专家评估系统的研究》项目获公安部科学技术三等奖。

（四）国内外技术交流取得成效

1. 国际合作

2011 年，北京检测中心通过与境外认证检测机构的合作，进一步完善实验室能力建设，提高检测人员的技术水平，扩大检测范围，开拓新的业务增长点。北京检测中心紧密结合工作重点和业务实际，积极扩展国际合作领域，在扩大原有 UL 标准检测能力基础上，积极筹措推进 CE 认证。北京检测中心与 UL 美国签订了本地化服务协议，在国内标准培训、委托检测、实验室建设、市场推广等领域展开了一系列具体合作。

2. 与国内认证、检测机构及媒体交流

加强与行业内及行业外各相关认证、检测机构及媒体间的交流协作，定期收集、整理与北京检测中心相关活动的图片和素材，形成动态信息并及时提供给各行业媒体、所内宣传机构和北京检测中心对外信息窗口进行发布。开展与相关机构的交流合作，进一步挖掘产品检测企业和区域代理商，积极推行《监所周界高压电网装置》等新标准，及时告知企业检测事宜。通过和他们的合作，提高了北京检测中心的知名度、拓展北京检测中心的业务范围。

3. 国内外技术交流培训情况

开展新员工轮岗培训工作；派员参加锁具技术开启、火焰切割技术及其安全知识的培训；派员到国家广播电视产品质量监督检验中心对摄像机的测试方法进行交流研讨，到相关企业对光端机的测试方法进行交流研讨，同时还邀请日本索尼公司、日本松下和美国 UL 保险商实验室、泰克公司的技术专家先后多次到北京检测中心实验室进行现场技术交流，通过培训、交流，提高了员工的技术水平和综合能力。

（五）参与标准制修订工作

1. 参加全国安全防范报警系统标准化技术委员会的标准起草、制修订工作 32 项

（1）新立项国家标准 5 项；

（2）参与制/修订标准 17 项；《激光对射入侵探测器技术要求》、《安全防范系统光端机技术要求》、《视频安防监控车载数字录像设备技术要求》、《安全防范监控摄像机通用技术要求》、《光纤振动入侵探测器》、《视频监控镜头》、《网络编解码器》、《门禁控制系统技术要求》、《安全防范监控高清摄像机测量方法》、《泄漏电缆探测装置通用技术条件》、《张力式电子围栏通用技术条件》、《停车库（场）出入口控制设备技术条件》、《出入口控制电动栏杆机通用技术条件》、《羁押场所目标定位管理系统技术要求》、《微剂量透射式人体 X 射线安全检查设备》等国家及行业标准正在按计划编制。

（3）待批标准 12 项；已报修订标准《安全防范报警设备 安全要求和试验方法》、《通过式金属探测门通用技术规范》、《视频安防监控系统 矩阵切换设备通用技术》、《视频安防监控系统 变速球型摄像机》、《楼寓对讲系统及电控防盗门通用技术条件》、《联网型可视对讲系统技术要求》、已报制定标准《安防系统磁盘阵列存储设备技术要求》。

2. 参加公安部特种警用装备标准化技术委员会的标准起草、制定修订工作 20 项

参加了《警用防弹头盔及面罩》、《防弹盾牌》、《穿刺放气式路障》、《便携式破拆工具》、《电子脚扣系统》《特警战训背心》、《特警战训枪套组合》、《特警战训腰带》、《警用服饰 太阳镜》、《警用服饰 手套》等标准的制定修订。

3. 参加公安部社会公共安全应用基础标准化技术委员会的标准修订工作

主持完成《单警执法视音频记录仪》标准制订工作。

4. 标准查新

北京检测中心目前使用的国家、行业标准 900 多个，2011 年完成标准查新 180 多项，对新发布的行业标准、国家标准、相关国际标准进行购买、收集、扫描工作，保证标准现行有效。

北京检测中心全体人员将进一步开拓进取，抓住机遇、迎接挑战，充分发扬稳健务实的作风，紧密围绕质量管理体系建设与实验室能力建设、不断更新设备、完善检测方法、拓展国际合作、加强人才培养与团队建设、信息化建设等方面工作，将北京检测中心建成社会公共安全、警用装备规模最大、级别最高、能力最强、最具权威的专业检测机构与中介服务机构。

[资料提供：国家安全防范报警系统产品质量监督检验中心（北京）]

二、国家安全防范报警系统产品质量监督检验中心（上海）工作

2011 年国家安全防范报警系统产品质量监督检验中心（上海）在公安部科技信息化局、十一局等相关业务局的支持帮助下，在所党委和所领导的关心激励下，以“敢为人先、引领发展、科技强警、立志报国”的三所核心价值观为引领，以切实提高上海检测中心的检测效率、技术水平和服务水平为宗旨，全体员工齐心协力，顽强奋进，积极探索，勇于创新，有效地推动了上海检测中心各项工作的发展。

2011 年是上海检测中心面临严峻考验的一年，如何使业务在一个前所未有的高度的基础上继续保持强势发展，上海检测中心面临巨大的挑战。面对困难，全体员工齐心协力，迎难而上，取得较为可喜的成绩，而且为可持续发展积累了宝贵的经验。

（一）坚持开拓创新，不断拓展检验范围

上海检测中心锐意创新，充分发挥行业优势、地域优势和技术优势，寻求新的业务增长点和突破口，不断拓展检验范围。

1. 发挥地域优势，拓展安防电子检测业务

上海检测中心与上海技防办密切互动，参与并推进上海市安防地方标准的制定和宣传工作。2011 年数字录像机、显示器、专用硬盘录像机等安防产品的地方标准相继发布和实施，不仅规范了安防产品市场，而且有效促进了上海检测中心安防电子检测业务的拓展。上海检测中心目前正推进镜头、编解码器、光端机等相关安防产品的上海地方标准制定工作，为安防电子检测行业的发展作出贡献。

2. 扩大合作范围，拓展 3111 平安城市工程检测业务

上海检测中心积极争取并得到各地公安科技部门的支持，已承担并陆续完成了平安金阳·数字城管（一期）安防系统工程、贵州省白云监狱建设工程监控系统项目、无锡惠山区社会治安监控系统、苏州吴江平安盛泽道路卡口监控系统项目和浦东新区高清视频卡口等 3111 平安城市系统工程的检测验收。

3. 推行模式创新，拓展非传统安防检测业务

上海检测中心在上海市微剂量 X 射线安检设备系统泄漏辐射剂量率的检验工作中，与上海申通地铁签订了为期 5 年的年检制协议，是在业务模式上的首次突破。2011 年 10 月底完成了上海地铁 1 ~ 11 号线全部站点的 545 台安检设备的 X 射线泄漏首年检测，既取得了很好的社会效益，又收获了良好的经济效益。

2011 年，上海检测中心解放思想，锐意创新，充分发挥各方面优势，在信息安全、安防电子、安防工程、非传统安防和等级测评等领域取得全面进展，为其可持续发展打下了良好的基础。

（二）加大科研力度，努力打造研究型质检机构

近年来，安全防范及信息安全技术迅猛发展，上海检测中心领导认识到必须通过提高检验人员的科学研究能力和技术能力来提高检测中心的竞争能力。2011 年上海检测中心加大科研力量投入，积极争取检测方法、检测工具、检测标准等有关研究项目，在科研项目的完成、验收和申报上取得重大突破。

1. 完成并通过验收国家级科研项目 2 项、省部级科研项目 2 项。

2. 准备验收和在研省部级以上项目 3 项、所项目 3 项。国家核高基重大专项《通用基础软件安全测试评估》和国家重大科技专项《传感器网络标准化测试验证平台》已经完成，正准备组织验收。部应用创新项目《视频主/客观质量无参评估系统》及三个所项目正在进行之中。

3. 作为牵头单位成功申报国家级科研项目 2 项，在省部级项目和所级科研项目方面均有可喜的成绩。

4. 论文和获奖方面。2011 年度上海检测中心获得 2 项发明专利授权；出版专著 2 本；发表论文 52 篇，其中 EI 检索 9 篇。“信息安全等级保护关键产品标准 GA/T671，672，695 - 698”荣获 2011 年度公安部科技进步三等奖。

2011 年，上海检测中心的科研能力和水平得到大幅度提升，科研工作已逐渐进入良性循环。本着认真贯彻落实所党委建设研究型检测机构要求的目标，更好地发挥副研究员、博士的学术作用，今后上海检测中心将不断致力于重大科研项目的申请和研发工作，继续鼓励科研人员加强科学理论、前沿技术的研究和实践，并力争申请软件著作权和专利，将在国内外知名学术期刊发表研究成果，扩大上海检测中心的影响力与知名度。

（三）注重标准化工作，扩大国内及行业影响力

为提高上海检测中心的核心竞争力，掌握行业话语权，在努力开拓检测业务、加强科研工作的同时十分重视国家标准、行业标准和地方标准的制定、修订工作。2011 年上海检测中心在标准的编制、完成和申报上均取得良好成绩。

1. 完成 1 项国标和 1 项行标，并获得正式发布

分别是国标《GB/T 26718 - 2011 城市轨道交通安全防范系统技术要求》、行标《GA 962 - 2011 公安专用无线视音频传输系统设备技术规范》。另有 5 项行业标准和 3 项国家标准已经报批，待发布。

2. 6 项国家标准新获立项

《信息安全等级测评机构能力要求和评估规范》、《硬盘录像机》、《信息安全技术防火墙技术要求和测试评价方法》补篇《Web 应用防火墙和主机型防火墙安全技术要求和测试评价方》、《信息安全技术网络单向导入产品安全技术要求》、《信息技术安全技术信息技术安全性评估准则（CC 修订）》已经获得立项，目前正在编制。

3. 13 项行业标准新获立项

《信息安全技术网关设备性能测试要求》、《主机安全加固系统技术要求》、《基于荧光聚合物传感技术的痕量炸药探测仪通用技术要求》、《模数混合硬盘录像设备》和《数字高清监控系统工程技术规范》等 13 项公安行业标准已获得立项，目前正在编制。

4. 完成 3 项地方标准（试行）

2011 年完成了《沪公技防（2010）008 号文本市视频安防监控用彩色数字摄像机技术规范（试行）》（试行）、《沪公技防（2011）009 号文本市视频安防监控系统用彩色显示终端技术规范》（试行）、《沪公技防（2011）010 号文本市专业型数字硬盘录像设备补充技术要求》（试行）。

2011 年，上海检测中心的标准制定、修订工作稳步推进，在国内及行业影响力不断扩大。今后中心将继续加强标准化工作，并将努力尝试参与或牵头国际标准。

（四）承担产品质量监督抽查任务，进一步树立行业权威形象

为保障安防产品质量安全，落实企业质量安全主体责任，提高安防产品质量水平，维护消费者合法权益，2011 年上海检测中心积极承担产品质量监督抽查任务。

1. 积极争取参与上海市政府部门组织实施的产品质量监督抽查工作

上海检测中心多次与上海市质监局和相关主管部门争

取，并先后通过了两次现场考核，最终获得并承担了上海市质量技术监督局下达的 2011 年第三季度防盗安全门产品质量监督抽查任务。上海检测中心根据《上海市产品质量监督抽查通用规范》（试行）要求，拟定了监督抽查实施方案，对负责抽样人员进行培训。这是上海检测中心积极参与政府部门组织实施的产品质量监督抽查工作，提高社会公共安全产品质量的新突破。

2. 积极承担公安部科信局下达的行业监督抽查任务

为更好地为公安业务工作服务，上海检测中心继 2011 年年初完成了 2010 年度防盗报警控制器、信息安全技术网闸和防火墙 3 项产品的行业监督抽查任务后，2011 年 11 月又承担了公安部科技信息化局下达的 2011 年汽车防盗报警系统、信息安全技术安全审计产品和网站恢复产品 3 项产品的行业监督抽查任务。项目组按计划分组分别至部分省份开展抽样，完成了此次行抽任务。

2011 年，上海检测中心的产品质量监督抽查任务取得了成效。为规范和促进安防产品市场的健康发展，上海检测中心积极组织申报 2012 年的国抽、行抽及市抽项目，以期通过安防产品质量监督抽查等形式，有效、不定期地监督各厂商是否保持生产和销售规范质量的安防产品，同时进一步树立上海检测中心的行业权威形象。

（五）通过“三合一”复评审和能力验证计划，不断拓展业务资质能力

为不断拓展业务领域，提高检测水平，积极促进各项工作进一步蓬勃发展，更好地发挥国家级检验机构的实力和水平，上海检测中心不断努力拓展业务资质能力。

1. 积极争取并通过“三合一”复评审

2010 年 11 月，上海检测中心向国家认监委提出“三合一”复评审的申请。2011 年 4 月上旬，由中国合格评定国家认可委员会（CNAS）委派 6 名评审员和技术专家组成的评审组，依据《检测和校准实验室能力认可准则》、《检查机构能力认可准则》及《实验室资质认定评审准则》对实验室进行全面评审。基于对复评审作了充分的准备工作，最终上海检测中心顺利通过实验室扩项/复评审、检查机构复评审及资质认定扩项/复评审的“三合一”复评审，具备了新扩项在内的共 170 类产品及系统的技术能力。“三合一”复评审的通过，标志着上海检测中心的检验能力又迈上了一个新台阶，提升了上海检测中心在行业内的综合竞争力，也增强了实验室的吸引力、凝聚力和竞争力。

2. 积极争取并获得三种产品的指定认证检测资格

2011 年 6 月，国家认证认可监督管理委员会听取实验室资质能力认可情况、科研标准软实力建设、内部管理和服务质量等方面的工作汇报，并考察了各试验室及检测设施检查了检验环境及检验所需的仪器设备。基于对评审做了充分的准备工作，上海检测中心顺利获得磁开关入侵探测器、振动入侵探测器和室内用被动式玻璃破碎探测器三种产品的检验资格。

（六）加强内部管理，不断提高服务质量和水平

2011 年，上海检测中心按照所党委创建一流检测实验室的要求，以切实提高检测效率、技术水平和服务水平为宗旨，不断加强内部管理。

1. 建立合理有效的激励机制

上海检测中心本着“公开、公平、公正”的原则，不断完善内部绩效考核管理办法及实施细则，以实绩和贡献为依据确定分配水平，根据每月检验员工作量统计情况对奖金略作调整。激励机制激发了员工的积极性和主动性，为按时完成工作，大家主动加班加点，毫无怨言，确保了各项工作高质量的完成。

2. 不断改善服务硬件环境

上海检测中心对接待大厅重新进行设计和装修，努力营造宽敞、舒适、有序的业务接待环境。在大厅内设立报号系统，配置样品调试室，采用屏幕滚动播放送检流程及送检注意事项，摆放自动饮料机，为企业送检调试的技术人员提供免费午餐。硬件环境的改善，在为送检企业提供优质服务的同时，也提升了送检受理的效率。今后上海检测中心还将在大厅设置网上预登记系统。

3. 加强与技防办、企业之间的互动

上海检测中心通过座谈会或培训的形式，了解技防办和企业的需求和建议，讲解标准的技术要求和测试方法，以及检测中常见的问题。面对面互动使解决问题更加快捷高效，受到技防办和企业的好评。

4. 坚持强化中心信息化管理

上海检测中心采用自主研发的适合日常业务的条形码信息综合应用系统，用于在各工作流程环节中打印需要的标签并实现标签扫描录入，减少了各个环节的工作量和人工输入的出错率，提高了、工作效率。开通短信服务平台，督促企业按时送检、申办销售许可证，及时告知客户样品检验状态，提升服务质量。

2011 年，上海检测中心从激励机制、硬件改善和信息化管理等多方面入手，不断强化内部管理，取得明显实效，激发了员工的工作热情，提升了工作效率和服务水平。

（七）注重合作交流，扩大中心国际知名度

为不断提升业务实力，扩大行业知名度，上海检测中心十分注重同国外先进机构进行管理制度与技术经验的交流。

1. 积极参加学术会议

2011 年 9 月，上海检测中心派员在马来西亚吉隆坡召开的第十二届国际通用准则大会作了专题报告，提升了上海检测中心的国际知名度。

2. 强化与国际权威实验室、著名公司之间的交流和合作

2011 年，上海检测中心相继与西班牙、英国、美国等国际权威实验室和著名公司开展技术交流，并在标准和检测技术领域的深入合作。

为提升在安防和信息安全方面的检测与科研能力，上海检测中心提出“走出去，引进来”战略，今后进一步加强同国外先进机构的交流和合作。

［资料提供：国家安全防范报警系统产品质量监督检验中心（上海）］

应用篇

YINGYONG PIAN

第十五章　安防产品及技术的应用情况

第一节　安防产品及技术在金融领域的应用

金融领域是货币和有价证券的主要流通场所，其日常业务涉及大量的现金、支票、有价证券及贵重物品，属于国家的治安保卫重点单位。随着金融行业的不断发展壮大，金融市场的安全防范工作越来越受到全社会的关注，围绕着金融市场安防需求而产生的新技术、新产品不断涌现，大大推动了金融市场安防技术快速发展。金融机构安防系统的建设和配套管理措施的落实是确保金融业务安全运作的重要基础，金融安防系统的各项功能和技术指标的优劣将直接影响到整个安全防范系统效能。本文将重点就金融安防的视频监控、系统软件、智能分析产品及与之配套的安检技术等进行阐述。

一、金融机构安防视频监控系统的状况

为了全面规范金融机构的安防视频监控系统建设，有效地应对日益猖獗的各种涉及金融领域的违法犯罪活动，确保金融机构的运营安全，国家相关职能部门先后制定了许多相应的强制性标准规范，如《安全防范工程技术规范》GB 50348－2004、《银行营业场所风险等级和防护级别的规定》GA 38－2004、《银行自助设备、自助银行安全防范的规定》GA 745－2008、《银行业务库安全防范的要求》GA 858－2010等，对金融机构安防系统的建设具有较强的指导意义，是目前金融机构安防视频监控系统建设的主要依据。由于早期金融安防视频监控采用模拟摄像机＋VCR、模拟摄像机＋DVR，模拟摄像机＋DVR/DVS（或其他集中储存设备）＋多级联网管理模式，监控图像的实时和回放分辨率等技术指标虽然完全符合相应规范的要求，但是在当今的技术条件下，早期的系统架构已经不具先进性，难以融合新设备和新技术，应用前景受到限制，具体现状如下。

（一）系统架构

目前各金融机构安防视频监控系统在设备选型、周边配置、技术参数、操控方式等方面虽有所不同，但主流的核心架构基本上都是以分布式DVR/DVS完成前端模拟音视频监控信号的采集和本地储存，同时利用DVR/DVS的网络功能通过业务宽带或者专线实现营业网点（包括离行式ATM机、自助银行）、支行、分行、中心行（省行、总行）之间的多级联网。

（二）重点监控部位和技术要求

各金融营业单位由于风险等级和经营规模不同，安防视频监控系统前后端设备器材的数量和系统规模存在较大的差异，但重点部位均必须依照相关标准和规范要求进行实时音视频监控和数据存储。

1. 柜员制监控

银行柜员制监控主要是针对现金柜台工作人员的工作情况（包括与客户的业务交接过程）进行实时音视频监控，起到规范行业管理与监督的作用，同时为可能出现的业务纠纷及其他意外事件提供现场音视频资料。目前柜员制均采用一个摄像机对应一个柜台的监控模式，图像的记录分辨率最高为4CIF或者D1。

2. ATM自助设备的监控

对自助设备前方活动场所、顾客正面图像、出钞口图像、装填现金操作区添钞清机过程及运钞路线分别进行实时监控，其中用于监控出钞口和顾客正面图像的摄像机安装于ATM机内部适当位置，图像分辨率同是CIF至D1。对于无人值守的离行式设备，单独配置多路DVR或DVS音视频记录和实现远程联网。

3. 其他重点部位监控

重点部位主要监控对象是金库或业务库、现金交接室、守库室、柜员室（现金业务区）全景、营业大厅、运钞车停放位置、送钞通道、监控机房、票据室、值班室和其他重要场所及要害通道等区域。为保证监控图像的识别效果和消除监控死角，对于区域较大的场所一般都设置多台摄像机。

（三）系统联网管理模式

金融机构中绝大多数国有银行和股份制银行安防视频监控系统的多级网络管理一般都分为三级监管：第一级是基层营业网点和规模较小的支行，即营业网点监控中心（接入层），一级中心只负责管理本级系统和设备的运行，包括对ATM机的管理，接受上级中心的监管；第二级是上级支行或分行监控中心（核心层），二级中心负责对辖区范围内所有网点监控设备和一级监控中心进行实时监管，对金库进行24小时监守（包括异地守库），对ATM机进行实时巡查，同时自动接收各网点报警信息和ATM网点的呼叫信息；第三级一般是省行（总行）监控中心，负责对全省

（全辖区）范围内所有安防视频监控设备进行实时监管，对下属监控中心的权限进行审定和授予。

二、金融安防视频监控市场发展特征

随着我国金融安防视频监控市场逐步走向成熟，产品不断更新，技术不断升级，资源不断整合，金融安防视频监控市场大型化、规模化、智能化和高清化的方向初见端倪。

（一）高清视频监控需求开始形成

在金融领域，高清视频监控产品可以在很大程度上解决目前困扰银行安保工作的诸多难题。比如柜员监控，其目的是监督柜员操作的合规性，并清晰显示交易过程，随着业务管理的深入，还要求扩大视频覆盖范围，看清票面、印章等细节，为出现争议时提供有效证据，高清摄像机可以更好地实现以上效果。

目前高清视频技术面临着诸多的难点，例如网络带宽是否满足、技术成熟度是否高等，尽管如此，高清视频监控设备还是受到了金融机构高度关注。高清摄像机在金融行业已经开始应用，在部分银行营业网点视频监控系统升级改造中，采用了高清显示设备。随着高清技术不断走向成熟，金融行业将更多采用高清视频监控产品。

（二）智能监控产品得到应用

智能监控产品能有效地实现从被动监控走向主动监控，是金融行业安防监控的发展方向。目前看来，银行原先的那种靠图像自动轮巡、人工盯守的监控方式，已经无法满足安防监控的新需要。通过智能监控技术，银行能够对采集到的视频内容自动分析，及时对场景内的异常事件进行报警，并录像及存储，值守人员只需要关注少量的异常事件，就可以大大提高警情处理的效率。

在金融行业，目前智能监控技术和产品主要应用在自助银行和自助设备的安全防范上，其中 ATM 机智能监控产品是金融市场上的主流智能产品。该产品能对键盘贴膜、加装假键盘、加装读卡器、出钞口封堵、敲砸 ATM 机等异常行为进行有效识别和报警。随着国家对自助银行安全防范工作的日趋重视，ATM 机智能监控产品在金融领域内得到了较大范围的普及。

（三）运营服务方式有所转变

尽管现在银行都建成了视频监控系统，但在具体的使用过程中存在着一些问题，主要表现为：一是视频监控点数量越来越多，缺乏智能视频分析系统，运行管理难度逐渐增大；二是海量视频资料数据，缺乏有效分析和索引，事后调查取证工作需要人工完成，处理问题协调难度大。三是在安防系统的实际运行和维护中，银行要面对多家的软件、硬件开发商或系统集成商，且由于标准不统一或相对滞后，一旦系统出现问题，可能会出现相互推诿扯皮的情况。

诸多安全风险的存在，以及维护成本的居高不下，银行开始尝试新的安防管理模式。由此，在统一标准的前提下，专业承担银行安防系统运营维护工作的安防运营服务商开始出现，并逐步发展壮大。在这种模式下，银行成为安防运营维护服务的监管方，其安防系统运营维护部分则采用外包的方式包给安防运营维护商。

专业化的安防运营服务商为银行提供了高质量、高效率、低成本的运营保障服务，其运营模式逐渐获得了银行和市场的充分认可，并呈现出良好发展势头。

（四）防爆安检设备开始进入金融安防系统

随着金融行业不断开放，其面临的反恐和治安形势也日益严峻。2003 年沈阳商行爆炸抢劫案、2004 年昆明中信银行爆炸案、2005 年哈尔滨农行爆炸案、2007 年安徽滁州工行爆炸抢劫案、2007 年辽宁凌源农行爆炸抢劫、2010 年宁阳农行爆炸案、2011 年武汉建行爆炸案等一系列在金融机构发生的爆炸事件，使有关主管部门开始将目光投向了防爆安检设备的使用。

以上案例表明，如果不对可能携带的违禁品进行必要的安全检查，银行可能存在以下安全风险：第一，银行保险箱可能成为危险物品存放地点；第二，银行重点部位营业场所和计算机中心机房可能遭到爆炸袭击；第三，随身携带枪支弹药或管制刀具进入银行，可能造成人身危害。针对这些安全隐患，银行有必要加强安检工作，通过配置必要的安检设备，制定安全检查流程和制度，使银行安检设备与其他安防系统联动，构成更加有效的安全防范体系。

通过引进安检系统，银行安全管理部门可对存在安全隐患的银行保管箱业务、计算机中心机房、营业网点等部位实施安检排查工作，从而大大确保金融系统的安全和稳定。随着国家对银行业反恐防爆监管要求的不断提高，以及金融机构对反恐防爆形势的认识进一步深化，将会有更多的安检设备出现在银行的办公营业场所。

三、金融安防视频监控系统构建

（一）银行现有的视频监控系统

国内各银行建成的视频监控系统大多以模拟为主，部分为模拟＋数字的方式，纯数字化的系统不多。涉及银行安防视频监控产品主要有：前端音视频采集设备，传输系统，后端控制、存储、显示等设备以及与之联动的相关入侵报警设备。

在银行视频监控系统的构建方面，可以根据不同的对象配置不同的系统。在银行办公大楼，可以参照办公大楼的要求设置视频监控系统，风险等级相对低于营业网点；在金库、营业网点和 ATM 机 等风险等级较高的场所，可根据现场的具体情况设置视频监控系统，在前端设备选择上，通常使用带有定焦镜头的固定摄像机，辅助以带云台和变焦镜头的摄像机，每个网点可以安装数个摄像机，进行多方位监控；对于金库、机房等区域需要实行图像动态侦测，或者联动入侵探测系统等，一旦发生异常情况时，监控中心能够及时收到报警提示；在自助网点进行持续监控，有的地方还在ATM机处设置入侵探测设备。

在构建金融安防系统的过程中，应该注意做好两点：一是结合金融机构自身的发展状况以及应用特点，分阶段、分步骤地构建系统，每一阶段都要形成一个比较明确的建设目标，同时也为后续建设留下相应接口；二是注重选择那些能满足标准要求，兼容性好，符合技术发展趋势的设备建设安防系统。

（二）金融安防视频监控技术的发展趋势

在技术发展方面，当前整个安防视频监控系统正在向着高清化、智能化、网络化的方向发展，在金融领域也具有极高的应用优势和前景，但是要实现这一飞跃尚有很多因素需要面对和解决。

1. 高清化

众所周知，模拟摄像机由于自身技术方面的限制，在分辨率上已经接近最大限度，而数字化高清摄像机的出现大大突破了这一极限，它通过视频图像采集系统和编码系统之间直接交换数字信号，实现了更高的分辨率和帧率。高清视频信息占用带宽比较大，但是成熟的压缩算法是高清产品在现阶段网络环境下应用的重要保证。

就高清图像本身而言，它具备了很多优势，例如：它可以提供更多的关键细节，能够清晰地分辨单据张数、验钞机数字、犯罪嫌疑人的人脸细节特征等，它意味着银行视频监控更加有效，取证更加有力，在同等清晰度条件下，采用高清摄像机具有较宽的视角，可以有效地降低单位面积内的摄像机数量。由此可以预见，高清视频监控产品可能在我国金融安防市场得到更为广泛的应用。

虽然高清视频监控系统在金融机构全面铺开的应用时机还尚未成熟，还有待于产品性能的进一步完善和行业适用性时机的到来，但鉴于高清视频监控系统的强大集成功能和高性价比等优势，金融安防视频监控系统向着高清视频系统发展是必然的趋势，有些金融单位正着手进行高清化系统建设和升级改造的方案论证和试点工作，相信在不远的将来，高清视频监控一定会在包括金融机构在内的各种重点单位使用，并且将发挥前所未有的作用。

2. 智能化

智能化通常理解为智能技术构成的智能系统在相应领域的应用。高清视频监控系统为智能系统的应用打下更加扎实的基础，随着智能化技术和产品的进一步成熟和实用性的提高，系统24小时全天候的智能分析功能可以让值机人员从繁杂又枯燥的人工监视工作中解脱出来。

智能分析技术主要内容可包括：特征识别、智能行为分析和视频诊断等。其中特征识别包括人脸识别、车牌号识别等；智能行为分析包括虚拟警戒区域（周界防范）、智能跟踪、物体的遗留和丢失、异常行为检测等；视频诊断主要检测视频信号缺失、偏色、噪声、画面冻结及抖动等。

智能化应用的事件预警、特征识别、事件查询、统计分析等功能将让金融机构的安全防范体系更加严密和完善。高清化的智能分析在未来有较大的实用意义。

3. 网络化

经过多年的发展，我国金融行业安全防范技术水平得到了很大的提升，视频监控系统和入侵报警系统已经遍布全国各地的金融机构。但是各级银行及营业服务网点建设的视频图像信息系统标准不够统一，联网程度不高，存在“信息孤岛”现象，而且模拟系统不易进行大范围的联网和远程图像信息传输，一旦有突发事件发生，不能及时有效地获得现场图像。

为了克服上述问题，银行必须实现大规模的联网，从分行到支行、到各储蓄所，有效地实现视频图像信息的资源整合与共享，最终形成完善的综合应用的系统集成平台。

随着银行视频监控联网建设的大规模展开，金融机构安防系统的网络化程度将会进一步提升，利用视频监控网络平台优势可开发出许多衍生功能，不但可以提高银行安全防范的能力，还可为银行日常的业务操作提供服务。可以预见，那种能将安全防范功能与银行具体业务流程整合起来的系统，无疑能最大程度地提升银行的管理效率，也将受到银行用户的青睐。

综上所述，银行视频监控联网是以维护银行安全为目的，基于银行本地报警、视频监控等系统，利用网络技术构建具有信息采集、传输、控制、显示、存储、处理、管理等功能的网络系统。在银行视频监控联网建设过程中，应该针对金融行业分布比较分散的特殊情况，采用“集中管理，网点存储，重点信息上传”的建设思路，即通过联网建立统一的视频监控平台和分层级的存储机制，从而使银行安防视频监控系统更加规范化与合理化，更好地保障银行的安全与稳定。

四、金融市场安防软件应用

（一）应用状况

近年来金融机构开始了营业网点远程视频监控和联网监控的试点和推行工作，到目前为止，部分银行正在努力实现区域性的远程视频监控联网。在东部沿海发达省份，开始实行全省规模的联网，但绝大多数的银行还是以地市级支行联网为主，全省联网尚在酝酿之中。

在目前过渡期间，应用于金融机构联网的安防视频监控软件主要有以下三大类：

1. 远程控制客户端软件

银行联网初期主要采用这类软件实现远程监控，到目前为止，仍有不少银行还在采用这种软件。它主要实现对每台DVR设备的远程访问和控制，其功能主要包括：远程调用实时视频、云台控制、远程调看录像和对设备的参数进行配置和更改。利用远程客户端实现的联网，是一点对多点的系统，由于没有集中的授权认证和流媒体分发机制，每个客户端都可以直接去访问和控制设备，容易造成权限上的冲突和访问端口堵塞，不适合进行较大规模的联网，更不适合多级、多用户的联网管理模式。

2. CMS 集中管理系统软件

CMS 集中管理系统软件是当前银行联网中主要应用的软件，与设备远程客户端相比，CMS 集中管理系统软件增加了应用于设备和用户管理的数据库服务器（即目录服务器）、流媒体服务器和 WEB 服务器，具备了权限管理和流媒体转发功能，有的还在客户端上实现了对报警主机和出入口控制主机的联网控制。其不足是应用功能的业务扩展性比较差。

3. 大规模集成管理平台软件

平台级的软件以应用服务器为核心架构，承载了主要的业务应用内容，包括各功能模块和设备的兼容性管理等。它能方便地支持业务集成，能够给金融机构在视频应用和安保业务方面提供持续的支撑，而且产品的生命周期比较长。它的客户端是一种比较简单的系统与用户交互的界面，系统的规模扩展性和业务拓展性比较好，升级和维护都比较简单，支持快速、稳定的个性化开发定制，支持多级平台的级联。目前这样级别的平台软件在金融机构应用还比较少。

（二）需求特点

金融机构对安防软件的需求具有如下主要特点：

1. 应满足综合性安全解决方案的应用需求

其管控的场所和目标主要包括营业网点、金库、交接款现场和 ATM 机。因此在加强上述场所和目标的物防和人防方面都作了周密的部署和安排，同时还要借助于安防视频监控系统和其他安防子系统集成，从而构建更为有效的综合防范体系。

有些金融机构还要求具有远程守库功能，金库门的开启由监控中心远程控制，现场人员无法直接开启金库，经过信息比对确认属实后，方可远程开启。

近几年来频发的 ATM 机抢劫、仿造金融卡等案件给银行和客户造成了不少的损失，因此 ATM 机也是安全监管的重要部位。对其安全监管的主要措施有：一是远程控制功能；二是自动识别预警功能，能发现人物和行为异常的情况；三是应急处置功能，它需要联网平台软件支持。目前，有些金融机构正在尝试利用智能视频分析技术来加强对 ATM 机违法犯罪行为的自动预警，智能检测和报警。

2. 对营业场所的日常管理需求

金融机构的视频监控系统不仅仅起到安全防范的功能，它已越来越多地被扩展应用于银行的日常经营管理之中，包括对各营业网点经营秩序的远程检查，对客户投诉的事后认证和处理等，这就需要联网平台软件具有和管理经营业务进行深度融合的灵活性和便利性，并提供相应业务的支持，此外还特别需要联网软件具有多用户登录、访问和操作的支撑能力和良好的冲突解决机制等。

（三）竞争格局

金融安防领域是国内最早、最具规模、最代表安防新技术应用的领域之一，长期以来都是众多安防企业的必争之地，其安防软件市场竞争状况呈现出以下特征。

一是系统集成和服务层面的竞争。由于安防集成业务的地域性特点比较明显，金融安防集成服务市场的竞争体现了地域性和目标客户针对性的特点，形成相对固定且有进有出的竞争格局，其竞争力主要取决于集成商的技术水平、服务质量和客户资源等。

二是集中管理平台层面的竞争。远程联网和集中管理软件包括设备远程客户端软件、CMS 集中管理软件、大型管理和应用平台软件等软件产品在应用中的竞争。目前，部分银行用户从总行层面做平台软件产品和厂商的入围遴选工作，因此未来平台软件市场集中度将会逐步提高。

除了以上平台软件层面的竞争之外，下一步还将会在 ATM 机智能防范预警新产品上展开新的竞争。随着相关技术的日益成熟，这一产品将在金融领域得到普及和推广，从而掀起新一轮的市场争夺战。

（四）前景展望

目前，多数的金融机构做了一些远程视频监控和联网工作，但整个金融安防软件市场仍然具有广阔的市场空间，具体表现在以下几个方面。

一是金融机构对安全管理的需求从单一视频监控联网和远程视频监控向着综合安防集成管理方向转变，还要将多个管理系统进行整合，通过一套界面来综合管理各种信息；

二是随着网络摄像机、高清摄像机和智能分析产品的应用，原来的软件不能支持新的设备联网管理和新的智能报警业务应用，必然面临升级换代，这一过程将是一个比较漫长的过程；

三是随着相关标准的发布实施，金融机构安防视频监控联网工作从单级联网向多级联网迈进，原来的软件通常不支持多级平台联网，按照这一需求，相应的软件需要升级换代。

五、ATM 机智能分析产品发展

为应对全国 ATM 机犯罪案件的频发，有关部门及时发布了《银行营业场所风险等级和防护级别的规定》、《银行自助设备、自助银行安全防范规定》并提出了相应要求。这些措施为进一步依法加强银行安全防范管理提供了法律依据和技术保障。

鉴于银行营业柜台、ATM 机的安防需要，各地相关监管部门已经开始推出了相应的整体解决方案，主要包括基于多模块、多层次组合的安全防范系统。目前，市场上已经开发出的智能分析产品有 ATM 机用人脸智能分析和行为识别产品。

相关的统计显示，我国现拥有 ATM 机近 20 万台，因此

ATM 机智能分析产品的市场潜力巨大。展望 ATM 机智能分析产品的发展方向，它可以实时对与 ATM 机相关的特定人和异常事件进行检测和告警，从而有效地遏制针对 ATM 机的犯罪行为，大大提升银行的安全防范能力。

第二节　安防视频监控系统在能源领域的应用

为了有效预防能源领域各类安全事故的发生，最大程度保护国家能源财产和生命安全，有必要针对能源领域的安防特殊性构建一个科学合理的安全技术防范体系。目前，在国家政策以及企业信息化的推动下，大量的安防视频监控产品和系统应用于这一领域，从而极大地推动能源安防市场的发展。以下对石化行业、煤矿行业、电力行业的安防系统作一个概略的分析。

一、石化行业的应用分析

安防视频监控产品在能源行业的整个产业链中的应用已经很广泛，石化产业中安防视频监控产品和系统的应用现状及发展趋势分析如下。

（一）石化行业的应用现状

众所周知，石油石化行业属于高危行业，一直是国家安全防范的重点对象，对于安全等级的要求甚高。石化行业除了自身生产工艺和员工培训方面要达到安全生产的要求之外，在油田、化工大型厂区、钻井平台、化学产品储藏仓库、天然气输送管道等，都需要安防视频监控设备对其生产环境进行实时监控。加之各地石化信息化建设稳步迈进，很多油田都争取对现有生产设备进行信息化改造，建设集油田视频监控及数据传输为一体的油田数字化综合业务系统。这使得安防视频监控产品在石化企业中得到普及，如距我们生活最近的各大加油站已经广泛应用了安防视频监控产品，此外，大庆、胜利、松原等多数油田以及大型化工厂区、储油库和石油运输管道的沿线等大都安装了视频监控设备。

在石化领域，视频监控是安防系统的重要组成部分，综合安防视频监控系统主要用于厂区安保监控。过去，工业电视系统和安防监控系统相互独立，用于各厂区的生产视频监控系统之间也互不相连，“封闭”和“独占”是这些系统的特点。而随着企业对生产、生活等各方面综合管理程度不断提高，尤其是生产调度和应急系统建设的出现，将原有工业电视和安防视频监控系统进行技术改造整合和联网共享的需求越来越迫切。与此同时，深层融合原有的视频监控、报警、出入口控制等各子系统来满足应急联动要求的解决方案，是石化行业综合安防系统建设中的关注热点。

总体而言，企业的重视，安全的需要，政府的政策推动，原有系统面临升级等因素一定程度上促进了石化安防应用的普及和提速，给安防企业带来了市场机遇，但由于石化行业基础设施规模大，信息系统层级较多等特点，目前安防视频监控产品在石化行业的应用也存在一些问题：

一是早期石化行业的安防视频监控产品和系统相对落后，要真正做到设备好用，系统稳定，产品更新换代和系统升级必不可少；二是安防和消防系统没有融合到石化综合管理系统中，安防和消防是油田安全的基本保障，但目前将安防和消防系统做到与石化综合管理系统完全集成的系统不是很多，能满足油田恶劣环境使用的更少；三是必须针对石化行业的特点专门研制相关产品，其技术性能要达到一定的高度，防水、防爆、防尘、防震、耐高低温等都是需要考虑的因素。

（二）石化行业市场分析

我国石化行业建设对安全的需求甚高，石化产业链的开采、炼化、运输、销售环节对安防的需求也不断增加，由此也带动了安防系统建设的投入。目前全国加油站已有 10 万座左右，出于安全和管理的需求，江苏、上海、广东、湖南、湖北等地相继颁布相关法规、条文，积极支持规范加油站的安防建设，投入几十万、几百万元资金的项目逐渐增多。此外，随着安防技术的升级，早期应用安防系统的石化项目也面临整体升级的情况，这为安防企业的平稳增长带来更多的机遇，石化安防市场将有更广阔的发展空间。

目前在石化行业，安防产品呈现出了多品牌的竞争局面。早先，石化行业的安防产品以国外品牌居多。近年来，这种格局已被打破，国内的多家企业产品也进入了这一市场，并出现针对油田、炼油厂、油库、输油管道、运输车辆、加油站等整体的“数字石油”安防解决方案，国内安防企业的产品和解决方案极大推动了石化行业的安全防范建设。

（三）石化行业的需求分析

石化行业由不同业务类型的分支单位构成，大致可分为上游、中游、下游三个层次，构成石油化工产品开采储运、生产加工、分发销售的生产及商业链，处于不同环节的单位对安防系统建设的需求各不同，具体分类有：

1. 油田和炼化厂安全需求

油田属于石化产业链的采输单位，由于油田、气井大多分布在空旷的无人区，范围广，地理形势复杂，气候条件恶劣，需要在油气井口、输送管道、各站生产区域实现远程视频监控、安全对讲及报警联动等，实现对边远地区、沙漠戈壁等地面通信传输手段无法覆盖到的油气井生产全程跟踪与实时动态监控管理，以预防自然灾害、意外事故、人为破坏等情况的发生。

炼化单位生产厂多为高危场所，针对这种易燃、易爆的环境，安防设备需要满足防爆隔离、防护等级高的安全需求。

2. 输油管道和车辆安全需求

输油管道和运送车辆是石油流通的重要连接环节。输油管道大多地理位置偏僻，管道跨度长，存在原油、成品油等管道输送资源泄漏、被盗的安全隐患。由于实际环境限制，做到完善的管线防盗、罐区和泵站的监视防护是安防系统的重点，采用远程视频来实施动态监控；而运输车辆可通过定位系统来统一监控管理。

3. 石油储备和油库安全需求

油库属安全重点防范区域，加强视频监控的同时，还需要针对具体地理环境增加周界防范、入侵检测、出入口控制系统等安防设施。几种安防系统配合使用，可以有效避免死角，提高安全系数，确保装卸人员规范操作，同时，也可以做到及时发现漏油污染和其他险情，以便及时跟进，避免发生重大的安全事故。

4. 加油站安全需求

加油站的开放性特点决定了其安全工作的重要性，需要加强安防设施投入，提高安防水平。一般加油站的加油棚区、营业厅、财务室、库区、主要通道和重要地点都需要安装摄像机。此外，加油站视频监控系统基本上采用多级联网系统，可以利用直观的视频监控，提高安全工作效率和响应速度。目前构建多站点、远距离、多级联网的加油站安防视频监控系统是一个关注的重点。

由于石化行业的特点，安防系统需要实现全天候视频监视并与报警联动，同时更应与防护、应急处置等系统有效集成，与石化行业的业务管理紧密结合，解决石化行业的安全管理需求，才能真正实现高效的石化综合安防系统。

（四）高清智能产品在数字化油田的应用

数据与管理是数字化油田建设的两个重点内容，而视频监控与存储等安防技术是数字油田的重要应用技术之一。目前具备最新安防架构的管理信息系统已经应用于多个大型油田的数字化建设项目中，有效保证了有关油田生产内容的海量数据的传输、处理与存储。

从目前的应用情况来看，在数字化油田的视频监控领域，国内大型油田已逐渐淘汰原有的模拟视频监控方案而采用架构更先进的数字视频监控系统，在油田作业区域及各有关地区建设了网络视频监控前端，实现了监控视频的网络传输、异地存储以及网络客户端查看与控制。然而，在油气田这种范围广、监控区域大、重点监控部位多的项目中，网络视频监控系统建设的难点很多。针对油田的偷盗抢问题、大面积辖区监控问题、无人值守油井监控等问题，出现异常时细节部位仍可清晰显示；一个监控摄像机可采用广角形式监控多个集中的油井站点；采油机停止工作时立即报警；对进入油井平台工作区的人、车、物进行跟踪记录，夜间设定禁区，对闯入行为进行报警录像等。

这些监控需求都是根据数字油田可能会出现的安全问题所提出，如采取以往传统的标清监控，开关量报警及实时录像的视频监控形式，已无法满足数字化油田的以上种种需求。随着高清视频方案及智能识别系统的应用逐渐成熟，“高清”及“智能”这两大安防热点技术在数字化油田的建设中有了最新的用武之地，以上提及的问题也有了新的解决办法。

1. 高清视频监控系统在油田的应用

油田地广人稀，井区相应的控制范围也非常大，目前大都采用标清视频图像监控系统，一般采用同一区域建设多个视频监控点的方式来实现，这种建设方式有很多的不足，如传输距离长，视频衰减大，图像清晰度低等。而高清视频监控主要是提高图像清晰度，更加清晰识别现场情况，根据现场条件和监控需要设置高清视频图像监控系统，则可大大优化视频监控系统。

2. 图像智能识别在油井监控中的应用

在网络视频监控领域，智能识别技术正在逐渐完善，成为网络化视频监控领域最前沿的应用模式之一。其主要应用有：一是无人值守油井的智能化应用，采用智能识别的应用可对小型无人值守油井进行智能视频监控；二是油田周界防护，在重点警戒区域内可设置周界警戒线，如果有车辆或人员进入，则自动报警；三是可疑物品检测，采用物体遗留检测功能可实时检测监控范围内出现的遗留物并及时报警。

二、煤矿行业的应用分析

作为主要能源之一的煤炭一直是国家能源的支柱。矿难事故频发，人员伤亡和经济损失严重，煤矿安全已成为我国经济发展中的热点问题之一，每一起重大安全生产事故都引起了政府和社会各界的极大关注。我国安全监管部门已经出台相关政策，加强行业监管。随着“数字矿山”建设的推进，煤矿行业视频监控市场也将大幅度增长，蕴涵巨大市场潜力。

（一）煤矿行业的应用分析

我国的煤矿数量众多，出于安全监管和生产的需要，有部分国有大中型煤矿较大规模地安装了新一代数字化的视频监控系统，并对设备进行了升级改造，但多数煤矿还在使用老式的模拟监控系统和设备，而且很多设备年久失修，容易出现安全生产的隐患。

煤矿视频监控系统主要涉及井下视频监控系统和井上视频监控系统。煤矿井下视频监控系统主要是对井下安全生产自动化的监控，用远程视频监控系统对井下情况进行实时监控，远程视频监控系统是现代矿井安全监控系统的重要组成部分。

煤矿井上视频监控主要是针对地面运行设备和煤炭运

销系统的监控，传统的模拟监控系统受到自身局限，不能及时反映一个地区大范围不同煤管站的运销信息。因此，现代煤炭运销系统对远程视频监控系统的依存度比较高。

总体来看，目前国内煤矿企业的安防监控应用较以前有了很大的改善，但应用仍不均衡，但由于安全意识程度和管理水平不一致，目前煤矿监控系统还存着一些问题：一是大部分煤矿视频监控系统设备落后及老化；二是系统不能很好地适应井下环境；三是煤矿视频监控系统没有形成联网化、规模化、集成化。

（二）进入煤矿行业的安防企业分析

随着煤矿监控市场新一轮改造需求的旺盛，越来越多的安防企业已经开始进入煤矿安全监控市场。当前煤矿安防系统的主要提供商有：一是主要以提供防爆设备为主的制造企业；二是提供多种安防应用产品的安防企业；三是提供行业解决方案的安防企业。

从技术上来说，安防技术和产品已经比较成熟，但由于煤矿行业属于特殊行业，产品和设备需要通过相关部门的强制认证，面临市场准入的门槛。

（三）煤矿行业视频监控的技术应用

目前随着网络技术的不断发展，煤矿视频监控系统也由原来的模数结合的监控系统逐步过渡到目前的网络化、智能化的监控系统。从目前的技术发展来看，煤矿监控行业的发展趋势有：

1. 多业务传输平台技术

大部分煤矿系统都已经建成了多套独立的传输系统来实现所需的数据传输。但存在着兼容性差、共享性差、重复投资、操作复杂等诸多缺陷。在将来的视频监控系统改造中，对传输系统改造已经成为当前安全生产建设的关键，通过多业务传输平台技术，就可以将煤矿监控行业里的所有数据进行传输。这种技术不仅大量节省布线成本，而且能大量降低维护成本，对今后的煤矿行业监控升级改造有很大的帮助。

2. 智能网络技术

随着煤矿行业监控系统规模建设的逐步扩大，对联网监控系统的要求将越来越迫切。原来的监控系统基本都是分散、独立的，通过智能网络技术的应用，进行资源整合和信息共享，平台联网技术将得到更多应用。

3. 3G 无线传输技术

随着 3G 无线传输基站陆续的铺设，无线信号的覆盖范围也越来越广，3G 信号受干扰较少，3G 无线传输将成为煤矿无线监控传输的应用手段。

4. 智能视频监控技术

随着煤矿行业监控系统建设的大规模推进，视频采集量大，监控系统操作人员面对大量场景复杂，随时会发生突发事件的监控画面，很难及时发现异常变化，需要通过包括行为分析在内的智能视频监控技术，及时报警，使得值班人员做出快速反应。

当前，我国煤炭企业对安全视频监控联网的需求不断增长，同时网络技术的不断发展，也促使煤矿视频监控系统由原来的模数结合的监控系统逐步过渡到网络化、智能化的监控系统，并与生产自动化、OA 办公等系统集成，是煤矿视频监控行业的发展趋势。

三、电力行业的应用分析

（一）电力行业安防应用重点

电力作为国家能源的重要组成部分，安全防范是重中之重。安防系统是保障电力行业安全运行的得力助手。从安防产品应用的角度来看，电力行业的安防应用主要集中在无人值守变电站、输电线路、安全生产等方面，其中无人值守变电站是应用重点。而随着国家对电力应急管理的重视，以及视频新技术应用的普及，传统的安防应用正在发生变化。

（二）电力行业视频监控应用

视频监控在电力行业应用非常广泛，包括无人值守变电站、安全生产、输电线路等各个领域都有视频监控的需求。其中，无人值守变电站的监控应用尤为典型，带有显著的电力行业特征。变电站是电网的枢纽，也是电力安全管理的重要对象。在无人值守变电站建立网络化视频监控系统，并接入相应的入侵报警系统，出入口控制系统等能够有效提高安全管理效率，节约人力资源，并且视频监控管理平台也可以与现有的变电站动力环境监测系统相融合。

（三）电力行业可视化应急指挥

可视化应急指挥作为一种直观、高效、及时的远程指挥系统，是基于应急指挥的角度将上述视频监控和视频会议整合起来以后，在不影响原有系统功能的同时，推动电力行业可视化应急指挥调度应用的普及。

将视频监控整合到可视化应急指挥调度系统中，除了不影响原有的变电站及输电线路的安全在线预警和实时监控功能外，还可以将这些图像、声音、报警信息以及动力环境信息无缝融入应急指挥平台，为指挥决策提供直观、实时的参考依据，提升决策效率。可视化应用功能可以大大加强应急指挥的效应，并提升决策速度和管理效率。

发挥可视化应急指挥调度的效能，要从应急指挥管理体系的角度，参考电力行业一直在用的传统语音调度的业务模式，开发出一套专业的全新可视化应急指挥业务架构及业务体系，在这个意义上，一个专业的可视化应急指挥调度系统必须以可视调度、应急指挥为核心，同时实现视频会议、远程监控、图像传输等多项业务的整合集成。

近年来，在加强电力行业应急管理体系建设的背景下，无论是视频监控还是视频会议，其应用模式都开始变得越来越多元化，而基于可视化应急指挥调度将这些视频应用整合到一个统一的平台上，正在成为电力行业新的发展趋势。这一趋势对变革电力系统现有的应急管理工作，进一步提升应急管理的效率，降低应急管理的成本，都将起到积极的推动作用。

鉴于能源领域地域分散，危险性大，在充分发挥安防视频监控系统作用的同时，还要加强人防、物防、技防的结合，将出入口控制、周界防护、电子巡查等安防子系统与视频监控系统联动整合，构成综合安全防范系统；与此同时，还应选用投资少、安装使用方便、运维成本低、人机交互良好的系统和产品。

第三节　安防产品及技术在城市轨道交通中的应用

“十一五”期间，在国家宏观政策引导和扶持下，全国城市轨道交通投入运营里程达到1000公里左右。目前，国家制定规划的36个城市中已有29个城市的轨道交通规划获得国务院的审批，未来，我国大约有229个城市具备发展城市轨道交通的潜力，预计到2050年规划线路将增加到289条，总里程数约11700公里。

目前，我国已经成为世界上最大的城市轨道交通建设市场，轨道交通“大跃进”式的发展，使地铁的安全防范系统建设、安全运营管理的重要性日益凸显。随着科技的发展和地铁安全防范的实际需求上升，城市轨道交通安全防范将迎来巨大的挑战与发展机遇。

一、城市轨道交通安全防范分析与探讨

城市轨道交通的安全防范应以安全保障为基础，安全防范为手段，安全运营为目标。城市轨道交通安全防范系统是由安全防范、电子信息、计算机网络技术等构成的综合运用系统，具有先进性、可靠性、经济性、适用性等特点，是社会公共安全的有机组成部分。当前，我国主要根据经济适用原则，采用平时安全防范、特时（举行重大活动的特别时期）安全防范和战时安全防范等三种措施，解决城市轨道交通安全防护问题。平时一般采用传统安全防范措施；特时将在传统安全防范措施的基础上，增强技防、物防和人防措施；战时将根据战争形势需求，快速转换为人防工程。

（一）城市轨道交通安全防范发展现状

1. 城市轨道交通运输系统及运输保障技术基本达到国际先进水平

城市轨道交通系统是一个集车、机、工、电、检、运、营等多学科、多专业、多工种于一体的复杂系统，而且因其主要建设于地下，具有封闭性强、运行高速、起停频繁、客流量大，及乘客自助乘车、应急疏散难度大、易受外界因素干扰等固有特点。因此，城市轨道交通作为一种特殊的人员密集公共场所，安全性要求非常高。虽然我国城市轨道交通建设起步晚，但是仅用20年时间，通过引进、消化吸收和再创新，已积累了丰富的设计、建设和运营管理经验。在城市轨道交通的土建工程、运输系统和运输保障系统等的设计和建设过程中，已全面考虑了自身的安全保护功能和对乘客的安全防护措施，如广州地铁的车辆在线检测和预警系统，可以实时对在线车辆进行状态监测，进一步提升了城市轨道交通的安全保障水平。可以说，我国新建城市轨道交通的运输及运输保障技术已基本达到国际先进水平。

2. 新建城市轨道交通的传统安全防范措施基本满足安全管理要求

我国在新建城市轨道交通系统中，吸收了国际先进经验，高度重视安防建设，为城市轨道交通配备了比较先进的安防措施，主要包括通信、隧道疏散、紧急照明、防排烟、灭火、屏蔽门、电子巡查、火灾报警、入侵报警、车站与列车视频监控等，同时还设置了专用的有线及无线通信系统、警用安全保障系统和车辆段/停车场安防系统等，并在车站和重要设施配备了警察、保安、护卫和专业管理人员。这些属于传统安防系统的技术和措施，已成为城市轨道交通安防系统的重要基础。大量的非安全生产事故，也已能够通过传统安防措施得到有效处置。

3. 非传统安全防范措施在特时发挥重要作用

城市轨道交通建设往往面临复杂恶劣的地质状况，特别是广州等南方城市建设轨道交通，须穿越河流、地质断裂带、溶洞群等不良地质环境，如果再遭到恐怖袭击或人为破坏，后果将非常严重。当前，国际上的反恐防暴的形势仍然非常严峻，为避免类似东京地铁沙林毒气事件、韩国大邱地铁火灾事件及伦敦地铁连环爆炸事件的发生，各国政府如芬兰、法国、英国、日本等均纷纷采取非传统安全防范措施，提高了城市轨道交通的防护等级，发挥了积极作用。我国由于技术和资金原因，非传统安全防范措施还没有真正全面实施。

我国在举行重大活动的特别时期，如北京2008年奥运会、上海2010年世博会、广州2010年亚运会、深圳2011年大运会期间，为了预防恐怖袭击或犯罪分子的故意破坏，当地政府不仅在全城提升安全防范等级，也为城市轨道交通系统大幅度增加武装警察、民警、保安人员、民兵和志愿者等人员协助安全防范力量，而且在地铁站和出入口等处设置放射性物品探测装置、有毒气体探测装置、危险品及爆炸物检测装置，爆炸物处置装置等非传统安全防范措施，为特时的城市轨道交通安全防范提供了重要保障，并发挥了重要作用。

4. 安全防范法规和标准出台滞后

自从2001年美国发生“911”事件后，国际上恐怖事件不断发生，使城市轨道交通安全防范工作得到高度重视。我国安全防范领域第一部工程建设技术标准《安全防范工程技术规范》于2004年12月1日起实施，随后各地方标准相继出台：上海市《重点单位重要部位安全技术防范系统要求——城市轨道交通》于2007年9月1日实施；深圳市《城市轨道交通警用安全防范系统配置规范》于2008年7月1日实施；天津市《地铁安全防范系统技术规范》于2009年5月1日实施；北京市《城市轨道交通安全防范技术要求》于2009年8月1日实施。由于安全防范标准和法规出台滞后，且受当时的技术条件限制，使得在20世纪90年代前建成的城市轨道交通线路，安全防范及救援设施比较落后；即使是在90年代之后，上海和广州等城市先后利用外资修建城市轨道交通系统，并通过进一步的消化、吸收和再创新，使我国的城市轨道交通水平有了质的飞跃，但按平时配置的安全防范措施仍然存在不足，难以防范有组织、有预谋的恐怖袭击和重大突发事件。21世纪，随着自动化技术、智能化技术、计算机技术和信息化技术快速发展，促进了安全防范技术的快速发展，也必将再次促使标准和法规的修订更新。

（二）国内及国际形势对我国城市轨道交通安全防范建设的影响

1. 城市轨道交通高速发展为安全防范建设带来新机遇新挑战

随着我国经济的快速发展，以及城市化和交通机动化进程的加快，城市居民出行需求总量和城市交通客运量均呈现快速增长态势。城市轨道交通具有运量大、速度高、低污染、少占资源、低能耗、乘坐方便、舒适等特点，在解决大中城市优化城市布局、激活城市空间资源，创造新的经济增长点和就业机会，带动沿线房地产开发和城市商业圈发展，提升城市的国际竞争力和可持续发展，解决城市交通拥堵、能源紧张、效率与环境问题等方面有着重要作用。目前，国家已批准29个城市轨道交通近期建设规划，在建线路1500多公里。我国“十二五”节能减排和低碳交通体系的建设需求，将进一步促进城市轨道交通的发展。预计到2015年，我国将有40个城市建设城市轨道交通，线路总长将达2600公里，总投资超过12000多亿元。安全防范工程作为城市轨道交通的重要组成部分，将随着我国城市轨道交通建设的高速发展，迎来新的机遇和挑战。

2. 城市轨道交通存在恐怖袭击和故意犯罪事件威胁

城市轨道交通抗风险能力较弱，安全防范工作难度较大，一旦发生突发事件，可能会造成重大人员伤亡和财产损失，产生不良的社会影响。特别是近年来，由于存在恐怖分子和故意犯罪分子的威胁，国内外城市轨道交通安全事故时有发生，世界各国对此高度重视，纷纷采取各种安全防范措施，防止发生新的恐怖袭击。我国城市轨道交通同样面临恐怖袭击和故意犯罪事件的威胁，要应对这些威胁或将受到袭击后的损失降到最小，必须进一步加强我国城市轨道交通安全防范建设。

3. 安全防范建设难度和投资压力增大

城市轨道交通建设规模的不断扩大，对建设、勘察设计、施工、监理等参建单位的技术力量、管理水平等的要求也相应提高，但部分新加入轨道交通建设行业的参建单位，其技术力量和管理水平相对薄弱，而且新建和新开通的线路多，安全防范专业技术和管理人才严重不足，缺乏专业的培训和与国外同行在反恐、防灾方面进行学习交流的机会，可能造成城市轨道交通系统安全防范功能存在缺陷。

城市轨道交通建设资金需求巨大，地下线路每公里平均造价达5～6亿元，融资压力非常巨大。为确保城市轨道交通有足够能力防范恐怖袭击及故意犯罪行为，必须配置非传统安全防范设施等物防和技防手段，这些设施的部署既要保证乘客通过能力，还需要能快速、精确检测各种危险物品，建设难度非常大，而且目前这些非传统安全防范装置主要仍然需要进口解决，投资压力也进一步增大。

4. 城市轨道交通安全防范逐步走向网络化

城市轨道交通初期都是从单线开始建设，形成单线的安全防范系统，随着开通线路增多，应急处置的时空跨度更大，线网在局部处于应急状态后，其他线路的救援协助和运输组织计划调整等必须及时处置，线网的安全防范应急预案必须及时启动，由单线建成的安全防范系统已不能适应线网的安全防范要求。现已形成线网的城市轨道交通企业都在探索由单线安全防范管理走向兼容性好、拓展性强、效率更高的线网网络化安全防范管理。

（三）城市轨道交通安全防范需求和建议

1. 应完善安全防范法规和技术标准体系

由于我国城市轨道交通安全防范标准和法规出台滞后，安全防范法规和技术标准体系与城市轨道交通法规和标准体系有待进一步完善。譬如，《地铁设计规范》对安全防范设施的设计要求还不能满足新的形势下对城市轨道交通的安全防范要求，相关法规文件的要求缺乏技术标准的支撑，如当前城市轨道交通的规划、设计要求难以达到《城市轨道交通运营管理办法》第十三条提出的“禁止乘客携带易燃、易爆、有毒和放射性、腐蚀性的危险品乘车”要求等。城市轨道交通作为一个大系统，其安全也必定由人、物、环境三者决定，要落实法规要求，不能仅依赖于乘客的自觉与工作人员的责任心，还必须从设备、设施、系统上采取可靠措施才能实现。

应认真落实住建部2010年6月颁布的《住房城乡建设部关于加强城市轨道交通安防设施建设工作的指导意见》，在《地铁设计规范》中增加安全防范设计规范，确保安全防范设施与轨道交通设施同步建设、同步使用。

由于城市轨道交通的安全防范设计规范和法规出台滞

后，对未按标准设计和建设的已建和在建的城市轨道交通工程，应重新评价其安全防范能力，对未达到安全防范要求的城市轨道交通系统，应落实资金进行整改，提高城市轨道交通线网的整体安全防范水平和应急处置能力。

2. 应构建更高效的线网智能安全防范管理平台

城市轨道交通客流量大，环境复杂，仅依靠人力很难对各种突发情况做出准确和及时的反应。通过智能视频分析技术对视频画面进行高速检测和分析，从而完成人流量统计、拥挤检测、人脸识别等功能，可大大减少人员的工作量，同时提高系统的准确性和及时性，所以智能化技术将成为城市轨道交通安全防范技术发展的主要趋势。

城市轨道交通的安全防范系统规模越来越大，传统的孤岛式系统将无法满足安全防范应用向深层次发展的需求，只有将各种安全防范数据通过网络会聚、处理和传输，才能够深度挖掘安全防范系统的功能，所以构建安全防范管理平台，实现车站级、线路级和网络级的三级联网以及列车安全防范数据的实时传输已成为城市轨道交通系统的迫切需求。

3. 应建立一体化的应急联动体系

在未能杜绝事故和灾害的情况下，“预防为主”是城市轨道交通安全运营的首要原则。必须进一步建立和完善安全防范应急处置机制，高度重视应急预案的制订。迅速的反应和正确的措施是处理紧急事故和灾难的关键。只有事先制订多套突发事件应急预案，增强突发性事件的应急处理能力，才能将突发事件的原生灾难和次生灾难所造成的人员伤亡和财产损失降到最低程度。

城市轨道交通的安全性和可靠性远远高于其他交通方式，但是其抗风险能力比较脆弱，任何一条线路、一个车站发生紧急状态危及安全的突发事件，都将直接影响正常乘客运输服务和乘客出行计划，甚至直接影响乘客的生命安全或城市民生，其后果往往是灾难性的。即使是遇到一些非敌对性质事件，也极有可能因乘客恐慌造成相互踩踏等次生灾难。因此，建立智能化的监测预警应急系统以及乘客紧急疏导指引系统、广播视频信息发布系统和救援联动系统，引导乘客有序疏散，预防因恐慌造成更大的次生灾难，是非常必要的。同时，还必须建立和完善城市轨道交通应急联动系统，实现城市一体化应急联动功能，及时为乘客提供安全救援和帮助，进一步降低或消除紧急状态对城市民生的影响。

4. 应研发更高效、更先进的安全防范技术和设备

民航在登机前实行严格的安检措施为民航安全保障发挥了重要作用，但城市轨道交通运输的密集性、便利性和开放性，使得城市轨道交通系统难以实施与民航一样严格的安检措施。我们应借鉴国外先进的安全防范技术，尽快研发更高效、更先进的安全防范技术和设备，以应对恐怖袭击和故意破坏，满足城市轨道交通安全运营的迫切需求。如研发数字化高清智能图像分析系统和具备对放射性、生化、有毒、易燃、易爆等危险物品的多功能无障碍探测设备，以及高速大容量的传输系统、安全防范管理专家系统、网络化的应急指挥平台等，进一步提高城市轨道交通行业平时的安全防范水平。

城市轨道交通视频监控无论是对监控设备还是监控整体方案都有严格的限定条件，对图像质量、实时性、录像质量、智能监控水平等要求高，要求设备无故障时间长，权限管理要求严格，检索回放要求灵活。城市轨道交通所采用的各种安全防范技术措施，配备的设备设施均应做到技术先进、性能可靠、经济适用、兼容性强、使用灵活。同时做到技术防范信息互联互通，技术防范、实体防范相互结合，并能配合、服务人力防范措施。

随着我国城市轨道交通建设高潮的到来，城市轨道交通安全防范建设迎来了新的机遇和挑战。城市轨道交通的安全防范工作需要运营管理部门、公安部门和政府的高度重视和支持，应严格按照安防法规和规范的要求落实安全防范措施，安全防范产品行业与城市轨道交通行业应抓住机遇，加强合作，共同研发先进高效的安防设备和产品，建立线网的安全防范预警与应急管理平台，实现一体化的应急联动和指挥，提高乘客的乘车安全意识和自救能力，以便在发生突发事件时实现高效的处置，将损害降到最小，使城市轨道交通真正成为安全、快捷、舒适的运输系统。

二、城市轨道交通视频监控系统

（一）城市轨道交通视频监控系统的现状

视频监控系统对保障城市轨道交通的安全具有非常重要的意义。2005 年，视频监控系统对英国伦敦地铁连环爆炸案件的破获就起到了至关重要的作用。由于调用和分析了这些摄像机上万小时的图像资料，伦敦警方才可以如此高效快速地破获了这一重大恐怖案件。所以，视频监控已成为保障城市轨道交通安全及提供案发资料最为重要和有效的工具。

近年来，轨道交通安全防范系统建设迅速发展，其中由于视频监控系统具有实时性和直观性的特点，因此，成为轨道交通建设和运营中不可缺少的重要组成部分。视频监控系统为各级控制中心、综控值班室、公安部门等提供有关列车运行、防灾、环控、旅客疏导以及反恐防爆等方面的视觉信息，能及时观察列车进出站、客流动态及相关设备的运行情况，达到有效组织指挥维护日常治安、抢险、处理突发事件等目的。

轨道交通中的视频监控系统从覆盖范围上而言包括了三个部分：车站站内监控、车内监控和轨道沿线监控。

车站站内和轨道沿线监控采用模拟和数字结合的建设方式，对站内的入口大厅、通道、售票口、站台、机房等关键场合进行监控。前端设备主要为固定摄像机、带云台彩色摄像机和一体化球机，前端设备采集的模拟视频经过视频分配以后分别进入矩阵和数字编码设备，矩阵的模拟输

出到本站的调度室、值班室和警务室。数字视频流在站内进行存储和转发，为远程管理中心提供实时和历史图像资料。

车内监控由于受低频和超高频的严重干扰，因此只能采用有线传输方式。由于车内布线非常困难，只能采用串行网络布线和工业以太网的方式，同时也为了将视频传输到站内，采用了数字视频传输方式，通过带宽不高的车地传输系统进行传输。

随着网络视频监控技术的高速发展，大量先进的IP视频监控设备开始更多地应用到城市轨道交通中来。从列车车厢、地铁或轻轨各监控站点到监控调度中心的视频传输成为城市轨道交通视频监控系统首要考虑的问题，实际上就是要规划好城市轨道交通的组网问题。实现轨道交通所有监控点的灵活部署，使它们能够高效便捷地接入到监控调度中心，全网络化手段是最佳方案。目前，国内很多城市的轨道交通正处于高速建设的发展阶段，很多城市拥有多条地铁和轻轨线路，每条线都设置了各自独立的监控调度中心，实行各自独立的管理和运营。随着城市大交通体系的建立和发展，城市轨道交通必将形成一个完整的网络，因此需要建立一个统一的监控调度和控制中心对整个城市轨道交通网进行统筹运营和治理，即实现城市轨道交通的大联网。而视频监控网络化建设是重中之重，这方面可以通过有线、无线综合千兆以太网以及公安信息网络来形成轨道交通的分级联网平台系统。

除了大联网以外，智能视频分析技术在轨道交通中的应用也会更加普遍，智能视频分析系统通过采用视频智能行为分析以及辅助的周界、区域的报警监测设备，实现对机车内部、车站、行车线路区域、车辆段周界以及高架线路区间的入侵探测和防护功能。当智能视频分析及辅助探测设备检测到非法入侵事件发生时，应在相应的值班室发出声、光报警信号，并在安防视频监控终端上以电子地图方式显示入侵位置，同时在总监控调度控制中心的大屏幕电视墙上自动切换到相应的监控画面以便安保人员进行确认和处置。总之，智能视频分析技术对监控点众多、人员流动巨大、监控场景复杂且必须快速高效发现安全隐患问题的城市轨道交通而言是非常重要的，传统的视频监控系统难以实时、有效地监视和发现突发或有威胁的安全事件，大多只能通过录像存储起到事后取证的作用，这对于安全防护等级要求非常高的城市轨道交通而言是远远不够的。智能视频分析技术通过对现场监控视频图像进行实时分析，对现场可疑目标进行定位、识别和跟踪，及时预判可疑目标和异常行为，并在第一时间作出反应，变被动防范、低效防范为主动防范和高效防范，因此智能视频分析技术将会成为城市轨道交通视频监控系统的重要发展方向。

（二）城市轨道交通视频监控系统总体结构

城市轨道交通视频监控系统由车站本地监控和远程监控两部分组成。车站本地监控系统主要包括视频分配器、视频切换矩阵、控制设备、监视器、视频编码设备、录像存储设备、摄像机及附属设备等；控制中心远程监视系统主要包括视频切换矩阵、控制设备、二次录像存储设备、监视器等。

1. 车站本地视频监控系统

根据轨道交通运行特点，车站监控区按上行站台、下行站台、站厅3个区域进行设置。车站综合控制室设置2台彩色监视器和1个控制键盘，以供车站值班员对本站所有区域进行监视和控制。左右线站台端部停车标志位附近各设1台大屏幕彩色监视器，用于列车司机观察乘客上车和下车，合理地掌握开关门时间，保证旅客乘车安全。每个岛式站站台设4台固定焦距彩色摄像机，每个侧式站台各设2台固定焦距彩色摄像机，站台安装的摄像机各自监控本侧站台范围。另外，同侧站台的2台摄像机接入1台画面分割器，画面分割器输出端接入视频切换矩阵。站厅层共设4台带云台控制的可变焦自动光圈彩色摄像机，车站综合控制室监视器采用选择监视。

2. 控制中心远端监控设备

列车调度员、环控（防灾）调度员可以各设1台桌面彩色监视器及控制键盘，并在适当位置设置大屏幕彩色显示设备，另设二次录像存储设备1台用于存储关键报警视频图像，并设视频管理维护终端1台用于电视监视系统的维护管理。

（三）列车车内视频监控系统

1. 前端摄像和编码

每节车厢配置两台彩色固定式摄像机，两台摄像机安装在车厢两端，具体的安装位置应该保证摄像机的视角能完全覆盖整节车厢（包括贯通通道），没有视频盲点。每台摄像机通过视频同轴电缆与一台单路视频服务器连接，单路视频服务器应包括编码器、控制器、存储器等。编码器首先对输入的模拟视频信号进行采样、量化，将其转化为数字信号，然后按照一定的视频压缩标准对数字视频信号进行编码。

2. 网络传输

每节车厢配置一台以太网交换机，车厢内的两台单路视频服务器均通过以太网线（双绞线）与交换机连接，相邻车厢的交换机也通过以太网线连接，司机室车厢的交换机与视频监控系统终端主机连接，这样构成了列车视频监控系统车载部分的以太网传输网络。考虑到列车运行中带来的震动和冲击，交换机应采用工业等级的工业以太网交换机；另外，考虑到城轨列车的特殊供电方式，以及开关元器件的频繁启停，造成了车内复杂恶劣的电磁环境，以太网线应采用具有一定抗干扰能力的屏蔽双绞线来降低干扰。

（四）城市轨道交通车地视频通讯系统

列车是一个不断移动的载体，如何将车上的视频监控信息传输到地面各个车站和控制中心是一个长期困扰轨道交通安防设计的问题。车地视频通讯系统的研究成为热点。

采用先进的视频传输技术是在目前技术水平下兼具先进性、实用性和可扩展性的车载视频传输系统。利用接入技术可以实现列车与地面之间的双向高速通信，满足在运行状态下的视频数据传送需求，相当于将以太网延伸到列车上，可以用与车站交换数据相类似的方式向列车发送数字视频信号，以及由列车向地面发送监控数字视频信号。

(五) 城市轨道交通视频监控多级联网管理系统

根据网络化运营对视频监控系统的应用需求，新建的地铁视频监控系统应发展成为包括车站级监控、线路级监控、网络级监控以及市级监控等多级网络。

车站级监控：包括车站、车辆、车辆段等本地监控，目前主要应用在车站监控，一般由摄像机、视频矩阵（切换设备）、显示设备等组成，每路图像信号采集后经视频处理输出两路模拟视频信号，一路视频信号传送到远程的线路控制中心，另一路视频信号送入本站视频切换矩阵供车站行车指挥人员和公安值班人员使用。

线路级监控：每条线路的各车站将图像信息通过光传输设备将图像送到线路控制中心，给行车调度员、电力调度员、防灾调度员、调度主任和公安调度值班员等提供图像显示及控制。一般线路控制中心具备 20 路视频信息的显示能力，控制中心对于每路图像具备任意选择权和摄像机控制权。

网络级中心：将各线路的视频监控系统信号传送到地铁网络监控中心和公安监控中心，供网络级的指挥调度人员使用，同时提供远程图像选路和对图像的控制功能。由于目前各大城市的地铁线路监控中心基本是采用相对集中或分散设置的，因此，为了建立网络化运行的监控中心还需要建立城域网。

市级监控：根据城市交通联动指挥的要求，地铁的监控图像需要实时传送给市级相关应急中心等部门，用于紧急状况下的联合交通指挥与应急抢险指挥。

视频监控系统在轨道交通中的应用，为公安、应急、车务等不同部门提供了视频服务，起到了保障轨道交通的安全运行和社会治安稳定的作用。虽然对轨道交通监控而言属于非常规的视频监控，但是只要我们认真分析客户的需求，顺应视频监控数字化、网络化和智能化的发展趋势，必定能进一步开拓更加丰富的视频监控技术，为轨道交通安全服务。

三、城市轨道交通的应急系统

(一) 城市轨道交通安全面临的问题和解决思路

当前，我国城市轨道交通在安全规划、安全设计、安全建设、安全监督管理和安全运营等方面投入不足，安全监视管理体系、事故预防体系和应急处置机制不健全，应对重特大突发性事件的能力较低，城市轨道交通安防和应急系统的提升和完善是当前亟待解决的课题。

现阶段，我国轨道交通安全主要面临的威胁主要有恐怖袭击、自然灾害、技术故障、治安及其他危害公共安全事件。

针对严重影响城市轨道交通运营安全的问题，需要我们从轨道交通的前期论证、规划、设计、建设和运营的全过程来理顺城市轨道交通的安全管理应急体系，主要解决问题思路包括以下五个方面：

1. 完善相关的安全管理法规

城市轨道交通安全管理法规是实现轨道交通建设、运营和管理法制化、规范化的基础，也是实现轨道交通安全、健康、持续发展的根本。因此需要进一步完善相关的轨道交通运营安全管理法规。

2. 形成完整的安全标准规范体系

城市轨道交通安全标准的建立，对规范轨道交通安全运营起着极其重要的作用，因此需要尽快制定和形成完整的轨道交通安全标准规范体系。

3. 培养市民乘坐轨道交通的安全意识

要实现城市轨道交通运营的安全有序，需要加大对广大市民乘客的宣传教育，提高全民乘坐轨道交通的安全防范意识。

4. 推广安全检查和安全评估制度

严格的安全检查和评估是保障城市轨道交通系统安全性的重要手段。在轨道交通系统投入运营前和日常运营过程中，都需要接受安全监督管理部门的全面安全检测和安全评估，因此需要建立科学有效的轨道交通安全检查和评估制度。

5. 建设视频监控和应急管理系统

作为流动性非常高、人员大量聚集的公共场所，城市轨道交通需要利用先进的视频监控实现全程、全方位的安全监控和防范。同时，还应建设应对突发事件的应急管理系统，制订各种应急预案并进行事故应急处理模拟演练，形成一套先进、高效、完备的城市轨道交通安全监控和应急指挥支撑体系。

(二) 城市轨道交通应急指挥系统的建设与应用

城市轨道交通由于线路覆盖面越来越广，客运量越来越大，工程建设施工点较多，迫切需要建设一套高效的应急管理和指挥调度系统来对各项安全情况进行实时、全面的管理，而其中又以建设城市轨道交通应急管理平台系统最为重要。通过建设城市轨道交通安全预警和应急管理平台，可以实现对城市轨道交通的统一指挥、快速反应、有序协调、高效运转的应急机制提供支撑，能全面提高城市轨道交通的应急管理能力，预防和妥善应对自然灾害、事故灾难、公共卫生事件和社会安全事件等各类突发事件对城市轨道交通带来的威胁。

目前，国内城市轨道交通线网指挥中心主要是为满足网络运营协调的生产调度指挥系统，兼有部分应急管理、应急指挥功能，应急系统的建设规模和标准与《国家应急平台体系技术要求》还有较大差距。另外，国内各城市轨道交通企业应急平台均依据企业自身的标准进行建设，缺乏行业的统一指导和标准规范，为后续的互联互通和应急联动带来一定困难；其次，城市轨道交通建设期的安全管理和运营期的应急管理相互独立，建设过程中的监测数据和工程资料不能有效管理，运营关键设备和设施保护的报警管理缺乏整合，难以实现从建设到运营的全生命周期的安全应急管理。因此，城市轨道交通安全预警和应急平台应该以轨道交通建设和运营业务为对象，以安全应急事件的全过程管理和全方位预警预测为主线，来构建为城市轨道交通各级管理者提供决策支持的应急管理支撑体系。

应急平台的建设内容主要包括两大部分：应急指挥场所建设、综合应用系统建设。应急指挥场所设有大屏幕显示、应急通信、数字会商、综合控制、视频会议等，能接入各条运营线路视频监控系统以及建设线路的各施工点视频监控系统，实现对地铁各建设和运营现场视频信息的实时监视，对各安全监测子系统状态信息的实时查看，完成对建设、运营应急信息和日常安全管理信息的及时报送以及对预警和应急处置信息的准确、快捷传递。综合应用系统的总体功能架构遵循国家应急平台体系建设技术要求，按照突发事件应急管理“事前—事中—事后”的处理主线，划分为预警预测、日常事务、预案管理、资源管理、应急值守、应急处置、事态评估、模拟演练和系统维护等九大核心功能模块。地铁应急平台还能够为城市轨道交通各级管理人员的日常安全管理、风险管理、突发事件处置提供辅助决策支持，有效应对地铁建设与运营中所面临的各类安全威胁与挑战。

视频监控系统和应急指挥系统作为城市轨道交通安防系统的两个重要组成部分，如何进行整合，实现两者的最佳融合也是当前业界关注的课题。视频监控系统和应急指挥系统可以整合成为城市轨道交通可视化指挥调度系统，从而大大提升轨道交通的高效运营管理和应急反应能力。除此以外，城市轨道交通中的视频监控和应急指挥系统还应与门禁、电子围墙以及紧急告警等其他系统进行联动，最大程度地发挥城市轨道交通的整体预警联防效益，全面提升城市轨道交通建设和运营的安全水平。

四、城市轨道交通核与辐射安全防范

随着科技的不断发展，核与辐射恐怖袭击也已成为恐怖分子选择的恐怖袭击手段之一。至今发生污染环境或造成公众辐射损伤的核与辐射恐怖袭击事件虽为数不多，但与该类事件相关的核材料失窃与走私、放射源被盗与交易、恐吓或威胁使用放射性物质的事件时有发生，表明核与辐射恐怖事件发生的潜在危险时刻存在着，丝毫不能大意。因此，分析轨道交通核与辐射恐怖事件的特征与后果，总结国际轨道交通安防经验与教训，及早布局，制定我国针对轨道交通核与辐射恐怖事件的相关防范措施具有重要意义。

（一）城市轨道交通核与辐射恐怖事件的形式特征

顾名思义，轨道交通核与辐射恐怖事件是指恐怖分子为达到其政治或社会目的，恶意利用城市轨道交通制造的涉及核等放射性物质或辐射的恐怖事件。

一般说来，恐怖分子可能会通过直接散布放射性物质或使用放射性散布装置和攻击破坏核设施或核活动等制造核与辐射恐怖事件。其中直接散布放射性物质或使用放射性散布装置是恐怖分子比较容易实施的途径，也是在轨道交通中可能发生核与辐射恐怖事件的主要途径。轨道交通核与辐射恐怖事件可能会有以下四种形式出现：

1. 引爆常规炸药和放射性物质相结合的放射性战剂武器

放射性战剂武器是利用常规炸药爆炸来散播放射性物质，以高活度的放射性同位素的α射线、β射线、中子或γ射线杀伤人员或严重污染环境的一种武器。这种将常规炸药和放射性物质相结合制作成的爆炸装置俗称“脏弹”。

恐怖分子将“脏弹”带入地铁或轻轨交通环境中引爆往往是以制造社会恐慌，扰乱社会秩序，造成公众实质性伤害等为目的。

“脏弹”的制造相对简单，任何反应堆制造的辐射材料样品和反应堆的乏燃料，不需经任何化学处理就可以用于制造“脏弹”。由于“脏弹”中所含的放射性物质的种类与数量、爆炸的位置、气象条件和炸药用量均不确定，事先细致评估其伤害效应难度很大。但“脏弹”爆炸时，其中的放射性物质被气化，有些会黏附到附近的建筑物和地面，其主要效应是长期地放射污染周围环境。

2. 以非爆炸的方式恶意散布放射性物质

恐怖分子在地铁或轻轨上以非爆炸的方式恶意散布放射性物质，往往是通过用放射性物质污染地铁站或轻轨站内的特定地点或环境，伤害非特定人群，以达到制造社会恐慌、扰乱社会秩序的不良目的。

这种非爆炸式的散布包括在地铁或轻轨上打开包有易挥发或粉末状放射性物质或放射性气体的密封容器，以及破坏钴60等金属类固态密封源的密封性，使容器中的放射性物质迅速释放到轨道交通环境中。

一般说来，散布放射性的恐怖事件可以大致分为两大类，即局部弥散性的放射性散布事件和广泛弥散性的放射性散布事件。

局部弥散性的放射性散布事件主要是指涉及小放射源或少量放射性物质且一般影响范围很小的放射性物质散布事件。这类事件中所需的放射源由于活度较低，使用的放射源或放射性物质可能包装在小药瓶、鞋盒、行李箱或其他容器中，散布方式主要是非法携带放射性物质进入轨道交通环境并恶意丢弃在地铁列车、轻轨列车或站台上。

广泛弥散性的放射性散布事件是指涉及大量放射性物质弥散且影响范围很大的散布事件。这类事件中所需的放射源由于活度往往较高，携带时通常需要以铅盒、铅罐或特殊合金材料作容器，散布方式主要是非法携带放射性物质进入轨道交通环境后破坏密封源的密封性并恶意丢弃在地铁列车、轻轨列车或站台上。

3. 用辐射源在地铁或轻轨环境中秘密地照射乘客

从严格意义上讲，用辐射源在地铁或轻轨环境中秘密地照射某一个人、某一群人或任一人，不能成为轨道交通辐射恐怖事件，充其量只是一种犯罪行为。但由于轨道交通环境人流密集，犯罪分子在伤害其预期目标的同时往往会殃及无辜，造成周边人群同时受到辐射伤害，并同样引起公众心理恐慌。

4. 恐怖分子威胁散布放射性物质

随着放射源在工业、农业、医学、教育等各个领域的广泛应用，放射源不仅已是可以合法购买与使用的工业产品，而且其数量也在不断大幅度增加。虽然世界各国都在逐步加强对放射源的管理力度，但放射源管理中存在的不安全隐患依然大量存在。特别是大量的闲置源、废弃源乃至失控源的存在，使得恐怖分子制作放射性物质散布装置具有更大的可能性。

因此，当恐怖分子威胁在轨道交通环境中使用放射性物质时，无论其是否真正持有放射源，都必将牵动大批警力及其他人力、物力进行排查并处理事件，也会引发公众的恐慌情绪。即使最后证明其仅仅是威胁使用但并未真正使用，扰乱社会秩序，制造社会恐慌的后果也已经产生。

（二）城市轨道交通核与辐射恐怖事件后果分析

轨道交通核与辐射恐怖事件一旦发生，无论采取哪种形式，都将带来放射性物质在环境中的弥散，造成环境的放射性污染，对公众产生辐射照射。这种辐射照射不仅可以是放射性物质的直接外照射（包括空气中放射性物质、地面沉积的放射性物质，以及皮肤、衣服上的放射性物质的照射），也可以是通过吸入污染的空气或食入污染的水或食物引起的内照射。辐射照射对人体的危害因人所受剂量大小而异。较低的剂量下不会有急性效应发生，在受照射人群不是很大的情况下，也观察不到癌症发病率的增加；只有在高剂量情况下，才可能出现某些急性的健康效应，导致某些急性放射性病甚至死亡。

核与辐射恐怖事件的危害因素——辐射，本身无色无臭，其危险性是感觉器官觉察不到的放射物，这种没有痕迹的灾害对身体健康会造成哪些威胁公众并不知晓，但公众普遍了解辐射会造成隐性的不可逆转的损伤，其辐射效应可能在受照后几小时、几天、几星期或几年后才会显现出来，会引起疾病或死亡。部分公众甚至会误解为只要受到辐射就会引起疾病或死亡。因此核与辐射恐怖事件容易引起严重的民众心理问题，如会引发公众的焦虑和恐惧，担心引发癌症并因此会把各种疾病均归因于辐射等，这些心理问题造成的伤害将会比辐射对人体造成的伤害更加严重。

除了环境污染、公众身体健康和精神健康问题外，轨道交通核与辐射恐怖事件的发生还必将造成重大的经济损失。这种经济损失不仅发生在对恐怖事件的响应过程中，还包括恐怖事件发生后的环境整治、去污、恢复等过程以及对恐怖事件中的受照人群进行长期治疗等。

（三）城市轨道交通核与辐射安全防范的要点

依据轨道交通核与辐射恐怖事件的特征分析，防范轨道交通核与辐射恐怖事件的要点在于加强放射源的安全控制与管理，巩固轨道交通环境现有安全防范措施，增设轨道交通环境辐射监测网络等三个方面。

1. 加强放射源的安全控制与管理

目前，我国已发布了《中华人民共和国环境保护法》、《中华人民共和国放射性污染防治法》、等一系列涉及放射源管理的法律。这些法律从不同的管理角度对放射性物质的应用和废弃等重要过程提出了总体要求。1989 年国务院发布了《放射性同位素与射线装置放射防护条例》，2006 年国家环境保护总局在此基础上制定并发布了《放射性同位素与射线装置安全许可管理办法》，对包括放射源在内的放射性同位素与射线装置的生产、销售和使用进行了较为详细的规定。该办法还规定对放射性同位素与射线装置实行许可登记管理制度，如放射源的生产、销售、应用防护等监控的关键环节实行许可审批制度，同时对放射源从生产到废源的回收和处置的全过程制定了若干管理制度，严格监管。

然而，由于我国放射源类型多、数量大，在放射源的使用和监督及闲置源和废源的回收与复用等方面一直存在诸多薄弱环节。应加强对放射源的安全控制与管理，进一步完善涉及放射源与射线装置的相关法规与管理制度，妥善管理存在重大安全隐患的闲置源，积极查找失控源并转移至受控状态，认真执行废放射源的解控和返回厂家处置问题，并尽早建立国家统一的放射源信息数据库，从源头上防范轨道交通核与辐射恐怖事件的发生。

2. 巩固城市轨道交通环境中的现有安全防范措施

目前，城市轨道交通环境中大都已配置视频监控系统、入侵报警系统、出入口控制系统及电子巡查系统等传统安防系统，这些现有的安全防范措施如能严格落实到位，应当能够对防范轨道交通核与辐射恐怖事件发挥积极作用。今后，如能在视频安防监控系统的基础上整合人脸识别系统及异常行为分析系统，将对防范轨道交通核与辐射恐怖事件的发生大有帮助。

3. 构建城市轨道交通环境辐射监测网络

2009 年，我国住房和城乡建设部提出了国家标准《城市轨道交通安全防范系统技术要求》，它除了对视频监控系统等传统安防系统的技术要求作出详细规定外，还特别提出了构建放射性物质探测系统的技术要求。

根据对放射源的探查、定位与鉴别的程序与要求，一个完善的辐射监控网通常需要三类仪器与系统，即袖珍式仪器、固定式仪器和便携式仪器。其中，袖珍式仪器在一定的距离内可用于自动发现一定量的放射源等；固定式仪器具有高灵敏的Y辐射与中子探测（报警）能力，对通过（或静止）的人员、行李进行自动、快速的放射源等探查与发现；便携式仪器具有较高Y辐射、中子探测灵敏度和较高Y能谱分辨率，即具有较高的放射源的探测、定位、辐射水平测量和核素鉴定能力。

结合轨道交通实际情况，《城市轨道交通安全防范系统技术要求》对放射性物质探测系统的技术要求为固定式探测系统和便携式放射性探测设备相结合，能同时对X射线、Y射线进行探测。另外，根据《城市轨道交通安全防范系统技术要求》，构建轨道交通环境辐射监测网络是防范轨道交通核与辐射恐怖事件的主要手段，应科学快速布局轨道交通环境辐射监控网，全面有效地防范轨道交通核与辐射恐怖事件的发生。

五、城市轨道交通安防技术发展趋势

随着我国社会经济的蓬勃发展，城市化进程明显加快，许多城市尤其是大城市中交通拥堵、环境恶化等问题越发突显，城市轨道交通是目前乃至未来解决城市交通与环境问题的有效手段。在我国轨道交通行业高速发展的过程中，运营安全已受到社会各界的普遍关注和政府部门的高度重视。

（一）部分城市轨道交通运营状况

轨道交通属于城市公共交通业，涵盖地铁、轻轨、市郊铁路、有轨电车等一系列依靠轨道运行的公共交通方式，区别于连接全国各个主干城市的大铁路的概念。与公共汽车等传统公共交通工具相比，轨道交通具有运量大、运速快、能耗低、污染小、安全准点、运营成本低、节省地面空间、减少城市噪音等优点，非常符合大城市和城市群对公共交通的应用需求。

截至2010年3月，全国共有上海、北京等11座城市的轨道交通线路开通运营，运营线路条数达到37条，运营总里程为984.1公里，车站数量达到634座，主要以地铁为主。其中，上海和北京的轨道交通网建设最为成熟。上海已有10条轨道交通线路投入运营，地铁全网运营总里程为335公里，车站总数达到223座，运营规模位列全球第四，前三位分别是伦敦、纽约和东京。北京地铁运营总里程达到近230公里，运营9条地铁线路，车站总数达到147座。按照目前规划，到2015年北京将形成三环、四横、五纵、七放射，总长561公里的轨道交通网络。目前，已建成的轨道交通里程仍无法满足我国高速发展的城市化进程，未来规模迅速扩大的城市对公共交通的需求会持续旺盛，我国轨道交通发展将更加强劲。

国务院批复城市地铁建设主要依据三项基本指标：城市人口在300万元以上；城市GDP在1000亿元以上；地方财政预算收入超过100亿元。据统计，全国有近50座城市具备轨道交通建设的条件。截至目前，全国已有27个城市报批轨道交通建设，其中已有23个城市的轨道交通建设规划已经获得国务院批复。依据目前各大城市的轨道交通建设规划，到2015年前后，中国将建成城市轨道交通线路110条，通车总里程将达到2300公里。届时在建的轨道交通线路将达到近50条，中国城市轨道交通累计总里程将超过4000公里。与此同时，已运行的轨道交通改造主要集中在信号和安防系统上。随着近几年中国轨道交通投资的不断增长，以及安防系统重要性的日益凸显，国内轨道交通安防市场规模不断扩大。

（二）轨道交通安防技术发展趋势

伴随着中国城市轨道交通建设的蓬勃发展，轨道交通对运营安全的需求快速增长，成为安全防范系统的新兴应用领域。从轨道交通安防系统构成来看，目前主要是由视频监控、入侵报警、出入口控制、通信、电子巡查、放射性探测、毒气探测、易燃易爆化学物品探测、枪支弹药探测、炸药探测、实体防护等系统构成。

从应用区域上来看，轨道交通安防系统主要分布在车站、列车内和轨道沿线。目前，轨道交通安防系统应用主要集中在车站中，投资比重约占整体安防系统建设投资的60%以上，以视频监控系统、出入口控制、危险品检查、实体防护系统为主，对车站内情况进行监控，保证旅客安全；列车内安防系统投资比重较小，不到10%，以视频监控、列车运行监控、车门监控、火灾监控等系统为主，以保证列车安全运行和车内旅客安全；轨道沿线以电子巡查、入侵报警、化学以及毒气监测、火灾及环境监测等系统为主，以保证列车运行环境的安全。

从产品上来看，视频监控仍是目前轨道交通安全防护的主要手段，主要应用在对车站及车厢内情况的监控，车站视频监控对实时性要求较高，列车中的应用主要以事后查询为主。总体来说，视频监控系统占安防系统总造价的60%左右。视频监控的主要设备有固定摄像机、球机、矩阵、光端机、DVR、监视器等。

轨道交通视频监控技术正朝着数字化、高清化、网络化、智能化、集成化以及安防综合管理等趋势迈进，未来轨道交通安防应用会更加完善、更加高效。

安防视频监控业界通常把视频监控技术的发展划分为模拟监控、数字监控、网络监控、智能监控4个阶段。3G移动通信系统、无线局域网、宽带无线网络等无线传输技术的应用和IP网络的广泛部署和快速发展，推动了无线网络远程视频监控的实现。根据网络化运营下视频系统的应用需求，新建的地铁视频监控系统应发展成为包括车站级监控、线路级监控、网络级监控，以及市级监控等多级网络。目前，在轨道交通安防应用上，视频监控系统，传统的报警监控系统、出入口控制系统、电力监控、车站公共与紧急广播系统等都正在向网络化转变。

我国轨道交通运营线路总里程长，车站数量多。按照平均每个地铁站40个视频监控点，每节车厢2个视频监控点，隧道沿线每隔200米1个视频监控点计算，我国城市轨道交通安防系统将拥有至少数万个视频监控点。随着城市轨道交通工程的快速扩展，轨道交通监控点还会继续快速增多，加上客流量大，情况非常复杂，仅仅依靠人力很难对各种突发情况做出及时和正确的反应，而智能视频分析技术可以借助计算机强大的数据处理能力，对视频画面或者视频中的海量数据进行高速分析和处理，从而完成人流量统计、拥挤检测、人脸识别、入侵检测与报警、遗留物品检测等功能，大大减少人员的工作量，同时将提高系统的准确性和及时性。

第四节　物联网、云存储在安防领域的初步应用

自2009年温家宝总理提出建设“感知中国”以来，物联网、云计算、异源异构数据集成等先进技术已经逐渐融入到我们的生活。在安防领域，众多安防企业也在加速物联网、云存储技术与安防产品的融合与应用。可以预计物联网、云计算等技术应用将成为推动安防产业发展融合的主要力量，也必将带动一个高科技应用市场的兴起。

一、物联网在安防技术领域应用

物联网是新一代信息技术的重要组成部分。顾名思义，“物联网就是物物相连的互联网”。包括两层意思：第一，物联网的核心和基础仍然是互联网，是在互联网基础上的延伸和扩展的网络，互联网是物联网应用的平台；第二，其用户端延伸和扩展到了任何物品与物品之间，进行信息交换和通信。因此，物联网是通过射频识别、红外感应器、全球定位系统、激光扫描器等信息传感设备，按约定的协议，把任何物品与互联网相连接，进行信息交换和通信，以实现对物品的智能化识别、定位、跟踪、监控和管理的一种网络。

（一）安防领域是物联网应用重点之一

物联网和安防技术结合产生安防物联网，将给安防行业带来新的价值。安防物联网系统最突出的特点是其终端产品具有智能化、一体化，能够连接多种传感器，能够通过互联网传输报警图像和信息，同时具有网络平台监控报警服务功能。根据行业的特点，安防物联网产品要求体积小巧、造价低廉，集监控、图像分析、智能处理、前端存储、警笛讯响、主动报警等多种功能于一体，可连接多个传感器，能脱离电脑主机单独运行。从这个概念来看，物联网在安防行业的应用已有先例，已被广泛应用的室内入侵自动报警系统是物联网在安防行业的初步应用，安防行业已经在朝着物联网方向发展，具有率先广泛应用的基础和优势。如在深圳大运会上，先进的智能视频监控系统、警卫中心集成管理软件、交通运行智慧系统、大运会服务卡等，都体现了安防技术和物联网技术的融合。

物联网是新一代信息技术的高度集成和综合应用，已经成为当今世界新一轮经济和科技发展战略制高点之一。“十二五”期间，物联网发展的主要任务包括大力攻克核心技术难点，加快构建标准体系，协调推进产业发展，着力培育骨干企业，积极开展应用示范，合理规划区域部署，加强信息安全保障，提升公共服务能力，初步形成创新驱动、应用牵引、协同发展、安全可控的物联网发展格局。

包括实体防护、入侵报警、视频监控、出入口控制、防爆安检、平台软件等应用领域也愈加宽泛，无数次的产品升级、技术革命和品牌升级，使得安防行业不断焕发生机。安防作为中国物联网领域应用最早的行业之一，相关部门和企业对其都投入了极大的热情。安防产业目前是物联网应用中占比最大的领域之一，可以有效促进物联网产业的发展，给公共安全、银行、电力、机场、铁路、公路等国民经济、生产、生活的方方面面都带来巨大的产业机遇。

（二）安防行业已经在朝着物联网方向发展

安防行业最主要的设备主要有实体防护、入侵报警、视频监控、出入口控制、防爆安检、电子巡查等，其中视频监控设备是最主要的市场，安防行业显示出巨大的市场空间。但随着社会对安防行业提出的新要求，安防行业正在朝着网络、集成、远程、智能方向发展。如“平安城市”网络化监控的需求吸引了许多IT企业，这些企业的介入，更加有力地推动了基于IP的大型远程网络监控系统及产品的发展，相应的解决方案也越来越多；又如家庭实时图像监控防盗系统要求在设防时，只要有人非法进入，立即报警并把实时报警图像发送并存储在系统中，用户接到报警信息后可以立即通过互联网或采用手机监视家庭的实时图像，平时还可以在没有报警信息或在撤防的条件下，主人通过网络随时监视自己家庭的实时状态。集成化防盗报警设备也是安防设备的发展趋势，许多防盗报警器都集成了火灾和烟雾报警器，摄像机集成了红外入侵探测器进行防盗报警，集成了生物识别技术进行出入口控制。除了网络化、集成化功能，智能化功能也是安防系统发展的趋势，如智能摄像技术已经可以分析捕获视频流，并通过多种方式如手机短信、电子邮箱等发送报警信号。

安防领域已经成为物联网示范工程的首选领域之一。如江苏省物联网示范工程提出建设基于物联网的公共安全监控管理平台，全面提升突发事件自动发现和联动应急处理水平，包括城市公共安全平台建设项目和重点区域周界

防入侵示范。前者主要建设物联网城市热点监控系统，具备异常事件自动发现和智能预警功能，覆盖主要商业区、娱乐区、主要交通路口和治安事件多发区，与消防、公安、急救等部门联动，实现实时监控、应急指挥和事后评估；后者在机场、重要场所等区域的周界建设基于多种传感信息、误报率低的入侵检测系统。又如上海市在《上海推进物联网产业发展行动计划（2010—2012年）》中，将智能安防、智能交通列入十大应用示范，上海市科委2010年度“科技创新行动计划”物联网专题科技项目提出，面向民生需要，攻关智慧社区所需的物联网核心技术，形成完整、安全的智慧社区体系架构，解决社区安防、社区信息化和社区健康监控等一系列问题。浦东物联网示范涉及社会公共安全的行业包括智能交通、危险化学品管理、智能社区等。

物联网安防特点：当物联网技术融入到安防领域时，将会带来一系列变化。首先是综合管理平台开放性。安防业内有关专家认为，目前安防行业的主流解决方案，还是以封闭网络的解决方案为主，这就形成了一个个的信息孤岛。要解决这种情况，就必须要有物联网理念，在这场变革中，脱颖而出的安防企业兼具了安防与互联网两个行业的优秀基因。

其次是兼容并蓄性。换句话来说，就是标准化问题。无论是哪个行业或者是某个技术，标准都将决定其是否能在所属领域中占据有利地位。在安防领域，缺乏标准已经在很长一段时间内成为其发展的绊脚石，而物联网的介入，正是为该领域提供了一个变革的机会。统一标准也可以使相关应用领域连成一片，再加上各种无线网络、云计算、传感技术、嵌入式技术的融合，将更进一步丰富物联网技术在安防领域的应用。

但是，安防不等于物联网，不是每一家安防企业都有能力或者有机会成为物联网安防的一员，安防要满足物联网感知的需求，还须不断创新与整合，否则就只能是虚无缥缈的概念，无法落地生根并在实际中得以深入的应用。在同质化竞争的同时，为智能楼宇、智能交通、智能医疗、智能农业、智能家居等领域提供安防整体解决方案，也将是未来物联网安防发展的方向。

（三）物联网为智能安防带来巨大商机

由工业和信息化部牵头制定的《物联网“十二五”发展规划》从产业、财税等多方面，提升物联网产业发展水平，还支持重点领域应用示范工程，具体包括智能工业、智能农业、智能物流、智能交通、智能电网、智能环保、智能安防、智能医疗与智能家居九大领域。智能安防是未来安防发展的重要趋势之一。工信部把智能安防作为未来“十二五”发展的重要支持领域应用示范工程，无疑从国家政策层面给予了未来安防发展巨大的支持。因此，安防行业有望在物联网发展中受益，成为物联网产业市场容量大、增长最显著的领域之一。

智能化的安防产品将是未来发展的方向之一，如智能视频图像是“感知中国”和物联网技术发展的重要组成部分，从图像采集、图像传输、图像处理、图像存储、图像显示都已发展成为一个庞大的产业。利用物联网技术，对城市环境、城市设施、城市服务等进行感知、分析和管理的智能信息化系统，将城市物联化、互联化和智能化，已经成为安防行业发展的前景和方向。

为推动相关领域的发展，国家成立专门机构制定、完善行业标准，以点带面，拓宽应用将是未来行业发展趋势。所以拥有自主知识产权的商家或是参与制定标准的企业，在未来都将主导市场的话语权。在此基础上，产业将从公用、商用过渡到空间更大的民用市场，整个市场将变得活力十足。

（四）安防物联网的发展思路和发展重点

1. 发展思路

针对安防行业对智能化和网络化的迫切需要，以集成和升级现有的安防系统为突破口，充分挖掘现有安防系统的潜能，加强行业应用解决方案的设计。同时，针对行业应用的需要，重点加强对传感器和系统集成技术的攻关，突出示范工程建设，确立应用牵引的产业发展模式。

2. 发展重点

通过政府引导、应用牵引和创新驱动，大力发展核心产业，加快形成较为完备的安防物联网解决方案，重点攻克传感器和系统集成等技术环节。

（1）网络摄像机

摄像机是安防行业应用最广泛的设备，在摄像机产品的发展和进步过程中，同轴电缆传输的传统模拟监控多年来占据着主流市场，2008年网络摄像机正式走向市场。网络摄像机是发展安防物联网最主要的载体之一，是安防物联网最有发展前景的终端产品，既是技术攻关的重点，也是行业解决方案的重要内容。

（2）智能摄像机

所谓智能摄像机就是指摄像机能够自动地分析和抽取视频信息源中的关键信息，并通过网络传输的方式将获得的关键信息反映给监控中心，以求在第一时间对所监控区域做出正确的反应和快速的判断。它与安防物联网对终端设备的特点相一致，是实现安防物联网的重要技术手段之一。

根据智能摄像机的功能和特点，结合当前技术的发展现状，行为分析、车牌识别、人脸识别是智能摄像机中应重点发展的智能技术。技术发展的重点是将处理功能前置化，智能化软件固化在摄像机的DSP芯片中。

（3）智能化周界报警系统

在安全防范领域，周界报警是最基本、应用最广泛的安全防范技术之一。周界报警发展方向是实现可疑目标或事件自动预警、报警、锁定和跟踪、高效的数据检索和分析功能，减轻安防管理人员的工作强度，适应各种恶劣天气和光线条件。智能化周界报警系统要满足物联网方向的应用，重点是要提高系统的准确率和智能化水平。除了对原有传感和探测技术提高外，还应发展新的技术和采用多技术融合使用等，如实现智能视频分析技术与现有周界报警融合，有效地提高安全防范效果。

（4）新型出入口控制系统及联动

出入口控制系统的发展重点，一是发展新型安全的出入口控制系统；二是出入口控制系统与其他安防系统的联动。

常见的出入口控制系统有密码型，非接触 IC 卡型，指纹、掌纹、虹膜等生物识别型，目前使用最多的还是非接触 IC 卡型，由于其较高的安全性，最好的便捷性和性价比成为出入口控制系统的主流。

出入口控制系统与其他安防子系统的联动整合中，使用最多的是与视频监控系统、入侵报警系统及消防系统的联动，出入口控制系统不仅仅是安全的需要，也需要与其他管理系统的融合，如一卡通系统中的考勤系统、停车场管理系统、对讲系统与楼宇自控系统、办公自动化系统等管理系统。

（5）系统集成技术

安防技术发展的另一重要领域就是将现有安防子系统和相关的系统集成在一起。现在安防系统集成中一个共同的观点是要集成安防视频监控系统、入侵报警系统，出入口控制系统、消防系统以及与安防相关的各种管理系统。这种组合提供了有效的大安全架构，大大增强了系统安全性和管理能力。

现有的各种安防设备和子系统为系统集成奠定了较好的硬件基础，在物联网理念的引导下，通过整合和集成技术，充分挖掘设备的潜能是实现安防物联网的一条切实可行的途径。

二、视频监控进入云存储应用时代

“云存储”已经被越来越多的人所接触和了解，2011 年众多的峰会、论坛也都将“云存储”视为关键议题。云存储是在虚拟化、集群计算、云计算等概念上延伸和发展的新概念，是指通过集群应用、网络技术或分布式文件系统等功能，将网络中大量各种不同类型的存储设备通过应用软件集合起来协同工作，共同对外提供数据存储和业务访问功能的一个集高效性、扩展性和灵活性于一体的存储系统。

（一）云存储与安防技术融合

随着安防领域大规模联网监控的建设和高清监控的逐步普及，海量的视频数据存储有如潮水般冲击着存储系统，并对存储产品的容量、读写性能、可靠性、安全性等提出更高要求。作为近年来信息技术领域的新概念、新技术，云计算的出现为安防领域的发展带来了机遇和创新，特别是基于云存储搭建的监控云存储系统，将有望打破高清视频监控中传统存储方式的性能和容量瓶颈，让海量数据的存储成为可能，更让用户拥有相当于整片云的存储能力。

在安防监控行业提“云”的概念，是整个安防监控行业的发展趋势，安防监控系统的用户需求已经完全深入了该领域。将所有的计算资源集中起来，并由软件实现自动管理，无须人为参与，用户只需要定制相应的服务，由云服务商提供需要的基础架构、服务、软硬件资源等。与传统的应用平台相比，云平台的优点在于强大的计算能力、存储能力、多样化的服务以及高性价比。“云技术”总架构下的多系统协同工作，各种子系统之间相关信息的深度融合运算等，面向服务的架构，都能够给安防监控行业的发展带来推动。

云技术中，可以有非常多的技术精髓，推动安防视频监控智能化的发展。比如通过云技术实现前端的全面感知、中心的信息共享联动等，都是促进智能化安防视频监控系统设计和建设的先进技术。

安防视频监控系统，首先必须具备数字化、网络化，才能“漫步云端”，所以对于模拟安防视频监控系统，需要首先进行数字化和网络化的升级。另外，对于用户客户端来讲，云的一个基本思想就是“瘦客户端”，即将更多的计算和服务工作部署在后台，而对于客户端的软硬件要求越来越简单和方便，所以就需要在原有的安防监控系统中进行架构功能的重新界定和分工。在改进方向方面，需要逐步理清用户需求、原有系统和改进升级部分之间的关系，把握逐步实施的尺度。

（二）安防视频监控逐步进入云存储时代

面对大规模的高清安防视频监控应用，作为数据归属地的存储系统，应当承担起数据安全性、可靠性和稳定性的保护角色和数据空间的容量角色。存储系统在提供海量存储空间的同时，应保证应用性能，如多路视频并发写入、文件检索、视频回放、数据管理等。因此，存储系统应具备以下特点：

一是海量存储空间。高清视频监控应用的前端分辨率多为高清和全高清，传输帧率较高，高清视频在经过不同压缩编码方式处理后，一路高清视频每小时将产生的数据量有较大提高。安防视频监控遍及城市各个角落，监控数据一般要求 7×24 小时业务连续存储，存储时间从十天半月到一月，甚至一年，数据量与时间显线性增长。

二是高性能。存储系统的性能，从监控应用上来说，主要表现为支持前端并发写入的路数、支持平台管理的能力，即文件检索的时间延迟、视频回放的并发路数等。高清视频监控应用对带宽、数据处理能力、缓存等都有很大影响，要求存储系统针对多路并发写入的监控应用性能进行优化。管理平台对存储系统数据的管理，同样对设备响应、处理能力等提出高要求。

三是兼容性。城市安全的发展引发了视频监控行业的技术革命，同时也滋生了存储设备的巨大市场空间。一个好的存储系统在具备应用功能的同时，还应具备包容能力，即与社会资源共享和兼容的能力。视频监控系统包含了前端编码器的接入、后端平台的管理，存储系统为两者搭建了沟通交互的桥梁。因此，存储系统应兼容广泛的前端，支持广泛的管理平台。

随着平安城市建设的发展，网络化高清视频监控系统的建设，由一个城市的联网到多个城市，甚至整个省的联网，催生了云视频监控存储的应用，将大量的存储设备集合起来协同工作，实现资源共享利用，对外提供更高性能的服务接口。云监控存储模式构建了资源无限共享的架构，具有更广泛的兼容性，云体系里的所有设备均可共享，如存储容量、存储性能、服务多样化等。云存储可承载超大型网络、超大规模的应用视频监控系统。

（三）安防视频监控云存储系统建设

随着高清安防视频监控时代的到来和网络摄像机的普及，安防视频监控规模不断扩大，要求也不断提高。设计并开发安防视频监控云存储系统，这种云存储系统对整体存储性能、容量、稳定性和可扩展性的要求都是传统存储架构无法满足的。

国内有的优秀安防企业基于多年来对视频监控及联网应用的技术积累，开发了基于云架构的视频监控与存储的集群系统，以适应大中型视频监控云存储的需求。整个云存储系统内部节点的管理和应用对用户透明，系统提供统一的应用接口给应用层（包括编码器、客户端、平台和计算服务器等）设备，云存储采用开放的视频流协议与应用层连接，前端设备的配置和写入空间由云存储系统自动完成。

云存储的核心是应用软件与存储设备相结合，通过应用软件来实现存储设备向存储服务的转变。监控云存储系统是监控平台和存储系统的有机结合，其结构模型由以下四层组成：

物理存储层：物理存储层是云存储最基础、最底层的部分，对底层存储空间的需求是海量的、可扩展的。监控云存储中的存储设备往往数量庞大且分布在不同地域，彼此之间通过广域网、互联网连接在一起。存储设备群之上是一个统一存储设备管理系统，可以实现存储设备的逻辑虚拟化管理、多链路冗余管理，以及硬件设备的状态监控和故障维护等。

基础管理层：基础管理层是云存储最核心的部分，也是云存储中最难以实现的部分。基础管理层通过集群、分布式文件系统和网格计算等技术，实现云存储中多个存储设备之间的协同工作，使多个存储设备可以对外提供同一种服务，并提供更大、更强、更好的视频数据访问性能。通过高性能、大容量云存储系统和远程数据备份软件，运营商和数据中心可实现对关键视频数据的安全备份和远程容灾。

应用接口层：应用接口层是云存储最灵活多变的部分。不同的云存储运营单位可以根据实际业务类型，开发不同的应用服务接口，提供不同的应用服务。视频监控是最典型的一个应用，云存储为视频监控应用平台提供应用层接口，实现视频数据的存储、检索、回放、浏览转发等操作。

业务应用层：监控中心平台、前端视频接入设备（DVR/DVS/IPC）、视频访问用户都可以通过标准的公用应用接口来登录云存储系统，享受云存储服务。云存储运营单位不同，云存储提供的访问类型和访问手段也不同。

从逻辑上划分，除了业务应用层外，剩下的三层都属于云存储的范畴，但是在视频监控应用中，为了建设和应用紧密结合的监控云存储系统，可以把物理存储层以外的基础管理层和应用接口层统一整合到视频监控应用平台，从根本上提高云存储系统的针对性。

综上所述，大规模视频监控系统点位庞大，区域分散，码流要求高，要想建设监控云存储系统，必须具备相应的技术保障，包括较大的传输带宽、简化的系统架构、良好的兼容扩展能力、存储虚拟化技术、存储集中管理技术与数据安全机制等。

第五节　实体防护产品的应用与发展

实体防护是我国安防行业的重要专业领域，在安全技术防范工作中发挥着不可替代的作用。在国家标准 GB 50348－2004《安全防范工程技术规范》中，将实体防护定义为“用于安全防范目的，能延迟风险事件发生的各种实体防护手段〔包括建（构）筑物、屏障、器具、设备、系统等〕。

实体防护是指由具有防护功能的物质材料、特殊结构、特定实体，以及相应的机械控制、电子控制及其他高科技控制部分所构成的防护系统，该系统能够通过发挥整体功能，抵御入侵，防止、迟滞损害（破坏），保护预定目标不受侵害，保障人财物安全，实现威慑、防止、迟滞损害（破坏）作用的防护手段。实体防护预定防护对象可区分为：区域/界限（空间）；物体（重要财产和物品）；人和其他生命。

一、实体防护产品的发展

目前涉及安防实体防护的相关产品主要有：一是门类产品，包括防盗安全门、楼宇对讲防盗门、出入口联动门和防尾随门、金库门等；二是箱柜类产品，包括防盗保险柜（箱）、枪（弹）柜、银行保管箱、保密柜等；三是锁具类产品，包括机械防盗锁、电子（含生物识别）防盗锁等；四是周界防护类产品，包括围栏、道闸、路障等；五是防护材料类产品，包括防弹、防爆、防砸玻璃等。

中国的安防行业起源于实体防护。经过30多年的发展，随着科技的发展和社会对安全防护需求的提高，实体防护的专业领域也在不断延伸和拓展，现代的电子、数字、网络、智能技术融入传统的“门、箱、锁、柜”产品，从早期的这几类产品，拓展到安防玻璃以及周界围栏等其他用于周界、出入口实体防护的技术、产品和与之配套的工程服务等方面。传统的防盗安全门、金库门、防盗保险柜（箱）和各类防盗锁具等产品在新技术、新科技的引领下也在不断更新换代，许多新材料、新工艺在产品中得到应用，各种电子技术和指纹、人脸等生物特征识别技术已经在产品中获得了广泛应用。此外，物联网等网络新技术、新概念的引入，也为电子防范技术与实体防护技术的有效结合提供了可能，推进了产品集成化创新。

实体防护历来都是我国安防行业的重要组成部分，在中国安防行业发展的初期曾一度占据主导地位。目前在平安城市建设的大背景下，实体防护产品的市场规模也在逐步扩大，在安全技术防范工作中仍然发挥着十分重要的作用。

（一）周界实体防护的发展

从古至今，无论是冷兵器时代，还是高科技的现代社会，周界的实体防护在军事、生活中都起了重要的作用。在古代的军事活动中，周界的实体防护采用如城堡、高墙、护城河、壕沟等，乃至中国最伟大的万里长城和最辉煌的紫禁城的皇宫高墙；在现代的军事活动中，周界实体防护的地位非常重要，比如周界的战壕、铁丝网、路障等；在现代的生活中周界实体防护也是不可缺少的部分。

在现代化的安全防范体系中，各种技术手段的使用也都是与实体防护相结合后展开进行的。从实体防护的角度看，它是安全防范体系的物质载体或实物基础；从电子技术防范的角度看，要依托实体防护确定防范体系的构成；从人力防范的角度看，要依托实体防护的隔离、阻挡和迟滞等功能，确定投入人力的数量、分布与巡查、值守方式。

在现代安防体系建设中，应当大力加强周界实体防护技术的研究和开发，加强防护产品抵抗机械力、抵抗电磁力以及耐火、耐腐蚀的研究，重点加强安全防暴（爆）产品的研究和开发，提升高风险区域和对象的防护水平，提高周界实体防护技术应用水平，引入新型材料和结构，提高国产化水平。在安防系统中，要加大周界实体防护与各类电子技术防范系统功能的融合并实现联动。

（二）防盗安全门等安防门类的发展

1. 防盗安全门等安防门类的发展历程

改革开放以来，市场经济迅速发展，人、财、物发生了大量流动，社会治安面临全新的形势，重点部门、要害部位和居民家庭对安全防范产生了迫切的需求。防盗安全门、金库门、防尾随门等安防门类广泛应用于金库、财会室、枪支弹药库以及机要库等重要场所的控制和安全防护，从而推动了安防门类市场的发展，诞生了一批相应的制造企业。

20世纪90年代中后期，在国家宏观政策和相关部委的推动下，国内的房地产业快速发展，人们居住条件的改善和人们安全防范意识的提高，拉动了防盗安全门的市场需求。随着新建社区不断增加，防盗安全门的采购主体由个体百姓向房地产开发商转移，销售形态也由零售向集团采购转变。经过数十年的发展，目前中国已经成为防盗安全门的生产和消费大国。房地产市场的升温和城镇居民防护意识的不断增强，进一步推动了我国防盗安全门市场的快速发展。

2. 防盗安全门的市场状况

近年来，在房地产业持续拉动下，防盗安全门市场呈现每年10%以上增长速度，未来防盗安全门市场仍有较大可发展的空间。目前防盗安全门行业已经进入了成熟阶段，行业企业中一批注重质量、关注客户、有远见的厂家走在行业前列，成为中国名牌和行业中的佼佼者。在被誉为“中国门都”的浙江永康聚集了400多家防盗安全门企业，年产2500多万樘，出口700多万樘，占全国防盗安全门产量70%。

防盗安全门由于执行的是国家标准，在用料、安全性上比一般执行企业标准的防护门、钢质门要求高，生产成本对金属原材料的价格波动影响较为敏感，由于铁矿石与钢材价格波动不定，对防盗安全门产品定价也存在一定影响。

3. 防盗安全门的发展趋势

目前防盗安全门产品正朝着智能化发展，这也是未来的发展趋势。防盗安全门智能化主要体现在其关键部件（锁具）的智能化，其中包括已经开始广泛使用的各类电子防盗锁，如指纹、密码、IC卡锁等。随着技术的进步，物联网技术将融入防盗安全门的设计和使用，使得新一代防盗安全门除了用智能锁具代替传统的机械锁具外，还将与具有安防、家电控制、老人小孩看护等功能的智能家居系统结合，并且能够实现联网报警、视频监控、数据传输和远程控制等功能，这些都极大的提高了防盗安全门的智能化程度。

（三）保险柜（箱）的发展

1. 保险柜（箱）的发展历程

最早保险柜（箱）只是用铁环箍着的坚固厚木箱制作而成，此类保险柜（箱）形似家具，无专门的锁具，安全性较低。随着社会经济的发展，保险柜（箱）的材质已由木质变为各种坚固的金属，19世纪60年代后期，开始有了保险柜（箱）用的专用锁具，保险柜（箱）的安全性能才有了较大的提升。

20世纪中后期，业界开发出了各类电子密码锁，并广泛运用于各种类型之保险柜（箱）产品。随着用户对于防火的需求，也出现了具有防火功能的保险柜（箱）。近年来，各类电子防盗锁，如指纹、密码、IC卡锁等已经广泛应用保险柜（箱）产品。随着我国信息化技术的不断完善和创新，基于物联网的远程通信、视频监控系统等高新技术正逐步在保险柜（箱）产品中得到应用，这些都极大地提高了保险柜（箱）产品的智能化程度和防护能力。

当前，随着新材料、新工艺和智能锁具技术的广泛应用，使保险柜（箱）的产品从当初单一功能发展到如今的具有防盗、防火、防磁等多种功能，广泛适用于家用、商用、酒店用、枪械用、文件数据用等诸多应用领域。

2. 中国保险柜（箱）的市场状况

随着时代进步和发展，市场对保险柜（箱）的功能产生了新的需求。具有防盗、防火、防磁、防水等多种功能的保险柜（箱）产品受到用户的关注和欢迎。此外，酒店保险箱、商务保险箱、枪（弹）柜、ATM机用保险柜、适应不同场合使用各种投币柜等一系列根据不同使用需求而设计的专用及定制产品开始走向市场。保险柜（箱）产品的营销模式、销售渠道开始从大型商场向设立专营店、网上销售等多种销售模式发展。

相关数据显示，全国城镇居民约有1.46亿户，农村居民约有2.55亿户，随着我国居民生活水平提高，收入和财产的增加以及安防消费意识的提高，预计国内家用保险柜（箱）还有很大的市场空间。据有关部门估计，到2011年，我国保险柜（箱）行业市场产销量接近1000万台的水平，其中新型高端保险柜（箱）应能够占到家用市场份额的80%左右。

近年来，我国防盗保险柜（箱）生产企业，无论是在技术进步、企业规模、出口销售等方面有长足的进步和发展，逐步形成了以十大中国名牌企业为龙头的企业群体，主要分布在浙、沪、冀、豫等省分。国家相关部门贯彻防盗保险柜（箱）国家强制性标准和中国强制认证制度等市场准入制度在规范行业市场，保证产品质量等方面发挥了重要作用。

3. 保险柜（箱）的发展趋势

保险柜（箱）既要充当防盗容器，又要具有一定的人性化和审美、时代性要求，因此保险柜（箱）的发展趋势相当明显，主要体现在满足标准要求，顺应技术发展潮流，兼顾人性化设计等方面。一是外型人性化，保险柜（箱）造型、色彩、外型人性化，适应家居需求；二是多功能电子锁具，具有生物识别、备用密码、自动报警、远程控制、应急开门等功能；三是使用新材料、新结构、新工艺，推陈出新，提升防护能力。

二、实体防护相关标准制定、修订情况

为了规范安防实体防护行业的健康发展，政府标准化主管部门相继发布了一系列的标准，特别是全国安全防范报警系统标准化技术委员会实体防护设备分技术委员会成立以来，组织制定、修订了多项实体防护的国家标准、行业标准。

目前正在制定修订及待审批的标准主要有：GB《金库门通用技术要求》、GA/T《楼寓对讲电控防盗门通用技术要求》、GA《机械防盗锁》、GA《枪械保险柜》、GA《电控防盗锁技术要求》、GA《实体防护产品防弹性能技术要求及测试方法》等。

三、实体防护产品发展趋势

随着科技的发展和社会对安全防护需求的提高，实体防护的专业领域也在不断延伸和拓展，从早期的“门、箱、锁、柜”产品，拓展到安防玻璃等各种新型材料的防护屏障及其他用于周界、出入口实体防护的技术和产品。传统的防盗安全门、金库门、防盗保险柜（箱）和各类防盗锁具等产品也在不断更新换代，许多新材料、新工艺在产品中得到应用，各种指纹、人脸等生物特征识别技术已经在产品中获得了广泛应用。此外，物联网等网络新技术、新概念的引入，也为现代科学技术与传统实体防护技术的有效结合提供了可能，推进了产品集成化创新。

其一是智能化。实体防护产品正在摆脱傻大笨粗的形象，与安防电子产品等现代科技产品紧密结合，构成了全面防护和整体防护的概念，形成一个具有智能化功能的防护系统。如有的枪（弹）智能网络柜产品采用了先进的生物识别技术、GPS定位技术和网络传输、信息处理管理系统，填补了相应的传统产品无法进行网络化、信息化管理的空白。

其二是高性能化。如周界实体防护产品中的高密度围栏，采用密网结构和高强度焊接，增强了其防破坏的性能，在实现迟滞非法入侵功能方面能更好的满足用户的要求。再比如锁具产品，传统的机械锁具也是朝着高安全性能的方向发展，很多产品的防护技术开启时间要求在270分钟以上。高端保险柜融合了智能上锁、指纹识别等多种先进功能，同时各种加固措施的应用，提高了产品的防破坏性能，使用户使用无忧。

其三是多功能化。实体防护产品行业企业正在深入研究被侵犯对象、攻击手段、犯罪工具的变化等问题，不断推出创新产品、特殊用途产品、具有专利优势的产品，近期推出的高防护能力产品不仅具有防弹性能，而且还具有防爆炸性能，如银行用防弹门、防尾随门、防弹窗、防弹柜台、防爆炸复合玻璃等。又如保险柜（箱），以前的产品特别关注其防盗性能，但是现在产品仍旧停留在这种低层次的性能显然满足不了市场的需求，目前逐渐要求实现防火、防水、防磁及防潮等多功能的集成。

其四是时尚化、人性化。比如防盗安全门有外包实木产品，保险柜（箱）有外包真皮、各色表面涂装材料及镀金产品，可以说实体防护产品正朝着日益满足人们日常生

活家居审美要求和人性化的方向发展。

四、实体防护需要与电子防范技术综合应用

任何安防系统的本质都是损失预防和犯罪预防，实体防护设施依靠物质材料及其结构特性抵御入侵者，能够抵抗损害或者破坏，起到阻止、延迟损害的作用，为用户树起一道安全屏障，其作用不可小觑。特别是将信息传递手段、电子防范手段、实体防护手段综合应用，形成现代人防、物防、技防相结合的综合防御体系，达到探测、延迟、反应的相协调。未来集成了实体防护设施、视频监控、出入口控制、入侵报警等技术的综合安防系统，必将成为未来安防技术的发展方向，推动安防行业迈上新台阶。

实体防护、电子防范各有千秋，都是安全防范系统的重要组成部分，在安防系统探测、延迟、反应三大要素中发挥着各自的优势和作用，应相辅相成，互为补充、缺一不可，如果单纯地侧重某一类防范产品，会出现顾此失彼的现象，安全防范的效果也会大打折扣。如建筑物的安防体系不是一个平面的，应当建立纵深防范体系，从外到内进行层层防范，这是社会安全的需求，也是科技发展的必然结果。在建筑最外层和不同区域的交界面，由出入口门、各类防护围栏、周界报警系统和必要的视频监控组成第一道防线，将不安全的因素排除在外；在建筑物内部建立第二道电子防线，利用电子报警系统、视频监控系统等对建筑物的安全情况进行日常监管。这种以智能监控系统、防入侵报警系统等为主的“软防护”手段和以出入口控制系统、周界防范等为主的“硬防护”手段结合起来，构成了大型公共建筑的“双重防护墙”，可以达到理想的防护效果。

与此同时，将信息传递手段、电子防范手段、实体防护手段综合应用，能够产生“1+1>2”的效果。中国的万里长城在砖墙防御的基础之上，利用烽火台的烟雾进行信息传递，构成整体防御系统，充分体现了中华民族的祖先将“实体”与“信息”相结合的安防智慧。

实体防护历来是我国安防行业的重要专业领域，在安全技术防范工作中发挥着不可替代的作用。尤其是近几年来，随着安防业内对于实体防护安防系统重要性的认识越来越充分，实体防护企业要求加强引领发展的呼声高涨，为了推动安防实体防护行业的技术和观念创新与可持续发展，中国安防协会专家委员会于2011年年底成立了实体防护组，充分发挥实体防护行业专家的作用，将开展一系列的专业技术服务活动，加强与国外实体防护行业在标准化与合格评定等方面的接轨，推动安防实体防护专业健康有序发展。

综上所述，如果将实体防护产品比喻为城墙，那么增添了网络化和智能化的实体防护产品和系统无疑将是一座“智慧长城”。我们有理由相信，我们的生活会因为“智慧长城”的存在而变得更为安全，实体防护产品有着广阔的发展空间。

第十六章 大型活动中的安保情况

第一节 第二十六届夏季世界大学生运动会的安保工作及推动作用

2011年8月12至23日，第二十六届夏季世界大学生运动会（以下简称大运会）在深圳举行，参赛国家及地区152个，参赛运动员7865人，党和国家领导人出席了开幕式。

深圳大运会安保工作充分借鉴了北京奥运会安保工作的成功经验，紧紧依靠党委、政府，整合社会资源，运用综合手段，全面构建“点线面结合，人防物防技防结合，管防控打建结合，网上网下结合”，动态化、信息化、全时空、全覆盖的防控体系，努力做到大运会期间社会和谐稳定，赛事安全有序，氛围欢乐祥和。

一、构建立体防控体系

第26届大运会是一次大型国际A类赛事。大运会更加开放的特点，给安保工作带来了全新挑战。在深圳复杂的社会治安环境下，确保社会面安全是整个大运会安保工作的重点和难点。大运会安保工作既要确保社会安定，又要体现社会和谐，充分展示安保工作者良好的执法素质。

（一）突出“五个结合”

公安部强调要做好重大活动安保工作，要坚持专项整治与整体防控相结合，坚持情报主导与依托科技相结合，坚持区域合作与多警种联动相结合，坚持专门工作与群众路线相结合，坚持严格执法与热情服务相结合，坚持提升素质与科学管理相结合。

深圳警方认真落实公安部的相关部署和指示精神，深入剖析了深圳治安基础性、源头性、根本性问题，从2010年年初着手研究构建社会治安立体防控体系，为了确保大运会的成功举办和社会长治久安，在反复调研论证的基础上，提出了构建社会治安立体防控体系的战略部署。

深圳警方研究制定了《大运会场馆安保工作总体方案》，组织、指导各场馆属地分局全面开展了场馆安保团队组建工作，督促指导属地公安机关以及各场馆业主扎实开展安保工作。针对大运会的安保特点，在社会治安立体防控体系建设过程中，也突出抓了“五个结合”：

一是传统手段与信息技术相结合。在加强巡逻、小区封闭管理等传统人防、物防手段的同时，注重应用信息化手段来提升防控效率。如进一步完善了全市的视频监控布局，在城中村建立了1.3万余套视频门禁系统，提高对人流量大、治安状况复杂的车站、码头、地铁站点等重点部位的治安管控能力。移动警务终端能在5秒钟内采集身份、指纹、照片、视频等信息，提高了巡逻盘查效率。

二是专门工作与群众路线相结合。警力有限，民力无穷，广泛发动社会力量开展群防群治，加强社会面防控，以“警灯工程”、“红袖章行动”为载体，发动了24.9万名治安积极分子，组织群防群治力量58.3万人，对各街道和重点部位进行巡逻防范、守望相助。

三是重点打防和区域协防相结合。在加大打击力度的同时，对城中村等治安复杂区域加强治安防范，及时消除各类安全隐患。同时，依托环粤、环深安保圈建设，在市际沿线设置23个联勤检查站，推进区域协防一体化。

四是严格执法与热情服务相结合。按照“既要严格、公正、规范执法，又要理性、平和、文明执法”的要求，出台了大运会安保执法手册，制定执法工作指引文件146件，并运用智能化网上督察平台，对各类执法活动开展全天候网上督察。

五是重视安全和服务民生相结合。在确保场馆整体安全的前提下，营造和谐的比赛氛围。同时，保安全与保民生并重，各种安保措施的制定最大限度做到少扰民、不扰民。

这些做法是在以人防为中心，物防和技防为两翼的基础上，形成多元化、一体化、全方位防控格局，把社会面上的巡逻防控交给群防群治力量，把有限警力投向重点部位，既保障了有足够警力投入场馆安保，也严密了社会面防控，增强了群众安全感，震慑了犯罪，治安形势进一步好转。

构建社会治安立体防控体系是对社会管理创新成果的全面深化和提升。为有序推进防控体系建设，针对新特点、新要求、新标准，深圳警方社会治安立体防控体系构建工作以实现深圳社会治安根本好转为总体目标，坚持“预防为主，综合治理，标本兼治，重在治本”的方针，整合全社会力量，综合运用多种手段，编织、建设情报信息网、基础防范网、视频监控网、网络管控网、打击整治网、区域协防网“六张网”。

（二）建立海陆空立体安保体系

各种高科技安保设备进入大运会各场馆、各交通站点，公安部从全国27个省市选调警力支援大运会安保，与深圳警方共同执行“守卫战”，大运会外围安全屏障以面保点，深圳市周界联勤治安检查点，各警种 24 小时值守，形成环深圳防控屏障。

一是在陆路口岸，安保进入一级响应状态，口岸有 X 射线安检设备对出入境旅客行李物品进行检查，反恐突击队员在口岸武装巡逻，口岸货车入境场地使用了“车辆反偷渡系统”。

二是在海港，利用“船舶动态监控系统”获取船舶的 AIS、GPS 等信息，结合边检业务系统查验信息，实现对船舶航行轨迹的实时监控。

三是在机场，实行入境国际航班全面清舱检查。

四是在空中，深圳警方两架警用直升机在空中巡航。

五是在海上，海事部门承担大运会开闭幕式、比赛项目的海上交通组织、安全保障、搜寻救助等重要职责，检验了深圳大运会海上安保能力，全力打造大运海上安全特区。

（三）启动三层防控屏障

第一道屏障是 13 省区市组成的环粤安保圈，其中，与广东省人流、物流来往密切的安徽、广西、湖南等 7 省市的车辆前往深圳经查验后放行；第二道屏障为环粤、环深公安检查站，数量大约为 100 个，主要设置在各公路收费站；第三道屏障则是在车辆进入深圳地界前，要在各边防联检站接受检查。

（四）分区设岗严格管理

本届深圳大运会的 41 个竞赛场馆、19 个训练场馆及 18 个相关设施分布在深圳市 7 个行政区内，依据项目激烈程度、公众关注程度、控制难易程度等标准，分为 A、B、C、D4 类，对应不同安保措施。

根据大运村运行区、居住区和国际区的功能分区设计，设置外围整体安保封闭线和各功能区之间的封闭线，对应各功能区规划，设置不同类别安保岗位，严格管理和控制人员进出，确保各国参赛运动员、教练员和官员的人身安全。

二、安防技术在大运会安保中的应用

高科技运用是大运会安保的亮点之一，各种先进的安保技术得到广泛应用，其中有突出应用特点的高科技系统主要包括：

（一）安保指挥系统的技术保障

深圳警方专门组建了一支专业的指挥团队，承担主场馆群重大赛事的安保指挥工作。同时，在主体育场建设了整个大运会期间的安保现场指挥室、警卫指挥室等 5 个现场指挥室，具体负责开闭幕式期间整个安保工作的指挥协调。

大运安保指挥系统的技术支持由二个层次构成，一是基于 PGIS 综合信息指挥平台系统，主要包括安保总体态势、社会面动态勤务、场馆动态勤务、警力资源、勤务信息、预案管理、指挥协调、信息发布等信息的综合管理；二是支持该平台的各技术子系统，主要包括 X－SIGHT 视频综合信息管理系统、视频监控网络系统、各类报警系统、有线无线通信系统、“三维”预案管理系统等系统构成。大运会安保指挥系统实现了系统之间的有机连接，保证了大运会期间各类安保信息的接收、分析、展示和流转，支持指挥决策和调度，使安保指挥人员更直观、更清晰地掌握动态情况，做到灵活响应、迅速处置。

（二）公安视频综合信息应用管理系统的应用

大运会前，深圳市共建一类联网摄像头 27000 个，二三类监控摄像头 21 万余个，基本覆盖了全市各主要公共场所，打造了视频监控物联网的雏形。

为了将公安信息化建设成果服务于大运会安保工作，深圳市公安局在视频监控信息的深度应用和视频系统的集约式管理方面做出了努力和尝试，在大运会前夕把 X－SIGHT 视频综合信息应用管理系统建立起来，并作为大运会安保视频监控保障的唯一视频系统圆满完成保障任务。

视频综合信息应用管理系统在大运会安保工作中，覆盖了近 70 余个场馆，包括国家总指挥部、市大运会指挥部等近百个指挥部，涉及各政府机关、解放军、公安、武警等百余个相关部门和企事业单位。该系统作为大运会安保视频监控的关键数字媒介，包含会议电视，应急无线图传，卫星通信车，3G 无线图传，直升机航拍等各种错综复杂的视频网络类型，共集成了各类前端摄像机点 3400 个，全网视频用户达 2900 余个，为各项大运会安保工作的圆满完成奠定了坚实基础。首创全网统一系统，统一用户资源和权限、统一 PGIS 视频调度和运维管理的运行模式，以不同方位、不同视角、不同手段实现警务信息化应用的新突破。

该系统通过在大运会前和大运会期间的运行，基本形成了公安机关视频研判工作机制，组建了专业视频研判机构，形成市局、分局、派出所三级的视频信息共享、流转、研判分析模式，初步建立起事件视频信息上传、数据质量考核、案件视频串并、视频案件通缉通报、视频案件会诊、定期交流的视频监控信息研判制度，公安机关通过该系统上传各类案件视频信息，破获一批案件，打掉一批犯罪团伙，抓获一批嫌疑人，使系统成为公安业务的关键业务支撑系统，有力地维护了深圳市的社会稳定，为大运会安保作出了贡献。

（三）公交统一监管系统的应用

大运会期间，深圳启用统一的公交监管系统，对服务大运的公交车辆实时远程监控，并提供必要的服务，利用卫星定位、交通地理信息平台及无线通信等技术，整合各公交企业的监控系统，实现了全市已安装卫星定位设备的公交车在统一平台上监管。

大运会公交监管系统具有整体监控、区域监控、线路监控、电子围栏监控、车辆监控、途经车辆查询等 8 大项功能。通过系统，工作人员对已装车载调度终端的所有公交车辆在电子地图上进行可视化监控，随时掌控车辆的位置、状态、行驶速度以及驾驶员姓名、联系电话等，在第一时间获得公交车辆、公交线路、选定区域内公交车辆（群）的运营信息，掌握大运会赛事公交保障点、大运会期间城市道路高峰路段、选定区域内公交车辆运营的基本情况，实现对已装车载调度终端的公交车辆在大运会期间点、线、面全方位监管指挥。

通过智能交通系统，可根据实际的交通路况、情况，对公交线路随时进行调度，从而有效应对包括塞车在内的各种交通突发情况。大运会常规公交监管系统完成了系统原型开发和部署，与公交企业监控平台进行联调。大运会期间，依托此平台组织各公交企业建设常规公交调度中心，为大运会公共交通保障提供支持。

（四）地铁安全监控系统的应用

借鉴上海世博会、广州亚运会等大型活动举办的经验，在深圳地铁站内的闸机入口前安装X射线安检设备，并实行24小时视频监控，安检工作到位。

为了保障地铁设施正常运行和各个地铁站出入口的秩序，深圳警方还加大了地铁站的例行巡查力度，一旦发现安全隐患及时进行相应的处理和维护。

地铁采用统一无线解决方案，为地铁列车的安防系统搭建了无线宽带传输网络，列车无论在站台位置还是高速运行中，都可以在地面与列车之间实现清晰的数字视频流实时播放、控制中心对车厢内的情况观察、列车火灾报警信息实时上传等功能。

地铁自动化集成系统包括信号系统、闭路电视监控系统、电力监控系统、火灾自动报系统、公共广播系统、自动售检票系统、乘客资讯系统等28个子系统，为大运会作全面布防。

地铁还采用了车辆智能识别管理系统、远程数据实时查询监控、数据安全监控等子系统并集于一体，建立了一个安全可靠，开放并可控的信息资源管理平台。

（五）特种设备电子监管系统的应用

为了保证大运会的特种设备使用安全，开发了大运会特种设备电子监管系统。与大运会相关的特种设备共有5546台（主要是电梯），检测人员逐台检测，并在第一时间将检测信息录入大运会特种设备电子监管系统。根据这些信息，系统会自动生成设备台账、统计报表，监管人员可以及时掌握工作进展、存在问题和薄弱环节，以制定改进措施。

监管部门为新装设备提供“绿色通道”，同时掌握新装设备安装、检验及试运行进度，加强施工现场检查，要求有专人监督运行情况，加强巡查和维护，做好通报工作。

（六）电子车证系统的应用

在大运会期间，为加强对大运会车辆的秩序管理，采用了以射频识别技术为支撑的电子车证应用系统，该车证系统具有良好的防伪性能，防止车证借用、仿制现象；具有快速识别，权限管理等功能，为大运会的安保工作中的车辆管理提供了强有力的技术支撑。

三、大运会助推安防发展

（一）大运会加速安防民生工程建设

这次大运会的举办，不仅给深圳安防企业一展身手的机会，还改变了深圳整个城市形态，对1600多个城中村和小区的环境进行了系统整治、改造、刷新和安全设施添置，大量安全设施进入百姓日常生活，安全新技术改变着人们的理念与生活。打好“大运牌”，推进深圳平安城市建设步伐，让这个城市抓住了机遇，加快建设现代安防产业体系，走入科学发展的快车道，全面提升了平安城市水平，大运会成为了安防民生工程的“加速器”。

（二）大运会促进安防企业的发展

深圳大运会这样的国际体育盛会，对安防的要求是非常高。安防市场的巨大的需求，给安防行业提供了一个展示舞台，也给安防产业带来巨大的机遇和挑战。安防企业能够参与到大运会安防项目建设，本身就是一种高规格、高标准的能力和实力的检验。安防企业以大运会为契机，能够抢占制高点，并在后续的长期行业发展中，进一步增强企业的品牌竞争力，进而成为安防行业的未来领跑者，这无疑是一次难得的机遇。

大运会的举办，对于国内安防企业特别是深圳的安防企业来说是一场大比拼。视频监控、入侵报警、出入口控制、实体防护、防爆安检、防伪技术等领域的企业，都将自己的技术和产品投入大运会各项目的招标竞争，通过优胜劣汰，得到应用和发展，让一批拥有先进技术实力的安防企业在竞争中脱颖而出，这给中国安防市场带来了一场锐意变革的契机，刺激了国内安防市场的快速增长，对珠三角地区乃至全国安防行业的发展具有极大的推动作用。

第二节　2011西安世界园艺博览会的安保工作

2011西安世界园艺博览会（以下简称“西安世园会”）于2011年4月28日至10月22日在中国西安成功举办，历时178天，累计接待游客1572.8万人，是一届跨越经济、文化、科技等领域的多元化、综合性、世界级的博览盛会。西安世园会是新中国成立以来，所举办的规格最高、规模最大、会期最长、客流最多的一次世界性园艺博览盛会。西安世园会总面积418公顷，其中水域面积188公顷，各种场馆建筑面积约3万平方米，是历届世园会中面积最大、水域最多的一届，此次安保工作任务之重前所未有。

西安世园会安保队伍拼搏300多个日日夜夜，坚守和护卫178天，创历届世园会安全之最。西安世园会期间单日游客最高突破30.8万人，平均每天出动6000多名警力，正是靠着安保队伍的辛苦付出才确保了西安世园会安全保卫工作的全面胜利。

一、加强世园会安保领导

西安世园会安保领导机构——安全保卫指挥部（以下简称“指挥部”），负责统一领导、指挥世园会安全保卫工作。指挥部多次组织召开各成员单位负责人会议，听取安保工作情况汇报，研究部署安保工作，并针对运行过程中出现的问题，研究应对措施。指挥部及时组建了“八组一办”的工作机构，并于全市安保动员大会后全部挂牌办公。

指挥部相关负责人在开园和闭幕式、节假日等的超大客流时段，亲临一线组织指挥协调解决安保工作中遇到的各种难题；亲自带队深入车站、超市、博物馆等人群密集场所和重要目标，检查安保、群防群治、巡逻防范和消防安全等工作；先后60余次组织武警、消防、信访、维稳以及办公室工作人员会议，分析、研究、部署、督促安保工作，深入园区各部位检查安防措施落实情况。

二、落实世园会安保方案

指挥部制定了详细的安保总体方案，包括机构设置、任务分工、警力配置、应急机制等。按照总体方案的要求，完善百余个各类子方案，其中包括了突发性治安事件处置预案、开园仪式安保方案、园区消防安全保卫方案、安全警卫工作常备方案、园区及周边道路交通保障工作方案等。

指挥部为了保证这些方案落实到位，搭建了科学明晰的组织架构。指挥部下设办公室，开展对世园会安保工作责任制和措施落实情况的督导检查，及时发现、协调解决工作中遇到的重大问题等。同时还设立了园区安保组、情报信息组、治安防控组、综合治理组、交通管理组、反恐工作组、维稳信访组、应急工作组等8个小组，各工作机构分工协作、密切配合。

指挥部在此次世园会安保部署中，将园内安保被称作“小安保”，即世园内及世园周围的安保工作，而全市范围的日常安保与维稳工作被称作“大安保”。“小安保”与“大安保”紧密结合是本次西安世园会安保任务的总体思路。

指挥部开园前开展包括严打整治，缉枪制爆，治安乱点整治，“四小”场所整治，治安巡逻防控，群防群治，交通拥堵治理，社会矛盾大排查大化解，安全大检查，大整治和重点人员排查管控等的“十大专项活动”。并进行包括紧急疏散演练，反恐演练，消防演练，交通紧急疏导演练等在内的“十大安保演练”的部署。

三、部署世园会安保防线

指挥部紧紧围绕“环陕西安保圈、环西安安保圈、环会场安保圈”战略部署，协调调动全警参与，全力以赴，以“三道防线”构建世园会安全屏障。在充分调研的基础上，以园区为中心，实施三条“护城河”工程，共建立治安检查站60个，对世园会期间进入西安的人员、车辆进行治安检查，严防非法危险物品和不法分子流入西安，形成“全省保西安，西安保世园”的工作局面；充分发动社会各方面力量，组建了31万人的“红袖章”义务巡逻队伍，新增专职群防队员3500人，全市专职群防队伍突破1万人。

指挥部在园区周边设立“疏导区、控制区、核心区”。疏导区指对从周边进入园区的主要干道上的车流、人流实施远端疏导，防止出现大面积的交通拥堵；控制区指对环园区道路实施交通管制，禁止社会车辆通行；核心区指园区，实施全方位、立体化的治安控制，由警航大队出动直升机进行空中监控。

指挥部对园区入口、园区内部、重点部位进行治安控制。园区入口治安控制实行大安检，在入园口设置安检门和安保人员，对所有入园人员、车辆严格开展防爆、防危险物品安全检查，严防危险物品流入园区。园区内部治安控制，依托园区封闭围栏和安防控制系统，在园区设立报警服务点，园区内以便衣巡逻为主，实施24小时治安控制和巡逻力度，确保广大游客人身财产安全。重点部位治安控制，即对在园区陆路周界、水岸沿线和长安塔、温室馆、物流仓库、行政中心等重点区域及各类重点目标、要害部位，部署安保力量实行全天候巡逻警戒和定点守护。

指挥部以园区为重点，实施立体布控，每天投入安保力量6018人，其中，安检人员1955人，指挥部将园区划分为6个安保责任区域，每个区域每日部署警力45名。世园会期间公安民警共出动警力17.6万人次，武警部队共出动兵力123万人次。

在西安世园会安保防线的部署和相关执法工作中，做到了“三个结合”：一是保安全与保民生的结合。既确保世园安全，又尽可能考虑群众及游客的需要；二是抓整体与抓细节相结合。既保证整体部署周密全面，又确保安保服务措施精细到位；三是严格执法和文明执勤的结合。

四、构建世园会安保技术防控体系

为了保障世园会安保万无一失，对园区实施立体布控，投入安保力量包括公安、武警和消防官兵等，成立了水面救援队、空中巡查队和排爆应急队，配备警用直升机、巡逻艇、警用装甲车、消防坦克、搜爆犬等，进行全天候、立体化巡逻防控，消防部门积极构建世园会“水、陆、空”立体防御体系。

（一）安检防控

园区的出入口安保是园区安保的关键，加强出入口的安检设备的配置是确保安全的重要措施。世园会安检措施经过试运营暴露出一些薄弱环节，针对这些薄弱环节，指挥部及时采取解决措施：一是为解决入园难问题，增加入园通道，积极主动与园区协调，增强安检力量和设备，增加X射线安检设备，将39个安检单元增加为55个，安检门由105个增加为137个；二是开辟无行李游客快速安检通道，还在园区门外设立安检缓冲区，疏导分流游客有序进入安检区，确保了世园会安检工作的有效性。

（二）警犬防控

为了增强世园会的安保力量，公安部专门从南昌、昆明、南京及沈阳抽调了40条警犬，与西安的警犬组成了一支有50条警犬的搜爆队，并从各处抽调38名带犬民警。在公安部派来的2名警犬训练专家的指导下，搜爆队担负搜索易燃易爆等危险物品和巡逻任务。这50条警犬在世园会期间一直执行安保任务，对园区内进行地毯式的安全排查，具体到花盆、花丛、车辆、房间，是一支特殊的安保防控力量。

（三）视频防控

指挥部在园区部署了近千个视频监控点位，实行全方位、全天候实时的无缝监控，并利用3G大带宽、高速率的技术优势，构成3G和有线传输网络，对整个园区进行了无缝覆盖，有效传输音视频信息，这为应急处理突发事件提供图像传输技术支持，为世园会提供了高科技含量的安全技术保障。指挥部通过视频传输的清晰画面进行指挥部署，采用视频跟踪技术手段，及时发现不安全因素，对于已发现的可疑情况，立即调取视频截图，转发到园区内的执勤人员的移动终端上，并采取相应措施。上述3G系统除了能为世园会提供强大的安保功能外，还能为游客提供诸多便捷的服务，诸如园内游客手机导航功能等服务。

西安世园会安保核心园区由警航大队出动直升机进行空中监控。警用直升机携带的视频监控系统，根据安保工作的需求，从空中获取相应区位的实时图像，并及时传输到指挥部，构成了空地一体的视频监控体系。

五、确保世园会文物安全

西安是我国著名古都，有着众多古迹文物，大量国宝级文物安保任务繁重。世园会的长安塔、四宝馆等也是吸引游客的看点。世园会期间，秦陵一号铜车马、五耳龙纹鼎等十大国宝级文物在长安塔展出。长安塔、创意馆等重点部位也是游客最向往的地带，但超负荷的人流量随时会给园区安全造成极大威胁。指挥部对园内109个展园以及长安塔、自然馆、创意馆、四宝馆及行政中心、桥梁、水岸等重点区域、重点目标实行全天候巡逻守护，并在人流量较大的场馆门前设立蛇形硬隔离，安排足够警力维持秩序。

世园会期间，指挥部部署了武警担负长安塔、创意馆、自然馆等重要场馆安全守卫、园区周边封控警戒、园区外围卡点警戒盘查等任务，并在长安塔增设多个哨位，为国宝的贴身“保镖”。另外针对客流高峰时期创意馆和长安塔游客拥堵问题，决定在原部署的基础上，增派武警部队负责长安塔、自然馆紧急事件的应对处置，确保了守卫目标和游客的安全。

六、应对世园会超大客流

世园会跨度时间长，历时178天，其中还经历五一、端午、中秋、国庆等小长假，在7月、9月、10月又连续多日出现超大客流。对此，指挥部全员上岗，各级领导靠前指挥，多次召开应急处突专题会议，安排专人监测人流变化及停车场车流情况，根据实际及时提出应急处置方案。

10月份入园游客暴增，出现了每天30万的超大客流量，指挥部紧急协调武警部队增援，部署于摆渡车站、出入口、公交站等客流密集区域，疏导人流，维持秩序，确保了世园会运行的安全平稳。

七、疏导世园会交通

西安世园会日均客流量超过7万人次，由此引发了交通拥堵问题。交警部门根据实际情况设立了3道防线疏导交通。其中，第一道防线为管制区域，第二道防线为管控区域，第三道防线为疏导区域，对车辆进行有效疏导，保证道路的畅通。交警部门还在全市设置800多块标志牌，引导车辆进入园区；取消了3000个占道停车位，设立了公交专线，以缓解交通压力；在园区周边设置了4个大型停车场，规范车辆停放。

交警部门通过广播电台，定时通报发布世园会园区周边道路交通信息，让广大市民和游客及时了解世园会的交通状况，择路通行。在交管部门的努力和交通参与者配合下，世园会园区周边及全市交通基本畅通。

附　录

FU LU

第十七章　安防企业名录汇编

第一节　获得公安机关生产登记批准书的安防企业概述及名录

一、获得公安机关生产登记批准书的安防企业概述

本节内容根据2011年全国各省、自治区、直辖市公安厅（局）技防管理部门提供的本地区“获得生产登记批准书的安防产品生产企业”信息，进行加工整理，统计分析，列举相关数据、图表，便于广大读者全面掌握本年度获证安防企业总体情况，了解安防企业的地区分布情况、各地区企业占有率、各类安防产品的占有率等信息。

（一）23个省、自治区、直辖市获得生产登记批准书的安防产品生产企业数量（共354家）

上海96家	天津9家	重庆7家
河北13家	山西8家	内蒙古5家
辽宁15家	吉林1家	黑龙江3家
浙江33家	安徽10家	福建8家
江西1家	山东4家	湖北15家
湖南1家	广东104家	广西3家
四川8家	贵州1家	云南2家
甘肃2家	新疆5家	

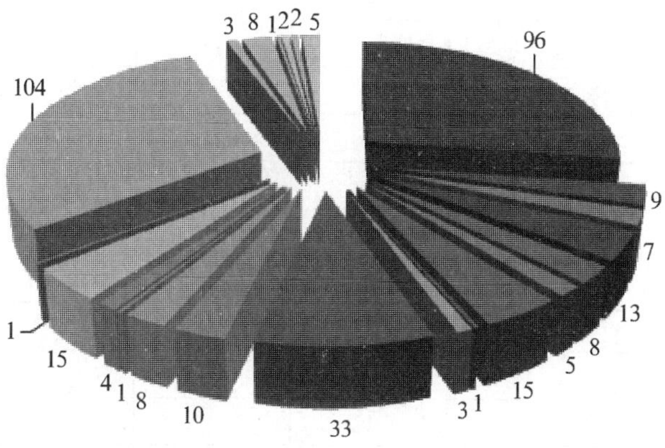

全国23个省、自治区、直辖市获得公安机关生产登记批准书的企业分布图

（二）华东、华南、华中、华北、西北、西南、东北地区企业数量及分布状况图

华东地区：151家　华南地区：107家
华北地区：35家　华中地区：17家
东北地区：19家　西北地区：18家
西南地区：28家

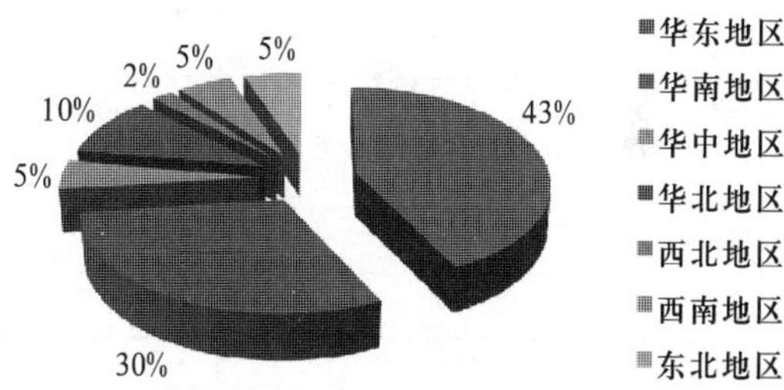

全国各地区获得公安机关生产登记批准书的企业所占比例图

华东地区43%　华南地区30%　华北地区10%
华中地区5%　西南地区5%　东北地区5%
西北地区2%

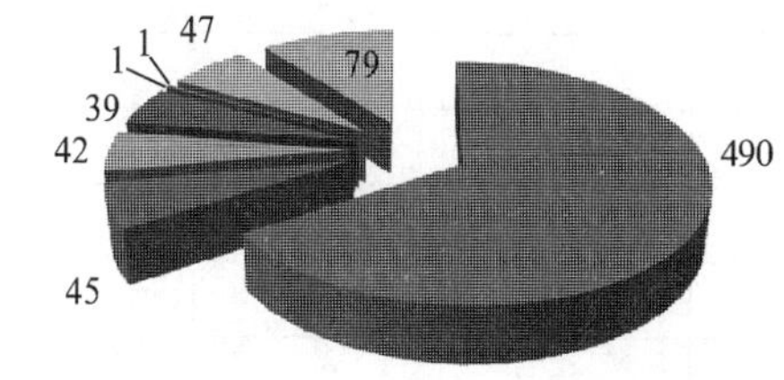

（三）各类获证产品所占数量（共744款）

安防视频监控系统490　出入口控制系统45
楼宇对讲系统42　入侵报警系统39
车辆防盗防窃联网报警系统1　防爆安全检查器材1
防盗门锁柜及防弹运钞车47　其他79

（四）各类获证产品百分比

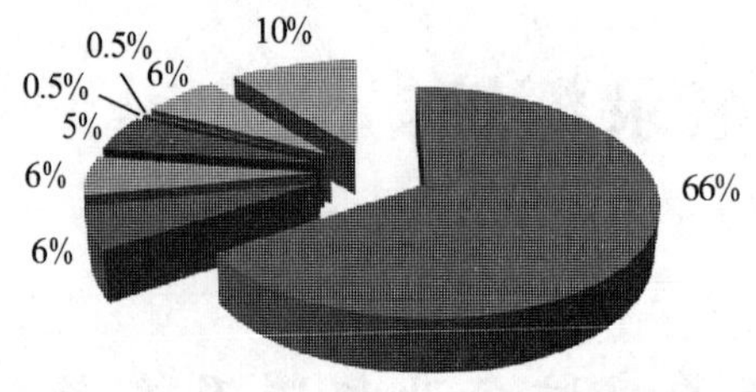

安防视频监控系统　66%
出入口控制系统　6%
楼宇对讲系统　6%
入侵报警系统　5%
车辆防盗防窃联网报警系统　0.5%
防爆安全检查器材　0.5%
防盗门锁柜及防弹运钞车　6%
其他　10%

（五）各省、自治区、直辖市各类获证产品的企业数量（共354家）

类别 / 数量（家） / 省份	安防视频监控系统	出入口控制系统	楼宇对讲系统	入侵报警系统	车辆防盗防窃联网报警系统	防爆安全检查器材	防盗门锁柜及防弹运钞车	其他
上　海	40	5	11	27	1	8	1	3
天　津	7					1	1	
重　庆	2		1			4		
河　北	1	1		2		3	4	2
山　西	1					2	4	1
内蒙古				1		4		
辽　宁	2			1		10	2	
吉　林						1		
黑龙江						3		
浙　江	17		4			4	8	
安　徽	2		1			2	2	3
福　建	2	2	4					
江　西						1		
山　东	1		2			1		
湖　北	10	1		1		2	1	
湖　南		1						
广　东	56	20	16			6	6	
广　西	1					1		1
四　川	4	1				2	1	
贵　州						1		
云　南						2		
甘　肃						2		
新　疆						5		
共计	146	31	39	32	1	65	30	10
总计	354							

二、获得地方公安机关生产登记批准证书的安防企业名录

本节收录了国内23个省、自治区、直辖市354家“获得公安机关生产登记批准证书的安防企业”名录，共计744款产品，因《年鉴》印刷篇幅有限，详情请查阅《年鉴》2011版电子版（即光盘）及网站版。

第二节　安防工程和服务企业概述及名录

一、安防工程企业概述

本小节内容根据2011年中国安全防范产品行业协会和相关地方安防协会提供的“具有中国安全防范产品行业协会工程资质的企业”信息以及全国各省、自治区、直辖市公安厅（局）技防管理部门提供的本地区“工程企业”信息，进行加工整理，统计分析，列举相关数据、图表，便于广大读者全面掌握国内安防工程企业总体情况、地区分布、资质等级等信息。

统计分析内容如下，供读者借鉴和参考：

（一）23个省、自治区、直辖市工程企业数量

具有中国安全防范产品行业协会工程资质的企业：

北京　778	上海　9	天津　80
河北　1	江苏　158	福建　255
湖北　255	广西　187	海南　87
四川　3	贵州　59	

地方工程企业（单位：家）：

上海　535	天津　55	重庆　239
内蒙古　317	辽宁　947	吉林　533
黑龙江　225	浙江　769	安徽　499
福建　248	湖北　1039	江西　291
山东　91	广东　962	广西　48
贵州　184	陕西　407	甘肃　262
宁夏　230	青海　167	西藏　57

（二）具有中国安全防范产品行业协会工程资质的企业数量（共1872家）

等级 数量（家） 省份	一级	二级	三级	各省总计
北　京	312	183	283	778
上　海	9			9
天　津	24	21	35	80
河　北	1			1
江　苏	85	36	37	158
福　建	66	64	125	255
湖　北	59	95	101	255
海　南	13	27	47	87
广　西	24	30	133	187
四　川	3			3

续表

数量（家）\ 等级 省份	一级	二级	三级	各省总计
贵州	4	5	50	59
共计	600	461	811	1872
总计	1872			

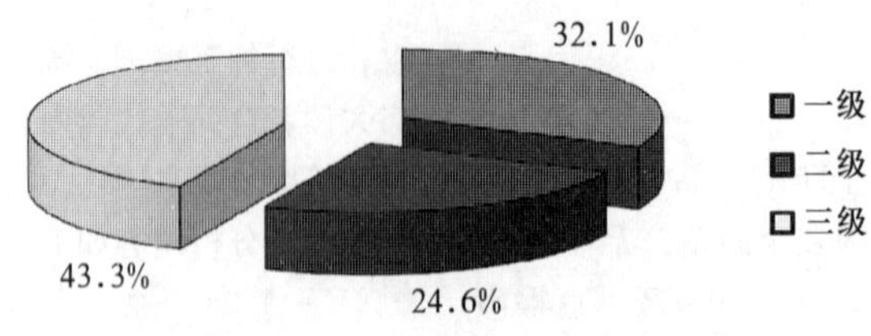

一级 600　　二级 461　　三级 811

各级别（一、二、三级）企业所占百分比

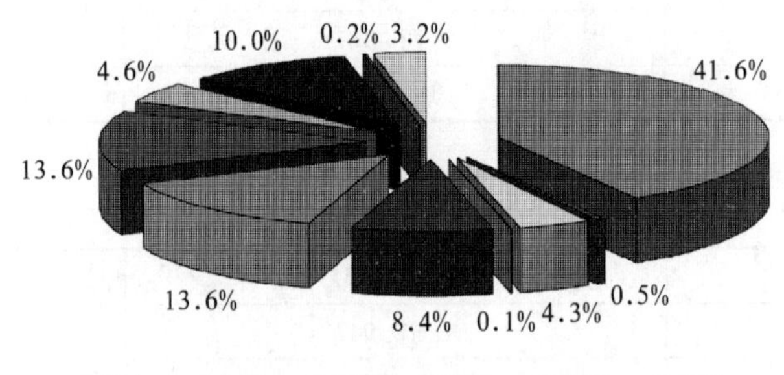

全国各地企业所占百分比

（三）地方工程企业（共 8105 家）

数量（家）\ 等级 省份	一级	二级	三级	其他	各省合计
上海	121	128	286		535
天津	22	12	21		55
重庆	64	61	109	5	239
内蒙古	10	82	192	33	317
辽宁	88	108	696	55	947
吉林	73	136	258	66	533
黑龙江	225				225
浙江	69	100	600		769
安徽	95	132	272		499
福建	65	61	122		248
湖北				1039	1039
江西	55	59	59	118	291

续表

等级 数量（家） 省份	一级	二级	三级	其他	各省合计
山　东				91	91
广　东	146	72	128	616	962
广　西	22	26			48
贵　州	4	5	47	128	184
陕　西	92	129	156	30	407
甘　肃	43	71	148		262
宁　夏				230	230
青　海	11	30	109	17	167
西　藏		33	20	4	57
合　计	1205	1245	3223	2432	8105

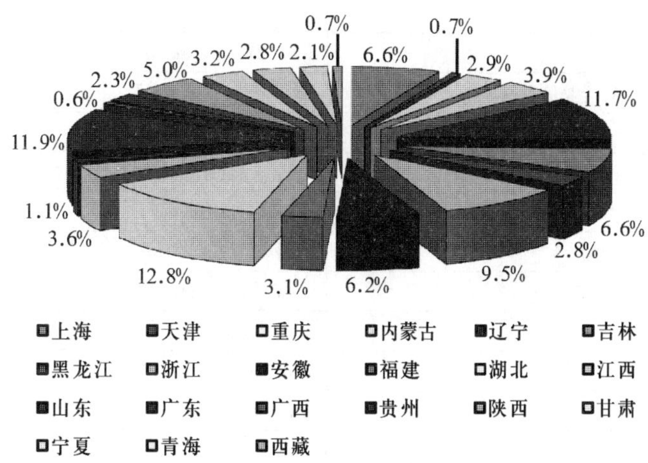

地方21省、自治区、直辖市工程企业所占比例

以上统计信息以真实数据为依据，方便读者了解整体概况，如需查阅详细数据，请阅读本节《具有中国安全防范产品行业协会工程资质的企业名录》、《地方工程企业名录》。

二、具有中国安全防范产品行业协会工程资质的企业名录

本小节收录整理了国内11个省、自治区、直辖市“具有中国安全防范产品行业协会工程资质的企业”信息，共计1872家，因《年鉴》印刷版篇幅有限，详情请查阅《中国安全防范行业年鉴》2011版光盘及网络版。

三、地方工程企业名录

本小节收录整理了国内21个省、自治区、直辖市公安厅（局）技防管理部门提供的企业信息共8105家。因《年鉴》印刷版篇幅有限，详情请查阅《中国安全防范行业年鉴》2011版光盘及网络版。

四、地方报警运营服务企业名录

本小节收录整理了国内部分省、自治区、直辖市公安厅（局）技防管理部门提供的报警运营服务企业共142家。因《年鉴》印刷版篇幅有限，详情请查阅《中国安全防范行业年鉴》2011版光盘及网络版。

第三节　安防行业刊物及网站

本节内容收录了部分安防行业刊物及网站，如下：

一、刊物

1. 《中国安全防范行业年鉴》；
2. 《中国安防》；
3. 《中国安全防范认证》；
4. 《中国公共安全》；
5. 《安全 & 自动化》；
6. 《安防工程商》；
7. 《慧聪商情广告·安防技术市场》；
8. 《安防市场报》；
9. 《电气 & 智能建筑》；
10. 《智能建筑科技》；
11. 《智能建筑与城市信息》；
12. 《中国公共安全产业指南》；
13. 《安防行业资讯大全》。

二、网站

1	中国安防行业网	www. 21csp. com. cn
2	公安部社会公共安全产品行业信息网	www. ga. net. cn
3	中国平安网	www. chinapeace. org. cn
4	中国警察装备网	www. jingchazhuangbei. com
5	北京安防协会网	www. bspia. com
6	上海安全防范报警协会网站	www. sh - anfang. org
7	天津安防网	www. tjsecu. com
8	河北公共安全信息网	www. hbga. net
9	辽宁安防信息网	www. lnafxh. cn
10	吉林安防行业信息网	www. jlafw. com
11	黑龙江社会公共安全产品行业网	www. hljps. com
12	浙江省安全技术防范行业协会网	www. zjaf. net
13	楚天安防网	www. ctafw. cn
14	湖南安防协会网	www. secu. hn. cn
15	神州安防网	www. anfang. net. cn
16	广西安防网	www. gxsecu. com
17	贵州安防网	www. gzsecu. com
18	西安安防网	www. xaaf. cn
19	甘肃安防网	www. gsanfang. com
20	中国保险箱行业网	www. safes. org. cn
21	中安网	www. cps. com. cn
22	安防知识网	www. asmag. com. cn
23	慧聪安防网	www. secu. hc360. com
24	中国安防产品网	www. secu. com. cn
25	中国安防网	www. c - ps. net
26	设计师安防网	af. shejis. com
27	中关村在线	www. zol. com. cn
28	太平洋安防网	www. tpy888. cn

第十八章　国外安防资料汇编

第一节　部分国家安防行业发展概况

印度2011年安防行业发展概况

一、印度安防行业概况

印度的国土面积为329万平方公里，人口约有12.1亿，是世界上仅次于中华人民共和国的第二人口大国。印度是一个资本主义联邦制共和国，拥有28个州和7个直辖区。

印度是世界上发展最快的国家之一。近年来印度国民收入、财政收支状况和基础设施建设都有很大的提高。但农业增长缓慢，通膨压力加大。2008～2009财年经济增幅从此前高于9%的增速下滑到6.7%。2010～2011财年（截至2011年3月31日）国内生产总值同比增长8.5%。

印度整体国家竞争力逐渐上升。五年计划开始执行后，印度国内生产总值（GDP）的成长率就保持在每年7%以上。随着经济条件的提升，印度民间市场开始注重自身安全的保护，从最基本的保安业来看，在印度境内已有超过5000家保安公司，超过100万的保安从业员。

近年来，印度遭受多次恐怖攻击，使得政府及民间对于安全的需求大增。根据英国贸易投资总署在2011年的评估报告中指出，印度安防市场年增长率超过30%，预计2014年印度电子安防产业的市场总值将超过44亿美元。一方面随着安防技术的不断进步，新型产品和服务层出不穷，不但更加有效、可靠和更加便利，价格也更加低廉；另一方面，国内犯罪率上升，治安形势恶化，这些都刺激消费者积极采取措施，以确保人身和财务安全。跟西方发达国家相比，印度的安防仍有很长的一段路要走。其中电子类安防产品仍是以进口为主。主要安防类产品包括5大类：入侵报警系统，对讲系统，视频监控系统，出入口控制系统和其他。

市场规模和增长率是一个新兴市场的发展和可持续发展的重要指标。2007年印度的安防市场总额为2.56亿美元。从2007～2011年，该市场的年均增长额为31%。2011年市场总额为7.34亿美元，且主要是以视频监控和门禁类产品为主。主要是因为住宅区的快速兴建导致对这两类产品的大量需求。零售市场的扩张也导致了视频监控类产品的大量需求。

二、印度安防协会简介

印度安防协会成立于1977年2月，该协会并不涉及宗教和政治。印度安防协会的宗旨和目标是：

（一）促进安防技术的开发与研究

（二）推广在安防及研究领域的知识培训和教育

（三）鼓励安防行业提供高质量的服务和标准的设备并鼓励研究并促进机械，电子及其他设备的贸易

（四）坚持高度的实事，诚信和正直的态度，为客户提供高效的，真诚的安防和研究方面的服务

（五）促进同行之间的团结，友谊和合作

三、印度安防市场评估

2011年市场份额大约为7.34亿美元，视频监控类产品占了其中的55%。伴随着视频监控产品如此大的占有率，印度的安防组织（政府的和非政府的）都将增加预算以保证视频监控类市场达到预期的45%的增长。

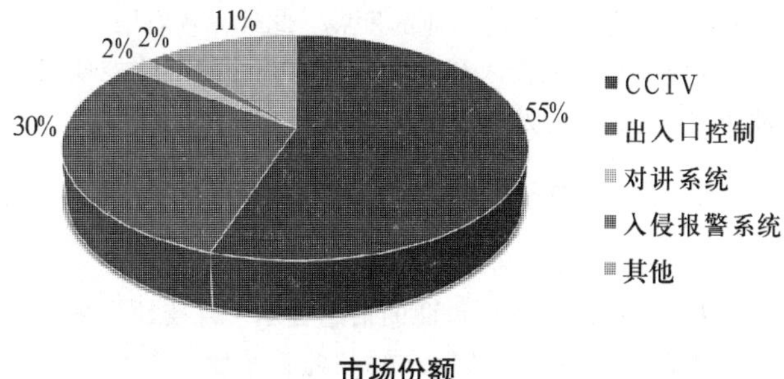

市场份额

出入口控制占大约30%的市场份额。虽然出入口控制是非常有吸引力的，但因为成本因素的限制，只有大型组织才会安装比较完善的出入口控制系统。虽然如此，但仍能保证每年30%的增长率。

与世界上其他国家不同的是，入侵报警类产品并没有在印度找到一个好的市场定位，大概是由人们于缺乏对此类产品的认识。大多数的产品都用于纯住宅，而且这部分地区都是小区式生活，传统的联合家庭，公共公寓和独立

公寓都设计并使用的是复合门，导致很多住户认为安装入侵报警系统根本没有必要，致使其市场增长缓慢，所以入侵报警类产品在印度的需求量不大。此外，入侵报警类产品在印度不被接受的另外一个理由是由于其特殊的周边环境造成的极高的误报率。

对讲系统中的音频和视频功能都是很常见和常用的，主要用于公寓大楼。即便如此，在印度的公寓加装这套装置也是不可能实现的，除非是公寓建初始就安装了该系统。尽管是这些不利因素，但是对讲系统还是占了 2% 的市场份额，预期每年有 30% 的增长率。

其他的设备，如金属探测器，X 光行李扫描仪等大约占市场 11% 的份额，最常见的金属探测器都是由政府机构和半政府机构配备使用的。这些设备用来加强火车站，地铁站和公共汽车站等交通线路的安全，其市场份额依然能够保持每年 30% 的增长。

产品分类	比例	市场规模（美金/亿）	市场规模（卢比/亿）	年增长率（%）
视频监控（商业及工业摄像机，相机外壳，显示器，DVR/NVRS）	55%	4.04	201.21	45
出入口控制系统（控制器，读卡器，安全锁，磁卡，）	30%	2.20	109.57	30
入侵报警系统（周界报警，建筑物报警，探测器，电子围栏等）	2%	0.15	7.47	20
对讲系统（音频，视频对讲器）	2%	0.15	7.47	30
其他（金属探测器，X 射线等）	11%	0.8.	39.84	30
总计	100	7.34	365.56	26

四、印度安防行业增长动力

经济的自由化和稳定的发展，已经成为了促进印度安防行业发展的最大因素。与 80 年代 250% 的进口关税相比，如今 35% 的增长率也已经成为印度安防市场发展的一大动力。

2008 年年底的孟买恐怖袭击事件激发了印度社会各界对安全防范的强烈需求，政府特别建立了国家调查局显示其对国家安全的高度重视和打击犯罪的决心。这是带动印度安防市场迅猛发展的又一大动力。

快速增长的行业，如电信、港口、机场、航空、铁路、公路、能源、建筑和零售业，加上跨国公司的涌入，也在很大程度上有助于安防行业的发展。此外，政府增加拨款，现代化警察装备的投入和遍及所有地铁的城市监控项目也带动了安防市场的发展。

五、印度 2012 年安防市场展望

（一）科技预算的不断增加

来自终端用户和渠道商的信息显示，科技预算呈稳定上升趋势。终端用户预期在视频监控系统上的预算增加 3%，在出入口控制系统和系统集成上增加 2% 的预算。入侵检测系统也将适度增加预算。同时，科技经费的增加对于设备制造商和工程商也是一个鼓舞，但是相对于 2011 年预算有所下降，所以 2012 年也必将是艰辛的一年。

各种迹象表明视频监控，出入口控制和系统集成商的预算将都会增加，这也是渠道商比较乐观的看法。渠道商的观点是终端用户将在视频监控系统上增加 8% 的预算，在出入口控制体统和系统集成上也将有稳定，健康的增长。

渠道商在 2011 年的创收也使得他们对 2012 年的前景持乐观态度。他们预期 2012 年印度工业收入将增加 4%，其中经销商将增加 6% 的收入，系统集成商将增加 5% 的收入，2012 年将会有非常好的前景。

（二）过渡到 IP 视频监控系统的步伐加速

经调查，无论是渠道商还是终端用户都对过渡到网络视频监控的步伐加速持乐观、积极的态度。图 2 显示 71% 的渠道商都相信向网络视频监控系统的过渡速度会超越 2011 年。安全顾问，工程和经销商对系统集成都有着强烈的期待。终端用户也预测网络视频监控系统技术在复合系统的使用中将处于优先的地位（40% 的终端用户都使用结合了 IP 和模拟技术的摄像机）。调查显示 12% 的被调查者在未来的 12 个月中都将会采用安装，使用网络/IP 视频监控系统的方案。挑战仍然存在，47% 的终端用户报告指出其他的优先事项使得他们在现有系统的基础上加入网络/IP 视频功能将会比较困难。由于缺乏与 IT 部门的正式合作，没有明确的商业案例参考和及集成商的建议，这都会使其遇到障碍。

在未来的 2 年内 IP 视频监控的需求将会持续增加，市场将会保持平稳和平衡。模拟摄像机在大型组织中的使用将会下降到最低点，公司组织也将因此节省 50% 的开销。

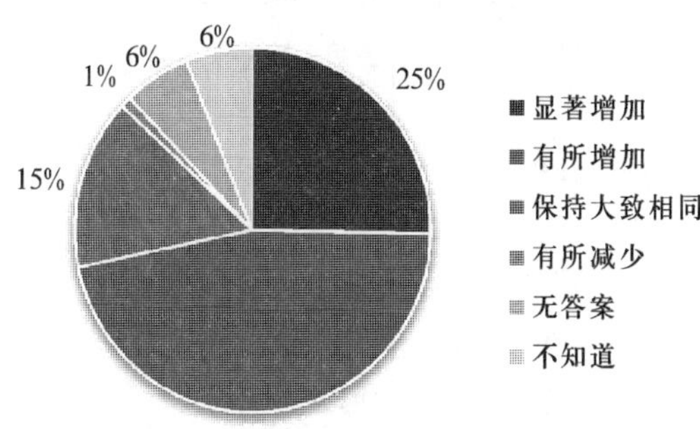

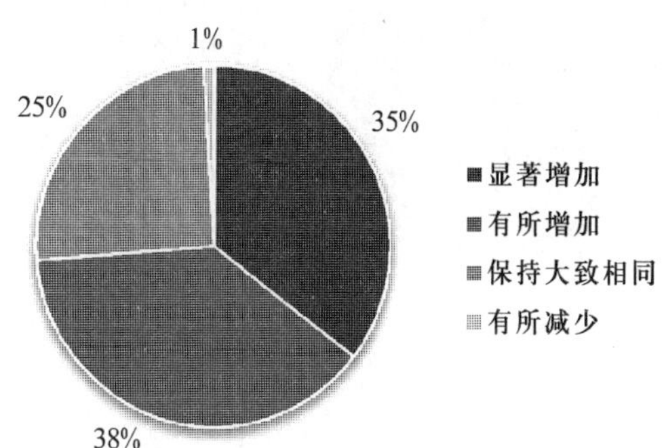

向 IP 过渡的速度

（三）行业融合

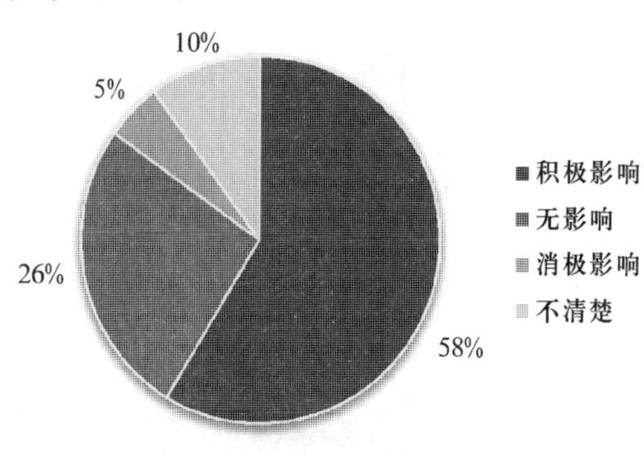

IP 过渡速度

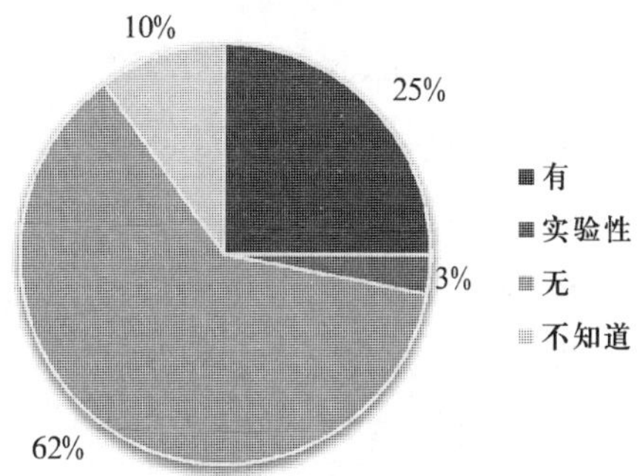

终端用户使用安防技术和系统的目的

（除了安防方面）

行业的融合仍然是各大组织讨论的关键。由于在安防行业将有许多新的竞争者，所以新供应链不断增加和安防技术的应用越来越多。然而新成员的加入，特别那些来自IT行业的技术和集成方面的行业专家不应被视为一个威胁，甚至安防组织需要拥抱这个变化，并为新的变化做规划。实事上很多渠道商相信安防和IT行业的融合对他们的生意有着积极的影响。

供应链首先是推动并通过培训计划使得他们的现有客户群达到一个合适的水平，这是一个最常见的措施，以解决与IT技术上的差距。系统集成商已经与IT集成商合作，这也将是大势所趋。另一方面也可以从IT行业引进人才，不过这项花费就比较巨大了。

凭借来自IT行业的新员工作为正式培训计划的一部分，这将使得安防组织能从他们的投资中获得更高的回报。

行业融合的速度预测起来比较困难，但是被调查组提供了比较常见、有力的见解。64%的视频监控系统和62%的出入口访问系统将被结合到一个指挥和控制中心，有17%受访者将会在未来2年内使用这套系统。显然这些数据是比较高的，不能代表整个客户群，但是行业融合的基本的方向是不变的。

使用安全技术应用于其他应用方面的趋势也更加强烈。25%的受访者会将安防技术用于其他的方面，3%的受访者将实验性的用于其他方面。全球安防供应商将开始关注客户的不仅仅限于安防方面的问题和质疑。例如，考勤管理、健康与安全、入住率监测、资产跟踪、操作流程等。

（四）出入口访问和融合

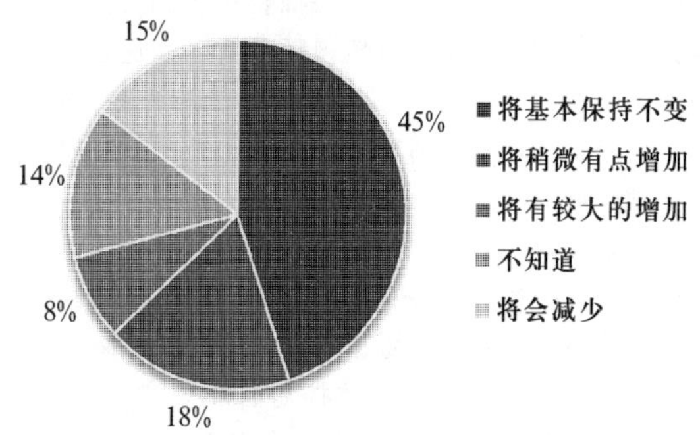

2010－2011 年间出入口访问预算的变动

出入口访问预算在2010～2012年增加了26%。57%的终端用户将会在未来的12个月内增加对读卡器的使用，另

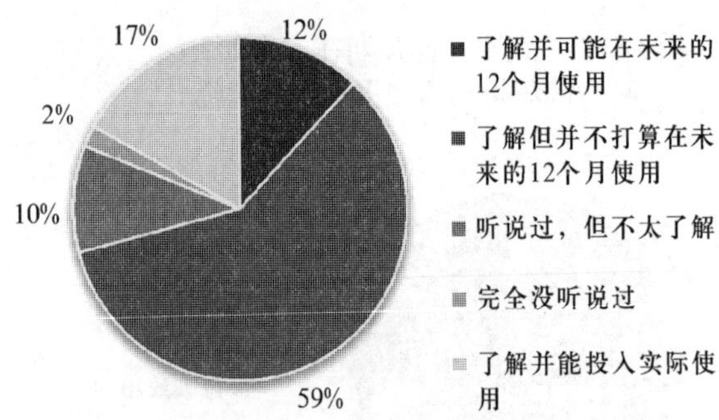

生物识别技术：认知和未来的使用

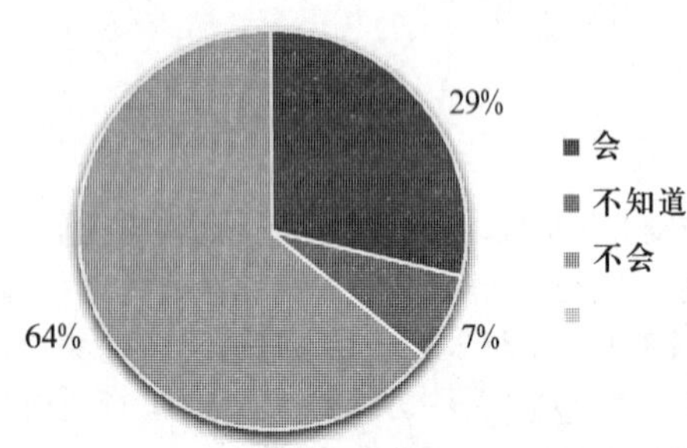

终端用户有兴趣将出入口控制技术用于时间和考勤

外17%的用户可能在未来的12个月内增加读卡器的使用。

在未来的12个月内，有17%的人了解并投入使用生物识别技术，12%的人了解并打算使用。生物识别技术是目前终端用户最常用的技术，并且96%的受访者都知道并熟悉这项技术。除了指纹识别，其他比较常见的是虹膜识别、手部识别、脸部识别、声音识别和签名识别等。

最显著的安全技术应用于非安全相关方面的就是出入口访问，时间和考勤。35%的受访者目前都在使用出入口控制系统来记录时间和考勤。剩余的65%的受访者中29%的人对使用出入口控制系统来记录时间和考勤非常感兴趣。

（五）视频分析

增加视频监控开支和多种摄像机技术的应用，都将推动视频应用分析的使用。虽然视频分析已经通过了初步的挑战（误报，成本较高等），但26%的受访者正在使用视频分析，另有25%的受访者声称有可能会在未来的12个月内使用视频分析。

基于服务器的分析仍然是首选的技术。56%的受访者表明要在基于服务器的分析上增加预算，相对的其他35%的人将会选用混合分析，剩下15%的人将会使用边缘分析。

视频分析也能分析视频监控对于非安全方面的应用，包括3大类：生命安全、商业智能和交通管理。

在一个多选题中运动探测的得分最高的问题是"什么是视频设备分析应用"，74%的用户都会选择这个问题。非安全相关方面应用得分最高的题是号牌自动识别，40%的受访者认为这将适用于安防，公路安全，治安和交通拥挤收费等方面。

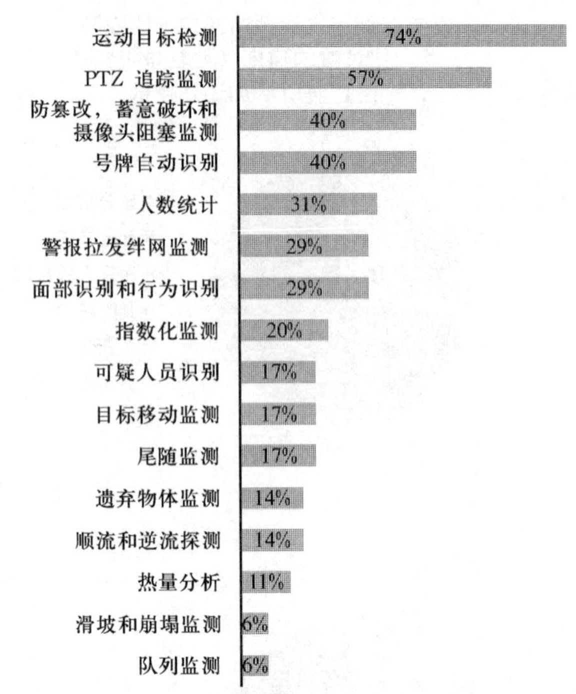

终端用户的视频应用分析应用

（六）人工守卫

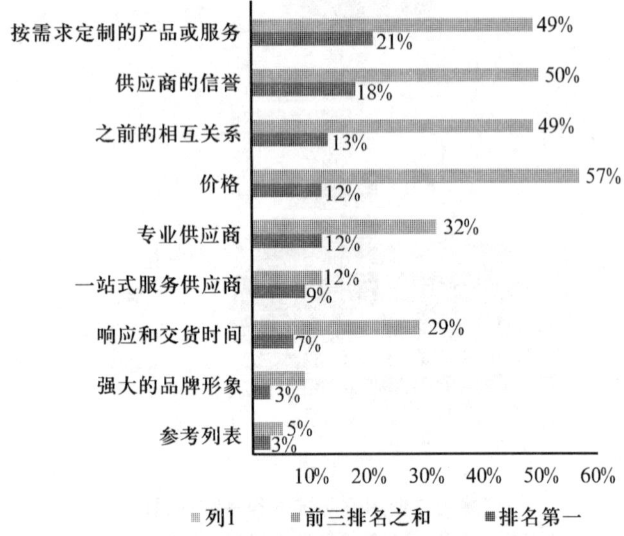

终端用户最重要的招标标准

人工守卫行业在减少预算的压力下，随着技术的发展发挥着更加重要的作用。人工守卫一直是一个巨大的行业，服务供应商将继续扩大供给。

据调查52%的终端用户都使用外包人工守卫，有30%的是由内部工作人员担当人工守卫。通常情况下比较大的组织机构都使用外包人工守卫。

人工守卫是一个非常有竞争力的行业，往往成本花费会成为竞争的重点。在图中可以看出，在排行最前的3个因素中，成本是排首位的。不过组织机构可以提供更有针对性的产品和服务，有着良好的声誉和之前就与终端用户保持的良好关系，和对自己准确的商业定位。品牌形象这个影响因素并不大，除非是有着非常良好的信誉和优质的服务。

（七）投资回报率和决策

投资回报率对于安防行业是一个非常重要的考虑因素，尤其是CEO/CFO和各部门决定对新技术进行投资时。这就需要这个组织机构努力去证明这项开支为什么花费大，显然尖端技术是绝对值得去投资的，所以组织机构推销他们的投资回报率时，他们应该去了解客户是如何考虑和决定的。

减少风险和威胁是客户选择最多的选项，占了比重的81%。风险和威胁的因素将改变零售行业的区域并影响零售业，而这些因素则完全不影响运输业。提高运营效率和提高遵守操作规程占的比重也很高。一个简单的减少保安和技术投资之间预算的估算，在证明新的开支上排第4位，有40%的受访者选择此项。

有29%的受访者表示在其他方面的应用中使用安全技术，当然这也取决于调查的对象是谁。组织机构内一个独立的安全部门是不会考虑视频监控在其他方面的应用，他们只关心安全解决方案。

证明使用视频监控的回报率可以从多种用途和横跨整个客户组织的利益需求等方面考虑。在调查中没有迹象表明，在开支问题上有比来自CEO和CFO（或其他部门）的更多的决策力和更大的影响力，虽然这主要集中在中小型组织和自主权的大型跨国公司。53%的受访者表示CEO起着一定的作用，在决策过程中他可以选择技术和供应商而无视距离的因素。是否能够赢得更广泛的拥护，包括CEO和CFO的，这也是组织机构向客户证明其完整投资回报率的一个重要考虑因素。

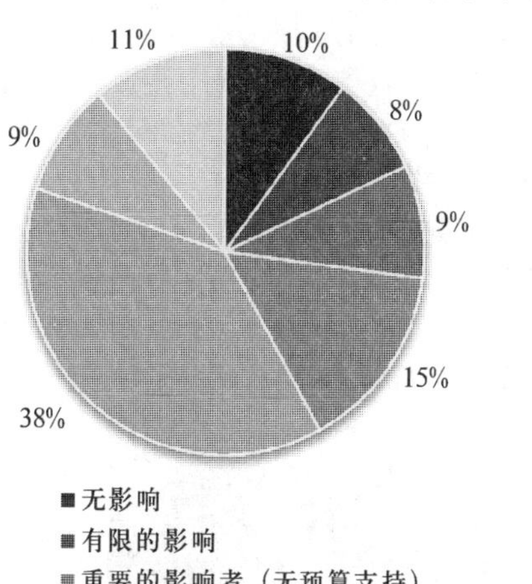

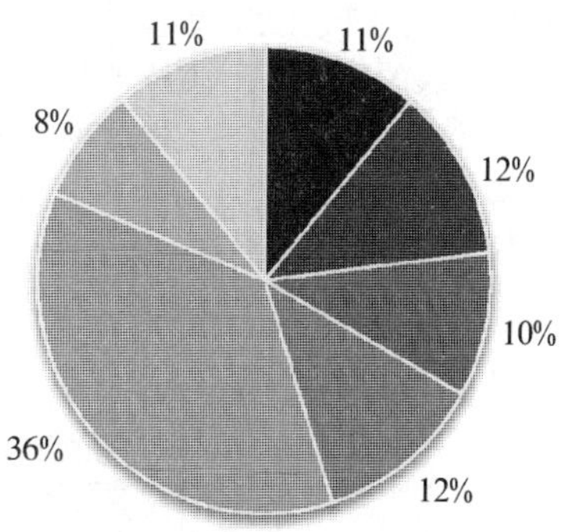

CEO和CFO的决策作用

俄罗斯2011年安防行业发展概况

一、俄罗斯安防市场背景

俄罗斯安防行业起步较晚，与中国的情况大致相似。20世纪90年代，苏联解体后俄罗斯一直疏于内部的基本安全设施建设，隐患重重，导致了大规模安全事件的不断发生，给民众的生活带来了很大的伤害。逐渐地，上至联邦政府，下到普通民众开始对社会的安全问题有了更多的关注，安全意识日趋提高。最初，俄罗斯安防市场的主要用户来自金融和商业系统，由于当时国内并无很强的研发和生产能力，只有少部分工程商，产品主要从欧美等发达国家进口。俄罗斯经济的快速发展，对安防产品的需求也快速增长。2000年以后，安防用户群体从金融系统扩大到企事业单位特别是能源生产企业。众所周知，俄罗斯是世界性能源大国，石油、天然气、煤等资源的探明量均居世界前列，从事该类能源开发和深加工的业务量也占了俄罗斯工业制造的很大比例。因此，众多能源生产企业对安防产品的需求逐渐凸显并成为俄罗斯安防市场的消费主力军。随之出现了大量的安防产品分销商和工程商，但生产商依然为数不多，大量产品依然从国外进口，所不同的是进口渠道发生了很大的变化，中国、韩国等亚洲国家的安防企业逐渐成为了俄罗斯安防市场的主要供应商。

2008～2010 年，全球金融危机对俄罗斯的经济影响非常大，主要表现于各行业国际间贸易额的减少和产品需求的减弱，对基础产品和标准产品的进口量大幅度减少，安防产品的进口也受到了很大的限制。2010～2011 年间，由于国际石油价格的稳定增长，俄罗斯经济逐步从全球金融危机中恢复，到 2011 年底已经达到并超过了 2006～2007 年间的最高水平，经济发展进入了全面复苏阶段。各类产品的进口量逐渐上升，而且更值得关注的是不少国外高科技企业开始在俄罗斯投资建厂，安防企业也抓住这一契机，将新技术、新产品引入俄罗斯。

但俄罗斯国内时有发生的安全问题以及在 2010 年夏天覆盖莫斯科周边 17 个地区共计 15 万公顷的火灾都说明了俄罗斯安防设施建设依然相对落后，安防市场还有很大的发展空间，尤其在经济繁荣、工业发达、地处交通要道的莫斯科和圣彼得堡地区更需要有安防设施来保证社会的有序发展。从 2010 年开始，俄罗斯安防市场营业额每年以 20%～25% 的速度增长，发展速度最快的领域包括 CCTV 监控系统、火灾报警和处置设备、城市反恐应急系统、爆炸物探测及处置设备、出入口控制和楼宇对讲系统等，这一切都使得俄罗斯的安防市场成为了当今世界上发展最迅速的市场之一。

到 2010 年末，俄罗斯安防市场总规模达到 61.8 亿美金，以下为 2008～2010 年末相关数据：

（单位：亿美金）

研究项目	2008	2009	2010
市场总规模	57.5	56.5	61.8
安防服务	42	40	42
安防设备	14	16.5	19.8
本国生产	2.1	3.3	6
出口	1.4	2.5	4
进口	14.8	15.7	17.8

俄罗斯安防市场主要分为两个部分，安全设备市场和安全探测服务市场，各自占有的份额基本接近国际市场水平，安全设备市场占 30%，安全探测服务市场 70%。根据俄罗斯联邦政府颁布的法案“On Private Detective and Security Services”规定，国外公司可以直接接触俄罗斯安全设备市场内的业务，但对于俄罗斯的安全探测服务市场，是禁止直接参与的，必须与本土公司合作或合资参与相关服务项目。

在俄罗斯国内，安防设备和服务遍及全国各地，终端用户主要来源于政府机构、银行、保安公司、石油天然气行业、电力行业和通信行业，从购买力上看，俄罗斯政府机构依然是安防产品和服务的最大购买者，2010 年和 2011 年两年政府采购额超过 4.3 亿和 4.9 亿美金，约占国内总需求额的三分之一，主要用于俄罗斯联邦地区和各州基础设施项目的扩建和完善，成为了俄罗斯安防设备和服务的最大需求者。其次是各大行业的领军企业，包括石油天然气巨头、交通运输公司、各大房地产商、电力通信企业、金融机构、银行、学校等，均为俄罗斯安防市场市场的发展注入了强大的源动力。

二、俄罗斯安防市场现状

摆脱了全球性金融危机的影响，2011 年俄罗斯安防市场迎来了较快的发展，年均增长比例达到 18% 以上，但随着本国经济的快速复苏和各类潜在威胁、大型犯罪、恐怖活动的不断出现，俄民众的安全意识日趋增强，未来安防市场的发展依然具有极大发展潜力，市场刚性需求明显。

2011 年，俄罗斯国内零售业贸易发展空前繁荣，大型配置了自助服务设备的购物中心不断涌现，同时在地产建筑行业不断涌现的智能建筑为安防市场的扩大创造了有利因素。同时，各类恐怖活动和大规模有组织犯罪活动日益猖獗，严重影响了俄民众的日常生活，为政府带来了很大的压力，因此俄政府下决心要改善社会治安环境，借助于科学手段预防和打击各类犯罪活动，有力地推动了俄安防行业的发展。

俄罗斯安防协会（RASI）行业专家将俄罗斯安全设备市场分为了五个部分，分别为防盗和火灾报警系统、视频监控系统（CCTV）、出入口控制系统（ACS）、灭火设备和周界安全系统，具体比例分布如下表：

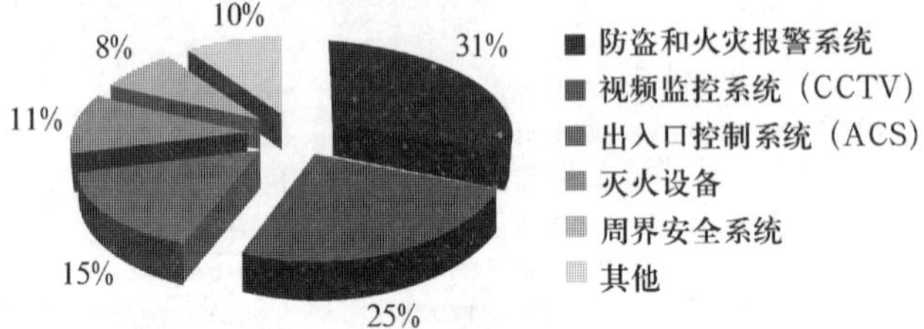

根据上图可以看出，在俄罗斯安防设备市场占有份额最大的是防盗和火灾报警产品，借助于房地产市场的高速发展而得以壮大，年平均增长率达到 10%，部分稀缺类产品主要靠进口，国际供应商比例占到 15%。排名第二的是视频监控系统（CCTV），年增长率同样达到 10%，所不同的是绝大部分视频监控产品和相关元器件主要靠国外进口，国际供应商比例占到 90% 以上，未来的 3～5 年内俄罗斯视频监控市场将由 IP 类产品占主导，逐步替代模拟类产品。其次为出入口控制设备（ACS），在 2011 年该类产品的需求量增长很慢，尤其是对高端出入口控制类产品的需求基本上处于停滞状态，增长率不超过 5%。第四为周界安防系统，主要源于俄罗斯本土企业的供应，比例占到 90% 以上，2011 年增长幅度不是很大，基本保持在 5% 左右。除此之外，俄罗斯安防市场也涵盖了其他几个类别的产品，包括信息安全产品、防盗防窃产品、人体防护装备和环境安全产品等等，在 2011 年都有了一定发展，但幅度都不是很高。

俄罗斯 Oppenheimer&Co 公司研究显示，2011 年，俄罗斯安防市场的新格局已经出现，各类中小型安防企业不断涌现，新型的高科技智能产品逐渐取代了以往的非智能产品，政府鼓励高科技企业勇于创新，勇于开发新的产品，并投入巨资开展大规模基础设施的改造和建设，进而对各类新型安防产品实施政府采购，与安防企业合理推动安防市场的发展，下图为 2010 ~ 2011 年间俄罗斯安防产品需求的基本分布情况：

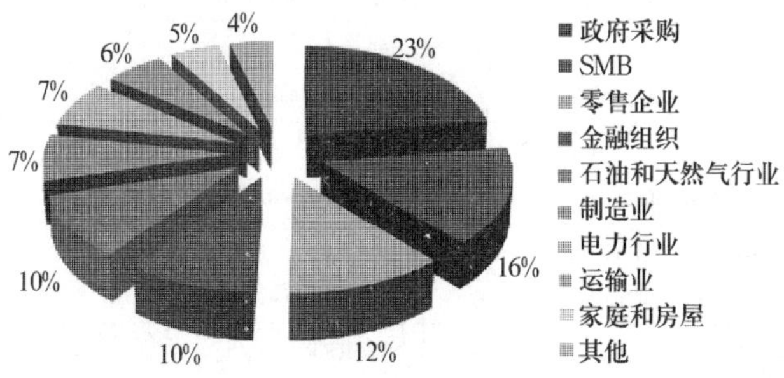

通过上图可以发现，政府采购作为俄罗斯安防市场需求的重要组成部分，是俄罗斯安防类产品和服务的最大购买商，在推动整个俄罗斯安防市场的发展起到了至关重要的作用。根据俄罗斯安防协会年度数据统计，2009 年，俄罗斯政府的安防产品和服务购买量达到 35.5 亿美金，2010 年和 2012 年购买量均超过了 50 亿美金以上，主要用于各类恐怖、犯罪活动的防止和大型基础设施的建设。通常，俄罗斯各级政府的安防产品采购信息发布和实施都是通过网络实现的，点击官方网站：http：//www.zakupki.gov.ru，我们会发现官方组织和代理公司发布的各类政府采购信息，政府的各类安防项目招标信息和相关法规信息都会在此找到，但该系统目前只支持俄语阅读，未来几年可能同时实现英语阅读。

对于外资企业，很难直接参与政府采购项目，必须在当地成立办事处或通过与当地的系统集成商或代理商合作间接参与。通常，所选的合作商必须要与当地的“司法部门”或“应急事件应对办公室”具有良好的关系，而且在参与政府采购项目上具有丰富的经验，这样，外资公司才有机会进入俄政府的采购项目中。

除此之外，地产公司、各大银行、零售店、能源企业（石油和天然气）等实体机构同样作为安防产品的购买商和终端用户，他们的购买力也不容忽视，总需求量占俄整个安防市场的 50% 以上。在上文的俄罗斯安防市场背景中已经提到，俄安防企业主要为分销商和系统集成商，同时还包括少量产品制造商、解决方案供应商、安防产品零售商和安防设备安装和服务公司，共同组成了俄罗斯安防市场的参与者，基本结构图如下：

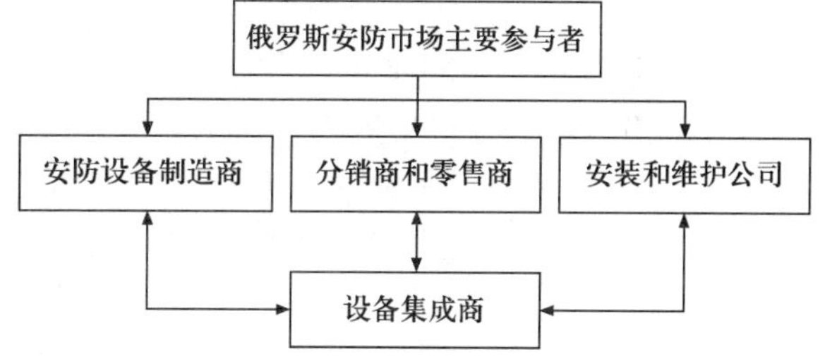

俄罗斯境内有 300 多家公司从事安防产品的销售和服务，但由于区域消费水平和安防产品需求量的不同，至少超过 55% 的安防公司和用户集中分布在莫斯科和圣彼得堡境内，其他地区合起来仅占 45%，具体分布情况如下图：

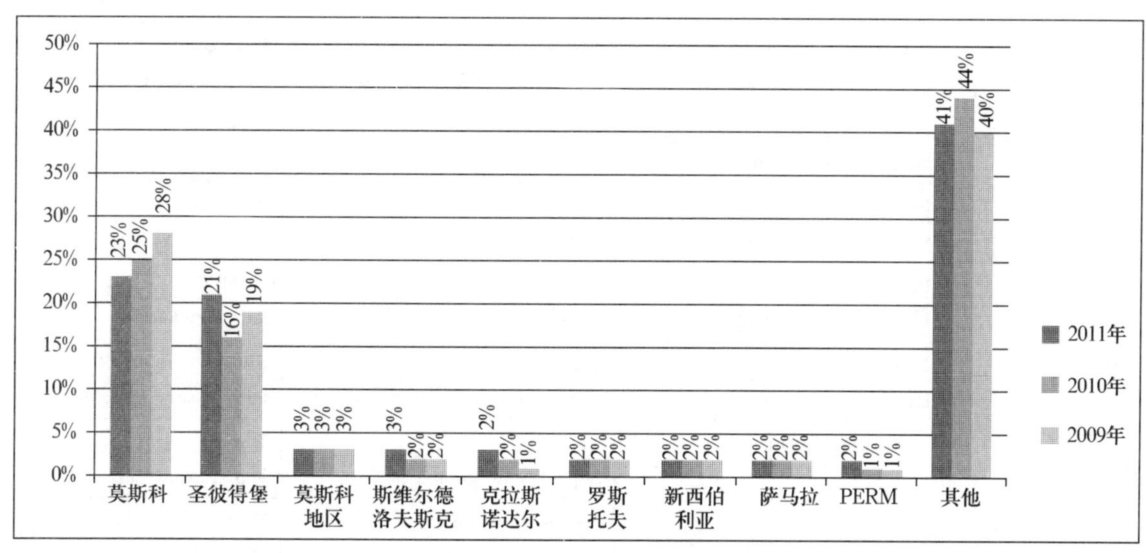

为了便于我们国内有意向进入俄罗斯市场的企业准确寻求到俄当地比较有实力的合作商，现将这 300 多家安防企业内具备较强实力的公司列出，供我们国内企业参考，详情见下表：

企业类型 \ 产品类别	消防和安防报警类	视频监控类	出入口控制类
制造商和分销商	Argus Spectrum http：//www. argus – spectr. ru	Armo Systems www. armo. ru	Armo Systems www. armo. ru
	Armo Systems www. armo. ru	Bezopasnost http：//www. bezopasnost. ru	Bezopasnost http：//www. bezopasnost. ru
	Bezopasnost http：//www. bezopasnost. ru	Bolid http：//www. bolid. ru	Bolid http：//www. bolid. ru
	Bolid http：//www. bolid. ru	Dean http：//www. dean. ru	Dean http：//dean. ru
	Dean http：//www. dean. ru	Integrator http：//www. integr. ru	Integrator http：//www. integr. ru
	Integrator http：//www. integr. ru	Luis Plus http：//www. luis. ru	Luis Plus http：//www. luis. ru
	Luis Plus http：//www. luis. ru	NIKIRET http：//nikiret. ru	NIKIRET http：//nikiret. ru
	NIKIRET http：//nikiret. ru	Sibirsky Arsenal www. arsenal – sib. ru	Satro – Paladin www. satro. ru
	Sibirsky Arsenal www. arsenal – sib. ru	Formula Bezopasnosti www. fbgroup. ru	Soling http：//www. soling. ru
	Tinko http：//www. tinko. ru	EVS http：//www. evs. ru	Sibirsky Arsenal www. arsenal – sib. ru
	Formula Bezopasnosti www. fbgroup. ru		Tinko http：//www. tinko. ru
			Formula Bezopasnosti www. fbgroup. ru
			Eleron http：//www. eleron. ru
系统提供商 系统集成商	Bezopasnost http：//www. bezopasnost. ru	Bezopasnost http：//www. bezopasnost. ru	Bezopasnost http：//www. bezopasnost. ru
	Dean http：//www. dean. ru	Dean http：//www. dean. ru	Dean http：//dean. ru
	Integrator http：//www. integr. ru	Integrator http：//www. integr. ru	Integrator http：//www. integr. ru
	Radian http：//www. radiansb. ru	ISS http：//www. iss. ru	NIKIRET http：//nikiret. ru
	Rossi http：//www. rossisec. ru	Radian http：//www. radiansb. ru	Soling http：//www. soling. ru
	Formula Bezopasnosti www. fbgroup. ru	Rossi http：//www. rossisec. ru	Tinko http：//www. tinko. ru
		Formula Bezopasnosti www. fbgroup. ru	Eleron http：//www. eleron. ru
		EVS http：//www. evs. ru	Escort Center http：//www. escort – center. ru

俄罗斯各安防企业所从事的业务活动也不尽相同，基本业务活动分为四类，包括产品设计和安装、产品销售、元器件生产和销售以及其他，所占比例如下表：

所从事业务类型	所占公司比例（%）
产品设计和安装	84
产品销售	45
元器件生产和销售	17
其他	1

三、俄罗斯安防市场为外资企业带来商机

对于外资安防企业来讲，如果有兴趣进入俄罗斯市场，面临的风险并不是很大，但需要较大的投资和足够的耐心，同时制定长远的战略规划。目前，外资企业和产品在俄罗斯市场碰到的最大难题是俄罗斯国内严格的安防立法和市场准入制度，为企业的初期投资带来了一定的风险。为了规避此类风险，在进入俄罗斯市场之前，有必要对该市场做详细的市场调查，根据各自公司规模大小、产品特性、参与项目情况和当地用户情况，尽可能多地收集俄罗斯相关立法机构的要求和限制，然后制定相应的市场战略。同时，在当地寻求合适的合作商，一般选择俄罗斯本土较强的系统集成商和分销商，签订互助合作协议让我们的产品和市场展览更加符合俄罗斯当地市场，实现本土化经营，因为事实证明孤军奋战很难在俄罗斯找到立足之地。

同时，选择适合俄罗斯本土需求的产品也是至关重要的，不仅要求产品设计独特，而且需要有较强的竞争力。一般来说，在产品的选择上尽量避免俄罗斯本土做的很强的产品，而更多地关注当地稀缺且需求强烈的安防类产品。根据俄罗斯安防协会2011年年度报告的数据显示，俄罗斯各州和最受欢迎的产品类别有视频监控和控制系统、信息安全产品、环境保护设备、集成控制系统、出入口控制系统、通关安全检测装置等。

外资安防企业若计划进入俄罗斯市场，需要做好以下准备工作：

（1）取得当地营业许可证；

（2）高性价比的产品；

（3）了解俄罗斯本土的业务流程；

（4）在当地提供售前和售后服务；

（5）参与当地专业的安防展会；

（6）合理的价格；

（7）实力较强的合作商（系统集成商和进口商）；

（8）积极开展多类市场营销活动。

下图为2011年各类进口安防产品在俄罗斯安防市场上所占份额和增长情况：

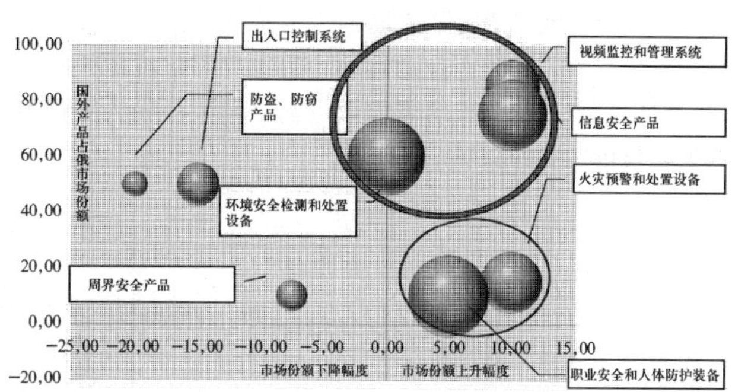

外资安防企业若要进入俄罗斯市场，一般情况下都要遵循以下流程：

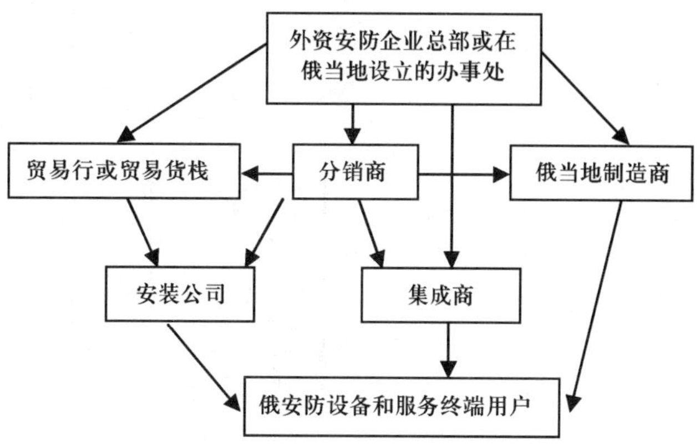

了解了通过何种渠道进入俄罗斯安防市场之后，各外资企业还有必要了解俄罗斯安防市场终端用户的基本构成情况，做到有的放矢，下图为近年来俄罗斯安防市场终端用户群的基本构成图：

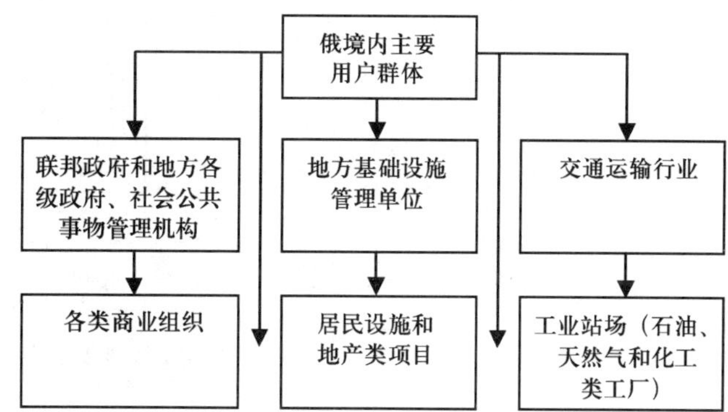

四、未来发展趋势及展望

2008~2009年间，由于受到全球金融危机和国家经济衰退的影响，俄罗斯安防市场的发展一度处于停滞和负增长状态，降幅约2%。到了2011年，随着经济的全面复苏和国内各行业购买力的不断上升，安防市场经历了较快速地发展，增长比例达到10%左右。据俄罗斯安防协会的年度报告数据显示，2011年之后的2~3年之间，俄政府的安

防产品采购额将大幅上升，购买力将占到总需求量的三分之一，成为了俄罗斯安防市场的主要消费者。同时其他行业，包括石油天然气、交通运输、房地产等领域的快速发展，对安防产品和服务的需求量也随之增大，成为了俄罗斯安防市场发展的又一大驱动力。

同时，由于俄罗斯安防市场依然处于年轻阶段，发展过程中存在固有缺陷依然在短期内很难消除，而且外围大环境的多变也会给安防市场带来不小的调整，在面对广阔发展机遇的同时，挑战也不容忽视，以下为未来的两年内，俄罗斯安防市场发展的 SWOT 分析表：

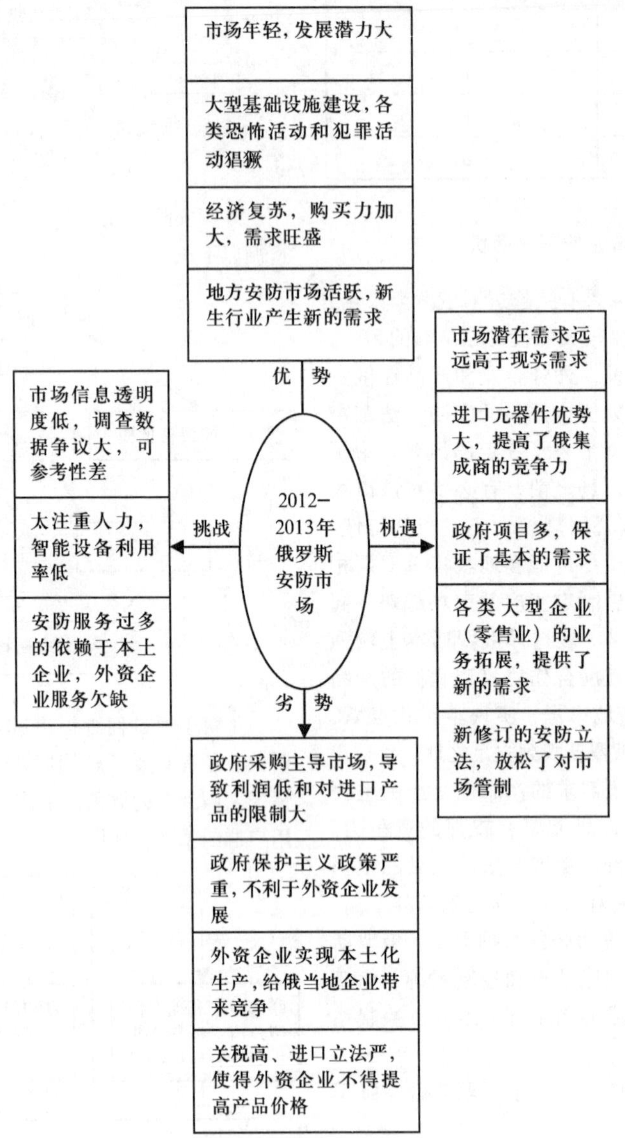

2012～2013 年俄罗斯安防市场 SWOT 分析图

未来两年内，对于外资企业来说，俄安防市场机遇与挑战同时存在，优势凸显，劣势呈现，如何克服挑战，把握机遇将是各企业着重考虑的问题。

越南 2011 年安防行业发展概况

一、越南安防市场发展情况

越南安防市场是东盟国家中最有活力的市场之一，2011 年越南 GDP 同比提高 7.5%。近年来，越南经济发展迅速，国内的酒店，写字楼，民航，大型商场，住宅小区等建设都进入高速发展阶段。快速稳定增长的经济，促进了越南国内消费能力的不断提高。随着人们生活质量的改善，大家对安全保护意识日益的增强，相关的社会公共安全产品，器材和装备需求量与日俱增，国家在这方面也给予了更多支持与投入。

越南安防市场包括保安市场和安防设备市场。博世安防系统亚太区企业市场营销经理 Daniel Lim 表示，2007 年越南安防市场约 9000 万美金，其中安防设备市场占约 40%，这市场在过去的 2 年中增加了 7 倍并且在今后还会继续有所增加。其涉及的安防设备包括：监控摄像头，消防报警系统，金属探测器，行李检查机，可视门铃，卫星定位系统等。

2003 年，越南政府颁布实行《越南消防法》，规定在运营的或在建设中的商场、超市、宾馆、楼宇、商品住宅区、娱乐场所、加油站、仓库、车站、工厂、工业区等人流量比较密集的地区，必须安装合格标准的消防安防设备，否则不得投入使用。据相关机构统计，最近几年越南全国每年用于购买各类社会公共安全产品，器材和装备的投入达到 5 亿美元以上，市场潜力巨大。

然而越南社会公共安全产品器材装备行业发展基础薄弱，越南本国的研究生产能力很低，国内生产消防和公共安全设备器材能力的企业还很少，所以大部分产品依赖于进口，尤其是电子类产品，这造成越南国内市场需求和本国供给服务有一定的矛盾。在这样的情况下，快速增长的越南安防市场正受到商家越来越多的关注和重视。目前世界著名安防企业几乎都在越南设有经销商，如松下、霍尼韦尔、三星、安讯士、索尼、博世等。越南目前大约有 300 家安防公司经销商、系统集成商、设备安装商，约 500 家安全护卫服务公司。目前越南正在实施一大批重要的基础建设项目，这些项目为越南安防市场提供了巨大的商机。

（一）机场、航空、海港项目

目前越南的河内机场、金兰机场、大叻机场、海防机场的建设需要进行改造，同时国内还要增设 4 个国际机场，28 个国内机场，开放面向更多国家的直航航线。近来，越南购买了 12 架波音客机（B787，B788 - 8），10 架空客 A350 - 900，20 架空客 321 - 200，20 架三菱新一代支线喷气式飞机 MRJ，价值 6.44 亿美元。此外，越南还要扩大和开放 10 个新海港。

（二）油气项目

目前越南的油气田项目年增长率为 25% ~ 37%，当前正在建设的油气田项目主要包括：Dung quat 炼油厂、清化（Cailan Thanh）炼油厂、PhumY 炼油厂、Camau 炼油厂、Black Tiger 炼油厂等。

（三）电力项目

越南计划投入 190 亿美元建造 37 个水力发电项目，其中目前正在建设的 Sonla 水电项目价值为 25 亿美元，功率为 2400MW；NamduKiengiang 项目价值为 77 亿美元，功率为 4400MW。此外，越南还将建造两个核能发电项目，价值为 60 亿美元，功率为 4000MW。

（四）交通项目

越南河内道路建设价值达到 45 亿美元，铁路建设为 1.49 亿美元；目前河内至 HCM 的铁路项目价值 310 亿美元：Govap 至 Khanhhoi 地铁项目总长 145 公里，价值 14 亿美元。此外，还有许多其他区域的交通建设项目。

（五）工业区建设项目

目前，越南的工业区项目有 Thanglong 一新加坡工业园区、Hoalac 高科技园区、软件园区 QuangTrunq。此外，世界著名企业纷纷在越南设立自己的加工工厂，如英特尔、松下、三星、佳能、索尼、LG、福特、丰田、梅塞德斯等，所以越南境内还有许多工业区正在建设之中。

（六）建筑工程项目

越南首都河内预计规模要扩大三倍，其中包括很多建设项目，比如价值 60 亿美元的 Songcalo 六星级区域项目，价值 50 亿美元的 Langvan 建设项目，价值 10 亿美元的 Damac 项目等。此外，越南国内目前还有许多类似的建设项目正在实施当中。

（七）促进越南安防发展的其他因素

除了以上提到的基础项目推动安防产品需求之外，打击和预防犯罪、反恐等工作都需要大量的安防产品。此外，国内的警察项目、军事项目、通信技术发展、实施电子政务项目等，都将极大地推动越南安防市场的快速成长。而越南目前的监控中心服务非常少，这些建设缺口对安防的需求是显而易见的。

二、越南安防市场投资情况

越南强力的国内市场需求和外商投资，驱使安防市场的增长由原先的 50% 增至 200%。越南每年至少要投入 30 亿美元用于各种公共安全设备。主要的采购产品包括：IP 摄像机、HD CCTV、DVR/NVR、软件应用平台、红外摄像机、高速球摄像机、对讲机、入侵报警设备、IP 设备、无线传输设备、和智能楼宇集成系统。

工业市场	石油化学工业	越南石油将投资62亿美元在宜山建立石油加工厂； 台塑集团将在越南石化园区投资1500万美金
	钢铁工业	越南钢铁巨头将计划投资10亿美元； 台塑集团将在顿昂经济开发区增加投资至230亿美元
	工业园区	住友林业（日本）将在富安盛工业园区投资1亿美元；MDF VRG DongWha（越南和韩国合资）公司将在富安盛工业园区投资1.25亿美元
基础设施市场	运输业	连接越南南北的高速铁路将投资558亿美元 胡志明市将新建6条地铁线
	发电厂	未来15年将投资新建70座热电厂
	公众设施	胡志明市将投资1.1亿美元建立地下停车场； 在越南各城市将投资兴建632个城市项目
	政府部门	政府将在胡志明市和芹苴市投资城市交通监控系统项目； 胡志明市和芹苴市将建立急救中心；胡志明市和越南南北省份将建立新机场； 对越南的港口和造船厂的安全设备的投资
文娱市场	设施	富士康将投资2亿美元在越南建立手机厂； 胡志明市的目标是成为东南亚地区的工业，服务，科研和科技的枢纽； 江原大世界有限公司（韩国）计划投资60亿美元在槟城大半岛兴建90层的双子塔
	旅馆	国际酒店集团，例如温莎国际酒店集团将在胡志明市建设30层的办公楼

三、越南有关的安防展会

（一）越南河内国际安防技术设备展览会

越南河内国际安防技术设备展览会是越南规格最高、规模最大、最具影响力的国际安防工业盛会。该展会由越南工贸部、越南计划投资部、越南公安部技术总局、越南公安部消防总局主办，每年举办一次，展出面积约3.2万平方米，参展商近千家，展商及观众包括来自中国、俄罗斯、美国、德国、中东、日本、韩国、印度、土耳其、新加坡、泰国、印度尼西亚、中国香港、中国台湾等十几个国家和地区的众多钢铁、冶金、金属加工及市场采购商、供应商和专业观众。

2011年越南河内国际安防技术设备展览会于2011年4月14日至17日在越南河内讲武国际会展中心举行，该展会展览范围主要包括安防设备器材、消防设备器材以及应急救援装备等产品。

（二）中国安防技术产品越南买家采购会

2002年11月中国—东盟自由贸易区计划正式启动，2006年11月7日越南正式加入世界贸易组织WTO，由此给中国和越南企业带来了无限的新商机。越南作为东盟成员国之一，是中国产品进入东盟5亿人口消费市场的最佳跳板和最便捷通道。近几年来，越中两国之间的经济贸易合作关系有了很大的发展，2007年越中贸易额突破150亿美元，现中国已成为越南第一大贸易伙伴。

越南社会公共安全产品器材装备行业发展基础非常薄弱，大部分产品依赖进口。出于国际和国内的安全形势考虑，越南公安系统加强了安全防范和防暴的投入，逐年加大政府采购预算，加上普通居民的需求，越南每年全国投资约5亿美元用于购买各类社会公共安全产品、器材和装备。

中国企业为了更好地为越南提供服务，组织了专门针对越南商家的安防技术设备采购会。2011年8月24日至26日在越南胡志明市举办了第二届中国安防技术设备越南买家采购会，约40家中国企业及80个代表参加了此次展会，越南参会企业达120家。受邀参加的越南方面人员包括：承建商/承包商、防火主管、保安顾问、警察防暴部门主管、银行家/珠宝商、政府执法人员、生产商、工程师/建筑师、地产发展商等，中越双方总参会代表人数逾200人。

越方采购中国技术及机械设备产品范围包括：

1. 社会公共安防设备器材及产品

这类器材主要包括：监视监控防范系统、安全报警器材、防雷产品、防爆安全检查器材、人体安全防护设备、警察教学训练设备及系统、车辆防盗防劫报警系统、公共广播系统、计算机网络安全系统及产品、警用防护装备、智能交通产品及交通设施、车场定位监控系统、超市管理设备、出入口控制系统、办公及系统管理设备、道路交通安全管理系统、刑事技术与器材、防盗门锁、楼宇智能和社区安全防范系统、安全与警用通信和网络信息技术用设备、防伪技术与产品、其他社会公共安全产品。

2. 消防与防灾抢救设备器材及产品

消防与防灾抢救设备产品包括：防灾、紧急应变、抢救/搜救设备、救灾器材、救灾车辆、破坏器材、搜救器材、侦测器材、分析仪器/软件、探测报警设备、自动灭火设备器材及产品、排烟设备、泡沫设备、抢险设备、救援设备、消防水泵、耐火材料、防火涂料、阻燃剂、应急灯具及蓄发光材料、防护用具、消防服（消防战斗服）、消防水带、消防阀、消防车辆、消防通信、消防安全标志、防火门、防火卷帘门及相关产品等。

3. 工业安防设备产品

工业安全用品主要包括：送排风机、安全带、缓降设备、防护衣、工业安全鞋、防护口罩、面罩、空气呼吸器等。

四、越南安防市场相关法规

走向国外是中国安防企业发展的大趋势，对于想进入越南安防市场发展的企业，需要作详细的调研，比如了解越南的国情民情，了解安防市场的发展阶段、特点，了解用户的具体需求等。此外，企业可以按照越南目前的《外国在越南投资法》规定，为越南提供安全设备及相关服务，如设备维护、修理等。越南进口的某些安全设备，如果用于警务活动的必须经过越南公安部批准。进口的安全设备征收0%～40%的关税，决定关税的因素包括：来源国家、设备类型、进口到越南的方式等。

目前，越南正在加大基础设施投入，比如河内和胡志明市的电车体系、高速公路、港口、航空、银行、智能楼宇贸易中心等，这些基础建设需要大量安全防护设备和防火消防设备，越南市场发展潜力很大。据相关数据统计显示，越南安防和消防设备市场增长快速，2009 年增长超过 30%，尤其是到 2010 年，监控显示设备销售收入达到 1 亿美元。未来，随着国家经济的继续发展，越南的安防需求将会继续增多。从世界经济的发展情况我们知道，东南亚地区是最具活力的商业区域之一，而越南是东南亚地区极有开发潜力的国家，所以有志于海外发展的企业可以多关注这一市场的发展。

南非 2011 年安防市场发展概况

一、南非安防市场发展飞速

南非是世界上犯罪率最高的国家之一，直接决定了南非安防市场也是世界上最大的安防市场之一。截至 2011 年，南非安防从业人员数量超过 40 万。根据南非安防协会 2011 年行业统计报告数据显示，南非国内每年的安防类产品总销售量达到 30 亿南非兰特，主要包括出入口控制系统、视频监控系统、入侵探测报警系统和消防类产品等四大类产品。其他比较重要的安防类产品还包括商场出入口感应装置、周界安防、汽车安全及信息安全等。主要覆盖商业、工业和服务业等领域，年产值约超过 60 亿美金。全国范围内已注册从业人员超过 30000 个，已注册安防公司约 4500 家，安防行业年产值在国民总收入中占的比例不容忽视，呈现日趋上升的趋势。

行业发展初期，南非安防市场主要以产品的进口为主，大部分公司为进口贸易商和集成商，缺少产品制造商。随着近年来市场的不断发展和壮大，南非安防企业越来越重视自主产品的开发和应用，部分产品进口商开始创建自组品牌，主要业务由最初的单纯进口转化为进出口双向业务，而且出口业务呈上升趋势。目前，南非自主且出口量较大的产品主要有防暴装置、电子围栏、金属围栏、无线电传输系统、路障装置、电子门禁系统、人体防护产品、报警控制软件、保险柜、防弹门和防弹玻璃等。

2010 年 6 月 11 日至 7 月 11 日，南非成功举办了世界杯，不仅让全世界重新认识了南非，而且为南非本国的安防建设提供了空前的发展机遇。在世界杯举办之前，政府下大力气投入人力、物力、财力进行社会治安、犯罪活动等整治，新引进了一系列新型的技术和设备，尤其在城市基础设施安全保障、突发事件应急处理、交通智能化和比赛场馆等公共区域的安保措施等方面，均取得了一定成效。

但世界杯过后，南非犯罪率明显出现反弹，且呈现上升态势，严重影响了南非旅游、贸易等行业的发展。因此，由政府主导打击犯罪活动力度依然没有减弱，政府、企业、酒店等在安防领域投入逐年增加，安防产品市场广阔。尤其在南非加入“金砖国家”组织以后，南非和中国在安防领域的合作更加密切。就中国来说，非洲地区越来越被中国安防厂商关注和接受。相对于欧美市场，亚洲、南美洲、非洲等市场同属于安防产品的新兴市场，对安防产品的需求量较大。就产品的价格需求水平来说，中国产品比欧美产品更具竞争的优势，中国安防厂商在南非有很好的发展空间。

二、南非安防产品构成

南非安防市场规模不是很大，但所涉及的产品类别齐全，基本上涵盖了 9 大类安防产品，详细分类如下：

序号	产品类别	细　分
1	视频监控类产品（占整体安防市场的42%的份额）	各类摄像机（球机、枪机、自动云台机、黑白、彩色、模拟机和数字高清等）、摄像机附件、DVR、DVR板卡、监视器、控制器、线缆、矩阵等
2	出入口控制类产品	智能卡、门控制器、电子标签、停车场管理系统、三辊闸等
3	报警及探测系统	各类报警主板和报警器、火灾探测器、烟雾探测器、远红外探测器、玻璃破碎探测器、感应器、报警服务站等
4	通讯装置	对讲设备、无线电传输、警用通讯装置、信号跟踪装置等
5	人体防护类产品	头盔、防刺背心、盾牌、防弹衣、手套、安全制服等
6	周界安防产品	电子围栏、栅栏、路障、振动光缆报警系统等
7	楼宇对讲系统	可视/非可视对讲系统、控制面板，键盘、各类附件等
8	防爆安检类产品	爆炸物探测器、X光机、防爆罐、手持爆炸物探测器、排爆机器人和其他类安检设备
9	实体安防类产品	各类防盗门、防盗锁、保险柜等

三、相关行业机构和组织

（一）南非安防行业立法管理局（PSIRA）

由南非政府直接管理直属安防行业管理机构，主要负责安防行业内相关立法及规范的起草和制定、相关企业和从业人员的认证、行业市场活动的监督等工作，属于南非安防行业内最高管理机构。

联系方式：

地　　址：Eco Glades 2 offices, Block B, 420 Witch - Hazel Avenue Highveld Ext 70, Centurion Private Bag X817, Pretoria, 001

电　　话：012 337 5500

传　　真：086 242 7180

电子邮箱：info@ psira. co. za

网　　址：www. psira. co. za

联 系 人：Thula Bopela

职　　务：局长

（二）南非安防协会（SASA）

该协会成立于1964年，迄今已有47年的发展历史，向南非境内所有安防企业和个人开放，会员类别分为金牌会员、附属会员、个人会员和荣誉会员等。协会宗旨为促进行业市场发展、为会员单位提供高品质的服务和支持，维护社会稳定和持续发展。

1. 协会使命

（1）与各会员单位共谋发展，确保会员单位向社会提供高品质的安防产品和服务；

（2）保护安防从业人员合法权益，提升安防从业人员职业水平，促进安防从业人员全方位发展。

2. 主要职责

（1）为安防会员单位和相关客户提供沟通桥梁；

（2）促进内外交流与合作；

（3）向会员企业提供最大支持；

（4）打击安防行业内部的违规操作行为。

联系方式：

联 系 人：Jenny Reid

职　　务：总裁

电　　话：+27 31 764 6681

传　　真：+27 31 764 6765

电子邮箱：info@ sasecurity. co. za

网　　址：www. sasecurity. co. za

地　　址：P. O. BOX 414, KLOOF, 3640. South Africa.

（三）南非安防从业人员联盟（SANSEA）

该协会成立于1982年，主要代表了南非安保行业从业人员的利益，涵盖了静态及动态安保和现金、贵重物品押运等领域。过去的几年中，SANSEA的主要工作集中在了安保行业标准的制定和管理、从业人员的培训和各类大型活动的安保策略研究等，取得了良好的成果。

1. 主要工作

（1）为安保从业人员和公司颁发执照；

（2）安防职业培训；

（3）制定从业人员法令；

（4）与各地方警察局和行业组织（商会、协会和贸促会等）联络和合作。

2. 工作目标

（1）争做南非安保行业从业人员的守护神；

（2）维护行业形象和利益；

（3）建立和维护稳定的会员体制，确保安保行业的可持续发展；

（4）促进行业内从业人员职业价值的实现；

（5）协助会员在薪资待遇和工作环境的谈判中取得优势；

（6）推动行业立法和法规的改革；

（7）帮助会员解决与雇佣单位的冲突和矛盾。

联系方式：

联 系 人：Galen Bantjes

职　　务：办公室经理

电　　话：011 498 7468

传　　真：086 0570 8837

电子邮箱：info@ sansea. co. za

网　　址：www. sansea. co. za

地　　址：P. O. Box 62436，Marshalltown，2107，South Africa

（四）南非电子安防分销商协会（ESDA）

由南非境内各电子安防类设备进口商和分销商组成，主要服务对象为安防产品分销商、批发商、零售商、贸易商和服务商，为他们提供各类公开性招投标信息和产品采购信息，并提供相关业务类咨询服务，旨在帮助企业进行形象推广和产品销售。

联系方式：

电　　话：Tel 011 021 7636

电子邮箱：webmaster@ security. co. za

网　　址：www. security. co. za

地　　址：P O Box 7002，Cresta，Johannesburg，South Africa，2118

（五）南非入侵探测服务协会（SAIDSA）

由监控报警和警情处置公司组成的民间性组织，为会员单位制定统一的实施标准和产品、服务规范，确保各会员单位提供的监控报警类产品和警情处置服务可以满足客户的需求，降低被诉讼的风险。

联系方式：

电　　话：+27（0）11 845 -4870

传　　真：+27（0）11 845 -4850

地　　址：146 Newlands Avenue，Western Extension，Benoni

电子邮箱：saidsa@ mweb. co. za

网　　址：www. saidsa. co. za

（六）南非安防教育和培训管理局（SASSETA）

由“南非警务、安全、立法和司法教育培训管理局（POSLEC）”and“南非外交、情报、国防和贸易教育培训管理（DIDTETA）”共同组成，旨在为安防行业内各类从业人员提供一体化教育和培训，促进职业技能的发展。

协会定位：

做南非安防领域职业技能发展和培训领头人。

历史使命：

打造“活到老，学到老”的文化理念，为从业人员的职业技能培训和发展提供良好平台，在行业内得到更高的认可。

价值体现：

（1）干一行，爱一行，专注于我们所从事的工作；

（2）有良好的责任感；

（3）团队力强，员工间配合度高；

（4）职业规范化，全心全意为会员负责，提供优质服务；

（5）与会员沟通良好；

（6）思路开阔，创新性强。

联系方式：

电　　话：27（0）11 347 0200

传　　真：27（0）11 805 6630

电子邮箱：callcentre@ sasseta. org. za

网　　址：www. sasseta. org. za

地　　址：3rd Level Gallagher House，Richards Drive，Gallagher Estate，Midrand，1685

除了以上提到的各协会，南非境内还包括其他一些专业性的行业组织，包括南非企业安全协会（VESA）、南非安防工程师协会（ASESA）和消防协会（FPASA）等，为南非境内的安防企业和从业人员提供了良好的服务和支持，有力地促进了本国安防行业的快速发展。

四、南非安防展会

展会全称：南非约翰内斯堡国际安全科技专业展览会（IFSEC South Africa 2011）

时间：2011 年 9 月 6 日至 8 日

地点：约翰内斯堡桑顿会议中心

简介：

南非约翰内斯堡国际安全科技专业展览会是业界公认地非洲南部地区唯一最大、最专业的综合性安全科技展会。IFSEC South Africa 前身为南非安全展 SECUREX，首创于 1994 年，每年一届。2009 年，世界著名的展览公司 UBM Information Ltd 宣布收购 SECUREX，与 SECUREX 原主办方展开全方位合作，凭借其近 40 年成功组展 IFSEC 的经验以及全球媒体的热烈宣传，使 IFSEC South Africa 2010 空前的成功，再次证明了 UBM 的实力与效应。2012 年将是第 18 届，该展参展产品种类丰富、涵盖面广，是非洲地区安防产业的标志性展会，并已成为企业进军非洲安防市场的重要商业平台。

2011 年 300 多家参展商参展，8000 多名专业客商与会参观洽谈，包括：Elvey、ADI Global、AXIS、Norbain、Geo-Vision、HID GLOBAL 等国际型企业，同时，由于非洲安防产业对进口依存度极高，欧美、日韩知名品牌，如 Bosch、HID、Panasonic、Sanyo 及 GE 等大厂已着手布局，进一步扩大非洲市场份额。中国内地共有 50 多家企业统一展示中国形象，展出面积达 600 多平方米，展出内容主要为监控摄像机、监控镜头、门禁系统、数字硬盘刻录机等安防产品，其中视频监控、门禁和防盗报警需求较大。一些参展企业表示愿意继续参加下届展览会，他们认为南非乃至非洲安防产品市场潜力巨大，参加该展有利于进一步开拓市场。

主要展品：

（1）商业安全类：CCTV 及监视系统、可视对讲、电视监控、防盗报警、身份识别、认证系统，金融系统保安防范产品；

（2）防火及拯救类：测试仪器、建筑防雷，头盔、劳保鞋、特种防护衣，建筑防火系统设备、火灾预警及消防监控、通信系统，消防照明设备，自动喷水灭火系统，救护车，呼吸器，紧急预警、逃生标志，报警装置，通风设备等；

（3）国土安全及警用类：警用指挥、防弹衣、警用车、警用巡逻营救艇，警用有线、无线通讯设备，警用紧急救护/抢险/生命探测设备，防爆产品，楼宇智能、大楼大厦管理自动化系统。

下届展会：

2012 年南非约翰内斯堡国际安全科技专业展览会（IF-SEC South Africa 2012）

时　　间：2012 年 6 月 19 日至 21 日

地　　点：南非约翰内斯堡桑顿会议中心

联 系 人：Neema Patel

职　　务：国际销售经理

电　　话：+44 (0) 20 7921 8614

电子邮箱：neema. patel@ ubm. com

网　　址：www. ifsecsa. com

法国 2011 年安防行业发展概况

一、法国安防行业概况

法国全称为法兰西第五共和国，国土呈六边形，面积为 55 万平方公里，是欧洲领土面积最大的国家之一。

法国是世界第五大经济体系，2011 年法国 GDP 为 2.9 万亿美元。法国是美国十大贸易伙伴之一，是美国在欧洲的仅次于德国的第二大贸易国。据世界发展指标数据库统计，法国 6260 万人口的人均收入为 46620 美元。在 2010 年，法国遭受金融危机的重创，当年 GDP 年增长率下跌了 2.2%。法国现在已从 2010 年的 11.5% 的贸易下跌中慢慢复苏，2011 法国经济稳步上升，但经济增长仍然未达到金融危机之前的水平，法国央行总裁诺亚预计未来的 5 ~ 10 年内将法国将完全从金融危机中复苏。法国在安防行业的投资也将随着经济的增长而增长。

安全和安防部门涉及到法国 22 个不同的领域，大致可分为以下 8 个区域：反恐、电子防盗、监控、守卫、实体安防、健康和安全产品、消防安全和现金运输。2010 年市场总价值为 19.7 亿欧元（最新官方数据），跌幅为 1.3%，超过 2009 年。2011 年法国安防市场同样增长乏力。

二、法国安防市场概述

2010 年法国 22 个安防领域中，有 9 个实现了正增长。那些增长率最好的行业依次为：视频监控增长了 16.8%，反恐装备增长了 8.8%，安防专业教育和培训增加了 7.3%，家庭监控增加了 6.6%，资讯和工程增加了 6.1%。而防盗窃报警、个人防护装备、工业安全设备这几个领域呈现出两位数的下降，其他的领域则呈现涨跌互现的局面。

安防行业的发展是与法国经济的发展紧密相连，不过这并不怎么牢靠。在过去的几年中，法国在安全基础设备中投入巨资，已经赶上了其他的欧洲邻国。不过近年来这部分支出开始放缓，尤其是在监控和防入侵设备这 2 个方

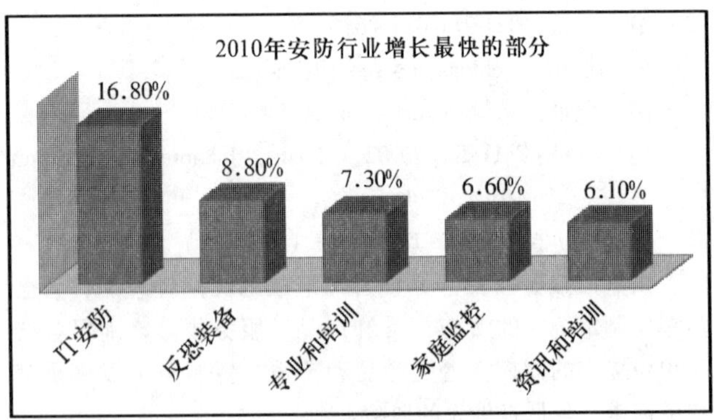

2010 年安防行业增长最快的部分

面。行业研究数据表明，过去几年法国同样遭受到自亚洲同行业企业的低价竞争，而致使一些领域增长缓慢。此外，全球金融危机同样对法国安防行业造成负面影响。

法国的安全和安防市场被划分为 2 个完全不同的部分，一少部分的发展相对健康，一大部分的发展情况不太理想。由于部分公司正在遭受失败或已经失败，所以各地在 2011 年出现了不少并购和收购，最明显的是视频监控和住宅安全领域的公司。此时，大量这些安防巨头的诞生和他们的雄厚的资产已经深深地影响了整个市场，这也将一些小型公司拒之门外。

受金融危机影响，尽管政府在缩减开支，但安防市场的增长却依然强劲。国土安全设备的需求预计在未来几年将维持在 8% ~ 10% 左右。2011 年安全网络仍然保持着 16.8% 的年增长率，据相关调查数据显示，家庭监控、安全工程和咨询，以及报警服务等也在不断增长。安防专业培训在 2010 年继续保持着活力，达到了 7.3% 的增长率，但其预计其未来的前景不是太明朗。

2010 年年底，国外集团公司至少控制了 35% 的法国私人安防市场，2010 年这一比例是 40%。尽管有所下降，但

这些大型跨国公司在法国的安防市场仍然比较活跃，事实上，从安防市场情况来看197亿欧元的利润都是来自这些大型企业。EDAS公司处于首位，带来9.17亿欧元的利润，其他Morpho，Sperian Protection，Securitas France，and UTC Fire & Security France公司位列前五。

私人安防领域对这些大企业仍然是有着比较大的吸引力，许多子行业成为这些大公司兼并和收购的对象。举个例子，霍尼韦尔公司最近收购的斯博瑞安公司的防护工作服这个子部门，Stanley公司与法国ADT公司进行了合并，Vinci收购了Cegelec，Securitas公司现在被Ferssa公司控股。由于这些大型的收购和合并，目前这些公司在安防市场存在多个部门。例如，法国Securitas公司涉及培训、保安服务、移动安全、机场安全、工作场所和住宅视频监控；Morpho公司涉及反恐、出入口控制、火灾防护等。受大型安防公司兼并重组的影响，小型安防公司开始重新调整战略部署，专门从事特定安防产品的销售。

从中长期看，住宅市场将是安防供应商又一个难得的机遇。与其他欧盟国家相比，法国家庭安防设备远远落后于别的国家；在法国，只有不到10%的家庭安装有视频监控或报警系统。同时家庭基本防护设备，如防入侵报警，火灾报警器或灭火器也都有很大的市场空间等待经销商发掘。

其他主要终端用户机构包括巴黎机场管理局，以及各种部门如内务部、国防部和交通基础设施部门，例如，国家铁路局，这些部门主要负责巴黎地区室郊铁路和地铁线路。且这些终端用户几乎都采用招标的方式。

在港口方面，法国港口每年处理超过3.8亿吨的货物。欧洲最繁忙的港口其中有5个都在法国。马赛是法国和地中海最重要的港口，2011年该港口接收了0.86亿吨货物。勒阿弗尔是法国第一、欧洲第五的集装箱港口，2011年集装箱运输量为0.7亿吨。敦刻尔克刚刚签署了一项与上海的合作伙伴合同，预计一年也能接收0.7亿吨的货物。圣纳泽尔表现强力，年处理量为0.31亿吨，波多尔为0.085亿吨。法国主要港口与欧洲其他港口有着非常重要的联系。阿弗尔和马赛两个港口已经被指定为安全集装箱港口。法国海关，已经具备并配备货物检查所需的设备。

在法国有数以百计的代理商和分销商活跃于安防市场，由于价格方面的压力，他们正在寻求价格低廉的产品。价格是一个决定性因素，尤其是对于高价的创新产品和精良产品或系统。

法国安防市场非常分散，竞争也比较激烈，跟当地的合作伙伴或通过当地销售处而发展合作关系是非常重要的。比方说与政府部门合作或参加公开招标，就体现出当地合作伙伴和销售处的重要性，毕竟政府部门是最重要的终端用户。

随着国土安全越来越受到重视，为安防行业带来了很大的发展前景。集成设备包括：摄像机，生物识别和电子围栏等这些设备可以与特制的软件进行联网，可以对庞大的个人信息数据库进行管理。法国安防行业的巨头企业包括EADS，Thales，Morpho，Gemalto或Canberra（Areva Group）等。

未来法国家庭安全监控市场将迎来很大的发展空间，越来愈多的老年人将会成为这项服务的潜在客户。另外为了保证接警响应时间在20分钟内，厂家还生产出带有触发式释放系统的手镯，项链和手表来帮助那些自己不能够呼叫救援的老人。随着人们平均寿命的增加和对养老院依赖的下降。据预测，2011年法国人平均寿命将为85岁，越开越多的老年人选择在家安度晚年。此外，越来越多的老年痴呆和帕金森病的确诊，使得法国对家庭安全监控设备的需求也越来越多。家庭监控能使老年人保持他们的独立性，使得他们的家庭成员更加的放心，这些都将使市场衍生出各式各样的家庭监控设备。由于这个市场未来有着强劲的发展动力，将会有越来越多的企业进入这个市场。

2010年传统电子安防在法国仍保持着16%的增长率，并且在未来几年将可能会有增长的空间。值得注意的是，在16.8%的高增长率下，其中小型企业至只获得了3.8%的利润。随着法国安防行业的收购和并购事件的增加，导致大部分利润都被4家大型集团公司获得，这也迫使了小型竞争对手转向从事特定产品的销售。Safran集团公司下属的Morpho公司，在2010年电子安防这一块增加了55%的收入，也就是4.618亿欧元。其他的3家公司EADS，Bureau Veritas，和IBM Global Services公司的利润要远远落后于Morpho公司。

法国安防行业特别感兴趣的是自动面部识别系统，行为分析视频跟踪系统和智能摄像机。生物识别和RFID技术产生出大量有趣的新产品，例如“多合一”健康保险卡，运输服务和鉴定。但是唯一的缺点是价格昂贵。虽然如此，这也并不能阻止很多公司在这些前沿技术和设备上进行投资。

由于很多公共工程设备项目的增加，视频监控未来几年预计将达到一个新的增长高度。2010年法国的犯罪率罕见的增长了12%，法国总统萨科奇宣誓要打击犯罪，提出了多项措施方案，包括视频监控摄像机要增加3倍，从原来的2万个增加到6万个，这项措施将在法国的75个市同时实施，并在2012年完工。最近政府又同意了一个投资3000万欧元的涉及280个城镇的3500个视频监控摄像机增设工程。当然，这种扩张不仅仅局限于对摄像机的需求，包括安全软件，摄像机配件，安装和维修等。这些都将促使未来视频监控在法国还有很大的市场空间。

三、法国标准化协会简介

法国标准化协会（简称AFNOR）是根据法国民法于1926年成立，由政府承认和资助的全国性标准化机构。1941年5月24日，法国政府颁布法令，确认AFNOR为全国标准化主管机构，并在政府标准化管理机构——标准化专署领导下，按照政府指示，组织和协调全国标准化工作，促进标准实施，代表法国参加国际和区域性标准化机构的活动。AFNOR 是欧洲标准化协会（CEN）与国际标准化协会（ISO）的理事成员，全球认可的最大的第三方认证机构之一，总部设在首都巴黎。

AFNOR 的最高权力机构是理事会，由来自非赢利性团体的 34 名成员组成。理事会主席由 AFNOR 总会长担任。协会的日常工作由总会长及其代表负责处理。理事会下设国际合作、财政、人事等职能部门，以及发展部和技术事务部两大业务部门。发展部负责国际关系、情报、咨询、培训、出版销售，以及对企业提供服务等项工作。技术事务部负责标准的制定修订工作和质量认证及法国国家标准（NF）标志工作。下设冶金、工业工程、运输、环境保护、信息技术等 10 多个业务处。

AFNOR 总会长同时是法国标准化高级委员会（CSN）的主席。该委员会成立于 1984 年 1 月 26 日，是法国标准化的最高咨询和指导机构，隶属政府贸易与工业部。委员会由政府机关、地方自治团体、工农商服务业、工会、消费者组织、标准化局、检验机构、学术界等各方面的 51 名代表组成。秘书处工作由 AFNOR 负责。委员会的职责是根据国家社会经济和国际形势发展的需要，向工业部长提出有关标准化方针政策的建议，并就标准化工作年度计划接受咨询，进行审议。

标准化专署由一名专员和若干名工作人员组成，设在贸易与工业部内。标准化专员是一个具有跨部职能的高级官员，由贸易与工业部长任命。其主要职责是指导标准化工作，批准 AFNOR 组织章程和办事规则，任命总会长；审批法国注册标准（ENR）；对标准化机构的业务活动特别是国际活动进行监督。标准化专员同时又是政府派驻 AFNOR 的全权代表。

第二节　国外安防相关组织简介

国际安防组织
International Security Industry Organization（ISIO）

作为国际性的安防行业贸易组织，ISIO 代表了绝大多数安防企业的利益，并作为全球著名安防活动和展会的官方合作商，长久以来取得了长足的发展，成为了拥有 22 个分支机构的专业化安防行业组织。

组织主要职责是为安防论坛和展会；安防媒体；系统咨询和培训；安全产品制造商；系统集成商、分销商、零售商或安防服务提供商；安全产品安装商；管理人员等各团体、个人或活动提供相关的资信考核和认证。

因此，各业内专家通过入会的方式与组织建立了紧密的联系，并通过参与、主办各类安防论坛、展会和媒体获取最新的安防信息。

会员分为已登记和未登记两种，均来自于对安保有特殊需求的各行各业，包括：港口、法律实施、监狱、学校、赌场、酒店、普通住宅、重要活动、货物安全、军事与国防、石油开采与炼油、工业、边境、城市、铁路与地铁。

无论是未登记会员，还是已登记的，均可以通过组织内部遍及全球的安防专家获得安防信息和支持。

会员定位：安防企业的首席执行官；向 ISIO 认证供应商购货的国际安防买家；安防管理人员；系统集成商、分销商、零售商和控制站工作人员；安防营销经理；安防销售主任；安防顾问；媒体；国际安防制造商；投资商。

同时，ISIO 会员可以通过安防媒体取得额外收获，尤其可以获得各自最感兴趣的行业信息，相关组织有入侵探测组织、运输安全组织、国土安全组织、周界安保和城市安保组织等。

作为 ISIO 的已登记会员，可以在 ISIO 组织内对本身所属团体进行免费宣传，而未登记会员则只能通过订阅服务获得感兴趣的信息。任何一个安防企业都可以申请成为 ISIO 的注册会员，加入全球安防行业网络中，与公司的立场和目标达到一致。

联系方式：
电　　话：+1－702－7999966（美国）
　　　　　+44（0）20－81446329（英国）
网　　址：www. intsi. org
电子邮箱：isio@ intsi. org

国际安防专家协会
The International Professional Security Association (IPSA)

国际安防专家协会位于英国，迄今为止，国际安防专家协会已经走过了50年的风雨历程，逐步壮大为世界上最有威望的安防行业协会，有效保证了国际安防事业的专业化、现代化。

作为举世公认的专业化行业组织，为国际安防行业和相关商务活动提供了至高无上的服务，不分国界地将最高级别的安防技术标准运用在世界的各个角落。

协会的核心机构分布在14个不同的国家和区域，是一个由所有会员单位管理并提供资金来源的独立行业组织，不含任何的贸易、政治或信仰倾向的内容。

会员单位包括：

全职服务于安防行业的个人；将要加入安防行业的个人，例如，警察官员、武装部队成员、学生等；各相关安保组织，出入口监控设施生产商；从事安防设备生产或供应的企业；安防知识培训公司；安防咨询公司库；拥有安防专家的相关组织等。

同时，协会允许就职于从事工业或商业安全服务的公司，或为工业或商业安全服务公司提供服务和材料的其他任意团体加入到国际安防专家协会中，共同促进全球安防行业的发展。

协会也为从事工业或商业安全服务公司的管理人员和员工提供安防知识、技能培训，提供整体人员的业务素质。

联系方式：

协会地址：Northumberland House 11, The Pavement Popes Lane Ealing London W5 4NG England

电子邮箱：post@ ipsamail. org. uk

电　　话：+44 (0) 2088327417

传　　真：+44 (0) 2088327418

网　　址：www. ipsa. org. uk

实体安防协同联盟
Physical Security Interoperability Alliance (PSIA)

实体安防协同联盟是一个全球性的联盟，拥有超过65个实体安防制造商和系统集成商，侧重于促进整个安全行业的各个领域的IP功能的安全设备的协同性。参与公司包括爱锐康特、亚萨合莱、思科、通用电气智能科技、Genetec、海康威视、霍尼韦尔、IBM、IQinVision、凯斯特、三月网络、Milestone Systems、NICE Systems、ObjectVideo、安赛尔、派尔高、SCCG、史丹利、德州仪器、泰科国际、Verint and Vidsys.

联盟成立于2008年2月，且正式成立于2009年3月。PSIA的目标是发展网络相关安全技术的标准。在董事会指定的方针下，PSIA开放标准，促进和发展有关网络安全技术包括视频、访问控制、分析和软件等。

PSIA办法许可证—标准自由和规范，审查严格，对整个行业秉着开放和合作的态度。目前有5个积极的工作组：IP视频、视频分析、记录和目录管理，区域控制和系统。2008年3月组织认可并正式批准1.0 IP媒体设备规格，从最初的发布到现在有超过1500家公司进行了注册。

联系方式：

地　　址：65 Washington Street, Suite 170 Santa Clara, CA 95050

电　　话：+1. 650 - 938 - 6945

传　　真：+1. 408 - 253 - 9938

电子邮箱：info@ psialliance. org

网　　址：www. psialliance. org

联 系 人：David Bunzel 执行董事

信息系统安全协会
Information Systems Security Association (ISSA)

信息系统安全协会（ISSA）是一个非营利性的，专业信息安全的国际组织。ISSA提供了安防教育论坛，出版物和加大会员互动的机会以提高会员的专业知识和技能。

ISSA的首要目标是提高管理措施以确保信息的机密性、安全性、正确性，和信息资源的有效性。ISSA为了促进全球信息安全系统的交流和学习而创建了一个更有利的环境。

ISSA 的成员包括整个安全行业内的各层次的从业人员，例如通信、教育、医疗、制造、金融和政府。

ISSA 将提供以下信息安全服务：

（1）促进和发展会员在信息系统安全和数据处理相关领域的培训与教育；

（2）鼓励会员之间在信息安全技术方面等问题的自由交流；

（3）随时给会员提供安全信息方面的最新动态；

（4）沟通管理和信息系统处理专业人员建立对信息管制的重要性的认识，以确保组织的安全和处理信息资源的利用。

联系方式

地　　址：Information Systems Security Association, Inc. 9220 SW Barbur Blvd #119 – 333 Portland, OR 97219

电　　话：+1 206 388 4584

传　　真：+1 206 299 3366 Ext. 102

电子邮箱：ltrainer@ issa. org

网　　址：www. issa. org

联 系 人：Kevin L. Richards 会长

Bill Danigelis 副会长

欧洲安防行业联合会
European Corporate Security Association（ECSA）

欧洲安防行业联合会（ECSA）成立于 2005 年。ECSA 的董事会是由学院，政府和企业部门的代表组成的。

协会的宗旨是：

一、为会员们提供一个值得信赖的交流平台

（一）互相分享经验和一些常见的问题

1. 信息和培训

2. 网络与合作会员和第三方

3. 保持和促进与有关学术、研究、科学、公共及私人组织和社团的协同作用

（二）促进公私合作

（三）建立和维持一个信息交流和沟通的渠道为了信息的交换和紧急的警告

二、为了促进自由，真诚的讨论和信息的分配，ECSA 在具体的会议及信息处理规则下运作的

ECSA 的会员都是些大公司，EU 和国际组织和机构的主管人员。会员资格是一项强制性的规定只能通过邀请和充分黏附到 ECSA 的精神。

联系方式：

电　　话：+32 26005009

电子邮箱：secretariat@ ecsa – eu. org

网　　址：www. ecsa – eu. org

欧洲安全运输协会
European Security Transport Association（ESTA）

1974 年的荷兰安全会议上，由意大利的 C. Barrabino 博士和德国 W. Thiele 先生倡议，提出了成立欧洲安全运输协会（ESTA）的想法，为协会的成立奠定了基础。最初成立协会的目标是通过编制防爆统一标准为 CIT 设计 “THE” 欧洲汽车。

1975 年 11 月 18 日，欧洲安全运输协会（ESTA）在比利时的布鲁塞尔正式成立，由 7 个成员组成，L. Pottier 先生任理事长。

作为一个非营利性组织，欧洲安全运输协会（ESTA）代表了整个欧洲范围内从事现钞押运和 CIT 业务 90% 的企业利益。同时，该协会还有一个兄弟协会 CoESS，由 136 个会员组成，包括 68 个永久性会员、57 个附属会员、7 个半正式的会员和 2 个合作会员。

联系方式：

电　　话：+32 22302363

传　　真：+32 22306511

电子邮箱：contact@ esta. biz

网　　址：www. esta. biz

亚洲保安专业联合会
Asian Professional Security Association (APSA)

亚洲保安专业联合会是由亚洲多个安防协会组成的联合组织，最初于1994年成立于泰国，总部设在曼谷，接着在印度、菲律宾、新加坡、马来西亚、韩国、中国、中国香港地区以及印度尼西亚设立分会。

会员来自于以上提到的9个国家或地区，是亚洲安防行业最大的联合组织，对亚洲区域的安防行业发展的专业化程度起到了积极的推动作用。经过各分会之间的融洽合作和努力，该联合会在过去的几年里经历了飞速发展并取得了斐然的成绩，已壮大成为了亚洲最具发展潜力的行业性组织。

长久以来，联合会一直致力于将其发展为亚洲区域各安防企业互相交流信息、专业化知识以及相关安防技术的中心，并不断为之努力。同时，为了进一步提供行业的专业化标准和公共认知度，经常在各会员内部进行安防知识培训和教育，促进了整体行业的发展。各分会也不定期地会举办一系列相关的培训计划，例如亚洲保安专业联合会（APSA）年度会议、研讨会、茶话会以及各类参观活动等，加速了专业化程度的发展。联合会还积极地与各地方政府和相关行业组织合作，确保各项行业标准的制定工作是从会员单位的实际需要出发的，并根据不同安防企业会员的不同需求对个别标准做适当修正和澄清，有效地维护了会员的切身利益。

目前，联合会的国际总部设在马来西亚的科伦坡，未来将要实现的核心目标为：

（1）将其发展为世界安防企业的合作和交流平台，促进安防行业长足发展；

（2）加强会员之间交流与合作，创造统一、互信、文明的工作氛围；

（3）致力于各安防企业的信息、专业化知识以及相关安防技术的交流，进一步提高安防行业的专业化程度；

（4）协调会员单位与地方政府关系，确保国际间安防行业和平、互助、稳定发展。

联系方式：

联 系 人：Dato'Hj Mustapa Bin Hj Ali（行政总裁）

电　　话：03 – 5510 0944

传　　真：03 – 5510 0945

电子邮箱：hrahmat@ tm. net. my

info@ apsa – malaysia. com. my

网　　址：www. apsa – malaysia. com

亚洲防伪协会
Asian Anti – Counterfeit Association (AAA)

亚洲防伪协会是简称AAA，是一个亚洲国家创建的国际性的非营利合作组织。

AAA的宗旨是在遵照法律的基础上在各成员国国家和地区范围内开展共同工作，跨国平等合作；在不同成员国之间起着纽带和桥梁的作用；加强国际间的沟通与协调，促进技术水平和管理好每一个防伪协会成员，推动打击伪劣产品，维护知识产权，规范亚洲市场的防伪工作。

联系方式：

地　　址：1101B，Ginza Square，567 Nathan Road，Kowloon，Hong Kong SAR

电　　话：(852) 23806896

传　　真：(852) 23806893

电子邮箱：normanng@ asianaa. com

网　　址：www. asianaa. com

美国安全工业协会
The Security Industry Association (SIA)

美国安全工业协会是一个非营利性的贸易组织，代表了电子和实体防护制造商、指定机构和服务提供商的利益。协会通过提供和实施安防知识培训、行业研究、相关技术标准制定等方式，维护其会员的利益，并作为“全球安防会展”（ISC EXPOs）的独家赞助商，极大推动了历届会议的成功举办，促进美国安防行业的长足发展和专业化实施。

美国安全工业协会成员囊括了从制造到安装的各阶段专业人士，覆盖了经济领域的各个组成部分，包括商业、社会公共机构、住宅、政府等，而且产品和服务范围也不仅仅局限于出入口控制、生物识别、视频监控摄像机和系统、火灾探测和救助、家庭自动化、入侵探测、远程无线监控、个人安全预警系统、移动行业安全防范系统、锁具以及其他专业的安防服务。

一、宗旨和业务

以促进美国安防事业的发展，进一步提高其先进性和专业化程度为宗旨，以维护政府关系、开展安防技术开发与研究、实施安防知识培训与教育、制定相关行业标准为主要业务。

二、维护政府关系

美国安全工业协会的政府关系团队负责向会员单位通报与电子安防行业息息相关的安防政策动态、联邦立法和款项分配事宜，并组织其核心会员参与相关活动。同时，协会每年还会举办一次政府峰会，届时，各安防企业的领军人物欢聚一堂，共同听取国会首领、政府要员和安防政策制定专家们的相关评论，并由协会出面为那些曾经向优秀会员单位提供过支持的国会成员颁发“全球安防行业领导奖”。

三、安防知识培训与教育

美国安全工业协会为从事着电子安防设备和系统安装服务事业的行业内专业人员提供了广泛的培训与教育计划，其中大部分课程均通过在线授课的方式实现，只有一小部分采用传统的教室授课。通过协会测试，合格的安防行业从业人员可从协会获得两种资质证书，包括中心站操作控制员证书（CSOI）和合格安全项目经理（CSPM）。

另外，协会与美国安防认证机构“NICET”合作，共同制订了一系列安防认证体系，极大地促进了安防从业人员认证考核机制的发展。为了进一步实现协会所制定的“提高安防行业先进性和专业化程度”的目标，协会特意组办了安防知识在线培训平台（www. SecurityLearningNetwork. com），提供了在线信息查询和安防知识培训导航等功能，极大地方便了用户的使用。

四、安防技术开发与研究

对于协会会员和当代的投资团体来说，安防市场和技术信息、趋势、机密信息等资源性资本是至关重要的。除了提供日常新闻之外，协会还发行了两种季节性刊物，《最新安防技术季度播报》和《最新研究报告》，从技术和商业运作的角度揭示了安防行业业内的热点事件。同时，协会还为专有会员和业内人士提供了全球安防市场综合报告和其他相关要闻，影响最为深远的要数 2007 年 1 月出版的《中国安防市场报告》，对中国的安全行业市场做了深入细致的调查和分析，为那些试图进入中国安防市场的美国企业上了一堂生动的实践课。

五、安防行业标准制定

美国安全工业协会是由美国国家标准研究所批准的专业化标准制定组织，主要负责系统集成和设备性能方面的标准编制工作。协会内的标准编制人员对外联系广泛，与美国联邦机构、执法机关以及其他相关协会团体紧密合作，对各项安防行业标准实施编制和修正。

协会理事会构成：理事长 1 名；执行委员会 1 个；理事 19 名；

以下组织代表各 1 名：美国国家防火防盗报警协会“NBFAA”、中心站报警协会“CSAA”、加拿大报警安防协会“CANASA”和拉丁美洲安防协会“ALAS”。

联系方式：

地　　址：635 Slaters Lane，Suite 110 Alexandria，VA 22314
电　　话：703 - 683 - 2075 or 866 - 817 - 8888
传　　真：703 - 683 - 2469
电子邮箱：info@ siaonline. org
网　　址：www. siaonline. org
联 系 人：Richard Chace 首席执行官
Jennifer Crier Johnston 常务董事助理
Dean Russo 国际关系总监

美国国家安防企业联合会
The National Association of Security Companies (NASC)

美国国家安防企业联合会，作为美国国内最大的签约安防贸易协会，代表了业内所有私营安防企业的利益，现有的企业会员占有了美国国内超过 250000 个以上的服务于各个行业的高素质安防人员。同时，联合会通过关注和分析可能会对私人安全服务质量造成影响的国家和联邦立法、法规，为私人安全行业和人员编制相关标准，确保其有序运行。

联合会主要职责包括：

（1）促进私人安全公司的利益实现；

（2）提高私人安全业务专业化水平；

（3）积极开发新的市场，保证当前市场的有效进入；

（4）推动私人安全业务内部更高一级标准、法规和行为准则的进一步实施；

（5）增强对享受签约安全服务消费者、政策决策者、媒体以及普通大众的认识；

（6）确保签约安全行业的持续性发展。

联系方式：
地　　址：444 North Capitol Street，NW suite 345 washington，DC 20001
电　　话：202－347－3257
传　　真：202－393－7006
电子邮箱：information@ nasco. org
网　　址：www. nasco. org
联 系 人：Martin Herman　理事长
Julie Payne　助理

美国工业安全协会
American Society for Industrial Security（ASIS）

ASIS 是一个杰出的国际性的安防组织，代表了安全管理行业、企业、媒体、政府机构和公众的利益。在全球有超过37000 个会员，董事会有14 个董事，总部有82 个全职员工。美国工业安全协会成立于1955 年，致力于提高专业安防培训方案和材料的效果和效率，以便扩大安防的影响力。例如，ASIS 年度研讨会及展览会，以及具体的安全议题。

通过向会员和公众提供可访问的品种齐全的方案和服务，并通过出版业界的头号杂志《安全管理》，ASIS 引领着为先进方式并提高安防行业的工作和成果。

会员优势：

（1）在世界各地都有我们的网络与安全从业人员；

（2）获奖月刊，安全管理；

（3）超过30 年的教育与培训计划和每年一次的会议；

（4）专业发展机会；

（5）世界一流的安防资源（信息资源中心，ASIS 安防行业采购指南，书店，ASIS 网站）；

（6）教育与培训计划，复习方针，认证参考材料和出版物。

联系方式：
地　　址：1625 Prince Street，Alexandria，Virginia 22314－2818 USA
电　　话：＋1 703 519 6200
传　　真：＋1 703 519 6299
电子邮箱：asis@ asisonline. org
网　　址：www. asisonline. org
联 系 人：Raymond T. O'Hara 董事长
Michael J. Stack 行政总裁

电子安防行业协会
Electronic Security Association（ESA）

电子安防行业协会（ESA），有着60 多年的历史，是一个非营利性的贸易组织。ESA 已经发展为美国最大的专业性的贸易协会代表，促进和加强行业的经济增长，电子安防、安防专业发展和集成系统。与美国其他协会结成联盟，ESA 给会员及时提供信息，专业开发工具和服务，使其安防贸易壮大、繁荣。

作为电子安全、安防、集成系统行业的积极倡导者，ESA 通过媒体和贸易的支持提高人们对安防产品和服务的重要性的认识，协会支持新技术和应用定制和有关培训，促进并提高消费者对安防产品的消费意识。ESA 也有着支持法律，法规和提升公共安全的义务。

联系方式：
地　　址：2300 Valley View Lane Suite 230 Irving，Texas 75062
电　　话：（214）260－5970
传　　真：（214）260－5979
电子邮箱：webmaster@ alarm. org
网　　址：www. alarm. org

英国安防行业管理局
The Security Industry Authority（SIA）

作为一个行业性官方组织，英国安防行业管理局主要负责管理和监督私营安防行业，属于一个独立的安防行业组织，受"2001 年私营安全企业法案"相关条款的约束，直接向英国内政部报告。其核心宗旨为有效管理私营安全企业、降低社会犯罪率、制定相关私营安防行业标准、以及提供产品质量认证服务等，业务覆盖了整个英国。

管理局的主要职能有两个，其一，对私营安防行业内部的个体行为、活动进行强制性许可认证，确保本行业正常运转；其二，对已获批准的个人自愿订约计划实施管理，便于审核私营安防供应商对相关行业标准的执行情况。

英国安防行业管理局所监督管理的主要范围包括人工防护服务（安保、出入口监控、闭路防护、现钞和贵重物品押运、通过 CCTV 进行的公共场所监控），私人物品存储和车辆行驶情况。

通过管理局许可职能的实施，有效保证了私营安全服务的提供者均为训练有素、品德高尚的专业人员。

到目前为止，英国安防行业管理局所实施的订约计划已经为专业的私人安全服务提供者编制了多项可行的行业标准，任何满足此类标准的个人或组织均被授予“已获批订约者”的称号，为相关服务的供应商提供了证明服务实力的筹码，极大方便了用户对服务商的筛选。

管理局始终坚信，对私人安全行业的管理和监督已经成为了社会公共安全不可缺少的一个部分，可以有效地遏制社会犯罪率的增长，消除犯罪对人类的威胁，确保社会平稳、有序、健康发展。

联系方式：

地　　址：Security Industry Authority PO Box 1293 LiverpoolL69 1AX

电　　话：0844 892 1025

传　　真：0844 892 0975

网　　址：www. the - sia. org. uk

英国安防行业协会
British Security Industry Association (BSIA)

英国安防行业协会是一个专业的商业性协会组织，拥有注册会员 570 多名，主要负责对英国国内安防行业的核心产品和所提供服务的管理和监督，保证本行业有序、健康发展。从总的营业额来看，现有的 570 多名会员占有了市场份额的 70% 以上，其主要的产品和服务几乎覆盖了英国的各个安全领域，包括安防电子和实体防护类产品的生产、分销、安装，以及安保、相关咨询服务等。

协会宗旨：为英国国内的所有安防企业创造良好的业务氛围，提升各会员单位的业务技能与专业知识，帮助其实现合法的业务目标，鼓励各安防企业单位再接再厉，再创辉煌，确保其所作的贡献得到社会、相关行业和团体的认可。

英国安防行业协会主要活动范围：

一、安防信息传播

向现有会员单位、未来潜在会员、安防产品与服务的消费者、相关行业组织，以及普通大众传播最有价值的安防信息，有效加强对安防行业的认识，进一步提高安全防范意识。

二、协调

协调英国社会各界的重要组织和团体，包括议会成员、内政部、警察协会、英国保险人协会等核心团体，让他们成为最强有力的合作伙伴，间接促进英国安防行业的发展。积极开展

与政府的合作，确保各项相关立法体现行业和消费者的意愿。在安防立法的实施过程中，协会整整呼吁了近 15 年，最终修成正果，于 2001 年政府颁布了“私营安防行业法案”，并成立了安防行业唯一的官方机构“英国安防管理局”。

三、制定安防标准

英国安防行业协会始终致力于行业内部产品和服务高标准的维护和实施，并将标准的制定作为当前和未来发展的重中之重，因此对每一个会员单位或即将成为协会会员单位的企业提出了较高的要求。协会负责编撰和制定相关的行业行为准则和技术文件，并时常提交一系列重要的文件作为标准参考，由于长期以来作为欧洲标准委员会的成员，更有效的保证了其提交的相关文件满足行业和客户的实际要求。

四、安防技能培训

2006 年，协会针对各私营安防企业单位在安防技能上所存在的不足，新成立了安防技能培训机构，摆脱了传统思想的束缚，将安防技能培训融入了培训范围之内。与其他拥有高技能的机构合作，建立安防技能基金，更有效地促进安防发展，进一步保障安防会员单位利益。

联系方式：

地　　址：Kirkham House John Comyn Drive Worcester UK WR3 7NS

电　　话：+44 (0) 845 389 3889

传　　真：+44 (0) 845 389 0761

网　　站：www. bsia. co. uk

电子邮箱：info@ bsia. co. uk

联 系 人：Alex Director

Chris Pin Southern Region Manager

英国防火与安防行业协会
The Fire and Security Association (FSA)

多年来，英国防火与安防行业协会会员在电子防火与安全系统领域的利益一直受到高度重视，并得到了很好的维护，因此，协会内大约75%的会员是从事电子防火和安全系统设计、安装、代理、维护以及监控等业务的。

为了加强对从事于防火和安全业务会员单位的支持，确保其利益的有效实现，英国ECA于2007年1月份组织成立了以具有“战略引擎”作用的防火与安防行业协会，进而促进行业发展。

英国ECA和苏格兰SELECT组织成员在防火与安防行业协会的强力支持下，在内部实施了必要的资质认证和考核计划，增加了专业化程度。不仅如此，防火与安防行业协会还代表了所有仅从事于防火和安全系统安装的英国ECA组织成员的利益。

自2007年1月英国防火与安防行业协会成立之初，已吸引了众多会员的加入，进一步壮大了组织，目前会员人数已经超过了300人，成为了防火和安全系统领域发展最为迅速的行业协会组织。

主要特征：

(1) 得益于已有的英国防火与安防行业协会平台，为各会员单位提供了重要的贸易协会会员服务；

(2) 会员组织由多个从事于防火和安全系统设计、安装、代理、维护以及监控等业务的优秀企业构成；

(3) 为各个不同规模的安防企业提供了代表其正当利益的权威性平台，便于会员单位及时收到行业内最新、最权威的信息；

(4) 对所从事的相关领域提供业务技能培训、资质考核以及评估服务；

(5) 通过提供精确的行业咨询、指导以及有形服务，促进各会员单位的业务发展和升级；

(6) 塑造良好的业务氛围，利于各会员企业通过互助、联合等方式发展壮大。

联系方式：

地　　址：ESCA House 34 Palace Court London W2 4HY

电　　话：020 7313 4888

传　　真：020 7221 7344

电子邮箱：enquiries@ fireandsecurityassociation. co. uk

联 系 人：Pat Allen，副理事长

网　　址：www. fireandsecurityassociation. co. uk

英国周界安防供应商联合会
Perimeter Security Suppliers Association (PSSA)

英国周界安防供应商联合会属于商业协会，主要成员为周界安防设备和服务供应商，产品主要应用于现场和周界人体防护，以应对恐怖分子和极端暴力或爆炸的刑事攻击。协会成员的产品覆盖范围广泛且性能高，包括出入口控制系统，周界围栏和围墙，车辆壁垒和受体阻断剂，安全岛护柱，高性能安全门，安全百叶窗和其他满足市场需求的设备。英国周界安防供应商联合会亦提供专家咨询服务。

联系方式：

电　　话：+44 (0) 20 8253 4509

电子邮箱：admin@ pssasecurity. org

国防安全工业协会
Defence Industry Security Association (DISA)

国防安全工业协会（前身为安全管制者协会）成立于1963年。从成立至今，其内部发生了很多改变，至少在2003年7月改变了名称为国防安全工业协会。

国防安全工业协会（DISA）是应一个法人团体的需求成立这样一个组织，提出安全问题的建议和指导并与英国政府合作。

DISA提供了一个会员与会员之间，会员与政府之间良好沟通的媒介。随着越来越国际化的发展，DISA也越来越注重加强企业与企业之间在国际项目上的相互合作与了解。

联系方式：

地　　址：2 Maple Road Enigma Business Park Malvern

电　　话：+44 (0) 870 458 9636

传　　真：+44 (0) 870 458 9578

电子邮箱：disa@ cgp. co. uk

网　　址：www. thedisa. org

德国电气与电子工业协会

Zentralverband Elektrotechnik－und Elektronikindustriee. V. （ZVEI）

该协会属于贸易性行业组织，是德国最具影响力的行业协会。会员均为德国电子产品制造商，占据了超过 71% ~ 80% 的市场份额，为德国电气、电子行业提供专业的经济、技术以及立法范围内的行业咨询服务，代表了本国电气、电子行业在德国、欧洲乃至全球范围内的经济、技术、环境和政治利益，直接影响到德国的电子行业发展政策决策和方向。

德国电气与电子工业协会（ZVEI）拥有最专业的组合团队，均来自国内不同的安全领域，由 20 人组成，负责本国电子行业相关标准的制定和编撰工作，主要致力于为视频监控、出入口控制系统和报警传感系统开发通用的协议。并通过技术研究、环保以及科学政策的实施，加强新技术的开发和投入，有力地促进全球范围内相关的市场规格和标准化工作的进行。

作为行业内不可缺失的一个部分，协会与政治和社会公共管理关系联系紧密，彼此的经验交流有力促成了广泛的、和谐的、长久的合作，共同提供了市场和竞争发展有关的信息，并满足了电气、电子行业的特殊需求。与此同时，各会员企业也利用这种知识优势增强了其在全球市场的竞争力。

协会会员单位拥有较强的自主性，为协会制定相关工作准则，力保各个环节正常运行。机构设置简单、灵活，由会员大会、主席团、董事会以及企业领导层四个部分构成。名誉董事由会员大会通过统一的选举产生，对所有会员负责，董事会由各会员单位的领导层组成，有权决定规章的修改和年度财政预算，并对重要问题提出建议和最终解决方案。通常，在新的会员未出现之前，董事会从各个会员单位的领导中选出由协会董事长组成的主席团，临时负责相关事宜的处理。协会理事长为兼任基金会的董事会主席的 Friedhelm Loh 先生，任期从 2006 年 9 月一直到现在。

协会主要职责：

（1）维护会员单位的产品和特定市场利益，对个别商业领域的会员提供特别服务；

（2）协助各州分会处理地方事宜；

（3）与国内相关行业携手，共同处理电气、电子行业内产品和跨市场的技术、法律以及政治问题。

联系方式：

地　　址：Lyoner Strabe 9 60528 Frankfurt am Main

电　　话：+（49）69 6302－0

传　　真：+（49）69 6302－317

电子邮箱：info@ zvei. org

网　　址：www. zvei. org

德国联邦安全系统制造商与工程商协会

Bundesverband der Hersteller und Errichterfirmen von Sicherheitssystemen（BHE）

德国联邦安全系统制造商与工程商协会（BHE）是德国最重要的安防行业专业协会，其会员主要是从事生产、设计或安装预防性的安全技术产品和设备的企业。其所涵盖的电子安全报警技术领域主要包括闭路电视监控设备、户外展览场地监控、烟气和热气报警设备、出入口控制和机械安全技术。

因为该协会市场反应很好，不仅为相关企业提供有效的帮助，而且在国内和国际的安全产品市场中起到积极作用。

作为发达的联邦协会，BHE 组建了合法的组织结构，其宗旨是代表会员的最大利益。全体会员、理事会、专业技术委员会构成了具有竞争力的强大的专业团体。与行业基层保持紧密联系，并在会员日常贸易中出现问题时给予及时的帮助和服务，这就保证了协会的号召力和良好的工作氛围。

目前，联邦安全系统制造商与工程商协会有近 620 家会员（其中 77% 为设备安装企业，20% 为安全系统生产商，3% 为安全系统设计企业），协会为所有会员提供与安全行业有关的第一流的交流和信息平台。协会还鼓励企业间保持广泛的交流，特别是与用户之间、安全委托方和其他安全负责人或顾问之间的交流。另外，协会非常注重与其他有关专业协会和专业研究机构合作，旨在共同努力促进安全行业的发展。BHE 每年对市场上销售的电子安全系统产品进行抽查，对不符合安全要求的产品采取发布消费者警告、召回和禁销等措施，对达到安全要求的产品贴上“欧盟质量标签”（European Quality Mark）。此外，该会还对从事电子安全系统产品的设计和安装等服务公司进行资质鉴定，并颁发“BHE 资质证书”。

BHE 的主要任务可以概括为：

（1）代表和维护会员企业在市场中的利益，与有关政府主管部门和其他有关协会建立良好的关系；

（2）与柏林的德国一级 DIN，法兰克福的 DKE，以及布鲁塞尔的欧洲一级 CENELEC 在标准制定问题上积极合作；

（3）证明协会会员企业在入室报警、出入口控制、视频监控设备、机械安全技术、烟气和热气报警设备等领域的安装和设计符合 BHE 要求并贴上 BHE 检测标签；

（4）通过研讨会和论坛以及与用户方进行的交流会等多种形式对会员企业员工进行培训；

（5）通过组织公共安全活动对公众进行具有影响力的宣传教育，比如“火灾报警挽救生命”、“家庭和办公安全”等类型的活动；

（6）出版和销售专业书籍、行业和商业报表、预防安全技术图册和 CD 等。

联系方式：

地　　址：Feldstrasse 28，66904 Brücken

电　　话：06386 – 92 14 – 0

传　　真：06386 – 92 14 – 99

电子邮箱：info@ bhe. de

联 系 人：U. Brauer 博士

网　　址：www. bhe. de

俄罗斯安防行业协会
Russia Security Industry Association (RSIA)

俄罗斯安防行业协会成立于 2004 年，并已发展成为了俄罗斯安防行业内协调各安防企业健康发展的领军团体。

一、协会的宗旨

（1）为俄罗斯安防行业有序、快速、健康发展创造良好环境。

（2）加强行业内区域经济和业务发展的开放性，为安防产品和服务的消费者和制造商创造更大的利益，进一步提高俄罗斯安防行业在国际市场上的竞争力。

（3）为会员单位及其实施项目提供信息、经济、技术、政治以及组织支持。

二、主要职责

（一）交流

协会向各已注册会员、潜在会员、安防产品和服务用户，以及普通大众传播安防信息，加强其对与安全、犯罪相关问题的认识。

（二）营销

对俄罗斯安防市场实施市场调研，进一步促进行业形象在国内和国外安防市场的提升。

（三）安防立法

游说国内重要组织或团体进行立法变革和相关业务合作，例如，内政部、经济发展部等。积极与政府部门合作，不定时地对国内安防行业相关法规提出意见，有效确保立法工作可以真实反应行业和客户需求。

（四）行业标准和规程

协会的首要任务之一是编制行业标准，负责起草相关实施规范和技术文件，并作为行业标准编撰委员会确保所有标准满足行业需求。同时，众多协会会员亦可参与到专家委员会中，为国家反恐和反黑防护装置制定技术规程。

（五）安防展会与会议

作为行业各类会议和研讨会的组织机构，为国内重大行业活动提供支持。

主要活动包括：“国际安全和防范技术论坛”、“国际安全和防范技术（系统、解决方案和市场）会议”、“俄罗斯信息与分析活动专题讨论会”、“俄罗斯中小型企业安全管理专题讨论会”和“安防市场专题讨论会”等。

（六）协会会员社区

建立协会会员社区的主要目的是对安防市场的变化准时传达给媒体记者，并对安防领域的所有活动或事件提供咨询、评论和专家判断。协会的专家组成员均来自于安防行业的不同组成部分，覆盖了运输、人事和信息安全、防火、技术安全市场分析、营救及突发事件应对和私人安全等。

专家评论和分析报告均通过协会数据得出，并通过超过 50 个媒体发行，包括 Business、Expert、Profile、Kompaniya、Pravda. ru、Tverskaya、13、C – news、Oxpaha. ru、Sec. ru、Systemy Bezopasnosty 等。

（七）记者俱乐部

协会组建了自己的行业媒体，定期召开非正式会议，议题涉及安防市场元素等，参会代表均来自联邦和行业出版机构。

联系方式：

地　　址：129223，Moscow，Russia

电　　话：+7 (495) 730 – 7582

传　　真：+7 (495) 730 – 7582

电子邮箱：office@ rasi. ru

联 系 人：Иванченко А. Г.

网　　址：www. rasi. ru

澳大利亚安防行业协会
Australia Security Industry Association Limited (ASIAL)

澳大利亚安防行业协会成立于1969年，经过了数年的发展，已经从几个小型安防企业联盟发展为囊括澳大利亚国内安防企业超过85%份额的最重要安防协会。

会员既包括了大型的安防企业集团，又不缺乏数以万计的中小型私营公司，代表了多个安防领域的所有高层管理者、运营商和最终用户。

主要领域范围：出入口控制、报警系统、生物识别、现钞押运、视频监控、基础设施防护、施工安装、IT安全防护、门锁、监控系统、实体、障碍物防护、风险管理、保险柜、数据防护、安防知识培训、运输与航空安全、车辆安全、视频对讲系统。

宗旨和结构：服务会员、编制安防标准、维护公众利益。

董事会成员：

现任理事长：Ged Byrnes　盖德·巴恩斯

副理事长：Fraser Duff　佛雷泽·戴夫

理　事：Antony Elliott、Chris Luhrmann、Bob Bruce、Peter Johnson、Kevin McDonald、Tom Roche 安东尼·艾略特、阿瑟·巴克尔、鲍勃·布鲁斯、彼得·约翰逊、凯文·麦克唐纳和汤姆·罗舍

联系方式：

地　址：Suite 306Lawson House10 – 12 Clarke St Crows Nest

通信地址：PO Box 1338 Crows Nest NSW 1585

电　话：(02) 8425 4300

传　真：(02) 8425 4343

电子邮箱：security@ asial. com. au

网　址：www. asial. com. au

澳大利亚安防供应商协会
Security Providers Association of Australia Limited (SPAAL)

澳大利亚安防供应商协会成立于1966年，是一个非营利性协会和在安防行业法规下引领着持有许可证的会员。会员都可享受到供应商的服务。在今天高标准的安防行业是势在必行的，使每个许可证持有者都了解他们的义务，已达到和维持并遵从法规，以便合理利用时间和资源来发展他们自己的生意。协会不间断的主题是教育、可塑性和成长。

协会为个人提供持续性的支持，帮助和信息协助会员了解安防相关的法律。协会能提供劳动关系和法律服务相关的专家资源，以及广泛的其他会员服务。

SPAAL的使命：提供专业人士发展国际论坛和发布最佳的工业实践、伦理行为、教育和法规，以满足社会和政府的期望。

该协会一直站在最前沿，努力提高道德、标准、质量制造、安装、调试、培训和开发和建立管理和规范，为了和人类世界安防产业的今天和明天而努力着。

联系方式：

地　址：G02, Macarthur Point, 25 Solent Circuit, Baulkham Hills, NSW, 2153 PO Box 8184, Baulkham Hills BC, NSW, 2153

电　话：61 +2 + 9894 1622

传　真：61 +2 + 9894 7113

电子邮箱：admin@ spaal. asn. au

网　址：www. spaal. asn. au

加拿大安防行业协会
The Canadian Security Association (CANASA)

加拿大安防行业协会成立于1977年，是加拿大国家非营利性组织，主要致力于维护其会员单位利益和所有加拿大人民的安全。经过数年发展，现已成为了加拿大国家公认的电子安防行业代表，会员已超过1300多个，覆盖了加拿大安防业的所有领域。通常，协会通过建立广泛的网络服务，包括高品质安防知识培训、政府关系、营销、公共关系、重大安防贸易展会和发布最新业内信息等方式确保会员利益得以实现。

加拿大安防业在过去的20年内已取得了长足发展，并经历了重大变革，尤其表现于实体防护、电子、信息以及公私安防企业等方面，均对国内人民的生产、生活产生了极大影响，这不仅是安防业的重要发展时期，同时也为协

会的进一步发展壮大带来挑战，机遇与挑战并存。一系列新技术（诸如 VoIP）的挑战和实体防护、信息安全、电子安防以及从商住两用的安全系统到生物识别技术等因素的复杂性，均要求协会有超常的抗压能力。

另外，当前的安防消费者对相关安防产品的需求更趋复杂，对一些集成安全解决方案有了新的偏好，再加上目前的安防立法对行业整体的监管力度日趋加强，各会员单位必须对生产过程中的各个环节把好关。尽管如此，协会作为行业的领导者，善于把握随之而来的伟大机遇，依然表现出其前瞻性、专业化和社会化。

协会宗旨：在加拿大安防行业自律性逐渐增强的大环境下，为会员单位一如既往地提供安防知识培训、指导、保护等服务。

联系方式：

电　　话：905. 513. 0622

免费电话：1. 800. 538. 9919

传　　真：905. 513. 0624

电子邮箱：staff@ canasa. org

网　　址：www. canasa. org

联 系 人：JF Champagne　执行董事

Mona Emond　市场与公关部负责人

Steve Basnett　董事助理

加拿大消防协会
Canadian Association of Fire Chiefs (CAFC)

加拿大消防协会是一个自主的、非营利性的协会，会员是自愿加入的。成立于 1909 年，1965 年合并在加拿大渥太华的司法总部。

CAFC 是一个全国性的服务性协会，致力于防止并减少火灾中生命和财产的损失，并且发展先进的技术防止火灾，和提供应对紧急情况的服务。

由 23 个会员组成的会员理事形式贯穿了整个加拿大的主管事务的协会，有着协会专业管理小组的支持。

CAFC 的经费主要来自销售消防服务的相关出版物和材料，还有会费。

联系方式：

地　　址：280 Albert Street，Suite 702

电　　话：613 - 270 - 9138

传　　真：800 - 775 - 5189

电子邮箱：sharonk@ mediaedgepulishing. com

网　　址：cafc. ca

联 系 人：Saint John 协会主席

日本安全设备协会
Japan Safety Appliances Association (JSAA)

日本安全设备协会属于国家级协会，协会的宗旨是以有益于国民的安全生活为目的，通过对从事安防产品行业的人员进行培训等事业，加深国民对防范设备的理解，同时促进更为安全、可靠的防范设备的普及，为预防犯罪和维护社会公共安全秩序作贡献。

协会成立于 1986 年，是日本警察厅主管的 48 个公益法人中的一个。

日本安全设备协会的会员单位包括安防产品制造商，如 NEC、三菱、松下电器、日立、松下电工等知名大企业和一些报警器、探测器、锁具制造商等，除此之外还有作为安防设备使用单位或租赁单位的保安公司。现任会长（理事长）是 NEC 公司总裁木内和宣。

协会成立 21 年以来取得了长足的发展，根据 2007 年 7 月的统计资料，该协会目前有正式会员（从事防范设备行业的企业或个人）110 个，准会员（从事同防范设备相关业务的企业或个人）205 个，特别会员（防范设备士团体）9 个团体，赞助会员（提供赞助的企业或个人）8 个团体。经该协会注册的防范设备师 15046 名，综合防范设备师 188 名。此外还有各地防范设备协会 26 个。

会刊《日本安全设备》，面向日本国内外公开征订，每年 4 期。

除日常工作之外，日本安全设备协会以 3 年为期制订中期计划，这种做法在日本警察厅主管的公益法人中并不多见，受到警察厅的高度肯定。

联系方式：

地　　址：Wako Yushima BLDG 5F 2 - 31 - 15，Yushima，Bunkyo - ku，Tokyo，Japan 113 - 0034

电　　话：03 (5804) 3125

传　　真：03 (5804) 3126

电子邮箱：hoan@ jsaa. or. jp

网　　址：www. jsaa. or. jp

日本安防设备士协会

一、关于安防设备士及综合防范设备士

（一）安防设备士

安防设备士是日本国家公安委员会认定的事业士，是普及安防产品及运用专业知识推断犯罪分子进行犯罪的目标并事前对其采取对策的专家。安防设备士资格不属于国家资格，但由于资格证书不采取更新制，因此一旦取得，将终生有效。安防设备士的资格考试由日本安防设备协会组织实施，截至 2008 年 3 月，日本共有 16540 名安防设备士，比上一年增加了 1485 名，增长了 10%。此外，警方也期待着安防设备士在评估安防设备及参与有关安防活动等方面发挥积极作用。

只有在学完日本安防设备协会组织实施的安防设备士培训讲座后，才有资格申请参加安防设备士的资格认定考试。安防设备士的资格考试每年举行 4 次，科目分基础知识测试及应用技能测试两部分。

（二）综合防范设备士

综合安防设备士资格是于 2001 年 4 月设置的，是比安防设备士具有更高业务水平的最高级别的资格，即作为安防设备的专家，具有安防设备的有关专业知识、综合应用能力及处理问题的应对能力，通过由警察厅管辖的日本安防设备协会组织实施的认定考试。截至 2008 年 3 月，日本共有 232 名综合安防设备士，比上一年增加了 44 名，增长了 23.4%。

综合安防设备士的资格考试每年举行 1 次，分为初试和复试（即面试）两个步骤，只有通过初试的人才能进入复试。有关考试资格的情况如下表所示：

申请初试的资格	初试种类	复试资格
取得安防设备士资格 3 年以上	A（笔试）	通过初试（A 或 B）的合格者
取得安防设备士资格 6 年以上有实际经验者	B（讲座审批资格考试）	

综合安防设备士的考试资格如上表所示，初试资格分为两种，一种是取得安防设备士资格 3 年以上的人参加笔试，通过后进入复试；另一种是取得安防设备士资格 6 年以上并有实际经验的人，可以选择“讲座审批资格考试”的方式进行初试，合格后进入复试。“讲座审批资格考试”这种考试方法是于 2007 年引入综合安防设备士的资格考试中的。其内容是，提交书面资料，审批通过后接受为期三天的培训，之后就可进入复试。有实际经验者指的是，获得过有关机构的表彰、在有关机构任教或担任职位的人员。复试合格者将获得综合安防设备士资格。

二、在日本国内登记注册的安防设备士及综合安防设备士的全国分布情况，参见下图。

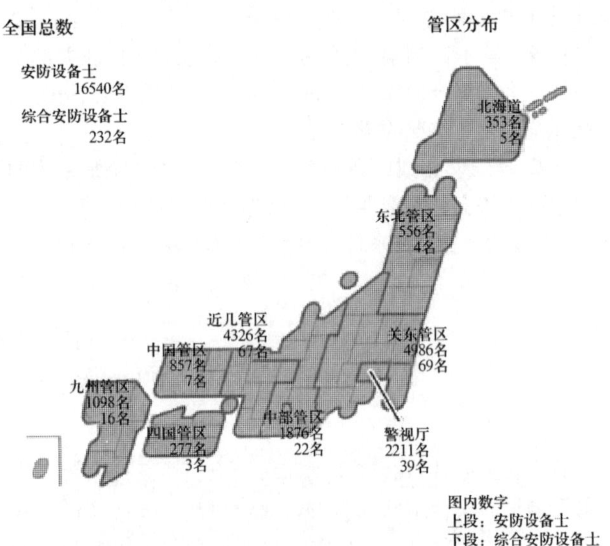

安防设备士及综合安防设备士全国分布图

瑞士国际安防行业协会

The Ligue Internationale des Sociétés de Surveillance (The Ligue)

瑞士国际安防行业协会于 1934 年成立于瑞士的 BERN，主要会员为自由世界中的私营安防企业构成。通过数年的发展，该协会已位居同类行业协会之首，并在私营安全行业中的相关专业标准设计、编制和维护上扮演了极其重要的角色。

协会为行业内各会员单位提供了公开交流和总结经验的广阔平台，吸引了多个国家的同类大型企业的加入，进一步加强了其专业性和前瞻性。

作为联合国和欧洲统一市场的非政府组织，Ligue 协会是世界范围内安防行业高技术标志，会员已覆盖了各个大陆的 34 个国家之多。

联系方式：

地　　址：Securitas AG Alpenstrasse 20 CH－3052 Zollikofen Switzerland
电　　话：+41 31 910 12 18
传　　真：+41 31 911 63 34
电子邮箱：infoliga@ security－ligue. org
网　　址：www. security－ligue. org
联 系 人：Hans Winzenried（秘书长助理）

爱尔兰安防行业协会
Ireland Security Industry Association（ISIA）

爱尔兰安防行业协会成立于1972年，发展至今已有35年的历史，是爱尔兰国内唯一的安防行业贸易组织，代表了所有的安防产品和服务供应商的利益，其会员单位主要涉及以下领域：安保服务，包括政府官员安保、零售业安保、大型社会活动安保、出入口控制、便携式安保器具、报警、调研；运输（现钞押运）；安防系统，包括入侵探测、火警、视频监控、出入口控制；报警接收中心，实体防护（门锁、保险柜、防盗门、障碍物、铁栅等）；安防咨询服务以及私人侦探等。

爱尔兰安防行业协会会员单位囊括了所有的国内或在爱尔兰从事商业活动的国际大、中、小型安防企业，代表了超过全国60%的（大约为20000个）就职于此类企业的工作人员利益，创造了国内安防70%的营业额，总计达12亿英镑。

长久以来，协会一直致力于行业立法和法规的研究工作，最终于2004年推出了约束爱尔兰安防行业内所有企业和个人的安防法规，同时为业内企业和相关工作人员编制相关行业标准、制订有效的行业知识培训计划、并提供质量认证服务，确保了行业有序、高效、健康发展。

目前，爱尔兰安防行业已进入了国际化、专业化的竞技场，意味着各相关企业将面临新的挑战，如果一个企业能够及时捕捉和掌握用户最新需求，他便可以占领新的高地。鉴于此，协会特别推出了安防行业月刊《安防观察》，填补了国内安防出版物的空缺，为各用户单位提供了最新的行业资讯和新闻动态。另外，协会对其原有的培训计划也在不断地实施修正，截至目前已经形成了一整套完善的安防行业知识培训体系，包括专业的培训组织、专业的培训课程（FETAC、HETAC、ILM 和 ICM 等超过40种课程）以及专业的知识框架。

协会宗旨：最大限度地维护会员利益；制定、修改和发布国内安防行业标准；促进国内安防行业快速、稳定、健康发展。

联系方式：
地　　址：Irish Security Industry Association 42－44, Northumberland Road, Dublin 4
电　　话：(01) 690 5736 or (01) 668 8244
传　　真：(01) 690 5739
电子邮箱：info@ isia. ie
网　　址：www. isia. ie
联 系 人：贝利·波利地 Barry Brady　执行董事
沙龙·都兰　Sharon Doran　市场公关经理

警察与公共安全供应商协会
Association of Police and Public Security Suppliers（APPSS）

英国警察与公共安全供应商协会是一家非营利贸易协会，专门向英国和世界供应公共安全产品的公司提供支持。APPSS 拥有300多个成员公司，在各级政府均有代表成员，与英国内政部、贸易部、外交部以及其他政府安全办公室和机构、警察、监狱、消防、海关以及移民服务机构具有密切的合作关系。

主要职责：
（1）着重讨论具体的出口目标；
（2）鼓励和出口问题上提供协助；
（3）公司引进新的市场；
（4）最大限度地英国贸易投资效益的支持；
（5）同时提供国内和国际交流机会；
（6）发展我们的国际活动的组合；
（7）提供的出口市场研究报告形式的市场信息；
（8）新出口商提供一个指导服务；
（9）通过扫描确定全球安全的目标市场机遇。

联系方式：
地　　址：Marlborough House Headley Road Grayshott HindheadSurrey GU26 6LG
电　　话：(+44 1428) 60 26 27
传　　真：(+44 1428) 60 26 28
网　　站：www. appss. org. uk
电子邮箱：inform@ appss. org. uk

以色列国际安防行业组织
Israel International Security Industry Organization (ISIO)

以色列国际安防行业组织（ISIO）是应“9·11”事件以来全世界对以色列安防领域“技术秘诀”的需求而建立的，成立以来该机构同时还大力促进以色列安防业的出口和对内投资机会。

一、ISIO 的使命

ISIO 网址首先提供各种必需的联系地址和数据库，以帮助任何安全管理部门努力改进工作。ISIO 提供各种服务工具，从海外有益的联系到计划一场营销活动。对于涉及安防的制造厂家和服务提供商，ISIO 的全球数据库可以帮助提供信息、进行说服和提醒，以便确保任一安防企业可以将目标集中准确地对准政府和非政府机构的安全管理部门、以及私人领域。因此该网站能够对下述安防专业人员提供最大的帮助：

（1）安防公司的首席执行官——提供国际安防商业新闻；

（2）国际安防客户——了解最新安防产品和服务；

（3）安防经理——更新各种安防信息和新闻；

（4）安防营销经理——利用营销工具和联系走向国际市场；

（5）安防销售主管——联系国际合伙人、销售商和商人；

（6）安防促进媒体——与国际合伙人一起工作；

（7）国际安防制造厂家——寻求开辟新市场；

（8）投资人——向世界各地的安防业投资。

ISIO 承诺促进各安防公司、各有关协会、合伙人和展会组织者之间的交流，以便为全体持股人提供一个有效的交流媒体。成员必须在业内经营至少2年，没有任何不良记录在案。

ISIO 同时也是一家介绍机构，因此如果安防企业想寻求一家不同的供货商或者介绍推广一项新技术，也可以通过 ISIO。

ISIO 传播最新的安防信息，包括全球安防市场的动态信息以及各个安防领域的最新技术信息；对议员进行游说以确保为安防业的出口和国内投资提供附加激励和利益。ISIO 关注安防业内的任何危险的商业做法，并将努力把任何通过法院公布的清算通告全体持股人。ISIO 顾问随时提供咨询；这些顾问是各有关领域的专家。

二、ISIO 安防资格证书

国际安防行业组织设立 ISIO 安防资格证书。这一证书是要在规定各种安防方面的服务时确认一个标准；这些服务包括安防媒体、安防服务和安防产品。

ISIO 为 ISIO 安防资格证书持有者提供各种利益，这些利益如下：

1. 在正式的 ISIO 网址上列出全部详细资料和标识；

2. 在新产品或公司新闻栏曝光；

3. 通报可能出现的任何机会或可能获得的折扣；

4. 获得 ISIO 安防资格证书，并在成员网址和文献上使用 ISIO 标识。

成员费用：每月 100 美元，按年预付。

对于地区安防来说，ISIO 认为一家公司只要其警卫年龄在 22 ~ 55 岁、会说当地语言，已经服完国家的兵役或修完 ISIO 批准的安防培训课程，就可以获得这一资格证书。本证书可提供给安防行业的下述领域，亦即：

1. 安防媒体：为安防行业提供有效交流联系的组织、协会、安防展会和出版物（印刷或电子）；

2. 安防产品制造厂家：已经获得其地区标准局某种认可的公司；

3. 安防培训机构：其培训课程已经经过 ISIO 评估的公司可以被确认；

4. 安防零售商：代表具有 ISIO 安防资格证书的制造厂家或为其服务的零售商或安装公司；

5. 保安警卫公司：警卫人员年龄必须在 22 ~ 50 岁之间，服完当地的兵役或修完 ISIO 批准的培训课程，而且会说所居住国的当地语言。

国际安防行业组织将向国内外各个机构提供 ISIO 安防资格证书，并确保坚持这些 ISIO 标准。ISIO 成员每年更新；成员资格因为种种原因可以撤销，撤销后成员公司名称将从网站上删除。

联系方式：

网　　站：www. intsi. org

电子邮箱：isio@ intsi. org

以色列国际安全学院
International Security Academy（ISA）

色列国际安全学院是一个于1987年由秘密安全机构前高级官员Mirza David成立的培训中心，为学生提供处理各种恐怖与暴力行为的独特、有效的方法，使其成为防护专家。其培训方案集中于VIP保护，高风险与海上保护，防护与反恐小组领袖，防护与反恐管理，防护与反恐专业化，情报收集与防护与反恐教官资格，95%的毕业生在安全行业的地位有所提高。这些学生来自世界各地。证书和文凭在执和防护行业为全球所认可。学院的目标是：预防、干预和制止全求的暴力犯罪和恐怖主义；与全球同事分享我们独特的方法以及以色列的风格与实际经验；提高学生在压力下的业务能力。

联系方式：

地　　址：P. O. BOX 5833 Herzeliya 46157 Israel

电　　话：+972 9 9500969

传　　真：+972 9 9573392

电子邮箱：office@ securityacademy. org. il

网　　址：www. securityacademy. org. il

联 系 人：Mr. Mirza David – Founder

法国标准化协会
Association Francaise de Normalisation（AFNOR）

法国标准化协会（简称AFNOR）是根据法国民法于1926年成立，由政府承认和资助的全国性标准化机构。1941年5月24日，法国政府颁布法令，确认AFNOR为全国标准化主管机构，并在政府标准化管理机构——标准化专署领导下，按照政府指示，组织和协调全国标准化工作，促进标准实施，代表法国参加国际和区域性标准化机构的活动。AFNOR是欧洲标准化协会（CEN）与国际标准化协会（ISO）的理事成员，全球认可的最大的第三方认证机构之一，总部设在首都巴黎。

AFNOR的最高权力机构是理事会，由来自非营利性团体的34名成员组成。理事会主席由AFNOR总会长担任。协会的日常工作由总会长及其代表负责处理。理事会下设国际合作、财政、人事等职能部门，以及发展部和技术事务部两大业务部门。发展部负责国际关系、情报、咨询、培训、出版销售，以及对企业提供服务等项工作。技术事务部负责标准的制定修订工作和质量认证及法国国家标准（NF）标志工作。下设冶金、工业工程、运输、环境保护、信息技术等10多个业务处。

AFNOR总会长同时是法国标准化高级委员会（CSN）的主席。该委员会成立于1984年1月26日，是法国标准化的最高咨询和指导机构，隶属政府贸易与工业部。委员会由政府机关、地方自治团体、工农商服务业、工会、消费者组织、标准化局、检验机构、学术界等各方面的51名代表组成。秘书处工作由AFNOR负责。委员会的职责是根据国家社会经济和国际形势发展的需要，向工业部部长提出有关标准化方针政策的建议，并就标准化工作年度计划接受咨询，进行审议。

标准化专署由一名专员和若干名工作人员组成，设在贸易与工业部内。标准化专员是一个具有跨部职能的高级官员，由贸易与工业部长任命。其主要职责是指导标准化工作，批准AFNOR组织章程和办事规则，任命总会长；审批法国注册标准（ENR）；对标准化机构的业务活动特别是国际活动进行监督。标准化专员同时又是政府派驻AFNOR的全权代表。

联系方式：

地　　址：11，rue Francis de Pressensé 93571 LaPlaine Saint – Denis Cedex France

电　　话：+33（0）1 41 62 80 00

传　　真：+33（0）1 49 17 90 00

电子邮箱：webmaster@ afnor. org

网　　址：www. afnor. org

联 系 人：Pascal Jay 理事长

Anne Youf 助理

国家预防和保护中心协会
Centre National Prevention & Protection (CNPP)

一、机构概况

国家预防和保护中心（CNPP）协会创建于 1956 年，于 1961 年作为公用事业机构得到法国政府承认，其主管机关是法国内政部民事安全局（DSC）。该协会 90% 的成员是加入法国保险公司联合会（FFSA）和互助保险企业集团（GEMA）的保险企业。该协会的分支机构“CNPP 企业”向各企业和团体提供调查和研究、评估、检验和检查、继续培训、审核和咨询、信息情报、以及旅馆和餐饮业等服务。作为危险预防和控制方面的专家，CNPP 主要研究、传播和评估在各种活动和各种环境中的人身安全、物质和非物质财产以及环境方面的安全知识和技能。它的能力特别表现在危险管理、质量管理、总体安全、预防措施、危害环境（工艺学和自然危险）、火灾、爆炸物和蓄意犯罪危险，以及对于劳动者而言的职业危险管理领域。

CNPP 充分利用在物理、化学、机械、电子、分析、审计、管理、组织或建设等各个领域专家的技能。为 CNPP 工作的全职或兼职人员约 287 人，另外还有在培训、出版和咨询领域的 300 多名临时雇员（工程师、技师、职业培训工作者、顾问和新闻记者等）。

CCPP 总部设在距巴黎 80 公里远的厄尔省韦尔农市（Vernon）“CNPP 欧洲安全中心”，占地面积 240 公顷，其团队的主体部分以此为基地。此外，CCPP 在拉西约塔、杜埃、里昂、牟罗兹、南特、巴黎和图卢兹这 7 个地方设有站点，在安的列斯群岛/圭亚那，留尼汪，新喀里多尼亚—法属波利维亚和突尼斯拥有经过授权推广 CNPP 产品和服务的中心。

韦尔农 CNPP 欧洲安全中心可以说是一个独立的科技工业园。通过 CNPP 及入住园区的合作伙伴，集合了近 300 名全职雇员。CNPP 在园区内拥有多个实验室，可履行技术评估、检验、工业产品、人员和部门认证职责。这里还配备了用于训练预防实战危险（火灾、蓄意犯罪、劳动安全与健康、工艺学危险）的独有基础设施。包括：安全塔、救生池和演习场地，6 辆带消防梯和其他救援设备的紧急救援车，能够进行大型消防灭火演习的地面设施（特殊构造 200 和 400 平米的沟坑），几个试验大厅（其中包括 1 个 25 米高，带 270 平米活动顶棚的封闭大厅），1 个爆炸区，1 个雨水储备池和一些垃圾存储槽。

除此以外，园区内还设有：1 个拥有 190 个座位的圆形剧场，多媒体和同声传译设备，多个会议室，1 个拥有 120 个房间的旅馆，两个餐馆（一家是自助餐厅和一家传统的“香格里拉”餐厅），会客室；休闲设施：网球、排球、地滚球、山地自行车，等等。

二、认证工作

CNPP 依托其实验室和自己的检查员和审计员队伍的服务能力，专注于火灾、盗窃、蓄意犯罪的预防和保护领域以及最近的管理体系方面的认证工作，并推出 APSAD、A2P 和 A2PService 三个著名认证品牌。

法国认可委员会（COFRAC）负责承担对认证机构的认可职责（承认其公正性和技能）。对 CNPP 认证的认可是针对该机构关于 A2P 标志的工业产品认证活动、CE 标记一致性评估活动、ISO9001：2000 标准质量体系认证活动以及关于 APSAD 标志的某些服务认证活动（认可号 4－0074 和 5－0021，可查询 www.cofrac.fr 网站）。

联系方式：

地　　址：Route de la Chapelle réanville － CD 64 － BP 2265 F 27950 Saint Marcel，FRANCE

电　　话：33（0）2 32 53 64 00

传　　真：33（0）2 32 53 64 66

电子邮箱：gestion.risques@cnpp.com

网　　址：www.cnpp.co

澳大利亚信息安全协会
Australian Information Security Association (AISA)

澳大利亚信息安全协会（AISA）成立于 1999 年，2001 年又使用安全信息利益集团（ISIG）这个名称。2006 年新名称的采用，反映出本组织的专业性地位。

在悉尼，墨尔本，堪培拉，布里斯班，阿德莱德都有其分支机构，至 2008 年在珀斯成立了最新的一个分支机构。协会目前有超过 1000 个成员。

AISA 是一个单独的组织而不是一个公司团体。正因为如此，协会可以对澳大利亚的安防可秉持公平，公正的态度。协会的会员来自各个公司的 CEO，通过有着丰富经验和熟练技能的专家对主题的讨论，使得我们的会议取得的效果非同一般。ASIA 组织的巨大成功是在于只用较少的收益就能使得会员变得非常的专业性，只要加入 AISA 就能立即获得进入我们专业网站的权限。我们鼓励社会上非正式的网络，提供一个出色的论坛分享各种不同的想法。

AISA 是一个不断发展的，有着雄心壮志的组织。我们总是有兴趣跟那些有想法的人对话。

联系方式：

地　　址：GPO Box 2157，Sydney，NSW 2001

电子邮箱：info@ aisa. org. au

网　　址：www. aisa. org. au

印度安防行业协会
Security Association Of India（SAI）

印度安防行业协会成立于 1977 年 2 月，该协会并不涉及宗教和政治。印度安防协会的宗旨和目标是：

一、促进安防技术的开发与研究

二、推广在安防及研究领域的知识培训和教育

三、鼓励安防行业提供高质量的服务和高标准的设备并鼓励研究并促进机械，电子及其他设备的贸易

四、坚持高度的事实，诚信和正直的态度，为客户提供高效的、真诚的安防和研究方面的服务

五、促进同行之间的团结，友谊和合作

联系方式：

地　　址：Unit NO. 234/235. bldg. NO. 2，New sonal Link Indl. Estate，link Road，Malad（W），Mumbai – 400 064.

电子邮箱：securityassociationofindia@ hotmail. com

网　　址：www. securityassociationofindia. org

印度防火安防行业协会
Fire and Security Association of India（FSAI）

印度防火安防行业协会成立于 2002 年，印度防火安防行业协会是一非营利性的组织，主要涉及防火与工程安全的领域。

其主要目的是提升在防火与工程安全的实践性和科学性，维护会员之间在安防行业里的诚信，促进防火与工程安全的培训。

联系方式：

地　　址：50，Jai Kutir，# 1 Gr Floor Taikalwadi，Matunga Road（W），Mumbai – 400 016

电　　话：+91 22 4000 3535

电子邮箱：Pramoud. Rao@ fsai. in

网　　址：www. fsai. in

联 系 人：Mr. Pramoud Rao 理事长

巴基斯坦信息安全协会
Pakistan Information Security Association（PISA）

巴基斯坦信息安全协会（PISA）专门从事信息安全和电脑相关安全工作，使用国际化的先进技术保护巴基斯坦的网络安全。巴基斯坦信息安全协会是一个非营利性的组织，董事会所有的股东都来自行业，学术界、政府部门和企业，他们都积极的协助政府建立一种防范意识对抗网络犯罪不断增加，公共教育网络被黑客侵入和其他技术手段可能带来的威胁，损害广公共和私营部门在网络上的资源。

PISA 始建于 2004 年，巴基斯坦信息安全协会（PISA）作为一个专业性的组织且主要分布在 3 个城市（卡拉奇、拉合尔和伊斯兰堡）。PISA 每月的会议都会提供一个平台，培训学员和初级行业内专业人员，使他们了解最新的工具和信息以便他们保护自己公司信息的安全。国际上最好的做法就是得到专业化的行业标准的认可，所以协会在信息安全领域开设认证培训的课程。

联系方式：

电子邮箱：ammar@ brain. net. pk

网　　址：pisa. org. pk

联 系 人：Mr. Ammar Jaffri 行政长官

新加坡安防协会
Security Association (Singapore)

新加坡安防协会成立于1976年，当时被称为“安全许可和调查机构协会（ALSIA）”。成立安全协会的想法是由已故汉森先生最早提出的，他在行业里被亲切地称为“汉森叔叔”。汉森叔叔是一名高级警务人员，从新加坡警察部队退役后开始经营安全机构。他是最早经营安全机构的人之一。

1992年，ALSIA改名为安全协会（新加坡），简称为SAS。自从改名为SAS后，会员并不是仅仅来自安全许可和私人调查机构，来自新加坡和国外的其他行业的调查和安防专业人士同样能被邀请为我们的会员。如今，SAS大约有130个会成员，并且成员人数正在不断增长中。

联系方式：

地　　址：135 Middle Road #05 - 08 Bylands Building Singapore 188975

电　　话：(65) 6836 0933

传　　真：(65) 6336 0803

电子邮箱：sasmail@ singnet. com. sg

网　　址：www. sas. org. sg

联 系 人：Mr. T. Mogan 总裁
Mr. Kalastree 高级副总裁

新加坡安防协会联盟
Singapore Security Alliance (SSA)

新加坡安防协会联盟是一个在新加坡不同行业和组织之间的联盟。它们是（APSA）亚洲专业安防协会的分会，亚洲国际新加坡（ASIS），新加坡国际社会犯罪防范人员（ISCPP），新加坡安防体系协会，新加坡会议和展会管理服务有限公司，以及新加坡安防展的最大组织者—亚洲安全和安防（SSA）。

协会的宗旨是统一新加坡不同行业部门以解决新加坡的社会安全问题。

联系方式：

地　　址：1 Maritime Square，#09 - 43，HarbourFront Centre，Singapore 099253

电　　话：+65 6278 8666

传　　真：+65 6278 4077

电子邮箱：info@ singaporesecurityalliance. com

网　　址：www. singaporesecurityalliance. org

联 系 人：Mr. Steven Tan 秘书

韩国警备协会
Korea Security Association (KSA)

韩国警备协会，基于安全服务法第22条，是一个非营利性的团体，致力于发展安全服务，保护会员的利益，并对新的安全员进行教育和培训。并颁发教育和教育托运证书给本协会会员。新任命的安防人员可以在不利的条件，包括业务暂停（保安服务法第13条），可以不履行有关的培训课程。协会要求会员在加入协会后可以享受正当的权力并履行其义务。

韩国警备协会旨在提高生活安全。基于社会对安防业务的信任，协会将进一步加强对保安的训练，提高保安的个人质素。

联系方式：

地　　址：5th flr. 273 - 24 seongsu - dong 2 ga. seongdong - gu. seoul.

电　　话：02 3274 1112

传　　真：02 3274 1114

电子邮箱：webmaster@ ksan. biz

网　　址：www. ksan. or. kr

联 系 人：Hwang Seung Mo 协会会长

巴西电子安全系统协会
Associação Brasileira das Empresas de Sistemas Eletrônicos de Segurança (ABESE)

ABESE—巴西电子安全系统协会，是一个全国性的、非营利性的协会。旨在引导、促进、支持和宣传其成员的活动，代表他们公开捍卫自己的权利和利益。如果你的企业生产、销售显示器，安装，设备维修，使电子防盗系统，在这一领域能提供服务或意见，将有资格加入这一组织。

由于在电子安全领域的公司和个别业主越来越需要保持适当的资产，物力和人力的投保，所以 ABESE 由一个巴西商人团体在 1995 年 11 月建立而成。

使命：加强、增强和调节的电子安全同其成员的利益的一致性。

范围：ABESE 在扩大其在巴西各国会员国的基础上，加强的电子安全的商业利益，进行更广泛的活动并获得整个行业的支持。

训练：该 ABESE 通过其专业培训中心，课程着重发展其成员企业。该协会注重对会员公司和终端客户提供最新的信息和的责任和义务。

联系方式：

地　　址：Rua Luis Gois, 690 - VI Mariana - CEP: 04043 - 050

电　　话：(11) 3294 - 8033

传　　真：(11) 5585 - 2677

电子邮箱：abese@ abese. org. br

网　　址：www. abese. org. br

联 系 人：Selma Costa Crusco Migliori 协会会长

南非安防行业协会
The Security Association of South Africa (SASA)

南非安防行业协会作为世界级的专业化安防协会，为其会员单位提供高品质的服务和支持，促进整个社会稳定、持续发展，核心战略目标为：提供安防产品支持和相关咨询服务；为安防行业从业人员创造更广阔的发展空间，确保其各自的专业技能得以发挥。

主要职责包括：

一、为安防会员单位和相关客户提供沟通桥梁

二、促进内外交流与合作

三、向会员企业提供最大支持

四、打击安防行业内部的违规操作行为

联系方式：

电　　话：+27 31 764 6681

传　　真：+27 31 764 6765

电子邮箱：info@ sasecurity. co. za

联 系 人：Jenny Reid 总裁

网　　址：www. sasecurity. co. za

尼日利亚安防协会

尼日利亚安防协会（SSPN）成立于 2005 年 3 月 22 日，依据“尼日利亚安防公司合作法案”C 部分规定，作为独立的注册法人。尼日利亚安防协会前身为尼日利亚专业保安协会（NPSA），而后经过重组整合，成为现在的尼日利亚安防协会。该协会是由专门从事安全业务的公司和个人组成，提供私人护卫、安全知识培训和咨询、安全电子设备管理和企业管理等服务。SSPN 是尼日利亚最大的安防协会，总部设于经济中心拉各斯，会员遍布于尼日利亚各大城市。

尼日利亚安防协会（SSPN）的根本宗旨是促进安防行业的健康发展，维护各会员单位和个人利益。

联系方式：

地　　址：ELIPHANT HOUSE PLAZA 239/241 Ikorodu Road Anthony, Lagos

电　　话：234 - 8033247752

传　　真：234 - 8023440967

网　　站：www. sspnonline. org

电子邮箱：info@ sspnonline. org

尼日利亚安全操作员联合会

尼日利亚安全操作员联合会（AISSON）是一个专业致力于促进尼日利亚安全产业及相关从业人员发展的组织，由安全专家 Ona Ekhomu 博士倡议建立，其宗旨是为尼日利亚的安全从业人员提供一个充满活力交流平台，提高工作效率，确保本国安全产业与其他行业（会计，法律和工程等）的有效协调，共同发展。

AISSON 的主要职责是指导尼日利亚安全产业健康发展，解决困扰社会治安的安全问题。在解决民众安全问题上发挥重要作用。

AISSON 的使命是促进尼日利亚安全行业从业人员有效交流，促进安防行业健康成长，主要工作包括从业人员继续教育、安全项目研究、政府决策影响、安全立法等。

AISSON 工作目标：

1. 为安全从业人员在工作过程中提供有效的培训；
2. 为政府安全措施制定提出合理化建议；
3. 维护会员利益；
4. 提升专业安防实践的安全性；
5. 为执法机构提供捐助和相关安全资料；
6. 对作出杰出贡献的从业人员提供奖励；
7. 建立图书馆和信息库，鼓励从业人员在安防和环境问题方面的研究；
8. 在尼日利亚各城市建立分会；
9. 加强与其他兄弟组织之间的合作。

联系方式

地　　址：10 Turton Street，Lafiaji，Lagos.

网　　站：www. aisson. org

联 系 人：Dr. Ona Ekhomu 主席

尼日利亚工业安全协会

尼日利亚工业安全协会（NIIS）于 2000 年 1 月宣布成立，正式在阿布贾的企业事务委员会注册日期为 2003 年 6 月 12 日。协会主要职责是实施高水准的工业安全产业研究和实践，促进尼日利亚工业化改革顺利实施。

具体工作如下：

1. 工业安全从业人员培训，通过专业的考试，挑选出合格的安全工程人员并进行登记，发放合格证书；
2. 组织工作人员参加会议，论坛，讲座，研讨会及在车间进行安全知识培训，为其提供专门的图书馆和学习中心，并对图书和出版物的安防知识进行更新；
3. 工业安全业务、法律和环境方面的研究；
4. 制定行业标准和规范，营造健康的工业安全环境
5. 鼓励民众加强安防意识，促进整个安防市场的发展。

联系方式：

地　　址：7，Shiro Street，Fadeyi，Yaba，Lagos

电　　话：01 - 7944545，08033018765

网　　站：www. niisng. com

电子邮箱：info@ niisng. com

第三节　国外安防媒体简介

一、美国安防媒体

杂志全称　SC Magazine

中文名称　SC 信息技术安全杂志

简　　介　于 1989 年创刊于美国，发展到现在已成为了本区域内最具竞争力的安防刊物之一，为美国、英国、亚洲各国以及澳大利亚区域的 IT 安全专家提供富有深度的信息技术安全信息，通过对当前安防信息的综合分析，并对业内专业人员的访谈得出真实、可靠的信息资源。

宣传语言　英语，分为北美区（美国、加拿大）、国际区（英国、欧洲大陆）、亚太区（太平洋沿岸的众多国家）

总　　编　Illena Armstrong

网　　址　www. scmagazineus. com

出 版 商　Haymarket Media Inc.

栏目设计　封面故事、实时要闻、综合分析、特别报道、会展信息、白皮书、产品回顾、专家访谈、新闻专线、采购商指南、IT 安全论坛、SC 杂志奖

杂志全称　Access Control and Security Systems magazine

中文名称　美国出入口控制和安全系统杂志

简　　介　作为一款安防行业 B2B 出版物，创刊于美国，专注于出入口控制和安全系统信息的收集和推广，旨在打造美国安防行业最专业的出入口控制产品和相关安全

系统信息杂志，为美国商业、工业及各机关实体提供安防系统应用指导。固定用户超过36700，均来自各个大型安防企业或组织机构的高端管理层。

宣传语言 英语

总　　编 Michael Fickes

网　　址 www. accesscontrolmag – digital. com

出 版 商 Penton Media，Inc.

栏目设计 封面人物、典型案例、专家剖析、安防产品一览、公司新闻、技术前沿、特别推荐

杂志全称 Security Dealer & Integrator（SD&I）magazine

中文名称 安防分销商与集成商杂志

简　　介 创刊于美国佐治尼亚州，致力于为安防企业管理者和所有者提供专业的技术、产品信息，并对当前和未来的住宅、商用安全系统集成和安装方案实施培训和指导。

宣传语言 英语

总　　编 Susan A. Brady

网　　址 www. secdealer. com

出 版 商 Cygnus Security Group

栏目设计 封面聚焦、圆桌会议、发行人观点、专栏、火警专家、中心站分布、制造商支持、分销商合作、技术前沿、新产品、市场、广告主索引

杂志全称 Security Management

中文名称 安防管理杂志

简　　介 创刊于美国的维吉尼亚州，ASAI组织最佳刊物奖获得者，提供多种最新的安防信息，争创行业内一流出版刊物，固定读者在世界范围内达35000个。

宣传语言 英语

总　　编 Sherry Harowitz

网　　址 www. securitymanagement. com

出 版 商 ASIS International

栏目设计 封面故事、编辑手记、行业要闻、评论、案例分析、旧版回顾、ASIS负责委员会、广告主索引

杂志全称 Security System News

中文名称 安防系统新闻

简　　介 美国国内安防媒体，为安防企业和用户搭建互通的桥梁。

宣传语言 英语

总　　编 L. Samuel Pfeifle

网　　址 www. securitysystemsnews. com

出 版 商 United Publications，Inc.

栏目设计 封面故事、月度新闻、市场趋势、产品聚焦、特别报道、采购商指南/白皮书、大事记、数字版本

杂志全称 Security Distributing & Marketing Magazine (SDM)

中文名称 安防销售市场杂志

简　　介 创刊于美国伊利诺伊州，读者群来自于各大安防产品采购和安装公司，并为安防行业的产品分销商或集成商提供专业的管理和技术咨询，传播行业内最新的业务、技术以及产品安装信息。

宣传语言 英语

总　　编 Laura Stepanek

网　　址 www. sdmmag. com

出 版 商 BNP Media

栏目设计 封面故事、典型文章、行业要闻、专栏、采购商指南、大事记、数字版本

杂志全称 Security Technology & Design

中文名称 安防技术与设计

简　　介 为美国提供实体防护和信息技术安全应用信息的出版刊物。

宣传语言 英语

总　　编 Geoff Kohl

网　　址 www. securityinfowatch. com

出 版 商 Cygnus Interactive，Cygnus Business Media分支

栏目设计 封面故事、市场聚焦（教育安全）、视频监控、专栏、安全管理委员会、信息安全、企业安全、安全管理、新闻人物

杂志全称 Campus Safety Magazine

中文名称 校园安全杂志

简　　介 专门服务于美国国内校园安保人员、信息技术人员以及从事医院、学校和大学公共安全服务的行政管理人员，已发展为遍布于国内超过20100个校园的专业性安防单月刊。

宣传语言 英语

总　　编 Robin Hattersley Gray

网　　址 www. campussafetymagazine. com

出 版 商 Bobit Business Media

栏目设计 封面故事、特色栏目、专栏、文章库、校园圈、专家视点

杂志全称 Public Venue Security

中文名称 公共区域安防杂志

简　　介 创刊于美国亚利桑那州，专注于为本地区内的体育场、竞技场和娱乐场所的安防专家提供信息参考。

宣传语言 英语

总　　编 Khali Henderson

网　　址 www. publicvenuesecurity. com

出 版 商 Virgo Publishing

电子邮箱 khenderson@ vpico. com

栏目设计 行业聚焦、展览、专家问答、建议、编者来信、行业要闻、新产品、广告商展示、大事记

杂志全称 HS Today Magazine

中文名称 “今日国土安全”杂志

简　　介 美国最权威的国土安全杂志，专注于美国国土安全信息报道和深层分析。

宣传语言 英语

总　　编 David Silverberg

网　　址 www. hstoday. us

出 版 商 KMD Media LLC

栏目设计 编者来信、今日简讯、前沿、资源、今日新闻分析、今日 IT、市场监控、企业领导介绍

电子邮箱 editor@ hstoday. us

杂志全称 Equipment Protection Magazine

中文名称 美国设备防护杂志

简　　介 创刊于美国的科罗拉多州，专门为本区域内的电子产品和设备的 OEM 工程商和发展商提供产品和服务信息，并为应用了设备防护技术的高敏感度设备集成商提供指导。杂志涵盖的内容有设备防护领域的最新技术开发、最新产品、服务性能、行业信息及市场发展等。

宣传语言 英语

总　　编 David Webster

网　　址 www. equipmentprotectionmagazine. com

出 版 商 Webcom Communications Corp

栏目设计 封面故事、行业要闻、最新产品、新技术应用、市场发展

电子邮箱 davidwb@ infowebcom. com

杂志全称 HS Daily Wire

中文名称 国土安全报告

简　　介 帮助国土安全行业的执行者、投资者及高级决策者对当前行业市场发展作出有效的决策，是美国哥伦比亚特区一家权威性的行业刊物机构，对国土安全行业的未来发展趋势、创新技术及市场发展方向实施日报告，并提供相应的应用知识、信息和分析。

宣传语言 英语

总　　编 Ben Frankel

网　　址 www. hsdailywire. com

出 版 商 HS Daily Wire

电子邮箱 bfrankel@ hsdailywire. com

杂志全称 Chief Security Officer Magazine

中文名称 首席安防员杂志

简　　介 CSO 一直致力于安防以及风险管理的分析研究并为业内提供最新信息。CSO 所涉及的领域包括信息安全，人身安全，身份识别及出入口控制系统，损失预防以及其他更多的领域。

宣传语言 英语

总　　编 Derek Slater

网　　址 www. csoonline. com

栏目设计 行业新闻、博文欣赏、工具和模板、安全工作、安防基础知识、数据保护、身份识别及门禁管理、企业永久运营、人身安全

出 版 商 CXO Media Inc.

电子邮箱 dslater@ cxo. com

杂志全称 Security Technology Executive Magazine

中文名称 安全技术执行杂志

简　　介 安全技术执行杂志是行业信息的来源

宣传语言 英语

总　　编 Steven Lasky

网　　址 www. securityinfowatch. com

出 版 商 The YGS Group

电子邮箱 Julie. Purdie@ cygnusb2b. com

二、英国安防媒体

杂志全称 Professional Security Magazine

中文名称 英国专业安防杂志

简　　介 作为英国国内专业的安防出版物，始终致力于争创英国首家专业的安防刊物，打造强势的编辑和发行团队，在行业内已形成了良好的口碑，并为国内外业内专家或用户提供最新安防动态。

宣传语言 英语，包括印刷版和数字版

总　　编 John Cully

网　　址 www. professionalsecurity. co. u

出 版 商 JTC Associates Ltd.

栏目设计 封面故事、编者感言、刊期、新闻、专家评论、大事记、安保、反恐、酒店安保评估、律师意见、最新法规、安全管理、案例分析、产品信息、服务指南、培训、读者感想

杂志全称 Guard Force Management，Updated Edition

中文名称 防卫管理升级版

简　　介 介绍最新的防卫产品信息，关注行业发展动态。

宣传语言 英语

总　　编 Lucien Canton

网　　址 www. bh. com

出 版 商 Butterworth Heinemann Publications

三、法国安防媒体

杂志全称 MAGAZINE APS – Alarmes Protection Sécurité

中文名称 报警/防护/安全杂志

简　　介 创刊于法国，是安全防范领域的法语月刊，每年 10 期，每期印刷量 6000～8000 册，内容涉及安全和消防两大方面。在安全方面的内容有：反恐，线缆/能量/照明，危机管理的控制/培训/分析，探测/盗窃，入侵/报警，识别，入口控制，媒体/机构，电信安全，保安，安全化运输，独立劳动者保护，周界防护，信息安全，机械及物理安全，装甲车辆装备，锁具，电信，传输/网络，视频监控；在消防方面涉及：吸气、消烟和通风设备，线缆，能量，照明，分隔技术装备，防火处理，火灾探测，报警，固定和移动灭火装置，干预及救援器材和装备，媒体和机构。该刊提供精炼的国内外市场情报以及技术和安全问题的详尽论

述；根据读者的不同阅读水平，通过蓄意犯罪技术档案、消防技术、部门调查和专题栏目：新闻、互联网、产品等，提供满足读者需求的各种信息。

宣传语言 法语

主 编 Christophe Lapaz

网 址 www. publications - aps. com

出 版 商 Reed Expositions France

电子邮箱 christophe. lapaz@ reedexpo. fr

杂志全称 Sécurité Privée

中文名称 私人安全杂志

简 介 该杂志每季度发行5000册，探索和分析私人安全行业的焦点问题，破解、审视和评论市场的主要经济和金融趋势。它的法律专栏向专业人员提供有关法律问题和判例的见解和建议。它通过专家和知名人士意见的信息汇总阐述好的做法，提供重实效的具体实践参考。它以革新的视角对信息进行处理，公布的信息清晰准确。它的读者是安全行业的客户或者服务提供商，顾问或者忠告者，领导人或者管理人员，在公共或私人领域从事安全活动的人员。

宣传语言 法语

主 编 Sandrine Legrand - Diez

网 址 www. securite - privee. org/ - magazine - securite - privee -. html

栏目设置 快镜、特别案卷、城市安全特别备忘录、培训、四海为家、为您阅读

电子邮箱 sld@ fluide - com. fr

四、加拿大安防媒体

杂志全称 Canadian Security Magazine

中文名称 加拿大安防杂志

简 介 创刊于加拿大，为了进一步方便世界各地安防从业人员的阅读，在原有印刷版的基础上又推出了在线版本，即数字版，读者可通过Web浏览器随时获取最新的安防信息。

宣传语言 英语，有印刷版和数字版两个版本

网 址 www. canadiansecuritymag. com

出 版 商 CLB Media Inc

栏目设计 封面故事、安防要闻、专家点评、安全焦点、安防前沿、热点产品、采购商指南。

杂志全称 Security Sales and Integration

中文名称 安防销售与集成杂志

简 介 于1979年创刊于加拿大的Torrance市，固定读者达31000多个，均来自于安防行业业内的领导、专家、用户等，覆盖了所有电子实体防护设备，包括CCTV监控设备、出入口控制系统、IP网络系统、生物特征识别、入侵系统、火灾预警系统、家庭安全装置及其他安防产品和服务等的采购与安装。

宣传语言 英语

总 编 Scott Goldfine

网 址 www. securitysales. com

出 版 商 Security Sales & Integration Co

栏目设计 热点新闻、封面故事、所见所闻、专家交流、企业拓展、特征、特别报道、月度专栏、安防科学、名家访谈、大事记

五、德国安防媒体

杂志全称 Euro Security Magazine

中文名称 欧洲安防杂志

简 介 创刊于德国，分为德语版、国际版和中东版三个版本，德语版旨在为德国、奥地利和瑞士三国从事于安防产品安装、安防项目规划和终端用户提供专业的安防信息，国际版的读者范围覆盖了超过32个欧洲国家，印刷量达到了10500，固定读者有18375多个。而中东版本则偏重于中东地区内13个国家的安防产品分销商、开发商和集成商，印刷量4500本，受到了7875个读者的青睐。

宣传语言 德语、英语。

网 址 www. euro - security. de

出 版 商 EURO SECURITY Fachverlage

主 编 Renascent

栏目设计 封面故事、安防要闻、安防论坛、会展信息、供应商指南、热点产品

六、新西兰安防媒体

杂志全称 New Zealand Security Magazine

中文名称 新西兰安防杂志

简 介 发布新西兰安防行业最新动态，争做新西兰国内最权威安防杂志。

宣传语言 英语

总 编 Keith Mexsom

网 址 www. newzealandsecurity. co. nz

出 版 商 Chaca Consultants

电子邮箱 keith@ newzealandsecurity. co. nz

栏目设计 封面故事、编者感言、行业聚焦、行业要闻、旧版回顾、新产品展示

七、以色列安防媒体

杂志全称 Security View

中文名称 安防观察

简 介 以色列国内最具权威性的安防杂志，由以色列安防协会发行，为国内安防企业提供专业的行业资讯和公司新闻，关注各会员单位最新动态，协助各企业宣传最新发布的产品。

宣传语言 英语

网 址 www. saimanews. com

出 版 商 The Iris Security Industry Association（以色列安防协会）

栏目设计 封面故事、会员新闻、赞助商计划、案例分析、培训、专栏、行业新闻、会员单位目录

八、挪威安防媒体

杂志全称 The Journal of Data Protection & Security

中文名称 数据防护与安全日报

简　　介 创刊于挪威，旨在加强并促进数据防护与安全行业专家与实际使用者之间的联络，以最快速度发布行业内新闻动态，方便用户对其数据进行实施防护。

宣传语言 英语

总　　编 Willy Susilo

网　　址 www. merlien. org/oj/index. php/JDPS

出 版 商 Merlien

电子邮箱 info@ merlien. org

九、中东安防媒体

杂志全称 Middle East Security

中文名称 中东安防杂志

简　　介 中东地区主要安防出版物，旨在为当地安防分销商、规划商和建筑安装商提供专业安防信息的双月刊物，拥有超过 45000 个读者。

宣传语言 英语

网　　址 www. securitymiddleeastmagazine. com

出 版 商 Publications International Ltd

栏目设计 封面故事、安防要闻、金融视点、会展信息、热点产品、供应商名录

十、亚洲安防媒体

杂志全称 Digital Media News for Asia

中文名称 亚洲数字媒体

简　　介 地区专业性在线安防数字媒体，提供在线新闻专栏和订阅服务，传播范围为整个欧洲大陆的数字媒体安防市场，并作为 DMEUROPE. COM 姊妹网站，向亚洲地区传播欧洲同行业信息。同时，作为独立的数字安防信息服务提供商，向行业企业和个人提供技术咨询、业务及政策前沿。

宣传语言 英语

总　　编 Partha Bhattacharyya.

网　　址 www. digitalmediaasia. com

出 版 商 DME. Ltd

电子邮箱 editor@ digitalmediaasia. com

十一、韩国安防媒体

杂志全称 Security World INT'L

中文名称 安防世界杂志（国际版）

简　　介 创刊于韩国，分为印刷版和数字版两种，读者可以在线通过 Web 浏览器进行阅读，为国际安防产品采购商提供最新供应信息和产品信息，促进亚洲安防产品更快地走出去。

宣传语言 英语

总　　编 Michael Fickes

网　　址 www. securityworldmag. com

出 版 商 Infothe Media Group

栏目设计 封面人物、安全简讯、安全焦点、技术前沿、热点产品、谁掌权、采购商指南

第四节　国外安防新品介绍

《年鉴》国外安防产品介绍，自 2007 年推出以来，受到了新老读者的一致好评，其不仅为广大安全防范企业、工程商、集成商及终端用户提供了及时、准确的海外安防新产品信息，而且为中国安防产品供应商和采购商创造了“走出去”的契机。从某种意义上说，极大地方便了我国安防企业及时了解海外知名供应商的产品动态，进一步学习他们的成功经验，顺应了安防产品国际间采购活动越来越活跃的大趋势

《年鉴》编辑组将 2011 年国外安防新品进行认真梳理，筛选出 42 款具有一定代表性的国外新品，收录在本版年鉴中，供大家借鉴参考。如果读者对其中的某个或章节以外的其他国外新品感兴趣，可与中国安全防范产品行业协会国际交流部联系，电话 010 - 63440401。

1. 监控摄像机

位于德国阿伦斯堡的 Basler Vision Technologies 公司，最近推出了一款新一代的带 CCD 传感器的高感光 IP 摄像机，其提供的帧数率达 100 帧/秒。该公司也提供 IP 固定型半球摄像机，该相机有节能功能并且能够自由转动，且包含由以太网供电的内置风扇和加热器。摄像机有一个微型 SDHC 插槽，能将所有的报警图片写入一张 SD 卡上，允许摄像机成为一个自给自足的系统。摄像机拥有一个防破坏外壳，半球型的设计且能在极端温度下工作，工作温度范围为 -35℃ ~50℃。

2. 电子锁

位于美国印第安纳州卡梅尔市的 Ingersoll Rand Technologies 公司，推出了一种新型的 Schlage CO－型独立电子锁，具有更高的安全性和功效性。用户可选择适合的型号，包括键盘型、接近型、磁条型、双重认证加密码型。key－in－lever 设计支持用户将现有的万能钥匙系统升级，并适用于许多时下流行的 SFIC 和 FSIC 圆柱体。CO－100 型离线锁是可以手动编程的。CO－200 型是电脑编程的，访问权限存储在电子锁中，并随时可以更改。CO－250 型将用户权限直接存储在磁卡上，从而使磁卡具有动态权限管理功能，而无须再对每个锁重新编程。

3. 虹膜扫描仪

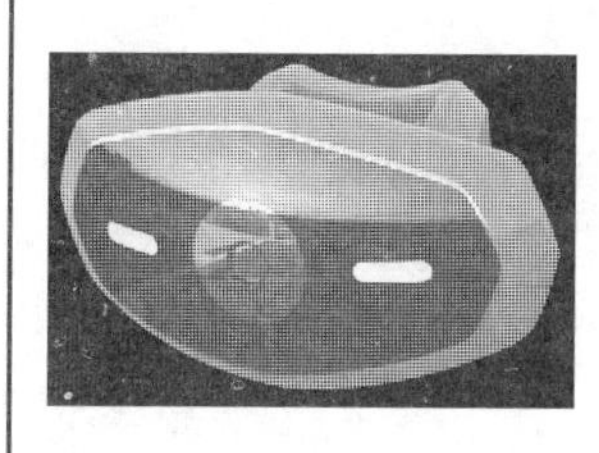

位于美国波多黎各圣胡安市的 Hoyos Corporation 公司推出了一款外形更小的红膜扫描仪，与身份识别管理设备配套使用。型号为 EyeSwipe－Nano 的扫描仪能每分钟捕捉 20 个人的虹膜图像。该扫描仪在价格上与带读卡器的扫描仪比起来更有优势，同时不再需要磁卡和令牌。该设备应用于 Linux 操作系统上，它包含了嵌入式处理器，摄像机，透镜和红外面板。灵巧的外形（51/2 × 3 ×4）能够满足用户将其安装在室内，室外的需求。

4. 视频管理设备

位于美国加利福尼亚州 Vista 市的 CH Products 公司最近推出了专门应用于视频管理的 VM 计算机桌面，它包含了一个三轴的霍尔操纵杆，一个转盘，27 个用户自定义按钮，一个 1.1USB 接口，因此实现了视频监控，录音和视频管理等诸多功能。此三轴操纵杆支持云台摄像机的直观操作，非接触式的霍尔技术支持 1000 多万的运算操作。一个数字小键盘模块恰好适用于相机选择、预先调整和浏览功能。用户可自定义按钮标签和图例。

5. 数码摄像机

位于美国加利福尼亚州 Irvine 市的 Mitusbishi Digital Electronics America 公司研发出了具有一兆字节或两兆字节存储容量的 16 路数码摄像机。型号为 DX－TL5716U 的数码摄像机具有一个升级图形用户界面菜单。根据其单键复制功能，用户可轻松快速地将图像复制到 CD/DVD 或是硬盘驱动上。该数码摄像机的录像速度可高达 480 帧/秒。它具有低功耗的特点。在不工作的情况下，电源将自动关闭或调节至睡眠模式，以便节能，以延长设备使用寿命。

6. 行李安检机

位于美国俄亥俄州特温斯堡市的 CEIA USA 公司，推出了新型的行李安检机，该设备提高了对商业货物里非金属物的探测能力，例如对肉类、印刷品、花卉和服装的探测。电磁监测扫描仪（EMIS）使用一种无害的低强度的电磁场，通过该磁场能够快速而准确的检测行李箱和托盘。以检测是否存在爆炸物，而不用通过操作员对图片逐一进行分析。该设备有四种模式可选，以便应付各种体积的箱子：EMIS6047 检测小箱子，EMIS8075 检测中等体积的箱子，EMIS110160 或 EMIS130160 则是用来检验托盘箱的。

7. 半球形摄像机

位于美国瓦伦西亚加州的 VITEK Industrial Video Products，Inc 公司，改进了其强力的半球形摄像机，增添了新的 Pixim 动能，Seawolf 宽动态范围数字信号处理器和 Sony Effio 昼夜信号处理器。此具有高分辨率的模拟摄像机线路提供了 700 的电视线分辨率，同轴视控和屏幕上显示控制。在仅 0.00008 勒克司低光照明的条件下仍能高效工作。在不同的照明条件下，摄像机亦获得比以前更清晰的图像。

8. 紧急救护手机

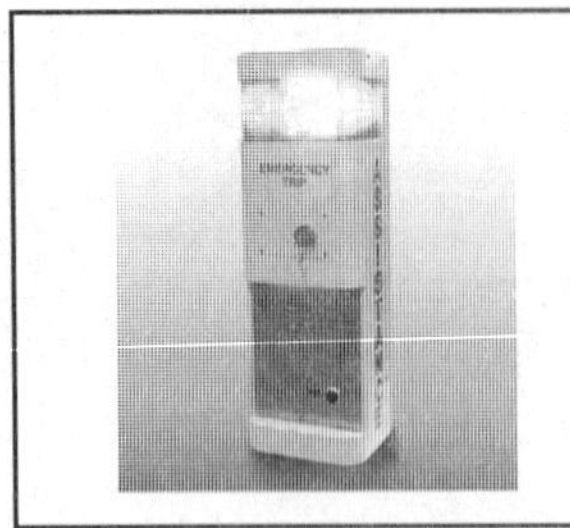

位于美国伊利诺伊州奈尔斯市的 Talk - A - Phone 公司，推出一款新的 ETP 系列紧急救护手机，挂式设计专门应用于城市轨道交通。当按下 INFO 按钮，模拟电话或 IP 电话将自动拨打操作员预置过的电话。此外只有有权限的人才能使用的紧急按钮，切断电源而阻止过往车辆。设备上有个全 LED 蓝光灯，增大远距离下的能见度。当紧急按钮被占用，灯光闪烁，将会吸引现场的注意力。

9. 人体安检机

位于美国新泽西州莫里斯顿的 Smiths Detection 公司，供应 B - SCAN x - ray 型人体安检机，专门应用于监狱和其他的安全检查。在一个不受干扰的通道里，使用一个小计量反向散射的 X 射线，扫描机能在 7 秒钟的时间对整个人体进行一个高分辨率的图像扫描。影像增强工具为操作者提供信息，能快速、精确地对隐蔽的目标进行评估。人体安检机除了用于监狱，他们也常被用与海关、机场、采矿作业。

10. 视频处理器

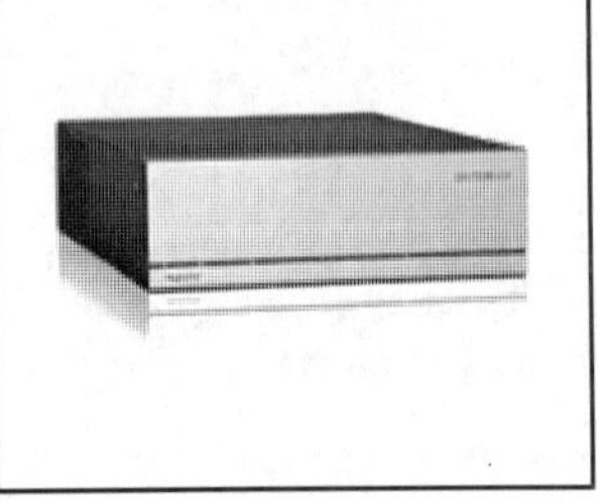

来自德国温德哈根 Geutebruck 公司的新型 IP/SE 录像机，是一个基础数字视频监控系统解决方案。它支持多达 20 个 IP 摄像机和多路视频源，包括 M - JPEG、MPEG4 监控摄像机、监控摄像机和 H. 264 视频编码标准的 H. 264 格式。新的硬件允许直接连接多达 16 个事件录音控制记录。它也有 8 个继电器通过第三方系统直接为通讯输出。

11. IP 相机

位于美国佛罗里达州的波卡拉顿市的 American Dynamics 公司，介绍了 Illustra 品牌的相机，这款相机有着业界先进的 H. 264 视频压缩技术。摄像机提供动态频宽管理技术以及高品质的视频。分为迷你半球形、盒式和子弹头型相机，便于安装，能在弱光的情况下展现出高清晰度，并提供高分辨率和宽动态范围功能。这些功能能保证图片的清晰和准确。这款相机支持以太网供电功能，也支持大多数的网络视频录制功能。

12. 便携 ID 读卡器

位于美国伊利诺伊州绍姆堡的 RF IDeas 公司推出了 3 款新的便携式 ID 读卡器。pcProx & AIR ID USB 加密狗读卡器集所有功能于一身，小巧便携，拥有无线 USB 技术。pcProx PCMCIA 型读卡器提供便捷的安装，灵活的配置。pcProx ExpressCard 的设计是为了提供电脑和其他设备的信息交换，因此低功耗和小尺寸是必要的。这 3 款读卡器支持接近式和无触点式智能卡技术，使客户能够充分利用其现有的系统以保障其安全性，例如，PC 访问控制、员工识别、时间和考勤。

13. 端口交换机

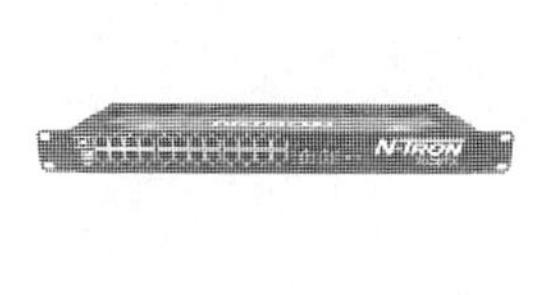

位于美国阿拉巴马州摩尔比港市的 N－TRON Corporation 公司，推出了一款 7000 系列的新型多端口全管理型交换机。新款 7026TX 提供了强大的性能，在流线型 1U 机架式外壳内拥有 24 个 10/100BaseTX 电口和 2 个千兆扩展端口，该型号被设计应用在开放架构或机架柜的空间内，并提供最佳的性能。该型号设计了公司的 N－Ring 环网技术，具有 N－Link 冗余技术和 N－View OPC 服务器软件。N－Ring 技术提供了卓越的环网性能，详细的错误诊断和快速恢复时间。多个 N－Ring 技术能够通过 N－Link 技术快速的形成冗余通讯路径并增加全网络的弹性。7026TX 专为可靠性而设计，它提供了最佳的防冲击、抗震动、温度起伏控制和噪声控制。这一新款交换机包括了冗余电源输入，每端口都有防静电/浪涌保护二极管以及链路状态和活动状态 LED 指示灯。

14. 360 度相机

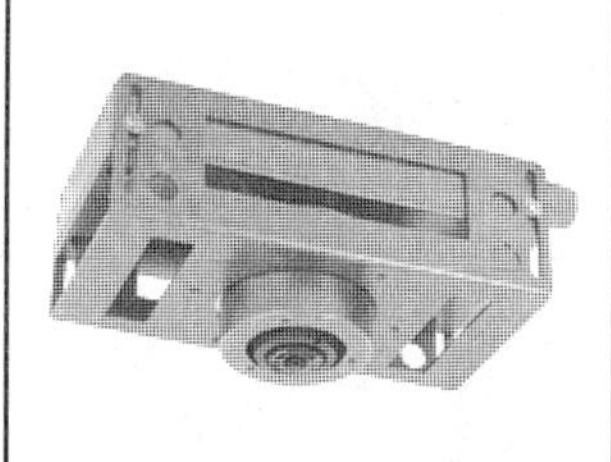

位于美国新泽西州布里克市的 North American Video 公司，现在提供来自马萨诸塞州罗威尔市 Oncam Global 公司的 360 度相机，作为其综合视频监控和安全的解决方案。同时拥有 IP 型和模拟型的 Grandeye 技术特点，它们使用了色彩和图像处理技术以及先进的视频分析技术。相机提供多种板载、独立的视角修正功能，其中每一个都可以单独的手动或分析控制。它们支持 360°视野的电子云台缩放功能，支持在线播放和回放。IP 相机可以安装在外面，隐蔽安装和可以设计成迷你球型。模拟相机能搭配 Oncam Halocorder，以便进行高分辨率的模拟录像。

15. 艺术品保护装置

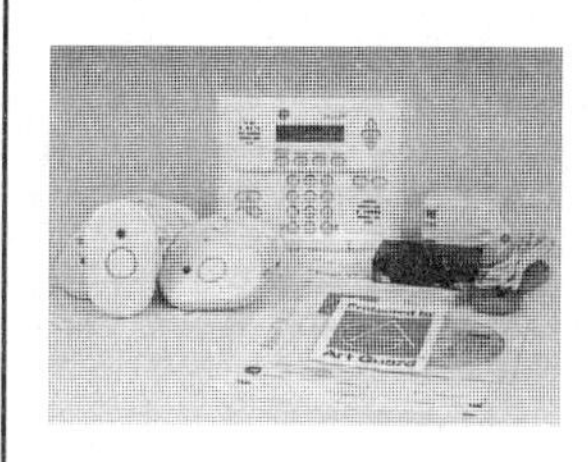

位于美国康涅狄格州维斯顿的 Art Guard 公司推出了一款新的 Art Guard RF 无线模块，使用射频发射器和报警专利技术去保护壁挂艺术品的各个部件。制造商提供一个高品质的 UTC－Interlogix 微型发射器，并且自带的电池能使用 5～8 年，新的模块可作为单独的传感器装置，都能够独立的连接到大多数的 RF 安全系统或组件，完备安全网络和连接到一个中央主报警控制面板。如果有人触碰艺术品，每个传感器包含的一个特别的标识，能够接收并反映出盗窃发生的确切位置。模块也可以被编程从而完美的支持旧的系统。

16. 昼/夜监控摄像机

位于美国佛罗里达州墨尔本市的 DRS Technologies 公司的 WatchMaster Pro + 这款产品，提供了一个高分辨率的热成像装置应用在一个易于集成、易于使用的云台摄像系统。它提供 12 倍光学连续变焦和自动对焦功能，能够广泛的覆盖和对远处目标进行密切的评估。它采用 DRS 冷却碲镉汞探测器技术，并且带有超长低温冷却器。该设备包含 Quickset QPT－LT 双端安装定位，并带有彩色电功能和灵活的定位。它还具有精确的位置控制和多种通信方式。其清晰度，灵活的功能和性能，使其成为 24 / 7 监控的理想选择。

17. 爆炸物探测器

位于美国加利福尼亚州的纽瓦克市的 Morpho Detection，Inc. 公司，宣布其 CTX 9800 DSI 爆炸物检测系统已被运输安全管理局证明其高速配置要比之前的系统快 40%。它提供了高分辨率成像，采用清晰数据采集系统。经认证带速度为 0.3 米/秒，探测速度为超过 1000 个包裹每小时。它使用计算机断层成像技术为每个包裹都创建一个三维图像。该系统能够自动比对包里的东西以判断是否有危险性。

18. 运动探测器

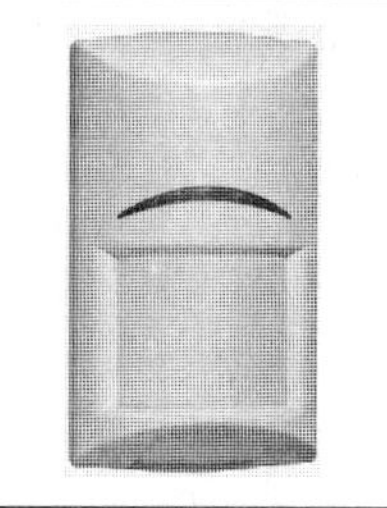

位于美国纽约费尔波特的 Bosch Security Systems 公司，推出了新一代的蓝线移动探测器。蓝线第二代探测器改进了其捕获功能，防误报能力强，且易于安装。存在标准型号和支持家有宠物型，新型号适用于住宅和商业用途。该型号包括被动红外辐射（PIR）、4 倍被动红外辐射和能与微波技术与被动红外相结合的 TriTech 组件。所有基础设备都能实现可更换安装，涵盖了 40 × 40 英尺的墙体面积。探测器分析并区别人体运动，自动调整灵敏度信号的幅度、极性、坡度和时机选择。

19. 辐射探测器

RadSeeker 是一款来自美国康涅狄格州丹伯里市的 Smiths Detection 公司的新型手提式便携辐射探测器。小巧的装置可以识别放射性和核威胁，包括搜查行动，跨界车型检查和货物的安全检查。该设备提更高的速度和准确性来检测和识别威胁的材料，包括屏蔽的物体和被屏蔽的特殊核材料。它的设计可用于承受冲击以及应付极端温度和天气。它符合的 ANSI N42.34（2006 年）的标准，并满足在美国国土安全部核检测办公室部的要求，并已通过政府和实验室的大量测试。

20. 红外摄像机

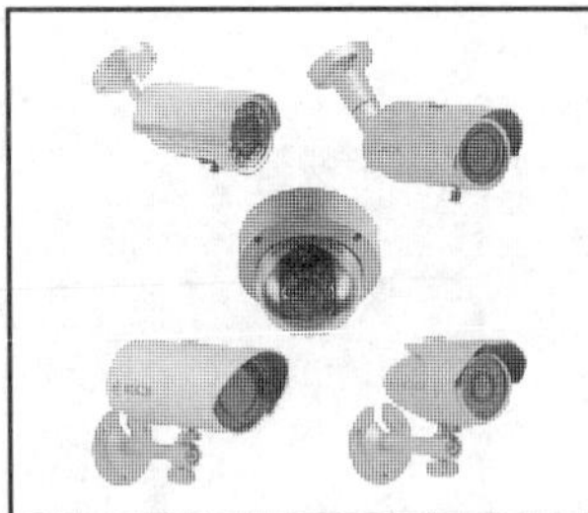

位于美国纽约费尔波特的 Bosch Security Systems 公司推出了 WZ 系列集成红外子弹型和半球形摄像机，并能保证在任何光线条件下都能提供可靠的监控。它们提供分辨率高达 540 的 TV 线路和高达 150 英尺的成像距离，使用多样的镜头，过滤器和 LED。所有的摄像机设计都能适用于室内和室外环境，坚固的铝制的防水外壳能适应各种恶劣的环境。简洁的设计和易于安装使得该产品能够得到广泛的应用。

21. 无线网络锁

位于英国格洛斯特郡图克斯伯里的 G4S Technology Limited 公司，在它们的安全管理软件上集成了 ASSA ABLOY Aperio 无线网络锁。密码锁允许公司在合理的成本条件下取代现行的手工锁，能使它们无线连接到出入口控制系统。信息在集线器和卡锁之间传输，该装置通常是设在门上方的天花板上。这提供了比其他无线系统更安全的保障，因为每一张卡的使用都会触发器的网上数据库的访问权限检查。权限是可以随时改变的。

22. 持卡器

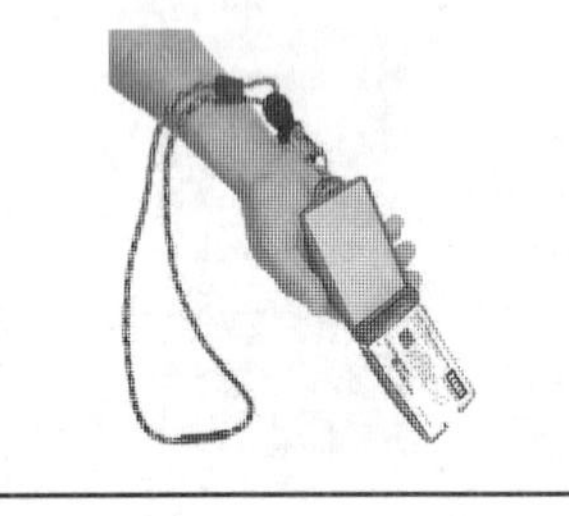

位于美国犹他州罗根市的 EK Ekcessories 公司提供一种便利的可单手持的持卡器，外形像一部翻盖手机。使用者可以一只手打开卡套，使卡套内的 ID 卡和感应卡得以被扫描。在关闭的位置有一个保护罩，可以防止未授权的卡被扫描。这款持卡器最多能容纳 2 张 CAC 或 TWIC 卡，并最大限度的减少的磨损，因为刷卡时并不需要手和卡直接接触。它配备了一个耐用可拆卸的挂绳，且挂绳为美国制造。

23. 光纤收发器

位于美国康涅狄格州丹伯里市的 Com-Net，Communication Networks 公司，已扩大其以太网产品线，通过引入一个以太网供电（PoE）供电的 1000FX 光纤媒体转换器。CNGE2 - MCPOE 支持最新的 IEEE 802.3at 标准的 PoE 供电设备使用的标准，提供高达 25 瓦的功率。它能在恶劣的环境下使用，该系列产品允许 10/100/1000TX 以太网数据传输或者多模或单模光纤光传输。它的带宽不会因为传输距离的延长而受到什么损失。

24. 视频编码器

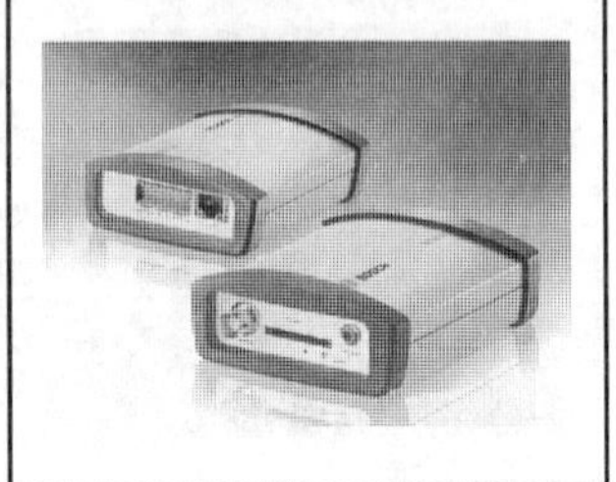

位于美国纽约和费尔波特的 Bosch Security Systems 公司，推出了一款单通道视频编码器可以将现有的模拟相机转化为强力的自动探测器。该款编码器提供 H.264 视频压缩，并且有提供智能视频分析功能的一个内置硬件加速器。VIP - XIXF 视频编码器能将 2 个独立的高分辨率的视频流以每秒 25 到 30 张图像的速度传送到 IP 网上。这一能力使得在不同的介质上实现同时录制两路视频流，且实现最高灵活性和冗余度。H.264 视频压缩能降低网络负载，并在提供高品质的视频图像的同时，降低储存空间和延迟。视频图像内容分析软件是内置于编码器中的，可以用来监测可疑情况，例如，闲逛人员、闲置物体、物体移除和越界等活动。

25. 名片打印机

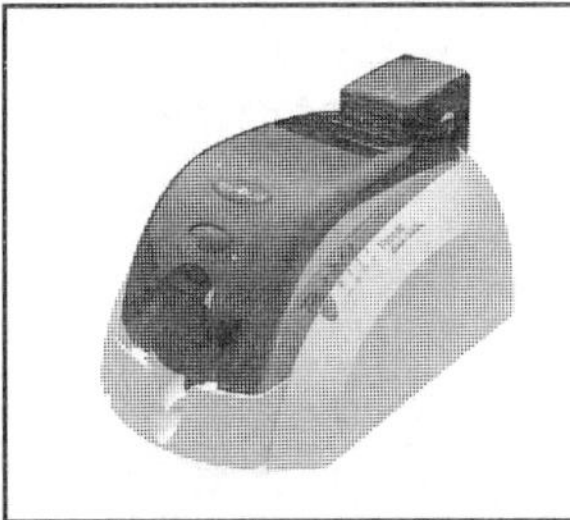

为了庆祝公司成立 10 周年，法国的 Evolis of Angers 公司推出了一款新的单面名片打印机。Pebble Black 型卡片打印机可以在打印前发出是否立即打印的询问。它提供了高质量的图像打印，每小时可以打印 150 张彩色或 1000 张黑白卡片。它支持磁卡条纹编码技术，以及触式和非触式智能卡。限量版打印机附带有电子媒体卡、先进的标志设计软件、消耗品（卡片和色带），还有 200 张 PVC 卡。

26. 以太网供电灯

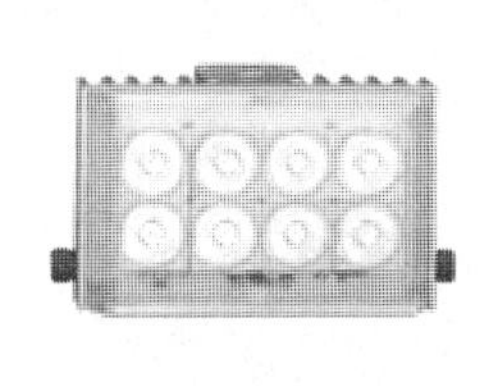

位于得克萨斯州糖城的 Illuminar 公司，现在供应以太网供电灯应用到室内室外的照明系统。白光 WL105 – PoE 型和红外 IR148 – PoE 型用于给电视监控系统照明。白光照明器可在一定范围、角度内覆盖不同的场景，并且白光覆盖最远距离为 115 英尺。人的肉眼是看不见红外线的，但是黑白昼夜摄像机却能看见一定范围内的红外线，且可视范围超过白光为 1050 英尺。所有的照明器都能防意外破坏，且能用于户外。坚固的外壳可以保证照明器免受恶劣天气和温度急速变化的影响。且照明器有保修期，为 5 年。

27. 高清摄像机

位于美国纽约州 Melville 的 Verint Systems 公司，推出了 Nextiva S5000 系列网络摄像机，支持 H. 264 压缩技术。摄像机能为慎重视频监控设备提供高效带宽管理和优质的画质。新型号产品包含了室外球机，这个球机能在恶劣气候和环境下提供多种分辨率。昼夜网络摄像机能用于室外和户外的监控。网络球机摄像机用于室内监控。所有摄像机安装方便，并且通过专有或第三方管理软件使管理变得更加简单。

28. 金属探测器

位于美国俄亥俄州 Twinsburg 的 CEIA USA 公司研发出了 SMD601 Multi – Zone 金属探测器，已经通过国家司法协会的 0601. 02 标准要求，国家司法协会的标准 0601. 02 是针对于对法律执行和惩教管理的敏感性、识别力和免疫力。它对环境干扰具有异常的免疫力，所以它可以轻松地被安装在任何地方。防止破坏公共财产行为的滥用和不必要的程序。全高型的灯条能够显示出过境中被检测的带金属群众的垂直位置，并能迅速得出结果。该技术能探测出藏在身上的物品，同时对身体也是无害的。

29. 化学侦测器

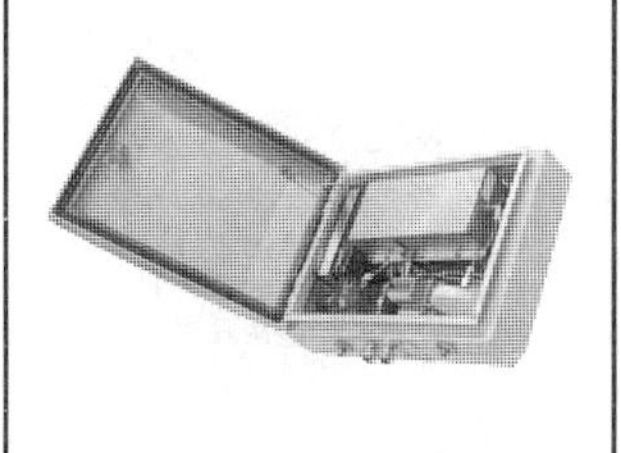

位于美国马里兰州阿宾登市的 Environics 公司，推出了一款名为 ChemProFX 的化学侦测器，持久性的安装和检测气体和蒸汽，提供了持续侦测化学战争物质（CWAs）和选定的有毒工业化学品。ChemProFX 界面简易、低资源安装，具有高灵敏度和较高的虚假警报抵抗功能。该设备能持续抽入气体样本并使用检测技术检测气体和蒸汽。ChemProFX 低消耗，使用寿命长且维护费用低。它体积小、外壳不显眼，且容易安装。它载入了一个化学品名单，当然也能自定义一个化学名单。

30. 声像相机

位于德国阿伦斯堡的 Basler Vision Technologies 公司推出了一款新型的固定式的半球形相机，配备了双向音频功能和一个新的多媒体视频处理器。双麦克风使得相机具有录音和喇叭功能，并作为公共广播系统能被连接到相机。相机具有防破坏的铝制外壳且能适合各种温度范围，且能安装在室外，并适应各种室外环境。所有功能通过以太网供电，包括风扇、加热器。箱式相机特点是也配备了 CCD 或 CMOS 传感器。

31. 人体扫描仪

位于美国马萨诸塞州沃本市的 Iscon Video Imaging 公司，专门为惩教机构推出了一款新型的红外成像系统，能够发现藏在衣服里或粘在身体上的违禁物品。只需要 30 秒就能对全身进行一次扫描，且不带辐射。它具有更精确的物理检查，影像显示隐藏的物体，包括手机、塑胶套、烟草、液体、粉剂、药丸、微小的金属物体。该系统可提供 3 种配置，可以一起也可以单独的进行全身检查。ISCON 1000 D 型全身扫描成像系统对身体进行四个方面的扫描，且只需要 30 秒。这 GameChangeIR 是一种便携式系统，适合放在一个小手提箱里，以便于在任何地点使用。迷你门户身体全身扫描成像提供在一个狭小的空间里。迷你型成像扫描系统能在有限的空间对全身进行扫描。

32. 网络摄像机

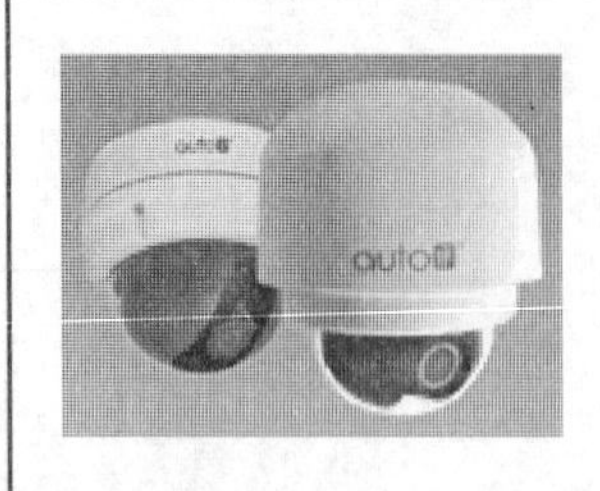

位于美国得克萨斯州卡罗敦市的 GVI Security 公司，推出的一款摄像机能在苛刻的光照条件下提供 1.3 兆像素的视频。这款相机拥有一个先进的 1/3 英寸的 CCD Ex－View－HAD 图像扫描传感器、红外截止滤光片、和宽动态范围的能力。在低数据率的情况下使用 H.264 视频压缩功能能得到高质量的视频。相机的防盗外壳提供了一个坚固的封装，以适应室内外的环境，并且内置加热器和风扇以便适应极端温度环境。以太网供电和自动对焦镜头的结合使得安装更加方便快捷，并且相机能兼容 autoNVR、razberi、autoIP 等软件。

33. 室外摄像机

位于美国康涅狄格州布卢姆菲尔德市的 Visonic Ltd. 公司，发布了它们的第一款户外 CAM4000 型 IP 相机。公司的 QuickFit 监控组件，包括 QuickFit 宽带适配器，已经被广泛的安装到中心站用于遥控观察是视频检查。CAM4000 是一个全功能的 WiFi/以太网相机，且包括一个红外线照明装置。它能与 PowerLink2 一起工作，或者独立的运行，就像一个单机或者相机系统。不需要以太网电缆，IP 相机安装到户外只需要一个 12 伏的电源。

34. 数字摄像机

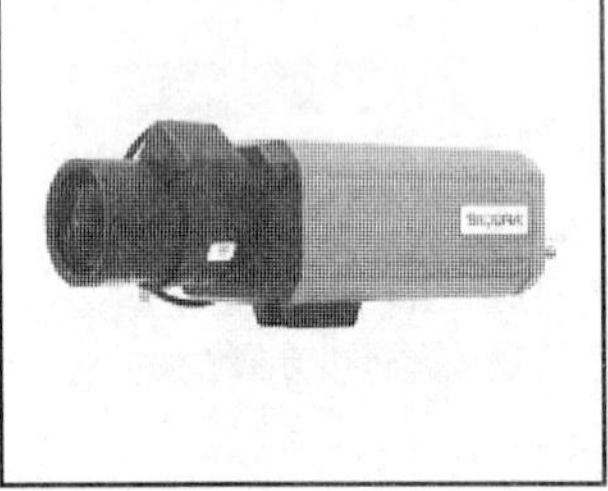

位于荷兰的 Siqura B. V. of Gouda 公司的摄像机，现在使用的是来自加州芒廷维尤市 Pixim Inc. 公司的海狼图像传感器。Pixim 的数字像素系统技术能够单独处理每个像素，所以相机具有出色的宽动态范围能力。Siqura BC14 相机有一个传统的箱式外壳。它不模糊、有 bloom 效果，或产生颜色像旧的 CCD 图像传感器的干扰，并表现良好，在昏暗的灯光下，提供真实的色彩还原。它能在交流或直流电下运行，它具有一个直观的屏幕显示界面优化成像控制和配置的功能，如隐私屏蔽。

35. 半球型摄像机

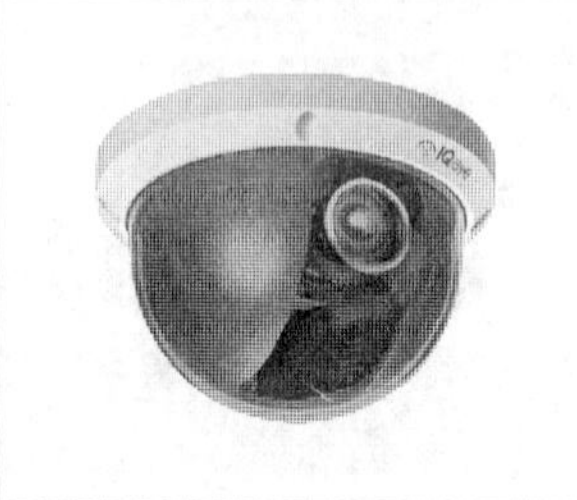

位于美国加利福尼亚州圣胡安卡皮斯特拉诺市的 IqinVision 公司，已推出百万像素的 Alliance－pro line 系列 H.264 Main profile 的防暴半球摄像机。相机使用最小的带宽提供高品质的图像。直观的设计、一个铰链式旋转罩、Ezglide 百万像素对焦镜头和一个 3 轴万向接头，使安装和维修更加方便。与 ONVIF 和物理安全互操作性协议规格相兼容，相机还提供双向音频、相机存储，并有 Lightgrabber 低光功能。

36. 太平门闩

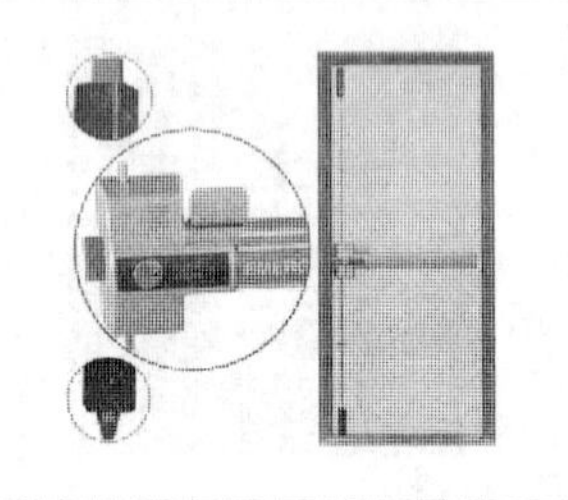

来自美国得克萨斯州新布劳恩费尔斯市的 Detex Corporation 公司的新的 230X 多点连接的安全门锁硬件，提供高强度和三个螺点的对企图入侵的额外保护。非常适合需要从破门而入的太平门闩和保护的后门，锁的设计与闭锁的框架比其他锁更深。连接杆是由实心金属制成，非常的牢固。易于安装，撤销安装也是符合安全的和规范的，并且有着太平门闩和入侵的屏障功能。

37. 充电电筒

位于得克萨斯坎普市的 Larson Electronics' Magnalight. com 公司供应 EXP - LED - 51 充电电筒——一个新的防爆充电 LED 手电筒，提供强光输出且坚固耐用，提供各种各样的照明方式。它产生 130 流明的照明，使用的一个使用寿命为 50000 小时的 C4 LED 灯泡。一个双开关设计，提供高、低和昏暗模式的操作功能。充一次电可使电筒强光照射四个小时或长达 480 小时的在昏暗模式下的照明。充电装置可安装在墙壁或其他平面上。每个手电筒包括两个座充和两个线冲，一个 120 伏的墙上插头和一个 12 伏点烟器插头。

38. 安全软件（PSIM）

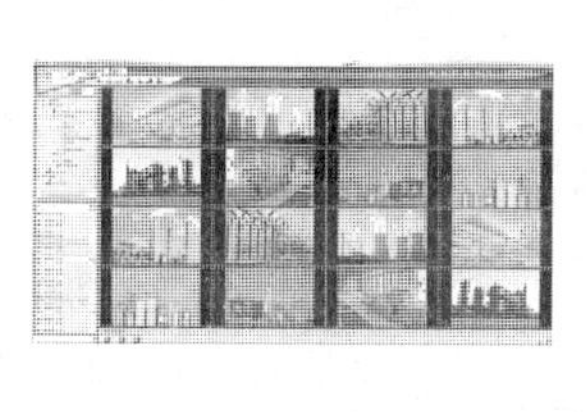

位于美国纽约梅尔维尔的 Verint Systems Inc 公司，推出了一个物理信息安全管理平台（PSIM），从各类安全和公共安全系统收集信息，包括访问控制、视频、入侵和消防系统，并且允许对来自单独区域的系统进行管理。当其集成了 Nextiva 视频管理软件后，用户可以协调、关联和分析信息，以确定适当的应对方案。视频管理软件集成了为零售、金融、企业和重要要基础设施应用而设计的分析功能。直观的用户界面，优化了视频可视效果和提高了使用者的工作效率。此外，Nextiva 零售贸易的分析可以预防损失和为市场和营销资源提供安全解决方案。

39. D3 智能门户软件

位于加拿大哥伦比亚省温哥华市的 D3 Security Management Systems, Inc. 公司，引进了一个知识管理系统——D3 安全信息化门户。它提供了一个用于存储的中央区，检索，传播和共享重要的安全信息，并作为一个综合的、安全的接入点提供的信息，警报、培训、紧急联络，和程序。它操作容易，所以人们可以轻松地搜索和分享知识。它完全集成了该公司的事故报告、调度、个案管理、门卫管理系统。

40. 视频地图

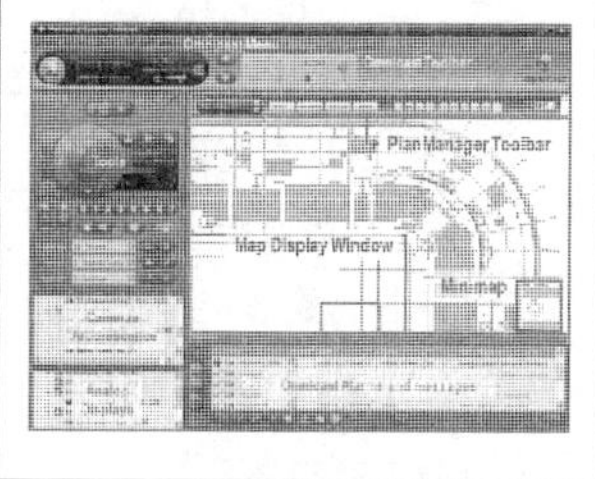

位于加拿大蒙特利尔市的 Genetec 公司，为其 Omnicast IP 视频监控系统开发了基本的地图控制功能。使用计划管理功能，使用者可以创造和整合地图进入监控系统。他们能即时访问和操作各种图形实体，例如热点、地图链接、最受欢迎的景点、摄像机等。报警管理功能使操作者能通过地图找到警报发生的位置；当一个警报被触发，当使用者注意到报警或者点击闪烁的区域时，地图将自动标出报警的中心地带。其他特点功能包括导航工具、视图模式选择、先进的搜索能力、指令文件和第三方的系统集成。

41. 访问控制软件

位于苏格兰爱丁堡的 IndigoVision 公司，升级了他们的 Cardex 集成模块，这样就能在 Cardax FT 指挥中心查看视频，也就是公司的中央管理工具。在线视频流经过 IP 网络并通过特定的相机来响应一个事件或警报。视频可应用于集成或识别，并且操作员可以通过在线视频来比对持卡人的形象进行比对。Cardax 模块是 23 个模块之一，允许无缝集成且通过 IP 网来实现访问控制、防盗报警、程序控制、电子销售点等功能。

42. 访问控制系统

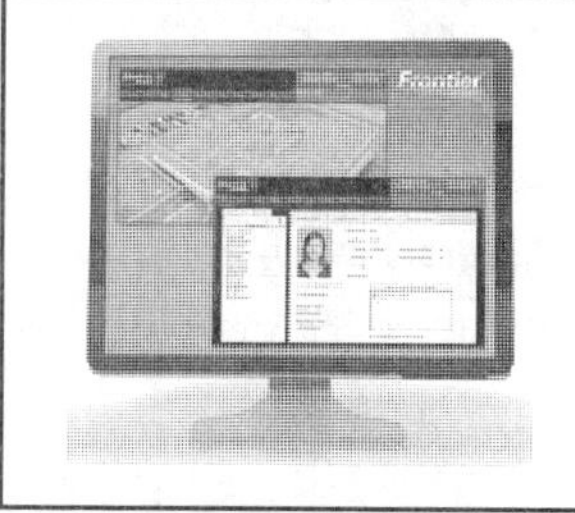

位于美国俄亥俄州迈阿密斯堡的 Matrix Systems 公司，提供前沿领域的开放式构架的控制软件，且能与领先的子系统制造商兼容，包括 Mercury Security 和 HID。拥有特色的系统且能兼容旧的系统，提供基础网站浏览和服务器浏览的选项技术。它可以整合在访问控制、时间和考勤、报警管理、巡更、访客管理，视频监控和其他安全技术。它的每个处理器可以最大支持 128 个读卡器，并能扩展到任何数量的出入口、读卡器、持卡人。这是公司对系统支持的保证。

第五节　国外安防展会信息

展会名称	时间	地点
2011 年中东国际安防设备与技术展览会（Intersec Middle East）	2011 年 1 月 16 ~ 18 日	阿联酋迪拜
2011 年西非国际安防、消防科技及产品大展	2011 年 2 月 15 ~ 16 日	尼日利亚拉各斯
2011 年俄罗斯莫斯科国际安防展（SST - 2011）	2011 年 2 月 15 ~ 18 日	俄罗斯莫斯科
2011 年阿布扎比国际防务展	2011 年 2 月 20 ~ 24 日	阿联酋阿布扎比
2011 年乌克兰基辅国家安防工业安全及消防科技大展	2011 年 2 月 23 ~ 26 日	乌克兰基辅
2011 西班牙国际劳保、消防、安防展览会（SICURO）	2011 年 3 月 2 ~ 5 日	西班牙马德里
2011 年日本国际安防展	2011 年 3 月 8 ~ 11 日	日本东京
2011 年新加坡国土安全展	2011 年 4 月 5 ~ 7 日	新加坡
2011 年美国国际保安产品展览会（2011 ISC WEST）	2011 年 4 月 6 ~ 8 日	美国拉斯维加斯
2011 年第九届墨西哥国际安防产品展览会（EXPO SEGURIDAD 2011）	2011 年 4 月 12 ~ 14 日	墨西哥墨西哥城
2011 年墨西哥墨西哥城国际安防及防护展（ESM & MSE 2011）	2011 年 4 月 21 ~ 23 日	墨西哥墨西哥城
2011 年俄罗斯莫斯科国际公共安全产品展览会（MIPS 2011）	2011 年 4 月 24 ~ 26 日	俄罗斯莫斯科
2011 年第 7 届莫斯科国际智能卡 & 信息安全博览（Cardex & IT Security 2011）	2011 年 4 月 26 ~ 29 日	俄罗斯莫斯科
2011 年英国国际安全与消防技术及设备展览会（IFSEC 2011）	2011 年 5 月 16 ~ 19 日	英国伯明翰
2011 年第七届巴基斯坦国际消防及安全展	2011 年 5 月 17 ~ 19 日	巴基斯坦卡拉奇
2011 年俄罗斯国际综合安防展（ISSE 2011）	2011 年 5 月 17 ~ 20 日	俄罗斯莫斯科
2011 年巴西国际安全展览会（EXPOSEC）	2011 年 5 月 24 ~ 26 日	巴西圣保罗
2011 年韩国汉城国际安全科技专业大展	2011 年 6 月 7 ~ 9 日	韩国首尔
2011 年韩国首尔国际安防展（SecurityWorld Expo）	2011 年 6 月 16 ~ 18 日	韩国首尔
2011 年南非约翰内斯堡国际安防展（IFSEC South Africa 2011）	2011 年 6 月 19 ~ 21 日	南非约翰内斯堡
2011 年韩国安全与劳保用品展	2011 年 7 月 4 ~ 7 日	韩国首尔
2011 年阿根廷安全设备展（seguriexpo bisec）	2011 年 7 月 6 ~ 8 日	阿根廷布宜诺斯艾利斯
2011 年印度尼西亚（雅加达）国际消防展	2011 年 7 月 14 ~ 16 日	印度尼西亚雅加达
2011 年越南国际安全及消防设备展览会	2011 年 8 月 24 ~ 26 日	越南胡志明市
2011 年澳大利亚悉尼国际安防展（Security 2011）	2011 年 8 月 24 ~ 26 日	澳大利亚悉尼
2011 年俄罗斯消防展	2011 年 9 月 13 ~ 16 日	俄罗斯莫斯科
2011 年泰国国际安防设备与技术展览会	2011 年 9 月 15 ~ 17 日	泰国曼谷
2011 年第 15 届土耳其伊斯坦布尔国际安全科技消防暨职工安全大展	2011 年 9 月 22 ~ 25 日	土耳其伊斯坦布尔
2011 年伊朗国际安防展	2011 年 9 月 26 ~ 29 日	伊朗德黑兰
2011 年第 11 届亚洲（新加坡）国际安防及防护展览会（SSA）	2011 年 10 月 12 ~ 14 日	新加坡
2011 年阿塞拜疆国际安防展	2011 年 10 月 19 ~ 22 日	阿塞拜疆巴库
2011 年乌克兰国际安防暨消防工业展	2011 年 10 月 25 ~ 28 日	乌克兰基辅
2011 年美国安全及劳保用品展览会（NSC）	2011 年 10 月 28 日至 11 月 1 日	美国圣地亚哥
2011 年美国纽东部安防展览会	2011 年 11 月 2 ~ 3 日	美国纽约
2011 年第五届乌兹别克斯坦中亚国际安防展（CAIPS）	2011 年 11 月 2 ~ 5 日	乌兹别克斯坦塔什干
2011 年第五届印度尼西亚国际国防工业展（INDO DEFENCE 2011）	2011 年 11 月 7 ~ 10 日	印度尼西亚雅加达
2011 年第二十届圣彼得堡国际安防展（SFITEX 2011）	2011 年 11 月 15 ~ 18 日	俄罗斯圣彼得堡
2011 年阿拉伯国际安防、消防及工业安全科技展	2011 年 11 月 20 ~ 22 日	沙特利雅得
2011 年印度国际安全科技、消防及保安产品展览会（IFSEC India 2011）	2011 年 12 月 8 ~ 10 日	印度新德里
2011 年第八届开罗国际安全专业科技大展	2011 年 12 月 10 ~ 13 日	埃及开罗

后　记

《中国安全防范行业年鉴》是国内唯一的一本由公安部行业主管机构支持、中国安全防范产品行业协会编制的权威出版物。

在《中国安全防范行业年鉴》2011 版（以下简称《年鉴》）编辑过程中，协会领导专人负责，组成编辑组，多次组织召开会议，广泛征求各方面的意见，在认真研究总结十年来《年鉴》编辑工作经验的基础上，调整并确定了 2011 版《年鉴》的基本框架结构，使之总体编排更加合理、资讯内容更加丰富、信息检索更加便捷，力图使其成为中国安防行业从业单位和人员之间相互交流的平台，中国社会各界以及世界各国安防行业了解中国安防行业的窗口。

《年鉴》的编纂工作于 2011 年 12 月正式启动，本版是《年鉴》的第十版。2012 年 3 月末，在收到来自公安部科技信息化局、各省公安厅技防管理部门、各地安防协会、全国安全防范报警系统标准化技术委员会、公安部特种警用装备标准化技术委员会、中国安全技术防范认证中心、国家安全防范报警系统产品质量监督检验中心（北京、上海）等单位的积极供稿后，编辑组经过 3 个月紧张有序的编辑，于 6 月份总纂合成，之后通过专家委员会将部分文稿分发至行业专家及相关专业人士进行了函审，在吸收了相关专家的建议后，7 月下旬将《年鉴》2011 版文稿提交编委会成员进行审定。经过几轮的修改和编辑，《年鉴》交由中国人民公安大学出版社正式出版发行。

为本书提供稿件的单位有：

公安部科技信息化局安全技术防范工作指导处
北京市公安局内部单位保卫局保安和技术防范管理支队
上海市公安局安全技术防范办公室
天津市公安局安全技术防范管理办公室
重庆市公安局技术防范管理办公室
河北省公安厅安全技术防范管理办公室
山西省公安厅安全技术防范管理办公室
内蒙古自治区公安厅公共安全技术防范管理办公室
辽宁省公安厅科技处
吉林省公安厅安全技术管理办公室
黑龙江省公安厅安全技术防范管理办公室
江苏省公安厅技术防范管理办公室
浙江省公安厅科技通信管理局
安徽省公安厅安全防范技术管理办公室
福建省公安厅科技通信处
江西省公安厅技防办
湖北省公安厅安全技术防范管理办公室
湖南省公安厅技防管理工作办公室
山东省公安厅科技处
河南省公安厅安全技术防范管理办公室
广东省公安厅安全技术防范管理办公室
海南省公安厅科技技术管理科
广西壮族自治区安全技术防范管理办公室
四川省公安厅安全技术防范管理办公室
贵州省公安厅科技信息通信处
云南省公安厅科技信息化处
西藏自治区安全技术防范管理办公室
陕西省公安厅安全技术防范管理办公室
甘肃省公安厅科技处安全技术监督科（技防办）
青海省公安厅安全技术防范管理办公室
宁夏回族自治区公安厅安全技术防范管理办公室
新疆维吾尔自治区公安厅治安管理总队基层基础处（技防办）

全国安全防范报警系统标准化技术委员会
公安部特种警用装备标准化技术委员会
中国安全技术防范认证中心
国家安全防范报警系统产品质量监督检验中心（北京）
国家安全防范报警系统产品质量监督检验中心（上海）
北京安全防范行业协会
上海安全防范报警协会
天津市公共安全技术防范行业协会
重庆市公共安全技术防范协会
安徽省安全技术防范行业协会
福建省安全技术防范行业协会
江西省安全技术防范行业协会
山东省公共安全技术防范协会
湖北省安全技术防范行业协会
湖南省安全技术防范协会
广东省公共安全技术防范协会
海南省安全技术防范行业协会
四川省社会公共安全行业协会

河北省安全技术防范学会
内蒙古自治区公共安全技术防范行业协会
辽宁省社会公共安全产品行业协会
吉林省社会公共安全产品行业协会
黑龙江省社会公共安全产品行业协会
浙江省安全技术防范行业协会
贵州省安全技术防范行业协会
云南省安全技术防范协会
陕西省安全防范产品行业协会
甘肃省安全技术防范协会
青海省公共安全技术防范协会
新疆维吾尔自治区安全技术防范行业协会

参与审改稿件的协会专家委员会专家有：（按姓氏笔划排序）

万新宇　王　梅　王同臻　王衍德　王渊峰　卢鑫法　巩宪国　刘立平　刘剑锋　刘晓新　许君淮　孙　非
牟晓生　杜　强　李加洪　李洪滨　杨　英　杨官贵　邱日祥　余凌云　沈伟斌　陈家友　陈惠民　周东培
周金良　庞惠民　郑小平　赵　源　胡志昂　胡瑞敏　施巨岭　顾　杰　徐　律　曹中伟　曹国辉　彭　华
蒋秀德　韩锦坤　谢福元　鲍逸明　戴　林

以上人员及单位的通力协作在《年鉴》的编写过程中发挥了重要作用，为《年鉴》的顺利出版做出了突出贡献。在《年鉴》付梓之际，我们谨向所有关心、支持《年鉴》编写工作的领导、专家、机构、协会、企业及编撰人员表示衷心的感谢并致崇高的敬意！

《年鉴》编辑组
二〇一二年九月六日

博克电子
BECK ELECTRONIC
让门控创造安心

彩页目录 Content

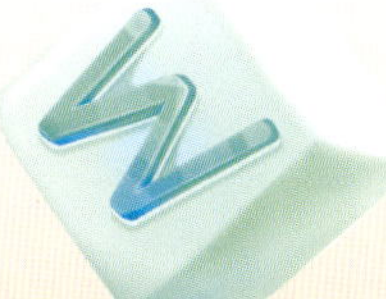

济南晨光安防用品市场

济南晨光安防用品市场是由济南晨光纸业有限公司主办，由济南晨安商贸有限公司经营管理，投资800万元兴建的专业安防用品市场。由济南市公安局、济南市质量技术监督局、天桥区工商局监管的目前全国规模最大的安防市场。是济南市安防协会副理事长单位，中国安防协会理事单位。2007年被中国质量万里行山东市场调查部确定为调查、调研基地。

济南安防用品市场于2000年创建以来，经过多年的艰苦创业和不懈的努力，目前已有盼盼、飞云、铸城、飞乐 、美心、王力、新多、群升、开喜、盛富来、金大、星月神、飞鹰、立林、赛克新威等100多家知名品牌的产品入住市场。市场凭借其规范的管理，使入住市场的生产商和经销商在此获得了良好的经济效益和社会效益，赢得了广大消费者的认可。是山东省安防产品的主要集散地，在华东地区和全国都有一定的影响。

济南晨光安防用品市场自开业以来在省公安厅、市公安局技防办、市质量技术监督局、市工商和中国安防协会的指导下，市场得到了健康快速的发展。在全国安防行业有较大的影响。中国安防协会的两任理事长曾多次到济南晨光安防用品市场视察指导工作，对市场所取得的成绩给予了充分的肯定。2003年以来晨光安防用品市场先后五次被评为济南市规范化文明市场，2007年被山东省精神文明办公室、山东省工商管理局评为山东省规范化文明市场。2008年济南晨安商贸有限公司被山东省消费者协会等十四家单位评为山东省消费者满意单位。2011年10月被全国产业发展调研工作组、中国商贸流通协会、中国商业零售协会、2011全国商贸流通经济山东峰会授予全国“安防用品三十强市场 、全国规范化五星示范市场”荣誉称号。

济南晨光安防用品市场现有营业面积8000多平方米，仓储面积7000多平方米，市场总占地面积30000多平方米。市场南侧是晨光物流市场周边是成熟的商业群。北邻济南长途汽车总站，南距火车站不足一公里，地理位置十分优越。今年市场再次扩建改造新增营业面积3000平方米目前正火热招商中。

欢迎全国各地的防盗门、室内门、实木门、卫浴门、电子监控、楼宇对讲、锁具、保险柜、消防器材等安防产品的生产商、经销商入住本市场，共图事业的发展。

董事长张增福

携全体员工

欢迎您的光临

地址：山东省济南市济洛路158号

邮编：250031　电话：0531—88321781

网络化银行联网报警视频监控平台

优网通国际资讯（北京）有限公司结合数字化监控平台多年的行业经验，充分了解现代银行业需求，凭借着雄厚的研发实力，自主开发了面向银行业的视频监控系列产品，建构网络化多级联的联网报警视频监控平台，符合国标GB/T 16676–2010《银行安全防范报警监控联网系统》的技术规范，具有完整《银行安全防范报警监控联网应用解决方案》的相关产品，现已在几家银行使用。另外，本公司的“智能数字联网监控平台”已在各种中、大型视频监控项目中得到应用，稳定度及效能已经获得市场认同。

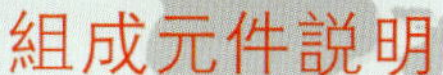

集中监管平台管理软件

嵌入式的网络视频监控主机

视频智能分析设备

录像储存设备

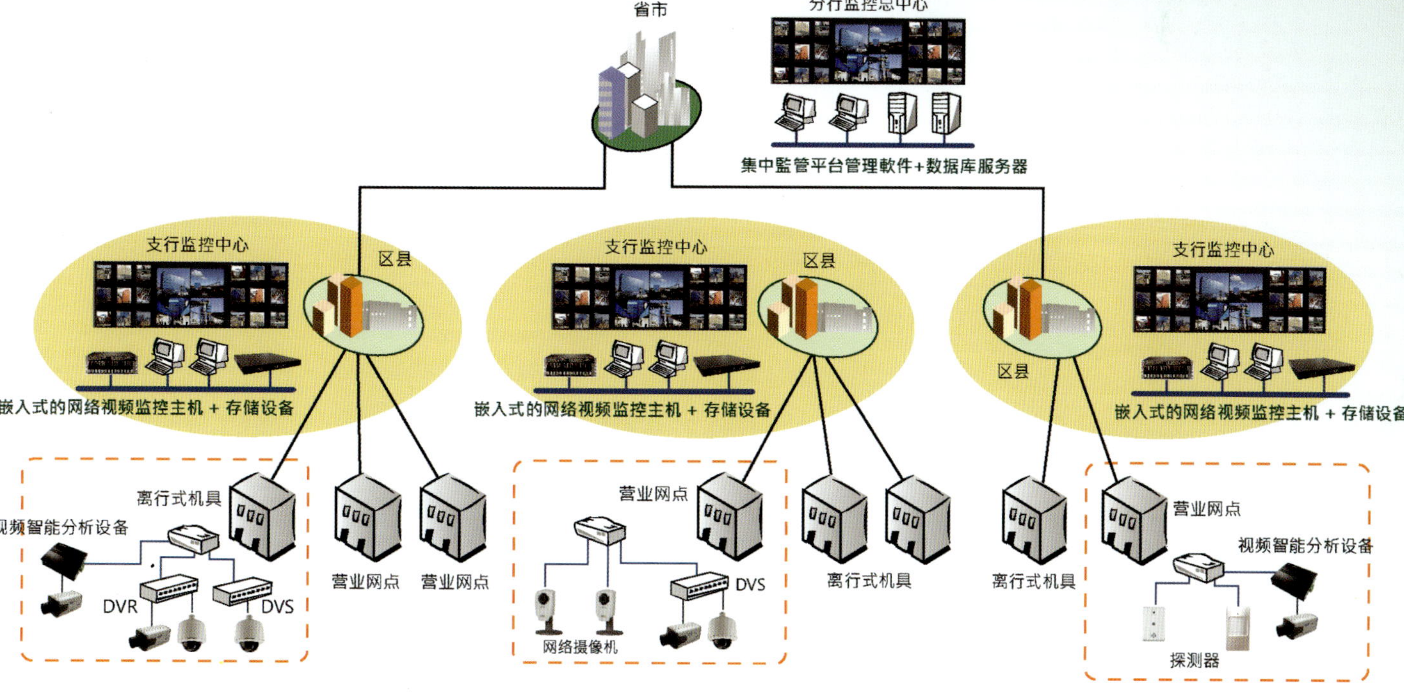

解决方案提供哪些效益

1.建构高实时性、高机动性及高效率的银行专业安防监控系统 将省市范围内所有的营业网点、自助银行、离行式ATM、金库以及办公楼的本地安防监控视频，通过联网实现视频，报警，录像的集中处理。

2.通过图像智能分析，提高无人值守自助银行、离行式ATM，金库等设施的安全等级。

3.提供多种面向银行的专业警报及预案管理，通过事件分析模块帮助银行保卫掌握报警发生的原因并提供快速处理策略。

4.提供视频接口与其它业务整合，可便捷的扩展为内部管理及稽核平台。

※诚征有意成为本公司在中国大陆各省之代理商

优网通国际资讯（北京）有限公司
上海市普陀区中江路 879 弄 3 号楼 303 室(上海天地软件创意区)
Tel:(86)021-54260808, 52837088, 52837089
Fax: (86)21-52837087

www.unisvr.net.cn

Ragile 睿捷
view infinity

High Definition Camera

高清数位影像实时传输

- 符合SMPTE广播技术规格
- 零延时的影像实时输出
- 百万画素无损画像编码技术
- 视频/声音/控制单轴线缆传送
- 界面:光纤/同轴线/HDMI/DVI

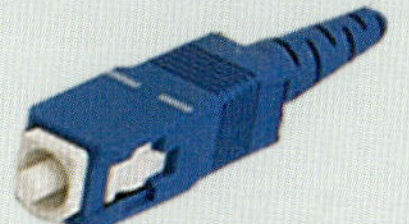

影像强化增强功能

三维降噪技术

即数位降噪技术，消除或减少图像中的杂讯，保持图像的解像度，在低照度的环境下拍摄，可取得良好的S/N比。

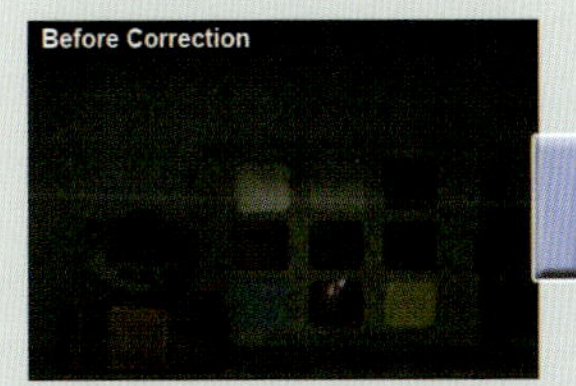

高亮抑制

可自动抑制光圈及增益过度曝光部分，减少场景过度饱和区域，增加亮区的清晰度。用于地下停车场、逆光等环境。

高动态

也称作ATR（适应性色调复制）或HDR（高动态范围），可抑制过度曝光区域的影像，并同时提高图像中过暗de部分，使图像可完整清晰。

透雾

在低对比的环境条件下，籍由伽玛校正，提高及强化图像内细节，在雾、雪及烟雾中拍摄也能清楚呈现。

日食

可自动遮蔽过度饱和的区域，以增加高亮区周围的可辨识度。适用于路口及车道等。

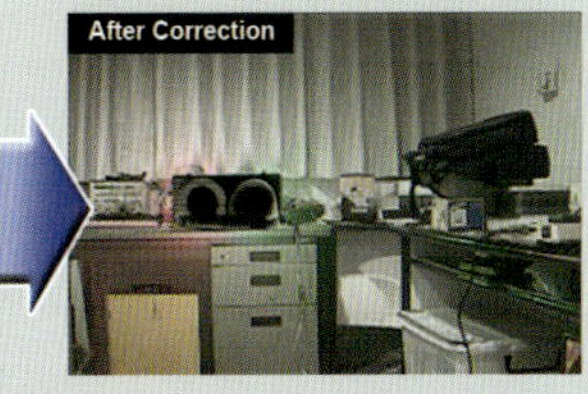

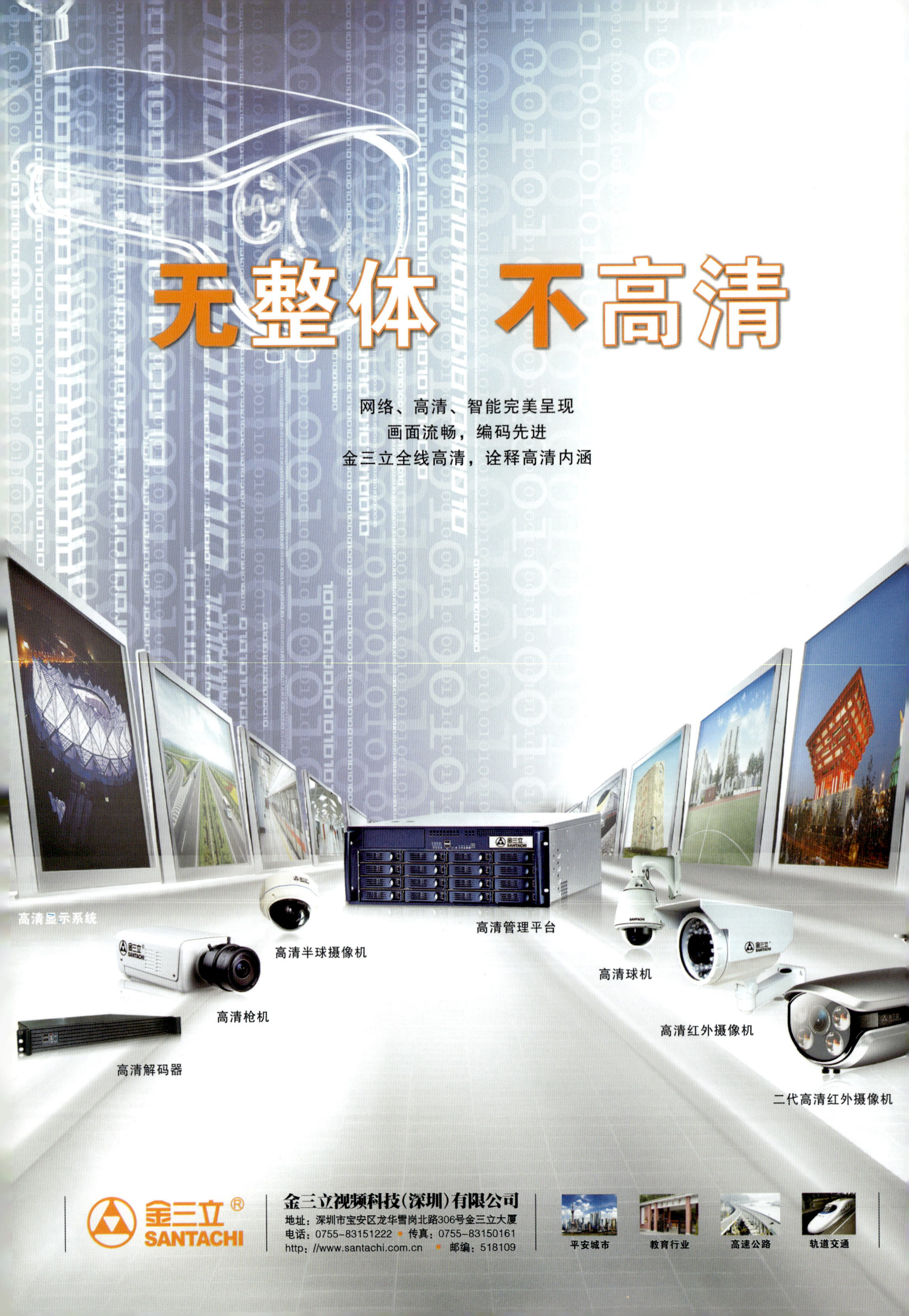
无整体 不高清
网络、高清、智能完美呈现
画面流畅，编码先进
金三立全线高清，诠释高清内涵
高清显示系统
高清半球摄像机
高清管理平台
高清枪机
高清球机
高清解码器
高清红外摄像机
二代高清红外摄像机
金三立®
SANTACHI
金三立视频科技(深圳)有限公司
地址：深圳市宝安区龙华雪岗北路306号金三立大厦
电话：0755-83151222 传真：0755-83150161
http://www.santachi.com.cn 邮编：518109
平安城市
教育行业
高速公路
轨道交通

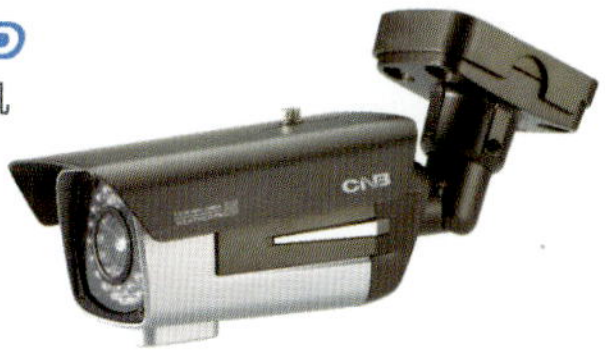

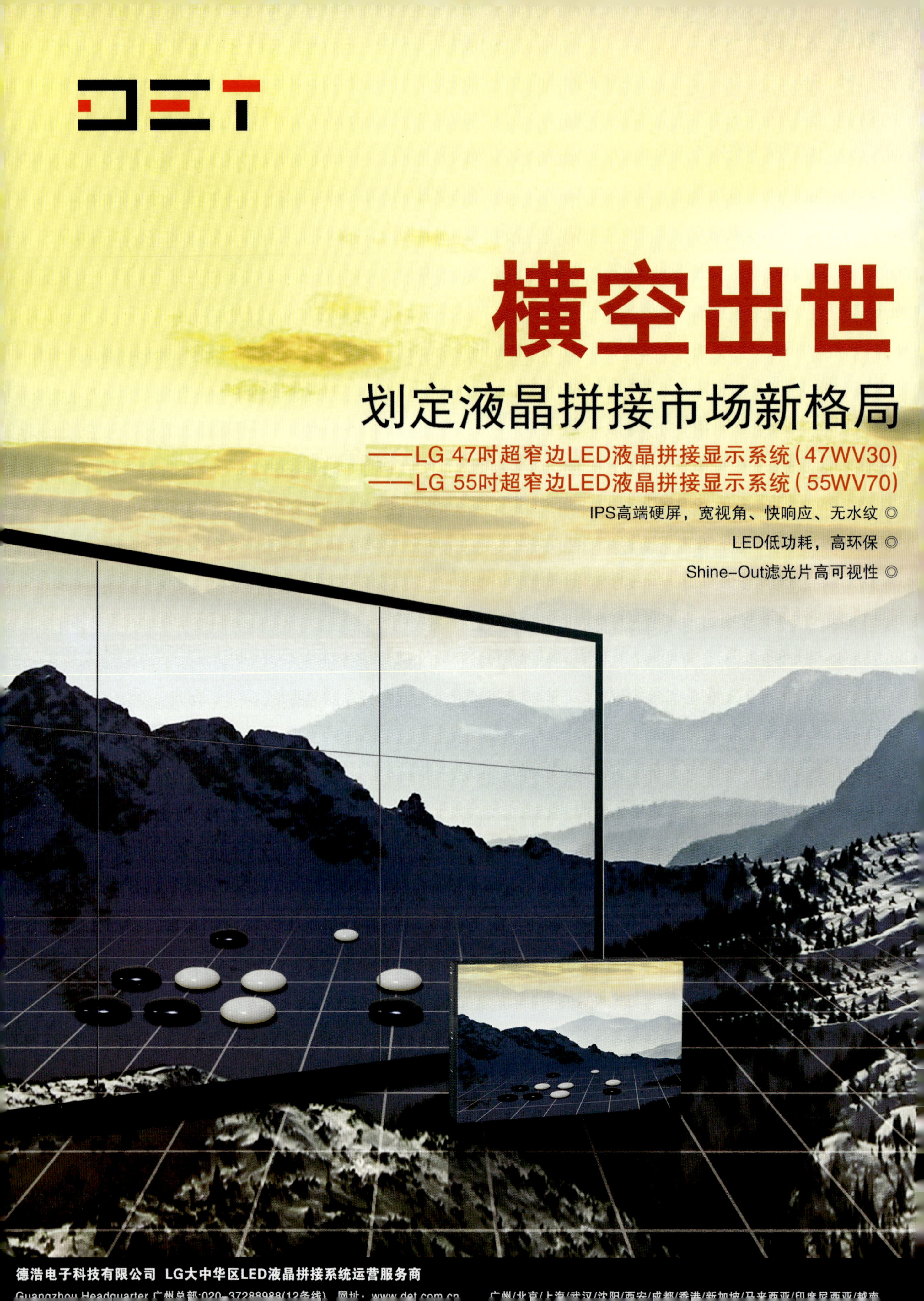
DET
横空出世
划定液晶拼接市场新格局
——LG 47吋超窄边LED液晶拼接显示系统(47WV30)
——LG 55吋超窄边LED液晶拼接显示系统(55WV70)
IPS高端硬屏，宽视角、快响应、无水纹 ◎
LED低功耗，高环保 ◎
Shine-Out滤光片高可视性 ◎
德浩电子科技有限公司 LG大中华区LED液晶拼接系统运营服务商
Guangzhou Headquarter 广州总部:020-37288988(12条线) 网址：www.det.com.cn
广州/北京/上海/武汉/沈阳/西安/成都/香港/新加坡/马来西亚/印度尼西亚/越南

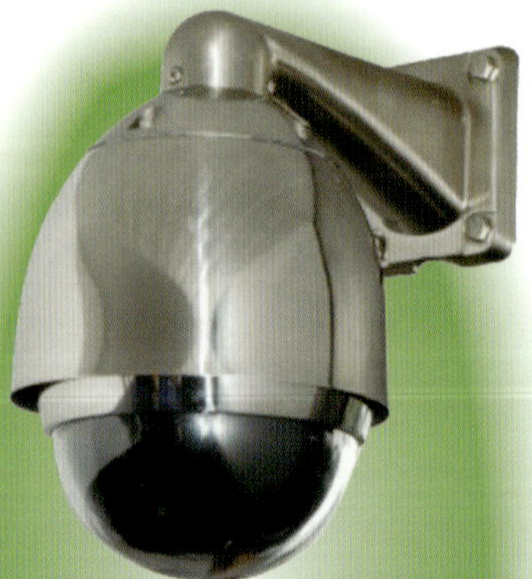

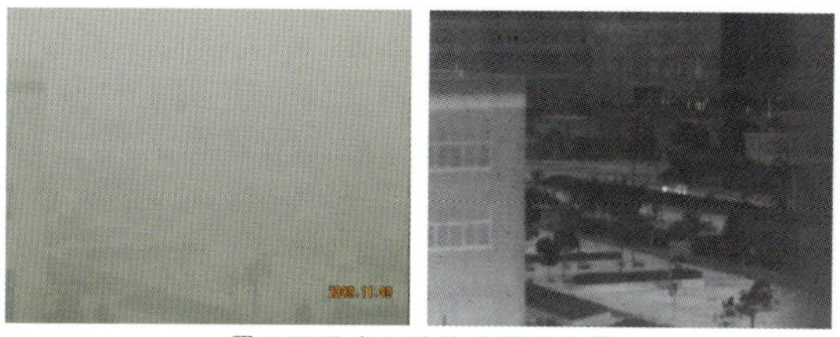

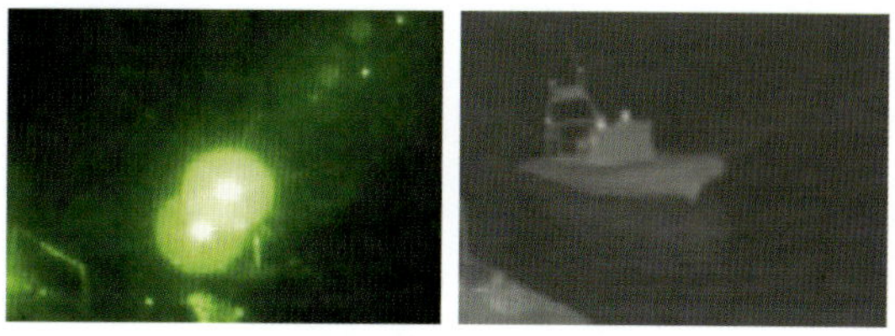

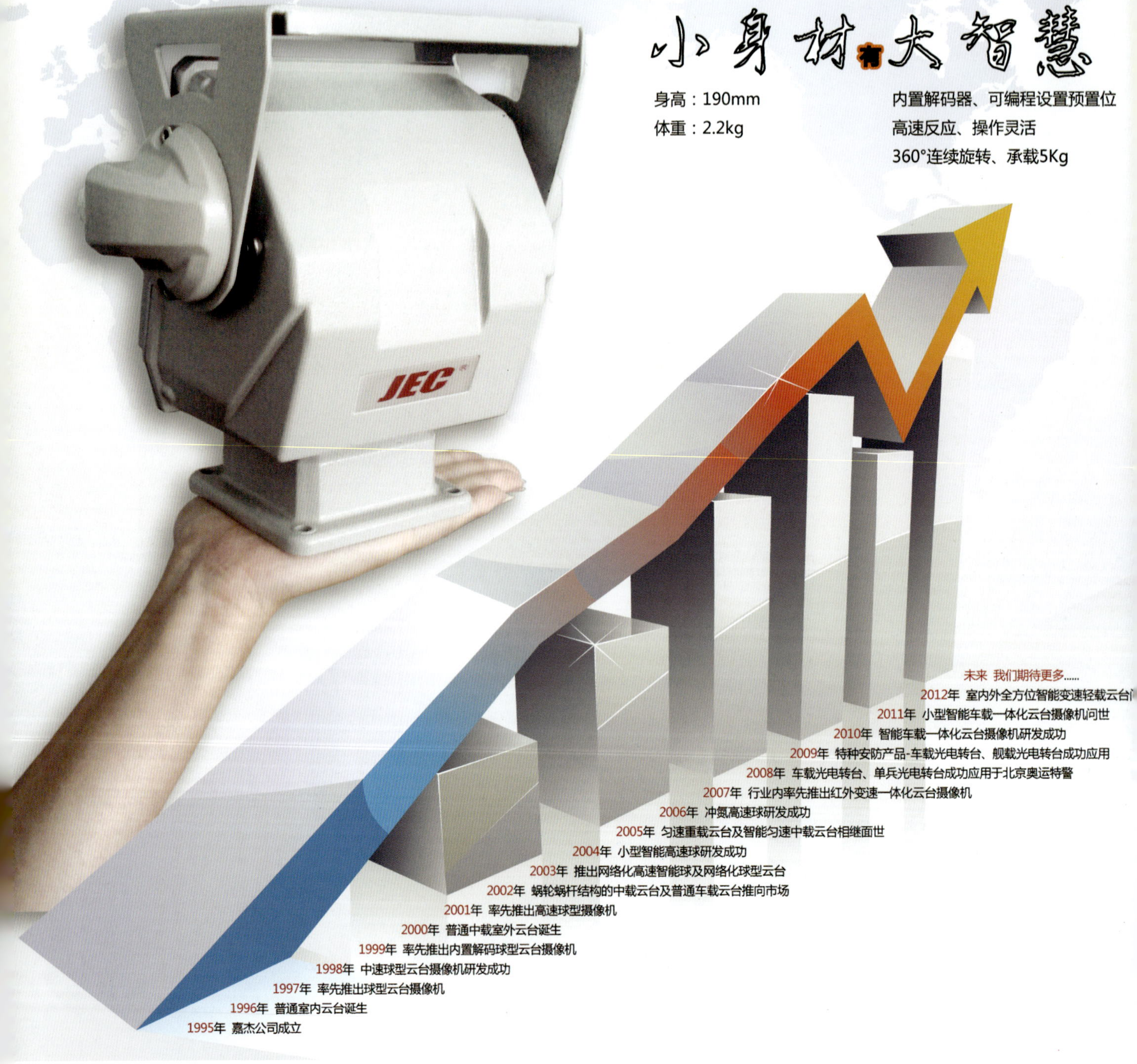

Honeywell

区域联网报警中心数字化解决方案的首选合作伙伴

联网报警中心

中心接警管理软件
CMS Center

网络接警中心主机
IP Receiver

电话接警中心主机
Mx8000

RS-232

RS-232

PSTN 电话线报警

TCP/IP 网络报警

Ethernet TCP/IP

网络接口模块
IPM-Vista

网络接口模块
IPM-Vista

网络接口模块
IPM-23

无线网络模块
MCM-Vista

无线网络模块
MCM-Vista

无线网络模块
MCM-23

Vista-120/250
报警主机

Vista-10P/20P
报警主机

23系列
报警主机

红外对射
探测器

双鉴
探测器

玻璃破碎
探测器

双鉴
探测器

烟感
探测器

紧急按钮

震动
探测器

门磁开关

全新数字接警机-安全高效，容易使用，超大接警容量

使用界面和现有主流接警软件界面完全一致。用户几乎无须任何培训即可将网络成功升级为数字化报警网络，或建成数字模拟报警网络双备份；采用Linux操作系统和银行卡级安全加密技术，较现有的电话线报警方式更加安全并可有效防止网络病毒和黑客的侵袭；带有心跳功能，能定期发送检测脉冲给移动模块或者网络模块，提供类似专线功能，一旦断线即刻报警。

移动报警模块MCM

MCM-23支持236, 238, 2316全系列报警主机；MCM-Vista支持Vista 120, 250全系列报警主机；通过专业测试，性能稳定，无缝连接霍尼韦尔报警主机；自带四个防区组成简单的报警系统，适合小规模用户的使用而无需另配报警主机；支持报警主机通过无线网络GSM/GPRS向接警机报警及发送报告；提供短信息提醒，支持两个手机用户号码，用户个人可及时获取警情报告；高可靠性：提供备用电池和电量指示，可存储1000条报警信息；安装简便灵活，具备防拆报警功能。

网络报警模块IPM

23IPM支持236, 238, 2316全系列报警主机；IPM-Vista支持Vista120, 250全系列报警主机；通过专业测试，性能稳定，无缝连接霍尼韦尔报警主机；配合数字接警机组成数字联网报警系统，安全高效，容易使用；带心跳功能，提供类似专线功能，一旦断线即刻报警。

霍尼韦尔(中国)有限公司 北京：010-6410 3000 上海：021-2219 6888 深圳：0755-2518 1226 成都：028-8678 8013
霍尼韦尔安防集团中国区客户服务热线：400-8800-330 中文网站：www.cn.security.honeywell.com
电子邮箱：security.cn@honeywell.com 新浪官方微博：weibo.com/honeywellsecurity

Longhorn

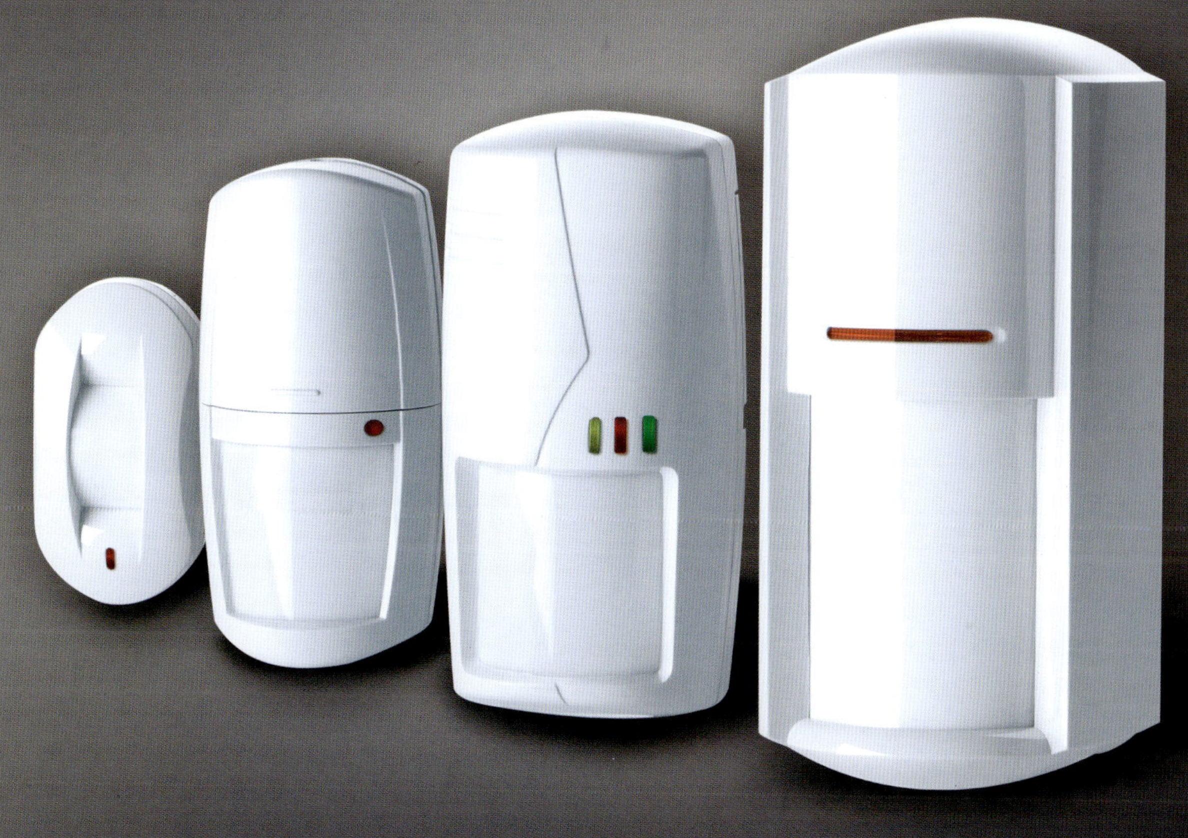

公司简介

成都亚光电子股份有限公司的前身为国营亚光电工厂，是原电子工业部属大型军工企业，经改制成立成都亚光电子股份有限公司。现为中航工业下属控股企业。

成都亚光电子股份有限公司为我国的“两弹一星”、电子对抗、遥感遥测、神舟飞船等高科技领域做出过重要贡献。上世纪80年代，亚光电子响应“军转民”的号召，进入当时国内外处于空白的安全防范行业，继承和发扬军工企业的技术优势，自主研发生产防盗报警、视频监控、门禁控制器等系列产品，广泛应用于安全防范系统中。

成都亚光电子股份有限公司是中国安全防范产品行业协会副理事长单位，全国安全防范报警系统标准化技术委员会委员单位，部分产品获得中国安全防范产品行业协会授予2009-2010年“平安城市建设推荐优秀安防产品”称号。

成都亚光电子股份有限公司立足三十年的安防产品研发、应用经验，通过自主研发、技术引进、代理国际知名品牌产品等形式，以自身特色产品和各种技术防范系统周边设备，构建入侵报警产品、系统，为各行各业提供专业的安防产品和应用方案。

TC-10C微波入侵探测器
• 高可靠、无漏报

LD-3 联动控制箱
• 标准接口、适应性强

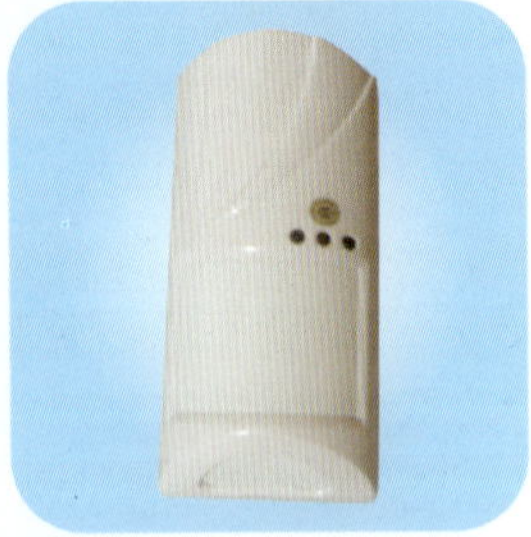
TC-303智能三鉴入侵探测器
• 智能化、动态阀值调节

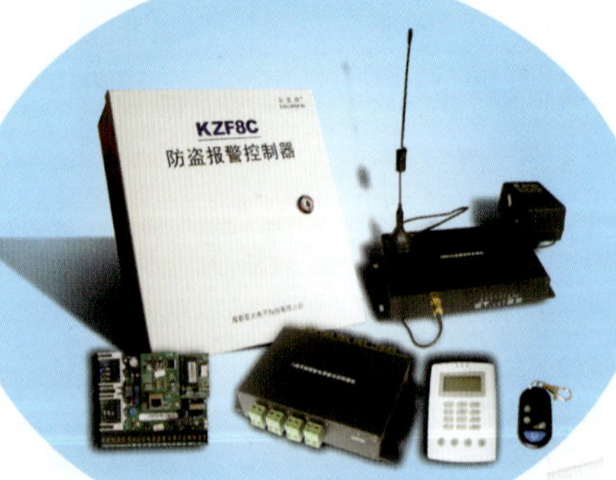

WY-100微音监听器
• 高保真、低噪声

LED 安防报警灯
• 照度均匀、寿命长

ZD-76遮挡式微波入侵探测器
• 微波墙、立体防范

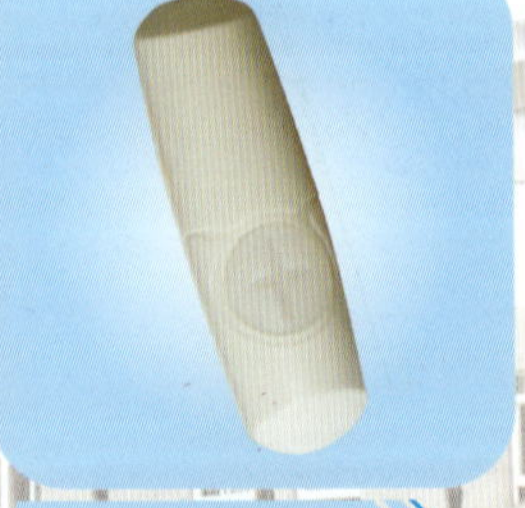
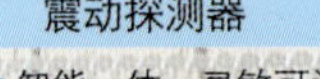
震动探测器
• 智能一体、灵敏可调

成都亚光电子股份有限公司
CHENGDU YAGUANG DIANZI GUFEN CO., LTD.
邮编：610051　Http:www.chinayaguang.com
地址：成都市成华区东虹路66号　电话：028-84749801 84749828　传真：028-84749825

中国领先的主动红外对射更名为：艾礼安

（原艾礼富）

专利外观，仿冒必究（专利号：201130322374.2）

ABE
三光束红外对射

ABH
四光束红外对射

深圳市艾礼安安防设备有限公司
电话：0755-82823131 传真：0755-82823628
地址：深圳市龙华大浪华宁路嘉义源科技园六栋五楼
网址：http://www.alean.cn

服务热线：400-696-8182

姓名：汉姆（哥哥）
职位：技术部主管
姓名：汉森（弟弟）
职位：市场部主管
DigiFACE®
值得信赖的脸部识别系统
我们在同一家公司工作，同事们经常猜测我是谁，只有DigiFACE，从没疑问。
IDENTIFICATION
三维识别 零死角记录脸部轮廓数据
精准识别 高达99.999%的识别精准度
智能学习 主动学习脸部特征的逐日改变

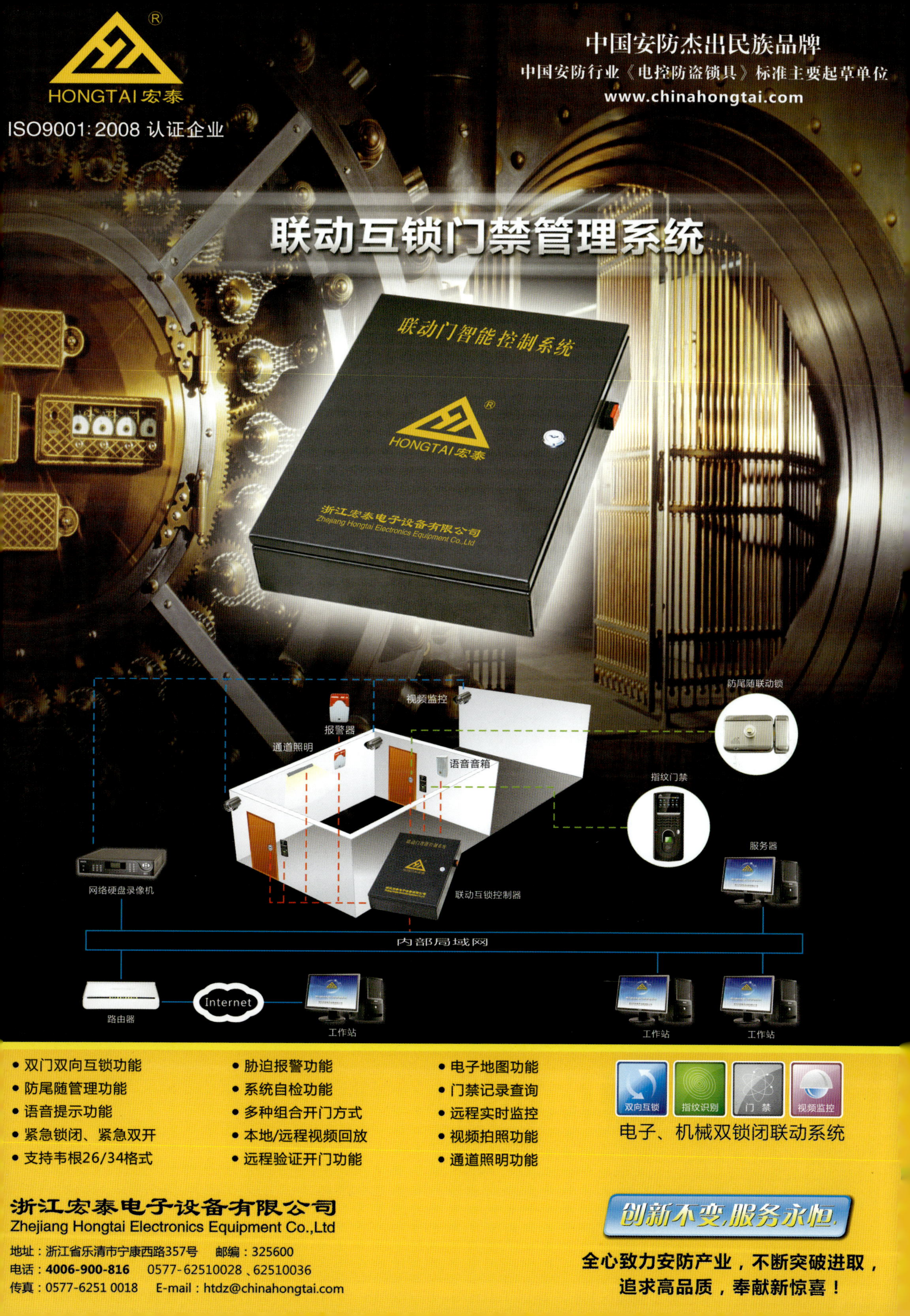

HONGTAI 宏泰
ISO9001:2008 认证企业
中国安防杰出民族品牌
中国安防行业《电控防盗锁具》标准主要起草单位
www.chinahongtai.com
联动互锁门禁管理系统
联动门智能控制系统
HONGTAI 宏泰
浙江宏泰电子设备有限公司
Zhejiang Hongtai Electronics Equipment Co.,Ltd
视频监控
报警器
通道照明
语音音箱
防尾随联动锁
指纹门禁
服务器
网络硬盘录像机
联动互锁控制器
内部局域网
路由器
Internet
工作站
工作站
工作站
• 双门双向互锁功能
• 防尾随管理功能
• 语音提示功能
• 紧急锁闭、紧急双开
• 支持韦根26/34格式
• 胁迫报警功能
• 系统自检功能
• 多种组合开门方式
• 本地/远程视频回放
• 远程验证开门功能
• 电子地图功能
• 门禁记录查询
• 远程实时监控
• 视频拍照功能
• 通道照明功能
双向互锁
指纹识别
门 禁
视频监控
电子、机械双锁闭联动系统
浙江宏泰电子设备有限公司
Zhejiang Hongtai Electronics Equipment Co.,Ltd
地址：浙江省乐清市宁康西路357号 邮编：325600
电话：4006-900-816 0577-62510028、62510036
传真：0577-6251 0018 E-mail：htdz@chinahongtai.com
创新不变，服务永恒
全心致力安防产业，不断突破进取，
追求高品质，奉献新惊喜！

中国驰名商标
SICHUAN XINGSHIFA DOOR & WINDOW CO.,LTD
兴事发
四川兴事发门业集团
SICHUAN XINGSHIFA DOORS INDUSTRY GROUP
全国统一服务热线
4008-815-111
集团：http://www.xsfjt.com
http://www.xsfmc.cn
地址：四川省绵阳市游仙东路89号
销售电话：0816-6282888
服务电话：0816-6282666
传真：0816-6282860
E-mail：xsfmc@xsfjt.com

王W L力

王力安全门

特别方便老人小孩使用

升级换代的选择/自动上锁 防忘锁 安全方便

发明专利－特能锁（全方位自动上锁）

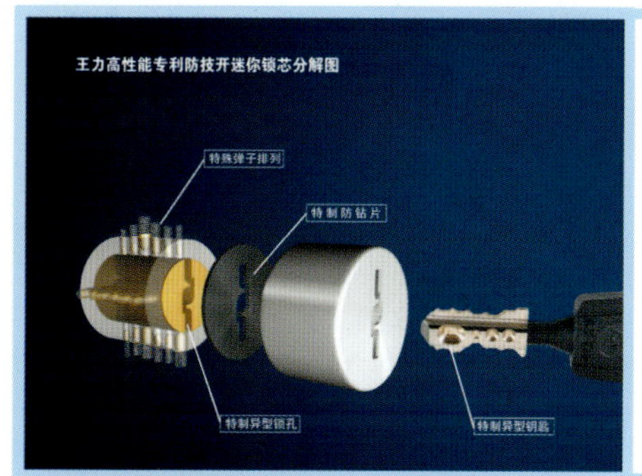

高性能专利防技开迷你锁芯

——防技开时间超过国家A级标准180倍

【专利名称：屏蔽式防盗开锁芯，专利号：ZL-022-23560.4】

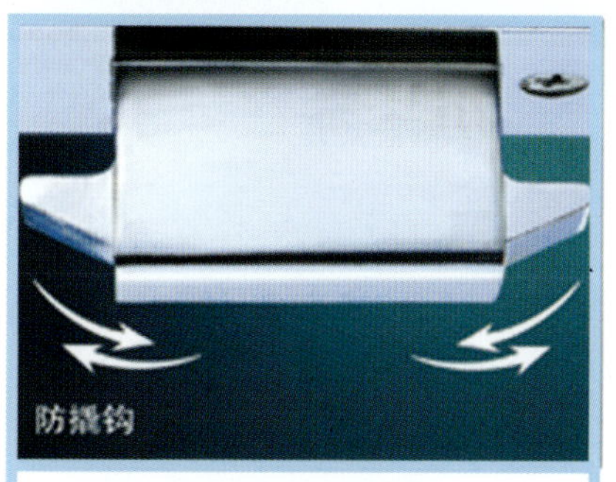

特殊的防撬钩

采用特殊的双向防撬钩，使得撬门的力量越大，门板咬合得越牢，增加防撬难度，越撬越防撬。提升了门的整体安全性。

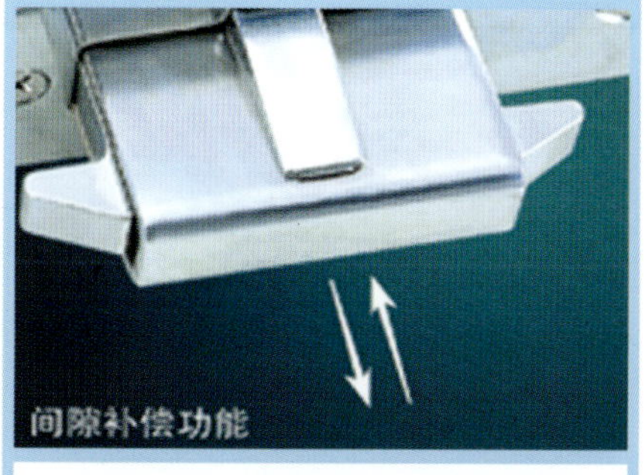

独特的间隙补偿功能

采用法国新型密封式结构，能自动调节门扇与门框的间隙，使门扇与门框紧靠，避免了风吹或人为原因使门扇与门框接触所发出的声音，从而消除噪音，居家更舒适。

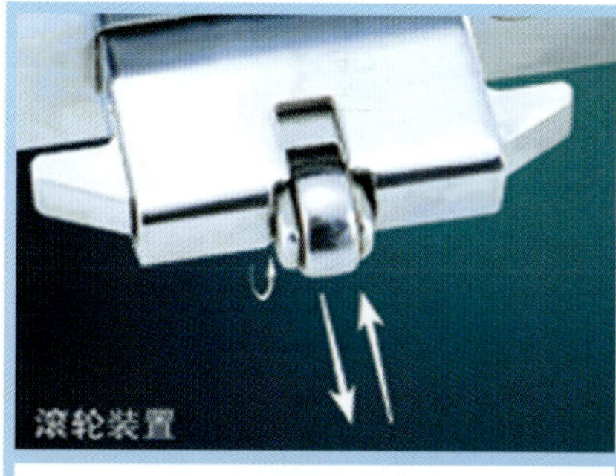

特殊的滚轮装置

采用独特的滚轮率先接触门框，平滑上锁，从而减少门框的擦伤，同时由于滚轮大于锁芯而起消音作用。

科技改变生活！

王力特能锁（发明专利），无需更换门面，轻松升级为智能锁。

地址：浙江省永康市经济开发区名园南大道9号　邮编:321300

全国免费服务热线:**8008-579-168**　网址：www.wangligroup.com

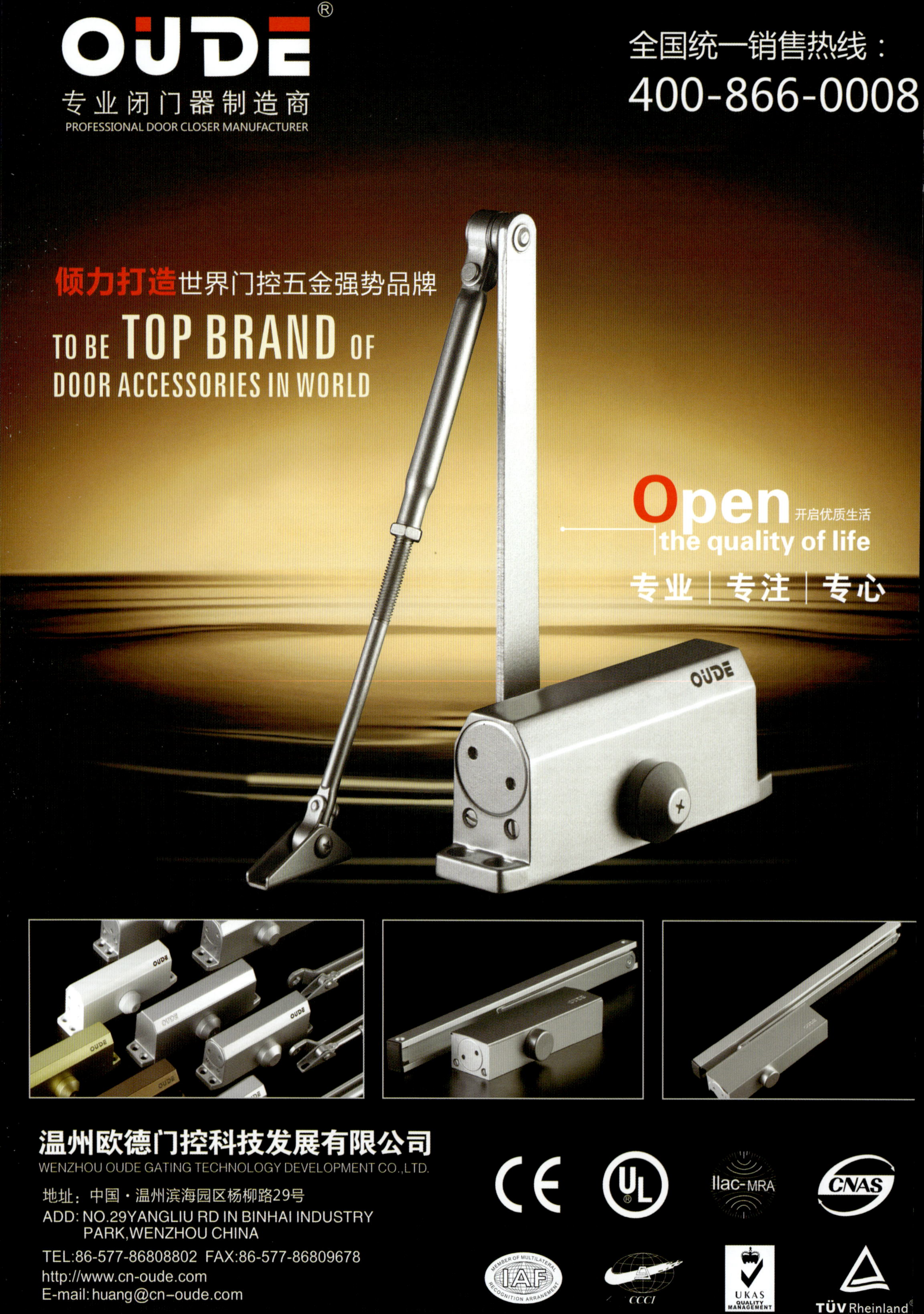
OUDE®
专业闭门器制造商
PROFESSIONAL DOOR CLOSER MANUFACTURER
全国统一销售热线：
400-866-0008
倾力打造世界门控五金强势品牌
TO BE TOP BRAND OF
DOOR ACCESSORIES IN WORLD
Open 开启优质生活
the quality of life
专业 | 专注 | 专心
OUDE
温州欧德门控科技发展有限公司
WENZHOU OUDE GATING TECHNOLOGY DEVELOPMENT CO.,LTD.
地址：中国·温州滨海园区杨柳路29号
ADD: NO.29YANGLIU RD IN BINHAI INDUSTRY PARK,WENZHOU CHINA
TEL:86-577-86808802 FAX:86-577-86809678
http://www.cn-oude.com
E-mail: huang@cn–oude.com
CE
UL
ilac-MRA
CNAS
IAF
CCCI
UKAS QUALITY MANAGEMENT
TÜV Rheinland

主办单位：中国安全防范产品行业协会

2011年为“平安城市”建设推荐优秀安防工程企业展示专栏

京津冀地区

中信国安信息科技有限公司
中国电子系统工程总公司
航天海鹰安全技术工程有限公司
北京同聚达科技有限公司
北京华星恒业电气设备有限公司
北京中盾安全技术开发公司
北京华科鸿泰智能系统工程有限责任公司
北京冠林盈科智能系统集成有限公司
北京长城电子工程技术有限公司
北京航天长峰科技工业集团有限公司
北京国铁华晨通信信息技术有限公司
北京易华录信息技术股份有限公司
河北荣视电子技术有限责任公司
北京达明平安科技有限公司
北京蓝色星际软件技术发展有限公司
大唐联诚信息系统技术有限公司
北京世纪先锋科技有限公司
北京富盛星电子有限公司
北京恒业世纪科技股份有限公司

长三角地区

江苏怡和科技股份有限公司
江苏东大金智建筑智能化系统工程有限公司

珠三角地区

深圳市迪威视讯股份有限公司
深圳市博康系统工程有限公司
深圳中兴力维技术有限公司

其它地区

昆明启创科技有限公司
云南东蒲科技有限公司
海南恒信电讯工程有限公司
山东科威达信息科技有限公司
安徽三联交通应用技术股份有限公司
安徽安兴高科技有限责任公司
广西广播电视信息网络股份有限公司
广西思创电子有限公司

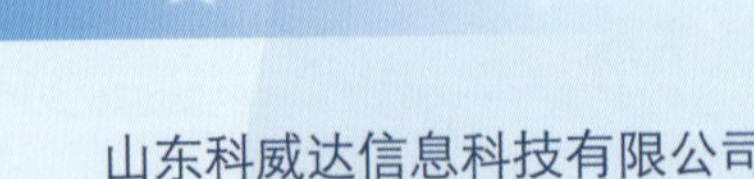

2011年为“平安城市”建设推荐优秀安防工程企业展示专栏

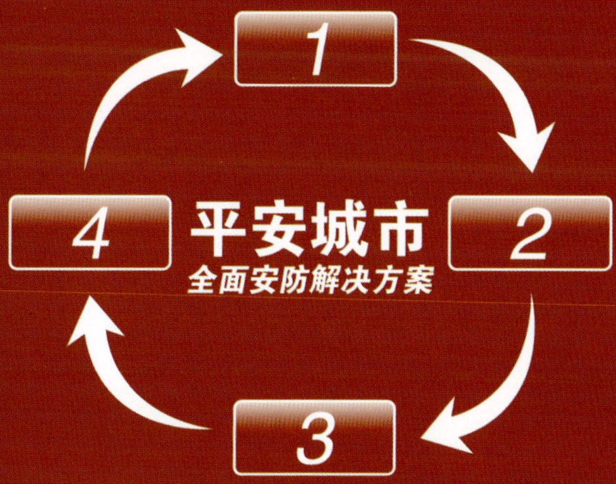

www.ehualu.com
www.ehualu.com
www.ehualu.com
畅通中华路

公司简介

北京国铁华晨通信信息技术有限公司是中国铁路通信信号股份有限公司（CRSC）的全资子公司，成立于1992年，注册于北京中关村高科技园区，是北京市高新技术企业，在上海、成都、广州、乌鲁木齐分别设有分公司。

国铁华晨致力于发展专用通信及信息技术，主营业务包括大型通信信息网络咨询规划、设计开发、系统集成、设备供货、工程实施及网络维护。目前已发展为铁路行业通信信息领域中领先的通信信息系统集成商和专用产品供应商。

公司产品含盖了安防监控、信息化系统、物联网和（宽带）无线通信等领域，并可提供这些领域的相关服务。

国铁华晨拥有一支高效、精干、务实的团队，公司90%以上员工具备大学本科以上学历，50%以上员工拥有中级或高级职称。

公司愿景

随着竞争格局的变化及自身实力的提升，国铁华晨将立足轨道交通，在通信领域内寻求多元化发展，打造“技术领先、产品卓越、工程可靠的国内一流通信企业。”通过产品改进、技术提升和服务完善的不懈追求，推动公司高速稳步发展，发挥行业领军企业的影响力，推动中国通信行业的发展。

“责任、高效、创新、共赢”是国铁华晨的核心价值观，“提供安全、高效的通信信息服务而持续创新”是我们的企业使命，为广大客户提供最先进的技术、最完善的产品、最优化的方案、最满意的服务是我们永恒不变的承诺！

组织机构

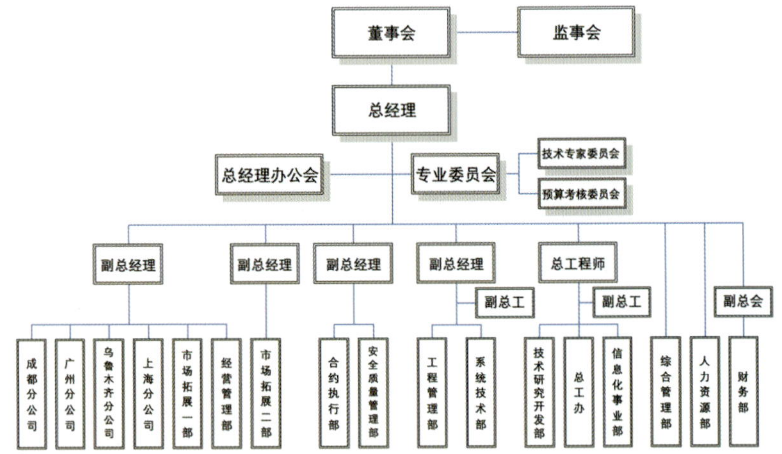

主要资质

1. 高新技术企业证书
2. 质量管理体系认证证书
3. 认证环境管理体系认证证书
4. 职业健康安全管理体系认证证书
5. 涉及国家机密的计算机信息系统集成资质证书（保密安防监控）
6. 计算机信息系统集成资质（一级）
7. 安防工程企业资质证书（一级）
8. CMMI DEV v1.2成熟度等级三级
9. 建筑智能工程设计与施工资质 二级
10. AAA诚信优秀企业证书
11. 军队网络采购信息发布资质认证
12. 安全生产许可证

涉及国家秘密的计算机信息系统集成
资质证书

计算机信息系统集成企业
资质证书
经审查，核定 北京国铁华晨通信信息技术有限公司 的计算机信息系统集成企业资质为 壹 级，特发此证书。

北京国铁华晨通信信息技术有限公司
CMMI® DEV v1.2 成熟度等级三级

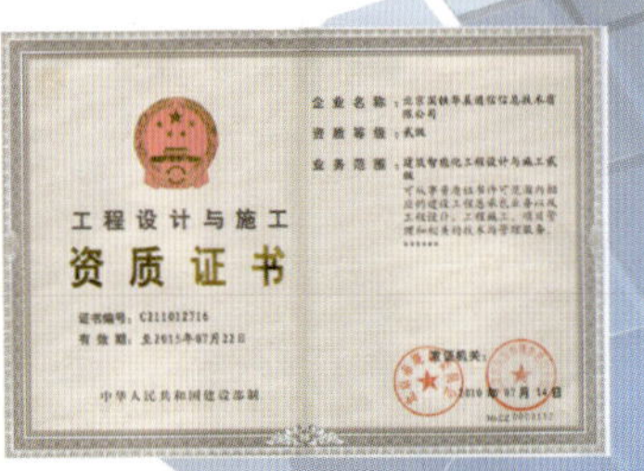
工程设计与施工
资质证书
中华人民共和国住房和城乡建设部

安防工程企业资质证书
中国安全防范产品行业协会

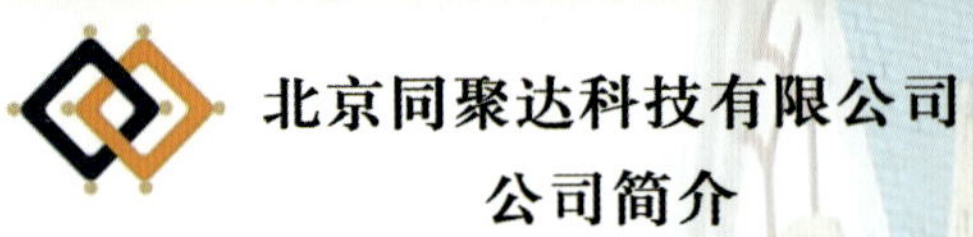

北京同聚达科技有限公司

公司简介

北京同聚达科技有限公司是从事安全技术防范系统、楼宇自动化系统的设计、安装；专业承包；工程项目管理；工程勘察设计；软件技术开发、技术培训、技术服务的科技企业。

北京同聚达科技有限公司具有建筑智能化设计与施工贰级资质；中国安全防范行业协会核发的安全技术防范工程设计施工一级资质；是中国安全防范产品行业协会会员单位；北京安全防范行业协会副理事长单位；荣获2010、2011年度北京优质安防工程奖；是北京安全防范行业协会AAA级诚信优秀企业；获得《ISO9001质量管理体系认证》合格证书。

近年来，公司先后参与了北京市公安局丰台分局看守所监控系统改造工程；北京市公安局石景山分局看守所监控系统改造工程；北京市公安局东城分局看守所监控系统改造工程；北京市公安局西城分局预审处数字化审讯系统建设工程；北京市公安局房山分局第一看守所监控系统改造工程；北京市丰台区科技创安（平安城市）建设工程等重点建设项目，公司按期保质地完成了任务，得到了专家的认可和客户的赞誉。

公司的理念：先进的技术，可靠的质量，合理的价格，完善的售后。

今天的北京同聚达科技有限公司将以雄厚的科技实力和崭新的精神风貌，不断自我完善，迎接挑战，在行业发展中创造新的辉煌。

中信国安
信息科技有限公司
www.guoaninfotec.com
中信国安信息科技有限公司始终追求人才、技术、管理和服务的最佳组合，本着以人为本，诚信服务的原则，最大限度的激发全体员工的想象力、创造力和凝聚力，面向国家和大众的需求，根据市场的变化 ，努力发展和壮大自己，以满腔的热情，百倍的激情融入全社会信息化建设的行动中，为建设一个立足于国内市场、面向国际的集研发、咨询、设计、施工、生产、商贸、销售为一体的跨国企业集团的示范基地而努力。
中国安防协会AAA诚信企业
涉密计算机信息系统集成甲级
计算机信息系统集成二级
建筑智能化专项设计甲级
建筑智能化专业承包一级
公安部3111试点工程推荐企业
北京市守信企业
国家外汇管理局办公楼门禁安防监控系统工程
广州市轨道交通一一5号线乘客信息显示系统
中国智能建筑协会副主任委员单位
安哥拉社会住房项目
北京奥林匹克公园B区奥运村建筑智能化应用系统
阿尔及利亚高速公路监控项目
安防工程企业一级

YHITS
怡和科技
www.yhte.net
怡和科技 创新科技
——江苏怡和科技股份有限公司
原江苏怡和交通工程有限公司成立于2001年7月，公司于2010年进行了股份制改造并于2010年9月16日正式更名为江苏怡和科技股份有限公司。
目前，公司注册资本7330万元，其中包含苏州国发创投有限公司（苏州市国资委）、苏州科技创投有限公司（苏州市科技局）、苏州高锦创投有限公司（苏州高新区）以及国家发改委下属企业等五家有国有资本参与的股份公司，公司拟在2013年上市。公司现有员工近300人，拥有博士、硕士、本科等各类人才。
公司专业从事智能交通技术和产品的科学研究、生产销售以及后续的配套服务；同时，提供智能交通系统项目的规划、设计、建设、委托管理、维护和咨询等服务。近年来，我公司把握了苏州交通大发展的机遇，其智能交通产品在苏州市的市场占有率达90%以上（包括电子警察、高清卡口、LED诱导屏、流量测速等产品），在华东及苏州周边地区均有“怡和”品牌的智能交通系列产品，并在北京、南京、宁波、无锡设立了分公司。
公司先后与国内多家重点院校就多个省市科研项目成立课题组，2003年公司与苏州市公安局交通巡逻警察支队联合成立智能交通控制系统研发室，取得了多项科研成果，并应用于苏州市的城市智能交通建设之中；2007年底，与东南大学在苏州工业园区独墅湖高教区联合创办了苏州市重点实验室之一“苏州市汽车电子与智能交通技术实验室”，共同为智能交通事业提供了人才储备和技术研发的平台；2010年6月又与武汉大学合作签订“产学研全面合作协议”，按照协议目前已进行了建立城市智能监控联合实验室和博士后工作站等诸多合作，共同研发国际、国内领先的智能交通产品和城市安防产品；2011年3月，公司获江苏省发改委批准组建“江苏省智能交通工程中心”。
公司在所从事的研究开发活动中，形成并拥有多项产品（服务）核心自主知识产权，其具体形式为拥有十多项专利和几十项软件著作权。公司先后获得建筑智能化工程设计与施工一级资质、国家安防一级资质、计算机信息系统集成二级资质，已通过ISO9001:2008 质量管理体系认证和CMMI3级认证，是江苏省高新技术企业、江苏省重点软件企业、江苏省重合同守信用企业。公司自主研发的“智能卡口联网及布控系统”产品被公安部列入2009年全国科技成果推广引导计划（公科信[2009]113号）、江苏省自主创新产品（2010-5-25第五批名单68号）、江苏省公安厅2010年320工程推荐产品。
地址：江苏省苏州市高新区旺米街66号（215129）
电话：0512-65116998
传真：0512-65211828

中國電子系统工程總公司
CESEC
中国电子系统工程总公司（CESEC）是1975年由国务院批准成立、隶属于中国电子
信息产业集团有限公司（CEC）的大型国有企业。
公司主营承包各类电子系统工程、机电设备安装工程以及相关的建筑工程；承包有关
电子行业的国外工程和境内外资工程；房屋建筑工程施工总承包；从事与上述业务有关
的勘察设计、设备成套服务、设备安装、调试和维修、工程咨询、技术咨询、技术服务……
公司拥有国家建设部颁发的机电安装、房屋建筑、建筑智能化、电子工程、消防设施等多
项壹级施工资质，及建筑智能化、电子通信、工程勘察等多项甲级设计资质 公司通过了质量、
环境、职业健康安全管理体系认证，并同时拥有涉及国家秘密的计算机信息系统集成（甲级）
资质、安防工程企业（壹级）资质、中华人民共和国对外承包工程经营资格证书、北京卫星
地面接收设备安装许可证书、北京有线电视站、公用天线设计、安装许可证书等多项行业
资质、资格证书。
地址：北京市丰台区小屯路8号　邮编：100141
电话：:68152438　传真：010-68674743

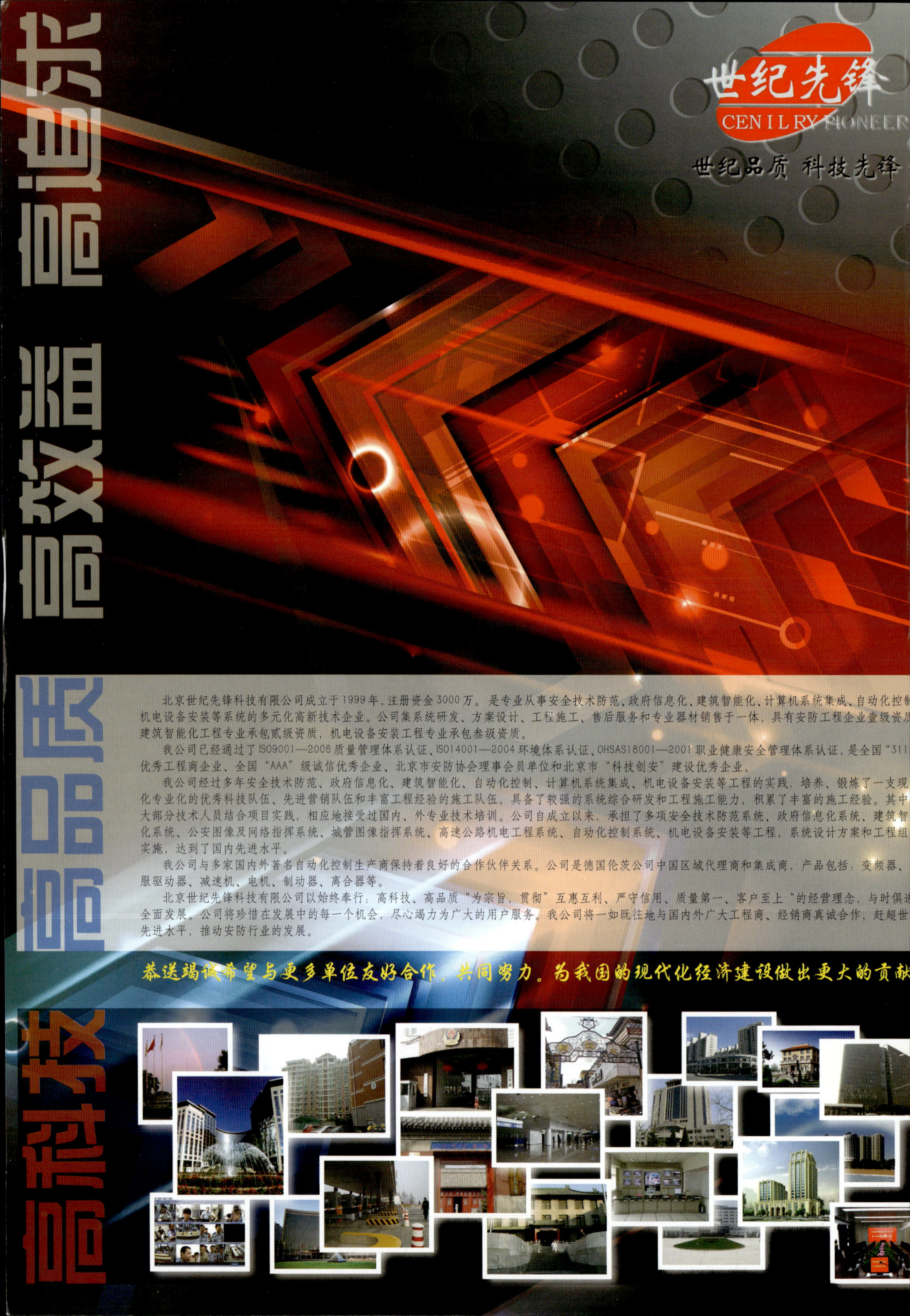

广西广播电视信息网络股份有限公司是在完成自治区、市、县广电网络整合的基础上，经自治区人民政府批准于2004年5月组建的国有股份制企业。2007年1月，被广西壮族自治区党委、政府确定为“自治区本级经营性文化企业改革试点单位”。公司注册资本11.25亿元，实行一级法人治理结构，下设89个市、县分公司，拥有员工3958人。

公司成立以来，坚持不懈地推进体制创新、体系创新、科技创新和业态创新，社会效益与经济效益同步增长，改革与发展成效显著。年经营收入从2005年的3.68亿元增长到2010年的13.03亿元；总资产从10.39亿元增加到34.19亿元，增长了三倍。2008年入选“首届全国文化企业30强”；2008、2009年连续荣获“全国文化体制改革优秀企业”、“全国文化体制改革先进企业”称号。

公司整合了全区有线电视网络并实行统一规划、统一建设、统一管理、统一运营。光纤干线网连通自治区所有市、县，基本完成全区乡镇广电网络整合，实现了区、市、县、乡、村五级贯通，有效扩大广播电视覆盖，确保中央、省、市、县广播电视节目安全无阻的传到千家万户。

公司承担了全国第一个整省（区）有线电视数字化整体转换试点任务，用三年时间基本完成了全区县级以上城市有线电视数字化，目前转换用户297万户，广西成为首个“全国有线数字电视示范省（区）”。公司完成的《广西有线数字电视省（区）市县三级贯通技术新体系的建立》项目，荣获国家广电总局2006年度科技创新一等奖，

公司采取社会化合作方式创建的客服呼叫中心依托先进的、专业化的管理体系对全区有线数字电视用户进行统一的服务支撑。以此为核心，建立公众客户、VIP客户、公共关系管理分类服务，完善96335工单分类、分级，形成工单及话务预警机制，构成与公司业务发展和三网融合需要相适应的覆盖全业务、全流程，能支持、可操作、可考核的客服管理体系，为用户提供7×24小时全天候服务。

公司不断推进业态创新，在确保广播电视公共服务开发推广数字电视的前提下，公司充分挖掘有线数字电视网络潜能，积极拓展集团数据专网、城市安防视频监控、互动电视、互联网接入、电子商务、远程教育等服务市场，更好地满足用户多样化需求。

自2008年以来，按照总局关于“双向、互动、大容量”的要求，公司对干线网和城域网实施双向数字化改造，大大提高了网络的传输容量以及安全可靠性。目前，双向网络改造已覆盖用户500万户，双向互动业务已基本覆盖全区县级以上城市，双向高清已发展用户超过50万户。为了积极应对三网融合，公司还完成了IPTV内容集成、IPTV监管、互联网接入和IP电话技术四个建设方案，积极准备争取成为三网融合试点企业，努力把公司打造成管理科学化、业务多元化、服务多样化的具有核心竞争力的大型骨干文化企业。

www.96335.com

GUANGXI RADIO & TV NETWORK